Theology for the Community of God

조직신학

스탠리 그렌츠 지음 | 신옥수 옮김

CH북스
크리스천
다이제스트

Copyright © 1994 by Wm. B. Eerdmans Publishing Co.
Originally published in English under the title
The Theology for the community of God by Stanley. J. Grenz
Published by Wm. B. Eerdmans Publishing Co.
2140 Oak Industrial Drive NE, Grand Rapids, Michigan 49505, U.S.A.
All rights reserved.

This Korean edition is translated and used by permission of
Wm. B. Eerdmans Publishing Co. through arrangement of
rMaeng2, Seoul, Republic of Korea

This Korean Edition Copyright © 2003 by CH Books, Paju-si, Gyeonggi-do, Republic of Korea

이 저작물의 한국어판 저작권은 rMaeng2 Agency를 통해
Wm. B. Eerdmans Publishing Company와 독점 계약한 CH북스에 있습니다.
저작권법에 의하여 한국 내에서 보호를 받는 저작물이므로
무단 전재와 무단 복제를 금합니다.

차 례

서론: 신학의 본질과 과제

신학의 과제 ··· 31
  신학의 역사적 발전 ·· 32
    용어의 의미의 발전/ 32
    교회 안에서의 신학의 필요성/ 34
    신학과 교회의 과제/ 38
  신학과 다른 개념들과의 관계성 ··· 40
    신학과 신앙/ 40
    신학과 종교학 / 42
    신학과 과학 / 43
    신학과 진리 / 43
  신학적 과제의 변함없는 본질 ··· 46
  신학 작업에 있어서의 위험들 ··· 45
    대체(Substitution) / 46
    교조주의(Dogmatism) / 47
    지성주의(Intellectualism) / 47

신학적 방법론 ··· 47
  신학을 위한 자료들 ·· 48
    종교개혁 시대의 논쟁 / 48
    상황화와 경험 / 49
    신학의 삼중 규범 / 50
  신학의 통합적 주제 ·· 57
    대표적인 대안들 / 57
    하나님의 나라 / 58

하나님의 공동체 / 60
종말론적 공동체 / 61

신학적 체계의 구조 ·· 62
신학과 윤리 ·· 62

제1부 신론

제1장 하나님의 존재 ·· 67
무신론 시대에 있어서의 하나님의 실재 ·················· 68
성경 시대: 어느 신? ·· 69
신들의 경쟁/ 69
하나님의 보편성/ 71
기독교 시대: 하나님은 존재하는가? ······················ 71
존재론적인 증명/ 73
우주론적이고 목적론적인 증명/ 74
도덕적 증명/ 76
지적 무신론의 등장 ·· 77
제1원인에 대한 비판/ 78
하나님 개념에 대한 비판/ 79
하나님 개념의 제거/ 79
신학과 근대적 상황 ·· 80
기독교의 유일무이성에 대한 주장/ 80
증명들의 재구성/ 82
인간학적 근거/ 83
오늘날의 상황 속에서의 기독교 신앙 ····················· 84

무신론 시대에 있어서 하나님 인식 ························ 87
하나님을 안다는 주장과 지적인 불가지론 ················ 87
인식론적 불가지론/ 87
논리 실증주의/ 88
불가지론과 이해될 수 없는 하나님/ 89

하나님 인식의 수단들 ··· 90
　이성을 통한 하나님 인식/ 90
　종교적 경험을 통한 하나님 인식/ 92
　하나님의 자기 계시를 통한 하나님 인식/ 93

하나님 인식 ··· 95
　주체로서의 하나님 인식/ 95
　역사 속에서의 하나님 인식/ 97
　하나님 인식과 공동체 개념/ 98

제2장 삼위일체 하나님 ··· 101

신학사에서 삼위일체 교리 ··· 102

제1세대 그리스도인들의 상황 ··· 102
　한 하나님 / 103
　예수의 주되심 / 103
　성령의 임재 / 104

삼위일체론의 역사적 발전 ··· 105
　예수의 신성 / 105
　성령의 신성 / 109
　삼위일체론의 형성 / 110

카파도키아 이후의 신학 속에서의 삼위일체론 ··· 111
　동방 교회와 서방 교회의 인식들 / 112
　필리오케 논쟁 / 114
　삼위일체론의 쇠퇴 / 115
　삼위일체론의 회복 / 116

삼위일체론의 정식(定式) ··· 118

삼위일체론의 내용 118
　하나님은 하나다 / 118
　하나님은 셋이다 / 118
　하나님은 다양성이다 / 119
　하나님은 통일성이다 / 120

'필리오케'와 관계적 삼위일체 ··· 122
삼위일체에 대한 유비들 ··· 125

삼위일체론의 신학적 함의 ··· 126
   하나님의 본질로서의 사랑 ··· 126
      사랑과 하나님의 내적 역동성 / 126
      근본적인 신적 속성으로서의 사랑 / 127
   사랑과 신적인 거룩, 질투, 진노 ··· 127
   사랑과 그 밖의 다른 도덕적 속성들 ·································· 129
삼위일체론과 그리스도인의 삶 ··· 129
   삼위일체론적인 기도 ·· 130
   삼위일체론적 윤리 ·· 132

제3장 관계적 하나님 ·· 134
관계적 하나님의 본질 ··· 135
   (하나의) 존재로서의 하나님 ·· 135
   초월적이자 내재적인 분으로서의 하나님 ·························· 138
   영으로서의 하나님 ··· 140
      헤겔의 "영" 개념 / 140
      "영"에 대한 성경적 개념 / 141
      신학적 함의들 / 142
   인격으로서의 하나님 ·· 143
      "인격"에 대한 철학적 개념 / 143
      인격성과 세계에 대한 하나님의 관계 / 144
      인격성과 하나님 / 145
   하나님의 이름 ··· 146
신적 속성들 ·· 149
   속성들과 신적 실체 ··· 149
      중세의 논쟁 / 150
      송영론적 입장 / 151
   속성들의 분류 ··· 153
   영원하신 하나님 ··· 154
      영원성과 우리의 시간 경험 / 154
      하나님의 영원성과 관련된 속성들 / 155

선하신 하나님 ··· 157
  거룩 / 157
  긍휼 / 158
  도덕적 표준으로서의 하나님 / 160

속성들의 실천적 중요성 ··· 160

제4장 창조주 하나님 ·· 164

세계의 창조주로서의 하나님 ··· 165

  하나님의 행위로서의 세계 창조 ·· 165
    자유로운 창조 행위 / 165
    사랑의 창조 행위 / 168

  삼위일체의 행위로서의 세계 창조 ······································ 169
    성부의 역할 / 169
    성자의 역할 / 170
    성령의 역할 / 174

  창조 행위와 주권자로서의 창조주 ······································ 174
    현재적 주권과 최종적 주권 / 176
    법적 주권과 사실적 주권 / 178
    하나님의 미래 / 179

  창조의 때 ·· 180
    과거로서의 창조 / 180
    미래로서의 창조 / 180
    창조와 본질 / 182

세계의 섭리적 운영자로서의 하나님 ····································· 183

  창조를 위한 하나님의 목적으로서의 "공동체" ······················ 183
  최근 신학에서의 섭리론 ··· 188
    고전적 입장 / 188
    자유주의 신학에 있어서의 섭리 / 191
    섭리론의 붕괴 / 192

  자신의 세계에 대한 하나님의 관리 ····································· 193
    보존 / 193
    협력 / 196
    통치 / 197

제2부 인간론

제5장 하나님 안에 있는 인간의 정체성과 기원 ········ 201
피조 세계 안에서의 우리의 위치 ········ 202
변화하는 문화적 상황들 속에서의 인간과 우주 ········ 202
전근대적인 답변 / 202
근대적인 답변 / 203
기독교 신앙과 인간학의 통찰들 ········ 204
"세계에 대한 개방성"이라는 개념 / 204
"세계에 대한 개방성"의 신학적 의미 / 207
"세계에 대한 개방성"과 일반계시 ········ 208
신학에서 일반계시의 문제 ········ 209
일반계시의 의미 / 209
신학사에서 일반계시의 위치 / 210
일반계시의 신학적 중요성 ········ 214
인격으로서의 인간 속에서의 계시 / 215
자연 속에서의 계시 / 216
일반계시의 한계 / 217
우리의 기원으로서의 하나님 ········ 218
실존적 의의 ········ 219
인격적 실존의 근거로서의 하나님 / 219
만유의 아버지이신 하나님 / 220
본질적 의의 ········ 222
우리의 시간적 기원 ········ 224
"첫 번째 인간"에 관한 문제 ········ 225
전통적 입장 / 225
신화적 견해 / 225
근저에 있는 해석학적인 문제 / 227
"첫 번째 인간"과 진화 ········ 228
진화 논쟁과 관련된 몇몇 고찰들 / 229
역사적 인물로서의 아담 / 231

인간론과 우리의 시간적 기원 ··· 231
    인류의 시간적 시작 / 232
    개인의 시간적 시작 / 232
    인류의 통일성 / 232

제6장 공동체를 위한 인격들로서의 우리의 본성 ·································· 235
우리의 존재론적 본질 ·· 236
  자율성 대 결정론 ·· 236
    자율성에 대한 강조 / 236
    본질에 대한 강조 / 237
    기독교적 관점 / 240
  인간의 구성적 실체들 ·· 240
    실체 개념 / 241
    삼분설과 이분설 / 242
    실체적 요소들과 근대 신학 / 244
    오늘날의 통전적인 대안 / 247
    죽음과 전인(全人) / 252
  영혼의 기원 ·· 253
    전통적인 견해들 / 253
    고전적인 논쟁과 오늘날의 상황 / 256
  영혼과 우리의 존재론적 본성 ·· 257
하나님의 형상으로서의 인간 ·· 259
  신학사 속에서 하나님의 형상 ·· 259
    구조설 / 259
    관계설 / 262
    역동적 견해 / 264
  성경 속에서의 하나님의 형상 ·· 266
    창세기의 창조 이야기 속에 나오는 하나님의 형상 / 266
    창세기의 다른 본문들에서의 하나님의 형상 / 269
    신약성서 속에서의 하나님의 형상 / 270
  하나님의 형상의 신학적 의의 ·· 271
    특별한 지위로서의 하나님의 형상 / 272

특별한 교제로서의 하나님의 형상 / 272
종말론적 실재로서의 하나님의 형상 / 273
특별한 공동체로서의 하나님의 형상 / 273

제7장 죄: 공동체의 파괴 277

죄의 본질 278

죄를 가리키는 성경의 용어들 279
죄를 나타내는 구약성서의 단어들 / 279
죄를 가리키는 신약성서의 단어들 / 280

죄와 인간 281
죄는 우리 존재의 핵심을 오염시킨다 / 281
죄는 선함을 왜곡시킨다 / 283
죄는 보편적이다 / 283

죄의 본질 284
실패로서의 죄 / 284
공동체의 붕괴로서의 죄 / 286
복음에 계시된 죄 / 287

원죄 289

인간의 타락—아담의 타락 290
에덴 동산 / 291
최초의 죄 / 292
최초의 죄의 결과들 / 292

최초의 죄와 인류의 죄 295
역사적 주장들 / 295
타락의 실재 / 300

원죄와 죄책 302
신학사에 있어서 죄책의 문제 / 302
개혁주의적 견해의 성경적 토대 / 307

원죄의 현실 312

죄의 결과들: 우리 인간의 상황 314
소외 314
정죄 316

노예상태 ·· 318
　　부패 ·· 320

제8장 인간 이외의 영적인 피조물들 ·································· 322
　영적인 존재들의 본질 ··· 323
　　기독교 신학에 있어서의 천사론 ································ 323
　　　중세 시대: 사변적인 천사론 / 323
　　　종교개혁 시대: 성경적 천사론 / 325
　　　계몽주의 시대: 천사론의 거부 / 326
　　　오늘날의 신학: 새로워진 관심 / 327
　　성경적 천사론 ·· 329
　　　정의 / 330
　　　구약성서 속에서의 천사들 / 330
　　　신약성서 속에서의 천사들 / 333
　　성경적 귀신론 ·· 334
　　　정의들 / 334
　　　구약성서 속에서의 귀신들 / 335
　　　신약성서 속에서의 귀신들 / 337
　　성경의 사탄론 ·· 338
　　　사탄과 관련된 이름들 / 338
　　　구약성서 속에서의 사탄 / 339
　　　신약성서 속에서의 사탄 / 340
　천사론과 실존의 구조 ·· 342
　　실존의 구조들 ·· 343
　　　구조들의 기능 / 343
　　　구조들의 존재 / 345
　　실존의 구조들과 성경 ·· 346
　　　구조들과 영적인 존재들 / 347
　　　구조들과 "권세들" / 347
　　　구조들과 정치 / 348
　　구조들에 관한 신학 ··· 348
　　　구조들에 대한 하나님의 의도 / 349

구조들의 악용 / 349
구조들과 그리스도 / 352

마귀 세력과 미신 ··· 353
미신과 구약성서 ·· 353
구약성서 속에서의 미신에 대한 반대 / 353
이스라엘 내에서의 미신의 존재 / 354
미신과 우상 숭배 / 355
미신의 배후에 있는 권세들의 지위 ·· 357
권세들의 실재성 / 357
실재하지 않는 것의 권세들 / 358
미신에 대한 기독교적 태도 ·· 359

제3부 기독론

제9장 그리스도 예수와 하나님의 교제 ·· 367
토대들: 신적인 분 예수 ··· 368
예수의 신성에 관한 주장의 발전과정 ·· 368
주후 2세기의 기독론적 논쟁 / 368
아리우스 논쟁 / 370
기독론의 토대 ·· 372
우리의 기독론적 주장의 토대 ·· 376
예수의 죄 없으심 / 376
예수의 가르침 / 378
예수의 죽음 / 379
예수 자신의 주장 / 380
예수의 부활 / 383
신성에 관한 예수의 주장과 그의 부활 / 387
역사적 토대와 신앙 ·· 388
함의들: 하나님과 하나이신 예수 ··· 390
예수와 하나님의 하나됨 ·· 391
기능론 대 존재론 / 391
하나님의 계시자로서의 예수 / 394

예수와 성부의 교제 ……………………………………………………………… 396
  예수의 연민 / 397
  예수와 하나님의 특별한 교제 / 398

예수의 주되심 ……………………………………………………………………… 402
  우주의 주 / 402
  우리의 개인적인 주 / 403
  역사의 주 / 403

제10장 그리스도 예수와 인간의 교제 ……………………………………… 405
인간으로서의 예수 ………………………………………………………………… 406
예수의 인성에 관한 주장의 발전 ……………………………………………… 406
  아폴리나리우스주의 / 407
  콘스탄티노플 공의회 / 409

참된 인성에 참여한 자로서의 예수 ………………………………………… 409
  예수와 인간 실존의 조건들 / 409
  예수와 인간적 성장 / 413
  예수의 인성이 지니는 함의들 / 413

참 인간이신 예수 ………………………………………………………………… 414
예수가 참 인간이라는 주장의 토대 ………………………………………… 414
  예수의 지상적 삶에서의 토대 / 414
  부활이 지니는 토대로서의 중요성 / 417
  유일무이성에 대한 예수의 주장 / 417

예수가 참 인간이라는 주장의 내용 ………………………………………… 418
  예수와 부활 / 419
  예수와 공동체 / 420
  예수와 성숙을 위한 타락 / 421

새로운 인간으로서의 예수 …………………………………………………… 422

보편적 인간으로서의 예수 ……………………………………………………… 424
  예수와 소외된 자들 ……………………………………………………………… 425
  예수와 여성 ………………………………………………………………………… 427
  예수와 개인 ………………………………………………………………………… 432

제11장 예수 안에서 신성과 인성의 교류 ·········· 435

하나님과 사람인 예수 ·········· 436

예수의 인격에 관한 역사적 논쟁 ·········· 436
네스토리우스 논쟁 / 437
유티케스 논쟁 / 439
칼케돈 이후의 기독론 / 440
종교개혁에서의 논쟁 / 440

통일성을 주장하는 토대 ·········· 442
말씀이신 예수 / 443
아들이신 예수 / 445

예수 안의 신성과 인성의 관계 ·········· 448
예수와 계시 / 448
예수와 공동체 / 450

성육신 ·········· 451

신학사에 있어서 성육신 ·········· 451
겸허설 / 452
겸허설에 대한 수정론들 / 453
은혜의 역설로서의 성육신 / 454

성육신 기독론에 대한 비판 ·········· 454
전통적인 이해에 대한 비판들 / 455
성육신의 의미 / 456

예수의 선재 ·········· 458
선재의 문제점 / 459
선재의 의미 / 460
예수와 선재 / 461

동정녀 탄생 ·········· 462

현대적 논쟁의 역사적 배경 ·········· 463
동정녀 탄생에 관한 주장들 / 463
동정녀 탄생에 관한 재해석들 / 465

동정녀 탄생에 관한 오늘날의 논쟁 ·········· 467
개신교와 동정녀 탄생 / 467
로마 가톨릭과 동정녀 탄생 / 469

동정녀 탄생에 관한 논쟁의 요점들 ·· 470
　　　신학적 논거들 / 471
　　　역사적 논증들 / 474
　　　본문상의 논거들 / 474

　　동정녀 탄생과 기독론 ·· 477

제12장 예수의 사명 ·· 479
　지상적 예수의 소명 ·· 481
　　구약적 소망의 성취 ·· 481
　　　선지자로서의 예수 / 482
　　　메시야로서의 예수 / 484

　　하나님의 통치를 알리는 전령사 ··· 488
　　　하나님 나라의 중심성 / 489
　　　인자로서의 예수 / 490

　　죽기 위해서 보내심을 받은 자 ··· 492
　　　자신의 죽음에 대한 예수의 인식 / 493
　　　고난받는 종으로서의 예수 / 494

　　예수의 자기 인식 ·· 495

　속죄와 예수의 사명 ·· 498
　　신학사에 있어서 속죄 ··· 499
　　　역동적 표상들 / 499
　　　객관적 표상들 / 502
　　　주관적 표상 / 504
　　　안셀무스의 견해에 대한 수정론들 / 505

　　신약성서에 나타난 예수의 죽음의 의미 ································· 506
　　　우리의 모범으로서의 예수의 죽음 / 506
　　　우리의 속전으로서의 예수의 죽음 / 507
　　　우리의 화목제물로서의 예수의 죽음 / 507
　　　예수는 우리의 화목이다 / 509

　　예수의 죽음과 우리 ·· 511
　　　속죄와 인간의 곤경 / 511
　　　그리스도의 속죄에 대한 우리의 수용 / 512

속죄와 공동체 / 513
그리스도의 대속 / 517

그리스도의 후속 사역 ·· 518

승귀 ·· 519
예수의 현재적·미래적 사역 ·· 519
예수의 현재적 사역 / 519
예수의 후속 사역 / 520

기도를 위한 예수의 후속 사역의 함의 ································ 521

제4부 성령론

제13장 성령의 정체성 ·· 525

성령과 구원사 ·· 527

성령과 구약 시대 ·· 527
구약에 나타난 하나님의 영 / 528
구약성서에 나타난 하나님의 영의 기능들 / 530
구약 성령론의 종말론적 차원 / 532

성령과 그리스도 ·· 533
예수 — 성령을 지닌 자 / 533
장차 오실 성령에 관한 예수의 약속 / 535
오순절 사건 — 예수의 약속의 성취 / 536

성령과 그리스도의 공동체 ·· 540
오순절 사건의 의미 / 540
성령과 부활하신 주님 / 541

삼위일체의 삶 속에서의 성령 ·· 543

내재적 삼위일체 속에서의 성령론의 토대 ······························ 544
성령의 기본적 정체성 / 544
성령의 신성과 인격성 / 544

성령과 경세적 삼위일체 ·· 546
기본적인 이해 / 547
하나님의 능력으로서의 성령의 정체성의 여러 측면들 / 547

종말론적 창조자 영으로서의 성령의 정체성 / 548

제14장 성령과 성경 ··· 552
성경의 토대로서의 성령 ··· 553
영감과 조명 ··· 554
　　영감이라는 개념 / 554
　　조명이라는 개념 / 556
성령의 하나의 역사(役事) ··· 557
　　기능적·정경적 접근 방법들 / 558
　　공동체 속에서의 성경의 발전 / 561
　　주관주의의 위험성 / 563
성경을 통해서 말씀하시는 성령의 과제 ································· 564
영적 자양분의 공급원으로서의 성경 ··································· 564
성경의 헌법적 역할 ··· 565
성경과 계시 ··· 569
계시라는 개념 ··· 569
　　바르트의 주장 / 570
　　성경 속에서의 계시 / 570
　　계시와 성경 / 572
계시로서의 성경 ··· 575
　　파생적 계시로서의 성경 / 575
　　기능적 계시로서의 성경 / 575
　　중보적 계시로서의 성경 / 576
성경의 권위 ··· 576
성경의 신뢰성 ··· 577
　　축자적인 완전한 영감 / 577
　　무류하고 무오한 성경 / 578
　　성경의 권위와 성령의 권위 / 583
성경의 권위의 범위 ··· 584
　　우리의 유일한 권위 / 584
　　모든 삶 속에서의 우리의 권위 / 585

제15장 회심의 역학 ······ 588

회심의 개인적 측면 ······ 589
회개 ······ 589
믿음 ······ 592
우리의 응답: 회개와 믿음 ······ 593

회심의 신적 측면 ······ 596
회심 과정에서의 성령의 활동 ······ 597
죄의 자각 / 598
부르심 / 598
조명 / 600
능력 주심 / 601

회심과 성령 세례 ······ 602
오늘날의 오순절파 / 602
오순절파의 성령 세례 및 방언관 / 605
오순절파의 입장에 대한 평가 / 607
성령 세례, 회심, 성령 충만 / 611

회심의 공동체적 측면 ······ 612
회심에서 공동체의 역할 ······ 612
복음의 선포 / 613
새로운 공동체로의 통합 / 614

회심과 교회의 입교 의식들 ······ 618
역사적·현대적 입장들 / 618
신약성서의 가르침 / 619
세례를 통하여 표현된 신앙으로서의 회심 / 621

제16장 넓은 관점에서 본 개인 구원 ······ 624

구원의 과정 ······ 625

회심 ······ 625
회심과 인간의 곤경 / 625
회심과 공동체의 건설 / 632

성화 ······ 635
성경에 나타난 성화 개념 / 635

성화의 신학적 개념 / 638
　　성화 과정 / 640
　　완전주의 / 640

영화 ·· 643

구원의 영원한 맥락 ··· 645

　하나님의 선택 ··· 646
　　칼빈주의의 5대 교리에 대한 논쟁 / 646
　　하나님의 작정들 / 650

　공동체로의 선택 ··· 652
　구원의 순서 ··· 656
　　역사적 관점 / 657
　　대표적인 입장들 / 658
　　구원의 순서와 미래의 공동체 / 660

제5부 교회론

제17장 교회-종말론적 계약 공동체 ·· 665

계약 백성으로서의 교회 ·· 666

　에클레시아 ··· 666
　나라, 몸, 성전 ·· 668
　　하나님의 나라 / 669
　　그리스도의 몸 / 669
　　성령의 전 / 670

　신비적이고, 보편적이며, 지역적인 교회 ·· 670
　교회의 표지들 ·· 671
　　고전적인 견해들 / 671
　　성경적 고찰 / 674
　　균형잡힌 회중 교회론 / 675

하나님 나라의 표지로서의 교회 ··· 677

　하나님 나라의 성경적 개념 ·· 677
　　하나님 나라에 대한 구약성서의 가르침 / 677

하나님 나라와 예수 / 679
하나님 나라에 관한 성경의 드라마 / 682

하나님 나라와 교회 ·· 683
기독교 사상 속에서 교회와 하나님 나라 / 683
하나님 나라 속에서의 교회 / 684
교회론적 함의들 / 686

공동체로서의 교회 ··· 687
토대로서의 계약과 하나님 나라 ·································· 687
계약의 공동체 / 687
공동체와 하나님의 목적 / 689

공동체와 하나님의 본성 ·· 691
하나님의 형상으로서의 교회 / 691
교회와 성령 / 692

제18장 공동체의 사역 ··· 695

교회의 목적 ·· 695
하나님의 목적들 속에서의 교회 ································ 696
교회와 창조의 목적 / 696
교회와 하나님의 영광 / 697

영화롭게 하는 것에 담긴 하나님의 목적 ··················· 698

교회가 위임받은 명령 ·· 700

예배 ··· 701
예배의 초점 / 701
예배의 수단 / 703

건덕 ··· 708
건덕의 여러 측면들 / 709
기도하는 백성으로서의 교회 / 711
신자들에 대한 공동체로서의 교회 / 712

선교 ··· 716
복음 전도로서의 선교 / 717
섬김으로서의 선교 / 722

제 19 장 공동체의 헌신 의식들 ·· 729
헌신 의식들과 교회 ·· 730
헌신 의식들의 기능 ·· 730
성례전 또는 규례 / 730
규례의 의미 / 734
헌신 의식들과 공동체 / 737

헌신 의식들의 수효 ·· 739
역사적 고찰 / 739
두 개의 헌신 의식들 / 740

세례: 우리의 정체성의 보증 ·· 741
배경과 역사 ··· 742
세례의 의미 ··· 743
세례의 상징적 의미 / 743
세례의 종말론적 지향성 / 744
세례와 공동체 / 745
세례의 영향 / 745

세례의 효력 ··· 747
하나님의 행위로서의 세례 / 747
인간의 행위로서의 세례 / 749
신적·인간적 행위로서의 세례 / 749

세례의 주체들 ·· 750
세례와 믿음 / 750
유아 세례 대 신자 세례 / 751

세례의 방식 ··· 754

성찬: 우리의 정체성의 재천명 ·· 756
성찬 속에서 주님의 임재 ··· 757
화체설의 발전 / 758
개신교의 반동 / 759

성찬의 의미 ··· 762
용어상의 문제 / 762
과거 지향성 / 763
미래 지향성 / 765

공동체 지향성 / 766

성찬에서 우리의 현존 ·· 768
  우리의 현존의 중요성 / 768
  식탁에 다른 사람들의 참여 / 769

제20장 공동체의 삶을 위한 조직 ·· 770

공동체의 지체로서의 자격 ·· 771
주후 1세기의 공동체의 지체로서의 자격 ·· 771
세례와 공동체의 지체로서의 자격 ·· 772
  종교개혁의 유산 / 773
  순수한 교회라는 이상 / 773
  공동체로의 입교 / 775

주후 1세기 이후의 세례 ·· 776
  분파주의 대 종파주의 / 776
  종파주의를 넘어서 / 777

공동체의 구조들 ·· 778
공동체의 정치 ·· 779
  정치 모형들 / 779
  신약성서의 고찰들 / 781
  자율과 연합의 욕구의 균형 / 783

공동체들 내에서의 정치 ·· 784
  회중 교회론의 딜레마 / 784
  민주적 회중교회론의 토대 / 785
  민주적 회중교회론이라는 이상의 실제 / 788

공동체를 위한 지도자들 ·· 789
공동체들 속에서의 직임들 ·· 790
  신약성서에 나타난 교회의 직임들 / 790
  교회 전통 속에 나타난 교회의 직임들 / 793
  신약성서적인 직임들과 오늘날의 교회 / 794

공동체의 직임들 ·· 795
  신약성서의 배경 / 795
  목회직 / 796

공동체에 의한 임직 ·· 797
　목회자 임직의 토대 ·· 798
　　임직의 성경적 토대 / 798
　　임직의 신학적 토대 / 799

　임직의 의미 ·· 802
　　임직식의 의미 / 802
　　임직을 베푸는 주체 / 803
　　임직 사건 / 804

제6부 종말론

제21장 개인적 실존의 완성 ·· 809
　죽음의 의미 ·· 810
　　죽음이라는 문제 ·· 810
　　　정의의 문제 / 810
　　　죽음과 삶의 의미 / 812

　　성경의 궤적 ·· 813
　　　구약성서: 모호한 것으로서의 죽음 / 813
　　　신약성서: 죽음에 직면했을 때의 소망 / 816

　　죽음의 신학적 의미 ·· 818
　　　죽음과 생물학적 영역 / 818
　　　공동체의 상실로서의 죽음 / 819
　　　죽음의 궁극성의 상실 / 821

　부활을 통한 죽음의 극복 ··· 822
　　완성에 도달한 개인적 삶의 성격 ·· 823
　　　삶의 완성에 관한 오늘날의 비전들 / 823
　　　기독교적 소망 / 826

　　부활의 가능성 ·· 829

　죽음에 직면해서의 소망 ·· 831
　　사후의 삶에 대한 여러 견해들 ·· 831

영원으로 들어가는 것으로서의 죽음 / 831
영혼 수면설 / 832
영혼의 의식적 실존 / 833

중간 상태에 대한 성경적 통찰 ·············· 835
구약성서의 스올 개념 / 835
중간 상태의 신약성서적 토대 / 836
사후의 삶에 관한 성경의 개념 / 839

죽음 이후의 의인들의 상태 ·············· 841
토대: 부활에 대한 소망 / 841
죽음 이후의 세계 / 842

제22장 역사의 완성 ·············· 845

역사의 의미 ·············· 846

변화된 환경 속에서의 그리스도인들의 소망 ·············· 847
낙관주의에서 비관주의로 / 847
비관주의에 빠진 세계의 도전 / 850

공동체적 종말론과 성경의 메시지 ·············· 851
선지자적 전망 / 851
묵시론적 전망 / 853

역사의 의미 ·············· 854
역사의 기본적 특질들 / 855
하나님이 공동체를 세우는 활동으로서의 역사 / 857

역사 속에서 및 역사를 넘어선 공동체의 현존 ·············· 858

"이미" 시작된 것으로서의 역사의 목표 ·············· 859

"아직" 도래하지 않은 것으로서의 역사의 목표 ·············· 861
은혜로서의 종말 / 861
심판으로서의 종말 / 861

역사의 절정 ·············· 862

묵시론과 천년 왕국설 ·············· 863

기독교 신학에서의 천년 왕국 ·············· 864
후천년설 / 865
무천년설 / 866

전천년설 / 867

　천년 왕국과 관련된 좀 더 깊은 문제 ································· 869
　　　후천년설의 낙관주의 / 870
　　　전천년설의 비관주의 / 871
　　　무천년설의 현실주의 / 871
　　　우리의 궁극적인 소망 / 872

　역사의 종말이 임박한 시대 ··· 873
　　　우리 시대에 대한 성경의 이해 / 873
　　　종말론적 시간표 / 875

제23장 하나님의 우주적 계획의 완성 ··································· 877
　창조에서 새 창조로의 이행 ··· 878
　　우주에 대한 심판 ··· 878
　　　우주적 심판의 확실성 / 878
　　　우주적 심판의 목적 / 879

　　인류에 대한 심판 ··· 881
　　　우리에 대한 심판의 확실성 / 881
　　　우리의 심판의 때 / 883
　　　심판의 토대 / 884
　　　우리의 심판 자리 / 886
　　　심판의 성격 / 888
　　　영원한 상급들 / 890

　심판의 어두운 면 ··· 891
　　보편구원설 (만인구원설) ··· 892
　　　교회에서 보편구원설의 위치 / 892
　　　보편구원설의 토대 / 893
　　　보편구원설의 난점들 / 896

　　조건적 불멸설 ·· 897
　　　교회 속에서의 조건적 불멸론 / 898
　　　멸절론의 토대 / 898
　　　멸절론의 난점들 / 900

　　지옥의 실재 ··· 902

이 가르침의 토대 / 902
지옥: 영원한 비극 / 903

새 창조 — 907

우주의 갱신으로서의 새 창조 — 907
창조의 완성으로서의 갱신 / 907
옛 것과 새 것의 관계 / 908
우주적 갱신의 함의 / 909

공동체의 충만으로서의 새 창조 — 910
하나님이 임재하시는 곳 / 910
교제의 장소 / 911
영화(榮化)가 있는 곳 / 912

제24장 종말론의 의의 — 914

현재에 대한 통찰로서의 종말론 — 915

현재 속에서 하나님의 부르심으로서의 종말론 — 917

하나님의 종말론적 부르심의 토대 — 917
성경의 전례 / 917
신학을 위한 함의들 / 918

하나님의 종말론적 부르심의 여러 측면들 — 918
복음 전도로의 부르심 / 919
거룩함으로의 부르심 / 919
견고한 믿음으로의 부르심 / 920

삶을 위한 통찰로서의 종말론 — 921

소망 속에서의 참여로서의 종말론적 삶 — 922
현실적 참여로서의 종말론적 삶 — 924
효과적인 것으로서의 우리의 행위들 / 924
부차적인 것으로서의 우리의 행위들 / 924

영원한 삶의 빛 아래에서의 종말론적 삶 — 925

머리말

지난 20년 동안에 북미의 교회에서는 신학에 대하여 다시 관심을 갖게 되었다. 사상가들이 자신의 역사의 세 번째 천년을 맞이하는 기독교 공동체에게 지적 자산을 제공해 주기 위하여 애를 쓰면서, 신학에 대한 이러한 새로워진 관심으로 인해서 새로운 조직신학들이 많이 등장하였는데, 「하나님의 공동체를 위한 신학」 (*Theology for the community of God*)도 이러한 신학적 열기 속에서 나온 것이다.

본서는 이와 유사한 많은 저서들과 마찬가지로 기독교 교리의 중심적인 주제들을 조직적인 방식으로 기술한다. 따라서 서론을 다루는 장 이후에 나오는 논의들은 전통적으로 조직신학의 주요 분야들로 생각되어 온 것들을 순서대로 다룬다: 하나님(본래의 의미에서의 신학), 인류(인간론), 그리스도(기독론), 성령(성령론), 교회(교회론), 그리고 마지막 일들(종말론).

본서는 다른 조직신학들과 공통적인 틀을 공유하고 있긴 하지만 몇몇 결정적인 측면들에서는 다르다. 한 가지 분명한 차이점은 바로 관점(perspective)이다. 모든 신학은 그 저자에게 자양분을 공급해 주고 있는 신앙 공동체를 어느 정도 반영하고 있다. 「하나님의 공동체를 위한 신학」은 내가 침례교 교단에 속해 있다는 것과 내가 좀 더 폭넓은 복음주의적 궤도 속에 있다는 것을 보여 줄 것이다. 따라서 이하에 나오는 조직신학에 관한 진술들은 명백히 복음주의적이면서도 침례교적인 것이 될 것이다.

그러나 무엇보다도 본서는 "공동체"(community)를 모든 논의의 축으로 삼고 있다는 점에서 최근의 다른 조직신학들과 다르다. 이하의 장(章)들에서는 다른 조직신학들의 진술들과 마찬가지로 우리의 기독교 신앙의 개요(槪要)를 제시한다. 그러나 나의 목표는 창조를 위한 하나님의 중심적인 계획, 즉 공동체의 건설이라는 맥락 안에서 우리의 신앙을 고찰하는 것이다. 나는 하나님의 목적에 대한 이러한 이해가 신학적인 논의를 위한 유익한 출발점을 제공해 줄 것이라고 믿는다. 왜냐하면 바로 그러한 이해야말로 성경의 비전, 그리고 점점 떠오르는 포스트모더니즘 시대 속에서의 인류의 열망들의 중심에 놓여 있기 때문이다.

「하나님의 공동체를 위한 신학」은 내가 이전에 쓴 좀 더 개략적인 책인 「복음주의 신학의 개정」(*Revisioning Evangelical Theology*, Downers Grove, Ill.: InterVarsity Press, 1993)에서 제시한 관점과 논의의 중심축을 그대로 이어받아 발전시켰다.

이 두 권의 책에 제시된 과제들은 내 자신의 오랜 신학적 역정(歷程)의 산물이다. 나의 영적인 뿌리는 내가 자랐던 침례교 목사관의 경건한 유산에 놓여 있다. 복음 사역으로의 극적인 소명을 체험한 이후에 나는 신학 교육을 받으면서 나의 스승들인 덴버 신학교의 고든 루이스(Gorden Lewis)와 뮌헨 대학교의 볼프하르트 판넨베르크(Wolfhart Pannenberg)가 주창한 신학에 대한 합리주의적인 접근을 접하게 되었다. 따라서 1980년대 초에 내가 가르치기 시작했을 때에 나의 신학적 접근방법은 나의 스승들의 영향을 강하게 반영한 것이었고, 그분들의 지속적인 영향은 본서에서도 뚜렷하게 나타난다. 첫 번째 안식년 기간(1987-1988년) 동안에 나는 나의 박사과정을 지도해주신 스승의 신학을 좀 더 치밀하게 연구하기 위해서 뮌헨으로 다시 갔다. 그 해는 나의 사고에 중요한 이정표를 그어주었다. 왜냐하면 어려서부터 영적으로 양육받은 바 있던 경건주의라는 유산의 중요성에 내가 다시 새롭게 눈뜨는 계기가 되었기 때문이었다.

1988년 이후로 나는 기독교 신앙의 합리주의적인 차원과 경건주의적인 차원을 통합하기 위해 노력해 왔다. 나의 스승들로부터 받은 훈련의 연속성 안에서 나는 신학적 작업 안에서의 이성의 결정적인 역할을 인정한다. 이와 동시에 나는 신앙(경건) 공동체 안에서 양육된 개인적 신앙의 헌신이 건설적인(constructive) 신학의 과제를 이해하고 추구하기 위한 우리의 시도 속에서 마찬가지로 중요하다는 것을 확신한다. 그래서 신학은 진리를 위한 지적이지만, 이러한 추구는 언제나 정체성을 낳는 그리스도 안에서의 하나님과의 만남을 그 토대로 하지 않으면 안 된다. 그리고 그러한 추구는 그리스도인으로서의 삶 속에서 저절로 우러나와야 한다.

본서의 저술은 1990년 봄에 브로드맨 출판사(Broadman Press)의 편집인인 데이비드 다커리(David Dockery)로부터 한 권으로 된 조직신학을 써보면 어떻겠느냐는 제의를 받은 것이 계기가 되었다. 그 후에 데이비드는 브로드맨 출판사와 홀맨 출판사의 다른 유능한 사람들, 특히 존 랜더스(John Landers)와 스티브

본드(Steve Bond) — 나는 이들에게 감사를 표한다 — 에게 이 프로젝트를 맡기고, 남침례교 신학교로 되돌아갔다. 또한 나는 본서의 저술을 위해 좋은 환경을 제공해준 캐리 신학대학(Carey Theological College), 나를 도와 주었던 캐리 대학의 지원부서 직원인 비벌리 노그렌(Beverley Norgren), 히더 페너(Heather Penner), 그리고 나의 조교인 제인 로울랜드(Jane Rowland)에게도 빚을 졌다. 끝으로 나는 지난 13여년 동안 나와 의견을 서로 나누며 나의 사고에 도전을 주었던 학생들과 동료 교수들에게 감사한다.

나의 소망은 본서가 우리의 기독교 신앙을 성찰하는 일에 있어서 미래의 학생들과 동료들의 시도들을 한층 더 높은 차원으로 끌어올려줄 조직신학적인 틀을 제공해줌으로써 복음에 봉사하고, 무엇보다도 하나님께서 교회 안에서 영광받게 되셨으면 하는 것이다. 요컨대, 나는 본서에 나오는 이하의 장들이 하나님의 공동체를 위한 신학의 진술로서 봉사할 수 있게 되기를 바란다.

1994년 봄
스탠리 J. 그렌즈

서론

신학의 본질과 과제

> 모든 이론을 무너뜨리며 하나님 아는 것을 대적하여 높아진 것을 다 무너뜨리고
> 모든 생각을 사로잡아 그리스도에게 복종하게 하니. — 고린도후서 10:5

모든 그리스도인은 신학자이다. 의식적으로든 무의식적으로든, 각 개인의 신앙은 하나의 신념 체계(a belief system)를 포함하고 있다. 그리고 신자 개개인은 의도적으로 또는 은연중에 이러한 신념들의 내용 및 이 신념들이 그리스도인의 삶과 관련하여 지니는 의미를 성찰한다.

성경의 문서들 자체가 신앙의 자세와 신학적 성찰 사이에 놓여진 이러한 밀접한 연관관계를 위한 토대를 제공해준다. 성경은 우리로 하여금 우리가 지닌 신념들을 숙고함으로써 과연 우리의 신념들이 우리의 개인적 및 공동체적 헌신을 어느 정도나 표현하고 있는지를 알아보라고 격려한다(예를 들어, 마 22:37; 고후 10:5; 벧전 3:15). 신앙을 건성으로 생각하는 것을 뛰어넘어 의식적으로 우리의 신념들을 조직적으로 진술하고자 할 때, 우리는 "신학"이라고 불리는 학문분과 속으로 걸어들어가게 된다.

이러한 상황 속에서 다음과 같은 근본적인 질문이 제기된다: 신학이란 정확히 무엇인가? 우리가 신앙에 대해 조직적으로 성찰하여 우리의 신념들에 대한 질서 정연한 진술을 제시하고자 할 때에 우리는 어떤 과제를 안게 되는 것인가?

신학의 과제

기본적으로 조직신학은 신앙에 대한 성찰이며 신앙에 대한 질서정연한 진술이다. 그러므로 신앙이라는 실체 — 그리스도 안에 계시된 하나님에 대한 우리의 헌신 — 자체가 신학적 성찰을 요구한다. 우리는 신앙의 백성이기 때문에 기꺼이 신학에 참여한다. 따라서 신학 작업은 제자도의 삶 안에서 이루어진다; 신학은 하나의 영적인 활동일 수 있다. 그러나 이러한 과제를 수행하기 전에, 우리는 이 지적 학문분과 자체를 좀 더 자세하게 살펴볼 필요가 있다.

신학의 역사적 발전

우리는 역사의 여러 시기들에 활동했던 신학자들이 그들의 과제를 어떤 식으로 이해했는지를 짤막하게 언급하는 것을 통해서 신학을 역사적으로 이해하고자 하는 우리의 시도를 시작하고자 한다. 기독교 사상가들이 신학이라는 용어와 신학 작업의 본질을 이해했던 방식들은 기독교 역사의 수 세기 동안 변화해 왔다.

용어의 의미의 발전. "신학"이라는 말은 성경의 문서들에는 나오지 않는다. 오히려 고대 그리스가 이 용어의 사용을 위한 토양이었다. 신학이라는 단어는 두 개의 다른 헬라어, 즉 theos(신)와 logos(말, 가르침, 연구)로부터 나왔다. 따라서 어원론적으로 "신학"은 "신에 관한 가르침" 또는 "신에 관한 연구"를 뜻한다. 헬라인들은 인간과 자연에 관한 지식의 틀 안에서 고찰된 신적인 일들에 관한 철학자들과 시인들의 말들을 가리키기 위하여 이 단어를 사용하였다.[1]

기독교 사상가들은 헬라의 신학적인 관심의 중심적인 측면들을 받아들였다. 그러한 모습은 바울과 아테네의 철학자들의 만남 속에 분명하게 드러난다(행 17:16ff.). 이미 주후 1세기에 기독교 사상가들은 헬라적인 방식에 맞춰서 신학 작업을 행하였다. 심지어 중세 시대의 말기까지도 신학 작업에 대한 헬라식의 이해는 교회의 신학자들 사이에서 여전히 영향력을 발휘하고 있었다. 중세 시대 초기의 사상가들은 "신학"을 "교의학"(dogmatics)이나 "거룩한 교리"(sacra doctrina)에 관한 좀 더 광범위한 연구 안에 포함되어 있는 하나의 주제로 생각되었던 하나님에 관한 교리를 가리키는 것으로 이해하였다.[2]

---

1) 이 점에 대해서는 Frank Whaling, "The Development of the Word 'Theology,'" *Scottish Journal of Theology* 34 (1981): 292-93를 보라.

1100년대와 1200년대에 걸쳐 "신학"은 의미에 있어서 변화를 겪었다. 신학은 더 이상 단순히 하나님에 관한 담론(談論)이 아니라 이제 하나님의 계시에 대한 합리적인 해석이 되었다.[3] 그리고 대학들의 출현을 계기로 신학 작업은 교회의 훈련 분야임과 동시에 학문적인 분과가 될 수밖에 없었다.[4] 신학이라는 용어는 하나님에 관한 지식에 초점을 맞춘 하나의 단일하고 통합된 "학문"(science)을 가리키게 되었다. 그러나 그럼에도 불구하고 신학은 좀 더 오래된 "지혜"(wisdom)라는 성격을 지니고 있었기 때문에 여전히 "실천적인"(practical) — 그리스도인의 삶과 결부되어 있는 — 것으로 남아 있었다.[5]

18세기 독일에서 신학에 대한 이해는 다시 한 번 변화를 겪었다. 기독교 사상가들은 신학은 하나의 통합된 실천적인 학문이라는 개념을 버리고,[6] 신학을 오늘날에는 익숙해진 성서신학, 조직신학, 역사신학, 실천신학으로 흔히 세분되는 여러 다양한 신학 분과들의 총체로 보았다.[7] 이렇게 해서 "신학"은 성경과 교회에 관한 연구의 여러 다양한 측면들을 가리키는 포괄적인 단어로 변화되었다. 프리드리히 슐라이어마허(Friedrich Schleiermacher)는 여러 다양한 신학 분과들을 통합시키고자 하는 도전을 받아들였다.[8] 그는 여러 학문적인 추구들을 세 가지 분과로 재조직하였다: 성서신학(성경의 여러 저자들과 책들에 의해 제시된 교리), 역사신학과 조직신학(교리의 발전과 당대 교회의 이해들), 그리고 실천신학(교회의 삶에 대한 교리의 적용).[9]

이 시기 동안에 그리스도인들은 사람들이 독자적인 신념체계를 지닌 여러 별개의 종교적인 전통들을 따르고 있었다는 사실을 점차적으로 인식하게 되었다. 그

---

2) Emil Brunner, *The Christian Doctrine of God* (Philadelphia: Westminster, 1950), 89.

3) Yves M. J. Congar, *A History of Theology* (Garden City, N. Y. : Doubleday, 1968), 33.

4) Whaling, "The Development of the Word 'Theology,'" 300.

5) Edward Farley, *Theologia* (Phildelphia: Fortress, 1983), 77, 81.

6) Ibid., 49, 65, 77.

7) 전통적인 4중적인 틀에 관한 최근의 변호를 위해서는, Richard A. Muller, *The Study of Theology* (Grand Rapids: Zondervan, 1991)를 보라.

8) Friedrich Schleiermacher, *A Brief Outline of the Study of Theology* (Atlanta: John Knox, 1966). 또한 Farley, *Theologia*, 85, 94를 보라.

9) Schleiermacher, *A Brief Outline of the Study of Theology* (Atlanta: John Knox, 1966)을 보라.

결과 "신학"이라는 용어도 여러 다양한 종교들 안에서의 신에 관한 진술을 가리키는 것이 되었다.[10]

오늘날 일반적으로 그리스도인들은 "신학"을 — 포괄적인 의미이든 다소 좁은 의미이든 — 과거의 사상가들이 "교의학"이라고 불렀던 것과 흔히 상호대체적인 것으로 사용한다. 비록 이 용어들이 전적으로 상호대체적인 것은 아니라 할지라도, 북미에서는 "교의학"이라는 말 대신에 "조직신학"(systematic 또는 constructive theology) 또는 "교리 신학"(doctrinal theology)이라는 말을 사용한다.[11] 어떤 용어를 사용하든지간에, 신학의 과제는 신앙에 대한 지적인 성찰을 포함한다. 신학은 일차적으로 어느 특정한 종교적 신념 체계 자체(교리)를 명확하게 진술하는 것이다. 그러나 또한 신학은 믿는다는 것(believing)의 본질에 관한 성찰, 신앙적 헌신과 개인적 및 공동체적 삶의 통합에 관한 진술들을 포함한다.

기독교 신학자는 기독교 신앙의 주제들에 대한 하나의 일관성 있는 설명을 제시하고자 한다. 전통적으로 그러한 주제들에는 하나님(신론), 인류와 피조 세계(인간론), 그리스도로서의 예수의 정체성과 그가 가져온 구원(기독론), 성령과 개인 및 세계 안에서 행하시는 성령의 사역(성령론), 기독교 신앙의 공동체적 표현으로서의 교회(교회론), 창조를 위한 하나님의 계획의 완성(종말론)이 포함된다.

교회 안에서의 신학의 필요성. 알다시피 신학은 수 세기에 걸쳐 발전되어 왔다. 그리스도인들은 "변증학"(polemics), "요리문답"(catechetics), "성경의 요약"(biblical summarization)이라고 부를 수 있는 것들을 포함한 교회 안에서의 여러 필요들에 따라 신학적 성찰을 수행한다.[12] 이러한 필요들은 수 세기에 걸쳐 계속되어 왔다. 그러한 필요들은 이미 초대 교회에 등장했고, 그 후의 역사 전체에 걸쳐서 여전히 이런저런 형태로 중요하였으며, 오늘날에도 계속해서 우리의 관심

---

10) Whaling, "The Development of the Word 'Theology,'" 305-6.

11) 기독교 교리의 본문의 제시에 대한 강조를 지닌 교의학적인 신학과는 대조적으로, 조직신학은 주석을 넘어서서 현대의 상황 속에서 그리고 모든 인간적인 지식과 함께 교리의 정합성에 관한 좀 더 광범위한 질문으로 이동한다. 이 구별의 논의를 위해서는, Muller, *The Study of Theology*, 125-28를 보라.

12) Brunner, *The Christian Doctrine of God*, 93-96을 보라. 콩가(Congar)는 이방 문화에 대해 교회가 말해야 할 필요성과 이방적인 상황 속에서 신앙을 성찰하는 신자의 개인적인 필요성을 인용하고 있다. Congar, *A History of Theology*, 39, 40.

을 요구하고 있다.

(1) 신학자들은 기독교와 경쟁하는 여러 대안들이 존재하는 상황 속에서 기독교의 신념 체계를 정의해야 할 필요성 때문에 그들의 사역을 수행한다(변증학). 신학 작업이 지니는 이러한 의도는 기독교의 초기 세기들에서 교회가 교리적인 논쟁들에 직면했을 때에 현저하게 두드러졌다. 사상가들은 정통 신앙을 이단으로부터 구별하기 위하여 신학적인 정식(定式, formulation)들을 사용하였다.

신학에 있어서 이러한 변증적인 요소는 종교개혁의 시기 동안에 다시 한 번 특별한 중요성을 지니게 되었다. 신앙과 관련된 여러 질문들에 대하여 서로 다른 견해를 지니고 있었던 그리스도인들은 기독교에 대한 그들 나름대로의 이해를 정의하고 분명히 밝히기 위하여 자신의 신학적 입장들을 제시하였다.

근대에 들어와서는 비록 상황은 변하였지만 변증법의 중요성은 결코 줄어들지 않았다. 우리는 이제 수많은 경쟁적인 세계관들과 종교들의 한가운데에서 우리의 신앙을 제대로 밝혀서 기술(記述)하도록 요청받고 있다. 기독교적 헌신이 우리 세계의 중대한 문제들과 필요들에 어떻게 적용될 수 있는지를 이해하기 위해서는 우리는 우리의 메시지의 내용 및 그 메시지가 오늘날의 여러 대안들과 어떻게 다른지를 분명히 하지 않으면 안 된다.

(2) 또한 신학 작업은 하나님의 백성에게 가르침을 베풀어야 할 필요성으로부터 나온 결과이다(요리문답). 개종자들에게 신앙을 가르치는 일은 특히 중요하다. 왜냐하면 새 신자들이 성숙한 신앙인이 되기 위해서는 기독교의 근본들에 대하여 가르침을 받지 않으면 안 되기 때문이다(엡 4:11-14).

처음부터 기독교 지도자들은 가르침의 과제와 관련하여 신학이 중요하다는 것을 인식하여 왔다. 이미 주후 2세기에 교회는 이교(異敎)에서 개종해온 많은 개종자들을 가르치는 도구로서 교리에 대한 정교한 요약들을 고안해 냈다. 그 이후로 하나님의 백성은 "너희는 가서 모든 족속으로 제자를 삼아 … 그들을 가르치라"는 교육적인 위임명령을 성취하는 일에 있어서 신학자들이 그들을 돕기를 지속적으로 기대하여 왔다.

(3) 신학적 과제를 위한 세 번째 추진력은 그리스도인들은 성경이 가르치고 있는 기본적인 주제들을 요약된 형태로 만들어야 할 필요성을 항상 느껴 왔다는 것으로부터 나온다(성경의 요약). 사실 이렇게 성경을 요약하는 경향은 이미 성경 안에 존재한다. 구약 시대에 히브리 백성은 그들에게 말씀하신 하나님과의 만남

또는 체험으로부터 생겨난 하나님의 본질에 대한 그들의 이해를 요약적으로 제시하곤 했다(신 6:4-5; 26:5-9). 신약성서도 마찬가지로 특히 구원의 본질과 그리스도의 인격에 관한 요약적인 신학적 진술들을 포함하고 있다(고전 15:3-8, 빌 2:6-11; 딤전 3:16). 조직신학자들은 이러한 성경 본문들로부터 단서를 얻어서 전통적으로 하나님의 존재와 은혜에 의한 구원에 초점을 맞추어 성경의 주요한 주제들을 조직적인 방식으로 통합하고자 시도하여 왔다.

신학을 성경적 교리의 요약으로 이해하는 태도는 교회사 속에서 명문 혈통을 자랑한다. 종교개혁 이래로 많은 보수적인 신학자들은 이러한 측면을 신학의 유일한 기능은 아니라 할지라도 신학의 중심적인 기능으로 다루었다. 그리고 그들은 성경 요약이라는 신학의 초점을 학문의 본질에 대한 근대적 개념들과 결부시켰다. 자연계가 과학자들의 탐구에 순응하여 밝혀지듯이, 성경의 가르침도 객관적으로 이해될 수 있다고 그들은 주장하였다. 이러한 전제의 결과로 자연과학이 자연계의 수많은 사실들을 조직화하는 것이듯이, 조직신학은 일차적으로 성경의 "사실들"(facts)을 조직하는 것이 된다. 우리는 이것을 "성구사전식"(concordance) 또는 "명제주의적"(propositionalist) 접근방법이라고 부를 수 있을 것이다.

오늘날 신학에 대한 성구사전식 이해를 주장하는 사람들은 위대한 개신교 스콜라주의자들[13]과 1800년대의 프린스턴 신학자들의 유산을 자신들이 물려받고 있다고 주장한다. 자신들의 선조들을 따라서 그들은 진리를 명제적이고(일련의 올바른 주장들로 구성된) 불변적인 것으로 이해한다. 따라서 명제주의자들은 무시간적이고 문화를 초월하는(culture-free) 진리에 관한 진술을 만들어내기 위하여 신학을 모든 문화적 배경으로부터 해방시키고자 한다.[14] 그들에게 올바른 신학이란 성

---

13) 개신교 스콜라주의에 종종 연관되며 프린스턴 사상가들에 대한 그의 연결을 통해 복음주의에 지대한 영향을 끼쳤던 신학자는 프란시스 투레틴(Francis Turretin, 1623-87)이다. 투레틴의 공헌에 관한 논의를 위하여, Richard A. Muller, "Scholasticism Protestant and Catholic: Francis Turretin on the Object and Principles of Theology," *Church History* 55/2 (June 1986): 193-205를 보라.

14) 프린스턴 신학자들에게 있어서 이러한 사고의 뿌리들에 관한 진술을 위하여, David F. Wells, "An American Evangelical Theology: The Painful Transition from Theoria to Praxis," in *Evangelicalism and Modern America*, ed. George Marsden (Grand Rapids; Eerdmans, 1984), 85를 보라. 이렇게 성경적으로 강조된, 복음적인 명제주의의 옹호자들 가운데 그 누구도 20세기 후반기에 가장 현저한 복음주의 신학자로 불리어진, 칼 헨리(Carl F. H. Henry)보다 더 지칠 줄 모르는 불굴의 학자는 없었다. 헨리의 신학

경의 진리를 보편적으로 참되고 보편적으로 적용가능한 일련의 명제들로 아주 잘 결정화(結晶化)시켜 놓은 신학이다.[15]

성구사전식 신학 모형은 보수적인 사상가들 사이에서 여전히 인기를 누리고 있음에도 불구하고 강력하게 도전을 받아 왔다. 신정통주의 사상가들은 계시가 초자연적인 지식을 드러내주지 않는다고 특히 세차게 몰아부쳤다; 계시는 하나님에 관한 일련의 명제들을 드러내주는 것이 아니다. 도리어 계시 속에서 하나님은 인간의 인격을 만난다.[16] 신정통주의의 비판에 맞서 보수주의자들은 "명제적"(propositional) 계시와 "인격적"(personal) 계시의 철저한 분리를 인정하기를 거부하였는데, 이는 옳은 것이었다.[17] 그렇게 함으로써 그들은 명제주의에 내포된 기본적인 통찰을 강조한다: 우리의 신앙은 객관적으로 계시된 하나님의 계시와 결합되어 있다. 하나님은 진리 — 바로 하나님 자신 — 를 우리에게 전해주셨다.

신학에 대한 성구사전식 이해는 그 긍정적인 기여들에도 불구하고 한 가지 결정적인 결함을 지니고 있는데, 그것은 신학의 상황적 성격에 대해 적절한 관심을 기울이고 있지 않다는 것이다. 신학적 성찰은 언제나 특정한 역사적 상황 안에서 및 그 상황과 관련하여 일어난다. 따라서 모든 신학적 주장들은 역사적으로 조건지워진다. 명제주의자들의 전제와는 반대로 신학은 본질상 상황적인 학문분과(a contextual discipline)이다.[18]

신학의 상황적 성격은 성구사전식 모형을 불완전한 것으로 만들어 버린다. 그렇다면 과연 무엇이 신학에 대한 좀 더 완전한 인식이 될 수 있는가?

과 의미에 관한 논의를 위하여, Stanley J. Grenz and Roger E. Olson, *Twentieth Century Theology: God and the World in Transitional Age* (Downers Grove, IL: InterVarsity, 1992), 288-97을 보라. (「20세기 신학」: IVP)

15) 복음주의 신학의 이러한 특징은 Wells, "An American Evangelical Theology," 86에 의해 지적되었다.

16) John Baillie, *The Idea of Revelation in Recent Thought* (New York: Columbia University Press, 1956), 17-40.

17) 예를 들어, Millard J. Erickson, *Christian Theology*, three volumes (Grand Rapids: Baker, 1983), 1: 196을 보라.(「복음주의 조직신학」:크리스챤다이제스트)

18) 여러 복음주의자들이 그들의 보수적인 동료들에게 이러한 현실에 대해 경계했다. John Jefferson Davis, *Foundations of Evangelical Theology* (Grand Rapids: Baker, 1984), 67.

신학과 교회의 과제. "이야기"(또는 서사, narrative)에 대한 오늘날의 관심은 신학에 대한 좀 더 적합한 이해로 나아갈 수 있는 하나의 유익한 통찰을 제공해준다.[19] 서사(敍事) 사상가들은 신학을 역사 속에서의 하나님의 행동에 관한 이야기와 결부시켜 이해해야 한다는 것을 우리에게 상기시켜 준다. 이러한 독창적인 주장은 중요한 함의(含意)들을 지닌다.

그 중 한 가지 함의는 우리는 신학이라는 과제를 오직 "내부로부터"(from within)만, 즉 우리가 발을 딛고 서 있는 신앙 공동체라는 거점(據點)으로부터만 추구할 수 있다는 것이다. 그러나 왜 그러한가? 왜 신학은 본질상 교회의 학문분과인가? 신학과 신앙 공동체 간의 연관성은 그리스도인의 정체성이 어떻게 형성되는지에 대한 구체적인 이해로부터 생겨난다.

서사 신학자들은 근본적으로 세계 안에서의 하나님의 행동들에 관한 이야기를 통해서 우리에게 전해지는 하나님의 계시된 진리가 그리스도인의 정체성을 만들어내는 "기초 문법"(basic grammar)을 형성한다고 바르게 지적한다. 진리는 우리가 누구인지 — 그리스도인들, 하나님의 자녀들 — 를 확정해준다. 자유주의의 몇몇 조류들이 주장하는 것과는 달리, 그리스도인의 정체성은 단순히 우리의 경험의 산물이 아니다. 오히려 중요한 의미에 있어서 하나님의 이러한 진리, 즉 반복해서 전해진 이러한 이야기가 우리의 경험을 만들어낸다(create).[20] 그러나 정체성을 만들어내는 이 경험은 고립된 개인들로서의 우리의 경험이 아니다. 우리의 정체성은 공동체 안에서 — 교회 안에서의 하나님의 백성의 교제 안에서 — 생겨난다.

서사 신학자들의 이러한 통찰은 인문학(human sciences) 내에서의 최근의 연구성과들에 빚진 바 크다. 광범위하고 다양한 분야의 학문들에 종사해온 사상가들은 인식론 및 정체성 형성에 대한 좀 더 깊은 이해를 발전시키기 위해서 모더니즘적인 사고방식의 특징을 이루는 자율적인 개인에 대한 강조를 넘어서고자 노력해 왔다. 그들은 인식 과정, 그리고 어느 정도는 세계에 대한 체험은 어떤 사람이 참여하고 있는 사회 공동체에 의해서 매개된 개념적인 틀 안에서만 일어날 수 있

---

19) 이야기 신학의 묘사에 관하여, Grenz and Olson, *Twentieth Century Theology*, 271-85.
20) 예를 들어, 피녹의 복음주의 신학 방법에 관한 진술을 보라. Clark H. Pinnock and Delwin Brown, *Theological Crossfire: An Evangelical-Liberal Dialogue* (Grand Rapids: Zondervan, 1990), 45. 이 점은 George Lindbeck, *The Nature of Doctrine* (Philadelphia: Westminster, 1984), 80에 진술되고 있다.

다는 이론을 제시한다. 마찬가지로 인격적 정체성도 사회 구조들 안에서 형성된다. 우리는 전통들과 신념들이 서로 복잡하게 뒤얽혀 있는 그물망을 통해서 세계와 우리 자신을 이해한다. 세대에서 세대로 대물림되는 이러한 그물망 — 신념 체계 — 은 우리가 문제를 제기하거나 대답을 할 때에 사용하는 범주들 또는 표현들을 제공해 주는 역할을 함으로써 우리의 삶을 형성시킨다. 신념의 그물망은 정체성 형성이라는 지속적인 과정이 일어나는 사회 집단에 의해 우리에게 전달된다.[21]

오늘날 이처럼 공동체가 초점으로 부각되고 있는 것은 삶에 대한 종교적인 관점과 직접적으로 결부되어 있다. 그리스도인으로서 우리는 종교 체험 — 신적인 것과의 만남 — 이 우리의 자기정체성의 토대가 된다고 주장한다. 성경의 전통에 따르면, 인간과 하나님의 만남의 목표는 하나님과 계약 관계에 있는 백성의 공동체를 세우는 것이다. 우리는 세례로 상징되는, 그리스도 안에서의 하나님의 구원 행위에 관한 선포에 대한 믿음의 응답을 통해서 그러한 공동체에 들어간다. 따라서 하나님을 만나는 경험 및 그러한 경험을 촉진시키는 개념적인 틀은 종교적 공동체 — 교회 — 의 상징들, 이야기들, 거룩한 문서들을 통해서 우리에게 매개된다.

신자들의 신앙과 정체성에 있어서 그리스도인 공동체의 중요성은 신학의 본질에 대한 우리의 이해를 위해서도 중요한 함의(含意)들을 지닌다. 신학은 하나님의 백성의 삶 속에서 한 몫을 한다. 신학의 목적은 궁극적으로 "실천적"이다; 그것은 그리스도인의 삶 및 실천과 관련되어 있다.[22] 성경의 이야기는 우리 자신과 세계에 대한 우리의 체험을 바라보는 개념적인 틀을 위한 토대가 된다. 신학자들은 그리스도인 공동체 속에서 우리가 공유하는 개념적인 틀과 신념 체계를 자세하게 진술하는 역할을 담당한다.[23]

---

21) Charles Tayler, *Source of the Self: The Making of the Modern Identity* (Cambridge, Mass.: Harvard University Press, 1989), 25-40.
22) 이러한 이해는 Niklas Luhmann의 신학의 사회학과의 접촉점들을 반영한다. 루만의 입장의 요약과 평가를 위하여, Garret Green, "The Sociology of Dogmatics: Niklas Luhmann's Challenge to Theology," *Journal of the American Academy of Religion* 50/1 (March 1982): 19-34를 보라.
23) 매우 강력하게 최근의 목소리들이 신학의 근본적으로 실천적인 본질을 설명하고 있는데, 피터 슬라터(Peter Slater)는 신학자들 사이에 그들의 학문이 "개인적이든 집단적이든 간에, 신실한 자들을 위해 봉사하며, 그것은 좀 더 신실하게 그들이 살도록 할 때

그러므로 신학은 신앙 공동체의 과제이다; 즉, 신학은 공동체적 행위라는 말이다. 신학은 그리스도인 공동체가 나사렛 예수의 역사(history)를 중심으로 한 하나님의 활동 속에서 하나님을 만났던 백성들, 그 결과로 오늘날의 세계 속에서 하나님의 백성으로 살아가고자 하는 백성들의 신앙을 성찰하고 진술하는 것이다. 따라서 궁극적으로 조직신학의 명제들은 조직신학이 봉사하고자 하는 바로 그 공동체의 정체성과 삶 속에서 자신의 원천와 목표를 발견한다. 사실 우리가 신학을 하는 데에는 우리가 교회에 속해 있다는 것 이외의 다른 이유가 필요치 않다. 그리고 시오도어 제닝스(Theodore Jennings)가 올바르게 지적하고 있듯이, 신학적 성찰은 "누구를 대신한"(on behalf of) 성찰, 즉 공동체, 전통, 세계를 대신한 성찰이다.[24]

신학과 다른 개념들과의 관계성

기독교 신학은 기독교에 속한 사람들에게 정체성을 부여해 주는 신념 체계에 대한 성찰이자 진술이다. 하나의 지적인 작업으로서 신학은 신앙 공동체 안에서 추구되는 학문분과이다. 그러나 이것으로 인해서 신학은 그것이 속해 있는 좀 더 광범위한 영역 안에 포함되어 있는 그 밖의 다른 활동들과 어떻게 다른 것인지에 관한 질문이 생겨난다. 좀 더 구체적으로 말한다면, 그리스도인의 삶의 토대를 이루는 신앙의 행위, 신학과 어느 정도의 유사성들을 공유하는 종교학, 전체로서의 실재(實在, reality)에 관하여 진술하고자 하는 그 밖의 몇몇 지적인 학문분과들과 신학은 과연 어떤 관련에 있는 것인가?

신학과 신앙. 신학이 신앙에 대한 성찰이라면, 신학과 개인적인 신앙은 밀접하게 연관되어 있음에 틀림없다. 그럼에도 불구하고, 우리는 이 둘을 혼동해서는 안 되는데, 이 둘은 한 가지 중요한 점에서 서로 다르기 때문이다.

신앙은 본질상 직접적인(immediate) 것이다. 신앙은 한 인간이 예수 안에서의 하나님의 계시에 대한 공동체의 증언에 의해 매개된, 그리스도 안에서의 하나님의

가장 적절하게 봉사한다"는 하나의 합의를 발견한다. Peter Slater, "Theology in the 1990s," *Toronto Journal of Theology* 6/2 (Fall 1990): 289.

24) Theodore W. Jennings, Jr., *Introduction to Theology* (Philadelphia: Fortress, 1976), 179.

인격과의 만남으로부터 생겨난다. 그러므로 개인적인 신앙은 신앙 공동체에의 참여를 수반하는 하나님의 부르심에 대한 우리의 응답이다.

개인적인 신앙은 우리 영혼의 모든 측면들에 미친다. 신앙은 우리의 지성에 영향을 미친다. 신앙이라는 응답을 통해서 우리는 실재(實在)에 관한 몇몇 주장들을 진리로 받아들이고, 그 결과 우리는 세계를 특정한 방식으로 바라보게 된다. 신앙은 우리의 의지에도 영향을 미친다. 신앙은 타자(他者) ─ 예수 그리스도 안에 계시된 하나님 ─ 에 대한 우리 자신의 의지적인 헌신을 수반하고, 그 결과 우리는 예수의 제자들과 더불어 헌신의 교제(fellowship)를 이루게 된다. 신앙은 정서들에도 영향을 미친다. 왜냐하면 신앙은 우리를 구원하시는 분에 대한 마음으로부터 우러나오는 사랑이고, 그 사랑은 다른 사람들에 대한 사랑으로 전환되기 때문이다.

또한 신앙은 신학자들의 탐구의 초점이다. 그러나 신학자들이 던지는 질문들은 교회에서 묻는 신자의 마음속에 믿음이 있느냐에 관한 실존적인 질문들이 아니라, 신자의 헌신의 본질과 대상에 관한 좀 더 학문적인 질문들이다: 우리는 무슨 교리들을 신봉하는가 ─ 우리는 어떤 주장들을 실재의 본질에 관한 유익한 성찰들로 받아들이는가? 개인적인 헌신의 본질은 무엇인가 ─ 헌신한다는 것은 무엇을 의미하는가? 우리는 누구에게 우리 자신을 헌신하는 것인가 ─ 어떤 진술들이 우리의 신앙의 원천이자 대상이신 하나님의 본질을 표현하고 있는 것인가?

이런 식으로 신학의 초점은 신앙 공동체가 지닌 신앙의 지적 차원에 두어진다. 신학자들은 신앙을 논의와 성찰의 주체(subject)로 본다. 신학자들은 자신의 학문을 언어로 표현해야 하기 때문에 신앙 가운데서 특별히 지적인 측면을 분리시켜서 그것을 조명하고 해명하고 진술하고자 한다.

신앙과 신학의 구별은 신앙이 우선이고, 신학은 "이차적인" 시도라는 것을 보여준다.[25] 신학은 신앙에 의해서 요구된다: 우리가 우리의 신앙의 실체를 성찰하고 그 내용을 진술하고자 할 때, 신학은 생겨난다.

또한 이러한 구별은 우리에게 전문적인 신학자들이 반드시 다른 그리스도인들보다 더 큰 믿음을 지닌 사람들인 것은 아니라는 것을 상기시켜준다. 신학자들은 교회(종종 학문 공동체와 협력하여)에 의해서 그들의 사고 능력을 사용하여 신앙

---

25) Lindbeck, *The Nature of Doctrine*, 80을 보라.

에 봉사하도록 요청받은 사람들이다.[26] 그들은 신앙의 본질과 내용, 그리고 기독교 신앙을 어떻게 삶에 적용할지를 이해하기 위하여 자신의 지적인 능력을 활용한다. 그러므로 전문적인 신학자들은 자신의 직업을 통해서 하나님의 백성들이 그들의 신앙에 관하여 말할 수 있도록 돕는 일에 자신의 삶을 헌신하는 교회의 종들(servants)이다. 그럼에도 불구하고, 그리스도인들은 모두 신학적 성찰을 공유하는 것을 통해서 신학적 과제에 참여한다고 할 수 있다.

신학과 종교학. 신학과 신앙의 관계는 우리가 신학을 관련 학문분과인 종교학과 혼동해서는 안 된다는 것을 말해준다 — 비록 양자가 모두 신념 체계를 탐구 영역으로 삼고 있다고 할지라도. 종교학자들은 신념 체계들에 대한 학문적인 연구를 수행하는 것을 목표로 삼고 있다. 그들은 그들의 연구 주제를 접근함에 있어서 객관적이고 초연한 연구를 강조한다. 그들은 가급적 연구 대상인 특정 신념 체계에 대한 개인적 입장으로부터 벗어나 "외부로부터"(from the outside) 연구하고자 한다.

신학자들은 초연한 연구와 객관적 관찰 같은 학문적 연구의 여러 측면들을 완전히 무시하지 않으면서도 신앙 공동체를 배경으로 신앙에 접근한다. 신학은 신학을 수행하는 자 편에서의 신앙적 자세와 신앙 공동체에의 참여를 전제한다. 따라서 신학자들은 개인적 헌신의 관점에서 신앙의 본질과 내용에 관하여 말한다. 신학자들은 종교학자들과는 달리 자신의 학문을 수행하기 위하여 자신의 신앙의 헌신 또는 신앙 공동체에의 참여로부터 자신들을 전적으로 자유롭게 하고자 하지 않는다. 도리어 그들은 자기가 속해 있는 전통과의 교감 속에서 자신의 연구를 수행한다.

그러므로 신앙은 신학과 종교학의 차이를 보여 주는 핵심적인 요소이다. 이론상으로 말한다면, 종교학은 누구나 연구할 수 있지만, 신학적 과제는 연구 대상인 종교 전통에 속한 사람들만이 수행할 수 있다. 기독교에 대한 학문적인 연구는 기독교 전통에 속해 있는 사람들만으로 제한되는 것은 아니겠지만, 실제적인 그리스도인이 아니고는 어느 누구도 기독교 신학자라고 할 수는 없을 것이다.

---

26) Brunner, *The Christian Doctrine of God*, 73.

신학과 과학. 기독교 신학의 전체적인 과제는 실재(實在)에 대한 기독교 특유의 이해, 즉 나사렛 예수 안에서 계시된 하나님에 대한 신앙의 눈을 통해 세계를 바라보는 것을 제시하는 것이다. 이러한 결론은 신학과 자연/사회과학은 두 학문 모두 현실에 관한 모종의 이해들을 제시한다는 점에서 어느 정도 유사성이 있다는 것을 보여 준다. 신학자들은 과학자들과 공통의 탐구 영역 — 우주, 특히 인간 존재 — 을 공유하고 있다. 그리고 신학자들은 자신의 작업에 과학의 발견물들을 사용한다.

과학과 신학은 공통의 연구 주제에도 불구하고 목적과 방법에 있어서 서로 제 갈 길을 간다. 과학자들은 우주에 대한 경험적 관찰을 통해서 그들의 연구 대상들과 관련된 전제들을 실험하고 결론들을 도출해낸다. 이와는 대조적으로 신학자들은 자신의 과제를 세계에 대한 관찰로 제한하지 않는다. 왜냐하면, 신학적 지식은 신적인 계시를 인정하는 것으로부터 출발하기 때문이다. 더욱이 신학자들은 궁극적으로 그 연구 대상이 하나님 및 창조와 하나님의 관계라는 점에서 과학자들을 넘어선다. 그러므로 신학자들은 단순히 자연적인 현상들로서가 아니라 "창조"에 참여하는 존재들, 즉 창조주와 연관되어 있는 존재들로서의 인간과 우주 — 과학자들의 탐구 대상들 — 에 관심을 갖는다.

신학자들이 하나님과 실재 전체에 관하여 말한다는 점에서, 신학자들의 시도들은 형이상학(물리적 또는 경험적 관찰의 영역을 넘어서는 실재에 관한 연구)에 관심을 갖는 철학자들의 시도들과 서로 겹친다. 사실 신학자들은 흔히 철학적인 범주들을 자신의 주장들을 위한 배경으로 사용한다. 그러나 신학자들은 자신의 연구 주제를 신앙 공동체 내부의 관점으로부터 진술한다는 점에서 형이상학자들과 다르다. 신학자들은 철학자들과는 달리 나사렛 예수 안에 계시된 하나님에 대한 신앙의 눈을 통해 세계를 바라보는 기독교 특유의 실재관(實在觀)을 제시하고자 한다.

신학과 진리. 신학자들은 전체로서의 실재를 연구 대상으로 삼아서 신앙의 관점으로부터 설명해내고자 하지만, 그 어떤 신학 체계도 실재를 온전하게 파악하지는 못한다. 신학자가 연구하는 주제들 — 하나님, 인간, 전체로서의 세계 — 은 궁극적으로 인간의 지적 능력으로는 온전히 파악할 수 있는 것들이 아니다. 그러므로 모든 신학 체계는 한계를 갖게 된다. 그럼에도 불구하고, 인간의 마음은 실재에 관한 것을 파악할 수 있고, 따라서 신학 체계는 어느 정도 진리를 제시한다.
 진리를 제시하는 과제를 수행함에 있어서 신학자들은 지식 이론가들이 "모형"(models)이라 부르는 것들을 사용함으로써 도움을 받는다. 신학 작업에서 모형들의 역할에 대한 적절한 이해에 있어서 중요한 것은 오늘날의 과학철학에서 구분하고 있는 "모사 모형"(模寫 模型, replica model)과 "유비 모형"(analogue models)의 차이이다. 모사 모형은 실재를 좀 더 작고 쉽게 가시화될 수 있는 축소된 모형으로 재현해내고자 애쓰는 반면에, 유비 모형은 실재의 구조적 관계성들을 재현해내고자 한다.
 신학에 의해 만들어지는 모형은 전자라기보다는 후자의 유형에 속한다.[27] 신학 체계들은 모사(模寫), 즉 실재의 "축소 모형"을 제시하지 않는다. 신학 체계들이 제시하는 명제들은 일의적(一義的, univocal)이지 않다. 그러므로 그 어떤 신학 체계도 하나님의 본질 또는 하나님과의 관련성 하에서의 인간과 세계의 본질을 정확하게 언어로 재현해낸 것이라고 주장할 수 없다. 도리어 신학자는 신비하고 심지어 말로 표현할 수 없는 실재(realities)를 유비 모형을 통해서 설명함으로써 실재에 대한 이해를 제시하고자 한다. 우리로 하여금 실재의 심오한 신비를 이해할 수 있도록 도와주는 적절한 유비 모형으로서의 역할을 하는 조직신학은 이러한 실재에 대한 이해 과정에서 도움이 된다. 이러한 의미에서 신학 체계는 언제나 인간의 구성물(construct)이다.
 기독교 신학자들은 하나님, 창조, 역사에 대한 이해에 있어서 나사렛 예수가 지니는 의미에 초점을 맞춘다. 그들은 예수 그리스도가 하나님의 계획에서 차지하는 중요성, 예수에 대한 우리의 신앙이 모든 인간의 삶에 있어서 지니는 의미를 그리스도인 공동체가 설명하는 것을 돕고자 한다. 이러한 목적을 위해 신학자들은 그리스도 안에서의 하나님의 자기 계시라는 관점에서 실재에 관한 유비 모형을 구축한다.
 여기서 다시 한 번 우리는 신학이 이차적인 작업이고, 신학이 제시하는 명제들은 이차적인 진술들이라는 것을 알게 된다. 신학자들은, 예수의 역사(history) 속에

---

27) 신학의 유비적인 본질에 관한 짧은 논의를 위하여, Davis, *Foundations of Evangelical Theology*, 48-50을 보라. 과학과 신학 양자에 있어서 모델의 본질에 관한 좀 더 복합적인 탐구를 위하여, Sallie McFague, *Metaphorical Theology* (Philadelphia: Fortress, 1982): 67-144를 보라.

서의 하나님의 구원 행위에 관한 이야기에 대한 인간의 응답에 의해 형성되는 공동체의 세계관을 문화에 민감한 언어를 통해서 제시한다.

신학이 지니는 이차적 성격은 신학적 진술들(declarations)이 그 어떠한 존재론적인 주장들을 할 수 없다는 것을 의미하지는 않는다. 신앙 공동체의 개념적 틀은 본질상 그 구성원들이 알고 경험하게 된 세계와 신적인 실재에 관한 진리를 표현하기 위한 의도를 은연중에 내포하고 있다. 이러한 이유로 신학은 반드시 진리에 관한 추구를 수반한다. 신학자들은 우리가 인간적인 경험과 세계에 관해 알고 있는 것과 일치하는 기독교적인 세계관을 제시하고자 하는 목적을 가지고, 인간적 지식을 다루는 다른 학문들과 대화한다. 그들은 인간과 우주를 하나님의 실재와 관련되어 존재하는 것으로 이해하고자 한다. 그렇게 함으로써 그들은 하나님 및 세계 안에서의 하나님의 목적들에 관한 좀 더 온전한 설명을 만들어내고자 한다.[28] 그러나 신학적 진술들 속에 함축되어 있는 존재론적인 주장들은 실재에 관한 하나의 모형을 제시하고자 하는 신학자의 의도의 결과물이다.

신학적 과제의 변함없는 본질

신학은 상황적인 학문이다. 신학자들은 단순히 무시간적이고 고정된 정통교리를 풍부하게 하고, 가다듬고, 변호하며, 전달하는 것이 아니라, 신앙의 행위, 신앙이 지향하고 있는 하나님, 구체적인 역사적 및 문화적 상황 안에서, 그 상황을 위하여, 그리고 그 상황에 대하여 우리의 신앙이 지니는 함의(含意)들을 신앙 공동체의 내부로부터 설명하고자 한다.

물론, 예수 안에 계시된 하나님에 대한 근본적인 기독교적 신앙의 헌신은 변하지 않는다. 그러나 우리가 그러한 고백을 행하는 바로 이 세계는 유동적이다. 그 결과 신학자들은 모종의 전달자 역할을 한다. 그들은 기독교 전통 내부의 관점에서서 교회가 그리스도이신 예수에 대한 신앙고백을 오늘날의 상황에 적용하는 것을 돕고자 한다. 그들은 이러한 신앙고백을 자신들이 속한 문화의 사고 형태들로 표현하고, 그 사회 및 역사적 상황 속에서의 삶에 대한 기독교적 신앙고백의 함의들, 관련성, 적용을 보여 주고자 한다.

---

28) Douglas F. Ottiti, "Christian Theology and Other Disciplines," *Journal of Religion* 64/2 (April 1984): 182.

그러므로 신학이라는 학문이 지닌 상황적 성격은 신학적 성찰에 있어서 오늘날의 사고 형태들을 사용할 것을 요구한다. 이러한 이유로 신학자들이 사용하는 범주들은 필연적으로 문화 및 역사에 의해서 조건지워지고, 신학자는 "시대의 자녀"(child of the times)임과 동시에 그 시대를 향한 전달자가 된다. 교회가 하나님의 말씀을 전하는 상황은 유동적이기 — 시간과 장소에 따라 변하기 — 때문에, 교회가 인간 사고의 다양하고 변화하는 흐름 속에서 자신의 신앙고백을 표현하고 적용하는 것을 돕는 신학의 과제는 결코 끝나지 않는다. 신학이 봉사하는 교회 및 사회들과 마찬가지로, 신학은 언제나 도상에(in via) — 진행중에 — 있다. 그리고 신학자는 순례하는 백성들을 위하여 봉사하는 순례 사상가(a pilgrim thinker)이다.[29]

신학 작업에 있어서의 위험들

위에서 설명한 신학에 대한 이해는 기독교 신학자가 직면하는 여러 가지 위험들을 시사해준다. 우리는 이러한 위험들 가운데 특히 세 가지에 주의해야 한다.

대체(substitution). 가장 방심할 수 없는 위험들 가운데 하나는 대체(代替)의 유혹이다. 신학자들은 개인적인 신학화(神學化)를 너무도 안이하게 진정한 인격적인 신앙의 대체물로 만들어 버린다. 우리는 삼위일체 하나님과 살아 계신 그리스도에 대한 헌신을 하나님과 그리스도에 관한 우리의 교리들로 대체해서는 안 된다. 그리고 우리는 우리를 돌보시는 하나님을 신뢰하는 것이 아니라 신학 체계를 발전시킬 수 있는 우리의 능력을 신뢰하는 것을 피해야 한다.

또한 대체는 신학을 종교학으로 교묘하게 변질시키는 형태를 취할 수도 있다. 신학자들은 때로 철저한 객관성을 지향함으로써 그들의 소명(召命)의 중심을 이루는 삼위일체 하나님에 대한 신앙의 헌신의 관점을 놓쳐버리곤 한다. 이것의 종국적인 결과는 기독교를 단순히 학문적인 연구를 위한 대상, 여러 종교들 가운데 하나의 종교라는 지위로 변질시켜 버리는 것이다.

---

29) 예를 들면, Daniel B. Stevick, *Beyond Foundationalism* (Richmond, Va.: John Knox, 1964), 69를 보라.

교조주의(dogmatism). 또한 기독교 신학자들인 우리는 교조주의의 유혹에 직면한다. 우리는 실재에 관한 하나의 모형을 실재 자체와 혼동하거나, 하나의 신학 체계를 진리 자체와 혼동함으로써 특정한 신학적 구성물 또는 특정한 신학자를 "정경화"(canonizing)할 위험성을 안고 있다. 모든 체계들은 실재에 관한 모형들이기 때문에, 우리는 모든 체계들이 지니는 잠정성(暫定性)과 불완전성을 충분히 인식하는 가운데 다른 모형들에 대한 개방적인 자세를 견지하여야 한다. 궁극적으로 신학은 인간의 작업이기 때문에, 교회의 과제를 위해 유익한 것은 분명하지만, 그럼에도 불구하고 여전히 인간의 구성물이다.

지성주의(intellectualism). 또한 우리는 지성주의를 스스로 경계해야 한다. 기독교 신학자들인 우리는 우리의 과제가 하나의 신학 체계를 구축해내는 일로 끝나는 것으로 생각하기 쉽다. 사실 하나의 "체계"를 고안해내는 일은 그 일이 아무리 중요하다고 할지라도 신학자가 추구하는 궁극적인 목적이 아니다. 오히려 우리는 세계 안에서 신자의 삶 및 신앙 공동체의 삶에 도움을 주기 위하여 신앙에 대한 성찰을 수행하는 것이다.

신학적 성찰은 그리스도인의 삶에 변화를 가져와야 한다. 교리적 표현의 목적은 그리스도인이 신앙의 헌신 속에서 살아가야 할 방식들을 분명히 밝혀내고자 하는 것이다. 마찬가지로 교리적 표현은 그리스도인들에게 그들의 헌신에 부합하게 살아가도록 동기를 부여해야 한다. 요약하면, 신학이라는 물줄기는 흘러 넘쳐서 윤리로 이어져야 한다는 말이다. 우리의 신학 작업이 이것에 미치지 못할 때마다, 우리는 우리의 소명에 순종하는 데 실패해 왔다.

신학적 방법론

신학자로서 우리가 믿음의 공동체의 신앙적 헌신에 대한 지적인 성찰에 참여하는 목적은 우리가 하나님의 백성으로 살아가야 하는 사회적·역사적 상황 속에서의 윤리적인 삶으로 전환되는 참되고 경건한 영성을 촉진시킬 수 있는 실재에 관한 모형을 구성해내는 것이다. 우리의 과제는 우리가 그리스도인으로서 공유하는 신앙의 헌신에 대한 의식적인 성찰 — 우리가 살아가고 봉사하는 상황 안에서 — 이다. 그러나 우리는 어떻게 이러한 작업을 수행하는가?

유익한 신학을 발전시키는 데에 결정적으로 중요한 것은 신학적 구성을 위한 적절한 자료들을 사용하는 것과 우리의 신학 체계를 기술하기 위한 타당하고 유익한 중심축이 될 수 있는 주제(integrative motif)를 선택하는 것이다. 이제 우리의 신학적 방법론의 이러한 측면들에 대해서 살펴보기로 하자.

신학을 위한 자료들

신학은 저절로(sui generis) 생겨나는 것이 아니다. 신학자들은 자원들(resources)의 도움 없이는 이러한 과제를 수행할 수 없다. 각각의 신학 체계는 신학자가 신학 작업을 수행하면서 사용하는 자료로서의 역할을 하는 몇몇 규범들을 반영하고 있다. 그러나 정확히 우리가 어떤 자료들을 사용할 수 있는지에 대해서는 신학자들의 견해는 천차만별이다.

종교개혁 시대의 논쟁. 신학적 방법론에 관한 논쟁은 기독교 시대의 초기 세기들 때부터 교회 안에 존재해온 것이지만 종교개혁 시대 동안에 비로소 첨예하게 대두되었다. 1500년대 이후의 논의들 속에서 문제가 된 것은 신학적 방법론과 관련해서 다른 신학적 자원들과 대비하여 성경의 역할이 어떠한가 하는 것이었다.

중세 시대에는 한 가지 방법론이 로마 가톨릭 사상의 표준적인 견해가 되었다. 이 방법론은 올바른 교리의 두 가지 원천을 전제하였다. 물론 첫 번째 규범은 성경 — 좀 더 구체적으로 말하면, 교회에 의해 정경화되고, 교회의 가르치는 직임, 즉 교도권(敎導權, magisterium)에 의해서 해석된 성경 — 이었다. 두 번째 규범은 교회에 의해서 전수되고 때로 증보된 사도적 전승이었다. 이러한 규범들은 신학적 진리의 원천이 되는 두 가지 자료였다.

개신교의 종교개혁의 토대가 된 것은 신학의 두 가지 원천에 대한 중세 시대의 집착에 대한 강력한 반발이었다. 이러한 관점의 변화의 선두에 서 있었던 마르틴 루터(Martin Luther)는 위에서 말한 옛 견해를 "오직 성경"(sola scriptura)을 기치로 내건 단순하지만 좀 더 강력한 접근방법으로 대체하였다: 성경은 신학을 위한 유일한 일차 자료이다. 나중에 몇몇 칼빈주의자들, 특히 영국의 청교도들은 루터의 입장을 더욱 정교하게 가다듬었다. 성경적 교리를 적절하게 설명하고자 했던 청교도들의 노력의 정화(精華)인 웨스트민스터 신앙고백은 교회 안에서 최종적인 권위는 "성서 속에서 말씀하시는 성령"이라고 천명하고 있다.[30]

상황화와 경험. 신학이라는 학문의 상황적 성격은 신학이 오직 성경을 근거로 진리를 구성하거나 체계화하는 것일 뿐이라고 하는 그 어떠한 주장도 배제한다. 상황화(contextualization)의 과정은 적어도 두 가지 축 — 그리스도 안에서의 하나님의 행위에 관한 복음의 자료로서의 성경과, 신학자가 성경의 메시지를 표현하는 수단으로 사용하는 범주들 중 적어도 일부의 자료로서의 당시의 문화 — 사이에서의 움직임을 요구한다. 비록 성경이 여전히 신학적 진술들의 일차적인 규범이어야 하는 것은 당연하지만, 상황화는 우리의 신학 작업의 배경을 이루는 문화의 사고 형태들과 사고방식을 진지하게 고려할 것을 요구한다. 그렇게 할 때에만 비로소 우리는 성경의 메시지를 우리의 특수한 환경 속에서 이해할 수 있는 언어로 설명할 수 있다.

20세기에 아마도 이러한 모더니즘적인 두 가지 규범(two-norm)을 사용한 접근방법을 가장 탁월하게 보여 주고 있는 것은 폴 틸리히(Paul Tillich)에 의해 제시된 저 유명한 "상관(相關)의 방법론"(method of correlation)일 것이다. 그의 접근방법은 철학에 의해 제시된 실존적인 질문들과 신학에 의해 설명된 계시적인 답변들 사이를 진자(振子)처럼 움직인다. 신학자들은 인간 실존에 대한 주의 깊은 탐구를 통해서 오늘날 인간이 직면하게 되는 심각한 질문들을 제기하기 위하여 철학을 사용한다. 그런 다음에 그들은 철학이 발견해낼 수는 있지만 대답할 수는 없는 인간 실존에 내포된 질문들에 대한 답변들을 만들어내기 위해 신적 계시에 관한 상징들을 사용한다. 틸리히에 의하면, 신학자의 전체적인 과제는 비판적 상호 연관 작업(critical correlation)을 통해서 질문들과 답변들을 함께 엮어내어 통합하는 것이다.[31] 신학이 제시하는 답변들은 계시로부터 도출되어야 하지만, 그 답변들은 인간의 실존적인 관심들에 대하여 말해줄 수 있는 형태로 표현되어야 한다. 따라서 신학자의 목표는 본래의 기독교 메시지에 충실하면서도 근대의 세속적인 사고 방식에 의해 제기된 질문들에도 그대로 적용될 수 있는 방식으로 계시의 답변들을 진술하는 것이다.

틸리히의 방법론에 대한 대안으로서 최근 여러 해 동안 인정을 받아 온 것은

---

30) "The Westminster Confession of Faith," 1. 10, in *The Creeds of the Churches*, ed. John H. Leith, third edition (Atlanta: John Knox, 1982), 196.

31) Paul Tillich, *Systematic Theology*, three volumes (Chicago: University of Chicago, 1953), 1: 22-28, 59-66.

소위 "웨슬리의 사변형"(Wesleyan quadrilateral)이다. 이 방법론을 옹호하는 자들은 신학은 네 가지 자료를 근거로 해야 한다고 주장한다:[32] 성경(적절하게 주석된 성경), 이성(과학과 인간의 추론에 의한 발견물들), 경험(개인과 공동체가 삶 속에서 겪은 일들), 전승(교회사 전체에 걸친 교회의 가르침들). 웨슬리파 교도들은 이 네 가지 모두를 타당한 것으로 보면서도 "규범을 만드는 규범"(norming norm)으로서의 성경[33] 또는 신학적 성찰을 위한 궁극적인 출발점으로서의 경험 등 다른 것들보다 어느 하나를 더 높게 평가하는 경향을 보여 준다.

웨슬리의 사변형은 문제가 없는 게 아니다. 아마도 이 방법론의 가장 심각한 난점은 경험을 다른 세 가지로부터 분리된 별개의 신학적 규범으로 보는 데 있다. 틸리히는 경험을 규범적인 지위에 올려놓는 그 어떠한 방법론에 대해서도 설득력 있는 비판을 제시한 바 있다. 그의 주장에 의하면, 경험은 신학의 자료가 아니라, 신학자로 하여금 신학의 자료들을 받아들일 수 있게 해주는 매개물이다.[34]

경험은 신학의 자료라기보다는 어떤 의미에서 신학적 과제의 초점이다. 신앙에 대한 성찰로서의 신학은 삶을 위한 의미들을 가져오는 행위로서 본질상 경험적이다. 신학자들은 우리의 경험을 조직하고 이해하는 것을 도울 수 있는 해석의 틀을 구축하기 위해서 적절한 자료들을 활용한다. 그러므로 신학은 어떤 의미에서 그리스도인의 경험에 대한 비판적 성찰이라 할 수 있다. 왜냐하면, 신학은 기독교 특유의 범주들에 맞춰서 하나님과의 만남을 설명하고 서술하는 것을 추구하기 때문이다.[35]

이러한 고찰을 한 걸음 더 진척시키면, 우리는 경험을 결코 해석되지 않은 채로 받아들이지 않는다는 한 가지 이유 때문이라도 경험은 신학 작업에 있어서 별개의 자료가 될 수 없다고 말할 수 있을 것이다. 경험은 언제나 어떤 해석의 틀이나 세계관에 의해서 걸러진다. 사실 "순수한 경험"이라는 것은 존재하지 않기 때

---

32) Clark Pinnock, *Tracking the Maze* (San Francisco: Harper and Row, 1990), 170-81.

33). Donald W. Dayton, "The Use of Scripture in the Wesleyan Tradition," in *The Use of the Bible in Theology: Evangelical Options*, ed. Robert K. Johnston (Atlanta: John Knox, 1973), 135.

34) Tillich, *Systematic Theology*, 1: 42.

35) 기독교 신앙의 진술을 제공하는 것으로서의 신학에 관한 상세한 논의를 위하여, Gerhard Ebeling, *Dogmatik des christlichen Glaubens*, three volumes (Tubingen: J. C. B. Mohr [Paul Siebeck], 1982)를 보라.

문에, 해석의 틀은 경험들의 수용을 촉진시킨다. 그러므로 경험은 경험의 수용을 가능하게 해주는 세계관으로부터 분리된 별개의 신학을 위한 자료로서의 역할을 할 수 없다.

반성되지 않은(unreflective) 개인의 경험은 본질상 전적으로 주관적인 것이기 때문에, 경험은 결정적으로 신학을 위한 적절한 자료가 될 수 없다. 경험에는 특정한 경험이 실재하는 것인지 아니면 상상에 의한 것인지, 또는 긍정적인 것인지 아니면 부정적인 것인지, 선한 것인지 아니면 악한 것인지를 판단할 수 있는 잣대가 결여되어 있다. 또한 경험은 보편성의 문제를 해결해주지 못한다: 그러한 경험은 모든 사람들에 대하여 규범적인 것인가, 아니면 단지 사적이고 개인적인 현상에 불과한 것인가?

우리는 하나님에 대한 우리의 체험과 하나님과 우리의 교제를 혼동해서는 안 되기 때문에, 인간과 하나님의 만남만이 신학자의 유일한 탐구 대상인 것이 아니다. 경험은 비록 신학을 위한 별개의 규범은 아니라 할지라도 여전히 신학 작업과 관련되어 있다.[36] 우리의 경험은 우리에게 유익한 정보를 제공해 준다. 왜냐하면, 경험은 우리가 인간과 하나님의 관계를 밝히는 데 도움을 주기 때문이다.

신학의 삼중 규범. 우리는 예수 그리스도 안에서 계시된 하나님에 대한 교회의 불변하는 신앙의 헌신을 특수한 역사적·문화적 상황 속에서 진술하려는 시도로서의 신학적 과제는 세 가지 방향을 염두에 두고 수행되어야 한다는 결론을 얻는다. 신학을 위한 세 가지 자료들 혹은 규범들은 성경의 메시지, 교회의 신학적 유산, 당대의 하나님의 백성들이 말하고, 살며, 행동하는 역사적·문화적 상황의 사고형식들이다.[37]

(1) 신학적 과제에서 일차적으로 중요한 것은 교회에 의해 정경화된 성경이다. 좀 더 구체적으로 말하면, 신학을 위한 일차적인 규범은 성경의 메시지이다. 신학자들로서 우리는 성경 속에 새겨져 있는 케리그마(kerygma)를 주목해야 한다. 신

---

36) 신학을 위한 자료로서의 경험에 대한 그의 거부에도 불구하고, 토머스는 이 점을 인식하고 있다. Owen C. Thomas, "Theology and experience," *Harvard Theological Review* 78/1-2 (1985): 197.

37) 유사한 진술을 위하여, Gabriel Fackre, *The Christian Story* (Grand Rapids: Eerdmans, 1984), 40을 보라.

앙은 역사 속에서의 자기 계시를 통하여 우리를 만나주시는 하나님에 대한 우리의 응답이기 때문에, 우리의 신학은 고대 문화들이라는 상황 속에서 선포된 복음을 진지하게 다루지 않으면 안 된다. 우리는 이스라엘, 예수, 초대 교회의 역사 속에서의 하나님의 구원 활동에 관한 이야기에 대한 선포의 궤적(trajectory)을 주목해야 한다.

몇몇 신학자들은 복잡한 서설(序說)을 통해서 그들의 교의학적인 작업들을 위한 토대가 되는 성경이 얼마나 풍부한 자원인가를 확증하기 위한 세심한 시도들을 그들의 조직신학적 서술에 대한 서문으로 붙여 놓는다. 이러한 목적을 위해 그들은 외적으로 검증 가능한 "기적들"(성취된 예언들과 같은)과 성경 자체의 자신에 대한 주장들에 대한 호소들을 포함한 일련의 증거들을 통해서 성경의 신적인 본질을 논증한다.

그러나 신학 속에서의 성경의 역할을 확증하고자 하는 그와 같은 모든 시도들은 궁극적으로 불필요한 것들이다. 신학적 과제를 수행하면서, 우리는 신학이 신앙 공동체의 한 구성부분이라는 사실을 토대로 성경의 권위를 전제할 수 있다. 성경은 보편적으로 인정된 기독교회의 토대가 되는 문서이기 때문에, 성경의 메시지는 그 공동체의 신앙의 조직적인 진술을 위한 중심적인 규범으로서의 기능을 한다.

따라서 성경의 신적 기원(authorship) 또는 계시로서의 성경의 지위를 입증하고자 하는 시도를 우리의 신학에 대한 서설(序說)로 삼을 필요가 없다. 조직신학적인 작업을 착수하는 데에는 공동체의 신앙에 대한 성찰이라는 신학 자체의 본질만으로 충분하다. 그리고 공동체의 책이자 초기 공동체들 및 오늘날의 공동체 안에서의 케리그마, 즉 복음 선포의 원천이라는 성경의 지위는 이러한 신학 작업을 수행하면서 성경을 사용하기 위한 근거로 충분하다.

성경은 교회 안에서 성령이 만들어낸 문서이자 성령이 말씀하기 위하여 사용하는 도구로서의 기능을 한다. 그러므로 성경 및 성경의 권위에 관한 우리의 교리의 좀 더 온전한 서술은 성령론에서 다루어지게 될 것이다. 여기서는 단지 신학과 계시의 결합에 관한 몇 가지 언급만 해두면 된다.

신학자들은 언제나 그들의 학문을 어떤 식으로든 계시와 관련된 것으로 이해해 왔다. 우리는 계시를 하나님의 본성을 인간에게 알려주시는 하나님의 자기 계시의 행위라고 정의할 수 있다. 궁극적으로 계시는 종말, 즉 인간 역사의 최고의 절정에 나타난다. 그럼에도 불구하고, 하나님의 자기 계시는 인간 역사 속에 선취적으로

(proleptically, 맛보기의 형태로) 주어져 왔기 때문에 현재적인 실체이다.

성경은 하나님의 역사적 계시와 결부되어 있다. 성경 시대 전체에 걸쳐서 하나님 백성의 각각의 세대는 자신을 계시하시는 하나님과 새롭게 만났다. 성경은 하나님의 자기 계시에 대한 기본적인 증언과 옛 신앙 공동체들이 하나님께서 그들을 자신의 계약 백성으로 삼으셨다는 그들의 인식에 대해 어떻게 응답했는지에 관한 기록을 담고 있다. 이런 식으로 성경의 문서들은 모든 세대에 걸친 하나님의 백성을 가르치고 형성하는 규범(canon)으로서의 역할을 하여 왔다.

옛 히브리 공동체로부터 출현한 기독교회는 성경의 이야기 속에 나오는 여러 사건들, 특히 예수 그리스도께서 오신 사건에 의해 형성되었다. 신약성서의 문서들 속에 교회는 신자들이 히브리 성서의 빛과 맥락 안에서 이해했던, 그리스도 안에서의 하나님의 계시에 대한 가장 초기의 응답들과 함께 그 토대가 된 장엄한 사건들에 관한 기억을 보존해 두었다.

기독교 신학의 토대는 이러한 범례적인(paradigmatic) 사건들과 성경 속에 설명된 신앙 공동체 안에서의 그 사건들의 사용에 놓여 있다. 신학자의 과제는 오늘날의 공동체가 믿음의 백성으로서 하나님께서 인류의 구원을 위해 그리스도 안에서 나타나셨다는 메시지를 세상 속에서 선포하고 그 메시지에 따라 살아 가야 할 책임을 다할 수 있도록 돕는 것이다. 신학자들은 성경 안에서 발견되는 초기 공동체의 신앙을 근거로 이러한 작업을 촉진시킨다.

성경 속에 새겨진 초기 공동체의 이야기들과 주장들은 우리가 "규정적"(regulative) 기능이라 부를 수 있는 것을 지닌다.[38] 옛 믿음의 공동체는 오늘날의 지체들이 그들의 삶을 이해하고 세계를 경험할 수 있게 해주는 문화적·언어적 틀, 즉 일련의 상징들 및 개념들을 제공해준다.[39] 신학자들은 이러한 상징들과 개념들을 탐구하고 배열하여 그들이 섬기는 신앙 공동체를 위하여 통일된 전체 — 개념적인 틀 — 로 체계화한다. 그들은 성경의 문서들에 의거하여 오늘날의 세계 속에서의 신앙에 관한 중심적인 문제들을 탐구한다: 나사렛 예수 안에 계시된 하나님에 대한 신앙을 고백하는 사람들의 공동체가 된다는 것은 무엇을 의미하는가? 그리고 우리는 그러한 신앙고백을 오늘날의 상황 속에서 어떻게 표현하고 구

---

38) Lindbeck, *The Nature of Doctrine*, 18.
39) Ibid., 33.

체화할 수 있는가?

(2) 신학적 과제에 있어서 두 번째로 중요한 것은 과거의 신학적 논의들의 결론들을 보여 주는 교회사의 흐름이다. 교회는 자신이 처한 역사적·문화적 상황들 속에서 예수 안에 계시된 하나님에 대한 자신의 신앙을 끊임없이 표현하고자 하는 시도를 해 왔다.

과거의 신학적 진술들은 그것들이 현재에 있어서 우리의 신학적 탐구에 시사해 주는 바가 있기 때문에 오늘날에도 여전히 중요하다. 그것들은 신학이라는 소명을 수행하기 위한 과거의 시도들을 우리에게 상기시켜 주는 것을 통해서 우리에게 피해야 할 몇몇 함정들에 대하여 경각심을 일깨워줌과 동시에 현재 신학적 소명을 수행하고자 하는 우리의 시도들과 관련하여 전망 있는 몇몇 방향들을 가리켜준다.

몇몇 과거의 신학적 정식(定式)들은 그것들이 시간의 검증을 견뎌냈다는 점에서 특별한 의미를 지닌다. 신학적 진리의 "고전적인" 진술들 — 교회의 신학사에 있어서의 이정표들 — 로서 이러한 표현들은 모든 시대에서 구체적인 타당성을 지닌다. 우리는 수 세기에 걸친 신앙 공동체의 지체들로서 신학이라고 하는 이차적인 과제를 수행한다. 우리는 예수 그리스도의 하나의 교회에 참여하고자 — 즉, 하나님의 백성이라는 몸 전체와의 연속성을 유지하고자 — 하기 때문에 모든 세대에 걸친 교회의 교리가 되어 왔던 것들을 진지하게 다루지 않으면 안 된다. 이러한 교리는 수많은 세대의 그리스도인들 사이에서 폭넓은 인정을 받아 왔던 그러한 정식(定式)들로 표현되어 있다. 또한 이러한 교리는 우리가 오늘날의 상황 속에서 읽고 유익을 얻을 수 있는 여러 세기의 위대한 신학적 문헌 속에 담겨있기도 하다.

물론 과거의 신조들과 신앙고백들은 그 자체로 그리고 저절로 구속력이 있는 것은 아니다.[40] 그것들은 성경 및 우리의 문화적 상황에 대한 적용 가능성에 비추어 검증되어야 한다. 그럼에도 불구하고, 시간의 검증을 견뎌낸 교리적인 진술들은 교회의 신앙들의 내용에 대한 통찰력을 제공해준다. 그러나 그것들은 우리가 그것들을 그 역사적이고 철학적인 맥락들 안에서 이해할 때에만 가치가 있다. 특정한

---

40) 복음주의자들 가운데, 침례교인들은 신조주의(creedalism)를 둘러싼 문제들과 투쟁하는 하나의 중요한 목소리가 되고 있다. 이 교단은 일반적으로 어떤 신조를, 구속하는 권위로 고양시키는 것에 맞서 있다.

신조의 구체적인 표현(wording)이 아니라 그 신조가 담고 있는 의도가 오늘날의 신학에 중요하다. 리처드 멀러(Richard Muller)는 이렇게 말한다.

> 기독교 교리의 역사는 … 이단을 피하기 위하여 꼭 알아 두어야 할 일련의 신앙고백문들의 목록으로 축소되어서는 안 된다. 신앙고백문들을 연구하는데 있어서 중요한 문제는 기독교 메시지에 대한 그것들의 해석적 관계와 그것들이 특정한 역사적 상황들 속에서 그 메시지를 전달하고 또한 미래에 보전하는 데 기여한 역할을 이해하는 것이다.[41]

(3) 신학의 세 번째 자료는 오늘날의 문화의 사고 형식들이다. 신학자들은 언제나 기독교 신앙 공동체에 대한 자신의 이해를 표현하기 위한 개념들을 찾기 위해서 사회의 범주들을 주목해 왔다.[42] 이러한 과제는 오늘날에도 계속된다.

신학은 교회가 하나님의 백성으로서 살아가도록 부르심 받은 세계 안에서의 기독교 신앙의 헌신을 성찰하는 것을 포함한다. 이러한 명령을 성취하기 위해서 — 오늘날의 사회가 이해할 수 있는 방식으로 말하기 위해서 — 신학자들은 지속적으로 문화에 귀를 기울이는 과제를 갖고 있다.[43] 그렇게 할 때에만 우리는 교회가 자신의 세계관을 현재의 사고 형식들을 통해서 표현하고 현재의 문제점들과 전망들에 대하여 자신의 견해를 말하는 일을 도울 수 있는 신학들을 구성해낼 수 있다. 마찬가지로, 신학이 진정으로 조직적이고 의미있는 것이 되도록 하기 위해서는 신학자들은 인류의 지식과 관련된 다양한 분야들의 발견들과 통찰력들을 고려

---

41) Muller, *The Study of Theology*, 114-15.
42) 예를 들면, 그리스도의 사역에 관한 신학적인 설명들은 문화를 둘러싸고 있는 사회학적이고 정치적인 현실성들로부터 나왔다. 그러므로, 안셀무스가 매우 날카롭게 지적했듯이, 중세 초기의 새로운 봉건주의는 속죄에 관한 오래된 속전 이론(그리스도는 마귀로부터 우리의 속전이셨다)에서 좀 더 새로운 만족 이론(그리스도의 죽음은 우리의 죄에 의해 침해받으신 하나님의 영예를 위해 제공된 만족이셨다)에로의 교체를 요구했다. 후에, 봉건 사회가 국가 정부들의 시대로 흘러갈 때에, 만족 이론은 형벌-대리적인 이해(이는 신적인 법률을 범한 자들인 우리에게 하나님의 정의의 막대기로 형벌을 주는 것으로 그리스도를 이해한다)에 그 자리를 내어 주었다. Robert S. Paul, *The Atonement and the Sacraments* (New York: Abingdon, 1960), 66-72, 91-109를 보라.
43) 문화의 신학적인 사용과 연구에 관한 논의를 위하여, Robert J. Schreiter, *Constructing Local Theologies* (Maryknoll, N. Y.: Orbis, 1985), 39-74를 보라.

하고, 기독교 신앙이 인간의 진리 탐구에 유효하다는 것을 보여 주고자 노력해야 한다.

그러나 무엇보다도 신앙 공동체의 역사적·문화적 상황은 신학에 있어서, 특히 신학적 성찰의 핵심에 놓여 있는 문제인 정체성 형성(identity formation)에 있어서 결정적으로 중요한 기능을 수행한다.[44] 하나님의 백성이 참여하고 있는 사회 공동체는 정체성 형성과 현실(reality)의 경험을 촉진시키는 그 자신의 인식 도구들 — 언어, 상징들, 신화들, 세계에 대한 전망들 — 을 지니고 있다. 그리스도 안에서의 하나님의 행위에 관한 메시지는 새로운 정체성, 즉 화해된 사회에 참여하고, 모든 피조물 및 창조주와의 교제를 누리는 구속(救贖)받은 사람의 창조에 관한 것이다.

교회가 이러한 복음 메시지를 사람들의 열망들을 향하여 전달하는 일을 촉진시키기 위하여 신학자들은 오늘날의 사회의 정체성을 형성하고 경험을 촉진하는 여러 개념들을 이해하지 않으면 안 된다. 우리는 문화 속에서 정체성을 형성시키는 힘들(forces)에 주목하여야 한다. 우리는 우리의 문화가 공동체 속에서의 정체성(identity-in-community)을 지향하는 인간의 욕망을 어떤 방식들을 통하여 표현하고자 하는가를 주의 깊게 살펴보아야 한다. 그렇게 함으로써, 우리는 오늘날의 상황에 가장 유효한 것이 될 수 있도록 기독교 신앙의 헌신에 대한 성찰을 좀 더 훌륭하게 해낼 수 있게 된다.

그러므로 요약하면, 우리에게 주어진 위임명령을 수행해 나가는 과정에서, 우리는 케리그마, 유산, 문화라는 세 규범 간의 적절한 균형을 유지해야 한다. 비록 우리가 그것들을 서로로부터 따로 떼어서 논의할 수 있다고 할지라도, 신학적 작업이라는 맥락 속에서 이 세 가지는 서로 연결되어 있다. 신학자들로서 우리는 케리그마, 교회의 유산, 신앙 공동체의 오늘날의 문화적 상황을 주목하여 하나님 백성의 신앙을 표현한다. 우리의 과제는 교회의 신학적 유산과의 연속성 가운데, 성경의 메시지와 하나님의 한 백성의 신앙이 현재 이해될 수 있는 방식으로 다양한 문화적 또는 철학적 형식들을 통해서 성경의 신앙을 진술하는 것이다.

---

44) 문화의 공헌을 진지하게 다루고자 하는 복음주의적 시도를 위하여, Richard J. Gehman, "Guidelines in Contextualization," *East Africa Journal of Evangelical Theology* 2/1 (1983): 29-30.

신학의 통합적 주제

조직신학자들은 특정한 자료들을 가지고 작업하는 것에 덧붙여 "통합적(또는 종합적) 주제"(integrative motif)라고 부를 수 있는 것을 중심으로 기독교 신앙에 관한 그들의 서술을 전개해 나가는 것이 보통이다. 통합적 주제는 특정한 조직신학의 구성의 핵심적인 특징, 즉 특정한 조직신학을 구성함에 있어서 중심이 되는 주제로서의 역할을 한다. 그러한 주제는 논의되는 문제들에 초점을 부여하고 그러한 문제들에 대한 응답의 표현들을 조명해준다는 점에서 "통합적"이다. 요컨대, 통합적 주제는 그 밖의 다른 모든 신학적 개념들을 이해하고 그 개념들에 대하여 상관적(相關的) 의미 또는 가치를 부여하는 관점을 제공해주는 중심적인 주제이다.[45]

대표적인 대안들. 신학의 역사는 많은 통합적 주제들이 고안되었음을 보여 준다. 예를 들면, 중세 교회의 위대한 조직신학자였던 토마스 아퀴나스(Thomas Aquinas)는 인간의 목적(telos)으로서의 하나님의 비전(vision)이라는 개념을 중심으로 자신의 신학을 구성하였다. 마르틴 루터의 사상은 믿음에 의한 칭의(以信稱義)를 중심으로 전개되었다: 하나님 앞에 바르게 서고자 하는 인간의 근본적인 추구는 하나님께서 예비하신 것을 믿음으로 받아들이는 죄인에게 하나님께서 은혜로 말미암아 수여하시는 의롭다 하심의 선언 속에서 그 대답을 발견한다. 종교개혁의 또 다른 위대한 신학자인 존 칼빈(John Calvin)은 하나님의 영광에 초점을 맞춰서 자신의 신학 작업을 수행해 나갔다: 역사의 모든 것과 심지어 우리의 미래의 영원 자체는 모든 사건들이 순차적으로 하나님의 영광을 위하여 나타나도록 창세 이전에 행해진 하나님의 결정(decision)의 산물이다.

그 밖에도 우리는 몇 가지 예들을 더 들 수 있다. 존 웨슬리(John Wesley)는 책임을 수반한 은혜(responsible)라는 개념에 사로잡혀 있었다.[46] 프리드리히 슐라이어마허(Friedrich Schleiermacher)는 인간의 종교적 경험을 성찰했다. 그리고 칼 바르트(Karl Barth)는 계시의 본질, 즉 인간에 대한 삼위일체 하나님의 자기

---

45) Gerhard Sauter and Alex Stock, *Arbeitswesen Systematischer Theologie: Eine Anleitung* (Munich: Kaiser, 1976), 18-19.

46). 이 주제는 Randy L. Maddox, "Responsible Grace: The Systematic Perspective of Wesleyan Theology," *Wesleyan Theological Journal* 19/2 (Fall 1984): 12-18을 참고하라.

계시의 본질을 자신의 신학의 중심으로 삼았다.

1900년대에 사상가들은 여러 가지 가능성들을 제안하였다. 몇몇 근본주의자들과 복음주의자들은 구원사의 여러 시대들[47] 또는 성경론을 그들의 신학의 통합적 주제로 삼았다.[48] 주류 신학 집단들 사이에서는 화이트헤드(Alfred North Whitehead)의 철학으로부터 유래된 과정(process) 개념이 지대한 영향을 끼치게 되었다.[49] 1970년대와 1980년대에 가장 광범위하게 사용된 주제들 가운데 하나는 해방(liberation)이었다. 원래 미국의 흑인 신학[50]과 남미의 해방신학[51]에서 대두되었던 해방 개념은 다른 집단들 내의 사상가들에게로 급속히 퍼져나갔다. 이와 연관된 운동인 페미니즘 신학은 여성들의 경험을 신학적 성찰의 조직 원리로 활용한다.[52] 좀 더 최근에는 개인적인 역사(history)들과 이야기로서의 성경을 강조하는 서사(이야기) 신학(narrative theology)이 심지어 보수주의자들 사이에서도 주목을 받아 왔다.[53]

하나님의 나라. 그러나 1800년대 이후로 그 어떤 주제도 하나님의 나라라는 개념만큼 광범위하게 사용된 것은 없었다.[54] 하나님의 나라라는 개념은 신학의 기본적인 자료들 속에서 쉽사리 찾아볼 수 있는 것이기 때문에, 이 개념이 널리 사용되게 된 것은 충분히 이해할 수 있는 일이다. 하나님의 나라는 예수의 사역을 구

---

47) Lewis Sperry Chafer, *Systematic Theology*, eight volumes (Dallas: Dallas Seminary Press, 1947-48).

48) Erickson, *Christian Theology*. (「복음주의 조직신학」: 크리스챤다이제스트)

49) Marjorie Hewitt Suchocki, *God, Christ, Church* (New York: Crossroad, 1984). 또한 John Cobb, Jr., *A Christian Natural Theology* (Philadelphia: Westminster, 1965)를 보라.

50) James H. Cone, *A Black Theology of Liberation* (Philadelphia: J. B. Lippincott, 1970).

51) Gustavo Gutierrez, *A Theology of Liberation* (Maryknoll, N. Y.: Orbis, 1980).

52) 예를 들면, Rosemary Radford Ruether, *Sexism and God-Talk* (Boston: Beacon, 1983)을 보라.

53) George W. Stroup, *The Promise of Narrative Theology* (Atlanta: John Knox, 1973). 또한 Michael Goldberg, *Theology and Narrative* (Nashville: Abingdon, 1982)와 Gabriel Fackre, *The Christian Story* (Grand Rapids: Eerdmans, 1984)를 보라.

54) 이 개념의 광범위한 영향의 한 실례를 위하여, 세계교회협의회의 총무의 논문인 Emilio Castro, *Freedom in Mission: The Perspectives of the Kingdom of God — An*

약성서 시대 동안에 발전되었던 장차 도래할 신적인 통치에 대한 기대들로부터 출현한 것으로 규정하고 있는 공관복음서들에서 중심적인 주제이다. 교회는 자신의 전체 역사를 통해서 하나님 나라 개념을 사용하여 기독교 신앙의 의미에 대한 자신의 이해를 표현하여 왔다. 그리고 이 주제는 근대성(modernity)에 관한 희망들과의 중요한 접촉점들을 제공해 주기 때문에 현대 신학에서 널리 사용되어 왔다.[55]

이 개념에 대한 온전한 서술은 교회론의 단원에 가서야 가능하겠지만, 여기에서 이 개념을 간단하게 서술해 보는 것이 유익할 것이다. 하나님의 나라는 하나님이 세계에 주시는 완전한 평화, 의, 공의, 사랑의 질서이다. 이러한 선물은 예수의 재림 때에 완성될 세계의 갱신을 통해서만 궁극적으로 이루어질 것이기 때문에 종말론적이다. 그러나 하나님 나라의 능력은 미래로부터 현재에로 뚫고 들어오고 있기 때문에 이미 작용하고 있다. 그러므로 우리는 위대한 미래의 날을 향하여 가는 노정(路程)에서 부분적이지만 결정적인 방식으로 하나님의 나라를 경험할 수 있다.

하나님의 나라 신학의 가장 중요한 기여는 이 신학이 지닌 미래 지향성이다.[56] 하나님 나라라는 개념은 궁극적으로 우리가 세계를 향한 자신의 뜻과 계획을 이루시고자 하는 하나님의 활동의 완성이라는 관점에서 신학적 과제를 수행한다는 ― 우리가 신학적 질문들을 던진다는 ― 것을 우리에게 일깨워준다. 이하의 장들에서 우리는 이러한 종말론적인 관점으로부터 신학을 탐구해 나가게 될 것이다. 우리의 신학적 성찰에서 우리는 세계의 미래이자 부분적으로는 지금도 현존하는 창조를 위한 하나님의 궁극적인 목적이라는 의미에서의 종말론적인 하나님 나라라는 개념을 사용하게 될 것이다.

Ecumenical Inquiry (Geneva: World Council of Churches Publications, 1985)를 보라.

55) 왕국의 개념의 사용은 여성 신학의 관심들과 불화하는 것으로서, 공격에 처해 있다. 하나의 응답을 위하여, Mortimer Arias, *Announcing the Reign of God* (Philadelphia: Fortress, 1984), xvi을 보라.

56) 최근에 몰트만과 판넨베르크는 왕국의 종말론적인 방향성에 대한 관심을 강조하는데 있어서 영향을 미치고 있다. Jürgen Moltmann, *Theology of Hope* (New York: Harper and Row, 1965); Wolfhart Pannenberg, *Theology and the Kingdom of God* (Philadelphia: Westminster, 1969).

하나님의 공동체. 하나님 나라의 개념의 적절성에도 불구하고, 그것만으로는 신학을 위한 통합적인 주제를 제공하는 데 불충분하다. 하나님 나라에 초점을 맞추게 되면, 그것이 대답해줄 수 없는 기본적인 질문이 제기된다: 도래하고 있고, 또한 이미 우리들 가운데 현존하는 하나님의 통치는 무엇인가? 세계가 하나님 나라의 돌입(突入)에 의해 변화될 때, 세계는 어떤 모습이 되는가? 하나님 나라라는 개념은 이러한 질문들에 대해 완전하고도 만족할 만한 답을 구현하고 있지 않기 때문에 오늘날의 하나님 나라 신학들은 모더니즘 시대의 극단적인 개인주의에 의해서 쉽게 미혹되어 왔다.

그러나 개인주의에 대한 근대 서구인들의 열광은 특히 인문학 내에서 점차 쇠퇴하고 있다. 많은 사상가들은 인간적 현상들에 대한 우리의 이해가 이 현상의 개인적 차원과 사회적 차원 간의 좀 더 적절한 균형을 반영해야 한다는 사실을 인식하고 있다.[57] 이러한 자각은 소위 "공동체주의"(communalism), "공동주의"(communitarianism), 혹은 "문화주의"(cultualism)로 불리는 개인과 사회의 관계성에 대한 새로운 모형의 발전을 가져왔다.[58]

공동체주의자들은 인간의 삶의 핵심적인 측면들에 있어서의 사회적 단위 — 공동체 — 의 중요성을 강조한다. 예를 들면, 공동체는 인식론의 한 구성부분이다. 인식 과정에서 중심적인 것은 한 개인이 참여하고 있는 공동체에 의해서 그 개인에게 매개된 인지적인 틀이다. 마찬가지로 공동체는 정체성 형성에 있어서도 결정적인 역할을 한다. 우리 개인의 정체성에 대한 인식은 언제나 우리가 그 안에서 살고 있는 공동체들의 이야기 속에 뿌리박고 있는 — 공동체주의자들은 이렇게 말한다 — 개인의 이야기를 말하는 것을 통해서 발전한다.[59] 개개인들이 아니라 공동체들에 의해서 매개된 전통들이 합리성의 전달자들이라는 것이 그들의 주장이다. 공동체는 우리 개인의 이야기에 의미를 부여해주는 초월적인 이야기를 우리

---

57) Daniel A. Helminiak, "Human Solidarity and Collective Union in Christ," *Anglican Theological Review* 70/1 (January 1988): 37.

58) "문화주의"는 그 운동의 비판자들에 의해 선호된 용어이다. Robert J. McShea, *Morality and Human Nature: a New Route to Ethical Theory* (Philadelphia: Temple University Press, 1990), 89-148.

59) 예를 들면, Alasdair MacIntyre, *After Virtue*, second edition (Notre Dame: University of Notre Dame Press, 1984), 221을 보라.

에게 전달해 준다.

또한 좀 더 광범위한 공동체의 이야기는 덕목, 공동의 선, 궁극적인 의미에 관한 전통들도 전달한다.[60] 이런 식으로 공동체는 성품, 덕목, 가치들을 유지시키는 데 결정적인 역할을 한다. 그리고 공동체는 세계관의 문제들에 관한 공적인 담론에 참여하는 데 필수적인 토대를 제공해 준다. 그렇게 함으로써 의미(meaning)의 공동체는 좀 더 광범위한 사회의 복리에 기여한다.

"공동체"는 오늘날의 사고에 적합하기 때문만이 아니라 성경의 메시지에서 중심적이기 때문에 신학을 위한 통합적 주제로 중요하다. 성경 이야기의 서막을 여는 태초의 에덴 동산에 관한 이야기들로부터 성경 이야기의 끝을 장식하고 있는 새 땅에 거주하는 수많은 흰 옷 입은 무리들에 관한 비전에 이르기까지, 성경의 드라마는 공동체를 말하고 있다. 전체로서의 성경은 하나님의 계획이 최고의 의미에서의 공동체 — 새로워진 피조 세계 안에 살면서 그들을 구속하신 분의 임재를 누리는 화해된 백성 — 의 탄생을 지향하고 있다고 주장한다.

종말론적 공동체. 이하의 장들에서 우리는 하나님의 나라라는 옛 주제에 공동체에 관한 새로운 관심을 덧붙일 것이다. 이 두 가지 주제를 함께 결합하면, 우리의 조직신학을 위한 통합적인 주제인 "종말론적 공동체"(the eschatological community)라는 개념이 생겨난다.

하나님 나라라는 차원은 역사는 의미가 있다는 성경의 전제를 우리에게 일깨워 준다. 역사는 목표 — 하나님의 나라 또는 하나님의 뜻이 온 땅에 이루어지는 것(마 6:10) — 를 향해 나아간다. 공동체라는 개념은 하나님 나라의 개념을 그 적절한 내용으로 채워준다. 하나님의 통치가 현존할 때 — 하나님의 뜻이 이루어질 때 — 공동체가 출현한다. 또는 그 반대의 방향에서 바라보면, 공동체의 출현으로 하나님의 통치는 현존하게 되고, 하나님의 뜻은 이루어진다. 우리는 하나님의 종말론적 공동체라는 개념을 통해서 하나님 나라와 공동체 간의 변증법을 탐구할 것이다. 이 개념 — 종말론적 공동체 — 은 기독교 신학에 대한 우리의 전체적인 개요를 지배하는 조직 원리로서의 역할을 하게 될 것이다.

---

60) Lindbeck, *The Nature of Doctrine*, 495.

신학적 체계의 구조

사도신경 같은 고전적인 신앙고백적인 진술들과 보조를 맞추어서, 우리의 조직신학은 삼위일체론적 구조를 따르게 될 것이다. 이러한 접근방식은 적절하다. 앞에서 말했듯이, 신학은 신앙의 존재를 전제하기 때문에, 신학적 작업은 신앙 및 신앙 공동체의 상황 내부로부터 전개된다. 기독교 신학에 의해 전제된 신앙은 본질적으로 삼위일체적이다.

그러므로 우리의 논의는 기독교 신앙의 중심적인 교리, 즉 삼위일체로서의 하나님(고유한 신학)에서 시작된다. 여기서 우리는 종말론적 공동체를 세우시는 것을 목표로 삼고 있는 하나님의 본질을 탐구한다. 공동체를 세워나가시는 주권적인 하나님과의 관계성 속에 서 있는 것은 바로 하나님의 도덕적인 피조물들이다. 하나님께서 공동체를 위하여 지으신 자들로서의 우리가 누구인가에 관한 논의는 본서의 제2부(인간론)의 주제를 이룬다.

제3부는 삼위일체의 두 번째 위격이신 예수 그리스도(기독론)에 초점을 맞춘다. 이 단원에서 우리는 이 인간 예수가 하나님과 죄악된 사람들 간의 공동체를 창설하는 것을 지상의 소명으로 삼으셨던 영원한 성자(聖子)라는 것을 고백하는 것이 무엇을 의미하는지에 대해서 고찰한다.

제4부(성령론)에서는 삼위일체의 세 번째 위격이신 성령이 우리가 살펴볼 대상이다. 우리는 성령의 인격, 성경을 통한 성령의 사역, 하나님 및 타자(他者)들과의 공동체라는 관점으로 이해되는 개인 구원을 가져오는 데 있어서 성령의 역할을 탐구한다. 제5부(교회론)와 제6부(종말론)에서는 성령의 공동체적이고 종말론적인 사역을 다룬다. 이 장들에서 우리는 창조를 위한 하나님의 목적인, 역사 속에서 그리고 궁극적으로는 영원 속에서 공동체를 세우기 위하여 활동 중인 하나님으로서의 성령의 활동을 탐구한다.

신학과 윤리

신학자의 중심적인 과제는 기독교 신앙에 대한 조직적인 성찰 또는 진술을 제시하기 위하여 신학적인 자료들을 사용하는 것이다. 그러나 기독교 교리에 대한 조직적인 서술이 신학자의 활동의 궁극적인 목표는 아니다. 우리는 신학의 구성에 적용을 덧붙이지 않으면 안 된다. 신학에 대한 헌신은 삶 — 신학자 자신의 그리스도인으로서의 삶과 교회의 삶 — 에 적용되어서, 신앙이 제자도로 표출될 수 있어야 한다.

  그러므로 그리스도인으로서의 헌신을 삶의 여러 상황들에 적용하는 것도 기독교 신학자들로서의 우리의 활동에 속한다. 하지만 이러한 적용은 신학의 한 분과인 기독교 윤리의 특수한 과제이기도 하다. 이러한 이유로 기독교 신앙을 개인과 집단의 삶, 그리고 공적인 삶에 적용하는 것에 관한 충분한 조직적 논의는 본서의 범위를 넘어서는 것이다.

제1부

신론

    기독교 신앙의 첫 번째로 중요한 주장은 하나님에 대한 우리의 인정(認定)이다. 그러므로 우리의 조직신학의 첫 번째 초점은 신론, 즉 우리가 예수 그리스도 안에서 알게 된 하나님의 실체에 관한 탐구이다. 하나님에 관한 교리의 서술이 "신학"(theology)이라는 명칭을 지니게 된 것은 매우 적절하다. 왜냐하면 신학이라는 용어는 "신에 관한 말" 또는 "신에 관한 연구"(logos + theos)를 뜻하기 때문이다. 이러한 이유로 신론은 때로 "고유한 신학"이라고 일컬어진다.

    신론에 관한 우리의 서술은 "하나님"이라는 우리의 단어에 상응하는 실체가 실제로 존재하는지, 그리고 우리가 이 하나님을 알 수 있는지에 대한 기본적인 질문들에서 시작한다(제1장). 우리는 이 하나님이 스스로를 알리셨기 때문에 우리가 참 하나님을 알게 되었다고 하는 기독교의 증언을 탐구하게 된다. 그리고 우리는 하나님에 대한 우리의 인정(認定)이 현실에 대한 우리의 경험을 조명해준다는 기독교의 주장을 탐구한다.

    존재하시는 하나님을 알 수 있다고 하는 기독교의 주장이 신뢰할 만하다는 것을 설명한 후에, 우리는 하나님에 관한 교리와 관련된 본론을 다루게 된다. 우리의 목적은 우리가 예수 안에서 알게 된 그분을 설명하는 것이다. 우리는 이 하나님이 어떤 분이신지, 그리고 하나님이 세계와 어떤 관련을 맺고 계신지를 밝히고자 한다. 우리의 서술은 그리스도 안에서 계시된 하나님의 삼위일체적인 삶에서 시작한다(제2장). 우리는 우리가 알고 있는 하나님이 삼위일체적인 하나님, 즉 성부, 성자, 성령의 영원한 공동체이며, 결과적으로는 사랑이신 하나님 이외의 다른 분이 아니라는 결론을 내린다.

    그런 다음에 우리의 연구는 삼위일체 하나님의 성격을 살펴보게 된다(제3장).

우리가 알고 있는 하나님은 한 본질 안에서 세 위격이신 분이기 때문에 내적으로나 외적으로나 관계적이시다(relational). 이것을 토대로 우리는 하나님을 파악할 수 없고, 스스로 결정하며 자유로우신 인격, 생명의 원천이신 살아 계신 성령, 신실하신 "스스로 존재하는 자"(I am)이자 "장래의 모습 그대로인 분"(the one who will be)으로 이해하고자 한다.

하나님에 관한 우리의 교리는 세계에 대한 하나님의 관계를 탐구하는 것으로 끝난다(제4장). 기독교 신학에 의하면, 우리가 알고 있는 하나님은 세계의 창조주이다. 하나님은 모든 역사를 자신의 목적을 이루기 위하여 이끄신다. 하나님은 하나님의 주권이 완전히 드러날 때에 온전히 현존하게 될 공동체의 건설을 위하여 자신의 활동들을 행하신다. 이러한 설명은 창조는 예수 그리스도 안에서 계시된 창조주의 이러한 목적으로 인해서 그 의미를 지니게 된다는 결론으로 귀결되기 때문에 우리의 조직신학의 두 번째 부분인 인간론으로 나아가는 연결고리 역할을 한다.

제 1 장

하나님의 존재

> 믿음이 없이는 하나님을 기쁘시게 하지 못하나니 하나님께 나아가는 자는 반드시 그가 계신 것과 또한 그가 자기를 찾는 자들에게 상 주시는 이심을 믿어야 할지니라.
> — 히 11:6

우리의 세계관 전체에서 근본적인 것은 우리가 유일하신 참 하나님을 알게 되었다는 우리의 증언이다. 우리는 자신의 피조물들에게 스스로를 알게 하시기로 선택하신 하나님을 우리가 인정한다는 관점으로부터 우리 자신, 우리의 경험, 심지어 세계 자체를 이해한다. 이 기본적인 신앙고백은 역사 전체에 걸쳐서 믿음의 백성의 특징이 되어 왔다. 그러므로 우리가 하나님을 준거점(準據点)으로 삼아서 우리의 삶들을 영위해나갈 때, 우리는 모든 세대에 걸친 신앙 공동체와 연결된다.

우리의 기독교적 신앙고백은 비록 유구한 역사를 지니고 있음에도 불구하고 보편적으로 받아들여지고 있지 못하다. 이러한 이유로 우리는 우리의 신뢰의 대상인 하나님의 본질에 대한 조직적인 진술(신론)에 착수하기 전에 신앙의 가능성을 먼저 묻지 않으면 안 된다. 우리의 탐구는 오늘날까지도 여전히 논란이 되고 있는 역사적으로 중요한 두 가지 질문에 초점을 맞추게 될 것이다: 하나님은 존재하는가? 그리고 인간은 하나님을 알 수 있는가? 이 질문들에 대한 우리의 긍정적인 대답은 우리의 조직신학의 구성을 위한 토대이다.

하나님이 존재하는지에 관한 논의와 하나님을 알 수 있는지에 관한 논의는 논리적으로는 구별될 수 있지만 실제로는 분리될 수 없다. 만일 하나님이 존재하지만 인식될 수 없다면, 하나님에 대한 신앙은 우리의 삶과 무관한 것이 되고 말 것이다. 역으로, 지적인 논증 이상의 하나님에 대한 인식 경험은 하나님이 존재한다는 우리의 주장을 확증하는 것이 된다.

무신론 시대에 있어서 하나님의 실재

하나님의 존재는 기독교 공동체의 신앙에서 기본적이다. 그러나 하나님의 실재는 자명(自明)한 것이 아니다. 사실 하나님에 대한 신앙은 근대에 이르러서 여러 방면에서 공격을 받아 왔다. 수많은 비판자들은, 하나님의 존재는 우리의 우주를 형성하고 있는 자연력들의 맹목성과 임의성 또는 세계 속의 악의 현존을 확증해 주는 경험적인 관찰들과 양립할 수 없다고 주장한다. 또 어떤 사람들은 하나님이라는 전제(the God-hypothesis)를 인간의 자유와 양립할 수 없다거나[1] 언어학적으로 무의미하다는 등[2] 철학적으로 의심스러운 것으로 치부하여 거부하기도 한다.

인간이 하나님의 실재에 대하여 의문을 제기하는 일은 새로운 것이 아니다. 우리는 이미 구약성서의 지혜문학에서 고대 사회의 사상가들 사이에서 이러한 의문이 존재했었음을 보여 주는 증거들을 발견한다. 예를 들면, 시편은 이 문제와 정면으로 씨름한다: "어리석은 자는 … 하나님이 없다 하는도다"(시 14:1; 53:1). 그렇지만 우리는 고대의 "어리석은 자"의 입장과 근대 서구 철학의 지적(知的) 무신론을 동일시해서는 안 된다. 근대에 나타난 무신론은 단순히 고대 근동에 존재하였던 여러 대안들 중의 하나에 불과한 것이 아니다. 시편 기자에 의해 언급된 회의주의는 하나님의 존재에 대한 지적인 부인(否認)이 아니라 도덕적이거나 실천적인 부인에 그 초점이 맞추어져 있었다; 어리석은 자는 마치 하나님이 존재하지 않는 것처럼 여기고 살아간다는 말이다.[3]

---

1) 이것은 무신론적인 실존주의적 철학자들의 경우에 해당한다. 논의를 위하여, Wolfhart Pannenberg, "Speaking God in the Face of Atheist Criticism," in *The Idea of God and Human Freedom*, trans. R. A. Wilson (Philadelphia: Westminster, 1973), 106을 보라.

2) 예를 들면, 카르납(Carnap)은 그 형이상학적인 사용 속에서, "하나님"이라는 단어가 무의미하다고 주장한다. Rudolf Carnap, "The Elimination of Metaphysics through Logical Analysis of Language," in *Logical Positivism*, ed. A. J. Ayer (New York: Free Press, 1959), 66-67.

3) Ludwig Köhler, *Old Testament Theology*, trans. H. A. S. Todd (Philadelphia: Westminster, 1957).

제1장 하나님의 존재 69

오늘날 많은 사람들은 여전히 고대의 "어리석은 자"가 보여 준 실천적인 무신론에 따라 삶을 영위하고 있지만, 지적 무신론은 서구 철학의 풍토에 더 가시적인 영향력을 행사하여 왔다. 이러한 도전에 직면하여 우리는 과감히 "하나님은 존재한다"(God is)고 증언한다. 우리는 우리의 신앙고백의 토대를 위한 탐구를 근대의 무신론적인 도전으로 귀결된 역사적인 궤적을 살펴보는 것으로 시작할 것이다.

성경 시대: 어느 신?

아이러니컬하게도 주후 1세기의 그리스도인들은 무신론자라는 비난을 받았다. 예수에 대한 충성으로 인해서 그들은 로마의 신들을 숭배하는 것을 배척했을 뿐만 아니라 이교(異敎)의 다신론을 부정했기 때문이다(고전 8:5-6). 초기 신자들에 대한 이러한 비난이 보여 주듯이, "하나님은 존재하는가?"라는 질문에 대한 근대의 지적인 탐구는 고대 세계에서의 일차적이고 주된 논쟁거리가 아니었다. 오히려 성경 시대는 상호 경쟁적인 부족신들 간의 갈등을 그 특징으로 하였다. 하나님의 존재에 관한 질문은 어느 신이 충성과 섬김을 받을 만한가를 결정하는 일에 집중되어 있었다.[4]

신들의 경쟁. 고대 근동의 백성들은 수많은 지역적인 부족신들을 숭배하였다. 나아가 그들은 세계 안에서의 사건들이 여러 부족신들의 상대적인 힘의 세기를 보여 주는 것이라고 믿었다. 강한 신은 권능 있는 행위들을 행할 수 있는 신이었다.

고대인들의 이해에 맞춰서, 출애굽기는 역병(疫病)들을 야웨가 애굽의 신들보다 더 강하다는 것을 보여 주는 표적들로 묘사한다; 이스라엘의 하나님은 애굽의 신들이 모방할 수 없는 기적들을 행할 수 있었다는 것이다.[5] 야웨가 홍해에서 이스라엘을 구원한 사건은 야웨의 권능을 보여 주는 추가적인 표적이 되었다(출 15:11-16). 40년이 지난 후에 야웨는 요단 강의 물을 갈라서 이스라엘 자손들이 가나안 땅에 들어갈 수 있게 하셨다. 야웨의 이러한 권능의 시위(示威)는 가나안

---

4) 일신론의 이스라엘적인 개념의 발전에 관한 논의를 위하여, Walther Eichrodt, *Theology of the Old Testament*, trans. J. A. Baker, two volumes (Philadelphia: Westminster, 1961), 1: 220-27을 보라.(「구약성서신학」: 크리스챤다이제스트)

5) Elmer A. Martens, *God's Design: A Focus on Old Testament Theology* (Grand Rapids: Baker, 1981), 43.(「하나님의 계획」: 아가페문화사)

인들의 마음속에 공포를 심어 주었다(호 5:1). 이후의 이스라엘 역사의 침체기에서도 야웨는 갈멜산에서 자신과 엘리야 선지자가 옳다는 것을 입증해 보이셨다(왕상 18장).

고대 사람들에게 다른 무엇보다도 신의 힘을 아주 강력하게 보여 주는 행위는 전쟁에서 승리하게 해주는 것이었다.[6] 그들은 군사적인 갈등들을 경쟁적인 군대들의 경합(競合)으로만이 아니라 경쟁적인 신들 간의 투쟁으로도 이해하였다. 전쟁에서의 승리는 승자가 된 부족의 신의 승리이기도 했는데, 그 신은 이러한 승리를 자기 부족에게 줌으로써 패자가 된 백성이 섬기는 신보다 자신이 더 강함을 입증한 것이 되었다. 따라서 앗수르의 군대가 예루살렘을 에워쌌을 때, 침략군 장수는 여러 민족의 신들이 자기 땅을 쳐들어온 정복자들로부터 자기 민족을 보호해내지 못한 예들을 열거하면서 이스라엘 민족만이 아니라 이스라엘의 신도 조롱하였다(왕하 18:32-35).

전쟁에서의 성공이라는 이러한 판별기준으로 말미암아 이방인들이 이스라엘과 유다 왕국을 초토화시켰을 때에 이스라엘과 유다는 위기에 직면하게 되었다. 그러나 선지자들은 이러한 위기에 맞서서 혁신적인 주장을 제시하였다: 이러한 패배들은 야웨가 자기 자신을 보호할 수 없다는 것을 보여 주는 표지(標識)들이 아니라 이스라엘 민족의 죄에 대한 야웨의 심판을 보여 주는 표적들이라는 것이다.[7]

구약성서에서 야웨가 참 하나님이라는 단호한 결의는 다른 신들에게 충성을 맹세하는 것에 대한 혐오로 이어졌다. 선지자들은 야웨가 모든 경쟁하는 신들보다 실제로 더 권능이 있으시다면 — 야웨가 전능하신 하나님이라면 — 오직 야웨만이 예배를 받으시기에 합당하다고 분명하게 선포하였다.[8] 이스라엘의 하나님만이 최고의 지위에 있다는 선지자들의 주장은 선지자들에게 그 땅의 우상숭배에 대항하여 가차없이 비난할 수 있는 동기를 부여해 주었다. 바벨론에서 귀환한 포로들이 조금도 타협 없는 유일신론자들이었다는 점에서, 선지자들의 이러한 비판은 결국 성공한 셈이다. 오직 한 분 하나님, 야웨만이 예배를 받으시기에 합당했다.[9]

---

6) Ibid., 41.
7) Ibid., 197.
8) Ibid., 213-15.
9) Eichrodt, *Theology of the Old Testament*, 1: 226-27.

하나님의 보편성. 구약성서가 신들의 문제에 답변을 하였을 뿐만 아니라, 유다의 선지자들은 또 하나의 훨씬 광범위한 질문을 제기하였다: 야웨는 단지 이스라엘의 부족신일 뿐인가, 아니면 모든 인류의 하나님이기도 한 것인가? 이 문제는 광범위한 신학적 의미를 지니고 있었다. 오직 이스라엘만이 야웨를 예배할 수 있는 것인가? 아니면, 그들의 하나님은 유일하게 참된 하나님이시기 때문에, 지상의 모든 국가들이 이스라엘의 거룩하신 분을 예배하는 일에 함께 동참해야 하는 것인가?[10]

이 불꽃 튀기는 문제는 신약성서에 이르러서야 비로소 해결되었지만, 선지자들은 그 최종적인 답변을 미리 예감하고 있었다. 예를 들면, 스가랴는 모든 열방이 예루살렘에서 하나님을 예배하게 될 그날을 예언하였다(슥 14:16). 그의 비전은 야웨가 우주적인 하나님이시고, 따라서 지상의 모든 민족들이 하나님을 예배하게 될 것이라고 주장하기 위해서 묵시론적인 심상(心象)들을 사용하였다.

초대 교회는 하나님의 보편성에 관한 논쟁을 물려 받았다. 예루살렘 공의회(행 15장)에서 포용주의자들은 결정적인 전투에서 승리하였다. 교회의 지도자들은 이방인들이 신앙 공동체에 들어오기 위해서 유대인이 될 필요는 없다고 결론을 내렸다. 신약성서의 기자들은 예루살렘 공의회의 결정을 확증해 준다. 일례로, 바울은 예수 그리스도를 통해서 우리는 오직 한 분 하나님, 만유 위에 계신 하나님이 존재한다는 것을 알게 된다고 천명하였다. 다른 민족들이 섬기는 우상들은 아무것도 아니며(고전 8:4-7), 심지어 마귀적인 것이다(고전 10:18-22).

이런 식으로 하나님의 실재에 관한 탐구의 고대적인 형태는 그 해법을 발견하였다. 성경의 신앙 공동체는 족장들의 하나님이시며 예수 그리스도의 아버지이신 야웨의 지고성(至高性)과 보편성을 긍정하는 것으로 이 질문에 답하였다. 오직 그분만이 온 세계에 걸쳐서 예배를 받으시기에 합당하신 분이다.

기독교 시대: 하나님은 존재하는가?

교회가 확장되어 그리스(헬라) 문화에 의해 지배되고 있던 세계 속으로 들어가면서, 하나님에 관한 질문의 형태도 바뀌게 되었다. 과거의 좀 더 오래된 신학적인 질문 — 어떤 부족신이 더 강하며, 따라서 예배를 받기에 합당한가? — 은 이제 하나님의 실존에 관한 지적인 질문으로 바뀌었다.

---

10) Ibid., 219-21.

이러한 변화는 그리스의 철학적 전통과의 접촉의 결과였다. 철학자들은 일반 사람들이 숭배했던 범신론을 넘어서서 창조주 하나님을 인정하고 있었기 때문에 일종의 유일신론을 지니고 있었다. 이러한 지적인 상황 속에서 복음의 선포는 그리스도인들의 하나님과 그리스 사상가들이 인정했던 세계의 제1원인(the First Cause) 사이의 관계에 대한 문제를 야기시켰다. 이러한 새로운 도전에 대한 응답으로 많은 기독교 사상가들은 복음을 철학자들의 유신론과 접목시켰다. 이것을 촉진하기 위하여 그들은 신학에 대한 새로운 철학적인 접근방법을 고안해 냈다.

그리스 철학자들은 일종의 유일신론을 옹호한 것과 아울러 지적인 논증에 지대한 관심을 쏟았다. 그들은 한 분 창조주 하나님, 곧 제1원인의 실존을 비롯한 여러 신학적인 신념들을 입증해 줄 수 있는 지적인 증거들을 제시할 수 있을 가능성을 놓고 논쟁을 벌였다. 기독교 사상가들은 그리스 철학자들의 이러한 관심을 적절하게 변용(變容)하여 받아들였다. 새로운 환경 속에서 하나님의 실재에 관한 고대의 질문은 하나님의 존재에 대한 지적인 입증이라는 형태를 띠게 된 것이다.

처음에 기독교 철학자들이 고안해 냈던 논증들은 단순히 불신앙에 대항하는 것을 목적으로 한 변증학적인 도구들인 것은 아니었다. 좀 더 중요한 것은 그들은 지적인 성찰에 선행하는 신앙의 자세를 지적으로 확증하고 지원했다는 것이다. 그래서 캔터베리의 안셀무스(Anselm of Canterbury)는 아우구스티누스의 명언인 "나는 믿기 위해서 이해하려고 하는 것이 아니라, 이해하기 위해서 믿는다"(I do not seek to understand that I may believe, but I believe in order to understand)를 그대로 인용할 수 있었다.[11] 그러나 하나님의 존재에 대한 지적인 증명의 추구와 아울러 그 반대의 가능성, 즉 회의론과 심지어 무신론의 가능성도 등장하였다. 이런 일이 일어나자, 기독교의 철학적 신학자들에 의해 고안된 증명방법들은 그 용도가 교리적인 가르침의 의도에서 변증적인 목적으로 바뀌게 되었다. "이해를 추구하는 신앙"은 신앙의 전제조건이었던 이해로 대체되었다. 중세 시대로부터 계몽주의에 이르기까지 기독교 사상가들은 하나님이 존재한다는 것에 대한 세 가지 유형의 증명방법들을 발전시켰다.

---

11) Anselm, *Proslogium*, in *St. Anselm: Basic Writings*, trans. S. N. Deane, second edition (La Salle, IL.: Open Court, 1962), 7.

존재론적인 증명. 첫 번째 부류는 하나님이 선험적으로(a priori), 즉 세계에 대한 우리의 경험과는 독립적으로, 또는 그것에 선행하여 존재한다는 것을 입증하고자 하였다. 이러한 증명방법은 "존재론적인"(ontological) 증명이라고도 불리는데, 이는 이 증명은 단지 하나님이라는 개념에 대한 숙고를 통해서 하나님의 존재를 논증할 수 있다고 주장하기 때문이다. 존재론적 증명들은 일반적으로 받아들여지고 있는 정의(定義)에서 시작하여, 그 정의에 상응하는 하나님이 필연적으로 존재할 수밖에 없다는 것을 보여준다. 이러한 증명방법의 두 가지 "고전적인" 정식(定式)들인 캔터베리의 안셀무스(1033-1109년)와 프랑스의 철학자 데카르트(Descartes, 1596-1650년)의 증명들은 정의상 하나님은 단지 인간의 사고 속에 있는 하나의 개념일 수만은 없고, 실재 속에 존재하여야만 한다고 주장한다.

안셀무스는 하나님을 "하나님보다 더 큰 것이 생각될 수 없는 바로 그런 존재"(that than which no greater can be conceived)로 정의하였다.[12] 하나님은 인간의 사고 속에서만 존재하든지, 아니면 인간의 사고 속에서와 실재 속에서 모두 존재하든지, 둘 중의 하나이다. 만일 우리가 하나님을 실재 속에서가 아니라 우리의 사고 속에서만 존재하는 것으로 이해한다면, 이러한 하나님은 "하나님보다 더 큰 것이 생각될 수 없는 그런 존재"가 아니다. 왜냐하면, 우리는 사고와 실재 모두에 존재하는 하나님을 인식할 수 있기 때문이다. 사고 속에서와 실재 속에서 존재하는 하나님은 분명히 우리의 사고 속에서만 존재하는 하나님보다 더 크다.

다섯 번째 명상(the Fifth Meditation) 속에서 데카르트는 앞에서 말한 것과 어느 정도 유사한 정의, 즉 "최고로 완전한 존재"(supremely perfect Being)로서의 하나님을 논증의 출발점으로 삼았다.[13] 만약 하나님이 실재 속에서 존재하지 않는다면, 하나님은 하나의 완전, 즉 실존을 결여하고 있는 것이 된다. 그러면, 그렇게 이해된 하나님 — 실재 속에서 존재하지 않는 하나님 — 은 가장 완전한 존재가 아니다.

많은 철학자들은 존재론적 증명을 주장하는 사람들의 해박한 지식에도 불구하고 그러한 증명방법을 거부한다. 중세 신학자인 토마스 아퀴나스(1225-74년)는

---

12) Ibid., 8.

13) Rene Descartes, *Discourse on Method and the Meditations*, trans. Laurence J. Lafleur, Library of Liberal Arts edition (Indianapolis: Bobbs-Merrill, 1969), 120.

안셀무스의 설명을 선험적이라는 이유로 퇴짜를 놓았다.[14] 토마스 아퀴나스에 의하면, 어떤 지식(따라서, 어떤 하나님 지식)도 세계의 경험과 동떨어져서 생겨날 수 없다. 이에 따라 토마스 아퀴나스의 다음과 같은 유명한 격언이 생겨났다: "먼저 감각들 속에 존재하지 않는 것은 사고 속에 존재하지 않는다"(there is nothing in the mind that is not first in the senses).[15]

루터교 철학자인 임마누엘 칸트(Immanuel Kant, 1724-1804년)는 데카르트의 정식(定式)에 응수하였다. 칸트는 존재론적 증명은 존재를 하나의 속성(또는 하나의 "술어")이라고 잘못 전제하고 있기 때문에 그러한 증명방법은 타당하지 않다고 주장하였다. 존재론적 증명을 주장하는 자들은 언어가 지닌 중요한 습성을 간과하였다고 그는 말한다. "존재한다"(exist)와 "있다"(is) 같은 말들은 문법적으로는 분명히 술어 역할을 한다("하나님은 존재한다"라는 진술은 문법적으로 타당하다). 그렇지만 이런 단어들은 논리적으로는 이런 식의 역할을 할 수 없다. 우리가 어떤 대상(하나님을 포함한)의 속성들을 열거하면서 "그리고 이 대상이 존재한다"(and this object exists)라는 말을 덧붙인다고 해서, 우리의 지식에 그 어떤 새로운 요소가 추가되는 것은 결코 아니다.[16]

우주론적이고 목적론적인 증명. 철학적 증명의 두 번째 유형은 하나님의 존재를 경험적으로(a posteriori), 즉 감각의 경험에 의해 제공된 증거에 의지하여 논증하고자 한다. 경험적인 증명들은 우리의 경험적인 관찰로부터 시작해서 세계의 배후에 있는 하나님의 존재를 추정하는 방식이다. 경험적인 증명들 중 일부는 하나님은 세계의 궁극적인 원인으로서 존재하지 않으면 안 된다는 것을 입증하고자 하고(우주론적 논증들), 일부는 하나님은 우리가 자연 세계에서 목격하는 어떤 측면의 원인으로서, 좀 더 일반적으로는 그러한 측면의 분명한 의도 또는 질서로서 존재하지 않으면 안 된다는 논증 방식을 취한다(목적론적 논증들).

토마스 아퀴나스는 종종 "다섯 가지 길"이라 불리는 일련의 경험적인 논증들을

---

14) Thomas Aquinas, *Summa Theologica* 1.2.1, in *Introduction to St. Thomas Aquinas*, ed. Anton C. Pegis (New York: Modern Library, 1948), 22.

15) Maurice de Wulf, *The System of Thomas Aquinas* (New York: Dover, 1959), 22.

16) Immanuel Kant, *Critique of Pure Reason*, trans. Norman Kemp Smith (New York: St. Martin's, 1965), 500-506.

발전시켰다. 이 논증들은 자연 세계의 경험적인 특성들로부터 피조 세계의 각 측면의 원인으로서의 하나님에게로 나아간다. 피조 세계는 "움직여지고 있고," 하나님은 그 최초의 동인(動因)이다. 피조 세계는 원인을 반드시 갖고 있는 하나의 결과이다; 하나님은 그 최초의 유효한 원인이다. 피조 세계는 필연적이지 않다(즉, 피조 세계는 반드시 존재할 필요는 없다); 하나님은 독자적인 필연성을 가지고 있으면서, 세계의 필연성의 원인이다. 피조 세계는 여러 단계로 되어 있다(피조 세계의 다양한 측면들은 서로 다른 가치와 선을 지닌다); 하나님은 이러한 단계적 질서가 지향하는 가장 높은 선 또는 가치이고, 사물들 속에서 발견되는 상대적인 완전(完全)의 원인이다. 마지막으로, 피조 세계는 질서를 지닌다(목적 또는 목표에 지향되어 있다); 하나님은 모든 자연적인 사물들을 그들의 목적을 향해 나아가도록 인도하는 분이다.[17]

뉴턴(Newton) 이후의 과학적인 전망에 서서, 윌리엄 페일리(William Paley, 1743-1805년)는 이와는 다른 목적론적인 논증을 상세하게 전개하였다. 그는 사람들에게 널리 알려져 있던 기계적인 시계로부터의 유비(類比)를 사용하였다. 이 정밀한 기계적인 도구가 시계공의 존재를 증명하듯이, 자연 세계의 설계와 복잡한 구성은 그 건축자의 존재를 증언한다는 것이다.[18]

경험적인 증명들의 타당성에 대해서도 이의가 제기되었다. 예를 들면, 영국의 경험론자인 데이비드 흄(David Hume, 1711-1776년)은 그와 같은 모든 논증들을 거부하였다. 그는 모든 주장들이 경험적 증거를 바탕으로 하지 않으면 안 된다고 지적하였다. 그러나 감각 경험은 하나님이 세계의 원인이라는 것에 관한 그 어떤 직접적인 지식이나 유비들을 제공해 주지 않는다. 결과적으로, 우리는 인과관계의 원리를 만유(萬有)와 하나님의 관계성에까지 확대하기 위한 그 어떤 합리적인 정당성도 갖고 있지 않다. 사실 흄은 원인과 결과의 연관성은 그 자체가 인간적인 관습이며, 자연 세계에서 직접적으로 관찰 가능한 것이 아니라는 말을 덧붙인 바 있다.[19]

---

17) Thomas Aquinas, *Summa Theologica* 1.2.3, in Introduction to St. Thomas Aquinas, 24-27.
18) William Paley, *Natural Theology* (New York: American Tract Society, n. d.), chapters 1-6.
19) David Hume, *Dialogues Concerning Natural Religion,* ed. Henry D. Aiken (New

임마누엘 칸트는 흄의 논증에 의거해서 자신의 주장을 펼쳐 나갔다. 칸트는 인과성(因果性)은 경험을 가능하게 해주는 인간 정신의 구조 내에 있는 개념들 가운데 하나라고 주장하였다. 인과성은 정신이 감각 경험을 조직하는 방식들의 하나이다. 그 결과 그러한 개념들은 감각 경험의 영역 밖에 놓여져 있는 대상들과 아무런 관련을 갖고 있지 않다. 따라서 세계에 대한 하나님의 관계와 관련하여 인과성을 말하는 것은 부적절하다.[20]

도덕적 증명. 세 번째의 철학적 증명은 도덕적 존재로서의 인간의 경험에서 논증을 시작한다. 칸트는 이런 유의 접근방법의 고전적인 정식(定式)을 제시하였다. 칸트는 각각의 인간 존재는 의무에 대한 인식(a sense of duty)을 갖고 살아 간다고 말했다. 칸트는 모든 인간이 특정한 도덕 규범(moral code)를 공유하고 있다고 말한 것이 아니라, 인간들이 고안해낸 여러 다양한 규범들의 배후에는 인간이 도덕적으로 조건지워진 존재라는 공통의 인식이 존재한다고 말한 것이다. 결국 칸트는 이러한 도덕적 의무에 대한 경험이 어떤 의미를 지녀야 한다면 하나님은 존재해야만 한다고 결론을 내렸다. 진정으로 도덕적인 우주 속에서 미덕의 행위는 보상되어야 하고, 악행은 처벌받아야 한다. 이것은 궁극적인 도덕적 결과를 보장해 주는 최고의 권능자를 요구한다.[21]

헤이스팅스 래쉬달(Hastings Rashdall, 1858-1924년)은 앞에서 말한 것과는 약간 다른 도덕적 증명의 정식(定式)을 고안해냈다. 그는 이상들(ideals) — 사람들이 추구하는 표준들과 목표들 — 은 오로지 사고 속에서만 존재한다고 말했다. 어떤 이상들은 절대적이다. 이것들은 그것들을 위해 적절한 사고 속에서만, 즉 절대적인 또는 신적인 사고 속에서만 존재할 수 있다.[22]

도덕성으로부터의 증명들은 그 밖의 다른 철학적 논증들과 마찬가지로 사람들로부터 보편적으로 수용되지는 못했다. 비판자 중의 한 사람이었던 프랑스의 실존

York: Hafner, 1969), 15-25, 47-56.

20) Kant, *Critique of Pure Reason*, 507-24.

21) Kant, *Critique of Practical Reason*, trans. Lewis White Beck (Indianapolis: Bobbs-Merrill, 1956), 114-15, 126-139.

22) Hastings Rashdall, *The Theory of Good and Evil*, two volumes (Oxford: Clarendon, 1907), 2: 189-246.

주의자인 장 폴 사르트르(Jean-Paul Sartre, 1905-1980년)는 세계는 객관적인 의미나 가치를 결여하고 있다고 주장하였다. 우리가 갖고 있는 것은 개별적인 실존(individual existence)이 전부이다. 세계 안에서의 그 어떤 의미나 가치, 또는 본질은 개인이 행하는 선택과 헌신을 통해서 생겨난다.[23]

버트런드 러셀(Bertrand Russell, 1882-1970년)은 "가치 판단들"(value judgments)이라는 개념에 의거해서 도덕적 증명을 거부하였다. "X는 선하다"라는 형식의 주장은 단지 화자(話者)의 개인적인 인식, 성향, 욕구에 관한 진술일 뿐이다. 결과적으로, 모든 도덕적 진술들은 순전히 개인적이고 주관적이며 상대적일 뿐이다.[24]

지적 무신론의 등장

중세 시대에 철학적 증명들의 타당성에 관한 논쟁은 대체로 기독교 신학자들 내부에서 이루어진 논의였다. 그러나 계몽주의 이후의 상황에서 이 논의는 그 초점이 변화되어, 신앙과 불신앙의 다툼이 되어 버렸다. 이러한 변화는 서구의 문화적 상황 안에서의 좀 더 광범위한 변화를 보여 주는 것이었다. 근대(近代)에 접어들면서, 그리스도인들은 하나님에 대해 철학적으로 부정하는 지적인 무신론이라는 점증하는 도전에 직면하기 시작하였다.

근대의 무신론은 하나님의 존재를 전제하고 있는 기독교적인 태도는 지적인 신뢰성을 결여하고 있다고 주장한다. 이러한 무신론은 비록 최근의 현상이긴 하지만 그 뿌리는 이미 서구 세계의 역사 속에 일찍부터 자리잡고 있었다. 기독교 변증가들이 야웨, 즉 구원사의 하나님을 헬라 철학자들에게 그토록 중요했던 세계의 제1원인이라는 개념과 결합했을 때, 이러한 무신론으로 나아가는 문이 열렸다. 이러한 결합은 몇몇 유익들을 가져다주긴 했지만 동시에 위험성도 안고 있었다. 사상가들이 세계를 설명하기 위해서 제1원인의 존재를 전제할 필요성에 대하여 의문을 제기하기 시작하면서, 그들은 아주 자연스럽게 신학자들이 제1원인이라고 선언했던

---

23) Jean-Paul Sartre, "Existentialism," in *Existentialism and Human Emotions*, trans. Bernard Frechtman (New York: Philosophical Library, 1957), 15.

24) Bertrand Russell and Father F. C. Coppleston, "The Existence of God: A Debate between Bertrand Russell and Father F. C. Coppleston," in Bertrand Russell, *On God and Religion*, ed. Al Seckel (Buffalo, N. Y.: Prometheus Books, 1986), 123-46.

기독교적인 하나님의 존재도 아울러 부정하였다.
하나님의 존재를 전제하는 것에 대한 지적인 거부는 여러 단계에 걸쳐서 등장하였다.

제1원인에 대한 비판. 그 기본적인 단계는 중세 후기에서 계몽주의에 이르기까지의 시기에 시작되었다. 이 시기 동안에 사상가들은 물리적인 세계를 설명하기 위해서 하나님의 존재를 더 이상 그 근거로 삼을 필요가 없다는 것을 발견하였다.

중세 시대의 물리학 모형은 고대 그리스의 사고를 거의 그대로 따르고 있었다. 중세 시대 사람들은 현재의 운동 현상을 궁극적으로 모든 운동들의 궁극적인 원인으로서의 하나님에 의거해서 설명하였다. 그러나 오캄의 윌리엄(William of Ockham)은 제1원인이라는 개념은 실제로 두 가지 측면, 즉 만물을 존재케 한 본래적인 원인과 현재의 운동을 유지시키는 데 궁극적으로 책임 있는 행위자(agent)로 구분되어야 한다는 것을 인식하였다.[25] 그런 다음에 오캄은 제1원인이 시간적 의미에서 영원히 존재할 필연성을 부정하였다. 오늘날의 인간 존재가 영원하지 않은 인간적 부모들로부터 출생하였듯이, 마찬가지로 세계의 시간적 연속성 가운데에서 최초의 피조물은 영원하지 않은 원천으로부터 탄생하였을 수 있다고 그는 주장하였다.[26]

아이작 뉴턴(Isaac Newton)이 관성의 법칙을 발견함으로써 현재의 운동을 유지하는 존재로서의 하나님이라고 하는 제1원인이라는 개념의 다른 한 측면은 배제되었다. 이 법칙에 따르면, 외부의 어떤 힘이 작용하지 않는 한, 각각의 물체는 현재의 상태를 유지하게 된다. 그러나 이것은 일단 우주가 움직여졌다면 운동의 원인으로서의 하나님은 더이상 필요가 없다는 것을 의미한다.

바로 이 시점으로부터 물리학은 더 이상 하나님을 전제할 필요가 없었다. 과학자들은 하나님의 활동에 의거하지 않고도 물리적인 세계를 설명할 수 있게 되었기 때문에, 하나님의 존재에 대한 가정은 그들의 지적인 추구에서 불필요하게 되었다. 천체 역학에 관한 자신의 책이 하나님을 전혀 언급하고 있지 않다는 나폴레옹으로부터의 비난에 대하여 피에르 라플라스(Pierre Laplace, 1749-1827년)가

---

25) 이 특성화는 Pannenberg, "Anthropology the Question of God," in *The Idea of God and Human Freedom*, 82-83에 근거하고 있다.

26) Ibid., 82.

맞받아친 응수는 이러한 새로운 현실을 보여 주는 지표였다. 이 과학자는 나폴레옹에게 "폐하, 나는 그러한 전제를 전혀 필요로 하지 않습니다"라고 담대하게 힘주어 말하였다.[27]

하나님 개념에 대한 비판. 하나님에 대한 지적인 부정(否定)은 전통적인 하나님 개념에 대한 문제제기를 수반하였던 두 번째 단계를 통해서 부추겨졌다.

19세기 독일 철학자인 요한 고트리프 피히테(Johann Gottlieb Fichte, 1762-1814년)는 하나님이 인격적이고 무한한 존재라는 기독교적 사고가 자기모순적이라고 주장하였다. 그는 하나님을 하나의 존재라고 말하는 것은 "실체"(substance)라고 하는 개념과 결부되어 있다고 지적하였다. 모든 실체들은 공간 속에 존재한다. 그러나 하나님을 공간 속에 위치시키는 것은 하나님의 핵심적인 속성들 가운데 하나인 그의 무한성과 모순된다. 피히테는 우리가 하나님을 하나의 인격이라고 말할 때에도 이와 동일한 모순이 생겨난다고 지적하였다. 인격성은 다른 "나들"(I's)에 대비된 "나"(I)의 존재를 뜻한다. 따라서 하나님이 인격이라고 주장하는 것은 다른 인격들과 대비하여 하나님을 정의하는 것을 의미한다. 그러나 이것은 하나님의 무한성을 부정하는 것이다.[28]

하나님 개념의 제거. 무신론의 발전의 세 번째 단계에 있었던 사상가들은 하나님의 존재에 대한 공리를 물리학의 영역과 전통적인 하나님 개념으로부터 배제함과 아울러 하나님 개념 자체를 제거하고자 시도하였다.

「기독교의 본질」(*The Essence of Christianity*, 1841년)이라고 하는 자신의 책에서 루드비히 포이어바흐(Ludwig Feuerbach, 1804-1872년)는 하나님이라는 개념이 원래 인간의 영혼 속에서 어떻게 생겨났는지를 심리학적으로 설명함으

---

27) Roger Hahn, "Laplace and the Mechanistic Universe," in *God and Nature: Historical essays on the Encounter between Christianity and Science*, ed. David Clindberg and Ronald L. Numbers (Berkeley: University of California Press, 1986), 256.

28) Johann Gottlieb Fichte, "Über den Grund unseres Galubes an eine göttliche Weltrügierung," 16-17, in *Sämmtlihe Werke*, ed. J. H. Fichte (Berlin: Verlag von Veit und Comp, 1845), 5: 187-88. 이를 위한 논의를 위하여, Frederick Coppleston, *A History of Philosophy* (Garden City, N. Y.: Image Books, 1965), 7/1: 100-119를 보라.

써 하나님의 존재에 관한 공리를 제거하고자 하였다. 그는 인류는 실제로 무한하다고 주장하였다.[29] 그런데 우리는 우리의 집단적인 무한성을 인정하기보다는 가상적인 하늘에 인간의 무한한 실재를 투사하고 이 투사물을 "하나님"이라고 부른다는 것이다.[30] 포이어바흐는 우리의 하나님 개념은 위험한 환상이라고 경고한다. 왜냐하면, 우리 자신의 인간 본성의 위대함을 부정함으로써 우리는 우리 자신으로부터 소외되었기 때문이다.[31]

포이어바흐는 일단 우리가 이러한 그릇된 사고의 근원을 이해하기만 한다면 우리는 하나님 개념을 기꺼이 거부하게 될 것이라고 낙관적으로 생각하였다. 프리드리히 니체(Friedrich Nietzsche, 1844-1900년)와 장 폴 사르트르는 여기에서 한 걸음 더 나아가 하나님 개념은 인간의 자유를 부정하는 것이기 때문에 하나님 개념은 거부되어야 한다고 주장하였다. 그들의 견해에 의하면, 참된 자유는 아무런 제한도 없는 선택을 할 수 있는 능력을 포함한다는 것이다. 만일 하나님이 존재한다면, 그분은 우리의 자유를 억제하는 제한이 된다. 따라서 우리는 자유를 위하여 하나님의 비존재(non-existence)을 전제하지 않으면 안 된다.[32]

신학과 근대적 상황

이러한 도전에 직면하여 기독교 사상가들은 반격을 개시하고자 지속적인 시도를 해 왔다. 그들의 시도는 여러 방향에서 이루어지고 있다.

기독교의 유일무이성에 대한 주장. 근대적 상황에 대한 첫 번째 응답은 하나님의 존재에 관한 공리를 포함한 신앙을 지성적인 탐구의 비판들 너머에 설정하고자 하는 시도이다.

흔히 "신앙주의"(fideism)라고 일컬어지는 이러한 접근방법의 현대적인 주창자들은 위대한 기독교 전통 안에 서 있다. 교부 테르툴리아누스(주후 155-222년경)

---

29) Ludwig Feuerbach, *The Essence of Christianity*, trans. George Elliot (New York: Harper and Brothers, 1957), 22-23.

30) Ibid., 215.

31) Ibid., 230-31.

32) 실존주의적인 입장의 이러한 규정을 위하여, Pannenberg, "Speaking about God in the Face of Atheist Criticism," in *The Idea of God and Human Freedom*, 106.

는 기독교 신앙을 헬라 철학을 접목시키고자 했던 사람들에 관하여 언급하면서 "빛과 어둠이 무슨 관계가 있는가? 예루살렘과 아테네가 무슨 상관이 있는가?"라는 수사학적인 질문을 던졌다.[33] 천 년도 넘게 지난 후에 프랑스 철학자인 파스칼(Pascal, 1623-1662년)은 "철학자들과 학자들의 하나님이 아니라 아브라함의 하나님, 이삭의 하나님, 야곱의 하나님[출 3:6]"이라고 외쳤다.[34]

20세기에 들어와서 신앙주의의 주창자들 가운데 전형적인 인물이자 아마도 신앙주의를 가장 설득력 있게 해설한 인물은 칼 바르트(Karl Barth)이다. 이 스위스 신학자는 포이어바흐(Feuerbach)의 비판에 동의하였다. 그러나 그는 그와 같은 비판은 자연신학, 그러니까 철학적인 신론에 적용되는 것일 뿐이라고 주장하였다. 철학적 신론과는 반대로, 기독교 신앙은 근본적으로 다른 원천으로부터 생겨난다. 하나님은 그리스도 안에서 우리에게 자신을 계시하기 위해 행동하셨다. 이러한 신적인 자기계시는 유일무이한 것이다. 왜냐하면 그리스도 안에서 하나님이 인류에게로 다가오시기 때문이다. 그리스도 안에서의 신적인 자기 계시의 존재로 인해서 기독교 신앙은 포이어바흐의 공격의 범위 밖에 놓여 있게 된다.[35]

바르트와 비슷한 방식으로 일부 복음주의 사상가들은 합리적인 철학적 논증을 통해 무신론을 반박하고, 그 토대 위에 신학을 세우고자 하는 그 어떤 시도들도 거부한다. 신앙은 불신자들의 회의(懷疑)들을 향한 합리적인 논증들에 의해서가 아니라 복음을 들음으로써 생겨난다고 그들은 주장한다. 우리가 선포하는 복음 메시지는 그 옳음을 스스로 증명한다(self-authenticating).

이러한 입장이 상당한 영향력을 발휘하긴 했지만, 대부분의 현대 신학자들은 지적 무신론과의 대화를 의도적으로 회피하고자 했던 바르트적인 경향을 수용하지 않았다. 그 대신에 그들은 바르트가 우상숭배적인 하나님 추구에 불과하다고

---

33) Tertullian, "The Prescription Against Heretics" 5, trans. Peter Holmes, in *Latin Christianity: Its Founder, Tertullian*, volume 3 of *The Ante-Nicene Fathers*, ed. Alexander Roberts and James Donaldson, nine volumes (Grand Rapids: Eerdmans, 1976), 246. 유사한 사고를 위하여, Tertullian, *Apology* 46: 14, trans. T. R. Glover (Cambridge, Mass.: Harvard University Press, 1934), 205를 보라.

34) Pascal, *Pensees*, trans. A. J. Krailsheimer (Harmondsworth, England: Penguin, 1966), 913. (「팡세」: 크리스챤다이제스트사)

35) Karl Barth, "An Introductory Essay," in Feuerbach, *The Essence of Christianity*, xxix.

생각하여 일언지하에 부정하였던 인간적인 지적 성찰과 바르트가 중시하였던 신적인 계시 사이의 모종의 접촉점을 찾는 노력을 기울여 왔다.

증명들의 재구성. 접촉점이 존재할 것이라는 가정은 기독교 신앙에 대한 근대의 비판에 맞선 아주 상반된 두 번째의 반응을 낳았다. 일부 사상가들은 하나님의 존재를 입증하고자 하는 지적인 시도를 배가(倍加)하는 것을 통해서 무신론과 싸웠다. 독자적으로 지적 무신론과 싸우고자 하는 욕구로 인해서 근대적인 상황 속에서 철학적인 증명들을 재구성하는 결과가 생겨났다. 세 가지 고전적인 논증들은 각각 근대 세계의 사상가들 사이에서 그 투사(鬪士)들을 발견할 수 있었다.

선험적 증명은 게오르그 헤겔(Georg Hegel, 1780-1831년)의 작품 속에 재등장하였다. 그는 하나님 개념 — 유한한 존재들과 대비되는 무한한 분으로서의 하나님 — 은 필연적 개념이라는 것을 논증하였다. 정신은 유한자(有限者)를 제한하고 규정하는 무한자(無限者)에 관한 사고 없이는 유한자를 인식할 수 없다고 주장하였다.[36] 좀 더 최근에 노먼 말콤(Norman Malcolm, 1911-)은 하나님은 바로 그 자신의 개념에 의해서 존재하지 않을 수 없기 때문에 존재해야만 한다고 주장하였다. 하나님의 존재는 정의상 필연적인 존재일 수밖에 없다.[37]

테넌트(F. R. Tennant, 1866-1957년)는 경험적 증명의 최신 판본을 제시하였다. 그는 찰스 다윈(Charles Darwin)의 진화 이론들 속에서 하나님의 존재를 보여 주는 단서를 발견하였다. 테넌트는 진화하는 자연 내에서의 "더 넓은 목적론"(wider teleology)을 근거로 들었다. 많은 요인들(strands)의 협동사역은 점점 더 높은 차원의 피조물들을 낳았고, 결국 그 정점에서 도덕적 피조물인 인류가 탄생하였다. 테넌트는 바로 이러한 우주적인 협력사역은 합리적인 신앙을 위한 근거를 제공해 준다고 주장하였다.[38] 좀 더 최근에는 우주 물리학자인 로버트 재스트로우

---

36) G. W. Hegel, *The Phenomenology of Mind*, trans. J. B. Baillie, Harper Torchbooks/The Academy Library edition (New York: Harper and Row, 1967), 207-13. 헤겔의 사고에 관한 논의를 위하여, Pannenberg, *The Idea of God and Human Freedom*, 84-86을 보라.

37) Norman Malcom, "Anselm's Ontological Arguments," in *Knowledge and Certainty: Essays and Lectures* (Englewood Cliffs, N. J.: Prentice Hall, 1963), 20-27.

38) F. R. Tennant, *Philosophical Theology*, two volumes (Cambridge, England: Cambridge University Press, 1928-30), 2: 78-104.

(Robert Jastrow)는 하나님의 존재에 관한 공리가 지적으로 존중할 만하다는 것을 다시 한 번 보여 준 저 유명한 "빅뱅"(big bang) 이론을 제시하였다.[39]

아마도 도덕적 증명에 대한 가장 잘 알려진 대중적인 재구성은 루이스(C. S. Lewis)에 의해서 설명된 것일 것이다. 자신의 저서인 『순전한 기독교』(*Mere Christianity*)[40]에서 루이스는 어떤 행위들은 비난받는 데 반하여 어떤 행위들은 보편적으로 칭송받는 것으로 보아서 모든 인간 사회의 실천들이 도덕성에 대한 보편적 규범을 계시하고 있다고 본다. 이러한 현상은 만유(萬有)의 배후에는 우리가 알고 있는 다른 어떤 것보다 더 정신적인 그 무엇 — 의식적이고, 목적을 가지고 있고, 이런 유형의 행위보다 저런 유형의 행위를 선호하는 그 무엇 — 이 존재한다는 것을 보여 준다. 이 그 무엇이 바로 하나님이다.

인간학적 근거. 그 밖의 다른 근대 신학자들은 바르트의 신앙주의와 철학적 신학의 합리주의 사이에 놓인 대안을 선택한다. 이러한 사상가들은 하나님의 존재에 대한 결정적인 증명이라고 주장하기에는 모자람이 있는, 무신론에 대한 합리적인 응답을 발전시키고자 했다. 그럼에도 불구하고, 그들은 기독교의 전제는 지적으로 신뢰할 수 있으며, 따라서 좀 더 숙고할 가치가 있다고 믿는다.

널리 사용된 중도적인 접근방법들 중의 하나는 인간학,[41] 또는 인간 존재의 본질을 근거로 삼는다. 이러한 접근방법의 주창자들은 우리는 하나님의 실재라는 전제 없이 우리 인간의 주관성 속에서는 우리 자신을 파악할 수 없다고 주장한다.

---

39) Robert Jastrow, *God and the Astronomers* (New York: Norton, 1978).

40) C. S. Lewis, *Mere Christianity*, Macmillan Paperbacks edition (New York: Macmillan, 1960), 17-39.(『순전한 기독교』: 홍성사)

41) 20세기에 들어와 비로소 현저한 것이라 할지라도, 인간학과 신학 사이의 연결은 오래된 것이다. 예를 들어, 칼빈은 그의 『기독교 강요』를 시작하는 문단에서 그 둘 사이의 연결을 요청했다: "우리가 소유한 거의 모든 지혜는, 말하자면 참되고 건강한 지혜는 두 부분으로 구성된다: 하나님에 관한 지식과 우리 자신에 관한 지식이다." John Calvin, *Institutes of the Christian Religion* 1. 1.1, trans. Ford Lewis Battles, ed. John T. McNeill, volumes 20-21 of the Library of Christian Classics (Philadelphia: Westminster, 1960), 35. 유사하게도, 데카르트에게 있어서는 개별적인 주체의 바깥에 있는 세계의 실존은 그가 자신의 제5 명상에서 지적하듯이, 오직 하나님의 실존에 의해 보장된다. Rene Descartes, *Discourse on Methods and The Meditations*, trans. Laurence J. Jafleur, Library of Liberal Arts edition (1637, 1641; Indianapolis: Bobbs-Merrill, 1960), 124-25.

오히려 인간 존재는 "본질상"(by nature) 하나님을 전제한다.

인간학을 근거로 삼는 것과 관련하여 중요한 것은 인간과 다른 생물들 사이에 존재하는 경험적인 차이이다. 이 접근방법의 주창자들은 흔히 이 차이를 "자기 초월성"(self-transcendence) 혹은 "세계에 대한 개방성"(openness to the world)이라는 용어로 요약한다.[42] 이 차이는 하나님의 실재를 전제하기 위한 토대가 된다. 동물들과는 달리 인간 피조물은 세계가 취하는 각각의 구체적인 형태(형식)를 초월하여 열려 있다(즉, 개방적이다).[43] 인간이 세계를 어떤 식으로 변화시키든, 그렇게 변화된 세계는 궁극적으로 만족스럽지 못하기 때문에, 그 성취를 위하여 우리는 세계를 초월하는 실재에 의존되어 있다. 우리는 이 실재를 "하나님"이라 부른다.[44]

오늘날의 상황 속에서의 기독교 신앙

서구 세계의 그리스도인들은 자신들이 복잡한 상황 속에서 살고 있음을 발견한다. 우리가 처한 상황의 한 가지 피할 수 없는 차원은 서구의 지적 전통이 걸어온 역사적인 노정(路程)의 지속되는 유산이다. 학문 세계의 지적 무신론은 우리가 살고 있는 세계 안에서 여전히 부정할 수 없을 정도로 가공할 만한 세력으로 남아 있다. 이러한 전망의 유산은 우리의 일반적인 문화적 풍조(ethos) 속에 깊이 스며들어 있다. 종교를 위한 여지를 남겨 두지 않는 과학적인 세계관에 의한 압박을 받고, 많은 사람들이 하나님이라는 개념을 버렸다. 그들에게 하나님은 그 어떠한 여백도 남겨져 있지 않은 여백들의 하나님(the God-of-gaps)이거나, 인간의 자유를 약화시키고 제약하는 존재가 되어 버렸다.

어떤 사람들은 실천적인 무신론자들로 살아가면서도 하나님에 대한 신앙과 유사한 모종의 신념을 여전히 지니고 있다. 그들은 하나님에게 의존할 필요성을 거의 느끼지 못한 채 하루하루의 삶의 과제들을 해결해 나간다. 시편 기자가 말하는 "어리석은 자"처럼 그들은 자신들의 행동으로 — 그들의 머리로가 아니라 — "하

---

[42] Wolfhart Pannenberg, *What Is Man?* trans. Duane A. Priebe (Philadelphia: Fortress, 1970), 3-4.

[43] Ibid., 9-10. 또한 Jürgen Moltmann, *Man*, trans. John Sturdy (Philadelphia: Fortress, 1974), 4-7을 보라.

[44] Pannenberg, *What Is Man?* 10.

나님은 없다"고 말한다. 그들에게 하나님은 삶에 아무런 해악(害惡)이 되지 않는 존재이거나 삶과 전적으로 무관한 존재가 되어 버렸다.

그러나 하나님 개념에 대한 지적인 부정(否定)의 광범위한 잔재만이 우리의 현재 상황을 규정하고 있는 모든 것이 아니다. 그 외에도 서구는 급속하게 무수한 옛 종교와 새 종교들이 번성하는 비옥한 토양이 되어가고 있다. 어떤 사람들에게는 이러한 경쟁적인 신념들의 확산 현상은 기독교적 진리 주장을 매우 의심하게 만드는 또 하나의 지적인 문제에 불과한 것일 수 있다. 그러나 어떤 사람들에게는 우리의 지적 풍토가 지닌 영적인 불모성(不毛性)은 신적인 것에 대한 새로운 갈망을 낳았다. 그 결과 우리는 계몽주의의 자녀들 사이에서 초자연적인 것에 대한 관심의 재탄생(rebirth)을 목격하고 있다. 그럼에도 불구하고, 이 새로운 초자연주의는 기독교 전통의 영향을 받은 것이 아니다. 이것은 우리가 많은 "신들"(gods)이 경쟁하는 상황 속에서 아브라함의 하나님과 예수 그리스도의 아버지의 실재(實在)를 선포했던 성경의 공동체가 직면했던 것과 유사한 시대로 다시금 진입하고 있다는 것을 시사해준다.

신학자들로서 우리는 일차적으로(전적으로는 아니지만) 신앙의 지적 요소에 관심을 갖는다. 이러한 이유로 우리는 실재에 대한 인간의 경험이 신적인 실재를 근거로 했을 때에 가장 잘 이해될 수 있는지의 여부에 관한 질문을 피할 수 없다. "인간은 하나님의 얼굴을 먼저 바라본 후에 하나님을 묵상하는 것에서 내려와서 자기 자신을 성찰하지 않고서는 결코 자기 자신에 관한 분명한 지식을 얻지 못한다는 것은 확실하다"[45]라는 칼빈의 말은 다수의 기독교 전통을 대변한 말임에 틀림없다.

칼빈의 시대에서와 마찬가지로, 오늘날에도 기독교 신학의 과제는 부분적으로는 변증적이다. 기독교 신학은 우리가 우리 자신과 세계를 하나님에 대한 인식에 의해서 조명할 때에만 이해할 수 있다는 기독교의 주장을 진술하고 탐구하는 일을 포함한다. 따라서 우리는 하나님에 대한 우리의 신앙은 신앙에 의한 맹목적인 도약의 산물이 아니라는 것을 분명하게 밝힌다. 또한 우리의 신앙은 단순히 어떤 외적인 권위에 의거하여 받아들여진 교의(敎義, dogma)도 아니다. 오히려 우리는

---

45) Calvin, *Institutes of the Christian Religion* 1. 1. 2, in volume 20 of the *Library of Christian Classics*, 37.(「기독교 강요(최종판)」: 크리스챤다이제스트)

하나님을 인정하는 것은 만유(萬有)와 인류를 온전히 이해하기 위해서 반드시 필요한 일부라고 확신한다. 신학자들로서 우리는 이러한 확신을 명확히 하고, 그 지적인 신뢰성을 보여 주는 데에 관심을 갖는다.

하나님의 실재에 대한 신뢰할 만한 변증을 제시하고자 하는 우리의 시도는 그 지향에 있어서 명백히 지적이긴 하지만 지성적인 작업(intellectualization)에 국한될 수는 없다. 오히려 우리는 우리의 신앙을 우리 자신이 살아가는 방식 속에 구체화하고자 하기 때문에 삶 속에서 생생하게 보여 주는 것이 되지 않으면 안 된다. 이러한 삶 속에서의 구체화는 신앙에 대한 지적인 성찰로 이해된 신학의 범위를 넘어서 있다. 그럼에도 불구하고, 그것은 신학의 관심 바깥에 있는 것이 아니다. 신학은 궁극적으로 실천적인 목적, 즉 신앙의 헌신을 하나님께 영광을 돌리는 삶으로 변환시키는 것을 지향한다.

우리는 우리 자신과 세계에 대한 이해에 있어서 하나님의 존재를 전제하는 것이 중요하다는 것을 보여 주고자 하면서도, 한편으로는 우리가 어떤 단순한 일반적인 신을 위한 증명을 제시하려는 것이 아니라는 점도 염두에 두지 않으면 안 된다. 그리스도인들로서 우리는, 모든 창조에 대한 적절한 이해를 위해 필수적인 하나님이 나사렛 예수 안에서 자신을 계시하셨다고 주장한다. 그분은 예수를 죽은 자 가운데서 일으키셨던 분이며, 예수는 그분을 대신하여 언젠가는 영광과 심판 가운데 다시 오실 것이다. 이러한 관심은 모든 점에서 우리의 신학이 명시적으로 "기독교적"이어야 한다는 것을 뜻한다; 우리의 신학은 예수 안에서 계시된 신적인 실재의 본질에 대한 기독교 특유의 이해를 설명하는 것이어야 한다. 그러나 또한 이것은 우리가 신학을 통해서 탐구하는 하나님의 실재에 관한 확신은 궁극적으로 오로지 하나님의 자기 계시를 통해서만 확증된다는 것을 의미하기도 한다. 궁극적으로 하나님의 이러한 자기 계시는 미래에, 곧 예수께서 영광 중에 재림하실 그 때에 비로소 있게 될 것이다.

그 동안 우리는 계속해서 하나님의 실재에 관한 논쟁에 관여하게 된다. 이러한 논쟁 속에서 하나님의 존재에 관한 질문은 우리의 하나님 인식에 관한 질문으로 나아간다. 우리에게 있어서 "하나님이 존재한다"는 주장은 그 최종적인 확증을 예수 안에서 우리와 하나님의 영광스러운 만남에서 찾게 된다. 비록 하나님이 존재한다는 주장이 역사의 완성 때까지 열려져 있고 여전히 논란될 수 있다고 할지라도, 하나님께서 자신을 알고 있다는 것을 실천으로 증명해 보이는 사람들의 삶들을 통해서 자신의 존재를 드러내실 때, 하나님의 존재에 관한 기독교의 주장은 고도의 신뢰성을 얻게 된다. 이러한 이유로 오늘날 신앙의 가능성에 관한 우리의 논의는 과연 우리가 하나님을 알 수 있는지에 관한 질문으로 옮겨가지 않으면 안 된다.

무신론 시대에 있어서 하나님 인식

우리가 하나님을 알게 되었다는 우리의 증언은 "하나님이 존재한다"는 우리의 주장의 일부를 형성한다. 그리스도인들로서 우리는 자신의 실재를 통하여 모든 피조 세계와 우리 인간의 경험을 조명해 주시는 하나님이 나사렛 예수 안에서 우리에게 자신을 알리신 바로 그 하나님이라고 선포한다. 예수 안에서 우리는 하나님을 알게 되었다. 그리고 우리는 하나님을 알기 때문에 궁극적으로 하나님의 존재에 관한 질문에 대하여 긍정적인 대답을 할 수 있다. 그러나 "하나님이 존재한다"는 신앙고백과 마찬가지로, 우리는 하나님은 많은 사람들이 우리의 주장을 문제삼는 상황 속에서도 사람들에게 자신을 알게 하실 수 있다고 증언한다.

하나님을 안다는 주장과 지적인 불가지론

서구의 지성사(知性史) 속에서 하나님의 존재에 관한 질문은 흔히 하나님을 아는 것이 과연 이론적으로 가능한 것인지에 대한 또 하나의 철학적인 논쟁과 밀접하게 결부되어 있었다. 어떤 사람들은 하나님의 실재(實在)에 관한 전제가 신뢰성의 검증을 통과할 수 없다고 결론을 내렸고, 또 어떤 사람들은 우리가 하나님을 알 수 있다고 주장하는 것은 신뢰할 수 없다고 확신하였다.

인식론적 불가지론. 하나님을 알 수 있다고 하는 것에 대한 지적인 부정(否定)은 흔히 "불가지론"(不可知論, agnosticism)으로 불린다. 불가지론은 본래 독단적이지 않고 지적으로 열려 있다. "하나님이 존재하지 않는다"는 무신론의 존재론적인 선언과는 대조적으로, 불가지론자들은 우리 인간의 빈약한 인식론적인 능력을 인정한다. 그들은 인간은 하나님과 관련된 문제들을 알 수 있는 능력을 지니고 있지 않다고 조심스럽게 결론을 내린다.

개혁신학자인 루이스 벌코프(Louis Berkhof)는 불가지론을 "인간 정신은 자연적 현상 배후에 놓여져 있는 그 어떤 것도 알 수 없으며, 따라서 필연적으로 초감각적이고 신적인 것들을 모를 수밖에 없다"⁴⁶⁾고 믿는 신념으로 규정한다. 불가지론자들은 인간 정신은 자연적인 영역에 속한 대상들만을 알 수 있기 때문에 우리는 필연적으로 만유(萬有) 너머에 있거나 배후에 있는 그 어떤 것에 대해서도 전혀 알 수 없다고 경고한다. 우리는 하나님이 존재하는지, 아니면 존재하지 않는지를 결정할 수 없고, 따라서 우리는 하나님을 알 수 없다.

인식론적 불가지론의 뿌리는 데이비드 흄(David Hume)의 경험론과 임마누엘 칸트(Immanuel Kant)의 초월(超越) 철학에 있다. 흄은 우리는 모든 지식을 감각 경험으로부터 가져온다고 주장하였다. 우리는 신적인 실재를 감각들을 통해서 파악할 수 없기 때문에 우리가 하나님께 귀속시키는 여러 속성들에 상응하는 어떤 실재가 과연 존재하는지를 결코 알 수 없다.⁴⁷⁾ 칸트는 물자체(物自體, "things-in-themselves"; 실제로 존재하는 것으로서의 대상들)와 현상(現象, "things-in-appearance"; 인간의 지각 속에 나타나는 것으로서의 대상들)의 구분을 전제하였다. 과학적인 혹은 "순수한" 지식(감각들을 통해서 생겨나는 지식)은 우리를 물자체가 아니라 단지 현상으로 인도할 뿐이다. 하나님은 결코 하나의 현상 — 우리 인간의 지각 속에 있는 대상 — 이 아니기 때문에, 감각에 근거한 하나님에 관한 지식은 불가능하다고 그는 결론을 내렸다.⁴⁸⁾

논리 실증주의. "논리 실증주의"(logical positivism)로 알려진 20세기의 한 철학은 흄과 칸트의 불가지론만큼 영향을 미치지는 못했을지라도 하나님 인식의 이론적인 가능성에 대한 좀 더 독단적이고 음흉한 부정(否定)을 낳았다. 논리 실증주의자들에 의하면, 모든 형이상학적 진술들 — 감각 경험의 세계 너머에 있는 그 어떤 실재에 관한 모든 진술들 — 은 무의미하다.

논리 실증주의자들은 두 가지 공리 — "검증의 원리"(the verification principle)와 "허위의 원리"(the falsification principle) — 중 어느 하나를 실재에 관한 어떤 주장의 진리성을 결정하기 위한 판별기준으로 삼는다. 하나의 진술

---

46) Louis Berkhof, *Systematic Theology*, revised edition (Grand Rapids: Eerdmans, 1953), 30.(「조직신학」: 크리스챤다이제스트)

47) Hume, *Dialogues Concerning Natural Religion*, 15-25, 47-56.

48) Kant, *Critique of Pure Reason*, 507-14, 518-24.

을 적절한 주장으로 보기 위해서는, 우리는 그 문장이 검증되었다거나(참된 것으로 증명된) 거짓으로 판명되었다고(거짓으로 증명된) 판단할 수 있게 해줄 조건들을 제시해야 한다. 그러나 만약 우리가 이러한 조건들이 무엇인지를 명확하게 진술할 수 없다면, 그 진술은 실재에 관한 주장이 될 수 없다.[49]

이러한 과정을 "하나님은 사랑이시다"라는 진술을 가지고 예를 들어보자. 허위의 원리는 우리가 이 명제를 부정확하다고 선언할 수 있게 해줄 판별기준들을 진술할 것을 요구한다. 그러나 그리스도인으로서 우리는 하나님이 사랑이시라는 우리의 주장을 포기하게 되는 그 어떤 상황도 생각할 수 없다. 이와 같은 경우에 논리 실증주의자는 이 진술이 무의미한 것이라고 판결하게 될 것이다.[50] 이러한 방식으로 논리 실증주의는 모든 형이상학적 진술들을 인간의 적절한 담론의 영역으로부터 제거해 버렸다.

불가지론과 이해될 수 없는 하나님. 근대의 지성적인 풍토는 종교적인 진리 주장들에 대한 회의주의로 점철되어 있다. 어떤 사람들은 심지어 만일 하나님이 존재한다면 그 하나님은 인간의 지식의 영역 너머에 존재할 것이라고까지 주장하였다. 또 어떤 사람들은 신적인 실재에 관한 모든 주장들을 무의미한 것으로 치부하여 일언지하에 부정해 버렸다. 이러한 상황의 한복판에서 우리는 살아 계신 하나님을 우리가 알게 되었다고 증언한다. 그렇지만 이렇게 과감한 주장을 하면서도 우리는 불가지론으로부터 우리가 얻어야 할 한 가지 타당한 조언을 놓쳐서는 안 된다. 회의론자들과 우리의 만남은 하나님은 이해될 수 없다는 기독교 전통 내에 존재하는 겸손한 인정을 우리에게 받아들이도록 촉구한다. 하나님의 불가해성(不可解性)은 성경적인 주제이다(예를 들어, 욥 11:7-8; 시 97:2; 145:3; 사 40:28; 45:15; 55:8-9; 고전 2:11). 그렇다면 우리는 이러한 신학적 선언을 어떻게 이해해야 하는가?

"하나님은 이해될 수 없다"는 것은 그 어떤 인간 존재도 하나님을 온전히 이해

---

49) 예를 들면, Moritz Schlick, "Positivism and Realism," in *Logical Positivism*, 86-95를 보라.

50) Anthony Flew, R. M. Hare, and Basil Mitchell, "Theology and Falsification," in *New Essays in Philosophical Theology*, ed. Anthony Flew and Alasdair MacIntyre (London: SCM, 1955), 96-106.

할 수 없으며, 또한 신적인 실재의 깊이를 파악할 수 없다는 것을 의미한다. 우리가 하나님에 관하여 갖고 있는 지식은 무엇이든지 기껏해야 단지 부분적인 것일 뿐이다. 또한 "하나님은 이해될 수 없다"는 것은 그 어떤 인간도 하나님의 본질적인 존재를 온전하게 지각할 수 없다는 것을 의미한다. 하나님은 감춰져 있다; 하나님의 본질은 우리에게 온전히 드러나지 않는다.

하나님은 이해될 수 없다는 인식은 하나님은 초월적이라는 인식과 결부되어 있다. 하나님은 피조 세계 너머에 계시고 그 너머로부터 이 세계로 오시기 때문에, 하나님은 언제나 우리의 이해 능력보다 더 높은 곳에 계신다. 그래서 전도서 기자는 "하나님은 하늘에 계시고 너는 땅에 있음이니라 그런즉 마땅히 말을 적게 할 것이라"(전 5:2)고 조언한다.

우리는 하나님은 이해될 수 없다고 인정하면서도 우리가 하나님을 알 수 있다고 단호하게 주장한다. 하나님에 관한 우리의 지식은 언제나 부분적이다; 그렇지만 우리는 하나님을 본래 모습 그대로 안다. 예수 자신이 우리가 하나님을 알 수 있게 될 것이라고 약속하셨다: "영생은 곧 유일하신 참 하나님과 그가 보내신 자 예수 그리스도를 아는 것이니이다"(요 17:3).

하나님 인식의 수단들

하나님을 알 수 있을 가능성은 수단에 관한 문제를 불러일으킨다. 만일 우리가 하나님을 알 수 있다면, 이런 일은 어떻게 일어나는가? 기독교 사상가들은 하나님을 알 수 있는 근본적인 길이 무엇인지를 놓고 폭넓은 제안들을 제시한다.

이성을 통한 하나님 인식. 하나님의 존재를 입증하기 위한 기독교 철학적 신학에 있어서의 오랜 동안의 지속적인 시도와 병행하여, 몇몇 사상가들은 지적 성찰을 통하여 하나님에 관한 부분적이지만 진정한 지식에 이를 수 있는 가능성을 열어 두었다. 우리는 철학적 또는 논증적인 추론을 통해서 하나님을 알 수 있다.

철학적인 접근방법으로 대표적인 것은 토마스 아퀴나스(Thomas Aquinas)의 신학 방법론이다. 토마스 아퀴나스에 의하면, 하나님은 세계에 대한 우리의 감각 경험을 통하여 모두에게 명백한 신적인 사역들 또는 "결과들"(effects)을 통해서 알려질 수 있다. 이러한 과정을 통해서 우리는 하나님에 관한 어떤 결론들을 도출해 낼 수 있다. 우리는 그가 존재한다는 것을 주장할 수 있다. 그리고 피조 세계와 창조주 사이의 유비(類比)의 원리를 사용함으로써, 우리는 세계의 제1원인으로서의 하나님에 대하여 어떤 것들이 필연적으로 참된 것이 될 수밖에 없는지를 규정할 수 있다.[51]

중세 시대의 사상가들에 의거하여, 토마스 아퀴나스는 하나님의 활동의 "결과들"로부터 하나님에 관한 여러 결론들을 도출해낼 수 있는 세 가지 방식을 제시하였다. 인과성의 방식(via causalitatis)에 의거해서, 우리는 창조 속에서 관찰되는 완전성들을 토대로 하나님에게 어떤 속성들을 귀속시킬 수 있다. 이러한 완전성들은 하나님 안에 좀 더 완전한 방식으로 선재하고 있었음에 틀림없다. 왜냐하면, 하나님은 창조 안에 있는 그러한 완전성들의 원인이기 때문이다. 하나님은 완전하기 때문에, 부정의 방식(the via negationis)에 의거해서 우리는 피조물들 속에서 발견되는 모든 불완전성들을 우리의 하나님 개념으로부터 제거하고 그 정반대의 완전성을 하나님께 귀속시킬 수 있다. 끝으로, 탁월성의 방식(the via eminentiae)에 의거해서, 우리는 인간들 속에서 발견되는 상대적인 완전성들의 가장 탁월한 형태를 하나님께 귀속시킬 수 있다.[52]

토마스 아퀴나스는 우리가 하나님에 관하여 알 수 있는 모든 것이 감각 경험으로부터의 연역적인 추론을 통해서 나오지는 않는다는 것을 인정하였다. 기독교 신학자들은 하나님에 관한 이러한 자연적 지식에다 교회를 통해 전수된 하나님의 계시로부터 나온 명제들을 추가한다. 성경과 전통으로부터 나온 하나님에 관한 추가적인 지식으로는 하나님의 삼위일체적인 본질과 인류를 구원하시는 은혜의 사역 등이 있다.

토마스 아퀴나스의 신학 방법론은 하나님에 관한 일련의 명제적인 진리들 또는 교리들을 만들어내는 것을 그 목적으로 하였다. 신적인 본질에 관한 진술들로서 그러한 것들은 하나님에 관한 실제적인 "학문적" 또는 객관적인 지식으로 구성된다. 우리는 일반적으로 토마스적 아퀴나스의 전통을 제2차 바티칸 공의회 이전의 로마 가톨릭과 연결시키지만, 토마스 아퀴나스의 신학 방법론의 모든 측면들이 개신교에 낯선 것은 결코 아니다. 일례로, 찰스 하지(Chales Hodge) 같은 19세기

---

51) Thomas Aquinas, *Summa Contra Gentiles* 1.29-34, trans. Anton C. Pegis (Garden City, N.Y.: Image Books, 1955), 138-48.

52) Thomas Aquinas, *Summa Contra Gentiles* 1.30 [141-43]; *Summa Theologica*, 1.13.1-5, in Introduction to St. Thomas Aquinas, 97-109.

프린스턴 신학자들의 연구를 토대로 하고 있는 몇몇 현대의 복음주의자들은 "학문적" 신학에 대한 토마스 아퀴나스의 관심을 공유하고 있다.[53] 아퀴나스와 마찬가지로, 그들의 목적도 창조(피조 세계)와 성경으로부터 신적인 실재에 관한 일련의 명제적 진리들을 도출해내는 것이다.

종교적 경험을 통한 하나님 인식. 토마스 아퀴나스적인 접근방법이 매우 큰 영향을 미쳐온 것은 사실이지만, 그러한 접근방법은 보편적으로 수용되지는 못했다. 이러한 접근방법에 대한 한 가지 중요한 대안(代案)은 우리가 하나님을 간접적으로(철학적 성찰과 명제적 진리들을 통해서)가 아니라 모종의 개인적인 종교적 경험을 통해서 직접적으로 알게 된다는 주장이다. 이에 따르면, 신학은 하나님에 관한 학문적인 진술들의 배열이 아니라 우리의 종교적 만남에 관한 지적인 성찰이 된다. 신학자들은 그러한 경험을 토대로 무엇이 참된 것인지를 진술한다.

종교적 경험의 신학을 지지하는 사람들은 우리의 하나님 인식을 매개해 주는 전형적인 만남의 본질에 관하여 서로 다른 주장들을 제시한다.

프리드리히 슐라이어마허(Friedrich Schleiermacher, 1768-1834년)는 세계 안에서의 하나님의 내재성(內在性)에 대한 경험에 그 초점을 맞추었다. 슐라이어마허의 주장의 배후에 놓여 있는 것은 정신적 삶을 구성하는 세 가지 본질적인 요소들에 대한 그의 이해였다: 지각은 지식을 낳는다; 행동은 도덕적 행위에서 나온다; 그리고 감정(정서가 아니라 직관 또는 인식으로 이해된)은 종교적 삶의 특정한 분야이다. 이를 토대로 그는 종교의 토대는 유한한 것 안에서의 무한한 것에 대한 직관 또는 무한한 것 안에서 및 무한한 것을 통한 모든 유한한 것들의 존재에 대한 인식에 있다고 말하였다.[54] 이러한 직관적인 인식은 절대 의존의 인식 또는 "하나님 의식"(God-consciousness)을 낳는다.[55]

루돌프 오토(Rudolph Otto)는 슐라이어마허의 주장에 대한 아주 결정적인 수

---

53) A. A. Hodge, *Outlines of Theology*, reprint edition (1879; London: Banner of Truth Trust, 1972), 15.

54) Friedrich Schleiermacher, *On Religion: Speeches to Its Cultured Despisers* 2. A.1, trans. Terrence N. Tice (Richmond, Va..: John Knox, 1969), 79.

55) Friedrich Schleiermacher, *The Christian Faith*, ed. H. R. MacKintosh and J. S. Stewart (Edinburgh: T & T Clark, n. d.), 5-18.

정안을 내놓았다. 우리의 종교적 경험의 토대는 하나님의 내재성이라기보다는 하나님의 초월성에 대한 지각(feeling)이라는 것이다. "거룩한 타자"(the mysterium tremendum)에 대한 직관은 경외심과 압도당하는 느낌, 거룩한 타자, 즉 초월적인 존재의 현존 안에 있다는 인식을 낳는다.[56]

유대교 신학자인 마틴 부버(Martin Buber)는 인격적 만남이라고 하는 판이하게 다른 종교적 경험이야말로 우리의 하나님 인식의 토대라고 주장하였다. 그는 하나님을 최고의 인격 또는 최고의 "너"(thou)로 보았다. 하나님 인식은 특정한 인격들과 특정한 "너들"을 통해서 누설되고 드러난다. 따라서 하나님을 알기 위해서는 인격들로서의 타자들과의 관계 속으로 들어가지 않으면 안 된다. 부버는 이러한 관계들을 "나-너" 관계라고 명명하였다. 우리는 타자들 안에서 "너"를 구할 때에 하나님을 알게 된다.[57]

많은 경건주의자들과 복음주의자들은 하나님을 알게 되는 방식으로 인격적인 회심(personal conversion)을 으뜸으로 친다. 우리는 우리의 삶을 근본적으로 변화시키는 살아 계시며 현존하시는 그리스도와 인격적으로 만날 때에 하나님을 만나게 된다. 이러한 경험의 전형적인 것은 다메섹 도상에서의 바울의 변화 또는 「고백록」(Confessions) 속에 설명된 아우구스티누스의 회심이다.

또 어떤 사상가들은 신비적 경험이야말로 하나님을 아는 방식이라고 주장한다. 그와 같은 만남 속에서 개인은 자아를 초월하여, 자아와 하나님 사이의 이원성(二元性, duality)을 대신하는 신적인 것과의 연합으로 고양된다. 중세의 신비주의 전통에 따르면, 하나님과의 연합에 이르는 길은 우선 감각 경험으로부터, 그리고 다음으로는 신비가 자신의 사고들, 개념들 및 열정들로부터 물러나는 것으로 시작된다고 한다. 이러한 비움의 상태 속에서 하나님과의 연합이 일어날 수 있다.[58]

하나님의 자기 계시를 통한 하나님 인식. 앞에서 말한 두 가지 중요한 신학 방법

---

56) Rudolf Otto, *The Idea of the Holy*, trans. John Harvey (London: Oxford University Press, 1958), 1-13.

57) Martin Buber, *I and Thou*, trans. Ronald Gregor Smith (New York: Charles Scribner's Sons, 1958), 75-83.

58) 예를 들면, St. John of the Cross, *The Dark Night of the Soul*, trans. Kurt F. Reinhardt (New York: Ungar, 1957)를 보라.

론 중 어느 것과도 전적으로 분리될 수 없는 세 번째 대안이 있다: 우리는 하나님의 자기 계시를 통하여 하나님을 안다. 이것을 하나님을 아는 가장 좋은 수단으로 여기는 신학자들은 신적인 자기 계시의 장소(locus)에 대해서는 서로 다른 주장들을 제시한다.

토마스 아퀴나스를 다룰 때 말했듯이, 몇몇 신학자들은 신적인 자기 계시를 창조 안에서 발견한다고 주장한다. 창조주는 자신이 만든 세계 안에서 자신을 계시한다. 이러한 주장을 하는 사람들은 그들의 견해를 지지하는 증거로 "하늘들이 하나님의 영광을 선포한다"(시 19:1-6)는 시편 기자의 주장 같은 성경의 여러 진술들을 든다. 또한 그들은 창조가 하나님에 관한 어느 정도의 지식을 모든 사람들에게 전달해 준다는 바울의 주장을 인용하기도 한다(롬 1:20). 만일 하나님의 계시가 창조 안에서 발견된다면, 우리는 그와 같은 계시를 이해함으로써 적어도 부분적으로는 하나님을 알 수 있다는 결론이 도출된다고 그들은 추론한다. 그러나 칼 바르트(Karl Barth) 같은 비판자들은 로마서 1장에서 바울이 그런 말을 한 목적은 하나님의 계시가 창조 안에 존재한다는 것을 주장하려고 한 것이 아니라 실제로 사람들은 창조를 통해서 하나님을 알 수 없다는 것을 지적하려고 했던 것이라고 말한다.

또한 많은 복음주의자들을 포함한 그 밖의 다른 사상가들은 계시의 중심은 성경이라고 주장한다. 하나님의 자기 계시는 궁극적으로 오로지 그리스도 안에서만 발견된다는 바르트의 입장도 이 견해와 어느 정도 연관이 있다.[59] 우리는 이 두 가지 주장들을 성령의 사역으로서의 성령을 살펴보게 될 제14장에서 다시 살펴볼 것이다.

또 어떤 사상가들은 역사를 하나님의 계시의 장(場)으로 본다. 특별한 구원사(救援史) 또는 하나님의 자기 계시의 특별한 역사를 구성하는 것으로서의 출애굽 같은 역사 속에서의 하나님의 권능 있는 행위들에 초점을 맞추는 사람들도 있고,[60] 보편사(普遍史) 또는 전체로서의 세계사를 하나님의 자기 계시의 중심으로 보는 볼프하르트 판넨베르크(Wolfhart Pannenberg) 같은 사람들도 있다.[61] 이 주

---

59) Karl Barth, *Church Dogmatics*, trans. Geoffrey W. Bromiley, second edition (Edinburgh: T & T Clark, 1975), 1/1: 119.(「교회교의학」: 대한기독교출판사)

60) 예를 들면, G. Ernest Wright and Reginald H. Fuller, *The Book of the Acts of God*, Anchor Books edition (Garden City, N.Y.: Doubleday, 1960), 17-29를 보라.

제도 마찬가지로 이후의 장(章)들에서 다시 다루어지게 될 것이다.

하나님 인식

수많은 견해들이 경합하고 있는 것처럼 보이는 상황에도 불구하고, 20세기 중반에 이르러서는 신학자들은 하나님 인식에 관한 몇몇 기본적인 결론들을 둘러싸고 어느 정도의 합의에 도달하게 되었다.

주체로서의 하나님 인식. 근대 신학에 의해 발견된 일차적인 보편적 전제는 인식의 과정 속에서 하나님은 객체가 아니라 주체라는 자각이었다. 다음과 같은 몇 가지 중요한 결론들은 바로 이러한 주장과 밀접하게 결부되어 있다.

(1) "하나님은 객체가 아니라 주체이다"라는 것은 하나님은 인간의 탐구의 객체(대상)가 될 수 없다는 것을 의미한다. 우리는 우리 주변의 대상들에 대한 연구를 수행하듯이, 즉 객관적이고 과학적인 방식으로 또는 우리 인간의 변덕스러운 의지에 따라서, 하나님에게 접근하지 못한다. 오히려, 하나님께서 자신을 우리에게 알게 하실 때에만, 우리는 하나님을 알게 된다. 그러므로 인식 과정 속에서 주도권은 하나님에게 있다.[62]

예수께서 하신 다음과 같은 말씀은 하나님의 주도권의 중요성을 잘 드러내준다: "내 아버지께서 모든 것을 내게 주셨으니 아버지 외에는 아들을 아는 자가 없고 아들과 또 아들의 소원대로 계시를 받는 자 외에는 아버지를 아는 자가 없느니라"(마 11:27; 또한 고전 2:9-16을 보라).

(2) 또한 "하나님은 객체가 아니라 주체이다"라는 것은 하나님을 아는 것과 하나님에 관하여 명제적인 지식을 갖고 있는 것 사이에는 커다란 차이가 있다는 것을 의미한다. 우리가 하나님을 알 때, 우리는 하나님에 관한 일련의 진리들 이상의 것을 갖고 있는 것이다. 좀 더 중요한 것은 우리는 살아 계신 인격적인 하나님을 알고 있다는 것이다. 그렇기 때문에, 하나님을 알고자 하는 과제는 하나님에 관한 진술들의 목록을 소유하는 것이 아니라 하나님과의 교제의 향유에 그 초점이 맞

---

61) Wolfhart Pannenberg, "Hermeneutic and Universal History," in *Basic Questions in Theology*, trans. George H. Kehm, two volumes (Philadelphia: Fortress, 1970), 1: 96-136.

62) John Baillie, *The Idea of Revelation in Recent Thought* (New York: Columbia University Press, 1956), 19-40.

쳐진다.

이것이 사실이라는 것은 금방 분명하게 드러난다. 일련의 명제들은 인간의 끈질긴 시도, 즉 인간적 성찰의 수행으로부터 생겨난다. 이와는 반대로, 하나님에 관한 참된 인식은 오직 하나님과의 만남으로부터만 생겨날 수 있다. 이러한 만남 속에서는 인간 존재가 아니라 하나님이 능동적인 행위자이다.[63]

칼 바르트는 근대의 신학적 사고에 맞서서 이러한 구분을 짓는 데에 중요한 역할을 한 인물이었다. 바르트는 심지어 하나님에 관한 일반적인 인간적 지식을 말하고자 하는 그 어떠한 시도도 단호하게 거부하였다. 왜냐하면, 그렇게 해서 얻어진 모든 지식은 단지 인간적인 노력의 산물일 수밖에 없기 때문이다. 그러므로 세계로부터 하나님의 본질에 관한 명제적인 진술들을 연역해내려는 모든 시도는 분별없는 짓일 따름이다.[64]

바르트와 동시대인이었던 에밀 브루너(Emil Brunner)는 하나님에 대한 철학적 접근을 가차 없이 비난하지는 않았다. 그럼에도 불구하고, 그는 창조로부터 하나님 인식을 도출해내려는 시도(자연 신학)가 궁극적으로는 신학적 작업에 있어서 유익하지 않다고 분명하게 천명하였다. 브루너는 창조주에 대한 지식은 피조물인 우리의 실존의 일부분을 형성하고 있다는 사실을 인정하였다. 그러나 그와 같은 철학적 지식은 하나님과의 교제(communion)를 만들어내지 못하기 때문에, 그는 그러한 지식은 하나님을 참으로 아는 것이 아니라고 결론을 내렸다.[65]

바르트와 브루너의 입장은 그들의 시대 이후로 수많은 신학자들의 사고 속에서 되풀이되어 왔다.

(3) 끝으로, "하나님은 객체가 아니라 주체이다"라는 것은 하나님을 아는 일에 있어서 인간 존재는 인식의 주체가 아니라 객체라는 것을 의미한다. 이 일 속에서 우리는 하나님을 능동적으로 알게 되는 것이 아니다. 반대로 하나님이 우리를 파악하시고 아신다. 바울이 갈라디아 신자들에게 "이제는 너희가 하나님을 알 뿐더러 하나님의 아신 바 되었거늘"(갈 4:9)이라고 말했을 때, 바울의 이 말은 바로

---

63) Emil Brunner, *The Christian Doctrine of God,* trans. Olive Wyon (Philadelphia: Westminster, 1950), 14, 22.

64) Karl Barth, "No!" in Emil Brunner and Karl Barth, *Natural Theology,* trans. Peter Fraenkel (London: Centenary, 1946), 70-128.

65) Brunner, *The Christian Doctrine of God,* 1: 121.

그러한 인식을 반영하고 있는 것처럼 보인다. 사도 바울의 이러한 인식은 제임스 패커(James I. Packer)의 다음과 같은 선언 속에 재현되어 있다: "그러므로 가장 중요한 것은 결국 내가 하나님을 알고 있다는 사실이 아니라 그러한 사실의 밑바탕에 깔려 있는 좀 더 큰 사실 — 그분이 나를 아신다(He knows me)는 사실이다 — 이다."[66]

역사 속에서의 하나님 인식. 인식 과정 속에서 하나님은 객체가 아니라 주체라는 이러한 명제는 어떻게 사람들이 하나님을 알 수 있는가에 관한 문제에 대한 우리의 대답에 있어서 첫 번째 핵심이다. 우리는 하나님께서 자신을 우리에게 알게 하시는 정도만큼만 하나님을 알게 된다. 이러한 과정 속에서 우리가 알게 되는 것은 하나님에 관한 일련의 교리들을 포함하겠지만 분명히 그런 것들을 넘어선다. 왜냐하면, 우리는 인격적인 하나님 자체를 알기 때문이다. 그리고 이러한 사건 속에서 하나님은 우리를 아시며, 우리에게 주장하신다.

20세기에 들어와서 만남(encounter)을 강조한 것은 비록 도움이 되긴 했지만 하나님 인식에 관한 질문에 대하여 온전한 답변을 제공하는 데까지는 미치지 못했다. 그것은 하나님의 자기 계시의 지점으로서의 현재 속에 있는 개인에 대한 지나친 강조라는 치명적인 약점 때문에 어려움을 겪었다. 따라서 그것은 상당한 보강이 불가피하다.

하나님과의 개인적인 만남은 현재 속에서 일어나지만, 그러한 현재적인 만남은 하나님께서 인간 역사 전체 속에서 행하고 계시는 좀 더 광범위한 영역과 결부되어 있기 때문에 의미가 있는 것이다. 그러므로 우리는 현재의 고립된 순간을 미래와 과거의 맥락 안에 — 하나님께서 역사의 완성 때에 행하시게 될 것과 하나님이 특히 나사렛 예수 안에서 이미 행하셨던 것에 대한 인식 안에 — 위치시키지 않으면 안 된다.

이러한 고찰은 우리를 오늘날의 신학자들 사이에서 널리 인정되고 있는 또 다른 강조점, 즉 역사와 하나님 나라라는 초점과 연결시켜 준다.[67] 많은 신학자들은

---

66) James I. Packer, *Knowing God* (Downers Grove, IL.: InterVarsity, 1973), 37.(「하나님을 아는 지식」: IVP)

67) 설명을 위하여, Wolfhart Pannenberg, "Dogmatic Theses on the Doctrine of Revelation," in *Revelation as History*, 125-35를 보라.

이 주제와 관련하여 어떤 주장을 하든지간에 신적인 자기 계시의 장(場)이 역사라고 하는 것에 대해서는 동의한다. 역사는 목적을 지니고 있고, 하나님의 영광의 최종적인 계시라고 하는 목표를 지향하고 있다.

몇몇 신학자들은 이 명제를 한 걸음 더 진척시킨다. 그들은 궁극적인 의미에서 하나님의 오직 유일한 역사적인 자기 계시만이 존재할 수 있다는 것과 그 신적인 자기 계시는 그 시작점이 아니라 역사적 과정의 종착점에 일어난다는 것을 아울러 말한다. 그러므로 하나님의 자기 계시는 궁극적으로 종말론적이다. 왜냐하면, 하나님의 최종적인 계시는 오로지 역사의 완성 때에 일어나게 될 것이기 때문이다(고전 13:12; 요일 3:2을 보라). 이 사건은 하나님의 통치의 온전한 돌입(突入, in-breaking)을 의미한다. 그러나 이 종말론적인 실재는 단순히 미래적인 것만은 아니다. 그러한 실재는 역사의 목적(telos)이자 의미이며(요일 5:20), 판넨베르크의 표현을 빌리면, 그 안에 종말이 "선취적으로" 현존하는 나사렛 예수 안에서 이미 우리 세계에 침입해 들어 왔다.

하나님 인식과 공동체 개념. 역사와 하나님 나라에 대한 오늘날의 강조는 하나님 인식에 대한 우리의 탐구에 종말론적이고 기독론적인 차원을 만들어 낸다. 그러나 이러한 추가를 통해서도 우리는 만남에 대한 강조의 특징을 이루는 고도로 개인주의적인 초점을 충분히 극복하지 못했다. 따라서 우리는 우리의 탐구에 대한 답변의 중심에 아직 도달하지 못한 것이다. 우리는 역사적 과정과 관련된 하나님의 궁극적인 목표를 요약해 줌으로써 우리의 하나님 인식의 중심을 보여 주는 또 다른 개념을 가져오지 않으면 안 된다. 우리가 따르게 될 방향은 이미 브루너(Brunner)의 신학 속에 요약되어 있다. 그러나 좀 더 최근의 사상가들, 특히 새로운 공동체주의자들과 정체성 형성에 있어서 이야기(서사)의 역할을 연구하는 자들은 우리에게 훨씬 더 긴요한 도움을 제공해 준다.

많은 인문학자들은 우리 개인의 정체성에 대한 인식은 개인의 이야기를 말하는 것을 통해서 발전된다는 명제를 연구해 왔다. 따라서 우리 자신을 발견한다는 것은 무엇보다도 우리의 삶을 의미 있게 해주는 이야기를 발견한다는 것을 뜻한다.[68] 한 개인의 삶의 이야기는 언제나 그 개인이 속해 있는 공동체의 이야기 속에

---

68) Robert N. Bellah et al., *Habits of the Heart: Individualism and Commitment in American Life*, Perennial Library edition (New York: Harper and Row, 1986), 81.

뿌리를 내리고 있다.⁶⁹⁾ 정체성 형성의 과정에서 공동체는 결정적으로 중요하다. 왜냐하면, 공동체는 우리 자신의 이야기를 구성하는 데 사용되는 미덕, 공동선, 궁극적인 의미에 관한 전승들과 관련이 있는 초월적인 이야기를 우리에게 전달해 주기 때문이다.⁷⁰⁾

새로운 공동체주의자들의 여러 통찰들은 역사에 있어서의 하나님의 목적, 그리고 결과적으로 하나님께서 우리로 하여금 그를 어떻게 알게 하시는지에 관한 우리의 탐구에 직접적으로 적용될 수 있다. 성경에 의하면, 하나님의 계획은 새로워진 창조 안에서 살면서 그들의 구원자이신 하나님의 임재를 누리게 될 모든 민족으로부터 모여든 화해된 백성을 세우는 것을 지향하고 있다. 공동체에 관한 성경의 이러한 비전은 역사의 목표임과 동시에 하나님을 알게 된 각 사람의 경험이다.

신약성서의 기자들은 하나님을 아는 것은 그리스도를 아는 것, 또는 바울의 모티프(motif)를 사용하자면, "그리스도와 연합되는 것"(united with Christ)을 의미한다고 분명하게 말한다. 이러한 연합은 일련의 교리에 대한 지적인 동의(同意)를 포함하긴 하지만, 그러한 동의를 넘어서는 것이다. 그것은 한 개인의 신념, 태도, 행위들 속에 예수 자신의 삶을 특징지었던 의미들과 가치들을 구현하는 것(embodying)을 수반한다. 구현의 과정 속에서 기독교 신앙의 공동체는 결정적인 역할을 한다. 이 믿음의 공동체는 말과 행동을 통해서 구속(救贖)에 관한 이야기를 한 세대에서 다음 세대로, 이 지역에서 저 지역으로 전달한다. 그렇게 함으로써 이 공동체는 개인의 정체성, 가치관, 세계관을 형성하기 위한 틀을 신자들에게 전달해 준다.

그러므로 결국 우리는 우리가 공동체에 함께 참여하게 되었다는 점에서 우리가 하나님을 만났다는 것을 알게 된다. 우리는 하나님과의 교제를 누리며, 신앙의 백성 속에 참여한다. 하나님께서 자신의 창조를 위해 의도하신 교제는 현재 속에서 시작된다. 그러나 그것은 궁극적으로는 종말론적인 실재이고, 우리는 역사의 완성 때에 이르러서야 비로소 그러한 교제를 온전한 모습으로 누리게 될 것이다.

이하의 장들에서 우리는 공동체를 개시시키는 실재(實在)로서의 하나님과의 만

---

69) 예를 들면, Alasdair MacIntyre, *After Virtue*, second edition (Notre Dame: University of Notre Dame Press, 1984), 221.

70) George Lindbeck, "Confession and Community: An Israel-like View of the Church," *Christian Century* 107 (May 9, 1990): 495.

남이 지니는 신학적 의미들과 그 적용들을 탐구할 것이다. 그렇지만 한 가지 결론은 현재의 논의와 관련하여 아주 중요하다. 우리가 현재에 있어서는 부분적으로, 그리고 종말론적인 미래에 있어서는 온전하게 누리게 될 하나님, 인간 상호간, 피조 세계와의 공동체에 참여하게 되리라는 것은 하나님 인식의 가능성에 관한 질문과 하나님의 존재에 관한 질문, 이 둘 모두에 대한 최종적인 답변을 이룬다.

근대 세계는 우리가 유일하신 하나님을 알게 되었다는 우리의 주장에 도전하고 있다. 우리는 이러한 도전을 여러 방향에서 만난다. 이에 대한 우리의 대답은 하나님의 존재를 전제할 때에만 우리는 세계에 대한 우리의 경험과 우리 자신의 삶을 가장 잘 밝혀낼 수 있다는 것을 보여 주는 지적인 증명을 포함해야 한다. 그러나 우리의 응답은 신앙을 위한 지적인 변증에서 끝나서는 안 된다. 우리는 우리가 살아가는 방식 속에서 및 우리가 우리 자신을 바라보는 방식 속에서 하나님의 실재에 관한 우리의 인식을 구체화하지 않으면 안 된다. 이러한 구체화는 공동체에 참여하는 것 — 하나님, 다른 사람들, 피조 세계와의 교제 가운데 살아가는 것 — 을 수반한다. 종국적으로는 오직 이 땅에서의 기독교적인 삶만이 우리가 하나님을 알고 있고, 따라서 하나님은 존재하신다는 우리의 증언을 확증해줄 수 있다.

제 2 장

삼위일체 하나님

> 주 예수 그리스도의 은혜와 하나님의 사랑과 성령의 교통하심이 너희 무리와 함께 있을지어다.
> — 고후 13:13

하나님에 대한 우리의 기독교적인 이해의 다양한 측면들 가운데 삼위일체로서의 하나님의 개념만큼 파악하기 어려운 것은 아마도 없을 것이다. 이와 동시에 기독교적 신앙고백의 그 어떤 차원도 이 개념만큼 우리가 이해하게 된 하나님의 신비의 핵심에 가까운 것은 없다. 사실 기독교를 다른 종교 전통들과 구별짓는 것은 한 하나님이 아버지와 아들과 성령이라고 하는 신앙고백이다. 따라서 그 어떠한 가르침도 삼위일체론만큼 — 기독교 신앙 자체는 아니라 할지라도 — 기독교 신학의 중심에 자리잡고 있는 것은 없다. 이러한 이유로 삼위일체 하나님에 대한 논의는 그리스도의 공동체의 신앙에 관한 우리의 서술을 위해 적절한 출발점이 된다.

"삼위일체"라는 말은 성경에 나오지 않는다. 또한 삼위일체라는 신학적 개념이 성경 속에서 충분히 설명되어 있는 것도 아니다. 흠정역 성경을 보면, 오직 한 절 (요일 5:7)만이 삼위일체적인 하나님에 관한 명시적인 언급을 포함하고 있는 것으로 나타난다. 그러나 근대에 이루어진 성경 본문에 대한 연구를 통해서 학자들은 요한일서에 나오는 그러한 단어들이 이 사도가 기록한 원래의 문서의 일부가 아니라는 거의 만장일치의 결론에 도달하였다. 성경 속에서 삼위일체 하나님에 대한 명시적인 언급을 찾아볼 수 없다는 사실을 토대로 에밀 브루너(Emil Brunner)는 다음과 같은 통찰력 있는 결론을 도출하였다:

고대 교회의 교의(教義)에 의해 정립된 삼위일체에 관한 교회적인 교리는 성경적인 케리그마가 아니므로, 그것은 교회의 케리그마가 아니고, 성경과 교회의 중심적인 신앙을 변호하는 하나의 신학적 교리이다.[1]

브루너의 취지는 잘 이해된다. 우리가 알고 있는 삼위일체론은 교부 시대에 교회에 의해 형성되었다. 따라서 그것은 신약성서의 공동체에 의해서 선포된 복음의 명시적인 측면이 아니었다. 그럼에도 불구하고 교회가 하나님을 삼위일체적으로 이해하는 것이 복음의 타협할 수 없는 차원이라는 것을 깨닫게 된 것은 올바른 것이었다. 삼위일체(tri-unity)라는 개념은 하나님에 관한 기독교적인 이해의 핵심에 놓여져 있고, 따라서 성경의 중심적인 메시지를 유지하기 위해서 필수적이다.

삼위일체론은 신앙의 사람들의 경험으로부터 생겨난 오랜 과정의 산물이다. 그러므로 삼위일체로서의 하나님에 대한 기독교 특유의 견해를 이해하기 위해서는 우리는 이 교리의 확립에 결정적으로 기여하였던 역사적 궤적을 추적하지 않으면 안 된다.

신학사에서 삼위일체 교리

삼위일체론의 발전에 이르렀던 여정은 구약성서 시대에서 시작되었다. 그러나 하나님에 대한 좀 더 적절한 신학적 이해를 위한 탐구를 촉발시킨 직접적인 추진력은 초기 그리스도인들의 경험이었다. 이러한 여정은 교회의 신학자들이 삼위일체론에 관한 공통적으로 받아들여진 정식화(定式化)를 이루어냄으로써 끝이 났다.

제1세대 그리스도인들의 상황

삼위일체론은 기독교 신앙에 관한 몇몇 기본적인 질문들에 답하고자 했던 교회의 신학자들의 시도의 절정으로서 생겨났다. 삼위일체론에 관한 정확한 정식화(定式化)는 적어도 주후 300년대까지는 여전히 애매한 상태로 있었지만, 이러한 질문들 자체는 그보다 훨씬 더 일찍, 즉 제1세대 그리스도인들의 상황 속에서 생

---

1) Emil Brunner, *The Christian Doctrine of God*, trans. Olive Wyon (Philadelphia: Westminster, 1950), 206.

겨났다. "하나의 본질, 세 위격"(one essence, three persons)이라는 우리의 정식(定式)은 기독교 시대가 시작되면서부터 신자들이 직면했던 하나의 문제에 대해 응답하기 위한 신학적 시도들의 절정으로서 생겨났다. 초기 제자들의 신앙은 그들에게 세 가지 상이한 신앙의 요소들을 한데 통합할 것을 요청하였다: 유일신론의 유산, 예수의 주되심에 관한 신앙고백, 성령의 임재에 대한 경험.

한 하나님. 유대인들이었던 초기 그리스도인들은 이 새로운 운동이 선지자들에 의해 예언된 바 있듯이 구약성서 시대에 하나님께서 시작하셨던 일의 연속이라고 단호하게 주장하였다. 교회에 전수된 히브리 전승의 중심에 있었던 것은 한 분 하나님에 대한 믿음과 주변 국가들에서 발견되는 수많은 신들에 대한 숭배의 거부였다. 구약성서의 공동체는 오직 한 하나님만이 존재한다는 것과 그 하나님은 전적인 충성을 요구하신다는 것을 한결같이 역설하였다: "이스라엘아 들으라 우리 하나님 여호와는 오직 하나인 여호와시니 너는 마음을 다하고 성품을 다하고 힘을 다하여 네 하나님 여호와를 사랑하라"(신 6:4-5; 또한 신 32:36-39; 삼하 7:22; 사 45:18을 보라).

초기 그리스도인들은 그들을 신앙의 한 백성(the one people of faith)의 연속으로 봄으로써 그들이 구약성서로부터 물려받은 유일신론의 전통을 확고하게 유지하였다. 이들 신자들은 그들이 예배하는 하나님은 유일하게 참된 한 분 하나님, 족장들의 하나님이라고 역설하였다.

예수의 주되심. 초기 그리스도인들은 한 하나님에 대한 유대교적인 예배를 지속하였다. 그러나 그들은 이 하나님께서 교회의 머리이자 모든 창조의 주님이신 예수 안에서 자신을 계시하셨다는 것도 알고 있었다. 그래서 초대 교회는 두 번째의 타협할 수 없는 신앙, 즉 예수의 신성(神性)과 주되심(lordship)에 관한 주장을 제시하였다(예를 들어, 요 1:1; 20:28; 롬 9:5; 딛 2:13).

이와 동시에 예수의 제자들은 그들의 주님에 의해 설정된 모범을 따라 아들로서의 예수와 예수께서 친히 자기와 그들의 아버지라고 주장했던 분, 곧 하나님 아버지를 분명하게 구분하였다(예를 들어, 롬 15:5-6). 사실 교회가 삼위일체의 첫 번째 위격과 두 번째의 위격에 대한 명칭으로 "아버지"와 "아들"이라는 용어를 사용하게 된 것은 주님께서 설정하신 바로 이러한 구분 때문이었다.

하나님이 아버지라는 개념은 비록 자주 발견되지는 않지만 히브리 성서에서 아주 낯선 개념은 아니었다(예를 들어, 삼하 7:14; 렘 31:20; 사 63:16; 64:8-9). 이러한 개념을 통해서 고대 사람들은 하나님은 엄연한 남성이라는 것을 말하고자 하는 의도를 가진 것은 아니었다. 왜냐하면, 그들은 하나님의 모성적인 돌보심에 대해서도 말하였기 때문이다. 어쨌든 예수를 통해서 하나님의 아버지됨은 한층 고양된 의미를 지니게 되었다. 우리 주님은 창조와 자기 백성에 대한 하나님의 부모로서의 돌보심만이 아니라 그가 "아바"라고 불렀던 그분에게 느꼈던 아들로서의 특별한 관계를 말하였다. 신자들은 예수께서 아버지로 알고 있었던 분에 대한 이러한 아들됨에 자신들이 참여하게 되었다는 것을 알았다. 이러한 이유로 인해서 "성부"와 "성자"라는 용어는 교회의 신학 용어 속에 깊이 뿌리를 내리게 되었다.

성령의 임재. 초기 그리스도인들의 신앙은 예수에 대한 신앙고백과 한 분 하나님에 대한 믿음으로 이루어졌을 뿐만 아니라, 또한 하나님께서 이제 성령을 통해서 자기 백성들 가운데 임재해 계시다는 주장을 아울러 포함하고 있었다. 이러한 주장은 그리스도인들의 교제 속에서 아버지도 아들도 아닌 인격적이고 신적인 실체에 대한 지속적인 체험으로부터 나왔다.

신약성서는 성령에 대한 여러 가지 복합적인 이해에 대해 증거들을 제공해 준다. 신약성서의 기자들은 성령을 인격적인 용어들을 사용하여 말한다. 그들은 헬라어로는 실제로 중성적인 단어인 성령을 가리킬 때에 남성 대명사들을 사용한다. 그들은 지성, 의지, 감정 같은 인격성의 여러 측면들을 성령에 귀속시킨다(예를 들어, 고전 2:10; 12:11; 롬 8:26-27). 초기 신자들은 성령을 인격적으로 이해했을 뿐만 아니라 신적인 분으로 이해했다. 성령에 신성(神性)을 귀속시키는 그들의 경향은 성령을 속이는 것은 하나님을 속이는 것이라고 아나니아와 삽비라에게 바울이 분명하게 선언한 말 속에 아주 분명하게 나타난다(행 5:3, 4). 초기 그리스도인들은 성령과 부활하신 주님을 밀접하게 결부시켰지만(고후 3:17-18) 성령을 아버지 및 아들과 명확하게 구별하였다. 이것은 신약성서에서 발견되는 삼위일체적인 표현들에 의해서 잘 입증된다(고후 13:14).

그러므로 그들의 상황으로 인해서 초기 신자들은 그들의 하나님 체험의 이러한 세 가지 차원을 통합적으로 이해하지 않으면 안 되었다. 초기 그리스도인들은 구약성서의 한 분 참 하나님을 고백하였다. 그들은 아버지와 자신을 구분하였던 나사렛 예수의 주되심을 선포하였다. 그리고 그들은 아버지 및 아들과 구별되는 성령을 통한 하나님의 지속적인 임재라는 실체를 알고 있었다. 이러한 세 가지 요소를 결합시켜줄 수 있는 하나님에 관한 개념을 발견해내는 일은 이후 4세기 동안 기독교 사상가들의 지성에 도전이 되었다.

삼위일체론의 역사적 발전

한 분 하나님에 대한 신앙의 유산과 더불어 예수에 대한 신앙고백과 성령에 대한 체험을 결합하는 방법을 찾기 위한 탐구는 반복해서 교회를 논쟁에 휘말리게 하였다. 이러한 역사적 과정은 두 단계를 거쳐 진행되었다. 첫 번째 단계는 예수와 하나님의 관계에 그 초점이 맞춰져 있었고, 두 번째 단계는 성령의 본질에 관한 것이었다.

예수의 신성. 교회의 신학자들이 관심을 쏟았던 첫 번째 문제는 나사렛 예수와 하나님의 관계에 집중되어 있었다. 기독교적 신앙고백의 이 두 측면을 통합하고자 한 최초의 시도들은 예수의 본질과 관련된 이단(異端)들에 대한 응답으로 생겨났다. 그러므로 삼위일체론에 관한 정식화(定式化)로 절정에 도달했던 이 논쟁의 역사적 궤적은 초기의 기독론적 논쟁들에서 시작되었다고 할 수 있다.

초대 교회를 괴롭혔던 여러 기독론적 이단들에 대하여 응답하고자 한 최초의 중요한 시도들 중의 하나는 주후 2세기 중엽에 생겨났다. 이러한 시도는 "변증가들"로 알려진 몇몇 기독교 사상가들이 복음과 헬라 철학의 전통 사이에서 공통의 기반을 찾고자 한 데서 비롯되었다. 이 두 전통을 결합하고자 한 시도는 결국 "로고스 기독론"(logos Christology)으로 알려진 하나의 제안을 탄생시켰다.[2]

그 명칭이 보여 주듯이, 로고스 기독론은 우주의 합리적 원리라고 하는 헬라적인 개념에 비추어서 이해된 말씀(헬라어로는 logos)에 대한 개념을 그 중심으로 삼고 있었다. 이 말씀은 인격적이고, 영원 속에서 표현(발현)되지 않은 채로 (unexpressed) 하나님과 함께 있었다고 이 기독론의 주창자들은 설명한다. 이 말

---

2) 로고스 기독론에 관한 논의를 위하여, Paul Tillich, *A History of Christian Thought*, ed. Carl E. Braaten (New York: Simon and Schuster, 1968), 27-32.

씀은 두 차례 표현되었다. 창조 때에 하나님은 말씀에 따라 우주에게 있으라고 말씀하였다. 그리고 성육신에서 이 창조 원리는 인간 예수로 나타났다.[3]

또한 로고스 기독론을 만든 자들은 어떻게 인간 예수가 하나님일 수 있는가에 관한 질문에 대한 대답을 위해서도 말씀이라는 개념에 의존하였다.[4] 말씀의 임재는 하나님 자신의 본질을 예수에게 전달해 주었고, 이렇게 해서 예수를 신적인 존재로 만들었다고 그들은 주장하였다.

그러나 다른 사상가들은 로고스 기독론을 납득할 수 없었다. 비판자들은 로고스 기독론 속에는 암묵적인 양신론(兩神論, bitheism; 두 신에 대한 신앙)이 내포되어 있다는 것을 감지하였다. 그들에게 이것은 유일신론의 유산을 파괴하는 것이었다. 그들은 유일하신 신적인 군주를 보존하고자 하는 의도를 지니고 있었기 때문에 군주신론자들(헬라어로는 mono + arche, "신성의 한 근원")로 알려지게 되었다.[5]

군주신론자들은 예수가 신적일 수 있는지에 관한 문제에 대하여 두 가지 서로 구별되는 대안을 주장하였다. 주후 190년경에 로마로 왔던 테오도투스(Theodotus)와 주후 268년에 이단으로 정죄받았던 사모사타의 바울(Paul of Samosata)은 역동적 군주신론(헬라어로는 dunamis, "능력")이라 불리는 양자론적인 해법을 제안하였다.[6] 그들은 하나님의 능력이 인간 예수에게 임한 것이기 때문에 예수는 존재론적으로는 하나님이 아니고 단지 성령에 감동된 사람, 신적인 능력을 지닌 자였을 뿐이라는 이론을 제시하였다.

이와는 반대로 양태적 군주신론자들은 아버지와 아들 및 성령은 분리된 실체들이 아니라 하나의 신적인 존재가 발현되는 "양태들"(modes)이라고 주장하였다.[7] 그러므로 삼위성(threeness)은 영원토록 하나님의 본질에 속하지는 않는다는 것이다. 한 하나님 안에는 그 어떠한 영원한 구별들이 존재하지 않는다. 오히려 "아버지," "아들," "성령"은 자기 계시 속의 하나님을 가리킨다. 이러한 구분들은

---

3) Ibid., 29-32.

4) Ibid., 32.

5) J. N. D. Kelly, *Early Christian Doctrines*, revised edition (San Francisco: Harper and Row, 1978), 115.

6) Ibid., 115-19.

7) Ibid., 120-21.

한 하나님이 인간에게 스스로를 나타내 보이시는 여러 방식들이다.

초기의 중요한 양태적 군주신론자였던 프락세아스(Praxeas)에 대한 반대자들은 그의 가르침 속에서 그들이 "성부 수난설"(patripassionism)이라고 명명했던 하나의 이단을 보았다. 그들은 성부가 아들 속에서 성육신하여, 고난을 당하고, 죽으셨다고 그가 주장한다고 비난하였다.[8]

역사적으로 좀 더 영향력 있는 형태의 양태적 군주신론은 주후 215년에 로마로 왔던 사벨리우스(Sabellius)[9]의 견해였다. 사벨리우스주의는 "아버지," "아들," "성령"은 하나님의 경륜(經綸)상의 목적을 토대로 한 하나님의 순차적인 표현들을 가리키는 것이라고 주장한다. 세계 속에서의 하나님의 활동들은 창조 사역에서 시작되어(성부 시대), 그 다음에는 예수의 삶으로 움직여갔고(성자 시대), 최종적으로 교회 시대(성령 시대)로 이어졌다.

정통 신학자들은 군주신론의 도전에 대한 응답으로 그들의 반대자들이 보호하고자 했던 유일신론에 대한 타당한 관심을 그대로 보존하는 방식으로 하나님의 본질을 이해하고자 하였다. 이를 촉진시키기 위해서 교회의 사상가들이 만들어 내었던 여러 가지 다양한 제안들은 일반적으로 어떤 의미에서 성부를 신성(神性)의 원천으로 보는 모종의 종속 개념(성자와 성령은 성부보다 낮은 지위에 있다는 개념)을 내포하고 있었다. 예를 들면, 히폴리투스(Hippolytus)와 테르툴리아누스(Tertullian)는 성부가 영원 전부터 홀로 존재했다고 주장하였다. 그러나 성부는 자신 안에 다수성(多數性, multiplicity)을 지니고 있었기 때문에, 그의 단일성(solitariness)은 단순한 수적인 단일성이 아니었다.[10] 그러나 이후의 논쟁에서 좀 더 중요했던 것은 오리게네스(Origen, 주후 185-254)의 가르침이었다.[11]

오리게네스는 성부가 성자와 성령의 신성의 근원이라는 것에 동의하였다. 그러나 성부가 그의 신성을 성자와 공유하는 방식을 설명하기 위해서, 그는 인간의 출생(begetting)과 관련된 은유를 빌어왔다. 오리게네스에 의하면, 성부는 영원한 운

---

8) 테르툴리아누스는 *Adversus Praxean*(프락세아스에 반대하여) 속에서 프락세아스에 의해 주장된 이러한 가르침에 반대하는 논증을 하고 있다. Kelly, *Early Christian Doctrines*, 121.

9) Tillich, *A History of Christian Thought*, 67; Kelly, *Early Christian Doctrines*, 121-22.

10) Kelly, *Early Christian Doctrines*, 111.

11) Ibid., 128-32.

동 속에서 성자를 낳기 때문에 성자는 영원히 자신의 생명을 성부로부터 가져온다. "성자의 영원한 출생"[12]이라는 오리게네스의 개념은 초창기의 논의의 절정이자 이후의 논의의 출발점을 이루게 되었다.

그러나 삼위일체론을 위한 토대를 제공했던 기독론에 관한 공식적인 교의(教義)는 오리게네스로부터 나온 것이 아니었다. 오히려 그 기원은 아리우스 논쟁으로 알려진 신학적인 투쟁 에 있었다.[13]

알렉산드리아 교회의 부제였던 아리우스(Arius)는 군주신론자들과 마찬가지로 하나님의 절대적인 유일성과 초월성을 보호하고자 하였다. 그러나 그의 이러한 관심은 중대한 기독론적 오류로 변질되고 말았다. 아리우스는 성부가 성자를 낳고 출생한다는 오리게네스의 주장에 동의하면서도 이것을 하나님 내부의 영원한 운동으로 생각할 수 없었다. 따라서 그는 성경에 나오는 동사 "낳다"(to beget)는 "만들다"(to make)를 의미한다고 주장하였다 — 성부가 성자를 만들었으며, 따라서 성자는 피조물이다. 성부가 무(無)로부터 창조한 피조물인 말씀은 하나의 시작을 갖고 있었음에 틀림없다: "성자는 낳아지지 않은 것이 아니며, 어떤 식으로든 낳아지지 않은 것의 일부도 아니다 ⋯ 그가 낳아졌거나 피조되었거나 지명되었거나 세워지기 이전에, 그는 존재하지 않았다; 왜냐하면, 그는 낳아지지 않은 것이 아니기 때문이다."[14] 따라서 아리우스는 사벨리우스와 마찬가지로 삼위일체적인 구분들은 하나님에게 있어서 외적인 것이며, 하나님은 그 자신의 영원한 본질 속에서 셋이 아니라 하나라고 믿었다.[15]

아리우스의 기독론을 반박한 신학자는 아타나시우스(Athanasius)였는데, 그는 구원론은 성자의 신성을 필요로 한다는 것을 설득력 있게 논증하였다. 만일 예수가 온전히 하나님이 아니라면, 우리는 진정으로 구원을 받지 못하게 된다. 왜냐하면, 구원을 통해서 우리는 신적인 본질에 참여하기 때문이다: "우리로 하여금 신

---

12) 그의 가르침에 관한 예증을 위하여, Origen, *De Principiis* 1.2.4, in *The Early Christian Fathers*, ed. Henry Bettenson (London: Oxford University Press, 1969), 231.(「초기 기독교 교부」: 크리스챤다이제스트)

13) 이 논쟁에 관한 간결한 논의를 위하여, J. W. C. Wand, *The Four Great Heresies* (London: Mowbray, 1955), 38-62.

14) "The Letter of Arius to Eusebius," in *Documents of the Christian Church*, ed. Henry Bettenson, second edition (London: Oxford University Press, 1963), 39.

15) Tillich, *A History of Christian Thought*, 61-79.

적인 존재가 되도록 하기 위하여, 말씀은 사람이 되셨다."16)

주후 325년에 있었던 최초의 에큐메니칼 회의였던 니케아(Nicea) 공의회에서 교회는 그리스도의 온전한 신성을 만장일치로 선언하였다. 이 공의회는 아리우스의 가르침을 의식해서 성자는 "성부, 즉 성부의 실체로부터 출생했으며, 성부와 같은 하나의 실체로부터 출생한 것이지 만들어진 것이 아니라"17)고 주장하였다. 요컨대, 최초의 에큐메니칼 공의회는 성자를 온전히 신적인 분으로서 성부의 다음에 위치시켰다.

성령의 신성. 니케아 공의회 이후에 삼위일체론과 관련된 성령론의 토대를 놓았던 또 다른 논쟁이 발생하였다. 앞서의 기독론적인 논쟁과 마찬가지로, 이 논쟁의 뿌리는 아리우스의 가르침에 있었다. 이 알렉산드리아 부제의 추종자들은 성자가 성부의 최초의 피조물이었을 뿐만 아니라 성령은 성자의 최초의 피조물이었다고 주장하였다.18) 비록 니케아 공의회가 아리우스의 기독론을 거부했지만, 그 밖의 많은 정통적인 사상가들은 아리우스의 기독론으로부터 도출된 성령론을 받아들이고 있었다.

이 논쟁은 콘스탄티노플의 주교였던 마케도니우스(Macedonius)의 이름을 따서 명명되었는데, 그는 아리우스의 성령론을 의도적으로 정교하게 다듬어서 표현한 사람이었다.19) 다시 한번 아타나시우스의 가르침은 이러한 도전에 맞설 토대를 제공해 주었다. 이 교부는 성령의 신성은 성자의 신성과 마찬가지로 우리의 신앙에 필수적이라고 논증하였다.20) 아타나시우스는 신약성서와 초기 기독교 문헌들 속에서 발견되는 세례문들과 사도의 축도문들 및 삼위일체론적인 송영(頌榮)들 속에서 성령이 성부 및 성자와 함께 대등한 지위에 위치해 있다고 지적하였다.

가장 중요한 것은 아타나시우스가 아리우스에 대한 응답 속에서 성령의 신성이 구원론에서 필수적이라는 것을 보여 주었다는 점이다. 만일 신자들인 우리의 심령

---

16) Athanasius, *De Incarnatione* 54, in *Early Christian Fathers*, 293. 또한 Athanasius, *Contra Arianos*, 2.70, in *Early Christian Fathers*, 293을 보라.

17) "The Creed of Nicaea," in *Documents of the Christian Church*, 24.를 보라.

18) Kelly, *Early Christian Doctrines*, 256.

19) Ibid., 259.

20) Tillich, *A History of Christian Thought*, 73-74; Kelly, *Early Christian Doctrines*, 257-58.

들 속에 들어오는 성령이 실제로 하나님의 영이 아니라면, 우리는 하나님과의 참된 공동체를 누리지 못하게 된다: "만일 우리가 성령에 참여함으로써 신적인 본질을 공유하는 자들이 되는 것이라면, 성령은 하나님의 본질이 아니라 피조물의 본질을 지니고 있다고 말하는 사람은 오직 정신 나간 사람일 것이다."[21]

주후 381년에 콘스탄티노플에서 열린 제2차 에큐메니칼 공의회는 이 문제를 매듭지었다.[22] 교회는 아타나시우스의 견해를 받아들여서 성령의 온전한 신성을 선언하였다.

바로 이 시점으로부터 하나님에 대한 정통적인 이해가 되기 위해서는 세 위격 ― 성부, 성자, 성령 ― 을 모두 온전히 신적인 존재로 보지 않으면 안 되었다. 그렇지만 니케아 공의회와 콘스탄티노플 공의회는 성부의 신성과 함께 성자와 성령의 온전한 신성을 천명하긴 했지만, 이 공의회들에서 채택된 신조들은 어떻게 셋이 한 하나님을 이루는지에 대한 질문에는 대답해 주지 못했다.

삼위일체론의 형성. 성부와 성자 및 성령의 관계에 대한 이해를 만들어내고자 하는 도전은 카파도키아의 교부들 ― 바실리우스(Basil), 닛사의 그레고리우스(Gregory of Nyssa), 나지안주스의 그레고리우스(Gregory of Nazianzus) ― 로 알려진 세 명의 신학자들에 의해서 접수되었다. 그들의 시도들을 통해서 이후에 삼위일체론의 고전적인 정식(定式)이 된 것이 탄생하였다.[23]

이 신학자들이 행한 성찰의 목적은 두 가지 위험들 혹은 이단들 사이의 중간 지대를 찾는 것이었다. 한편으로 그들은 성부와 성자 및 성령을 세 신들로 보는 삼신론(tritheism)의 오류에 빠져드는 것을 피하고자 했고, 다른 한편으로는 세 위격은 단지 한 하나님의 계시의 양태들일 뿐이라는 주장을 한 사벨리우스주의에 동조할 수도 없었다.[24]

하나님에 관한 인식을 정식화함에 있어서, 이 카파도키아의 신학자들은 헬라어

---

21) Athanasius, *Epistle as Serapionem* 1. 24, in *Early Christian Fathers*, 296.

22) "The Nicaeno-Contantinopolitan Creed," in *Documents of the Christian Church*, 25-26.

23) Kelly, *Early Christian Doctrines*, 258.

24) 이에 대한 짧은 논의를 위하여, Millard J. Erickson, *Christian Theology*, three volumes (Grand Rapids: Baker, 1983), 1: 335-37을 보라.

의 두 개의 동의어들 — 본질(ousia)과 위격(hypostasis, "의식의 중심" 또는 "독립적인 실재") — 이 도움이 된다는 것을 발견하였다. 그들은 하나님은 한 본질(ousia)이지만 세 위격들(hypostaseis)이라고 선언하였다. 이 세 "독립적인 실재들"은 동일한 의지, 본성, 본질(즉, 한 본질[ousia])을 공유한다. 그렇지만 각자는 특수한 속성들과 활동들을 지닌다.[25]

이 카파도키아의 신학자들은 좀 더 초기의 정통 신학자들의 연구를 토대로 하나의 신적인 실재(실체) 안에서의 질서 또는 위엄(dignity)의 종속을 주장하였다. 그 서열의 첫 번째는 성부이고, 그 다음이 성자이며, 세 번째가 성령이다. 그들은 이 순서를 각 위격의 특수한 기능과 연결시켰다: 성부는 "낳고"(generates), 성자는 "발생하며"(is generated), 성령은 "발출한다"(proceeds). 그러나 그들은 순서상의 종속은 삼위 간의 본질의 종속으로 이어지는 것은 아니라는 말을 덧붙였다. 오히려 그와는 반대로 성부와 성자와 성령은 동등하게 신적이다.[26]

이 카파도키아의 신학자들의 정식(定式)은 삼위일체론의 발전에 있어서 첫 장(章)을 마감하는 것이었다. 이로써 교회는 하나님에 관한 기독교적인 이해의 정교한 진술을 소유하게 되었다. 하나님에 대한 이러한 이해는 성자와 성령의 온전한 신성을 인정하면서도 아울러 유일신론이라는 유대교적 유산을 보존하는 것이었다. 이 카파도키아의 신학자들의 정식의 중심에는 성부와 성자와 성령이라고 하는 삼위일체적인 구분들은 하나님의 영원한 본질에 속한다는 확신이 있었다. 이러한 구분들은 단지 외견상의 하나님, 구원사 속의 하나님, 우리 인간의 지각 속에 있는 하나님에게만 귀속될 수는 없다.

카파도키아 이후의 신학 속에서의 삼위일체론

니케아 공의회와 콘스탄티노플 공의회에서 작성된 신조들과 카파도키아의 신학자들의 정식(定式)은 하나님을 삼위일체적으로 이해하기 위한 확고한 토대를 교회에 제공해 주었다. 그럼에도 불구하고, 이러한 결론들이 삼위일체론에 관한 모든 논의를 종식시킨 것은 아니었다. 오히려 그 반대로 세 위격과 한 하나님을 정확히 어떤 방식으로 이해해야 하는가라는 문제는 여전히 논쟁의 불씨로 남아 있었다.

---

25) Tillich, *A History of Christian Thought*, 77.
26) Kelly, *Early Christian Doctrines*, 264-65.

동방 교회와 서방 교회의 인식들. 카파도키아의 신학자들의 정식은 모든 기독교계에 대하여 정통교리를 위한 표준이었지만, 동방과 서방의 교회들은 곧 삼위일체의 본질에 관한 서로 다른 전망들을 발전시켰다. 기본적으로 동방 교회의 신학자들은 신성 내부의 발출(성령의 발출, procession)을 강조하는 경향이 있었던 반면에, 서방 교회의 신학자들은 삼위일체 내부의 관계들을 좀 더 강조하였다.

동방 교회의 전망을 형성하는 데는 몇 가지 개념이 영향을 미쳤다. 헬라어권의 신학자들은 "유출"(流出, emanation)이라고 하는 플라톤 철학의 개념과 카파도키아의 신학자들이 전제했던 "본질"(ousia)과 "위격"(hypostasis)의 차이를 근거로 해서 그들의 전망을 형성해 나갔다. 그러나 삼위일체에 대한 동방 교회의 이해의 중심에는 로고스 기독론의 발전 이래로 동방 교회에 현존해 있던 성자와 성령의 종속성이라는 개념이 있었다. 동방 교회의 사상가들은 성부를 영원한 운동 속에서 성자를 낳으시고 성령을 발출시킨 신성의 근원으로 보았다. 이러한 개념들의 결과로 동방 교회의 신학자들은 삼위일체의 세 개별적인 지체들에 초점을 맞추었다. 마치 세 명의 인간이 인간성의 공통의 본질을 공유하는 것과 마찬가지 방식으로, 성부와 성자와 성령은 신성의 공통의 본질을 소유한다. 또한 동방 교회의 사상가들은 창조와 구원의 신적인 행위들 속에서 성부, 성자, 성령의 특수하고도 개별적인 사역들을 강조하는 경향을 보여 주었다. 헬라어가 아닌 라틴어가 서방의 언어였기 때문에, 서방 교회의 신학자들은 동방 교회의 신학자들의 언어적인 구성들의 미묘한 차이를 온전히 인식하지 못했다. 그들은 하나님을 설명하기 위하여 테르툴리아누스의 좀 더 초기의 작품을 끌어다가 사용하였다. 이 교부는 라틴어로 저술한 최초의 신학자이자 "삼위일체"라는 말을 사용한 최초의 인물이었고,[27] 저 유명한 라틴어 정식(定式)인 세 위격, 한 본질(tres personae, una substantia)이라는 말을 만들어냈던 사람이다. 그러나 테르툴리아누스의 설명은 이 문제를 더 복잡하게 만드는 데 기여했을 뿐이다. '수브스탄티아'(substantia, 서방 신학자들이 하나님의 단일성을 지칭하는 데 사용했던 용어)는 헬라어 '우시아'(본질, ousia)가 아닌 '휘포스타시스'(위격, hypostasis)에 대한 통상적인 라틴어 번역어였다. 그리고 서방 신학자들이 하나님의 삼위성(三位性)을 가리키기 위해 사용했던 '페르소나'(persona)라는 단어는 '가면'(mask)을 의미하였던 연극 용어였다.

---

27) 예를 들면, Tertullian, *Adversus Praxean* 2, in *Early Christian Fathers*, 134.

이러한 언어상의 난점들은 아타나시우스의 지속적인 영향력에 의해서 더욱 복잡하게 되었다. 카파도키아 신학자들의 정식(定式)이 이러한 용어들을 혁신적으로 사용하기 이전에, 교부 아타나시우스는 '우시아'(ousia)와 '휘포스타시스'(hypostasis)를 동의어로 이해했기 때문이다.

서방 교회의 신학자들은 이 라틴어 정식의 함의(含意)들을 도출해내어서 동방 교회의 인식의 특징을 이루고 있던 삼위성에 대한 강조보다는 하나의 신적인 본질 혹은 실체를 강조하였다. 그들은 하나의 실체 안에서 삼위성을 관계적인(relational) 것으로 이해하였다. 이것은 그들이 삼각형을 삼위일체를 위한 상징으로 널리 사용하여 삼위일체의 각각의 위격을 다른 두 위격과의 관계 속에서 설명하고자 한 것에서 잘 확인된다. 근본적으로 관계적인 서방 교회의 삼위일체론은 신학자들로 하여금 창조와 구원에 있어서의 삼위일체의 협력 사역들을 강조하게 만들었다.

삼위일체에 대한 서방 교회의 이해에 있어서 전형적인 것은 인구에 널리 회자된 「삼위일체론」(Trinity)에서 아우구스티누스가 발전시킨 삼위일체 하나님에 관한 설명들이다. 그의 설명을 보면, 아우구스티누스는 인간의 인격을 근거로 삼았는데, 이는 하나님의 형상으로서의 우리는 삼위일체의 "흔적들"(vestiges)을 보여주고 있기 때문이라는 것이다. 그의 설명 속에서 가장 중심적인 유비(類比)는 존재(being), 지식(knowing), 의지(will)라는 삼각축이다.[28] 이러한 중심적인 삼각축으로부터 세 가지 단계가 나타난다: 정신, 자신을 아는 정신의 지식, 자신에 대한 정신의 사랑;[29] 기억(자신에 대한 정신의 잠재적인 지식), 이해(자신에 대한 정신의 이해), 의지 혹은 자신에 대한 사랑(자기 지식의 과정을 작동시키는);[30] 그리고 마지막으로, 하나님을 기억하고, 하나님을 알고, 하나님을 사랑하는 정신.[31] 이러한 각각의 삼각축들, 특히 마지막 삼각축은 서로 대등하고 본질적으로 하나이다; 각

---

28) Augustine, *Confessions* 13. 1, trans. Vernon J. Bourke, volume 21 of *The Fathers of the Church*, ed. Roy Joseph Deferrari, eight-one volumes (Washington: Catholic University of America Press, 1953), 417-18.(「고백록」: 크리스챤다이제스트)

29) Augustine, *The Trinity* 9.2-8, trans. Steven McKenna, volume 45 of *The Fathers of the Church*, ed. Hermigild Dressler, eighty-one volumes (Washington: Catholic University of America Press, 1953), 417-18.(「삼위일체론」: 크리스챤다이제스트)

30) Ibid., 10.17-19 [310-13].

31) Ibid., 14.11-12 [425-30].

각의 삼각축들은 삼위일체적인 세 위격의 상호적인 관계들에 빛을 던져준다.[32]

필리오케 논쟁. 동방 교회와 서방 교회가 자신들이 사용했던 서로 다른 언어들로 설명했던 삼위일체에 관한 서로 다른 인식들은 동방 교회와 서방 교회에 속한 신학자들로 하여금 삼위일체에 관한 상대방의 정식(定式)의 의도를 오해하게 만들었다. 동방의 사상가들은 서방적인 인식 속에서 사벨리우스주의의 이단을 보았고, 서방의 신학자들은 동방 교회가 삼신론(tritheism)에 빠져들었다고 염려하였다. 삼위일체 하나님을 바라보는 서로 다른 관점들은 후에 필리오케(filioque) 논쟁으로 알려지게 된 것을 야기시켰는데, 이것은 교회에 있어서 최초의 가장 커다란 분열에 기여하였던 신학적인 분열이었다.

논쟁의 초점이 된 것은 일반적으로는 니케아 신조로 지칭되어 왔지만 사실은 콘스탄티노플에서 작성된 신조에서 발견되는 성령에 관한 문구였다. 이 문구의 원래적인 표현은 다음과 같이 되어 있었다: "우리는 … 주님이시요 생명의 수여자이시며, 성부로부터 나오셨고, 성부 및 성자와 함께 예배를 받으시고 영광을 받으시는 분이신 성령을 믿습니다."[33]

자신의 영향력 있는 책인 「삼위일체론」에서 아우구스티누스는 이 신조의 정식(定式)을 넘어서서 성령은 성부에게서 나왔을 뿐만 아니라 성자에게서도 나왔다고 가르쳤다.[34] 스페인 지역의 한 노회(주후 589년의 제3차 톨레도 회의)는 성령의 발출에 대한 묘사에 '필리오케'(filioque, 그리고 성자로부터)라는 단어를 추가함으로써 아우구스티누스의 견해를 이 고대 신조의 라틴어 번역본 속에 집어넣었다.[35] 그 후 주후 809년에 독일의 아헨(Aachen) 대회는 라틴어 신조 본문을 수정한 스페인 판본을 새로 등장한 신성로마제국(Holy Roman Empire)을 위한 공식적인 신조로 채택함으로써 이러한 발전을 승인하였다.[36]

---

32) Kelly, *Early Christian Doctrines*, 278.

33) "The Nicaeno-Contantinopolitan Creed," in *Documents of the Christian Church*, 26.

34) 아우구스티누스의 입장의 논리는 Kelly, *Early Christian Doctrines*, 275에 표현되어 있다.

35) 이 사건들의 중요성에 대한 논의를 위하여, Philip Schaff, *History of the Christian Church* (New York: Charles Scribner's Sons, 1899), 4: 481-84를 보라.

36) Kenneth Scott Latourette, *A History of Christianity* (New York: Harper and Brothers, 1953), 304, 360.

마침내 이러한 발전들은 동방 교회의 강력한 반발을 초래하였다. 주후 867년에 콘스탄티노플의 총대주교였던 포티우스(Photius)는 에큐메니칼 신조를 함부로 고치는 월권을 자행한 서방교회의 지도자들을 비난하고 그들을 이단으로 규정하였다.[37] 시간이 흐르면서 두 입장, 곧 '필리오케'라는 문구를 삽입시키는 것을 부당하다고 여기고 거부한 동방 교회의 입장과 '필리오케'를 삽입하는 것을 지지한 서방 교회의 입장은 공고해졌다.

삼위일체론의 쇠퇴. '필리오케' 논쟁은 삼위일체론을 둘러싼 최후의 거대한 논쟁이었다. 주후 11세기의 교회 분열 이후에 그 밖의 다른 신학적 쟁점들이 전면에 등장하면서, 하나님의 삼위일체적 본질에 관한 추가적인 성찰은 밀려났다. 삼위일체에 대한 관심이 퇴조하면서, 결국에는 삼위일체 교리 자체가 평가절하 되는 일이 벌어졌다.

예를 들면, 토마스 아퀴나스는 삼위일체론의 좀 더 세밀한 내용들을 기술하기보다는 제1원인이신 한 분 하나님과 관련하여 세계로부터 무엇이 연역될 수 있는가를 설명하는 데 더 관심을 가졌다. 이러한 상황은 종교개혁에 의해서도 여전히 달라지지 않았다. 루터는 비록 철학적 용어들이 지니는 서술적 가치를 깨닫긴 했지만 교회에서의 논쟁을 위한 기초를 형성했던 "삼위일체" 같은 철학적인 용어들을 싫어하였다. 소키누스(Socinus)와 몇몇 과격한 재세례파들은 성경적인 근거들을 들어서 삼위일체론을 일언지하에 거부하였다; 그들은 성경 속에서 삼위일체론을 발견할 수 없었기 때문에 이 교의(敎義)가 부적절하다고 선언하였다.

처음에는 단지 은근히 무시하는 정도였던 것이 계몽주의 시대로 접어들면서 적대시하는 태도로 변하였다. 1700년대의 사상가들은 이성의 종교를 선호하였기 때문에 교의 전체(삼위일체 같은 교리들을 포함한)를 별로 강조하지 않았다. 삼위일체론의 토대는 이성을 통해 모두에게 접근 가능한 일반계시가 아닌 특수 계시에 있었기 때문에, 삼위일체론은 미신적인 과거의 유물로 치부되어 내팽개쳐졌다.

계몽주의 시대가 끝나고 낭만주의 시대에 접어들어서도, 상황은 그리 개선되지 않았다. 영역본으로 750쪽에 달하는 프리드리히 슐라이어마허의 방대한 저술인

---

37) Justo L. Gonzales, *The Story of Christianity*, volume 1: *The Early Church to the Dawn of the Reformation* (San Francisco: Harper and Row, 1984), 264-65.

「기독교 신앙론」(*The Christian Faith*)은 하나님의 삼위일체적 본질에 관한 논의로 끝난다. 그러나 이 위대한 신학자는 삼위일체에 관한 논의에 겨우 14쪽이라는 인색한 분량만을 할애했을 뿐이다. 슐라이어마허는 삼위일체는 "그리스도인의 자의식에 관한 직접적인 진술(utterance)이 아니다"[38]라고 분명하게 선언하였다. 그리고 나서 그는 이 교리를 구성하는 과제를 자기가 완성할 수 없었다는 것을 솔직하게 인정하였다.[39]

삼위일체론의 회복. 슐라이어마허의 망설임에도 불구하고, 19세기는 삼위일체론의 재발견에 있어서 첫 번째 시기였다. 이 과정에서 중요한 역할을 한 신학자는 베를린 대학에서 슐라이어마허의 동료로 있었던 게오르그 헤겔(Georg W. F. Hegel)이었다. 그의 하나님 인식에 있어서 삼위일체라는 개념은 골칫거리가 아니라 오히려 결정적으로 중요한 것이었다.

헤겔에 의하면, 하나님은 스스로를 결정하기 위하여 스스로를 분화해나가는 본질을 지닌 절대 정신(the Absolute Spirit)이다. 하나님은 삼위일체의 세 지체들에 상응하는 세 결정들 아래에서 전개되는 변증법적인 과정을 통하여 이러한 자기 분화(self-differentiation)를 수행한다.[40] 그러나 궁극적으로 헤겔의 삼위일체론은 교부들의 인식에 비해 함량부족이다. 헤겔에게는 하나님의 실재(實在)가 오로지 세 번째 양태, 즉 성령 안에서만 온전하게 계시된다. 그 결과 성부, 성자, 성령이신 삼위일체 하나님이 아니라 오직 성령만이 온전한 의미에서의 하나님이 된다.

20세기에 이르러 칼 바르트는 삼위일체론을 신학에 있어서 중요한 위치로 높이는 데 큰 역할을 하였다. 사실 그의 저서인 「교회 교의학」(*Church Dogmatics*)에서 삼위일체 교리는 일종의 서설(序說) 역할을 한다. 삼위일체로서의 하나님의 본질에 관한 바르트의 해설은 그의 조직신학 전체가 도출되어 나오는 토대이다.

---

38) Friedrich Schleiermacher, *The Christian Faith*, ed. H. R. MacKintosh and J. S. Stewart (Edinburgh: T & T Clark, n. d.), 738.

39) Ibid., 751.

40) G. W. F. Hegel, *The Phenomenology of Mind*, trans. J. B. Baillie, Harper Torchbooks/The Academy Library edition (New York: Harper and Row, 1967), 766-85.

41) Karl Barth, *Church Dogmatics*, trans. G. W. Bromiley, second edition (Edinburgh: T & T Clark, 1975), 1/1: 295.

이 스위스의 신학자에 따르면, 신학을 위한 토대를 제공하는 계시는 삼위일체적 사건이다. 신적인 자기 계시는 세 가지 계기들을 포함한다: 계시자(Revealer), 계시(Revelation), 그리고 계시됨(Revealedness). 이것들은 성부, 성자, 성령에 대응한다.[41]

바르트 이후로 몇몇 사상가들이 삼위일체론을 조직신학의 중심으로 끌어올리는 도전을 수행하여 왔다. 그들 가운데 칼 라너(Karl Rahner), 위르겐 몰트만(Jürgen Moltmann), 볼프하르트 판넨베르크 등이 가장 영향력 있는 인물들이었다.[42] 라너의 연구는 오늘날의 논의에 있어서 토대가 되어 왔다. 그는 내재적 삼위일체(세계와 관계 없는 영원토록 삼위일체적인 존재로서의 하나님)와 경세적 삼위일체(세계 안에서 활동하는 삼위일체적인 분으로서의 하나님)는 동일하다는 중요한 명제를 제시하였다.[43]

판넨베르크의 설명은 이 교리에 관한 가장 고도로 발전된 진술들 중의 하나로 여겨지고 있다.[44] 그는 하나님의 삼위일체적 본질을 "각주"의 위치로 격하시키지 말고 우리 신학의 중심에 놓아야 한다고 주장한다. 판넨베르크에게 있어서 조직신학 전체는 어떤 의미에서 이 중심적인 교리에 대한 해설이다 — 바르트를 연상시키는 말이다. 이와 동시에 판넨베르크는 삼위일체의 각 위격을 한 분 하나님 안에서의 내적인 관계들로 바라본, 아우구스티누스로부터 바르트에 이르기까지의 신학적 전통에 대하여 비판적이다. 그렇게 함으로써 신학자들은 하나님을 삼위일체의 세 위격 위에 있는 네 번째 "위격"(person)으로 만들고 있다고 그는 주장한다. 판넨베르크는 세 위격 위에 계신 한 하나님을 말하지 않고, 한 하나님은 세 위격이며, 성부와 성자와 성령을 제외한 하나님은 존재하지 않는다고 올바르게 말하고 있다.[45]

---

42) 현대 논의에 있어서의 주제들과 마찬가지로 여러 가지 최근의 공헌들의 요약을 위하여, John Thompson, "Modern Trinitarian Perspectives," *Scottish Journal of Theology* 44 (1991): 349-65를 보라.

43) Karl Rahner, *Theological Investigations IV: More Recent Writings*, trans. Kevin Smith (New York: Crossroad, 1982), 94-102.

44) 판넨베르크의 입장의 요약과 논의를 위하여, Stanley J. Grenz, *Reason for Hope: The Systematic Theology of Wolfhart Pannenberg* (New York: Oxford University Press, 1990), 46-54, 71-75를 보라.

45) 판넨베르크는 이러한 주제들을 그의 저술 속에서 반복적으로 진술하고 있다. 예를

삼위일체론의 정식(定式)

삼위일체론의 역사적인 발전에 관한 이러한 개요는 기독교적인 하나님 이해의 이러한 측면이 우리의 신앙에 결정적으로 중요하고 핵심적이라는 것을 보여 준다. 그러나 실제로 이 교리는 무엇을 선언하고 있는 것인가? 우리가 알게 된 하나님이 삼위일체적이라고 말하는 것은 무엇을 의미하는 것인가?

삼위일체론의 내용

우리는 네 가지 진술들로 삼위일체론의 실제적인 내용을 요약할 수 있다: "하나님은 하나다," "하나님은 셋이다," "하나님은 다양성이다," "하나님은 통일성이다."

하나님은 하나다. 삼위일체론을 통해서 우리는 오직 한 하나님이 존재한다는 것을 주장한다. 그리스도인들로서 우리는 다신론자들 — 양신론자들 혹은 삼신론자들 — 이 아니라 철두철미한 유일신론자들이다. 우리는 한 분이신 하나님을 알게 되었다. 따라서 우리의 신학적 구성은 하나의 신적인 본질, 오직 하나의 신적인 본질을 말한다. 우리가 알고 있는 하나님은 구약의 하나님 백성이 야웨로 알고 있던, 성경의 신앙 공동체에 의해 고백된 한 하나님이다.

하나님은 셋이다. 우리가 삼위일체론을 긍정하는 것은 한 하나님이 셋, 즉 성부와 성자와 성령이라는 것을 우리가 고백하는 것이다. 이 세 분의 각자는 하나의 신적인 본질을 함께 공유하고 함께 형성하고 있는 신성이다. 그러므로 한 하나님은 구별되지 않는 단독의 단일성(oneness)이 아니라 삼위일체의 세 지체들이라고 하는 다수성으로 이루어진다. 사실 삼위일체적인 하나님이 아닌 하나님이라는 것은 존재하지 않는다; 하나님은 성부와 성자와 성령 외에 다른 어떤 하나님이 아니다.

하나님의 삼위성은 단지 하나님에 대한 우리의 인식의 문제인 것만은 아니다.

들면, Wolfhart Pannenberg, "The Christian Vision of God: The New Discussion on the Trinitarian Doctrine," *Trinity Seminary Review* 13/2 (Fall 1991): 53-60를 보라.

또한 우리는 단지 우리에게 계시된 하나님에 관하여 말하고 있는 것도 아니다. 이와는 반대로 한 하나님의 삼위성은 영원하다: 삼위성은 하나님의 본질적인 존재 방식이다. 그러므로 삼위성은 통일성과 마찬가지로 하나님의 본질에 속한다. 삼위일체적인 구별들은 영원한 신적인 실재에 대하여 단순히 외적인 것이 아니라 내적인 것이다.

따라서 한 하나님 안에 있는 구별들은 존재론적이다. 한 하나님을 함께 구성하고 있는 것은 성부와 성자와 성령이라는 삼위이다. 만약 한 하나님의 삼위성이 존재론적인 것이 아니라면, 성자와 성령은 궁극적으로 온전한 신성을 결여하게 될 것이다. 아타나시우스가 바르게 천명했듯이, 그렇게 되면 우리는 구원에 참여할 수 없게 될 것이다.

한 하나님의 삼위성이 존재론적이기 때문에, 또한 그것은 기능적이며 경세적이기도 하다. 삼위성은 세계 안에서의 한 하나님의 사역들과 관련이 있다. 마치 영원토록 한 하나님을 함께 구성하는 세 위격이 존재하듯이, 창조를 위한 하나의 신적인 계획을 수행하면서 세계 안에서 활동하시는 세 위격 — 성부와 성자 및 성령 — 이 존재한다.

하나님은 다양성이다. 삼위일체론은 한 하나님이 구분되어 있고, 따라서 통일성 안에서의 다양성이라는 것을 의미한다. 한 하나님의 삼위성은 하나님이 우리에게 계시하기 위해 선택하셨던 하나님의 구분들이 영원한 것이며, 그 구분들은 하나님의 본질에 대하여 내적인 것이라는 것을 뜻한다. 성부와 성자와 성령은 실제로 영원토록 신적인 본질에 속하는 것이다. 그러나 좀 더 나아가 이러한 구분들은 한 하나님 안에서의 실제적인 다양성을 형성한다. 성부와 성자와 성령은 서로 구별되며, 한 하나님 안에서 그들은 서로로부터 자신들을 구분한다. "성부"와 "성자"와 "성령"으로 대표되는 한 하나님 안에서의 구분들은 존재론적이면서 동시에 경세적인 다양성을 형성한다.

교부시대 이래로 신학자들은 이러한 존재론적인 구분들을 한 하나님 안에서의 이중적인 운동이라는 관점에서 이해하여 왔다. 그들은 "발생"(generation)과 "발출"(procession)이라고 하는 두 용어를 사용하여 이 운동을 설명하였다. 물론 이 용어들은 은유들(metaphors)로서 말로 표현할 수 없는 하나님의 본질을 인간의 언어로 담고자 하는 시도들이다. 그럼에도 불구하고, 이 용어들은 우리가 알게 된 하나님의 본질을 성찰하는 일에서 우리에게 도움이 된다.

"발생"이라는 용어는 성부와 성자를 구분하기 위한 수단을 제공해 준다. 성자는 성부에 의해 발생된다. 성부는 성자를 낳으시는 분이다. "발출"이라는 용어는 성령을 성부와 성자로부터 구분하는 것을 용이하게 해준다. 성령은 성부로부터(그리고 성자로부터) 발출되는 분이다. 요컨대, 제1위는 낳으시고(generate), 제2위는 발생되며(generated), 제3위는 발출된다(proceed).

이러한 존재론적인 구분들은 한 하나님 안에서의 존재론적인 다양성만이 아니라 경세적인 다양성도 촉진시킨다. 삼위일체의 세 위격은 각각 하나의 신적인 계획 속에서 특수한 역할을 수행한다. 성부는 세계와 창조를 위한 신적인 계획의 근거로서의 기능을 한다. 성자는 하나님의 계시자, 창조를 위한 성부의 의지(意志)의 모범이자 전령사, 인류의 구속자로서의 기능을 한다. 그리고 성령은 세계 안에서 활동하는 인격적인 신적 능력, 신적인 의지와 계획의 완성자로서의 기능을 한다.

하나님은 통일성이다. 삼위일체론을 통해서 우리는 비록 존재론적으로 및 경세적으로 상호 간에 서로 구분되어 있긴 하지만 삼위일체적인 세 위격은 다양성을 포함하는 통일성을 구성하고 있다는 것을 긍정한다. 하나님의 통일성은 하나님의 다양성과 마찬가지로 존재론적이면서 동시에 경세적이다.

삼위일체의 세 위격의 경세적인 통일성은 하나의 신적인 계획 안에서의 그들의 서로 다른 기능들에도 불구하고 모두가 세계 안에서 하나님의 사역의 모든 영역에 관여하고 있다는 것을 의미한다. 신적인 활동은 삼위일체의 세 지체들 간의 협력사역이라는 특징을 지닌다.

성부가 세계의 창조의 근거이긴 하지만, 성자와 성령도 창조 사역에서 성부와 함께 행동한다. 성자는 말씀, 곧 창조 원리로서, 성부는 성자를 통하여 창조를 수행하신다. 그리고 성령은 세계를 창조할 때에 활동한 신적 능력이다.

마찬가지로 성자가 인류의 구속자이긴 하지만, 성부와 성령도 성자와 함께 화해 사역에 참여한다. 성부는 성자를 통해서 활동하는 행위자이다(고후 5:18-19). 그리고 성령은 거듭남에서 시작하여 종말론적인 부활에 이르기까지의 전 과정을 이루어내는 능동적인 신적 능력이다.

마지막으로, 비록 성령이 신적인 계획의 완성자이긴 하지만, 성자와 성부도 이러한 종말론적인 사역에 성령과 함께 참여한다. 성자는 영광 중에 다시 오실 주님이다. 그리고 성부는 "만유의 주"(all-in-all)가 되실 분이다(고전 15:28).

이러한 예들이 보여 주듯이, 각각의 신적인 사역 속에서 성부는 성자를 통하여, 그리고 성령의 행위를 빌려서 활동한다.

또한 삼위일체의 지체들의 경세적인 통일성은 각자가 하나의 신적인 계획의 성취를 위해서 다른 지체들의 사역에 의존되어 있다는 것을 의미한다. 성자를 세계 속으로 보내심을 통해서 성부는 자신의 통치 및 왕권을 포함한 자신의 계획은 물론이고, 심지어 자신의 신성을 성자에게 위임하였다(마 11:27). 그리고 이어서 성부와 성자는 세계 속에서 성자를 ― 또한, 그를 통해서 성부를 ― 영화롭게 할 성령에게 이 신적인 계획의 완성을 위임하였다.

그러나 경세적 통일성 속에서 삼위일체의 세 지체들의 기능은 경세적 삼위일체의 배후에까지 미친다. 그것은 내재적 삼위일체에 관한 이와 유사한 진리를 보여 준다. 삼위일체의 세 지체들은 다양성 속에서 영원한 존재론적인 통일성을 형성하고 있다. 그럼으로써 성부와 성자와 성령은 함께 신적인 존재와 본질을 구성한다. 신학자들은 때때로 세계 안에서의 하나님의 사역들에서만이 아니라 심지어 좀 더 근본적으로 한 하나님으로서의 그들 자신의 실재(subsistence)에서 삼위일체의 각 지체들의 상관성, 동역(同役)관계, 상호의존성을 지칭하기 위하여 '페리코레시스'(perichoresis, 상호 침투)라는 용어를 사용한다.

신약성서(특히 요일 4:7-21)는 세 위격들이 연합하여 신적인 본질을 이루고 있는 존재론적인 통일성이 바로 '아가페'(agape, 사랑)라는 것을 말해준다. 그러나 이것은 사랑 자체가 하나님이라는 것을 의미하는 것은 아니다. 요한일서의 해당 구절에서 헬라어 원문은 "하나님은 그 성품에 있어서 사랑이다"라는 의미를 보여 주도록 주의 깊게 구성되어 있다. 하나님은 사랑이지만, 사랑이 하나님일 수는 없다. 사랑은 사랑하는 사람과 사랑받는 사람을 전제하는 관계적인(relational) 용어이다. 그러므로 사랑은 사랑하는 자와 사랑받는 자 사이의 관계가 존재하지 않는다면 객관적인 존재를 지니지 못하게 된다.

"하나님은 사랑이시다"라는 성경의 주장이 지니는 신학적 의미를 이해하는 데 도움이 되는 것은 "인격"의 본질에 관한 헤겔(Hegel)의 개념이다. 인격이라는 것은 타자에 대한 자기 헌신 속에 있다는 것을 의미한다고 그는 주장한다.[46] 이 개념

---

46) G. W. F. Hegel, *Lectures on the Philosophy of Religion*, trans. E. B. Speirs and J.

을 삼위일체 하나님에 대하여 적용한 초보적인 형태는 실제로 아타나시우스에게까지 소급될 수 있다.[47] 하나님의 통일성은 삼위일체의 지체들 사이에서의 상호적인 자기 헌신으로 구성된다. 이것은 타자를 위해 자신을 내어주는 것으로 정의될 수 있는 신약성서의 '아가페'(agape) 개념과 상응한다. 따라서 사랑이 한 하나님 안에서의 통일성의 토대를 이룬다는 주장은 신적 실재를 들여다볼 수 있는 문을 열어준다. 하나님의 통일성은 삼위일체의 각 지체들의 서로에 대한 자기 헌신 외에 다른 것이 아니다. 실제로 하나님은 사랑이시다 — 신적인 본질은 삼위일체를 함께 묶고 있는 사랑이다.

'필리오케'와 관계적 삼위일체

결국 교회의 분열이라는 결과를 초래하였던 '필리오케'(filioque) 논쟁은 오늘날 우리에게는 별로 중요하지도 않은 표현을 둘러싸고 한바탕 벌어진 말다툼에 불과한 것으로 비쳐질지도 모른다. 그러나 서방 교회가 에큐메니칼 신조에 이 표현을 추가한 것이 과연 적절했는지에 관한 기독교회의 심각한 문제제기와는 별개로, '필리오케'라는 표현을 추가한 것의 타당성을 놓고 벌어진 의견의 불일치는 신학적 중요성을 지녔다.

우리의 관점에서 보면, 우리는 교회의 역사 속에서 가장 커다란 분열을 야기했던 논쟁의 양 당사자가 모두 신학적 타당성을 지니고 있었다고 말할 수 있다.

한편으로, 동방 교회의 사상가들이 서방 교회의 모형이 지닌 관계성에 대한 지나친 강조에 맞서 삼위일체의 세 지체들 — 성부, 성자, 성령 — 에 대한 강조를 유지하려고 했던 것은 옳았다. 그렇게 함으로써 그들은 서방 교회의 사상가들이 빠져들기 쉬웠던 몇몇 신학적 함정들을 피할 수 있었기 때문이다.

예를 들면, 동방 교회의 사상가들은 세계 안에서 활동하시는 인격적이고 행동하는 행위자로서의 "하나님"에 관하여 거의 말하려고 하지 않음으로써, 결과적으

Burton Sanderson, three volumes (New York: Humanities Press, 1974), 3: 24-25.

47) 아타나시우스는 기록하기를, "성부가 모든 것들을 성자에게 주셨기 때문에, 그는 성자 안에서 모든 것들을 신선하게 소유하신다"고 한다. *Apologia Contra Arian* 3. 36, in *A Select Library of Nicene and Post-Nicene Fathers of the Christian Church*, volume 4: *St. Athanasius: Select Works and Letters*, trans. Atkinson, ed. Archibald Robertson, second series (Grand Rapids: Eerdmans, 1975), 119.

로 "하나님"을 삼위일체의 세 위격들 위에 계신 "진정한"(real) 인격으로 보지 않았다. 나아가, 동방 교회의 신학자들은 '필리오케'라는 표현에 의해서 요구된, 성령의 사역과 그리스도의 사역 사이의 연관관계를 엄밀하게 규정하지 않았기 때문에, 성령의 활동을 오직 교회를 통해서만 매개되는 인류의 구원에 있어서의 하나님의 목적에만 국한시킬 필요가 없었다. 동방 교회의 사상가들은 세계를 만드신 하나님의 사역과 세계를 구원하시는 하나님의 활동을 결합시키는 기독교적인 창조 개념을 발전시킬 수 있는 좀 더 나은 신학적 위치에 있었다. 마지막으로, 동방 교회의 전통은 구원을 단순히 법정적인 의(righteousness) 혹은 죄용서의 관점이 아니라 신적인 삶에 우리가 참여하는 신성화(deification)라는 좀 더 넓은 의미로 이해하는 경향을 보여 주었다.

다른 한편으로, 서방 교회의 사상가들이 성자와 성령 사이에 관계성이 존재하지 않으면 안 된다는 결론을 내린 것도 전혀 근거가 없는 것은 아니었다. '필리오케'라는 표현을 신조에 추가시킨 것은 성경 속에 그 근거가 있었다. 물론 성경의 기자들은 성령을 성부의 영 또는 하나님의 영이라고 말한다. 그러나 이와 아울러 바울은 성령을 "아들의 영"(갈 4:6), "주님의 영"(고후 3:17-18)으로 부른다. 그리고 예수는 그의 제자들을 위하여 아버지께 중보기도할 뿐만 아니라 자신이 그들에게 성령을 보낼 것이라고 약속했다(요 15:26).

이러한 성경적인 토대에 근거하여 서방 교회가 성자와 성령 간의 삼위일체 내적인(intratrinitarian) 관계성을 주장한 것은 광범위한 신학적 중요성을 지닌다. 이러한 관계성은 성자의 완성된 사역과 성령의 현재적 사역의 연속성을 보장하는 신학적 토대를 제공해 준다. 성령은 그리스도의 영이다. 따라서 성령이 지금 수행하고 있는 활동은 다름 아닌 나사렛 예수에 의해 완성된 사역의 결과물 또는 적용인 것이다.

또한 서방 교회의 모형은 경세적 삼위일체 — 세계 안에서의 삼위일체 하나님의 사역 — 와 관련된 이러한 함의(숨意)와 아울러 내재적 삼위일체 — 세계와 관계 없는 영원 속에서 한 하나님 안에서의 역학(力學) — 에 대한 우리의 이해를 위해서도 아주 중요하다. 동방과 서방의 삼위일체 신학들은 세 위격을 낳는 하나의 신적 실재 안에서의 두 가지 영원한 운동을 전제한다. 그럼에도 불구하고, 서방 교회의 관계적 이해는 하나님 안에서의 영원한 사역들을 이해하기 위해 좀 더 강력한 기초를 제공해 주는 것으로 보인다. 서방 교회의 모형은 신적인 삼위일체의 내적인 삶의 토대가 성부와 성자 사이의 관계성에 있으며, 이 관계성은 다른 두 위격 모두와 결부되어 있는 성령이라고 선언한다.

'필리오케' 논쟁은 우리로 하여금 삼위일체 하나님의 관계적인 역동성을 좀 더 온전하게 이해할 수 있게 해준다. 두 운동은 논리적으로 한 하나님 안에 내재되어 있다. 서방 교회로부터 우리는 성령의 발출이라고 하는 두 번째 운동이 성부 및 성자 모두와 연결되어 있다는 것을 배운다. 그러나 동방 교회의 입장은 우리에게 궁극적으로 두 운동이 모두 그 근원을 성부의 우위성(priority)에서 발견한다는 것을 일깨워준다.

(1) 한 하나님 안에서의 첫 번째 운동은 발생(generation)이다. 오리게네스가 주장했듯이, 영원토록 성부는 성자를 낳으신다. 이러한 주장은 삼위일체 하나님 안에서 성부의 우위성을 강조하는 것이다. 성부는 성자의 신성(그 연장선상에서 성령의 신성)의 기초이다. 그렇지만 이 운동은 자신의 삶을 성부로부터 끌어오는 삼위일체의 두 번째 위격을 형성하는 것만이 아니라, 아타나시우스가 주장했듯이, 첫 번째 위격을 형성하기도 한다. 왜냐하면, 성자 없이는 첫 번째 위격은 성부가 아니기 때문이다.[48]

그러므로 발생은 삼위일체의 첫 번째와 두 번째 위격의 구분을 가져온다. 그러나 또한 성부와 성자는 함께 결속되어 있다. 둘 사이의 결속은 그들이 공유하는 상호적인 사랑이다. 영원토록 성부는 성자를 사랑하고, 성자는 그 사랑에 보답한다. 또한 이 사랑은 발생(낳으심)이라는 개념으로부터도 나온다. 사랑으로 성부는 성자를 낳으시고, 성자는 자기를 낳으신 분의 사랑에 보답한다.

(2) 성부에 의한 성자의 영원한 발생은 삼위일체의 첫 번째와 두 번째 위격을 형성할 뿐만 아니라, 세 번째 위격에까지 이른다. 아우구스티누스가 지적했듯이, 성부와 성자 간의 사랑은 성부와 성자 간의 관계의 영원한 영인 성령이다.[49] 삼위

---

48) Athanasius, *Contra Arianos* 3. 6, in *Early Christian Fathers*, 287.

49) Augustine, *The Trinity* 6.5.7 [206-7]; 또한 15.17.27 [491-92]; 5.11.12 [189-90]; 15.19.37 [503-4]를 보라. 이러한 아우구스티누스의 사고와 헬라 전통과의 관련을 위하여, Yves Congar, *I Believe in the Holy Spirit*, trans. David Smith, three volumes (New York: Seabury, 1983), 3: 88-89, 147-48을 보라. 이 입장의 현대적인 진술을 위하여, David Coffey. "The Holy Spirit as the Mutual Love of the Father and the Son," *Theological Studies* 51 (1990): 193-229를 보라.

일체의 첫 번째와 두 번째 위격 사이의 관계성이 성령이기 때문에, 신조에 대한 서방 교회의 판본이 천명하고 있듯이, 성령은 성부와 성자로부터 발출된다.

그러므로 하나님의 삼위일체성의 토대는 성부와 성자 사이의 영원한 관계성에 있다. 그들은 제3위 속에서 구체화되어 있는 사랑의 교제(fellowship)를 공유한다. 그 결과 성령은 성부와 성자를 묶어주는 끈이다.[50] 따라서 성부와 성자를 형성하는 발생의 운동은 논리적으로 성부와 성자의 영으로서의 성령을 형성하는 발출의 운동으로 이어진다.

삼위일체에 대한 유비들

일찍이 주후 4세기에 그리스도인들은 삼위일체론에 관한 이해를 돕기 위해서 자연계에서 가져온 유비(類比)들을 제시하였다. 각각의 유비는 비록 제한된 범위에서는 유익하지만 신적 실재에 대한 기독교적인 설명의 복잡한 면모들을 다 보여 주지는 못한다.

이러한 유비들 중의 하나는 H_2O라는 화학 공식이다. 이 합성물이 얼음, 물, 증기라는 세 가지 형식(형태)들을 취할 수 있는 것과 마찬가지로, 한 하나님은 세 위격으로 되어 있다는 것이다. 그러나 이 유비는 기본적으로 삼위일체에 대한 사벨리우스적인 이해를 반영하고 있다. 얼음, 물, 증기는 하나의 화학 공식(H_2O)이 취하는 세 가지 양태일 뿐이다. 그 밖의 다른 두 가지 유비들도 마찬가지다. 나무는 뿌리, 줄기, 가지, 이렇게 셋으로 이루어져 있지만, 나무는 오직 하나만 존재한다. 마찬가지로, 달걀은 노른자위, 흰자위, 껍질로 되어 있다. 또한 이러한 유비들은 치명적인 약점을 지닌다. 그 어느 것도 삼위일체의 세 위격들로 하여금 서로를 형성하게 하고, 그렇게 함으로써 역동적으로 한 하나님을 형성하게 하는 역동적인 운동을 반영하지 못하고 있다는 것이다.

아우구스티누스가 주장했듯이, 이와 같은 유비들은 모두 삼위일체 하나님의 흔적이 창조 안에서 발견될 수 있다는 것을 상기시켜 준다. 그러나 그럼에도 불구하고, 피조 세계 안에 있는 그 어느 것도 하나의 본질 안에 있는 세 인격(three-in-one)이라고 하는 한 하나님에 대해 온전한 유비가 될 수 없다.

---

50) Augustine, The Trinity 15. 17.27-29, 31 [491-94, 495-96]; 15.19.37 [503-504].

삼위일체론의 신학적 함의

삼위일체론은 하나님의 본질에 대한 기독교적 인식을 위한 토대를 형성한다. 이러한 이유로 삼위일체론은 신적인 실재에 관한 우리의 이해를 위해 심오한 함의들을 지닌다.

하나님의 본질로서의 사랑

사도였던 성경의 한 저자가 지적했듯이, 하나님의 본질은 사랑이다. 삼위일체론은 어떻게 이것이 사실인지를 보여 준다. 영원토록 신적인 삶 — 성부와 성자와 성령의 삶 — 은 "사랑"이라는 말에 의해서 가장 잘 특징지어진다. 그러므로 사랑, 즉 삼위일체의 각 위격들의 상호적인 자기 헌신은 한 하나님의 통일성을 형성한다. 영원토록 함께 결합된 성부와 성자와 성령이 아닌 하나님은 존재하지 않는다.

사랑과 하나님의 내적 역동성. 삼위일체론에서 사랑의 역할이라는 관점에서 보면, "사랑"이라는 용어는 기독교 전통에 의해서 이해된 하나님의 실재의 심오성을 들여다볼 수 있게 해주는 창을 제공해 준다. 삼위일체적인 "사랑"은 하나님의 내적 삶 — 창조와는 상관 없이 영원토록 하나님이신 하나님 — 을 설명해 준다.

어떻게 사랑이 하나님의 본질일 수 있는지에 대한 설명은 성부와 성자와 성령으로서의 하나님의 삼위일체적인 본질에 있다. 사랑은 주체(subject)와 대상(object), 둘 다를 요구하는 관계적인 용어이다(누가 누구를 사랑한다). 만약 하나님이 홀로 행동하는 주체, 성부와 성자와 성령과는 별개의 인격이라면, 하나님은 자기 자신이 되기 위해서, 즉 사랑하는 자가 되기 위해서 자신의 사랑의 대상으로서의 세계를 필요로 하게 될 것이다. 그러나 하나님은 삼위일체적이기 때문에, 신적 실재는 이미 사랑의 주체와 대상, 이 둘 모두를 포괄하고 있다. 따라서 하나님의 본질은 실제로 성부와 성자 사이의 관계성(사랑)인 성령에 있다.

그러므로 신학적으로 본다면, "하나님은 사랑이시다"라는 요한의 진술은 무엇보다도 영원한 하나님 안에서의 삼위일체 내적인 관계를 가리킨다. 하나님은 자신 안에 있는 사랑이다: 성부는 성자를 사랑한다; 성자는 그 사랑에 보답한다; 그리고 성부와 성자 사이의 이 사랑은 성령이다. 요컨대, 영원토록 하나님은 사회적 삼위일체, 사랑의 공동체이다.

근본적인 신적 속성으로서의 사랑. 하나님은 세계의 창조와 별개로 사랑이라는 점에서, 사랑은 하나님을 특징짓는 말이다. 사랑은 한 하나님의 영원한 본질이다. 그러나 이것은 삼위일체적인 사랑이 단지 하나님의 여러 속성들 중의 하나라는 것을 의미하지는 않는다. 오히려 사랑은 하나님의 근본적인 "속성"이다. "하나님은 사랑이시다"라는 것은 신적 본질에 관하여 우리가 천명할 수 있는 존재론적인 기본적인 진술이다. 하나님은 기본적으로 성부와 성자 사이의 사랑의 관계의 상호성(mutuality)이고, 이 인격적 사랑이 바로 성령이다.

영원토록 그리고 세계와는 별개로 한 하나님은 사랑이기 때문에, 사랑이신 하나님은 사랑이라는 자신의 영원한 본질에 일치하여 세계에 반응할 수밖에 없다. 따라서 하나님의 이 본질적인 특성은 하나님께서 자신의 세계와 상호작용하는 방식을 설명해 주기도 한다. 그러므로 "사랑"은 자신 안에 계신 영원한 하나님에 대한 묘사일 뿐만 아니라, 창조와의 관계성 가운데 있는 하나님의 근본적인 특성이기도 하다. 그래서 요한은 심오한 신학적 통찰을 통해서 "하나님이 세상을 이처럼 사랑하사 독생자를 주셨으니 …"(요 3:16)라고 북받쳐오르는 감격을 토로했던 것이다.

사랑과 신적인 거룩, 질투, 진노

하나님의 근본적인 속성, 즉 우리가 하나님의 본질에 관하여 주장할 수 있는 중심적이며 기본적인 진술은 "하나님은 사랑이시다"라는 말이다. 성령으로 구체화된 관계인 사랑에 의해 영원토록 함께 결합된 성부와 성자가 아닌 하나님은 존재하지 않는다. 바로 이러한 맥락 안에서만 우리는 하나님의 거룩, 질투, 진노를 포함한 하나님에 관한 "어두운" 주장들을 이해할 수 있다.

20세기에 많은 신학자들은 사랑만이 아니라 죄에 대한 하나님의 단호성을 포함한 거룩도 하나님의 근본적인 도덕적 속성들 중의 하나로 보아야 한다고 주장하였다. 예를 들면, 브루너(Brunner)는 거룩과 사랑의 "변증법"(dialectic) 혹은 "역설적 이원론"(paradoxical dualism)을 말하였다.[51] 루이스 벌코프(Louis Berkhof)는 그가 "하나님의 완전성들 중에서 가장 영광스러운 것들"로 보았던 세 가지 도덕적 속성들을 열거하였다: 선(여기에 그는 사랑을 포함시켰다), 거룩,

---

51) Brunner, *The Christian Doctrine of God*, 163, 167, 183.

의.[52] 그리고 위대한 침례교 사상가인 스트롱(Augustus Hopkins Strong)도 거룩을 "하나님 안에 있는 근본적인 속성"으로 승격시켰다.[53]

이런 식으로 거룩을 하나님의 중심적인 속성으로 확대한 것은 부분적으로는 회개치 않는 죄인들을 정죄하는 하나님의 대권을 보호함과 아울러 지옥에 관한 교리를 구미에 맞게 만들고자 한 데서 비롯된 것이다. 그러나 올바르게 이해하기만 한다면, 사랑은 그 안에 이런 식의 시도를 통해 보존하고자 하는 것을 포함하고 있다고 할 수 있다. 간단히 말해서, 죄의 현존은 신적인 사랑의 경험을 하나님에 의해 의도된 복(福)에서 진노로 변화시킨다.

사랑을 진노로 경험할 가능성은 사랑의 본질 자체로부터 생겨난다. 보호를 위한 질투(protective jealousy)는 사랑과 밀접하게 결부되어 있다. 제임스 패커(J. Packer)는 우리가 일반적으로 질투라는 용어와 결부시키는 죄악되고 사악한 태도 이외에도, 인간들은 또 다른 질투, 즉 "사랑의 관계를 보호하려는 열정, 또는 사랑의 관계가 깨어졌을 때에 복수하고자 하는 열정"을 보여 준다고 말한다.[54] 그런 다음에 패커는 이것을 하나님에게 적용한다: "성경은 일관되게 하나님의 질투를 이 후자의 종류에 속하는 것, 즉 자기 백성을 위한 그의 계약적인 사랑의 한 측면으로 본다."

따라서 진정한 사랑은 긍정적인 의미에서의 질투를 지닌다. 그것은 보호를 위한 것이다. 왜냐하면 참으로 사랑하는 자는 사랑의 관계가 균열이나 파괴 혹은 외부로부터의 훼방에 의해서 위협을 받을 때마다 그 사랑의 관계를 보존하고 방어하고자 하기 때문이다. 다른 사람이 사랑의 관계를 해하거나 손상시키고자 할 때마다, 그는 우리가 "분노"라고 부르는 사랑의 질투를 경험하게 된다. 이러한 차원이 결여되어 있을 때, 사랑은 단순한 감상(感傷)으로 변질되고 만다.

사랑하시는 분(the Loving One)이 질투하시며 진노하시는 하나님이라는 것을 우리는 이런 식으로 이해할 수 있다. 하나님이 세계를 위해 쏟아 부으시는 사랑을 손상시키는 자들은 진노의 형태로 그의 사랑을 경험하게 된다.

---

52) Louis Berkhof, *Systematic Theology*, revised edition (Grand Rapids: Eerdmans, 1953), 70-76.(「조직신학」: 크리스챤다이제스트)

53) Augustus Hopkins Strong, *Systematic Theology*, three volumes (Philadelphia: Griffith and Rowland, 1907), 1: 296.

54) James I. Packer, *Knowing God* (Downers Grove, IL.: InterVarsity, 1973), 154.

그러나 우리는 죄에 대한 하나님의 거룩, 질투, 진노를 다른 식으로 이해할 수도 있다. 피조물들을 위한 하나님의 사랑은 하나님은 인간 각자가 하나님이 인류를 향하여 원래 의도하셨던 모습이 되도록 하는 데 관심을 갖고 계시다는 것을 의미한다. 이것은 우리에게 거룩하라고 명하는 성경의 반복적인 명령을 위한 신학적 배경을 이룬다(출 20:3-6). 그러나 사람들은 하나님의 계획을 거부하기 때문에 그들이 선택한 제멋대로의 행동에 대한 응분의 고통을 겪는다. 그들은 여전히 하나님의 사랑을 받는 수혜자들이지만, 진노라는 형태로 그 사랑을 경험한다.

하나님의 사랑에 대한 거부의 최종적인 결과는 영원히 사랑하시는 분의 진노를 영원히 경험하는 것이다. 따라서 지옥은 하나님의 사랑의 부재(不在)를 경험하는 것이 아니다. 하나님은 자신의 피조물들을 영원한 사랑으로 사랑하신다. 그러므로 하나님의 사랑은 심지어 지옥에도 존재한다. 그러나 지옥에서 사람들은 하나님의 사랑의 현존을 진노라는 형태로 경험한다. 우리는 제23장에서 이 주제를 좀 더 자세하게 살펴보게 될 것이다.

사랑과 그 밖의 다른 도덕적 속성들

"하나님은 사랑이시다"라는 선언은 소위 하나님의 도덕적 속성들에 관한 우리의 이해를 위한 기초를 이룬다. 하나님의 도덕적 속성들로는 하나님의 선하심을 가리키는 데 사용하는 용어들인 "은혜"(grace), "자비"(mercy), "오래 참음"(long-suffering) 등과 같은 용어들이 있다. 그러나 이와 같은 용어들은 모두 피조물들에 의해 경험되는 사랑이라고 하는 하나님의 근본적인 성격의 여러 차원들을 설명하기 위한 다양한 시도들이라고 보는 것이 가장 좋을 것이다. 하나님은 사랑이시기 때문에, 하나님은 그가 행하는 모든 것 속에서 선하시다 — 즉, 은혜로우시며, 자비로우시고, 오래 참으신다. 무엇보다도, 하나님은 사랑하시기 때문에 타락한 피조세계의 구원과 갱신을 추구하신다.

삼위일체론과 그리스도인의 삶

삼위일체론은 기독교 신학에서 근본적인 것이다. 삼위일체론은 성부와 성자 및 성령으로서의 한 하나님의 자기 계시에 관한 성경의 가르침에 충실하기 위해서 반드시 요구되는 교리이다. 또한 삼위일체론은 하나님의 구원에 대한 기독교적인 경험에 충실하고자 하는 우리의 욕구에 의해서도 요구된다. 아타나시우스가 주장했듯이, 만일 구원이 실제적 사건이 되려면, 성자와 성령은 진정으로 신적인 분이지 않으면 안 된다. 이와 동시에, 만일 우리가 실제로 세계를 자신과 화해시키셨던 한 하나님의 은혜로 말미암아 구원받는 것이라면, 구원의 계획 속에서 성부와 성자 및 성령의 통일성은 필수적이다.

삼위일체론은 그 근본적인 신학적 중요성에 덧붙여 그리스도인들의 삶에서 결정적으로 중요하다. 제자들로서의 우리의 삶에 대한 삼위일체론의 두 가지 적용은 이러한 사실을 잘 예증해준다.

삼위일체론적인 기도

삼위일체론에 관한 우리의 주장은 우리가 기도하는 방식을 위한 토대를 형성한다. 사실 우리는 우리를 기도하도록 부르심과 아울러 우리의 기도에 응답하시는 삼위일체 하나님의 본질을 깊이 이해해감에 따라서 우리의 기도 생활에서 날로 새로운 의미와 능력을 누릴 수 있게 된다. 삼위일체론에 대한 지식은 우리가 기도를 드리는 대상이신 분에 관한 의식을 촉진시키게 될 것이다.

몇몇 그리스도인들은 습관적으로 아무 생각 없이 모든 기도를 예수에게 드린다. 물론 이러한 습관은 충분히 이해할 수 있는 일이다. 왜냐하면, 우리는 이 땅 위를 걸으셨고 인간 실존의 조건들을 직접 체험하셨던 우리 주님을 좀 더 가까운 분으로 느끼기 때문이다. 또 어떤 사람들은 기도를 드릴 때에 "하나님"이라는 일반적인 용어를 사용한다. 이런 습관도 충분히 이해할 만하다. 왜냐하면, 기도는 하나님과의 의사소통이기 때문이다.

그렇지만 삼위일체론은 신학적으로 좀 더 성숙한 기도 방식을 보여 준다. 하나님은 삼위일체 — 성부, 성자, 성령 — 이시기 때문에, 우리의 기도는 우리가 드리는 구체적인 기도의 목적 및 삼위일체의 각 위격의 기능에 맞춰서 삼위일체의 세 위격들에게 드려져야 한다.

신약성서 자체가 확증해 주듯이, 우리는 통상적으로 기도 속에서 성부를 불러야 한다. 예수 자신도 제자들에게 "하늘에 계신 우리 아버지여"라고 기도하도록 가르치셨다. 그리고 야고보는 그의 독자들에게 "온갖 좋은 은사와 온전한 선물이 다 위로부터 빛들의 아버지께로부터 내려온다"(약 1:17)는 것을 상기시키고 있다. 삼위일체론은 우리에게 성부가 창조 및 구원의 근거요 원천으로서의 기능을 하신다는 사실을 상기시켜 준다. 따라서 우리가 기도를 이렇게 영광스러운 근거이자 원천이신 성부에게 드리는 것은 지극히 옳은 일이다(계 4:8-11). 이러한 이유로 기도를 통해서 우리는 성부 앞에 나아간다. 우리는 성부의 존재 자체로 인해 성부를 찬양하고, 성부가 행하신 일로 인해 성부께 감사하며, 성부는 우리가 필요로 하는 모든 것을 공급해 주시는 선하고 지혜로운 분이기 때문에 우리의 모든 필요에 직면하여 성부께 간구한다.

그러나 어떤 기도는 성자에게 드려져야 한다. 기도를 통해서 우리는 성자의 존재로 인해 우리 주님을 찬양할 수 있다. 성자의 사역이 완성되었다는 점에서, 성자에게 드려지는 기도는 성자가 행하셨던 일에 대한 감사도 포함해야 한다(계 5:11-14). 그러나 아울러 성자는 지금 우리를 위해 중보기도를 드리고 계시기 때문에, 우리는 성자의 이러한 활동에 대하여 성자께 감사를 드릴 수 있다. 그리고 우리는 역사의 종말에 있을 성자의 재림을 기다리고 있기 때문에, 우리는 장차 그 사건이 가져오게 될 모든 일을 인해서 미리 앞서 성자를 찬양할 수 있다. 이런 식으로 우리는 만유의 주님이신 성자께 공적으로 충성을 맹세하게 될 모든 피조물들의 선봉에서 미리 찬양을 드리는 찬양대가 된다(빌 2:9-10).

하나님의 계획을 완성하는 분으로서의 성령의 사역은 계속된다. 이러한 맥락에서 우리는 삼위일체의 세 번째 지체에게도 기도를 드릴 수 있다. 비록 성령에게 드리는 기도에 대하여 성경에는 직접적인 언급은 없지만, 우리는 삼위일체의 제3위에게로 우리를 인도하는 교회의 예식들과 찬송의 오랜 전통을 그 근거로 들 수 있다. 우리는 자연스럽게 우리의 찬양과 감사를 성령께 드리게 될 것이다. 또한 비록 세계 속에서의 성령의 사역 분야들에서 성령이 역사할 수 있도록 성부께 성령을 보내달라고 간구하는 것도 적절하겠지만, 우리는 세계 속에서의 성령의 사역 분야들과 관련해서는 성령께 직접 간구할 수도 있을 것이다.

이와 동시에 우리는 성령이 삼위일체의 "소리 없는"(silent) 위격으로서 활동하고 있다는 사실을 염두에 두어야 한다. 성령은 사람들의 주의를 자신에게로 끄는 것이 아니라 성자와 성부를 높임으로써 자신의 존재를 드러낸다. 그러므로 성령 충만한 기도는 성령으로부터 성자를 통하여 성부에게로 나아간다. 왜냐하면, 일반적으로 성령은 우리에게 예수의 이름을 의지하여 하늘에 계신 우리 아버지께 기도를 드리도록 촉구하고 힘을 부여하기 때문이다.

삼위일체론적 윤리

삼위일체론은 우리가 기도하는 방식에 영향을 미칠 뿐만 아니라 우리가 행동하는 방식에도 영향을 미친다. 우리가 아는 하나님이 삼위일체적이라는 우리의 이해는 우리의 기독교적 윤리를 위한 토대가 된다.

하나님이 인류의 궁극적인 모델이자 표준이라는 점에서, 하나님의 본성은 그리스도인들과 기독교 공동체의 삶을 위한 모범이 된다(마 10:39). 기독교적인 하나님 이해의 중심에는 하나님이 성부와 성자 및 성령으로 이루어진 삼위일체라는 선언이 있다. 이것은 한 하나님이 그의 영원한 본질에 있어서 사회적 실재, 즉 사회적 삼위일체(social Trinity)라는 것을 의미한다. 하나님이 사회적 삼위일체, 즉 통일성 안에서의 다수성이기 때문에, 인류의 이상(理想)은 고립적인 인격들(solitary persons)이 아니라, 공동체 안에서의 인격들(persons-in-community)이다. 하나님의 의도는 우리가 우리의 삶 속에서 하나님의 본질을 반영하는 것이다. 그러나 이런 일은 우리가 우리의 고립적인 상태로부터 나와서 다른 사람들과의 관계성 속으로 움직여 들어갈 때에만 가능하다. 그러므로 윤리적인 삶이란 관계성 속의 삶(life-in-relationship) 또는 공동체 안에서의 삶(the life-in-community)이다.

더 나아가 삼위일체론은 하나님의 본질이 사랑이라고 분명하게 말한다. 따라서 사랑도 인간의 삶의 이상이자 표준이 된다.

하나님은 자신의 사랑을 모든 피조물에게 베푸신다. 삼위일체적인 이 하나님은 모든 피조물들에게 관심을 가지며, 피조물들이 최상의 것이 되게 하고자 하신다. 그러므로 우리의 과제는 우리의 자연 환경 속에서 모든 피조물들을 향한 하나님의 사랑의 관심을 반영하는 것이다. 왜냐하면, 사랑의 원리는 인간들이 하나님과 마찬가지 방식으로 피조물들의 복리(福利)에 관심을 가질 것을 요구하기 때문이다. 이런 이유로 그리스도인들인 우리는 하나님께서 인류에게 위임하신 참된 청지기직(stewardship)에 대한 인식을 촉진시키는 일에 앞장서야 한다. 요컨대, 우리는 우리를 둘러싸고 있는 자연의 세계와 공동체를 이루며 살아가도록 해야 한다는 말이다.

그러나 인간은 하나님의 사랑의 특별한 수혜자들이다. 하나님은 각각의 인간을 사랑하시며, 따라서 우리가 바르게 행동하기를 요구하신다. 이것은 하나님께서 곤궁한 자들과 압제당하는 자들의 탄원을 들어주시며, 가난한 자들의 편에 서 계시다는 성경의 반복적인 고지(告知)를 위한 근거를 이룬다. 하나님은 모든 인류를 향한 사랑과 공의 및 의(義)에 관한 하나님의 비전을 성취함에 있어서 그의 도구들이 되라고 우리를 부르신다. 그러나 이 과제는 믿음의 가족에서부터 시작되어야 한다. 신약성서는 인류에 대한 그리스도인들인 우리의 관심은 "집에서"(at home)부터, 즉 그리스도의 공동체 안에 있는 형제 자매들의 필요들에서부터 시작되어야 한다는 것을 우리에게 상기시켜준다(요일 4:11). 그러나 그것은 거기서 멈추어서는 안 된다. 오히려 삼위일체 하나님의 사랑이 삼위일체의 지체들의 경계를 흘러 넘쳐서 모든 창조를 적시듯이, 우리는 세계 전체를 우리의 돌봄과 관심의 대상으로 보지 않으면 안 된다.

삼위일체론은 기독교적인 하나님 이해의 핵심이다. 이 교리는 부차적인 중요성을 지닌 것이 아니라 우리 신앙에 있어서 중심적인 것이다. 이 교리가 지닌 함의들은 무궁무진하다. 무엇보다도 이 교리는 하나님 자신이 관계적이라는 것을 보여준다. 성부와 성자와 성령은 사회적 삼위일체이다. 그러므로 공동체는 단순히 인간의 삶의 한 측면인 것이 아니다. 왜냐하면, 공동체는 신적인 본질 속에 이미 내재해 있기 때문이다. 이제 우리는 우리의 하나님 이해의 이러한 관계적인 핵심을 살펴보기로 하자.

제 3 장

관계적 하나님

> 우리가 보고 들은 바를 너희에게도 전함은 너희로 우리와 사귐이 있게 하려 함이니 우리의 사귐은 아버지와 그의 아들 예수 그리스도와 더불어 누림이라. — 요일 1:3

기독교 신앙의 중심에는 그리스도 안에서 우리가 삼위일체 하나님을 알게 되었다는 주장이 있다. 오직 한 분 하나님이 존재하고, 이 하나님은 영원히 다름 아닌 성부와 성자와 성령이시다. 따라서 기독교 신학의 중심에는 삼위일체론이 있다. 그렇지만 삼위일체 하나님의 신비에 관하여 말하고자 하는 우리의 탐구는 우리를 다음과 같은 문제를 좀 더 천착해보도록 이끈다. 어떤 언어적인 이미지(imagery)가 하나님을 이해하는 일에 있어서 우리를 돕는 적절한 도구가 될 수 있는가?

많은 신학자들은 하나의 영원한 신적 본질이라는 신비의 베일을 벗기기 위한 시도를 하면서 신적인 속성들이라는 개념을 도구로 사용한다. 그러나 하나님은 삼위일체 — 영원한 관계 속에서의 성부와 성자와 성령 — 이시기 때문에, 하나님의 존재와 속성들을 말하고자 하는 우리의 탐구는 실제로 하나님의 관계적인 본질 — 관계성 속에 있는 하나님 — 을 규명하고자 하는 시도가 된다.

앞 장에서 우리의 논의의 초점은 삼위일체의 세 위격들 사이의 관계에 있었다. 사실 신적인 본질에 관한 질문들은 삼위일체의 내적 관계들에서 시작된다. 그러나 관계적인 하나님은 내내 홀로 고립되어 계시는 것이 아니다. 오히려 우리 하나님은 내적인 신적 역동성으로부터 피조물들과의 관계성 속으로 들어가신다. 이러한 이유로 우리는 다음과 같은 질문을 던지지 않으면 안 된다: 삼위일체 하나님이 그가 창조하신 세계와의 관계성 속으로 들어가는 방식을 특징짓는 것은 무엇인가? 그러므로 하나님의 "존재"와 "속성들"에 관해 묻는 것은 한 하나님 안에서의 관계성들과 아울러 우리와의 관계성 속에 계시는 삼위일체 하나님에 관해서 묻는 것이다.

이제 우리가 살펴보고자 하는 것은 바로 이러한 관계적인 한 분 하나님을 설명하는 과제이다.

관계적 하나님의 본질

삼위일체론은 하나님이 관계적이라고 선언한다. 한 분 참 하나님은 성부, 성자, 성령의 사회적 삼위일체이다. 더 나아가, 삼위일체의 세 위격이 한 하나님을 구성하고 있다는 점에서, 신적인 실재는 세계와는 무관하게 영원히 관계적이다. 그러나 내재적 삼위일체가 관계적일 뿐만 아니라, 삼위일체 하나님은 그가 창조한 세계와의 관계 속으로 들어간다.

관계성에 대한 강조는 우리가 알게 된 하나님에 관하여 말함에 있어서 신앙 공동체가 사용하는 언어의 몇몇 측면들을 이해하기 위한 배경을 형성한다. 이 장에서의 우리의 과제는 하나님의 관계적 본질이 몇몇 두드러진 신학적 용어들을 위해 지니는 의미를 탐구하는 것이다.

(하나의) 존재로서의 하나님

신학사 전체에 걸쳐서 사상가들은 어떻게 하면 하나님을 가장 잘 규정하거나 인식할 수 있을까를 놓고 씨름을 계속해 왔다. 아마도 그리스도인들 가운데에 가장 깊게 뿌리박고 있는 인식은 하나님을 피조된 존재들의 세계 안에 현존함과 동시에 그 너머에 계시는 하나의 존재 — 비록 피조되지 않은 영원한 존재이긴 하지만 — 로 보는 것이다. 이러한 인식은 구약성서의 저자들에 의해 사용된 하나님에 관한 신인동형론적인(anthropomorphic) 표현과 어떤 유사성을 지니고 있는 것 같다. 그럼에도 불구하고, 이와 같은 인식이 널리 퍼지게 된 것은 성경적인 선례(先例) 못지않게 그리스 철학 — 플라톤과 아리스토텔레스의 유산 — 때문이라고 할 수 있다.

플라톤의 전통은 특히 기독교적 플라톤주의자들이 성경의 하나님을 플라톤이 말한 선(the Good)의 형상(Form)과 결부시켰던 교부 시대 동안에 지대한 영향력을 발휘하였다. 중세 시대 동안에는 플라톤적인 신학은 "부동의 동인"(不動의

動因, unmoved mover)으로서의 신적인 존재라는 아리스토텔레스의 개념에 자리를 내주었다. 아리스토텔레스에 의하면, 하나님은 세계 안에서의 모든 운동의 정태적이고 최종적인 원인이다. 만물은 하나님을 추구하지만, 하나님 자신은 피조 세계에 의해서 움직여지거나 이끌리지 않는다.[1] 플라톤에 의해 영향을 받았든, 아니면 아리스토텔레스에 의해 영향을 받았든, 그리스의 철학 전통에 의존하였던 기독교 사상가들은 하나님은 최고의 존재, 시간의 세계의 변화하는 흐름의 한가운데에서 영원히 변화하지 않는 "요동치 않는"(impassible) 존재라는 것에 동의하였다.[2]

변화할 수 없는 하나님에 관한 고전적인 공리(公理)는 20세기에 이르러서 광범위한 공격을 받게 되었다. 하나의 중요한 도전은 "과정신학"(process theology)으로 알려진 영향력 있는 운동으로부터 생겨났다.[3] 과정신학이라는 이 좀 더 새로운 전망의 토대는 하나님은 피조 세계의 일부분으로 통합되어서 연루되어 있다는 주장이다. 하나님은 정태적인 것이 아니라 능동적이며, 세계의 사건들에 의해서 영향을 받는다. 과정신학자들은 자기들이 만유(萬有)의 작용들에 대한 근대적인 이해에 좀 더 적절한 하나님 인식을 제시하고 있다고 주장한다. 그러나 과거의 인식과의 중요한 차이점들에도 불구하고, 과정신학은 계속해서 하나님을 다른 존재들 가운데 현존하는 존재라고 말하고 있다. 과정신학의 인식 속에서 하나님은 하나의 존재, 즉 자신의 피조물들과 함께 역사적 과정을 통과해 가면서 피조물들에 의해서 자신의 경험들을 증폭시켜 나가는 그런 존재이다.

고전적인 인식과의 좀 더 급진적인 단절을 꾀하고 있는 사람들은 하나님이 여러 존재들 가운데 하나의 존재라는 주장을 거부하는 신학자들이다. 그 중 한 대안(代案)인 범신론은 특히 동양의 종교 전통들 사이에서 오랜 유서 깊은 족보를 자랑한다. 범신론자들은 하나님을 "우주의 영혼"(the soul of the universe)이라고 말한다. 이것은 비판자들이 흔히 오해하는 것과는 달리 우주가 하나님이라는 것을

---

1) Aristotle, *Metaphysics* 1071b-1074, trans. Hugh Tredennick, volume 18 of the *Loeb Classical Library*, ed. G. P. Goold, twentieth-three volumes (Cambridge, Mass.: Harvard University Press, 1965), 142-65.

2) Brian Davies, "Impassibility," in the *Westminster Dictionary of Christian Theology*, ed. Alan Richardson and John Bowden (Philadelphia: Westminster, 1983), 288. 예를 들면, Thomas Aquinas, *Summa Theologica*, 1.2.3를 보라.

3) 과정신학에 관한 논의를 위하여, Stanley J. Grenz and Roger E. Olson, *Twentieth Century Theology* (Downers Grove, IL.: InterVarsity, 1992), 130-34를 보라.

의미하지는 않는다. 오히려, 범신론자들은 하나님과 세계의 관계를 인간의 영혼과 육체의 관계와 유사한 것으로 설명한다. 그러므로 하나님은 어떤 의미에서 자신의 몸이라고 할 수도 있는 세계에 생명을 불어넣는 생명 원리이다.[4]

범신론과 관련하여 종종 폴 틸리히(Paul Tillich)의 주장이 거론된다. 틸리히에 의하면, 하나님은 하나의 존재가 아니라 "존재 자체"(being itself) 혹은 "존재의 근거"(the ground of being)이다. 틸리히에게 이러한 설명은 자명하다: "만일 하나님이 존재 자체가 아니라면, 하나님은 존재 자체인 것에 종속되어 있게 된다."[5] 틸리히는 이러한 주장을 하나님은 실재의 배후에 있는 구조, 존재하는 모든 것의 근거가 되는 구조라는 것을 의미하는 것으로 이해하였다.[6]

1960년대 후반에 희망의 신학이 출현하면서 이전과는 판이하게 다르고 매우 혁신적인 주장이 등장하였다. 희망의 신학의 주된 설계자들이었던 위르겐 몰트만(Jürgen Moltmann)과 볼프하르트 판넨베르크(Wolfhart Pannenberg)는 하나님을 다른 존재들 가운데 실존하는 하나의 존재라고 말하는 것을 피하고자 하였다. 그들은 하나님에 대한 전통적인 견해가 인간의 자유와 양립할 수 없다는 무신론의 도전의 중대성을 인식하였다. 판넨베르크의 말을 빌면, "전능(omnipotence)과 전지(omniscience)를 갖고 행동하는 하나의 실존적인 존재는 자유를 불가능하게 만들 것이다."[7] 시대가 요구하는 신학의 변화를 이루어내기 위해서, 그들은 하나님에 관한 질문에 대한 답변의 초점을 과거나 현재, 즉 시간 속에 실존하는 존재로서의 하나님이라는 개념으로부터 옮겨서, 과거 대신에 미래를 하나님의 "위치"(location)로 삼았다. 판넨베르크의 말에 따르면, "미래는 현재적으로 존재하는 것에 전적으로 집중하고 있는 실재관(實在觀)에 대한 대안(代案)을 제공해 주는 것으로 보인다. 왜냐하면, 미래에 속한 것은 아직 존재하지 않지만, 이미 현재적 경험

---

4) 최근에 이 사고는 어떤 여성 신학적 저술들 속에서 반향을 발견한다. 예를 들어, Sallie McFague, *Models of God: Theology for an Ecological Nuclear Age* (Philadelphia: Fortress, 1987), 59-87를 보라.

5) Paul Tillich, *Systematic Theology*, three volumes (Chicago: University of Chicago Press, 1953),1: 2326.

6) Ibid., 1: 238.

7) Wolfhart Pannenberg, "Speaking about God in the Face of Atheist Criticism," in *The Idea of God and Human Freedom*, trans. R. A. Wilson (Philadelphia: Westminster, 1973),

을 결정하기 때문이다."[8] 따라서 하나님은 "미래의 능력"(the power of future)이다.[9] 그러나 어떻게 아직 존재하지 않는 어떤 것이 현재적 경험을 결정할 수 있단 말인가? 판넨베르크는 "미래를 지향하는 인간들은 … 언제나 그들의 현재와 과거를 그들이 희망하거나 두려워하는 미래의 빛 속에서 경험한다"고 설명한다.[10]

판넨베르크와 몰트만 같은 사상가들에 의해 제시된 미래 지향성은 신적 실재를 파악하기 위한 하나의 유력한 출발점을 제공해 준다.[11] 하나님을 우리 배후에(behind us) 또는 우리 위에(above us) 계시는 것이 아니라 우리 앞에(in front of us) 계시는 분으로 이해할 때, 우리는 하나님을 가장 잘 이해할 수 있다. 조직신학에 있어서 이러한 기본적인 전망은 우리가 더 이상 신학적 질문들을 과거의 전망으로부터, 즉 하나님께서 창세 이전에 행하셨던 결정들로부터 대답하고자 하지 않는다는 것을 의미한다. 오히려, 우리는 실재(實在)를 미래의 관점으로부터, 즉 창조를 위한 하나님의 궁극적인 목적으로부터 바라봄으로써 신학적 작업을 수행한다.

사회적 삼위일체에 대한 오늘날의 강조를 지지하는 사람들은 비록 하나님에 관한 서로 다른 모형들을 제시하고 있긴 하지만 한 가지 결정적인 사항에 대해서는 의견의 일치를 보이고 있다. 하나의 존재로서의 하나님에 관한 전통적인 논의는 더 이상 도움이 되지 않는다는 것이다. 성부와 성자와 성령이 아닌 하나님은 존재하지 않는다. 따라서 신적인 실재에 관한 우리의 설명은 삼위일체적인 세 위격 위에 계시는 어떤 하나님을 언급하지 않는다. 오히려, 하나님을 설명함에 있어서 우리는 성부와 성자와 성령을 그들의 영원한 관계들 속에서 설명하게 될 것이다.

초월적이자 내재적인 분으로서의 하나님

신적인 본질에 관한 오늘날의 논의에서 주목할 만한 또 하나의 특징이 있다.

109.

8) Ibid., 110.

9) Jurgen Moltmann, *The Experiment Hope*, ed. M. Douglas Meeks (Philadelphia: Fortress, 1975), 51.

10) Pannenberg, "Speaking about God in the Face of Atheist Criticism," in *The Idea of God and Human Freedom*, 110.

11) 몰트만과 판넨베르크의 공헌들에 대한 묘사와 평가를 위하여, Grenz and Olson, *Twentieth Century Theology*, 170-79를 보라.(「20세기 신학」:IVP)

아리스토텔레스의 "부동의 동인"으로부터 판넨베르크의 "미래의 능력"에 이르기까지 거의 모든 주장들은 그 다양성에도 불구하고 너무도 자연스럽게 세계와의 관계성 속에 있는 하나님이라는 견지에서 신적인 실재에 관하여 말하고 있다. 영원한 하나님이 실존하는 하나의 존재인지에 관한 질문으로 시작된 것은 곧바로 세계에 대한 하나님의 관계에 관한 질문으로 움직여간다. 이 말은 복음주의 신학을 형성하는 데 매우 중요한 역할을 해왔던 개혁주의 전통에 대해서도 그대로 적용된다. 주권적인 분으로서의 하나님에 대한 개혁주의의 강조는 기본적으로 세계에 대한 하나님의 관계성이라는 견지에서 하나님을 정의한다.

어떤 의미에서는 피조 세계에 대한 하나님의 관계성이라는 견지에서 신적인 실재를 말하는 하나님에 대한 관계적 설명은 불가피한 것이다. 우리가 "계시"라고 부르는 것을 통해서 하나님께서 스스로를 낮추어 우리에게 은혜로 찾아오신 것 이외에 하나님을 바라보는 다른 거점을 우리는 갖고 있지 않다. 그러나 계시 속에서의 하나님의 일차적인 관심은 단순히 우리로 하여금 하나님의 영원한 존재에 관한 명제들을 만들어내게 하겠다는 것이 아니다. 하나님의 의도는 우리로 하여금 하나님을 영원히 관계적이고 삼위일체적인 하나님이며 자기가 만든 세계와의 관계 속에 계신 분으로 이해하게 하여서 하나님과의 교제 속으로 들어올 수 있게 하는 것이다. 그러므로 계시는 관계성 안에 계신 하나님의 자기 계시이다.

처음부터 기독교 신학은 하나님과 세계를 그 관계성의 두 가지 기본적인 측면들을 설명하는 "초월성"(transcendence)과 "내재성"(immanence)이라는 두 가지 신학 용어들에 의거하여 규정하여 왔다. 한편으로 하나님은 초월적이다. 하나님은 세계와는 별개로 자기충족적이다. 하나님은 만유 위에 계시며, 저 위로부터 세계에 다가오신다. 성경은 하나님의 초월성을 강력하게 선언한다. 전도자는 그의 독자들에게 "하나님은 하늘에 계시고 너는 땅에 있음이니라"(전 5:2)고 경고하였다. 마찬가지로, 선지자 이사야는 사명을 위임받기 전에 주님께서 "높이 들린 보좌에 앉으신" 모습을 보았다고 기록하고 있다(사 6:1).

다른 한편으로, 하나님은 세계 안에 내재하신다. 이것은 하나님이 피조 세계에 현존하신다는 것을 의미한다. 하나님은 자연의 과정과 인간의 역사에 관여하시면서 우주 안에서 활동하고 계신다. 바울은 이 진리를 아테네인들을 향한 그의 유명한 연설 속에서 강조하였다. 하나님은 "우리 각 사람에게서 멀리 떠나 계시지 아니하도다. 우리가 그를 힘입어 살며 기동하며 있느니라"(행 17:27-28)고 그는 말하였다. 구약성서, 특히 지혜문학(욥 27:3; 33:4; 34:14-15; 시 104:29-30)은 하나님께서 성령을 통하여 피조 세계를 지탱하고 계신다는 주제를 반복해서 말하고 있다. 마찬가지로, 예수는 햇빛과 비, 새들을 먹이시는 것, 꽃들의 아름다움 같은 자연의 과정들을 그의 아버지의 하시는 일로 돌리셨다(마 5:45; 6:25-30; 10:29-30).

요약하면, 우리가 아는 하나님은 내재적이자 초월적이다. 하나님은 세계의 과정 속에 현존하시며 활동하시는 그러한 실재이다. 그럼에도 불구하고, 하나님은 자기 충족적임과 동시에 만유(萬有) "너머에"(beyond) 계시기 때문에 세계의 과정과 동일시되어서는 안 된다. 그러므로 하나님을 인식함에 있어서, 우리는 하나님을 세계 너머 저 멀리에 위치시킴으로써 하나님께서 자신의 피조물들과의 관계성 속으로 들어 올 수 없게 만들어 버리거나 하나님을 세계의 과정 속으로 철저하게 분해시킴으로써 그가 만드신 피조 세계 위에 계실 수 없게 만들어 버려서는 안 된다.

영으로서의 하나님

하나님을 묘사하는 다양한 단어들 가운데서 "하나님은 영이시다"(God is spirit)라는 주장보다 더 광범위하게 받아들여진 것은 아마도 없었을 것이다. 이러한 주장은 주님의 말씀 속에서 그 근거를 찾아볼 수 있다. 왜냐하면, 예수는 "하나님은 영이시니 예배하는 자는 신령과 진정으로 예배할지니라"(요 4:24)고 말씀하였기 때문이다. 그럼에도 불구하고, 우리는 "하나님은 영이시다"라고 천명한 신앙의 공동체의 의도는 실제로 무엇이었고, "영"은 무엇이며, 어떤 의미에서 이 용어는 신적인 실재를 지칭하는 것인가를 묻지 않으면 안 된다.

헤겔의 "영" 개념. 헤겔은 이 용어(독일어로는 Geist)를 가져와서 새롭게 적용함으로써 철학적 신학에 있어서 "영"에 대한 근대적인 논의를 개시시켰다.[12] 이 독일 철학자는 영(Geist)은 하나님과 인간에 대한 적절한 이해를 위해서 기본적인 것이라고 주장하였다.

헤겔의 용어(Geist)는 영어의 "정신"(mind)에 반영되어 있는 합리성이라는 개

---

12) 헤겔의 사상에 관한 논의를 위하여, ibid., 31-39를 보라.

념을 우리가 사용하는 용어인 "영"(spirit)과 결부되어 있는 초자연적인 차원을 결합하고 있다. 그러므로 "영"은 단순히 실체를 지닌 존재 또는 존재하는 사물이 아니라 행동하는 주체이자 활동 또는 과정이다. 헤겔에 의하면, 자연과 역사 내의 모든 과정들은 하나님의 활동으로서 통일된 전체를 형성한다. 그것들을 통해서 신적 실재는 객관적인 형태를 지니게 되고, 자기 자신에 대한 온전한 인식에 이르게 된다. 이런 일은 특히 인간의 예술적·종교적·철학적인 창조 활동 속에서 일어난다. 헤겔에 의하면, 그러한 것들은 신적인 영(정신)의 자기 계시이다. 그러므로 하나님은 세계 과정들을 통해서, 특히 인간의 하나님 의식을 통해서 자기 인식에 이르게 된다. 이러한 의미에서 하나님은 "절대 정신"(Absolute Spirit)이고, 반대로 인간들은 상대적인 영이다.

수동적이거나 정태적인 존재가 아닌 하나의 활동으로서의 "영"에 관한 헤겔의 이해는 신학에 유익한 통찰을 제공해 준다. 사실 그의 견해는 기독교 신학을 지배해 왔던 그리스(헬라)적인 개념이 아니라 "영"으로서의 하나님에 대한 성경적인 개념에 더 가깝다.

"영"에 대한 성경적 개념. "영"이라는 개념은 성경 전체에 걸쳐 존재한다. 이 성경적인 개념은 영으로서의 하나님에 관한 우리의 신학적 이해에 토대를 제공해 준다.

히브리어 '루아흐'(ru'ach)는 기본적으로는 "숨" 또는 "바람"을 의미하고, 이차적으로는 "인간 존재에 있어서의 생명 원리"를 의미한다. "숨"으로부터 "생명 원리"로의 의미의 발전은 매우 자연스럽게 일어났는데, 이는 고대 사람들이 숨쉬는 것을 생명의 통상적인 표징으로 이해했기 때문이다. 히브리인들은 이러한 사고를 한 걸음 더 진척시켰다. 그들은 하나님이 숨을 통해서 그 존재를 드러내는 각각의 인간 속의 생명 원리의 근원이라는 것을 인식하였다. 예를 들면, 두 번째 창조 이야기는 하나님이 아담의 코에 "생명의 숨"을 불어넣으신 것으로 묘사한다. 그 결과 "사람이 생령이 되었다"(창 2:7).

하나님이 생명 원리의 근원이라는 인식은 '루아흐'의 세 번째 의미를 탄생시켰다. "영"은 생명을 창조하고 지탱시키는 신적 능력이다. 생명을 탄생시키고 생명을 존재하도록 유지시키는 것은 바로 하나님의 능력이다.

헬라어 '프뉴마'(pneuma)는 앞에서 말한 것과 비슷하게 이 단어가 지닌 여러 의미들의 상호연관성을 보여 준다. 이 단어도 히브리어 '루아흐'와 마찬가지로 "바람"과 "숨"을 가리킨다. 그 뿐만 아니라 이 단어는 숨을 그 표징이자 조건으로 하는 "생명"을 가리키기도 한다. 또한 이 단어는 "생명을 창조하는 능력"을 의미하게 되었다.

이 두 가지 히브리어와 헬라어 단어는 "하나님은 영이시다"라는 성경의 주장, 즉 피조 세계에 대한 하나님의 관계가 지니는 생명적 차원을 긍정하는 선언 배후에 있다. "하나님은 영이시다"라고 선언함으로써, 우리는 하나님이 모든 생명의 근원이라는 것을 인정한다. 하나님은 자신의 피조물들 — 모든 생물들, 그러나 특히 인간들 — 에게 생명을 수여하시는 분이다.

신학적 함의들. "하나님은 영이시다"라고 말하는 것은 하나님이 피조된 생명의 근원이라는 것을 인정하는 것이다. 그러나 이러한 긍정이 우리의 이러한 신앙고백의 의미를 다 말해주는 것은 아니다. 생명의 수여자이신 하나님의 세계에 대한 관계의 배후에는 그것보다 선행하는 하나님 내부의 관계, 곧 삼위일체 하나님의 영원한 관계가 있다. 하나님을 영이라고 말하는 것은 하나님을 살아계신 분으로 이해하는 것을 의미한다. 삼위일체 하나님은 역동적인 운동이다.

예수는 친히 이러한 생명을 지닌 하나님 내적인 관계에 대하여 말씀하였다: "아버지께서 자기 속에 생명이 있음 같이 아들에게도 생명을 주어 그 속에 있게 하셨고"(요 5:26). 이러한 진술은 하나님의 생명력이 성부와 성자의 관계를 중심으로 하고 있다는 것을 보여 준다. 신적인 생명은 신성(神性)의 근원으로서 성자로 하여금 자신의 신성을 공유하게 하기 위하여 성자를 낳으시는 성부의 영원한 활동이다. 그리고 성자는 성부를 위하여 자신을 내어줌으로써 성부께서 성자를 위하여 자신을 내어주신 것에 보답한다. 성부와 성자 사이의 이러한 관계는 삼위일체의 제3위인 성령으로 나타난다. 성령은 성부와 성자의 영이기 때문에 삼위일체 하나님의 본질이다.

그러므로 "하나님은 영이시다"라고 말하는 것은 관계적 하나님에 관하여 말하는 것이다. 그것은 삼위일체 하나님이 영원토록 생명력을 지닌 역동성(a vital dynamic)이라는 것을 인정하는 것이다. 이러한 역동성 속에서 성부는 성자를 낳고, 이러한 행위를 통해서 성부는 성자에 대한 그의 관계성에 의해서 형성된다. 이와 동시에, 성부와 성자는 서로에 대한 상호적인 자기 헌신(즉, 사랑)을 통해서 결합된다. 끝으로, 하나님의 역동성은 삼위일체의 제1위와 제2위 사이의 신적인 관계성의 영인, 성부와 성자로부터 발출되는(proceed) 성령이다.

"하나님은 영이시다"라고 말하는 것은 삼위일체 하나님의 생명력이 피조 세계로 흘러 넘친다는 것을 고백하는 것이다. 영원한 삼위일체적 삶 안에서의 역동적인 활동이신 하나님은 피조된 생명의 근원이자 유지자로서 세계와 관계하신다.

인격으로서의 하나님

우리는 그리스도인으로서 하나님을 "영"이라고 말할 뿐만 아니라 우리가 "인격"으로 알게 된 분으로 묘사한다. "하나님은 영이시다"라는 주장과는 달리, "하나님은 인격이시다"라는 신앙고백은 분명한 성경적 토대를 지니고 있다고 자랑할 수 없다. 그럼에도 불구하고, 많은 그리스도인들은 이 진술이 성경의 증언들로부터 자연스럽게 흘러나온 것이며, 우리에게 자신을 계시하신 하나님의 한 중요한 측면을 요약해 주고 있다고 믿는다.

"인격"에 대한 철학적 개념. "인격"이라는 개념은 "영"이라는 개념처럼 19세기의 철학적 신학, 특히 독일 관념주의 사상가들 사이에서 하나의 중요한 논쟁거리였다.

그러한 논쟁은 임마누엘 칸트의 제자였던 요한 고트리프 피히테(Johann Gottlieb Fichte)에 의해서 시작되었다. 근대 무신론의 등장에 관한 논의 속에서 우리가 지적했듯이(제2장), 피히테는 인격으로서의 하나님에 관한 전통적인 개념을 거부하였다. 이 독일 철학자에 의하면, 인격이라는 개념은 언제나 비교를 수반한다고 한다. 인격이라는 것은 또 다른 어떤 존재인 상대(counterpart)와 대면하여 존재한다는 것을 의미하는데, 이는 인격은 제한되어 있거나 유한하다는 것을 의미하는 것이다. 그러나 하나님은 정의상 무제한적이기 때문에, 하나님은 하나의 인격이 될 수 없다.[13]

피히테의 결론은 인격적 하나님에 관한 개념 전체를 파괴하는 것처럼 보였다 — 즉, 헤겔(G. W. F. Hegel)이 그의 도전에 응수하기 전까지는 말이다. 이 위대한

---

13) Johann Gottlieb Fichte, "Über den Grund unseres Glaubens an eine göttliche Weltrügierung," 16-17, in *Sämmtliche Werke*, ed. J. H. Fichte (Berlin: Verlag von Veit und Comp., 1845), 5: 187-88.

독일 철학자는 피히테의 논증 속에 들어있는 결함, 즉 인격의 본질에 대한 그릇된 이해를 지적하였다. 헤겔에 의하면, 인격이라는 것은 또 다른 어떤 존재인 상대 (counterpart)에 의해서 제약을 받는다는 것을 의미하는 것이 아니라 그 상대와 관계를 맺는다는 것을 의미한다는 것이다. 인격의 본질은 자신의 상대에게 자신을 내어주는 것 — 상대를 위하여 자신을 희생하는 것 — 에 있다. 이렇게 자신을 내어줌을 통해서 인격은 상대 속에서 자신을 발견한다.[14]

헤겔에 의하면, 인격적 삶 속에서 — 자신을 내어주는 행위 속에서 — 인격과 그 상대 사이의 대립은 극복된다. 인격성은 이런 일이 일어나는 정도에 의해서 결정되기 때문에, 가장 인격적인 자는 실제로 무한한 분이라고 헤겔은 주장하였다. 결과적으로, 하나님의 무한성은 하나님의 인격적 본질에 대하여 모순인 것이 아니라, 오히려 오직 무한한 하나님만이 온전한 인격이다.

인격성과 세계에 대한 하나님의 관계. 헤겔은 인격이라는 용어 자체의 의미에 대한 철학적 성찰을 통해서 인격으로서의 하나님에 대한 신앙고백에 이르렀다. 또 하나의 대안은 하나님이 세계와 관계를 맺는 방식의 몇몇 측면들 속에서 찾아볼 수 있다. 하나님은 이해될 수 없으며 자신의 의지에 따라 행동하시고 자유롭기 때문에, 우리는 "하나님이 인격이시다"라는 것을 긍정한다.[15]

(1) 첫째, "하나님은 인격이시다"라는 긍정은 이해될 수 없는 분으로서의 하나님에 대한 우리의 경험으로부터 생겨난다. 우리는 인간은 모두 상대적인 불가해성(不可解性, incomprehensibility)을 지니고 있다는 것을 근거로 인간의 인격성을 긍정한다. 우리는 모두 인격들이다. 왜냐하면, 우리 중 그 누구도 타자를 전적으로 알 수 있는 눈을 가진 사람은 없기 때문이다. 결국 인간 각자는 불가사의하거나 감춰져 있기 때문에, 그 누구도 타자의 실존의 깊이를 전적으로 파악할 수는 없

---

14) G. W. F. Hegel, *Lectures on the Philosophy of Religion*, trans. E. B. Speirs and J. Burton Sanderson, ed. E. B. Speirs, three volumes (New York: Humanities Press, 1974), 3: 24-25.

15) 이 접근에 관한 약간 유사한 진술을 위하여, Wolfhart Pannenberg, "The Question of God," in *Basic Questions in Theology*, trans. George H. Kehm, two volumes (Philadelphia: Fortress, 1970), 2: 226-33; "Speaking about God in the Face of Atheist Criticism," in *The Idea and Human Freedom*, 112를 보라.

다. 근대 과학의 등장 이전에는 사람들은 자연의 불가사의한 측면들에도 인격을 귀속시켰다. 고대인들은 자신들이 설명할 수 없고, 따라서 경외감을 불러일으키는 자연력들을 인격화하였다. 그들은 기후의 몇몇 측면들 같은 대상들과 과정들을 불가사의하고 감춰진 것으로 보고 인격적 특질들을 귀속시켰다.

훨씬 더 커다란 의미에서, 세계와의 관계 속으로 들어오시는 분은 여전히 그 존재의 깊이에 있어서 궁극적으로 불가사의하고, 우리의 타고난 인식 능력을 통해서 접근할 수 있는 우리의 능력 너머에 계신다. 하나님은 이해될 수 없는 분이기 때문에 인격이다.

(2) "하나님은 인격이시다"라는 긍정은 "의지"로서의 하나님에 대한 우리의 경험으로부터 생겨난다. 우리는 인격성을 우리가 이해할 수 없는 것으로 여기는 것뿐만 아니라 의지를 행사하는 것으로 보이는 우리의 경험 속의 그러한 측면들과도 쉽게 결부시킨다. 예를 들면, 인간 존재들은 인격들이다. 왜냐하면, 우리는 서로를 자기결정적이고 능동적인 행위자들로 경험하기 때문이다. 인간들은 목표들과 목적들, 계획들을 갖고 있고, 사건들을 결정하고자 시도하면서 세계 안에서 활동한다. 이를 토대로, 고대인들은 인격성을 자연의 몇몇 측면들에까지 확대하였다. 그들은 그들의 관점에서 자기결정적인 것처럼 보였던 그러한 힘들을 인격화하였다.

최고의 방식으로 우리는 하나님을 "의지"로 경험한다. 하나님은 자기결정적이며, 전적으로 우리의 통제 너머에 계신다. 또한 하나님은 자신의 창조를 위한 목표를 갖고 계시며, 자신의 목적들을 완성하기 위하여 세계 안에서 활동하신다. 그러므로 하나님은 인격이다.

(3) "하나님은 인격이시다"라는 긍정은 하나님의 자유에 대한 우리의 경험에서 나온다. 인격성은 사실 자유와 연관되어 있다. 우리는 사람들을 인격들이라고 말하는데, 이는 사람들이 타자의 전적인 통제를 넘어서서 행동하기 때문이다. 사실 우리가 타자의 통제 아래 놓이게 되는 경우에(예를 들어, 강제적인 노예화를 통해서), 우리는 타자들의 관점에서 인격이기를 그치게 된다.

그리스도인들로서 우리는 하나님은 전적으로 우리의 통제 너머에 계신다는 것을 인정한다. 그리고 또한 하나님은 우리 인간의 상대적인 자유의 근원이다. 따라서 우리는 하나님을 인격이라고 말한다.

인격성과 하나님. 그러나 어떤 식으로 도출해내든 "하나님은 인격이시다"라는 기독교적인 선언은 인격성이 우리를 대하시는 신적 실재에 속해 있다는 것을 의미한다. 그러나 또한 그것은 신적인 인격과 인간적인 인격 사이의 구별과 마찬가지로 인간 상호 간의 인격적 구별도 결코 폐기될 수 없다는 것을 확증해 주는 것이다. 따라서 우리는 하나님께서 창조를 위한 신적인 프로그램을 완성하실 때, 하나님의 피조물로서의 우리의 개별적인 인격성은 영원토록 확증될 것이라고 주장한다.

이러한 기대는 다른 종교들에 의해 제시된 인식과 두드러진 대조를 이룬다. 그러한 종교 전통들은 하나님을 비인격적인 것으로 묘사하고, 그 결과로 인간의 삶의 최종적인 목표를 비인격적인 견지에서 말한다. 더 나아가, 그들은 인격적인 구별들은 결국 제거될 것이라고 가르친다. 그 결과 생명의 궁극적인 목표지점은 자신의 인격성을 잃고 모든 것을 포괄하는 절대자 속으로 용해되고 마는 것이다. 이와는 반대로, 기독교 신앙은 삼위일체 하나님이 결코 용해되지 않을, 자신의 피조물들과의 인격 대 인격의 관계 속으로 들어오신다고 주장한다.

하나님의 이름

우리가 아는 하나님은 "영" — 생명의 근원이자 수여자 — 이다. 또한 삼위일체 하나님은 "인격" — 하나님과의 영원한 관계 속으로 들어가는 인간들의 신비, 자기결정, 자유의 근원 — 이다. 또한 "영"이자 "인격"이신 우리의 하나님은 "스스로 존재하는 자"(I am)라는 저 위대한 이름을 지니고 계신다.

고대 문화들 속에서 어떤 존재의 이름은 극히 중요하였다. 고대인들은 흔히 그 이름을 지닌 자의 본질 및 성격과 관련된 어떤 것을 보여 주는 그런 이름을 짓곤 하였다. 이 점은 특히 사람들의 이름에서 분명하게 나타난다. 그러므로 한 아이의 이름을 짓는 것은 중요한 사건이었다. 어떤 경우에는 부모들은 그 이름을 지닌 자의 미래의 역할을 기대하면서 이름을 지었다. 또 어떤 경우에는 이름은 그 아이가 태어난 가정이나 공동체의 희망과 갈망들을 표현하는 것이기도 하였다.

구약성서에서 히브리인들의 하나님은 야웨라는 하나의 인격적인 이름을 갖고 있었다. 학자들은 이 이름의 의미와 유래에 관하여 아직 합의에 이르지 못했다. 그러나 이 이름은 아마도 "있다" 또는 "존재하다," "생겨나다" 또는 "나타나다," "되다" 또는 "일어나다" 또는 "발생하다"를 비롯한 여러 가지 상호연관된 의미들을 지니는 '하야'(hayah)라는 동사[16]와 관련이 있을 가능성이 높다.[17] 좀 더 구체적으로 말하면, 야웨라는 이름은 '하야' 동사의 칼형(Qal) 미완료 3인칭 단수 형태에서 파생된 단어로서 "장차 존재하게 될 자"(the one who will be)를 의미한다고 할 수 있다.

야웨라는 이름을 "장차 존재하게 될 자"로 해석하는 것은 하나님의 이름에 관해 명시적으로 성찰하고 있는 구약성서의 한 구절에 의해서만 확인된다(출 3:14). 이 본문의 배경이 의미심장하다. 하나님은 모세를 불타는 떨기나무 가운데에서 만나셨다. 거기에서 하나님은 이스라엘의 하나님이 그들을 애굽에서 이끌어내어 광야에서 그들을 자기 백성으로 삼으실 것임을 이스라엘 백성들에게 말하라고 모세에게 지시하셨다. 모세는 이스라엘 백성들이 자기 말을 듣고 그들에게 그를 보낸 자의 이름에 대해 묻게 될 것을 예상하고는 하나님께 그러한 질문에 대해 무엇이라고 말해야 할지를 묻는다.

그런데, 왜 모세는 백성들이 자기에게 나타나신 하나님의 이름을 알고자 할 것이라고 생각하였던 것일까? 이에 대한 하나의 가능한 설명은 고대 히브리인들에게는 참 선지자와 거짓 선지자를 구분하는 것이 중요했다는 것이다. 토라(율법)는 다음과 같은 시금석을 제공하고 있다: 야웨 이외의 다른 신들을 섬기도록 이스라엘에게 권하는 선지자는 모두 거짓 선지자이며, 따라서 그 사람이 어떠한 표적과 기적들을 행할지라도 그 사람을 따라서는 안 된다(신 13:1-3; 18:20). 아마도 이 미래의 지도자는 이스라엘 백성들이 그가 야웨의 참 선지자인지 아닌지를 알아보기 위한 시금석으로서 하나님의 이름을 대라고 요구하리라는 것을 미리 예상하였던 것 같다.

그러한 이보다 좀 더 유력한 설명은 이 사건 속에서 쟁점이 되고 있는 실제적인 문제는 하나님의 이름(이때 이전에 알려졌을 수도 있고 알려지지 않았을 수도 있는)에 관한 문제가 아니라 그 이름의 의미 또는 중요성이라는 것이다. 이 점을 염두에 두고, 주석자들은 하나님의 대답을 이해하고자 시도하여 왔다.

필립스 하이야트(J. Phillips Hyatt)는 자신의 주석서에서 여러 대안들을 제시한

---

16) Jacques Guilet and E. M. Stewart, "Yahweh," in the *Dictionary of Biblical Theology*, ed. Xavier Leon-Dufour, trans. P. Joseph Cahill et al., second edition (New York: Seabury, 1973), 690.

17) Alexander Harkavy, *Students' Hebrew and Chaldee Dictionary to the Old Testament* (New York: Hebrew Publishing Co., 1914), 122.

다. 한편으로, 하나님은 일부러 애매모호한 대답을 했을 가능성이 있다; 하나님은 직접적인 대답을 주는 것을 피하셨다는 말이다. 다른 한편으로, 하나님은 자신의 애매모호한 대답을 통해서 자신의 본질에 관한 지극히 중요한 어떤 것을 진술하고자 하셨을 가능성이 있다. 본문에 나오는 동사의 모호성으로 인해서, 본문은 적어도 네 가지로 번역될 수 있고, 따라서 그 결과로서 네 가지 가능성이 존재한다: "나는 스스로 존재하는 자이다"(I am who I am) — 하나님은 영원히 존재하는 자이다; "나는 나로 인해 존재한다"(I am because I Am) — 하나님의 외부에는 하나님의 존재를 위한 그 어떤 원인도 없다; "나는 장차 내가 되고자 하는 것이 될 것이다"(I will be what I will be) — 하나님은 자기 자신의 운명의 주인이다; "나는 존재하는 자이다"(I am the one who is) — 이 하나님은 참으로 존재하는 유일한 분이다. 하이야트 자신은 "나는 장차 내가 되고자 하는 것이 될 것이다"라는 번역을 선호한다.

이 문장을 주석하는 대부분의 비평가들은 히브리적 사고 속에서는 강조점이 순수한 또는 추상적인 존재가 아니라 능동적인 존재와 활동 속에서의 신성의 적극적인 계시에 주어진다는 것에 동의한다. 이 경우에 구체적으로 말하면, 모세 및 이스라엘과 함께하시는 하나님의 현존에 그 강조점이 주어진다는 말이다; 하나님의 "존재"(being)는 "함께하시는 존재"(being with), 신적 현존이다. 그러므로 앞에 나온 여러 설명들 중 네 번째가 두 번째와 세 번째 설명보다 이스라엘적인 사고에 좀 더 부합한다.[18]

"나는 장차 내가 되고자 하는 것이 될 것이다"라는 번역이 옳다면, 하나님의 이름에 대한 출애굽기 화자(話者)의 성찰은 하나님은 궁극적 실재임과 동시에 인간의 일들에 있어서 능동적인 행위자라는 것을 보여 준다. 달리 말하면, 궁극적인 분이신 하나님은 히브리 역사 속에서 현재 활동하고 계시며, 또한 장래에도 활동

---

18) J. Philip Hyatt, *Exodus*, in the *New Century Bible*, ed. Ronald E. Clements (London: Oliphants, 1971), 76. Hyatt의 단어들은 노트(Noth)에 의해 되풀이된다: "히브리어의 *hyh* 동사는 순수한 '존재'(being), 순수한 '실존'(existing)이 아니라, '능동적인 존재'(active being)를 표현한다." Martin Noth, *Exodus: A Commentary*, trans J. S. Bowden (Philadelphia: Westminster, 1962), 45.

하실 것이라는 것이다.

요한복음은 하나님의 이름에 관한 최종적인 주석을 제시하고 있다. 한번은 예수께서 "아브라함 나기 이전부터 내가 있느니라"(요 8:58)고 대담한 선언을 하셨다. 그의 청중 속에 끼여 있던 바리새인들은 우리 주님의 주장을 신성모독이라고 생각하였다. 그러나 이 복음서 기자는 독자들에게 주님의 주장을 참된 것으로 받아들이도록 권유한다. 나사렛 예수 안에서 우리는 실제로 위대한 "스스로 존재하는 자"(I Am), 역사의 처음부터 끝까지 역사 속에서 활동하시는 궁극적인 실재를 만난다.

"스스로 존재하는 자"는 우리로 하여금 제자들의 공동체에 참여함으로써 하나님과의 관계 속으로 들어와서 자기 백성이 되라고 초청하신다. 이 관계적인 하나님은 삼위일체 하나님이다. 그는 우리가 그와의 교제를 누리기를 원하시는 성부, 성부와 자신의 교제에 참여하도록 우리를 부르시는 성자, 신적 교제의 끈으로서 그 관계 속에 우리를 참여시키는 성령이다.

신적 속성들

우리는 "영"이요, "인격"이며, 위대한 "스스로 존재하는 자"이신 삼위일체 하나님은 관계적 하나님이라고 결론을 내렸다. 우리가 알고 있는 하나님은 생명의 근원이시다. 그리고 하나님은 자기 백성과 온전한 생명 ― 신적 생명 ― 을 공유하기 위하여 활동하고 계신다. 그러나 우리는 이 하나님의 특성들을 규명하기를 원한다. 하나님은 어떤 분인가? 이 질문은 신적 속성들에 관한 질문을 불러일으킨다. 신적 특성을 묘사하는 속성에 관한 어떤 진술들이 존재하는가? 우리는 한 분 하나님이신 그에게 어떤 속성들을 귀속시켜서 하나님이 어떤 분이라는 것을 표현함으로써, 우리가 알고 있는 하나님에 관하여 말할 수 있는가?

속성들과 신적 실체

고전적인 기독교 신학자들은 흔히 신적 특성들과 하나님의 본질의 연관성에 관한 논의를 신적 속성들에 관한 서술에 대한 서언(序言)으로 삼곤 했다. 실체(substance)와 속성(attributes)을 구별한 헬라적인 구분을 전제했던 그들의 서술들은 흔히 우리가 하나님을 속성들이 그 안에 내재하는 하나의 실체로 말할 수 있다고 생각하였다. 그들은 신적인 속성들을 하나님의 존재에 필수불가결하며, 따라서 하나님을 하나님 되게 하는 특성들로 보았다.

중세의 논쟁. 고전적인 신학자들은 이러한 기본적인 방법론에 동의하면서도 그 속성들이 신적 실체 안에 어떻게 내재하는지에 대해서는 서로 입장을 달리했다.

특히 플라톤적인 전통에 의해서 강하게 영향을 받았던 그와 같은 중세의 신학들의 특징은 흔히 "실재론"(realism)이라는 이름으로 불린 첫 번째 입장이었다. 철학적으로 실재론은 보편적인 것들이 개별적인 대상들과는 별개로 구분된 실존을 갖는다고 주장하는 견해이다.[19] 신학적 실재론자들은 신적 속성들이 개별적으로 실재한다 — 심지어 신적 실체와의 연관성과도 무관하게 그 자체로 독자적으로 존재한다 — 고 주장하였다. 하나님에게 속하는 여러 다양한 속성들은 현실적인 실재들이기 때문에, 하나님은 자신 안에 내재하는 이러한 속성들의 복합체이다.

플라톤의 영향력이 아리스토텔레스의 영향력에 길을 내주게 되자, 플라톤적인 실재론은 변화되었다. 이렇게 해서 등장한 "수정된 실재론"은 속성들이 신적 실체 속에 존재하는 것과 무관하게 그 어떤 객관적인 실존을 갖고 있다는 것을 부정하였다. 수정된 실재론자들은 속성들은 독자적으로 존재하는 것이 아니라 하나님의 존재 안에서 실재한다(subsist)고 주장하였다. 따라서 하나님은 자신의 속성들의 통일성의 근거이다.

표면적으로는 이 두 가지 견해 간의 차이가 하찮은 것처럼 보일 수도 있다. 그러나 좀 더 깊이 천착해 보면, 우리는 그러한 차이가 결코 사소한 것이 아니라는 것을 발견하게 된다. 수정된 실재론자들은 속성들이 서로 구별된다는 실재론자들의 견해에 동의하였다. (예를 들면, 하나님의 거룩성은 하나님의 사랑과 동일시될 수 없다.) 그러나 실재론자들과는 대조적으로, 수정된 실재론자들은 이러한 속성들이 하나님의 존재와 동일한 시공간에 걸쳐 있는 것으로 보았다. 이러한 변화가 지닌 의미는 광범위한 것이었다. 그것은 하나님의 각각의 속성들은 하나의 독립적인 실재가 아니기 때문에 결코 서로로부터 분리되어 경험되지 않는다는 것을 의미한

---

19) William L. Reese, "Realism," in the *Dictionary of Philosophy and Religion* (Atlantic Highlands, N.J.: Humanities Press, 1980), 480.

다. 우리는 모든 신적 속성들을 하나의 복합적인 전체로서 함께 경험한다. 그런 까닭에, 예를 들면, 우리는 결코 하나님의 진노를 하나님의 사랑으로부터 분리된 채로 경험하지 못한다. 하나님과의 모든 만남은 언제나, 그리고 모든 경우에 거룩하면서도 동시에 사랑하시는 한 분 하나님에 대한 경험인 것이다.

중세 사상가들의 세 번째 부류, 곧 오컴의 윌리엄(William of Ockham)을 비롯한 유명론자(唯名論者, nominalist)들은 플라톤의 견해를 거부하는 데 있어서 수정된 실재론자들보다 훨씬 더 나아갔다. 철학적 유명론은 실재는 그 어떠한 존재한다고 가정되는 보편자(普遍者, universals)들이 아니라 오직 개별적인 대상들 속에만 존재한다는 가정으로 시작된다.[20] 보편자들은 실재하는 실체들(entities)이 아니다. 그것들은 우리가 개별적인 것들의 집단이나 부류를 지칭하기 위하여 사용하는 명칭들일 뿐이다.

유명론적인 신학자들에게 이것은 하나님의 속성들을 열거하는 것으로는 신적 실체를 전혀 설명해낼 수 없다는 것을 의미하였다. 신적 속성들에 관한 목록들은 하나님이 자신의 영원한 실재 안에서 어떤 식으로 존재하는지를 전혀 설명해 주지 못한다. 오히려, 그와 같은 진술들은 하나님에 관한 우리 자신의 주관적인 개념을 반영하는 것이다. 우리는 신적 실재에 관한 우리의 이해를 말하기 위하여 그러한 진술들을 사용한다.

송영론적 입장. 속성들과 하나님의 실체 간의 연관성에 관한 문제는 더 이상 널리 논쟁되지 않고 있다. 오늘날의 신학자들은 과거의 논의에서 기초가 되었던 실체/속성이라는 용어부터 벗어났다. 이제 이러한 신학자들은 하나님에 관한 우리의 진술들을 명제적 주장들로서가 아니라 송영(頌榮)이라는 관점에서 이해한다. 그 진술들은 우리와의 관계 속으로 들어오시는 하나님에 대한 찬양의 표현들이다.[21]

칼빈은 신적 속성들에 관한 우리의 진술들의 송영적이며 관계적인 성격에 대한 오늘날의 강조를 예견하였다. 출애굽기 34:6-8에 대한 주석에서 이 제네바의 개혁자는 다음과 같이 설명하였다:

---

20) Reese, "Nominalism," and "Universalism," in the *Dictionary of Philosophy and Religion*, 393, 597.

21) Pannenberg, "Analogy and Doxology," in *Basic Questions in Theology*, 1: 211-38을 보라.

여기서 우리는 하나님의 영원성(eternity)과 자존성(自存性, self-existence)이 두 번 반복되는 저 놀라운 이름에 의해서 고지(告知)되고 있다는 것을 볼 수 있다. 그리고나서 하나님의 능력들이 언급되는데, 이를 통해서 하나님은 본래적으로 존재하는 자신의 모습이 아니라 우리를 향하신 모습으로 우리에게 보여진다: 따라서 하나님에 대한 이러한 인식은 헛되고 과장된 사변(思辨)이 아니라 살아있는 경험 속에 있다.[22]

속성들은 하나님에 관한 객관적이고 "과학적인" 지식을 서술하고자 하는 엄밀한 주장들이라기보다는 인간과 세계에 대한 관계성 속에 있는 하나님에 대한 우리의 경험으로부터 나오는 표현들이다. 이러한 진술들은 하나님과의 우리의 만남을 토대로 하여 하나님에 관하여 말하고자 하는 시도이다. 따라서 속성들이라는 형식을 띤 서술은 신앙 공동체로부터 찬양을 촉진시키고 불러일으키기 위한 것이다. 그것들은 인격적인 방식으로 하나님을 알게 된 사람들의 찬양을 촉진시킨다.

이러한 이해가 옳다면, 그것은 속성들에 관한 스콜라주의적인 이해의 아킬레스건을 보여 준다. 실재론자들이든, 수정된 실재론자들이든, 아니면 유명론자들이든, 옛 신학자들은 사실 본질적으로 송영적인 성격을 띤 진술들에 지적(知的)인 의도가 있다고 보았다. 그러나 스콜라주의적인 신학자들의 강조와는 반대로, 속성들에 관한 주장들은 정태적(靜態的)인 실재 또는 세계와는 무관한 존재로서의 하나님의 본질에 관한 지식을 전해주지 않는다. 오히려, 우리가 알고 있는 하나님에 관한 우리의 기술(記述)들은 관계성 속에 있는 하나님을 설명하기 위한 시도들이다. 그와 같은 진술들을 통해서 우리는 삼위일체 하나님의 영원한 관계들, 그리고 피조세계 및 우리와의 관계성 속에 있는 하나님의 실재에 관하여 말한다.

앞 장들의 몇몇 결론들은 속성과 관련된 진술들의 송영으로서의 본질을 잘 보여 준다. 이미 살펴보았듯이, 우리는 하나님의 영원한 본질을 묘사하고자 하는 여러 주장들에 대한 지적인 파악을 통해서는 하나님을 알 수 없다. 그래서 신학자들이 전통적으로 하나님에게 돌렸던 여러 다양한 속성들은 하나님에 관한 지식을 전달해 주지 못한다. 우리는 하나님을 우리가 탐구하는 대상으로서가 아니라 인격

---

22) Calvin, *Institutes of the Christian Religion* 1.10.2, trans. Ford Lewis Battles, ed. John T. McNeill, volumes 20-21 of the *Library of Christian Classics* (Philadelphia: Westminster, 1960), 97.(「기독교 강요(최종판)」: 크리스챤다이제스트)

적인 만남을 통해서 인격적으로 알게 된다 — 마치 우리가 한 사람을 알게 되는 방식과 마찬가지로.

전통적인 하나님의 속성들은 인간 존재들 및 만유(萬有)와 비교해서 하나님의 완전성을 상기시켜 주는 유익이 있다. 이러한 속성들은 그 지향성에 있어서 송영적이다. 그것들은 우리가 하나님을 그가 만드신 만물과 비교할 때에 하나님의 위대성을 보여 주는 데 기여한다.

속성들의 분류

개신교 스콜라주의 전통 속에 있는 신학자들은 하나님의 속성들을 두 가지 이상의 기본적인 범주들로 분류하였다. 널리 사용된 한 가지 분류법은 하나님의 속성들을 "비공유적"(incommunicable) 속성과 "공유적"(communicable) 속성으로 나누는 것이다. 루이스 벌코프는 첫 번째 부류를 "피조물 속에 유비(類比)가 될 수 있는 것이 존재하지 않는" 속성들이라고 설명한다.[23] 따라서 비공유적 속성은 하나님의 자존성(self-existence), 불변성(immutability), 무한성(infinity), 통일성(unity) 같은, 피조 세계 안에서 유비(類比)를 찾을 수 없는 모든 신적 특성들을 포함한다. 이와는 반대로, 공유적 속성은 "인간의 영의 속성들 속에서 유비를 찾아볼 수 있는" 하나님의 속성들이다. 하나님의 영적·지적·도덕적 본질로부터 생겨나는 이러한 특성들은 지식, 지혜, 정직, 선, 거룩, 의, 의지와 능력에 있어서의 주권성(sovereignty)을 포함한다.

신적 속성들을 "비공유적" 속성들과 "공유적" 속성들로 구분하는 고전적인 설명은 속성에 관한 신학적 진술들에 대한 지적인 이해를 전제한다. 그것은 하나님에 관한 주장들이 하나님의 내적인 역동성 또는 세계에 대한 하나님의 관계성과는 무관한 정태적인 신적 본질에 관한 명제적 진리들이라고 전제한다. 그러나 앞서 보았듯이, 속성들은 근본적으로 송영적인 주장들이다.

속성들에 관한 주장들의 목적에 대한 고전적인 이해를 거부한다고 할지라도, 우리는 여전히 하나님에 관한 우리의 기술적(記述的)인 진술들 — 피조 세계에 대한 하나님의 관계에 관한 우리의 송영적인 묘사들 — 을 두 개의 범주들로 나

---

23) Louis Berkhof, *Systematic Theology*, revised edition (Grand Rapids: Eerdmans, 1953), 55.

눌 수 있을 것이다. 첫 번째 부류에 속한 속성들은 하나님의 영원성에 관하여 말한다. 따라서 그러한 속성들은 피조 세계에 대하여 지적이고 목적지향적인 관계성 속에 있는 하나님을 묘사한다. 두 번째 부류에 속한 속성들은 피조 세계를 다루시는 모든 일에 있어서 하나님의 선하심, 도덕적 정직성에 관하여 말한다.

그러므로 우리는 신적 속성들의 열거는 관계 속에 있는 하나님을 설명하고자 하는 우리의 욕구의 적절한 결과라는 결론을 내리게 된다. 신적 속성들을 말해주는 다양한 용어들은 피조 세계와 비교되는 하나님의 위대성을 찬양한다. 이러한 송영적인 진술들은 하나님의 영원성 또는 하나님의 선하심을 말하고 있다.

영원하신 하나님

"하나님은 영원하다"는 우리의 주장은 정의하기가 쉽지 않다. 헬라 철학에서 "영원성"은 전적으로 시간적인 영역 너머에 존재하시기 때문에 시간 속에서 일어나는 사건들에 의해서 영향을 받지 않는 분이신 하나님의 무시간성(timelessness)을 가리켰다. 그러므로 "영원성"은 초연성(超然性, impassibility)이라는 개념을 아울러 지니고 있었다.

그러나 영원성에 관한 헬라적인 개념은 신앙 공동체 안에서의 우리의 하나님 경험과 일치하지 않는다.[24] 성경의 하나님은 보시고, 아시며, 돌보시고, 자신의 피조물들의 곤경에 응답하시는 분이다. 그러므로 성경의 공동체는 모든 것에서 초연하신 그런 하나님을 말하지 않았다. 오히려, 그들은 하나님을 시간 속에 신실하게 현존하시는 그런 분이라고 말하였다. 신앙의 백성들의 경험은 우리가 하나님의 영원성을 무시간적인 초연성이 아니라 시간과 관련된 편재성(遍在性, omnipresence)으로 이해해야 한다는 것을 의미한다. 하나님은 모든 시간 속에 현존하시며, 따라서 모든 시간은 하나님에 대하여 현재적이다.

영원성과 우리의 시간 경험. 연속된 시간(temporal sequence)에 대한 우리 인간의 경험은 우리가 하나님과 시간의 관계를 어떻게 이해할 수 있을 것인지에 대한 통찰력을 제공해 준다.

---

24) 이에 관한 최근의 논의를 위하여, 예를 들어, Paul Fiddes, *The Creative Suffering of God* (New York: Oxford University Press, 1988)을 보라.

우리는 일반적으로 시간을 세 가지 시상(時相), 즉 과거와 현재와 미래로 나눈다. 그러나 우리는 시간적인 사건들을 오직 제한된 의미에서만 직접적으로 인식한다. 우리는 과거와 미래에 관한 어떤 인식을 갖고 있다. 그러나 과거 — 심지어 우리 자신의 과거 — 에 대한 우리의 인식은 기억에 제한되어 있고, 우리는 오직 기대 또는 소망을 통해서만 미래를 인식한다. 우리는 오직 우리의 현재 속에 놓여져 있는 것만을 직접적으로 안다. 그러므로 우리는 우리가 "현재"라고 이름붙인 것 안에서 살고 있다. 그러나 좀 더 면밀하게 관찰해 보면, 우리는 우리가 살고 있는 현재가 우리와 함께 연속된 시간을 통과해 가면서 여행하고 있는 것처럼 보이는 하나의 지속적으로 움직이는 점이라는 사실을 발견한다. 이렇게 소멸해가는 현재는 우리가 기억하는 과거와 우리가 기대하는 미래를 연결해 주는 다리 역할을 한다.

시간에 대한 우리의 경험은 신적 영원성을 이해하는 데 있어서 우리에게 도움이 된다. 우리의 직접적인 인식의 지점으로서의 현재는 제한적으로나마 영원에 참여한다. 우리가 우리의 개인적인 세계 속에서 일어나는 현재적 사건들을 인식하는 것과 마찬가지로, 하나님은 그가 만드신 만유(萬有) 안에서 일어나는 것들을 인식하신다.

그러나 한 가지 중요한 차이가 하나님의 인식과 우리의 인식을 갈라놓는다. 우리의 직접적인 인식은 유한하다. 그것은 우리의 "현재"의 유한성과 우리의 현재 속에서 일어나는 사건들을 우리의 지각 속으로 끌어오는 우리의 유한한 능력, 이 두 가지에 의해서 제한된다. 이와는 반대로, 하나님의 인식은 무한하다. 하나님은 직접적으로 및 동시적으로 모든 사건들을 본연의 모습 그대로 인식하신다 — 그 사건이 우리가 "과거," "현재," "미래"라고 부르는 것들 중 어느 것 속에 존재하든지. 이러한 의미에서 하나님은 피조된 시간과 관련하여 영원하다.

이러한 차이의 결과로 우리는 우리의 인식을 하나님의 인식의 빛 속에서 바라보지 않으면 안 된다. 우리는 우리의 "현재"를 통해서 시간적인 실재(the temporal reality)의 전체에 대한 완전하고 완성된 하나님의 인식에 유한한 방식으로 참여한다.

하나님의 영원성과 관련된 속성들. 이런 식으로 이해하면, 하나님의 영원성은 세 가지 서로 관련된 속성들, 즉 편재(omnipresence), 전지(omniscience), 전능

(omnipotence)을 포함하게 된다.

첫째, 우리는 하나님이 편재(遍在)하신다고 고백한다. "편재"에 대한 전통적인 이해는 하나님이 만물에 가까이 계시거나 현존하신다는 것이다. 그러나 이 속성을 올바르게 이해하기 위해서는 우리는 이 정의를 거꾸로 뒤집어야 한다. 편재는 만물이 우리의 과거, 현재, 미래 중 어디에 속한 것이든 만물은 그 자체로 하나님에 대하여 현재적이라는 것을 의미한다. 이러한 정의가 보여 주듯이, 하나님의 편재에 대한 긍정은 하나님이 영원하시다는 우리의 선언과 밀접하게 연관되어 있다.

둘째, 우리는 하나님이 전지(全知)하시다고 선언한다. 중세의 신학자들은 일반적으로 이 속성을 추상적인 것으로 보았다. 이러한 이유로 인해서 그들은 하나님이 모든 현실적인(actual) 사건들만이 아니라 모든 가능한(possible) 사건들도 알고 계시는지에 대하여 논쟁하였다. 그러나 우리는 속성들은 관계적인 용어들이라고 결론을 내린 바 있다. 따라서 우리가 "하나님은 전지하시다"라고 선언하는 것은 하나님의 이론적인 아심(즉, 하나님께서 이론상으로 모든 것을 알고 계시다는 것)에 관한 주장을 하려는 것이 아니라 세계에 대한 하나님의 완전한 아심을 천명하려는 것이다. 만물은 하나님에 대하여 직접적으로 및 본연의 모습으로 현재적이기 때문에, 하나님은 만물을 아신다. 신적인 정신은 연속된 시간의 전체, 즉 모든 사건들을 하나의 인식 행위를 통해서 동시적으로 인식한다.

셋째, 우리는 하나님이 전능(全能)하시다고 고백한다. 중세 시대에 신학자들은 흔히 이 속성을 하나님의 실제적인 능력과 아울러 이론적인 능력을 가리키는 것으로 이해하였다. 이로 인해서 하나님이 바위를 아주 무겁게 만드셔서 그 자신도 그 바위를 들어올릴 수 없게 할 수 있으신지에 관한 것과 같은 모호한 질문들과 딜레마처럼 보이는 것들을 놓고 논쟁들이 촉발되었다. 그러나 우리는 속성들이 송영적이고 관계적이라는 것을 알기 때문에 전능(全能)이라는 속성을 세계와는 무관한 고립적인 하나님에 관한 진술로 받아들이지 않는다. 오히려, "하나님은 전능하시다"라고 선언하는 것은 세계와의 관계성 속에 있는 하나님에 관하여 말하고 있는 것이다. 전능이라는 용어를 통해서 우리는 창조를 위한 자신의 계획을 완성하실 수 있는 하나님의 능력을 고백한다.

하나님의 전능에 대한 우리의 고백은 하나님이 전지하시다는 우리의 믿음과 연관되어 있고, 그것은 종말론적으로 정향(定向)되어 있다. 만물에 대한 하나님의 인식은 무관심하고 중립적인 앎이 아니다. 오히려, 하나님은 피조 세계를 자신의 의도된 목표로 이끄시는 분으로서 만물을 아신다. 그러므로 하나님은 피조 세계에 대하여 심판을 행하시며 세계에 구원을 가져다 주시는 분으로서 세계를 아신다. 그러나 심판과 구원은 종말론적인 실재(實在)들이다. 그것들은 창조를 위한 하나님의 계획의 완성에 속한다. 이것은 하나님의 전능하심도 마찬가지로 종말론적이라는 것을 의미한다. 하나님은 완성의 때에 만물을 새롭게 하시거나 만물의 새로운 상태를 가져 오신다는 점에서 전능하시다. 이런 일을 행하실 때, 하나님은 선을 위하여 모든 악을 이기시며 옛 질서를 새 질서로 대체하시는 전능하신 하나님이다.

선하신 하나님

또한 영원하신 분으로서 피조 세계와 관계하고 계시는 이 동일하신 하나님은 우리에게 전적으로 선하신 분으로 다가오신다. 우리는 도덕적 속성들을 통해서 세계에 대한 하나님의 관계성의 이 측면을 설명할 것이다.

도덕적 속성들 전체는 하나님이 그가 행하시는 모든 것에 있어서 완전하다고 선언한다. 그렇지만 하나님의 도덕적 완전성은 그 자체로서 두 가지 측면을 갖고 있는 것으로 볼 때에 가장 잘 설명될 수 있다. 하나님은 자신의 피조물들을 다루는 데 있어서 언제나 전적으로 정직하시며, 공정하시고, 정의로우시며, 의로우시다; 다시 말하면, 하나님은 거룩하시다. 이와 동시에, 하나님은 은혜로우시고, 자비로우시며, 우리에 대하여 오래 참으신다; 하나님은 긍휼이 많으시다.

거룩. 우리와의 모든 관계들 속에서 하나님의 공평하심(fairness)의 여러 다양한 측면들은 "하나님은 거룩하시다"는 주장과 결부된 몇몇 속성들로 잘 요약될 수 있다. 그러므로 하나님의 공평을 이해하기 위해서는 신학자들이 일반적으로 도덕적 속성으로 분류하는 "거룩"이라는 용어를 살펴보지 않으면 안 된다.

거룩이라는 용어의 신학적 용법은 성경에 나오는 "거룩"의 세 가지 의미 가운데 하나일 뿐이다. 이 단어는 도덕적 정직성만이 아니라 하나님의 초월성과 하나님의 유일성을 가리킨다. 그런 까닭에 하나님은 피조 세계와 다르고, 그가 지으신 세계 너머에 계시다는 점에서 거룩하다. 마찬가지로, 하나님은 그가 모든 신들 가운데서 유일하시며, 신들과 구별된다는 점에서 거룩하다; 우리의 하나님 같은 신은 존재하지 않는다.

그러나 "거룩"은 하나님의 도덕적 특성의 한 차원을 묘사하는 적절한 용어이기도 하다. 하나님은 그가 행하시는 모든 것에 있어서 정의롭고, 전적으로 의롭다는 점에서 거룩하다. 하나님은 언제나 모든 피조물들에게 공평하시다. 따라서 하나님은 정의를 추구하신다. 그리고 언젠가는 하나님은 자신의 의로운 기준에 따라 각 사람을 심판하실 것이다.

긍휼. 정의 또는 공평이라는 관점에서 이해된 거룩으로는 하나님께서 자신의 피조물들과 상호작용하시는 방식을 전부 다 말했다고 할 수 없다. 만약 그렇지 않다면, 우리는 구원에 대한 그 어떤 소망도 가질 수 없을 것이다. 그러나 야고보가 말하고 있듯이, "긍휼은 심판을 이긴다"(약 2:13). 그러므로 하나님의 공평하고 정의로운 심판 너머에 하나님의 은총이 자리잡고 있다. 은총과 관련된 몇몇 진술들 속에 표현되어 있는 우리를 향한 행위들 속에서의 하나님의 자비로우심의 여러 차원들은 "하나님은 긍휼이 풍성하시다"라는 신앙고백으로 요약될 수 있다. 하나님의 긍휼에 관한 성경의 가르침의 몇몇 차원들은 주목할 만한 가치가 있다.

고대의 신앙 공동체는 하나님을 긍휼에 있어서 완전하신 분이라고 찬미하였다. 이것은 구약성서의 기본적인 신학적 주제를 이루고 있다(느 9:17; 시 111:4; 116:5; 86:15; 103:8; 145:8; 욜 2:13; 욘 4:2; 사 54:10). 히브리 공동체의 신앙의 중심에는 하나님의 긍휼에 대한 선포가 놓여 있는데, 출애굽기에서는 이러한 선포의 원천이 하나님 자신에게 있다고 설명한다. 시내산에서 모세에게 하나님의 이름을 계시하신 후에 야웨는 "자비롭고 은혜롭고 노하기를 더디하시고 인자와 진실이 많은 하나님이로라"라고 말씀하신다(출 34:6).

성경은 긍휼이 인간의 곤궁에 대한 하나님의 응답을 특징짓고 있는 것임을 보여 준다. 하나님의 사랑으로 인해서, 피조물들의 곤궁은 하나님의 긍휼을 불러일으킨다. 하나님의 신실하심으로 인해서, 하나님의 백성은 이러한 긍휼의 특별한 대상이다(렘 31:20; 사 49:13; 63:9; 호 14:3). 그렇지만 하나님의 관심은 이스라엘을 넘어서서 모든 피조물들을 포괄하신다. 시편 기자가 분명하게 말하고 있듯이, "여호와께서는 만유를 선대하시며 그 지으신 모든 것에 긍휼을 베푸시는도다"(시 145:9; 또한 마 5:45; 롬 11:32을 보라).

하나님은 우리의 공로(merit)와는 상관 없이 우리에게 긍휼과 자비를 은혜를 따라 베푸신다(출 33:19; 단 9:18; 롬 9:15-16, 18). 이러한 이유로 하나님은 인간의 반역에도 불구하고 긍휼을 베푸실 수 있다(단 9:9). 아마도 죄인들에 대한 하나님의 자비하심을 가장 감동적으로 보여 주는 예는 탕자의 비유일 것이다. 탕자가 "아직 저 멀리 있는데도," 아버지는 그를 보고 "측은히 여겼다"(눅 15:20).

또한 은혜로우시고 긍휼이 많으신 하나님에 대한 믿음은 미래의 어느 때엔가는 하나님께서 이스라엘 백성에게 다시 긍휼을 베푸실 것이라는 반복적으로 표현된 소망을 위한 토대를 이룬다(사 14:1; 54:7; 렘 12:15; 30:18; 33:26; 42:12; 겔 39:25; 호 1:7; 2:23; 욜 2:18; 미 7:19; 슥 1:16; 말 3:17). 이사야는 하나님의 영원한 자비의 표현으로서의 하나님의 긍휼을 경험하게 될 그날을 기대하였던 자들의 한 예이다: "내가 넘치는 진노로 내 얼굴을 네게서 잠시 가리웠으나 영원한 자비로 너를 긍휼히 여기리라 네 구속자 여호와의 말이니라"(사 54:8).

하나님의 긍휼은 하나님을 행동으로 이끈다(사 63:7; 시 78:38; 대하 36:15). 이스라엘은 역사 속에서의 하나님의 활동을 죽은 과거가 아니라 장래의 갱신에 대한 약속을 보여 주는 살아있는 현존에 속해 있는 것으로 보았다. 이러한 기대는 신약성서에 나오는 성취에 대한 선포들을 위한 배경을 이룬다. 세례 요한이 출생했을 때에 사가랴가 부른 찬송은 이를 보여 주는 하나의 명료한 실례(實例)이다. 이 신실한 종 사가랴에게 요한의 출생은 이 사건을 통해서 자신의 긍휼을 드러내시고 이스라엘과의 계약을 기억하시는 하나님의 행위였다(눅 1:72).

그러나 신약성서에 의하면, 하나님의 긍휼을 보여 준 최고의 행위는 예수 그리스도를 보내신 일이었다. 하나님의 사랑의 긍휼은 나사렛 예수 안에서 구체적으로 표현된다. 왜냐하면, 긍휼은 자신의 사명에 대한 주님의 이해의 중심에 놓여 있었기 때문이다. 예수 안에서 하나님은 구원을 가능하게 하기 위하여 활동하셨다. 그래서 바울은 하나님이 "우리 행한 바 의로운 행위로 말미암지 아니하고 오직 그의 긍휼하심을 좇아 우리를 구원하셨다(딛 3:5; 또한 엡 3:4-5을 보라)고 선언한다. 그리고 베드로는 그의 독자들에게 하나님의 "많으신 긍휼" 안에서 하나님이 그리스도인들을 "거듭나게 하사 산 소망이 있게 하셨다"(벧전 1:3)고 말한다.

하나님의 의도는 피조물들의 곤경의 한가운데에서 피조물들을 위하여 행동하지 않을 수 없게 만드는 하나님의 사랑의 긍휼이, 세계의 모든 백성들이 그들을 구원하신 분의 영광을 함께 찬양하도록 그들을 인도하는 것이다. 그런 까닭에 바울은 여러 인종들이 모이는 교회에게 다음과 같은 글을 써보낸다:

내가 말하노니 그리스도께서 하나님의 진실하심을 위하여 할례의 수종자가 되셨으니 이는 조상들에게 주신 약속들을 견고케 하시고 이방인으로 그 긍휼하심을 인하여 하나님께 영광을 돌리게 하려 하심이라 기록된 바 이러므로 내가 열방 중에서 주께 감사하고 주의 이름을 찬송하리로다 함과 같으니라 또 가로되 열방들아 주의 백성과 함께 즐거워하라 하였으며(롬 15:8-10).

도덕적 표준으로서의 하나님. 하나님은 도덕적으로 완전하실 뿐만 아니라 도덕성의 표준이기도 하다. 하나님은 자신의 외부에 있는 어떤 도덕적 개념에 의해서 지배받는 분인 것이 아니라, 피조 세계를 향한 하나님의 성향(disposition)이 바로 하나님께서 우리를 판단하시며 우리가 모든 인간의 행실을 판단하게 될 표준이다. 요한은 하나님의 성품과 우리의 행실을 연결시킨다: "그가 우리를 위하여 목숨을 버리셨으니 우리가 이로써 사랑을 알고 우리도 형제들을 위하여 목숨을 버리는 것이 마땅하니라"(요일 3:16).

궁극적으로 하나님의 성향과 하나님의 존재는 서로 연합되어 있다. 제2장에서 이미 지적했듯이, 하나님의 본질과 하나님의 성품은 둘 다 사랑이다. 따라서 하나님은 하나님 자신이기를 원하시기 때문에, 하나님의 존재와 하나님의 의지 사이에는 그 어떤 분열도 없다. 하나님은 옳은 것을 원하시며, 하나님이 원하시는 "옳은" 것은 삼위일체 하나님으로서의 하나님 자신의 존재를 규정하는 것 이외의 다른 것이 아니다.

속성들의 실천적 중요성

영원하시고 은혜로우신 분으로서의 하나님에 대한 우리의 신앙고백은 단순히 신학적인 이론에 그치는 것이 아니다. 오히려, 세계에 대한 하나님의 관계에 관한 우리의 설명들은 그리스도인들의 삶과 관련하여 중요한 함의(含意)들을 지닌다. 신적 속성들에 대한 우리의 이해는 우리를 하나님에 대한 즐겁고 경외심에 가득 찬 찬양으로 인도한다. 이 점은 신적 속성들에 관한 우리의 진술들이 지니는 송영적인 본질과 결부되어 있기 때문에 굳이 자세하게 설명할 필요는 없을 것이다.

신적 속성들에 관한 우리의 논의에서 도출되는 또 하나의 결과는 얼핏 보기에 그리 분명해 보이지 않는다. 영원하시고 은혜로우신 분으로서의 하나님에 대한 긍정은 우리를 담대한 기도와 담대한 행동으로 인도한다. 우리가 섬기는 하나님은 자신의 창조를 완성하는 일에 있어서 신실하시다. 모든 사건들은 하나님에게 현재적이고, 하나님은 모든 사건들을 아시며, 하나님은 자신의 계획을 완성하실 수 있다. 이러한 하나님께서 역사를 위한 신적인 계획의 완성에 협력하도록 우리를 초청하신다.

이러한 협력사역을 위해서 하나님께서 우리에게 주시는 수단은 열렬한 간구(fervent petition)와 순종의 행동(obedient action)이다. 이 두 가지 행위를 통해서 우리는 "현상(現狀, status quo)에 대하여 반기를 든다" — 즉, 우리는 우리 세계의 현재 상태가 전적으로 신적인 계획과 일치한다는 것을 인정하기를 거부한다. 기도와 행동을 통해서 우리는 성령께서 현재를 열어서 미래의 하나님 나라의 능력이 돌입해올 수 있도록 하는 일에 우리를 사용하시도록 성령의 도구들이 되고자 한다.[25]

무엇보다도 사랑의 하나님은 피조 세계에 대하여 긍휼로써 응답하신다. 자신이 만든 세계에 대한 긍휼에 가득찬 하나님의 응답은 세계 안에서의 하나님의 계획을 완성하는 일에 있어서 하나님과 우리의 협력의 특징이 되어야 할 것의 모형(paradigm)을 우리에게 제시해 준다. 그리스도의 제자들이라고 주장하는 자들로서 우리는 사랑의 하나님의 자비로우신 마음을 우리에게 계시해 주셨던 긍휼이 풍성하신 우리 주님을 닮는 자들(emulator)이 되어야 한다. 바로 이러한 이유로 인해서 긍휼은 우리가 기도하고 행동할 때에 타자들을 향한 우리의 태도의 특징이 되어야 한다.

이러한 이해는 성경 전체에 걸쳐서 아주 잘 배어 있기 때문에, 긍휼이 성경적인 경건의 핵심적인 측면이라는 것은 의문의 여지가 없다. "고생의 날을 보내는 자를 위하여 내가 울지 아니하였는가 빈궁한 자를 위하여 내 마음에 근심하지 아니하였는가"(욥 30:25)라는 욥의 수사학적인 질문은 그와 같은 긍휼이 구약성서의 계약 공동체의 각각의 지체들의 특성이라는 것이 아무런 의심 없이 전제되어 있었다는 것을 보여 준다. 신약성서는 이와 동일한 전망을 다시 한 번 재천명한다. 예를 들면, 야고보는 "하나님 아버지 앞에서 정결하고 더러움이 없는 경건은 곧 고아와 과부를 그 환난 중에 돌아보고 또 자기를 지켜 세속에 물들지 아니하는

---

25) 이 주제에 관한 상세한 논의를 위하여, Stanley J. Grenz, *Prayer: The Cry for the Kingdom* (Peabody, Mass.: Hendrickson, 1988)을 보라.

이것이니라"(약 1:27)고 분명하게 말한다. 개인적인 거룩 — 즉, 죄로부터 자유로운 것 — 만이 아니라 태도와 행동에 있어서 다른 사람들을 향해 긍휼을 보이는 것은 성경의 백성들이 정상적인 경건이라고 생각했던 것의 중심에 놓여 있다.

이와 맥을 같이 하여, 신약성서의 기자들은 그리스도인 공동체에게 긍휼을 베풀라고 반복해서 권고하였다. 예를 들어, 바울은 "긍휼을 옷 입으라"(골 3:12)고 분명하게 말한다. 마찬가지로 베드로는 그의 독자들에게 긍휼히 여기며 불쌍히 여기라고 명령한다(벧전 3:8). 또 다른 곳에서 바울은 긍휼과 그리스도의 모범을 결부시킨다: "너희가 짐을 서로 지라 그리하여 그리스도의 법을 성취하라"(갈 6:2). 다른 사람의 짐을 들어주고 나누는 것은 신자들이 주님의 모범을 따르는 중요한 측면들이다. 그리고 히브리서는 그리스도인 공동체가 거룩한 긍휼의 삶을 살아갈 수 있는 구체적인 방식들을 제시한다: "자기도 함께 갇힌 자 같이 갇힌 자를 생각하고 자기도 몸을 가졌은즉 학대받는 자를 생각하라"(히 13:3).

그러나 긍휼을 베푸는 사람들이 되어야 할 것과 관련하여 주님의 제자들에게 주어진 가장 중요한 예시와 충고는 선한 사마리아인에 관한 예수의 비유 속에서 찾아볼 수 있다. 우리 주님은 이 비유를 이야기하시면서 유대 공동체 안에서 전통적으로 지도자의 지위에 있었던 사람들이 아니라 사마리아인이라는 천대받던 국외자(this outcast individual)가 오히려 곤경에 처한 사람에게 긍휼을 베풀었다는 사실을 강조하고자 하셨음이 분명하다. 사마리아인은, 강도에게 흠씬 두들겨맞은 사람이 길바닥에 나동그라져 있는 것을 보고는 "그를 불쌍히 여겼다"고 예수는 분명하게 말씀하셨다. 복음서 기자들이 곤경에 처한 자들을 바라보는 예수의 심정을 말하기 위해 사용했던 바로 그 동사가 여기에서 사마리아인을 묘사하는 데 사용되고 있다는 것은 매우 흥미롭다. 주님의 특징이었던 긍휼의 감정은 불운한 여행자의 상처를 싸매주고 상처 입은 사람을 여관에 데리고 가서 얻어맞은 유대인을 돌봐주도록 여관 주인에게 돈을 지불했던 이 이방인에 의해 행동으로 옮겨졌다.

예수는 이 비유를 말씀하신 후에 자신의 이야기를 듣고 있던 율법 전문가에게 다음과 같은 핵심적인 질문을 던지셨다: "이 세 사람 가운데 누가 강도 만난 자의 이웃이 되었는가?" 예수의 말씀을 듣고 있던 율법사의 대답은 의미심장했다: "그에게 자비를 베푼 자니이다." 그러자 예수는 "가서 너도 이와 같이 행하라"고 명령하셨다. 우리 주님은 우리에게 긍휼을 베푸는 자가 되라고 명하신다. 하나님을 닮고자 하는 자들로서 우리는 곤경에 처한 사람들에게 긍휼에서 나온 행동으로 응답해야 할 것이다.

그러나, 거룩한 긍휼은 인간의 능력을 넘어서 있다. 그것은 오로지 사랑으로부터 나올 수 있다. 그러나 온전한 성경적인 의미에서의 사랑은 성령에 의해서 우리 안에 창조되어야 한다. 바울이 분명하게 말하고 있듯이, 사랑은 성령의 열매에 속한다(갈 5:22). 이러한 결론은 우리로 하여금 한 바퀴 빙 돌아서 다시 하나님의 본질로 되돌아오게 해준다. 우리가 세계 안에서의 삼위일체 하나님의 사역에 참여할 수 있는 것은 오직 하나님께서 자신의 본질, 즉 사랑을 우리와 공유하실 때뿐이다. 하나님의 백성 안에 거하시는 성령을 통해서 하나님은 바로 이 일을 행하신다.

제 4 장

창조주 하나님

보좌에 앉으신 이가 이르시되 보라 내가 만물을 새롭게 하노라 하시고. — 계 21:5

성경은 "태초에 하나님이 천지를 창조하시니라"(창 1:1)라는 단순하지만 심오한 선언으로 시작된다. 이 진술은 삼위일체 하나님이 신적인 삼위일체 안에서의 영원한 관계들 안에 영원히 안주해 계시는 것이 아니라는 것을 보여 준다. 오히려, 영원하신 하나님은 하나님과 다른 하나의 우주를 존재하도록 하기 위하여 삼위일체적인 삶 너머로 자신을 확장시키신다.

계몽주의 시대의 이신론(理神論)적인 신학자들은 하나님의 창조 활동을 하나님께서 과거에 자연의 법칙들을 수립해 놓으신 것만으로 한정하는 경향을 보여 주었다. 그러나 성경적 신앙은 이보다 더 풍성하다. 성경에 의하면, 하나님은 우주의 수레바퀴들을 작동시킨 다음에 우주가 스스로 돌아가도록 내버려두시는 것이 아니라 그가 만드신 것과의 관계 속으로 들어가신다.

신앙 공동체는 하나님과 세계의 기본적인 관계를 "창조주"와 "창조(또는 피조물)"라는 두 용어로 설명한다. 하나님은 우주의 창조주이시고, 세계는 하나님의 창조물이다. 신학은 창조론이라는 표제 하에 이러한 신앙적 주장을 자세하게 진술한다. 이와 연관되어 있는 섭리론은 하나님께서 창조하신 세계에 대한 자신의 의도를 이루고자 하는 목표를 지니고 역사적 과정을 인도하시는 활동에 그 초점을 맞춘다.

세계의 창조주로서의 하나님

사도신경이 보여 주듯이, 우리의 기독교적인 신앙고백은 하나님을 창조주로 인정하는 것으로 시작된다: "전능하사 천지를 지으신 하나님을 내가 믿사오며." 그렇다면, 창조주 하나님에 대한 신앙을 고백한다는 것은 무엇을 의미하는가? 어떤 의미에서 우리는 하나님의 행위로서의 창조를 말할 수 있는가? 그리고 이 신앙고백은 하나님과 세계 사이의 어떤 관계를 보여 주는 것인가?

하나님의 행위로서의 세계 창조

"하나님은 세계의 창조주이시다"라는 신앙공동체의 고백은 우주의 존재가 어떤 의미에서든 신적인 행위라는 것을 시사해 준다. 그러나 도대체 우리는 피조된 존재를 하나님의 행위의 산물이라고 하는 말을 어떻게 이해해야 하는가? 다음과 같은 서로 연관된 두 가지 주장들은 하나님을 창조주라고 말하는 신앙고백의 의미를 이해할 수 있게 해주는 길잡이를 제공해 준다: 세계의 창조는 하나님의 자유로운 행위임과 동시에 사랑의 행위이다.

자유로운 창조 행위. 창조에 대한 신학적인 이해에 이르는 길을 안내해줄 하나의 길잡이는 하나님은 그의 자유의 행위에 의해서 세계를 창조하셨다는 것을 인정하는 데 있다. 따라서 하나님의 우주 창조는 자유로운 행위로서 필연적이지 않은(a non-necessary) 행위이다. 하나님은 창조를 행하도록 조종당하지 않았고, 우주를 생겨나게 해야 한다는 모종의 강박감에 의해서 강제된 것도 아니다.

하나님의 창조 행위의 배후에는 그 어떤 외적인 강압도 존재하지 않았다는 것은 분명하다. 만일 하나님이 자신에게 외적인 어떤 것에 의해서 조종(driven)당한 것이라면, 이 외적인 실재는 궁극적으로 신적 존재에 대해 주권(sovereignty)을 행사하게 되었을 것이다.

창조가 하나님 안에서의 내적인 필연성의 산물이 아니라는 주장도 비록 분명해 보이긴 하지만 앞에서와 마찬가지로 타당하다. 만일 창조가 하나님 안에서의 내적 강제의 산물이라면, 하나님의 존재는 세계에 의존되어 있을 것이다. 그렇게 되면, 하나님은 자기 자신이 되기 위해서, 또는 자신의 본질을 실현하기 위해서 세계를 필요로 하게 될 것이다. 그러나 하나님이 실제로 영원한 초월적 존재라면, 비록 그가 세계 안에서 내재적이라 할지라도, 하나님은 세계와 무관하게 그 자체로 전적으로 하나님이지 않으면 안 된다.

삼위일체론은 어떻게 이런 일이 사실일 수 있는지를 보여 준다. 우리가 제2장에서 보았듯이, 하나님의 본질적인 성품은 사랑이다. 하나님은 삼위일체적이기 때문에, 하나님의 본성 — 사랑 — 은 성령이신 성부와 성자의 영원한 관계성 안에서 세계와는 무관하게 이미 실현된다. 하나님은 삼위일체적인 분으로서 자신 안에서 사랑이라는 점에서, 세계와는 상관 없이 신적 삼위일체 안에서 온전히 자기 자신이시다. 따라서 우주의 존재는 필연(necessity)에 의해서가 아니라 자유로운 행위를 통해서 생겨난다. 이런 식으로 하나님의 삼위일체적 본질은 신적인 창조 행위의 자유를 위한 토대를 제공해 준다.

창조 행위에 있어서의 하나님의 자유에 대한 주장과 아주 밀접하게 관련되어 있는 것은 지금까지 널리 사용되어 왔지만 흔히 오해되어 왔던 "무(無)로부터의 창조"(라틴어로는 creatio ex nihilo)라는 신학적인 표현이다. "하나님이 무로부터 세계를 창조하셨다"는 신앙고백은 단순한 신인동형론적 표현이 아니다. 우리는 하나님께서 어떤 물질도 사용하지 않고 세계를 만드신 것으로 묘사해서는 안 된다. 오히려, 이 주장은 우리가 우주의 존재를 설명하기 위하여 삼위일체 하나님 이외의 어떤 추가적인 원리들을 필요로 하지 않는다는 선언이다.

무로부터의 창조(creatio ex nihilo)는 하나님의 창조 사역에 대한 구약성서의 묘사 속에 반영되어 있다. 히브리 성경은 창조 행위를 절대 군주에 의해서 내려진 명령들과 유사한 방식으로 묘사한다. 왕이 말하면 그의 명령들이 실행되듯이, 하나님이 말씀하시면 그의 말씀은 의도된 결과를 성취한다(시 104:7). 이것은 첫 번째 창조 이야기 속에서 분명하게 드러난다. 세계를 창조하시는 과정 속의 각각의 단계에서 화자(話者)는 "하나님이 말씀하시니 … 그대로 되었다"(창 1:3, 6, 9, 14-15, 20, 24)고 선언한다.

구약성서에 나오는 창조에 관한 묘사는 창조주를 이미 존재하는 어떤 실재에게 형태를 부여해주는 자로 묘사하였던 고대인들의 인식과는 매우 근본적인 차이를 보여 준다. 예를 들면, 창조에 대한 성경의 견해는 고대 그리스의 관점과는 두드러진 대조를 보인다. 플라톤에 의하면, 창조주가 영원한 이데아들(ideas) 또는 "형상들"(forms)과 부합하게 하나의 영원하지만 형태를 갖추지 않은 물질(material)에 형태를 부여해주었을 때, 세계가 생겨났다고 한다.

표면적으로는 창조에 대한 그리스의 이해와 성경의 묘사 간에는 몇몇 유사점들이 존재하는 것처럼 보인다. 플라톤의 견해와 어느 정도 유사하게, 창세기 2장에서는 하나님이 물질에 형태를 부여하는 것으로 묘사하고 있다. 그러나 그러한 유사성은 단지 외견상의 것일 뿐이다. 두 번째 창조 이야기에서는 전체로서의 세계가 아닌 첫 번째 인간의 창조에 관하여 말한다. 마찬가지로, 앞으로 보게 되겠지만, 기독교 신학은 하나님이 하나의 원리에 따라 창조를 행하셨다고 주장한다. 그러나 여기에서도 플라톤주의와의 유사성은 단지 외견상의 것일 뿐이다. 기독교 신학에서 창조의 원리는 플라톤적인 개념에서처럼 하나님에 대하여 외적인 것이 아니라 삼위일체의 제2위로서의 신적 실재 안에 있다.

또한 창조에 대한 성경적 견해는 고대 근동의 신화와도 대조를 이룬다. 이 신화들은 세계를 한 영웅신(hero-god)이 의인화된 혼돈의 괴물을 쳐부수는 대립적인 세력들 간의 전투의 산물로 묘사한다.[1] 예를 들면, 바빌로니아 신화에서는 혼돈을 인격화한 시원(始原)의 어머니인 티아맛(Tiamat)을 마르둑(Marduk)이 이긴 것으로 설명한다. 히브리 성경에서는 혼돈, 특히 바다 괴물인 리워야단(leviathan)으로 의인화된 혼돈에 대한 하나님의 승리로서의 창조를 말하기도 한다. 그러나 성경 속에 이러한 개념이 나온다는 것은 창조 행위에 관한 실제적인 묘사가 아니라 다른 문화들의 세계관 속에 들어 있던 요소들에 대항한 변증(polemic)으로 보아야 한다.

성경은 세계의 창조를 설명하면서 하나님이 자신과는 별개의 어떤 영원한 원리들을 사용하고 계신다는 암시를 일관되게 피하고 있다. 창조주는 자신의 자유 속에 근원을 둔 행위로서 우주를 생겨나게 하셨다.

창조는 신적 자유의 산물이기 때문에, 우리는 세계의 존재가 하나님의 자유로운 선택에서 비롯되었다고 말할 수 있다. 하나님은 자신의 대권(大權)에 기초하여 자신의 존재를 공유할 세계를 만드시기로 선택하셨다. 그러나 창조를 위한(for) 선택은 그 반대, 즉 창조하지 않기로 하는 결정에 대항하는(against) 선택이기도 하다. 그런 까닭에, 칼 바르트가 지적했듯이, 창조의 결단을 통해서 하나님은 "어떤 것"(something)을 선택하셨고 "무"(nothing)를 거부하셨다. 하나님은 공허(空虛)

---

1) 이 주제에 관한 논의를 위하여, Bruce C. Birch, *Let Justice Roll Down* (Louisville, Ky.: Westminster/John Knox, 1991), 74-76을 보라.

의 무(無)를 거부하셨다. 하나님은 의도적으로 비존재(非存在, non-existence)에 대하여 "아니다"(no)라고 말씀하셨다.[2] 그럼에도 불구하고, 우리는 이 추방된 무(無)조차도 하나님이 창조 과정 속에서 싸우시고 이기셨던 대상인 그 어떤 유사 존재(quasi-something)로 해석해서는 안 된다.

우리는 세계를 창조하는 과정에서 하나님은 내키지 않는 마음(reluctance)를 극복하신 것이라고 주장해서도 안 된다. 이 말의 중요성은 창조는 하나님의 자유로운 행위임과 동시에 사랑의 행위라는 말 속에서 아주 분명하게 드러난다.

사랑의 창조 행위. 창조 행위의 토대는 전적으로 하나님의 사랑에 있다.

마찬가지로 삼위일체론은 창조 행위의 이러한 차원을 이해하기 위한 토대를 제공한다. 이미 살펴보았듯이, 하나님의 본질은 사랑이다. 삼위일체의 역동성은 성령이신 성부와 성자 사이의 상호적인 사랑이다. 하나님의 본질의 이 중심적인 차원 — 삼위일체적인 사랑 — 이 창조를 가능하게 만든다. 창조 행위는 삼위일체 하나님 안에서의 영원한 사랑의 관계가 흘러넘쳐 나온 것이다. 세계가 존재하는 것은 영원하신 하나님께서 자신의 성품인 사랑이 흘러넘쳐 나와서 외적인 대응물(external counterpart)인 창조 세계를 만드셨기 때문이다. 이 대응물은 하나님의 참된 본질 — 사랑 — 에 부합하여 창조되었기 때문에 신적인 사랑의 수혜자인 동시에 반사경(mirror)이 되기 위하여 존재한다.

하나님은 사랑이시기 때문에 자기 자신을 내어주신다. 하나님은 자기 자신을 내어주시는 것이기 때문에 의지적으로 세계를 창조하신 것이다. 삼위일체 하나님 자신 안에 명백하게 존재하는 이러한 자기 희생의 신적 성품은 하나님 외부의 대응물(counterpart)인 우주의 창조를 위한 기초(basis)이다. 그러나 앞에서 지적했듯이, 우리는 창조하고자 하시는 하나님의 이러한 갈망을 하나님에게 창조를 행하도록 요구하는 내적인 강압으로 보아서는 안 된다. 오히려, 하나님의 사랑은 창조 행위와는 상관 없이 이미 삼위일체 안에서 완성되어 있다.

그러므로 창조는 하나님의 사랑의 행위이기 때문에 자유롭고, 자발적이며, 비필연적(non-necessary)이다. 이와 동시에 하나님은 사랑이시기 때문에, 창조 행위는

---

2) Karl Barth, *Church Dogmatics*, ed. G. W. Bromiley and T. F. Torrance (Edinburgh: T & T Clark, 1958-1960), 3/1: 330-34, 344; 3/3: 289-368.

삼위일체 하나님의 내적 삶으로부터 자연스럽게 흘러나온다. 하나님은 삼위일체적인 사랑의 공동체이기 때문에 자신의 성품을 실현하기 위해 반드시 세계를 창조할 필요가 없다. 그러나 하나님은 사랑이기 때문에, 하나님의 세계 창조는 그의 성품과 온전히 부합한다.

삼위일체의 행위로서의 세계 창조

세계 창조를 위한 토대는 하나님의 삼위일체적인 실재에 있다. 하나님은 성부, 성자, 성령 — 사랑이라는 특징을 지니는 사회적 삼위일체 — 이기 때문에, 세계는 삼위일체 내적인 관계들이 흘러넘친 결과로서 존재한다. 그러므로 창조는 삼위일체의 행위이다. 창조는 영원한 삼위일체의 세 위격 모두의 공동사역의 결과이다.

삼위일체의 각각의 위격은 창조라는 협동사역에서 독특하고 특별한 역할을 행한다. 우리는 이것을 고전적인 신학적 주장으로 요약해볼 수 있다: 성부는 성자로 말미암아 성령에 의해서 세계를 창조하신다.

성부의 역할. 성부는 창조 행위 속에서 일차적인 역할을 수행한다. 그는 존재하는 모든 것의 근거를 형성한다.

성부가 세계의 근거라는 것을 긍정하는 것은 창조 행위에 있어서 성부를 궁극적이고 직접적인 행위자로 인정하는 것이다. 그래서 교회는 "창조주이신 성부 하나님"에 대한 신앙을 고백한다. 그러나 우리가 그렇게 하는 것은 신약성서에 의해서 세워진 선례(先例)를 단지 따르는 것일 뿐이다. 예를 들어, 바울은 창조의 신적 사역에 있어서 성부와 성자를 구분하고, 성부에게 근원(source)으로서의 기능을 돌린다: "그러나 우리에게는 한 하나님 곧 아버지가 계시니 만물이 그에게서 났고 우리도 그를 위하며 또한 한 주 예수 그리스도께서 계시니 만물이 그로 말미암고 우리도 그로 말미암았느니라"(고전 8:6).

그렇다면, 어떤 의미에서 성부는 창조의 궁극적인 또는 직접적인 행위자인가? 우리는 이 질문에 대한 답변으로 몇 가지를 얘기해볼 수 있을 것이다. 성부가 직접적인 창조의 행위자라는 말은 성부의 의지가 만물의 존재를 위한 토대라는 것을 의미한다. 세계는 성부의 의지에 의해 존재한다. 이것은 일례로 생물들이 "보좌에 앉으신 이에게" 영광을 돌리고 있는 모습을 묘사한 요한의 환상(vision)에서 분명하게 드러난다. 이 생물들은 "우리 주 하나님이여 영광과 존귀와 능력을 받으시는 것이 합당하오니 주께서 만물을 지으신지라 만물이 주의 뜻대로 있었고 또 지으심을 받았나이다"(계 4:11)라고 외친다.

또한 성부가 창조의 직접적인 행위자라는 것은 그가 만물의 목적 또는 목표(telos)라는 것을 의미하기도 한다. 그래서 앞에서 인용한 본문에서 바울은 "우리에게는 한 하나님 곧 아버지가 계시니 … 우리도 그를 위하여 있고"라고 선언한다. 모든 피조물은 성부를 위하여, 즉 성부의 영광을 찬양하기 위해 존재한다. 우리 주변의 피조 세계는 아주 자연스럽게 이러한 신적 의도를 수행하고 있다. 시편 기자가 말하고 있듯이, "하늘이 하나님의 영광을 선포한다"(시 19:1). 하나님은 자신의 최고의 피조물인 인간들이 자발적이며 의식적으로, 그리고 가장 온전하게 그에게 영광을 돌리도록 초청하신다.

마지막으로, 성부가 창조의 직접적인 행위자라는 것은 그가 세계의 존재의 근원이라는 것을 의미한다. 위에서 인용한 요한의 환상 속에서, 하나님께 찬양을 드리는 자들은 모든 피조물들이 성부 안에서 자신의 존재를 갖는다고 선언한다. 이러한 주제는 바울이 아테네인들에게 하나님이 가까이 계시다고 선포하면서 그리스 시인들에게서 인용한 말 속에도 반영되어 있다: "우리가 그를 힘입어 살며 기동하며 있느니라 … 우리는 그의 소생이라"(행 17:28). 따라서 모든 피조물은 자신의 존재를 성부에게 빚지고 있다.

창조의 근거(ground)로서의 성부의 기능은 삼위일체의 삶의 근거로서의 성부의 기능이 흘러넘친 결과(an overflow)이다. 삼위일체 안에서의 이 일차적인 운동은 성자에 대한 성부의 사랑으로부터 흘러나오는 성부에 의한 성자의 영원한 발생이다. 성부가 자기가 사랑하는 성자를 낳아서, 자신의 신성을 성자와 영원히 공유하듯이, 성부는 자유롭게 세계를 만드시고, 자신의 존재를 세계와 공유하신다. 삼위일체의 삶과 세계의 창조 간의 이러한 연관성을 인정하면서도, 우리는 이 두 측면 간의 커다란 차이를 명심하지 않으면 안 된다. 세계를 창조하신 것은 시간 속에서 이루어진 것인 반면에, 삼위일체 내부에서의 발생(generation)의 운동은 영원하다.

성자의 역할. 성부가 창조의 근거로서의 기능을 하는 반면에, 성자의 역할은 창조의 원리가 되는 것이다. 구약성서에서 나온 한 주제와 신약성서에서 나온 한 주제, 이렇게 두 주제가 이러한 선언을 위한 성경적 토대를 형성한다.

히브리 성경은 성자를 성부와 구별하고 있는 신약성서의 명시적인 묘사를 반영하고 있지 않다. 그럼에도 불구하고, 구약성서는 성자가 창조의 원리라는 선언을 위한 암묵적인 토대를 제공해 준다. 구약성서의 이러한 기여는 지혜 문학, 특히 지혜에 대한 찬송(잠 8장)에서 찾아볼 수 있다.

이 찬송의 저자는 지혜가 창조에 관여하였다고 말하며 지혜를 찬양한다. 사실 이 찬송 속에서 의인화된 지혜는 하나님께서 세계를 지으셨을 때에 "그 곁에서 장인(craftsman)"이었다고 주장한다(30절). 이 시의 이 부분이 말하고자 하는 취지는 분명하다. 저자는 지혜의 오래됨(ancientness)을 찬미한다. 지혜는 하나님께서 사역을 시작하실 때에 이미 존재해 있었기 때문에, 지혜는 세계가 창조되기 이전에도 있었다. 그러므로 독자는 지혜를 따라 살아가야 한다. 그리고 아울러 이러한 주장에서 추론될 수 있는 결론도 마찬가지로 분명하다: 지혜는 하나님께서 우주를 지으셨던 때에 사용하셨던 원리이다.

이 지혜에 대한 찬송은 이와 연관된 몇몇 분문들과 함께 초대 교회에서 지혜 기독론의 발전을 위한 기초가 되었다. 그럼에도 불구하고, 이 구절을 근거로 삼음에 있어서 우리는 주석학적으로 입증되는 내용을 넘어서지 않도록 주의하지 않으면 안 된다. 결국 이 본문은 신약성서에서 발견되는 성자에 대한 발전된 견해를 보여 주지 않는다. 이 찬송은 지혜 개념에 여러 특권들을 돌리고 있음에도 불구하고 의인화된 지혜를 하나님의 "피조물"이라고 설명한다. 이 찬송은 지혜가 신성(神性)에 온전히 참여한다기보다는 영원하신 하나님에 의해서 만들어진 존재로 묘사한다.[3] 따라서 성자가 창조의 원리라는 주장을 위한 명시적인 토대를 찾아내기 위해서는 우리는 구약성서를 넘어서서 신약성서를 바라보지 않으면 안 된다.

성자의 창조 활동에 관한 우리의 주장을 위한 토대를 제공해 주는 신약성서의 주제는 요한에 의해서 가장 명시적으로 제시되고 있고(요 1:1-3, 10) 바울에 의해 확증되고 있다(골 1:16-17). 요한복음의 처음 몇 구절 속에서 요한은 말씀이 창조 행위에 참여하였다고 말한다: "만물이 그로 말미암아 지은 바 되었으니 지은 것이 하나도 그가 없이는 된 것이 없느니라"(요 1:3). 아울러 요한은 이 말씀이 성육신한 것이 바로 예수라고 말한다(요 1:4).

---

3) C. H. Toy, *Proverbs*, in the *International Critical Commentary*, ed. Samuel R. Driver, Alfred Plummer, and Charles A. Briggs (Edinburgh: T & T Clark, 1977), 171-75.

요한복음의 서문에서 "말씀"으로 번역된 헬라어는 그리스 문화와 히브리 문화 양쪽에 뿌리를 둔 다면적(多面的)인 개념이다. 그리스 철학자들, 특히 스토아 학파에서는 존재하는 모든 것의 배후에 있으면서 만물을 통합하고 있는 합리적인 원리(原理)의 실재를 전제하였다. 이 원리는 구약성서에 나오는 지혜 개념을 어느 정도 연상시킨다. 그리스인들은 이렇게 만물을 통합하고 질서를 부여하는 합리적인 원리를 로고스(logos)라고 불렀다.[4]

요한복음에 나오는 이러한 요한의 주장은 "만물이 그에게서 창조되되"(골 1:16b)라는 바울의 선포 속에 반영되어 있다. 비록 바울 사도가 이 본문에서 "말씀"이라는 용어를 사용하고 있지는 않지만, 성자 안에 "만물이 함께 섰느니라"(17절)는 그의 진술의 배후에는 분명히 '로고스' 개념이 작용하고 있다. 그러나 사도는 목적론적 차원을 추가함으로써 이 개념을 한층 발전시킨다: "만물이 ⋯ 그를 위하여 창조되었고"(16b절). 우주를 통합시키는 원리로서의 성자는 모든 피조물이 지향하는 목표이기도 하다.

요한과 바울은 창조에 있어서 성자의 역할을 설명하기 위하여 동일한 전문적인 헬라어 구문을 의도적으로 사용한다. 구체적으로 말하면, 헬라어에서는 직접적인 행위자를 나타낼 때에는 '휘포'(hupo, 의하여)라는 전치사를 사용하는데, 이와는 대조적으로 그들은 간접적인 행위자를 나타내는 데 사용하는 '디 아우투'(di' autou, "그로 말미암아")라는 표현을 채택한다.[5] 따라서 이 본문들은 말씀 또는 성자가 직접적으로 만물을 창조했다는 것이 아니라 성자로 말미암아 만물이 창조되었다고 선포하고 있는 것이다.

우리는 이 본문들에 기초하여 성자는 창조에 있어서 직접적인 행위자가 아니라 간접적인 행위자라는 결론을 내릴 수 있다. 이 두 구절 속에 함축되어 있는 전제는 성경의 다른 곳에서 가르쳐주고 있듯이 여기에 거명되지 않은 직접적인 행위자는 바로 성부 하나님이라는 것이다. 이 두 원리를 결합하여 우리는 성경의 가르침은 성자로 말미암아 성부가 세계를 창조하셨다고 결론을 내린다. 성자는 '로고스,' 만물을 하나로 통합하는 원리, 창조의 원리이다.

---

4) H. Kleiknecht, "logos," in *Theological Dictionary of the New Testament*, ed. Gerhard Kittel, trans. Geoffrey Bromiley (Grand Rapids: Eerdmans, 1967), 4: 80-86.

5) A. T. Robinson, *A Grammar of the Greek New Testament in the Light of Historical Research* (Nashville: Broadman, 1934), 534.

"성부가 창조의 근거이다"라는 우리의 신앙고백의 경우에서와 마찬가지로, 우리는 이제 성자가 창조의 간접적인 행위자이자 창조의 원리라고 말하는 것은 무엇을 의미하는지를 묻는다.

무엇보다도, 성자가 창조의 원리라는 신앙고백은 성자가 창조주에 대한 피조물들의 적절한 관계를 예시해 준다는 것을 의미한다. 피조물들이 마땅히 창조주에게 마땅히 드려야 할 응답은 성부에 대한 성자의 응답을 근거로 삼는다. 그러나 이 응답은 영원한 삼위일체 내적인 관계성 속에서 그 토대를 발견하는데, 이 관계성은 성육신한 말씀 속에 그대로 예시된다.

예수는 자신의 삶을 통해서 그가 "아버지"라고 불렀던 분에 대한 겸손한 의존(dependence)을 보여 주었다. 사실, 이것은 성부에 대한 성자의 응답의 일차적인 특성이었다. 아버지에 대한 온전한 의존과 순종 안에서 살았던 분으로서의 예수는 성육신하신 성자이다. 이와 마찬가지로, 모든 피조물들은 창조의 근거이신 분에 대한 그들의 의존성(dependence)을 겸손하게 인정해야 한다.

성부에 대한 예수의 겸손한 응답은 이 나사렛 출신의 선지자의 현세적인 삶을 넘어서는 의미를 지닌다. 성육신하신 아들로서 예수는 신적 실재 안에서의 성부에 대한 성자의 영원한 응답의 계시(revelation)이다. 성부가 낳으시는 성자는 영원토록 겸손한 의존 속에서 및 성부의 사랑에 보답함으로써 성부에게 응답한다. 나사렛 예수에 의해서 보여진 성부에 대한 성자의 아들로서의 관계성은 창조를 위한 모형(paradigm)을 형성한다. 성자가 성부를 자신의 삶의 근원으로 겸손히 인정하듯이(요 5:26), 모든 피조물들은 그들의 삶의 근원이신 하나님을 겸손히 바라보아야 한다.

피조물들이 예수에 의해서 예시된 모범을 따를 때, 피조물들은 영원하신 성자가 성부와 더불어 누리는 자녀로서의 관계에 참여하게 된다. 창조주께서 자신의 존재를 공유하도록 그들을 창조하신 일을 통해서 그들에게 부어주신 사랑으로 피조물들이 창조주에게 응답할 때, 피조물들은 영원 전부터 성자를 사랑 속에서 낳으셔서 자신의 신성을 성자와 더불어 공유하시는 성부에 대한 성자의 영원한 응답을 반영하게 된다. 이런 일이 일어날 때, 피조 세계는 성자의 모범을 따르는 것이 되어, 성자가 실제로 그 안에 "만물이 함께 서 있는"(골 1:17) 분이라는 것을 드러내게 된다.

성령의 역할. 성부는 피조 세계의 창조의 근거이고, 성자는 창조의 원리이다. 마찬가지로 삼위일체의 세 번째 위격도 삼위일체적인 창조 행위에 참여한다. 좀 더 구체적으로 말하면, 우리는 성령을 만유(萬有)를 창조하는 데 있어서 활동한 신적 능력(the divine power)이라고 말할 수 있다.

히브리 신앙 공동체는 기독교회의 삼위일체론에서 찾아볼 수 있는 온전한 성령론을 지니고 있지 못했다. 그럼에도 불구하고, 구약성서는 창조 행위에 있어서 성령은 하나님의 능력이라는 선언을 위한 토대를 제공해 준다.

첫 번째 창조 이야기는 하나님께서 혼돈으로부터 질서를 불러내시기 전에 성령이 공허(空虛)를 품고 있었다고 말함으로써 하나님의 영이 우주에 형태를 부여하는 데 관여한 것으로 묘사하고 있다(창 1:2; 또한 욥 26:13을 보라). 아울러 우리가 앞서 히브리어 '루아흐'(ru'ach)를 살펴볼 때 지적했던 "영"과 "숨"의 연관성을 기초로 하여, 고대 히브리인들은 하나님은 피조물들(창 6:17; 7:22; 시 104:30), 특히 인간(창 2:7; 6:3; 욥 33:4)에게 생명을 불어넣으실 때에 신적인 영을 사용하셨다고 말하였다. 그러므로 성령은 창조라는 결과를 가져온 하나님의 능력이다.

창조에 있어서 성령의 기능은 성부와 성자의 경우에서와 마찬가지로 영원한 삼위일체적 관계 속에서의 그의 역할의 결과이다. 앞에서 말했듯이, 창조 행위는 하나님의 내적 삶으로부터 흘러나온다. 세계의 창조는 삼위일체 하나님 안에서의 영원한 사랑의 관계가 흘러넘친 결과로서 일어난다. 좀 더 구체적으로 말하면, 성자를 영원히 사랑하시는 성부는 세계가 자신의 존재를 공유함과 아울러 성부에 대한 성자의 사랑의 모범을 좇아 세계가 자신의 사랑에 보답하도록 하기 위하여 세계를 창조하신다.

성부와 성자를 묶는 역동성 — 그들의 관계성의 능력 — 이 성령이다. 이런 의미에서 성령은 하나님의 본질, 즉 사랑이다. 이러한 신적 본질, 성부와 성자 사이의 역동성이 세계를 창조하시는 하나님의 행위의 배후에 있다. 성령은 바로 이 역동성이자 이 사랑이기 때문에, 창조에 있어서 직접적인 행위자이신 성부는 바로 이 성령을 통하여 세계를 지으신다. 달리 말하면, 성령은 만물을 존재하게 하는 하나님의 인격적 능력 — 성부와 성자 사이의 사랑의 역동성 — 이다.

창조 행위와 주권자로서의 창조주

창조주로서 하나님은 그가 지으신 세계에 대하여 특별한 지위를 누린다. 기독교 신학자들은 하나님이 피조 세계에 대한 주권자라는 말로써 이러한 특별한 지위를 요약한다. 주권(sovereignty)은 궁극적인 통치를 수반한다. 궁극적으로 오직 하나님만이 자신의 창조가 무엇이 되어야 하는가를 밝힐 수 있는 특권을 지닌다. 그리고 오직 하나님의 뜻만이 창조 전체에 걸쳐서 최종적인 규범이 되어야 한다. 하나님은 창조의 근거이기 때문에, 이러한 지위가 성부에게 속하는 것은 아주 적절하다.

성경의 저자들은 하나님의 주권을 말하기 위하여 고대의 문화 세계로부터 강력한 유비(類比)를 가져와서 사용한다. 토기장이가 진흙을 자기 마음대로 할 수 있는 권리를 갖고 있듯이, 하나님도 자신의 뜻에 따라 창조에 대하여 행할 수 있는 권리를 갖고 계신다(렘 18:1-6; 롬 9:21; 또한 사 29:15-16; 45:9; 64:8을 보라). 성경의 여러 진술들은 하나님의 주권적 사역의 특정한 차원들에 그 초점이 맞춰져 있지만(예레미야는 하나님께서 이스라엘을 다루시는 것과 관련하여 이 표상을 사용하는 반면에, 바울은 하나님께서 민족들을 선택하는 것과 관련하여 말하고 있다), 그럼에도 불구하고 이 일반적인 원리는 창조의 영역 전체에 미친다. 토기장이가 진흙을 자기가 원하는 대로 다루듯이, 창조주이신 하나님은 자신의 선하시고 기쁘신 뜻을 따라 피조 세계에 대하여 행할 수 있는 권리를 갖고 계신다.

하나님은 자신의 목적에 따라 피조 세계를 다스리는 데 있어서 자유롭지만, 하나님은 언제나 자신의 성품인 사랑에 일치되게 행하신다. 실제로 창조주로서의 하나님의 자유는 그의 지으신 것들에 대하여 자신의 사랑의 목적들을 성취하는 자유이다. 따라서 하나님은 자신이 행하는 모든 것 속에서 오직 신적 사랑이 흘러넘친 결과로 만들어진 우주를 위해 가장 좋은 것만을 추구하신다.

그렇지만 우리는 이렇게 묻는다: 우리는 하나님이 창조에 대하여 어느 정도나 주권적이라고 고백할 수 있는가? 세계 안에 악이 존재하는 것을 부정할 수 없다는 것을 감안할 때, 과연 하나님의 뜻이 "하늘에서와 마찬가지로 땅에서도" 지금 이루어지고 있는 것인가? 우리가 악으로 물들어 있는 세계 안에서의 신적 주권의 실재(實在)를 어떻게 긍정할 수 있는지를 이해하고자 할 때, 서로 연관된 두 가지 구별이 필수적이다. 우리는 하나님의 주권의 현재적인 실재와 최종적인 실재, 법적(de jure) 주권과 사실적(de facto) 주권을 구별해야 한다.

현재적 주권과 최종적 주권. 엄밀하게 말해서, 하나님의 주권은 종말론적인 개념으로서, 하나님이 창조에 대하여 지니고 계신 최종적인 목표를 이루시는 것을 가리킨다. 이러한 상황은 역사적 과정의 종말에서 출현할 것이다. 따라서 종말론적인 종말의 관점에서 보면, 하나님은 온전하고 분명하게 주권적이다.

하지만 현재적 경험이라는 관점에서 보면, 하나님이 주권적이라는 것은 그리 분명해 보이지 않는다. 사실 하나님이 세계를 다스리고 계시는지 아닌지는 현재적으로는 열려 있는(open) 문제이다. 어떤 의미에서는 신적 주권이 현재적으로 열려 있다는 것(open-endedness)은 창조 행위 자체 속에 이미 함축되어 있다고 할 수 있다. 하나님과 구별되는 하나의 실재로서의 피조 세계의 존재 자체가 궁극적인 주권에 관한 문제를 불러일으킨다: 하나님은 피조 세계에 대하여 주권적인가, 아니면 피조 세계는 자율적인가?

피조 세계 속에서는 함축되어 있기만 한 이 질문은 사람들의 행동과 태도에 의해서 의식적으로 제기된다. 하나님의 최고의 창조물인 우리는 끊임없이 하나님의 통치에 의문을 제기한다. 우리는 우리가 마땅히 인정하고 순종해야 할 신적 주권을 거슬러서 행동한다. 자기 자신의 주권자가 되고자 하는 인간의 욕구는 이미 최초의 죄 속에서 어렴풋이 드러났다. 뱀은 "너희가 하나님과 같이 되리라"(창 3:5)는 약속을 제시해서 우리의 최초의 조상들을 유혹하였다.

볼프하르트 판넨베르크는 세계를 창조한 행위의 결과로서 하나님의 신성 자체가 우주에 대한 하나님의 주권과 서로 떨어질 수 없게 결합되게 되었다고 올바르게 지적하였다. 결코 이루어지지 않을 뜻과 계획을 지니고 있는 하나님은 결국 궁극적인 실재가 될 수 없다. 따라서 오늘날 하나님의 주권에 대하여 의문을 제기하는 것은 신학적으로 깊은 함의(含意)들을 지닌다. 그것은 하나님의 신성이 지금 도전받고 있다는 것을 의미한다. 그리고 하나님이 주권을 행사하지 않는 것이라면, 역사는 하나님이 사실 결코 하나님이 아니라는 것을 입증하게 될 것이다.[6]

주권자로서의 하나님의 신성과 자신의 주권을 나타내 보이는 하나님의 행위 간의 연관성은 구약성서 속에 뿌리박고 있다. 불경건한 자들의 오만과 잘 사는 모습은 아삽(Asaph)으로 하여금 하나님의 실재에 관하여 의문을 던지게 만들었다

---

6) 예를 들면, Wolfhart Pannenberg, "The God of Hope," in *Basic Questions in Theology*, trans. George H. Kehm, two volumes (Philadelphia: Fortress, 1970), 2: 239-44를 보라.

(시 73:3-14). 하나님은 진정 세계 안에서 일어나는 사건들을 아시고 계시는 것인가? 하나님은 주권자로서 행하고자 하셨는가? 이렇게 의문을 제기하는 가운데 아삽은 "하나님의 성소"라는 관점에서 상황을 성찰하기 시작하였다. 이 관점으로 인해서 그는 악한 자들이 맞게 될 최종적인 운명을 묵상할 수 있었다(17절). 이를 통해서 그의 신앙은 새로워졌다. 하나님은 언젠가는 자신에 대한 도전을 처리하실 것이다. 하나님은 조소하는 자들을 멸하심으로써 자신이 주권자임을 입증하실 것이다(18-20, 27절).

그러므로 성경에 의하면, 하나님은 자신의 주권에 대한 도전에 대하여 건성으로 지나치지 않으신다. 사실 모든 역사는 하나님께서 자신의 뜻 ― 자신의 나라 ― 과 자신의 신성을 굳게 세우시기 위한 활동의 장(場)이다. 통치권에 대한 하나님의 주장은 이미 세계에 대하여 증언된 상태이다. 에덴 동산에서 시작되어 성자의 오심에서 절정에 이른 성경에 나오는 역사는 성부의 주권에 대한 증언이다. 현재에 하나님의 통치권은 세계 안에서의 성령의 사역에 의해서 진행되고 확장되어 가고 있다.

그러나 역사 속에서의 하나님의 모든 활동은 종말(eschaton)을 지향한다. 이 사건은 하나님의 통치권의 최종적인 계시가 될 것이다. 바울이 선포하고 있듯이, "모든 무릎을 … 꿇게 하시고 … 모든 입으로 예수 그리스도를 주라 시인하여 하나님 아버지께 영광을 돌리게 하셨느니라"(빌 2:10-11). 다른 곳에서 바울은 그리스도의 모든 원수가 정복되고 성부의 주권 아래 놓이게 될 때에 그의 송영적인 예언이 현실이 될 것이라고 선언한다(고전 15:24-26).

그러므로 엄밀한 의미에서 하나님은 종말론적 미래의 관점에서 주권적이다. "주권"이란 하나님이 자신의 창조 활동의 최종적인 목표를 이루시기 위하여 활동하고 계신다는 것을 의미한다. 그러나 하나님이 미래에 있어서 주권적이라면, 우리는 현재에 있어서도 하나님의 주권을 긍정할 수 있다. 하나님은 몇 가지 의미에서 현재적으로 통치하고 계신다.

하나님의 현재적 통치는 현재의 상황이 온전한 미래(the future fullness)와 연결되어 있다는 것을 의미한다. 하나님이 역사의 종말에서 주권적이라면, 모든 역사는 하나님이 창조를 완성하기 위하여 최종적인 행위를 하시게 될 저 큰 날을 향하여 움직여가고 있는 것이 된다. 우리의 현재적 시점은 하나님의 종말론적 주권의 날을 향해 나아가는 길의 한 시점이기 때문에, 그 현재적 시점은 하나님이 자신의 목표의 완성을 향하여 인간의 일들을 인도하고 계시는 역사의 운동에 참여한다. 이러한 의미에서 우리는 하나님은 창조에 대하여 언제나 주권적이라고 주장할 수 있다. 심지어 우리가 현재에 경험하는 악조차도 하나님의 감시를 피하지 못한다. 왜냐하면, 주권적인 하나님은 저 종말의 날에 우리로 하여금 하나님의 영광을 찬양토록 하기 위하여 우리의 현재의 악을 폐기하실 것이기 때문이다.

또한 하나님은 또 다른 방식으로도 현재에 있어서 주권적이다. 하나님은 창조 전체에 걸쳐서 자신의 뜻을 이루기 위하여 미래에 결정적으로 행하실 것이다. 그러나 현재에 있어서도 하나님의 주권적 능력은 우리의 현재의 악, 죄, 불완전 속으로 뚫고 들어오신다. 때의 종말이 오기 전에도, 하나님 나라의 능력들은 활동하고 있다. 따라서 도처에서 우리는 저 영광스러운 미래적 실재(實在)를 엿볼 수 있다. 도처에서 우리는 하나님께서 선을 위하여 악을 이기시는 모습을 본다. 이러한 경험들을 통해서 우리는 현재의 타락상(墮落相)의 한복판에서 종말의 완성, 미래의 실제적인 능력을 맛보게 된다.

법적 주권과 사실적 주권. 하나님의 주권을 이해하는 데는 그 종말론적 표현과 현재적 표현을 구별하는 것 외에도 또 다른 구분이 도움이 된다. 이 구분은 라틴어 어구인 법적(de jure) 주권과 사실적(de facto) 주권이라는 말로 요약될 수 있다.

법적인 것(de jure)은 "정당하게"(by right) 또는 "법적으로"(by law) 인정된 것, 합법적으로 어떤 사람에게 속한 것을 의미한다. 이와는 반대로, 사실적인 것(de facto)은 실제적으로 사실인 것, 일의 실제적인 상태를 가리킨다. 이러한 구분을 하나님에 대하여 적용한다면, 우리는 매 순간마다 하나님은 법적으로는 완전히 주권적이지만 사실적으로는 반드시 주권적인 것은 아니라고 말할 수 있을 것이다.

창조주로서의 하나님의 지위라는 관점에서 보면, 오직 하나님만이 합법적으로 주권을 주장하실 수 있고 행사하실 수 있다. 오직 하나님만이 법적으로 주권적이다. 그러나 역사의 현재적 순간들에 있어서 실제적인 상황 속에서는 하나님의 완전하신 뜻이 언제나 분명한 것은 아니다. 바울이 보여 주듯이, 만물이 종노릇하며 탄식 속에서 해방을 기다리는 한, 이것은 피조 세계 전체에 관하여 사실이다. 그러나 가장 중요한 것은 하나님의 피조물인 인간은 언제나 그들을 위한 하나님의 계획 또는 뜻에 따라 살아가지는 못한다는 것이다. 우리가 하나님께서 우리에 대하여 의도하신 모습이 되지 못하거나 하나님께서 우리에게 행하도록 의도하신 행위를 행하지 않는다면, 현재적으로 하나님은 사실적으로 주권적이지 않다.

그렇지만 이것이 이야기의 끝은 아니다. 종말에 하나님은 모든 창조를 신적인 계획에 일치하도록 만드실 것이다. 그때에 하나님은 법적으로만이 아니라 사실적으로도 주권적이 되실 것이다.

이것도 이 이야기의 전부가 아니다. 현재에 있어서도 몇몇 사람들은 어떤 방식들로 신적인 계획에 따라 살아간다. 그리고 하나님은 역사 속에서 현재적으로 활동하시면서 자신의 종말론적인 목적들을 이루어 가신다. 하나님이 현재에 있어서 능동적으로 창조를 그 의도된 목적으로 이끌고 계시며 피조물들이 그 신적인 뜻을 인정하고, 성찰하고, 순종하는 정도만큼, 하나님은 우리의 현재적인 순간들 속에서 사실적으로 주권적이 되신다.

하나님의 미래. 하나님의 주권의 양면성은 하나님의 미래에 관한 오늘날의 중요한 문제를 이해할 수 있는 배경이 된다. 하나님은 아리스토텔레스적인 신학들이 말하는 초연한 부동의 동자(動者)가 아니라 세계와 역사적 과정 속에서 활동하시는 분이다. 이러한 배경 속에서 우리는 하나님에게 미래가 있다고 말하는 것은 어느 정도나 적절한 것인지를 묻는다.

시간과 하나님의 관계에 관한 우리의 논의에서 분명히 볼 수 있듯이, 어떤 의미에서 우리는 하나님에게 미래가 없다고 결론을 내려야 한다. 우리는 하나님이 영원하다고 고백한다. 역사의 과정 전체는 하나님에게 직접적으로 현재적이다. 마찬가지로, 우리는 하나님이 세계와 상관 없이 그 자체로 완전하다(complete)고 주장한다. 하나님은 피조 세계에 묶여 계시지 않기 때문에, 역사의 과정들은 결코 하나님의 영원한 본질을 실현하는 것도 아니고, 하나님의 본질에 영향을 미치지도 않는다. 따라서 영원의 관점에서 보면, 하나님에게는 미래가 없다.

그러나 이와 동시에 우리의 논의는 피조 세계와 하나님의 관계에는 미래가 있다는 결론을 내린 바 있다. 종말에 하나님의 통치권과 그의 신성은 최종적이고 온전하게 이루어질 것이다. 그때에 하나님의 목적들은 온전히 실현될 것이고, 하나님은 "만유의 주로서 만유 가운데 계시게"(고전 15:28) 될 것이다. 따라서 우리는 창조에 대한 하나님의 관계가 우리의 현재 속에서는 아직 실현되지 않은 미래적 실재를 가지고 있다는 의미에서 하나님의 미래를 말할 수 있다.

창조의 때

하나님의 주권의 미래적인 완전(fullness)과 우리의 현재적인 부분적 경험의 구분은 우리로 하여금 창조의 때에 관한 질문을 던지게 만든다: 하나님은 언제 세계를 창조하시는가?

과거로서의 창조. 어떤 의미에서 이 질문은 불필요한 것처럼 보인다. 어쨌든 세계는 명백히 존재하기 때문에, 우리는 만유의 창조가 과거에 일어난 일이라고 주장하는 것이 당연하다고 생각하는 경향이 있다. 또한 우리는 성경의 전례(precedence)를 주장할 수 있다. 성경의 첫 구절은 "태초에 하나님이 천지를 창조하시니라"(창 1:1)라고 분명하게 진술하고 있다. 그럼에도 불구하고, 또 다른 의미에서 "창조는 언제 일어나는가?"라는 질문은 적절하고도 필수적인 질문이다. 그리고 그 대답은 그리 분명하지 않다.

세계의 창조가 태초의 과거, 즉 연속된 시간의 "시작점에서"(in the beginning) 일어났다고 주장하는 것은 어떤 차원에서는 올바르다. 이러한 과거적 의미에서 "창조"는 세계를 생겨나게 한, 또는 무(無) 대신에 무언가를 생겨나게 한 하나님의 행위를 가리킨다. 그러나 이런 주장을 펴면서, 우리는 연속된 시간 내에서의 창조의 사건을 하나님의 삶 속에 위치시키지 않도록 주의해야 한다. 아우구스티누스는 하나님은 "시간 속에서"(in time) 세계를 창조하신 것이 아니라 "시간과 함께"(with time) 세계를 창조하셨다는 사실을 우리에게 상기시킨다. 다시 말하면, 창조 행위는 시간의 시작점을 이룬다.[7]

미래로서의 창조. 어떤 의미에서 창조는 태초의 과거에 있었던 하나의 사건이다. 그러나 또 다른 의미에서 창조는 과거가 아닌 미래의 사건이다. 세계의 창조는 단순히 연속된 시간의 시작점인 것만이 아니다. 좀 더 중요한 것은 창조는 역사적 과정의 끝지점에도 존재한다는 것이다. "창조"는 만유를 그 정해진 상태로 이끄시는 사역에 대한 하나님의 미래적 완성을 가리킨다. 그것은 신적인 계획에 따라 세계를 만드시는 하나님의 행위이다. 이런 식으로 보면, 창조 행위는 아직 완성되지

---

7) Augustine, *City of God* 11. 6, trans. Marcus Dods, Modern Library edition (New York: Random House, 1950), 350.(「하나님의 도성」: 크리스챤다이제스트)

않았다. 왜냐하면, 하나님은 세계를 창조하는 사역을 행하시면서 역사 속에서 활동하고 계시기 때문이다.

창조를 미래의 신적 행위로 이해하는 것은 성경의 메시지의 중심에 있다. 신구약성서 속에서 선지자들은 하나님이 현재의 우주를 우리가 누리게 되기를 원하시는 온전한 실재로 변화시키실 한 날을 대망한다. 이사야는 하나님의 의도를 분명하게 우리에게 전해준다: "보라 내가 새 하늘과 새 땅을 창조하나니 이전 것은 기억되거나 마음에 생각나지 아니할 것이라 너희는 나의 창조하는 것을 인하여 영원히 기뻐하며 즐거워할지니라"(사 65:17-18). 그런 다음에 이 선지자는 새 창조의 특징이 될 완전함과 조화로움을 묘사한다(18-25절). 구약성서의 이 선지자가 바라본 것은 자기가 "새 하늘과 새 땅"을 보았다고 기록한 묵시론적인 선견자의 환상 속에 확대되어 반영되어 있다(계 21:1).

성경적인 소망은 분명하다: 하나님의 창조 활동은 완성되지 않았다. 역사가 완성되는 그때에 하나님은 만유를 자신의 계획과 목적에 맞게 만드실 것이다. 그 때가 올 때까지 세계는 지금 간절하게 종말론적인 갱신을 기다린다. 바울이 선언하듯이, 그날을 고대하며 "모든 피조물이 탄식하고"(롬 8:19-25) 있다. 그러므로 만유는 아직 장차 이루어질 그 모습이 아니며, 하나님이 의도하신 온전한 모습이 아니다.

창조의 미래성은 선지자들의 분명한 진술들 이외에도 성경 속의 다른 곳에도 함축되어 있다. 초대 교회의 교부들은 이러한 개념을 심지어 첫 번째 창조 이야기 속에서도 발견하였다. 주후 1세기 후반이나 2세기 초의 문서인 바나바서는 당시의 많은 저술들의 전형을 보여 준다. 바나바서는 안식일을 포함한 6일 동안의 창조에 관한 성경의 기사(記事)를 단순히 태초의 과거에 관한 진술로 해석하지 않는다. 오히려, 성경의 이 본문은 종말 너머에 있는 영원한 상황(the eternal situation)에서 절정에 이르는 역사 속에서의 하나님의 활동 전체를 포함하는 것으로 해석된다:

> 나의 자녀들이여, "그가 6일 동안에 끝마치셨다"는 이 말의 의미에 주목하라. 그에게는 하루가 천 년 같기 때문에, 이 말은 주님이 만물을 6천 년 동안에 끝마치시게 될 것이라는 것을 의미한다. 그러므로 나의 자녀들이여, 6일 동안, 즉 6천 년 동안에 걸쳐 만물은 완성될 것이다. "그리고 그는 제7일에 안

식하셨다." 이것은 그의 아들이 다시 오셔서 악한 자의 때를 멸하시고 불경건한 자들을 심판하시며 해와 달과 별들을 변화시키실 때에 그는 참으로 제7일에 안식하실 것임을 의미한다.[8]

이 서신의 저자에 의하면, 첫 번째 창조 이야기에서조차도 창조 행위는 세계에 대한 종말론적인 갱신을 가리킨다는 것이다.

이러한 해석은 교부 시대에 널리 받아들여졌을 뿐만 아니라 오늘날 우리 시대에서도 점차 세력을 얻어 왔다. 예를 들면, 구약학자인 게르하르트 폰 라트(Gerhard von Rad)는 제사장 문서의 저자들은 독자들이 창조의 제7일에서의 하나님의 안식일 휴식을 미래적이며 종말론적으로 성취될 일로 이해하도록 의도하였다고 결론을 내렸다.[9] 그러므로 우리는 이 창조 이야기로부터 우리가 완전한 샬롬(shalom)의 날, 하나님의 창조 활동의 완성을 기다리며 여섯째 날을 살아가고 있다는 결론을 내리지 않을 수 없다.[10]

창조와 본질. 이러한 고찰들을 통해서 우리는 두 가지 결론에 이르게 된다. 한편으로, 창조 행위의 시작은 하나님이 세계를 생겨나게 하셨을 때인 "태초에" 있다. 다른 한편으로, 이러한 창조 행위는 하나님이 피조 세계를 "새 하늘과 새 땅"으로 만드실 때인 미래에 완성된다. 따라서 우리는 태초의 과거가 아니라 창조의 궁극적인 지점으로서의 미래의 종말에 우선권을 부여하지 않으면 안 된다.

이러한 주장은 아주 중요한 함의(含意)들을 지닌다. 그것은 세계의 창조가 아직 미래적이라는 것을 의미한다. 오직 역사 속에서의 하나님의 활동이 완성되는 시점에 가서야 세계는 그 최종적인 형태를 지니게 되고, 창조를 위해 하나님이 의도하신 운명 또는 계획을 온전히 반영하게 될 것이다.

또한 창조의 미래 지향성은 "본질"에 대한 우리의 이해에 있어서 광범위한 함

---

8) *Epistles of Barnabas* 15, trans. J. B. Lightfoot and J. R. Harmer, in *The Apostolic Fathers*, ed. Michael W. Holmes, second edition (Grand Rapids: Baker, 1989), 182-83.

9) Gerhard von Rad, *Genesis*, tans. John H. Marks (Philadelphia: Westminster, 1972), 6-61.

10) H. Paul Santmire, "The Genesis Creation Narratives Revisited," *Interpretation* 45/4 (October 19910: 372.

의를 지닌다. 궁극적으로 "본질"은 종말론적인 실재이다. 창조 행위가 궁극적으로 미래에 놓여 있는 것이면, 모든 실재의 본질도 궁극적으로 태초의 과거가 아니라 역사의 종말론적인 완성 속에서 발견된다.

본질 개념의 미래 지향성은 인류에 있어서 매우 의미심장하다. 인간의 궁극적인 본질이 미래에 놓여 있는 것이라면, 우리는 인간의 본성을 위한 모형(paradigm)을 태초의 과거에 살았던 최초의 인간들에게서 찾아서는 안 된다. 오히려, 우리의 본성은 부활하신 그리스도 안에서 시간의 종말에 앞서 우리에게 계시된 미래의 하나님 나라에서의 부활한 인류에 있다.

이것은 그리스도인으로서의 우리의 정체성과 관련해서 중대한 의미를 지닌다. 바울이 보여 주듯이, 우리의 본성은 아담 안에서가 아니라 그리스도 안에서 계시되었다. 왜냐하면, "무릇 흙에 속한 자들은 저 흙에 속한 자[아담]와 같고 무릇 하늘에 속한 자들은 저 하늘에 속한 이[그리스도]와 같기"(고전 15:48) 때문이다. 그러므로 우리의 궁극적인 정체성은 부활을 통해서 우리가 "하늘에 속한 자의 형상을 입게 될"(49절) 때에 우리의 것이 될 총체적으로 그리스도를 닮은 모습(Christlikeness) 속에 있다.

세계의 섭리적 운영자로서의 하나님

우리는 하나님과 세계의 관계에 관한 기본적인 신학적 주장을 "창조주"와 "창조"(또는 피조물)라는 용어를 사용하여 규정하였다. 삼위일체 하나님은 세계의 창조주이다; 그리고 만유는 하나님의 피조물이다. 그러나 하나님의 창조 행위는 태초에 세계를 생겨나게 한 것을 포함하면서도 궁극적으로는 하나의 종말론적인 사건이다. 그런 까닭에 창조론은 성경 속의 선지자들과 선견자들이 바라보았던 새 하늘과 새 땅을 가져오는 신적인 활동을 포함한다.

이러한 결론은 자연스럽게 우리를 하나님이 만들고 계시는 세계에 대한 하나님의 목적들과 이러한 목적들의 성취를 위하여 하나님이 역사를 능동적으로 이끌고 계시는 것에 관한 질문을 제기하게 만든다. 신학적으로 말한다면, 창조론은 자연스럽게 섭리론으로 이어진다는 것이다.

창조를 위한 하나님의 목적으로서의 "공동체"

하나님이 세계의 창조주라는 우리의 주장은 즉시 자신의 창조 사역에 있어서의 하나님의 의도에 관한 질문으로 이어진다. 창조주는 그가 만들어 가고 있는 창조 안에서 및 창조를 위하여 어떠한 목적을 이루고자 하시는 것인가?

앞에서 말했듯이, 세계는 성령이신 성부와 성자의 영원한 관계성, 즉 신적인 사랑이 흘러넘친 결과의 산물로서 존재한다. 성부는 피조물들이 자신의 존재를 공유하고, 성자가 그와 더불어 누리는 관계 속으로 들어오기를 원하신다. 그래서 하나님의 본질(사랑)의 산물이자 하나님의 대응물(counterpart)로서 세계는 사회적 삼위일체의 삶에 참여하기 위하여 존재한다.

우리는 "공동체"라는 용어를 사용해서 세계를 향한 하나님의 의도를 요약할 수 있다. 마치 삼위일체 하나님이 삼위일체적 위격들의 영원한 관계이듯이, 창조를 위한 하나님의 목적은 세계가 "공동체"에 참여하게 되는 것이다.

피조물들과 함께 하는 공동체를 세우시고자 하는 하나님의 의도는 성경의 전체 메시지의 중심적인 주제이다. 성경 이야기의 막을 여는 태초의 에덴 동산에 관한 이야기들로부터 성경의 끝부분을 장식하는 새 땅에 거하는 흰 옷 입은 수많은 무리들에 대한 비전(vision)에 이르기까지, 성경의 드라마는 공동체에 관하여 말한다. 그러나 하나님께서 이루고자 하시는 교제(fellowship)의 실제적인 본질은 과연 무엇인가? 전체적으로 볼 때, 성경은 하나님은 최고의 의미에서의 공동체 ― 새롭게 된 창조 안에서 살아가면서 그들의 하나님의 임재를 누리는 구속받은 백성 ― 를 세우기 위하여 자신의 계획을 수행해 나가신다고 주장한다.

성경의 드라마 속에 자세하게 설명되어 있는 공동체에 관한 비전은 과거에서 시작된다. 하나님은 이미 두 번째 창조 이야기 속에서 자신의 의도를 분명하게 말씀하신다: "사람이 혼자 사는 것이 좋지 아니하니"(창 2:18). 역사 전체에 걸친 신적 활동의 목표는 에덴 동산에서 최초의 인간의 고독에 주목하셨던 창조주에 의해 구상된 공동체를 만드는 것이다.

공동체를 세우고자 하시는 하나님의 목적에서 중심적인 것은 자기 백성 가운데의 하나님의 현존(임재)이다. 하나님의 현존은 성경의 일관된 주제이다. 하나님은 에덴 동산에서 아담 및 하와와 교제하셨다. 다양한 시대와 다양한 장소에서 선조들은 하나님의 현존을 경험하였다. 선조들은 하나님과의 만남을 기념하기 위하여 지계표들(landmarks), 제단들, 기념물들을 세웠다(예를 들어, 창 28:13-17).

하나님은 공동체의 이 핵심적인 차원 ― 하나님이 자기 백성과 함께 거하시는 것 — 을 이루시기 위하여 이스라엘을 선택하시고 그들과의 계약관계에 들어가셨다. 하나님의 의도는 출애굽의 경험 속에서 분명하게 드러난다. 하나님께서 이스라엘을 애굽의 속박으로부터 구하신 직접적인 목적은 시내산에 이스라엘 백성을 모으기 위함이었다. 거기에서 하나님은 그들을 자기 백성으로 삼으시고 그들 가운데 거하시기 위하여 이스라엘 사람들을 자신의 현존(임재) 속으로 들어오게 하셨다(출 20:2-3). 광야 체류 기간 동안에 하나님은 회막을 그들 가운데서의 자신의 거처로 삼으실 작정이셨다; 그들의 집과 마찬가지로 하나님의 집도 장막이 될 것이었다. 이스라엘 가운데에서의 하나님의 현존은 아주 중요하였기 때문에, 이스라엘의 죄로 인하여 하나님께서 회막을 짓지 말라고 하시자, 모세는 "주의 현존이 우리와 함께 가시지 않을 것이면, 우리를 이곳으로부터 올려 보내지 마옵소서"(출 33:15; 개역에서는 "주께서 친히 가지 않으시려거든 우리를 이곳에서 올려 보내지 마옵소서")라고 대답하였다.[11] 나중에 이스라엘이 약속의 땅에서 고정된 거처들을 세우자, 하나님도 자신의 영광을 하나의 집, 즉 예루살렘 성전에 두셨다.

구약성서의 이러한 경험은 임마누엘 — 하나님이 우리와 함께 하신다(마 1:22-23) — 이신 예수 그리스도의 의미를 위한 배경을 이룬다. 예수 안에서 신적인 말씀은 육신이 되어 우리 가운데 "거하셨다"(tabenacled, 요 1:14). 예수 안에서 하나님은 인류와 함께 현존하신다. 예수는 그와 성부가 그의 제자들과 거처를 함께 할 것이라고 약속하셨고(요 14:23), 그들 가운데 현존하게 될 또 다른 보혜사를 말씀하였다(요 14:23).

구약적 소망이라는 맥락 속에서 이해된 예수의 약속은 성령의 사역을 위한 토대를 형성한다. 주께서 오순절에 성령을 부어주신 이래로, 성령은 자기를 따르는 자들과 함께 하겠다던 예수의 약속에 대한 성취이다. 성령은 개별적으로 및 집단적으로 그들을 하나님의 성전으로 삼으신다. 그러므로 그리스도의 완성된 사역과 성령의 계속적인 사역으로 말미암아, 하나님 자신이 자기 백성 가운데 계신다 — 비록 하나님의 현존에 대한 우리의 경험이 부분적인 것일지라도.

하나님의 계획의 장엄한 성취는 아직 미래에 있다. 성경의 이야기는 오순절에서

---

11) 이 사건의 중요성에 관한 논의를 위하여, Edmund P. Clowney, "The Biblical Theology of the Church," in *The Church in the Bible and the World*, ed. D. A. Carson (Grand Rapids: Baker, 1987), 25-26.

끝나지 않으며, 따라서 그리스도의 제자들이 현재 누리고 있는 하나님의 현존에 대한 참되지만 여전히 부분적인 경험에서 끝나지 않는다. 성경의 드라마는 과거에서 미래로 움직여 간다. 그것은 새 하늘과 새 땅에 관한 장엄한 비전에서 그 절정에 이른다.

미래에 피조 세계가 새롭게 될 것이라는 비전을 구약성서의 몇몇 선지자들은 예감하고 있었다. 그러나 그러한 비전은 요한계시록의 마지막 장들 속에서 좀 더 온전하게 전개되고 있다. 성령에 감동된 저자는 인간 역사 속에서의 하나님의 계획을 완성시킬, 현재 너머에 있는 시대를 바라보았다. 이 선견자(先見者)에 의하면, 그 새로운 질서 속에서 하나님은 친히 인간들과 함께 거하시게 될 것이다. 그렇게 함으로써, 하나님은 창조를 위한 궁극적인 신적 계획을 완성하게 될 것이다:

> 내가 들으니 보좌에서 큰 소리가 나서 가로되 보라 하나님의 장막이 사람들과 함께 있으매 하나님이 저희와 함께 거하시리니 저희는 하나님의 백성이 되고 하나님은 친히 저희와 함께 계셔서 … 하나님과 그 어린양의 보좌가 그 가운데 있으리니 그의 종들이 그를 섬기며 그의 얼굴을 볼 터이요 그의 이름도 저희 이마에 있으리라(계 21:3; 22:3-4).

요한의 비전은 하나님께서 자기 백성과 온전히 함께 하시리라는 것을 선포하고 있는 것 외에도 하나님께서 이루고자 하시는 종말론적인 공동체의 그 밖의 다른 차원들에 대한 성경적인 기대들의 절정을 이룬다. 예를 들면, 이 선견자는 새로운 질서를 자연이 지상의 모든 거민들에게 자양분을 공급하는 자신의 본연의 목적을 다시 이루게 될 장소로 묘사하였다:

> 또 저가 수정 같이 맑은 생명수의 강을 내게 보이니 하나님과 및 어린양의 보좌로부터 나와서 길 가운데로 흐르더라 강 좌우에 생명나무가 있어 열두 가지 열매를 맺되 달마다 그 열매를 맺고 그 나무 잎사귀들은 만국을 치료하기 위하여 있더라 다시 저주가 없으며(계 22:1-3).

더 나아가, 그는 종말론적 실재를 위대하고 아름다운 도성, 새 예루살렘으로 묘사하였다(계 21:9-21). 그 도성에서 사람들은 평화와 조화 속에서 더불어 살게 될 것이다. 따라서 화해와 교제와 조화의 새로운 공동체를 특징으로 하는 미래의 시대에 관한 요한의 비전이 확증해 주듯이, 자기 백성에 대한 하나님의 목적은 그들이 고립적인 개인들로 계속해서 남는 것이 아니라 공동체적인 한 몸, 즉 인간 공동체가 되게 하는 것이다.

성경의 비전에 의하면, 하나님의 궁극적인 의도는 개개 신자들을 세계와 시간 너머에서 끝없는 "영원한 삶"을 영위하는 고립된 개인적인 영역으로 위치이동 시키는 것이 아니다. 오히려, 하나님의 계획은 공동체적인 인간의 이야기, 미래의 새로운 사회에 참여할 가능성이 있는 자들로서의 인간들에 그 초점을 맞추고 있다. 사실 성경은 한결같이 우리의 영원한 본향을 개인주의적인 용어들이 아닌 사회적인 용어들로 묘사한다. 우리의 본향은 거대한 도성으로서, 수많은 거처들이 있고, 거민들도 무수하다. 그러므로 그것은 사회적 실재이다. 폴 핸슨(Paul Hanson)은 성경에 나타난 공동체라는 주제에 관한 자신의 연구로부터 다음과 같은 결론을 이끌어낸다.

> 하나님의 미래적 통치는 택함받은 자들과 인간의 세계로부터 그들을 떼어놓았던 하나님의 복된 연합이라는 관점에서가 아니라, 모든 상처들이 치유되고 인간들 사이에서 규범으로서의 의(義)가 회복된 정의와 평화의 통치로 해석되었다.[12]

또한 하나님의 의도의 사회적 본질은 구원사의 중심, 즉 그리스도 사건에서도 드러난다. 예수는 모범적인 인간, 즉 인간의 본연의 모습에 대한 계시로 오셨다. 그리고 예수에 의해서 계시된 신적인 계획은 하나님 및 다른 사람들과의 관계성 속에서 살아가는 우리의 삶에 그 초점이 맞춰져 있다. 또한 예수는 히브리 백성은 물론이고 온 인류의 소망들과 열망들의 성취인 메시야 — 사회적인 인물(figure) — 로 오셨다. 마찬가지로, 예수의 의도는 자기 자신을 위하여 개인적인 소명을 성취하는 것이 아니라, 인류를 위하여 성부의 뜻에 순종하는 것이었다. 그래서 예수는 자신의 죽음을 통해서 모든 사람의 죄들을 스스로 짊어지셨다. 그리고 예수는 우리로 하여금 그와의 연합을 통하여 영원한 생명을 얻게 하기 위하여 무덤에서

---

12) Paul D. Hanson, *The People Called* (San Francisco: Harper and Row, 1986), 510.

일어나셨다.

마찬가지로 성령의 사역도 하나의 사회적 실재(a social reality)를 수립하는 것을 목표로 하고 있다. 오순절 성령 강림의 목적도 공동체적인 그리스도의 몸을 세워서, 서로 화해를 이룬 유대인들과 이방인들로 구성된 한 새로운 백성이 되도록 하려는 것이었다(엡 2:11-22). 현세(現世)에서 성령은 모든 인간적인 구분을 뛰어넘는 하나의 백성 — 모든 국가와 모든 사회적·경제적 지위, 그리고 남녀로 이루어진 하나의 백성 — 을 세워가고 있다.

요약하면, 성경의 비전은 분명하다: 구원사 속에서 삼위일체 하나님의 사역의 최종적인 목표는 종말론적인 공동체 — 새롭게 된 땅에서 그들의 하나님과의 화해, 인간 상호 간의 교제, 모든 피조물들과의 조화를 누리는 구속받은 백성 — 의 수립이다. 따라서 역사 속에서의 하나님의 활동의 중심에는 공동체라는 목표가 있다. 그리고 피조 세계를 위한 하나님의 궁극적인 의도는 공동체의 건설이다.

최근 신학에서의 섭리론

성경의 비전에서 공동체가 중심적인 위치를 차지하고 있다는 우리의 결론들은 우리를 섭리론의 핵심적인 질문으로 인도한다: 하나님은 자신의 목적을 완성하시는 데 있어서 신실하신가? 하나님은 실제로 역사의 사건들을 공동체를 수립하려는 목표를 향하여 배치하시는 것인가?

그리스도인들로서 우리는 세계 속에서의 자신의 사역을 완성하실 수 있는 하나님을 믿는다. 따라서 섭리론은 세계를 위한 하나님의 목적의 본질에 대한 서술에서 우리가 신뢰하는 하나님에 관한 이러한 신앙고백에 대한 성찰로 옮겨간다.

기독교 신학의 역사는 하나님께서 세계를 섭리로 다스린다는 사상에 매달렸던 중요한 신학자들의 부침(浮沈)을 목격해 왔다. 사상가들은 이러한 기독교적 신앙고백을 이해하는 몇 가지 서로 다른 방식들을 제공해 왔다. 그럼에도 불구하고, 이와 관련된 신학 사상 속에서 하나의 분수령은 20세기 초에 대두되었다.

고전적 입장. 중세 시대부터 1800년대에 이르기까지 섭리론은 신학에서 중요한 역할을 하였다. 토마스 아퀴나스는 이 교리에 관한 고전적인 이해를 위한 기반을 제공하였다. 섭리란 "종말을 향한 사물들의 질서의 본(本)"인데, 이 본은 하나님의 마음 속에 선재(先在)한다고 그는 주장하였다.[13] 이러한 토대 위에서 개신교 스콜라 사상가들은 섭리론이라는 표제 아래에서 세 가지 주제 — 보존(preservation), 협력(concurrence), 통치(government) — 를 다루었다.[14]

(1) 침례교 신학자인 어거스터스 홉킨스 스트롱(Augustus Hopkins Strong)은 첫 번째 주제에 대한 개신교의 고전적인 정의를 제시하였다. "보존"이란 "하나님이 창조하신 사물들 및 하나님이 사물들에게 수여하신 속성들과 능력들을 지속적으로 존재토록 하기 위한 하나님의 계속적인 행위"를 가리킨다고 그는 주장하였다.[15] 이 고전적인 이해의 지지자들은 그들의 이해가 성경 자체의 가르침(느 9:6; 히 1:3)임과 동시에 창조론으로부터 나오는 필연적인 결론이라고 주장한다. 지지자들은 피조된 실재로서의 우주는 스스로를 유지하지 못하기 때문에 계속해서 존재하기 위해서는 하나님의 지속적인 활동이 필요하다고 주장한다.

(2) 개신교의 고전적인 섭리론에서 두 번째 주제는 "협력"이다. 우리는 "협력"을 "사물들이 특정한 영역에서 계속해서 활동할 수 있게 해주는 신적 능력과 모든 이차적인 능력들의 협력"이라고 정의할 수 있다. 이러한 의미로 이해한다면, 협력은 보존(preservation)의 한 결과이다. 하나님이 지으신 사물들을 계속해서 존재토록 하기 위해서는 하나님의 계속적인 행위가 요구된다면, 피조물들이 계속해서 활동해나가기 위해서는 하나님의 협력이 요구된다. 하나님이 계속해서 피조물들을 붙드시지 않는다면, 피조물들이 계속해서 존재할 수 없는 것과 마찬가지로, 피조물들은 하나님의 동의 없이는 활동할 수 없다.

그러나 고전적인 개혁주의 사상가들 가운데에서 하나님의 협력의 정확한 본질을 둘러싸고 심각한 견해 차이가 있었고, 결국 이것은 칼빈주의자들과 아르미니우스주의자들을 구분하는 경계선이 되었다. 칼빈주의자들은 전형적으로 협력을 "사물들이 계속해서 활동할 수 있게 해주는 신적 능력과 모든 이차적인 능력들의 협력"으로 정의한다.[16] 따라서 이러한 신학자들은 신적인 협력의 원인적(causal) 본

---

13) Thomas Aquinas, *Summa Theologica* 1. 22.1, in *Introduction to St. Thomas Aquinas*, ed. Anton C. Pegis, Modern Library edition (New York: Random House, 1948), 215.

14) 예를 들면, Louis Berkhof, *Systematic Theology*, revised edition (Grand Rapids: Eerdmans, 1953), 169-76을 보라.

15) Augustus Hopkins Strong, *Systematic Theology*, three volumes (Philadelphia: Griffith and Rowland, 1907), 2: 410.

16) Berkhof, *Systematic Theology*, 171, 고딕체는 나의 강조이다.

질을 강조한다. 이와는 반대로, 아르미니우스주의적인 견해로는 협력에 있어서의 하나님의 행위는 덜 능동적이다. 아르미니우스주의자들은 하나님의 행위는 수동적이라고, 즉 단순히 피조물들로 하여금 계속해서 활동할 수 있게 해주는 것에 불과한 것이라고 말한다.[17]

(3) "통치" 또는 "고유한 의미에서의 섭리"는 개신교의 고전적인 섭리론에서 세 번째 주제이다. 이것은 창조에 대한 하나님의 목적론적인 돌봄(care)과 통제를 가리킨다. 그래서 루이스 벌코프는 통치를 "만물을 목적론적으로 다스리시는 하나님의 계속적인 활동"[18]으로 정의하는 전통을 채택한다. 벌코프의 정의가 보여 주듯이, 통치라는 개념은 창조를 위한 계획을 성취하기 위하여 하나님이 창조를 자신의 의도된 목적들을 향하여 인도하신다는 것을 천명하는 것이다.

통치라는 개념은 상대적으로 단순해 보이지만, 신학자들은 하나님이 피조물에 대한 통제를 행사하시는 방식을 좀 더 깊이 들여다보고자 해 왔다. 많은 사상가들에게 전형적인 것은 20세기 초에 침례교의 지도적인 자유주의 사상가였던 윌리엄 뉴턴 클라크(William Newton Clarke)에 의해 제시된 입장이다. 그는 세계를 각각 특유한 하나님의 통치를 반영하고 있는 두 차원 — 물리적 차원과 도덕적 차원 — 으로 나누었다. 하나님은 인간들에 대해서는 도덕법에 따라 다스리는 데 반해, 물리적 세계에 대해서는 물리학의 획일적인 법칙들을 통해서 다스린다.

그리고 나서 클라크(Clarke)는 하나님은 몇 가지 원리들을 따라 도덕 법칙들을 운영하신다고 주장하였다. 그러한 원리들 중 하나는 의무(義務)의 원리이다. 클라크는 "모든 피조물들을 위해 옳고 선한 것을 원하시는 하나님은 모든 피조물들로부터 옳고 선함을 요구하신다. 그러므로 피조물들에게 옳은 것은 의무이며, 그들에게 옳은 것으로 보여지는 것은 무엇이나 그들에게 의무로서 요구된다"[19]고 말했

---

17) 따라서 포프(Pope)는 칼빈주의의 입장을 부담스럽게 여긴다. W. B. Pope, *A Compendium of Christian Theology* (London: Wesleyan Conference Office, 1876), 195. 아르미니우스주의의 이해는 협력이 "단지 하나님이 본래 제2원인들로서의 어떤 능력들을 보존하는 것만이 아니라, 이 제2원인들의 행동들과 영향들과의 하나님의 직접적인 협력이 존재한다는 것을 의미하도록 이해되어야 한다"는 윌리(Wiley)의 주장 속에 반영되어 있다. H. Orton Wiley, *Christian Theology*, three volumes (Kansas City, MO.: Beacon Hill, 1940), 1: 480.

18) Berkhof, *Systematic Theology*, 175.

19) William Newton Clarke, *An Outline of Christian Theology*, twentieth edition (New

다. 또 하나의 원리는 적절한 결과(appropriate consequences)의 원리이다: "선은 선을 향하여 일하고 악은 악을 향하여 일하기 때문에, 사람이 무엇을 심든지 그대로 거두리라." 클라크는 모든 인간이 이러한 도덕적 원리들에 의해 그들 자신이 통치되고 있다는 것을 발견한다고 주장하였다. 하나님의 법은 마음에 기록되어 있으며(롬 2:14-15), 인간의 양심은 하나님의 협력자로서 활동하고(롬 2:15), 하나님의 상벌 체계는 어디에서나 작용한다.

클라크와 동시대인이었던 좀 더 보수적인 어거스터스 홉킨스 스트롱(Augustus Hopkins Strong)은 이와 관련해서 어떻게 악이 하나님의 계획에 자리를 잡고 있을 수 있는지에 관한 문제에 관심을 가졌다. 스트롱은 하나님은 심지어 인간의 악한 행위들까지도 자신의 의도된 목표를 향해 나아가도록 하신다는 것을 보여 주는 네 가지 원리를 제시하였다.[20] 첫째, 은혜의 하나님은 종종 죄를 미리 예방하셔서 범죄하는 것을 막으신다(창 31:2). 둘째, 하나님은 자주 단순히 "죄를 가로막는 장애물들을 죄인의 길 위에" 놓지 않음으로써 사람들이 행하고자 하는 악을 행할 수 있게 하신다. 셋째, 하나님은 악한 행동을 "행위자들이 예견하지 못하고 의도하지 않은 결과로" 이끄심으로써 "그 과정을 잘 통제하고 해악을 최소화하신다"(예를 들어, 시 76:10). 끝으로, 하나님은 "자신의 피조물들의 악한 열정들이 도달할 수 있는 한계"를 설정하신다(예를 들어, 욥 1:12).

자유주의 신학에 있어서의 섭리. 앞에서의 논의가 보여 주듯이, 20세기에 이르러 섭리론은 보수적인 개신교 신학에서 매우 잘 정의된 교리로 발전되었다. 그러나 이 개념은 19세기 개신교 자유주의에서도 마찬가지로 중요한 역할을 수행하였다. 실제로 우리는 섭리에 대한 두 가지 판이하게 서로 다른 이해를 지닌 두 가지 유형의 자유주의를 구별할 수 있다. 이 두 가지 유형의 자유주의를 갈라놓은 분수령은 다윈주의적(Darwinian) 사고가 19세기 중반 이후에 신학 사상 속으로 주입된 것에 있었다.

다윈 이전의 자유주의의 중심적인 특징은 자연 신학에 대한 강조였다. 랭던 길키(Langdon Gilkey)가 지적했듯이, 1600년대의 프랜시스 베이컨(Francis

---

York: Charles Scribner's Sons, 1912), 141.
20) Strong, *Systematic Theology*, 1: 423-25.

Bacon)의 시대로부터 19세기 전반에 걸쳐서, 섭리론은 "아마도 자연 신학의 가장 안전한 교조(敎條)"였다. 피조 세계는 창조주의 섭리적인 돌봄을 분명하게 보여 주는 것으로 여겨졌다. 길키의 표현의 빌리면, "물리학, 지질학, 생물학은 세계의 구조에 대한 연구를 통해서 사물들은 사물들 상호 간 및 그 환경에 대하여 공동의 선을 위하여 기이할 정도로 '서로 잘 들어맞는'(fitting together) 것을 밝혀 주는 듯이 보였다."[21]

다윈주의는 개신교 자유주의 신학의 신앙을 바꾸어 놓았지만, 이후의 자유주의가 섭리론에 부여했던 중요한 지위를 바꾸어 놓지는 못했다. 오히려 그 반대로, 다윈주의 이후의 자유주의자들은 하나님의 섭리를 진화 과정을 이끌어온 목적지향적인 힘과 동일시하였다. 이런 식으로 해서, 진화론은 섭리에 대한 믿음을 파괴한 것이 아니라, 단지 하나님이 피조 세계를 자신의 의도된 목적을 위해서 질서를 부여한다는 기계론(mechanism)에 대한 새로운 이해를 제공해 주었을 뿐이었다.

섭리론의 붕괴. 제1차 세계대전으로 시작된 20세기의 도래는 상황을 근본적으로 변화시켜 놓았다. 이 파국적인 사건 이후에, 하나님의 섭리라는 진리는 더 이상 그리 자명해 보이지 않았다. 오히려 그 반대로, 20세기의 암울한 사건들은 피조 세계를 하나의 의도된 목적을 향하여 인도하시는 하나님이라는 사고를 인간의 의식으로부터 추방하는 데 기여하였다. 두 차례에 걸친 세계대전, 아마겟돈의 핵전쟁에 대한 예상, 생태계 파괴라는 증대하는 위협 등으로 점철된 20세기를 바라보면서, 심지어 신학자들조차도 하나님은 더 이상 인류의 집단적인 사건들을 다스리고 계시는 것으로 보이지 않는다는 냉엄한 결론을 내리게 되었다. 모든 역사가 신적인 목적을 향해 움직여 가고 있다고 주장하는 섭리론은 고삐 풀린 말처럼 통제를 완전히 벗어난 것처럼 보이는 세계의 현실 앞에서는 유지되기 어렵다.

결과적으로, 20세기의 새로운 현실을 진지하게 취급하고자 했던 혁신적인 신학들은 적어도 전통적인 의미에서의 섭리론에 대해서 소극적인 입장을 취했고, 따라서 섭리론은 결정적으로 쇠퇴하였다. 신정통주의 신학자들은 과정 개념을 거부하고, 인간의 죄를 진지하게 다루고자 하였다. 실존주의적 사상가들은 진리를 만남

---

21) Langdon B. Gilkey, "The Concept of Providence in Contemporary Theology," *Journal of Religion* 43/3 (July 1963): 171.

(encounter)으로 국한시켰다. 이 둘 중 그 어느 접근방법 속에도 개인에 대한 하나님의 돌보심을 넘어서서 전체로서의 세계 과정에 대한 신적인 감시와 돌보심을 말하는 섭리론이 들어설 여지가 그리 많지 않았다.

자신의 세계에 대한 하나님의 관리

20세기의 여러 사건들과 이러한 사건들이 초래한 섭리론의 신학적 재정비는 세계의 섭리적인 통치자로서의 하나님에 대한 기독교적인 신앙고백의 존속 가능성에 대해 의문을 제기하게 만들었다. 20세기의 현실들에 의해 추궁당하고 있는 상황 속에서 신학자들로서의 우리는 이 고전적인 기독교 신앙의 입장을 어떻게 이해해야 하는가?

지난 한 세기의 사건들은 비록 나름대로 의미있는 것들이라고 할지라도 하나님의 섭리에 대해 의문을 제기하지 않는다. 오히려, 그 사건들은 이 기독교의 신앙고백이 실제로 무엇을 의미하는지를 분명하고 철저하게 숙고할 것을 우리에게 요구한다.

섭리론은 그 토대에 있어서 자신의 피조물인 세계에 대한 창조주 하나님의 관계에 관한 기독교의 기본적인 주장을 요약하고자 한다. 이것이 왜 그런지를 설명하기 위해서, 우리는 고전적인 섭리론에서 다룬 세 가지 주제를 오늘날의 상황에 비추어서 다시 한 번 살펴볼 필요가 있다.

보존. 고전적인 이해에 있어서 "보존"은 하나님이 물리적 우주를 계속적으로 존재케 하기 위하여 붙들고 계신다고 주장한다. 역사적으로 볼 때, 이러한 이해는 하나님의 계속적인 행위 없이는 물리적 세계는 비존재(non-existence)로 빠져들어 소멸되고 말 것이라고 보았던 뉴턴(Newton) 이전의 물리학으로부터 나왔다. 옛 물리학의 퇴조와 함께, 섭리에 대한 고전적인 이해도 그 신뢰성을 상실하였다. 그렇지만 이것은 하나님에 의한 세계의 보존에 관한 모든 개념들이 시대에 뒤떨어진 퇴물이 되었다는 것을 의미하지는 않는다. 오히려 그 반대로, 우리를 보존하는 분이신 하나님이라는 신앙고백이 말해주는 실존의 또 다른 — 우리에게 아주 중요한 — 차원이 존재한다.

보존과 관련된 하나님의 행위에 대한 순전히 물리적인 이해보다 오늘날 우리에게 좀 더 중요한 것은 하나님은 실존의 외관상의 무의미성(meaninglessness) 속에서 우리를 보존하시는 분이라는 신앙고백이다. 그러므로 하나님을 보존에 있어서의 행위자라고 고백하는 것은 삶에 의미가 존재하는가라는 질문에 대한 하나님의 대답을 제시하고 있는 것이다. 의미에 관한 질문은 실재(實在) 전체의 실존 및 개별적인 실존, 둘 모두와 관련하여 일어난다.

"보존"은 전체(the whole)의 의미에 관한 질문에 대한 기독교적 답변이다. 우리는 하나님이 피조 세계의 유일한 궁극적인 의미를 제공해 준다고 고백한다. 이를 통해서, 하나님은 우주 및 그 역사가 무의미성으로 빠져들어가는 것을 막아준다.

실재(實在)의 복잡다단함이 지니고 있는 듯이 보이는 무의미성에 직면하여, 우리는 과연 세계에 대한 그 어떤 의미가 존재하는지에 대하여 의아해하게 된다. 무신론적 실존주의는 이 질문에 대해 부정적으로 대답한다: 객관적이고 궁극적인 의미는 존재하지 않는다; 유일한 의미는 인간 개개인이 자기 자신을 위해 창조하는 것이다. 동양의 어떤 종교들은 세계와 무관한 의미를 찾는다. 그들은 우리가 역사 과정으로부터 도피할 때에만 비로소 의미를 발견할 수 있다고 가르친다.

순수한 주관주의 또는 단순한 도피주의와는 대조적으로, 그리스도인들은 모든 피조물에 대한 목표의 근원이시며 그 목표의 완성을 향해 모든 역사를 이끌어 가시는 하나님을 믿는다. 그 반대의 증거에도 불구하고, 그리스도인들은 역사가 특정한 지점을 향하여 움직여 가고 있다고 믿는다. 하나님은 종말론적인 공동체를 세우기 위하여 인간사(人間事)를 이끌어 가고 계신다. 또한 우리는 하나님이 피조 세계를 이 목표지점에 이르게 하실 것을 믿는다. 그러므로 그리스도인들에게 실재(實在) 전체는 의미가 있다.

더 나아가, 우리는 역사의 종말론적인 목표가 예수 그리스도 안에서 계시되었다고 믿는다. 예수는 '로고스,' 역사의 의미이다. 왜냐하면, 예수는 하나님께서 피조 세계와 창조주 사이에 존재하도록 의도하신 관계의 모범이기 때문이다. 우리는 하나님이 역사를 그 목표 — 하나님과의 공동체 — 로 이끄실 것이라고 확신한다. 왜냐하면, 역사를 인도하고 계시는 분은 예수를 죽음에서 일으키신 바로 그 하나님이기 때문이다. 하나님은 십자가 위에서 깨어진 예수와 성부 간의 공동체를 부활을 통해서 다시 세우신 분이다.

또한 "보존"은 개인적인 무의미성의 문제에 대한 우리의 대답이다. 그리스도인들로서 우리는 하나님이 우리의 삶에 의미를 주시는 분이라고 고백한다. 그러므로 하나님은 개인적인 무의미성으로부터 우리를 보존하신다.

오늘날 많은 사람들은 삶을 서로 단절된 일련의 뒤죽박죽인 사건들로 경험한다. 사람들은 매일의 삶에 의미와 연속성을 부여해줄 수 있는 그 어떤 구조도 발견하지 못한다. 따라서 사람들은 자아(自我)가 서로 단절된 일련의 뒤죽박죽인 활동들로 공중분해 되는 느낌을 받는다. 그리고 사람들은 악에 대한 자신의 경험들에 비추어 볼 때에 삶에 대한 긍정적인 의미를 찾을 수 있는 그 어떤 소망도 없다고 믿어 버린다.

개인적인 삶의 외관상의 무의미성에 직면하여, 그리스도인들은 삶을 위한 목적을 제공해 주심으로써 우리를 보존하시는 하나님에 대한 신앙을 고백한다. 하나님은 겉보기에 서로 관계가 없는 듯이 보이는 삶의 활동들과 경험들을 통합해 주는 중심(focus)을 제공해 주심으로써 개인의 삶에 의미를 주신다.

우리가 우리의 개인적인 삶을 예수 그리스도를 중심으로 살아갈 때, 하나님은 우리에게 의미를 주신다. 왜냐하면, 예수는 전체로서의 세계에 대해서만이 아니라 개인적 실존에 대해서도 '로고스,' 곧 통일성(unity)의 원리이기 때문이다. 우리는 주님이신 예수에 대한 헌신으로 말미암아 우리의 삶이 삶 속에서 뒤죽박죽인 사건들을 한데 묶을 수 있는 통합적 요소를 중심으로 형성되어 있는 것을 발견하게 된다.

바울을 비롯한 신약성서 기자들은 이러한 예수에 대한 헌신과 예수를 중심으로 한 삶을 그리스도와의 연합이라는 관점에서 설명한다. 그와 같은 연합은 일련의 교리들에 대한 지적인 동의만이 아니라, 우리의 신념, 태도, 행위 속에서 예수 자신의 삶을 특징지었던 의미들과 가치들을 구현하는 것을 포함한다. 이러한 구현(embodiment)의 과정 속에서 기독교 신앙 공동체는 결정적으로 중요하다. 신앙 공동체는 말과 행위를 통하여 구속(救贖)에 관한 이야기를 한 세대에서 다음 세대로, 한 지역에서 다른 지역으로 전한다. 이를 통해서, 신앙 공동체는 신자들에게 개인적 정체성, 가치, 세계관의 형성을 위한 틀을 전해준다.

그러므로 우리의 삶은 우리가 그리스도와 연합되어 있기 때문에 의미를 지닌다. 그러나 예수와의 연합은 삼위일체 하나님 및 예수를 주님으로 인정하는 다른 모든 사람들과의 공동체 속으로 들어가는 것을 의미한다. 그러므로 궁극적으로는, 그리스도를 통하여 하나님께서 우리로 하여금 모든 창조를 위한 그의 계획, 즉 공동체의 건설에 참여하게 하신다는 점에서, 하나님은 우리 실존의 의미성

(meaningfulness)을 보존하시는 분이다. 우리 실존의 목적은 새로워진 창조 속에서 삼위일체 하나님과 영원한 교제를 누리는 것이다. 이러한 목적을 향하여 하나님은 심지어 우리가 경험하는 사소한 것들까지도 포함하여 우리 삶의 모든 사건들을 이끄신다(롬 8:18; 벧전 1:6-7; 약 1:2-4).

협력. 섭리론의 두 번째 주제인 "협력"에 대한 고전적인 이해도 "보존"의 경우와 마찬가지로 지금은 구식이 되어 버린 중세 시대의 물리학을 토대로 하고 있었다. "피조물들로 하여금 계속해서 활동할 수 있게 하거나(allowing) 활동하게 해주는(causing) 신적인 능력과 피조물들의 능력의 협력"으로 정의되는 협력은 사상가들이 운동의 제1원인으로서의 하나님의 지속적인 개입이 없다면 우주는 멈춰서게 될 것이라고 믿었던 시대에서는 그 의미가 아주 잘 통했다.

물론, 고전적인 개신교 사상가들은 이 개념을 의지의 영역으로 옮겨놓았다. 그들은 협력을 선하든 악하든 인간의 행위들을 지속적으로 야기시키거나 지속적으로 승인하는 항상 현재적이며 항상 활동하는 신적인 의지라고 말하였다. 이러한 수정에도 불구하고, 그 밑바탕에 있는 개념은 여전히 동일하였다. 왜냐하면, 신적인 의지를 동반한 인간의 의지는 세계 안에서의 인간의 행위를 매개하는 원인자(原因者)이기 때문이다. 따라서 물리적 세계에 대한 옛 견해가 소멸되자, 협력에 대한 옛 이해도 그 적합성과 해명력(解明力)을 상실하였다.

그 동안 일어난 세계관의 변화에도 불구하고, 협력(concurrence)의 하나님에 대한 우리의 신앙은 오늘날의 상황 속에서도 여전히 의미가 있다. 인간 의지에 대한 신적 의지의 허용적 또는 인과적 영향력으로서의 협력에 대한 이해보다 더 중요한 것은 궁극성의 문제에 대한 창조주로서의 하나님에 대한 우리의 신앙고백의 관계이다. 그러니까 결국 "협력"은 "누가 궁극적인가?"라는 질문에 대한 신앙의 답변이다.

오늘날의 삶의 경험들은 궁극성에 관한 질문을 불러일으킨다. 각각의 인간 존재는 각자 자신의 목적에 따라 자유롭게 행하는 자율적인 자아인 것처럼 보인다. 그리고 악한 사람들은 아무런 구속이나 도전도 받지 않고 자기가 하고 싶은 대로 자유롭게 행하는 것처럼 보인다. 그러나 기독교 신앙은 현실에서 사실인 것처럼 보이는 것들이 실제로는 그렇지 않다고 응수한다. 하나의 궁극적인 실재가 존재한다. 인간과 우주의 행위자들은 심지어 그들의 반역 속에서도 여전히 하나님에게 의존되어 있다. 그러므로 어떠한 악의 왕국도 궁극적 지위를 획득할 수 없다.

피조물들의 원인자(原因者)로서의 역할의 궁극성에 대한 부정(否定)이라는 협력의 소극적인 기능 외에도, 협력은 적극적인 기능도 한다. 협력이라는 개념을 통해서, 우리는 은혜로우신 분으로서의 하나님에 대한 우리의 기독교적 신앙을 천명한다. 하나님은 자신의 피조물들의 반역에도 불구하고 우리의 존재의 근원 또는 근거로서 행하신다는 점에서, 협력은 우리에게 하나님이 자신의 선하심을 그것을 받을 자격이 없는 자들에게 뻗치신다는 것을 상기시켜 준다.

더욱이, 협력은 그리스도인들의 제자도라는 맥락에서 특별한 긍정적인 의미를 지닌다. 우리가 신앙을 고백하는 협력하시는 하나님은 세계를 위한 자신의 계획의 완성에 자기와 함께 참여하도록 우리를 초청하신다. 구체적으로 말하면, 하나님은 우리에게 기도하고 사역하라고 명하신다. 우리가 하나님께 순종할 때, 하나님은 우리의 행위들에 "협력하시며," 그 행위들을 거룩하게 하시고, 자신의 나라를 위하여 그 행위들을 사용하신다. 이를 통해서 우리는 하나님 및 그의 초청에 응답한 다른 신자들과 함께 하는 공동체 속으로 들어가게 된다.

통치. 우리는 "보존"과 "협력"을 긍정할 수 있을 뿐만 아니라, 섭리론에 대한 고전적인 이해의 세 번째 주제인 "통치"도 계속해서 인정할 수 있다. 하나님이 자신의 피조 세계를 "통치하신다"라고 주장하는 것은 하나님이 전체로서의 세계와 우리의 삶을 그 최종적인 목적지로 인도하실 것이라는 우리의 확신을 표현하는 것이다. 베드로가 분명하게 말하고 있듯이, 하나님의 능력은 그가 우리를 위하여 예비해 두신 기업(구원: 역주)을 인하여 우리를 보호하신다(벧전 1:5).

그러나 우리는 우리의 삶 속에서 경험하는 악을 생각하고는 어떻게 그런 일이 가능할 수 있는가라고 반문한다. 여기에서 통치 개념은 이에 대한 하나의 답변을 제공해 준다. 이 가르침은 악의 존재에도 불구하고 하나님은 크신 분임을 강조한다. 하나님은 악으로부터 선을 가져오신다는 점에서 세계를 통치하고 계신다 — 현세에서는 부분적으로, 그리고 종말론적인 새로운 창조 속에서는 온전하게.

하나님의 통치의 위대한 모범은 성육신하신 성자의 죽음이다. 하나님은 세계에 구원을 가져오시는 수단으로서 무죄한 예수를 십자가에 못 박히게 하는 잔혹한 방법을 사용하셨다. 이와 마찬가지로 하나님은 반역한 인간들의 행위들을 통해서도 자신의 세계를 위한 최종적인 목표를 달성하실 것이다. 이러한 이유로 인해서 심지어 삶의 비극적인 일들조차도 선한 효과들을 낼 수 있다. 역사의 완성 때에, 하나님은 삶의 모든 악들과 불의들을 고치실 것이다(계 20:4). 저 큰 날에, 죽은 자들은 사망을 이길 것이며, 억압받은 자들은 압제에 대해 승리할 것이고, 하나님은 그의 새로운 질서, 곧 종말론적인 공동체를 시작하실 것이다.

지난 한 세기 동안의 사건들은 신앙 공동체가 언제나 직면해 왔던 하나의 딜레마를 첨예하게 만들었다. 악의 실재(實在)는 자신의 피조물에 대한 하나님의 돌보심을 긍정하는 사고에 의문을 제기하게 만들었다. 심지어 시편 기자조차도 악인들이 흥왕하는 것을 보았을 때 당혹감을 감추지 못했다(시 73:1-15). 의인들이 고통을 당하는 반면에, 악인들은 날뛰는 것처럼 보이기 때문에, 하나님이 세상사를 다스리지 않는 것처럼 보인다.

겉보기에 반대되는 모습들에도 불구하고, 세계의 역사적 과정은 특정한 지점을 향하여 나아가고 있다. 하나님은 자신의 주권을 최종적으로 계시하고 우주를 새 하늘과 새 땅으로 재편하게 될 목표지점을 향하여 인간사(人間事)를 이끌고 계신다. 달리 말하면, 모든 역사는 공동체의 건설을 향하여 움직여 가고 있다. 자신이 정하신 때에, 하나님은 결정적으로 행동하실 것이다. 그리고 심지어 현재에 있어서도 하나님은 우리의 삶을 그의 지속적인 계획을 중심으로 살아가라고 우리를 초청하신다. 그리스도 안에 계시된 하나님과 연합함으로써, 우리는 삶의 무질서를 하나님, 다른 사람들, 모든 피조 세계와의 공동체 또는 교제를 특징으로 하는 새로운 질서로 바꿀 수 있다.

삼위일체 하나님에 대해 신앙을 고백하는 자들로서, 우리는 소망의 백성이 될 수 있다. 소망은 가능하다. 왜냐하면, 하나님은 자신의 목적들을 이루실 것이고, 그 과정 속에서 심지어 삶의 악들조차도 사용하고 계시기 때문이다. 이것이 섭리론의 메시지이다(예를 들어, 시 73:16-28).

제 2 부

인간론

    우리의 신론은 삼위일체 하나님이 우주의 창조주라는 선언으로 끝을 맺었다. 창조주 하나님은 목적을 지니고 계시다. 왜냐하면, 하나님은 우주를 하나의 목표를 염두에 두고 만드셨기 때문이다. 하나님의 궁극적인 목적은 자신의 피조물들과의 공동체를 세우시는 것이다.
    하나님을 창조주로 인식하는 것은 우리로 하여금 자연스럽게 창조물 — 하나님이 창조하신 것 — 을 생각하게 만든다. 우주를 묵상함에 있어서, 그리스도인들인 우리는 하나님께서 자기가 지으신 도덕적인 피조물들과 나누고자 하시는 특별한 관계에 주로 관심을 갖는다. 이러한 관심은 인류를 이해하기 위한 배경이 된다. 이러한 관점에서 보면, 기독교의 인간론은 신론의 확장이다. 인간론에서 우리는 하나님의 피조물로서의 인간에 관하여 말한다. 우리는 하나님의 피조물로서의 우리 인간의 정체성을 세 가지 공리(公理)로 요약해볼 수 있다: 우리는 하나님의 선한 창조물이고, 우리는 죄에 빠짐으로써 훼손되었으나, 우리는 하나님의 구속(救贖) 활동의 대상이다.
    하나님의 선한 창조물이라는 우리의 신분은 우리의 인간론에서 앞의 두 장의 초점이다. 우리는 우리의 기원, 그러니까 궁극적으로 하나님 안에 있는 우리의 정체성(제5장)을 살펴보는 것으로 논의를 시작하고자 한다. 이 장에서 우리는 인간은 실존적으로 및 본질적으로 창조주에게 그 기원을 둔 의존적인 존재들이라는 점을 보여 주는 것으로서의 "세계에 대한 개방성"에 관한 인간의 기본적인 경험을 다루게 된다. 그 결과, 우리의 실존 자체는 하나님의 실재에 대한 증언(證言)이 된다.
    다음으로, 우리는 하나님께서 의도하신 인간의 본질(제6장)을 살펴볼 것이다.

여기에서 우리는 인간은 복합적인 능력들을 지닌 통일적인 존재들이라는 명제를 탐구한다. 하나님은 우리를 대단히 가치 있는 존재로 창조하셨다. 왜냐하면, 하나님은 공동체를 염두에 두고 우리를 창조하셨기 때문이다. 그리고 하나님은 우리가 하나님의 형상을 반영하기를 원하신다.

하나님의 선한 창조물이라고 하는 고상한 공리로부터, 우리는 우리들이 훼손되었다는 슬픈 선언으로 눈을 돌린다. 우리는 하나님께서 우리를 향해 의도하신 계획을 성취하고 우리의 정체성에 따라 살기보다는 죄를 범하여 우리의 신적인 기원으로부터 분리되었다(제7장). 이 장에서 우리는 하나님의 형상(image)을 반영하는 공동체가 되어 살아가라는 우리에 대한 하나님의 의도대로 살아가지 못한 인간의 실패를 탐구한다. 최초의 한 쌍의 인간의 의지적인 불순종으로 인해서, 우리 모두는 공범자들이 되었다. 우리의 실패는 공동체의 궁극적인 상실로 이어지기 때문에, 우리는 비참하고 절망적인 상태 속에서 실존한다.

우리는 하나님 앞에서 책임적인 존재이자 하나님의 의도를 따르지 않을 수도 있는 존재라는 변증법 속에만 존재하는 것이 아니다. 오히려, 우리는 도덕적인 피조물에 속하는 또 다른 부류들인 천사들과 마귀들이라는 무수한 영적인 존재들과도 관련되어 있다(천사론). 이 단원의 마지막 장(제8장)에서는, 우리는 인간의 개인적·공동체적 삶에 긍정적 또는 악한 영향력을 행사하는 이러한 존재들의 본질을 탐구한다. 영적인 세력들은 공동체를 촉진시키기도 하고 훼손시키기도 하면서 하나님의 도덕적 피조물들로서의 그들에 대한 하나님의 원래의 의도를 성취하기도 하고 부정하기도 한다.

인간론의 마지막 공리는 타락한 인류를 자신과 화해시킴으로써 그리스도 안에서의 새로운 정체성을 우리에게 부여하는 것을 목표로 한 하나님의 활동에 관한 이야기이다. 기독교적 메시지의 이러한 측면에 대한 성찰은 조직신학의 나머지 네 초점(foci)을 포괄하는 것이기 때문에 사실 인간론의 범위를 넘어선다. 그러므로 인간론은 이후에 서술될 모든 것들을 위한 무대를 설정해 주는 역할을 한다.

제 5 장

하나님 안에 있는 인간의 정체성과 기원

> 우리가 그를 힘입어 살며 기동하며 존재하느니라 너희 시인 중 어떤 사람들의 말과 같이 우리가 그의 소생이라. — 행 17:28

인간은 정체성 문제로 괴롭힘을 당하고 있다. 다양한 학문분야에 종사하는 학자들은 인간의 정체성에 관한 문제를 탐구한다. 예를 들면, 심리학자들은 인생의 여러 단계들에서 개인들을 괴롭히면서도 동시에 인격 발달에 기여하기도 하는 정체성 위기를 말한다. 또한 철학자들은 인간의 인격의 본질을 발견하고자 애쓴다. 19세기의 염세주의적인 사상가였던 쇼펜하우어(Arthur Schopenhauer, 1788-1860년)는 이 문제를 골똘히 생각하며 걷다가 어떤 사람과 부딪쳤다고 한다. 갑자기 봉변을 당한 그 사람이 화가 나서 "당신은 누구요?"라고 거칠게 물었을 때, 이 우울한 사상가는 깊이 생각에 잠긴 채 "내가 누구냐고요? 그걸 알 수만 있다면 정말 좋을까요"라고 대답했다.

인간의 정체성 문제는 그 핵심에 있어서 본래 종교적이다. 정체성 위기라는 심리학적인 경험이나 우리의 정체성에 대한 철학적인 성찰들은 단지 세계 안에서의 인간의 상황이라는 문제의 핵심에 놓여 있는 좀 더 심오한 수수께끼의 징후들에 불과할 뿐이다. 의식적이든 무의식적이든, 우리는 우리의 존재의 깊은 곳에서 "우리는 누구인가?"라는 질문을 제기한다.

이러한 수수께끼 같은 상황 속에서 그리스도인들은 우리가 하나의 정체성을 지니고 있다는 복음을 선포한다. 우리의 기본적인 정체성은 우리의 궁극적인 기원이 하나님 안에 있다는 사실로부터 생겨난다. 우리는 예수께서 하늘에 계신 우리 아버지라고 선언하셨던 바로 그분의 피조물들이다. 하나님의 피조물들로서 우리는 우리의 기원과 우리의 운명을 알 수 있다. 그렇게 함으로써, 우리는 우리가 누구인지를 이해하기 시작한다. 이러한 기원과 이러한 운명 — 따라서 우리의 정체성 — 은 하나님의 작품인 피조 세계 안에서의 우리의 위치와 결부되어 있다.

피조 세계 안에서의 우리의 위치

인간의 정체성에 관한 질문은 근대 문화에만 특유한 것이 아니다. 고대 히브리인들도 "우리는 누구인가?"라는 질문을 던졌다. 예를 들면, 시편 기자는 하나님께서 창조하신 우주의 광대함과 위엄을 묵상하였다: "주의 손가락으로 만드신 주의 하늘과 주께서 베풀어 두신 달과 별들을 내가 보오니." 이러한 성찰들은 이 성경의 시인으로 하여금 다음과 같이 외치도록 만들었다: "사람이 무엇이기에 주께서 그를 생각하시며 인자가 무엇이기에 주께서 그를 돌보시나이까"(시 8:3-4).

이 시편 기자의 질문이 보여 주듯이, 우리의 정체성에 관한 질문에 대답하는 것과 관련하여 한 가지 중요한 배경은 인류와 물질적인 우주 간의 연관관계에 놓여 있다. 존재하는 모든 것과의 관계 속에서 우리는 누구인가? 인류에 대한 기독교적인 이해를 제시함에 있어서, 신학자들인 우리는 이 질문에 대한 대답을 찾지 않으면 안 된다.

변화하는 문화적 상황들 속에서의 인간과 우주

인간 역사가 시작된 이후로, 인간들은 우주 안에서의 우리의 위치에 관한 질문을 제기하여 왔다. 이 질문은 두 가지 판이하게 다른 전형적인 답변을 불러일으켰다 — 전근대적인 것과 근대적인 것.

전근대적인 답변. 고대인들은 그들이 피조 질서 안에서 우리 인간에게 할당된 위치라고 생각한 것에 따른 인간에 관한 이해를 제시하는 것으로 인간의 정체성에 관한 질문에 대답하였다. 그들은 인간을 인간의 정체성을 보여 주는 배경으로서의 역할을 하는 질서 정연한 우주 속에서 독특한 위치를 향유하고 있는 피조물로 보았다.

시편 기자는 전형적인 전근대적인 세계관을 사용하여 자기 자신의 질문에 대한 적절한 답변을 발견하였다:

> 사람이 무엇이기에 주께서 그를 생각하시며 인자가 무엇이기에 주께서 그를 돌보시나이까 그를 하나님보다 조금 못하게 하시고 영화와 존귀로 관을 씌우셨나이다 주의 손으로 만드신 것을 다스리게 하시고 만물을 그의 발 아래 두셨으니(시 8:4-6).

이 성경의 저자는 우리 인간에게 독특한 지위를 할당하였다. 우리 인간은 물질 세계 위에(above) 있지만, 피조 질서 속에 거하는 영적 존재들 아래에(under) 있다.

시편 8편이 보여 주듯이, 히브리인들은 다른 고대의 사회들(소위 오늘날의 "원시" 문화들)과 마찬가지로 실재(reality)를 질서 정연한 것으로 묘사하였다. 하나님(또는 최고신)은 맨위에 계시고, 그 아래로 천상적인 존재들(또는 신들), 그 다음에는 인간들, 그리고 마지막으로는 나머지 피조물들 — 동물들, 식물들, 무생물들 — 이 있다. 고대인들의 이해에 따르면, 실재에는 질서가 존재할 뿐만 아니라, 피조 세계는 인류에게 "집"(home)을 제공해 준다. 이러한 "소속"(belonging)에 대한 인식은 할당된 과제라는 인식을 수반하였다: "주의 손으로 만드신 것을 다스리게 하시고." 그러므로 옛 견해에 있어서는 인간은 그들이 일부분을 이루고 있으면서 그 안에서 기능하는 좀 더 넓은 전체 안에서의 그들의 지위에 비추어서 그들이 누구인지를 알 수 있었다.

근대적인 답변. 근대 문화들은 대체로 고대적인 답변을 거부하고, 그 답변 대신에 우주 속에서의 인간에 관한 질문에 대한 두 번째 답변을 제시하였다. 근대적인 세계관에 따르면, 우리는 우리의 정체성을 피조물로서의 인간의 어떤 지위에서가 아니라 창조자들로서의 우리의 활동 속에서 찾는다. 따라서 우주는 우리가 자연적으로 속해 있는 "집"이 아니라, 우리 인간의 창조적이고 변혁적인 활동의 물질적인 대상이다.

우주 속에서의 인간의 위치에 관한 질문에 대한 근대적인 답변은 힘을 잃어가고 있다. 우리가 포스트모더니즘 시대로 이동해감에 따라, 수많은 목소리들이 근대적인 세계관의 수정을 부르짖고 있다. 인간을 우리가 살고 있는 환경과 분리되어 그 위에 군림하는 존재로 보는 것이 아니라 오히려 우리가 살고 있는 환경을 이루는 하나의 부분으로 보는, 우리 자신에 대한 새로운 이해를 요구하는 목소리가 점점 커져가고 있다.

 탈근대성(postmodernity)을 향한 움직임에도 불구하고, 고대적인 세계관으로의 대대적인 회귀는 있을 수 없다. 단순히 근대 세계 이전으로 되돌아갈 수는 없다. 점증하는 생태학적인 인식은 산업 사회의 특징인 환경에 대한 남용을 어느 정도 막아줄 수 있다. 그럼에도 불구하고, 대부분의 사람들에게는 세계를 우리 인간의 창조적이고 변혁적인 활동을 위한 재료(material)로 보는 근대적인 자기이해를 대체할 수 있는 그 어떤 유효한 대안이 존재하지 않는다.

 이와 동시에, 환경에 대한 오늘날의 관심과 환경에 대한 우리의 관계에 관한 새로운 패러다임(paradigm)들을 발전시키고자 하는 일부 사상가들의 열망은 그리스도인들에게는 하나의 기회이다. 변화하는 문화적 상황은 우리가 하나님의 작품인 우주 안에서의 인류의 정체성에 관한 성경적인 주제들을 새롭고 신선하게 제시할 것을 요구한다. 우리의 도전은 인간의 정체성이라는 질문에 대한 신학적인 답변을 찾아내는 것이다. 우리는 지속적으로 인류를 괴롭혀 왔고 우리의 변화하는 상황 속에서 다시 한 번 활기차게 제기되고 있는 정체성에 관한 질문에 대해 기독교 특유의 응답을 발전시키지 않으면 안 된다: 우리를 둘러싸고 있는 세계에 대한 관계성 속에서 우리는 과연 누구인가?

기독교 신앙과 인간학의 통찰들

 피조 세계와 우리의 관계에 관한 기독교적인 이해를 탐구하기에 좋은 출발점은 일반적으로 "신학적 인간학"으로 지칭되는 사상 운동에 의해서 발전된 몇몇 통찰들이다. 간단하게 말하면, 이 학문 분야는 인문과학들에 의해서 설명된 인간의 자기이해의 신학적 의미와 변증적 가치를 발견하고자 하는 시도이다.

 이 방법론을 따르는 신학자들은 인간의 인격에 관한 좀 더 깊은 이해를 발전시키고자 하는 시도 속에서 인류학자들의 발견물들 속에서 서술된 근대적인 인간의 자기 의식을 사용한다. 신학적 인간학을 옹호하는 사람들은 창조주로서의 인간의 자기 의식과 우리의 변혁 활동을 위한 재료로서의 세계라는 근대적인 인식에서 출발한다. 그런 다음에 그들은 이러한 기본적인 인간론적인 자료의 신학적 의미를 발견해내고자 한다.

 "세계에 대한 개방성"이라는 개념. 오늘날의 인류학의 발견물들은 몇몇 사상가들로 하여금 우주 속에서의 인간의 기본적인 상황을 요약하는 것으로서의 "세계에 대한 개방성"이라는 개념을 만들어내게 하였다.

이러한 접근방법을 주창한 사람들 중 한 사람인 볼프하르트 판넨베르크(Wolfhart Pannenberg)는 "세계에 대한 개방성"을 "자신의 실존을 규정하는 모든 것들을 탐구하고 그것을 뛰어넘는 인간 특유의 자유"로 정의한다.[1] 이러한 정의가 보여 주듯이, "세계에 대한 개방성"이라는 표현은 언제나 새로운 방식들로 환경을 경험하는 인간 특유의 능력을 가리킨다.

이러한 인간 특유의 가능성은 생물학적인 근거를 지닌다. 동물들은 유전에 의해 설정된 한계들에 의해서 자신의 환경에 매여 있다. 이와는 반대로, 인간은 유전적인 요소들에 의해서 그리 심하게 제한을 받지 않는다. 인류학자인 애쉴리 몬터규(Ashley Montagu)는 인간과 다른 영장류들의 비교를 통해서 일반적으로 인정된 차이점들을 다음과 같이 말하고 있다:

> 그리고 이것은 본질적으로 원숭이와 인간의 차이이다. 원숭이들은 궁극적으로 멸종에 이르게 될 발전과정을 추구해 왔다. 원숭이들은 너무 협소하고, 너무 특화되어 있다. 원숭이들은 인간과 경쟁할 수 없다. 다른 한편으로, 인간이라는 종(species)은 세계 속에서 현재의 인간의 지위를 가져다준 유연성과 적응성을 특징으로 하는 발전과정을 추구해 왔다. 인간은 "자연의 전적인 실수" — 적어도 아직은 결코 그렇지 않다 — 가 아니라 아마도 자연의 가장 버릇없는 개구쟁이, 의심할 여지 없이 자연의 가장 전도양양한 어린아이이다
> ...
> 그 밖의 다른 동물들을 훨씬 뛰어넘어 자신이 살고 있는 세계의 무수히 많은 것들을 통제할 수 있는 능력을 아주 분명하게 인간에게 부여해준 이러한 유연성과 적응성은 인간의 몸과 인간의 정신의 구조 둘 모두에 반영되어 있다. 둘은 모두 그가 속한 포유동물들의 질서 속에서 발견할 수 있는 어떤 동물보다도 가장 특화되지 않은 것들이다. 우리가 꼭 알아야 할 극히 중요한 것은 바로 이것이다. 즉, 그것은 생물학적으로 인간은 구조상으로나 정신상으로

---

1) Wolfhart Pannenberg, *What Is Man?* trans. Duane A. Priebe (Philadelphia: Fortress, 1970), 3.

존재하는 모든 동물 중에서 가장 유연하고 적응력 있는 동물이라는 것이다.[2]

생물학적인 토대 위에서의 인간이라는 종(種)의 "유연성과 적응성"은 인간을 다른 생물들로부터 구별시켜 주는 경계선이다. 좀 더 중요한 것은 이로 말미암아 우리 인간은 우주를 생물학적인 "집"으로 삼을 필요가 없게 되었다는 데 있다. 우리에게는 적응력이 있기 때문에, 우리는 언제나 새로운 방식들로 환경을 경험할 수 있는 독특한 가능성을 향유한다. 이것이 바로 "세계에 대한 개방성"의 의미이다.

또한 우리 인간이 지닌 "세계에 대한 개방성"은 우주 속에서의 우리의 기능에 관한 질문을 불러일으킨다. 인간 이외의 다른 생물들은 생물학적인 틀 속에서 발견되는 어떤 "생태적 지위"(niche)를 갖는다. 이와는 반대로, 인간의 정체성은 생물학에 의거하여 결정적으로 답변될 수 없다. 우리는 우리의 존재 목적을 설명해 줄 수 있는 특별한 생물학적인 역할을 찾을 수 없다.

또한 "세계에 대한 개방성"은 인간으로서 우리는 우리의 환경, 즉 우리가 창조한 특정한 "세계"의 그 어떤 유한한 질서도 초월할 수 있는 능력을 향유하고 있다는 것을 의미하기도 한다. 이것은 우리를 동물들과 구별되게 만드는 우리의 자기 초월의 능력과 결부되어 있다. 헤겔의 전통 속에서, 독일의 사상가인 막스 쉘러(Max Scheler)는 영(spirit)을 "살아있는 존재로서 자기 자신을 뛰어넘어 자신을 고양(高揚)시키는, 그러니까 시공간적인 세계를 뛰어넘는 중심으로부터 자기 자신을 포함한 모든 것을 자신의 인식의 대상으로 만드는" 인간 개개인의 능력(capacity)의 원천"이라고 말한다.[3]

자기를 초월하는 이러한 능력으로 인해서, 인간은 우리가 만들어내는 세계의 어느 하나의 성취나 어느 하나의 "변혁"에 의해서 결코 온전히 완성되지 않는다. 오히려, 우리는 계속해서 아직 확정되지 않은 어떤 것을 향하여 움직여 간다. 다시 말하면, 인간은 결코 현재에 완전하게 만족하지 못한다. 우리는 언제나 새로운 것, "미래," 아직 도래하지 않은 것(the not-yet), 현재를 뛰어넘는 것을 추구한다. 우

---

2) Ashley Montagu, *Man in Process* (New York: Mentor Books, 1961), 17-18.

3) Max Scheler, *Die Stellung des Menschen im Kosmos* (Munich Nymphenburger Verlagshandlung, 1947), 48, George S. Hendry. *The Holy Spirit in Christian Theology*, revised edition (Philadelphia: Westminster, 1956), 102에서 재인용.

리는 우리 자신들을 위한 "집"을 창조하고자 하는 미완성의 시도 속에서 끊임없이 우리의 환경을 형성해가며 재형성해가고 있다. 우리는 아놀드 겔렌(Arnold Gehlen)이 "무한한 책무(責務)"라고 부른 것을 느낀다.[4]

"세계에 대한 개방성"의 신학적 의미. 오늘날의 몇몇 사상가들은 특히 인간의 적응성을 근거로 한 이러한 기본적인 인류학적인 발견물에 대한 신학적 해석을 시도해 왔다.[5] 이러한 연구들의 저자들이 논증한 우리 인간의 "세계에 대한 개방성"은 인류의 "무한한 의존성"(infinite dependency)이라 불릴 수 있는 것을 가리킨다. 우리는 "세계에 대해 개방적이기" 때문에, 우리는 우리의 "세계"의 그 어떤 표현물의 유한성(有限性)도 초월하는 모종의 실재에 의존되어 있다.

"세계에 대한 개방성"과 "무한한 의존성" 간의 연관성은 명백하다. 우리는 생물학적인 틀 속에 그 어떤 생태학적 위치를 갖고 있지 않기 때문에, 우리는 우리가 우리 자신을 위해서 창조한 그 어떤 "세계" 또는 환경 속에서 궁극적인 성취를 찾을 수 없다. 세계의 그 어떤 구조에 의해서도 인간은 완성될 수 없다는 사실은 우리를 성취를 향한 끊임없는 추구 속에서 우리의 경험의 유한성 너머로 내몬다. 그러므로 우리는 의존적인 피조물이다. 그러나 우리의 의존성은 유한한 세계가 만족시켜줄 수 있는 것보다 더 크다.

마찬가지로, "무한한 의존성"은 인간이 "세계를 뛰어넘는" 하나의 목적을 향하여 지향되어 있다는 사실을 보여 준다. 인간의 인격이 추구하는 성취는 그 어떤 유한한 "세계" 속에서는 결코 발견될 수 없다. 그러므로 그런 것이 존재한다면, 그것은 세계 "너머에" 존재할 수밖에 없다.

"무한한 의존성"은 하나님이야말로 인간의 추구에 대한 최종적인 대답일 가능성을 보여 준다. 세계를 뛰어넘는 끊임없는 추구는 환상적이고 비현실적인 성취를 끊임없이 추구하는 존재로서의 우리의 실존 자체가 세계에 대한 모든 경험을 넘어서는 그 무엇을 전제하고 있다는 것을 시사해 준다. 우리의 세계는 언제나 유한하기 때문에, 우리의 무한한 의존성의 대상은 결코 세계 안에서는 발견될 수 없

---

4) Arnold Gehlen, *Der Mensch* (Bonn: Athenaeum, 1958), 349ff., Pannenberg, *What Is Man?* 9에서 재인용.

5) 예를 들면, Jürgen Moltmann, *Man*, trans. John Sturdy (Philadelphia: Fortress, 1974). 또한 Pannenberg, *What Is Man?*을 보라.

다. 오히려, 우리는 우리의 추구의 성취를 위해서 세계를 뛰어넘는 그 무엇(Something)에 의존되어 있다.

이런 식으로, 신학적 인간학을 전개하는 사람들은 "세계에 대한 개방성"으로부터 우리의 정체성의 근원으로서의 "하나님"이라는 개념으로 옮겨간다. 물론, 무한한 의존성과 세계의 유한한 경계를 뛰어넘는 방향성에 대한 인간의 의식은 종국적으로는 부조리하고 무의미한 것일 수 있다. 그러나, 다른 한편으로, 인간의 실재 자체는 실제로 창조주를 지향하고 있다고 할 수 있다. 우리의 무한한 의존성에 대한 유일한 대답이신 무한하며 세계를 초월하시는 어떤 분(Someone)은 바로 하나님이라는 것이 신학적 인간학을 옹호하는 사람들의 결론이다. 요약하면, 인간론은 인간으로서의 우리의 존재 자체가 우리가 의존되어 있고 우리가 궁극적인 자기 완성을 위해 지향되어 있는, 세계를 초월하는 어떤 존재(entity)를 전제하고 있다는 것을 보여 준다.

이렇게 말함으로써, 오늘날의 신학자들은 기독교 전통 전체에 걸쳐서 존재해 왔던 기본적인 선언을 다시 천명하고 있는 것이다. 이미 주후 392년에 아우구스티누스는 "오 하나님, 우리의 마음은 당신 안에서 안식을 찾기까지는 쉴 수가 없습니다"라고 고백하였다.[6] 이 위대한 교부가 느낀 감상(感傷)은 모든 사람의 마음 속에는 하나님께서 만들어 놓으신 빈 공간(vacuum)이 있다는 저 유명한 말 속에 그대로 반영되어 있다.[7]

신학적 인간학의 결론들은 근대적인 인간의 자기 이해가 기독교 신학의 이러한 기본적인 주장들이 진리라는 것을 확증해 주고 있음을 보여 준다. 우주 안에서 우리는 궁극적인 성취를 위해서 물질적인 우주 너머를 바라보는 불안한 피조물들이다. 우리는 하나님과의 관계 속에서, 오직 하나님과의 관계 속에서만 우리의 의미와 정체성을 찾을 수 있도록 지음받았다.

"세계에 대한 개방성"과 일반계시

---

6) Augustine, *Confession* 1.1, trans. Vernon J. Bourke, volume 21 of *The Fathers of the Church*, ed. Roy Joseph Deferrari, eighty-one volumes (Washington: Catholic University of America Press, 1953), 4.

7) 이 진술은 17세기의 프랑스 철학자인 파스칼에게 일반적으로 소급된다.

신학적 인간학을 옹호하는 학자들에 의해서 제시된 여러 통찰들은 자연스럽게 일반계시라는 문제로 이어진다. 우리 인간이 지닌 "세계에 대한 개방성"은 인간 개개인의 마음속에 새겨진 하나님의 실재에 대한 표시인가? 하나님은 세계 및 인간에게 자신의 각인(stamp)을 지울 수 없도록 남겨 놓는 방식으로 우주에 질서를 부여하심으로써 그 결과로 모든 인간이 하나님의 실재에 대한 적어도 초보적인 지식에 도달할 수 있게 하셨는가? 인간의 경험의 구조 자체 — 우리 인간이 지닌 "세계에 대한 개방성" — 가 창조주 하나님을 부르짖고 있기 때문에, 모든 인간은 어느 정도 제한된 범위 내에서 창조주 하나님을 "알고" 있는 것인가?

하나님 안에 있는 우리의 근원을 논의하기에 앞서, 우리는 이 중대한 신학적 질문과 한판 씨름을 하지 않으면 안 된다.

신학에서 일반계시의 문제

일반계시의 의미. 성경의 여러 본문들(시 19:1-4a; 롬 1:18-2:16)에 대한 특정한 읽기를 통해서, 일반계시라는 개념은 기독교의 많은 신학 분파들 내에서 광범위하게 사용되어 왔다. 그러나 이 개념의 타당성을 평가하기에 앞서, 우리는 먼저 이 개념이 실제로 무엇을 의미하는지를 분명하게 밝힐 필요가 있다.

"일반계시"를 이해하기 위한 가장 편리한 방법은 일반계시를 "개별(specific) 계시" 또는 "특별(special) 계시"라고 하는 연관된 범주와 대비하여 이해하는 것이다. 이 두 가지 형태의 계시는 몇 가지 점에서 서로 다르다.

"일반"(general)이라는 말이 보여 주듯이, "일반계시"는 하나님이 모든 인간 또는 인간 전체에게 주신 신적인 자기 계시를 가리킨다. 반면에, "특별계시"는 오직 어떤 "특별한" 또는 "특정한" 사람들에게만 온다.

더 나아가, 일반계시는 특별계시와는 달리 "초자연적"이라기보다는 "자연적"인 것으로서 초자연적이 아니라 자연적으로 계시된 신적인 자기 계시이다. 일반계시는 자연을 통해서 — 가시적인 자연의 법칙들 및 인간 존재의 도덕적 본성을 통해서 — 전달된다. 일반계시는 당연히 모든 사람들에게 전달될 수 있기 때문에, 인간은 이성을 통해서 일반계시에 접근할 수 있다. 반면에, 특별계시는 하나님에 의해 직접적으로든 또는 하나님의 사자들을 통해 간접적으로든 초자연적으로 전달된다. 따라서 우리는 인간 이성의 자연적인 능력들을 사용해서는 특별계시와 접촉할 수 없다.

끝으로, 일반계시는 "구원과 관련된 것"(salvific)이라기보다는 "인식과 관련된 것"(noetic)이다. 일반계시는 우리의 창조주이신 하나님에 대한 일반적인 지식을 전달해 주는 것이 그 목적이다. 반면에, 특별계시의 목적은 사람들을 우리의 구원자이신 하나님과의 교제 속으로 이끄는 것이다. 19세기 프린스턴 신학자였던 벤자민 워필드(Benjamin B. Warfield)의 말을 빌면, 특별계시는 "깨어지고 기형이 되어 버린 죄인들을 그 죄와 죄의 결과들로부터 구원하기 위해" 주어지는 데 반해, 일반계시는 "하나님에 대한 인식을 위한 피조물들의 자연적인 필요를 충족시키고 제공해 주기 위한" 것이다.[8]

브루스 디마레스트(Bruce Demarest)는 이 주제들을 통합하여 이 개념에 대한 전형적으로 복음주의적인 정의를 확립하였다. 일반계시는 "하나님이 존재하시며, 하나님이 어떤 분이신지를 알게 해주는, 모든 시대와 모든 장소에서 모든 사람들에 주어지는 신적인 계시로서, 삼위일체론, 성육신, 속죄론 같은 구원의 진리들을 전해주지는 않지만, 하나님이 존재하신다는 것과 하나님이 자기충족적이고, 초월적이며, 내재적이고, 영원하시며, 권능이 있으시고, 지혜로우시며, 선하시고, 의로우시다는 확신을 전달해 준다."[9]

신학사에서 일반계시의 위치. 계시를 "일반적"인 것과 "특별한" 것이라는 두 범주로 구분하는 것은 변화무쌍한 역사를 지녀 왔다. 이러한 구분은 한 시대에서는 광범위한 인정을 받다가도 다음 시대에서는 폐기되었다. 우리는 신학사 속에 나타나는 일반계시에 대한 다섯 가지 기본적인 태도를 살펴보고자 한다.[10]

(1) 첫 번째 부류의 신학자들은 일반계시라는 개념을 열렬히 옹호하였다. 그들은 신적인 자기계시의 이 측면을 근거로 삼아서, 모든 사람들이 알 수 있는 하나님에 관한 일련의 진리들인 "자연 신학"을 도출해내었다.

이러한 입장의 전형(典型)은 중세 시대의 토마스 아퀴나스의 신학 체계이다.[11]

---

8) Benjamin B. Warfield, *Revelation and Inspiration*, reprint edition (1927; Grand Rapids: Baker, 1991), 6.

9) Bruce Demarest, "Revelation, General," in the *Evangelical Dictionary of Theology*, ed. Walter A. Elwell (Grand Rapids: Baker, 1984), 944.

10) 계시의 이중적인 구분에 대한 신학자들의 태도들에 관해 약간 유사한 규정을 위하여, Demarest, "Revelation, General," 944를 보라.

사실, 교부 시대에는 알려지지 않았던 일반계시라는 개념이 중세 시대에 들어와서 최초로 두드러지게 부각된 것은 로마 가톨릭의 스콜라주의 철학자들의 연구를 통해서였다.

토마스 아퀴나스 같은 중세의 이론가들이 일반계시를 언급하게 된 동기 중 일부는 하나님에 관한 보편적인 지식, 즉 자연 신학을 먼저 제시한 후에 그 토대 위에 교회에 특별하게 계시된 교의(敎義)들을 제시하고자 한 그들의 관심 때문이었다. 그래서 그들은 자연 및 인간의 인격 속에 나타난 하나님의 자기 계시는, 우리의 자연적인 이성의 능력들의 사용을 통해서 모든 사람들에게 가능한, 제한적이지만 참된 하나님 지식의 형성을 위한 기초를 제공한다고 주장하였다. 인간의 이성은 하나님의 창조물을 바라봄으로써 하나님의 본성에 관한 일련의 명제적인 진술들 — 부분적이지만 타당한 — 을 발견해낼 수 있다.[12]

그러나 토마스 아퀴나스는 자연계시를 토대로 세워진 자연 신학은 완전한 하나님 지식을 위해서는 불충분하다는 말을 덧붙였다. 실제로, 우리가 좀 더 깊은 구원의 신비들을 알고자 한다면, 하나님의 특별계시가 반드시 필요하다. 이러한 구원의 신비들은 기독교 신앙, 특히 성경과 교회 전승을 통해 주어진다.[13]

자연 신학, 그리고 신적인 자기 계시로부터 하나님 지식을 얻어낼 수 있는 인간의 선천적인 능력에 대한 중세의 강조는 진리에 이르는 두 가지 길의 타당성을 시사하는 것이었다. 첫 번째 길인 인간의 이성은 논증에 의해서 그 진리성을 입증하기 때문에 인간 개개인이 동의할 수밖에 없는 일련의 진리를 낳는다. 두 번째 길은 신앙인데, 신앙은 초자연적으로 계시되는 그와 같은 진리들을 파악한다. 스콜라주의자들에 의하면, 진리에 이르는 이러한 두 가지 길 — 이성과 신앙 — 은 원칙적으로 결코 서로 충돌하지 않는다. 이성에 의해서 입증된 명제들과 신앙에 의해서 받아들여진 좀 더 높은 차원의 주장들 사이에는 그 어떠한 궁극적인 불일치

---

11) Thomas Aquinas, *Summa Contra Gentiles* 1. 2-4, trans. Anton C. Pegis, in *On the Truth of the Catholic Faith*, Image Books edition (Garden City, N. Y.: Doubleday, 1955), 1: 61-68.

12) Ibid., 1.3.2 [63].

13) Ibid., 1.5 [69-70]. 또한 Thomas Aquinas, *Summa Theologica* 1.1.1, in *Introduction to St. Thomas Aquinas*, ed. Anton C. Pegis (New York: Modern Library, 1948), 3-5를 보라.

가 존재할 수 없다.[14] 요컨대, 일반계시와 특별계시는 조화를 이룬다는 말이다.

(2) 종교개혁을 통한 중세 신학에 대한 반동(反動)은 일반계시라는 개념에 대한 두 번째 태도를 위한 토대가 되었다. 종교개혁자들은 일반계시를 받아들였지만, 자연신학은 거부하였다. 그들은 하나님이 피조 세계 속에 자신을 계시하며, 이 계시는 모든 사람에게 접근이 가능하다고 주장한 중세 스콜라주의 신학자들의 말에 동의하였다. 그러나 종교개혁자들은 죄악된 인간은 이러한 일반계시를 통해서는 하나님을 알 수 없다는 담대한 주장을 펼쳤다.[15]

종교개혁자들에 의하면, 모두 인간의 죄와 관련되어 있는 두 가지 요소가 일반계시의 인식불가능성(imperceptibility)을 설명해 준다고 한다. 우리의 죄는 자연 속에 나타난 하나님의 계시를 모호하게 만들어 버렸다. 원래 질서 정연하도록 의도되었던 우주는 인간의 죄로 말미암아 무질서하게 되어 버렸다. 그러므로 죄는 하나님이 피조 질서 속에 두셨던 계시를 은폐해 버리고 만다. 게다가, 우리의 죄가 피조 세계 속에 현존하는 진리를 볼 수 없도록 우리의 눈을 멀게 했기 때문에, 우리는 자연 속에서 계시를 지각할 수 없다.

이와 같은 논거들은 종교개혁자들이 특별계시의 중요성을 강조하게 된 배경이 되었다. 하나님의 추가적인 자기 계시는 우리의 구원을 위해서만이 아니라 하나님이 피조 세계 속에 두신 계시를 우리가 보는 데에도 필수적이다. 칼빈은 개개인이 피조 세계 속에서 하나님의 계시를 볼 수 있기 위해서는 복음의 안경이 필수적이라고 천명함으로써 종교개혁적인 입장을 표명하였다:

> 낡고 흐릿한 눈을 지닌 사람들과 약한 시력을 지닌 자들 앞에 당신이 가장 아름다운 책을 던져준다고 했을 때, 그들이 그 책을 뭔가 글자가 씌어 있는 글이라는 것을 알아볼 수는 있어도 두 단어도 해독할 수 없지만, 안경의 도움을 받고서는 비로소 뚜렷하게 글을 읽기 시작할 수 있는 것과 마찬가지로, 성경은 우리 마음속에 있는 혼란스러운 하나님 지식을 통합하고, 우리의 우둔함을 제거해서, 우리에게 참된 하나님을 분명하게 보여 준다.[16]

---

14) Thomas Aquinas, *Summa Contra Gentiles* 1.7 [74-75].
15) John Calvin, *Institutes of the Christian Religion* 1.5.14, trans. Ford Lewis Battles, ed. John T. McNeill, volumes 20-21 of the *Library of Christian Classics* (Philadelphia: Westminster, 1960), 68-69.

칼빈의 입장은 오늘날의 개혁주의 신학자들의 저서들 속에 반영되어 있다. 레온 모리스(Leon Morris)는 그 한 예이다:

> 우리에게 일반계시를 풀 수 있는 열쇠를 주는 것은 특별계시이다. 고든 클락(Gordon H. Clark)은 "고대의 바빌로니아인들, 애굽인들, 로마인들은 근대의 이슬람교도들, 힌두교도, 불교도들이 본 자연과 동일한 자연을 보았다. 그러나 그들이 받아들이고자 한 메시지들은 상당히 달랐다"는 것을 우리에게 일깨워준다. 그는 계속해서 "인문주의자들과 논리 실증주의자들이 자연 속에서 본 것은 정통적인 그리스도인들이 자연에 관하여 믿고 있는 것과는 전적으로 다르다"고 말한다. 특별계시가 없다면, 우리는 일반계시를 어떻게 해석해야 할지에 대해서 알 수 없을 것이다. 우리를 안내해주는 특별계시로 말미암아 우리는 하나님의 지으신 작품을 분별할 수 있다.[17]

(3) 계몽주의 시대에 이르러서 일반계시에 대한 세 번째 태도이자 이제까지와는 정반대되는 태도가 출현하였다. 계몽주의 신학자들은 이성을 토마스 아퀴나스가 인간의 능력에 돌렸던 것보다 훨씬 더 높은 위치로 고양시켰다. 그들은 이성과 자연을 진리에 대한 최종적인 판단자들로 보았다.[18]

이성의 시대(the Age of Reason)를 살았던 어떤 신학자들은 일반계시 — 자연의 법칙들을 통한 최고의 존재의 자기 계시 — 가 일차적이라는 결론을 내렸다. 특별계시는 타당한 면이 있다고 할지라도 일반계시를 통해 인간 이성에 알려진 진리들에 대한 재진술들인 한에서만 참된 것으로 여겨졌다. 이성을 통해서 하나님을 알 수 있는 우리 인간의 능력에 대한 계몽주의의 낙관적인 평가는 19세기 자유주의의 과제를 규정하는 배경이 되었다.

(4) 20세기가 시작되면서, 네 번째 태도, 즉 하나님 지식을 위한 원천으로서의 일반계시라는 인식에 대한 문제제기가 등장하였다. 자연신학에 대한 칼 바르트의

---

16) Ibid., 1.5.14 [70]

17) Leon Morris, *I Believe in Revelation* (Grand Rapids: Eerdmans, 1976), 42-43.

18) 이는 John Tillotson, John Locke, Samuel Clark과 같은 사상가들의 입장이었다. Arthur Cushman McGiffert, *Protestant Thought before Kant* (London: Duckworth, 1911), 195-210을 보라.

급진적인 공격은 곧바로 일반계시라는 개념에 대한 가장 결정적인 근대적인 비판이 되었다.[19]

바르트의 입장은 부분적으로는 계시 개념 자체에 대한 그의 이해로부터 생겨났다. 바르트에 의하면, 계시는 "존재하는"(is) 어떤 것이 아니다. 계시는 인간이 발견해내기를 기다리는 일련의 진리들이 아니다. 또한 계시는 개개인이 다가가야 하는 "저 밖에 있는"(out there) 어떤 것이 아니다. 오히려, 바르트의 이해 속에서 계시는 신적인 활동이며, 자기를 드러내시는 하나님이다. 바르트는 오직 그리스도 안에서만 우리가 하나님의 계시에 직면하기 때문에 계시의 초점은 예수 그리스도라고 주장하였다.

바르트의 견해를 일반계시와 특별계시의 구별이라는 맥락 속에서 말한다면, 그에게는 오직 특별계시만이 타당하였다는 결론이 나온다. 바르트에 의하면, 중요한 것은 우리가 그리스도이신 하나님의 말씀에 직면하는 것이다.

(5) 좀 더 최근에는 일반계시와 특별계시를 "혼합한" 다섯 번째 접근방법이 출현하였다. 이 접근방법의 뿌리는 구원사(하나님이 역사 속에서 자신의 활동을 통해서 자신을 계시하신다는 사고)에 대한 오늘날의 관심에 있다. 하나님의 자기 계시를 전체로서의 역사 속에서 발견할 수 있다는 주장을 토대로, 독일의 현대 신학자인 볼프하르트 판넨베르크는 진리를 일반계시와 특별계시로 분류하는 그 어떤 구분법도 타당하지 않은 것으로 보고 거부하였다.[20]

판넨베르크는 오직 하나의 하나님의 자기 계시가 존재할 뿐이라고 주장한다. 이 계시는 역사로서 나타나는 공적(public)인 것이라는 점에서 "일반적"(general)이다. 이 계시는 인류의 이야기 속에 현존하는 계시를 발견하고자 하는 모든 이들에게 접근 가능하다. 이와 동시에, 이 하나뿐인 계시는 "특별하다(special)." 이 계시는 하나님의 구원하시는 활동의 계시이기 때문이다.

일반계시의 신학적 중요성

---

19) Karl Barth, *Church Dogmatics*, ed. G. W. Bromiley and T. F. Torrance (Edinburgh: T & T Clark, 1957), 2/1: 63-178.

20) 그의 사상의 이러한 특징에 관한 논의를 위하여, Stanley J. Grenz, *Reason for Hope: The Systematic Theology of Wolfhart Pannenberg* (New York: Oxford University Press, 1990), 40을 보라.

일반계시라는 개념은 논란이 되어 왔고, 현재도 계속해서 논란이 되고 있다. 그러나 이 개념의 사용을 둘러싼 논쟁에도 불구하고, 이 개념은 여전히 타당하고 유용하다.[21] 왜냐하면, 이 개념은 신학적인 의의(意義)를 지니고 있기 때문이다. 이 개념은 적어도 두 가지 측면에서 중요하다. 그 측면들은 일반계시의 두 초점 — 인격으로서의 인간과 자연 세계 — 과 관련되어 있다.

인격으로서의 인간 속에서의 계시. 일반계시는 하나님이 인간의 인격 구조 안에서 자신을 계시하셨다는 것을 주장하고 있다는 점에서 신학적으로 유용한 개념이다. 모든 인간들에게는 하나님에 대한 내적인 증거, 즉 공적인 역사 속에 나타난 신적 활동과는 별개인 "계시"가 존재한다.

이러한 의미로 이해한다면, 일반계시의 실재는 "세계에 대한 개방성"이라는 개념으로부터 도출되는 논리적인 결론이다. 앞에서 보았듯이, 우리는 우리가 우리의 "세계"에 대하여 부여할 수 있는 어떤 형태에 대해서 외적이거나 그 형태를 뛰어넘는 어떤 것에 대한 공통의 의존성을 공유하고 있다. 이러한 의존성이 무언(無言)으로 증언하는 우리 안에 있는 하나님이 만드신 빈 공간은 하나님의 실재에 대해 인간의 마음속에 있는 증거이다.

앞에서도 말했듯이, 또한 "세계에 대한 개방성"은 우리가 세계를 초월하는 목적을 향하여 지향되어 있다는 것을 보여 준다. 우리는 나중에 제6장에서 이러한 관찰이 지닌 신학적 함의들을 좀 더 자세하게 살펴보게 될 것이다. 여기에서는 하나님의 형상은 비록 손상되긴 했지만 여전히 각 사람에게 현존하고 있다는 것만을 말해 두는 것만으로도 충분할 것이다. 우리가 피조된 존재들이라는 사실 덕분에, 하나님은 우리들 각자를 인간 공동의 운명을 향해 인도하여 오셨다. 우리 인간의 공동적인 의존성이 하나님의 실재를 증거하고 있듯이, 우리 안에 있는 신적인 형상의 잔재는 일반계시의 한 차원이다. 우리가 현재를 초월하여 지향되어 있다는 우리의 인식은 인간의 창조의 목적이신 하나님의 실재에 대한 무언의 증거가 된다.

---

21) 일반계시의 개념의 사용에 대해 가능한 경우를 위하여, Reinhold Niebuhr, *The Nature and Destiny of Man*, two volumes (New York: Charles Scribner's Sons, 1941), 1: 125-36을 보라.

우리의 존재가 세계를 초월하여 지향되어 있다는 우리의 인식의 한 가지 구체적인 측면은 칸트가 설명한 바 있는(제1장을 보라) 도덕적 의무에 대한 인간 공동의 의식이다. 일상생활 속에서 우리는 우리 존재가 도덕적으로 규정되어 있다는 인식을 의도적으로 억눌러버릴 수도 있다. 그러나 그러한 인식은 고독이나 위기의 순간들 같은 삶의 한계 상황들 속에서 다시 등장한다. 이 기본적인 도덕적 경험은 하나님의 존재를 증명하기 위한 빈틈없이 짜여진 논리적인 입증을 위한 토대가 되기에는 부족하겠지만 각 사람에게 현존하는 하나님의 실재에 대한 증언이 되기에는 아무런 문제가 없다.

자연 속에서의 계시. 또한 일반계시는 하나님이 전체로서의 우주 안에 자신을 계시하여 오셨다고 주장한다는 점에서 신학적으로 유용한 개념이다. 이 주장에서 중심적인 것은 피조 세계를 향한 하나님의 은혜로우신 호의가 지니는 인간론적인 함의(含意)이다.

성경의 기자들은 "하늘들이 하나님의 영광을 선포한다"는 것을 인정하면서도 모든 살아 있는 피조물들, 심지어 하나님에 대한 반역 가운데 있는 인간들에게서도 관찰될 수 있는 하나님의 은혜로우심에 더 많은 관심을 갖는다. 성경의 기자들에게 일반계시의 초점은 계절의 규칙적인 순환과 피조물들을 위한 먹을 것의 공급 같은 세속적인 문제들에 두어져 있다(시 136:25; 행 14:17).

하나님이 먹을 것을 공급해 주신다는 주제는 두 가지 추가적인 방향으로 나아간다. 한편으로, 피조물들에 대한 하나님의 돌보심은 하나님이 인간의 마음속에 두신 열망들을 포함한 피조물들의 갈망들을 이루시기를 원하신다는 것을 보여 주는 표지(標識)이다(행 17:27). 다른 한편으로, 우리를 향하신 하나님의 선하심은 실천적인 의미를 지닌다. 그것은 우리에게 다른 사람들과 피조물들을 돌봄으로써 하나님의 성품을 반영하라고 명하시는 것이다(마 5:43-45).

이 모든 의미에서, 하나님의 자비하심은 우리 모두에게 접근 가능한 신적인 자기 계시를 형성한다. 그것은 하나님의 실재에 대한 불변의 증거이다. 자비로우신 창조주는 우리가 그분 안에서 자기 완성을 향한 우리의 추구에 대한 최종적인 답변을 발견하도록 우리를 만드셨다. 그리고 하나님은 우리 안에 하나의 목적, 즉 우리를 둘러싸고 있는 모든 것에서 볼 수 있는 하나님의 성품을 본받게 하고자 하는 목적을 심어 놓으셨다.

그러므로 "자연적인 영역" — 창조물 자체와 인간의 인격 구조 — 은 하나님의 실재를 각 사람에게 증거한다.

일반계시의 한계. 비록 일반계시라는 개념이 타당하고 유용하다고는 하지만, 이 개념은 제한적이다. 이 개념은 범위에 있어서 제한되어 있다. 하나님이 일반계시를 통하여 모든 인간에게 접근 가능하게 한 것들은 하나님의 온전한 자기 계시를 제공해 주지 않는다. 오히려 그 반대로, 일반계시는 오직 세계의 배후에 및 세계 안에 동시에 계시는 실재이신 하나님의 현존에 대한 증언으로서의 기능만을 할 뿐이다.

그러므로 하늘들은 하나님의 본질의 깊은 신비들이 아니라 "하나님의 영광"만을 선포한다(시 19:1). 마찬가지로, 피조 세계 속에서 인간들은 하나님 자신의 완전한 신적인 본질이 아니라 하나님의 영원한 능력과 신성만을 지각한다(롬 1:20). 따라서 자연 세계는 하나님의 "인격성"(whatness, 신적인 실재의 완전한 자기 계시)이 아니라, 하나님의 "실재성"(thatness, 피조 세계에 있어서의 하나님의 현존)을 드러내줄 뿐이다.

일반계시는 범위에 있어서 제한적이기 때문에 그 결과 및 그 잠재적인 사용에 있어서도 제한적이다. 피조 세계 속에 존재하는 하나님에 관한 증언들은 인간들로 하여금 하나님을 알게 해주기보다는 심판과 정죄를 초래한다. 따라서 일반계시는 하나님의 본질에 대한 조직적인 서술을 위한 견고한 토대를 우리에게 제공해 주지 못한다.

일반계시라는 개념의 제한적 사용은 성경 자체 속에서도 분명하게 나타난다. 이 주제에 대한 가장 결정적인 성경 본문(롬 1:18-2:16)에서조차도, 일반계시는 주변적인 역할만을 수행할 뿐이다. 이 본문에서 바울의 주된 취지는 피조물들이 하나님의 실재를 증거한다는 주제를 제시하는 것이 아니라, 죄악된 인간들이 자연의 피조 세계가 전하는 증거마저 억눌러 버린다는 것이다. 인간의 죄로 인해서, 사람들은 사실 피조 세계의 증거에 귀를 기울이지 않는다.[22]

오늘날의 상황에 비추어서 말해 본다면, 바울의 말은 인간들이 그 의도된 목적 — 하나님과의 교제 및 하나님께서 주신 우리의 운명의 실현 — 을 이루기 위한

---

22) Barth, *Church Dogmatics*, 1/2: 307.

우리의 내재적인 "세계에 대한 개방성"을 따르기보다는 그들 자신 및 그들이 창조한 유한한 "세계" 속에서 자기 완성을 이루고자 한다는 것을 의미한다. 바울의 결론을 빌리면, 사람들은 우상 숭배자들이 되어 버렸다. 이러한 우상숭배는 조각한 형상들의 숭배라는 노골적인 형태를 취할 수도 있고, 우리의 궁극적인 갈망들의 만족을 위하여 우리 자신의 창조적인 능력에 의지하는 좀 더 교묘한 근대적인 형태를 취할 수도 있다. 어느 경우이든, 모든 인간들은 거룩하신 하나님 앞에 서서 의(義)에 따라 판단받게 될 것이다(롬 3:23).

그러므로 심지어 바울에게서조차도 일반계시라는 개념은 여러 한계들을 지닌다. 그는 인간의 죄와 하나님의 심판을 부각시키기 위하여 이 개념을 사용하고 있다. 사도는 신학적 체계를 위한 확실한 토대를 제시하기 위하여 일반계시를 근거로 들고 있는 것이 아니다.

우리의 기원으로서의 하나님

일반계시라는 개념이 보여 주듯이, 자연 세계만이 아니라 인간으로서의 우리의 실존도 하나님을 지향하고 있다. "세계에 대한 개방성"을 낳은 우리 인간의 생물학적인 적응성과 유연성은 우리가 "무한히 의존적이며" 세계를 초월하여 지향되어 있다는 의미를 함축하고 있다. 우리의 궁극적인 정체성은 초월적인 실재, 즉 신적인 창조주에게 의존되어 있다.

신학적으로 볼 때, "세계에 대한 개방성"은 우리 인간의 기본적인 피조성(creatureliness)을 의미한다. 이런 식으로 이 근대적인 개념은 우리를 인류의 기원으로서의 하나님에 대한 전통적인 신학적 주장으로 되돌아가게 만든다. 또한 이 개념은 우리를 인간은 하나님의 피조물이라는 결론으로 되돌아가게 만든다. 우리는 초월적 실재에 의존되어 있기 때문에, 인류의 궁극적인 기원은 세계를 초월하여 존재한다. 신학적으로 말하면, 우리의 기원은 하나님 안에 있다.

이제 우리는 하나님이 우리의 기원이라는 신학적 주장의 좀 더 폭넓은 의미를 탐구하고자 한다. 구체적으로 말하면, 이 신학적인 선언 — "우리의 기원은 창조주 하나님 안에 있다" — 은 우리의 인간적 실존 및 본질과 관련된 의미를 지닌다는 말이다.

실존적 의의

기독교 신학은 인간으로서의 우리의 기원이 우리의 창조주이신 하나님 안에 있다고 선언한다. 이러한 주장이 지니는 한 가지 차원은 그 실존적 의의(意義), 즉 우리의 실제적인 실존과 관련된 의미이다. 이 관점에서 보면, "우리의 기원이 하나님 안에 있다"는 신앙고백은 하나님이 인간의 실존의 근거라는 것을 의미한다.

인격적 실존의 근거로서의 하나님. 하나님이 실존의 근거라는 실존적인 명제는 우리의 개인적이며 인격적인 실존을 염두에 두고 있다. 이러한 주장은 우리가 우리 자신을 창조하지 못한다는 것을 의미한다. 우리는 스스로의 존재를 선택하지도 않았고, 선택할 수도 없다. 또한 세계 안에서의 우리의 실제적인 실존은 우리 자신으로부터 오는 것이 아니다. 우리의 삶은 우리 자신의 존재에 내재적이거나 우리 자신의 존재로부터 나오는 것이 아니고, 다른 곳에서 유래된 파생된 삶이다. 우리는 우리의 실존을 창조주 하나님에게 빚지고 있다. 우리가 존재하는 것은 단지 하나님께서 그의 거저 주시는 은혜와 그의 은혜를 베푸실 자유에 따라 우리에게 실존을 수여하셨기 때문이다.

바울이 아테네인들에게 행한 자신의 연설에서 "우리가 그를 힘입어 살며 기동하여 있느니라"(행 17:28)라는 고대 헬라 시인의 말을 인용했을 때에도, 그는 바로 이 점을 지적했던 것이다. 인간 개개인의 삶 — 우리의 실존 자체 — 은 하나님의 실재라는 맥락 속에서 생겨난다.

그러나 하나님이 우리의 실존적 기원이라는 신앙고백은 단순한 신체적인 실존을 넘어선다. 신체적인 실존보다 더 중요한 것은 이러한 신앙고백은 개인의 목적을 포함한다는 것이다. 인격적 삶 자체만이 아니라 우리의 삶의 의미도 우리에게 내재적인 것이 아니다. 우리는 개인의 삶의 의미를 우리 자신을 초월하는 실재로부터 가져온다. 왜냐하면, 하나님이 우리에게 의미를 부여하시기 때문이다. 그리고 이렇게 부여된 의미는 하나님께서 우리를 위해 의도하신 목표, 목적, 운명과 연관되어 있다. 바로 이것이 하나님 안에서 우리가 "우리의 존재를 갖는다"는 바울의 말이 내포하고 있는 좀 더 깊은 의미이다.

기독교 신학자들로서 우리는 하나님은 우리에게 생명과 실존을 부여하시면서 단순히 일반적이고 어설프게 정의된 목적을 염두에 두고 계시는 것이 아니라는 말을 덧붙인다. 하나님의 목적은 일반적이고 어설프기는커녕 특수하고 구체적이다. 웨스트민스터 요리문답은 첫 번째 교리에 관한 질문에 대하여 제시하고 있는 답변 속에서 하나님의 목적을 아주 적절하게 요약해 놓고 있다: "사람의 주된 목적은 하나님을 영화롭게 하고 그를 영원토록 즐거워하는 것이다."[23] 하나님의 목적 — 하나님의 원하시는 것 — 은 모든 피조물들이 창조주를 영화롭게 하는 것이다.

하나님에 대하여 의식적으로 응답할 수 있는 존재들로서, 사람들은 그 위대한 특권에 동참하여야 마땅하다. 또한 하나님을 영화롭게 하는 것은 하나님을 즐거워하고, 창조주와의 관계가 주는 기쁨을 아는 것을 의미한다. 그리고 이렇게 기뻐하며 하나님을 영화롭게 하는 것은 물론 현재를 포함하긴 하지만 미래를 향해 뻗어나가는데, 이는 하나님을 기뻐하며 영화롭게 하는 행위는 "영원"을 향하여 지향되어 있기 때문이다.

요리문답의 대답이 지니고 있는 미래 지향성은 하나님의 계획이 종말에 가서 완성에 이르게 될 하나님의 주권적 통치와 결부되어 있다는 것을 우리에게 상기시켜 준다. 하나님의 의도는 우리가 종말론적인 하나님 나라, 즉 인류와 하나님의 영광스러운 공동체에 참여하는 것이다. 그러나 이와 아울러 우리의 삶이 하나님의 통치를 드러내 보여 줄 때, 그러한 종말론적인 공동체는 현재적인 실재가 될 수 있다.

만유의 아버지이신 하나님. 이런 식으로 보면, 하나님이 우리의 실존의 기원이라는 주장은 하나님이 만유의 아버지라는 종종 오해되는 선언을 이해하기 위한 배경을 이룬다. 정확히 얘기하면, 하나님께서 아버지가 되신다는(the divine fatherhood) 교리는 창조주로서 하나님은 각각의 인간 존재의 근거 또는 근원이라는 것을 주장한다. 인간 존재들에게 거저 생명을 주시는 하나님의 분명한 의지가 없다면, 어느 누구도 존재할 수 없다. 각각의 인간 존재의 근거와 근원으로서, 하나님은 모든 자의 아버지이다.

만유의 아버지로서의 하나님이라는 개념은 성경 속에 나온다. 신자들이 하나님의 자녀들이라는 것은 명백한 성경적 진리(요 1:12)이다. 하나님께 반역하여 제멋

---

23) "The Westminster Shorter Catechism," question 1, in *Creeds of Christendom*, ed. Philip Schaff, three volumes, reprint edition (Grand Rapids: Baker, 1977), 3:676.

대로 행하는 피조물들조차도 어떤 의미에서는 여전히 하나님의 자녀라는 사실은 그리 분명해 보이지 않는다. 그럼에도 불구하고, 구약성서의 예언서들 가운데 나타나는 변함없는 주제는 배도(背道)한 이스라엘도 여전히 하나님의 사랑의 대상이요 하나님과의 특별한 관계의 수혜자들이라는 것이다.

예수께서 말씀하신 탕자의 비유는 하나님의 사랑이 미치는 범위가 이스라엘을 넘어서는 것으로 묘사함으로써 하나님의 아버지되심에 대한 가장 생생한 표현들 가운데 하나가 되었다. 이 비유에서 중심적인 것은 하나님의 사랑하시며 용서하시는 마음에 관한 예수의 묘사이다. 그러나 우리 주님은 길을 잃고 제멋대로 행하는 어리석은 청년이 아버지의 집에서 멀리 떨어져 방황하고 있을 때조차도 그를 여전히 아버지의 아들로 묘사한다. 마찬가지로 하나님은 사람들이 죄 가운데 빠져서 하나님을 인정하기를 거부할 때조차도 모든 인간들에게 계속해서 아버지로서 행동하신다.

구약의 지혜문학은 이 주제를 우리에게는 가장 난해한 경우처럼 보이는 것으로 확대한다. 욥의 시험에 관한 드라마의 막이 오르고, 사탄과 천사들이 야웨 앞에 서 있을 때(욥 1:6), 우리의 원수인 고소자 사탄도 하늘에 속한 하나님의 아들들 가운데 포함되어 있다.

이러한 성경적 고찰들은 하나님께서 만유의 아버지가 되신다는 것을 우리는 어떤 의미로 이해해야 하는가라는 질문을 불러일으킨다. 이 질문을 통해서 우리는 이 장의 주제로 다시 되돌아오게 된다. 요약해서 말한다면, 하나님은 각각의 피조물의 실존의 근원이자 각각의 피조물의 목적 또는 운명의 원천이라는 점에서 악한 자들을 포함한 모든 자의 아버지이다. 심지어 우리가 반역 중에 있더라도, 우리는 우리가 우리 자신의 실존의 근원이 아니라는 단순한 진리를 피할 수 없다. 오히려 그 반대로, 우리의 삶의 기원 — 우리의 실존 자체와 우리를 완성에 이르게 할 수 있는 목적(destiny) — 은 우리에게 신체적(물리적) 실존과 "세계에 대한 개방성"을 수여하시는 하나님이다. 따라서 인류의 보편적인 정체성은 우리의 삶의 기원이신 하나님 안에 있다.

만유의 아버지로서의 하나님이라는 개념은 우리가 우리의 정체성을 어떻게 바라보아야 하는가만이 아니라 죄의 실재에 대한 우리의 이해를 위해서도 중요한 의미들을 지닌다. 하나께서 만유의 아버지가 되신다는 것은 죄란 근본적으로 우리 자신의 합법적인 아버지를 부인하는 것임을 의미한다. 죄는 하나님이 가족적인 연합이 되도록 의도하신 것을 갈라놓는다.

그러나 죄는 그 사람을 아버지가 없는 상태로 내버려두지 않는다. 오히려 그 반대로, 죄는 불법적인 가족적 유대의 형성을 수반한다. 유대인들을 향한 예수의 신랄한 비판은 바로 그런 의미로 해석되어야 한다: "너희는 너희 아비 마귀에게 속하느니라"(요 8:44). 사람들이 그들의 신적인 가족을 버리게 되면, 그들은 반역자들의 수괴(首魁)인 사탄의 족보에 편입된다. 그러므로 궁극적으로 죄는 하나님과의 합법적인 유대를 거짓의 아버지인(요 8:44) 불법적인 "아버지"에 의해 인도되는 불법적인 가족으로 바꾸어 놓는다.

창조주로서 ― 모든 살아있는 것의 실존과 목적의 근거로서 ― 하나님은 모든 피조물들의 아버지이다. 그러나 하나님이 만유의 아버지라는 사실은 모든 인간들이 현세에서든 영원에서든 하나님을 아버지로 인정한다는 것을 의미하지는 않는다. 우주적 종말론에 관하여 논의할 때에(24장) 보게 되겠지만, 끔찍한 비극은 하나님의 가족의 구성원들로서 인간 상호 간, 피조물들, 그들의 참된 아버지와 교제를 나누어야 할 많은 사람들이 실제로는 영원토록 신적인 공동체 바깥에 머무르고 있다는 것이다.

본질적 의의

우리의 기원이 하나님 안에 있다는 주장은 인간 개개인의 실존과 관련된 의미를 지니고 있음과 아울러 우리가 공유하고 있는 인간적인 본질을 이해하는 데에도 중요성을 지닌다. "하나님이 우리의 기원이시다"라는 진술은 하나님이 "인간"이라 불리는 본질의 근원 또는 근거라는 것을 긍정하는 것이다. 하나님은 인간이라는 것이 무엇을 의미하는지를 선언할 수 있는 대권을 소유하고 계신다.

인간의 본질을 결정할 수 있는 하나님의 대권은 창조주로서의 그분의 지위의 산물이다. 창조주로서 하나님은 우리를 지으신 자이며, 따라서 그분만이 홀로 인간이라는 것이 무엇을 의미하는지를 선언할 권리를 가지신다. 기독론을 다루는 단원에서, 우리는 어떻게 참 인간이신 예수가 이렇게 하나님께서 결정하신 본질을 우리에게 계시하시는지를 보게 될 것이다.

하나님의 대권들에 관한 이러한 일반적인 긍정을 넘어서서, 하나님이 인간성의 본질의 근거라고 말하는 것은 기독교적인 이해를 위해 몇 가지 실천적인 함의들을 지닌다. 예를 들면, 그것은 우리가 근본적으로 "본질주의"(essentialist)적인 세계관을 지지하도록 요구받고 있다는 것을 보여준다. 몇몇 염세적 실존주의 철학자들(예를 들어, 장 폴 사르트르)의 결론과는 대조적으로, 기독교적인 전망에서 바라보면, 삶은 의미가 없는 것이 아니다. 즉, 우리는 단순히 실존에로 "내던져졌다"(thrown)는 말은 사실이 아니라는 말이다. 또한 우리들 각자는 우리에게 가능한 어떤 의미를 만들어내야 한다는 말도, 우리는 우리가 행하는 선택들을 통해서 우리 자신의 본질을 만들어내야 한다는 말도 모두 참이 아니다. 오히려 그 반대로, 하나님은 하나의 목적을 염두에 두고서 인류를 만드셨다. 그러므로 하나님이 각자의 인간 존재에게 삶 속에서 인식하고, 반영하며, 실현하도록 요구하시는 객관적으로 참된 인간의 본질이 존재한다.

게다가, 하나님이 우리의 본질적 인간성의 기원이라는 주장은 하나님이 모든 창조물의 가치의 근원이라는 것을 의미한다. 그 어떤 인간 존재들이나 인간 공동체도 하나님이 만드신 사람이나 사물의 가치를 결정하는 궁극적인 대권을 갖고 있지 않다.

이러한 주장은 우리가 자연 환경을 바라보는 방식에 영향을 미친다. 피조 세계는 우리 인간의 변혁 활동을 위한 재료로서만이 아니라, 하나님이 그것을 그 자체로서 소중히 여기시기 때문에 가치가 있는 것이다. 성경의 드라마의 처음에서 끝까지, 우리는 하나님께서 자신의 창조물을 소중히 여기신다는 것을 발견하게 된다. 그 시작에 있어서, 하나님은 피조 세계를 "선하다"(good)라고 말씀하셨다. 그리고 종말론적인 갱신의 때에 변화되어질 것은 바로 이 땅이다. 하나님은 이 땅이 지닌 유용성 때문이 아니라 그가 그 위에 두신 가치에 걸맞게 땅을 소중히 여기라고 우리에게 명하신다.

"하나님은 가치의 근원이다"라는 주장은 특히 인간의 가치 또는 개개인들의 가치에 관한 영역에 적용될 수 있다. 우리의 가치는 다른 사람 또는 사회가 우리에 대하여 부여하는 가치가 아니라, 하나님께서 우리에게 귀속시키신 가치에 근거하고 있다. 인간은 가치의 결정자가 아니라, 하나님이 각 사람에게 부여하신 가치를 인정하도록 하나님에 의해 명령받고 있다.

인간의 가치라는 문제는 인간의 삶과 죽음을 중심으로 한 오늘날의 몇몇 윤리적인 문제들에 구체적으로 적용될 수 있다. 그리스도인들은 현대 서구에서 주장되고 있는 사회적 공동체(social community)나 자율적인 개인(autonomous individual)이라는 관점이 아니라 하나님의 관점에서 그와 같은 모든 문제들에

답해야 한다.

그러한 문제들 중 한 가지 중요한 예가 낙태 문제이다. 오늘날 많은 사람들은 태아의 인격성에 관한 문제를 산모 또는 좀 더 넓은 범위의 인간 공동체가 그 태아에게 부여하는 가치에 의거해서 해결하고자 한다.[24] 그러나 이런 식으로 시작해서는, 낙태 문제에 대한 적절한 대답은 결코 나올 수 없다. 태아가 "원해서 가진 아이"(wanted child)일 때만, 또는 사회가 태어나지 않은 아이를 권리를 지닌 하나의 인격으로 인정하기로 결정했을 때에만, 태아는 비로소 가치를 지니게 되는 것이 아니다. 오히려, 우리는 하나님께서 모태 속에서 자라나는 새로운 생명에게 어떤 가치를 두시는가를 묻는 것으로 낙태에 관한 논의를 시작해야 한다. 그렇게 함으로써 우리는 하나님은 모든 개별적인 생명을 소중히 여기신다는 결론을 내리게 된다.[25]

요약하면, "하나님은 인류의 기원이다"라는 우리의 선언은 인간에 관한 기본적인 생물학적 사실, 즉 우리 인간이 지닌 "세계에 대한 개방성"에 대한 신학적인 해석의 결과로 생겨난다. 인간은 우주 안에서 하나의 위치를 갖는다: 즉, 우리는 하나님의 계획 속에서 특별한 운명을 지닌 피조물들이다. 하나님은 그의 특별한 사랑과 특별한 가치의 수혜자들이 되도록 우리를 창조하셨다. 하나님께서 우리 각자를 그가 우리를 위하여 예정하신 운명에 참여하도록 부르시기 때문에, 모든 인간은 그러한 지위를 공유한다. 우리의 기원은 하나님 안에 있다. 왜냐하면, 하나님은 전체로서의 인류와 인간 개개인의 실존과 본질의 근원이시기 때문이다.

우리의 시간적 기원

"우리의 기원이 하나님 안에 있다"는 신앙고백을 통해서, 우리는 하나님이 우리의 실존과 우리의 본질의 근원이라는 것을 긍정한다. 그러나 오늘날의 사람들에

---

24) 예를 들면, Mary Anne Warren, "On the Moral and Legal Status of Abortion," in *Contemporary Issues in Bioethics*, ed. Tom L. Beauchamp and Leroy Walters (Belmont, Claif.: Wadsworth, 1989), 211-20을 보라.

25) 좀더 상세한 논의를 위하여, Stanley J. Grenz, "Abortion: A Christian response," *Conrad Grebel Review* 2/1 (Winter 1984): 21-30. 또한 Stanley J. Grenz, *Sexual Ethics* (Dallas: Word, 1990), 135-41을 보라.

게 인간의 기원에 관한 문제는 우리의 본성 또는 우리의 인격적 실존의 시작에 그 초점이 맞춰져 있지 않다. 오히려, 일반적으로 가장 먼저 떠오르는 것은 우리의 시간적 기원에 관한 문제이다.

"첫 번째 인간"에 관한 문제

많은 그리스도인들에게 인간의 기원에 관한 논의는 인류의 시간적 기원에 관한 질문을 떠올리게 만든다: 과연 "첫 번째 인간"은 존재했는가? 근대에는 많은 분야의 학자들이 첫 번째 인간이라는 개념을 놓고 논쟁을 벌였다. 그러나 복음주의적인 그리스도인들은 일반적으로 이러한 광범위한 논의의 초점을 좁혀서 역사적 아담에 관한 해묵은 논쟁으로 축소시킨다. 인류는 성경이 "아담"이라고 부르는 첫 번째 인간으로부터 시작되었는가?

전통적 입장. 많은 그리스도인들은 "전통적" 견해라고 지칭될 수 있는 것을 견지한다. 전통적 견해를 주장한 사람들은 아담이 역사적인 인물이었으며, 인류의 기원이 되었던 특별한 인간이었다고 주장한다. 또한 많은 지지자들은 아마도 아담은 시간 속의 특정한 때에 특별한 신적인 창조적 행위를 통해서 탄생되었을 것이라고 추측한다(꼭 그렇다고 말하는 것은 아니지만).

전통적인 견해를 옹호하는 사람들은 성경의 몇몇 본문들을 그 근거로 든다.[26] 그들은 성경 전체에 걸쳐 산재해 있는 아담에 관한 언급들이 일관되게 그를 역사적 인물로 다루고 있다고 주장한다(대상 1:1; 유 14; 눅 3:38). 더욱이, 아담과 그리스도를 신학적으로 대비하고 있는 바울의 태도(롬 5:12-21; 고전 15:20-22)는 아담이 예수와 마찬가지로 역사적 인물일 것을 요구한다. 그러나 무엇보다도, 전통주의자들은 그들이 역사적 기사(記事)로 해석하고 있는 두 번째 창조 이야기 속에 나오는 아담에 관한 이야기(창 2-3장)를 그 근거로 제시한다.

신화적 견해. 지난 두 세기 동안, 전통적인 견해에 대한 하나의 대안이 심지어 복음주의자들 사이에서도 지지층을 넓혀 왔다. 우리는 이 새로운 입장을 신화적

---

26) 이러한 접근의 예증을 위하여, Gordon R. Lewis and Bruce A. Demarest, *Integrative Theology*, three volumes (Grand Rapids: Zondervan, 1990), 2: 26-47을 보라.

견해라고 규정할 수 있을 것이다. 이 견해를 주창한 사람들은 아담을 굳이 역사적 개인으로 이해할 필요가 없으며, 오히려 하나의 상징으로 보는 것이 더 낫다고 주장한다. 아담이 누구 또는 무엇에 대한 상징이냐는 질문에 대해서는 신화적 견해의 지지자들은 의견의 일치를 보지 못하고 있다. 오히려, 사상가들은 창세기 이야기 속에 나오는 인물의 정체성에 관한 몇 가지 제안들을 제시한다.

(1) "실존주의적" 해석이라고 할 수 있는 하나의 해석 유형은 아담을 각 사람에 대한 상징으로 본다. "아담"은 인간 개개인을 대표한다. 따라서 이러한 해석을 지지하는 자들은 창조 이야기는 각 사람의 삶 속에서 일어나는 사건들의 경과를 묘사하고자 하는 의도가 있다고 주장한다. 우리의 삶의 이야기는 타락, 즉 무죄 상태(innocency)에서 죄로의 옮겨가는 것에 관한 이야기이다.

어떤 실존주의적 해석자들은 창세기의 이야기를 일반적으로 유아기의 어떤 시점에서 모든 사람이 겪는 역사적이며 인격적인 타락에 관한 묘사로 이해한다. 인간 개개인은 무죄 상태 속에서 지상적인 삶을 시작한다. 그러나 결국 우리 모두는 윤리적 선택을 시작해야 할 시점에 이르게 된다. 우리가 이 시점에 이르게 될 때, 우리는 무죄 상태에서 죄로 타락한다.

어떤 실존주의적 해석자들은 무죄 상태로부터 죄로 옮겨가는 것을 삶의 어떤 특정한 단계에서 일어나는 것으로 보지 않고, 우리가 반복적으로 만나게 되는 유혹 앞에서 도덕적 결단을 내리는 시점이라는 관점에서 이해한다. 그러므로 창세기 2-3장의 사건들은 결정이 요구되는 매 순간 속에서 발생한다. 유혹 또는 도덕적 결정에 직면할 때, 우리는 무죄 상태 속에서 시작한다; 우리는 우리가 곧 행하게 될 특정한 행위와 관련하여 선과 악을 실존적으로 인식하지 못하거나 선과 악에 대한 그 어떤 직접적인 경험도 갖고 있지 않다. 그러나 우리가 유혹에 굴복하게 되면, 즉 죄를 범하게 되면, 창세기 이야기가 묘사하고 있듯이, 우리는 무죄 상태에서 죄로 타락하게 된다. 이러한 관점에 따라서, 라인홀드 니버(Reinhold Niebuhr)는 아담의 이야기는 "인간의 삶 속에서 역사적인 매 순간의 한 측면에 대한 상징"이라고 말하였다.[27]

(2) 다양한 실존주의적인 이해들 외에도, "본질주의적" 이해라고 부를 수 있는 "아담"에 관한 또 다른 신화적 해석이 있다. 본질주의적인 해석은 아담을 인류 전체에 대한 상징으로 본다. 이러한 의미에서 창세기 2-3장의 이야기는 역사적 대표(historical representation)의 한 유형이다. 그 이야기는 우리가 지금 처해 있는

현재의 상태를 가져온 일련의 사건들을 말해 준다. 비록 저 태초의 타락을 역사상으로 존재하였던 한 쌍의 특정한 남녀에게 귀속시킬 수는 없다고 할지라도, 인류가 낙원에서 시작했다가 죄를 지어 타락하였다는 것만은 분명하다. 인간 집단의 역사 속에서 일어난 이 비극적인 사건의 결과로, 모든 사람은 저 "태초의 사건" 이래로 자기 자신이 태어날 때부터 죄인이라는 것을 발견하게 된다.[28]

근저에 있는 해석학적인 문제. 성경에 나오는 아담이라는 인물을 이해하는 데 있어서 아담의 이야기가 차지하는 중요성으로 인해서, 아담의 역사성이라는 쟁점과 관련된 논의는 흔히 창세기 2-3장의 의도에 관한 해석학적인 질문에 그 초점이 맞춰진다. 아담에 관한 신화적 견해의 지지자들은 이 이야기는 단순히 역사적인 이야기인 것이 아니라 이야기 형태로 된 신학적 진술이라고 주장한다.

복음주의 사상가인 제임스 허드(James Hurd)는 신화적 견해를 논증하는 가운데 이러한 상황을 잘 요약하고 있다. 그는 자신의 입장의 해석학에 관하여 이렇게 말한다:

> 창세기 기록은 사건들을 "신문 기사식으로"(news reporting) 엄밀하게 기록한 연대기가 아니라, 인간을 기존의 자연법칙들에 해당하는 일련의 자연적인 과정들이 아니라 창조주와 결부시킴으로써 우주 속에서 인간의 적절한 위치를 설정하기 위한 것이다 ― 인간의 궁극적인 의미를 보여 주기 위하여.[29]

허드는 자신의 해석학적인 방향성으로부터 다음과 같은 분명한 결론을 이끌어 낸다:

> 이 견해에 의하면, 창세기는 인간의 기원에 관한 어느 특정한 과학적인 이론을 우리에게 강제하는 것이 아니라 인간됨의 의미, 인간 상호 간의 관계,

---

27) Niebuhr, *The Nature and Destiny of Man*, 1: 269.
28) 이러한 접근의 예를 위하여, Wolfhart Pannenberg, *The Apostles' Creed*, trans. Margaret Kohl (Philadelphia: Westminster, 1972), 160-69를 보라.
29) James Hurd, "Anthropology, Theology, and Human Origins," *Journal of the American Scientific Affiliation* 33/4 (December 1981): 241.

인간 전체와 하나님의 관계, 인간과 우주의 관계에 관한 결론을 우리에게 강제한다.[30]

전형적인 반론, 즉 만일 창세기의 이야기가 신문기사 식의 연대기적 보고가 아니라면, 성경 속의 다른 본문들도 마찬가지로 신빙성 있는 역사적 기사(記事)들이라고 할 수 없다는 반론에 대해서, 허드는 이렇게 대답한다:

> 성경 본문을 가장 문자적으로 해석하는 사람들조차도 역사와 비유, 성경의 영구적인 원리들과 문화적이거나 시간적으로 제한된 가르침들을 구분하지 않을 수 없다 … 창세기 속에 나오는 상징 체계는 성경의 권위를 손상시키지 않는다 … 이와 같은 견해를 취하게 되면, 창세기는 인간의 기원에 관한 몇 가지 과학적인 이론들 중 어떤 것도 허용하게 된다. 창세기는 우리의 근거가 하나님 자신 안에 있다는 것을 부정하는 인류에 대한 사이비 과학적인 의미들을 허용하지 않는다.[31]

그러나 많은 복음주의자들은 신화적 견해의 해석학을 설득력이 있다거나 만족스럽다고 생각하지 않아 왔다. 이것은 우리를 이와 관련된 진화(進化)라는 까다로운 문제로 인도한다.

"첫 번째 인간"과 진화

많은 사람들은 아담의 역사성에 관한 문제와 그 연장선상에 있는 해석학적 문제는 아주 자연스럽게 진화라는 문제로 귀결된다고 생각한다. 이 둘을 연결시키는 것은 어느 정도 타당하다. 진화 과정의 산물로서 인류가 지상에 등장하였다는 이론을 받아들이는 사람들은 창세기의 이야기를 왜 꼭 아담이라 불린 역사상의 특정한 인물에 관한 이야기로 읽어야 하는지 납득할 수 없다는 태도를 보일지도 모른다. 이와는 반대로, 인간이 저급한 형태의 생명체들로부터 진화했다는 것을 부정하는 사람들은 흔히 우주와 최초의 부부의 시작에 관한 실제적인 역사로 해석된

---

30) Ibid.
31) Ibid.

창세기의 창조 이야기들 — 아담의 이야기를 포함한 — 을 근거로 진화론을 거부한다.

진화 논쟁과 관련된 몇몇 고찰들. 진화 논쟁에 직접적으로 끼어드는 것이 조직신학의 범위를 벗어나는 것이긴 하지만, 이 문제를 접근함에 있어서 모든 그리스도인들이 지침으로 삼아야 할 몇 가지 사항들을 다루는 것은 분명히 신학자들인 우리가 해야 할 일이다.

(1) 진화를 논의함에 있어서, 우리는 성경 기사(記事)들의 목적과 과학적 이론들의 목적이 언제나 동일할 수는 없다는 사실을 염두에 두지 않으면 안 된다. 비록 우리가 자주 듣는 다음과 같은 구별이 과장된 말이라고 할지라도, 이 말은 두 학문 분야가 그 의도에 있어서 근본적으로 서로 다르다는 것을 우리에게 알게 해 주는 데 도움이 된다: 과학자는 "어떻게?"(how)라는 질문을 제기하고, 그 질문에 대하여 원인과 결과라는 관점에서 대답한다. 이와는 대조적으로, 신학자는 "어떤 목적으로?"(for what purpose)라고 묻고, 하나님의 목적들, 목표들, 계획들에 관한 인식들에 의거해서 대답한다.

레온 모리스(Leon Morris)는 우주에 관한 질문들에 대하여 신학이 추구하는 목적론적이고 인격적인 대답은 과학적인 대답만큼이나 중요하다는 것을 예증하기 위하여 일상생활에서 가져온 유비(類比)를 사용한다:

> 주전자는 왜 끓고 있는가라는 질문에 대답하면서, 우리는 성냥을 긋고, 가스의 불꽃을 점화시키고, 물의 온도를 높이는 것 등등에 관하여 말할 수 있다. 원인과 결과의 고리는 완전할 수 있다. 그러나 "한 잔의 커피를 만들고 싶어서"라는 말로 이 질문에 대하여 대답하는 것도 가능하다. 두 번째 대답은 첫 번째 대답과 마찬가지로 참되다. 첫 번째 대답은 과학적으로 입증될 수 있다는 것을 근거로 들면서, 두 번째 답변이 참이라는 것을 부정한다면, 그것은 어리석은 일이 될 것이다. 과학적 설명은 참되지만, 과학적 설명만이 유일하게 참된 것은 아니다. 그리고 과학적 설명이 가장 의미 있는 설명인 것은 아니라고 할 수도 있다. 인격적 요소가 중요하다.[32]

어떤 복음주의자들은 이러한 구별을 진화론과 성경적인 창조론 둘 다를 받아들이기 위한 근거로 사용해 왔다. 예를 들어, 리처드 버브(Richard H. Bube)는 진화와 성경은 상호배타적인가라는 질문에 대하여 다음과 같은 답변을 제시한다:

> 내게는 현재로서는 이 질문에 대한 대답은 아니오(no)인 것 같다. 진화론적인 틀은 성경의 기본적인 진리들을 표현하기 위한 즉각적인 창조라는 틀과 마찬가지로 적합하다. 내가 다음과 같은 것들을 주장하고 있는 것이 아님을 주목하라: (a) 나는 하나님의 명령에 의한 즉각적인 창조가 불가능하다고 주장하고 있는 것이 아니다(그렇게 함으로써 하나님의 전능을 제한하고 있는 것이 아니다). (b) 나는 진화 과정이 하나님의 창조 활동에 대한 궁극적으로 충실한 묘사라고 주장하고 있는 것이 아니다(왜냐하면, 여전히 대답되지 않은 많은 문제들이 존재하기 때문에). 내가 주장하고 있는 것은 성경적 고려들을 통해서 진화론적인 유형의 설명을 선험적으로(a priori) 배제할 필요가 없다는 것, 따라서 그리스도인은 성경과 과학의 통합이 미래에 우리를 인도할 바로 그 지점을 추구할 자유를 갖고 있다는 것이다.[33]

우리는 버브(Bube)가 제안한 내용이 진정으로 가능성이 있는 주장이라는 것을 인정하기 위하여 굳이 진화론을 받아들일 필요는 없다.

(2) 진화 논쟁에 접근함에 있어서, 우리는 "과학주의"(그리고 그 근대적인 결과물인 "진화주의")가 실제로 우주에 관한 우리의 기독교 신학적인 이해와 상반된다는 것을 깨닫지 않으면 안 된다. 과학주의는 과학이 궁극적으로 삶과 실존에 관한 우리 인간의 모든 문제들에 대한 대답들을 제공해줄 수 있다는 가정으로부터 생겨난 세계관이다. 또한 "진화주의"는 진화 과정은 그 자체로 및 저절로 우리 인간의 기원에 관한 문제에 대한 열쇠를 제공해줄 뿐만 아니라, 우리는 오직 그 틀 안에서만 인간의 기원에 관한 문제에 대한 대답을 얻을 수 있다고 전제한다.

이러한 전제들이 주어져 있기 때문에, 진화 논쟁에 있어서 과학주의와 진화주의를 지지하는 사람들은 하나님이 세계에 관여하신다거나 세계 안에 현존하신다

---

32) Leon Morris, "God's Dice or God's Purpose," *Christianity Today* 16/22 (August 111, 1972): 42 [1078].

33) Richard H. Bube, "Creation: Understanding Creation Evolution," *Journal of the American Scientific Affiliation* 32/3 (September 1980): 177.

는 그 어떤 주장도 받아들일 수 있는 여지가 없다. 이것이 하나님이 세계의 창조주라는 선언에 그 초점을 맞추고 있는 성경적인 세계관과 양립될 수 없다는 것은 너무도 명백하다.

(3) 이러한 논쟁 속에서 우리는 첫 번째 인간의 실존 여부를 증명하는 문제는 결국 과학적인 연구의 능력을 벗어난 것일 수 있다는 것을 명심하여야 한다. 시간이 시작된 시점에 일어난 사건들은 그 성격상 과학적 방법의 경계 너머에 있다.

역사적 인물로서의 아담. 인간이 지상에 출현하게 된 과정에 대한 논쟁은 여전히 해결되기에는 요원한 문제인 것 같다. 과학적 연구는 창세기의 처음 몇 장에 나오는 아담에 해당하는 역사적인 인물이 실존했는지의 여부를 결코 결정적으로 해결하지 못할 것이다. 이와 동시에, 아담에 대한 성경의 여러 언급들은 성경의 저자들이 아담을 역사상의 인물로 보았다는 것을 시사해준다. 따라서 우리는 전통적인 견해를 계속해서 취할 타당한 이유를 갖고 있다.

그러나 기독교 신앙에 있어서, 아담이 최초의 인간이었는지 아니었는지에 관한 역사적이고 과학적인 질문보다 더 중요한 것은 바로 인류의 시작인 "아담"이 지니는 신학적인 의미이다. 이제 우리는 아담에 관한 문제의 이 중요한 차원을 살펴보고자 한다.

인간론과 우리의 시간적 기원

첫 번째 인간에 관한 문제의 배후에는 인류의 시간적 기원이라는 좀 더 광범위한 주제가 놓여 있다. 따라서 "아담"에 관한 우리의 논의는 우리를 앞에서 살펴본, "우리의 기원은 하나님 안에 있다"는 우리의 주장으로 되돌아가게 만든다.

우리가 위에서 결론을 내렸듯이, 우리의 창조주 하나님은 인간의 본질이 무엇인지를 결정하신다. 하나님은 인류와 인간 개개인에게 가치를 부여하신다. 이렇게 넓은 맥락에서 보면, 인류의 시간적 기원에 관한 문제는 이런 일이 언제 일어났는지에 관한 다음과 같은 질문이 된다: 하나님은 언제 창조하시는가? 하나님은 우리 인간의 본질을 언제 결정하시는가? 하나님이 우리에게 가치를 부여하시는 때는 언제인가? 이런 식으로 이해하면, 우리의 시간적 기원에 관한 질문은 실제로 이중적이다. 그것은 본질과 실존, 이렇게 두 가지에 관한 질문인 것이다.

인류의 시간적 시작. 본질적으로 본다면, 우리는 전체로서의 인류의 시간적 기원이라는 관점에서 이러한 질문을 제기하여야 한다. 창조주의 은총과 사랑을 통해 긍정된 자들로서 인류가 가치를 부여받은 시점은 언제인가? 신학적으로 말해서, 그러한 본질주의적인 질문에 대한 대답은 "아담"이다. 인류의 시간적 기원은 아담에 있다.

아담이 실제로 지상에 존재했었는지와는 상관 없이, 창조에 있어서의 하나님의 목적들은 아담을 계기로 새로운 단계에 도달한다. 이 피조물을 시작으로 하나님은 이 땅에서 특별한 방식으로 활동하고 계신다. 왜냐하면, 하나님은 아담과 아담의 후손들을 위한 독특한 운명을 결정해 놓으셨기 때문이다.

신학적으로 본다면, 인류는 우주 역사의 특정한 시점에서, 즉 지상에 아담이 등장하면서 시작된다. 아담(또는 "호모 사피엔스"), 오직 아담과만 하나님은 특별한 관계 또는 계약을 맺으신다. 이 계약을 통해서 하나님은 창조물을 위한 새로운 의도, 즉 이 창조물 ― 아담과 그의 후손 ― 이 하나님이 만드신 우주의 다른 모든 측면들과는 구별되는 독특한 방식으로 하나님과 관계를 맺음으로써 특별한 운명을 성취하여야 한다는 것을 선포하신다.

개인의 시간적 시작. 우리의 시간적 기원에 관한 질문에 대한 이러한 본질주의적인 대답 다음에는 실존주의적인 고찰이 뒤따른다. 실존주의적인 맥락 속에서 우리는 개별적인 존재들로서의 우리의 시간적 기원에 관하여 묻는다. 이제 우리는 개인의 생명의 기원에 관하여 묻는다: 인간의 수태(受胎)의 산물이 창조주의 은총과 사랑으로 말미암아 가치의 수혜자가 되는 것은 어느 시점인가? 하나님이 모태 속에서 자라나는 태아를 바라보시고, 그 태아를 하나님의 은총과 사랑, 특별한 운명의 대상으로 인정하시는 것은 어느 시점인가? 하나님은 성장하는 개인과 언제 계약을 맺으시는가?

전통적으로 이러한 문제는 다음 장에서 다루어질 "영혼"과 관련하여 제기된다. 그러므로 우리는 여기에서는 단지 질문만을 제시할 뿐이고, 그 대답은 이후에 계속될 우리의 논의에서 주어질 것이다.

인류의 통일성. 그러나 이 주제를 마치기 전에, 우리는 인류의 시간적 기원으로서의 아담에 관한 우리의 논의에서 도출되는 또 하나의 결론을 다루지 않으면 안 된다. 신학적으로 인류의 기원이 아담에 있다는 우리의 주장은 모든 인간이 아담의 후손이며 모든 인류가 신학적인 통일성을 이루고 있다는 것을 의미한다. 하나의 근원으로부터 유래한 인류의 통일성에 관한 가르침은 성경, 생물학, 그 밖의 다른 신학적인 고찰들의 지지를 받고 있다.

그 성경적인 근거는 창세기의 이야기 속에 이미 들어 있다. 이 이야기에 따르면, 타락 이후에 아담은 그의 아내를 하와라 불렀는데, "그는 모든 산 자의 어머니가 됨이니라"(창 3:20). 이런 식으로 화자(話者)는 이 부부가 그 밖의 모든 인간 존재들의 시조(始祖)가 되었다는 것을 보여 준다. 바울은 창세기의 이러한 주장을 반영하고 있다. 아테네인들을 향한 연설에서 바울은 모든 민족들이 궁극적으로는 아담으로부터 나왔다고 주장한다: "인류의 모든 민족을 한 혈통으로 만드사 온 땅에 거하게 하시고 저희의 연대를 정하시며 거주의 한계를 정하셨으니"(행 17:26).

인류의 통일성에 관한 가르침은 근대의 생물학자들의 저술 속에서도 확증된다. 예를 들면, 애쉴리 몬터규(Ashley Montagu)는 그의 동료들도 공감하고 있었을 내용을 다음과 같이 표현하고 있다:

> 그리고 여기에서 이 중요한 사실은 온갖 다양한 인간들이 동일한 종(種)에 속하며, 의심할 여지 없이 동일한 공통의 인간적 선조들을 갖고 있다는 사실을 분명하게 진술할 것을 우리에게 요구하고 있다. 이것은 비교 해부학, 혈액학, 유전학의 모든 관련된 증거들이 보여 주는 결론이다. 유전학적인 근거들만으로는 인간의 다양성이 서로 다른 유인원 조상들로부터 개별적인 혈통을 따라 각각 유래되었다고 생각하는 것은 사실상 불가능하다.[34]

끝으로, 인류의 통일성에 관한 가르침은 하나님이 창조주라는 신학적인 주장으로부터 나온다. 우리가 이미 살펴보았듯이, 창조주 하나님은 자신의 창조물의 본질과 가치를 결정할 수 있는 대권을 지니고 있다. 아담과의 계약에 들어가신 하나님은 우리 인간의 운명을 결정하시며, 아담의 모든 후손들에게 "인간"으로서의 가치를 부여하신다. 따라서 모든 인간은 하나님이 의도하신 운명에 참여하도록 의도된

---

34) Montagu, *Man in Process*, 18.

자들로서 그 하나의 운명에 함께 참여한다. 그러므로 우리는 본질의 통일성을 이루고 있다.

인류의 통일성은 신학적으로 엄청난 중요성을 지닌다. 그것은 우리 각자가 하나의 인류에 참여하는 자로서 하나님 앞에 서 있다는 것을 의미한다. 이러한 공통의 지위는 몇 가지 실천적인 함의들을 수반한다. 그것은 모든 인간은 하나님 앞에서 동등하다는 것을 뜻한다. 이 원리는 정의, 인종차별주의 등과 같은 윤리적인 주제들에 대한 그리스도인으로서의 우리의 응답을 위한 토대를 제공한다. 마찬가지로 인류의 통일성은 각 사람이 죄로의 하나의 타락에 참여하고 있다는 것을 의미한다. 바울은 아담 안에서의 모든 인류의 신학적 통일성에 의거하여 이 점을 도출해내고 있다(롬 5:12-21).

이러한 신학적인 함의에 관한 논의는 제7장에서 죄를 다룰 때까지 기다려야 한다. 그러나 우리의 죄악됨이라는 슬픈 현실을 좀 더 자세하게 들여다보기 전에, 우리는 먼저 하나님의 선하신 창조물로서의 인간의 또 다른 차원을 살펴보아야 한다: 우리는 하나님이 주신 본성을 공유하고 있다.

제 6 장

공동체를 위한 인격들로서의 우리의 본성

> 하나님이 자기 형상 곧 하나님의 형상대로 사람을 창조하시되 남자와 여자를 창조하시고.
> ― 창 1:27

제5장에서 우리는 하나님 안에 있는 우리의 기원이라는 개념과 인간으로서의 우리의 정체성과 관련하여 그것이 지니는 함의들을 탐구하였다. 우리의 논의는 인류의 근대적인 자기 이해의 표현인 "세계에 대한 개방성"이라는 개념에서 출발하였다. 이 개념은 우리로 하여금 우리의 정체성이 궁극적으로 오직 세계 바깥에 있는 준거점(reference point)으로부터만 도출될 수 있다는 사실을 주장하게 만들었다. 그리스도인들로서 우리는 이 초월적인 실재가 하나님이라는 것을 알고 있다. 그러므로 우리는 하나의 정체성을 갖고 있다. 왜냐하면, 우리의 창조주이신 하나님이 우리의 개인적인 실존과 우리가 공유하도록 부르심 받은 인간적 본성의 기원이기 때문이다.

이제 우리는 하나님이 인류를 위해 의도하신 이 본질은 과연 무엇인가를 질문함으로써 이 논의를 한 걸음 더 진척시키고자 한다. 우리의 탐구의 초점은 우리의 인간적 본성이다: 과연 모든 인간이 공유하는 하나의 본질이 존재하는가? 그리고 만일 그렇다면, 우리의 창조주 하나님이 결정하신 인류의 본성을 특징짓고 있는 것은 무엇인가?

이러한 질문들을 통해서 우리는 현대의 인간의 자기 이해를 위해 기독교 신앙이 제시해 주는 통찰들 속으로 좀 더 깊이 파고들게 된다. 이 장에서 우리는 "세계에 대한 개방적인" 피조물들이라는 우리의 정체성에 관한 신학적 전망을 설명할 것이다. 좀 더 구체적으로 말하면, 이하의 지면(紙面)을 통해서 우리는 인류의 본질이라는 빛하에서 우리의 정체성을 설명할 것이다. 우리는 이 정체성을 먼저 인류의 본질과 관련하여, 다음으로는 하나님의 형상이라는 성경적이며 신학적인 개념 아래에서 논의하고자 한다.

우리의 존재론적 본질

근대의 인류학자들은 "유연성," "적응성," "세계에 대한 개방성" 등과 같은 용어들을 빌려서 인간을 규정한다. 이 "개방성"은 우리 모두가 공유하는 모종의 기본적인 인간적 본질을 가리키는 것인가? 우리는 우리의 선택들과 행동들을 일정 부분 결정하는 일련의 주어진 것들 — 본성 — 을 갖고 삶을 시작하는 것인가? 아니면, 우리는 우리의 선택들과 행동들을 통해서 "본질적인" 본성을 창조하는 것인가? 이 장에서 우리의 첫 번째 과제는 이와 같은 결정적인 문제에 관한 기독교적인 입장을 발견해내는 것이다.

자율성 대 결정론

최근에 철학, 사회과학, 신학을 비롯한 여러 학문 분야에 종사하는 사상가들은 자율성과 본질이라는 문제와 씨름해 왔다. 논쟁의 초점은 다음과 같은 결정적인 질문에 맞춰져 있다: 만일 우리가 창조자들이고, 세계가 우리의 변혁 활동을 위한 재료라면, 우리는 근본적으로 자율적이고 자유로운가? 아니면, 우리가 어떤 식으로 이러한 변혁 활동에 임할 것인지를 적어도 부분적으로라도 결정하는 어떤 인간적 본질이 존재하는 것인가? 자율성과 본질에 관한 문제에 대한 일련의 견해들의 양 극단에는 "실존주의"(existentialism)와 "결정론"(determinism)이 있다.

자율성에 대한 강조. 데이비드 그리핀(David Ray Griffin)은 실존주의에 대한 다음과 같은 요약적인 정의를 제시한다:

실존주의라는 용어는 통상적으로 실존이 본질에 선행한다는 주장으로 받아들여지고 있다: 인간들이 조화를 이루며 살아가야 하는 사물들의 본성 속에서는 그 어떤 본질도 발견되지 않는다. 사물들의 본성 속에는 우리가 순응해야 하는 그 어떤 자연 법칙이나 하나님의 의도나 객관적인 중요성이나 가치들의 서열도 내재되어 있지 않다. 오히려, 존재한다는 행위 자체 속에서 우리는 우리 자신의 가치들을 창조해나가야 하는데, 그러면서도 그 가치들이 중요하게 보이는 것은 오직 우리가 그 가치들을 중요한 것으로 선택했기 때문이라는 사실을 결코 잊어서는 안 된다.[1]

이러한 설명이 보여 주듯이, 실존주의적 견해는 자율성을 강조한다. 이 견해를 지지하는 사람들은 자유에 대한 우리의 경험을 초월하여 존재하는 그 어떤 근본적인 인간적 본질이 존재하지 않는다고 선언한다. 그 어떤 인간적 본질도 우리의 선택들에 영향을 주거나 우리의 선택 능력에 제약을 가하지 못한다. 오히려, 창조적인 인간들은 무(nothingness)에 다름다. 각 개인은 형성되어가는 자신의 모습을 결정하는 데 있어서 자유로운 상태로 남겨져 있다. 따라서 각 개인의 정체성은 어떤 본질적인 본성에 의해서가 아니라 개인적인 선택들에 의해 형성된다.

본질에 대한 강조. 실존주의자들이 자율성을 강조하는 것과는 대조적으로, 결정론적인 견해들은 본질을 강조한다. 결정론은 인간은 궁극적인 자율성을 소유하고 있지 않다고 주장한다. 오히려, 우리에게 아무런 통제력도 없는 그런 요소들이 우리가 우리의 창조적인 활동을 어떻게 해야 하는지를 결정한다. 비록 우리가 여러 대안들 가운데서 자유롭게 선택하는 것처럼 보인다고 할지라도, 그와 같은 선택들의 밑바탕에는 언제나 우리의 외부에 있으면서 우리의 통제 아래에 있지 않은 몇몇 요소들이 우리에게 동기를 유발시키는 요인들로 작용하고 있다. 따라서 결정론에 의하면, 창조적인 인류는 인간 이외의 그 어떤 힘들의 산물이다. 우리가 행하는 선택들은 결정되어 있고, 심지어 "예정되어" 있기까지 하다.

많은 사람들은 이러한 사고들을 특히 칼빈주의의 몇몇 형태들 속에 나타났던 신학적 결정론과 연결짓곤 한다. 사실 칼빈주의자들이 인간의 모든 결정들을 포함한 모든 사건들은 궁극적으로는 오직 하나님의 주권이라는 맥락 속에서만 이해할 수 있다고 주장한다는 점에서, 그들은 신학적 결정론자들이라 할 수 있다. 종국적으로, 그들은 우리의 선택들은 인간의 자유의 표출들이 아니라 하나님의 주권적

---

[1] David Ray Griffin, *God and Religion in the Postmodern World* (Albany, N.Y.: State University of New York Press, 1989), 17-18.

결정의 표출들이라는 것이다.

결정론은 신학 진영에만 국한되어 있는 것이 아니다. 사회과학에서는 행동주의(behaviorism)가 행동 양식들을 설명하고 미래의 행동 양식들을 예측하기 위하여 경험적인 이론들을 발전시켰다. 행동주의자들은 미래의 행동은 현재에서 이미 활동하고 있는 요소들에 의해서 야기된다는 이론을 제시한다.

행동주의는 인간 행동이 인간 존재 위에 작용하여 영향을 미치는 요소들의 총합(總合)의 결과라고 주장한다는 점에서 결정론적이다. 이런 식으로 해서, 행동주의자들은 우리의 행동들이 중립적이고 자기결정적인 의지에 근거한 자유로운 결정으로부터 나올 가능성을 배제한다.

행동주의의 가장 유명한 대표자들 가운데 한 사람은 스키너(B. F. Skinner, 1904-1990년)이다. 스키너는 특히 개개인의 행동 특성을 형성하는 데 있어서 사회적 환경의 역할을 강조한 것으로 유명하다. 사람들에게 널리 읽혀진 그의 저서 「자유와 존엄을 넘어서」(*Beyond Freedom and Dignity*, 1971년)에서, 이 이론가는 새로운 사회에 관한 비전을 제시한다.[2] 스키너가 말한 유토피아에서는 "자율적인 개인"(autonomous individual)이라는 "허구"(fiction)를 전제한 "자유" 같은 개념들은 들어설 여지가 없다. 이상적인 사회 질서는 그 사회가 스스로 살아남기 위하여 만들어낸 그러한 사람들을 강화하는 행동의 기술을 사용하게 될 것이다.

20세기 후반에 행동주의의 또 다른 유형인 사회생물학(sociobiology)이 광범위한 호응을 얻었다. 하버드 대학의 동물학자인 에드워드 윌슨(Edward O. Wilson)은 사회생물학을 "인간을 포함한 모든 종류의 유기체들 속에 있는 사회적 행동의 모든 양식들의 생물학적인 기초에 대한 체계적인 연구"라고 설명한다.[3] 아울러 그는 "명백하게 혼합적인 학문"인 사회생물학은 행동학(ethology, 행동 양식 전체에 대한 자연주의적인 연구), 생태학(ecology, 유기체들과 그 환경들의 관계에 관한 연구), 유전학(genetics)으로부터 나오는 지식을 통합한다는 말을 덧붙이고 있다. 사회생물학의 목표는 사회 전체의 생물학적인 특성들에 관한 일반 원리들을 도출해내는 것이다.

그러나 사회생물학의 발전을 위한 동기 부여는 좀 더 나은 사회에 관한 비전

---

2) B. F. Skinner, *Beyond Freedom and Dignity* (New York: Bantam/Vintage, 1972).

3) E. O. Wilson, *On Human Nature*, Bantam Books edition (New York: Bantam Books, 1979), 16-17.

으로부터 온 것이 아니었다. 오히려, 초기의 이론가들은 지배적인 생물학적 이론 — 진화 — 속에 있는 틈을 메우고자 하였다. 적자생존과 자연도태 같은 다윈주의적인 사고들은 생명이 전적으로 경쟁적이라는 것을 보여 준다. 그러나 이 이론은 이타주의(利他主義)라는 현상, 즉 어떤 유기체들이 그들의 종(species)에 속하는 다른 구성원들을 왜 돕는지를 설명해줄 수 없다. 이타적인 행동은 특정한 유기체의 생존의 기회를 감소시키기 때문에, 자연도태설에 의하면, 그러한 행동은 이미 오래 전에 제거되었어야 한다.

사회생물학을 주창한 학자들은 이러한 딜레마를 이타주의가 "유전적 이기성"(genetic selfishness)이라고 이론화함으로써 해결한다. 이타적인 행동은 자기 자신의 생존의 기회를 감소시킬 수 있다. 그러나 그러한 행동은 주변의 관계자들의 보호를 지향하고 있다는 점에서 자기 자신의 유전자들의 일부가 생존하게 될 기회를 증대시킨다. 달리 말하면, 자연도태는 공동의 유전자 조합을 위하여 자신에게 유리한 것들을 희생시키는 개체들을 만들어낸다는 말이다.

사회생물학의 밑바탕에 깔려 있는 것은 로버트 월리스(Robert Wallace)가 "재생산 명령"(reproductive imperative)이라고 부르고 있는 바로 그것이다.[4] 이 공리(公理)는 유기체의 궁극적인 목적은 가능한 한 많은 후손을 재생산하는 것인데, 이러한 목적을 성취하고자 하는 시도는 행동 양식에 영향을 미친다는 사실을 규정하고 있다. 따라서 사회생물학자들은 진화의 관점에서 볼 때에 개체는 무의미하다고 주장한다. 결국 중요한 것은 재생산 명령의 알려져 있지 않은 추동력인 유전자 암호 또는 DNA이다. 에드워드 윌슨(Edward O. Wilson)이 빈정거리듯이, 유기체는 그저 더 많은 DNA를 만드는 DNA의 방식일 뿐이다. 그러므로 사회생물학자들은 유전자들에 작용하는 진화 과정들이 인간의 사회적 양식을 형성한다고 전제한다. 따라서 유전자 구성은 신체적 특성들과 마찬가지로 자연도태에 종속되어 있는 행동에 영향을 미친다.

사회생물학을 주창한 사람들은 사람들의 자선 행동들 — 인간의 모든 행동과 마찬가지로 — 은 생물학과 유전적 이기성(利己性)에 뿌리를 두고 있다고 주장한다. 이렇게 말함으로써, 그들은 행동에 대한 고도로 결정론적인 이해를 제시한다.

---

4) Robert Wallace, *The Genesis Factor* (New York: William Morrow and Co., 1979), 17을 보라. 월리스는 이 장의 명칭을 "The Reproductive Imperative; or, Why You *Really* Love Your Children."으로 붙였다.

사회생물학은 자유로운 의지나 자유로운 선택이 들어설 여지를 내어주지 않는다. 이타적인 행동처럼 보이는 것들을 포함한 모든 행동들은 실제로 생물학적 힘들, 특히 개인이 공유하는 유전자 조합을 진보시키기 위한 충동의 결과이다.

기독교적 관점. 우리의 기독교 신학적인 세계관은 실존주의와 결정론이라는 양극단 사이의 입장을 취할 것을 요구한다.

결정론과는 대조적으로, 기독교 신학은 인간 개개인의 인격성을 지지한다. 제3장에서 인격으로서의 하나님에 관한 우리의 논의에서 보았듯이, 인격성이라는 개념은 신비로운 자유에 대한 경험과 결부되어 있다. "인격"이라는 것은 타인의 전적인 통제를 넘어서 있다는 것을 의미한다. 결국 인간은 계속해서 자율적이거나 자기결정적이기 때문에(비록 이러한 자기결정이 궁극적으로 유한하며 제약되어 있다고 할지라도) 인격들이다. 이런 이유로, 자율성과 본질이라는 문제에 대한 실존주의적 대답을 지지하는 사람들은 그들이 모든 인간의 인격성을 지지하는 정도만큼 결정론자들에게 적절한 균형을 제공해 주고 있다고 할 수 있다. 이 점에 있어서, 실존주의적인 입장은 기독교 신학과 통한다.

이와 동시에, 우리는 결정론적인 대적자들에 맞선 투쟁 속에서 급진적인 실존주의자들과 끝까지 계속해서 함께 갈 수는 없다. 실존주의자들은 인간 개개인이 무제한적인 자유를 소유하고 있다고 주장함으로써 잘못된 길을 가고 있다. 오히려 이와는 반대로, 우리의 자율성은 제한되어 있다. 우리가 선택들을 행하는 것은 정말 사실이다. 그러나 결정론자들이 올바르게 지적하듯이, 우리의 선택들은 언제나 여러 경계선들에 의해서 둘러싸여 있다.

행동하는 주체로서의 우리의 인간적 경험의 특징을 이루는 제약성(boundedness)은 우리를 본질이라는 개념으로 되돌아가게 만든다. 우리는 인간 실존의 제약성과 결부된 인간적 본성이 실제로 존재한다는 결론을 내린다. 그러나 우리의 본성에 속하는 것은 과연 무엇인가? 이제 우리는 이 질문을 살펴보기로 하자.

인간의 구성적 실체들

우리는 인간은 비록 제한된 자유이긴 하지만 자유를 지닌 피조물이라는 사실을 긍정함으로써 실존주의와 결정론 간의 논쟁을 해결하였다. 자율성에 대한 우리의 경험은 실제로 타당하다. 그럼에도 불구하고, 자율성 너머에는 우리의 행동과 선택을 결정하는 본질적인 본성이 존재한다. 우리의 자유는 제약되어 있고, 이 제약성의 한 차원은 우리가 공유하는 인간적 본질이다. 이러한 결론들은 다음과 같은 질문을 불러일으킨다: 우리는 이 인간적 본질을 어떻게 설명해야 하는가? 우리의 존재론적인 본질은 무엇인가?

실체 개념. 기독교 신학은 헬라 철학의 전통과 연결되어 있기 때문에, 기독교 신학이 존재의 문제들(존재에 관한 연구) 및 존재에 대한 우리의 인식에 관한 지속적인 관심을 포함하여 왔다는 것은 전혀 놀라운 일이 아니다. 중세 스콜라 철학자들 사이에서 아리스토텔레스의 철학이 부활한 것을 시작으로, 신학자들 — 개신교 사상가들을 포함한 — 은 인간의 존재론적인 본질을 탐구하여 왔다. 고전적으로 이러한 논쟁은 인간의 "실체들"(substances), "실체적 요소들"(substantial entities), "구성적 요소들"(constituent elements)이라는 개념을 중심으로 전개되어 왔다.[5]

영어 표현인 "substance"(실체)는 라틴어인 substantia로부터 그 철학적인 의미를 얻었다. 이 라틴어는 sub("아래에")와 stare("서다")가 복합된 것으로서 "아래에 서는 것"(standing under)이라는 의미를 지니게 되었다. 그러므로 실체란 인간 존재의 "아래에 서 있거나" 인간 존재의 구성 속으로 들어온 존재론적인 요소를 말한다.

스콜라주의적인 사상가들은 인간 속에 있는 서로 다른 실체들의 존재를 알 수 있다고 믿었다. 1800년대 미국의 위대한 장로교 사상가였던 찰스 하지(Charles Hodge)는 현상학적인 인식 방법론을 제시하였다: "우리가 현상들로부터가 아니면 실체에 대하여 아무것도 알 수 없으며, 또한 현상들이 드러내는 실체의 존재를 믿도록 자연법칙에 의해서 강제되고 있듯이, 마찬가지로 동일하게 엄격한 필연성에 의해서 우리는 현상들이 서로 다를 뿐만 아니라 양립할 수 없는 경우에는 실체들도 서로 다르다는 것을 믿도록 강제된다."[6]

---

5) 이 용어를 위하여, Louis Berkhof, *Systematic Theology*, revised edition (Grand Rapids: Eerdmans, 1953), 191-92를 보라.

삼분설과 이분설. 스콜라주의 신학자들은 인간이 각각 독자적으로 존재하는 몇몇 실체들로 이루어진 복합체라고 확신하였다. 예를 들면, 하지는 그의 현상학적인 방법론을 통해서 다음과 같은 결론으로 자신이 내몰리고 있는 것을 발견하였다: "그러므로 물질의 현상들이나 속성들이 본질적으로 마음의 현상들이나 속성들과 다르듯이, 우리는 물질과 마음이 서로 구별되는 두 실체이고, 혼은 물질이 아니며 몸은 영이 아니라는 결론을 내리지 않을 수 없다."[7]

얼마나 많은 실체들이 인간 존재를 구성하고 있는 것인가? 스콜라주의 전통에 서 있는 개신교 신학자들은 두 가지 기본적인 대안에 이끌려 왔다.

(1) 삼분설은 인간 존재가 세 가지의 실체들, 즉 "영"(spirit), "혼"(soul), "육"(body), 이렇게 셋(tri, 셋)으로 구성되어 있다고 전제한다. 이 세 가지 측면들 중에서 우리가 가장 쉽게 파악할 수 있는 것은 "몸"인데, 이는 이 용어가 인간 존재의 신체적인 부분을 가리키기 때문이다. 그리고 좀 더 파악하기 어려운 것은 "혼"과 "영"의 구별이다. 삼분설은 "영"을 인간 존재 속에서 하나님을 알 수 있는 능력을 지닌 부분으로 본다. 이와는 대조적으로, "혼"은 인격성이 자리잡고 있는 곳이다. 따라서 혼은 우리의 지성, 감성, 의지를 포괄한다.

오늘날 삼분설을 주장하는 사람들은 오랜 신학적 전통 안에 서 있다. 교부 이레나이우스(Irenaeus) 같은 유명한 이들이 그들의 입장의 선구자라고 할 수 있다.[8] 이 입장은 프란츠 델리취(Franz Delitzsch)를 포함한 19세기의 몇몇 성경 주석가들의 지지를 얻었다.[9] 20세기에 대중적인 인기를 누린 중요한 인물들로는 1970년대에 죽기 직전까지 공산주의 치하의 감옥에서 고생했던 중국의 그리스도인인 와치만 니(Watchman Nee) 등이 있다.[10] 와치만 니는 삼분설적인 인간론에 의거하여 성화(聖化)라는 주제에 관한 유익한 글들을 쓴 것으로 유명하다.[11] 또한 삼분설

---

6) Charles Hodge, *Systematic Theology*, three volumes (New York: Charles Scribner, 1871), 2: 42.(「조직신학」:크리스챤다이제스트)

7) Ibid., 2: 42-43.

8) 예를 들면, Irenaeus, *Adversus Haereses* 5.6.1 and 5.9.1, in *The Early Christian Fathers*, ed. Henry Bettenson (London: Oxford University Press, 1969), 70-71을 보라.

9) Franz Delitzsch, *System of Biblical Psychology*, 2nd ed., trans. Robert E. Wallis (Edinburgh: T & T Clark, 1867), vii, 247-66.

10) Watchman Nee, *The Release of the Spirit* (Indianapolis: Sure foundation, 1956), 6.

11) 그의 가장 완성된 진술을 위하여, Watchman Nee, *The Spiritual Man*, three

적인 입장은 세대주의자들 사이에서도 지지를 받았다. 이러한 삼분설적인 해석은 스코필드 관주 성경의 초판과 개정판에도 채택되었다.[12]

신약성서에 나오는 두 개의 본문이 삼분설적인 이해를 위한 가장 확실한 토대를 제공해 준다. 삼분설을 옹호하는 사람들은 "너희 온 영과 혼과 몸이 우리 주 예수 그리스도 강림하실 때에 흠 없게 보전되기를 원하노라"(살전 5:23)는 바울의 축복문이 인간 존재의 삼분법적 구조를 언급하고 있다고 본다. 두 번째 중요한 본문은 두 개의 서로 구별된 실체적 요소들로서 혼과 영을 구별하고 있다:

> 하나님의 말씀은 살아 있고 활력이 있어 좌우에 날선 어떤 검보다도 예리하여 혼과 영과 및 관절과 골수를 찔러 쪼개기까지 하며 또 마음의 생각과 뜻을 판단하나니(히 4:12).

(2) 고전적인 신학자들 사이에서 좀 더 두드러지게 나타나는 견해는 이분설적인 입장이다.[13] 이분설은 인간 존재는 비물질적인(또는 내적인) 자아와 물질적인(또는 외적인) 자아라는 두 개의 실체적 요소들의 산물이라고 주장한다.[14] 물질적인 자아는 몸인데, 인간은 이 몸이라는 매개체를 통해서 물리적인 세계와 관계한다. 비물질적인 자아는 두 가지 방향의 기능을 갖는다. 즉, 그것은 "영" — 하나님과 관계할 수 있는 자아의 능력 — 과 "혼" — 자아 및 다른 자아들과 관계할 수 있는 능력 — 으로서 활동한다.

이분설을 지지하는 학자들은 복잡한 삼분설이 아닌 그들의 견해가 성경적인

---

volumes (New York: Christian Fellowship Publishers, 1968)을 보라.

12) *The Scofield Reference Bible* (New York: Oxford, 1909), note 1 on 1 Thess. 5: 23; *The New Scoffield Reference Bible* (New York: Oxford, 1967), note 2 on 1 Thess. 5: 23.

13) 고전적인 이분설적인 입장의 진술을 위하여, Berkhof, *Systematic Theology*, 192-95를 보라. 이 고전적인 주제에 대한 변형은 Millard J. Erickson, *Christian Theology*, three volumes (Grand Rapids: Baker, 1984), 2: 536-38; 그리고 Gordon R. Lewis and Bruce A. Demarest, *Integrative Theology*, three volumes (Grand Rapids: Zondrevan, 1990), 2: 144에서 발견된다.

14) 예를 들면, 루이스와 데마레스트는 비록 각자의 인간이 형이상학적으로 단일하지만, 이 단일성은 외적이며 내적인 측면들을 포함하는 것이라고 주장한다. *Integrative Theology*, 2: 144.

가르침을 반영하고 있다고 주장한다.[15] 그들은 성경 속에서 "혼"과 "영"이라는 용어가 상호대체적으로 사용되고 있다는 점을 지적한다(창 35:18과 전 12:7; 히 12:23과 계 6:9; 창 41:8과 시 42:6; 요 12:27과 13:21; 마 20:28과 27:50을 비교해 보라). 이분설을 지지하는 사람들은 그들의 견해를 명시적으로 밑받침하는 증거로 그들의 좀 더 단순한 인간론적 견해를 가르치거나 또는 적어도 그것을 전제하는 성경의 몇몇 본문들을 든다. 특히 몸을 혼/영과 대비시키는 구절들이 중요하다. 예를 들면, 예수는 그의 제자들에게 혼은 죽일 수 없고 몸만을 죽이는 자들을 두려워하지 말고, 혼과 몸을 둘 다 멸하실 수 있는 분을 두려워하라고 명한다(마 10:28). 마찬가지로 야고보는 행함 없는 죽은 믿음을 영혼이 없는 몸에 비유한다(약 2:26). 그리고 구약성서의 전도자는 "흙은 여전히 땅으로 돌아가고 영은 그것을 주신 하나님께로 돌아간다"(전 12:7)라고 씀으로써 우리의 존재론적인 본질에 대한 통찰을 제공해 주고 있는 듯이 보인다.

(3) 20세기 초의 박식한 침례교 신학자였던 어거스트 홉킨스 스트롱(Augustus Hopkins Strong)은 이 두 가지 전통적인 입장들의 각각의 강점을 취해서 설득력 있는 절충안을 제시하였다. 스트롱에 의하면, 인간 존재는 "실체적 이분설"과 "기능적 삼분설"로 설명될 수 있다는 것이다.[16] 이분설은 인간의 존재론과 관련하여 옳다. 인간 존재는 오직 두 개의 실체들로 구성되어 있다. 그러나 삼분설적인 이해도 인간의 본질에 관한 진리, 즉 우리가 하나님(영), 타자들 및 자기 자신(혼), 물리적 세계(몸)와 관계할 수 있는 능력을 지니고 있다는 사실을 반영하고 있다.

실체적 요소들과 근대 신학. 인간 존재가 복합적인 존재라는 스콜라주의 시대에 있어서의 합의와는 대조적으로, 근대 신학자들은 복합적인 실체적 요소들과 관련된 그 어떤 개념도 거부하는 경향을 보여 준다.[17] 그들은 이러한 거부의 주된 이유

---

15) Berkhof, *Systematic Theology* 192-93; Erickson, *Christian Theology*, 2: 527-30; Lewis and Demarest, *Integrative Theology*, 2: 145-46을 참고하라.

16) Augustus Hopkins Strong, *Systematic Theology*, three volumes (Philadelphia: Griffith and Rowland, 1907), 2: 486.

17) 이원론적인 인간학들로부터 벗어나는 운동은 진보주의자들과 마찬가지로 보수주의자들을 포함한다. 예를 들면, 그 입장은 Anthony A. Hoekema, *Created in God's Image*

를 일반적으로 세 가지로 요약한다.[18]

(1) 근대 사상가들은 옛 견해를 배척하는 일차적인 이유는 그것이 비과학적이라는 것이다. 그들은 인간 존재가 통일체라는 개념을 지지해 주는 그 어떤 경험적 토대를 발견할 수 없다는 이유를 들어서 혼이 몸으로부터 분리되어 존재할 수 있다는 믿음을 형이상학적인 사변(思辨)으로 본다.

(2) 또한 근대 신학자들은 인간 존재를 복합적인 존재라고 보는 견해들이 성경적이라기보다는 철학적이라고 주장한다. 그들은 이분설과 삼분설, 이 두 입장은 교회의 신학 전통에 대한 그리스적인 — 좀 더 구체적으로 말하면, 플라톤적인 — 영향들의 산물이라고 주장한다. 이들 신학자들 가운데 일부는 그리스 철학의 전통을 고대 히브리적인 사고 방식과 상반(相反)되는 것으로 보았다. 그들은 그리스적인 사고가 교회의 신학 속으로 유입되기 이전의 성경의 안목으로 되돌아가야 한다고 주장한다.

근대 신학자들이 플라톤 사상에서 발견하는 주된 문제점은 그 사상에 내재되어 있는 이원론(dualism)이다. 그들은 플라톤 사상의 이원론적인 인간론은 성경 속에 계시된 인간 존재에 대한 이해와 모순된다고 주장한다. 화란의 신학자인 베르카워(G. C. Berkouwer)는 근대의 발견들을 다음과 같이 요약한다:

> 우리는 우리 시대에 성경 연구의 영향 아래에서 꽤 일반적인 견해의 일치가 신학자들 사이에서 이루어졌다고 말할 수 있다. 그들은 인간에 대한 성경적인 견해가 우리에게 인간을 상당히 다양한 모습으로 보여 주면서도 결코 인간의 통일성에 대한 시각을 잃어버리는 것이 아니라 오히려 그것을 드러내며 강조하고 있다는 사실을 점점 더 크게 인식해 가고 있다.[19]

(Grand Rapids: Erdmans, 1986), 203-26에 의해 발전되었다.

18) 영혼에 대한 근대의 부정에 관한 논의와 비판을 위하여, C. Stephen Evans, "Healing Old Wounds and Recovering Old Insights: Toward a Christian View of the Person for Today," in *Christian Faith and Practice in the Modern World*, ed. Mark A. Noll and David F. Wells (Grand Rapids: Eermans, 1988), 78-83을 참고하라.

19) G. C. Berkouwer, *Man -The Image of God*, trans. Dirk W. Jellema (Grand Rapids: Eerdmans, 1962), 200.

좀 더 구체적으로 말하면, 베르카워는 바울 사도의 단어 사용은 "인간 존재에 관한 본질적인 이원론, 즉 우월한 요소와 열등한 요소로 이루어진 인간의 선험적인 존재 구조가 복음에 관한 바울의 설명을 지배하고 있다는 그 어떤 해석도 근본적으로 배제한다"는 결론을 내렸다.[20]

비판자들은 플라톤 사상이 지닌 이원론이야말로 신학에 있어서 재앙이었다고 주장한다. 그와 같은 이원론은 인간론과 관련된 수많은 오류들을 양산해 낸다.

그러한 오류 가운데 하나는 한 실체를 다른 실체보다 더 높게 평가하는 것이다. 근대 신학자들은 인간 존재를 비물질적인 부분과 동일시하는 경향이 이분설과 삼분설 두 입장 모두에서 나타나고 있다는 것에 주목한다. 궁극적으로, 우리는 "혼" 또는 "영"이지 몸이 아니다. 비물질적인 혼에 대한 이러한 강조는 몸, 즉 실존의 신체적인 차원을 경시하게 되는 비성경적인 태도로 귀결되기 쉽다.

아울러, 플라톤적인 이원론은 혼의 내재적인 불멸성에 관한 그릇된 신앙을 가져다준다. 비판자들은 결국 삼분설과 이분설은 인간을 본질적으로 불멸의 존재로 만들어 버린다고 비난한다. 그런 까닭에 이원론자들은 흔히 각각의 인간이 "불멸의 영혼을 지니고 있다"고 말하곤 한다. 하지만 이와는 반대로, 불멸성은 인간 존재의 비물질적인 부분에 국한되어 있는 것이 아니라 영혼을 넘어서서 몸을 포괄한다는 것이 성경적인 견해이다. 그리고 이러한 불멸성은 영혼의 소유물이 아니다; 불멸성은 비물질적인 부분에 내재해 있는 것이 아니다. 그 반대로, 창세기의 타락 이야기에 나오는 생명의 나무가 상징하고 있듯이, 불멸성은 한 인간 전체의 목표이다.[21]

(3) 또한 근대 사상가들은 다수의 실체적 요소들이라는 개념이 아주 큰 문제점을 지니고 있다고 보고 그러한 개념을 거부한다. 구체적으로 말하면, 인간 존재를 하나의 복합적인 존재라고 설명하는 모든 인간론은 그 실체적 요소들이 어떻게 서로 상호작용할 수 있는지에 대한 의문을 불러일으킨다. 일례로 우리는 데카르트 이래로 철학자들을 괴롭혀 왔던 마음과 몸의 연관성이라는 난해한 문제를 들 수 있다: 어떻게 비물질적인 혼(마음)이 물질적인 몸(즉, 두뇌)과 상호작용하는 것이 가능한가?

---

20) Ibid., 206.

21) 이 논제에 관한 논의를 위하여, Oscar Cullmann, *The Immorality of the Soul or the Resurrection of the Body?* (London: Epworth, 1958), 36-37.

복음주의자들 사이에서 제시된 마음과 몸의 문제에 대한 한 가지 해법은 "이원론적 상호작용설"(dualistic interactionism) 또는 "이원론적 실재론"(dualistic realism)이라고 명명된 것이다. 복음주의 신학자인 제임스 올리버 버스웰 2세(James Oliver Buswell, Jr.)는 이 견해를 다음과 같이 설명하였다:

> 정신적인 사건들이 존재하고, 물질적인 사건들이 존재한다: 그리고 마치 물질적인 세계 속의 사건들이 감각 기관들을 통해서 정신적인 세계 속의 사건들을 만들어내는 것과 마찬가지로, 마음속에 있는 목적들은 몸 안에 있는 에너지를 방출하여 물질적인 세계 속에 결과들을 만들어낸다는 것이 우리의 일상적인 경험이다.[22]

버스웰의 설명이 보여 주듯이, 이원론적 상호작용설은 이 문제에 대한 하나의 해법이 아니라 단지 그 문제점만을 드러내주고 있는 진술일 뿐이다. 그의 견해는 물질적인 실체와 비물질적인 실체가 서로 영향을 미친다는 사실을 긍정하고 있지만, 어떻게 그런 일이 일어나는지에 대해서는 해명하고 있지 않다.

오늘날의 통전적인 대안. 인간을 복합적인 존재로 설명하는 견해들이 여러 난점들을 드러내고 있다고 한다면, 과연 대안은 존재하는가? 과거의 이분설 및 삼분설이 존재론적인 용어들을 사용하여 인간론을 전개하고 있는 데 반하여, 근대 사상가들은 인간 존재를 복합적인 기능들을 지닌 하나의 존재론적인 통일체로 파악하는 경향을 보여 준다. 우리는 물리적인 세계와 관계할 수 있고, 우리 자신을 초월할 수도 있다. 그러나 이러한 판이하게 다른 기능들을 수행하기 위해서 두 가지 또는 세 가지의 실체적 요소들이 요구되는 것이 아니라, 이러한 기능들은 하나의 인간 존재의 여러 능력들로 이해된다. 우리는 물리적인 세계 속에서 살며 행동하는 물리적인 존재들이다. 그렇지만, 우리의 실존과 행동들은 "지금 여기"(the here and now)라는 이미 주어진 물리적인 영역을 넘어서는 능력들을 갖고 있다.

우리는 인간의 한 실체(substance)가 지닌 복합적인 기능적 능력들에 대한 오

---

[22] James Oliver Bushwell, Jr., *A Christian View of Being and Knowing* (Grand Rapids: Zondervan, 1960), 126-28.

늘날의 강조를 순수한 유물론과 혼동해서는 안 된다. 이 견해를 지지하는 학자들은 우리는 우리 자신을 오로지 비인격적인 물질(matter)로 본다고 주장하는 것이 아니다. 오늘날 사상가들은 이원론에 대한 대안으로서의 유물론이 문제가 있다고 생각한다. 왜냐하면, 유물론은 환원론적(reductionistic)인 동시에 과학적으로 의문시되기 때문이다. 따라서 최근의 인간론은 물질적 차원과 비물질적 차원의 상호작용을 인간의 하나의 실체의 두 가지 서로 다른 양태들로 보는 "이중 양태적 일원론"(dual aspect monism)을 전제한다.

기독교적 과학철학자인 존 폴킹혼(John Polkinghorne)은 단일론적인(unitary) 인간론을 주장한다. 그는 우주 전체에 관한 비전 안에서의 인간 존재에 관한 좀 더 새로운 이해를 제시한다. 우주는 "정신/물질이라는 양극들이 여러 정도의 조직 상태들 속에서 서로 만나 세계 실체(world-stuff)의 상반된 양태들로서 융합되어 있는 정신/물질의 상호보완적인 세계"이다.[23] 따라서 인간 존재는 "물리적 세계 안에서 행동할 수 있고, 아울러 관념들과 목적들로 이루어진 지적 세계에도 참여할 수 있는" 하나의 심신 통일체(a psychosomatic unity), 생명을 지닌 몸(an animated body)이다.[24]

좀 더 통전적인 근대의 인간론은 인간의 여러 정신적 기능들과 신체적인 몸의 기본적인 상호연관성에 관한 과학적인 발견들에 의해 밑받침되고 있다. 여기서 특히 중요한 것은 정신적인 활동들과 두뇌의 상호적인 연관성이다. 예를 들면, 이러한 상호적인 의존성은 어떤 유형의 뇌의 손상이 기억 및 사고 같은 정신적인 기능들을 손상시킨다는 사실에서 분명하게 드러난다.

통전적인 인간론은 최근에 들어서 급부상하긴 했지만 근대가 만들어낸 발명품이 아니다. 성경 자체가 인간 존재에 관한 이와 비슷한 견해를 채택하고 있다. 최근의 성경 주석들은 성경에 나오는 "혼"과 "영"이라는 용어들은 결코 신체적인 몸에 내재하는 두 개의 구성적 요소들에 대한 명칭들이 아니며, 또한 모종의 비물질적인 실체를 가리키는 동의어들이 아니라는 결론을 내린다. 오히려, 두 단어는 구분되어 있지 않은 전체(an undifferentiated whole)로서의 인간 존재를 가리킬 수 있다.[25] 그리고 그 단어들은 둘 다 살아있는 피조물들 속에 현존하는 생명 원리

---

23) John Polkinghorne, *Science and Creation* (London: SPCK, 1988), 71.
24) John Polkinghorne, *Science and Providence* (London: SPCK, 1989), 33.

와 연관되어 있다.

피조된 생명과의 이러한 관련성은 '루아흐'(ruach, "영")와 '네페쉬'(nephesh, "혼")라는 두 개의 히브리어 단어 속에서 분명하게 드러난다. 창세기 2:7에 의하면, 하나님이 아담의 코에 "생명의 숨"(neshamah, 생기)를 불어넣으심으로써, 아담은 "살아있는 영혼"(nephesh, 생령)이 되었다. 생명을 주시는 창조주의 행동을 통해서 하나의 유형의 실재 — 첫 번째 인간이라는 피조물 —, 즉 살아있는 사람이 만들어졌다.

그러나 구약성서는 생명 원리를 인간에게만 존재하는 배타적인 속성으로 보지 않는다. 물론, 우리는 "살아 있는 영혼들"이다. 그러나 동물들도 마찬가지다(창 1:30을 보라). 실제로, 적어도 11차례에 걸쳐서 구약성서는 여러 구절들에서 생명이라는 개념과 분명하게 동일시되고 있는 용어인 "혼"을 동물들이 소유하고 있다고 말하거나, 또는 동물들이 "혼"이라고 말하고 있다(예를 들어, 레 24:17-18; 왕상 3:11). 마찬가지로, 창세기 기자는 하나님이 임박한 홍수에 관하여 다음과 같이 말씀하셨다고 기록하고 있다: "내가 홍수를 땅에 일으켜 무릇 생명의 기운(ruach)이 있는 모든 육체를 천하에서 멸절하리니 땅에 있는 것들이 다 죽으리라"(창 6:17; cf. 7:15). 그러므로 '네페쉬'만이 아니라 '루아흐'도 인류만이 아니라 동물들과도 연관되어 있다.

나아가, 성경은 하나님을 인간 개개인의 생명을 수여하신 분으로 묘사하고 있기 때문에, 각 사람은 생명 자체를 위하여 하나님을 의지하지 않으면 안 된다. 그런 까닭에 민수기에서는 하나님을 "모든 인류의 영혼들(ruach)의 하나님"(민 16:22; 27:16; 개역에서는 "모든 육체의 생명의 하나님")이라고 지칭한다. 그러므로 성경은 인간 존재가 지니는 본질적으로 불멸적인 어떤 측면 — 그리스적인 영혼 개념 같은 — 에 대해서도 알지 못한다. 사실, 민수기는 심지어 "죽은 혼"(민 5:2; 6:6; 9:6-7, 10; 19:13)이라는 말까지 하고 있다.

결론적으로 말해서, '루아흐'와 '네페쉬'는 서로 구별되지만 의미에 있어서는 서로 중복된다고 할 수 있다. 스테이시(W. D. Stacey)는 이 둘 사이의 미묘한 차이들을 다음과 같이 설명한다:

---

25) Berkouwer, *Man – The Image of God*, 200-201.

하나님에 대한 관계 속에서 인간을 가리킬 때에는 '루아흐'가 가장 사용될 가능성이 높은 용어가 된다 … 그러나 다른 사람들에 대한 관계 속에 있는 인간, 또는 사람들과 공동의 삶을 살아가는 인간을 가리킬 때에는, 만일 심령과 관련된 용어가 요구된다면, '네페쉬'가 가장 사용될 가능성이 높은 용어가 된다. 두 경우 모두에 있어서 한 인간 전체, 즉 전인(全人)으로서의 인간이 관여되어 있다.[26]

두 단어를 구별시키는 미묘한 의미의 차이들에도 불구하고, 이 두 단어, 특히 좀 더 흔히 사용되는 용어인 '네페쉬'는 한 인간 전체를 가리킨다. 에드몽 자콥(Edmond Jacob)이 결론을 내리고 있듯이, "네페쉬는 한 인간 전체의 본질을 가리키는 데 사용되는 통상적인 용어이다 … 그러므로, 많은 경우에 있어서 이 단어에 대한 최상의 번역은 '사람'(person)이다."[27]

히브리 단어들에 관하여 지금까지 한 말들은 인간을 가리키기 위하여 신약성서에서 사용하고 있는 헬라어 표현들인 '프쉬케'(psyche, "혼")와 '프뉴마'(pneuma, "영")에도 그대로 적용된다. 자신의 연구로부터, 앤서니 후크마(Anthony Hoekema)는 자신의 연구를 통해서 다음과 같은 간결한 결론을 제시한다: "분명한 것은 프뉴마는 흔히 한 인간 전체를 지칭하는 데 사용될 수 있다는 것이다; 프뉴마는 '프쉬케'와 마찬가지로 총체로서의 한 인간의 어느 한 측면을 묘사한다."[28]

이러한 성경의 용어들은 이분설과 삼분설적인 인간론들의 약점을 보여 준다. 이분설과 삼분설은 둘 다 "혼" 또는 비물질적인 부분을 본질적으로 불멸하는 하나의 존재론적 실체로 이해한다. 이와는 반대로, 구약성서 속에서 '네페쉬'와 '루아흐'는 생명 자체를 위하여 하나님에게 의존적인 생명 있는 피조물들 — 오직 인간만이 해당되는 것은 아니지만 특히 인간들 — 을 가리킨다.

그러나 "흙은 여전히 땅으로 돌아가고 영은 그것을 주신 하나님께로 돌아간다"(전 12:7)는 전도자의 선언은 과연 무엇을 뜻하는가? 이 구절은 여러 실체들

---

[26] W. D. Stacey, *The Pauline View of Man* (London: Macmillan, 1956), 90.
[27] Edmond Jacob, "psyche," in the *Theological Dictionary of the New Testament*, ed. Gerhard Friedrich, trans. Geoffrey E. Bromiley (Grand Rapids: Eerdmans, 1974), 9: 620.
[28] Hoekema, *Created in God's Image*, 214.

로 구성된 복합적인 인간에 대한 성경적인 토대를 제공해 주는 것은 아닌가? 비록 우리가 실제로 이 본문 속에서 이원론적인 인간론을 볼 수 있다고 할지라도, 이 본문은 구약성서에서의 '루아흐'의 지배적인 의미에 따라, 즉 생명 원리를 언급하는 것으로 해석할 때에 실제로 더 잘 이해된다. 전도자는 영이 "실제" 인간으로서 죽을 때에 하나님께로 돌아가는 인간 특유의 실체적 요소라고 말하고 있는 것이 아니다. 오히려, 이 말이 의미하는 것은 사람이 죽으면 창조주로서 모든 생명의 근원이신 하나님이 자신의 피조물에게 빌려주셨던 생명 원리를 다시 취하신다는 것이다. 사람이 죽을 때, 창조주는 피조물로부터 생명 원리를 회수해 가신다.[29]

우리는 성경과 현대 사상의 인도를 따라서 인간 존재에 대한 통전적인 견해를 채택해야 한다. 우리가 인간의 존재론적인 본질에 관하여 말하는 모든 진술에 있어서 토대로 삼아야 할 것은 각 사람은 하나님의 피조물이며, 각 사람의 존재 전체는 하나의 피조물로서 유한하고 의존적이라는 사실에 대한 인정(認定)이다. 이것은 하나님이 우리에게 생명 원리를 수여하실 수도(창 2:7), 다시 회수해 가실 수도 있다는(이것이 전 12:7의 요지이다) 것을 의미한다. 따라서 우리는 어떤 불멸적이며 비물질적인 실체를 한 인간에게서 추출해낼 수 없다. 인간 속에는 본질적으로 불멸적인 그 어떤 부분도 존재하지 않는다.

우리는 전체로서의 한 인간의 유한성(mortality)을 인정하지만, 인간에게 두신 하나님의 계획 또는 운명은 영원한 생명이라는 말을 덧붙이지 않으면 안 된다. 하나님은 우리가 그분의 현존 속에서 영원토록 생명을 누리기를 원하신다. 이것은 하나님의 자녀들을 기다리고 있는 미래에 관한 신약성서의 명백한 가르침이다.

사실, 성경의 부활 소망은 통전적인 인간학이 올바르다는 것을 최종적으로 확증해준다. 신약성서의 기자들은 신자들이 몸의 부활을 경험하게 될 것을 예상하고 있다. 우리의 죽을 몸들이 변화를 받아서, 죽지 않음(불멸성)을 덧입게 될 것이다. 이 사건의 결과로, 하나님의 자녀들은 모종의 몸을 입은 형태로 영원히 살게 될 것이다. 그러므로 영원한 생명이라고 하는 하나님의 선물은 종말론적인 부활의 때에 완전한 모습으로 우리의 것이 될 것이다.

몸의 부활은 하나님의 현존 속에서의 영원한 교제로 들어가는 입구이기 때문

---

29) Michael A. Eaton, *Ecclesiastes*, in the *Tyndale Old Testament Commentaries*, ed. D. J. Wiseman (Leicester, England: InterVarsity, 1983), 15-51.

에, 하나님이 우리에게 주시고자 하는 영원한 생명은 인간 존재의 어느 한 차원에 국한되지 않는다. 하나님께서 약속하신 영원한 생명은 "혼"이든 "영"이든 어떤 비물질적인 실체가 변화되는 것이라기보다는 몸을 포함한 한 인간 전체에 미친다.

하나님께서 의도하신 우리 인간의 최종적인 운명은 미래의 부활을 거친 실존이라고 주장하는 것은 우리 인간의 본성이 궁극적으로 부활을 거친 실존 — 우리는 그러한 실존으로 되어가고 있는 중이다 — 에 있다는 것을 의미한다. 부활을 거친 실재는 몸이 없는 비물질적인 실체로 된 실재가 아니라, 몸을 지닌 심신 통일체로서의 인간 존재이다. 따라서 우리의 본성은 통전적(統全的)이다. 하나님은 인간 존재를 하나의 분리될 수 없는 실재가 되도록 의도하셨다.

죽음과 전인(全人). 인간이 존재론적으로 분리될 수 없다는 것은 여러 방향으로 의미를 지닌다. 그러나 이것이 죽음에 대한 우리의 이해와 관련하여 갖는 의미만큼 논란이 심한 것도 아마 없을 것이다. 죽음은 우리의 조직신학의 종말론 단원에서 다루어야 할 주제이기 때문에, 여기에서 우리는 단지 몇 가지 예비적인 진술들만을 제시할 수 있을 뿐이다.

우리는 인간이 분리될 수 없는 존재이며, 우리의 실존의 모든 측면과 관련하여 유한하고 하나님에게 의존되어 있다는 결론을 내린 바 있다. 따라서 죽음은 한 생명의 끝이다. 왜냐하면, 중요한 기능들의 중지와 함께 본질적인 인간의 실존도 끝나기 때문이다. 이러한 이유로, 하나님은 이스라엘에게 "귀인들을 의지하지 말며 도울 힘이 없는 인생도 의지하지 말지니 그의 호흡이 끊어지면 흙으로 돌아가서 그날에 그의 생각이 소멸하리로다"(시 146:3-4)라고 경고하셨다. 죽음이 임할 때, 하나님은 생명 원리를 회수해 가시고, 이로써 모든 인간의 실존 — 가장 비천한 농부로부터 가장 위대한 귀인에 이르기까지 — 은 끝이 난다.

죽음은 삶의 종말이다. 죽음이 죄와 연관이 있다는 것은 죽음이 삶에 대한 비극적인 종말이라는 것을 의미한다. 실제로, 성경은 죽음을 인류의 적, 죄로 말미암아 "독침"(sting)을 지니고 있는 권능으로 규정한다. 죽음은 산 자들 가운데서 활동하는 것의 종말을 가져올 뿐만 아니라 한 인간의 삶 전체의 의미에 문제를 제기한다. 이런 이유로 죽음을 단지 좀 더 높은 실존으로 들어가는 입구라고 말한 많은 "기독교적인" 진술들은 비록 해로운 말들은 아니라고 할지라도 불행한 말들이다.

그러나 성경의 복음은 죽음이 최종적인 말(the last word)이 아니라는 것이다.

하나님께서 우리를 위해 예비하신 운명은 죽음을 넘어선 새 창조에 있다. 죽을 존재들이 죽지 않음(불멸성)을 덧입게 될 부활의 때에, 우리는 완전한 형태의 영원한 생명 — 이것이 바로 하나님께서 우리에게 정하신 운명이다 — 을 받게 될 것이다(고전 15:50-54). 우리 인간의 운명이 영원한 생명이기 때문에, 이 운명은 죽음을 초월한다. 따라서 죽음은 여전히 최후의 원수로 남아 있긴 하지만, 그리스도 안에서 죽음은 이미 패배당하였다. 그리고 언젠가는 죽음은 영원히 멸망당할 것이다(고전 15:25-26). 이것을 알기 때문에, 우리는 지금 현재에 있어서도 죽음이 하나님의 사랑으로부터 우리를 끊어놓을 수 없다는 것을 확신한다(롬 8:35-39). 그리스도와 연합된 자는 심지어 죽음 속에서도 하나님의 사랑에 붙잡힌 채로 부활을 통한 새 창조를 기다린다.

영혼의 기원

전통적인 인간론에 의하면, 인간은 둘 혹은 셋의 실체적 요소들로 이루어진 복합적인 존재이다. 몸과 혼(그리고 아마도 영)이라는 고전적인 구별은 자연스럽게 이 두 차원 간의 시간적인 관계에 관한 질문들로 이어진다. 만일 인간이 비물질적인 실체와 물질적인 실체의 결합으로 이루어져 있다면, 이 비물질적인 실체는 어떻게 생겨나며, 언제 그것이 물질적인 실체와 결합되는가? 혼은 하나님의 특별한 행위에 의해서 창조되는가? 아니면, 혼은 수태 시에 자연적인 수단들을 통해서 몸과 함께 창조되는가? 요컨대, 무엇이 영혼의 기원인가?

전통적인 견해들. 고전적인 방식으로 영혼의 기원에 관한 문제를 제기하는 사상가들은 일반적으로 다음과 같은 세 가지 설명들 중 하나를 지지한다.

(1) 정통적인 기독교 사상가들 사이에서 가장 지지를 받지 못한 견해는 영혼선재설(preexistence of soul)이다. 이 견해는 불멸성에 관한 플라톤 사상의 전제를 영혼의 기원에 관한 문제에 적용함으로써 생겨났다. 간단히 말해서, 선재설은 모든 인간의 영혼들은 그들의 거처가 된 몸들(bodies)의 창조 이전에 이미 존재해 있었다고 주장한다. 그러므로 한 인간의 영혼은 몸의 수태 이전에 존재해 있다가, 모태 속에서 어느 시기에 또는 출생 시에 몸과 결합된다.

선재설을 지지하는 사람들 중 일부는 한 특정한 영혼의 성육신(incarnation)은 오직 한 번만 일어난다고 주장한다. 이것은 말일성도 예수 그리스도 교회(몰몬교)

의 공식적인 가르침이 되었다.[30] 몰몬교의 신학에 따르면, 세계의 창조 이전에 하나님은 무수한 영적인 자녀들을 낳았다. 성교를 통해서 인간의 부모들은 영적 자녀(spirit-child)가 들어갈 수 있는 몸을 만들어낸다. 이러한 이유 때문에, 몰몬 교회는 부모-자식 관계와 가족의 가치를 강조한다. 신실한 몰몬교도들은 태어나기를 기다리고 있는 많은 영적 자녀들을 위한 몸들을 제공하기 위하여 대가족을 이루어야 한다.

또한 선재설을 지지하는 사람들 중에는 한 영혼이 여러 몸으로 성육신될 수 있다고 믿는 사람들도 있다. 각각의 영혼은 하나의 개체이지만, 각각의 유형의 인간은 개체가 아닐 수도 있다. 이러한 견해는 오리게네스 같은 고대의 몇몇 기독교적 플라톤주의자들에 의해서 주장되었는데,[31] 오늘날에는 뉴 에이지 운동의 참여자들 중 일부에서 유행되고 있는 환생(reincarnation) 개념 속에서 다시 등장하고 있다.[32]

(2) 고전적인 기독교적 신학자들 가운데서 좀 더 두드러지게 나타나는 견해는 두 번째 입장인 창조설(creationism)이다. 이 견해는 기독교회 안에서 오랜 전통을 자랑하며, 로마 가톨릭과 개혁주의 전통 안에서 통설이 되어 왔다.

창조설의 지지자들은 각각의 인간 영혼은 하나님의 직접적인 창조 행위를 통해서 생겨난다고 전제한다. 더욱이, 하나님은 영혼을 몸의 수태와의 밀접한 관련성 속에서 창조하신다 ─ 비록 그 정확한 시간은 확실치 않지만.[33] 이 견해를 옹호하

---

30) 이 표준적인 몰몬교의 가르침은 일반적으로 *The Pearl of Great Price*, Moses 3: 5, and Joseph Smith, *History of the Church of Jesus Christ of Latter-day Saints, Period I*, ed. B. H. Roberts, second edition (Salt Lake City: Desert News Press, 1950), 6: 308-12로부터 나온 것이다. 이 교리의 발전에 관한 예증을 위하여, Sterling M. McMurrin, *The Theological Foundations of the Mormon Religion* (Salt Lake City: University of Utah Press, 1965), 25-26, 50을 참고하라.

31) Origen, *De Principiis*, 2.9.2, trans. Federick Crombie, in *Tertullian; Minucius Felix; Commodianus; Origen*, volume 4 of *The Ante-Nicene Fathers*, ed. Alexander Roberts and James Donaldson (Grand Rapids: Eerdmans, 1976), 290.

32) 뉴 에이지 운동에서의 이 교리의 현존에 대한 언급을 위하여, Ruth A. Tucker, *Another Gospel: Alternate Religions and the New Age Movement* (Grand Rapids: Zondervan, 1989), 331-32를 보라. 뉴 에이지의 성육신의 가르침에 대한 비판을 위하여, Douglas R. Groothius, *Unmasking the New Age* (Downers Grove,Ill.: InterVarsity, 1986), 131, 150-52를 참고하라.

는 사람들은 이 입장을 가르치거나 확증해주는 몇몇 성경 본문들을 그 근거로 든다(사 42:5; 슥 12:1; 민 16:42; 히 12:9).

20세기 초에 스트롱(Augustus Hopkins Strong)은 창조설에 대한 주요한 반론을 자세하게 제시하였다.[34] 만일 인간이 나면서부터 원죄에 오염되어 있고, 하나님이 영혼을 직접 창조하시는 것이라면, 하나님은 오염되고 죄악된 영혼을 창조하시는 셈이 된다. 따라서 창조설은 하나님을 악의 직접적인 근원으로 만들어 버리게 된다.

(3) 복음주의자들 가운데서 아마도 가장 광범위한 지지를 받고 있는 입장은 유전설(traducianism)일 것이다. 이 설을 지지하는 사람들은 한 인간은 자기를 닮은 인간을 만들어내기 때문에 몸은 몸을 낳고 영혼은 영혼을 낳는다고 주장한다. 남편과 아내의 연합은 몸과 영혼으로 이루어진 그들을 닮은 인간을 낳는다. 따라서 유아의 영혼은 몸의 수태와 동시적으로 생겨난다.

유전설은 창조설과 마찬가지로 오랜 전통을 자랑한다. 교회 안에서의 이 견해의 존재는 적어도 테르툴리아누스 시대에까지 소급되며, 아우구스티누스는 이 견해를 옹호한 사람들 가운데 가장 저명한 인물이다. 유전설은 전통적인 루터파 신학자들 가운데서 통설이 되어 왔다.[35] 침례교도였던 스트롱은 칼빈주의자이긴 했지만 역시 이 견해를 지지하였다.[36]

유전설을 지지하는 사람들은 그들의 입장이 인류와 인간의 죄에 관한 몇몇 성경적인 주제들과 가장 잘 들어맞는다고 주장한다. 유전설적인 입장에서 기본적인 것은 사람들이 그들의 조상들의 "허리"에 있었다고 말하는 진술들 — 유전설이 아니면 설명하기 힘든 — 이다. 예를 들면, 히브리서 기자는 "멜기세덱이 아브라함을 만날 때에, 레위는 아직 자기 조상의 허리에 있었다"(히 7:10)고 말한다. 부모는 자기와 닮은 인간을 낳기 때문에, 우리는 어떤 의미에서 자녀들은 출생 이전에 그들의 아버지의 몸 속에 실제로 현존한다고 말할 수 있다.

유전설을 지지하는 사람들은 인류의 통일성, 특히 죄 안에서의 우리의 통일성을 설명하는 데 이 개념을 근거로 든다. 기독교의 고전적인 가르침에서 당혹스러

---

33) Berkhof, *Systematic Theology*, 201.
34) Strong, *Systematic Theology*, 2: 493.
35) Berkhof, *Systematic Theology*, 197.
36) Strong, *Systematic Theology*, 2: 493-97.

운 문제 중 하나는 어떻게 모든 인간이 아담의 죄의 결과들에 자동적으로 참여하게 되는지에 관한 것이었다(고전 15:22; 롬 5:12). 유전설의 지지자들은 우리가 "아담의 허리에" 있었기 때문에 아담이 범죄하였을 때에 우리도 모두 에덴 동산에 있었다는 이론을 제시한다. 우리가 아담 안에 있었기 때문에, 비록 우리가 당시에 아직 태어나지 않았을지라도, 실제로 우리는 아담 안에서 범죄한 것이라는 말이다. 따라서 우리는 아담의 범죄에 참여하여 유죄이기 때문에, 하나님이 우리를 정죄하시는 것은 의롭다.

끝으로, 유전설을 지지하는 사람들은 이 가르침이 한 세대에서 다음 세대로 죄성 또는 "육"(flesh)이 전해지는 것에 관한 성경의 진술들을 다른 어떤 대안들보다 더 잘 설명해 줄 수 있다고 주장한다. 예를 들면, 예수는 니고데모에게 "육으로 난 것은 육이요 영으로 난 것은 영이니"(요 3:6)라고 선언하셨다. 유전설에 의하면, 여기에서 "육"은 남편과 아내가 타락한 상태에서 함께함으로써 생겨난 몸과 영혼을 지닌 한 인간 전체를 가리킨다.

유전설은 폭넓은 지지를 받아 왔음에도 불구하고, 여전히 비판하는 자들이 없지 않다. 비판자들은 이 견해가 영혼의 "단순성"(simplicity) 또는 분리할 수 없는 통일성이라는 개념과 모순된다고 주장한다.[37] 영혼은 분리될 수 없기 때문에, 자녀의 영혼이 부모의 영혼들로부터 유래한다는 것은 불가능하다. 또한 마찬가지로 문제가 되는 것은 모든 인간 영혼들의 기원적 통일성과 아담의 죄의 결과들에 대한 그 후손들의 참여를 설명하기 위해 유전설을 사용하고 있는 것이다. 만약 우리가 아담의 허리에 있었고, 그 결과 아담의 죄에 대하여 책임이 있다면, 왜 우리는 아담이 자녀들 — 우리의 조상들 — 의 출생 이전에 범했던 모든 죄들이 아니라 유독 아담의 첫 번째 범죄에 대해서만 죄책(罪責)을 지게 되는 것인가? 사실 유전설을 지지하는 사람들은 한 걸음 더 나아가 우리의 부모들이 우리의 출생 이전에 범했던 모든 죄들에 대해 우리가 책임을 져야 한다고 말해야 하지 않는가?

고전적인 논쟁과 오늘날의 상황. 일단 우리가 인간을 복합적인 존재로 이해하는 고전적인 입장을 극복한다면, 사실 영혼의 기원을 둘러싼 옛 논쟁은 그 심각성의 상당 부분을 잃게 된다. 우리가 이미 살펴보았듯이, 근대의 인간론은 "몸"과 "혼"

---

37) Berkhof, *Systematic Theology*, 198.

같은 실체적인 요소들을 구별해내기보다는 인간의 전체성을 강조한다. 이해에 있어서의 이러한 전환의 결과로서, 오늘날의 사상가들은 영혼의 기원에 관한 문제를 더 이상 비물질적인 실체가 물질적인 실체와 결합하는 시점이라는 고전적인 관점에서 다루려고 하지 않는 경향을 보인다.

영혼의 기원이라는 문제는 겉으로 보기에는 신학적으로 부적절한 주제인 것 같아도, 또 다른 의미에서 보면 이 문제는 아직 사라지지 않았다고 할 수 있다. 예를 들면, 태아가 언제 하나의 인간이 되는지에 관한 논의 속에서, 유전설과 창조설 같은 전통적인 범주들은 여전히 적용된다 — 비록 상당히 변화된 의미들로 적용되긴 하지만.[38] 일부 학자들은 태아가 한 인간이 되는 시점을 하나님이 직접 결정하며, 이것은 수태 이후의 어느 시점에 일어난다고 주장한다. 그와 같은 입장은 옛 창조설이 보여 주는 기본적인 사고를 이어받고 있는 것이다. 그들의 반대자들, 즉 태아는 수태될 때로부터 한 인간이라고 주장하는 사람들은 옛 유전설이 보여 주는 이해를 반영하고 있다.

영혼의 기원에 관한 문제를 이런 식으로 재해석해서 태아의 인격성과 관련된 문제로 이해하면, 이 문제는 낙태와 출산 조절 같은 윤리적인 주제들과 관련하여 중요한 함의들을 지니게 된다.[39] 유전설에 의하면, 생명은 수태 시에 시작되기 때문에, 낙태와 수태 이후의 출산 조절은 비도덕적인 행위가 된다. 이와는 대조적으로, 창조설은 실제적인 생명은 수태 이후의 어느 시점에 시작된다고 주장하기 때문에, 그 밖의 다른 근거들에 의해서 문제가 되지 않는 한, 수태 이후의 출산 조절은 윤리적으로 허용될 가능성이 있게 된다.

영혼과 우리의 존재론적 본성

성경적·신학적 용어로서의 "영혼"은 몇 가지 의미를 지닌다. 영혼은 모든 피조물들, 특히 인간 속에 현존하는 생명 원리이자 하나님께서 주신 생명을 가리킨다. 또한 하나님이 우리에게 개별적으로 생명의 선물을 수여한다는 점에서, "영혼"은 각 사람의 개체성(individuality)의 기초를 이룬다. 이러한 의미들은 자연스럽게

---

38) Stanley J. Grenz, "Abortion: A Christian Response," *Conrad Grebel Review* 2/1 (1984): 23-27를 보라.

39) Stanley J. Grenz, *Sexual Ethics* (Dallas: Word, 1990), 126-41을 참고하라.

또 하나의 의미를 가져온다: 무엇보다도, "영혼"은 하나님의 계획 속에서의 특별한 운명(destiny) 또는 의도(design)의 수혜자로서의 한 인간을 가리킨다. 영혼이라는 용어가 지닌 이러한 의미는 "각 사람은 영원한 영혼을 지니고 있다"는 전형적인 복음주의적 선언의 영속적인 진리를 말해준다. 하나님은 각 사람이 시간적인 세계를 초월하여 영원을 포괄하는 운명에 참여하기를 원하신다는 점에서, 우리 각자는 실제로 "영원한" 영혼을 "소유하고" 있다고 할 수 있다. 하나님은 우리 안에 "세계에 대한 개방성," 즉 하나님께서 모든 시간적 경험을 뛰어넘어 성취하기를 원하시는 영원한 갈망을 두셨다.

　이 점을 염두에 두고, 이제 영혼의 시간적인 기원에 관한 고전적인 질문으로 되돌아가 보자. 하나님이 정확히 언제 "영혼"을 수여하시는가에 관한 질문 속에 숨겨진 핵심은, 언제 하나님이 우리에게 인간 특유의 운명에 참여할 수 있는 잠재력을 수여하시는가라는 질문이다. 그리스도인들은 이것이 모태 속에서 일어난다고 단정적으로 말한다. 그러나 우리가 좀 더 탐구해 볼 수 있는 내용은 없을까?

　영혼의 의미에 관한 우리의 고찰은 "영혼"을 개체성(individuality)과 연결시킨다. "영혼"은 하나님이 우리를 개체로서 대하신다는 것을 의미한다. 또한 이 용어는 하나님이 우리 각자를 개체로서 그분의 특별한 사랑의 대상으로 보신다는 것을 의미하기도 한다. 그리고 "영혼"은 하나님이 우리를 개체로서 장래의 인간의 운명에 참여하도록 초청하신다는 것을 암시하는 말이기도 하다. 이 용어는 하나님이 우리를 개별적인 인간으로서 인류의 한 운명을 실현하도록 부르신다는 것을 보여준다. 그러므로 "영혼"이라는 개념은 우리로 하여금 하나님은 모태 속에서 자라나는 태아를 언제 하나의 개체로 받아들이는지를 묻게 만든다.

　이에 대한 답변을 찾아가는 과정 속에서 신학은 생물학의 발견들의 도움을 받을 수 있을 것이다. 비록 우리의 개인적인 유전자 구성이 수태 시에 일어난다고 할지라도, 착상 시에야(자라나는 접합자(zygote)가 자궁의 벽들 속에서 스스로를 착상시킬 때) 비로소 그 자라나는 생명체는 돌이킬 수 없는 개체성에 도달한다. 이러한 이유로, 착상(着床)은 하나님이 모태 속에서 자라나는 생명체를 주시하시고, 그 생명체를 하나의 인간 개체로 인식하여, 이 새로운 생명체와 계약을 맺으시는 시점이라고 할 수 있다. 그러나 하나님은 우리가 신체적인 형태를 입기 전에도, 심지어 우리가 모태 속에 있다는 것을 우리의 부모가 알기 이전에도 우리를 아신다. 이러한 결론의 맥락 속에서, 예레미야에게 하신 하나님의 말씀은 추가적인 의미를

지닌다: "내가 너를 복중에 짓기 전에 너를 알았고"(렘 1:5).

하나님의 형상으로서의 인간

인간의 죄라는 문제를 제외한다면, 아마도 기독교 인간론에서 가장 논란되는 단일한 주제는 "하나님의 형상"이라는 표현이 지니고 있는 의미이다. 사실 "우리가 하나님의 형상으로 창조되었다"는 선언보다 더 우리를 우리 인간의 정체성과 우리의 본성의 핵심으로 다가가게 해주는 주장은 없다. 그러나 우리는 이 결정적으로 중요한 기독교적인 선언을 어떻게 이해해야 하는가? 그리고 "하나님의 형상"이란 과연 무엇을 가리키는가?

우리가 이에 대한 답변을 찾기 위하여 통과해야 하는 여정(旅程)은 신학자들이 이 개념을 어떻게 사용하였는지를 개괄적으로 살펴보는 것에서 시작된다. 그렇게 해서 거점을 확보한 후에, 다음으로 우리는 이 구절이 나오는 성경 본문들로 되돌아간다. 이러한 연구들은 우리가 하나님의 형상으로 창조되었다는 관점에서 우리의 인간적 정체성을 해명하고자 하는 시도를 위한 토대를 제공해 줄 것이다.

신학사 속에서 하나님의 형상

기독교 역사 전체에 걸쳐서 신학자들은 우리가 하나님의 형상으로 창조되었다고 말하는 것은 무엇을 의미하는가라는 질문과 씨름하여 왔다. 어떤 의미에서, 그리고 어떤 점들에서 우리는 하나님을 닮았다는 것인가? 그리고 이러한 고찰들의 한 결과로서, 죄에로의 우리의 타락은 우리 안에 있는 하나님의 형상에 어떤 영향을 미쳤는가? 이 문제에 관하여 세 가지 기본적인 입장들이 신학사 속에 등장하였다.[40]

구조설. 교회사 속에서 하나님의 형상에 관한 가장 오래된 해석은 구조설일 것이다. 교부들은 이 입장을 위한 근거를 제공했지만, 그러나 이 입장은 중세 스콜라주의 신학자들의 저술 속에서 그 고전적인 표현을 얻었다. 후에 이 입장은 종교개

---

[40] 이에 대한 약간 유사한 진술을 위하여, Erickson, *Christian Theology*, 2: 498-510을 보라.

혁자들의 도전을 받았지만, 결국에는 개신교 정통주의 신학들 속에서 다시금 주도권을 차지하게 되었다. 그리고 이 입장은 오늘날에도 복음주의자들을 포함하여 많은 지지자들을 여전히 계속해서 확보하고 있다.

이 고전적인 견해는 하나님의 형상을 주로 인간론적인 개념으로 이해한다. 하나님의 형상은 한 인간의 형식적 구조로서 우리가 "소유하고 있는" 어떤 것이며, 인간 존재들로서의 우리를 형성하고 있는 여러 속성들을 포함한다. 하나님의 형상은 인간으로서의 우리를 형성하고 있기 때문에, 우리는 심지어 우리의 죄악되고 타락한 상태 속에서도 그것을 여전히 보유한다. 그러므로 하나님의 형상은 하나의 현재적인 실재, 모든 시대에 모든 인간들의 특징을 이루고 있는 하나님과의 유사성(a resemblance)이다.

우리가 하나님의 형상을 소유하고 있는 것과 직결된 특성들 — 인간적 능력들 — 로는 무엇보다도 우리의 합리성과 도덕적 본성을 들 수 있는데, 일부 지지자들은 여기에 거룩성에 대한 우리의 능력을 추가하기도 한다.[41] 합리성에 대한 강조는 기독교 사상에 대한 헬라 철학의 지속적인 영향의 자연스러운 부산물이다. 플라톤에서 시작하여 그리스 사상가들은 거의 이구동성으로 이성이 인간의 가장 특유한 최고의 특성이라는 것에 동의하였다. 그러므로 초기 기독교 신학자들이 우리 속에 있는 하나님을 닮은 모습을 우리의 합리성과 결부시켜서, 하나님의 형상을 우리가 합리적인 능력을 소유하고 있는 것와 관련하여 이해한 것은 조금도 이상한 일이 아니다.

하나님의 형상을 우리의 합리적인 본성에 초점을 맞춰 이해하게 되자, 신학자들은 성경에 나오는 타락 이야기를 고찰할 때에 애로를 겪게 되었다. 만일 우리 안에 있는 하나님과의 유사성이 우리가 합리성을 소유하고 있는 것이라면, 어떻게 타락이 하나님의 형상의 소유자로서의 우리의 신분에 영향을 미치는 것인가? 어떻게 우리는 타락했으면서도 여전히 우리의 인간됨의 본질에 대한 보증인 이 하나님의 형상을 소유할 수 있는 것인가?

구조설의 초기 지지자들은 이 딜레마를 "하나님의 형상"(image of God)과 "하나님의 모양"(likeness of God)을 성경이 구별하고 있다는 것 — 그들은 그렇게 생각하였다 — 에 착안하여 해결하였다(창 1:26). 주후 2세기의 사상가들의 전형

---

41) Berkhof, *Systematic Theology*, 203, 204.

을 보여 주는 이레나이우스(130-200년)는 하나님의 형상을 인간의 죄성에도 불구하고 여전히 보유하고 있는 우리의 합리성, 도덕적 자유, 책임성이라고 설명하였다.[42] 이와는 대조적으로, 하나님의 모양은 성령이 아담에게 수여하였던 "신성의 의복"(robe of sanctity)이다.[43] 이 첫 번째 인간은 타락으로 인해서 하나님의 모양을 상실했지만, 구속을 통해서 하나님은 이 하나님의 "모양을 지니고 있는 영" (likeness-bearing spirit)을 우리에게 회복시키셨다.

하나님의 형상과 하나님의 모양에 대한 교부들의 구별은 중세의 인간론을 위한 토대가 되었다. 스콜라주의자들에 의하면, 하나님의 형상은 창조로 말미암아 우리의 것이 된 자연적인 은사로서 우리의 본성에 속한다. 하나님의 형상은 우리의 자연적인 인간적 능력, 특히 이성과 연관된다.[44] 우리가 인간이기를 멈추지 않고서는 그와 같은 능력들을 상실할 수 없다고 본 스콜라주의자들은 하나님의 형상이 타락 이후에도 여전히 온전하게 남아 있다고 주장하였다. 이와는 대조적으로, 하나님의 모양은 초자연적인 은사로서, 에덴 동산에서 하나님이 아담에게 수여하신 원의(the original righteousness)인데, 이것을 통해서 첫 번째 인간은 그의 이성을 사용하여 자신의 "저급한 능력들"(lower powers) — 감정들과 욕구들 — 을 다스릴 수 있었다.[45] 타락을 통해서 아담은 이 하나님의 모양, 이 초자연적인 은사를 상실하였다.

---

42) 하나님의 형상과 모양 사이의 이레나이우스의 구별에 관한 논의를 위하여, J. N. D. Kelly, *Early Christian Doctrines*, revised edition (San Francisco: Harper and Row, 1978), 171을 참고하라.

43) Irenaeus, *Adversus Haereses* 3.23.5, in *The Apostolic Fathers with Justine Martyr and Irenaeus*, volume 1 of *The Ante-Nicene Fathers*, ed. Alexander Roberts and James Donaldson, American reprint of the Edinburgh edition (Grand Rapids: Eerdmans, 1975), 457.

44) 중세 신학의 이러한 규정은 널리 주장되고 있다. 예를 들면, A. H. Cremer, "Image of God," in *The New Schaff-Herzog Encyclopedia of Religious Knowledge*, ed. Samuel Macauley Jackson, fifteen volumes (Grand Rapids: Baker, 1977), 5: 451를 보라.

45) Thomas Aquinas, *Summa Theologica*, 1.95.1, trans. *Fathers of the English Dominican Province*, revised Daniel J. Sullivan, volume 19 of the *Great Books of the Western World*, ed. Robert Maynard Hutchins (Chicago: Encyclopedia Britannica, 1952), 506-7.

관계설. 개신교 종교개혁자들은 중세 시대의 견해의 토대를 이루고 있던 하나님의 형상과 하나님의 모양의 구별을 주석적으로 보장되지 않고 신학적으로 유해하다고 단정하여 거부하였다.[46] 그 대신에 마르틴 루터는 하나님의 형상에 관한 단일한 견해를 제시하였다. 그는 하나님의 형상은 스콜라주의자들이 하나님의 모양에 해당한다고 보았던 원의(原義)에 관한 개념을 포함한다고 주장하였다. 사실 루터는 하나님의 형상이 오로지는 아닐지라도 주로 원의에 있다고까지 주장하였다. 따라서 루터는 타락이 하나님의 형상을 광범위하게 손상시켰다는 결론을 내렸다.[47] 이 점에 대해서, 또 다른 위대한 종교개혁자인 칼빈은 루터의 견해에 기본적으로 동의하였다.[48]

타락으로 인하여 하나님의 형상이 지워졌다고 주장하면서도, 루터와 칼빈은 죄악된 인간 속에 하나님의 형상이 존재한다는 것을 완전히 부정하고자 하지는 않았던 것 같다. 특히 칼빈은 죄악된 인간들 속에도 파괴된 하나님의 형상의 흔적들, 잔재, 또는 잔여물이 여전히 남아 있을 가능성을 주장하였다.[49] 그럼에도 불구하고, 이 두 사상가는 하나님의 형상이 이제 "소름끼칠 정도로 왜곡되었다"는 사실을 분명하게 강조하였다.[50] 타락은 우리가 보유했던 이성과 의지의 모든 능력들을 변질시키고 왜곡시켰다.[51] 토마스 아퀴나스의 인간론을 거부하면서, 그들은 타락한 인간은 단지 박탈당했을(deprived) 뿐만이 아니라 부패되었다(depraved)고 역설하였다.[52]

---

46) 예를 들면, 루터는 창세기 1장 26절을 주석하면서, 형상과 모양의 병행을 무시하며 그 다음에 27절에는 그것이 빠져 있는 것을 주목한다. Martin Luther, *Lecture on Genesis*, in *Luther's Works*, ed. Jeroslav Pelikan, trans. George V. Schick, American edition (St. Louis: Concordia, 1958), 1: 55-68.

47) Ibid., 1: 62-65.

48) John Calvin, *A Commentary on Genesis 1: 26*, trans. John King, two volumes in one (London: Banner of Truth Trust, 1965), 93-95.

49) 그러므로 칼빈은 결론을 맺기를, "여전히, 우리는 전체의 인류를 다른 피조물들로부터 구별하는 하나님의 형상의 어떤 잔여물의 흔적들을 이 다양성 속에서 보게 된다."는 것이다. John Calvin, *Institutes of the Christian Religion* 2.2.17, in *Library of Christian Classics* volumes 20-21, trans. Ford Lewis Battles, ed. John T. McNeill (Philadelphia: Westminster, 1960), 20: 277.

50) 칼빈의 견해를 위하여, ibid., 1.25.4 [189]를 보라.

51) Ibid., 3.3.12 [604-5].

종교개혁자들은 중세의 인간론을 거부하였기 때문에 1500년의 기독교 신학을 거치면서 지배적인 견해로 성장하였던 하나님의 형상에 관한 구조적 이해(구조설)를 다른 것으로 대체하지 않을 수 없었다. 그래서 그들은 하나님의 형상에 관한 관계적 이해(관계설)을 제시하였다.

종교개혁의 인간론에서는 하나님의 형상을 일차적으로 인간 본성의 형식적 구조가 아니라 하나님 앞에서의 지위(standing)로 파악한다. 하나님의 형상은 본질적으로 아담이 상실했지만 그리스도께서 회복하신 창조주와의 특별한 관계이다.

이러한 의미에서, 관계설적 이해는 우리의 초점을 현재로부터 과거로 옮겨놓는다. 관계설을 지지하는 사람들은 하나님의 형상을 모든 인간 존재들에 의해서 공유되는 하나의 소유물로 이해하는 것이 아니라, 인간들이 하나님의 형상으로 존재하였던 시점인 에덴 동산에서의 목가적인 순수의 시대과 결부시킨다. 이와 동시에, 종교개혁자들은 그 초점을 인간론으로부터 기독론으로 바꾸어 놓았다. 그리스도는 하나님의 형상의 담지자(bearer)요 회복자이다. 그러므로 그리스도는 하나님의 형상의 궁극적인 패러다임이다. 우리는 성령이 우리 안에서 그리스도를 닮도록 (Christlikeness) 역사하시는 한에 있어서만 하나님의 형상에 참여하게 된다.

관계설적 이해는 20세기에 신정통주의 신학자들의 저술들 속에서 강력한 반향을 발견하였다. 예를 들면, 에밀 브루너(Emil Brunner)는 이성에 대한 중세의 강조를 거부한다. 그 대신에, 그는 하나님의 형상을 주로 하나님과의 "관계" 속에 있는 우리의 존재로 이해한다. 자유롭고 자기결정적인 자아들로서, 우리는 자유롭게 하나님에게 응답하며, 따라서 하나님 앞에서 책임을 질 수 있다.[53] 이를 토대로, 그는 하나님의 형상의 형식적(formal) 측면과 내용적(material) 측면을 구분한다.[54] 형식적인 차원이란 우리가 하나님 및 다른 사람들에 대하여 응답할 책임이 있다는 사실을 가리킨다. 물론 이 차원은 죄로 인해서 상실되지 않는다.[55] 왜냐하면, 우리가 하나님을 사랑하지 않을 때조차도 우리는 여전히 책임적인 존재로 남아있기 때문이다. 이와는 반대로, 하나님의 형상의 내용적인 측면은 우리가 이미 온

---

52) Hoekema, *Created in God's Image*, 46.

53) Emil Brunner, *The Christian Doctrine of Creation and Redemption*, trans. Olive Wyon (Philadelphia: Westminster, 1953), 55-56.

54) Ibid., 57-61.

55) Ibid., 57.

전히 상실해 버린 하나님에 대한 합당한 응답으로 구성된다.[56] 브루너에게 그리스도는 내용적인 의미에서 하나님의 참된 형상이고, 따라서 그리스도 안에서의 실존을 통해서 하나님의 형상은 우리에게 회복된다.[57]

하나님의 형상에 관한 관계설적 견해는 신정통주의 사상에서 중요한 것이었지만 그 밖의 다른 신학자들에게도 마찬가지로 영향을 미쳐 왔다. 예를 들면, 전통적인 칼빈주의 신학자인 루이스 벌코프(Louis Berkhof)는 하나님의 형상을 아담이 상실했지만 그리스도가 신자 개개인에게 회복시키신 원의(原義) — 참된 지식, 의, 거룩 — 로 정의하고 있다는 점에서 관계설을 따르고 있다고 할 수 있다. 그러나 그런 다음에 벌코프는 하나님의 형상은 인간의 자연적인 구성, 특히 우리의 지성과 도덕적 자유를 가리키기도 한다는 말을 덧붙임으로써 구조설적인 견해로 빠진다.[58]

역동적 견해. 역동적 견해라 부를 수 있는 세 번째 견해의 뿌리도 역시 종교개혁자들의 사고 속에 있다. 많은 사상가들은 창세기 9:6이 타락으로 말미암은 하나님의 형상의 파괴에 대한 종교개혁자들의 강조와 모순된다고 여긴다. 이 본문에 대한 논의 속에서, 루터는 장차 광범위한 영향을 미치게 될 견해를 제시하였다: 비록 우리가 죄로 말미암아 하나님의 형상을 상실했을지라도, "그것은 말씀과 성령을 통해 회복될 수 있다."[59] 그러나 현재에 시작되어서 마지막 날에 가서야 비로소 완성될 이 회복된 모습은 과거에 상실했던 것보다 훨씬 더 높은 차원의 것이다. 하나님의 형상의 완성은 아담에게 "적합했던"(fitted) 영원한 생명이다;[60] 그러므로 하나님의 형상은 인류를 위한 하나님의 의도이자 목표이다.

칼빈은 적어도 이 개념의 회복적인 차원에 역동적 측면을 도입함으로써 루터보다 훨씬 더 앞으로 나아갔다. 이 제네바의 종교개혁자는 그리스도를 점차적으로 닮아가는 신자의 성장으로서의 성화를 강조함으로써 하나님의 형상이 우리 안에서 점진적으로 회복된다는 루터의 논지를 더욱 정교하게 발전시켰다.[61] 이 종교개

---

56) Ibid., 58.
57) Ibid.
58) Berkhof, *Systematic Theology*, 204.
59) Martin Luther, *Lectures on Genesis*, in *Luther's Works*, 2: 141.
60) Ibid., 1: 64-65.

혁자들은 하나님의 형상을 닮아 새로워지는 것은 장차 도래할 삶(내세)에 이르기까지는 완성되지 않을 것이라는 데 동의하였다.

비록 이와 같은 사고들이 하나님의 형상에 관한 역동적인 이해의 출발점이 되었다고는 할지라도, 이 견해의 지지자들은 초기 교부인 이레나이우스가 그들의 창시자라고 주장한다. 그들이 특히 중요시한 것은 이레나이우스가 제시한 반복(recapitulation)이라는 개념이다: 예수 그리스도는 우리 자신의 역사를 "반복"하심으로써, 우리에게 의도된 목표로 우리를 이끄셨다.[62] 그렇지만, 역동적 이해의 발전을 위한 실제적인 추진력은 독일 낭만주의, 특히 요한 고트프리트 폰 헤르더(Johann Gottfried von Herder, 1744-1803년)의 저작 속에서 나왔다. "세계에 대한 개방성"이라는 개념을 토대로 연구를 수행한 그의 추종자들은 하나님의 형상에 관한 성경적인 개념과 미래의 인간의 운명이 서로 연결되어 있다고 전제하였다. 이러한 연관성은 하나님의 형상이라는 개념에 역동적인 차원을 도입한다. 하나님의 형상은 우리가 움직여가고 있는 목표로서의 하나의 실재이다. 하나님의 형상은 우리가 지금 되어져 가고 있는 바로 그것이다.

역동적 견해의 지자자들에 의하면, 하나님의 형상은 인간의 현재적 구조들도 아니고, 아담에 의해서 상실되었다가 그리스도 안에서 회복된 목가적인 과거 시절에 있어서의 하나님과의 관계도 아니다. 오히려, 하나님의 형상이라는 개념은 우리를 미래로 향하게 만든다. 하나님의 형상은 하나님이 자신의 피조물들을 향해 의도하신 목표 또는 운명이다. 그러므로 그것은 현재에 있어서는 단지 하나의 맛보기(fortaste)로, 또는 우리 인간의 잠재태(潛在態)로만 현존하는 미래적 실재이다. 따라서 이 개념의 초점은 인간론이나 기독론이 아닌 종말론이다. 하나님의 형상은 언젠가는 새로운 창조 속에서 부활한 인간들이 지니게 될 것이다. 대니얼 밀리오리(Daniel Migliore)가 말하고 있듯이, "하나님의 형상으로 창조된다는 것은 하나의 상태 또는 조건이 아니라 목표를 지닌 하나의 운동이다: 인간 존재들은 아직

---

61) John Calvin, *Commentary on II Corinthians 3: 18*, in *Calvin's Commentaries: The Second Epistle of Paul the Apostle to the Corinthians and the Epistles to Timothy, Titus and Philemon*, trans. T. A. Smail, ed. David W. Torrance and Thomas F. Torrance (London: Oliver and Boyd, 1964), 49-50.

62) 예를 들면, Irenaeus, *Adversus Haereses* 2.22.4, 3.16.6, in *The Early Christian Fathers*, ed. Henry Bettenson (London: Oxford University Press, 1969), 80-81을 보라.

실현되지 않은 삶의 성취를 위해 끊임없이 활동한다."[63]

성경 속에서의 하나님의 형상

하나님의 형상에 대한 그들의 이해의 토대를 얻기 위하여, 기독교 신학자들은 성경의 저자들이 이 표현을 사용하고 있는 용례들에 주목한다. 그러나 이 개념을 언급하고 있는 성경 본문들의 수는 잘 알다시피 아주 적다. 이 용어가 나오는 구약성서 본문은 창세기의 세 구절에 국한되어 있다. 그리고 신약성서에도 단지 극소수의 용례들 — 야고보서에 한 번, 그리고 바울 서신들 속에서 몇 번 정도 — 만이 나온다. 성경의 저자들이 이 표현을 별로 사용하고 있지 않음에도 불구하고, 하나님의 형상은 여전히 중요한 성경적 개념이다.

창세기의 창조 이야기 속에 나오는 하나님의 형상. 하나님의 형상에 대한 성경적 이해를 위한 출발점은 창세기이다. 이 개념에 대한 모든 신학적인 서술들에서 기본이 되는 것은 창세기 1장에 나오는 창조 이야기에 포함되어 있는 언급이다:

> 하나님이 이르시되 우리의 형상을 따라 우리의 모양대로 우리가 사람을 만들고 그들로 바다의 물고기와 하늘의 새와 가축과 온 땅과 땅에 기는 모든 것을 다스리게 하자 하시고 하나님이 자기 형상 곧 하나님의 형상대로 사람을 창조하시되 남자와 여자를 창조하시고 하나님이 그들에게 복을 주시며 하나님이 그들에게 이르시되 생육하고 번성하여 땅에 충만하라, 땅을 정복하라, 바다의 물고기와 하늘의 새와 땅에 움직이는 모든 생물을 다스리라 하시니라 (창 1:26-28).

창세기에 나오는 이 이야기는 몇몇 신학적인 개념들의 원천 역할을 해왔다. 이 이야기는 단지 우리가 하나님의 형상으로 창조되었기 때문에 하나님의 형상의 존재가 인간을 그 밖의 다른 피조물들로부터 구별시켜 주고 있다는 것만을 시사해 줄 뿐이다. 나아가, 화자(話者)는 하나님의 형상을 인간이 피조 세계 안에서 수행

---

63) Daniel L. Migliore, *Faith Seeking Understanding: An Introduction to Christian Theology* (Grand Rapids: Eerdmans, 1991), 128.(「기독교 조직신학 개론」: 한장사)

해야 할 특별한 역할과 연결시킨다: "바다의 물고기와 하늘의 새와 땅에 움직이는 모든 생물을 다스리라." 또한 이 본문을 두 번째 창조 이야기에 나오는 하나님께서 아담에게 주신 금령(禁令)의 맥락 안에서 읽게 되면, 하나님의 형상이 인간이 하나님 앞에서 갖고 있는 특별한 책임성(accountability)을 수반한다는 결론이 도출된다.

이러한 개념들은 서로 연결되어 있다. 인간은 특별한 지위를 띠고, 즉 하나님의 형상을 지닌 자가 될 과제를 지니고 창조되었다. 인간의 특별한 소명은 우리를 위한 하나님의 의도를 존중하거나 하나님께 불순종하는 것 중에서 선택할 수 있는 특권을 포함하기 때문에, 그것은 하나님 앞에서의 특별한 책임성을 수반한다. 그러나 두 번째 창조 이야기는 이 개념을 한 걸음 더 진척시켜서, 우리의 특별한 소명이 피조 세계 안에서의 우리의 역할에 있다는 것을 시사해 준다: "여호와 하나님이 그 사람을 이끌어 에덴 동산에 두어 그것을 경작하며 지키게 하시고"(창 2:15).

오늘날의 성경학자들은 일반적으로 하나님의 형상이라는 개념의 출처에 관한 단서를 이스라엘 주변 국가들의 제왕 이데올로기(royal ideology)에서 찾는다.[64] 그들은 고대 근동의 왕들이 흔히 그들이 친히 다스릴 수 없는 도시들이나 영토들에 자신의 형상들을 남겨 두었다는 사실에 주목한다. 그와 같은 형상들은 그들의 위엄과 권능을 대표하는 역할을 하였다.[65] 여기에서 게르하르트 폰 라트(Gerhard von Rad)는 하나님의 형상으로서의 인류와의 병행(parallel)을 이끌어낸다:

지상의 강력한 왕들이 자신의 통치권을 나타내기 위하여 친히 다스릴 수 없는 제국의 속주들에 자신의 형상을 세웠듯이, 인간은 하나님의 주권의 상징물로서 하나님의 형상으로 땅에 두어진다. 인간은 사실 이 땅에 대한 하나

---

64) 예를 들어, Phyllis A. Bird, "'Male and Female He Created Them': Gen. 1: 27b in the context of the Priestly Account of Creation," *Harvard Theological Review* 74 (April 1981): 137-44.

65) Gerhard von Rad, "eikon," in *Theological Dictionary of the New Testament*, ed. Gerhard Kittel, trans. Geoffrey W. Bromiley (Grand Rapids: Eerdmans, 1964), 2: 392. 또한 Henri Blocher, *In the Beginning: The Opening Chapters of Genesis*, trans. David G. Preston (Leicester, England: InterVarsity, 1984), 81을 보라.

님의 통치권을 유지하고 강화하도록 부르심받은 하나님의 대표자일 뿐이다. 그러므로 인간과 하나님의 유사성과 관련하여 결정적인 것은 인간 이외의 세계 속에서의 인간의 기능이다.[66]

이러한 고대 근동의 국가들과의 병행관계는 학자들로 하여금 "형상"과 "모양"이라는 용어들이 "대표"의 의미를 지닌다는 결론을 내리게 하였다. 이러한 결론은 하나님의 형상에 대한 고전적인 구조설적 해석의 뿌리를 잘라버리는 것이다. "형상"과 "모양"이라는 용어들은 인간의 어느 한 측면을 의미하지 않는다. 오히려, 우리는 우리의 존재 전체로서 하나님을 어느 정도 닮아 있다. 나아가, 이 용어들이 왕들과 관계가 있다는 사실은 하나님의 형상이라는 개념이 우리의 존재의 본질이 아니라 우리의 목적, 존재론이 아니라 목적론을 지향하고 있다는 것을 보여 준다.

그러나 첫 번째 창조 이야기 속에는 하나님의 형상에 관한 또 하나의 주제가 여전히 남아 있다. 칼 바르트 이래로 많은 사상가들이 지적해 왔듯이, 그것은 공동체를 보여 주는 본문이다.[67] 하나님의 형상은 개별적인 개념이라기보다는 사회적 개념이다.

하나님의 형상이 지닌 사회적인 차원에 대한 단서는 창세기 본문 자체에 들어 있다. 화자는 성(sexes)의 복수성(plurality)[68]을 포함한 인류의 복수성을 하나님의 자기 언급에 나오는 복수성과 명시적으로 연관시킨다. 하나님은 "우리가 우리의 형상대로 사람을 만들자"는 선언으로 자신의 의도를 표현한다. 물론, 우리는 이 본문을 원시적인 형태의 삼위일체(proto-trinitarian)를 선언하고 있는 본문으로 읽어서는 안 된다(터툴리안 이래로 많은 주석가들이 이런 잘못된 주장을 해왔다). 그럼에도 불구하고, 적어도 복수형의 대명사들은 화자의 의도와 관련된 그 무엇을 시사해 준다. 데릭 베일리(Derrick Bailey)의 말을 빌면, 이 대명사들은 다음과 같은 것을 가리킨다:

---

66) Gerhard von Rad, *Genesis*, trans. John H. Marks, in the *Old Testament Library*, ed. G. Ernst Wright (Philadelphia: Westminster, 1972), 58.

67) H. Paul Santmire, "The Genesis Creation Narrative Revisited: Themes for a Global Age," *Interpretation* 45/4 (October 1991): 374.

68) 이에 대하여, Grenz, *Sexual Ethics*, 34를 보라.

화자는 하나님이 어떤 불가사의한 방식으로 다른 존재들을 창조의 행위에 있어서의 동역자들로 자신과 결부시키고 있으며, 하나님은 인류를 어떤 의미에서 초자연적인 존재들의 복수성의 패턴을 따라 지음받은 것으로 여겼다고 보았다.[69]

신약성서의 좀 더 온전한 하나님의 자기계시는 우리로 하여금 창세기의 이러한 말들 속에서 훨씬 더 심오한 의미를 찾을 수 있게 해준다. 베일리의 결론을 따르면, "그 말들은 유한성의 제한들에 종속되어 있으면서도 자신의 본성을 반영할 하나의 피조물을 만들어서 자신의 사역의 절정을 이루게 하겠다는 창조주의 결단을 표현하고 있다." 그러므로 하나님이 복수형으로 자신을 언급한 것은 인류를 복수(複數)의 실재로 창조한 것과 대응된다.

그러나, 복수의 창조물인 인간은 몸을 입고 성적으로 분화된 피조물이다. 창조 이야기의 이러한 차원은 일부 학자들로 하여금 하나님의 형상이라는 개념 속에는 육체성(corporality)이 포함되어 있다는 결론을 내리게 만들었다.[70] 어떤 의미에서 그러한 사고는 새로운 것이 아니다. 심지어 칼빈조차도 하나님의 형상 속에 몸을 포함시키고자 하였다 — 비록 몸과 영혼의 관련성을 통해서이긴 하지만.[71] 그러나 이러한 사고에서 새로운 것은 생식 활동(procreation)이 하나님의 형상의 기능적인 차원일 수도 있으며, 따라서 어떤 의미에서는 하나님의 창조 활동에 대한 하나의 유비(類比) 역할을 할 수도 있다는 함의이다.[72]

창세기의 다른 본문들에서의 하나님의 형상. 이 기본적인 본문 외에도, 창세기 기자는 그 밖의 다른 두 본문 속에서도 하나님의 형상이라는 개념을 사용한다.

첫 번째 본문은 아담의 족보에 대한 서문으로 나온다: "하나님이 사람을 창조

---

69) Derrick Sherwin Bailey, *Sexual Relations in Christian Thought* (New York: Harper and Brothers, 1959), 267.

70) Gerhard von Rad, *Old Testament Theology*, trans. D. M. G. Stalker, two volumes (New York: Harper and Row, 1962), 1: 144-48; Walther Eichrodt, *Theology of the Old Testament*, trans. H. A. Baker, two volumes (Philadelphia: Westminster, 1967), 2: 122-31.

71) Calvin, *Institutes* 1.15.3, in Library of Christian Classics 20: 186-88.

72) Blocher, *In the Beginning*, 93; Meredith Kline, *Kingdom Prologue* (1989), 30.

하실 때에 하나님의 모양대로 지으시되 남자와 여자를 창조하셨고 그들이 창조되던 날에 하나님이 그들에게 복을 주시고 그들의 이름을 사람이라 일컬으셨더라 아담은 백삼십 세에 자기의 모양 곧 자기의 형상과 같은 아들을 낳아 이름을 셋이라 하였고"(창 5:1-3). 이 구절은 하나님의 형상은 사람들 — 또는 적어도 아담 — 이 보여 주는 하나님과의 특별한 유사성(resemblance)이라는 것을 보여 준다.

나중에 하나님은 노아와의 계약을 설명하면서 살인의 경우에 엄격한 형벌을 요구하는 근거로 하나님의 형상을 든다: "다른 사람의 피를 흘리면 그 사람의 피도 흘릴 것이니 이는 하나님이 자기 형상대로 사람을 지으셨음이니라"(창 9:6). 여기에서 화자는 하나님의 형상이 인간의 생명에 특별한 존엄성과 가치를 부여하고 있다는 것을 보여 준다.

신약성서 속에서의 하나님의 형상. 신약성서의 야고보서는 모든 인간이 특별한 신분을 공유하고 있다는 개념으로부터 윤리적인 함의들을 도출해내면서 창세기의 이 마지막 본문을 언급한다: "이것으로[혀로] 우리가 주 아버지를 찬송하고 또 이것으로[혀로] 하나님의 형상대로 지음을 받은 사람을 저주하나니"(약 3:9).

이런 식으로 하나님의 형상이라는 개념을 보편적인 사람들에게 적용하는 것과는 대조적으로, 바울은 이 개념을 기독론적인 맥락 속에서 언급한다. 그는 고린도 교인들에게 "그 중에 이 세상의 신이 믿지 아니하는 자들의 마음을 혼미하게 하여 그리스도의 영광의 복음의 광채가 비치지 못하게 함이니 그리스도는 하나님의 형상이니라"(고후 4:4; 또한 골 1:15을 보라)고 썼다. 그러므로 바울에 의하면, 그리스도는 궁극적인 의미에서의 하나님의 형상이다. 바울 사도에게 우리 주님은 하나님의 영광을 우리에게 계시하는 분이라는 점에서 하나님의 형상이다(고후 4:6).

바울은 자신이 발견한 하나님의 형상을 위한 기독론적인 준거점을 발판으로 이것을 일반 신자들을 포함하는 개념으로 확대한다. 우리는 이미 그리스도의 형상으로 변화되어 가고 있기 때문에, 우리의 삶들은 그리스도의 영광을 반영할 수 있다(고후 3:18). 사실, 하나님이 우리를 이끄시는 목적지는 그리스도(하나님의 형상이신)를 닮는 것이다(롬 8:29). 이를 위해서, 우리는 "하나님을 따라 의와 진리의 거룩하심으로 지으심을 받은 새 사람을 입어야" 한다(엡 4:24). 심지어 현재에 있어서조차 우리는 우리의 창조주의 형상을 좇아 새로워지는 경험을 하고 있는데, 이것은 바울에게 윤리적인 함의들을 지닌 하나의 실재였다: "너희가 서로 거짓말을 하지 말라 옛 사람과 그 행위를 벗어 버리고 새 사람을 입었으니 이는 자기를 창조하신 이의 형상을 따라 지식에까지 새롭게 하심을 입은 자니라"(골 3:9-10).

비록 우리가 현재에 있어서는 단지 맛보기만을 누리고 있지만, 우리의 갱신(renewal)은 궁극적으로 종말론적이다. 그것은 하나님께서 그리스도의 재림 때에 우리를 온전히 변화시키실 그때에야 비로소 완성될 것이다(요일 3:2). 이런 이유로, 바울은 "우리가 흙에 속한 자의 형상을 입은 자 같이 또한 하늘에 속한 자의 형상을 입으리라"(고전 15:49)는 소망을 선포한다. 이를 위하여 우리가 부활을 통하여 변화받을 것이라고 사도는 말한다(고전 15:50-53).

이러한 성경의 파노라마 같은 드라마는 우리에게 창세기의 이 이야기의 함의들을 가장 완벽하게 이끌어내고 있는 바울이 하나님의 전체적인 목적을 하나님의 형상을 반영하는 한 백성을 만들어낸다는 관점에서 이해하고 있다는 인상을 준다. 엄청난 종말론적인 사건을 통해서 역사가 종언을 고하게 될 때, 하나님은 처음부터 자신의 의도였던 바로 그것을 완성시키실 것이다.

하나님의 형상의 신학적 의의

창세기에서 바울에 이르기까지의 이 개념의 발전과정은 하나님의 형상을 지닌 자로서의 인간에 대한 신학적인 이해를 구축할 수 있는 토대를 제공해 준다. 하나님의 형상이 내포하는 의미는 다면적(多面的)이겠지만, 하나님의 형상(또는 동의어적인 표현인 "하나님의 모양")[73]이라는 개념의 중심에는 하나님께서 계획하신 우리 인간의 운명과의 관련성이 있다. 우리가 하나님의 계획을 받아들였고, 지금도 이루어 가고 있으며, 언젠가는 온전히 실현하게 될 것이라는 점에서, 우리는 하나님의 형상이다. 그리고 이 계획 — 우리를 위한 하나님의 의도 — 은 우리가 피조물들을 위하여 창조주의 본성을 반영하는 것이다.

이제 우리의 요약된 진술을 상세하게 풀어서 말해보기로 하자.

---

73) 우리는 성경이 이 두 구절들 사이의 어떠한 구별도 보장하지 않으며, 그 결과 종교개혁자들이 스콜라주의적인 이원론을 거부하는 것에 있어서 옳았다는 근대의 학문의 합의에 동의한다. 고전적인 칼빈주의자에 의해 쓰여진, 하나님의 형상과 모양의 동의어적인 본질을 지지하는 논증들의 요약을 위하여, Berkhof, *Systematic Theology*, 203를 보라.

특별한 지위로서의 하나님의 형상. 하나님께서 주신 우리의 운명은 하나님 앞에서의 특별한 지위(standing)로 시작된다. 하나님의 형상으로 창조된 인간으로서, 우리는 하나님의 사랑의 수혜자들이다. 이것은 우리 각자가 하나님 앞에서 특별한 가치를 지니고 있다는 것을 의미한다(마 6:26). 또한 우리는 특별한 책임성을 수반하는 하나님의 명령을 받은 자들이다. 우리의 책임성은 성경의 "통치" 개념과 결부되어 있다. 그러나 우리는 이 용어를 근대 산업사회의 이데올로기를 배경으로 읽기보다는, 오히려 구약성서의 제왕 신학의 맥락 속에서 이 개념을 이해해야 한다.[74] 하나님은 우리에게 피조 세계와 관련된 특별한 과제, 즉 우리가 하나님의 대표자들로서 섬길 과제를 맡기셨다. 우리는 하나님의 본성을 피조 세계에 반사해야 한다.

또한 통치라는 개념은 우리가 "세속적인" 세계, 곧 하등 신들(lesser deities)이 제거된 우주 속에서 살고 있다는 것을 시사해 준다. 오직 한 하나님이 존재하며, 세계 전체는 그 하나님의 창조물이다. 창조주는 이 창조물을 인류에게 관리하도록 하셨다. 그러나 우리의 관리는 우리가 하나님이 어떤 분이신지를 피조물들에게 보여 주는 것을 그 목적으로 한다. 따라서 우리는 우리 자신의 목적들을 위해서가 아니라 좀 더 높은 목적, 즉 우리가 하나님의 성품을 반사하는 거울로서 봉사하는 방향으로 피조 세계를 관리해야 한다.

특별한 교제로서의 하나님의 형상. 하나님께서 주신 우리의 운명은 하나님 앞에서의 특별한 지위로 시작되지만, 그 초점은 하나님과의 교제에 맞춰져 있다. 하나님의 의도는 우리가 하나님의 사랑에 대하여 사랑으로 보답하고, 하나님의 명령들에 대하여 사랑으로부터 우러나온 순종으로 응답하는 것이다. 오직 그럴 때에만, 우리는 하나님께서 우리를 존재케 하신 목적인 참된 생명을 경험할 수 있다. 이러한 결론은 인간은 세계 안에서 영원한 본향을 발견할 수 없고 궁극적인 완성을 위하여 하나님에게 의존되어 있다고 주장하는 "세계에 대한 개방성"이라는 개념 속에 이미 배태되어 있다. 따라서 "세계에 대한 개방성"은 우리의 창조주가 우리에게 주신 잠재태(potential)이자 운명인 하나님과의 교제를 지시해 준다.

---

74) Santimire, "The Genesis Creation Narratives Revisited," 374-75.

종말론적 실재로서의 하나님의 형상. 어떤 의미에서 하나님의 형상은 우리 안에 존재하는 것인가? 모든 사람이 하나님의 형상을 지니고 있다고 말하는 것은 어떤 의미에서 옳다. 일차적으로 이러한 주장은 하나님께서 우리의 실존을 위하여 의도하신 목적을 실현하거나 살아낼 수 있는 인간의 보편적인 잠재력에 관하여 말한다. 각 사람은 잠재적으로 하나님께서 우리에게 주신 하나의 운명에 참여하는 자이다. 위의 논의가 보여 주듯이, 이 기본적인 의미는 몇 가지 함의들을 지닌다. 그것은 각 사람이 하나님 앞에 서 있다는 것을 의미한다. 하나님은 각 사람을 사랑하시고, 따라서 각 사람은 창조주로부터 가치를 부여받은 자이다. 그리고 하나님은 각 사람을 책임 있는 존재로 보신다. 또한 인간의 공동의 운명에 참여할 수 있는 잠재력이라는 것은 하나님께서 원하시는 것은 각 사람이 사랑과 순종으로 그에게 응답함으로써 우리의 실존의 목적을 살아내는 것을 의미한다. 요컨대, 모든 인간은 잠재적으로 하나님의 형상이라는 개념이 가리키는 바로 그 실재에 참여할 수 있는 자들이다.

이러한 의미에서 우리는 모든 인간이 하나님의 형상을 지니고 있다고 선언할 수 있지만, 하나님의 형상이 온전하게 계시된 것은 그리스도 안에서이다. 그리스도는 궁극적인 의미에서의 하나님의 형상이다. 하나님이 인간을 창조하실 때에 원래 의도하셨던 인간의 모습을 우리에게 계시하시는 분은 바로 그리스도이시다. 그리고 바로 우리로 하여금 그 운명, 곧 인간의 참된 삶의 영역에 참여하게 하시는 분도 바로 그리스도이시다. 그러나 우리는 기독론 단원에 가서야 이 주제를 자세하게 서술할 수 있을 것이다.

위에서 말한 것의 연장선상에서, 하나님의 형상은 그리스도인들과 특별한 방식으로 연관되어 있다. 그리스도와 연합한 자들은 그 연합으로 말미암아 하나님의 형상을 공유한다. 그러나 이러한 참여는 역동적이다. 하나님의 형상으로의 변화는 회심에서 시작하여 하나님의 형상과의 완전한 합치를 우리에게 가져다줄 저 위대한 종말론적인 갱신에 이르기까지 지속되는 하나의 과정이다. 우리는 이 주제를 제16장에 나오는 성화에 관한 논의 속에서 다루게 될 것이다.

특별한 공동체로서의 하나님의 형상. 하나님께서 주신 우리의 운명으로서의 하나님의 형상이 지니는 종말론적인 차원은 우리를 최종적이면서도 중심적인 결론으로 인도한다. 하나님의 형상은 하나의 공유된 집합적인 실재이다. 그것은 오직 공

동체 안에서만 온전히 존재한다.[75]

우리가 창조주로서의 하나님에 관한 논의(제4장) 속에서 지적했듯이, 세계 및 세계 안에서 하나님의 대표로서의 인류를 위한 하나님의 계획은 공동체의 건설에 그 초점이 맞춰져 있다. 하나님의 형상을 공동체라는 개념으로 이해하기 위한 토대는 창조 이야기들에 있다.[76] 하나님께서 인간들이 서로 공동체를 누릴 수 있도록 첫 번째 인간 부부를 창조하셨다는 주제는 창세기 1:26-28에서는 암묵적으로, 두 번째 창조 이야기 속에서는 좀 더 명시적으로 들어 있다. 좀 더 구체적으로 말하면, 여자의 창조는 남자를 그의 고독으로부터 구원하기 위한 것이었다. 남자와 여자로 이루어진 이 최초의 공동체는 그 후에 확대된다. 이 공동체는 남편과 아내의 성적인 결합으로부터 생겨난 후손들을 생산하고, 결국 사회들의 발전을 가져온다. 에덴 동산에서 시작된 것은 역사의 종말의 때에 완성에 이르게 된다. 자신의 피조물을 향한 하나님의 뜻은 그의 자녀들이 인간 상호간, 피조된 세계, 창조주와 온전한 교제를 누리는 인간 사회의 수립이다.

궁극적으로 하나님의 형상이 공동체에 그 초점이 맞춰져 있다는 것은 결코 놀라운 일이 아니다. 삼위일체론이 주장하듯이, 하나님은 영원토록 공동체, 즉 삼위일체 하나님을 구성하는 성부와 성자와 성령의 교제이다. 따라서 인간을 하나님의 형상으로 창조하신 것은 인간이 그 부르심대로 하나님의 대표가 되어 하나님의 관계적 역동성을 표현해야 한다는 것 이외에 다른 것을 의미할 수 없다. 따라서 각 사람은 다른 사람들과의 공동체 속에서의 삶이라는 맥락 안에서만 하나님의 형상과 연관될 수 있다. 우리는 다른 사람들과의 교제 속에서만 하나님이 어떤 분이신지를 나타내 보여 줄 수 있는데, 이는 하나님은 사랑의 공동체 — 성부와 성자가 누리고 있는 영원한 관계(성령) — 이기 때문이다.

우리가 하나님의 형상에 온전히 참여하기 위해서는 하나님의 나라에서 인간의 삶이 종말론적인 변화를 겪어야 하지만, 신약성서는 종말론적인 인간 공동체를 우리가 현재적으로 맛보고 있다고 말한다. 신약성서의 기자들에 의하면, 이러한 현재

---

75) 인격성의 사회적 이해를 위한 철학적인 근거의 발전을 위하여, Alister I. McFadyen, *The Call to Personhood: A Christian Theory of the Individual in Social Relationships* (Cambridge: Cambridge University Press, 1990)를 보라.

76) 성(sexuality)과 공동체의 관계성에 관한 충분한 논의를 위하여, Grenz, *Sexual Ethics*, 35-37을 보라.

적 경험의 초점은 그리스도의 공동체이다. 종말론적인 공동체이자 하나님의 통치의 미래적인 실재를 현재 속에서 반영하고자 하는 자들의 교제로서, 예수 그리스도의 교회는 하나님의 형상의 선취(先取, prolepsis)요, 역사적인 예시(豫示, fortaste)요 표적(sign)이다.

하나님의 형상과 미래의 인간 공동체의 표현으로서의 교회를 신약성서적으로 연결하기 위한 신학적인 토대는 창조 안에서의 하나님의 의도와 창조를 위한 그의 종말론적인 목적에 있다. 앞에서의 논의는 이러한 주제들과 연관되어 있다. 그러나 이와 아울러 세 번째 주제도 다루어져야 한다. 신약성서의 기자들은 교회가 그리스도를 머리로 하는 그리스도의 몸이라고 하는 은유를 사용한다. 신약성서에 의하면, 그리스도는 하나님의 형상(고후 4:4; 골 1:15; 히 1:3)이다. 그러나 그리스도의 몸인 교회는 하나님과 그리스도의 관계에 참여한다. 또한 그 연장선상에서, 교회는 하나님의 형상으로서의 그리스도의 소명에 참여한다. 우리는 주님과 연결되어 있기 때문에 삼위일체 하나님의 본성 자체를 반영할 책임과 특권을 부여받았다. 그리고 이렇게 우리가 주님과 연결되어 있는 결과로, 교회의 지체들인 신자들은 지금 현재적으로 그리스도 안에서 하나님의 형상으로 변화되어 가고 있다고 바울은 말한다(고전 15:49; 고후 3:18; 골 3:10).

그러므로 궁극적으로 하나님의 형상은 공동체적 개념이다. 그것은 교제 속에 있는 존재들로서의 인간을 가리킨다. 이러한 공동체는 사회 생활의 다른 측면들 속에도 존재하지만, 공동체의 초점은 오직 현세에서 인간의 교제의 최고의 형태인 교회를 통해서 표현되는 그리스도의 공동체일 수밖에 없다. 우리가 사랑 안에서 살아갈 때 — 즉, 우리가 참된 공동체를 표현할 때 — 우리는 하나님의 본성인 사랑을 반영하는 것이다. 그리고 우리가 하나님의 본성인 사랑을 반영할 때, 우리는 우리 자신의 본성, 즉 하나님께서 우리를 창조하실 때에 의도하셨던 바로 그 본성에 따라 살아가게 된다. 이런 식으로 해서 우리는 우리의 참된 정체성 — 우리의 "세계에 대한 개방성"으로 인해서 우리에게 열려 있는 "세계"의 형태 — 을 발견한다.

우리 주님은 친히 철저한 제자도로의 부르심을 통해서 이러한 원칙을 분명하게 밝히셨다: "누구든지 제 목숨을 구원하고자 하면 잃을 것이요 누구든지 나를 위하여 제 목숨을 잃으면 찾으리라"(마 16:25). 생명의 길은 그리스도와의 관계 속에서 자신의 목숨을 내어주는 것을 통해서 이를 수 있다. 그러므로 우리는 하나님께서 우리를 향하여 계획하신 의도와 목적을 따라 살아갈 때에만 우리의 참된 정체성을 발견하게 된다. 즉, 우리의 참된 본성을 구현하게 된다. 하나님의 이 의도는 우리가 다른 사람들과 함께 그리스도를 따르는 자들의 공동체에 참여하는 것이다. 이렇게 함으로써 우리는 함께 삼위일체 하나님의 역동적 관계의 영인 성령을 통하여 우리 가운데 임재해 있는 하나님의 생명 자체를 반영하게 된다.

제 7 장

죄: 공동체의 파괴

모든 사람이 죄를 범하였으매 하나님의 영광에 이르지 못하더니. — 롬 3:23

역사 전체를 통해서 사상가들은 인간은 모순된 존재라는 말을 자주 해왔다. 우리는 선과 악, 아름다운 신성(神性)과 감춰진 마성(魔性), 무한한 잠재력과 비극적인 실패의 혼합물이다. 신학적인 견지에서 말한다면, 우리는 하나님께서 지으신 선한 창조물이지만 죄에 빠져 타락한 존재이다.

우리는 인간이 하나님의 선한 피조물로서 "두렵고 기이하게 지음 받았다"(시 139:14, KJV)고 고백한다. 사람들은 선한 행위들을 하고 자기 희생적인 행위들을 보여 주고 이웃들을 돌보는 것들을 통해서 이러한 선함을 거듭거듭 드러낸다. 그러나 이보다 더 중요한 것은 하나님의 피조물인 우리는 창조사역에 있어서 하나님의 동역자들이 될 수 있다는 것이다. 우리의 창조적 능력들은 미술, 음악, 문학을 비롯한 인간의 다양한 문화적 표현들을 통해서 드러날 뿐만 아니라 언어의 발달 자체를 통해서도 그대로 드러난다. 무엇보다도 하나님은 우리가 그의 형상으로서 다른 모든 피조물에 대하여 하나님 자신의 본성을 드러내도록 계획하셨다.

이와 동시에 우리는 인간은 악의 결과물들을 드러낸다고 고백한다. 우리는 하나님 및 이웃들에 대하여 응답하도록 지으심 받았지만 쉽게 자기중심적이고 무정하며 우리 자신의 작은 우주 속에 스스로를 가두어 버리곤 한다. 우리의 창조적 능력들을 통해서 창조주를 본받도록 지으심 받았지만, 우리는 쉽게 하나님께서 우리에서 주신 선한 은사들을 잘못 사용하고, 다른 사람들이 세워 놓을 것들을 파괴하며, 하나님께서 우리로 풍성한 삶을 살게 하시기 위하여 만드신 선한 세계를 약탈한다. 특히 무엇보다도 우리는 하나님 자신의 본성을 반영하기보다는 악한 자의 악의를 드러낸다. 요컨대, 우리는 하나님께서 모든 피조물의 꽃으로 지으셨음에도 불구하고 타락한 피조물이 되어 버렸다. 인간의 상황의 이 어두운 측면을 성경의 저자들은 "죄"라는 용어로 지칭한다. 그들은 단도직입적으로 수 세기에 걸친 인간의 경험이 확증해 주는 것, 즉 만유(萬有)는 뭔가 잘못되어 있고, 하나님의 선한 의도로부터 탈선(脫線)의 중심에 인간이 서 있다는 것을 분명하게 말한다.

이런 이유로 신학은 "좋은 소식" — 인간의 본질적인 선함과 하나님의 피조물로서의 우리 인간의 정체성 — 을 강조하면서도 "나쁜 소식" — 인간의 죄악됨에 관한 냉엄한 현실 — 을 분명하게 말하지 않을 수 없다. 죄라는 개념을 외면하고자 하는 사회 속에서 이 주제가 인기가 없음에도 불구하고,[1] 우리는 인간이 처한 비극적 상황의 진실을 가감 없이 주장하지 않으면 안 된다. 죄 개념은 성경의 케리그마에 속하고, 우리의 신학적 유산의 타협할 수 없는 명제이며, 이 범주가 매 세대마다 인간의 자기인식과 경험에 빛을 던져줄 수 있다는 이유 때문에, 우리는 기독교적 선언의 이 차원을 담대하게 선포하지 않으면 안 된다.

인간의 현실과 실존의 어두운 차원에 관한 기독교적 이해를 신학적으로 성찰하기 위해서는 죄를 몇 가지 신학적 주제들에 비추어서 살펴볼 필요가 있다. 우리는 먼저 죄라는 현상 자체의 본질에 관하여 살펴보아야 한다: 죄란 도대체 무엇인가? 그런 다음에 우리는 인간이 죄를 지어 타락했다는 성경적 개념과 이와 관련된 "원죄" 개념을 살펴보아야 한다: 어떤 의미에서 죄는 아담으로부터 시작되었다고 하는가? 우리는 어떻게 해서 최초의 인간의 범죄에 참여하게 되는 것인가? 그리고 우리는 정말 원죄로 인해 태어날 때부터 정죄받은 상태로 있게 되는 것인가? 끝으로, 우리는 이 장을 우리 인간의 죄의 영속적인 결과들에 대한 서술로 끝맺을 것이다: 죄의 존재는 현재의 삶 — 하나님 앞에서의 우리의 지위와 세계 속에서의 우리의 실존 — 과 관련해서 무엇을 의미하는가?

죄의 본질

성경의 기자들은 인간 실존의 비극성을 말함에 있어서 조금도 타협이 없다. 신

---

[1] 예를 들면, Karl Menninger, *Whatever Became of Sin?* (New York: Hawthorn Books, 1973)을 보라.

구약성서의 저자들은 우리가 모두 죄인들이라고 선언한다. 그렇다면 과연 죄란 무엇인가? 그리고 우리는 오늘날 인간의 죄악됨이라는 현실을 어떻게 이해해야 하는가?

죄를 가리키는 성경의 용어들

그러면 성경의 기자들이 인간의 비참한 상황을 설명하는 데 사용하고 있는 용어들을 살펴보는 것으로써 우리의 연구를 시작해 보자.

죄를 나타내는 구약성서의 단어들. 몇몇 히브리어 단어들은 죄의 여러 차원들을 드러내 준다.[2] 이러한 단어들로는 '아바'('avah, "구부리다"), 흠이 있다는 것을 나타냄으로써 일반적으로 "허물"(iniquity)로 번역되는 '아발'('aval), '아바르'("건너가다" 또는 "범하다"), '라아'(ra', "악의 지배"), '마알'(ma'al, "신뢰가 깨짐") 등이 있다. 이러한 단어들에 외에도 '파샤아'("반역하다"또는 "올바른 권위에 복종하기를 거부하다")가 있는데, 몇몇 학자들은 이 단어가 죄의 본질 또는 죄의 밑바탕에 있는 동기를 보여 주는 것이라고 주장한다. 그러나 구약성서에서 "죄"를 가리키기 위하여 가장 널리 사용되는 단어는 '하타'(chatha)이다.[3] 기본적으로 이 단어는 "올바른 목표를 빗나가다" 또는 "규범으로부터 일탈하다"를 의미한다. 따라서 이 단어는 "그릇된 행위"를 가리킨다. 그렇지만 '하타'의 기본적인 의미는 종교적인 영역에 있지 않다. 이 단어의 신학적 의미의 밑바탕에는 이동(movement)의 동사로서 지니는 좀 더 근본적인 용법이 있다 — "올바른 목표를 빗나가는 것."[4] 그런 까닭에 '하타'는 "발견하다"의 반대말로서 "잃어버리다"를 의미할 수 있다(잠 8:35-36). 또한 이 단어는 이스라엘의 왼손잡이 병사들을 묘사하면서 사용된 예에서 볼 수 있듯이 어떤 능력을 행사함에 있어서의 부정확성이라는 개념을 지닐 수도 있다: 그들은 "물매로 돌을 던지면 조금도 틀림이 없는 자들이

---

2) 개관으로는 Robert B. Girdlestone, *Synonyms of the Old Testament,* second edition (1897; reprint, Grand Rapids: Eerdmans, 1973), 76-86을 보라.

3) Gottfried Quell, "hamartano," in the *Theological Dictionary of the New Testament (TDNT),* ed. Gerhard Kittel, trans. Geoffrey W. Bromiley (Grand Rapids: Eerdmans, 1964), 1:271.

4) Ibid.

더라"(삿 20:16, 강조는 저자의 것).

구약성서에 나오는 '하타'는 종종 순전히 세속적인 의미로 사용되기도 하지만 대체로 신학적인 의미로 사용된다.[5] 죄악된 인간의 상황을 묘사할 때, 이 단어는 "하나님의 목적(또는 하나님의 율법)으로부터 떠나다" 또는 "목표를 빗나가다"를 의미한다 — 고의적이든 고의적이 아니든(레 4:2; 민 15:28).[6] 일반적으로 '하타'는 생각이든 말이든 행위이든지 간에 구체적인 행동들을 가리킨다.[7] 그리고 이 단어가 존재의 상태 또는 실존의 상태를 가리키는 경우는 극히 드물다.

죄를 가리키는 신약성서의 단어들. 마찬가지로 신약성서의 기자들도 죄라는 현상을 묘사하기 위하여 몇 가지 용어들을 사용한다. 그러한 것들로는 '파라바시스'(parabasis, "경계를 범함"), '파라코에'(parakoe, "말을 청종치 않음"), '파랍토마'(paraptoma, "바르게 서야 하는 곳에서 넘어짐"), '아그노에마'(agnoema, "사람이 꼭 알아야 할 것에 대하여 무지함"), '헷테마'(hettema, "온전히 수행되어야 할 것이 축소됨"), '아노미아'(anomia, "율법을 지키지 않음"), '플렘멜레이아'(plemmeleia, "하나님의 만유의 조화들 속에서의 부조화") 등이 있다.[8]

신약성서에 종종 등장하는 '휘브리스'(hubris)라는 헬라어(예를 들어, 행 27:10, 21; 고후 12:10)는 히브리어 '파샤아'(pasha')와 대응된다. 윌리엄 바클레이(William Barclay)는 이 용어에 대한 유익한 정의를 제공해주고 있다. '휘브리스'는 "교만과 잔혹함이 뒤섞인 것이다. '휘브리스'는 사람으로 하여금 하나님을 멸시하게 만드는 교만, 다른 사람들의 마음을 짓밟게 만드는 오만한 경멸이다"[9]라고 그는 말한다. 그런 까닭에 '휘브리스'는 인간이 피조물이라는 것을 잊어버리고 하나님과 동등하게 되려고 하는 시도이다. 고전 헬라어에서 '휘브리스'는 신약성서에 나오는 것보다 훨씬 더 중대한 의미를 지니고 있었다. 고대 철학자들은 '휘브리스'를 최고의 죄, 즉 멸망과 완전한 파멸을 초래하는 죄라고 보았다.

---

5) Ibid., 270.

6) Girdlestone, *Synonyms of the Old Testament*, 77.

7) Ibid.

8) Richard C. Trench, *Synonyms of the New Testament,* ninth edition (1880; Grand Rapids: Eerdmans, 1953), 240

9) William Barclay, *New Testament Words* (London: SCM, 1964), 133.

그러나 신약성서에서 '죄'의 용어로 가장 많이 쓰이는 것은 명사 '하마르티아'와 그 동사 '하마르타노'이다. 구약의 '하타'와 비슷하게, '하마르티아'는 "과녁을 빗나가다"라는 뜻이다. 「신약신학 사전」의 집필자 고트프리트 크벨(Gottfried Quell)에 의하면, 그 용어는 "하나님과의 관계에서 죄책을 강조하는 범죄"를 의미한다.[10]

신약성서에서 나오는 '하마르티아'는 복합적인 상황으로서의 인간의 곤경을 나타낸다. 인간의 비참한 상황에 대한 구약성서의 핵심적인 이해와 비슷하게, '하마르티아'는 특정한 행위로서의 죄를 가리킬 수 있다. 그러나 이와 아울러 신약성서의 저자들은 인간 세계 속에서 활동하는 세력 또는 권세에 관하여 말한다. 우리를 손아귀에 쥐고 있는 이질적인 실체인 죄는 인간 개개인을 외적으로만이 아니라 내면적으로도 지배한다.[11] 따라서 '하마르티아'는 인간의 결함 있는 내적인 차원도 지칭한다.

신약성서와 구약성서는 둘 다 강조점에 있어서는 미묘한 차이를 보여 주고 있긴 하지만 죄를 근본적으로 실패(failure)로 본다. '하타'와 '하마르티아'라는 용어들이 시사해 주듯이, 죄는 일차적으로 "과녁을 빗나가는 것" 또는 "미치지 못하는 것"이다. 죄는 우리가 하나님이 우리에게 원하시는 모습대로 될 수 없는 결과, 우리를 향하신 하나님의 의도를 충족시킬 수 없는 결과를 가져온다.

죄와 인간

성경의 저자들은 모든 인간이 죄악된 상황을 공유하고 있다고 한결같이 말한다. 우리는 모두 인간의 곤경에 의해서 영향을 받고 있고 거기에 참여하고 있다. 성경의 저자들은 이러한 인간 개개인의 인격적인 연루(involvement)를 좀 더 자세하게 설명하기 위하여 몇 가지 주제들을 사용한다.

죄는 우리 존재의 핵심을 오염시킨다. 성경의 기자들은 반복해서 죄를 우리 존재의 중심과 결부시킨다. 죄악된 행위들은 우리의 내면으로부터, 즉 우리 실존의 중심으로부터 생겨난다. 그런 까닭에 죄는 우리의 "마음" 또는 우리의 "육체"에 거

---

10) Quell, "hamartia," in *TDNT*, 1:275.
11) Barclay, *New Testament Words*, 119.

한다(막 7:14-23; 마 12:33-37).

"혼"과 "영"이 우리의 존재론적인 본성의 일부를 형성하는 실질적인 실체들을 가리키지 않는 것과 마찬가지로, 이러한 맥락 속에서 우리는 "육체"를 인간이라는 실체의 물리적인 차원을 가리키는 것으로 해석해서는 안 된다. 오히려 "육체" (basar와 sarx)로 번역된 히브리어와 헬라어의 이 두 단어는 도덕적으로 연약하고 삶의 모든 영역에서 하나님께 범죄하거나 반역할 수 있는 성향을 지닌 인간 개인의 총체를 가리킨다.[12]

성경의 저자들은 인간의 곤경이 부패한 마음으로부터 결과하는 것이라고 주장한다(예를 들어, 롬 7:18; 엡 2:3; 렘 17:9). 이것은 죄가 우리의 내부에 — 우리의 인격적 존재의 중심 속에 — 자리잡고 있다는 것을 의미한다.

성경은 죄가 인간의 마음 전체에 영향을 미친다고 가르친다. 죄는 우리의 인격적인 "관제소"(control center)에 영향을 준다. 바울은 이러한 상황을 생생한 용어들을 사용하여 설명하고 있다. 그는 죄가 "우리의 미련한 마음"을 "어둡게" 하였다고 말하고(롬 1:21), 우리의 생각을 "부패하게" 만들었다고 말한다(딤전 6:5). 죄로 인하여 우리는 영적인 진리들을 이해할 수 없게 되었고(고전 2:14; 고후 4:4), 우리의 생각이 "허망하게" 되어 버렸다고(롬 1:21) 사도는 분명하게 말한다. 사실 우리의 생각은 하나님에 대하여 적대적이기까지 하다(롬 8:7-8).

또한 인간의 마음을 오염시킨 죄는 우리의 감성까지도 부패시켜 버렸다. 죄악된 인간들은 "온갖 종류의 정념과 쾌락의 노예가 되어 버렸다"(딛 3:3; "여러 가지 정욕과 행락에 종노릇한 자요"[개역]). 그리고 우리는 행실이 악하기 때문에 빛보다 어둠을 더 사랑한다(요 3:19).

신약성서는 이제 우리 실존의 중심에 자리잡고 있는 죄가 자신의 먹이를 노예로 삼고 있다고 주장한다. 죄는 우리의 삶을 지배하는 세력이다. 우리의 범죄가 우리가 죄에 대하여 종노릇하고 있다는 것을 입증해 준다. 그런 까닭에 예수께서는 "진실로 너희에게 이르노니 죄를 범하는 자마다 죄의 종이니라"(요 8:34)고 분명하게 말씀하셨다. 그리고 바울(롬 6:16-17, 20)과 베드로(벧후 2:19)도 둘 다 우

---

12) 이 입장은 최근에 보수 진영의 신학자들에 의해서조차도 옹호되어 왔다. 예를 들면, Anthony A. Hoekema, *Created in God's Image* (Grand Rapids: Eerdmans, 1986), 212, 216을 보라.

리는 우리를 지배하고 있는 것에 대하여 노예들이라고 주장한다.

죄는 선함을 왜곡시킨다. 성경의 저자들은 우리가 죄에 대하여 종노릇하고 있다는 주장을 통해서 우리가 결코 올바른 것을 할 수 없다고 말하려는 것이 아니다. 이와는 반대로 그들은 실제로 우리는 "본성 상" 선한 행위들을 행한다고 말한다. 그런 까닭에 바울은 "율법을 갖지 않은" 이방인들도 종종 "본성 상 율법이 요구하는 일들을 행함으로써" "율법의 요구들이 그들의 마음에 새겨져 있다는 것"을 드러낸다고 분명하게 말한다(롬 2:14-15).

그렇지만 우리는 인간이 선을 행한다는 주장을 누그러뜨리지 않으면 안 된다. 죄의 악독성으로 인하여, 하나님께서 우리에게 은혜로 율법을 주신 것은 오직 우리로 하여금 올바르게 살아가는 것을 촉진시켜 주는 것이 아니라 죄에 대하여 종노릇하는 우리의 현실에 대한 인식을 강화시켜 줄 뿐이다. 예를 들면, 바울은 자신의 경험에 근거하여 이 점을 단호하게 말한다. 죄는 율법이 제공해 주는 기회를 포착한다. 율법은 죄가 무엇이라는 것을 규정함으로써 사람들로 하여금 범죄하고자 하는 욕구를 불러일으킨다(롬 7:8-11). 율법에 대한 지식은 오직 범죄하지 않아야 한다는 우리의 책무를 강화시켜주는 데 기여할 뿐이다(약 4:17; 요 9:41).[13]

죄는 하나님께서 우리에게 은혜로 주신 율법이라는 선한 것을 왜곡시킬 뿐만 아니라 우리가 행하는 선한 행위들도 쉽게 악한 충동 아래로 떨어지게 만든다. 거듭거듭 우리는 우리의 명백한 선한 의도들에도 불구하고 부패한 동기들이 우리가 행하는 선한 일들 배후에 놓여 있다는 것을 발견한다. 예수는 바리새인과 세리에 관한 비유 속에서 이 점을 지적하셨다. 겉보기에 경건한 행위처럼 보이는 것 — 바리새인의 성전 기도(눅 18:9-14) — 의 이면에는 참된 경건이 아니라 스스로를 의롭게 보이고자 하는 태도가 그 동기로 작용하고 있다.

죄는 보편적이다. 끝으로, 성경의 저자들은 죄가 보편적이라고 주장한다. 우리는 모두 죄에 참여한다. 바울은 구약성서의 여러 본문들을 끌어와서 인간의 곤경에 관한 그의 서술을 "모든 사람이 죄를 범하였으매 하나님의 영광에 이르지 못하더니"(롬 3:23; 또한 왕상 8:46; 시 143:2; 롬 3:10-20)라는 정언적인 선언으로 끝

---

13) Girdlestone, *Synonyms of the Old Testament*, 85.

마친다. 우리 각자는 한 사람 한 사람이 모두 다 모든 인류를 괴롭히고 있는 서글픈 현실 속에 연루되어 있다.

죄의 본질

성경의 기자들은 인간이 죄에 참여하고 있다는 냉엄한 명제를 비켜가지 않는다. 우리는 모두 이 끔찍한 현실에 사로잡혀 있다. 그리고 죄 문제는 근본적이다: 죄는 우리 실존의 핵심 자체에 영향을 미친다. 그러나 이 외에 우리는 더 할 말이 있는가? 우리는 우리의 죄악됨의 핵심을 정확하게 꼬집어서 말할 수 있는가? 기독교 사상가들은 계속해서 죄의 뿌리를 정확히 찾아내기 위하여 애써 왔다. 이러한 시도는 흔히 뿌리가 되는 근원적인 죄를 규명하고자 하는 시도에 그 초점이 맞춰져 왔다.

실패로서의 죄. 많은 신학자들은 '파샤아'와 '휘브리스'를 죄와 관련된 근원적인 동기를 보여 주는 용어들이라고 본다. 이 용어들과 최초의 범죄에 관한 이야기를 함께 근거로 삼아서, 아우구스티누스 이래로 사상가들은 교만이 우리의 비참한 상황의 배후에 자리잡고 있다고 주장하여 왔다.[14] 우리 인간이 하나님의 피조물로서의 우리에게 맡겨진 역할을 감당하기를 거부함으로써 스스로를 하나님의 지위에 앉히는 결과를 가져왔다고 그들은 단정한다. 이것이 처음부터 우리 인간의 성향이었다고 그들은 말한다. 왜냐하면 아담과 하와는 하나님께 순종한 것이 아니라 뱀의 거짓말을 믿고 그들 자신이 스스로의 주인이 되고자 했기 때문이다.

물론 교만이 모든 죄의 뿌리가 된다는 주장은 중요한 진리를 보여 준다. 우리 인간이 하나님의 주권을 인정하지 않으려고 하는 것, 즉 하나님의 통치에 대한 근본적인 반역은 수많은 죄악된 행위들의 뿌리에 놓여 있다. 그러나 우리는 너무 빨리 '휘브리스'를 최초의 죄이자 모든 죄의 동기라고 결론을 내려버리지 않도록 조심해야 한다. 성경의 기자들은 '휘브리스'라는 개념에 그렇게 대단한 지위를 부여하지 않고 오히려 죄를 다면적인 것으로 제시하고 있다. 그리고 그들은 우리로 하여금 하나님의 의도를 성취하지 못하게 만드는 다양한 방식들의 뿌리에 관하여

---

14) 아우구스티누스의 입장에 대해서는 Augustine, *City of God* 14.13-14, trans. Marcus Dods, Modern Library edition (New York: Random House, 1950), 460-62를 보라.

사변적으로 생각하는 것을 피한다.

죄의 근원적인 실체를 지칭할 때에 사용할 수 있는 가장 좋은 후보로 거론될 수 있는 단어들은 '휘브리스'가 아니라 '하타' 또는 '하마르티아'이다. 성경의 기자들은 우리 인간의 문제를 "교만"이 아니라 "실패"라고 묘사한다. "죄"는 본질적으로 우리가 우리를 향하신 하나님의 의도를 성취할 수 없는 상태 또는 성취하지 않으려고 거부하는 태도를 지칭한다. 간단히 말해서, 우리는 "과녁을 빗나가고" "하나님의 영광에 미치지 못하고 있다."

나아가 "교만"에 초점을 맞추는 것은 사실 인간의 상태에 대한 남성적인 인식을 드러내는 것이기도 하다. 여성들은 교만과 반역이라는 성향으로부터 면제받지는 못하지만, 우리의 오늘날의 상황은 교만이 특히 남성들에게 강력한 유혹이라는 것을 보여 준다. 우리 사회 속에서 하나님의 의도에 대항하여 교만으로 반역을 꿈꾸기 쉬운 자들은 남성들이다.

남성들은 고의적이고 교만한 태도를 통해서 과녁을 빗나가는 반면에, 수많은 여성들은 타인의 지배에 순순히 순응함으로써 하나님의 이상(理想)에 부응하지 못하는 경우가 많다. 여성들은 쉽게 자포자기함으로써 창세기 3장의 저주를 피조 세계에 대한 왜곡이 아니라 당연한 모습으로 받아들인다.[15] 그렇게 함으로써 여성들은 남자와 여자로 이루어진 인간이 선하게 창조되었다는 하나님의 선언을 제대로 반영하지 못하게 된다. 수많은 여성들의 자기부정은 그들의 짝인 남성의 교만만큼이나 죄악된 것이며, 하나님의 의도를 성취하는 데 실패하는 방식이다.[16] 겉으로 표출되는 모습만 서로 다를 뿐이다.

그러므로 우리는 교만이라는 개념은 죄의 중요한 차원을 설명해주고 있긴 하지만 우리의 죄악된 태도와 행위들의 근원적인 동기를 이루는 것은 아니라는 결론을 내린다. 죄의 본질을 발견하기 위해서는 "과녁을 빗나가다"('하타'와 '하마르티아')라는 성경적 개념으로부터 시작해야 할 것이다. 이 헬라어와 히브리어 단어들은 인간의 상황이 근본적으로 "실패"의 상황이라는 것을 보여 준다. 우리는 "과녁을 빗나가고" 있기 때문에 궁극적으로 죄인들이다. 우리는 하나님께서 우리

---

15) Rosemary Ruether, *Sexism and God-Talk* (Boston: Beacon, 1983), 184-89를 보라.

16) 예를 들면, Daniel L. Migliore, *Faith Seeking Understanding: An Introduction to Christian Theology* (Grand Rapids: Eerdmans, 1991), 130-31을 보라.

를 향하여 의도하신 목표와 계획에 따라 살아가지 못하고 있다.

공동체의 붕괴로서의 죄. 그러나 "실패"라는 관점에서 죄를 이해하는 것은 여기에서 멈춰서는 안 된다. 오히려 우리는 우리가 성취해내지 못한 하나님의 의도라는 것이 도대체 무엇이냐고 물어야 한다. 여기에서 제6장에서 논의된 하나님의 형상이라는 개념이 다시 한 번 중요하게 부각된다. 우리를 향하신 하나님의 의도가 우리로 하여금 하나님의 형상을 지닌 자들이 되게 하는 것이라면, 우리는 죄를 우리가 하나님의 형상을 제대로 반영하지 못한 것이라고 이해해야 한다.

하나님의 형상이라는 개념의 중심에는 인간이 하나님 자신의 본성을 드러내 보여 주어야 한다는 하나님의 궁극적인 의도가 자리잡고 있다. 구약성서가 강조하고 신약성서가 확증해 주고 있듯이, 죄는 구체적인 행위들 속에 있다. 죄라는 용어는 불경건하고 하나님을 반영하지 못하며 하나님께서 생각하시고 행동하시는 방식을 반영하지 못하는 그러한 태도 또는 행위를 지칭한다.

구체적인 실패의 개별 행위들 배후에는 우리가 "죄 안에" 있다는 좀 더 깊은 상황이 자리잡고 있다. 제6장에서 이미 지적했듯이, 하나님의 형상이 된다는 것은 사회적 삼위일체이신 하나님의 본성을 반영한다는 것을 의미한다. 그러므로 하나님의 형상은 궁극적으로 인간이 공동체를 드러내 보여 줄 때 — 즉, 우리가 하나님과, 인간 상호간에, 그리고 우리 주변의 피조물과 교제를 누릴 때 — 드러나게 된다. 오직 그때에야 우리는 진정으로 모든 피조물을 향하여 하나님이 어떤 분이신 지를 보여 줄 수 있다. 하나님의 의도에 대한 이러한 이해는 죄는 궁극적으로 하나님과, 인간 상호간에, 그리고 자연 환경과의 공동체 속에서 살아가는 데에 인간이 실패한 것이라는 것을 의미한다.

죄는 하나님께서 우리를 향하여, 그리고 결과적으로는 모든 피조물을 향하여 원하시는 공동체의 붕괴이다. 이러한 공동체의 붕괴는 공동체가 부재(不在)하는 곳마다 존재한다. 그런 까닭에 죄는 본질적으로 공동체의 결여 및 상실이다. 그렇지만 죄와 공동체 사이의 상반성(相反性)은 이보다 훨씬 더 뚜렷하다. 본질적으로 죄는 하나님께서 세우고자 하시는 공동체를 와해시키고 파괴하고자 하는 것이다. 요약해서 말하자면, 죄는 공동체의 파괴이다.

공동체의 부재 또는 파괴로서의 죄는 "과녁을 빗나가는" 것이다. 타락한 상태에 있는 우리는 우리의 목적을 따라 살아가는 데에 실패한다. 그런 실패는 단순히 수동적인 것이 될 수 있다. 즉, 우리는 하나님의 공동체에 참여하는 자들로서의 우리의 정체성을 자신의 것으로 만들고 있지 않은 것이다. 또는 그러한 실패는 좀 더 적극적인 것이 될 수도 있는데, 그것은 하나님의 목적에 대하여 반역적인 태도를 취하는 형태로 나타난다.

어느 경우이든 죄는 부정적인 평가를 가져온다. 죄 안에 있을 때에는 하나님이 아니라 자아(自我)가 우리의 가치 평가의 기준이 된다. 우리는 단순히 우리 자신을 하나님의 선한 피조물로 보기를 거부할 수도 있고, 실제로 창조주가 아니라 피조물을 우리의 주권자로 승격시킬 수도 있다. 죄의 부정적 평가는 인간 관계에까지 확대된다. 우리가 우리 자신을 다른 사람들보다 더 낫거나 더 못하다고 여기는 한, 우리의 죄는 인간 관계의 단절과 불안, 그리고 열등감을 가져다 준다. 마찬가지로 죄는 우리 주변의 피조물을 바라보는 방식에도 영향을 미쳐서, 우리는 자연을 우리에게 유익한 한에서만 가치를 지닌다고 보게 된다.

죄로 인한 공동체의 파괴는 처음부터 인간이 처한 곤경(困境)이었다. 우리의 최초의 조상의 범죄는 여지없이 공동체의 파괴를 초래하였다. 그들의 행위는 한때 오직 교제만이 존재하였던 곳에 소외를 가져왔다. 한때 서로가 순진무구하게 모든 것을 투명하게 드러내 놓았던 것이 이제는 수치로 바뀌어 버리고 말았다(창 3:7). 아울러 아담과 하와는 이제 사랑으로 그들을 창조하셨던 하나님의 얼굴을 두려워하게 되었다(10절). 그리고 그들은 이제 그들 주변의 세계가 더 이상 그들의 친구가 아니라는 참담한 현실을 체험해야 했다(15, 17-19절).

복음에 계시된 죄. 죄와 공동체의 연관성은 죄의 본질에 관한 최종적인 측면을 드러내 준다. 그것은 죄는 그리스도에 관한 메시지인 복음의 빛 속에서 가장 온전하게 드러난다는 것이다.[17] 바울은 율법이 죄를 드러낸다는 것을 보여 준다. 왜냐하면 율법은 무엇이 죄인지를 규정하기 때문이다(롬 7:7). 그렇지만 이러한 지식은 죄로 하여금 우리를 덫에 걸리게 만드는 기회만을 제공해 줄 뿐이라는 말을 바울은 덧붙인다. 죄를 좀 더 온전하게 이해하기 위해서는 율법을 넘어서지 않으면 안 된다. 죄를 단순히 율법에 대한 위반으로 보는 것이 아니라 복음 메시지에

---

17) 20세기에 Barth는 이 점을 강조하였다. Karl Barth, *Church Dogmatics*, trans. Geoffrey W. Bromiley (Edinburgh: T. & T. Clark, 1956), 4/1:358-413을 보라.

비추어서 바라보는 것이 더욱 중요하다.

복음을 통해서 죄가 드러나는 것은 죄의 근본적인 성격과 연관이 있다. 죄 문제는 단순히 우리에게 외적인 문제가 아니라 근본적인 문제이다 — 죄는 우리 존재의 중심에 영향을 미친다. 따라서 이 문제에 대한 해법도 마찬가지로 근본적인 것이 되어야 한다.

복음의 핵심은 이런 것이다. 복음은 하나님께서 우리를 대신하여 겪으신 깊은 고난에 관한 이야기이다. 복음 이야기는 신실하지 못한 이스라엘과 관련해서 하나님의 신실하심을 이야기하고 있는 구약성서에서 이미 시작된다. 그러나 복음은 죄 없으신 예수의 고난에 관한 이야기에서 절정에 달한다. 야웨의 종으로서 예수는 우리의 곤경을 해결하기 위하여, 즉 우리와의 공동체를 회복하기 위하여 하나님께서 그리스도 안에서 행하신 근본적인 것들을 계시한다. 이에 대해서 바울은 다음과 같이 말한다:

> 모든 것이 하나님께로서 났으며 그가 그리스도로 말미암아 우리를 자기와 화목하게 하시고 또 우리에게 화목하게 하는 직분을 주셨으니 곧 하나님께서 그리스도 안에 계시사 세상을 자기와 화목하게 하시며 그들의 죄를 그들에게 돌리지 아니하시고 화목하게 하는 말씀을 우리에게 부탁하셨느니라 그러므로 우리가 그리스도를 대신하여 사신이 되어 하나님이 우리를 통하여 너희를 권면하시는 것 같이 그리스도를 대신하여 간청하노니 너희는 하나님과 화목하라 하나님이 죄를 알지도 못하신 이를 우리를 대신하여 죄로 삼으신 것은 우리로 하여금 그 안에서 하나님의 의가 되게 하려 하심이라(고후 5:18-21).

우리의 죄 — 공동체를 파괴한 우리의 행위 — 는 중대한 것이라고 복음은 분명하게 말한다. 그러한 죄는 너무도 중대하기 때문에 하나님께서 우리의 소외 상태를 제거하기 위하여 준비하신 예수의 희생 제사를 통해서만 극복될 수 있었다.

또한 죄의 깊이는 복음이 인류를 향한 하나님의 궁극적인 의도를 선포한다는 점에서도 복음에 계시되어 있다고 할 수 있다. 하나님의 목적은 우리가 하나님의 형상이 되는 것이다. 궁극적으로 하나님의 형상은 그리스도이다. 왜냐하면 그리스도는 하나님의 완전한 성품을 완벽하게 반영하고 있기 때문이다. 따라서 복음이 예수를 하나님의 형상을 지닌 자로서의 그의 소명을 온전하게 살아낸 자로 묘사한다는 점에서, 그리스도에 관한 이 복음은 인류를 향하신 하나님의 계획을 성취하지 못한 우리의 실패를 드러내는 것이기도 하다. 교회사 전체에 걸쳐서 신학자들이 주장해 왔듯이, 오직 그리스도를 통해서만 우리는 우리 자신의 죄의 깊이를 깨닫게 된다.

그러나 예수 그리스도께서 우리에게 계시하신 하나님의 형상은 하나님께서 우리에게 정하신 목표이다. 하나님의 목적은 우리가 삼위일체 하나님, 사랑의 공동체로서의 하나님의 본성을 드러내는 것이다. 따라서 우리가 복된 공동체의 현실 속에서 살아갈 때에만, 우리는 죄가 악하다는 것을 깨달을 수 있다. 우리는 하나님께서 우리와 관련하여 원하시는 교제(fellowship)를 — 비록 선취적인(proleptic) 방식으로이긴 하지만 — 체험할 때에만 교제의 결여와 상실, 파괴를 가장 잘 이해하게 된다.

그러므로 죄는 우리 인간의 실패를 나타낸다. 우리는 창조주께서 그의 피조물들을 향하여 원하시는 하나님의 공동체에의 참여라는 과녁을 빗나가고 있는 것이다. 죄는 공동체의 결여이자 상실이다. 하나님의 선한 의도들의 결핍이라는 점에서 죄는 수동적인 것일 수 있다; 그렇지만 죄는 단순히 수동적인 것만은 아니다. 죄는 적극적으로 악의적인 차원을 갖는다. 왜냐하면 죄는 하나님의 의도에 대항한 실질적인 저항이기 때문이다. 죄는 하나님의 계획과 목표, 즉 공동체의 건설을 전복시키고자 하는 모든 것을 가리킨다. 그런 까닭에 죄는 참된 교제를 파괴하는 모든 것이다.

그렇다면 죄는 어디에서 온 것인가? 그리고 우리는 모두 어떻게 해서 이 험악한 현실에 사로잡히게 된 것인가? 이러한 질문은 우리로 하여금 다음 차례의 연구, 즉 원죄라는 문제로 옮겨가게 만든다.

원죄

기독교적 세계관은 우리는 하나님께서 친히 지으신 존재임에도 불구하고 우리는 하나님께서 원래 원하셨던 모습이 아니라고 주장한다. 우리는 우리 자신의 행위들로 말미암아 결함을 가지게 되었고, 따라서 우리는 하나님의 의도에 따라 살아가는 데에 실패하였다. 인간 개개인들 모두와 인류의 모든 세대들은 성경의 저자들이 "죄"라고 지칭하는 이러한 문제 있는 상황에 참여하고 있다. 사실 창세기는 이러한 상황이 "처음부터" 존재해 왔다는 것을 보여 준다. 인류는 선하게 창조되었지만 첫 번째 인간의 조상으로부터 그 이후의 인류 역사 전체에 걸쳐서 보편적으로 죄의 덫에 사로잡혀 있다.

죄의 보편성에 대한 성경의 선언은 결정적으로 중요한 문제를 제기한다: 어떻게 이런 일이 일어날 수 있는 것인가? 죄는 어디로부터 온 것인가? 그리고 어떻게 우리는 모두 이러한 실패에 참여하게 되었는가? 죄의 보편성에 대한 선언으로부터 생겨나는, 죄가 어떻게 인간 세계에 들어오게 되었으며, 어떻게 모든 사람들이 한 사람의 운명에 참여하게 되었는가에 관한 문제들은 원죄라는 신학적 주제의 범위 안에 놓여 있다.

그러므로 원죄라는 신학적 개념은 몇 가지 함의들을 지닌다. 원죄는 "원조가 되는" 또는 최초의 죄를 지칭한다. 원죄는 우리 자신의 죄들의 기원 또는 원천이 되는 부패한 본성 또는 "오염"을 가리킨다. 그리고 원죄는 정죄의 선포를 위한 근원 또는 토대, 즉 우리 위에 걸려 있는 죄책을 포괄한다. 신학자들이 항상 이러한 측면들을 따로 떼어서 다루고 있지는 않고, 또한 이러한 것들을 한데 묶는 모종의 연관성이 존재한다는 사실에도 불구하고, 원죄라는 개념 속에 들어 있는 이러한 각각의 차원은 서로 구별되는 독자적인 문제를 불러일으킨다.

인간의 타락 — 아담의 타락

인간의 죄의 보편성은 즉시 이 땅에 인간의 삶이 시작되면서부터 곤경이 존재했는가라는 문제를 불러일으킨다. 이런 식으로 표현하게 되면, 이것은 인간의 원초적인 죄로 이해되는 원죄의 문제가 된다. "모든 사람이 죄를 범하여서 하나님의 영광에 이르지" 못한 것이라면, 이러한 "영광에 이르지 못한 것"은 언제 그리고 어떻게 시작된 것인가? 그러니까 우리는 인간의 "타락" 사건에 관하여 묻고 있는 것이다.

타락이라고 하면, 많은 그리스도인들은 아담의 타락을 마음에 떠올린다. 그리고 이것은 옳다. 왜냐하면 성경의 몇몇 이야기들 — 특히 창세기에 나오는 타락에 관한 이야기와 바울 서신에 나오는 그리스도와 아담의 모형론 — 은 죄의 보편성이라는 문제를 말할 때에 아담을 거론하기 때문이다. 이를 토대로 기독교 신학은 전통적으로 인간의 원죄 — 즉, 최초의 죄 — 를 우리의 최초의 조상들의 죄로 설명하여 왔다. 아담과 하와가 타락하였고, 이 사건은 곧 인류의 타락이었다고 말이다.

타락에 대한 전통적인 설명을 위한 토대는 창세기 3장에 나오는 이야기이다. 이 드라마는 에덴 동산에 있던 아담과 하와로부터 시작되고, 그런 다음에 하와를 유혹하는 자로서 뱀이 등장하며, 금지된 과실을 먹는 장면으로 옮겨가서, 하나님께서 저주를 선포하시는 것으로 그 절정에 이르게 된다. 그러므로 우리가 제일 먼저 살펴보아야 할 것은 바로 이 창세기 본문이다.

에덴 동산. 창세기의 이야기는 아담과 하와가 목가적이고 겉보기에 완전한 상태 속에서 그들의 실존을 시작했다는 것을 보여 준다. 그들은 선하게 창조되었기 때문에 악에 의해서 오염되어 있지 않았다; 그들은 순수한 상태에서 살았다. 하나님께서 날이 서늘할 때에 동산을 거니셨다는 말에서 볼 수 있듯이(창 3:8), 우리의 최초의 조상들은 하나님과 교제를 누리고 있었다. 그들은 서로에 대해서도 공동체를 향유하였다. 왜냐하면 그들은 벌거벗었지만 전혀 부끄러움을 느끼지 않았기 때문이다(창 2:25). 그리고 최초의 인간들은 자신들이 돌보고 있던(창 2:15) 들의 나무들로부터 과실들을 먹었고(16절) 아담이 그 이름을 붙여준 짐승들과 친구였다는 점에서(창 2:19-20) 다른 피조물들과도 조화롭게 살았다. 그러므로 이러한 점을 볼 때, 우리의 최초의 조상들은 하나님의 형상을 지닌 자들이었다(창 1:26-27). 왜냐하면 그들은 공동체 속에서 살았고, 그렇게 함으로써 피조물을 향하여 하나님의 본성을 드러내었기 때문이다.

기독교 역사 전체에 걸쳐서 많은 신학자들은 에덴 동산에서의 삶의 특징을 이루고 있던 목가적인 상태를 인정하면서도 최초의 인간들이 하나님에 대한 적극적이고 결단적인 순종과 영원한 생명의 온전한 향유라는 특징을 지니고 있지는 못했다고 주장해 왔다. 즉, 그들은 아직 하나님께서 의도하셨던 인간의 목표에 온전하게 참여하고 있지는 못했다는 말이다. 이러한 고찰은 엄청난 의미를 지닌다. 그것은 하나님 아버지의 뜻에 적극적으로 순종하신 예수가 그 순수함에 있어서 아담보다 월등하다는 것을 의미한다. 예수는 에덴 동산에서 최초의 인간 조상들이 누렸던 것보다 더 높은 차원으로 인류를 끌어올렸다.

나아가 신학자들은 흔히 "선악을 알게 하는 나무의 열매는 먹지 말라 네가 먹는 날에는 반드시 죽으리라"(창 2:17)는 하나님의 금령(禁令)으로부터 중요한 결론을 도출해 낸다. 무죄하고 순수한 상태에 있었던 아담과 하와는 선과 악의 근본적인 차이를 온전히 깨닫고 있지 못했다. 그들은 아직 이러한 구별에 대한 경험적인 지식을 갖고 있지 못했고, 개인적으로 죄가 지니고 있는 독침을 알지 못했다. 그러므로 뱀이 한 말("너희가 그것을 먹는 날에는 너희 눈이 밝아져 하나님과 같이 되어 선악을 알 줄 하나님이 아심이니라"[창 3:5])은 하나님의 호의에 대한 악의적인 문제 제기임에도 불구하고 완전히 틀린 말은 아니었다. 뱀의 말을 따름으로써, 그들은 실제로 선과 악의 본성에 대한 분명한 인식을 얻게 되었다 — 물론 이러한 인식은 그들에게 치명적으로 작용하긴 했지만.

최초의 죄. 창세기의 이야기는 에덴 동산의 지복(至福) 상태 속에서 최초의 인간 조상들은 하나님의 금령에 순종하지 않기로 결단했고, 그렇게 함으로써 인류를 죄에 빠뜨렸다고 가르친다. 그들의 돌연한 추락은 불신(不信)으로부터 시작되었다. 뱀은 교묘하게 하나님의 선하심에 관한 의구심들을 불러일으켰다. 뱀은 하나님의 명령은 인간의 유익을 위해서 주어진 것이 아니라 뭔가 좋은 것을 인간에게 주지 않기 위해서 내려진 것이라고 주장하였다. 그런 다음에 뱀은 하나님께서 혼자 독차지하고 있는 지식을 얻을 수 있는 방법을 인간의 첫 조상들 앞에 제시한다. 이런 의미에서 창세기의 이야기는 신들이 인간에게 이로운 불을 일부러 주지 않았기 때문에 신들로부터 불을 훔치기로 작정했던 그리스의 영웅 프로메테우스에 관한 신화와 놀라울 정도의 유사성을 보여 준다.

그러나 화자(話者)는 그러한 함의(含意)를 분명하게 피하고 있다. 하나님의 의도는 자신의 피조물들에게 좋은 것을 주시지 않기 위한 것이 아니라 시험하기 위한 것이다. 어떤 의미에서는 하나님께서 주도적으로 행하신 시험이 창조주에 대한 인간의 죄의 시발점이 되었다고 할 수 있다. 사실 하나님은 금령이 선택을 수반할 수밖에 없다는 점에서 죄의 가능성을 제공한 장본인이라고 할 수 있다. 그렇지만 선택 가능성의 존재 자체가 악은 아니다. 악한 것을 선택할 때에만, 선택은 비로소 악이 된다. 그러므로 창세기의 화자는 나무와 뱀이라는 상징을 사용하여 최초의 죄의 원인들을 탐사해 나가는 과정에서 우리의 주의를 율법을 주신 자로부터 에덴 동산에서의 삶의 자연스러운 조건들로 돌려놓는다.

최초의 죄의 결과들. 그러나 창세기의 화자는 불순종의 결과들이라는 슬픈 현실을 묘사하는 것으로써 이 이야기를 계속해 나간다. 앞에서 보았듯이, 무엇보다도 아담과 하와는 더 이상 하나님의 형상의 장엄함을 반영하지 못한다. 왜냐하면 목가적인 공동체는 이미 깨어진 상태였기 때문이다.

아담과 하와는 동산에서 하나님의 발자국 소리를 듣고는 자기들이 벌거벗었다는 것을 알고 점점 두려워하며 하나님으로부터 피하고자 함으로써 창조주와의 원초적인 교제가 깨어졌다는 것을 보여 준다. 또한 그들은 서로에 대해서도 자신을 감추려들므로써 죄책과 부끄러움에 대한 그들의 인식이 이전의 인간 공동체에 대한 인식을 가로막고 있다는 것을 보여 준다. 나아가 남편이 아내를 지배하게 됨으로써(창 3:16) 공동체는 더욱 손상되게 될 것이다. 그리고 그들의 행위를 통해서 이 최초의 인간들은 피조 세계와의 원초적인 조화를 상실하고 만다. 이런 식으로 해서 그들은 피조 세계 자체에 적대관계를 불러들인다. 적대 관계는 인류와 하나님의 저주 아래 살아야 되는 뱀을 분리시키고(창 3:14-15), 또한 땅도 저주를 받는다. 따라서 인간은 이제 자연이 거저 제공해 주었던 자양분을 얻기 위하여 고된 노동을 해야 했다(창 3:17-19). 이러한 저주는 나중에 최초의 살인자에 관한 이야기 속에서 다시 되풀이된다(창 4:11-12). 그리고 아담과 하와는 에덴 동산으로부터 추방된다(창 3:23).

아담과 하와의 죄는 최초의 공동체 체험을 파괴하였다는 점에서 즉각적인 하나님의 형상의 훼손을 의미하였다. 아울러 그들의 행위는 인간들로 하여금 이 땅에서 영원히 공동체를 누리게 하겠다는 하나님의 의도를 망쳐 놓았다. 이제 사망의 원리가 그들의 삶 속에서 작용하고 있다. 하나님은 아담에게 "네가 먹는 날에는 반드시 죽으리라"(창 2:17)고 경고한 바 있다. 타락으로 인하여 하나님의 경고는 현실이 되었다. 왜냐하면 사망의 원리가 인간 세계에 들어왔기 때문이다: 이제 아담은 "네가 흙으로 돌아갈 때까지 얼굴에 땀을 흘려야 먹을 것을 먹으리니 네가 그것에서 취함을 입었음이라 너는 흙이니 흙으로 돌아갈 것이니라"(창 3:19)는 말씀을 하나님으로부터 듣는다.

신약성서의 면면에서 우리는 하나님께서 아담에게 말씀하신 사망의 경고에 관한 신학적 주석을 발견한다. 우리는 죄로 인하여 사망의 독침을 경험한다. 이 독침은 여러 단계에 걸쳐서 온다. 그것은 "허물과 죄로 죽어"(엡 2:1) 있는 우리의 모습을 그 특징으로 하는 현세의 삶에서 시작된다. 이 땅에서의 우리의 삶이 끝나면, 우리는 하나님께서 생명을 거두어 가실 때에 육체적인 죽음을 맞이한다. 그러나 언젠가는 사망은 생명의 원천으로부터의 궁극적인 분리를 통해 구속받지 못하는 체험, 하나님 나라로부터의 영원한 추방이라는 궁극적인 형태로 오게 될 것이다

(계 20:14-15).

인간 세계에 사망이 들어오게 된 것에 대한 성경의 이해는 오늘날 많은 신학자들이 주장하는 것과 뚜렷한 대조를 보여 준다. 신학자들은 사망을 개인의 육체적 생명의 중지라는 관점에서 이해하고, 이러한 사망은 이미 타락 이전의 인간들 가운데에도 적어도 원칙적으로 존재하였다고 주장한다. 이러한 관점에 의하면, 사망은 유한한 실존의 자연스러운 결말이다. 사망은 죄로 인하여 타락한 인간의 본성에 추가된 그 무엇이라기 보다는 인간의 유한성이 가져온 필연적인 결과라고 그들은 보는 것이다.

예를 들면, 라인홀드 니버(Reinhold Niebuhr)는 성경적 관점에서 인류는 "육체와 영에 있어서 피조되고 유한한 존재"[18]이고, 이것은 "하나님의 창조 계획"에 따른 것이라고 주장한다.[19] 창세기의 "기사는 인간의 유한성을 전제하고 있고, 인간의 사망을 아담이 담당해야 할 몇 가지 징벌들 중의 하나로 포함시키고 있지 않다"는 점에서[20] 이러한 인간의 유한성은 필연적으로 사망을 수반한다. 이러한 주장을 뒷받침하기 위하여, 그는 에덴 동산에 있는 생명 나무의 의미를 그 근거로 든다. 즉, 창세기의 이야기를 보면, 생명 나무의 열매를 먹으면 영원히 죽지 않는 불멸의 몸이 된다는 말이 나오는데(창 3:22), 따라서 이것은 인간의 유한한 실존이 이미 전제되어 있고 인간은 본성적으로 육체적인 죽음에 종속되어 있다는 것을 의미한다는 것이다.

그러나 니버의 결론은 교회사 전체에 걸친 교회의 가르침에 역행한다. 바울에 의하면, 사망은 죄의 결과이고(롬 5:12; 15:27; 롬 3:23, [21] 이러한 견해는 아타나시우스, 이레나이우스, 그레고리우스, 토마스 아퀴나스, 루터 등도 공유하고 있다고 니버 자신도 인정한다. 아울러 창세기의 기사 속에서 하나님께서 아담에서 주신 경고는 니버의 주장과 모순되는 것으로 보인다. 왜냐하면 그 경고 속에는 사망의 위협이 포함되어 있기 때문이다(창 2:17). 그러나 무엇보다도 니버의 주장은 사망과 대립되는 개념, 즉 신약성서에 나오는 영생이라는 개념을 제대로 반영하고 있

---

18) Reinhold Niebuhr, *The Nature and Destiny of Man,* two volumes (New York: Charles Scribner's Sons, 1941), 1:12.

19) Ibid., 1:167.

20) Ibid., 1:174, 176. Niebuhr는 창 3:17-19을 인용한다.

21) Niebuhr는 이것이 바울의 견해라는 것을 인정한다. Ibid., 1:174, 176을 보라.

지 못하다. 영생은 새 창조 속에서 하나님과의 교제를 누리며 영원히 사는 것을 의미하고, 거기에서는 사망은 추방될 것이며, 인간의 본성은 온전하게 드러나게 될 것이다. 인간의 온전한 실존은 사망을 배제하는 것이기 때문에, 물리적인 죽음은 우리 인간의 본질의 일부가 될 수 없다.

우리는 본성상 유한하다. 죽음은 인간의 유한성을 잘 나타내 보여 주고 확증해 주는 것이긴 하지만, 인간의 유한성이 사망을 내포하는 것은 아니다. 이를 토대로 우리는 이제 인간의 유한성이 지니는 의미에 관한 결론을 도출해 낼 수 있다. 하나님의 무한성은 하나님의 자족성, 즉 하나님께서는 하나님이시기 위하여 자신 외의 외부적인 그 어떤 것에 대해서도 의존하지 않는다는 것을 가리킨다. 그러나 인간으로서의 우리는 유한하고, 따라서 우리의 생명 자체가 하나님께 의존되어 있다. 사실 "세계에 대한 개방성"이라는 개념이 보여 주듯이, 우리 각자는 무한하게 의존적이다. 이러한 의존성은 영원 속에서조차도 바뀌지 않는다. 사망이 폐기되어진 후에도, 우리는 여전히 유한한 존재로 남게 될 것이고, 우리의 삶은 자기 자신 안에 홀로 생명을 지니고 계시는 분에게 의존되어 있을 것이다(요 5:26).

최초의 죄와 인류의 죄

창세기의 화자는 인간 세계에 죄가 존재하게 된 기원에 관한 문제를 아담의 타락에 관한 이야기를 들려주는 것으로 대답한다. 바울은 이 태초의 이야기를 재현하면서 "한 사람으로 말미암아 죄가 세상에 들어왔다"(롬 5:12)고 선언하고, 그 결과로써 "아담 안에서 모든 사람이 죽었다"(고전 15:22)고 말한다. 그러나 인류의 죄가 아담에게서 기원한다고 하는 것은 최초의 죄 또는 "원죄"와 아담의 자손들의 죄 간의 연관관계라는 신학적 문제를 불러일으킨다. 좀 더 구체적으로 말하면, 우리는 아담이 인류 전체와 어떤 관계가 있어서 아담의 죄의 결과들이 그의 후손들 각각에게 미치게 되는 것인가라고 묻는다.

역사적 주장들. 종교개혁 이래로 신학자들은 이러한 연관관계를 놓고 씨름을 계속해 왔다. 개신교 스콜라주의 시대에 제시되었던 몇 가지 대답들이 지금도 여전히 복음주의적인 사상가들 속에서 큰 영향을 미치고 있다.

(1) 아담과 그의 후손들 간의 관계에 관한 첫 번째 이해는 개혁주의 전통에 속한 사상가들에 의해서 계약 신학과의 연관 하에서 제시되었다. 근본적으로 이 견

해는 아담을 인류의 역사적 "연합"의 머리로 본다. 따라서 이 학설은 연합적 수장설(federal headship)로 불린다.[22] 좀 더 구체적으로 말하면, 아담은 "행위 계약" 안에서 인류의 대표이다.[23]

연합적 수장설을 주장하는 학자들은 인류 최초의 실존을 하나님께서 최초의 인간인 아담과 맺은 법적 계약이라는 관점에서 바라본다. 이 계약을 통해서 하나님은 아담이 금지된 과실을 먹지 말라는 명령을 순종한다면 그는 계속해서 생명을 누리게 될 것이지만(롬 7:10를 참고하라) 불순종하면 죽음을 불러오게 될 것이라고 분명하게 말씀하였다. 이 계약은 하나님의 명령에 대한 인간의 순종에 초점을 맞추고 있기 때문에 행위 계약이다.

계약 신학을 토대로 한 이 학설은 계속해서 행위 계약은 역사적 개인으로서의 아담을 뛰어 넘어 모든 인류에게 미친다고 주장한다. 그러므로 우리 모두는 그 최초의 계약에 동참하고 있는 것이 된다. 우리들 각자와 아담 사이의 연관관계는 대표(representation) 개념으로 설명된다. 하나님은 아담을 우리 인류의 대표로 삼으셨다. 인류 전체의 대표 — 인류 연합의 머리 — 로 지명된 아담의 행위는 오직 자기 자신을 위한 것이 아니라 인류 개개인을 대신한 것이다. 이 학설을 지지하는 루이스 벌코프(Louis Berkhof)는 이렇게 설명한다: "아담은 인류의 대표가 되는 머리로 지음 받았기 때문에 자신의 모든 후손들을 대신하여 행할 수 있었다."[24] 얼핏보면, 연합적 수장설은 아주 이상하고 명확해 보이지 않을 수 있다. 그렇지만 이 개념은 오늘날의 삶의 많은 차원들에서 작용하고 있다. 예를 들면, 미합중국 같은 오늘날의 민주주의 국가들은 연합(federalism)이라는 개념을 사용한다. 각각의 정

---

22) Louis Berkhof, *Systematic Theology,* revised edition (Grand Rapids: Eerd1953), 215를 보라.
23) 이러한 태고의 행위 계약에 관한 개념은 개혁주의 신학 내에서 논란이 되어온 문제였다. 이 개념은 위대한 네덜란드의 신학자인 Herman Bavinck에 의해서 자세히 설명되었고, 미국에서는 옛 프린스턴 신학교의 지도적인 인물들에 의해서 옹호되어 왔다. 예를 들면, Charles Hodge, *Systematic Theology* (New York: Charles Scribner and Co., 1871), 2:117-22; William G. T. Shedd, *Dogmatic Theology* (1888; Grand Rapids: Zondervan, n.d.), 2:152-53; Berkhof, *Systematic Theology,* 211-18을 보라. 최근의 몇몇 지지자들은 "창조 계약"이라는 말로 그 명칭을 바꿀 것을 제안하기도 했다. 예를 들어, Meredith Kline, *By Oath Consigned* (Grand Rapids: Eerdmans, 1968), 27-29, 32, 37. 이 견해를 반박하고 있는 최근의 글로는 Hoekema, *Created in God's Image,* 119-21을 보라.
24) Berkhof, *Systematic Theology,* 215.

부들은 계속해서 주민들을 대신하여 행한다. 그런 까닭에 몇몇 책임 있는 영역들에서 대통령과 미합중국 의회는 국민의 지명된 대표자들로서의 역할을 한다. 따라서 선전포고 같은 그들의 행위는 각각의 시민과 미래의 세대들에게 중대하고도 지속적인 효과를 지니게 된다. 마찬가지 방식으로 대표설을 주장하는 사람들은 하나님께서 아담을 선이든 악이든, 생명이든 죽음이든, 그의 모든 후손들을 대신하여 행하도록 지명하셨다고 주장한다.

(2) 아우구스티누스의 유산을 이어받고 있다고 할 수 있는 일군의 신학자들은 자연적 수장설(natural headship)이라 부를 수 있는 것을 주장한다. 이 학설을 주장하는 사람들은 아담은 우리의 연합적 수장이 아니라 "자연적" 수장이었다는 이론을 제시한다. 우리는 모두 아담이 범죄하였을 때에 아담 안에 있었다고 그들은 주장한다. 사실 우리들 각자는 실제로 아담 안에서 행한 것이기 때문에, 우리 모두가 우리의 죄이기도 한 그의 죄에 대하여 연루되어 있는 것은 지극히 당연하다는 것이다.

그러나 어떻게 해서 이러한 신학자들은 우리가 실제로 아담과 함께 범죄하였다고 주장할 수 있는 것인가? 이에 대한 대답으로 자연적 수장설을 주장하는 사람들은 제6장에서 살펴본 바 있는 영혼유전설을 그 근거로 든다. 아담이 범죄하였을 때에 그 자손이 아직 태어나지 않았다고 할지라도, 그들은 아담이 타락할 때에 아담 안에 — 아담의 허리 안에 — 있었다는 것이다.

(3) 연합적 수장설과 자연적 수장설은 서로 다른 관점에도 불구하고 아담이 실제적인 역사적 개인이었다는 것을 전제한다. 최근에 이러한 전제는 적어도 현대 신학자들 사이에서 불신을 받아 왔다. 따라서 아담의 역사성을 전제로 한 아담과 인류의 연관관계에 관한 학설들은 의문시되어 왔다. 신학자들은 그러한 학설들 대신에 제5장에서 논의된 아담에 관한 상징적 해석을 토대로 한 상징적 연관관계를 주장한다.

제5장에서 살펴보았듯이, 아담이라는 상징이 무엇을 가리키는가에 대해서는 관점의 차이들이 존재한다: 아담은 인류 전체인가, 아니면 각각의 개별적인 인간인가? 아담이 상징이라고 주장하는 사람들은 서로의 차이점들에도 불구하고 창세기의 타락 기사를 태고사(太古史)에 속한 한 인간에 관한 기사로 읽지 않는다. 창세기의 타락 기사는 인류의 체험 또는 역사상의 모든 인간들의 체험에 관한 직접적인 설명이다. 타락의 본질과 관련해서는 다음과 같이 주장된다: 집단적이든 개인

적이든 우리는 타락을 경험하고, 따라서 타락에 참여한다. 그러므로 타락은 태고에 속하는 과거에 일어났던 사건이 아니라 우리가 집단적으로 공유하거나[25] 개인적으로 경험하는 현실이다.[26]

많은 사상가들에게 이러한 상징적 해석은 흔히 과거의 두 가지 내키지 않는 학설들 가운데 어느 하나를 어쩔 수 없이 선택할 수밖에 없었던 것에 대한 매력적인 대안들을 제시할 수 있는 토대를 제공해 준다. 아담과 인류의 연관관계를 설명하는 가장 인기 있는 학설인, 아담의 타락에 관한 이야기를 각각의 개인의 죄의 심리학을 보여 주는 것으로 보는 실존주의적 이해는 인간의 죄의 본질에 대한 유익한 통찰을 제공해 준다. 인간 개개인은 구체적인 유혹들과 관련해서는 순수(innocence)의 상태에서 삶을 시작하고, 유혹에 굴복하는 것이 가져다 줄 결과에 대한 지식이라는 관점에서는 무지(ignorance)의 상태에서 출발한다. 이러한 상황은 에덴 동산에서의 아담의 순수와 무지에 의해서 상징되어 있다. 그들이 유혹에 굴복하기 전에, 그 유혹적인 행위는 뭔가 좋은 일인 것처럼 보이고 어떤 긍정적인 유익들을 약속하고 있는 것처럼 보였다. 이것은 하와가 선악을 알게 하는 나무의 과실에 끌리고 뱀의 말에 끌리게 된 것에 의해서 상징되어 있다. 그러나 일단 그러한 행위가 행해진 다음에는 숨겨져 있던 독침이 드러난다. 오직 그때에 가서야 이 행위의 치명적인 측면들이 경험된다. 이 시점에서 죄인은 죄책과 후회를 느끼게 된다. 이것은 창세기의 이야기 속에서 그 이후의 아담과 하와의 행위들에 의해서 상징되어 있다. 죄책감을 느낀 그들은 후회를 하고, 하나님 및 서로로부터 숨고자 하였다.

실존주의적 견해라고 부를 수 있는 이러한 설명은 죄의 심리학에 대한 가치 있는 통찰에도 불구하고 여러 문제점들을 안고 있다. 그 중에서도 가장 치명적인 것은 이 견해는 아담의 죄와 인간 개개인의 죄 사이의 중요한 차이점들을 간과하

---

25) 이 견해는 Schleiermacher와 Tillich를 비롯한 자유주의 진영에서 많은 학자들에 의해 옹호되어 왔다. Cf. Friedrich Schleiermacher, *The Christian Faith*, ed. H. R. MacKintosh and J. S. Stewart (Edinburgh: T. & T. Clark, n.d.), 296, 299-304; Paul Tillich, *Systematic Theology,* three volumes (Chicago: University of Chicago Press, 1951), 1:255-56.

26) 이 입장은 Kierkegaard를 따르는 실존주의 신학자들에 의해서 옹호되어 왔다. 예를 들면, Soren Kierkegaard, *The Concept of Dread,* trans. Walter Lowrie (Princeton, N.J.: Princeton University Press, 1957); Niebuhr, *The Nature and Destiny of Man,* 1:269.

고 있다는 것이다. 예를 들면, 창세기의 이야기는 최초의 유혹을 뱀에 의해서 부추겨진 외부적인 것으로 묘사한다. 이와는 대조적으로 신약성서의 기자들은 우리의 곤경은 우리 실존의 중심에 자리잡고 있다고 설명한다. 그런 까닭에 야고보는 유혹 자체도 내적인 요소를 지니고 있다고 분명하게 말한다: "오직 각 사람이 시험을 받는 것은 자기 욕심에 끌려 미혹됨이니"(약 1:14).

또한 아담의 죄는 그 죄가 발생하게 된 상황과 관련해서도 우리의 죄와 다르다. 창세기의 이야기는 최초의 죄를 하나님, 인간 상호간, 모든 피조물에 대한 지식과 교제가 있는 원초적인 상태를 누리는 사람들에 의해서 저질러졌다고 설명한다. 그러므로 타락은 실제로 문자 그대로의 타락(fall), 즉 공동체로부터 떨어진 것이었다. 이와는 반대로 우리는 바울이 묘사하고 있는 바 "허물과 죄로 인하여 죽었다"(엡 2:1)는 판이하게 다른 상황 속에서 삶을 시작된다. 우리는 이미 공동체를 상실한 상태에서 범죄하는 것이다.

최초의 죄와 우리 자신의 죄 사이의 이러한 근본적인 차이점들을 고려할 때, 우리는 타락 이야기에 대한 순전히 상징적인 해석의 실존주의적 형태를 받아들일 수 없다. 창세기의 이야기가 순전히 상징적인 것이라면, 그것은 집단적인 인류의 운명에 관한 것이거나 인간 개개인의 역사들에 관한 상징적인 이야기여야 한다. 슐라이어마허로부터 틸리히에 이르기까지 타락 이야기를 상징적으로 해석하고자 했던 현대적인 시도들은 죄는 인간 실존의 존재론적 차원이라는 전제로부터 출발하는 경향을 보여주었다. 그러나 죄를 이런 식으로 바라보게 되면, 하나님께서 우리를 선하게 창조하셨다는 성경의 선언을 의심하게 되고, 따라서 하나님을 악의 창시자로 바라보게 되기가 쉽다.

(4) 원죄에 대한 상징적인 해석들의 매력과 난점들, 양쪽을 둘 다 고려해서, 특히 도널드 블뢰쉬(Donald Bloesch) 같은 오늘날의 몇몇 복음주의적 신학자들은 최근에 전통적인 이해들과 최근의 사상 사이의 간격을 메우려는 시도를 해왔다. 간격을 메우기 위하여 블뢰쉬는 아담은 실제적이면서 동시에 상징적이라는 것, 즉 역사적으로 최초의 인간임과 동시에 모든 사람들에 대한 상징이라는 것을 전제한다. 이러한 이중적인 의미를 토대로 블뢰쉬는 타락을 먼 옛날에 일어난 역사적 사건임과 동시에 각각의 인간에 의해서 체험되는 현실이라고 본다. 그는 타락은 "역사 내의 모든 사람의 삶 속에서 하나님으로부터 등을 돌리는 것"이라고 말한다. 그것은 "이미 인류의 시초에 작용하고 있었던" "창조주에 대한 반역에 사로잡히

게 되는 것"을 의미한다.²⁷⁾ 블뢰쉬는 이렇게 설명한다:

> 실낙원은 죄로 말미암아 인간으로부터 배제된 실현되지 못한 가능성이다. 그것은 역사의 시초에 있었던 목가적인 시대가 아니라 창조의 때에 최초의 인간과 모든 사람들에게 주어졌지만 죄로 말미암아 회복할 수 없을 정도로 상실되어 버린 하나님과의 친교 또는 지복(至福)의 상태를 나타낸다.²⁸⁾

궁극적으로 블뢰쉬의 주장은 아담과 그의 자손 사이의 연관관계에 대한 유익한 통찰을 제공해주고 있는 것 같다. 우리 모두는 개인적인 타락을 경험하고, 따라서 우리 자신의 실존에 선행하는 현실에 동참하게 된다. 그러나 이러한 통찰을 사용하기 위해서는, 우리는 죄가 하나님, 인간 상호간, 피조물과의 교제의 부재 및 파괴로서의 공동체와 결부되어 있다는 것을 염두에 두지 않으면 안 된다.

타락의 실재. 우리는 창세기에 나오는 창조 및 타락에 관한 기사의 세부적인 내용들을 문자적인 방식으로 이해해서 그 내용의 세세한 점까지 주목할 필요는 없다. 인간 역사의 시초에 인류는 완전한 것은 아니었지만(하나님의 나라가 완성될 때에 우리가 누리게 될 것과는 비교할 수 없지만) 그때 이후로는 세계에 존재하지 않았던 수준으로 실재하였던 공동체에 대한 경험을 향유하였다.

몇몇 신학자들은 서방 세계 이외의 종족들의 생활 양식들과 관점들의 몇몇 측면들 속에서 인류 역사의 시초에 존재하였던 인간의 목가적인 체험의 여러 특징들을 찾아볼 수 있다고 주장한다. 이렇게 함으로써 그들은 실제로 태고의 공동체가 존재했을 가능성을 제기하고자 한다. 그러나 우리는 그러한 태고의 낙원의 가능성을 제기하기 위하여 굳이 원시 사회들로 여행할 필요가 없다. 우리는 이미 생태학에 관한 고조된 관심, 자율적인 인간의 신화에 대한 거부감, 종교적 신앙의 재부흥의 시대 속에 살고 있다. 이러한 요소들의 존재로 인해서 우리는 인간이 삶의 환경들과 근본적으로 연관되어 있다는 것과 우리가 서로 기본적으로 연결되어

---

27) Donald G. Bloesch, *Essentials of Evangelical Theology*, two volumes(SanFrancisco: Harper and Row, 1978), 1:107.
28) Ibid., 1:107-8. 또한 1:118 nt. 53을 보라.

있다는 것, 우리가 생명의 원천인 창조주에게 부정할 수 없을 정도로 의존되어 있다는 것을 좀 더 잘 인식하고 있었던 먼 과거의 세계를 전제하기가 한결 더 수월해지고 있다.

창세기의 이야기는 우리에게 최초의 죄가 그러한 태고의 순수의 상태 속에서 발생했다는 것을 일깨워준다. 따라서 원죄는 엄청난 파괴자였다. 원죄는 인간이 인류라는 공동체의 이야기의 초창기 때에 경험하였던 교제를 산산히 분쇄해 버렸다.

인간의 원죄에 의해서 초래된 변화들은 너무나 교묘하고 음흉하게 진행되었기 때문에 한번 파괴된 태고의 공동체는 영원히 상실된 채로 남아 있게 되었다. 우리는 조상들이 파괴한 교제를 회복할 수 없다. 우리가 역사 이전의 시대로 되돌아가는 것이 불가능한 것과 마찬가지로, 우리는 "처음"으로 되돌아갈 수 없다. 우리는 언제나 현재에서 시작하고, 현재 우리가 속해 있는 세계 속에서의 실존의 조건들로부터 시작한다. 이런 의미에서 원죄는 난공불락이며, 원죄의 결과들은 항상 우리 가운데 존재한다. 이 최초의 죄는 세계를 영구적으로 물들여 놓았고, 거기에 거주하는 인간들을 회복할 수 없을 정도로 바꾸어 놓았다. 우리는 더 이상 세계, 이 세계를 함께 걸어가는 동료 순례자들, 우리의 창조주, 심지어 우리 자신까지도 친구로 삼지 못한다. 왜냐하면 공동체는 적대관계로 바뀌어 버렸기 때문이다.

먼 과거에 일어난 원죄 이래로 모든 인간은 공동체의 상실이라는 상태 속에서 자신의 나날들을 살아간다. 사실 우리는 죄의 상태에서 삶을 시작한다. 그리고 공동체는 우리 가운데 등장하지 못하기 때문에, 이제 모든 것이 하나님의 계획에 미치지 못하고 있다. 이러한 소극적인 의미에서 우리는 모두 우리의 최초의 조상의 죄에 참여하고 있다. 그렇지만 또한 우리는 좀 더 적극적인 의미에서도 최초의 죄에 참여하고 있다. 궁극적인 의미에서 원죄는 인간의 실패의 파괴적 성격을 실현하였다. 왜냐하면 원죄는 태고의 공동체의 체험의 박탈이었기 때문이다. 그러나 우리의 첫 조상의 잘못으로 인한 공동체의 파괴는 우리의 태도와 행위들의 특징을 이루고 있기도 하다. 우리도 인간 가족 내에서 여기저기에서 출현하는 유사 공동체들을 파괴하는 죄를 범한다. 그렇게 함으로써 우리는 최초의 인간의 죄가 얼마나 끔찍한 것이었는가 하는 것과 인류에 대한 하나님의 심판이 의로웠다는 것을 조금이나마 알게 된다.

우리는 실제로 절망적인 상황 속에 처해 있다. 그리고 하나님께서 우리와의 교제를 회복하시고 궁극적으로는 가장 높은 의미에서의 공동체에 관한 자신의 목표를 완성하기 위하여 개입하지 않으신다면, 우리는 여전히 어둠 속에 머물러 있을 수밖에 없게 된다.

원죄와 죄책

성경은 우리가 죄인이라는 것을 분명하게 선언하고 있고, 우리의 경험도 이것을 확증해 준다. 우리는 "하나님의 영광에 미치지 못하고 있다." 왜냐하면 우리는 하나님의 공동체의 원칙들에 따라 살아가고 있지 않고, 따라서 하나님의 의도에 따라 하나님의 성품을 드러내지 못하고 있기 때문이다. 우리는 소외 상태 속에서 삶을 시작한다. 그리고 우리 각자는 공동체를 파괴한 태고의 죄에 연루되어 있다. 그런 까닭에 우리는 아담의 죄에 의해 영향을 받음과 동시에 그 죄에 참여하게 된다. 최초의 죄와 우리의 죄악됨 간의 연관관계는 또 다른 문제를 불러일으킨다: 원죄는 원초적인 죄책(original guilt)을 수반하는가? 달리 말하면, 어떤 의미에서 우리는 아담의 죄를 우리의 죄책 및 거룩한 하나님 앞에서의 정죄를 위한 근거로 이해해야 하는가?

전통적인 관점에서 보면, 이 질문은 다음과 같이 된다: 우리는 죄(타락 또는 부패로 이해된)와 죄책(하나님의 임재로부터의 추방을 가져오는 정죄의 선고) 양자를 모두 물려받는 것인가? 이러한 일반적인 물음은 여러 가지 다양한 형태로 표현될 수 있다. 우리는 무엇에 대하여 죄책을 지는가 — 우리 자신의 개인적인 죄들인가, 또는 아담의 죄인가? 우리는 우리의 죄악된 상태에서 죄책을 지고 삶을 시작하는 것인가? 우리는 타락한 상태임과 동시에 정죄를 받고 있는 상태인가? 지옥이 아담의 자손들을 기다리고 있는 것은 아담이 범한 죄 때문인가, 아니면 오직 우리가 범하는 죄들 때문인가?

이러한 질문들에 답하기 전에, 우리는 먼저 이러한 문제와 관련된 신학사 전반을 살펴볼 필요가 있다. 우리는 과거의 신학자들은 유전된 죄와 죄책의 관계를 어떻게 보았는가를 묻는다.

신학사에 있어서 죄책의 문제. 교회는 원죄라는 주제 아래에서 죄와 죄책의 연관성을 이해하기 위한 여러 가지 시도들을 수행해 왔다.

초기 기독교 사상가들은 원죄에 관한 고도로 발전된 개념을 제시하지 않았다. 켈리(J. N. D. Kelly)가 말했듯이, "그들은 인간이 죄악되고 무지하며 참 생명을 필요로 한다는 것을 당연한 것으로 여기고 결코 인간의 비참한 곤경을 해명하고자 시도하지 않는다."[29] 순교자 유스티누스는 유전된 죄가 우리의 곤경의 원인이라고 지적하지 않고, 귀신들에게 그 책임이 있다고 주장하였다.[30] 이레나이우스는 아담은 하나님께서 주신 지위를 상실했고, 이 상실은 모든 인류에게 영향을 미치고 있다고 주장하였다. 그러나 이 교부는 그 어디에서도 아담의 행위와 그의 자손 사이의 연관관계를 구체적으로 설명하지는 않는다.[31]

테르툴리아누스의 영혼전이설(靈魂轉移說)적 인간론은 원죄라는 고도의 개념을 발전시킬 수 있는 길을 열어 놓았다. 그렇지만 테르툴리아누스조차도 우리가 아담 안에 있었다는 그의 이해가 결국에는 도달하였을 법한 그 길을 계속해서 추구하지는 않았다. 켈리는 이렇게 결론을 내린다: 테르툴리아누스는 "이전의 신학자들보다는 이러한 죄악된 성향들에 관하여 보다 명시적이고 직설적으로 말을 했고, 그가 보기에는 부패와 죽음은 타락의 주된 유산이었던 것으로 보였다; 그러나 그의 말 속에는 최초의 인간의 행위들과 아울러 죄책(즉, 원초적인 죄책)에 있어서 최초의 인간과 우리의 연대가 함축되어 있지 않다."[32] 오리게네스는 어떤 역사적 행위(아담의 범죄 같은)가 아니라 우주가 생성되기 이전의 타락에 관한 그의 이론에 의거해서 죄의 보편성을 설명하였다: 모든 개별적인 영혼들은 창조 이전에 하나님으로부터 등을 돌리고 떨어져 나왔다.[33]

그러나 아우구스티누스를 계기로 상황은 근본적으로 바뀌었다. 이 히포(Hippo)의 주교는 자신의 그 어떤 선구자들보다도 우리가 아담과 연루되어 있다는 것을 생생하게 묘사하였다.[34] 여기에서 원죄론은 완전한 발달에 도달한다.[35] 이 위대한 교부는 원죄론의 토대로서 자연적 수장설을 주장하였다. 아우구스티누스에 의하면, 원죄는 우리 모두가 아담의 죄로 인하여 담당하는 징벌이다. 이 징벌은 우

---

29) J. N. D. Kelly, *Early Christian Doctrines*, revised edition (San Francisco: Harper and Row, 1978), 163.
30) Ibid., 166-68.
31) Ibid., 172.
32) Ibid., 176.
33) Ibid., 180-81.
34) 이러한 결론에 대해서는 Ibid., 364을 보라.
35) Berkhof, *Systematic Theology*, 244.

리가 이 최초의 죄에 참여하였다는 점에서 바로 우리에 대한 징벌이다. 왜냐하면, 우리는 모두 잠재적으로 아담이 하나님의 금령을 어겼을 그 때에 아담 안에 있었기 때문이다. 이러한 곤경은 생식 작용을 통해서 영속화되고, 정죄를 초래하다. 간단히 말해서, 우리 모두는 잠재적으로 아담 안에 있었고, 우리 모두는 아담 안에서 범죄 하였으며, 우리 모두는 아담의 죄에 대한 징벌을 물려받고 있고, 따라서 우리는 모두 정죄 상태에 있다.[36]

아우구스티누스 이후의 신학자들은 그의 입장 중에서 지나치다 싶은 내용을 완화시키고자 하였다. 몇몇 신학자들은 "반(半) 아우구스티누스주의"(semi-Augustinianism) 또는 좀 더 일반적으로는 "반(半)펠라기우스주의"(semi-Pelagianism)라 불리는 관점을 제시하였다. 이 관점을 반(半)펠라기우스주의라 부르는 까닭은 그것이 아우구스티누스의 주된 경쟁자였던 펠라기우스의 가르침 중 몇몇 측면들을 통합하고 있기 때문이다. 반(半)펠라기우스주의자들은 모든 인간은 실제로 아담의 죄에 의해서 오염되어 있고, 따라서 악을 향한 소질을 지니고 있다고 주장하였다. 그렇지만 우리는 전적으로 선을 행할 수 없는 것도 아니고, 아담의 죄책에 연루되어 있는 것도 아니다.[37]

종교개혁은 좀 더 엄격하게 아우구스티누스의 견해로 되돌아가는 시발점이 되었다. 아우구스티누스의 견해를 가장 정교하게 새롭게 제시한 자라고 할 수 있는 칼빈은 죄책과 타락, 이 양자는 아담의 모든 자손에게 미쳤고 부모부터 자식에게로 전해졌다고 분명하게 말했다.[38] 칼빈의 추종자들 중의 한 사람이었던 아르미니우스(1560-1609년)는 개혁주의 신학의 견해 중에서 겉보기에 거칠어 보이는 부분을 손질하였다. 그러한 목적으로 아르미니우스는 아담의 후손은 우리의 첫 번째 조상의 죄의 죄책에 참여하지 않는다는 반(半)펠라기우스적인 입장을 재천명하였다. 그러나 아르미니우스는 새로운 차원을 추가하였다. 그는 인간 개개인에게는 하나님으로부터의 특별한 "선행적" 은혜가 존재한다는 이론을 제시하였다. 선행적

---

36) 아우구스티누스의 입장과 주요 인용문들에 대한 요약으로는 Kelly, *Early Christian Doctrines*, 363-66을 보라.

37) Berkhof, *Systematic Theology*, 245.

38) John Calvin, *Institutes of the Christian Religion* 2.1.5-7, trans. Ford Lewis Battles, ed. John T. McNeill, volumes 20-21 of the Library of Christian Classics (Philadelphia: Westminster, 1960), 1:246-50.

은혜는 우리가 우리의 유전된 부패를 극복할 수 있게 해준다. 이 네덜란드 사상가는 이렇게 썼다: "사고와 감성과 의지에 작용하는 것은 이 은혜이다; 사고 속에 선한 생각들을 주입시키고, 감성 속에 선한 욕구들을 불어넣으며, 의지로 하여금 선한 생각들과 선한 욕구들을 실행하는 쪽으로 기울어지게 하는 것은 바로 이 은혜이다."[39] 무엇보다도 선행적 은혜는 "구원을 개시하고, 구원을 촉진시키며, 구원을 완전하게 하고 완성시킨다."[40]

그러나 이 문제에 대한 좀 더 명확한 논의는 영국의 청교도들을 비롯한 후세대의 칼빈주의 신학자들의 몫으로 남겨지게 되었다. 이 논쟁은 "전가"(imputation)라는 용어에 집중되었다.[41] 기본적으로 이 포괄적인 신학 용어는 우리 안에 존재하는 죄의 신비와 속죄의 효력을 그 중심으로 삼는다: 어떻게 하나님은 우리를 아담 안에서 죄책이 있다고 보시고, 그리스도 안에서 의롭다고 보시는 것인가? 전가(轉嫁)라는 영어 단어의 어원이 되는 라틴어 동사 '임푸타레'(imputare)는 법적 또는 법정적 의미를 기본으로 하는데, 문자적으로는 "누구의 계산으로 돌리다"를 의미한다. 원죄라는 맥락 속에서 전가는 어떻게 하나님께서 아담의 죄책을 우리의 계산으로 돌리시는 것이 올바른가 하는 문제를 불러일으킨다.

아우구스티누스의 자연적 수장설에 의하면, 하나님은 아담의 죄책을 우리에게 전가시키지 않으신다. 왜냐하면 각각의 인간은 아담 안에서 범죄하였기 때문이다. 그러므로 우리의 죄책은 우리 자신의 것이다. 그러나 웨스트민스터 신앙고백을 작성한 사람들을 포함한 개혁주의 사상가들은 자연적 수장설이 아니라 아담을 행위 계약 속에서의 우리의 대표로 보는 연합적 수장설을 따르는 경향이 있었다.

몇몇 신학자들은 계약 이론은 "직접적인 전가"라는 당연한 결론을 수반한다고

---

39) James Arminius, "Letter to Hippolytus a Collibus 4," in *The Writings of James Arminius,* trans. James Nichols and W. R. Bagnall, three volumes (Grand Rapids: Baker, 1956), 2:472.

40) Ibid., 2:473. 또한 Arminius, "Apology or Defence" 8, in *The Writings of James Arminius,* 1:299-301을 보라. 아르미니우스적 견해를 다시 제시하고 있는 것으로는 H. Orton Wiley, *Christian Theology,* three volumes (Kansas City, Mo.: Beacon Hill, 1952), 2:356-57을 보라.

41) 이 용어 자체에 대한 설명으로는 Robert K. Johnston, "Imputation," in the *Evangelical Dictionary of Theology,* ed. Walter A. Elwell (Grand Rapids: Baker, 1984), 554-55를 보라.

주장하였다. 하나님은 아담의 죄 및 죄책을 아담의 모든 후손들에게 직접적으로 — 즉, 그 어떤 다른 고려 없이 직접적으로 — 전가하셨다. 우리는 신학자들이 "직접적인 전가"라는 표현을 통해서 주장하고자 하는 것을 다음과 같이 간단한 삼단논법으로 요약해 볼 수 있다: 아담은 범죄하였다; 그러므로, 모두가 죄책이 있다.

그에 앞서 반(半)펠라기우스주의자들은 아우구스티누스의 주장에서 가혹하다고 생각되는 부분을 완화시키고자 했고, 또한 아르미니우스는 칼빈주의와 관련하여 그렇게 하고자 하였다. 이제 프랑스의 사상가인 조쉬 드 라플라스(Josue De La Place, 1596-1655년) — 플라시우스(Placeus)로 알려진 — 를 시작으로 새뮤얼 홉킨스(Samuel Hopkins), 티머시 드와이트(Timothy Dwight), 나다나엘 에먼스(Nathanael Emmons) 등과 같은 뉴잉글랜드의 지도적인 신학자들을 포함한 여러 개혁주의 신학자들[42]은 개혁주의 신학의 충격을 완화시키고 시도하였다. 그들은 직접적 전가설 대신에 간접적 전가설로 알려진 좀 더 온건한 입장을 제시하였다. 이 입장을 지지하는 사람들은 아담의 타락으로 인하여 죄악됨 또는 부패가 그의 자손들에게 전가되었고, 이러한 전가는 자연적인 생식을 통하여 이루어졌다는 데에는 직접적 전가론자들과 의견을 같이 하였다. 또한 그들은 하나님께서 죄책을 인간 개개인의 책임으로 전가시켰다는 것에도 동의하였다. 그러나 그들은 죄책의 전가를 위한 근거에 대한 이해에 있어서 의견을 달리했다. 우리는 아담의 죄에 대하여 죄책을 지지 않는다; 오히려 하나님은 우리 안에 부패가 존재하기 때문에 우리에게 죄책을 전가하시는 것이다. 그러므로 간접적 전가론자들은 전가와 관련된 앞서의 삼단논법에 한 단계를 더 추가하였다: 아담은 범죄하였다; 그러므로 모두가 부패하였다; 그러므로 모두가 죄책이 있다.

그러나 몇몇 신학자들, 특히 19세기 북아메리카의 "신 학파"(New School)에 속한 칼빈주의자들[43]은 이러한 입장이 너무 가혹하다고 생각하였다. 이에 따라 그들은 삼단논법에 한 줄을 더 추가함으로써 이 입장을 좀 더 완화시키고자 하였다. 그들은 각 사람이 아담의 죄의 결과로써 범죄에 대한 소질을 물려받았다는 데 있어서는 간접적 전가론자들과 의견이 같았다. 그러나 "신 학파"의 신학자들은 부패

---

42) Hoekema, *Created in God's Image*, 156.

43) 이 견해에 대한 개관으로는 Augustus Hopkins Strong, *Systematic Theology*, three volumes (Philadelphia: Griffith and Rowland, 1907), 2:606-7을 보라.

의 존재 자체가 하나님께서 죄책을 우리에게 전가시키는 토대가 될 수는 없다고 주장하였다. 오히려 인간 개개인이 일단 도덕적으로 의식화되거나 도덕적인 선택들을 하게 될 때, 악한 소질이 사람을 범죄로 이끈다. 그리고 하나님 앞에서 우리로 하여금 죄책을 지게 만드는 것은 바로 이러한 개인의 범죄이다 ― 아담의 죄나 죄악된 소질의 존재 자체가 아니라. 따라서 이제 삼단논법은 좀 더 복잡하게 되었다: 아담은 범죄하였다; 그러므로 모두가 부패하였다; 그러므로 모두가 범죄한다; 그러므로 모두가 죄책이 있다.

신 학과 칼빈주의자들의 노력 같은 그러한 영웅적인 구조 작업들에도 불구하고, 전가 개념은 19세기에 지지를 얻지 못했다. 사실 자유주의는 원죄에 대한 아우구스티누스적인 개혁주의적 이해 전체에 대하여 거의 공감을 하지 않았다. 그러나 1900년대의 사상가들은 자유주의자들의 비판의 영향에 자극을 받아서 옛 전통을 부활시켰다.

예를 들면, 신정통주의 신학자들은 인간의 죄에 대한 성경의 강조에 충실하면서도 아우구스티누스 이래로 원죄론이 함몰되어 왔던 스콜라주의를 극복하는 방식으로 원죄에 관한 새로운 개념을 발전시키고자 하였다.[44] 아담과 타락에 관한 상징적 해석(위에서 논의된)을 통하여 그들은 타락이라는 사실은 긍정하면서도 유전된 죄책과 부패라는 문제를 피하였다. 각각의 인간은 아담의 상태에서 시작하고, 그런 후에 개인적인 타락을 경험한다는 것을 전제한 후에, 이 사상가들은 원죄를 그릇된 것을 선택하는 인간의 보편적 성향으로 이해하였다.

개혁주의적 견해의 성경적 토대. 이러한 역사적 개관이 보여 주듯이, 원죄는 죄, 타락, 죄책의 관계라는 결정적으로 중요한 신학적 문제를 제기한다. 개혁주의 전통에서 지배적인 입장은 아담의 모든 자손은 부패한 본성(죄의 오염)과 실제적인 죄책을 물려받는다고 전제한다. 그러므로 우리는 이 견해에 대한 성경적 토대를 좀 더 자세하게 살펴볼 필요가 있다. 우리의 논의의 초점은 에베소서 2:3과 로마서 5:12-21이 될 것이다. 이 본문들은 전통적으로 원죄와 유전된 죄책 사이의 연관성을 설명하는 토대 역할을 해왔다.

(1) 먼저 우리는 바울이 에베소 교인들에게 서신을 보내면서 이 문제에 관하여

---

44) 예를 들면, Niebuhr, *The Nature and Destiny of Man*, 1:241-64를 보라.

한 말을 살펴볼 것이다. NIV에 나오는 번역문은 개혁주의의 고전적인 해석을 반영하고 있다: "다른 이들과 같이 본질상 진노의 자녀"(엡 2:3b)였다. 좀 더 간단하게 말한다면, 바울의 요지는 아담의 후손들인 우리는 날 때부터 하나님의 진노 아래 있는데, 이는 우리가 아담으로부터 물려받은 죄책 때문이라는 것이다. 이것은 정말 이 문장에 대한 올바른 번역일까?

이 절을 주석함에 있어서 두 가지 표현, 즉 "본질상"이라는 어구와 "진노의 자녀"라는 표현이 중요하다. "본질상"이라는 번역 배후에는 헬라어 명사 '퓌세이'(phusei)가 있는데, 이 명사는 여기에서 도구격(수단)으로 사용되고 있다. 자신의 서신들 속에서 바울은 '퓌시스'(phusis)를 11회 사용한다(신약성서에 나오는 13번의 용례들 중에서 11번이 바울 서신에 나온다). 그는 종종 피조 세계의 질서로 이해되는 자연계 자체를 가리키기 위하여 이 단어를 사용하기도 한다(고전 11;14). 또 어떤 대목에서는 '퓌시스'는 "자연스러운 것"(롬 11:21, 24) 또는 "어떤 것에 본질적으로 속해 있는 것"(갈 2:15; 4:8)을 의미하기도 한다. 이러한 의미의 연장으로서 에베소서 2:3에 나오는 "본질상"은 우리 실존의 자연스러운 일부가 되어 버린 상태 또는 지금 "자연스럽게" 우리의 상황이 되어 있는 상태를 가리킨다.

지금 우리에게 "본질상" 속해 있는 것은 무엇인가? 바울은 우리는 본질상 "진노의 자녀"(헬라어로는 tekna orges)라고 분명하게 말한다. 이 어구의 의미와 관련하여 두 가지 주된 가능성이 존재한다. 이 어구는 우리가 "하나님의 진노 아래" 있다는 것을 분명하게 말하는 것으로써 바울은 여기에서 원초적인 죄책이라는 개념을 가르치고 있다고 볼 수 있는 가능성이 있다. 또는 이 어구는 "분노하는 사람들"("분노라는 특징을 지니는 사람들")로 번역될 수도 있다. 이렇게 번역한다면, 바울은 여기에서 인간의 성품의 특성을 제시하고 있는 것이 된다.

이 두 가지 해석 중 어느 쪽이 옳으냐 하는 것은 주로 '테크논'(teknon)이라는 단어에 달려 있다. 바우어(Bauer) 사전과 데이어(Thayer) 사전에 의하면, 이 단어는 추상명사들과 함께 사용될 때는 특별한 용법을 지닌다.[45] 그러한 용법들 속에서 추상명사와 함께 사용되는 '테크논'은 전형적인 히브리적 표현 또는 사람

---

45) Walter Bauer, *A Greek-English Lexicon of the New Testament and Other Early Christian Literature,* trans. William F. Arndt and F. Wilbur Gingrich (Chicago: University of Chicago Press, 1957), 816; Joseph Henry Thayer, *A Greek-English Lexicon of the New*

들을 묘사하는 전형적인 히브리적 방식을 반영하고 있다. 이것은 이 서신의 저자의 히브리적 배경과 잘 부합한다. 사실 바우어는 이 절을 "빛의 자녀"(엡 5:8) 및 "지혜의 자녀"(마 11:19)와 아울러 히브리적 표현 방식의 대표적인 예로 열거한다. 앞의 두 경우에서 '테크논'은 "무엇에 의해서 특징지어지는 사람들"이라는 개념을 지닌다. 이 어구가 정말 히브리적 표현 방식이라면, 이 어구를 "분노를 품은 자녀들," 즉 "분노라는 특징을 지닌 사람들"로 번역하는 것이 가장 좋을 것이다.[46]

그리고 문맥상의 몇몇 추가적인 고찰들도 '테크나 오르게스'를 "분노를 품은 사람들"로 번역하는 것이 좋다는 것을 밑받침해준다. 바울은 여기에서 하나님의 진노가 인간을 향해 있다는 것을 구체적으로 말하고 있는 것이 아니다; 오히려 하나님의 진노라는 개념은 본문 속에 끼어든 것이라고 해야 한다. 또한 이 절의 문맥은 인간의 운명이 아니라 인간의 행동에 그 초점이 맞춰져 있다: "전에는 우리도 다 그 가운데서 우리 육체의 욕심을 따라 지내며 육체와 마음의 원하는 것을 하여." 사람들이 수행한 활동들 — "행하였다," "따랐다," "살았다" — 은 "다른 이들과 같이 본질상 진노의 자녀"였다는 바울의 결론을 위한 근거가 된다. 사실 이 어구를 제외한다면, 인간의 운명 또는 하나님 앞에서의 인간의 지위는 이 문맥 속의 그 어디에도 언급되지 않는다. 끝으로, 신약성서에서 '테크논'이 추상명사와 결합되어 나올 때마다, 그러한 구문은 결코 추상명사로 표현된 운명에 빠지게 된다는 개념을 함축하고 있지 않다. 여기에서 '테크나 오르게스'가 우리가 하나님의 진노의 대상들이라는 것을 의미한다면, 이 구문의 이러한 용례는 그 통상적인 용법에 대한 예외가 될 것이다.

그러므로 우리는 바울은 아담의 후손이 아담의 죄로 인하여 죄책이 있다고 선포한 것이 아닐 수도 있다는 결론을 얻게 된다. 오히려 바울은 단순히 우리의 죄악된 상태의 특징이 무엇인가, 즉 우리가 분노를 품은 사람들이라는 것을 설명하고 있는 것이다. 그러나 이 절의 주석학적 고찰의 최종적인 결과가 무엇이 되든, 그 정확한 의미는 불확실하기 때문에, 이 어구를 물려받은 죄책에 관한 가르침의 토대로 삼는 것은 대단히 위험한 것이라고 할 수 있다.

Testaement, corrected edition (1889; Wheaton, Ill.: Evangel Publishing Co., 1974), 618.

46) 어떤 이들은 로마서 9:22을 반대의 예로 들고자 할지도 모른다. 그러나 여기서 속격 구문은 에베소서 2:3과 병행이 되지 않는다. 왜냐하면 바울은 '테크나 오르게스' (tekna orges)가 아니라 '스퀴에 오르게스'(skeue orges)를 사용하고 있기 때문이다.

(2) 물려받은 죄책이라는 개념을 위한 가장 중요한 근거가 되는 본문은 아마도 로마서 5:12-21일 것이다. 여기에서 이 견해를 주장하는 사람들은 바울이 분명하게 아담의 모든 자손이 아담의 죄로 인하여 죄책이 있다고 선언하고 있는 것이라고 주장한다.

우리는 이 구절을 주석하기가 쉽지 않다는 것을 인정해야 한다. 이 구절에 대한 해석 작업은 바울이 12절에서 시작한 문장을 끝내지 않고 있다는 사실에 의해서 더욱 복잡해진다. 처음에 나오는 접속사 "그러므로"가 보여 주듯이, 바울은 로마서의 처음 몇 장에 나오는 논증을 요약할 의도를 가지고 말을 시작한다: "그러므로 한 사람으로 말미암아 죄가 세상에 들어오고 죄로 말미암아 사망이 들어 왔나니 이와 같이 모든 사람이 죄를 지었으므로 사망이 모든 사람에게 이르렀느니라"(12절). 그러나 바울은 이런 식으로 시작한 후에 사망이 모든 사람들에게 실제로 이르렀다는 점을 좀 더 자세히 말하기 위하여 본 주제로부터 이탈한다. 그리고서는 바울은 결코 그 이탈이 시작된 지점으로 다시 되돌아오지 않는다.

그럼에도 불구하고 우리는 본문에서 이어지는 내용을 근거로 바울이 로마서의 처음 몇 장을 요약하는 방식으로써 아담의 사역의 결과들과 그리스도의 사역의 결과들을 비교하는 것에 초점을 맞추고 있다고 결론을 내릴 수 있다. 로마서의 처음 세 장에서 바울은 인간의 보편적 죄악성을 설명한다. 죄의 보편성에 관한 이 설명은 바울의 두 번째 요지, 즉 우리의 죄 문제에 대한 하나님의 해법으로 이어진다. 5장에서 바울은 이 두 주제를 두 인물과 연결시킨다 — 불순종을 통하여 세상에 죄를 가져온 아담과 순종을 통하여 의를 가져온 그리스도. 그러므로 바울의 요지는 아담과 그리스도는 그들의 행위들의 결과가 우리에게 영향을 미친다는 점에서 서로 비슷하다는 것이다. 아담의 행위는 세상에 죄와 사망이 존재하는 결과를 낳은 반면에, 그리스도의 행위는 의와 생명이 존재하는 결과를 가져왔다.

이 구절을 이해하려는 시도 속에서 우리는 바울이 인간을 그들의 운명을 결정하는 선택들을 행하는 구체적인 개개인들로 보는 것이 아니라 히브리적인 사고 방식에 맞추어서 인류를 단일한 실체, 견고한 하나의 덩어리로 보고 있다는 것을 염두에 두어야 한다. 이러한 인류라는 하나의 견고한 덩어리 속에 아담의 죄는 하나님에 대한 적대적인 세력 또는 권세인 죄를 주입시켰고, 이것은 사망의 지배를 가져왔다. 이와는 대조적으로 그리스도의 순종은 하나의 권세인 의를 주입시켰고, 이에 따라 생명의 지배를 가져왔다.

로마서의 이 본문은 다음과 같은 문제를 불러일으킨다: 아담(그리고 그리스도)의 행위는 어떻게 개인에게 영향을 미치는 것인가? 아담의 죄로 인해서 죄는 사망을 불러온다는 원리가 이 세상에 들어왔다는 개념이 이 본문에 분명히 존재한다. 이 원리가 아담에게 적용되었듯이, 이 원리는 모든 인간에게도 적용된다. 그러나 바울은 아담과 그의 자손 사이의 좀 더 강력한 연관관계를 전제한다. 바울은 그리스도의 순종으로 말미암은 생명의 효과들이 예수를 뛰어넘어 영향을 미치고 있는 것과 마찬가지로 아담의 죄로 인한 사망의 효과들도 아담 자신을 뛰어넘어 영향을 미치고 있다고 분명하게 말한다.

따라서 어떻게 우리가 각각의 행위의 결과에 참여하게 되는 것인가라는 문제가 남게 된다. 이 문제를 해결하는 것이 급하긴 하지만, 우리는 로마서 5:12-21에서 바울이 그 문제에 직접적으로 대답하고 있지 않다는 결론을 내리지 않을 수 없다. 사도 바울은 그리스도의 순종이 의를 가져온 것과 마찬가지로 아담의 죄는 인간 모두가 죄인이 되는 결과를 가져왔다고 주장한다. 그러나 어느 경우이든 바울은 이런 일이 어떻게 일어났는지에 대해서는 설명하지 않는다. 바울은 우리가 어떻게 그리스도에 의해서 얻어진 의에 참여하는가라는 문제에 대답하지 않은 것과 마찬가지로, 어떻게 우리가 아담의 범죄의 결과들에 연루되게 되었는가도 분명하게 말하지 않는다. 사실 우리가 바울을 우리 모두가 아담의 죄에 대한 우리 자신의 개인적인 연루와는 상관없이 아담의 죄책을 짊어지고 있다고 말하고 있는 것으로 이해한다면, 마찬가지로 우리는 그리스도의 공로에 대한 바울의 언급도 그가 인간 세계 속에 들여온 죄사함을 모든 인류에게 미치는 것으로 보지 않으면 안 될 것이다. 아담의 죄책이 모든 사람들에게 전가된다면, 그리스도의 의도 마찬가지로 모든 사람들에게 전가되는 것이 공평하다.

그러나 이에 대한 대답이 이 본문에는 나와 있지 않지만, 우리는 로마서의 다른 곳에서 그 대답을 발견할 수 있다. 로마서의 두 번째 부분에서 특히 잘 설명되고 있는 바울의 복음의 핵심은 하나님께서 믿음으로 그리스도와 연합한 자에게 의를 수여하신다는 선포이다. 마찬가지로 로마서의 처음 몇 장에서 바울은 어떻게 우리가 아담에게 그 기원이 있는 사망에 참여하게 되는가를 설명하고 있다: 우리는 우리 자신의 죄로 말미암아 사망과 정죄의 권세 아래 놓이게 된다.

그러므로 우리는 로마서 5:12-21은 에베소서 2:3과 마찬가지로 모든 인간이 아담의 죄로 인하여 직적접으로 죄책을 물려받는다고 분명하고도 단호하게 말하고 있지 않다는 결론을 얻게 된다. 우리가 원초적인 죄책을 그대로 물려받는다는 견해에 대한 성경의 주장은 그리 강력하지 않다는 말이다.

원죄의 현실

우리 인간의 체험은 분명하다: 우리는 종종 올바른 일을 하고 하나님의 율법의 몇몇 측면들에 따라 실제로 살아가기도 하지만, 우리 인간의 본성은 부패되어 있다. 우리의 죄악된 태도와 행위들의 근원은 단순히 외적인 환경에 있지 않다; 오히려 그러한 것들은 우리 존재의 내면의 핵심, 즉 인간의 마음으로부터 나온다.

원죄는 이 문제에 대한 신학적인 대답이다. 에덴 동산에서 최초의 죄가 있은 후에, 우리는 우리 자신이 우리의 본성 자체까지를 포괄하는 근본적인 실패에 처해 있다는 것을 발견한다. 이 부패한 본성의 근원은 무엇인가? 우리의 체험은 기독교 신학이 여러 세기 동안 선포해 왔던 것을 확증해 준다: 이러한 부패는 우리의 행위가 아니라 우리에게 전해져 온 것이다. 우리는 조상들로부터, 그러니까 궁극적으로는 우리의 첫 조상으로부터 부패한 성품을 물려받는다. 그러므로 부패한 성품은 그 밖의 다른 기본적인 특성들과 마찬가지의 방식으로 우리에게 전해진다. 우리는 이 부패한 본성이 우리 인간의 유전자 집단 속에 존재한다고 말할 수 있다. 그러나 이와 동시에 우리는 우리의 죄악성은 부분적으로 사회적으로 유래되는 것이라는 말을 덧붙이지 않으면 안 된다: 우리는 서로에게 범죄하도록 가르친다.

이 점을 고려할 때, 우리는 원죄라는 범주 아래에 아담, 즉 우리가 공통으로 물려받은 인간성으로부터 유래하는 인간 본성의 부패성을 포함시켜야 한다. 우리가 하나님의 계획에 미치지 못하는 것은 단순히 외적인 세력에 의한 것이 아니라 인간 개개인이 물려받은 일부이기도 하다. 우리들 각자는 어떤 구체적인 행동과 관련된 도덕적 선택을 통해서 유전(heredity)과 사회화(socialization)에 의해서 우리의 본성 내에 존재하는 것을 행동으로 옮겨야 할 경우에 범죄를 하고자 하고, 또한 범죄를 행한다.

그러나 원죄는 직접적으로 죄책을 수반하지는 않는다. 이러한 타락한 본성의 소유 자체가 정죄를 가져오는 것은 아니다. 성경의 기자들은 죄책이 직접적으로 원죄에 기인한다고 말하기보다는 하나님께서 우리를 각자의 행위를 따라 심판하신다고 가르친다(렘 17:9-10; 롬 2:6). 이 위대한 심판자는 우리의 타락한 본성에 의거하는 것이 아니라 그 부패한 본성이 생각이나 행위를 통하여 나타나는 우리의 행실을 토대로 판결을 내리신다.

원죄에 대한 이러한 이해는 우리로 하여금 "세계에 대한 개방성"이라는 개념으로 되돌아가게 만든다. 인간론에 대한 연구를 통해서 살펴보았듯이, 인간은 세계의 어떤 특정한 형태를 뛰어 넘어 움직여 가고자 하는 끊임없는 추구라는 특징을 지닌다. 이러한 추구는 하나님에 대한 우리의 궁극적인 의존성과 하나님께서 우리에게 주신 우리의 특별한 운명을 지향하고 있다. 아담에게서 시작된 인간의 공통적인 실패에 참여하는 자들인 우리는 모두 과녁을 빗나가고 있다; 의도적이든 수동적이든 우리는 하나님께서 우리 앞에 세워 놓으신 공동체라는 목표를 따라 살아가지 않는다. 이러한 실패는 단순히 우리 자신의 행위에 기인하는 것이 아니다. 왜냐하면 그것은 우리 인간이 공통으로 물려받은 유산에 속하는 차원이기 때문이다.

원죄는 다음과 같은 문제를 불러일으킨다: 우리는 언제 인간의 공통적인 실패에 참여하기 시작하는 것인가? 이에 대한 가장 좋은 대답은 공동체의 상실에 대한 우리의 연루(連累)의 가능성은 이미 유년기 때에 우리 속에 존재한다는 것을 인정하는 것이다. 구체적으로 말하면, 우리는 인간의 삶에서 유년기 단계의 특징을 이루고 있는 자기 중심성 및 생존 본능에서 그 뿌리를 찾는다. 유아들은 대체로 자기 자신의 작은 세계 외부의 것을 인식하지 못한다. 그들은 자기 중심적이고 자기 생각에 골몰해 있다 — 물론 이 단계에서 자기 중심성은 죄책을 수반하지 않는다.

그러나 순수의 상태에서 시작된 것이 악의적인 것이 될 수 있다. 그것을 견제하지 않고 내버려둔다면, 그것은 인격적 독립성과 자아 존중감을 피조물, 인간 상호간, 창조주에 대한 우리의 의존성에 대한 온전한 인식을 통해서 균형을 잡아 줄 하나님을 경외하는 건강한 태도의 발전을 방해할 것이다. 그런 까닭에 유아의 자기 중심성과 자기 생각에 몰두하는 경향은 우리 각자의 내부에 있는 공동체를 파괴하는 세력으로 발전할 잠재력을 지니고 있다 — 부패한 본성. 마침내 이 부패한 본성은 지나치게 자기중심적이거나 지나치게 자기비하적이 되어서 하나님을 기쁘시게 해 드리지 못하는 도덕적 선택으로 표출된다. 이런 식으로 우리로 하여금 하나님을 추구하고 하나님의 공동체에 참여하여야 할 우리의 운명의 성취로 내몰아야 할 것은 인간적으로 고안된 대체물을 향한 추구로 변질되어 버린다. 이렇게 함으로써 우리는 과녁을 빗나가게 되고 그 결과들로 말미암아 고통을 겪게 된다.

죄의 결과들: 우리 인간의 상황

물론 우리는 원죄와 직접적인 접촉을 갖고 있지는 않다. 우리는 최초의 죄에 대한 경험도 없고, 우리 자신이 죄의 영역 속으로 최초로 들어가는 것을 인식하지도 못한다. 그렇지만 우리는 우리의 선택들, 태도들, 행위들의 결과로서 우리 자신이 죄에 참여하고 있다는 것을 인식한다. 따라서 우리는 죄의 끔찍한 결과들을 어렴풋이 알게 된다.

그러므로 죄에 대한 우리의 연구는 우리 인간의 상황의 이러한 경험적이고 실제적인 차원에 대한 탐구로 끝을 맺게 된다. 죄의 존재는 우리의 현재의 삶에 여러 가지 결과들을 낳는다 — 하나님 앞에서의 우리의 지위 및 세계 속에서의 우리의 실존과 관련된 결과들. 우리는 죄의 결과로 하나님 앞에서 및 세계 속에서의 인간의 상황을 살펴보기 위하여 네 가지 은유를 사용할 수 있을 것이다 — 인간 상호간의 관계(소외), 법적인 지위(정죄), 우주적 세력들(노예상태), 인격의 능력(부패).

소외

우리가 조직신학을 통합하는 주제로서 "공동체"라는 개념을 사용하고 있는 데서 알 수 있듯이, 죄의 결과들을 이해하기 위한 근본적인 은유는 인간 상호간의 관계들이다. 하나님은 우리가 다른 사람들과의 관계 속으로 들어가기를 의도하셨다 — 하나님의 공동체에 참여하는 것. 하나님의 의도는 우리가 피조 세계와 조화롭게 살아가는 것, 우리가 인간 상호간에 교제를 누리는 것, 우리가 하나님의 생명에 참여하는 것이다. 공동체를 통하여 우리는 하나님의 자녀로서의 우리의 정체성을 발견하게 된다.

죄는 이러한 하나님의 의도에 따라 살지 못하는 것이다. 사실 죄의 근본적인 결과는 공동체의 상실이다. 이러한 상실은 하나님께서 우리에게 의도하신 조화로운 실존의 모든 차원 속에서 일어난다.

공동체의 파괴는 피조 세계에 대한 우리의 관계라는 차원에서 일어난다. 앞에서 말했듯이, 죄는 우리가 더 이상 창조주께서 우리를 두신 "에덴 동산"과 조화롭게 살지 못한다는 것을 의미한다. 하나님의 다른 선한 피조물들과의 교제를 누리도록 계획되어 있는 우리는 이제 우리 주변의 자연 세계로부터 소외되어 살아간다. 우리는 우리 자신을 하나님 아래에서 창조력을 지닌 존재들로 보는 것이 아니라, 스스로 창조주가 되어서 자연을 통제하고 자연을 우리의 종으로 삼고자 한다. 우리는 더 이상 땅을 우리가 하나님을 대신하여 섬기는 유기체적 총체로 보지 않는다. 오히려 이 땅을 우리의 "본거지"로 만들기 위한 탐욕스럽고 잘못된 추구 속에서 우리는 이 땅을 우리의 개조 활동을 위한 원재료로 본다.

나아가 우리의 죄는 우리의 주변 환경에 파괴적인 영향력을 미친다. 하나님의 본성을 반영하도록 피조 세계 속에 두어진 인간들은 더 이상 창조주의 형상을 드러내지 못한다. 따라서 피조물은 고통한다. 바울이 분명히 말하고 있듯이, 피조물은 지금 하나님의 계획의 완성이 될 새 창조를 기다리며 인간의 죄에 의해서 야기된 종살이(bondage)를 하면서 신음하고 있다(롬 8:19-22).

마찬가지로 공동체의 상실은 인간 상호간의 차원에도 영향을 미친다. 왜냐하면 죄는 다른 사람들과의 관계를 단절시키기 때문이다. 인간은 상호간의 총체적이고 풍성한 교제를 누리도록 지음 받았지만 지금은 우리 자신이 착취하고 착취당하는 것을 발견한다. 공동체의 상실은 우리가 권력과 영향력과 남보다 뛰어나기 위하여 서로 싸울 때, 또는 우리가 인간으로서의 존엄성과 가치를 스스로 저버릴 때에 뚜렷하게 표출된다. 요컨대, 죄는 우리를 서로로부터 소외시킨다.

무엇보다도 죄는 하나님에 대한 관계라는 차원에서 작용한다. 죄는 공동체의 파괴자이기 때문에 하나님으로부터의 소외를 낳는다. 우리는 하나님의 벗들, 심지어 하나님의 자녀가 되도록 지음받았지만, 우리의 죄는 우리로 하여금 하나님의 원수들로 살아가도록 만들어 버린다(예를 들어, 롬 5:10a). 우리는 하나님의 임재를 누리기보다는 그 임재를 피하여 도망한다. 우리는 하나님께서 우리에 대하여 적대적이실 것이라고 지레 짐작하고는 두려움 속에서 살아간다. 그렇지만 사실 적대감을 품고 있는 것은 우리 자신이고, 그러한 우리의 적대감을 하나님에게 투사하고 있는 것이다. 우리의 무한한 의존성에도 불구하고, 우리는 우리의 두려움, 찢긴 상태, 적대감을 극복할 수 있게 해 주실 수 있는 유일한 분, 우리의 가장 절실한 필요들을 충족시켜 주실 수 있는 분으로부터 도망쳐 버린다.

그러므로 죄는 하나님께서 그의 피조물을 향하여 의도하신 공동체를 파괴한다. 그리고 우리는 책임 있는 존재들이다. 너무도 분명한 어찌할 수 없는 공동체의 상실로 인하여, 우리는 우리를 향하신 하나님의 계획을 성취하지 못한다. 따라서 우리는 우리 자신의 진정한 자아로부터도 소외되어 있다. 우리는 하나님께서 우리에게 의도하신 그 모습을 지니고 있지 못한 것이다.

정죄

또한 우리는 우리의 삶 속에서의 죄의 현실을 법적 은유를 통해서도 설명할 수 있다. 죄로 인하여 우리는 의로운 하나님 앞에서 정죄 받은 상태로 있다. 정죄는 죄 속에 있는 우리에게 내려지는 선고 또는 심판을 가리킨다. 의롭게 살도록 하나님께서 지으신 ― 하나님 자신의 거룩한 성품을 반영하도록 지음받은 ― 우리는 죄 가운데서 살고 있다. 우리의 타락한 본성이 우리의 행위들 속에서 관철될 때, 우리는 죄들을 범하게 된다. 그러므로 우리는 우리의 창조주 앞에서 죄책을 지닌 채 살아간다(요 3:18). 우리는 현세의 삶 속에서 죄의 완전한 법적 효과를 경험하는 것은 아니다. 우리 위에 내려지는 선고는 죄가 우리의 삶 속에서 초래하는 밑으로의 추락을 제외하고는 집행되지 않은 채로 여전히 남아 있다(롬 1:18-32). 그러나 언젠가는 이러한 상황은 변하게 될 것이다. 최후의 심판 때에 의로운 재판장은 우리에 대하여 자신의 평결을 선고하게 될 것이고, 죄책이 있는 모든 인간들은 그의 임재로부터 추방될 것이다(계 20:11-15). 그러므로 겉보기와는 반대로 우리는 지옥을 향해 치닫고 있고, 이것은 하나님의 의도를 따라 우리가 살아가지 못하는 것의 자연스러운 결과일 뿐이다. 이런 의미에서 우리는 현재에서조차도 죄는 정죄를 가져온다고 주장할 수 있다.

죄의 끔찍한 결과들을 가리키는 데에 "정죄"라는 용어를 사용하는 것은 예외에 관한 문제를 불러일으킨다. 모든 인간들은 예외 없이(그리스도에 의해서 구속받은 자들을 제외하고) 정죄를 받고 있는 것인가? 아니면 이러한 일반적인 선고 아래에 놓여 있지 않은 특정한 사람들이라는 특별한 예외가 존재하는 것인가? 구체적으로 말한다면, 정죄라는 개념이 인간 발달의 정상적인 과정을 따른 사람들에게 적용된다고 한다면, 그러한 발전 과정을 밟지 않은 사람들 ― 유아들이나 정신적으로 심하게 지체인 사람들 같은 ― 은 이러한 평결로부터 예외가 될 수 있는 것인가?

이러한 문제에 대한 대답을 구함에 있어서 우리는 종말론적 심판은 일차적으로 우리의 행실들을 드러내게 될 것이라는 점을 상기하여야 한다. 성령이 우리의 부패성을 뿌리뽑을 것이라는 점에서, 우리의 본성은 하나님의 심판 아래 놓이게 된다. 그러나 오직 우리의 행위들만이 최후의 평결을 위한 기초가 될 것이다. 따라서 모든 사람이 죄악된 소질을 물려받고 있지만, 오직 그릇된 도덕적 선택들을 통하여 타락한 본성을 표출한 사람들만이 정죄 아래 놓이게 될 것이다. 정죄의 선고는 오로지 자신의 행위들을 통하여 죄책을 지게 된 자들에게만 내려지게 된다. 이를 토대로 우리는 도덕적 능력을 발전시키지 못한 사람들은 의로운 하나님의 영원한 정죄 아래 놓이게 되지 않을 것이라고 결론을 내릴 수 있다.

아직 도덕적 선택을 할 수 있을 정도로 발전 과정을 밟지 않은 사람들에 관한 우리의 결론은 하나님 나라가 어린아이들의 것이라고 하신 예수의 선언과 그 맥을 같이한다(마 18:1-14; 19:14).

이러한 주장은 통상적인 인간의 발달 과정은 순수의 상태로부터 책임의 상태로 넘어가고, 따라서 그러한 발전 과정을 밟은 사람들이 심판 아래 놓이게 된다는 성경의 여러 암시들에 의해서 확증된다. 유년 시절의 어느 시점에서 우리는 우리의 행위들을 도덕적으로 책임질 수 있다고 생각되지 않는 단계로부터 도덕적 주체로서 책임 있게 행동하는 단계로 이행하게 된다. 요컨대, 우리는 "책임 능력이 있는 나이"라고 불리는 시점을 통과한다는 말이다.

예를 들면, 가나안의 접경지대에 도착해서 이스라엘 사람들은 그들이 그 땅을 정복할 수 없을 것이라는 결론을 내렸다. 하나님은 이러한 반역적인 결정에 책임이 있는 사람들이 약속의 땅으로 들어가지 못하게 될 것이라고 분명하게 선언하셨다. 그러나 스무 살 아래의 사람들은 이러한 정죄 아래 놓여 있지 않았다. 따라서 하나님은 이스라엘 백성의 행위에 대하여 책임 능력이 있는 성인들에 대해서는 심판을 하신 반면에 그들의 자녀들은 무죄하다고 여기신 것이다(신 1:39; 민 14:29-31을 보라). 임마누엘의 표적에 관한 이사야의 예언도 이와 비슷한 함의를 지니고 있다. 젊은 여인에게서 태어나게 될 아이에 관하여 말하면서, 이사야 선지자는 다음과 같이 말한다:

> 그가 악을 버리며 선을 택할 줄 알 때가 되면 엉긴 젖과 꿀을 먹을 것이라 대저 이 아이가 악을 버리며 선을 택할 줄 알기 전에 네가 미워하는 두 왕의 땅이 황폐하게 되리라(사 7:15-16).

책임 능력이 있는 나이라는 개념을 주장한 학자 중의 한 사람은 침례교 신학자인 어거스터스 스트롱이었다. 그는 유아들이 죄의 상태에 있기 때문에 중생할 필요가 있다는 것을 인정하였다. 이와 동시에 유아들은 실제적인 죄를 범하여 죄책을 지니게 된 것은 아니다. 따라서 스트롱은 유아인 채로 죽은 자들은 "하나님의 특별한 연민과 배려의 대상으로서 그리스도의 은혜로 말미암아 구원을 받게 될 것"[47]이라고 결론을 내렸다.

노예상태

또한 우리는 죄의 결과들에 관한 성경의 메시지를 우주적 세력들의 투쟁으로 표현할 수 있다. 이런 맥락에서 보면, 죄는 우리를 장악하고 있는 이질적인 악한 세력이다. 죄는 자신의 먹이를 종으로 삼는 우주적 세력이다.

"노예상태"(종노릇)라는 성경적 용어는 주후 1세기의 노예 제도라는 관습으로 거슬러 올라간다. 정복자들이 정복당한 나라의 사람들을 노예로 삼는 것과 마찬가지로, 우리도 우리 자신이 죄라고 불리는 적대적이고 이질적인 세력의 노예가 되어 있는 것을 발견한다. 우리는 더 이상 선택권을 행사할 수 없고 죄에 대하여 복종하지 않으면 안 된다는 것을 발견한다. 왜냐하면 죄는 우리에 대하여 권세를 행사하기 때문이다.

죄에 대한 이러한 우주적 은유와 밀접하게 결부되어 있는 것은 종교개혁 시대에 나온 "의지의 노예상태"(bondage of will)라는 개념이다. 의지가 노예상태에 있다고 주장했던 루터와 칼빈이 어떤 의미로 이 말을 했는지를 이해하기 위해서는 도덕적 자유의 본질에 관한 두 가지 관점을 구별해서 살펴볼 필요가 있다.

일반적으로 우리는 일상적이고 세속적인 의사결정으로부터 생겨나는 선택의 경험을 도덕적 자유의 모형으로 사용한다. 이러한 모형에 비추어서, 우리는 자유를 우리가 행동할 것인 지의 여부 및 어떻게 행동할 것인지를 결정할 수 있는 능력이라고 생각한다. 이에 따라 우리는 의사결정과 관련하여 우리 자신을 우리를 압도하여 이런 방향 또는 저런 방향으로 결정하도록 이끄는 힘에 의해서 방해를 받지 않은 상태로 있는 중립적인 의사결정자라고 설명한다: "푸른 셔츠를 입을 것인가, 아니면 갈색 셔츠를 입을 것인가?" 이러한 경험을 근거로 우리는 도덕의 영역에 대해서도 중립적인 의사결정자라는 동일한 모형을 적용한다. 우리가 다양한 가능성들 가운데에서 어떤 옷을 입을 것인지를 아무런 강제 없이 의사를 결정하는

---

47) Strong, *Systematic Theology*, 2:661.

것과 마찬가지로, 여러 대안들 가운데에서 자유롭게 도덕적 선택들을 행한다는 것이다.

이러한 모형은 현대적인 사고 방식에서 중요한 것이긴 하지만, 결코 종교개혁자들의 자유 개념은 아니다.

이와 다른 또 다른 이해는 도덕적 자유를 우리의 본래의 목적에 따라 살아갈 수 있는 능력으로 정의한다. 그러므로 자유의 이상적인 모습은 결단의 순간에 우리 앞에 놓여 있는 여러 가능성들 중에서 어느 것을 선택하는 중립적인 의사결정자가 되는 것이 아니다. 오히려 그러한 모형은 자율적인 자아에 관한 현대적인 신화를 보여주는 하나의 구체적인 사례에 불과하다. 실제로 도덕적인 결정에 직면하여, 결정의 주체인 개인은 결코 그 결정과 관련하여 중립적이고 자율적인 자아가 될 수 없다. 의사결정의 주체인 개인은 이미 예정되어 있는 도덕적인 선택을 행할 뿐이다. 도덕적 결정의 역학(力學)을 그런 식으로 이해하게 되면, "자유"는 선을 선택할 수 있기 위하여 악을 향한 소질로부터 놓여나는 것을 의미한다.

첫 번째 모형은 약간의 장점을 지닌다. 사실 우리가 어느 정도의 중립성과 객관성을 가지고 도덕적 결정 앞에 선다는 것은 사실이다. 우리는 어떤 의미에서는 "자유로운" 선택들을 행한다. 즉, 그 선택들은 겉보기에 동일한 가능성을 지닌 여러 대안들 중에서 아무런 강제 없이 행해진 결정들이다. 그러므로 의사 결정을 "자유로운" 개인이 여러 대안들 앞에 서서 중립적인 도덕적 주체로서 선택한다는 모형의 견지에서 바라보는 것은 일리가 있다.

그렇지만 우리는 우리가 중립적이라고 생각하는 선택들이라는 것이 제한적이라는 결론을 내리지 않을 수 없다. 우리의 선택지(選擇枝)들은 특정한 상황에서 가능한 행위들 또는 응답들의 범위를 제약하는 외부적인 영향력들과 환경들에 의해서 제한을 받는다. 아울러 우리의 자유로운 행위들은 우리의 마음 내부에 있는 내적인 부조화 — 죄를 향한 소질 — 에 의해서 제한을 받기도 한다. 선택은 이러한 테두리 내에서만 가능하다.

이러한 선택이 지니는 제한성은 부분적으로 종교개혁자들이 의지의 노예상태라는 개념을 통해서 표현하고자 했던 바로 그것이다. 그러나 우리는 이 개념과 하나님의 계획에 대한 우리의 성취의 관계를 생각하면 겉보기에 어려워 보이는 이 개념을 좀 더 쉽게 이해할 수 있다. 의지의 노예상태의 반대는 의지의 자유이다. 인간을 향하신 하나님의 목적이라는 견지에서 보면, 의지의 자유는 단순히 여러 선택지들 가운데서 어떤 것을 선택할 수 있는 능력이 아니라 하나님께서 부여하신 우리 인간의 목적에 따라 살아갈 수 있는 능력을 의미한다. 바로 그러한 자유가 우리에게는 없는 것이다. 죄의 결과로 우리는 노예상태에 있다. 왜냐하면 우리는 우리의 힘으로 하나님의 목적을 따라 살아갈 수 없기 때문이다(사 64:6). 우리가 — 바리새인들과 마찬가지로 — 스스로 자유롭다고 생각한다고 할지라도(요 8:33-34), 우리는 우리를 장악하고 있는 죄의 권세에 대하여 종노릇하는 가운데 우리의 모든 삶을 살아가는 것이다. 따라서 우리는 하나님께서 인간에게 부여하신 목적에 따라 살아가기 위해서는 이러한 노예상태로부터 자유케 되지 않으면 안 된다.

그러므로 자유는 그리스도와의 공동체에 참여하는 것을 통해서 우리에게 수여되는 하나님의 선물이다. 예수께서 말씀하셨듯이, "너희가 내 말에 거하면 참으로 내 제자가 되고 진리를 알지니 진리가 너희를 자유롭게 하리라"(요 8:31-32).

부패

우리가 살펴볼 마지막 은유는 인간의 능력과 관련된 것이다. 이러한 맥락에서 볼 때, 죄는 부패라는 결과를 가져온다. 부패는 우리의 비참한 상황을 치유할 능력이나 힘이 우리에게 없다는 우리 인간의 무능력을 뜻한다.

죄 문제는 근본적인 것이다; 그것은 우리 존재의 핵심에까지 영향을 미친다. 그것은 근본적인 치유, 즉 우리의 외부로부터 와서 우리의 문제의 핵심에까지 도달하는 치료책을 요구한다. 우리 인간의 상태가 바뀌려면, 우리에게는 바로 하나님 자신의 권능이 필요하다.

비판자들은 흔히 부패에 대한 복음주의적인 강조를 오해한다. 이 개념의 역사적 기원은 타락의 효과들에 관한 로마 가톨릭 교회의 가르침들을 종교개혁자들이 거부한 데 있다. 앞장에서 지적했듯이, 중세의 스콜라 학자들은 타락이 하나님의 모양(likeness, 아담이 에덴 동산에서 누렸던 부가적인 선물)의 상실을 가져왔지만, 하나님의 형상(image, 우리의 자연적인 인간적 권능들, 특히 이성의 힘)이 손상된 것은 아니라는 결론을 내리고 있었다. 타락에도 불구하고 우리의 자연적인 권능들이 온전하게 작용한다는 전제를 토대로, 토마스 아퀴나스는 이성이 하나님에 관한 어느 정도의 지식에 도달할 수 있다고 주장하였다. 인간은 아무런 도움도 없이 이성을 통해서 창조주가 계시다는 것을 이해할 수 있고, 창조주이신 하나님이 어떤 분이신지에 관한 여러 진리들을 알 수 있다. 그럼에도 불구하고 토마스 아퀴나스는 구원에 필수적인 하나님에 관한 초자연적인 지식은 아무런 도움도 받지 않는 독자적인 이성의 능력을 벗어나는 것이라고 말하였다. 왜냐하면 그러한 지식은 초자연적인 계시를 통해서만 가능하기 때문이다.

종교개혁자들은 스콜라 학자들의 견해가 하나님의 모양과 형상을 그릇되게 구분한 것에 토대를 두고 있다고 보고 그러한 관점을 거부하였다. 종교개혁자들은 타락이 하나님의 형상을 손상시켰다고, 즉 죄의 효과들이 인간 실존의 모든 측면들에 미친다고 선언하였다. 자연적인 인간적 권능들은 여전히 작용하긴 하지만, 죄에 의해서 어두워져 있다. 이성조차도 죄의 권세 아래 떨어져서 우리를 잘못된 길로 인도할 수 있다. 우리의 모든 권능들이 죄에 복속(服屬)되어 있기 때문에, 타락으로 말미암아 우리는 아무런 도움도 받지 않은 채 인간 단독의 노력으로는 하나님에 관한 지식에 도달할 수 없다. 이러한 곤경을 종교개혁자들은 "전적 타락"(total depravity)이라는 말로 표현하였다. 하나님을 아는 지식과 죄로부터의 구원은 반드시 하나님으로부터 와야 한다.

그러므로 이것이 우리의 곤경이다. 하나님에 의해서 창조된 우리는 선하다. 우리는 공동체를 이루기 위하여 지음받았고, 삼위일체 하나님의 성품을 반영하도록 계획되었다. 그러나 우리는 처음부터 인간의 실존을 규정하였던 실패에 사로잡혀 있다. 하나님의 공동체를 반영하지 못하는 우리의 실패는 근본적인 문제이다. 왜냐하면 그것은 우리 존재의 핵심에까지 영향을 미치기 때문이다. 오직 하나님의 근본적인 치유책만이 우리의 소외, 정죄, 노예상태, 부패를 벗겨낼 수 있다. 하나님의 근본적인 개입을 살펴보기 전에, 우리는 먼저 세계에서의 우리 인간의 실존의 마지막 차원, 즉 천사론이라는 신학적 표제 아래에서 다루어질 주제인 그 밖의 다른 도덕적 주체들의 존재에 대한 우리들의 체험에 관심을 돌려야 한다.

제 8 장

인간 이외의 영적인 피조물들

> 모든 천사들은 섬기는 영으로서 구원받을 상속자들을 위하여 섬기라고 보내심이 아니냐.
> — 히 1:14

성경적 신앙은 우리가 우주에서 홀로 존재하는 것이 아니라고 말한다. 우리의 세계에는 물론 다른 형태의 생명체들이 살고 있다. 성경의 저자들은 물리적인 피조물들과 아울러 영적인 존재들도 하나님의 피조 세계에 참여하고 있다는 것을 보여 준다. 인간과 마찬가지로 이러한 존재들은 하나님께서 주신 명령을 수행함에 있어서 하나님께 책임이 있는 도덕적 주체들이다.

전통적으로 기독교 신학자들은 천사론이라는 폭넓은 표제 아래에서 이러한 영적인 존재들에 대하여 말하여 왔다. 몇몇 사상가들은 귀신론을 별개의 범주로 취급하기도 한다. 이 두 영역이 어느 정도 공통적인 특징들을 공유하고 있다는 점에서, 우리는 이 두 범주를 완전히 분리하지는 않을 것이다. 오히려 우리는 천사들과 귀신들을 "영적인 존재들" 또는 천사론이라는 좀 더 폭넓은 개념 아래에서 보고자 한다. 이와 동시에 우리는 이 둘 사이의 중요한 도덕적 차이를 인정한다: 천사들은 하나님의 선한 종들인 반면에, 귀신들은 창조주에게 대항하는 무리들이다.

고전적인 신학들은 천사들 및 귀신들에 관한 논의를 인간론으로부터 분리하는 경향을 보여 주어 왔다. 그러나 이러한 영적인 존재들과 인간의 일들과의 연관성이 너무도 크기 때문에, 천사론을 인간론 안에서 다룰 때에 천사론은 가장 적절하게 설명될 수 있다. 이런 이유로 우리는 천사론에 관한 논의를 인간론의 마지막 장에서 다루고자 한다.

천사론에 관한 전통적인 서술들은 실제로 존재하는 실체들로서의 이러한 존재들의 성격에 초점을 맞추고 있다. 그러므로 우리의 논의는 바로 이 점에서 시작해야 한다. 그러나 오늘날의 천사론은 단순히 천사들과 귀신들이 우리 개개인에게 영향을 미치고자 하는 그런 부류의 존재들이라는 것만을 말해서는 안 된다. 천사론은 영계(spirit world)와 인간의 실존 사이의 좀 더 통합적인 연관성에 대해서도 말하지 않으면 안 된다. 우리는 그러한 작업을 "실존의 구조들"에 관한 논의를 통해서 해낼 수 있다. 그런 다음에 우리는 이 장을 이러한 논의의 결과들을 미신이라는 중요한 문제를 다루기 위한 토대로 사용하는 것으로 끝마치고자 한다.

영적인 존재들의 본질

성경, 특히 포로기 이후에 씌어진 구약성서 및 신약성서의 여러 책들은 영적인 존재들이 존재한다는 것을 당연한 것으로 전제한다. 이것은 이상한 일이 아니다. 역사적으로 이러한 문서들이 씌어질 당시에는 그러한 영적인 존재들은 고대 근동의 세계관의 당연한 일부로 되어 있었다. 그러므로 천사들과 귀신들은 성경의 드라마 속에서 각자 한 몫을 한다. 이렇게 성경에 의해서 출현하게 된 천사론은 기독교 신학 내에서 하나의 주제가 되었다. 그렇다면 이러한 영적인 존재들은 정확히 무엇인가? 우리는 하나님께서 지으신 세계 내에서 천사들과 귀신들의 본질 및 위치를 어떤 식으로 이해해야 하는가?

우리는 신학사에 있어서 천사론의 변천 과정을 살펴보는 것으로써 이 논의를 시작하고자 한다. 그러한 토대 위에서 우리는 이 주제에 대한 조직신학적인 서술을 위한 원래의 추진력이었던 성경 신학을 다시 살펴볼 수 있을 것이다.

기독교 신학에 있어서의 천사론

신학자들은 천사론에 대한 관심에 있어서 일관된 태도를 보여주지 않았다. 또한 그들은 천사론에 기독교 교리에 관한 조직신학적인 연구 속에서 일관된 위치를 부여하지도 않았다.

중세 시대: 사변적인 천사론. 교부들은 영적인 존재들에 관하여 종종 언급하긴 했지만, 천사들 및 귀신들에 관한 신학적 성찰은 중세 시대에 절정에 이르렀다. 이러한 존재들에 대한 중세 신학자들의 관심은 성경의 여러 책들에 초자연적이고

영적인 존재들이 등장한다는 것과 아울러서 이 영의 세계가 중요한 역할을 하고 있다는 민간의 종교적인 신념들에 의해서 촉발되었다. 중세의 그리스도인들은 영적인 실체들, 특히 귀신들이 존재한다는 것을 확고하게 믿었다. 이 그리스도인들은 귀신들을 세계 어느 곳에나 존재하는 힘있는 세력으로 보고 두려워하였다. 그들은 귀신들을 무력하게 만들 수 있는 주문(呪文)과 그 밖의 다른 의식(儀式)들에 관심을 가졌다. 교회 건물조차도 마귀 세력에 의해서 훼방을 받지 않는 전적으로 안전한 성소가 될 수 없었다. 그런 까닭에 거대한 고딕 양식의 성당들에서는 귀신들의 형상을 조각하여 성가대 속에 놓거나 지붕의 홈통을 장식하는 데 사용하였다.

중세의 스콜라 학자들은 천사 및 귀신들의 삶을 아주 세세하게 연구하였다. 그들이 제기한 문제들은 오늘날 이상하게 보이겠지만, 그들의 문제 제기는 이러한 부류의 존재들과 인간 실존의 일부인 시공간 연속체의 관계에 관한 중요한 고찰들을 그 속에 담고 있었다.

스콜라 학자들은 천사들이 같은 시간에 동시에 두 장소에 있을 수 있는지 없는지를 물었다.[1] 그러한 연구를 함으로써 그들은 피조되었지만 비물질적인 존재들인 천사들의 본질에 관한 문제를 제기했던 것이다. 피조물들인 천사들은 시간 및 공간과 관련하여 제약을 받는 것인가 — 즉, 인간들과 마찬가지로 장소의 제약을 받는 것인가? 아니면, 영적인 존재들인 천사들은 하나님의 편재(omnipresence)를 공유하는가?

또한 중세의 신학자들은 얼마나 많은 천사들이 바늘 끝에 설 수 있는가에 대해서도 물었다. 이러한 겉보기에 말도 되지 않는 것 같은 질문의 배후에는 순수하게 영적인 피조물들과 공간의 관계에 관한 중요한 문제 제기가 들어 있었다: 그러한 존재들은 공간적인 제약을 받는 피조물들 — 그들의 비물질적인 본질에도 불구하고 인간과 마찬가지로 장소를 옮겨 다니는 존재 — 인가? 아니면, 그들은 하나님과 좀 더 닮은 영적인 존재로서 공간적 차원들을 지니고 있지 않은 존재들인 것인가?[2]

---

1) Thomas Aquinas는 이 문제에 대하여 부정적으로 대답하였다. Thomas Aquinas, *Summa Theologica* 1.52.3, trans. Fathers of the English Dominican Province, revised Daniel J. Sullivan, volume 19 of the *Great Books of the Western World,* ed. Robert Maynard Hutchins (Chicago: Encyclopedia Britannica, 1952), 280을 보라.

2) Ibid., 1.52.1-2 [278-80]를 보라.

또한 중세 신학자들은 천사들이 창조된 때와 그들 중 일부가 죄를 범하여 타락한 때까지의 기간에 관하여 연구하였다.[3] (토마스 아퀴나스는 마귀가 "창조되자마자" 범죄하였다는 견해를 지지하였다.[4]) 이 질문은 하나님에 의해서 창조된 이러한 존재들의 선함에 관하여 묻는다. 또한 이것은 이러한 존재들의 의지 작용의 능력에 관한 문제를 제기하고 있다: 그들의 생각과 의지는 시간 속에서 일어나는 것인가? 즉, 이러한 행위들은 우리 인간과 마찬가지로 시간적인 간격을 요구하는 것인가? 아니면, 하나님처럼 그런 일들은 시간의 경과와는 상관없이 영원 속에서 일어나는 것인가?

이러한 문제들을 토론하면서 스콜라 학자들은 고도로 복잡한 천사론을 발전시켰고, 중세의 신학 전체 속에서 천사론에 대하여 특별한 역할과 지위를 부여하였다.

종교개혁 시대: 성경적 천사론. 종교 개혁자들은 조직신학 안에 천사론을 포함시킨 중세 시대의 관행을 계승하였다. 그러나 이 주제에 대한 그들의 관점은 중세 스콜라 학자들의 연구가 보여 주는 것과는 상당히 달랐다. 종교개혁 시대의 신학자들은 중세 시대의 철학적인 사변들을 배제하고, 그들의 연구를 천사들 및 귀신들에 관한 성경적 내용을 조직화하는 일로 제한하는 경향을 보여 주었다.

칼빈은 개신교 사상가들의 성경 중심적인 접근 방법을 보여 주는 전형적인 예이다. 자신의 「기독교 강요」에서 칼빈은 천사들에 대한 성경적인 단순한 정의를 제시하였다. 천사들은 "'섬기는 영'(히 1:14)이고, 하나님께서는 그들의 섬김을 받아서 스스로를 보호하고, 사람들에게 유익들을 베풀며, 자신의 나머지 사역들을 수행하고 계신다."[5] 이 제네바의 종교개혁자는 사탄과 귀신들을 하나님의 통제 아래 있다고 분명하게 말하였다.[6] 따라서 그들은 하나님의 선한 목적에 기여하고, 우리는 그들에 대한 승리를 확신할 수 있다: "하나님은 더러운 영들을 자신의 뜻대로 이리저리 부리실 수 있기 때문에, 그들이 싸움 중에 신자들에게 행하는 것들을

---

3) Ibid., 1.62.5, 1.63.4-6 [321, 328-31]을 보라.
4) Ibid., 1.63.6 [331].
5) John Calvin, *Institutes of the Christian Religion* 1.14.9, trans. Ford Lewis Battles,
ed. John T. McNeill, volumes 20-21 of the *Library of Christian Classics* (Philadelphia: West1960), 169.
6) Ibid., 1.14.17 [175-76].

지배하신다. 그렇지만 그들은 결코 신자들을 멸하거나 분쇄하지 못한다."[7] 이런 식으로 칼빈은 마귀 세력에 관한 중세 시대의 관심을 회피하였다. 어둠의 세력들은 오직 하나님의 동의 하에서 및 하나님의 계획이라는 좀 더 폭넓은 맥락 안에서만 활동한다. 사실 그들은 우리를 위하여 존재한다. 그들은 성화의 과정 속에서 신자들을 돕고 우리를 강하고 성숙하게 하기 위한 하나님의 도구 역할을 한다.

계몽주의 시대: 천사론의 거부. 계몽주의 시대가 시작되면서, 중세 시대의 화려한 철학적 사변과 종교 개혁자들의 투박한 성경적 요약은 붕괴되었다. 과거의 사상가들의 특징이었던 조직신학적 틀 속에 천사론을 포함시키는 일은 이제 거부되었다. 천사들은 과학과 합리주의 시대 속에서 신앙을 설명하고자 했던 기독교 신학자들에게 황당한 존재로 변해 버렸다. 우주에 영적인 존재들이 살고 있다는 생각은 실재(實在)의 여부를 오로지 과학적 방법론에 의해서만 규정했던 시대에서는 어처구니없는 일처럼 보였다. 버나드 램(Bernard Ramm)이 적절하게 요약했듯이, 그러한 풍토 속에서 천사들은 "시골에 사는 친척들이 도시에 사는 부유한 친족을 예기치 않게 방문한 것과 같이 돌연히 무대에 등장한 것으로 보여졌다."[8]

그러므로 계몽주의 사상가들과 과학자들은 서로 협력하여 서구의 우주론으로부터 영적인 존재들을 제거하고자 하였다. 이러한 작업 속에서 그들은 오컴의 면도날(Ockham's razor)이라는 강력한 도구를 마음대로 휘둘렀다. 중세 사상가였던 오컴의 윌리엄(William of Ockham)의 글들 속에는 전혀 언급되어 있지 않지만 어쨌든 그의 이름을 따서 불리게 된 이 방법론적 공리는 "실체들은 필연성을 넘어서서 확대되어서는 안 된다"고 선언하였다.[9] 이 접근 방법에 의하면, 현상들을 설명함에 있어서 우리는 필연적인 것 이상의 원리들을 사용하지 말고 그 자료들

---

7) Ibid., 1.14.18 [176].

8) Bernard Ramm, "Angels," in *Basic Christian Doctrines,* ed. Carl F. H. Henry (New York: Holt, Rinehart and Winston, 1962), 65.

9) "Ockham's Razor," in the *Dictionary of Philosophy and Religion,* ed. William L. Reese (Atlantic Highlands, N.J.: Humanities Press, 1980), 399. Erickson은 이 개념을 다음과 같이 정의한다: "현상들을 설명하기 위해서 꼭 필요한 개념 이외에 더 많은 개념을 도입해서는 안 된다." Millard J. Erickson, *Christian Theology* (Grand Rapids: Baker, 1983), 1:167.

을 설명해 줄 수 있는 가장 단순한 가설들을 받아들여야 한다는 것이다. 오컴의 면도날을 손에 쥔 계몽주의 시대의 합리론자들은 근대적인 우주론으로부터 초자연적인 존재들이라는 당혹스러운 콧수염을 밀어 버렸다.

프리드리히 슐라이어마허는 천사론이 현대 신학자들에게 제기하였던 딜레마를 그대로 요약해서 보여 주었다. 천사들에 대한 신앙은 기독교 전통의 일부라는 것은 부정할 수 없다; 그러나 현대 세계에서 천사론은 "중세적인" 것으로서 비천한 것이다. 이러한 궁지를 해결하기 위한 한 가지 방법으로 19세기의 이 독일 사상가는 천사들은 존재할지도 모르지만 그들의 존재 여부가 "우리의 행위에 어떤 영향도 주지 못하기" 때문에 굳이 다룰 필요가 없다고 주장하였다.[10] 따라서 그는 이렇게 결론을 내렸다: "이 주제를 교의학의 영역 속에 그대로 두는 것은 절대적으로 문제가 있으며, 이 개념은 사적이고 제의적(祭儀的)인 용도로 사용하는 것 이외에는 결코 인정되어서는 안 된다."[11]

물론 계몽주의 사상가들이 천사론을 거부한 것과 마찬가지로 귀신들도 설자리를 잃었다. 제프리 러셀(Jeffry Russell)은 이러한 상황을 다음과 같이 요약한다: "사회 지향적인 신학자들의 세대들은 사탄과 귀신들을 기독교 메시지에서 거의 중요치 않은 미신적인 유물들로 치부하여 거부하였다."[12]

오늘날의 신학: 새로워진 관심. 그러나 20세기 중엽과 말엽에 예기치 않게 천사론이 다시 출현하였다. 지금까지 별로 중요치 않은 것으로 영적인 존재들에 관한 논의를 무심코 지나쳐 버렸던 신학자들은 갑자기 기독교 전통의 이 잊혀진 측면을 새삼스럽게 진지한 태도로 취급하지 않으면 안 된다는 것을 발견하게 되었다.

천사들 및 귀신들에 관한 교리의 재등장을 부추긴 중요한 한 가지 원인은 영의 세계와 관련된 개념들을 결코 폐기하지 않았던 비서구적인 사회들과의 빈번한 접촉이었다. 그러나 여기서 간과하지 말아야 할 것은 이와 관련하여 영적인 존재들에 대한 관심의 재출현을 보여 주었던 우리 사회의 대중 문화의 중요한 역할이다.

---

10) Friedrich Schleiermacher, *The Christian Faith*, ed. H. R. MacKintosh and J. S. Stewart (Edinburgh: T. & T. Clark, n.d.), 159.

11) Ibid., 160.

12) Jeffry B. Russell, *The Devil: Perceptions of Evil from Antiquity to Primitive Christianity* (Ithaca, N.Y./London: Cornell University Press, 1977), 222.

영적인 존재들에 대한 대중들의 호기심은 1960년대에 시작된, 우주에 다른 지적인 능력을 지닌 생물이 존재할 가능성에 관한 사변에 의해서 부분적으로 촉발되었다. 에리히 폰 다니켄(Erich von Danicken) 같은 대중 작가들은 미확인 비행물체들의 출현이라는 현상을 토대로 해서 고대의 천사들에 관한 신화와 이야기들은 "외계로부터 온 신들," 즉 지구 바깥의 지적인 능력을 지닌 생물체들과 인간의 만남의 잔재라는 주장을 제기하였다.[13]

폰 다니켄과 그의 동료들은 우리 가운데 천사들이 존재한다는 것을 확신하였던 반면에, 대중 문화와 관련되어 있던 사람들은 마귀 세력이 현실에 존재한다는 데에 초점을 맞추었다. 이러한 맥락에서 중요했던 것은 명백히 주술적이거나 비합리적인 신앙들로부터 기원한 의식(儀式)들이 급속하게 증가하였다는 것인데, 그럼에도 불구하고 이것은 우리의 어휘 속에 귀신과 관련된 내용들이 다시 출현하는 계기가 되었다. 신문에서 매일의 별자리 점을 읽거나 강신회(降神會), 예언, 마술, 사탄 숭배에 참여하는 것과 같은 좀 더 적극적인 행위들을 통해서, 전혀 종교적인 지향을 갖고 있지 않은 것처럼 보였던 사람들이 초자연적인 존재들의 힘에 대한 신앙을 갖고 있다는 것을 보여 주었다.

그러므로 합리주의와 과학이 서양의 세계관으로부터 우주적 세력들을 쫓아내었을 때, 영적인 존재들은 뒷문을 통해서 다시 돌아온 것이다. 그들은 과학혁명의 세대들 속에서 초자연적인 체험들 및 초자연적인 힘에 대한 오늘날의 추구로 말미암아 다시 등장하게 되었다. 오늘날의 신학자들은 우리가 이러한 발전들을 무시할 수 없다는 것을 발견하고 있다. 오히려 우리는 계몽운동을 통해서 폐기되었다고 생각된 이러한 범주들의 중요성을 염두에 두지 않으면 안 된다.

대중 문화로부터의 압력과 아울러 천사론은 또 다른 경로, 즉 실존주의 신학을 통해서 우리의 신학 용어 속에 다시 등장하게 되었다. 귀신과 관련된 개념은 실존주의에서 특히 중요하다. 이 범주의 사용은 "현대 실존주의의 아버지"라고 불리는 19세기의 사상가인 죄렌 키에르케고르에게까지 거슬러 올라간다. 이 우울증에 걸

---

13) Erich von Daniken, *Chariots of the Gods?* trans. Michael Heron (New York: Bantam Books, 1971); *Gods from Outer Space,* trans. Michael Heron (New York: Bantam, 1972); *The Gold of the Gods,* trans. Michael Heron (New York: G. P. Putnam's Sons, 1973)을 보라.

린 덴마크인은 인간의 실존적 상황을 해석하기 위한 수단으로 마귀 개념을 사용하였다.[14]

20세기의 신학자 중에서 폴 틸리히만큼 천사론, 특히 마귀 개념을 매우 심층적으로 탐구한 사람은 없을 것이다. 자신의 조직신학에서 이 키에르케고르의 상속자는 천사들을 "존재의 힘들"이라고 설명한다:

> 우리의 용어상에서 우리는 천사들은 존재의 구조들 또는 힘들에 대한 구체적이고 시적인 상징들이라고 할 수 있다. 그들은 존재들이 아니지만 존재하는 모든 것에 참여한다.[15]

그러니까 마귀는 자신이 실제로 소유하고 있지 않은 궁극성(ultimacy)을 소유하고 있다고 주장하는, 개인 및 사회 생활에 있어서의 구조들을 가리킨다. 틸리히는 키에르케고르의 사상을 연상시키는 방식으로 궁극성에 대한 그러한 주장을 함에 있어서 이러한 구조들은 인간들로 하여금 자연스러운 자기 긍정(self-affirmation)을 파괴적인 자기 고양(self-elevation)과 혼동하게 만든다고 주장한다.[16]

우리는 대중 문화와 신학에서 이루어진 최근의 발전에 맞추어서 성경의 면면들에서 발견되는 영적인 존재들에 대한 언급들을 다시 새롭게 열린 마음으로 읽어 볼 필요가 있다.

성경적 천사론

고대의 세계관 — 성경의 기자들의 세계관을 비롯한 — 은 우주 속에 비물질적인 또는 영적인 실체들이 존재한다는 것을 받아들이는 데에 전혀 어려움을 느끼지 않았다. 성경에 나오는 이러한 실체들에 대한 다양한 언급들은 바로 그러한 상황을 잘 보여 준다.

우주에 있는 다른 존재들과 마찬가지로 영적인 존재들도 하나님의 피조물이다.

---

14) Soren Kierkegaard, *The Concept of Dread*, trans. Walter Lowrie (Princeton, N.J.: Princeton University Press, 1957), 105-21을 보라.

15) Paul Tillich, *Systematic Theology*, three volumes (Chicago: University of Chicago Press, 1953), 1:260.

16) Ibid., 1:49, 222; 2:51.

그러므로 그들은 하나님과 동등하지 않다. 그들은 물질적인 존재들이 아니라는 점에서 인간과 다르지만, 그럼에도 불구하고 의지와 이성의 능력들을 지니고 있다. 아울러 그들은 옳거나 그른 행위들에 참여하는 도덕적 존재들이다. 이 영적인 존재들의 기본적인 목적은 하나님을 섬기는 것인데, 하나님을 찬양하거나 하나님을 대신하여 인간의 일들에 개입한다.

몇몇 영적인 존재들은 하나님께서 그들에게 주신 역할을 수행한다; 이들은 하나님의 천사들이다. 성경의 저자들은 그들의 수가 대단히 많고(마 26:53과 계 5:11), 그룹 천사들, 스랍들, 천사장들 같은 여러 부류들로 구분되어 있다는 것을 보여준다. 그러나 그 밖의 다른 영적인 존재들은 하나님의 목적에 따라 행하지 않기로 결심한 자들이다. 이들은 귀신들로서 그 우두머리는 사탄이다.

이러한 짤막한 개관을 염두에 두고, 우리는 이제 성경의 저자들이 천사들에 관하여 무엇을 말하고 있는지를 좀 더 자세하게 살펴보도록 하자.

정의. 천사들에 대한 언급은 성경 전체에 두루 나온다. 영어에서 "천사"(angel)라는 단어는 사실 헬라어 '앙겔로스'(angelos)를 음역한 것으로 칠십인 역에서는 이 헬라어를 히브리어 '말아크'(mal'ak)를 번역하는 데 사용한다. 그렇지만 우리는 이 단어의 모든 용례들이 영적인 존재들을 가리킨다고 생각해서는 안 된다. 이와는 반대로 '앙겔로스'와 '말아크'는 폭넓은 의미를 지닌다. 이 용어들은 본질적으로 영적인 존재들을 가리킨다기보다는 단순히 "사자"(使者)라는 의미를 지닌다. 따라서 이 단어들은 특별한 임무를 띠고 인간 또는 하나님에 의해서 보내진 인간 사자들을 가리키는 데 사용되기도 한다.

구약성서의 기자들은 종종 선지자들(학 1:13; 사 44:26; 대하 36:15)과 제사장들(말 2:7; 전 5:6)을 '말아킴'(mal'akim)으로 지칭한다. 마찬가지로 신약성서에서 구약의 예언을 성취한 자로서의 세례 요한(막 1:2; 마 11:10), 요한이 예수에게 보낸 사자들(눅 7:24), 예수께서 사마리아에 파송한 사자들(눅 9:52), 라합의 집에 머문 이스라엘의 정탐들(약 2:25)은 모두 '앙겔로이'(angeloi)이다. 그러나 이러한 폭넓은 의미에도 불구하고, 이 각각의 단어의 대부분의 용례들은 하나님으로부터 모종의 임무를 부여받은 천상의 존재를 염두에 두고 있다.

구약성서 속에서의 천사들. 영적인 존재들은 성경 전체에 걸쳐서 나오고 어떤 역할을 수행한다. 그렇지만 성경의 책들은 천사들에 관한 성경의 공동체의 이해가 성경이 씌어진 시대 동안에 한 시대에서 다음 시대로 넘어가면서 분명한 발전을 겪었다는 것을 보여 준다.

천사론의 발전을 위한 근거들은 일찍이 히브리 역사 속에 존재하였다. 이것은 포로기 이전의 히브리 저작들 속에 천사들에 대한 언급들이 존재한다는 것에 의해서 입증된다 — 비록 억압되긴 했지만. 천군 천사(angelic hosts)라는 개념의 원래의 모형은 제국 군대의 장졸들, 거대한 왕궁에 속한 시종들이었을 것이다.[17] 히브리적인 이해에 있어서 지상의 군주들의 왕궁은 주권자이신 하나님의 천상의 왕궁을 본뜬 것이었다. 그러므로 시종들이 지상의 통치자를 호위하고 있듯이, 천상의 통치자도 천상의 존재들을 자신의 호위(護衛)로 거느리고 있음에 틀림없다.

하나님을 호위하는 시종들로서의 천상의 존재들은 여러 기능들을 수행한다. 그들의 임무는 그들의 군주를 찬양하고 섬기는 일이었다(사 6:1-8). 그러나 그들은 하나님께서 세계를 통치하시는 일에 하나님의 명령을 수행함으로써 돕는 역할도 하였다(왕상 22:19). 그런 까닭에 그들은 하나님의 지상의 백성을 보호하거나(왕하 6:17) 하나님의 심판을 수행하기 위하여 파송될 준비를 하고 대기하고 있었다.

또한 구약성서의 천사론의 발전에서 중요했던 것은 다신론에 맞선 히브리인들의 투쟁이었다. 옛 하나님의 백성이 여러 지파의 신들이 존재하는 가운데 야웨의 유일한 주권을 주장하려는 그들의 시도에서 활용하였던 한 가지 수단은 열방의 신들을 유일하신 하나님의 시종들로 추가하는 것이었다. 따라서 히브리인들은 이방의 신들을 야웨에게 종속되어 있고 야웨에게 책임을 지는 존재들로 보았다.[18] 그리고 야웨는 천상의 존재들에 불과한 여러 신들 가운데에서 유일무이한 분이었다:

무릇 구름 위에서 능히 여호와와 비교할 자 누구며
신들 중에서 여호와와 같은 자 누구리이까
하나님은 거룩한 자의 모임 가운데에서 매우 무서워할 이시오며

---

17) Elaine Pagels, "The Social History of Satan, the 'Intimate Enemy': A Preliminary Sketch," *Harvard Theological Review* 84/2 (1991): 106.

18) G. B. Caird, *Principalities and Powers* (Oxford: Clarendon, 1956), 2,6; D. S. Russel, *The Method and Message of Jewish Apocalyptic* (Philadelphia: Westminster, 1964), 236.

둘러 있는 모든 자 위에 더욱 두려워할 이시니이다(시 89:6-7).

포로기 이전의 역사 문헌 속에서 특히 주목할 만한 것은 야웨의 천사라는 특별한 존재이다. 이 존재는 일반적으로 다른 천사들과 구별되어 언급된다. 야웨의 천사는 무엇보다도 하나님의 사자이다. 왜냐하면 그는 무엇보다도 하나님에 의해서 임무를 부여받고 파송된 자이기 때문이다. 이와 동시에 야웨의 천사는 단순한 사자가 아니라, 이스라엘에 대한 야웨의 도우심을 구현하거나 그 의인화(擬人化)이다. 사실 이러한 본문들은 흔히 야웨의 천사를 야웨와 아주 밀접하게 연관시킨다 — 심지어 그는 인간의 의식 속에서 하나님으로 자리잡고 있다.[19] 이러한 연관성의 결과로 야웨의 천사의 모습을 본 사람들은 흔히 "내가 하나님을 보고도 여전히 살아 있다"라고 외쳤다. 이러한 현상은 몇몇 신학자들, 특히 개신교 스콜라 학자들로 하여금 야웨의 천사와 그리스도 사이의 간격을 메워줄 그 어떤 이론을 만들어 내게 하였고, 그들은 심지어 이 천사에 대한 언급들은 그리스도의 현현들(Christophanies,), 즉 그리스도께서 성육신하기 전의 모습인 로고스의 현현(顯現)들이라는 결론을 내리기까지 하였다.[20]

포로기에서 시작되어 신구약 중간시대에 절정에 달한 천상의 사자들과의 만남에 관한 이야기들은 결국 억압되어 히브리적인 천사론의 발전에 길을 내어주게 되었다. 이제 천상의 존재들은 하늘의 메시지들을 기록하는 하나님의 종들 — 선지자들과 묵시론적 선견자들(겔 40:3; 단 7:16; 10:14) — 에게 하나님의 뜻을 전달해 주는 역할을 하게 된다. 나아가 이러한 천상의 존재들은 가브리엘(단 8:16), 미가엘(단 12:1) 같은 개인적인 이름들을 지니게 되었다. 이러한 존재들이 모두 선한 것은 아니었다. 오히려 그들은 서로 나뉘어서 우주적 전투를 벌이는 존재들이다 — 선한 천사들과 악한 귀신들(단 10:12-13; 10:20-11:1). 그리고 이러한 존재들은 종말론적 사건들 속에서 절정에 달하는 세계사의 전개에 있어서 상당히 중요한 역할을 한다(단 12:1-4).

---

19) Gerhard von Rad, "Angelos," in the *Theological Dictionary of the New Testament (TDNT)*, ed. Gerhard Kittel, trans. Geoffrey W. Bromiley (Grand Rapids: Eerdmans, 1964), 1:77.

20) 예를 들어, E. W. Hengstenberg, *The Christology of the Old Testament*, two volumes, revised edition (MacDill AFB, Fla.: MacDonald, n.d.), 1:80-91.(「구약의 기독론」:크리스챤다이제스트)

제8장 인간 이외의 영적인 피조물들 *333*

신약성서 속에서의 천사들. 구약 시대 말기와 신구약 중간시대에 나타난 천사들에 관한 이러한 논의들은 신약성서 시대에 와서 한층 더 고양된다. 이러한 발전 과정에서 중요한 것은 공관복음서들인데, 신약성서에 나오는 '앙겔로스'라는 단어의 175회의 용례들 중에서 51번이 공관복음서에 나온다.[21]

공관복음서들은 천사들을 예수의 이야기에 적극적으로 참여하는 자들로 묘사한다. 물론 이것은 신학적으로 이해가 되는 일이다. 성육신한 성자로서 예수는 하나님의 임재이자 하나님의 주권의 중보자이다. 하나님의 아들이 가는 곳마다, 우리는 성자 하나님을 찬양하는 천상의 궁정의 대표자들이 거기에 있는 것을 발견할 수 있다는 것을 예상할 수 있다(계 5:11-12). 이런 이유로 천사들은 자연스럽게 예수의 출생을 알리고(눅 1:11-20, 26-38; 2:9-15), 예수의 사역의 결정적인 때에 곤경에 처한 예수를 도우며(눅 22:43), 예수의 부활을 통해서 사망에 대한 예수의 승리를 선포하는(마 28:5-7) 일에 개입한다.

또한 종말론적 사건들에 천사들이 개입하는 것도 신약성서의 천사론의 중요한 주제이다. 공관복음서들은 인자가 다시 오실 때에 천사들을 동반하실 것이라는 묵시론적 주제를 발전시킨다(마 13:39; 25:31; 막 8:38; 13:37; 눅 12:8; 살후 1:7). 그리고 요한계시록의 선견자는 저 종말의 큰 날, 특히 하나님의 심판의 날이 가까워 오면서 일어나는 사건들에 천사들이 참여하는 것으로 묘사한다(계 7:1; 8:1-9:21; 16:5).

이러한 주제와 연관되어 있는 것은 신약성서의 몇몇 본문들 속에 은연중에 제시되어 있는, 천사들이 구원의 드라마의 전개에 관심을 가지고 있다는 사상이다. 아마도 교회의 활동에 대한 천사들의 관심이 여자들은 "천사로 인하여"(고전 11:10) 머리에 수건을 쓰는 것이라는 바울의 경고의 배후에 있는 것으로 보인다.[22] 이것보다 덜 논란이 되는 것은 천사들이 구약의 선지자들이 선포한 은혜의 때에 관하여 호기심을 갖고 있다는 베드로의 말이다(벧전 1:12). 하지만 이보다 더 강력한 것은 구원 과정이 우주적인 결과들, 즉 천사들(고전 4:9) 및 "하늘에 있

---

21) Ingo Broer, "Angelos," in the *Exegetical Dictionary of the New Testament (EDNT)*, ed. Horst Balz and Gerhard Schneider, English translation (Grand Rapids: Eerd1990), 1:14.

22) 예를 들면, Werner Foerster, "Exousia," in TDNT; 2:574. 그러나 몇몇 학자들은 이 본문에서 염두에 두고 있는 것은 실제로 귀신들이라고 주장한다. Broer, "Angelos," in

는 정사들과 권세들"(엡 3:10)과 관련된 함의들을 지니고 있다는 바울의 말이다.

신약성서의 천사론과 그 토대가 되고 있는 구약성서의 천사론 간의 연속성은 천사 숭배나 천사 제의에 참여해서는 안 된다는 엄격한 금령 속에서 최종적으로 분명하게 드러난다. 이러한 금령으로 인해서 신약성서는 주후 1세기의 다양한 민간 신앙의 관습들로부터 구별된다. 사도적 증언은 그리스도는 천사가 아니라 천사들 위에 계시고, 천사들이 그리스도를 경배한다고 선포하고 있다(히 1:5-14). 그 결과 그리스도 안에서 신자들은 천사들보다 위에 있다(히 2:5-9). 왜냐하면 언젠가는 우리가 천상의 존재들을 심판하게 될 것이기 때문이다(고전 6:3). 그러나 그 날이 오기까지는 천사들은 대체로 우리가 모르는 방식으로 하나님의 백성들을 돕는다.

신약성서의 저자들이 구약성서 및 고대 유대교로부터 물려받은 천사론의 가장 보편적인 주제는 영적인 존재들을 서로 적대적인 두 진영 — 하나님의 선한 천사들과 사탄의 영도 하에 있는 마귀적인 세력들 — 으로 나누는 우주적 드라마라는 주제이다. 이제 우리는 성경의 천사론의 이 어두운 측면을 살펴보기로 하자.

성경적 귀신론

성경의 기자들은 큰 무리를 이루고 있는 영적인 존재들 가운데에서 "귀신들"이라 불리는 특정한 부류의 악한 존재들에 대하여 말한다. 따라서 이것도 신학적 성찰의 한 범주가 되어 왔다. 이들은 선한 천사들과 마찬가지로 일반적으로 영적인 존재들로 보여 진다. 사실 그들은 종종 "타락한 천사들"이라고 불린다. 이런 여러 가지 이유로 많은 신학자들은 천사론이라는 큰 주제 아래에서 귀신론을 다룬다.

정의들. 기독교의 첫 세기에서 사용했던 헬라어에는 악한 영적인 존재들을 가리키는 '다이몬'(daimon)과 '다이모니온'(daimonion)이라는 두 단어가 있었다. '다이몬'은 '다이모니온'보다 더 이른 시기에 사용되었는데, 이 단어는 고전 헬라어에서 이러한 영적 존재들을 가리키는 데 사용된 통상적인 용어였다. 좀 더 구체적으로 말한다면, '다이몬'은 원래 신들 또는 하급 신들을 가리켰다. 그 밖의 다른

EDNT, 1:15를 보라.

몇몇 사회들의 전통적인 종교관과 비슷하게, '다이몬'은 죽은 자들과 연관을 갖고 있었다. 그런 까닭에 베르너 푀르스터(Werner Foerster)는 「신약신학사전」에 기고한 글에서 민간 신앙에서 '다이몬'은 다음과 같은 존재였다고 말한다:

> 흔히 죽은 자들의 영으로 생각되었고, 초자연적인 능력들을 부여받았으며, 변덕스럽고 예측할 수 없으며 특정한 때에 예기치 않은 장소에 출몰하여 자연계와 인간의 삶 속에 무시무시한 사건들을 일으키지만 주술적인 수단을 통해서 달랠 수 있고 통제할 수 있으며 적어도 막을 수 있는 존재.[23]

부분적으로 '다이몬'이 고전 헬라어에서 종교적으로 긍정적인 의미를 지니고 있었기 때문에, 히브리 성경을 헬라어(칠십인 역)로 번역했던 유대인들과 그들의 뒤를 따랐던 신약성서의 저자들은 이 용어를 사용하기를 꺼렸다. 그들은 이 용어 대신에 원래 중성 형용사였다가 명사가 된 '다이모니온'을 사용하였다. 이 단어는 신약성서에 63회 나온다.[24]

신약성서는 귀신들은 하나님 및 자신의 피조물을 향한 하나님의 선한 의도에 조직적으로 반대하는 무리라는 인식을 보여 준다. 하지만 마귀 세력에 대한 이러한 발달된 인식은 부분적으로는 포로로 끌려간 유대인들이 바벨론 포로 기간 동안에 이란과 갈대아의 사상에 접촉함으로써 신구약 중간 시대 동안에 처음으로 생겨난 것이었다.[25]

구약성서 속에서의 귀신들. 신약성서 및 고대 헬라 세계와는 대조적으로, 구약성서에서는 마귀 세력이라는 개념이 들어설 여지가 거의 없었다. 이것은 고대 히브리인들이 대체로 그러한 존재들을 알지 못하고 있었다는 것을 보여 준다. 푀르스터는 이 주제를 다루면서 "귀신론의 전 영역은 구약성서에서 오직 주변적으로만 등장한다"는 결론을 내리고 있다. 좀 더 구체적으로 말해서, 다른 문화들의 신앙들과는 대조적으로, "구약성서는 귀신들의 존재를 알지 못했고, 그들을 막기 위하여

---

23) Foerster, "Daimon," in *TDNT*, 2:9.
24) Otto Boecher, "Daimonion," in *EDNT*, I-271
25) Ibid.

주술을 사용할 수 있다는 것조차 생각하지 못했다."[26]

　구약성서에는 마귀 세력에 대한 언급이 대체로 희소하긴 하지만 몇몇 구절들 속에 악한 영들에 대한 언급이 나온다. 흔히 마귀적인 존재들을 가리키는 것으로 생각되는 두 개의 히브리어 단어들이 있는데, 그러한 단어들인 '쉐드'(shed)와 '사이르'(sayer)는 둘 다 흥미롭게도 우상 숭배와 귀신의 연관성을 보여 준다. 예를 들면, 모세가 고별사를 마치면서 부른 노래에는 '쉐딤'(shedim)에게 희생 제사를 바친다는 관점에서 묘사된 이스라엘의 우상 숭배에 대한 언급이 들어있다: "그들은 하나님께 제사하지 아니하고 귀신들에게 하였으니 곧 그들이 알지 못하던 신들, 근래에 들어온 새로운 신들 너희의 조상들이 두려워하지 아니하던 것들이로다"(신 32:17). 마찬가지로 시편 기자는 '쉐딤'에게 아들들을 희생 제물로 바친 이스라엘의 죄를 언급한다(시 106:37).

　"사이르'는 원래 "털투성이인"을 의미하는 형용사였는데, 나중에 "양" 또는 "수염소"(즉, "털투성이의 것")를 가리키는 명사가 되었다. 이러한 의미로부터 고대 성소들 중의 하나에서 발견된 수염소 모양의 우상을 이 용어로 지칭하는 용법이 생겨났다(레 17:7). 역대기사가에 의하면, 북 왕국의 최초의 왕(여로보암)은 "여러 산당과 숫염소 우상과 자기가 만든 송아지 우상을 위하여 친히 제사장들을 세웠다"(대하 11:15).

　고대 히브리인들은 초자연적인 악한 존재들을 인정하였음에도 불구하고 한 분 참된 하나님이신 야웨의 유일무이성에 초점을 맞추었다. 구약성서의 기자들은 종종 "열방의 신들"을 적대적인 세력들로 묘사한다. 그러나 초기 히브리인들의 이해에 있어서 하나님의 주권은 모든 것을 포괄하는 광범위한 것이었기 때문에, 헬라인들이 '다이몬'에게 돌렸던 악한 일들조차도 야웨의 것으로 돌렸다(사 45:7; 암 3:6). 겉보기에 해로운 방식으로 행하는 그 어떤 존재들도 오직 어떤 식으로든 하나님과 연관되어 있는 것으로(삼상 16:14-23; 19:9), 하나님께서 보낸 사자들 중의 하나로('말아킴'의 하나로) 묘사될 수 있을 뿐이었다. 앞으로 보게 되겠지만, 유일하신 하나님으로서의 야웨의 지위에 대한 히브리인들의 절대적인 관심은 사탄조차도 하나님의 궁정에 속해 있는 것으로 보았다(욥 1:6). 포로기 이전의 견해

---

26) Foerster, "Daimon," in *TDNT*, 2:11.

와 포로기 이후의 견해 사이의 대비를 보여 주는 한 가지 분명한 예는 다윗 왕의 인구 조사를 서술하는 두 가지 이야기에서 나타난다. 포로기 이전의 저자는 하나님의 진노가 그의 백성을 향하여 불타올랐기 때문에 하나님께서 다윗을 "부추겨서" 인구 조사를 하도록 명하셨다고 분명하게 말함으로써 이 운명적인 사건을 설명한다(삼하 24:1). 이와는 대조적으로 포로기 이후에 글을 쓴 역대기사가는 이 사건을 설명하면서 사탄(실제로는 "대적자")을 다윗을 부추긴 장본인이었다고 말한다(대상 21:1).

그러므로 유대교에서 귀신론의 결정적인 발전은 포로기, 특히 신구약 중간 시대 이전까지는 일어나지 않았다. 귀신들은 인간들을 공격하고 해롭게 하며 심지어 멸하고자 하는 시기심 많은 영들로 생각되었다. 그들의 우두머리는 하나님의 원수인 사탄이었다. 아울러 신구약 중간 시대의 문헌들은 두 세대(two aeons) 사상을 귀신론과 결합시켰다. 고통으로 가득 찬 현세의 질서는 사탄과 그의 무리들의 지배 하에 놓여 있다. 그 결과 현세는 다가올 시대에 드러나게 될 하나님의 계획과 마찰을 빚는다.

신약성서 속에서의 귀신들. 천사론의 경우에서와 마찬가지로 신약성서의 기자들은 귀신들과 사탄에 관한 몇몇 주제들을 받아들였다. 신약성서의 묵시론적 세계관의 중심에는 두 왕국 또는 두 시대 — 하나님과 그의 원수인 대적들 간의 갈등 — 라는 개념이 있다. 이 두 시대의 싸움에서 귀신들은 중요한 역할을 한다. 그들은 우두머리인 사탄의 영도 하에 통일된 악의 왕국을 형성하고 있다. 따라서 그들은 사탄의 뜻을 추종하는 존재들이고, 하나님의 나라에 대항하여 목숨을 건 치열한 접전을 벌인다.

신약성서의 기자들은 귀신들을 "타락한 천사들"(벧후 2:4; 유 6)로 본다. 그들은 그들을 향한 하나님의 의도를 수행하지 않고 있는 그러한 영적인 존재들이다. 그들을 향한 하나님의 계획을 성취하지 못하고 있다는 점에서, 이 존재들은 죄에 참여하고 있다. 또한 그들은 그들의 우두머리의 지휘 하에 불신자들로 하여금 복음의 진리를 보지 못하게 만들고, 신자들로 하여금 죄에 빠지도록 유혹하며, 그리스도인들에 대한 박해를 부추기는 등 인간들과의 상호작용을 통해서 세계 속에서 죄를 증가시키고자 애쓴다. 귀신들은 언제나 하나님의 피조물들의 복리(福利)를 해롭게 하고 공동체를 파괴하고자 하면서 치명적인 영향력을 행사한다. 그런 까닭에 그들은 인간들로 하여금 자연 환경, 하나님의 피조물들, 그 밖의 다른 인간들, 심지어 자기 자신까지 훼손하도록 강제하고자 시도한다. 어떤 경우에는 귀신들은 인간의 인격을 사로잡아서 그 인격을 훼손하거나 왜곡시킬 수도 있다.

그러나 신약성서의 복음은 예수께서 악의 세력들에 대하여 승리하셨다는 것이다. 현세에서 예수는 그의 공동체의 일부인 모든 사람들과 함께 이 승리를 공유한다. 그리고 저 종말의 큰 날에 그는 모든 마귀적인 세력들을 완전히 멸하실 것이다.

성경의 사탄론

성경의 귀신론에서 가장 흥미로운 것은 일반적으로 신약성서 및 기독교 신학에서 사탄으로 알려져 있는 귀신들의 우두머리이다. 그렇지만 사탄은 이와 관련하여 흥미를 끄는 유일한 존재인 것은 아니다.

사탄과 관련된 이름들. 리워야단(Leviathan)은 구약성서에서 드물게 사용되긴 하지만 그럼에도 불구하고 하나님의 큰 원수를 표상한 것으로서 중요하다. 원래 이 이름은 하나님의 피조물인 신화적인 바다 괴물을 가리켰다(욥 41:1; 시 104:26). 그러나 리워야단은 악한 의미를 지니게 되었고(욥 3:8), 결국에는 혼돈의 의인화라는 역할을 하게 되었다. 하나님은 이 괴물에 싸워서 창조를 이루신다(예를 들어, 시 74:14). 이사야는 자신의 예언 속에서 원래 지혜 문학에 나오는 이 존재를 흥미롭게도 약간 변형시킨다. 이 선지자는 이 신화적인 큰 원수에 대한 야웨의 싸움을 종말론적인 미래, 즉 하나님께서 이스라엘을 구원하실 그날로 옮겨놓는다(사 27:1).

기독교 사상사에서 리워야단보다 더 중요한 것은 루시퍼(Lucifer)라는 존재이다. 이 이름은 성경에서 오직 한 본문에만 나오는데(사 14:12), '헬렐 벤 샤하르' (Helel ben shachar)라는 히브리어 어구와 연관되어 있다. 라틴어 역본인 불가타역(성경을 라틴어로 번역한 초기 번역본)은 "통곡하다"를 의미하는 동사 또는 "빛나는 자"를 의미하는 명사인 히브리어 '헬렐'을 번역하는 데에 "빛을 지닌 자"를 의미하는 라틴어 파생어인 "루시퍼"를 사용하였다. 교회사 전체에 걸쳐서 터툴리안, 오리게네스, 중세의 대부분의 사상가들, 「실낙원」(*Paradise Lost*)을 쓴 존 밀턴 등과 같은 수많은 그리스도인들은 "빛을 지닌 자"(루시퍼)를 사탄과 동일시해 왔다. 그러나 본문을 주의 깊게 주석해 보면, 이사야는 귀신들의 우두머리를 염두에 둔 것이 아니라 바빌로니아의 왕을 염두에 둔 것이라는 결론을 얻게 된다.[27]

구약성서 속에서의 사탄. 성경에 그 밖의 다른 존재들이 등장함에도 불구하고, 성경에서 하나님의 주된 대적을 대표하는 가장 중요한 존재는 의심할 나위 없이 "사탄" 또는 마귀이다. 영어로 "마귀"(devil)는 헬라적 배경을 보여 주는 것인 반면에, 하나님의 대적자에 대한 실제적인 이름으로 흔히 사용되는 "사탄"(Satan)은 히브리적 기원을 갖고 있다. 이 영어식 이름은 "고소하다"를 의미하는 동사인 '사텐'(saten)으로부터 파생된 히브리어 명사 '사탄'(satan)의 음역이다. 동사로부터 파생된 '사탄'은 기본적으로 "고소자" 또는 "대적자"를 의미한다. 구약성서에서 이 단어는 관사 없이 10회 사용되는데, 모두 민수기, 사무엘상하, 열왕기, 역대기, 시편에 나온다. 신학적으로 좀 더 중요한 것은 정관사와 함께 사용되고 있는 17회의 용례들인데, 이것들은 모두 욥기와 스가랴서, 이 두 책에 나온다.

이 단어의 의미가 시사해 주듯이 — "고소하는 자" 또는 "대적자" — 사탄은 기능(function)을 나타내는 말이다. 그런 까닭에 이 단어의 의미는 아마도 이스라엘의 사법제도에서 생겨난 것인 듯하다. 지상의 법정에서와 마찬가지로 고소자(the accuser)의 기능 — 우리 사회에서 검사와 비슷한 — 은 천상의 법정에서도 중요하다. 이런 식의 역할을 하는 고소자는 정의를 위하여, 그러니까 하나님을 위하여 일한다. 그런 까닭에 닐 포사이스(Neil Forsyth)는 "그리스도인들에게 구약성서로 알려져 있는 문서들 속에서 이 단어(사탄)는 결코 대적자의 이름으로 나오지 않는다. 오히려 구약성서에서 사탄이라는 단어가 사용될 때, 그는 특별한 임

---

27) 이 입장에 대하여 옹호하는 글로는 Robert Alden, "Lucifer, Who or What?" (unpublished essay, Denver Conservative Baptist Seminary)을 보라. 그러나 현대의 모든 신학자들이 이 전통적인 견해를 거부한 것은 아니었다. 예를 들면, Reinhold Niebuhr, *The Nature and Destiny of Man*, two volumes (New York: Charles Scribner's Sons, 1941), 1:180을 보라.

이 본문의 신화적 배경에 관한 논의에 대해서는 John D. W. Watts, *Isaiah 1-33*, volume 24 of the *Word Biblical Commentary*, ed. David A. Hubbard et al. (Waco, Tex.: Word, 1985), 209-12를 보라. 또한 Otto Kaiser, *Isaiah 13-39: A Commentary*, trans. R. A. Wilson, in *The Old Testament Library*, ed. Peter Ackroyd, et al. (Philadelphia: Westminster, 1974), 23-43을 보라.

무릎 띤 천상의 궁정의 한 구성원"[28])이라고 결론을 내린다.

고소자("사탄")의 역할은 욥의 이야기 속에 잘 나타나 있다. 사탄은 천상의 궁정의 한 구성원으로서(욥 1:6; 2:1) 자신의 직함에 걸맞게 행동한다; 그는 의인들에 대하여 문제를 제기함으로써 하나님을 위하여 행동하는 고소자 — 소추하는 자 — 이다. 욥기의 서문에서 하나님은 사탄에게 욥의 이름을 거론하며 말을 건다. 하나님은 이 고소자에게 의인의 모범인 이 사람이 어떤지를 살펴보았느냐고 묻고, 이에 대하여 이 고소자는 욥의 의로움은 피상적인 것에 불과하다고 주장한다(욥 1;6-12; 2:1-5에 나오는 대화들). 이렇게 해서 욥의 드라마는 시작된다.

그러나 욥의 이야기의 어느 시점에서 하나님의 궁정에 속한 이 고소자는 자신의 적대적인 의도를 드러낸다. 그는 하나님을 대신하여 의인을 시험하는 자로서 행동하기보다는 의도적으로 의인들로 하여금 범죄하도록 유혹하는 자가 되어 버린다. 즉, 단순한 고소자가 사탄, 즉 "성도들을 고소하는 자," 인간을 향하여 적대적인 자가 되어 버린 것이다. 그렇게 함으로써 그는 하나님의 의도에 대해서도 적대적이 된다. 그런 까닭에 스가랴의 예언적 환상 속에서 야웨는 대제사장 여호수아를 고소하고자 하는 "사탄"을 꾸짖는다(슥 3:1-2). 하나님의 계획에 적대감을 보이는 것으로부터 사탄이 결국 하나님의 큰 원수로 변신하기까지는 그리 많은 시간이 걸리지 않았다.

신약성서 속에서의 사탄. 신약성서 이야기의 막이 오르자, 사탄은 하나님의 궁정에서 하나님께 가까이 있는 고소자로서의 구약적 기능을 그대로 유지하고 있다(눅 22;31; 계 12:1-6). 예수의 출현은 이 고소자의 이야기에서 새로운 국면의 시작이다: 사탄은 "하늘로부터 떨어졌다"(계 12:5-12; 눅 10:18; 요 12:31; 16:11). 이것은 사탄이 하나님의 궁정에서 행하던 자신의 기능을 상실했다는 것을 의미한다.

우리는 이러한 묵시론적 사건을 그리스도의 사역이라는 맥락 속에서 신학적으로 가장 잘 이해할 수 있다. 구약 시대에 사탄은 하나님의 백성에 대한 고소자로서 올바르게 자신의 기능을 수행할 수 있었다. 하나님은 아직 인간의 죄를 위한

---

28) Neil Forsyth, *The Old Enemy: Satan and the Combat Myth* (Princeton, N.J.: Princeton University Press, 1987), 107.

속죄의 길을 마련하지 않으신 상태였기 때문에, 성도들조차도 불의(不義)하였고, 하나님의 면전에 설 수 없었다. 그러나 그리스도의 사역은 이러한 상황을 완전히 뒤바꿔 놓았다. 우리를 위하여 십자가를 지신 예수는 지금 "아버지의 우편에서" 성도들을 위하여 중보 기도를 하신다. 따라서 사탄은 더 이상 하나님으로부터 응답을 받기를 기대할 수 없다. 우리의 "변호자"의 중보로 인하여, 이 고소자는 우리 인간을 소추하는 자로서의 자신의 지위를 상실하였다. 따라서 "사탄이 하늘로부터 떨어졌다"는 것은 사탄이 더 이상 하나님의 백성을 쳐서 고소할 수 없게 되었다는 것을 의미한다(롬 8:31-39, 특히 33-34절).

 요한계시록은 사탄이 하늘로부터 떨어진 것의 추가적인 측면을 보여 준다. 이 고소자는 천상의 궁정에서의 자신의 지위를 박탈당한 후에 이제는 이 땅에서 활동하면서 하나님의 계획을 망쳐놓고자 한다. 하나님의 큰 원수가 되어버린 그는 악의 세력을 결집한 악의 왕국의 우두머리 노릇을 한다(막 3:22-26). 그리고 그는 자신의 통치가 복음에 의해서 도전을 받는 경우를 제외하고는 교회 바깥에서 확고한 지배력을 행사하고 있다(고전 5:5, 13). 이 세계에서의 사탄의 지위에 대한 이러한 이해는 어떤 사람을 교회의 교제 바깥에 두는 것을 "사탄에게 넘겨준다"라는 말로 표현했던 초기 기독교의 관행의 배후에 자리잡고 있다.

 사탄은 하나님의 계획을 전복시키려는 시도 속에서 두 가지 방향으로, 즉 불신자들 및 교회를 향하여 활동들을 펼치고 있다. 이 원수는 불신자들의 눈을 가리워서 복음의 진리를 보지 못하게 함으로써 불신자들을 장악하고자 한다. 또한 그는 외적인 핍박(벧전 5:9; 계 12:17)과 내적인 시험, 속임, 유혹(고후 11:14)을 포함한 여러 가지 방법으로 그리스도인 공동체에 대한 공격을 개시함으로써 하나님 백성의 사업을 망쳐놓고자 시도한다.

 사실 사탄은 우는 사자와 같이 먹잇감을 찾아 여기저기 배회한다. 그렇지만 현재에 있어서조차 사탄은 이미 그 종말이 확정되어 있는 패배당한 적일 뿐이다. 예수의 삶과 죽음, 부활을 통해서 이루어 낸 사탄에 대한 승리를 토대로, 신약성서는 사탄이 걸어온 역사가 맞게 될 미래의 최후의 장(章)을 예견하고 있다. 그리스도께서 다시 오실 때에 사탄은 "불못"에 던져지게 될 것이다. 그때에 사탄의 추락(fall)은 얼마나 심하겠는가. 하나님의 종으로 시작했던 자, 하나님의 궁정에서 고소자 역할을 했던 사탄은 결국 하나님의 세계로부터 완전히 추방되고 말 것이다.

 사탄은 천사론에서 가장 흥미를 끄는 존재일 것이다. 사탄의 타락에 관한 이야기는 우리로 하여금 하나님의 궁정에서 그토록 높은 지위를 누렸던 피조물이 타락하여 그 누구보다도 악한 자가 되고만 것을 의아해 할 수밖에 없게 만든다. 그러나 이 이야기의 힘은 이 이야기가 지닌 중대한 함의들에 있다. 일레인 페이젤스 (Elaine Pagels)가 통찰력 있게 지적하고 있듯이, "사탄은 이질적이고 낯선 원수가 아니다; 이와는 반대로 그는 친밀한 원수이다."[29] 이 주제, 즉 하나님 자신의 궁정의 구성원이었던 자가 어떻게 하나님의 원수가 되었는가에 관한 이야기는 성경의 드라마 자체의 중심에 자리잡고 있다. 그것은 악의 핵심, 즉 궁극적으로 공동체의 파괴를 의미하는 악의 핵심을 보여 준다: 우리(us) 중의 한 사람이 교제를 깨고, 그들(them) 중의 한 사람이 된다.

천사론과 실존의 구조

많은 복음주의자들은 천사들과 귀신들을 인간 개개인들에게 영향을 미치고자 하는 영적인 존재들이라고 본다. 물론 그러한 주장을 밑받침할 수 있는 성경적 근거가 존재한다. 불행히도 그러한 사상은 쉽게 이러한 존재들의 활동은 수호천사들에 의한 보호나 귀신에게 사로잡히는 것 등에 국한되어 있다는 결론으로 귀결된다. 그 어느 쪽도 경험해 보지 못한 그리스도인들은 쉽게 그들이 천사 또는 귀신의 활동 영역 바깥에 있다고 생각한다.

성경은 이 우주적인 영적 세력들의 활동에 대한 좀 더 폭넓은 이해를 위한 토대를 제공해 준다. 이 존재들은 지속적이고 보편적으로 인간들에게 영향을 미친다. 이 영적인 존재들은 "인간 실존의 구조들"(structures of human existence)이라고 부를 수 있는 것과 관련하여 활동한다. 그러므로 실존의 구조라는 개념은 오늘날의 천사론을 위한 추가적인 차원을 발전시킬 수 있는 유익한 토대를 제공해 준다. 왜냐하면 이 개념은 영적인 존재들에 관한 성경의 세계와 인간의 삶의 영역 사이의 접촉점을 제공해 주기 때문이다.

실존의 구조들과 천사론 간의 연관관계를 밝히기 위해서 우리는 먼저 이 개념 자체를 살펴본 후에, 실손의 구조라는 개념과 성경의 몇몇 개념들 간의 연관성을 탐구하고, 마지막으로 구조들 또는 구조적 천사론에 관한 신학을 종합적으로 제시

---

29) Pagels, "The Social History of Satan," 114.

하고자 한다.

실존의 구조들

간단히 말해서, 실존의 구조들은 인간의 삶을 위한 필수적인 맥락을 형성하면서 개인적이거나 공동체적인 인간의 실존을 규정하는 현실의 좀 더 거대하고 초인간적인 측면들 또는 차원들이다. 이 구조들은 인간의 사회적 상호작용의 모든 차원들과 결부되어 있다. 따라서 구조들은 그러한 상호작용을 용이하게 해주는 것의 핵심을 이루고 있다. 이 구조들은 흔히 사람들이 눈치채지 못하는 가운데 일상생활에 침투한다. 사실 구조들은 삶의 자연스러운 일부를 형성하고 있기 때문에, 그 구조들이 존재한다는 것을 사람들은 거의 깨닫지 못한다.

구조들의 기능. H. 베르코프는 이 주제에 관한 그의 기념비적인 작은 소 논문 속에서 구조들의 결정적으로 중요한 기능을 설명하고 있다. 구조들은 인간의 삶과 사회를 둘러치고 있어서, 그것들이 붕괴되어 혼돈 속으로 빠지는 것을 막는 역할을 한다.[30] 구조들은 "사회와 개인에 대하여 길을 확고하게 보여 줌으로써" 삶에 통일성을 부여한다고 그는 말한다. 그런 다음에 그는 몇 가지 구체적인 사례들을 든다:

> 우리는 원시인들 가운데서의 씨족 또는 부족의 지위, 조상 숭배, 수 세기 동안 중국인들의 삶에 형식과 내용을 부여해 온 가족을 생각해볼 수 있다. 또한 우리는 일본의 신도(神道), 인도에서의 힌두교적인 사회 질서, 고대 바벨(Babel)의 점성술에 의한 통일적 체제 유지, 헬라인들에 대한 폴리스 또는 도시 국가의 중대한 의미, 로마의 국가를 지적해 볼 수도 있다.[31]

베르코프가 보여 주듯이, 실존의 구조들이라는 개념은 아주 오래된 것이다. 예를 들면, 신구약 중간 시대와 신약성서 시대에 근동의 여러 나라들 사이에서 이

---

30) Hendrikus Berkhof, *Christ and the Powers,* trans. John H. Yoder (Scottdale, Penn.: Herald, 1962), 30, 33.
31) Ibid., 34.

개념은 다양한 형태로 표현되어 있었다. 그러한 것들 중 하나는 점성술이었다. 점성술을 주창하는 자들은 별들과 그 밖의 다른 천체들은 인간의 삶을 위한 맥락을 형성하고, 개개인의 실존에 영향을 미친다고 주장하였다. 마찬가지로 천상의 존재들의 복잡한 위계질서를 제시하면서 이들이 인간의 운명에 결정적인 열쇠를 쥐고 있다고 믿었던 고대의 영지주의적 종교들 속에서도 이와 같은 실존의 구조들이라는 개념을 찾아 볼 수 있다. 이러한 개념들은 '스토이케이아'(stoicheia), 즉 "천계의 권세들"(갈 4:3, 9; 골 2:8, 20; 개역에서는 "초등학문")을 좇는 것을 경고하고 있는 바울의 변증의 배후에서도 찾아볼 수 있다. 앞으로 보게 되겠지만, 사도 바울의 변증은 실존의 구조들에 관한 신학의 성경적 토대를 제공해 준다.

우리가 실존의 구조들 내에서 살아간다는 사상은 오래된 것이지만, 그것은 현대 세계에 와서 좀 더 구체적으로 표현되었다. 실존의 구조들을 설명하면서, 예를 들면 제임스 코블 2세(James Cobble, Jr.)는 현대의 삶의 맥락을 이루고 있는 "권력 복합"(a power complex)에 관하여 말한다:

> 서로 뒤엉킨 세력들의 네트워크로 이루어진 권력 복합이 오늘날 인간의 실존을 규정한다. 그 누구도 모든 가능한 매체들 — 정치적·산업적·상업적·경제적·의료적,·교육적·종교적인 모든 제도 — 을 통하여 "그것"이 미치고 있는 영향력을 벗어나지 못한다. 인격적이든 비인격적이든 의사소통과 권력의 모든 원천은 우리가 만든 것이긴 하지만, 이제는 대체로 우리의 통제와 복리를 뛰어 넘어 기능하는, 삶을 형성하는 체제의 일부이다.[32]

코블에 의하면, 이러한 "권력 복합"은 오늘날 우리가 그 안에서 살아가는 수많은 서로 뒤엉킨 실존의 구조들로 이루어진다.

또한 메노파(Mennonite) 사상가인 존 하워드 요더(John Howard Yoder)도 베르코프의 선구적인 연구를 기반 위에서 자신의 견해를 피력한다. 그는 「예수의 정치학」(*The Politics of Jesus*)이라는 자신의 저서 속에서 인간의 실존에 영향을 미치는 구조들을 상세하게 설명한다. 요더는 그 구조들을 사회 속에서의 인간의

---

32) James F. Cobble, Jr., *The Church and the Powers* (Peabody, Mass.: Hendrickson, 1988), 5.

실존을 위한 조직적 원리들이라고 설명한 후에 몇 가지 유형으로 구분한다: 종교적·지적·도덕적·정치적 유형. 종교적 구조들은 안정된 사회의 종교적 방어막이다. 지적 구조들은 인간이 현실의 본질을 인식하기 위한 여러 가지 이데올로기들을 포함한다. 도덕적 구조들은 다양한 사회들이 그 사회의 도덕적 삶을 조직하기 위하여 사용하는 규범들과 관습들이다. 정치적 구조들은 시민 정부들이 작동하기 위하여 사용하는 정치 체제들이다.[33]

구조들의 존재. 인간의 삶은 실존의 구조들과 결합되어 있다. 그러나 이러한 구조들과 천사론과의 연관성을 다루기 전에, 먼저 우리는 그러한 구조들이 실제로 존재하는지에 관한 문제를 살펴보지 않으면 안 된다. 어떤 의미에서 우리는 그러한 구조들이 존재한다고 말할 수 있는가?

우리는 우선 실존의 구조들은 인간의 실존의 구조들이라는 말을 할 수 있다. 그러한 구조들은 인간과 따로 떨어져 있는 독자적인 실체를 갖고 있는 것이 아니라, 어떤 의미에서 인간 사회가 만들어 낸 구성물들이다. 종교적·지적·도덕적·정치적 구조들은 사실 인간의 산물이다. 그것들은 인간의 사회적 상호작용에 의해서 발전되고 형성된다. 예를 들면, 인간은 정부 체제를 결정하고, 실제로 정치적인 일들을 수행하면서 통치에 참여하게 된다. 그러므로 구조들이 어떠한 실체를 지니든, 구조들의 존재는 인간들 또는 천사들 같은 실체들의 존재와는 다른 특별한 유형에 속한다.

그러나 이와 동시에 구조들은 단순히 인간의 구성물들이라고 말하는 것은 구조들의 실체를 지나치게 단순화하는 것이다. 구조들은 인간에 의해서 발전되고 사용되지만 어떤 의미에서 인간의 통제를 넘어 서 있다. 이렇게 구조들이 인간의 통제를 넘어 서 있는 이유는 우리가 그 구조들로부터 떨어져서 세계 속에서 살아갈 수 없기 때문이다. 구조들은 인간 공동체 내에서의 인간 개개인의 삶과 인간의 사회적 상호작용을 위한 맥락을 형성한다. 예를 들면, 정치적 구조들은 변할 수 있지만, 인간은 항상 어떤 유형의 통치 구조 아래에서 살아갈 수밖에 없다. 경제 제도는 바뀔 수 있지만, 어떤 형태의 교역은 계속해서 지속될 것이다; 도덕적 규범들과 관습들은 변하지만, 우리의 도덕 의식은 언제나 좀 더 큰 사회적 관습에 의해

---

33) John Howard Yoder, *The Politics of Jesus* (Grand Rapids: Eerdmans, 1972), 145.

서 규정된다.

또한 구조들은 또 다른 방식으로 우리의 통제를 넘어 서 있다. 특정한 구조들은 그 구조들 아래에서 살아가는 사람들로부터 독립되어 있다. 어떤 특정한 집단이 우리가 살고 있는 구조들을 크게 변경할 수 있는 능력을 갖고 있는 것이 아니다.

그러므로 궁극적으로 실존의 구조들은 우리와는 독립적으로 존재한다. 구조들은 인간으로부터 전적으로 독립하여 행동하는 주체들은 아니지만, 그럼에도 불구하고 어느 정도의 독립적인 실존을 누린다. 아마도 우리는 그러한 구조들의 지위를 유사 독립적인(quasi-independent) 실존이라고 말하는 것이 가장 좋을 듯하다. 또한 구조들은 권력을 행사한다는 점에서도 존재한다고 말할 수 있다. 왜냐하면 영향력을 행사한다는 것과 실재한다는 것 사이에는 연관성이 존재하기 때문이다.

구조들은 단순히 유사 독립적일 뿐만 아니라 유사 인격적(quasi-personal)이다. 인격으로서의 하나님에 관한 논의에서 우리는 인격 개념은 타자의 통제를 넘어서서 존재하거나 그 핵심에 있어서 신비롭거나 불가해(不可解)하다는 개념과 연결되어 있다고 말한 바 있다. 이런 의미에서 실존의 구조들은 인격적이다. 궁극적으로 그 구조들은 인간의 통제를 넘어 서 있다. 그리고 그 구조들과 관련해서는 신비로운 차원이 항상 존재한다. 인간의 탐구와 천착으로는 결코 그 구조들의 실체의 깊이를 파헤칠 수가 없다. 사실 구조들은 독자적인 개성, 의지, 심지어 역사까지 지니고 있는 것으로 보인다.

그 한 예가 미합중국 정부이다. 수많은 대통령들과 의회 지도자들이 미합중국 정부를 통제하고자 반복해서 시도하였음에도 불구하고, 연방 정부는 자신의 독자적인 생명을 지니고 있는 것으로 보인다. 이 정치 구조 속에는 미국의 대중들 또는 선출된 관리들에 의한 "제어하려는" 시도들에 굴복하지 않는 모종의 동력이 작용하고 있다.

실존의 구조들과 성경

그렇다면 천사론은 실존의 구조들에 관한 이러한 논의와 어떤 연결이 있는 것일까? 우리는 다시 성경으로 돌아가서 이 개념을 이해할 수 있게 해주는 성경적 배경을 살펴보아야 한다. 그러므로 우리는 실존의 구조들과 영적인 존재들에 관한 성경의 이해 사이에 어떤 연관성이 존재하는지를 묻는다.

구조들과 영적인 존재들. 이러한 연관성을 탐구함에 있어서 우리는 인간 실존의 구조들을 단순히 영적인 존재들과 동일시하지 않도록 주의하지 않으면 안 된다. 신구약 중간 시대에 나온 묵시론적 저작들과 랍비 저작들은 분명히 그렇게 둘을 연결시키려고 시도하였다. 왜냐하면 그들은 권세들을 지상의 사건들에 영향을 미치는 인격적이고 영적인 존재들로 보았기 때문이다.[34] 그렇지만 바울은 그렇지 않았다.[35] 그리고 바울의 태도는 옳았다. 구조들은 언제나 인간 실존의 구조들이다. 구조들은 유사 독립적이고 유사 인격적인 실존을 지니게 되지만, 그래도 여전히 인간의 삶과 연결되어 있다.

영적인 존재들에 관한 성경의 묘사와 인간 실존의 구조들이라는 개념 사이의 이러한 차이점에도 불구하고, 우리는 그것들을 완전히 분리하려 해서는 안 된다. 오히려 공통의 측면이 이 둘을 연결시키고 있다.

구조들과 "권세들". 영적인 존재들과 실존의 구조들 간의 가장 직접적인 연결고리는 아마도 "권세들"이라는 바울의 개념일 것이다. 권세들에 대한 바울의 이해의 배경을 이루는 것은 히브리인들의 저작들과 신구약 중간 시대의 글들, 그리스-로마 세계의 민간의 점성술적 개념들이다.

사도는 권세들을 설명하기 위하여 몇 가지 용어들을 거의 동의어로 사용하고 있는데, 이러한 용어들 중에서 가장 중요한 것은 '스토이케이온'(stoicheion)이라는 단어다. 헬라인들에게 '스토이케이아'("기본 원리들")는 만유(萬有)를 구성하고 있는 주요한 덩어리들(blocks)이었다(벧후 3:10, 12). 그러나 '스토이케이아'는 물리적인 세계와 주로 관련을 맺기 때문에 인간의 일에도 영향을 미쳤다. 구조들에 관한 오늘날의 개념과 마찬가지로, 헬라인들은 '스토이케이아'를 계명들, 교리들, 인간의 전통들을 통해서 인간의 실존에 영향을 미치는 권세들로 보았다(예를 들어, 골 2:20-22).

사도는 권세들에 대하여 양면적인 또는 이중적인 평가를 내린다. 권세들은 하나님에 의해서 창조되었고, 그리스도로 말미암아 및 그리스도를 위하여 창조되었다(골 1:16). 그러므로 권세들은 선하다. 그렇지만 지금은 권세들이 하나님과 그리

---

34) H. Berkhof, *Christ and the Powers*, 17
35) Ibid., 23-26.

스도, 그리고 우리에게 대적하고 있는 상태에 있다(골 2:8). 그리고 권세들은 그들에게 복종하는 자들을 종으로 삼는다(갈 4:8-11). 그 결과 우리는 권세들에 맞서서 싸우고 있다(엡 6:12). 그러나 바울은 그리스도께서 권세들에 대하여 승리를 얻으셨다는 것을 확신하였다. 십자가 위에서 우리 주님은 권세들을 무장 해제시켰기 때문에(골 2:14-15), 우리는 더 이상 권세들을 섬길 필요가 없다(골 2:16).

구조들과 정치. 기본 원리들이라는 바울의 개념은 인간 실존의 구조들과 영적인 존재들 사이의 좀 더 깊은 관계를 보여 주는 방향으로 나아가는데, 이때 그러한 연결고리는 통치(governance)라는 개념이다. 우리는 이미 구조들이 인간의 삶에 대한 좀 더 폭넓은 통치에 참여하고 있다는 것을 지적한 바 있다. 인간의 상호작용이 일어날 수 있는 맥락을 제공해 줌으로써, 구조들은 그러한 상호작용을 촉진시킴과 동시에 어느 정도는 결정한다.

성경은 하나님께서 세계를 통치하실 때에 그 대리인으로 활동하는 것을 천상의 존재들의 역할 중에서 하나의 중심적인 차원에 속하는 것으로 묘사한다. 성경의 그러한 면면들은 영적인 존재들과 통치간의 몇몇 접촉점들을 제공해 준다. 그 중에서 가장 분명한 것은 영적인 세력들이 지상적인 인간적 정부들을 이끌고 있다고 말하는 묵시론적 주제이다(단 10:12-13, 20). 그리고 또 하나의 주제는 천사들이 도덕적·종교적 구조들에 개입한다는 것이다. 이것은 천사들이 율법을 모세에게 전해주었다는 전승 속에서 분명하게 드러난다.

그렇다면 성경의 신앙은 어떻게 해서 영적인 존재들이 하나님께서 인간의 일들을 통치하시는 일에 개입하게 되었다고 보게 된 것일까? 영적인 존재들은 인간 세계에서 군주들이 거느린 시종들을 천상의 궁정에 자연스럽게 투영시킨 것이긴 했지만, 우주 속에서의 영적인 존재들의 지위는 성경의 기자들이 하나님의 초월성을 좀 더 예민하게 느끼면서 증폭되었던 것으로 보인다. 하나님의 타자성(他者性)에 대한 인식은 하나님과 세계 사이에서 통치를 매개하는 자들로서의 천사의 역할에 대한 인식의 강화를 가져왔다.

구조들에 관한 신학

통치라는 개념은 인간의 구조들 속에서 천사들 및 귀신들의 역할을 이해하기 위한 열쇠를 제공해 준다. 그리고 이것은 천사론이라는 표제 아래에서 구조들에 관한 신학을 서술하는 것을 용이하게 해준다. 이 교리에 대한 설명은 구조들과 관련된 하나님의 원래의 의도와 이러한 구조들에 대한 천사들 및 귀신들의 실제적인 개입에 관한 좀 더 분명한 이해에 달려 있다.

구조들에 대한 하나님의 의도. 인간 실존의 구조들은 하나님의 호의의 일부 — 하나님께서 인류 및 모든 피조물들의 유익을 위하여 자신의 선한 피조 세계에 질서를 부여하신 것 — 이기 때문에, 하나님에 의해서 선한 것으로 의도된 것이다. 하나님은 인간의 상호작용이 인간의 사회적 삶의 동력의 발전으로 이어져서 결국 공동체가 세워지게 되기를 원하신다. 사실 공동체는 오직 구조들이라는 맥락 속에서만 등장할 수 있다. 그러므로 하나님께서 공동체를 촉진시키기 위하여 구조들을 의도하셨다면, 구조들은 긍정적이고 심지어 생명을 주는 것이 되기까지 한다.

통치와 관련된 구조들의 역할은 우리로 하여금 영적인 존재들에 관한 우리의 결론들로 다시 돌아가게 만든다. 하나님은 자신이 세계, 특히 인간의 삶의 영역을 통치하시는 것을 돕게 할 목적으로 천군 천사들을 지으셨다. 이러한 목적을 위하여 그들은 인간 실존의 구조들을 통해서 일하지 않으면 안 된다. 인간 실존의 구조들은 인간의 상호작용의 산물로서 자연스럽게 생겨난다. 따라서 천사들과 같은 존재들은 우리의 유익을 위하여 구조들을 바른 방향으로 인도하는 것을 통하여 진정으로 인간적인 공동체의 건설을 촉진시켜야 한다.

한 가지 예를 들자면, 하나님은 도덕법 같은 종교적 구조들이 우리의 실존을 하나님을 경외하는 행위들을 지향하는 것을 도울 수 있기를 원하셨다. 이러한 목적을 위하여 우리 사회의 도덕 규범들은 진정한 사랑의 관계를 형성시킬 수 있는 매개물들이 되어야 한다. 천사들의 임무는 전체적인 사회적 도덕 의식을 굳게 세움으로써 인간의 일들에 대한 통치를 한층 높은 차원으로 끌어올리는 것이다.

하나님은 공동체를 세우고자 하는 선한 의도를 가지고 구조들을 세우셨다. 또한 하나님은 영적인 존재들이 인간 실존의 구조들을 통하여 긍정적인 영향력을 행사하고, 하나님께서 지으신 선한 만유(萬有)에서 공동체를 촉진시키기 위하여 그러한 구조들을 사용하도록 하기 위하여 이러한 구조들과 관련하여 영적인 존재들을 창조하셨다.

구조들의 악용. 그러나 구조들에 대한 하나님의 선한 의도에도 불구하고, 구들은 악한 목적을 위하여 악용될 수 있다. 구조들은 하나님, 인간, 피조물에 대항하는 쪽으로 사용될 수 있다. 이렇게 되면, 하나님께서 공동체를 촉진시킬 수단으로 계획하신 것이 실제에 있어서는 공동체를 약화시키는 역할을 할 수 있다. 이러한 일이 일어날 때, 구조들은 이미 어둠의 권세들 또는 마귀적인 세력의 영향력 아래에 떨어진 것이다.

구조들이 악한 목적을 위하여 악용될 수 있는 가능성은 삶에 통일성을 부여하는 토대로서의 역할을 구조들이 하고 있다는 데에서 이미 드러난다. 베르코프가 지적하듯이, "구조들은 세계를 굳게 붙듦으로써 하나님으로부터 멀리 가거나 하나님에게 너무 가까이 가지 않도록 세계를 붙들고 있다."[36] 하나님으로부터 등을 돌리고 하나님과 무관한 삶을 위한 수단이 되어 버릴 때, 구조들은 하나님과의 공동체를 방해한다. 또한 구조들은 인간의 삶 속에서 통일성을 부여하는 역할을 한다는 점에서, 하나님에게만 드려야 할 충성을 가로채서 자신에게 바치도록 요구할 위험성을 안고 있다. 이런 일이 일어날 때마다, 구조들은 우상 숭배의 도구들이 되어 버린다.

악한 존재들은 구조들의 마귀적인 악용을 통해서 인간을 구조의 노예로 만들어 버린다. 권세들은 사람들을 도와서 공동체를 세우는 것이 아니라 사람들을 종으로 삼아서, 우리 인간의 충성의 대상들이 될 수 없는 전통들과 형태들에 대한 엄격한 복종을 요구한다. 또한 구조들은 악한 목적들을 촉진시키는 데 사용될 때마다 — 하나님의 뜻이 아니라 사탄의 뜻을 실현하는 쪽을 선택할 때마다 — 악의 통로(通路)가 되어 버린다. 시민 정부의 사법 기관 및 치안 부서는 하나님의 백성에 대한 사탄의 공격의 수단으로 악용될 수 있다. 또는 입법 구조들은 하나님께서 그의 피조물을 향하여 의도하신 공동체를 파괴하는 법들을 제정하는 쪽으로 악용될 수 있다.

끝으로, 구조들은 하나님의 통치를 촉진시키지 못할 때에 악의 통로가 된다. 하나님은 실존의 구조들이 하나님 나라의 원리들을 구현하는 그런 유의 인간적 상호작용을 촉진시키기를 원하신다. 그러나 공의, 의, 사랑의 통치라는 하나님의 통치의 보증수표들이 인간의 사회적 삶 속에서 결여되어 있을 때마다, 구조들은 이미 하나님의 의도에 따르는 것을 실패한 것이다.

---

36) Ibid., 30.

이러한 다양한 방식으로 악한 영적인 존재들은 구조들을 조종하려고 시도한다. 그들의 목표는 하나님의 계획을 전복시키는 것이다 — 공동체를 훼방하고, 손상시키며, 파괴하는 것. 그러한 모든 경우에 있어서 구조들은 하나님과의 교제, 피조물 내에서의 화목, 풍요로운 인간 관계를 촉진시켜야 할 자신의 본연의 목적을 수행하지 않고, 구조들은 피조물을 갈기갈기 찢어 버리는 바로 그러한 세력들로 변질된다. 인간의 구조들의 명령에 복종하고자 하는 경직된 시도는 우리를 하나님으로부터 멀어지게 하는 죄책과 좌절의 원천이 된다. 그와 같은 경직성은 인간들 사이에서 분열을 불러일으킨다. 우리는 자신의 경쟁적인 충성 대상의 명령, 이데올로기, 그 밖의 다른 강조점들을 구축하고 이에 따르라고 강제하고 해석하며 옹호하는 시도를 통해서 분파들끼리 서로를 배척하는 분열을 일으킨다. 그리고 서로에 대한 투쟁을 통해서 우리는 피조 세계를 향하여 하나님의 형상을 드러내는 데 실패할 뿐만 아니라 우리 주변의 세계를 와해시키고 파괴시킨다.

그러므로 구조들은 천사들의 도구가 될 수 있는 잠재력만을 지니고 있는 것이 아니라 귀신들의 도구가 될 수도 있다. 신약성서는 인간의 통치가 바로 그러한 경우라고 말한다. 바울은 관리들 — 구체적으로 말하면 로마의 관리들 — 을 하나님의 종이라고 말한다. 왜냐하면 관리들은 악한 자를 벌하고 선한 자에게 상을 주기 때문이다(롬 13:1-7). 이와는 대조적으로 요한계시록은 이와 동일한 로마의 통치 체제를 핍박을 통하여 교회를 훼파하기 위하여 사탄에 의해서 조종되는 마귀적인 것으로 묘사한다.

삶의 종교적 차원은 성경의 또 다른 예를 보여 준다. 바울은 겉보기와는 반대로 종교적 또는 도덕적 규범을 통하여 마귀적인 영향력이 행사되고 있다고 분명하게 말한다. 이러한 영향력은 그리스도인들을 율법주의를 통하여 종으로 삼고자 한다(골 2:20-23). 그리고 귀신들이 개입하여 인간의 전통들에 의해서 밑받침되는 거짓된 가르침을 유포한다. 바울에 의하면, 그러한 가르침의 근원은 "미혹하는 영들"(딤전 4:1)이다.

심지어 구약성서의 율법조차도 사탄의 이러한 조종과 악용의 희생물이 된다. 바울에 의하면, 우리를 그리스도에게 인도하기 위하여 하나님께서 주신 선한 도구인 율법은 쉽게 우리를 죄수로 만들어 버리는 권세가 되어 버린다(갈 3:23-24). 점성술적인 신앙들이 이방인들을 사로잡고 있는 것과 마찬가지로, 율법에 맹목적으로 복종하고자 하는 시도는 신자들을 종으로 만들어 버릴 수 있다고 사도는 경고한다. 사람들이 율법을 발판 삼아서 그들의 삶을 위한 안정된 구조를 추구함으로써 하나님과의 공동체를 지향하는 것이 아니라 실제로 거짓 신 — 즉, 잘못된 의미와 안전과 정체성에 관한 의식의 원천 — 을 섬기게 될 때,[37] 이런 일이 일어난다.

구조들과 그리스도. 그러나 한 가지 더 꼭 말해 두어야 할 것이 있다. 구조들은 마귀적인 세력들에 의해서 악용될 수 있다. 그럼에도 불구하고 그리스도께서 사탄의 권세를 결딴내셨기 때문에, 인간 실존의 구조들은 궁극적으로 그리스도의 주권 아래에 놓여 있다. 구조들은 창조의 질서 속에서만이 아니라(즉, 구조들은 하나님의 선한 피조물이기 때문에), 구속의 질서 속에서도 그리스도의 나라에 속한다. 이것은 구조들이 언젠가는 하나님의 통치에 따르게 될 것이라는 것을 의미한다. 그런 까닭에 베르코프는 골로새 교인들에게 보낸 편지에 나오는 바울의 고상한 말(골 1:19)을 근거로 다음과 같은 통찰력 있는 결론을 제시한다:

> 하나님은 권세들 — 사람들만이 아니라 — 을 그리스도의 죽음을 통하여 자기 자신과 화목케 하신다. 이러한 생각은 우리에게 낯설다; 우리는 통상적으로 화해를 오직 사람들에게만 연관이 있는 행위로 생각한다. 여기에서 바울은 화해를 좀 더 넓은 의미로, 즉 적절한 관계의 회복이라는 의미로 사용한다. 이런 의미에서 권세들도 하나님의 구속 계획의 대상들이다. 이러한 목적 덕분에 권세들은 더 이상 인간과 하나님 사이에 놓여 있는 장애물이 아니라, 하나님과 그의 피조물의 교제를 매개해 주는 도구라는 그들의 원래의 기능으로 되돌아갈 수 있고 또 되돌아갈 것이다.[38]

우리는 실존의 구조들이 마귀적인 세력들에 의해서 조종당할 현재의 가능성으로부터 해방될 것이라는 이러한 종말론적 소망을 갖고 있기 때문에, 현재에 있어서조차 우리는 하나님의 통치가 구조들의 영역 속으로 돌입해 들어오는 것을 예감할 수 있다. 이러한 과도기의 시대 속에서조차도 우리는 구조들이 제대로 기능하고 있다는 증거들을 발견할 수 있다. 성령의 인도하심 아래에서 우리는 구조들

---

37) Ibid., 22, 37.
38) Ibid., 41.

을 하나님의 뜻에 좀 더 부합하게 만들려고 시도할 수 있다. 그러므로 적어도 부분적으로 인간 실존의 구조들은 우리 하나님의 의도이자 목적인 공동체를 촉진시키기 위한 주체들이 될 수 있다.

마귀 세력과 미신

천사론의 마지막 한 가지 차원, 즉 아주 먼 옛날까지 거슬러 올라가는, 영적인 존재들의 활동과 인간의 미신 사이의 연관관계라는 문제가 여전히 남아 있다. 우리는 거의 모든 사회 속에서 발견되는 각양각색의 다양한 신앙들과 의식들을 어떻게 이해해야 하는가? 그러한 것들은 단지 불행하긴 하지만 실질적으로는 아무런 해도 없는 전통들에 불과한 것인가? 아니면, 그것들은 거기에 참여하는 자들을 실제적인 영적 존재들과 접촉하게 만드는 것인가?

미신과 구약성서

다른 고대 문명들과 마찬가지로, 이스라엘이라는 이 고대 근동의 한 민족은 초자연적인 실체들에 관한 여러 가지 개념들로 물들어 있었다. 주변 민족들이 미신들에 광범위하게 빠져 있었다는 점을 감안하면, 그러한 활동들이 이스라엘 민족을 유혹하였다는 것은 이상한 일이 아니다. 주변 민족들의 종교적 태도들이 이스라엘에 시험거리가 되었다는 것을 보여 주는 증거로서 구약성서의 문헌들은 그러한 활동들에 대한 수많은 경고들을 담고 있다. 히브리인들의 신앙 공동체는 신접한 자들, 점쟁이들, 주술사들, 술사들, 박수 무당들에 대하여 알고 있었다. 그렇다면 이 고대의 하나님의 백성은 이에 대하여 어떻게 대응하였던 것인가?

구약성서 속에서의 미신에 대한 반대. 간단히 말해서, 구약성서의 기자들은 무조건적으로 미신에 반대하였다. 토라는 미신을 경고하는 엄격한 금령들을 담고 있고, 미신에 관여하는 자들은 사형으로 다스려졌다(레 19:26; 20:27). 토라에 나오는 금령들 중 일부는 간결하고 너무도 당연한 것으로 진술되고 있으며, 음식과 머리에 관한 율법(레 19:26; 20:27) 또는 성적 순결에 관한 율법(출 22:18)이라는 맥락 속에 놓여져 있다. 그 밖의 다른 금령들은 미신과 관련된 여러 의식들을 도입하는 것에 대한 좀 더 광범위한 정죄를 담고 있다.

구약성서가 미신을 어느 정도나 강력하게 정죄하고 있느냐 하는 것은 이스라엘 자손들이 약속의 땅으로 들어갈 준비를 하고 있었을 때에 모세가 그들에게 말한 명령 속에 분명하게 드러난다:

> 네 하나님 여호와께서 네게 주시는 땅에 들어가거든 너는 그 민족들의 가증한 행위를 본받지 말 것이니 그의 아들이나 딸을 불 가운데로 지나게 하는 자나 점쟁이나 길흉을 말하는 자나 요술하는 자나 무당이나 진언자나 신접자나 박수나 초혼자를 너희 가운데에 용납하지 말라 이런 일을 행하는 모든 자를 여호와께서 가증히 여기시나니 이런 가증한 일로 말미암아 네 하나님 여호와께서 그들을 네 앞에서 쫓아내시느니라 너는 네 하나님 여호와 앞에서 완전하라(신 18:9-13).

이 본문은 모든 미신들의 배제가 이스라엘을 그 주변 민족들로부터 구별시키는 표적이 되어야 한다는 구약성서의 중요한 주제를 제시하고 있다. 본문이 잘 보여 주듯이, 이 문제에 있어서 이스라엘 민족이 점령한 가나안 사람들이 이스라엘에게 하나의 경고 역할을 하였다. 왜냐하면 가나안 사람들이 미신을 섬긴 것이 하나님으로 하여금 그들을 가혹하게 심판하게 하신 주된 죄악들 중의 하나였기 때문이다. 나중에 이스라엘 역사 속에서 선지자들은 하나님께서 이와 비슷하게 이스라엘의 원수들 — 특히 이스라엘을 포로로 잡아간 앗수르와 바빌로니아 — 을 심판하시게 될 그날을 내다보았다. 이들 나라에 하나님의 심판이 내려지게 된 것은 부분적으로 이 나라들이 미신을 행하였기 때문이다(미 5:12; 사 47:9, 12).

이스라엘 내에서의 미신의 존재. 그러나 하나님의 강력한 금지 명령들에도 불구하고, 이스라엘은 미신적인 활동들에 가담하였다. 미신은 최상층의 정치 지도자들에게도 영향을 끼쳤다. 사울은 신접한 자들을 그 땅에서 몰아내었지만, 이스라엘의 이 첫 번째 왕은 자신이 고민에 빠졌을 때에 이미 세상을 떠난 사무엘의 영과 접촉하기 위하여 "엔돌의 신접한 여인"을 찾았다(삼상 28장). 역대기사가는 이 일이 사울이 천수를 누리지 못하고 요절하게 된 한 가지 요인이었다고 분명하게 말한다(대상 10:13).

미신적인 활동에 참여하는 일은 포로기 때에도 계속되었다. 사실 예언적 역사가들은 미신이 이스라엘과 유다로 하여금 그들의 강력한 원수들의 손에 패배당하게 만든 죄들 가운데 하나였다고 주장한다.

열왕기하의 편집자에 의하면, 앗수르인들이 북 왕국을 침공한 것은 이스라엘 백성들이 그러한 미신 활동에 참여한 것에 대한 하나님의 징벌이었다고 한다(왕하 17:17-18). 마찬가지로 역대기사가도 이러한 미신 의식에 참여하였던 므낫세 같은 왕들의 치세(治世)를 혹평하였다(대하 16:6; 왕하 21:1-16). 또한 상대적으로 경건했던 남 왕국 유다에도 미신 의식은 널리 퍼져 있지는 않았지만 분명히 존재하였다(겔 13:18).

미신과 우상 숭배. 구약성서의 기자들은 미신적인 신앙들과 의식들을 반대하는 일에 왜 그토록 격렬하였던 것일까? 선지자들에 의하면, 이스라엘이 미신에 참여하는 것은 좀 더 깊고 중대한 종교적인 죄를 범하고 있다는 것을 보여 주는 증거였다. 예를 들면, 열왕기하는 백성들이 신접한 자를 찾는 것을 좀 더 근본적인 가증스러운 일의 한 표현으로 보았다:

> 이스라엘 자손이 … 다른 신들을 경외하며 … 여호와께서 이스라엘 자손 앞에서 쫓아내신 이방 사람의 규례를 … 행하였음이라 … 이스라엘의 자손이 … 우상을 섬겼으니 … 그들이 … 그들의 하나님 여호와의 모든 명령을 버리고 자기들을 위하여 두 송아지 형상을 부어만들고 또 아세라 목상을 만들고 하늘의 일월 성신을 경배하며 또 바알을 섬기고(왕하 17:7-16).

마찬가지로 사악한 왕 므낫세에 대하여 역대기사가는 다음과 같이 분명하게 말한다:

> 므낫세가 … 여호와 보시기에 악을 행하여 여호와께서 이스라엘 자손 앞에서 쫓아내신 이방 사람들의 가증한 일을 본받아 그의 아버지 히스기야가 헐어 버린 산당을 다시 세우며 바알들을 위하여 제단을 쌓으며 아세라 목상을 만들며 하늘의 모든 일월성신을 경배하여 섬기며 여호와께서 전에 이르시기를 내가 내 이름을 예루살렘에 영원히 두리라 하신 여호와의 전에 제단들을 쌓고 또 여호와의 전 두 마당에 하늘의 일월성신을 위하여 제단들을 쌓고(대

하 33:2-5).

　이러한 본문들이 보여 주듯이, 미신을 섬기는 것은 고대의 하나님의 백성을 괴롭혔던 큰 악, 야웨의 선지자들이 그토록 소리 높여 반대했던 저 큰 악이었던 우상숭배라는 죄의 한 차원이었다. 이런 이유로 우상 숭배에 맞선 싸움은 미신에 대한 구약성서의 반복적인 엄격한 금령을 위한 신학적 배경이 된다. 하나님의 선지자들의 눈에는 모든 미신들은 우상 숭배였다. 그러나 미신과 우상 숭배의 연결고리는 과연 어디에 있었던 것일까?
　성경 시대는 지파의 신들의 시대, 여러 신들이 갈등하는 시대였다. 이스라엘에서 강하신 하나님이라는 문제는 우상숭배라는 문제로 귀결되었다. 성경의 저자들은 한 분 하나님이 다른 어떤 경쟁자들보다 더 강하시다면, 오직 하나님만이 예배를 받으실 자격이 있다는 것을 알았다. 그 결과 야웨의 지극히 높은 지위에 관한 그들의 주장은 선지자들로 하여금 끊임없이 우상 숭배에 대항하여 목소리를 높이게 만들었다. 이스라엘이 우상숭배에 빠지는 것은 그들의 특정한 지파의 신에 대한 모욕일 뿐만 아니라 더 중요하게는 모든 영적인 존재들과 권세들을 다스리시고 주관하시는 유일하신 한 분 하나님에 대한 범죄였다.
　구약성서의 기자들은 미신을 우상숭배로 이해하였기 때문에 그러한 미신의 관습들을 그 어떠한 타협도 없이 단호하게 거부하였다. 모든 미신 활동들은 한 분 전능하신 하나님이 아닌 다른 열등한 권세들, 또는 신이라 주장하는 존재들을 명시적으로 인정하고 충성을 맹세하는 행위이다. 이것은 특히 항상 미신의 중심적인 차원이 되어 왔던 행위, 즉 우상숭배의 꽃이라고 할 수 있는, 영매 또는 신접한 자에게 미래의 일을 가르침 받기 위하여 묻는 행위에서 분명하게 드러난다. 점을 치는 일은 홀로 미래를 주관하는 자이시고 모든 지혜의 원천이신 한 분 참 하나님이 아니라 열등한 권세들에게 가르침을 구하는 행위이다.
　여기에 사울이 엔돌의 신접한 여인을 찾아간 일의 비극성이 있다. 역대기사가가 설명하듯이, 왕은 "신접한 자에게 가르치기를 청하고 여호와께 묻지 아니하였다"(대상 10:13-14). 사울은 이스라엘의 하나님에게 도움을 청한 것이 아니라 피조물에게 눈을 돌렸다. 나중에 이사야 선지자는 수사 의문문을 사용하여 그러한 일이 얼마나 어리석은 짓이었는지를 분명하게 말하였다:

어떤 사람이 너희에게 말하기를 주절거리며 속살거리는 신접한 자와 마술사에게 물으라 하거든 백성이 자기 하나님께 구할 것이 아니냐 산 자를 위하여 죽은 자에게 구하겠느냐 하라(사 8:19).

하나님의 백성은 미신을 장난삼아 해 보아서도 안 된다. 그렇게 하는 것은 만유의 주권자이신 하나님이 아닌 다른 권세들에게 권위와 순종을 바치는 것이 되기 때문이다.

미신의 배후에 있는 권세들의 지위

구약성서가 미신을 정죄하는 것은 미신은 너무도 분명하게 우상숭배와 연결되어 있기 때문이다. 미신에 참여하는 것은 오직 한 분 하나님에게만 속한 것을 열등한 권세들이 지니고 있다는 것을 인정하는 것이다. 그렇다면 사람들이 그러한 미신 활동을 통해서 그릇되게 충성을 맹세하는 권세들의 실제적인 지위는 무엇인가? 그들은 실제로 존재하는가, 아니면 단순한 상상의 산물인가? 성경은 이러한 질문에 대하여 두 가지 기본적인 대답을 제시한다.

권세들의 실재성. 성경의 기자들은 무엇보다도 먼저 아주 분명하게 권세들의 실재성을 인정한다. 신이라고 자처하는 이러한 존재들이 실재한다는 것이다. 성경의 저자들은 우상숭배, 그리고 미신을 하나님이나 선과 결부시키는 것이 아니라 마귀 세력과 결부시킨다. 권세들은 실제로 존재하지만, 그들은 악하고 악의에 차 있다. 따라서 우상 숭배적인 미신에 참여하는 것은 하나님이 아니라 귀신들과 접촉하는 것이 된다. 미신은 오직 사람을 하나님과 인간에 대하여 적대적인 존재들의 세계 속으로 이끌 수 있을 뿐이다.

앞에서 말했듯이, 구약성서에서 '쉐드'(shed)와 '사이르'(sayer)라는 단어들을 사용하고 있는 것은 우상숭배와 귀신이 서로 연관이 있다는 것을 보여 준다. 그리고 그것은 신약성서가 미신에 참여하지 말라고 엄하게 금하는 것의 배경을 이룬다. 이 많은 미신 의식들은 우상숭배이고, 따라서 미신을 섬기는 자들마다 귀신들과 접촉하게 된다. 그런 까닭에 바울은 고린도 신자들에게 그들이 주의 상에서 먹으면서 동시에 우상숭배에 참여할 수는 없는 일이라고 경고한다:

그런즉 내가 무엇을 말하느냐 우상의 제물은 무엇이며 우상은 무엇이냐 무릇 이방인이 제사하는 것은 귀신에게 하는 것이요 하나님께 제사하는 것이 아니니 나는 너희가 귀신과 교제하는 자가 되기를 원하지 아니하노라(고전 10:19-20).

미신의 유혹으로 인해서, 신약성서의 기자들은 반복해서 그러한 미신 활동과 결부되어 있던 권세들을 섬기고 숭배하는 주후 1세기의 보편적인 관습을 비난한다. 그래서 바울은 죄악된 행위들의 목록 속에서 "우상숭배와 주술"(갈 5:20)을 언급한다. 요한계시록의 선견자는 하나님께서 그러한 것들을 행하는 자들을 심판하시고 자신의 영원한 나라로부터 우상숭배자들을 추방하실 것이라고 경고한다(계 9:21; 21:8; 22:15). 바울은 자신의 동역자들에게 "믿음에서 떠나 미혹하는 영과 귀신의 가르침을 따르는"(딤전 4:1; cf. 딤후 4:4) 자들, 망령되고 허탄한 신화들과 옛 여인네들의 이야기들(딤전 4:7; 1:4)에 몰두하는 자들, 심지어 유대교의 신화들에 관심을 기울이는 자들(딛 1:14)을 조심하라고 경고한다.

성경의 저자들에 의하면, 우상들과 미신 배후에 있는 권세들은 실재한다. 어떤 의미에서 그들은 실제로 존재한다. 그러나 그들은 선한 세력들이 아니라 악한 세력들이다. 왜냐하면 그들은 귀신들과 연결되어 있기 때문이다. 따라서 우상숭배와 미신은 하나님이 아니라 마귀 세력과의 접촉을 매개해 주기 때문에 반드시 피해야 한다.

실재하지 않는 것의 권세들. 그러나 미신 배후에 있는 존재들의 지위라는 문제와 관련하여 성경의 두 번째 대답이 있다. 이러한 권세들은 결코 객관적인 실존을 지니고 있지 못하다고 성경은 주장한다.

신이라고 주장하는 그 밖의 다른 존재들이 실재한다는 것을 인정하지 않는 것은 구약성서에서 분명하게 나타난다. 앞에서 보았듯이, 적어도 포로기 시대까지는 히브리인들은 다른 민족들이 '다이몬'(daimon) 같은 열등한 신들에게 귀속시켰던 사건들 — 심지어 비극적인 것들까지 — 을 하나님의 통치로 돌렸다(삼하 24:16).[39] 구약성서에 의하면, 오직 하나님만이 주권자이시다; 궁극적으로 오직 하나님만이 자신의 세계 속에서 일어나는 사건들을 주관하신다. 따라서 천상의 야웨의 궁정에 속한 구성원들을 제외하고는, 열방의 신들은 허무한 존재들(nothing)

이다.

하나님 이외의 다른 신들의 객관적인 실재성을 부정하는 가장 분명한 진술은 아마도 우상숭배라는 절박한 문제를 논의하면서 바울이 맺고 있는 결론에서 찾아볼 수 있을 것이다. 바울은 이렇게 쓰고 있다:

> 그러므로 우상의 제물을 먹는 일에 대하여는 우리가 우상은 세상에 아무것도 아니며 또한 하나님은 한 분밖에 없는 줄 아노라 비록 하늘에나 땅에나 신이라 불리는 자가 있어 많은 신과 많은 주가 있으나 그러나 우리에게는 한 하나님 곧 아버지가 계시니 만물이 그에게서 났고 우리도 그를 위하여 있고 또한 한 주 예수 그리스도께서 계시니 만물이 그로 말미암고 우리도 그로 말미암아 있느니라 그러나 이 지식은 모든 사람에게 있는 것은 아니므로 어떤 이들은 지금까지 우상에 대한 습관이 있어 우상의 제물로 알고 먹는 고로 그들의 양심이 약하여지고 더러워지느니라(고전 8:4-7).

이렇게 우상들은 객관적으로 실재하지 않는다. 왜냐하면 많은 신들이 있는 것이 아니라 오직 한 분 하나님만이 존재하기 때문이다.

그렇다면 우리는 겉보기에 모순되어 보이는 우상들의 지위에 관한 이러한 해석들을 어떻게 통합할 수 있을까? 아마도 그 단서는 "그러나 이 지식은 모든 사람에게 있는 것은 아니므로"라는 바울의 말 속에 있는 것 같다. 바울은 우상들 — 그러므로 귀신들 — 의 권세가 그리스도를 떠나 있는 인간들의 무지(無知)에 있다고 말한다. 사람들은 한 분 하나님에 관한 진리에 무지하기 때문에 마귀적인 우상들의 세계를 인정한다는 것이다. 그들은 이러한 영들에게 충성을 맹세함을 통해서 그러한 영들이 그들의 삶에 대하여 권세를 행사하도록 허용한다. 그렇게 함으로써 그러한 존재들은 그들을 인정하는 자들에게 실재적이고 객관적인 존재가 되어 버린다.

미신에 대한 기독교적 태도

우리는 지금까지 우상들과 마귀 세력에 관한 성경의 주장들을 살펴보았기 때

---

39) Foerster, "Daimon," in *TDNT*, 2:11

문에 이제 미신이라는 문제에 관하여 몇 가지 결론들을 도출할 수 있게 되었다.

우리의 일차적인 결론은 부정적인 것이 되어야 한다. 성경은 그러한 모든 미신들이 중대한 위험성을 내포하고 있다고 우리에게 아주 분명하게 경고하고 있다. 그러므로 우리는 미신을 섬기지 않도록 스스로 조심하지 않으면 안 된다. 우리는 어떤 중요한 의미에서 우리가 영적인 존재들에 의해서 실제로 둘러싸여 있다는 것을 인정해야 한다. 그러나 박수 무당, 신접한 자, 점쟁이, 주술사들의 활동은 오직 우리를 호의적인 권세들이 아니라 악의적인 권세들 — 즉, 빛의 권세들이 아니라 어둠의 권세들 — 과 접촉하게 해주는 데 기여할 수 있을 뿐이다. 이러한 문제들에 장난삼아 접근한다고 해도 돌아오는 것은 오직 해악뿐이다.

인간의 종교 전통들의 가르침과는 반대로, 우리의 복리(福利)의 원천은 영적인 세계에 속하는 권세들과 접촉하려는 시도들에 있는 것이 아니다. 우리는 빛의 사자인 것처럼 보이는 영들이나 점성술을 추구하지 말고, "온갖 좋은 은사와 온전한 선물이 다 위로부터 빛들의 아버지께로부터 내려오나니 그는 변함도 없으시고 회전하는 그림자도 없으시다"(약 1:17)는 것을 깨달아야 한다. 우리는 오직 영원한 하나님께 우리의 기도를 드리고, 인도하심과 도움을 요청해야 한다. 우리는 오직 하나님만이 우리가 필요로 하는 것들을 채워주실 수 있다는 것과 오직 하나님만이 영적인 세계의 선한 권세들을 보내셔서 우리를 도와주실 수 있는 주권자라는 것을 확신하기 때문에 그렇게 할 수 있다(히 1:14).

우리의 두 번째 결론은 권세들과 그리스도의 관계로부터 생겨나는 결론이다. 앞에서 말했듯이, 신약성서는 영적인 세계에 존재하는 모든 정사와 권세들은 부활하신 그리스도의 권세 아래에 있다고 단정적으로 선언한다. 예수께서 우리를 영적인 세계에 속하는 권세들에 대한 노예상태와 두려움으로부터 해방시키셨기 때문에, 우리는 미신적인 종교들의 "기본 원리들"(골 2:20-22; 개역에서는 "초등학문") 또는 유대교의 율법 체제의 규례들과 제의들(갈 4:3, 9)에 복종하여 종노릇함으로써 미신들에 목매는 어리석은 짓을 하지 말아야 한다. 이와는 반대로 자유를 얻은 한 분 하나님의 자녀들로서 우리는 미신적인 신앙들에 포로로 잡혀 있는 자들에게 자유의 좋은 소식을 선포해야 한다.

그러나 권세들에 대한 그리스도의 관계는 위에 말한 것보다 훨씬 더 깊은 차원을 지니는데, 바로 이것은 우리의 가장 중요한 결론을 이룬다. 그리스도는 권세들이 실체가 없다는 것을 백일하에 드러내셨다. 바울은 "통치자들과 권세들을 무력화하여 드러내어 구경거리로 삼으시고 십자가로 그들을 이기셨느니라"(골 2:15)고 분명하게 말한다. 그렇게 함으로써 바울은 "기본 원리들"이 실제로 그리스도로 말미암아 및 그리스도를 위하여 창조되었다는 것을 보여 준다(골 1:16). 하나님의 의도는 그것들로 하여금 하나님을 섬기며, 그 연장선상에서 신자들을 섬기게 하는 것이다. 권세들이 그리스도로 말미암아 및 그리스도를 위하여, 그리고 우리를 위하여 창조되었다는 좋은 소식은 우리가 이제 다른 사람들에게는 종교적 의식들이 되어 있지만 실상은 그런 것이 아닌 것 속에 존재하는 진리를 우리의 것으로 만들어서 원래 그것들이 창조되었던 목적을 위하여 선하게 사용할 수 있게 되었다는 것을 의미한다.

그렇다면 우리는 다른 사람들이 미신으로 보는 의식들을 어느 정도나 긍정하고 거기에 참여해야 하는가? 이러한 질문에 답하기 위해서, 우리는 미신적인 활동들을 우상적인 신앙들과의 관련성을 토대로 두 가지 범주로 구분해야 한다. 한편으로 몇몇 미신들은 우상숭배와 뗄래야 뗄 수 없을 만큼 결합되어 있기 때문에 철저하게 이교적이다. 아마도 그러한 가장 분명한 예는 점술 또는 신점 ― 즉, 미래와 관련된 지침을 얻기 위한 목적으로 죽은 자들 또는 영들과 접촉하고자 하는 시도 ― 이다. 앞에서 보았듯이, 성경은 이러한 의식들을 가증스러운 일들로 본다. 사실 그것들은 미래를 주관하시고 우리의 삶을 인도하시는 유일한 분인 한 분 참된 하나님에 대한 신앙을 정면으로 부정하는 것이다.

마찬가지로 별을 보고 점을 치는 형태의 점술도 허용될 수 없다. 영들에게 상담하는 것과 마찬가지로, 이러한 의식들도 미래에 대하여 뭔가를 얻어내려는 헛된 시도를 통해 미래를 주관하시는 유일하신 하나님으로부터 등을 돌리는 행위이기 때문이다. 점성술은 사실 한 분 참된 하나님의 피조물들일 뿐인 천체들이 우리의 삶에 영향을 미칠 수 있다고 잘못 전제하고 있다. 그리고 점술은 모종의 의식들을 통해서 우리가 모르는 것들을 알고 있는 권세들과 접촉할 수 있다고 전제한다. 그러나 어느 경우이든 그러한 것들을 행하는 자들은 지혜의 유일한 원천이신 분으로부터 인도하심을 구하는 것이 아니다. 그 대신에 그들은 오직 하나님께만 속한 것들을 열등한 권세들에게 돌리고 있는 것이다. 그러므로 이러한 모든 것들은 그 중심에 있어서 우상 숭배이다.

다른 한편으로 몇몇 미신들은 본질적으로 우상숭배와 연관이 없다. 그 한 예는 전통적인 의술의 사용을 들 수 있다. 전통적인 종교들의 치료술에서 볼 수 있는 겉보기에 미신적인 의식들 배후에 있는 것은 인간의 총체성과 자연 세계 사이의 관계에 대한 통찰들일 수 있다. 전통적인 아프리카 종교들의 샤만들(shamans)은 효험 있는 약초들과 의술들에 대하여 알고 있다. 불행히도 이러한 통찰들은 흔히 우상들과 영들에게 충성을 맹세하는 종교적 의식들과 결합되어 있다. 그리스도는 그의 백성을 모든 미신들로부터 해방시키셨고, 권세들은 그리스도로 말미암아 및 그리스도와 그를 따르는 자들을 위하여 창조되었기 때문에, 우리는 미신 속에서 발견되는 일말의 진리들을 거짓된 종교적 외피로부터 해방시켜서 그 속에 들어있는 진리의 알맹이들을 끄집어낼 수 있다.

그렇다면 우리는 미신적인 신앙들과 의식들에 어떻게 접근해야 하는가? 간단히 말해서, 경각심을 가지고 아주 조심스럽게 분별하는 태도로 접근해야 한다. 한편으로 우리는 종교적 신앙들과 의식들로서의 모든 미신들은 우상 숭배적이고 마귀적이라는 것을 안다. 그러므로 우리는 조심해야 한다; 우리는 그 어떤 우상 숭배적인 미신에 연루되는 것을 단호하게 거부하여야 한다.

이와 동시에 우리는 궁극적으로 오직 한 분 하나님이 계시다는 것과 만물은 그리스도로 말미암아 및 그리스도를 위하여 창조되었다는 사실을 알고 있다. 따라서 우리는 미신들 배후에 있는 존재들이 그 미신을 행하는 자들의 삶에 영향력을 행사할 수 있다고 인정하는 것을 단호하게 거부하여야 한다. 우리는 분별하여야 한다. 우리는 세계의 여러 민족들의 전통적인 신앙 체계들의 미신적인 의식들의 껍데기 속에 감춰져 있을 수 있는 인간의 복리와 유익을 위하여 존재하는 진리를 찾아내야 한다. 사람들을 그들의 창조주이신 한 분 하나님과 다시 결합시킴으로써, 우리는 인간의 복리와 공동체의 촉진을 위하여 그러한 유익한 통찰들을 사용할 수 있다. 이것은 한 분 참된 하나님의 은혜로운 통치의 진보와 온 세계에 걸친 하나님의 공동체의 건설에 속하는 일이다.

제 3 부

기독론

성경은 구원사를 이야기 형태로 제시한다. 성경은 창조를 위한 자신의 의도를 성취하기 위한 삼위일체 하나님의 행위들을 자세히 들려준다. 처음부터 끝까지 하나님의 의도는 공동체를 세우는 것이다. 에덴 동산에서 첫 사람 아담이 홀로 독처하는 것을 보신 창조주는 역사 전체에 걸쳐서 자신이 세상에서 의도하신 공동체를 건설하기 위하여 적극적으로 활동하고 계신다.

언젠가는 역사 속에서의 하나님의 활동은, 구약의 선지자들이 내다보았고 요한계시록의 마지막 장들에서 좀 더 자세하게 발전된 새 하늘과 새 땅의 도래로 그 절정에 도달하게 될 것이다. 이러한 미래의 새로운 질서는 온전한 의미에서의 공동체를 그 특징으로 하게 될 것이다. 자연은 다시 땅에 거하는 모든 것들에게 자양분을 제공해주는 자신의 본연의 소임을 다하게 될 것이다(계 22:1-4). 그러나 무엇보다도 가장 영광스러운 것은 하나님께서 새 땅에 인간과 함께 거하심으로써 창조를 위한 자신의 궁극적인 계획을 완성하시게 된다는 것이다(계 21:3; 22:3-5).

하나님의 가장 큰 원대한 목표인 공동체의 수립은 조직신학을 통합하는 주제(motif) 또는 조직신학에 체계를 부여해주는 원칙(principle)이다. 우리는 이미 이 주제가 신론 및 인간론에서 지니는 함의(含意)들을 살펴본 바 있다. 공동체라는 주제의 관점에서 보면, 본래의 신학(즉, 신론)은 공동체를 세우는 것을 목표로 하시는 하나님의 본질에 대한 해명(解明)이다. 이 하나님은 삼위일체 하나님, 곧 삼위의 공동체이다. 하나님을 삼위일체로 보는 기독교는 하나님을 종말론적 공동체의 수립을 위한 토대라고 설명한다. 하나님은 영원토록 성부, 성자, 성령의 공동체이다. 그러므로 역사 속에서 삼위일체 하나님은 피조세계로 하여금 이 영원한 교제에 참여토록 하고자 활동하신다. 또한 기독교 신학에서 제시하는 하나님은 창조주 하나님이다. 이 주제에 맞춰서, 창조론은 삼위일체 하나님이 세상을 존재케 하시고 만유(萬有)를 자신의 영원한 목적에 따라 형성하시는 일을 하고 계시는 것으로 설명한다. 이러한 창조론은 하나님께서 손으로 지으신 피조세계 내에서 화해 ― 공동체 ― 를 이루시는 활동을 논의하기 위한 배경을 이룬다.

또한 공동체라는 주제는 기독교적 인간학(즉, 인간론)을 구축하기 위한 토대가 된다. 이런 식으로 이해하면, 인간론은 공동체를 세우시기 위한 하나님의 활동의 대상으로서의 인간의 본질에 대한 해명이다. 기독교적 인간론은 인간이 하나님의 형상으로 지음받았다는 영광스러운 진리 ― 집단적 또는 공동체적 의미로 이해할 때에 가장 잘 이해되는 개념 ― 를 제시한다. 인간은 공동체를 위하여 지음받았지만 타락으로 인하여 자기 자신으로부터, 인간 상호간으로부터, 그들의 환경으로부터 소외되었고, 무엇보다도 비극적인 것은 하나님으로부터 소외되었다는 것이다. 그렇지만 기독교의 이야기는 부정적인 결말로 끝나지 않는다. 인간은 하나님의 화해 사역의 대상이기도 하기 때문이다.

이런 식으로 인간론은 조직신학의 그 밖의 나머지 가르침들로 넘어가는 교량 역할을 한다. 하나님은 우리의 화해를 이루심으로써 하나님의 창조의 목적, 즉 종말론적 공동체의 수립을 완성시키기 위하여 활동하신다. 따라서 우리의 조직신학의 나머지 부분은 하나님의 이러한 영광스러운 활동, 특히 성자와 성령을 통하여 수행되는 활동에 대한 해명이 될 것이다.

기독론에서 우리는 삼위일체 하나님의 화해 및 공동체 건설 사역에 있어서의 나사렛 예수 ― 그리스도인들이 그리스도로 인정하는 ― 의 역할을 고찰한다. 그리스도에 관한 가르침, 곧 기독론은 두 가지 중심적인 문제에 대한 조직신학적 고찰이다: 예수는 누구인가? 그리고 예수는 무엇을 이루셨는가? 다시 말해서, 기독론은 그리스도의 정체성(identity)과 사명(mission)에 관한 기독교적 주장에 초점을 맞춘다.

그리스도의 인격과 사역에 관한 우리의 신앙들을 분명히 제시하기 위하여, 기독론은 기독교 신앙의 중심적인 주장들을 탐구한다. 바로 이 주장들이 우리의 조직신학의 제3부에 나오는 네 개의 장(章)에서 다루어질 핵심들이다. 예수는 하나님, 곧 사람의 모양을 한 하나님이시다(제9장). 예수는 사람으로서 우리와 같이 되신 분이다(제10장). 예수는 하나의 구분되지 않은 인격 속에서 하나님이자 사람이시다(제11장). 예수는 우리의 구원자, 죄악된 인류로 하여금 구원받을 수 있게 해주시는 분이시다(제12장).

제 9 장

그리스도 예수와 하나님의 교제

> 그런즉 이스라엘 온 집은 확실히 알지니 너희가 십자가에 못 박은 이 예수를 하나님이 주와 그리스도가 되게 하셨느니라 하니라. — 사도행전 2:36

기독론은 그리스도인들이 나사렛 예수라고 선포하는 그리스도의 정체성 및 사역(mission)에 관한 연구이다. 예수 안에서 그리스도인들은 하나님의 자기 계시 — 성육신하신 하나님 — 와 인류의 구원을 위하여 결정적인 일을 행하신 하나님을 발견한다. 예수 안에서 그리스도인들은 인류를 향한 하나님의 의도, 즉 공동체 속에서의 삶에 대한 계시를 발견한다. 그러므로 기독론은 "우리와 함께 하시는 하나님"이라는 예수에 대한 우리의 신앙고백을 성찰하는 신앙 공동체이다. 기독론에서 우리는 하나님께서 우리의 구원을 위하여 이 특별한 인간의 삶 — 그리스도이신 나사렛 예수 — 을 통하여 역사하셨다는 것을 선포한다.

그리스도에 관한 가르침은 기독교 신앙의 핵심에 속한다. 그리고 기독론의 핵심에는 하나님이 예수 안에 임재해 계신다는 고백이 있다. 그러나 우리가 그리스도이신 예수 안에 하나님이 임재해 계신다고 주장할 때, 우리는 무엇을 의미하는가? 그리고 우리는 우리가 살고 있는 변화된 환경 속에서 우리의 신앙고백을 계속해서 천명할 수 있는가? 이러한 질문들을 염두에 두고, 우리는 기독론의 첫 번째 차원의 전개, 즉 예수와 하나님의 교제(fellowship)에 대한 고찰로 눈을 돌려보자. 어떤 의미에서 우리는 예수께서 하나님의 공동체에 참여하고 있다고 주장할 수 있는가?

토대들: 신적인 분 예수

기독교회는 예수가 임마누엘, 즉 "우리와 함께 계신 하나님"이라는 것을 인정하는 것으로부터 생겨났다. 예수를 따르던 초기의 유대인들은 예수 안에서 그들이 하나님을 직접 만났다고 믿었다. 신약성서의 기자들은 예수의 정체성과 관련한 이러한 체험의 함의(含意)들에 대하여 성찰하면서 예수는 하나님이자 구세주라는 결론을 내렸다(벧후 1:1). 나사렛 예수는 신성을 지니고 있다고 그들은 주장하였다. 이러한 신앙고백은 기독교 신앙, 그러니까 우리의 기독론의 토대를 이룬다.

우리는 이러한 기독교적 주장을 어떻게 이해해야 하는가? 우리는 예수가 하나님이라고 고백하는가? 만약 그렇다면, 어떤 의미에서 이 말은 진실인가? 이러한 무게 있는 문제들과 씨름하기 위한 전주곡으로서 우리는 이러한 주장의 토대에 관하여 묻지 않으면 안 된다. 무슨 근거로 우리는 예수가 신성을 지닌 분이라고 주장하는가?

우리가 탐구를 시작할 곳은 신학사이다. 교회의 신학자들이 예수의 인격의 신적의 차원에 대한 그들의 이해를 어떻게 표현하게 되었는가를 살펴본 후에야, 우리는 이러한 기독교 신앙의 주장을 위한 적절한 토대를 찾아나갈 수 있을 것이다.

예수의 신성에 관한 주장의 발전과정

예수는 누구인가? 이 나사렛 사람의 정체성은 모든 역사 중에서 가장 당혹스러운 문제였다. 이미 예수의 공생애 동안에 그의 진정한 정체성에 관한 말들이 많았다(마 16:13-16). 이러한 논의는 신약성서의 여러 책들이 씌어짐으로써 끝난 것이 아니었다. 반대로 교부들이 도전을 받았던 것들 중의 하나는 로마 세계라는 배경 속에서 정확히 예수가 누구인지를 해명하는 일이었다. 초창기에 교회를 위험에 빠뜨렸던 핵심적인 논쟁은 예수는 하나님과 관련하여 누구인가라는 문제에 집중되어 있었다.

주후 2세기의 기독론적 논쟁. 대략 주후 100년경부터 200년에 이르기까지 교회는 이미 사도 시대부터 시작된 기독론과 관련된 근본적인 견해 차이로 인해 큰 고통을 당했다. 복음이 원래의 보금자리였던 팔레스타인을 넘어서 좀 더 광범위한 로마 세계로 퍼져 나가면서, 유대인의 사고방식과 헬라인의 사고방식 간의 긴장이

생겨났다.[1]

유대적 유산을 지닌 신자들은 엄격한 유일신 사상과 도덕주의(moralism)를 배경으로 하고 있었기 때문에 예수의 정체성에 관한 열쇠를 새로운 모세로서의 그의 역할에서 찾는 경향이 있었다: 예수는 하나님의 율법을 지키기 위하여 하나님으로부터 보내심을 받은 자였다. 이와는 반대로 이방인 신자들은 헬라의 유산을 이어받아 종교적인 문제들에 대한 좀 더 합리적인 접근 방법과 형이상학, 존재, 본질과 관련된 문제들에 대한 헬라 철학적인 관심에 젖어 있었다. 따라서 그들은 하늘에서 내려온 진리의 사자로서의 예수의 존재론적 신성(神性)을 강조하는 경향이 있었다.

이와 같이 판이하게 다른 강조점들은 그리스도의 인격에 관한 초창기의 두 가지 이단을 낳았다. 에비온주의자들(the Ebionites)의 양자(adoptionist) 기독론은 유대적인 경향을 구현한 것이었다.[2] 이 기독론을 주장한 사람들은 예수를 율법의 엄격한 준수를 통해서 의롭게 됨으로써 메시야로 인정받은 사람일 뿐이라고 이해하였다. 그런 까닭에 예수는 하나님의 계획을 수행하기 위한 목적으로 하나님에 의해서 양자가 되었다.

이와는 반대로 영지주의를 비롯한 여러 가현설적(docetic) 이단들을 추종한 사람들은 헬라적인 관심사들을 반영하였다.[3] 이 이단의 명칭의 근저에 있는 헬라어인 '도케오'(doceo, "보이다" 또는 "나타나다")가 보여 주듯이, 가현설을 주장하는 사람들은 신성을 지닌 그리스도는 실제로 인간의 몸을 입지 않았다고 주장하였다: 그의 몸은 단지 겉보기에만 입은 것처럼 보였을 뿐이기 때문에, 그리스도의 고난과 죽음은 단순한 겉모습에 불과하였다는 것이다. 가현설을 주장하는 사람들은 만약 그리스도께서 고난을 당하셨다면 그는 하나님일 수가 없고, 그가 하나님이라면, 그는 결코 고난을 당할 수 없다고 주장하였다.

교회 신학자들은 에비온주의자들과 영지주의자들의 잘못된 이해에 맞서서 예수

---

1) 상황을 이런 식으로 규정하는 것에 대해서는 J. W. C. Wand, *The Four Great Heresies*(London: Mowbray, 1955), 21-27을 보라.

2) Ibid., 24. 또한 J. N. D. Kelly, *Early Christian Doctrines*, revised edition(San Francisco: Harper and Row, 1978), 139를 보라.

3) Wand, *The Four Great Heresies*, 24-26; Kelly, *Early Christian Doctrines*, 141-42.

는 신성을 지닌 분이라는 기독교적 주장을 분명히 하고자 하였다. 주후 2세기의 변증론자들은 로고스(Logos) 기독론을 고안해 내었다. 그들의 주장은 필로(Philo), 스토아 학파, 요한복음의 서문에 나오는 여러 개념들을 결합한 것이었다. 인격적인 로고스 — 만유의 이성적 원리 — 는 영원 속에서 표현되지 않은 채 하나님과 함께 계셨다. 이 로고스는 창조, 그리고 최근에는 나사렛 예수의 형태로 두 번 표현되었다. 그러므로 예수는 신적인 로고스의 성육신이라는 점에서 신성을 지닌 분이다.

예수와 하나님의 관계에 관한 기독론적 문제를 풀기 위하여 로고스 개념을 사용한 것은 신선한 생각이었다. 그럼에도 불구하고 로고스 기독론을 주장하는 사람들은 한 가지 문제를 답변하지 않고 그대로 남겨 두었다: 그리스도의 정체성의 신비가 신적인 로고스가 인간 예수와 결부된 것에 있다고 한다면, 이러한 관계의 정확한 성격은 과연 무엇인가? 사실 로고스 기독론은 로고스와 인간 예수의 연관성을 양자론적 또는 가현설적 방식으로 이해할 수 있는 가능성을 열어 두었던 것이다.

군주신론자들(monarchians)은 이러한 해결되지 않은 긴장을 인식하였다. 그들은 로고스 기독론을 주장하는 사람들을 양신론(bitheism) — 영원한 하나님과 신적인 로고스라는 두 하나님을 상정하는 견해 — 이라고 비난하였다. 로고스 기독론의 이단성을 인식한 군주신론자들은 유일신론의 유산을 보존하고자 시도하였다. 그들의 관심은 두 가지 서로 구별되는 기독론의 형태를 취했다. 역동적 군주신론을 주장하는 사람들은 에비온주의자들의 양자설을 따랐다. 그들은 예수의 생애의 어느 시점에 로고스가 인간 예수에게 강림하였다고 주장한다 — 물론 그 시기가 정확히 언제인지에 대해서는 많은 이론(異論)이 있다.[4] 이와는 대조적으로 양태론적 군주신론자들은 영지주의자들의 가현설적 기독론을 따랐다.

아리우스 논쟁. 주후 2세기는 하나의 기독론이 주도적인 위치를 차지하지 못한 채 끝이 났다. 따라서 그 이후의 250년 간은 교회 내에서 기독론과 관련된 갈등

---

4) 예를 들면, Theodotus of Byzantium는 예수께서 세례를 받으실 때에 '로고스'가 강림하였다고 주장하였고, Paul of Samosata은 말씀의 임재는 예수의 도덕적 발달과 어떤 식으로든 결부되어 있었다고 분명하게 주장하였다. Kelly, *Early Christian Doctrines*, 116, 118.

이 심화된 시기였다. 원드(J. W. C. Wand)는 이 시기를 "4대 이단들"의 시대로 규정하였다.[5] 논쟁의 핵심에는 기독론에 있어서의 두 가지 기본적인 방법론들, 즉 안디옥, 수리아를 중심으로 하는 방법론과 알렉산드리아, 애굽을 중심으로 한 방법론 간의 싸움이었다. 유대적인 사고 방식의 영향을 받았던 안디옥 학파는 예수의 신성을 압도하거나 예수의 인격의 통일성을 파괴할 정도까지 예수의 인성을 강조하였다. 헬라 학문의 본거지에 자리잡고 있던 알렉산드리아 학파는 예수의 신성을 강조하였으나, 예수의 인성을 가려 버리거나 신성과 인성의 구별을 없애버릴 위험성을 안고 있었다.

첫 번째 기독론적 논쟁은 교회로 하여금 정통 신앙의 발전에 있어서 이정표가 될 예수의 신성에 대한 주장을 천명하게 하였다. 논쟁을 촉발시킨 것은 아리우스(Arius)의 가르침이었다. 예수의 인격에 대한 그의 이해는 안디옥 학파의 기독론적 방법론에 내재해 있던 위험성들 중의 하나, 즉 예수의 인성을 강조함으로써 신성을 가려 버리는 위험성을 보여주었다. 아리우스의 관심의 핵심에는 하나님은 아무런 구별도 없는(undifferentiated) 전체라는 전제였다. 이를 토대로 아리우스는 로고스 또는 성자는 피조물이고, 그렇기 때문에 시작(a beginning)이 있음에 틀림없다고 주장하였다: "성자는 어떤 식으로든 출생하지 않은 것이 아니며, 출생하지 않은 것의 일부도 아니다. 성자가 출생하거나 창조되거나 임명되거나 세워지기 전에, 성자는 존재하지 않았다: 왜냐하면 성자는 출생하지 않은 것이 아니기 때문이다."[6] 아리우스의 대적자들은 그의 논증을 다음과 같이 요약하였다: "성부가 성자를 낳았다면, 그렇게 출생한 분은 존재의 시점(始點)을 갖고 있을 것이다. 그러므로 성자가 아니었던 때가 존재한다는 것은 분명하다."[7] 그러므로 아리우스는 "성자"와 "로고스"라는 용어를 존재론적으로 보지 않고, 예수의 궁극적인 영광과 결부된 예우 차원의 명칭들로 보았다.

아리우스의 견해에 반대하여 교부인 아타나시우스(Athanasius)는 구원론을 근거로 예수는 완전한 신성을 지니고 있어야 한다고 주장하였다. 아타나시우스는 구

---

5) 여기에서 Wand, *The Four Great Heresies*라는 표제가 나왔다.
6) "The Letter of Arius to Eusebius," in *Documents of the Christian Church*, ed. Henry Bettenson, second edition(London: Oxford University Press, 1963), 39.
7) Socrates, "The Arian Syllogism," in *Documents of the Christian Church*, 40.

원을 하나님의 본성에 참여하는 것으로 이해했기 때문에, 구원은 진정으로 하나님이신 분에 의해서만 인간에게 전해질 수 있다고 보았다. 그리스도 안에서 "말씀은 우리로 하여금 신적인 자들이 되게 하기 위하여 사람이 되셨다"[8]고 아타나시우스는 주장하였다.

교회는 주후 325년에 니케아(Nicea)에서 개최된 제1차 공의회에서 아리우스의 입장을 거부하였다. 이 공의회는 예수가 "성부로부터 … 성부의 본질(substance)로부터 났고 … 성부와 하나의 본질로부터 만들어진 것이 아니라 그 본질로부터 났다"라고 선언한 신앙고백을 채택하였다. 그런 다음에 이 신조는 아리우스의 기독론을 분명하게 거부하는 말로 끝이 난다:

> 그러나 그가 한때 존재하지 않았다거나 그가 발생하기 전에는 존재하지 않았다거나 그가 무(無)로부터 나와서 존재하게 되었다고 말하는 자들에게, 그리고 하나님의 아들인 그가 다른 위격(hypostasis) 혹은 '본질'(ousia)에 속한다거나 그가 피조물이라거나 변함이 있다거나 무상(無常)하다고 주장하는 자들에게, 보편적이고 사도적인 교회는 저주를 선언한다.[9]

이런 식으로 니케아 공의회는 대체로 헬라 철학적인 범주들로 인식된 예수의 신성을 정통적인 기독론의 첫 번째 신조로 채택하였다.

기독론의 토대

니케아 공의회 이래로 정통적인 그리스도인들은 제1차 공의회가 성경 속에 이미 초기적인 형태로 존재해 있는 것, 즉 예수는 신성을 지니고 있다는 것을 헬라 철학의 존재론적 범주들을 통해서 표현한 것뿐이라는 데 동의하여 왔다. 그러나 무엇을 근거로 신자들은 그러한 주장을 할 수 있는가? 좀 더 구체적으로 말한다면, 우리가 이러한 기독론의 중심적인 진술과 관련하여 근거로 삼을 수 있는 어떤 역사적 토대 — 예수 자신의 삶에 있어서의 토대 — 가 존재하는가? 아니면, 예수

---

8) Athanasius, *De Incarnatione* 54, in *The Early Christian Fathers*, ed. and trans. Henry Bettenson(New York: Oxford University Press, 1969), 293.

9) "The Creed of Nicaea," in *The Creeds of the Churches*, ed. John H. Leith, third edition(Atlanta: John Knox, 1982), 31.

의 신성에 대한 주장은 그 어떤 역사적 토대도 없는 단순한 신앙의 산물인 것인가?

주후 1세기부터 근대에 이르기까지 기독교 사상가들은 신앙의 진술들은 역사 속에서의 실제 사건들에서 그 합당한 토대를 발견한다고 확신하였다. 따라서 예수의 영원한 아들됨을 강조하는 "위로부터의 기독론"이라 불리는 방법론이 일반적으로 받아들여지고 있긴 하지만, 아우구스티누스로부터 루터에 이르기까지 신학자들은 예수의 신성에 관한 우리의 주장은 나사렛 예수의 역사적 삶에 관한 복음서 이야기들의 증언을 토대로 하고 있다는 것을 분명히 하였다.

그러나 개신교 내에서의 경건주의 운동은 미묘한 변화를 가져왔는데, 이것은 새로운 방향의 도래를 보여 주는 것이었다. 경건주의자들은 "머리로 아는 지식"과 "가슴으로 아는 지식"을 구별함으로써 "머리"로는 확실하게 알 수 없는 것을 "가슴"에 의거하여 정당화할 수 있는 길을 열어 놓았다. 1900년대에 이러한 혁신은 슬픈 신학적 열매를 맺었다. 곧, 많은 사상가들은 기독론적인 주장들을 나사렛 예수와 관련된 역사라는 그 근거로부터 분리시키고자 하였던 것이다.

오늘날 논쟁이 되고 있는 구체적인 문제는 역사의 예수(실제로 이 땅에 사셨던 나사렛 예수)와 신앙의 그리스도(교회에 의해서 선포되고 지속적으로 교회 속에 계시는 살아계신 그리스도)의 관계에 관한 문제였다. 19세기의 "역사적 예수 탐구" — 예수의 인격과 가르침에 관한 신학을 구축하기 위하여 예수 자신에게로 되돌아가고자 하는 시도 — 에 대한 반동으로 수많은 20세기 신학자들은 독일의 사상가인 마르틴 켈러(Martin Kähler)의 주도 아래[10] 케리그마(kerygma)의 그리스도에게 관심을 집중시키는 경향을 보여 주었다.

이러한 사상가들 중 일부는 예수의 신성에 관한 신앙의 주장은 역사적 토대에 근거하여야 한다는 주장을 혐오하였다.[11] 그들은 예수의 신성에 관한 주장을 나사

---

10) 이 입장에 대해서는 Martin Kähler, *The So-called Historical Jesus and the Historic, Biblical Christ* [German edition: 1896], trans. Carl E. Braaten(Philadelphia: Fortress, 1964)을 보라.

11) 역사에 토대를 둔 기독론에 대한 가장 영향력 있는 20세기의 비판자는 아마도 Rudolf Bultmann이었을 것이다. 그의 입장에 대해서는 Rudolf Bultmann, *Jesus Christ and Mythology*(New York: Charles Scribner's Sons, 1958), 84를 보라. 또한 Rudolf Bultmann, "Bultmann Replies to His Critics," in *Kerygma and Myth: A Theological*

렛 사람 예수의 역사에서 근거를 찾고자 하는 시도는 신앙과 역사를 뒤섞어서 엉망으로 만드는 일이라고 평가하였다. 우리의 신앙고백이 역사의 토대를 요구한다면, 신앙은 역사적 탐구라는 모래바람에 휘둘리게 될 것이라고 그들은 주장하였다. 신앙의 확실성이 어떻게 역사적 연구의 불확실성에 의거해서 세워질 수 있겠는가라고 그들은 부르짖었다.[12]

신앙의 확실성이 역사의 불확실성에 토대를 둘 수 없는 것이라면, 예수의 신성에 관한 신앙고백의 토대는 과연 무엇이 될 수 있는가? 이에 대한 한 가지 대답은 기독론적 주장은 궁극적으로 살아계신 그리스도, 즉 현재에 있어서 우리에게 임하는 위로부터의 그리스도와의 만남을 토대로 한다고 주장한다.

이러한 제안의 뿌리는 철학자 죄렌 키에르케고르(1813-1855년)의 사상에 있다. 예를 들면, 그의 저서인 「철학적 단편」(*Philosophical Fragments*, 1844년)[13]에서 "이 우울한 덴마크인"은 두 가지 유형의 종교를 개략적으로 말하였다. 내재성(內在性)의 종교인 소크라테스의 종교는 진리는 인간 개개인 속에 존재한다고 주장한다. 그러므로 여기에서 필요한 것은 오직 산파, 즉 개개인이 그 내재적인 진리를 깨닫도록 도와주기는 하지만 이러한 과정에서 부수적인 역할만을 하는 산파이다. 그러므로 결국 스스로를 아는 것이 신을 아는 것이 된다. 이와는 반대로 예수의 종교 — 타자성(他者性)의 종교 — 는 각 사람에게는 진리가 결여되어 있다고 주장한다. 따라서 우리는 진리 및 그 진리를 이해하는 데 필요한 조건들을 만들어 줄 선생이 필요하다. 여기에서 선생은 단순한 산파가 아니라 구원자이자 구속자이다. 키에르케고르에 의하면, 이 선생은 바로 예수 그리스도이고, 그의 정체성은 궁극적으로 역설적이다 — 단순한 이성의 대상이 아니라 신앙의 대상.

마르틴 켈러와 죄렌 키에르케고르의 사상은 에밀 브루너(Emil Brunner), 칼

Debate, ed. Hans Werner Bartsch(New York: Harper and Row, 1961), 211을 보라.

12) 이러한 입장은 신앙의 근거와 신앙에 대한 성찰(또는 내용)을 구별하는 것을 토대로 한다. Wolfhart Pannenberg는 이 입장이 19세기 신학자인 Wilhelm Herrmann에 의해서 최초로 제기되었다고 주장한다. Stanley J. Grenz, *Reason for Hope: The Systematic Theology of Wolfhart Pannenberg*(New York: Oxford University Press, 1990), 160을 보라.

13) Søren Kierkegaard, *Philosophical Fragments*, trans. David F. Swenson, revised Howard V. Hong(Princeton, N.J.: Princeton University Press, 1962), 11-27.

바르트, 루돌프 불트만(Rudolf Bultmann)을 비롯한 20세기 초의 몇몇 지도적인 신학자들에게 엄청난 영향을 미쳤다. 위로부터 오시는 그리스도에 대한 그들의 강조는 이전 세기에서 "아래로부터의 기독론"이 지니고 있었던 우월한 지위에 도전했던 과거의 "위로부터의 기독론"의 새로운 모습이었다. 19세기 사상가들은 먼저 역사적 인물로서의 예수를 연구함으로써 인간으로서의 예수의 삶으로부터 예수가 하나님의 아들이라는 신앙고백으로 넘어감으로써 예수의 정체성에 관한 문제들에 대답하고자 하였다. 바르트와 그 밖의 다른 학자들은 이 순서를 역전시켰다. 이제 그들은 예수가 하나님의 아들이라는 신앙고백에서 출발하여 역사적 인물로서의 예수의 삶에 관한 이해로 옮겨 갔다. 즉, 그들은 기독론적 탐구를 예수의 신성에 대한 주장으로부터 출발하였던 것이다.

"위로부터의 기독론"은 예수의 신성에 대한 우리의 신앙고백이 현재 속에서 우리와 만나는 그리스도에 대한 우리의 체험으로부터 생겨난다고 주장한다. 이러한 입장을 주장하는 사람들은 판이하게 서로 다른 신학적 배경들을 지닌 다양한 신학자들 속에서 찾아볼 수 있다. 예를 들면, 유명한 흑인 신학자인 제임스 콘(James Cone)은 흑인 교회는 그리스도의 의미가 오늘날 자유를 위한 투쟁 속에 현존하시는 십자가에 못 박히시고 부활하신 주님과의 만남에 있다고 증언한다고 말한다.[14]

많은 복음주의자들은 콘(Cone)의 해방적 관점에 반드시 동의하는 것은 아니지만, 그와 비슷한 노선을 따라서 우리는 오늘날 우리 가운데서 주님의 임재에 대한 체험을 토대로 예수가 신성을 지닌 분이라는 것을 안다고 주장한다. 그러나 복음주의자들은 성령이 우리로 하여금 예수에 관한 진리를 알 수 있게 해준다고 강조한다. 실제로 바울이 말했듯이, "성령으로 아니하고는 누구든지 예수를 주시라 할 수 없느니라"(고전 12:3).

우리는 살아계신 주님에 대한 오늘날의 체험의 중요성이나 우리로 하여금 예수의 정체성을 알게 해주는 성령의 역할을 강조하는 사람들이 주장하는 진리를 쉽게 인정한다. 그렇지만 우리는 누가 예수의 신성에 대한 우리의 주장의 토대를 위한 탐구가 단지 여기에서 끝난다고 주장할 때마다 이의를 제기하지 않으면 안 된다. 우리는 기독론이 나사렛 예수의 역사를 그냥 지나칠 수 있다는 함의가 내포된

---

14) James Cone, *God of the Oppressed* (New York: Seabury, 1975), 121-22.

주장에 동의할 수 없다. 하지만 이것이 왜 그런가에 관한 우리의 논의는 예수의 역사 중에서 정확히 어떤 측면이 우리가 서술하고자 하는 기독론의 토대가 되는가를 제시할 때까지 기다려야 할 것이다.

우리의 기독론적 주장의 토대

신앙의 그리스도를 역사의 예수로부터 분리하게 되면, 우리는 예수의 신성에 대한 우리의 주장을 역사적 탐구라는 "모래 바람"으로부터 지켜낼 수 있을 것이다. 그러나 이러한 유익은 곧 커다란 대가를 치르게 된다. 이런 이유로 많은 오늘날의 사상가들은 예수께서 신성을 지니고 있다는 기독교의 주장을 위한 모종의 역사적 토대가 있어야 한다는 것을 인정하는 것이 지혜롭다고 거듭 천명하여 왔다. 그렇지만 예수의 삶 중에서 어떤 측면이 이러한 토대가 되는 것인가? 이에 대해 몇 가지 증언들이 가장 유력하다.

예수의 죄 없으심. 한 가지 가능성은 예수의 신성에 대한 우리의 주장은 그의 완전한 삶에 토대를 두고 있다는 것이다. 이러한 주장은 예수의 죄 없으심에 대한 전통적인 신학적 주장과의 관련성으로 인해서 매력적이다.

복음주의자들은 우리 주님의 죄 없으심을 쉽게 주장한다. 그러나 예수의 완전한 삶은 19세기 개신교의 자유주의자들에게도 특별한 관심의 대상이었다. 예를 들면, 프리드리히 슐라이어마허(Friedrich Schleiermacher)는 예수께서 죄가 없다는 것을 증명하려는 모든 시도들을 회피했지만, 그럼에도 불구하고 예수의 완전성에 대한 주장을 신학적으로 활용하였다.[15] 이 "현대 신학의 아버지"는 예수의 죄 없으심을 "예수 안에서 하나님의 진정한 현존"을 보여 주는 "예수의 끊임없는 하나님 의식"과 결부시켰다.[16]

신약성서의 저자들은 예수께서 죄 없는 삶을 살았다는 것, 즉 예수는 죄라고 부를 수 있는 그 어떤 행위도 하지 않았다는 것을 확신하였다(히 4:15). 제4복음서는 죄 없으심에 대한 주장의 근원을 주님과 그의 경건한 유대인 대적자들 간의

---

15) Friedrich Schleiermacher, *The Christian Faith*, ed. H. R. MacKintosh and J. S. Stewart(Edinburgh: T. & T. Clark, n.d.), 362.

16) Ibid., 385.

쟁점이었던 예수 자신의 자기 인식에서 찾을 수 있다고 주장한다(요 8:46). 예수는 우리의 죄악된 상태에 참여하였다는 바르트의 주장과는 반대로,[17] 성경의 몇몇 본문들은 예수는 많은 개혁주의 신학자들의 주장처럼 타락한 인간의 특징을 이루는 죄에 대한 경향으로부터 자유로웠다는 것을 보여 준다(요일 3:5; 히 9:14; 고후 5:21).[18] 어쨌든 신약성서의 기자들은 예수의 삶을 신자들이 본받아야 할 모범으로 여긴다(벧전 2:21-23).

그렇지만 예수의 죄 없으심을 주장하는 모든 근거들은 실제보다 더 과장되어 있는 것 같다. 즉, 그 근거들은 예수께서 죄가 없으시다는 주장이 예수의 지상 사역 기간 동안에도 논란이 되었다는 사실이 잘 보여 주듯이 객관적인 역사적 토대를 결여하고 있다. 당시의 종교 지도자들은 예수가 큰 죄인이라고 확신하였다. 예수는 백성들 중에서 가장 불경건한 자들과 쉽게 어울렸다. 예수는 유대 공동체와 모세의 전통들을 공개적으로 업신여겼다. 무엇보다도 최악인 것은 예수가 신성모독의 죄를 저질렀다는 것이었다. 예수의 행실이 논란을 불러일으킬 수 있는 성격의 것이었다는 것은 주님의 죄 없으심에 대한 우리의 주장은 궁극적으로 역사적으로 명백한 결론이 아니라 신앙의 진술이라는 것을 보여 준다. 사실 이 진술은 오직 부활절 사건, 즉 하나님께서 예수의 대적자들의 견해에 대항하여 예수의 지상적 삶이 옳다고 인정하신 것에 비추어서만 신빙성을 얻는다. 그러므로 예수가 죄가 없으시다는 우리의 선언은 신앙의 토대가 되는 것이 아니라 신앙에 의거하고 있다.

또한 예수의 삶을 근거로 삼는 것은 논리적으로도 난점이 있다. 예수의 죄 없으심이 아무도 이의를 제기할 수 없는 것이었을지라도, 인간으로서의 완전한 삶을 신성에 대한 우리의 고백과 연결시키는 것은 아무래도 근거가 희박하다. 죄가 없다는 것이 어떤 인간이 신성을 지니고 있다는 것을 주장할 수 있는 충분한 근거가 되는 것인가? 완전한 인간은 반드시 하나님인가? 모든 신자들은 하나님의 종말론적 공동체에서 죄 없는 완전한 실존을 누리게 될 것이다. 완전은 하나님의 가

---

17) Karl Barth, *Church Dogmatics*, trans. Geoffrey W. Bromiley(Edinburgh T. & T. Clark, 1958), 4/2:92-93.

18) 최근의 진술로는 Gordon R. Lewis and Bruce A. Demarest, *Integrative Theology*, three volumes(Grand Rapids: Zondervan, 1990), 2:336-38.

족의 모든 지체들에게 정해진 운명이기 때문에, 예수의 죄 없으심은 그의 신성에 대한 주장의 토대가 될 수 없다.

제10장의 결론을 미리 말하자면, 예수의 죄 없으심은 예수의 신성을 주장하는 토대가 아니라 예수의 완전한 인성(人性)을 보여 주는 표지이다. 예수의 완전성은 그가 인간의 형태를 띤 하나님이라는 것을 의미하는 것이 아니고 우리가 따라야 할 모범(model)이라는 것을 의미한다.

이와 동시에 예수의 완전한 삶은 그의 신성에 대한 주장과 관련해서도 의미를 지닌다. 예수의 죄 없으심은 예수의 인격의 매력적인 특징이다. 예수의 행실에 관한 복음서의 기사들을 읽을 때, 우리는 그에게 끌린다 — 예수는 과연 누구일까 하고 궁금해하게 된다. 그러므로 예수의 독특한 삶은 그의 정체성에 관한 문제를 좀 더 생각하게 만든다.

예수의 가르침. 많은 복음주의자들은 그의 신성에 대한 주장의 역사적 토대를 찾기 위하여 예수의 가르침을 주목한다. 이러한 주장은 예수의 죄 없으심을 근거로 드는 경우와 마찬가지로 예수의 정체성에 관한 우리의 주장들을 그의 위대한 도덕적 가르침으로부터 이끌어내야 한다고 주장했던 19세기의 자유주의 사상가들에게도 커다란 관심을 불러일으킬 수 있었다. 위대한 자유주의 학자였던 아돌프 폰 하르낙(Adolf von Harnack)은 주님의 가르침을 세 가지 서로 연관된 진리들로 요약하였다: 하나님 나라와 그 도래, 하나님 아버지와 인간의 영혼의 무한한 가치, 사랑의 계명과 결부되어 있는 좀 더 높은 의.[19]

이러한 주장은 매력적이긴 하지만 우리 주님의 죄 없으심을 근거로 드는 입장과 동일한 약점들을 지니고 있다. 예수의 가르침은 원래의 청중들로부터 뒤섞인 반응을 불러일으켰고, 당시의 종교 지도자들로부터 신성모독죄라는 고소를 야기시키기까지 했다. 따라서 우리가 먼저 예수의 신성을 고백하고 나서야, 우리는 그의 가르침이 권세 있는 하나님의 말씀이라고 결론을 내릴 수 있다.

나아가 권세 있는 도덕적 가르침만으로는 어떤 선생을 신성을 지니고 있다고 선언하는 것의 충분한 토대가 되지 못한다. 이런 까닭에 예수의 원래의 청중과 역

---

19) Adolf von Harnack, *What Is Christianity?* trans. Thomas Bailey Saunders(New York: G. P. Putnam's Sons, 1901), 55.

사 전체에 걸쳐 수많은 사람들이 그의 가르침을 다른 모든 종교 지도자들의 가르침보다 도덕적으로 우월하다고 보고 환영했다고 할지라도, 그것은 예수께서 신성을 지니고 있다는 추가적인 신앙고백을 요구하지는 못할 것이다. 예수의 도덕적 가르침은 예수의 신성에 대한 주장의 토대라기보다는 이러한 신앙고백을 근거로 해서 권위 있는 것으로 인정될 수 있을 뿐이다.

예수의 죽음. 예수의 십자가 죽음은 그의 신성에 대한 우리의 신앙고백의 역사적 토대를 제공해 준다고 주장되는 또 하나의 후보이다: 예수의 죽음은 그의 진정한 정체성을 드러내 보여 준다. 복음서들 자체도 이러한 주장의 출처가 되고 있다. 마태에 의하면, 예수의 죽음 이전에 일어난 여러 사건들을 본 로마의 병사들이 "이는 진실로 하나님의 아들이었도다"(마 27:24)라고 결론을 내리게 되었다고 한다. 신약성서에서 초보적인 형태로 발견되는 것은 "그는 만 명의 천사를 부를 수도 있었지만 당신과 나를 위하여 홀로 죽으셨다"고 노래하는 복음성가의 경건 속에서 활짝 만개하게 된다.

그러나 예수의 죽음만을 따로 떼어서 본다면, 그것은 대단히 문제가 있는 사건이다. 먼저 신앙을 가지고서 이해하지 않는다면, 예수의 죽음은 기껏해야 선의를 지닌 민중의 영웅 또는 순교자의 희생이거나 기만적인 이상론자의 스스로 자초한 죽음으로 쉽게 치부될 수 있을 것이다. 이와 같이 겉보기에 역설적인 예수의 죽음의 성격은 복음서 기자들의 기사들 속에도 그대로 표현되어 있다. "나의 하나님 나의 하나님 어찌하여 나를 버리셨나이까"(막 15:34; 마 27:46)라는 예수의 탄원을 포함시킨 마가와 마태의 분명한 의도는 우리의 구주께서 하나님으로부터의 소외를 체험하였다는 것이다. 그러므로 십자가는 예수께서 신성을 지니고 있다는 것을 보여 주는 것이 아니라 하나님께서 그를 버리셨다는 표징이 된다. 예수의 죽음이 지니는 고상한 신학적 의미는 예수가 신성을 지니고 있다는 주장의 진리성으로부터 나온 것이다. 예수께서 신성을 지니고 있기 때문에, 예수의 죽음은 하나님께서 그를 버리셨음을 의미한다는 것이 중요해지는 것이다. 오직 예수가 임마누엘, 즉 우리와 함께 계신 하나님일 때에만, 예수는 죄악된 인류에게 가치를 지니게 되는 것이다.

위르겐 몰트만(Jürgen Moltmann)은 자신의 도발적인 저서인 「십자가에 못 박히신 하나님」(*The Crucified God*)이라는 책에서 십자가가 지니는 신학적 함의들에 대한 가장 창조적인 재인식들 중의 하나를 제시한다. 몰트만의 글은 예수의 죽음의 의미를 이해하기 위해서는 우리의 선행적인 믿음이 근본적으로 중요하다는 것을 강조한다. 이 독일 신학자는 예수의 죽음 속에서 하나님에 의해 예수께서 버림을 받으셨다는 것을 근거로 십자가는 삼위일체적인 사건, 즉 "하나님과 하나님 사이의 사건"이라고 주장한다.[20] 십자가 위에서 "아버지를 잃어버린 아들은 아들을 잃어버린 아버지와 대응된다."[21] 그러나 몰트만의 대단히 도발적인 이 글은 삼위일체의 제2위로서의 예수의 신성을 전제하고 있고, 따라서 예수의 신성에 대한 신앙고백이 그의 희생제사에 근거를 두고 있다는 것을 입증하는 데 성공하지 못했다.

예수의 신성에 대한 주장은 예수의 죽음이라는 역사적 사건으로부터 생겨나지 않는다는 것은 분명하다. 이와는 반대로 십자가의 의미를 알려면, 우리는 예수께서 신성을 지니고 있다는 것을 전제하여야 한다.

예수 자신의 주장. 많은 복음주의자들은 우리 주님의 신성의 역사적 토대를 자신의 인격에 관한 예수 자신의 주장 속에서 찾는다. 20세기 초의 유명한 침례교 신학자였던 스트롱(Augustus Hopkins Strong)은 널리 읽혀진 그의 「조직신학」(*Systematic Theology*)에서 정곡을 찌르는 주장을 제시한다. 스트롱은 지상 사역 기간 동안에 예수는 자신의 신성에 관한 지식을 지니고 있었고 신적인 권세들과 대권들을 행사하였다고 주장한다.[22] 좀 더 최근에는 밀라드 에릭슨(Millard Erickson)이 이와 비슷한 접근 방법을 보여 주었다. 그는 "그리스도의 신성을 보여 주는 성경적 증거들"을 근거로 자신의 주장을 펼쳤는데, 이 증거들 가운데 가장 중요한 것은 예수께서 자기 자신과 관련하여 행한 여러 주장들 속에 분명하게 드러나 있는 예수의 자의식(self-consciousness)이라고 에릭슨은 주장한다.[23]

사복음서들에 묘사되어 있는 예수는 자신의 인격과 관련된 엄청난 주장을 제시

---

20) Jürgen Moltmann, *The Crucified God*, trans. R. A. Wilson and John Bowden(New York: SCM, 1974), 244.

21) Ibid., 243.

22) Augustus Hopkins Strong, *Systematic Theology*, three volumes(Philadelphia: Griffith and Rowland, 1907), 2:681-82.

23) Millard Erickson, *Christian Theology*(Grand Rapids: Baker, 1984), 2:684-88.

하였다. 존 스토트(John Stott)는 자신의 작은 신앙 입문서인 「기독교의 기초」 (*Basic Christianity*)라는 책에서[24] 그 내용을 네 가지 표제로 요약한다. (1) 예수의 신성에 관한 주장은 자기 자신을 중심으로 삼고 있는 그의 가르침에서 뚜렷하게 드러난다. 다른 사람들에게 겸손을 요구하면서도, 주님은 계속해서 스스로를 지목하였다 — 그가 생명의 떡이요, 세상의 빛이며, 부활과 생명이고, 옛 계약의 성취이고, 모든 사람들을 자기에게로 이끄실 자라고 말이다(요 12:32). (2) 예수께서 행하셨던 이적들은 그가 독특한 신적 지위를 누리고 있다는 암묵적인 선언을 포함하고 있었다. 물을 포도주로 변화시키고, 수천 명의 사람들을 먹이며, 눈먼 자를 보게 하고, 죽은 자를 일으키심으로써, 우리 주님은 그가 하나님의 새로운 질서를 시작하고 있다는 것을 확증하였다. (3) 전적으로 하나님께 속한 기능들을 수행함으로써, 예수는 자신이 신성을 지니고 있다는 것을 간접적으로 표현하였다. 예수께서는 죄를 사하였는데, 유대인들은 이것을 신성모독이라고 해석했지만, 그는 생명을 수여하고, 진리를 가르치며, 심지어 세상을 심판할 수 있는 자인 그가 지닌 신적인 전권들이라고 말하였다. (4) 마지막으로, 예수는 종종 자기가 신성을 지니고 있다고 직접적으로 말씀하였다. 이러한 주장은 아버지와의 유일무이한 관계에 관한 주장들을 포함하고 있었다. 그는 아들이며, "아버지 안에" 있고, 아버지를 안다. 예수는 자기가 "스스로 있는 자"라고 선언하였다. 유대인들은 즉시 이것을 하나님의 이름을 가리키는 것으로 이해하였다(요 8:51-59). 예수는 자기가 하나님과 하나라고 주장하였다(요 10:30-33). 그리고 부활하신 주님은 예배를 받았다(요 20:26-29).

현대의 성서 비평은, 스토트 같은 복음주의적 변증가들이 인용하는 복음서들에 나오는 내용의 상당수가 역사적으로 사실이라는 것에 대하여 의문을 제기하여 왔다. 이러한 발견들은 예수의 고상한 자의식을 근거로 들고 있는 모든 주장들을 상당히 약화시킨다. 우리는 성경의 영감설을 근거로 복음서의 글들은 모두 믿을 만하다고 주장하는 것으로 비평학자들의 주장에 대항할 수 없다. 성경의 영감과 완전한 신뢰성에 관한 우리의 주장들은 그 자체가 예수의 신성에 대한 그리스도인들의 주장의 역사적 토대를 찾는 동안에 배제되어야 하는 신앙의 선언들이기 때

---

24) John R. W. Stott, *Basic Christianity*, second edition(London: InterVarsity, 1971), 21-34.

문이다.

  그러므로 현대의 고등 비평은 우리가 신약성서의 이야기들이 직접적으로 역사적인 사실들을 제시하고 있다고 성급하게 단정해서는 안 된다는 것을 우리에게 말해준다. 그럼에도 불구하고 복음서의 내용들은 예수의 자의식과 관련된 문제에 있어서 중요하다. 신약학자들은 예수의 유일무이성(uniqueness)에 대한 주장이 사복음서의 발전 과정의 모든 편집층에 두루 걸쳐 있다는 것을 발견하였다. 우리가 이러한 발견으로부터 도출해낼 수 있는 유일하게 유력한 결론은 이러한 주장의 원천이 예수 자신, 즉 자신의 정체성에 관한 그의 이해와 자신의 사명에 관한 그의 가르침에 있다는 것이다. 예수는 실제로 자기가 성부 하나님과 유일무이한 관계를 누리고 있다고 주장하였다.

  예수께서 자기가 유일무이하다는 것을 주장하였다는 결론은 예수에 대한 우리의 평가에 있어서 우리가 선택할 수 있는 대안들을 좁혀 준다.[25] 물론 예수의 주장은 진실이었을 것이고, 따라서 우리는 예수를 신성을 지닌 분으로 인정하도록 요구받는다. 그러나 예수의 주장이 거짓이라면, 우리는 다른 사람들을 고의적으로 속이려 했던 자로서 예수의 인품을 의심하거나 스스로를 속인 자로서 예수의 진면목을 의심하지 않을 수 없다. 어느 경우이든 그의 주장 속에 담겨 있는 거짓은 그가 권위 있는 선생이거나 그의 삶을 본받을 만한 가치가 있는 모범적인 인간일 가능성을 손상시킨다. 요컨대, 예수는 신성을 지닌 분이거나, 또는 거짓말쟁이로서 우리는 그를 거부하여야 마땅하다.

  그의 주장에 대한 우리의 지식은 우리가 그의 정체성에 관하여 도출해 낼 수 있는 가능한 결론들을 좁혀줄 수 있지만, 어떤 견해가 궁극적으로 옳은지를 우리에게 결정해주지는 못한다. 예수의 주장은 그가 신성을 지니고 있다는 주장의 명확한 역사적 토대가 될 수 없다. 난점은 한 개인의 주장과 그러한 주장의 진리성 간의 희박한 연관성에 있다. 예수만이 하나님과의 유일무이한 관계를 주장한 것은 아니었다. 당시 및 그 이후의 그 밖의 다른 종교적 인물들도 이와 비슷한 주장을 하였다. 주후 1세기 당시에 메시야를 주장한 사람들이 많았다는 것과 당시의 종교 운동들과 개인 숭배 의식들이 많았다는 것이 보여 주듯이, 종교 지도자들 또는

---

  25) 이것의 개요에 대해서는 Josh McDowell, *Evidence that Demands a Verdict* (Campus Crusade for Christ, 1972), 107-13을 보라.

그들의 제자들은 터무니없는 주장들을 통해서 추종자들을 끌어모은다. 우리는 결코 한 개인의 고상한 주장을 그의 유일무이성을 인정하기 위한 실질적인 토대로 보는 잘못을 저질러서는 안 된다.

그러나 예수와 관련하여 주목할 만한 것은 그의 주장은 미래의 변호를 필요로 했고, 심지어 요구하기까지 했다는 것이다. 자신의 정체성과 사명에 관한 예수의 선포들은 그의 자기 인식의 진리성을 확증해 줄 "아버지"이신 분에 대한 도전을 수반하였다. 예수의 자기 인식은 미래, 즉 하나님께서 그를 위하여 그의 무고함을 입증해 주실 그날을 지향하였다.

예수의 부활. 예수의 유일무이성에 대한 주장이 지닌 미래 지향성은 우리로 하여금 예수의 신성에 대한 기독교적 주장의 근거가 될 만한 또 하나의 역사적 토대, 즉 예수의 부활을 바라보게 만든다. 이 주장을 평가하기 전에, 우리는 부활을 역사적인 사건이라고 하는 것이 과연 타당한지를 먼저 살펴보지 않으면 안 된다. 우리는 예수의 부활이 역사적 사건이라고 말할 수 있는가?

계몽운동 이래로 신학자들 사이에서의 경향은 부활의 역사성을 부정하는 것이었다. 그러한 부정은 부활 사상의 신학적 중요성을 거부하는 것으로부터 부활의 의미에 대한 근본적인 재해석에 이르기까지 여러 범위에 걸쳐 있다. 슐라이어마허(Schleiermacher)는 전자의 노선을 따른다. 그의 평가에 의하면, "그리스도의 부활과 승천이라는 사실들은 … 예수의 인격에 관한 가르침을 구성하는 적절한 부분들이라고 할 수 없다."[26] 이 독일 신학자의 논증은 시사하는 바가 크다:

> 그리스도의 구속 사역의 효력은 그 안에 하나님이 계시다는 것에 의거하고, 그리스도에 대한 믿음은 그러한 하나님의 임재가 그리스도 안에 내주하신다는 인상을 근거로 하고 있다면, 이러한 사실들(즉, 부활과 승천)과 그 가르침 간의 직접적인 연관성을 입증하는 것은 불가능하다. 제자들은 예수의 부활과 승천에 관한 그 어떤 희미한 징후도 가지지 않은 채 그리스도를 하나님의 아들로 인정하였고, 우리도 마찬가지로 우리 자신에 관하여 동일한 것을 말할 수 있다; 게다가 그가 약속한 영적인 임재나 그가 뒤에 남은 자들에

---

26) Schleiermacher, *The Christian Faith*, 417.

대한 그의 지속적인 영향에 관하여 말했던 모든 것은 이 두 가지 사실(부활과 승천) 중 그 어느 것을 통해서도 매개되지 않는다.[27]

슐라이어마허가 부활 사상을 신학적으로 불필요한 것이라고 간단하게 거부해 버린 것과는 대조적으로, 예수의 부활의 역사성을 비판한 많은 20세기의 비평학자들은 이 개념을 재해석한다. 전형적인 것은 성경의 이야기들은 올바르게 해석되기만 한다면 십자가에 못 박히신 예수가 그의 제자들의 마음속에 부활한 것을 묘사하고 있는 것이라는 주장이다. 예를 들면, 루돌프 불트만은 부활이 과거의 역사적 사건이라고 말하기를 거부하였다.[28] 그에게 부활은 죽은 사람이 이 세상 속에서의 삶으로 다시 돌아온 것도 아니고, 예수께서 내세의 삶으로 옮겨간 것도 아니었다.[29] 오히려 부활은 십자가에 못 박히신 분이 주님의 지위로 승격된 것이다. 그 결과 "부활에 대한 믿음은 실제적으로 십자가의 구원 효력에 대한 믿음과 동일한 것이다."[30]

현대의 신학자들 사이에서 부활 사상의 거부가 지배적이 되었음에도 불구하고, 몇몇 저명하고 강력한 목소리들이 예수의 부활의 역사적 성격을 옹호하여 왔다.[31] 예수의 부활이 역사적 사건이라고 주장하는 사상가들은 몇 가지 고려들을 그 근거로 든다. 물론 근간을 이루는 증거는 신약성서의 글들에 나오는 증거들이다. 사복음서 모두와 바울(고전 15:3-7)은 예수의 부활이 역사적 사실이라고 증언하고 있다. 그러나 증거들의 핵심에는 복음서들의 글보다 더 이전에 나온 두 전승이 있다 — 빈 무덤과 부활 이후의 현현들(appearances)에 관한 전승들.[32]

---

27) Ibid.,418.
28) Bultmann, "New Testament and Mythology," in *Kerygma and Myth*, 39, 42.
29) Walter Schmithals, *An Introduction to the Theology of Rudolf Bultmann*(Minneapolis: Augsburg, 1968), 145.
30) Bultmann, "New Testament and Mythology," in *Kerygma and Myth*, 41.
31) 1960년대 말에 북아메리카의 복음주의자들은 Wolfhart Pannenberg의 저서를 환영하였다. 왜냐하면 그는 예수의 부활을 역사의 사건으로 보고 그의 기독론 전체의 연결고리로 삼았기 때문이었다. Wolfhart Pannenberg, *Jesus — God and Man*, trans. Lewis L Wilkins and Duane A. Priebe, second edition(Philadelphia: Westminster, 1977), 53-114를 보라.
32) 이러한 전통들에 관한 광범위한 논의로는 Pannenberg, *Jesus — God and Man*,

복음서들은 부활절에 무덤이 비어 있었다고 보도하고, 빈 무덤은 예수께서 사망을 이기셨다는 것을 보여 주는 표시라고 주장한다. 우리가 예상할 수 있듯이, 빈 무덤을 근거로 드는 것은 논란을 불러왔다. 비평학자들은 이 현상에 대하여 몇 가지 다른 설명들을 제시한다. 어떤 사람들은 그 여자들이 도성의 지리를 잘 모르는 사람들이었기 때문에 다른 무덤을 찾아간 것이고 주장한다. 그러나 이에 대한 답변으로 우리는 제자들을 비롯한 그 밖의 다른 많은 사람들이 그 동일한 무덤을 보았다는 것을 지적한다; 그렇게 많은 사람들이 예수의 시신이 어디에 놓여 있었는지에 관하여 동일한 실수를 범했을 것 같지는 않다. 빈 무덤에 관한 옛 설명들 중의 하나는 예수의 제자들이 그의 시신을 훔쳐갔다는 것이다(마 28:11-15). 그러나 그러한 속임수를 의도적으로 퍼뜨렸던 사람들이 나중에 예수께서 부활하셨다는 그들의 선포로 인하여 기꺼이 순교자들이 되어서 죽고자 했다는 것은 말이 되지 않기 때문에, 그러한 주장은 설득력이 없어 보인다. 예루살렘 당국자들이 예수의 시신을 가져갔다는 주장도 별로 유력하지 않다. 왜냐하면 이 당국자들은 예수의 부활에 관한 소문이 도성 안에서 떠돌기 시작했을 때에 예수의 시신을 단순히 내어놓기만 하면 기독교 운동 전체를 아무 소리 못하게 만들어 버릴 수 있었을 것이기 때문이다. 계몽주의 이래로 예수께서는 실제로 죽지 않았고 단지 기운이 쇠하여 졸도하였을 뿐이라는 학설이 계속해서 반복적으로 그 지지자들을 확보하여 왔다.[33] 그러나 예수께서는 사망을 이겼다는 인상을 주었던 것 외에도 예수께서 수난 주간의 마지막 몇 시간의 수난을 견디고 살아남을 수 있었을 가능성이 없다는 것은 "졸도설"을 신빙성 없게 만든다.

빈 무덤 전승과 아울러 중요한 것은 부활 이후의 예수의 현현들에 대한 증언들이다. 이 증언은 많은 사람들이 부활절 이후에 예수께서 살아 계신 것을 보았기 때문에 부활이 역사적 사건이라는 것을 보여 준다는 점에서 중요하다. 이번에도 비평학자들은 이러한 증거들의 의미를 기각하는데 신속했지만, 성공하지는 못했

88-106을 보라.

33) 이 주장이 20세기에 널리 유행하게 된 것에 대해서는 Hugh J. Schonfield, *The Passover Plot*, Bantam Book edition(New York: Bantam Books, 1967), 151-62를 보라. 그러나 최근에 1991년에도 이 이론을 옹호하는 사람들이 계속해서 존재한다. 신문 보도인 "Christ could have faked death on cross, article purports," *Vancouver Sun*(April 27, 1991): A3을 보라.

다. 어떤 사람들은 예수의 부활 현현이라는 것들이 꾸며낸 일들이었다고 주장한다. 그러나 그러한 주장의 설득력은, 부활에 관한 가장 초기의 주장이라고 할 수 있는 바울의 말(고전 15:3-8)에서 찾아볼 수 있는 살아 있는 증인들을 근거로 드는 것에 의해서 감소된다. 마찬가지로 부활 현현들이 환각에 의한 현상들이었다거나 주관적인 환상들이었다는 주장도 신통치 않다. 증인들이 묘사한 예수의 부활 현현들은 환각을 유도할 수 있는 그러한 상황들, 즉 내적인 강한 욕구나 환각을 불러일으키기 쉬운 외부적인 환경 속에서 일어난 것이 아니었다. 이와는 반대로 예수를 따르던 사람들은 예수께서 처참하게 죽임을 당하신 후에 예수를 다시 볼 수 있는 소망을 전혀 갖고 있지 못했고, 예수께서 다시 나타나신 배경과 장소도 각각 달랐으며, 때는 낮이었다. 또한 이러한 체험들은 단순히 주관적인 환상도 아니었다. 왜냐하면 그것들은 동시에 몇 사람에 의해서 체험되었기 때문이다.

부활의 역사성을 확증해주는 증거는 두 가지 추가적인 근거들로부터 나온다. 부활절 사건은 예수의 제자들 가운데에서 예배의 날에 변화를 가져왔다. 그들은 안식일에 관한 유대교의 엄격한 유산에 깊이 젖어 있었지만, 성주간(Holy Week)의 사건들 직후에 초기의 신자들은 예수의 부활을 송축하기 위하여 주간의 첫째 날 — "주의 날" — 에 모임을 갖기 시작했다(고전 16:1-2; 계 1:10). 또한 부활절 사건은 초창기 교회의 현상적인 성장을 촉발시켰다. 부활하신 분을 믿는 한 무리의 사람들이 경건한 유대인들 가운데에서 생겨났고(행 2:41, 47), 몇 년이 안 되어 예수의 부활에 관한 메시지는 로마 세계 전역에서 강력한 힘을 얻게 되었다(행 17:6; 골 1:6).

부활은 예수의 정체성에 대한 초기 기독교의 이해에 있어서 토대가 되었다. 예수의 부활에 대한 증언은 모든 사도적 설교의 중심이었다. 또한 예수의 부활은 예수의 삶 속에서 예수가 메시야라는 초기 신자들의 주장을 위한 일차적인 변증의 역할을 계속적으로 해왔던 한 사건이었다(행 2:32-36; 17:18; 13:32-39; 고전 15:14-17). 신약성서의 문서들은 부활이 기독교 신앙 자체의 핵심에 놓여 있는 것으로 설명하였다(롬 10:9).

신약성서는 초기의 신자들이 부활을 예수 자신 및 그의 사명에 대한 예수의 이해를 하나님께서 확증하신 사건으로 보았다는 것을 잘 보여 준다. 부활 사건을 통해서 하나님은 자신의 유일무이성에 관한 예수의 주장을 친히 확증하셨다 — 예수의 유일무이성 주장은 미래의 확증을 구했고 요구하였다. 그 결과 예수의 부활은 예수께서 신적 정체성을 지니고 있었다는 표징이 되었다(롬 1:4).

예수의 신성에 대한 신약성서의 증언에 있어서 부활이 하는 결정적인 역할에도 불구하고, 우리는 그러한 기독론적 주장의 역사적 토대에 핵심적인 것으로서의 이 사건에 대한 우리의 긍정적인 평가를 완화시킬 필요가 있다. 우리는 부활을 양자론적인 방식으로 이해해서는 안 된다. 이 사건은 예수의 신성을 창출해 낸 사건이 아니다. 예수는 죽은 자로부터 살아나심으로써 바로 그때에 신성을 지니게 된 것이 아니었다. 오히려 부활을 통해서 하나님은 예수의 삶에 관한 평결을 내리신 것이다: 예수는 늘 신성을 지니고 있었고, 부활 이후에도 예수는 자기가 늘 주장해 왔던 그런 자이며, 그는 항상 하나님의 아들이었다.

부활에 대한 우리의 평가는 또 다른 면에서도 완화될 필요가 있다. 우리가 다른 주장들에서 발견했던 것과 마찬가지로, 예수에게 일어난 고립적인 사건으로서의 부활은 예수의 신성에 대한 우리의 주장의 토대가 될 수 없다. 성경은 죽은 자들로부터 돌아온 여러 사람들에 대하여 말한다. 이것은 죽은 자가 살아난 것과 신성을 지니고 있다는 것이 분명한 연관성을 지니고 있지 않다는 것을 보여 준다. 예수의 부활 같은 유일무이한 사건이라 할지라도, 그것은 그 자체로 의미를 지니지는 않는다. 순전히 역사적인 관점에서 본다면, 예수의 부활은 단지 진화과정의 이 단계에서 자연력들이 사망을 이길 수 있었던 어떤 한 인간을 "토해냈다"는 것을 의미할 수도 있다.

신성에 관한 예수의 주장과 그의 부활. 이러한 고려들을 감안할 때, 우리의 탐구는 예수의 부활에 관한 우리의 지식에서 끝나지 않는다. 오히려 그것은 마지막 두 개의 근거의 결합에 있다. 그러므로 우리는 예수의 신성에 대한 우리의 주장의 역사적 토대는 부활에 의해서 확증된 예수 자신의 주장에 그 근거를 두고 있다고 주장한다.

앞에서 보았듯이, 자신의 가르침과 행위들을 통해서 예수는 실제로 자신의 유일무이성을 주장하였고, 이 주장은 미래의 확증을 요구하였다. 미래의 확증을 염두에 둔 예수의 주장은 부활을 이해하기 위한 직접적인 배경이 된다. 사실 예수의 부활이 신약의 공동체가 그 부활 속에서 보았던 의미를 지니는 것은 바로 이러한 맥락 속에서이다: 예수의 탄원에 응답하여 "하나님은 죽은 자로부터 그를 일으키셨다"(행 13:30). 그러므로 부활은 자신의 정체성과 사명에 관한 예수의 이해에 대한 하나님의 확증에 다름 아니다.

그렇지만 부활을 이해하기 위한 좀 더 넓은 맥락이 존재하는데, 그것은 예수의 주장, 즉 현세의 종말에 대한 묵시론적 기대에 대한 확증이다. 주님은 자신의 가르침과 행위들을 통해서 자기 안에서 새로운 시대가 도래하고 있다고 주장하였다 — 하나님 나라가 가까웠다(막 1:15). 묵시론적 선견자들에 의하면, 새 시대의 도래는 일반적인 부활에 의해서 이루어질 것이다. 이러한 맥락을 감안하면, 예수께서 죽은 자로부터 부활하신 사건은 하나님께서 자신과의 교제에 대한 유일무이한 주장을 하였던 분의 활동들을 확증할 수 있는 유일한 방법이었다. 예수께서 "아버지"라고 불렀던 그분은 부활을 통하여 자기가 사자로 보냈던 예수의 사역에 대하여 궁극적이고 최종적인 승인을 주었다. 부활은 예수께서 그의 사역을 통하여 하나님의 통치를 시작하였다는 하나님의 선언이다. 예수 안에서 하나님은 하나님의 공동체의 건설이라는 자신의 종말론적 목표를 수행하면서 활동하고 계셨다.

예수의 주장의 역사적 토대 및 부활을 통한 그 확증을 바탕으로, 우리는 예수의 신성을 주장한다. 이러한 주장으로부터 예수의 삶의 그 밖의 다른 고상한 특징들이 그 의미를 획득한다. 예수께서 신성을 지니신 분이라면, 예수는 전혀 죄가 없으시고, 따라서 우리가 본받을 가치가 있다. 예수께서 하나님의 사자(使者)라면, 예수의 가르침은 진정으로 권위 있는 하나님의 말씀이다. 그리고 예수께서 우리와 함께 계신 하나님이라면, 그가 십자가에 못 박히신 것은 진정으로 우리의 구원을 위하여 우리 대신에 하나님께서 고난을 당하신 것이다.

역사적 토대와 신앙

우리는 예수의 역사를 토대로 예수께서 신성을 지니고 있다고 주장한다. 좀 더 구체적으로 말하면, 우리의 기독론적 주장은 하나님께서 부활을 통하여 확증하신 성부에 대한 자신의 특별한 관계에 대한 예수의 주장으로부터 나온다. 이러한 구체적인 역사적 근거는 신앙을 위한 토대가 왜 중요한지를 보여 준다.

앞에서 우리는 살아계신 그리스도의 임재에 관한 우리의 경험이 예수의 신성에 대한 결정적인 확증을 제공해 준다는 데에 동의하였다. 그러나 이러한 경험은 그 자체가 나사렛 예수의 역사에 의거해 있다. 예수의 역사는 우리의 현재의 경험이 살아계신 주님에 대한 경험에 다름 아니라는 것을 보증해 준다. 하나님께서 예수의 사명 속에 임재해 계시지 않았고, 예수를 죽은 자로부터 일으키시지 않았다면,

우리는 더 이상 부활하신 분의 임재를 현재에 있어서 경험할 수 없다. 예수께서 무덤으로부터 나오신 것이 역사적인 근거들 위에서 진실이 아니라면, 우리는 현재에 있어서 우리가 만난 살아계신 그리스도가 존재한다는 것을 확신할 수 없다.

이러한 고찰로부터 중요한 구원론적 결론이 도출된다. 우리의 기독론적 주장은 이와 같은 특별한 역사적 토대를 필요로 하는데, 이는 우리에게 구원을 전달해 주는 만남이 구원자이신 예수와의 만남이기 때문이다. 그러나 우리의 신앙이 예수의 주장을 확증하는 하나님의 역사적 행위에 그 토대를 두고 있지 않다면, 우리는 예수께서 살아계시고, 우리가 이 신성을 지닌 구주를 만났다는 것을 확신할 수 없게 된다. 오히려 그 반대로 구원에 대한 우리의 소망은 오직 스스로를 희생하는 사람이라는 이상(理想)과 같은 어떤 고상한 개념이나 철학적 체계와의 만남에 의존할 수밖에 없다. 바울은 우리의 상황을 적절하게 요약해주고 있다:

> 그리스도께서 다시 살아나신 일이 없으면 너희의 믿음도 헛되고 너희가 여전히 죄 가운데 있을 것이요 그리스도 안에서 잠자는 자도 망하였으리니 만일 그리스도 안에서 우리가 바라는 것이 다만 이 세상의 삶뿐이면 모든 사람 가운데 우리가 더욱 불쌍한 자이리라(고전 15:17-19).

마찬가지로 우리는 성령이 예수의 신성을 증언한다고 앞서 말한 바 있다. 여기에서도 역사적 토대는 확고하다. 예수의 주장과 부활을 통한 그 주장의 확증이 지니는 역사적 실체는 예수의 신성에 대한 성령의 오늘날의 증언에 결정적으로 중요하다. 우리의 질문은 간단하다: 예수의 주장이 부활을 통해서 확증되지 않았다면, 성령은 무슨 근거로 현재에 있어서 이 나사렛 사람의 신성을 증언하겠는가?

이 질문은 두 가지 관점에서 볼 수 있다. 예수께서 결코 성부 하나님과의 특별한 관계를 주장하지 않았다면, 성령은 예수 자신도 결코 몰랐던 그 무엇을 증언하고 있는 것이 될 것이다. 그리고 성부 하나님께서 예수의 주장을 확증하지 않았다면, 성령은 성부 자신이 결코 선언하지 않았던 진리를 증언하고 있는 셈이 된다. 어느 경우든 우리는 예수의 신성을 증언하고 있는 분이 성부와 성자의 영인지를 의문시할 수 있다. 사실 그런 식으로 행하는 성령은 스스로가 예수께서 스스로에 대하여 행하신 증언이나 하나님께서 그의 아들에 관하여 행하신 증언을 넘어선 새로운 증언을 하고 있는 다른 영이라는 것을 보여 줄 따름이다. 그리고 그러한 성령이 다른 영이라면, 우리는 삼위일체 하나님 — 한 분 하나님을 이루고 계시는 성부, 성자, 성령 — 을 만나지 않은 것이 된다.

그러므로 우리는 예수께서 신성을 지니고 계신다는 우리의 신앙의 주장의 토대가 예수께서 실제로 성부 하나님에 대한 유일무이한 관계를 주장하였고, 성부 하나님은 예수를 죽은 자로부터 일으키심으로써 가장 적절한 방식으로 그러한 예수의 주장을 확증하셨다는 역사적 진리에 있다는 결론을 내리게 된다. 예수의 역사가 지니는 이러한 차원들은 신앙을 신빙성 있게 만들어 주는 역사적 기정사실들(the historical givens)을 구성한다.

종교개혁에서 제시한 신앙의 삼중적 개념은 이와 관련해서 도움이 된다. 신앙은 예수의 역사에 관한 지식인 '노티티아'(notitia)로 시작된다. 이 역사적 지식은 예수께서 신성을 지니고 계시다는 것을 인정하는 영적인 동의인 '아센수스'(assensus)를 가져온다. 성령론에서 앞으로 보게 되겠지만, '아센수스'는 리처드 멀러(Richard Muller)가 "신앙의 면류관"이라고 부른 것[34] — "우리와 함께 하시는 하나님"으로서의 예수에 대한 신뢰 — 인 '피두키아'(fiducia)로 변환되어야 한다.

함의들: 하나님과 하나이신 예수

교회의 기독론에서 중심적인 것은 예수는 신성을 지니신 분이라는 주장이다. 나사렛 출신 사람을 통해서 하나님은 친히 우리를 만나신다. 이 케리그마적인 주장은 단순히 교회의 이론화(理論化)의 산물이 아니다. 왜냐하면 그 토대들이 예수 자신의 역사에 있기 때문이다. 예수는 자신이 성부 하나님과 유일무이한 관계에 있다고 주장하였다. 그리고 하나님은 묵시론적 맥락 속에서 종말의 시대의 시작을 알리는 부활을 통하여 이러한 예수의 주장을 확증하셨다. 따라서 예수의 신성에 대한 주장은 예수의 역사에 대한 성찰, 구체적으로는 그의 부활을 통하여 확증된 그의 주장으로부터 나온 것이다.

예수의 신성에 대한 주장으로 귀결된 예수의 역사에 대한 우리의 평가는 예수

---

34) Richard A. Muller, "fiducia," in the *Dictionary of Latin and Greek Theological Terms*(Grand Rapids: Baker, 1985), 118.

와 하나님의 관계와 관련하여 결정적이고 확고한 신학적 함의를 지닌다. 즉, 예수는 하나님과 하나라는 것이다.

예수는 하나님과 하나라는 결론은 예수의 메시지와 그의 부활에 의미를 부여해 주는 묵시론적 맥락으로부터 나온다. 이러한 맥락 속에서 수행된 하나님의 통치의 시작에 관한 예수의 메시지와 하나님에 의한 그 메시지의 확증은 예수 안에서 하나님께서 자신의 종말론적 통치를 시작하셨다는 것을 의미한다. 하나님 나라를 시작하는 자는 오직 그 나라의 왕 자신일 수밖에 없기 때문에, 부활을 통하여 확증된 예수의 주장은 예수께서 하나님과 하나라는 것을 보여 준다.

그렇다면 우리는 이러한 선언을 어떠한 의미로 이해해야 하는가? 이 골치 아픈 문제를 이제부터 살펴보기로 하자.

예수와 하나님의 하나됨

예수의 역사로부터 우리는 이 역사적인 인물이 신성을 지니고 있다는 결론에 도달하였다. 이러한 주장으로부터 우리는 예수께서 하나님과 하나라는 결론만을 내릴 수 있게 된다. 그러나 우리는 이러한 주장을 어떻게 이해해야 하는가?

기능론 대 존재론. 최근의 신학사는 "예수는 하나님과 하나이다"라는 기독교의 근본적인 주장에 대한 두 가지 기본적인 이해 방식에 의해서 주도되어 왔다. 몇몇 신학자들은 기능론적 기독론을 주장하고 있는 반면에, 또 어떤 신학자들은 존재론적 접근 방법을 주장한다.

(1) 예수와 하나님의 하나됨을 가장 쉽고 분명하게 해석할 수 있는 방법은 이 주장을 기능론적으로 이해하는 것이다. 기능론적 접근 방법은 예수의 신성을 주장하는 것은 예수께서 신적인 방식으로 작용하셨다고 선언하는 것이라고 결론을 내린다. 우리는 이것을 예수의 활동이라는 맥락 속에서 볼 수 있다: 예수는 신적인 기능을 따라서 활동하셨다. 예수께서 하나님을 대신하여 그에게 맡겨진 고상한 일을 성취하셨을 때, 우리는 예수 안에서 활동하시는 하나님을 본다(고후 5:19; 요 4:34; 9:4). 또한 우리는 예수와 하나님의 기능적 하나됨을 의지(意志)라는 측면에서 규정할 수도 있다: 예수 안에서 우리는 온전히 현실화된 하나님의 뜻을 발견한다. 왜냐하면 예수는 오직 하나님의 뜻을 이루고자 했기 때문이다.

기능론적 기독론을 주장하는 오늘날의 중요한 인물은 19세기 독일의 자유주신학자인 알브레히트 리츨(Albrecht Ritschl)이었다. 그는 예수는 하나님께서 그에게 주신 소명을 온전히 이루었으며, 그 결과 예수는 교회에 대하여 신으로서의 가치를 지니게 되었다고 이론화하였다. 아마도 최근에 기능론적 기독론을 가장 탁월하게 제시한 인물은 칼 바르트의 동료인 오스카 쿨만(Oscar Cullmann)일 것이다. 쿨만의 접근 방법이 기능론적이라는 것은 다음과 같은 그의 말 속에서 분명하게 드러난다: "신약성서에서 그리스도는 누구인가라는 물음이 제기될 때, 그 질문은 결코 배타적으로 또는 일차적으로 그리스도의 본성이 무엇인가를 의미하지 않고, 무엇보다도 그리스도의 기능이 무엇인가를 의미한다."[35] 쿨만은 예수와 하나님의 관계의 신비를 푸는 열쇠는 "구원사" 속에서의 우리 주님의 역할, 즉 하나님께서 자신의 종말론적 목적들을 이루기 위하여 인간의 역사 속에서 활동하신 것에 있다고 주장하였다. 그리고 초대 교회는 이러한 역할을 그들이 예수에게 부여한 다양한 기독론적 명칭들을 통해서 설명하였다.

기능론적 기독론을 주장하는 사람들은 예수가 기능론적으로 하나님과 하나라는 것을 올바르게 밝히고 있다. 사실 기능론적 접근 방법은 예수와 하나님의 하나됨을 이해하려는 시도에서 그 출발점으로 적절한 방법이다.[36] 그러나 우리는 뭔가 그 이상을 말할 수 있지 않을까? 우리는 기능을 넘어서서 존재에 관하여 말할 수 있는 것이 아닌가?

현대의 많은 사상가들은 이에 대하여 "아니다"는 대답을 하고 있다. 교부 시대로부터 종교개혁에 이르기까지 신학자들은 예수의 신성을 존재론적 관점에서 말해 왔었지만, 이러한 전통적인 관점은 근대에 이르러 의심을 받게 되었다. 이러한 접근 방법에 있어서의 근본적인 변화의 한 중요한 원인은 존재론적 용어들은 단지 헬라 철학의 관점을 반영한 것일 뿐이기 때문에 예수께서 활동하셨던 히브리적 토양에서는 전적으로 이질적인 것이라는 주장이 널리 힘을 얻게 된 데에 있었다. 따라서 20세기 전반에는 예수께서 하나님과 하나라는 것을 순전히 기능적으로 설명하려고 했을 뿐만 아니라, 신약성서의 기능론적 범주들을 넘어서서 후대의 신조들의 존재론적 관심들로 넘어가고자 하는 그 어떤 시도에 대해서도 받아들이

---

35) Oscar Cullmann, *Christology of the New Testament*, trans. Shirlie C. Guthrie and Charles A. M. Hall, revised edition(Philadelphia: Westminster, 1963), 3.

36) E.g., Emil Brunner, *The Christian Doctrine of Creation and Redemption*, trans. Olive Wyon(Philadelphia: Westminster, 1952), 271-72.

제9장 그리스도 예수와 하나님의 교제 393

려 하지 않는 경향이 신학적으로 팽배하였다.

(2) 반헬라적 정서가 횡행하면서 존재론적 범주들을 부정하게 되었음에도 불구하고, 오늘날의 신학자들은 다시 한 번 기능론적 기독론만이 아니라 존재론적 기독론에 대한 탐구로 되돌아가고 있다. 존재론에 대한 이러한 새로운 관심은 1940년대와 1950년대에 전성기를 이루었던 순전히 기능론적인 접근 방법들에 대한 몇 가지 중요한 비판들에 의해서 촉발되어 왔다.[37]

최근의 연구들은 예수의 정체성에 관하여 존재론적으로 말하고자 하는 시도가 이미 신약성서의 기자들에게서 볼 수 있다는 것을 인정한다. 기독교의 메시지가 헬라 세계로 옮겨가면서, 초기 신자들은 예수의 정체성을 좀 더 넓은 이방 세계에 알릴 수 있는 방식으로 예수에 관한 메시지를 표현하는 과제를 놓고 고심하였다. 또한 존재론적 범주들에 대한 새로운 관심은 기능론적 기독론을 주장하는 사람들의 주장들과는 달리 우리가 정체성과 인격에 관한 오늘날의 문제들이 지니는 존재론적 차원을 피할 수 없다는 것을 점차 깨닫게 된 것도 그 원인이 되었다.

위에서 말한 것과 같은 이유들로 인해 우리는 기능론적 기독론을 넘어서서 예수와 하나님의 존재론적 관계에 관한 어렵지만 아주 중요한 문제를 제기하지 않으면 안 된다. 따라서 우리는 예수께서 존재론적으로 하나님과 하나라는 전통적인 신학적 선언을 좀 더 자세하게 살펴보아야 한다. 우리는 어떤 의미에서 예수는 기능적으로만이 아니라 본성적으로도 성부 하나님과 하나인가라고 물어야 한다. 우리는 니케아 신조의 다음과 같은 말을 어느 정도로 긍정해야 하고, 또한 무엇을 근거로 긍정할 수 있는가?

> 우리는 성부에게서 독생자로, 즉 성부의 본질(essence)로부터 출생한 하나님의 아들, 하나님으로부터 난 하나님, 빛으로부터 난 빛, 참 하나님으로부터 난 참 하나님, 아버지와 동일한 본질로부터 만들어진 것이 아니라 출생한 우리 주 예수 그리스도를 … 믿는다.[38]

---

37) E.g., James Barr, *Semantics of Biblical Language* (New York: Oxford, 1961); Brevard Childs, *Biblical Theology in Crisis* -(Philadelphia: Westminster, 1970).

38) "The Creed of Nicaea," in *Creeds of the Churches*, 30-31.

하나님의 계시자로서의 예수. 예수와 하나님의 하나됨에 관한 기능론적 이해에서 존재론적 이해로 넘어가는 것의 핵심에는 예수의 계시적 역할에 대한 기독교적 주장이 있다(요 14:9-10) — 예수는 하나님을 계시하는 분이다. 이 주장은 기능론적 기독론에서 존재론적 기독론으로의 이행을 촉진시킨다. 왜냐하면 "예수는 하나님을 계시하는 분이다"라는 진술은 기능과 존재 사이의 경계를 무너뜨리기 때문이다.

물론 계시는 예수와 하나님 사이의 기능적 관련성을 보여 준다. 하나님을 계시하는 과제는 예수께서 수행하는 신적인 활동이다. 왜냐하면 예수는 하나님의 본성을 계시하고 있는 것이기 때문이다. 그러나 또한 계시라는 과제는 계시자가 계시되는 대상과 분리될 수 없다는 점에서 존재론적 함의들을 지닌다. 이러한 연관성의 결과로 예수는 필연적으로 그가 계시하는 분의 본성에 참여한다. 예수는 존재론적으로 하나님과 하나여야 하고, 그가 구현하고 있는 신적 본성에 참여한다.

"예수는 하나님의 계시자"라는 주장은 실제로 두 가지 의미를 지닐 수 있다. 우리는 이 주장을 객관적으로 해석할 수 있다. 그러므로 "예수는 하나님의 계시자"라는 말은 예수 안에서 우리는 우리 앞에 구현된 하나님의 본성을 발견한다는 것을 의미한다. 예수 안에서 우리는 하나님을 본다. 그 묘사가 부분적이라 할지라도, 그것은 하나님의 본성에 대한 정확한 묘사이다. 그러므로 예수는 하나님의 본성의 구현자이며, 따라서 존재론적으로 하나님과 하나이다.

하나님의 계시자로서 예수는 자신의 지상적 삶과 사역 전체를 통해서 하나님에 대한 객관적인 묘사를 전달한다. 예수의 행동의 모든 차원은 계시적이다. 예수의 가르침은 우리에게 하나님에 관하여 알려준다; 예수의 성품은 하나님의 속성들을 보여 준다; 예수의 죽음은 하나님의 고난을 계시한다; 그리고 예수의 부활은 하나님의 창조 권능을 생생하게 선포한다.

예수께서 전달하는 이러한 묘사의 중심적인 내용은 하나님은 사랑이시라는 것이다. 자신의 삶, 가르침, 죽음, 부활을 통해서 예수는 우리에게 하나님의 본성의 이러한 차원을 보여 준다. 나아가 예수의 삶은 그 사랑의 특성들을 설명해 준다. 무엇보다도 하나님의 사랑은 구원 지향적이다: 그것은 잃어버린 자들을 찾고, 환난당하는 자들과 함께 고통하며, 타락한 자들을 구속(救贖)한다. 또한 하나님의 사랑은 의로운 심판자로서의 예수에 관한 묘사에서 분명하게 드러나듯이 질투라는 형태를 띠기도 한다.

우리는 "예수는 하나님의 계시자"라는 선언을 객관적으로 해석할 수 있을 뿐만 아니라, 그 선언은 주관적인 측면도 지닌다. 이 선언은 예수는 우리를 하나님에게 소개하고자 하시는 분이라는 것을 의미한다(마 11:27; 눅 10:22). 예수는 하나님의 성품 또는 경건이 우리 속에 그리고 우리 가운데 생생한 현실이 되기를 원하신다. 이것은 성자의 사역과 성령의 사역 사이의 연결고리 역할을 한다. 성령의 활동은 예수께서 우리에게 하나님의 성품을 이루고 있는 것으로서 생생하게 계시해 주시는 특성들이나 성품을 우리의 삶 속에서 분명하게 드러나게 만든다. 이런 의미에서 그리스도 — 하나님의 계시자 — 는 우리 안에서 "형상으로 이루어져야" 한다(갈 4:19). 이런 일이 일어날 때, 우리는 진정으로 하나님의 형상이 된다.

예수가 하나님의 계시자라는 선언은 하나님과 피조물의 관계에 있어서 중요한 함의를 지닌다. 그것은 하나님이 이제 계시된 하나님(the revealed God)이라는 것을 보여 준다. 예수의 오심으로써 질적으로 새로운 만물의 상태가 시작되었다. 예수께서 오셨기 때문에, 휘장이 벗겨졌고, 감추어진 하나님은 영원히 우리 모두가 볼 수 있도록 드러나셨다. 그런 까닭에 예수는 계시된 하나님의 시대를 가져온 것이다.

이것은 피조물 자체가 선포하는 하나님의 실체에 대한 증언(일반 계시) 또는 계시 과정에 있어서 구약 역사의 중요성을 부정하는 것이 아니다. 오히려 우리는 피조물의 증언과 구약성서에서 찾아볼 수 있는 계시의 단편적인 성격과는 반대로 예수 안에서 우리는 최고의 계시 — 하나님의 완전하고 최종적인 자기 계시 — 를 발견한다고 주장하는 것이다. 예수는 피조물과 구약성서가 가리키고 있는 하나님의 계시이다. 그리고 예수의 빛 아래에서 피조물의 증언과 모든 역사는 그 의미를 획득한다. 왜냐하면 예수는 구약성서 및 피조물에서 발견되는 증언의 참된 의미를 공적으로 드러내시기 때문이다. 그러므로 예수 안에서의 하나님의 자기 계시는 유일무이한 계시이다.

또한 이것은 모든 사람들이 예수의 얼굴에서 하나님의 계시를 쉽게 인식할 수 있다고 말하는 것도 아니다. 이것은 분명히 사실이 아니다. 그럼에도 불구하고 언젠가는 세계 전체가 예수의 계시적 역할을 온전히 인정하게 될 것이다. 저 장엄한 종말론적 사건을 계기로 만물의 영광스러운 상태가 시작될 것이다. 왜냐하면 그 사건은 하나님의 궁극적인 자기 계시일 것이기 때문이다. 그렇지만 이 계시조차도 예수의 계시일 것이다. 자신의 삶, 죽음, 부활을 통해서 성부에 의해 인류에게 보내심을 받은 계시인 예수는 자신의 완전한 영광과 위엄을를 통해서 진정으로 성부의 성자로 계시될 것이다.

하나님의 계시로서 예수는 하나님과 하나이기 때문에, 예수는 하나님에 대한 진정한 지식의 중보자(mediator)이다. 이것은 예수께서 하나님이 누구시고, 하나님이 어떤 분이신가를 우리가 이해하는 데 있어서 초점이 된다는 것을 의미한다. 그러므로 궁극적으로 우리는 하나님의 성품과 본성에 관한 모든 신학적 진술들을 예수의 삶과 가르침을 통해서 판단하지 않으면 안 된다. 아울러 하나님의 계시자로서의 예수는 우리로 하여금 하나님을 알게 하는 중보자이다. 하나님께로 나아가는 일은 오직 나사렛 예수를 통해서만 가능하다.

이것을 토대로 우리는 이와 같은 맥락 속에서 복음주의 신학의 중요한 범주인 "특별 계시"를 긍정할 수 있다. 예수와 하나님의 하나됨을 계시를 통해서 알 수 있다는 것은 우리가 모든 인류에게 주어진 하나님의 실체에 관한 일반적인 증언을 훨씬 뛰어넘는 하나님으로부터의 계시를 받은 자들이라는 것을 의미한다. 예수 안에서 우리는 하나님의 "특별한" 계시를 발견한다. 왜냐하면 그리스도 안에서 및 그리스도를 통하여 하나님은 스스로를 사람들에게 이해할 수 있게 만드시기 때문이다. 제1장에서 보았듯이, 역사는 하나님의 자기 계시를 위한 도구이다. 그러나 이 역사적 계시는 예수의 빛 아래에서 가시적이 된다. 왜냐하면 예수는 역사의 의미이고, 역사에 통일성을 부여하는 분이기 때문이다.

예수와 성부의 교제

예수와 하나님의 관계에 대한 이해에 있어서의 핵심은 "예수는 하나님의 계시자"라는 진술에 있다. 이 주장을 통해서 우리는 예수는 하나님의 영원한 실체에 참여하고 있다는 것 ― 예수는 하나님의 본성의 구현(embodiment)이라는 것 ― 을 선포한다. 그러나 이러한 선포는 한 가지 질문을 불러일으킨다: 예수께서 우리에게 계시한 하나님의 본성은 어떤 특징을 지니고 있는가?

앞으로 보게 되겠지만, 이 질문은 기독론과 신론의 연결고리 역할을 하기 때문에 대단히 중요하다. 이 문제를 제기함으로써 우리는 예수의 역사적 삶과 삼위일체 하나님 사이의 연관성이라는 문제에 직접적으로 직면하고 있다는 것을 알게 된다. 이러한 연관성을 이해하기 위한 열쇠는 예수께서 "아버지"라고 불렀던 분과 누린 교제(fellowship)에 있다. 우리는 지금부터 이것이 어떻게 사실인가를 살펴보아야 한다.

예수의 연민. 우리는 하나님의 계시자인 예수께서 하나님에 관하여 우리에게 보여 주신 것에 대한 신약성서의 중심적인 묘사를 떠올리는 것을 통해서 우리의 탐구를 시작하고자 한다. 복음서들의 중심에는 사랑의 하나님의 연민의 마음에 대한 예수의 계시가 있다. 복음서들은 예수께서 자신의 사명을 하나님의 자신을 주시는 연민어린 사랑의 표현으로 이해하였다고 증언한다.

몇 가지 예를 들어보자. 요한은 예수의 일차적인 사명이 심판하고 정죄하는 것이 아니라 구원하는 것이었다고 설명한다(요 3:17). 그리스도는 선한 목자의 이미지를 사용하여 자기는 다른 사람들을 위하여 자신의 목숨을 희생하기까지 자기 스스로를 완전히 주기 위하여 왔다는 것을 강조하였다(요 10:10-11; 또한 마 20:28; 막 10:45을 보라). 누가는 가버나움의 한 회당에서 예수께서 자신의 목적은 곤경에 빠져 있는 사람들에게 자유와 치유와 해방을 가져다주는 실제적인 목표들을 포함하고 있다는 것을 설명하기 위하여 이사야서를 그 근거로 들었다고 보도한다(눅 4:18-19).

하나님의 연민어린 사랑을 계시하는 것이 자신의 임무라는 것을 알고 있었던 분으로서 예수는 스스로 연민이라는 특성을 보여 주셨다. 주님은 "목자 없는 양"(마 9:36; 막 6:34)이 되어 많은 사람들이 유리하며 방황하는 것을 보았을 때에 연민에 사로잡히셨다. 그의 마음은 병든 자를 보았을 때에 움직였다(마 14:14). 예수의 연민은 그가 예루살렘 도성 밖에서 만난 두 명의 눈먼 자들 같은 구체적인 개개인들의 곤경에 의해서 촉발되었다(마 20:34). 또한 자신의 가르침을 듣느라고 굶주리게 된 무리들을 보고서 예수는 연민의 정을 느꼈다(마 15:32; 막 8:2). 무엇보다도 예수는 사랑하는 자들을 잃고 슬픔에 잠겨 있는 사람들을 보고 연민으로 가득 찼다. 한 여인이 자신의 아들의 죽음으로 인하여 울고 있을 때, 예수의 "마음은 그녀에게 향했고"(눅 7:13; 개역에서는 "불쌍히 여기사"), 예수의 벗인 나사로의 무덤에서 주님은 애곡하셨다(요 11:35).

예수의 연민은 사역에서도 드러났다. 예수께서 자기 주변의 사람들의 곤경들을 보았을 때, 그 곤경들은 그의 감정을 촉발시켰고, 예수는 다른 사람들의 참담한 심정을 어루만지고 그들의 곤경을 해결해 주기 위하여 행동에 들어가셨다. 사랑하는 자들을 잃어버린 자들에게 예수는 죽은 자를 일으키시는 사역으로 응답하셨다

(요 11장; 눅 7:14). 인도자가 없어 어쩔 줄 몰라 하는 사람들에게 예수는 교훈과 가르침을 베풀어 주셨다(막 6:34). 병든 자들에게 예수는 치유를 베푸셨다(마 14:14; 4:23; 9:35; 19:2).

예수의 연민은 극히 포괄적인 것이었다. 그 연민은 그의 벗들을 뛰어넘어 무리들에게까지 미쳤다. 그 연민은 그의 원수들과 그를 거부한 사람들조차도 포용하였다. 자신의 붙잡힘과 죽음이 임박했을 때조차도, 예수의 마음은 여전히 다른 사람들에게 가 있었다. 예수는 자기가 사랑한 민족으로부터 최종적으로 거부당할 것을 생각하면서 예루살렘 도성을 보면서 애곡하셨다(마 23:37). 그 후에 붙잡히시는 과정에서 예수는 싸움 중에 한쪽 귀를 부상당한 병사를 치유해 주셨다(눅 22:51). 죽는 그 시간에도 우리 주님의 생각은 자기를 거부한 자들의 곤경을 향해 있었다. 예수는 아버지의 용서하시는 긍휼이 자기를 십자가에 못 박은 군사들에게까지 미칠 수 있기를 기도하셨다: "아버지 저들을 사하여 주옵소서 자기들이 하는 것을 알지 못함이니이다"(눅 23:34). 그러므로 예수 자신의 행위들은 그의 가르침의 적절한 예화 역할을 한다.

예수께서 보여 주신 사랑과 연민은 사랑이신 하나님의 본성을 계시하는 것이었다. 이러한 결론은 우리를 아버지에 대한 예수의 계시의 문턱까지 데려다준다. 그러나 이 문턱을 넘기 위해서 우리는 예수의 계시적 삶을 좀 더 깊이 들여다 보아야 한다.

예수와 하나님의 특별한 교제. 예수의 삶과 죽음을 규정하고 있었던 연민은 그의 실존의 좀 더 근본적인 차원에서 그 원천을 발견한다. 그것은 주님이 성부 하나님과 누렸던 관계 — 특별한 관계 — 에서 나온 것이었다. 예수는 자신의 특별한 소명을 잘 알고 있었다. 예수는 사랑의 하나님의 연민의 마음을 드러내 보이기 위하여 이 땅에 오셨다. 그러나 이 특별한 소명에 대한 예수의 인식은 선행적인 인식, 즉 그가 자기를 세상에 보내신 하나님에 대하여 특별한 관계를 맺고 있다는 인식과 결부되어 있었다. 하나님과의 교제에 대한 이러한 인식은 우리에게 예수와 하나님의 존재론적 관계에 대한 궁극적인 열쇠를 제공해 준다.

이러한 특별한 교제에 대한 예수의 인식은 예수께서 하나님을 부를 때에 사용한 용어에서 가장 생생하고 분명하게 드러난다. 복음서들에 나오는, 예수께서 선호하셨던 부름말인 아람어 "아바"는 실제로 영어의 "아빠"(Dad)와 비슷한, 아주 친밀한 관계를 표현하는 애정어린 용어다. 그러므로 예수는 하나님을 아버지로 여겼고, 하나님에 대한 아들로서의 특별한 관계를 알고 있었다.

예수의 인식을 보여 주는 이러한 가시적인 표현은 얼마만큼 중요한가? 학자들은 하나님과의 관계에 대한 예수의 이해가 히브리인들의 종교사 속에서 어느 정도나 새로운 현상인지를 놓고 논란을 벌여 왔다. 고디어 애덜버트 함만(Gauthier Adalbert Hamman)은 많은 학자들의 결론을 반영하여 하나님을 아버지로 지칭하는 것은 일찍이 출애굽 때로부터 히브리인들의 종교 생활의 일부였다고 주장한다.[39] 하나님이 아버지라는 이런 인식은 세상 속에서 특별한 사명을 위하여 선택된 백성으로서의 이스라엘의 지위를 강조하는 것이었다. 나중에 포로기 때에 히브리인들은 하나님을 단순히 공동체적인 민족의 아버지로서만이 아니라 의로운 사람들 개개인의 아버지이기도 하다는 것을 알게 되었다.

함만의 견해와는 반대로, 요아킴 예레미아스(Joachim Jeremias)는 "아바"를 어린아이들이 쓰는 구어체 용어로 보고 이 용어를 사용한 용법이 유대교에는 그 유례가 없다고 주장한다:

> 그것은 분명히 예수 자신의 가장 특징적인 어법으로서 자신의 권위 및 자신의 사명에 대한 인식의 가장 심오한 표현이다(마 11:27). 이제 새로운 방식의 기도가 탄생했다. 예수는 아이가 아버지에게 말하듯이 자연스럽고 친밀하고 안정감을 가지고 성부 하나님께 말씀한다.[40]

예레미아스의 주장이 지나친 것이냐의 여부를 떠나서, 하나님을 "아바"라고 부르는 것에서 입증되는 하나님과의 관계에 대한 예수의 이해는 구약의 히브리인들의 사고 방식을 뛰어넘는 하나의 발전이었다. 이 부름말은 예수 안에 있는 깊은 아들로서의 인식을 입증해 준다. 예수는 하나님과의 특별한 관계 및 하나님의 계

---

[39] Hamman은 "최초의 증거는 하나님께서 친히 '이스라엘은 나의 장자'(출 4:22)라고 분명하게 말씀하셨던 출애굽 때까지 거슬러 올라간다"고 말한다. Gauthier Adalbert Hamman, *Prayer — The New Testament*(Chicago: Franciscan Herald Press, 197), 90.

[40] Joachim Jeremias, *The Prayers of Jesus*(Naperville, Ill.: Alee R. Allenson, 1967), 78.

획에 있어서의 특별한 과업을 인식하였다. 이에 대해 함만은 다음과 같이 올바르게 결론을 내리고 있다:

> 그리스도께서 아버지라는 단어를 사용하신 것은 새로운 의미를 획득한다. 왜냐하면 그것은 실제로 야웨께서 그의 백성에게 행하신 종말론적 약속을 성취하는 것이기 때문이었다. 아버지의 아들은 구원 사역을 수행하기 위하여 보내심을 받았다.[41]

예레미아스도 이러한 결론에 동의한다:

> '아바'(abba)라는 용어 속에는 예수의 사명과 권세에 관한 궁극적인 신비가 표현되어 있다. 성부 하나님로부터 하나님에 관한 온전한 지식을 허락받으신 예수는 하나님을 아들이 친밀하게 부르는 부름말로 부를 수 있는 메시야적 특권을 지니고 있다.[42]

예수께서 아버지에게 느꼈던 유례없는 친밀감은 예수 안에 자기가 "아바"를 부를 때마다 자신의 말을 아버지께서 들어주실 것이라는 확신을 낳았다. 이것을 보여주는 한 예는 나사로를 일으키시기 전에 예수께서 드린 기도 중에 잘 나타나 있다: "아버지여 내 말을 들으신 것을 감사하나이다 항상 내 말을 들으시는 줄을 내가 알았나이다 그러나 이 말씀 하옵는 것은 둘러선 무리를 위함이니 곧 아버지께서 나를 보내신 것을 그들로 믿게 하려 함이니이다"(요 11:42). 또한 하나님에 의해 보내심을 받은 자로서의 예수의 투철한 사명 의식과 하나님에 대한 예수의 아들로서의 관계 사이에는 밀접한 연관성이 존재한다. 함만은 이에 대해서 다음과 같이 올바르게 말했다:

> 모든 상황, 모든 간구에서 예수는 언제나 자신의 사명의 목적, 하나님의 뜻,

---

41) Hamman, *Prayer — The New Testament*, 92

42) Jeremias, *The Prayers of Jesus*, 97. 또한 John H. Wright, *A Theology of Christian Prayer* (New York: Pueblo, 1979), 26을 보라.

아버지께서 그에게 맡기신 일을 생각하였다. 예수는 그 밖의 다른 것을 원하지 않았다. 기도를 통해서 예수는 자신이 섬기게 된 아버지의 계획을 분별하고 축복할 수 있었다. 예수의 간구들에는 아버지의 선하신 뜻과 아버지를 섬기며 행하고자 하는 의지 외에 그 어떤 다른 목적도 존재하지 않았다.

그러므로 예수는 이적을 일어나기 전에 미리 감사를 드릴 수 있었다: 아버지께서 항상 자기가 요청한 것을 들어주셨기 때문에, 예수의 뜻은 전적으로 하나님의 뜻과 일치하였다. 이러한 순종은 예수의 아들로서의 절대적인 신뢰를 가져왔다.[43]

"아바"라고 부르는 분에 대한 아들로서의 특별한 관계 또는 그분과의 교제에 대한 예수의 인식은 단순히 역사적인 한 인물의 자기 인식을 보여주는 것만이 아니라 신학적으로 중요한 함의들을 지닌다. 이 예수가 하나님의 계시이기 때문에, 아들로서의 예수의 자기 인식은 역사의 한 시점에서의 자기 인식뿐만 아니라 영원한 관계를 드러내 준다. 예수는 아버지와 아들의 관계를 드러내 주신 것이다. 그 결과 하나님을 자신의 아버지라고 지칭했던 분은 다름 아닌 아버지의 영원한 아들이다.

이것의 연장선상에서 예수와 아버지(Abba) 간에 나누었던 특별한 사랑은 신학적으로 광범위한 함의들을 지닌다. 하나님의 연민의 마음을 계시하는 사랑스럽고 순종하는 종으로서 하나님께 스스로를 헌신함으로써 하나님에 의해 사랑을 받은 예수는 영원히 아버지에게 그가 받는 사랑을 되돌려 주는 아버지의 사랑하는 독생자이기도 하다. 그러므로 예수께서 세례를 받으실 때에 하늘로부터 들려왔던 "이는 내 사랑하는 아들이요 내 기뻐하는 자라"(마 3:17)는 소리는 예수의 정체성에 관한 일시적인 선언이 아니라 영원한 선언인 것이었다. 이 땅에 오신 예수는 성부 하나님을 기쁘시게 하는 영원한 아들이다.

그러므로 예수의 지상적 삶을 토대로, 우리는 이 역사적 인물인 나사렛 예수가 아버지의 영원한 아들이라고 결론을 내린다. 예수께서 아버지와 누리신 이 관계는 영원한 하나님의 삶 속에서 아버지와 아들 사이의 상호작용을 규정하는 교제(fellowship)이다. 하나님의 아들로서 예수는 아버지와의 친밀한 공동체 속에서

---

43) Hamman, *Prayer — The New Testament*, 182.

살아간다. 그렇기 때문에 이 역사적 인물은 아버지와의 사랑의 공동체 — 이 사랑은 바로 성령이다 — 속에 있는 영원한 아들로서 삼위일체 하나님에 속해 있는 분에 다름 아니다.

그러므로 예수는 우리에게 삼위일체 하나님의 교제 — 공동체 — 를 계시하신다. 예수는 아버지와의 관계를 통해서 성부와 성자 사이의 영원한 관계를 규정하는 사랑의 신적인 역동성 — 이 역동성은 바로 성령이다 — 을 계시한다. 그렇게 함으로써 예수는 우리에게 하나님이 어떤 분이신가를 보여 준다: 하나님은 성부, 성자, 성령의 공동체이다. 이런 의미에서 예수는 진실로 신성을 지니신 분이다. 왜냐하면 예수는 자기를 보내신 성부와 함께 성부와 성자의 영인 하나님의 본성 — 사랑 — 을 공유하고 계시기 때문이다.

예수의 주되심

우리는 예수와 하나님의 존재론적 하나됨을 확증하였기 때문에, 다시 한 번 예수와 하나님의 기능론적 하나됨으로 되돌아가야 한다. 존재론과 기능론의 다리 역할을 하는 것은 그 의미에 있어서 존재론적이기도 하고 기능론적이기도 한 기독론적인 호칭인 "주"(Lord)이다. 예수는 하나님과 하나이기 때문에, 세상에 임재해 계시는 하나님으로서의 기능을 한다. 그러나 하나님은 궁극적으로 세상의 주관자이신 창조주, 즉 세상의 주로서 임재해 계신다. 그러므로 신약성서의 저자들이 예수를 반복해서 주님이라고 말하는 것은 결코 놀라운 일이 아니다. 그렇다면 이 호칭은 무엇을 수반하는가?

우주의 주. 기본적으로 "예수는 주시라"는 고백을 통해서 우리는 예수와 우주의 관계에 관한 근본적인 진리를 천명한다: 예수는 만유의 주이시다. 이러한 진술에 대한 우리의 최초의 이해는 일반적으로 통치권과 권능에 그 초점이 맞춰진다. 궁극적으로 예수는 우주를 다스리시는 권능 있는 통치자이고, 여기에 우리는 하나님의 아들이라는 예수의 정체성으로 말미암아 예수가 우주의 통치자라는 말을 덧붙인다.

주되심의 개념이 지니는 우주적 차원은 신약성서 전체에 걸쳐서 반영되어 있다. 바울은 그의 위대한 기독론적 송영 속에서 예수의 신성으로부터 예수의 보편적 주되심으로 옮겨간다. 이 예수는 모든 권세 위에 뛰어나시기 때문에, 만유의 모든 것들이 예수께 경배를 드리게 될 것이라고 바울은 말한다(빌 2:9-11).

우리의 개인적인 주. 예수의 주되심은 종말이 이르기까지는 온전히 실현되거나 드러나지 않을 것이지만, 그 큰 날에 관한 성경의 비전은 현재에 있어서 우리의 태도와 행위에 영향을 미치고 있음에 틀림없다. 따라서 우리는 우주적인 관점에서만이 아니라 실존적인 관점에서도 예수의 주되심에 관하여 말한다. "예수는 주시라"는 말은 "예수는 나 자신의 삶의 통치자이시다"라는 것을 의미한다. 우리는 예수에 대한 우리 개인의 헌신으로 말미암아 예수에게 이러한 지위를 부여하였다.

바울은 우리의 주장의 우주적 측면 및 실존적 측면을 통합하여 수많은 광범위한 실제적 함의들 중의 하나를 이끌어낸다:

> 우리의 싸우는 무기는 육신에 속한 것이 아니요 오직 어떤 견고한 진도 무너뜨리는 하나님의 능력이라 모든 이론을 무너뜨리며 하나님 아는 것을 대적하여 높아진 것을 다 무너뜨리고 모든 생각을 사로잡아 그리스도에게 복종하게 하니(고후 10:4-5).

달리 말하면, 예수는 우주의 주임과 동시에 나의 삶의 주이기 때문에, 모든 생각을 포함한 모든 것을 통치하여야 한다.

역사의 주. 모든 사상들에 대한 예수의 통치라는 말은 우리로 하여금 예수의 주되심의 또 다른 차원을 생각하게 만든다. 주이신 예수는 나의 개인적인 삶의 의미만이 아니라 만유 전체의 역사의 의미를 계시하는 분이다. 예수는 만유의 주이기 때문에, 모든 피조물 — 그리고 그 안에 있는 인간의 삶 — 은 궁극적으로 오직 예수 안에서만 참된 하나됨(통일성)을 발견할 수 있다. 기독교 신앙의 커다란 걸림돌이 되는 것이 바로 여기에 있다: 모든 피조 세계의 보편 역사와 이제까지 살았던 모든 사람의 역사들은 궁극적으로 그들의 의미를 하나의 짧막한 역사적 삶 — 나사렛 예수 — 에서 발견하고, 거기에서 그들의 의미를 가져온다.

우리가 나사렛 예수의 실존적·우주적 주되심을 고백할 때에 사용하는 "예수는 주시라"는 주장은 사람들에게 걸림돌이 되는 성격을 지니고 있기 때문에 사람들을 나누는 역할도 하고 하나가 되게 하는 역할도 한다. 이 주장은 이러한 신앙고백을 하는 사람들을 그렇지 않은 사람들로부터 구별한다는 점에서 분명히 사람들을 나누는 역할을 한다. 그렇게 함으로써 이 신앙고백은 인류 전체를 가르는 커다란 구분선이 된다. 그러나 이 고백은 사람들을 하나로 묶는 역할을 하기도 한다. "예수는 주시라"는 주장은 예수의 주되심을 인정하는 모든 자들을 시대를 뛰어넘어 하나의 교제로 묶는다.

제 10 장

그리스도 예수와 인간의 교제

> 정하신 사람으로 하여금 천하를 공의로 심판할 날을 작정하시고.
> — 사도행전 17:31

    그리스도인으로서의 우리의 신앙에서 중심적인 것은 "나사렛 예수는 그리스도 이시다"라는 신앙고백이다. 이 선언을 통해서 우리는 예수 안에서 우리가 하나님의 자기 계시와 우리의 구원을 위하여 결정적으로 행하신 하나님을 발견한다고 주장하고 있는 것이다. 따라서 우리는 예수는 신성을 지닌 분, 즉 삼위일체 하나님 안에서 성부와의 영원한 교제에 참여하는 성자라고 주장한다.

    예수는 그리스도시라는 고백을 통해서 우리는 나사렛 예수의 실체에 관한 또 하나의 차원을 선포하고 있다. 우리는 예수의 이 역사적 삶 속에서 참된 신성만을 발견하는 것이 아니라 본질적인 인성도 발견한다고 말하고 있는 것이다. 예수는 하나님의 구현일 뿐만 아니라, 또한 "공동체 속에서의 삶"이라는 말로 요약할 수 있는, 우리를 향하신 하나님의 의도의 구현이기도 하다. 따라서 예수는 삼위일체 하나님의 영원한 공동체에 참여하는 분일 뿐만 아니라 피조물들의 교제의 본보기이기도 하다. 그러므로 예수는 진정으로 하나님임과 동시에 진정으로 인간이시다.

    그리스도이신 예수 안에서 피조물들의 교제가 계시되는 것을 본다고 우리가 주장할 때, 그것은 무엇을 의미하는가? 우리의 기독론의 이 두 번째 주장에서 우리는 예수와 하나님의 피조물 사이의 하나됨에 관한 기독교적 신앙고백을 설명하고자 한다. 이를 통해 이제 우리는 예수의 인성을 주장하는 것이 무엇을 의미하는가라는 질문에 답하고자 한다.

인간으로서의 예수

예수의 신성에 대한 고백은 현대의 신학자들 사이에서 열띤 논쟁을 불러일으켜 왔다. 이와는 대조적으로 "예수는 인간이었다"라는 선언은 거의 보편적인 합의에 도달해 있다. 스코틀랜드의 신학자인 베일리(D. M. Bailie)는 이에 대하여 이렇게 말하였다:

> 오늘날의 신학 사상과 관련된 거의 모든 학파들은 우리 주님의 완전한 인성을 과거 기독교 신학자들이 행해 왔던 것보다 더 진지하게 고려하고 있다고 말하는 것이 옳을 것이다.[1]

예수의 인성에 관한 보편적인 인정이 이 기본적인 기독론적 주장이 논쟁의 여지가 없다는 것을 의미할 수도 있지만, 이 주장의 의미와 함의들은 즉각적으로 명백한 것은 분명히 아니다. 그러므로 이 장에서 우리는 예수의 인성에 관한 기독론적 신앙고백에 대한 현대적 이해가 지니는 여러 차원들을 살펴보고자 한다. 우리가 제일 먼저 할 일은 예수께서 지니신 인간됨(humanness)의 본질에 관하여 묻는 것이다. 그러한 이해의 발전 과정을 추적하는 과정에서, 우리는 주님의 온전한 인간됨에 대한 주장을 공식화하였던 교부 시대의 발전 과정을 살펴보지 않으면 안 된다.

예수의 인성에 관한 주장의 발전

제9장에서 우리는 니케아에서 열린 제1차 공의회에서 절정에 달한 일련의 과정을 개략적으로 살펴본 바 있다. 니케아 공의회는 예수의 정체성과 관련된 신약성서의 증언에 대한 아리우스의 도전에 직면하여 예수의 신성을 천명하였다. "4대 이단들"[2] 중에서 두 번째 이단을 둘러싸고 벌어진 이 논쟁은 교회로 하여금 예수의 정체성의 또 다른 측면 — 예수의 완전한 인성 — 을 주장하게 만드는 계

---

1) D. M. Baillie, *God Was in Christ*, second edition(New York: Charles Scribner's Sons, 1948), 11.
2) 이러한 주장은 J. W. C. Wand, *The Four Great Heresies*(London: Mowbray, 1955)에서 제기되었다.

기가 되었다.

아리우스주의(Arianism)는 안디옥의 사상가들에게 특유한 몇몇 관심들을 지나치게 강조하였다. 니케아 공의회는 아리우스의 기독론에서 드러난 예수의 완전한 신성의 주장에 대한 위협에 대항하여 헬라 철학의 형이상학적 언어를 사용하여 예수는 성부 하나님의 본성을 공유하고 있다고 주장하였다. 그러나 니케아 공의회가 헬라 철학의 범주들을 사용한 것은 아리우스가 걸어간 길과는 정반대 방향으로 움직여 가는 경향을 생겨나게 하는 길을 열어 주었다. 그러므로 두 번째 큰 이단인 아폴리나리우스주의(Apollinarianism)는 알렉산드리아 학파의 기독론적 관심들의 결과물로 등장하였다.

아폴리나리우스주의. 아폴리나리우스 이단은 예수는 성부와 "동일 본질"("동일한 본질에 속한" 또는 "본성에 있어서 하나")이라는 니케아 공의회의 선언을 진지하게 받아들이면서도 그리스도의 인격의 통일성을 유지하고자 하는 관심에서 생겨났다. 이러한 관심에 따라서, 아폴리나리우스는 예수를 "손상될 수 없는 신성과 손상될 수 없는 육체로 구성된 하나의 본성"이라고 설명하였다.[3] 그러므로 아폴리나리우스에게 예수는 "육체를 입은 하나님"이었다.[4]

이러한 기독론의 밑바탕에는 특정한 인간론이 자리잡고 있었는데, 이 인간론이 없었다면 이 기독론을 주장한 사람은 그리스도의 독특한 본성에 관한 이와 같은 개념을 결코 만들어 낼 수 없었을 것이다. 아폴리나리우스는 인간이 복수의 본성적 실체들로 이루어져 있다고 이해하였다. 그는 신적인 측면 — 로고스 — 이 이러한 인간의 본성적 실체들 중의 하나를 대체한 것이 바로 예수였다고 생각한 것이다.

얼핏 보면, 아폴리나리우스의 입장은 이분법적인 인간론을 반영하고 있는 것처럼 보인다.[5] (인간 존재는 물질적 측면과 비물질적 측면의 복합체이다.) 예수는 성육신을 통해서 신적인 로고스가 인간의 육체와 결합되어 다른 사람들에게 존재하

---

3) J. N. D. Kelly, *Early Christian Doctrines*, revised edition(San Francisco: Harper and Row, 1978), 291에서 재인용.

4) Ibid.

5) Wand, *The Four Great Heresies*, 74-75.

는 비물질적인 본성을 대체했다는 점에서 유일무이하다고 그는 생각하였다. 아폴리나리우스는 그러한 기독론이 받아들여질 가망성이 없다고 보았기 때문인지 자신의 입장을 교묘하게 변경해서 삼분법적인 인간론의 토대 위에 구축하였다(인간의 인격은 세 가지 본성적 실체들 ― 육체, 혼, 영 ― 로 구성된다). 그는 성육신을 통해서 로고스가 인간의 인격(human person, 육체, 혼, 영)이 아니라 인간의 본성(human nature, 육체와 혼)에 자리를 잡았다고 전제하였다. 나사렛 예수 속에서 육체와 혼(육체의 생명의 원리)은 실제로 인간적인 것이었다. 그러나 예수의 영은 인간의 인격에 속하는 것이 아니라 신적인 로고스였다.

아폴리나리우스의 입장은 처음에는 예수의 정체성이라는 문제에 대한 천재적인 해법으로 여겨져서 많은 사람들에 의해서 환영을 받았지만 곧 반론을 불러일으켰다. 비판자들은 그의 기독론이 예수는 구원을 가져온 자라는 기독교의 주장과 양립할 수 없다는 것을 깨달았다. 지상의 예수가 인간의 영을 소유하고 있지 않았다면, 신적인 로고스는 인간의 본성의 결정적 측면을 스스로 담당하지 않았다는 말이 된다. 따라서 성육신을 통해서 성자는 우리의 영을 구속하지 못한다. 이러한 비판은 하나의 중요한 신학적 전제에 의해서 유발되었다: 로고스는 로고스가 성육신을 통해서 담당하지 않은 것을 구속할 수 없다. 콘스탄티노플의 대주교였던 나지안주스의 그레고리우스(Gregory of Nazianzus)는 아폴리나리우스의 견해를 검토한 후에 이 문제를 통렬하게 비판하였다: "누가 인간의 영이 없는 사람에게 신뢰를 두었다면, 그는 그 자신이 영이 없는 자이고 구원을 받을 가치가 없다. 왜냐하면 자신이 담당하지 않은 것을 그는 치유하지 못하기 때문이다; 그것은 구원받는 그의 신성과 하나로 결합되어 있다."[6]

구원론적인 문제점을 지적했던 아폴리나리우스의 대적자들은 아울러 그가 사실상 가현론자(docetist)라고 주장하였다. 로고스가 예수의 영의 기능을 하였다면, 예수의 인격의 신적 차원은 성육신한 삶의 통제 원리로서의 기능을 하였다는 말이 된다. 그렇다면 예수는 완전하게 인간일 수가 없었을 것이다.[7] 혼에 의해서 생명이 불어넣어진 물리적인 육체는 단순히 그 안에 "숨겨져 있는" 신적인 로고스

---

6) Gregory of Nazianzus, "An Examination of Apollinarianism,"in *Documents of the Christian Church*, ed. Henry Bettenson, second edition(London: Oxford University Press, 1963), 45. See also Kelly, *Early Christian Doctrines*, 297.

7) Kelly, *Early Christian Doctrines*, 296.

가 일하는 도구일 따름이다.

콘스탄티노플 공의회. 교회 지도자들은 주후 381년에 콘스탄티노플에서 열린 제2차 공의회에서 아폴리나리우스로 인해 야기된 논쟁을 공식적으로 종결지었다. 이 공의회는 니케아 공의회에서 이루어진 기독론에 관한 결정을 재확인함과 동시에 아폴리나리우스의 입장을 단죄하였다. 그의 이단적인 주장에 의해서 야기된 도전에 맞서서, 그들은 정통 기독론은 나사렛 예수의 완전한 인성에 대한 주장을 포함한다고 선언하였다.

참된 인성에 참여한 자로서의 예수

콘스탄티노플 공의회는 예수의 인성에 대한 주장은 정통 기독론의 핵심에 자리잡고 있다고 결론을 내렸다. 그러나 예수가 완전하게 인간이라고 주장하는 것은 무엇을 의미하는가?

"예수는 진정으로 인간이다"라는 기독론적 주장을 이해하려는 우리의 탐구의 분명한 출발점은 예수께서 지니고 계셨던 인성의 실제적인 본질이다. 어떤 의미에서 예수는 실제적인 인간이었는가? 인간으로서의 예수의 본질에 관하여, 예수의 인성에 대한 신앙고백은 예수의 실존을 규정하였던 인성은 참된 인성이었다는 주장으로 귀결된다. 히브리서의 기자가 분명하게 말하고 있듯이, "자녀들은 혈과 육에 속하였으매 그도 또한 같은 모양으로 혈과 육을 함께 지니셨다"(히 2:14). 그러나 우리는 예수께서 참여하셨고, 아담의 모든 자손들과 함께 공유하신 이 인성에 대해서 좀 더 자세하게 살펴보지 않으면 안 된다.

예수의 인성을 규정하고 있던 것이 무엇이었는지를 발견하기 위해서, 우리는 복음서들에 묘사된 예수의 지상적 삶을 잠시 훑어볼 필요가 있다. 이 길을 따라가 봄으로써 우리는 실제로 신약성서의 기자들이 먼저 간 길을 추적해 볼 수 있다. 그들에게 예수의 역사적 삶은 그들이 예수의 근본적인 인성에 관한 결론들을 도출해 낸 토대를 이룬다.

예수와 인간 실존의 조건들. 복음서들에 묘사된 나사렛 예수의 삶에 관한 고찰은 우리로 하여금 예수는 보통 사람들과 마찬가지로 지상적 실존의 조건들 아래에서 살았다는 의미에서 진정으로 인간이었다는 결론을 내리게 한다. 예수는 우리의 실존적 인성에 참여하였다. 우리 자신의 경험이 말해주듯이, 인간 실존의 조건들은 인간의 필요들을 아는 것, 시련과 유혹의 때를 겪는 것, 여러 가지 다양한 제한들에 종속되어 있는 것과 같은 삶의 공통된 차원들을 포함한다. 복음서들에 의하면, 인간의 삶의 이 모든 측면들은 예수의 실존을 규정하고 있었다.

복음서들은 예수께서 모든 인간에게 공통적인 일련의 필요들을 체험하셨다는 것을 보여 준다. 예수는 육체적인 필요들을 알고 있었다. 예를 들면, 예수께서 오랜 여행 끝에 사마리아의 한 마을에 도착하였을 때에 지치고 목이 말랐다(요 4:6-7). 예수는 동료의 필요성을 비롯한 심리적인 필요들을 체험하였다. 배신과 죽음의 기미를 느꼈을 때, 예수는 그의 가장 친밀한 세 벗으로 하여금 그의 절망의 시간에 그를 지지해 주도록 부탁하였다(마 26:36-38). 예수는 영적인 필요들을 체험하였다. 그는 기도를 통해서 아버지와 친교를 나누는 것의 중요성을 알고 있었다. 복음서들은 예수를 반복적으로 홀로 기도하는 시간들을 가짐으로써 마음을 새롭게 하기 위하여, 밀려오는 곤궁한 사람들을 섬기는 일로부터 물러나는 모습으로 묘사하였다(막 1:35).[8]

예수께서 인간 실존의 조건들 아래에서 살았다고 말하는 것은 예수께서 시련들을 겪으셨고 유혹들에 직면하셨다는 것을 의미하기도 한다. 공관복음서들은 예수께서 사탄의 맹공에 견디셨던 예수의 삶 속에서 세 번의 중요한 순간들을 말한다. 예수는 세례를 받은 직후에 마귀와 맞서 싸웠다(마 4:1-11). 예수는 죽어서는 안된다는 베드로의 말을 통해서 간접적으로 사탄과의 대결을 체험하였다(마 16:22-23). 그리고 예수는 겟세마네에서 십자가를 생각하며 고뇌에 차 있을 때에 사탄과 씨름하였다(마 26:36-39). 히브리서의 저자는 예수의 시험(試驗)의 경험으로부터 구원론과 관련된 결정적인 함의를 이끌어 낸다: "우리에게 있는 대제사장은 우리의 연약함을 동정하지 못하실 이가 아니요 모든 일에 우리와 똑같이 시험을 받으신 이로되 죄는 없으시니라"(히 4:15).

이러한 결론 — 예수는 시험을 받으실 때에 아무런 손상도 입지 않고 이기셨다는 것 — 은 우리로 하여금 예수께서 직면한 시험들은 진정한 것들이었는가라는 물음을 묻지 않을 수 없게 만든다. 고전적으로 이러한 질문은 예수께서 시험에 직

---

8) 예수의 기도 생활에 관한 간략한 논의로는 Stanley J. Grenz, *Prayer: The Cry for the Kingdom*(Peabody, Mass.: Hendrickson, 1988), 11-18을 보라.

면하여 타락했을 가능성을 염두에 두고 제기되었다: 예수는 범죄할 수 있었을까? 물론 이와 같은 질문은 대단히 이론적인 것이다. 왜냐하면 사실 예수는 범죄하지 않았기 때문이다. 그렇지만 이것은 예수께서 어떤 의미에서 죄로부터 자유로웠다고 할 수 있는가라는 문제를 불러일으킨다: 예수는 우리와 마찬가지로 시험의 이끄는 힘을 과연 느꼈던 것인가? 이에 대한 우리의 대답은 주의 깊고 세심하게 행해지지 않으면 안 된다.

신약성서를 보면, 시험에 대한 예수의 관계는 한 가지 중요한 점에서 우리의 경우와 달랐던 것으로 보인다: 예수는 우리와 동일한 방식으로 시험의 이끌림을 체험하지 않았다. 야고보는 우리와 관련하여 이렇게 말한다: "오직 각 사람이 시험을 받는 것은 자기 욕심에 끌려 미혹됨이니"(약 1:14). 우리는 복음서들로부터 예수께서 이런 식으로 죄에 이끌리지 않았다는 것을 안다. 이런 의미에서 우리는 예수는 원죄의 오염, 즉 모든 인간이 아담으로부터 물려받는 죄에 대한 소질로부터 자유로웠다는 고전적인 개혁주의적 입장을 수긍할 수 있다.[9] 우리가 통상적으로 경험하는 것과는 달리, 예수는 그의 인성 안에 내재하는 악한 욕망으로 말미암아 죄에 의해서 이끌리는 일이 없으셨다.

그러나 이와 동시에 또 다른 의미에서 예수의 경험은 우리의 경험과 닮은 것이었다. 예수는 실제적인 시험을 알고 있었다. 사실 예수는 악에 대한 우리의 싸움을 능가하는 정도로 시험의 모든 무게를 짊어지셨다.[10]

이것을 이해하기 위해서 우리는 우리 자신의 경험으로부터 시작해야 할 것이다. 우리는 우리가 유혹의 맹공의 힘을 느끼는 그 강도는 우리가 그것에 저항하는 정도에 비례한다는 것을 거듭거듭 발견한다. 우리가 특별히 빠지기 쉬운 분야들 속에서 우리는 거의 유혹의 힘을 느끼지 못한다. 그러한 상황들 속에서는 우리는 단 한 번의 싸움도 없이, 종종 심지어는 우리 자신이 패배한 것도 모른 채 악한 충동에 빠져들고 만다. 그러나 그 밖의 다른 분야들 — 우리가 유혹자에 대하여

---

9) 논의에 대해서는 Gordon R. Lewis and Bruce A. Demarest, *Integrative Theology*, three volumes(Grand Rapids: Zondervan, 1990), 2:336-38을 보라.

10) Millard J. Erickson, *Christian Theology*(Grand Rapids: Baker, 1984), 2: 718-21에 나오는 유익한 논의를 보라. Erickson은 Leon Morris, *The Lord from Heaven: A Study of the New Testament Teaching on the Deity and Humanity of Jesus*(Grand Rapids: Eerdmans, 1958), 51-52를 인용한다.

일반적으로 승리를 거두고 있는 분야들 — 에서는 우리는 유혹의 힘을 아주 강하게 느끼게 된다. 우리는 저항하는 것과 항복하는 것의 차이를 아는 만큼 우리에게 다가오는 유혹의 깊이를 더욱 철저하게 깨닫게 되는 것이다. 따라서 유혹에 대항하는 싸움이 가장 격렬한 것은 바로 이런 분야들에서이다. 따라서 이런 분야들에서 우리는 유혹의 더 큰 무게를 견디지 않으면 안 된다.

예수는 유혹의 맹렬한 기운을 더욱 철저하게 알고 있었다. 예수는 사탄이 그에게 제시한 대안들을 아주 잘 알았다. 예수는 자기 앞에 놓인 선택들에서 무엇이 문제인지를 완벽하게 알고 있었다. 그리고 예수는 자신이 행해야 했던 결단들이 지니는 우주적 함의들을 아주 잘 알았다. 그러므로 이런 의미에서 예수는 시련과 유혹을 겪는 인간의 체험을 가장 강렬한 방식으로 공유하고 있었다고 할 수 있다. 실제로 예수께서 직면한 유혹들은 실제적인 것이었다.

인간의 실존의 조건들 아래에서 산다는 것은 예수께서 인간들에게 공통된 제한들에 종속되어 있었다는 것도 의미한다.

주님은 우리가 직면하고 있는 시간적인 제한들을 안고 사셨다. 예수의 날들은 24시간으로 제한되어 있었고, 예수에게 한 주간은 7일이었다. 또한 예수께서 이 땅에 머무는 기간도 한정되어 있었다. 사실 예수는 미국인들의 평균적인 수명의 절반도 못되게 사셨다. 왜냐하면 예수의 삶은 30살 조금 넘어서 끝이 났기 때문이다. 게다가 예수는 장소에 있어서도 제약을 받았다. 예수는 한 번에 여러 곳에 동시에 있을 수 없었다; 왜냐하면 우리와 마찬가지로 예수도 지역에 종속되어 있었기 때문이다. 아울러 우리 주님은 힘에 있어서도 제약을 받았다. 예수는 자기가 원하는 모든 것을 이룰 수 없었다. 또한 예수는 그의 역량을 넘어선 것을 할 수 없었다. 모든 인간과 마찬가지로 그는 수면과 휴식과 혼자 있는 시간을 통해서 새롭게 원기를 회복해야 했다. 끝으로, 예수는 지식에 있어서도 제한을 받았다. 왜냐하면 예수는 종말에 인자가 도래할 정확한 때를 알고 있지 못했기 때문이다(마 24:36).

이러한 제한들 아래에서 산다는 것은 우리와 마찬가지로 예수의 삶에 있어서도 중요한 함의를 지녔다. 우리와 마찬가지로 예수는 자신의 전체적인 사명을 이루기 위하여 그의 사역 속에서 선택들을 하는 데에 제약을 받았다. 우리 주님은 모든 것을 할 수도 없었고 어느 곳에나 갈 수도 없었으며 모든 것을 이룰 수도 없었기 때문에 자신의 활동들을 질서를 따라 해 나갈 필요가 있었다. 또한 예수는 자신의 관심과 시간을 요구하는 수많은 선한 일들 가운데에서 선택을 해야 했고, 자신의 사명의 우선순위들에 맞는가의 여부를 따라 선별하는 일을 해야 했다.

예수와 인간적 성장. 예수의 참된 인성은 예수께서 우리 모두가 경험하는 인간 실존의 조건들 아래에서 사셨다는 것만을 의미하는 것이 아니다; 예수는 우리와 마찬가지로 인간으로서 발전했고 성장해 갔다. 예수는 모태로부터 완전히 성숙해서 나온 것이 아니었다고 말하는 것으로 충분하지 않는가? 실제로 제3복음서 기자는 우리에게 예수는 한때 소년이었다는 것을 일깨워 준다. 어린 시절에 예수는 육체적으로, 지적으로, 영적으로, 사회적으로 성장해 갔다(눅 2:52). 성인이 되어서도 예수는 계속해서 삶의 현실들을 배워 나갔다. 히브리서 기자는 예수의 지상적 삶으로부터 다음과 같이 아주 생생하게 결론을 맺는다: "그가 아들이시면서도 받으신 고난으로 순종함을 배워서"(히 5:8).

요컨대, 나사렛 예수는 선천적으로 주어진 이점들을 지니고 있지 않았다. 예수는 성숙으로 가는 지름길을 간 것이 아니었고, 육체를 입은 인간 실존의 제한적인 측면들 중 그 어느 것도 뛰어넘지 않았으며, 이 타락한 세상 속에서 살아가는 것이 주는 어려움들을 회피할 수 없었다. 오히려 이와는 반대로 예수는 진정으로 우리와 하나였다; 예수는 우리의 인성을 온전히 경험하였다.

예수의 인성이 지니는 함의들. 신약성서의 기자들은 예수께서 완전하게 인간이었다는 사실이 하나님의 계획에 있어서의 그의 역할에 결정적으로 중요한 것이었다고 말한다. 구체적으로 말하면, 예수께서 실존적인 인성을 공유한 것은 구원론적인 함의들을 지닌다. 히브리서 기자는 다음과 같은 요약적인 진술을 제시한다:

> 자녀들은 혈과 육에 속하였으매 그도 또한 같은 모양으로 혈과 육을 함께 지니심은 죽음을 통하여 죽음의 세력을 잡은 자 곧 마귀를 멸하시며 … 그러므로 그가 범사에 형제들과 같이 되심이 마땅하도다 이는 하나님의 일에 자비하고 신실한 대제사장이 되어 백성의 죄를 속량하려 하심이라(히 2:14, 17).

예수께서 우리의 실존적 본성에 참여하신 것은 우리를 죄로부터 구원하시고 사망에 대한 그의 승리를 우리로 하여금 공유하게 하신 예수의 사역을 가능하게 하였다고 히브리서 기자는 말한다. 예수께서 인간이 아니었다면 — 예수께서 우리의 실존적 상황에 참여하지 않으셨다면 — 우리는 여전히 죄 가운데 있고 사망에 종속되어 있을 것이다. 정통 신학자들이 아폴리나리우스의 견해에 맞서서 주장했듯이, 영원한 로고스는 스스로 담당하지 않은 것을 구속할 수는 없는 일이었다.

또한 예수의 인성 체험은 우리의 실제적인 매일매일의 삶과 관련해서도 함의를 지닌다. 예수는 우리가 타락한 세상 속에서 삶의 여러 정황들과 싸울 때에 우리에게 공감하실 수 있다. 이 주제는 히브리서의 기자에 의해서 잘 설명되어 있다. 히브리서 기자는 우리에게 예수께서 완전하게 인간의 삶을 사셨기 때문에 우리의 위대한 대제사장은 우리의 상황을 잘 이해하신다는 것을 일깨워 준다(히 4:15). 그러나 예수의 동정은 단순히 수동적인 감정이 아니다. 오히려 이와는 반대로 "그가 시험을 받아 고난을 당하셨은즉 시험 받는 자들을 능히 도우실 수 있느니라" (히 2:18). 요컨대, 예수는 우리를 아시고, 우리를 돌보시며, 우리를 위해 모든 것을 제공해 주신다.

참 인간이신 예수

"예수는 완전하게 인간이다"라는 기독론적 주장은 예수는 우리의 실존적 인성에 참여하였다는 개념을 지니고 있다. 그러나 우리는 주님의 인성에 관한 우리의 신앙고백을 한 걸음 더 진척시켜야 한다. 예수의 인성은 예수께서 단지 수많은 사람들 중 한 사람이었다는 것을 의미하지 않는다. 오히려 우리의 예수는 인간들 중에서 유일무이하다는 것을 주장한다. 예수는 유일무이한 인간 — 참 인간 — 이다.

예수가 참 인간이라는 주장의 토대

예수가 참 인간이라는 사상은 전형적으로 현대 신학의 기독론적 제안들의 연결 고리 역할을 해 왔다. 그렇지만 우리는 그러한 제안들이 이 주장과 관련하여 제시하는 토대를 좀 더 자세히 살펴보지 않으면 안 된다.

예수의 지상적 삶에서의 토대. "예수는 참 인간이다"라는 주제는 특히 1800년대의 사상가들 사이에서 크게 부각되었다. 그들은 예수의 실존의 몇몇 측면으로부터 예수가 이상적인 또는 모범적인 인간이라는 결론을 도출해 내는 경향을 보여 주었다.

예를 들면, 계몽주의 이후의 독일 철학자이자 루터교 교인이었던 임마누엘 칸트(Immanuel Kant)는 신학을 도덕에 초점을 맞추어서 이해하는 가운데 예수의 삶을 도덕적 모범으로 보는 예수에 대한 이해를 제시하였다. 칸트의 기독론에서 근본을 이루고 있었던 것은 "하나님의 아들"이 도덕적으로 완전한 인간의 원형(archetype), 즉 하나님의 생각 속에 영원부터 존재하였고 인간의 신앙의 참된 목표인 인간의 원형을 보여 준다는 주장이었다. 따라서 예수는 하나님께서 인간에 대하여 염두에 두고 계셨던 원형의 모범으로서 인간의 삶을 위한 본보기 역할을 한다.[11]

이와 비슷한 방식으로 슐라이어마허(Schleiermacher)는 우리 주님이 하나님에 대한 완전한 의식을 역사 속에서 온전하게 실현시킨 분이라는 점에서 예수 그리스도는 이상적인 인간이라고 말하였다. 이와 같은 그리스도는 우리로 하여금 우리 자신의 죄를 볼 수 있게 해 주는 거울임과 동시에 우리 안에 예수 자신의 삶의 특징을 이루고 있었던 하나님 의식을 심어 주는 분이다.[12]

칸트와 슐라이어마허의 사상은 인간으로서의 예수에 대한 새로운 관심을 불러 일으켰고, 이것은 결국 19세기의 역사적 예수 연구로 귀결되었다.[13] 이러한 관심의 절정기에서 알브레히트 리츨(1822-1889)은 19세기의 사상의 주요한 흐름들을 통합한 기독론에 대한 천재적인 접근 방법을 제시하였다. 리츨은 이 나사렛 사람의 역사적인 삶으로부터 기독교 공동체에 있어서 예수의 가치라는 개념에 그 주안점을 둔 예수의 신성에 대한 교회의 신앙고백으로 나아가는 이론을 전개하였다.[14]

---

11) Immanuel Kant, *Religion within the Limits of Reason Alone*, trans. Theodore M. Greene and Hoyt H. Hudson, Harper Torchbooks/The Cloister Library edition(New York: Harper and Row, 1960), 54-59.

12) Friedrich Schleiermacher, *The Christian Faith*, ed. H. R. MacKintosh and J. S. Stewart(Edinburgh: T. & T. Clark, n.d.), 367, 379, 385, 424-25.

13) 이 운동에 대한 설명으로는 Albert Schweitzer, *The Quest of the Historical Jesus*, Irans. W. Montgomery [first German edition: 1906], Macmillan Paperbacks edition(New York: Macmillan, 1964)을 보라. 또한 Charles C. Anderson, *Critical Quests of Jesus*(Grand Rapids: Eerdmans, 1969), 9-86을 보라.

14) Ritschl의 이러한 이해에 대해서는 Stanley J. Grenz and Roger F. Olson,

리츨은 예수의 역사적 삶으로부터 우리 주님은 하나님께 받은 소명을 완전하게 살아낸 사람이었다는 결론을 내렸다. 이러한 소명은 하나님 나라의 실현을 목표로 한 것이었는데, 이 독일 신학자는 하나님 나라의 실현을 하나님의 도덕적 의지가 인간의 삶 속에 실현되는 것으로 정의하였다. 그러나 예수는 하나님의 뜻에 온전히 순종하여 사셨을 뿐만 아니라 다른 사람들에게도 동일한 도덕적 명령을 받아들이도록 영향을 주어서 그리스도의 공동체를 탄생시켰다. 이 그리스도 공동체는 예수의 영향력이 절대적이었기 때문에 예수께서 그들에게 지니는 가치를 반영하여 예수의 신성을 고백하였다. 달리 말하면, 예수를 따르는 자들의 평가에 따르면, 예수의 가치는 하나님 못지않은 것이었다는 말이다.

이상적 인간으로서의 예수라는 19세기의 주제는 20세기의 사상 속으로도 그대로 전해졌다. 예를 들면, 이 주제는 예수가 새로운 존재(the New Being)의 담지자(bearer)라는 점에서 그리스도였다고 생각한 폴 틸리히(Paul Tillich)의 사상에 반영되었다.[15] 틸리히는 슐라이어마허와 아주 흡사하게 예수를 그의 실존의 토대에 있어서 신적인 존재 근거(Ground of Being)에 열려 있었던 분임과 동시에 다른 사람들에게 새로운 존재를 가져다준 분으로 보았다. 예수는 우리 각자로 하여금 그의 본을 따르게 하고 우리 자신의 개인적 실존의 토대에 있어서 이 존재 근거에 열려 있게 할 수 있다는 점에서 새로운 존재를 전해 주시는 분이다.

예수가 이상적인 인간이라는 주제는 1960년대의 급진적 신학자들의 기독론에서도 널리 유행하였다. 그들은 틸리히, 그리고 예수를 "타인을 위한 인간"으로 본 디트리히 본회퍼(Dietrich Bonhoeffer)의 사상을 토대로 자신들의 기독론을 전개해 나갔다. 이 사상가들은 하나님으로부터 예수라는 인간으로 눈을 돌려 예수의 삶이 우리 시대의 상황에서 지니는 함의들을 탐구하여 이 세속화 시대 속에서 우리는 기꺼이 세상 속에서 사람들의 필요들을 섬겨야 한다고 주장하였다.[16]

이러한 제안들 및 해방 신학을 비롯한 그 밖의 다른 좀 더 최근의 제안들은 이

Twentieth Century Theology: God and the World in a Transitional Age(Downers Grove, Ill.: InterVarsity, 1992), 56-58을 보라.(「20세기 신학」: IVP)

15) Paul Tillich, *Systematic Theology*, three volumes(Chicago: University of Chicago Press, 1957), 2:97.

16) 이 운동에 관한 논의로는 Grenz and Olson, *Twentieth Century Theology*, 145-69를 보라.

런저런 방식으로 예수의 지상적 삶에 토대를 둔 예수의 실체(reality)의 보편적으로 중요한 차원이라는 근거 위에서 예수를 이상적 인간으로 보는 기독론을 전개하고 있다. 그러나 예수의 인성에 관한 논의에서 우리는 예수의 지상적 삶에 관한 복음서의 전체적인 묘사를 예수가 우리의 이상이라는 결론을 위한 토대로 사용하지 않았다. 오히려 복음서의 그러한 서술로부터 우리는 예수가 우리의 실존적 인성에 참여하였다는 결론을 얻었다. 예수의 역사로부터 이러한 결론을 도출해 냄에 있어서 우리는 예수의 역사적 삶의 기본적인 개요가 예수와 인간의 하나됨을 주장하는 토대가 된다고 본 신약성서의 기자들 자신의 노선을 따랐다.

부활이 지니는 토대로서의 중요성. 현대의 자유주의 기독론들에서 채택하고 있는 방법론과는 대조적으로 우리는 예수의 유일무이한 인성에 대한 주장은 예수의 지상적 삶으로부터 도출되지 않는다고 주장한다. 예수의 삶은 단지 예수께서 다른 사람들과 마찬가지로 한 인간이었다는 것만을 보여준다. 따라서 우리는 예수의 자기 인식에 대한 하나님의 확증인 부활의 의미에 대한 성찰을 통해서만 예수께서 유일무이한 인간이라는 것을 주장할 수 있게 된다. 오직 부활만이 예수께서 모든 인간의 실존을 위한 모범이라는 기독교의 주장을 실질적으로 증명해 낼 수 있다.

제9장에서 우리는 예수가 하나님이라는 기독론적 주장에 대한 우리의 이해에 있어서 예수의 부활이 지니는 토대로서의 중요성을 언급한 바 있다. 부활은 하나님께서 성부와의 유일무이한 관계를 주장했던 예수의 말씀이 옳다는 것을 인정하는 적절한 방식이었다. 따라서 이 사건은 우리로 하여금 예수는 성부의 영원한 아들이고, 성자로서의 예수는 삼위일체 하나님의 영원한 교제에 참여한다는 결론을 내리게 하였다.

마찬가지 방식으로 참 인간이라는 예수의 자기 인식에 대한 하나님의 확증이라 할 수 있는 부활은 우리로 하여금 우리 주님의 유일무이하고 모범적인 인성을 주장하게 한다. 그런 까닭에 예수의 신성에 대한 우리의 신앙고백에서와 마찬가지로 이상적 인간으로서의 예수의 지위에 대한 우리의 주장도 그를 죽은 자로부터 일으키신 하나님에 의해서 확증된 자신의 정체성에 관한 예수의 주장을 그 토대로 한다.

유일무이성에 대한 예수의 주장. 예수는 지상적 삶 속에서 자기가 유일무이한 인간 — 참 인간 — 이라고 주장하였다. 주님은 자기가 우리에게 어떻게 살아야 되는지를 보여주기 위하여 오신 분이라고 선포하였다. 예수는 당시의 종교 지도자들이 아니라 자기가 인류를 향한 하나님의 의도를 알고 있다고 주장하였다(마 19:1-9). 이러한 주장은 예수의 가르침 속에 분명하게 드러나 있다. 예수는 구약성서에 기록된 하나님의 백성을 향한 하나님의 뜻을 해석하는 특권을 자기가 가지고 있다고 반복해서 말씀하였다. 예수는 토라의 참된 의미를 알고 있다고 공언하였다(마 5:21-48). 예수는 그의 대적자들에게 성경을 오해하고 있다고 꾸짖었다(막 12:24). 그리고 예수는 당시의 종교 지도자들이 하나님의 뜻을 인간이 고안해 낸 교훈들로 바꾸어 버렸다고 대담하게 선포하였다(막 7:9).

자기가 유일무이한 인간, 즉 우리에게 어떻게 살아야 하는지를 보여 주기 위하여 오신 분이라는 예수의 주장은 제자도로의 그의 부르심 속에도 분명하게 드러난다. 예수는 그의 청중들에게 자기를 따르라고 — 자기의 제자가 되라고 — 권하였다. 예수 당시에 제자의 역할은 스승의 삶의 방식을 배우고 스승의 본을 따라 삶을 살아가는 것을 수반하였다. 예수는 그의 청중들에게 그와의 이런 유의 관계 속으로 들어오도록 명시적으로 요구하였다: "나의 멍에를 메고 내게 배우라"(마 11:29).

유일무이한 인간이라는 예수의 주장은 그 자체로만 보면 너무 대담해서 무엄하기까지 했다. 우리는 "나는 길이요 진리요 생명이니"(요 14:6)라는 그의 선포를 허풍스럽고 교만한 말로 볼 수도 있다. 이런 이유로 생명의 길에 관한 진리의 교사라는 예수의 자기 인식은 성부와의 특별한 관계를 누리고 있다는 예수의 주장과 아울러서 하나님으로부터의 응답을 필요로 하는 것이었다. 하나님은 예수를 큰 죄인으로 생각하였던 당시의 대적자들의 견해를 확증해 주든가, 아니면 예수께서 진실로 참 인간의 구현이라는 것을 인정하지 않으면 안 되었다. 하나님의 응답은 부활을 통해서 왔다. 예수를 죽은 자로부터 일으키심으로써 하나님은 이 사람이 참으로 예수 자신이 주장한 대로 참 인간이라는 것을 분명하게 확증해 주셨다. 그러므로 이 사건은 자신의 인성에 관한 예수의 유일무이한 주장이 옳다는 것에 대한 하나님의 선언이었다.

예수가 참 인간이라는 주장의 내용

예수가 참 인간이라는 우리의 주장의 토대는 부활에 의해서 확증된 예수 자신의 주장에 있다. 이 나사렛 사람의 역사 속에서 일어난 이 사건은 예수 자신이 참 인간이고, 따라서 모든 인간의 모범이라는 것을 의미한다. 달리 말하면, 예수는 하나님께서 의도하신 인성의 계시이다. 우리 각자가 원래 가져야 할 모습 ― 그리고 하나님께서 우리로 하여금 되게 하시고자 하셨던 모습 ― 은 이미 인간 나사렛 예수를 통해서 계시되었다.

예수와 부활. 우리가 예수 안에서 발견하는 참된 인성의 계시는 하나님의 피조물로서의 우리를 향한 하나님의 궁극적인 목적에 그 초점이 있다. 그러나 하나님의 목적은 우리의 현재의 인간적 경험과 날카로운 대비를 이룬다: 하나님은 우리를 소외를 위해서 창조하신 것이 아니라 교제를 위해서 창조하셨다: 그리고 죽음을 위해서가 아니라 생명을 위해서, 종노릇 하는 것을 위해서가 아니라 자유를 위해서 창조하셨다.

그렇지만 이에 대하여 예수의 역사는 정반대의 모습을 보여주는 것이 아니냐고 반론을 제기할 사람도 있을 것이다. 왜냐하면 예수의 삶은 비극으로 끝났기 때문이다 ― 예수는 평범한 범죄자처럼 십자가에 못 박혀 돌아가셨다. 사실 따로 떼어서 보면, 십자가는 예수의 지상적 삶이 재앙으로 끝났다는 것을 보여 주는 것일 수 있기 때문에, 예수께서 우리를 향한 하나님의 의도의 계시일 수 있다는 것을 의문시하는 것도 지나친 일만은 아니다. 또한 십자가는 우리를 향한 하나님의 의도가 악하다는 것을 보여 주는 것일 수도 있다. 왜냐하면 십자가를 통한 하나님의 목적은 우리의 죽음이고, 따라서 우리의 삶은 궁극적으로 무의미하다는 것을 알려 주는 것이라고 볼 수도 있기 때문이다.

그러나 신약성서의 기자들에 의하면, 십자가는 부활과 따로 떼어놓고 볼 수 있는 계시가 아니다: 성금요일의 십자가는 부활절의 관점에서 볼 때에만 의미를 지닌다. 예수의 부활은 예수의 십자가의 어둠을 몰아내고 그 십자가를 새로운 날의 빛으로 가져온다. 하나님은 십자가 죽음을 통해서 예수를 일시적으로 버리고 소외시켰지만 거기에서 그친 것이 아니었다. 그와는 반대로 하나님은 예수를 새 생명으로 영광스럽게 다시 일으키셨다.

부활절 선포의 눈을 통해서 볼 때, 십자가는 전혀 새롭고 경이로운 의미를 지니게 된다. 십자가는 격렬한 저항 속에서 기적을 베풀고 치유를 행하였던 분의 삶에 대한 비극적인 말로(末路)가 아니었다. 오히려 십자가는 산다는 것이 무엇인지에 대한 모범을 보여 준 분의 자기 희생에 대한 영광스러운 절정이었다. 예수는 자신의 가르침과 행위를 통해서 전파하였던 원리들, 즉 하나님 나라에서 크고자 하는 자는 섬김과 고난과 자기 부인을 통해서만 큰 자가 될 것이라는 원리에 따라서 죽으셨다(막 8:34-38; 10:35-45). 예수는 죽음조차도 많은 사람들에게 생명과 축복을 가져다주는 통로가 될 수 있다는 것을 보여 주었다(요 12:24).

그러므로 예수의 삶 전체, 가르침, 죽음에 대한 하나님의 확증으로서의 부활은 우리로 하여금 예수를 참 인간으로 보지 않을 수 없게 만든다. 이 사건은 예수에 의해서 계시된 참된 인성에 대한 통찰을 제공해 준다. 왜냐하면 예수의 부활은 부활하신 그리스도가 하나님께서 의도하신 온전한 인성의 궁극적인 본보기라는 것을 말해주는 것이기 때문이다.

우리는 예수의 인성이 지니는 본보기적인 성격을 존재론적인 의미에서 이해해야 한다. 부활을 통해서 예수는 우리가 장차 지니게 될 변화된 존재론적 실체를 계시하셨다. 하나님은 예수를 죽은 자로부터 일으키심으로써 예수의 지상적이고 육체적인 실존을 부활하신 그리스도에 대한 초기의 목격자들이 증언한 대로 영광스럽고 썩지 않는 상태로 변화시키셨다. 그러나 이러한 변화된 인성은 우리를 향한 하나님의 의도였다. 바울이 그의 독자들에게 일깨워주고 있는 대로, "우리가 흙에 속한 자의 형상을 입은 것 같이 또한 하늘에 속한 이의 형상을 입으리라"(고전 15:49). 사실 신약성서의 증언은 우리가 예수께서 영광 중에 다시 오실 때에 그러한 변화를 겪게 되리라는 것이다: "나팔 소리가 나매 죽은 자들이 썩지 아니할 것으로 다시 살아나고 우리도 변화되리라"(고전 15:52). 그때에 우리는 지금 부활하신 자 예수 안에서 드러난 실체를 지니게 될 것이다. 실제로 "그가 나타나시면 우리가 그와 같을 줄을 아는 것은 그의 참 모습 그대로 볼 것이기 때문이다"(요일 3:2). 이제 부활하신 예수를 규정하고 있는 변화된 인성은 하나님께서 우리에게도 영적이고 육체적인 존재로서 영원토록 살기를 의도하셨다는 것을 계시해 준다.

예수와 공동체. 또한 우리는 예수의 모범적인 인성을 좀 더 넓은 의미에서 이해하여야 한다. 부활을 확증이라는 관점에서 이해한다는 것은 하나님께서 예수를 하나님의 통치 및 그 통치 하에 있는 삶의 본질에 대한 계시로 인정하셨다는 것을 의미한다. 하나님이 우리로 하여금 참여케 하시고자 하는 하나님 나라의 영원한 삶은 고립된 개별적인 신자에게 그 초점이 맞춰져 있지 않다. 오히려 하나님 나라의 삶은 공동체 안에서의 삶이다. 부활은 예수가 공동체 안에서의 삶이 무엇을 수반하는지에 대한 본보기라는 것을 확증해 준다.

예수에게 있어서 공동체 속에서의 삶에서 근본적인 것은 성부 하나님과의 공동체 속에서의 삶이었다. 예수께서 하나님과 나누었던 교제는 하나님과 홀로 친교를 나누는 것과 죽음에 이르기까지 삶의 모든 영역에서 아버지의 뜻에 온전히 순종하여 겸손하게 행하는 것, 이 양자를 다 포함하였다(빌 2:8). 예수는 끊임없이 성부 하나님의 임재 속에서 살고 있다는 것을 인식하고 있었다.

또한 성부 하나님의 뜻에 대한 예수의 순종은 예수께서 다른 사람들과의 교제 속에서 살았다는 것을 의미한다. 예수는 스스로 자족적인 은둔자이거나 고립된 개인이 아니었다. 오히려 인간 공동체 속에서의 삶은 상호적인 사귐과 곤경에 처한 자들에 대한 연민의 사역, 이 두 가지를 포함한다. 예수는 "타인을 위한 사람"임과 동시에 다른 사람들로부터 우정의 선물을 받은 분이었다. 그리고 예수는 공동체는 경계가 없어야 한다는 것도 보여 주었다: 공동체는 친구들은 물론이고 소외받고 상처받은 자들, 심지어 원수들까지 포괄한다.

예수에게 공동체 속에서의 삶은 자연에 대한 올바른 인식과 다른 피조물들과의 교제를 포함하였다. 예수는 자신의 가르침을 통해서 하나님께서 자연 세계를 돌보고 계시다는 것을 여러 번 말씀하였다 — 식물들과 동물들, 풀들과 새들. 예수의 영적인 삶은 광야를 품을 수 있었고, 창조 세계의 아름다움을 누릴 수 있었다. 그리고 예수는 바다를 잠잠케 함으로써 자신의 정체성을 나타내셨다.

예수는 인간을 향한 하나님의 이상은 공동체 속에서의 삶을 수반한다는 것을 계시하였다. 예수로부터 우리는 우리가 하나님, 다른 사람들, 우리 주변의 피조 세계와의 교제 속에서 살아갈 때에 우리의 인성에 온전히 참여하게 된다는 것을 배운다.

예수와 성숙을 위한 타락. 예수가 참 인간이라는 주장은 중요한 인간론적 함의를 지닌다. 그것은 19세기에 게오르크 헤겔(Georg Hegel)이 주장한 이래로 폭넓은 지지를 받아왔던 "성숙을 위한 타락"(upward fall)이라는 개념에 의문을 제기한다.[17] 이 개념은 인간의 타락은 궁극적으로 부정적인 사건이 아니었다고 주장한다. 그와는 반대로 타락은 유년기에서 성년기로 나아가는 과정의 필수적인 한 측면인,

하나님으로부터 우리 인간의 독립을 가져왔다는 점에서 유익한 사건이었다. 고전적인 신학적 범주들을 통해서 해석한다면, 타락은 세상을 향한 하나님의 계획의 일부였다. 타락은 순수(innocency)와 화해(reconciliation) 사이의 필수적인 단계였다. 그러므로 이런 의미에서 순수의 미성숙으로부터 화해의 성숙으로 나아가는 "상향적인" 운동으로서 소외에로의 타락 — 틸리히의 개념을 빌리면[18] — 은 우리 인간의 조건의 긍정적인 측면이다.

그러나 예수의 모범적인 삶은 성숙을 향한 타락이라는 개념을 초토화시키는 비판으로 작용한다. 예수는 인간의 이상은 불순종이 아니라 겉보기에는 역설적인 듯이 보이는 순종을 통한 독립의 삶임을 계시하셨다. 예수는 아버지의 뜻에 온전히 헌신하여 자발적으로 살아가셨을 때에 자기가 아버지로부터 독립되어 있으면서도 자신의 삶을 아버지로부터 가져오는 영원한 성자임을 보여 주었다.

우리는 앞에서 예수가 참 인간이라는 우리의 고백은 예수께서 우리를 인간의 실존의 모든 차원에서 구원하실 수 있다는 것과 타락한 세상 속에서 삶의 모든 상황들과 싸우는 우리와 공감하실 수 있다는 함의(含意)를 지닌다는 것을 지적하였다. 이제 우리는 여기에 "예수는 참 인간이다"라는 우리의 고백은 예수가 우리의 모범이라는 것을 의미한다는 말도 덧붙여야 한다. 예수의 제자로서 우리는 우리의 삶을 예수를 본받아 살아가야 한다. 즉, 예수께서 우리에게 공동체 속에서의 삶이 인간 실존을 위한 하나님의 계획이라는 것을 계시하셨던 것과 마찬가지로, 우리도 공동체 속에서의 삶을 추구하여야 한다는 말이다.

새로운 인간으로서의 예수

예수는 참 인간이다. 왜냐하면 예수는 우리의 이상(理想), 즉 인간의 삶을 위한 모범이기 때문이다. 그렇지만 예수의 유일무이한 인성의 또 다른 차원이 존재한다. 참 인간인 예수는 새로운 인간, 또는 성경의 표상을 사용해서 말한다면, 새 아담이기도 하다.

그러나 우리는 이러한 결론을 예수의 삶의 사건들과 예수의 주장을 확증해 준

---

17) 이 개념에 관한 최근의 진술에 대해서는 Dorothy Soelle, *To Work and to Love: A Theology of Creation* (Philadelphia: Westminster, 1984), 74-75를 보라.

18) Tillich, *Systematic Theology*, 2:44.

부활의 사건이 지니는 함의들로부터 이끌어 내었다. 이제 우리는 초대 교회의 결론들로부터 논증을 해보고자 한다. 이제까지 우리는 역사의 예수로부터 신앙의 그리스도에게로 횡단해 왔다. 우리가 "예수는 인간의 모범이다"라는 고백을 예수의 자기 인식에 대한 확증으로서의 예수의 부활이라는 사건으로부터 도출해 낸 반면에, 예수는 새 아담이라는 주장은 초기 신자들의 경험으로부터 도출된다.

기본적으로 초대 교회가 발전시킨 "새 아담" 기독론은 새로운 인류의 창시자이자 새로운 인간 질서의 원천으로서 부활하신 주님의 지속적인 역할에 그 초점이 맞춰져 있다. 이러한 초기 기독론은 다른 곳에도 암묵적으로 나타나 있지만, 특히 바울 서신들에서 분명하게 드러난다. 바울은 두 대목에서 첫째 아담과 둘째 아담인 예수 그리스도를 상당히 자세하게 비교한다(롬 5:12-21; 고전 15:21-22, 45-49). 첫째 아담은 불순종, 죄, 사망을 그의 후손들에게 물려준 반면에, 그리스도는 생명으로 귀결되는 순종, 은혜, 의를 전해주었다(롬 5:19, 21; 고전 15:22). 또한 새로운 인류의 머리인 예수라는 주제는 그리스도 안에서 유대인과 이방인이 하나가 되었다는 바울의 장엄한 선언 속에서도 분명하게 드러난다:

> 그는 우리의 화평이신지라 둘로 하나를 만드사 원수 된 것 곧 중간에 막힌 담을 자기 육체로 허시고 … 이는 이 둘로 자기 안에서 한 새 사람을 지어 화평하게 하시고(엡 2:14-15).

바울은 이 새로운 무리를 은유적으로 그리스도의 몸인 교회라고 말한다(골 1:18). 그러므로 성경적으로 볼 때, "예수는 새로운 인간이다"라는 말은 예수께서 새로운 인류를 포괄하는 새로운 무리의 머리라는 것을 의미한다. 우리가 새로운 인류에 참여하는 것은 예수 그리스도가 머리가 되신다는 사실에 그 토대를 두고 있다. 우리는 우리가 예수와의 연합을 통하여 함께 연합되어 있다는 점에서만 이 새로운 무리에 속한다(롬 6:3-5; 고후 5:17). 신약성서에 의하면, 새로운 인류는 그리스도를 통해서 의롭게 된 자들로 구성된다(롬 5:19). 따라서 새로운 인류는 예수께서 이미 겪으신 부활에 참여하게 되어 있다(고전 15:22).

이러한 본문들이 보여 주듯이, 우리가 그리스도의 새로운 인류에 참여하는 자로서 함께 공유하는 영광스러운 소망은 미래, 즉 우리가 하나님의 종말론적 공동체에 참여하는 것을 지향하고 있다. 그렇지만 우리는 이미 이 새로운 인류에 참여하고 있다. 하나님의 새 백성인 우리에게는 현재에 있어서(적어도 선취적으로는) 이미 우리에게 존재하는 종말론적 공동체의 원리들에 따라서 살아갈 과제가 주어진다. 우리는 현재에 있어서 주님의 제자가 되고자 함으로써 세상에 대하여 하나님께서 우리 모두가 함께 참여하기를 원하시는 저 장엄한 공동체를 보여 주어야 한다. 그러므로 이런 식으로 새로운 인간인 예수라는 주제는 제5부의 주제인 교회론과 기독론을 이어주는 다리 역할을 한다.

"예수는 진정으로 인간이다"라는 주장 및 "예수는 참 인간이다"라는 주장과 마찬가지로 "예수는 새로운 인간이다"라는 신앙고백은 현재 속에서의 삶과 관련하여 실제적인 중요성을 지닌다. 근본적으로 이 주장은 예수가 우리의 선구자라는 것을 의미한다. 히브리서의 말을 빌면, 예수는 "믿음의 주(author)요 또 온전케 하시는 이(perfecter)"(히 12:2)이다. 예수는 우리의 선구자로서 우리 앞서 가시면서 우리에게 자기를 따라오라고 명하신다. 우리의 인도자이신 예수는 그의 백성을 아버지께서 우리 앞에 설정하신 목표를 향하여 인도하실 책임을 지고 있다. 따라서 새로운 인류인 우리의 실존의 원천인 예수는 그의 백성의 삶을 위한 자원들을 공급해 주신다.

그러므로 현재 속에서의 삶의 열쇠는 우리의 능력이 아니라 우리가 부활하신 주님, 즉 새 인간으로부터 이끌어오는 양식(糧食)에 있다. 예수 그리스도는 우리에게 그의 성령을 보내심으로써 이러한 자원들을 궁극적으로 공급해 주신다. 이런 의미에서 새로운 인간으로서의 예수라는 개념은 우리의 조직신학의 네 번째 주제를 이루는 성령론으로 나아가는 다리를 제공해 준다.

보편적 인간으로서의 예수

예수의 인성에 대한 고백은 예수께서 진정으로 인간이었다는 선언 — 예수께서 우리와 마찬가지로 실존적 인성에 참여하였다는 선언 — 이상의 것을 의미한다. 예수의 인성에 대한 우리의 주장은 예수께서 참 인간 또는 유일무이한 인간이라는 것을 의미한다. 예수는 공동체 속에서의 삶이라는 우리를 향하신 하나님의 계획을 계시하셨다. 따라서 예수는 우리의 모범이다. 또한 예수는 새로운 인간, 즉 새로운 무리, 새로운 인류의 원천이다.

그러나 이러한 결론들은 한 가지 중대한 문제를 불러일으킨다. 예수는 어떤 의미에서 모든 인류의 모범이자 선구자로서의 기능을 할 수 있는가? 우리는 어떤 의미에서 예수가 보편적 인간이라고 주장할 수 있는가? 이 질문에 대한 대답을 찾기 위해서 우리는 이 문제를 세 가지 관점에서 접근하지 않으면 안 된다. 즉, 우리는 이 문제를 먼저 세상의 소외된 자들의 입장에서 살펴보고, 다음으로는 여성들의 입장에서, 마지막으로는 제자도라는 일반적인 관점에서 살펴보아야 한다.

예수와 소외된 자들

"예수는 보편적 인간이다"라는 주장이 참되다는 것은 얼핏 보기에 세상에서 소외되고 박탈당한 자들의 경험과 양립하지 않는 것처럼 보인다. 사실 소외된 자들은 세상 사람들의 대다수를 형성한다는 점에서, 우리는 어떻게 예수의 인성에 관한 우리의 고상한 기독론적 주장들을 계속해서 설명해 나갈 수 있는가?

오늘날의 교회가 선포하는 복음은 흔히 특권층들이나 경제적으로 잘 사는 사람들, 또는 힘 있는 자들을 위한 복음인 것처럼 보인다는 것은 정말 슬픈 사실이다. 그런 사람들에게 예수는 현세에서의 편안한 삶과 내세에서의 천국의 삶을 동시에 제공해 주는 분인 것처럼 보인다. 좀 더 구체적으로 말하면, 예수는 부유하고 재능 있고 승승장구하는 사람들을 위한 모범이 되는 것처럼 보인다. 복음주의 교회의 삶은 예수는 우리에게 존경받고 성공하며 행복한 삶을 원하신다는 인상을 주는 것이 보통이다. 그리고 우리의 전형적인 복음주의적 기도는 이러한 목적을 위하여 예수께서 우리가 인생의 사소한 장애물들을 잘 통과할 수 있도록 우리를 돕기 위하여 개입하시도록 기도한다.

그러나 세상의 대부분의 사람들은 복음주의 교회들에 의해서 흔히 모범으로 묘사되고 있는 그러한 이미지와 잘 맞지 않는다. 이 예수가 "아메리칸 드림"을 누리거나 경험조차 할 수 없는 수많은 사람들에게 어떻게 모범이 될 수 있는가? 이 질문에 대한 대답을 찾기 위해서 우리는 다시 한 번 역사의 예수에게로 되돌아가야 한다.

학자들은 예수 자신이 부유하지 않았다는 것에 동의한다. 예수는 전형적인 중하류층 가정에서 태어났고,[19] 아마도 가난했던 것으로 보인다. 예수의 육신의 아버

---

19) Philip T. Culbertson, "What Is Left to Believe in Jesus after the Scholars Have Done with Him?" *Journal of Ecumenical Studies* 28/1(Winter 1991): 5.

지인 요셉은 평범한 직업인, 즉 목수였고, 예수께서 사역을 시작하시기 전에 죽었던 것으로 보인다.

예수의 가정이 가난했다는 것은 누가복음에 기록된 마리아의 찬가에 부분적으로 나타난다. 자기가 메시야를 잉태할 것이라는 말을 전해 듣고서, 마리아는 "그의 여종의 비천함을 돌보셨음이라"(눅 1:48)고 말하며 하나님께 영광을 돌렸다. 마리아는 하나님께서 행하신 일이 지니는 성격을 사회 경제적 관점에서 분명하게 말하였다: "권세 있는 자를 그 위에서 내리치셨으며 비천한 자를 높이셨고 주리는 자를 좋은 것으로 배불리셨으며 부자는 빈 손으로 보내셨도다"(눅 1:52-53).

예수의 사역의 일차적인 초점과 그의 메시지를 들은 주된 청중은 당시에 특권을 누리고 있던 소수가 아니었고, 소외받고 버림받은 자들, "죄인들"이었다. 예수는 죄인들의 친구라는 평판을 얻을 정도로 자신의 연민어린 사역과 가르침을 그들에게 베풀었다(마 11:19).

곤경에 처한 수많은 사람들에게 예수의 메시지는 좋은 소식이었다. 예수는 하나님께서 그들의 구원을 위하여 활동하고 계시고, 그들에게 하나님 나라에 참여하기를 원하시며, 그들이 겸손한 믿음으로 자기에게 온다면 무조건적으로 그들을 받아들일 것이라고 말씀하였다. 예수의 메시지는 백성들이 질 수 없는 무거운 요구들을 부과하였던 당시의 종교 지도자들의 가르침과는 전연 딴판이었다(눅 11:46). 그러므로 평범한 백성들이 예수의 말씀을 기쁜 마음으로 들었다는 것은 전혀 이상한 일이 아니었다!

예수는 부자들과 특권층들이 자신을 따르는 무리들 속에 들어오는 것을 환영하였다. 그러나 대체로 그들은 예수의 메시지를 받아들이기 힘들어 했다. 독선에 빠져 있는 종교 지도자들에게 예수는 단호하게 임박한 심판을 선포하였고, 스스로 자족하여 안이한 삶을 살아가는 부자들에게는 임박한 파멸을 예고하였다(눅 12:16-21). 예수는 교만한 자들에게는 겸손하게 종이 되어 섬기라고 도전하였고, 사회의 혜택받는 자들에게는 가난한 자들 및 소외된 자들과 함께 하라고 권면하였다(눅 11:41).

예수는 하나님은 사람을 외모로 평가하지 않는다고 선포하였다: 성부 하나님은 재산이나 사회적 지위, 외관상의 경건한 기도들이나 행위들을 보지 않으신다. 재물은 특권을 누리고 있다는 표징이 아니라 실제로는 사람들이 하나님 나라에 들어오는 것을 훼방하는 방해물이다. 그리고 예수는 당시의 특권층의 위선을 드러내고, 그들에게 참된 회개와 변화된 삶을 위하여 그들의 특권 의식을 버리라고 요구하였다. 따라서 예수는 이스라엘의 선생들조차도 거듭나야 하며, 큰 자들은 어린 아이와 같이 될 필요가 있고, 사회의 엘리트층은 모든 사람들을 섬기는 종이 되어야 하나님 나라에서 큰 자로 여김을 받을 것이라고 분명하게 말씀하였다.

거저 주시는 은혜라는 예수의 메시지는 변함이 없었다. 당시에 예수는 자기에게 빈 손으로 온 소외된 자들을 무조건적으로 받아들이셨던 것과 마찬가지로, 우리 세계의 소외된 자들이 뭔가 자기 혁신의 행위를 통해서 스스로 존경받을 만하게 노력할 것을 요구하지 않으신다. 예수는 곤경에 처해서 자기에게 부르짖으며 자기를 따르고자 하는 모든 자들을 자신의 제자로 환영하신다. 오늘날 특권층들은 예수로부터 값싼 은혜의 복음을 기대할 수 없다. 주후 1세기에서와 마찬가지로 예수는 우리에게 자기 공로가 될 만한 모든 것을 내려놓을 것을 요구하는 값비싼 은혜의 메시지만을 우리에게 제시하신다. 우리는 우리의 실제의 모습인 영적으로 빈곤한 사람들로 — 하나님 앞에서 이 세상에서 가장 비참하고 가장 악한 자들과 동일한 반열에 서 있는 자들로 — 우리 자신을 보게 될 때에야 예수께서 주시는 구원을 받아들일 수 있다.

그러므로 예수의 메시지는 모든 것을 평탄하게 한다. 예수께서 계시하신 하나님은 그 어떤 사회 경제적 구별도 인정하지 않으신다. 우리 주님께서 당시에 독선에 빠진 바리새인들을 공격하셨던 것과 마찬가지로, 우리 주님은 종말론적 공동체의 원리들을 반영하지 못하는 모든 실패들을 드러내신다. 그러므로 신약성서의 메시지는 우리 모두가 공동체를 향한 하나님의 뜻에 따라 살아가지 못했다는 것이다. 사실 이러한 실패는 우리의 타락한 세상 속에서의 삶에 두루 퍼져 있는 인간적으로 고안된 수많은 불평등들의 토대를 이룬다. 따라서 회개하는 자들을 위한 구원에 관한 예수의 메시지와 공동체 속에서의 삶에 관한 예수의 모범은 사회적 계층이나 경제적 지위와 상관없이 모든 인간에게 적용된다. 예수는 모든 사람들을 세상적인 평가 기준들을 내려놓고 그들 자신을 오직 그리스도 안에서만 얻을 수 있는 구원을 필요로 하는 상태에 있는 오직 하나의 인류를 이루는 지체들로 보도록 초청하신다. 우리의 실패를 드러내시고 그 실패를 극복할 수단을 제공해 주시는 분이신 예수는 진실로 보편적 인간이다.

예수와 여성

오늘날 어렵기도 하고 신학적으로 한층 더 문제가 되고 있는 것은 예수가 남성이라는 사실이다. 우리 주님이 남성으로 사셨다는 사실은 이상적 인간으로서의 예수의 지위의 필수적인 측면을 구성하는가? 여성들은 남성인 구주(救主)의 빛 아래에서 스스로를 어떻게 이해해야 하는가? 사실 예수께서 남성이었다는 사실은 예수가 보편적 인간으로서의 기능을 할 수 있을 가능성에 대하여 나쁜 영향을 미치는 것처럼 보인다.

기독교 역사의 몇몇 시기들에게 신학자들은 예수께서 남성이라는 사실은 남성이 인성의 본질이라는 것을 의미한다고 해석하였다. 따라서 그들은 여성을 어떤 의미에서 결핍된 인간으로 보았다. 오늘날에도 이와 비슷한 태도들을 찾아볼 수 있지만, 사상가들은 이러한 안목을 거의 보편적으로 거부하여 왔다. 이 과거의 사상을 거부하는 것은 물론 옳기는 하지만, 우리 주님께서 남성이었다는 사실이 지니는 의미와 관련된 문제에 대답한 것은 아니다. 따라서 신학자들은 이 문제를 해결하기 위한 여러 가지 방법을 모색하고 있다.

오늘날의 급진적인 여성주의자들은 예수가 남성이라는 사실과 예수 자신을 난파 상태(難破狀態)로부터 건져낼 수단은 있을 수 없다고 결론을 내려 왔다. 메리 데일리(Mary Daly)는 많은 사람들을 대변하여 "가부장적인 신 또는 그의 아들은 우리를 가부장적 세계의 끔찍한 것들로부터 구해낼 수 있는 위치에 있지 않다"라고 결론을 내렸다.[20] 그러나 이와 같이 절망적으로 생각하지 않는 사람들도 많이 있어 왔다. 어떤 사람들은 지상적 예수는 남성이었지만 부활하신 주님은 중성이었다고 말한다. 이러한 견해의 근거는 하나님 나라에 참여하는 자들은 성별을 지니지 않게 될 것이라고 말씀하신 예수의 말씀에 있다: "부활 때에는 장가도 아니 가고 시집도 아니 가고 하늘에 있는 천사들과 같으니라"(마 22:30).

이 주제에 대한 한 변형은 부활하신 주님의 본질을 포괄적으로 규정한다. 구체적으로 말하면, 이 견해는 요새 흔히 거론되는 것과 마찬가지로 예수는 교회의 친교 속으로 부활하였다고 말한다. 예를 들면, 폴 에이비스(Paul Avis)는 이 둘을 다음과 같이 통합시킨다:

---

20) Mary Daly, *Beyond God the Father: Toward a Philosophy of Women's Liberation* (Boston: Beacon, 1973), 96.

하늘의 시민들은 "육체가 아니라 불멸성과 행복에 있어서" 천사들과 같이 될 것이다. 따라서 부활과 승천 후의 그리스도의 몸은 더 이상 나사렛 예수의 개인적인 육체적인 남성의 몸이 아니라 그리스도의 몸인 교회의 공동체적이고 영적인 몸이다.[21]

이 두 번째 대안은 분명한 기독론적 문제점을 지니고 있다. 예수께서 그의 교회의 몸 속으로 부활되었다는 개념은 모종의 장점을 지니고 있는 것은 사실이다. 그러나 그러한 사상이 이것이 부활의 유일한 초점이라는 것을 의미하는 것으로 해석된다면, 그것은 부활 사건의 개인적 차원을 거부하는 것이 된다. 신약성서의 저자들은 분명히 부활을 예수의 삶 속에서의 한 사건, 즉 육신을 입은 예수의 인격이 변화를 거쳐 영원한 생명의 영역으로 들어간 것으로 보았다.

이러한 기독론적 문제점과 아울러, 이 두 가지 대안은 모두 인간론적으로 중요한 난점을 지닌다. 그것들은 우리의 성(性)을 진지하게 고려하지 못하고 있다. 성 — 우리의 근본적인 남성됨과 여성됨 — 은 인간, 즉 육체를 지닌 피조물로서의 우리의 실존의 필수불가결한 차원이다. 예수의 부활이 역사적으로 육체를 지닌 채로의 인격의 변화라면, 이 사건은 예수의 근본을 이루는 남성됨을 제거하는 것이 될 수 없다. 하나님 나라에 참여하는 자들은 혼인을 하지 않을 것이라는 예수의 선언은 혼인에 의한 유대를 잠정적인 것으로 만든다. 그러나 예수의 말씀은 하나님 나라에서의 삶이 생식으로서의 성적 활동과는 구별되며 그런 활동의 토대를 이루는 우리의 성이 지니는 좀 더 깊은 차원들이 제거될 것이라는 것을 의미하지는 않는다.[22]

예수께서 지닌 근본적인 성이 지니는 문제점을 해결하는 또 하나의 방식으로 제안되고 있는 것은 여성화 — 예수 그리스도를 예사 크리스타(Jesa Christa)로 바꾸는 것 — 이다. 예수를 여성화하는 것은 그것이 수반하는 기독론적 주장들을 위한 역사적 토대의 분명한 침해를 제외하고는 예수의 특수성을 최소화하는 것이다. 이 견해는 남성됨이 그의 과업의 수행의 일부였던 특정한 역사적 인물로서의 예수의 실존을 부정한다.

---

21) Paul Avis, *Eros and the Sacred*(London: S.P.C.K., 1989), 44.
22) Stanley J. Grenz, *Sexual Ethics*(Irving, Tex,: Word, 1990), 13-14를 보라.

이러한 고찰은 우리에게 이 딜레마에 대한 대답의 방향을 보여 준다. 우리의 대답은 예수가 남성이라는 것이 필수불가결한 정확한 이유에 대한 이해로 시작된다. 예수의 남성됨은 남성을 인간과 관련된 하나님의 이상(理想)으로 격상시키는 것이 아니라, 예수의 지상적 삶이 하나님의 이상과 인간의 사회적 상호작용을 규정하는 질서 및 구조 간의 근본적인 차이를 밝혀줄 수 있는 수단이 된다. 예수께서 사셨던 상황(그리고 인간 역사의 대부분의 상황)을 고려하면, 예수께서 남성이라는 사실은 그의 부르심의 필수불가결한 차원이었다. 오직 남성인 예수만이 우리가 그의 메시지에서 발견할 수 있는 당시의 권력 구조에 대한 근본적인 비판을 수행할 수 있었을 것이다.

이것을 보기 위해서 우리는 오직 다른 대안을 보기만 하면 된다. 인류의 구주가 여성으로 왔다면, 그녀는 오로지 자신의 성으로 인해서 즉각적으로 거부되었을 것이다. 또한 그녀의 행위들은 대안 문화로(countercultural) 해석되지 않았을 것이다. 왜냐하면 그녀의 자기 희생적인 사역은 단순히 그녀의 사회화된 이상적 역할을 살아낸 것으로 해석되었을 것이기 때문이다.[23]

따라서 남성과 여성을 동시에 해방시키는 해방자가 되기 위해서 예수는 남성이어야 했다. 남성과 여성을 포괄하는 예수의 해방 사역은 새로운 인간으로서의 예수의 특징이다.

우리는 남성 예수의 해방 사역을 인간 사회 질서 내에서의 남성과 여성의 역할에 관한 성경의 서술이라는 맥락 속에 놓을 때에 그것을 가장 잘 이해할 수 있다. 창세기의 창조 이야기들의 주장은 태초에 하나님께서 남성과 여성을 상호보완적인 관계 속에서 살아감으로써 삼위일체 하나님의 형상을 반영하도록 창조하셨다는 것이다. 그러나 타락을 통해서 상호보완성은 위계 질서로 대체되었다. 하나님은 인류의 첫 번째 부부의 불순종 이후에 하와에게 이 타락한 질서를 설명해 주셨다: "너는 남편을 원하고 남편은 너를 다스릴 것이니라"(창 3:16).

예수는 이 상황 속에 새로운 모범을 가져왔다. 우리 주님은 남성과 여성을 타락 이후에 세상을 규정하여 왔지만 공동체 속에서의 삶이라는 인간에 대한 하나님의 의도를 침해하고 있던 사회 질서에 종노릇하는 것으로부터 해방시키셨다. 예수는

---

23) Suzanne Heine, *Matriarchs, Goddesses and Images of God*, trans. John Bowden(Minneapolis: Augsburg, 1989), 137-45.

남성들을 진정으로 남성이 될 수 있게 하기 위하여 타락한 세상에 속하는 지배자의 역할로부터 남성들을 해방하였다. 예수는 참 인간 — 우리의 모범 — 으로서 이러한 해방을 마련해 주셨다. 남성으로서 예수는 생명의 길이 힘 있고 지배하고 자족적인 남성으로 행동하는 데 있지 않다는 것을 보여 주셨다. 새로운 인간 — 우리의 선구자 — 으로서 예수는 우리에게 남성들이 주님의 본을 따라 살아갈 수 있는 힘을 공급해 주는 성령을 주셨다.

그러나 남성 예수는 여성들도 해방시키셨다. 여성들을 위하여 예수는 남성 주도의 체제에 항거하는 모범적인 인간으로 행동하셨다. 예수는 여성들로 하여금 더 이상 성별이 지위와 가치를 결정하지 않는 새로운 질서에 참여하도록 하셨다. 여성들의 신앙의 창시자, 새로운 인간으로서 예수는 과거를 뒤로 하고 — 용서하고 용서받는 — 상호보완성이 이루어지는 새로운 질서를 추구할 자원들을 마련해 주셨다.

여성들의 해방을 위한 예수의 행동은 그의 지상의 삶 속에서 시작되었다. 여성들에 대한 자신의 사역을 수행하기 위하여, 남성 예수는 여성들을 다루는 적절한 방식을 규정하고 있었던 당시의 사회 규범들을 무너뜨리셨다. 랍비들 및 로마인들과는 반대로, 예수는 항상 여성들을 매우 존중하였다. 예수는 사회적 규범만이 아니라 종교적 관습도 파괴하셨다. 왜냐하면 예수는 여성들에게 오직 남성들에게만 허용되었던 분야들에 참여하도록 격려하셨기 때문이다.

예수는 여성들에게 전한 독특한 메시지를 통해서도 여성들을 해방시키셨다. 예수는 마리아가 자신의 발 아래에 앉고자 했을 때에 마르다의 반대에도 불구하고 이를 허락함으로써 여성들을 종으로서 행하는 매일의 잡일로부터 불러내셔서 하나님과의 관계를 발전시키는 일을 하게 하셨다. 마찬가지로 예수는 우물에서 만난 사마리아 여인과 예배 및 메시야의 정체성에 관하여 대화를 나누셨다. 한 여인이 예수의 어머니가 예수를 낳은 것이 복되다고 말한 것에 대한 대답을 통해서, 여성들을 복되다고 하는 전통적인 방식, 즉 아이를 낳는 여성의 역할과 관련하여 여성을 복되다고 하는 것을 반박하였다; 예수는 하나님의 말씀을 듣고 지키는 것이야말로 축복의 근원이라고 선언하셨다(눅 11:27).

예수께서 그의 남성됨의 문제와 관련하여 보편적 인간으로서 행하신 방식의 또 다른 측면이 존재한다. 복음서들을 읽는 현대적인 방식과는 반대로, 예수는 고립적인 개인으로서의 우리의 모범이 아니다. 예수는 현대의 사고 방식에 널리 퍼져 있는 자율적인 개인이라는 신화의 주인공이 아니다. 오히려 예수는 공동체 속에서의 개인으로서의 우리의 모범이다. 공동체적 초점은 예수의 삶의 여러 방향들을 포괄하였다.

예수는 하나님과의 공동체 속에 있는 개인의 모범이다. 예수께서 성부에 대한 의식적인 의존 및 성령의 권능을 통해서 자신의 소명 전체를 수행하셨다는 것은 시사하는 바가 크다. 예수의 부활조차도 예수 개인의 독자적인 묘기(妙技)가 아니었다. 이와는 반대로 신약성서의 증언은 하나님께서 성령의 권능을 통하여 예수를 죽은 자로부터 일으키셨다는 것이다(롬 8:11). 앞에서 말했듯이, 예수는 다른 사람들 및 자연과의 공동체 속에 있는 개인의 모범이기도 하다.

"예수는 참 인간이다"라는 고백은 예수께서 우리에게 우리의 삶에 대한 하나님의 계획을 계시하셨다는 것을 의미한다. 그러나 예수께서 남성이었다는 사실로부터 하나님의 의도는 우리 모두가 남성이 되는 것이라고 결론을 내리는 것은 잘못이다. 오히려 예수께서 우리에게 제시하는 모범은 우리 모두가 — 남성이든 여성이든 — 예수의 모범을 따름으로써, 즉 공동체 속에서의 삶을 통해서 우리의 정체성을 발견해야 한다는 것이다. 이러한 하나님께서 정하신 생명의 길은 흔히 여성들에 의해서 더 잘 이해된다. 우리 주님은 이러한 이해를 강화시켜 주고, 여성들에게 그런 삶을 살아내도록 힘을 주신다. 예수께서 남성이라는 사실은 남성들이 그들의 근본적인 남성됨의 본질을 발견하고자 한다면 예수와 동일한 길을 걸어가야 한다는 것을 남성들에게 상기시켜 주는 역할을 한다: 진정으로 남성이기 위해서는 남성들은 하나님께서 성령을 통하여 주시는 힘에 의지하여야 한다.

우리의 논의는 예수께서 보편적 인간이라는 결론에 이르게 된다. 예수는 단순히 특권받은 자들이나 남성들의 구주가 아니다. 이와는 반대로 예수는 인간의 모범이고 새로운 인간이다. 이런 이유로 그리스도 안에서 우리는 모두 하나이다. 왜냐하면 예수 안에서는 "유대인이나 헬라인이나 종이나 자유인이나 남자나 여자나 다 … 하나이기"(갈 3:28) 때문이다.

예수와 개인

그리스도인으로서 우리는 예수는 보편적 인간이라고 주장한다. 예수의 메시지는 성이나 사회 경제적 차이와는 상관없이 모든 사람을 위한 것이다. 예수는 참 인간이고 새 인간이라는 우리의 고백은 비록 이 고백의 세부적인 표현과 함의들은 상황마다 다르겠지만 모든 사람들에게 적용될 수 있다. 그렇지만 우리는 오늘날 예수는 보편적 인간으로서 우리 개인의 삶 속에서 어떤 기능을 하는가라는 물음을 묻지 않으면 안 된다.

예수의 보편성에 관한 이 질문에 대한 기본적인 대답은 예수 자신의 개인적 이야기가 지니는 응용성(applicability)에 있다. 예수는 그의 이야기가 제자의 삶을 사는 우리의 이야기와 결부될 때에 우리의 경험 속에서 보편적 인간이 된다. 우리가 그의 제자가 될 때, 예수의 삶은 우리에게 인간의 삶의 모범이자 힘을 주시는 삶이 된다. 예수의 삶은 우리가 우리의 삶을 예수의 삶의 특징을 이루고 있던 근본적인 모습, 즉 공동체 속에서의 자기희생적인 삶이라는 모습에 따라 볼 때에 모범적이 된다.

그러나 예수의 삶을 본받아 살아간다는 것을 단순하고 도덕적인 방식으로 해석해서는 안 된다. 우리는 예수께서 행하신 것과 정확히 동일한 방식으로 모든 일에 참여하는 것은 아니다. 사실 우리와 예수 사이에 놓여 있는 수많은 세월의 엄청난 변화들을 감안할 때, 어떻게 우리가 그럴 수 있겠는가? 또한 이것은 우리가 모든 상황 속에서 예수라면 어떻게 하였을까를 단순히 물어야 한다는 것을 의미하는 것도 아니다. 삶에 대한 그러한 접근 방법은 비록 유익하긴 하겠지만 제자도에 대한 단편적인 이해, 즉 우리의 과제를 외부적인 행위의 영역에서 예수를 따르는 것으로 국한시키는 결과를 가져오게 될 것이다.

예수를 본받아 우리의 삶을 살아가는 것으로서의 제자도는 예수의 모범과 가르침이 우리의 내적인 태도들과 외적인 행위들을 평가하는 기준이 된다는 것을 의미한다. 우리는 예수와 마찬가지로 우리의 아버지이신 하나님 앞에 서 있다는 인식을 가지고 살아간다. 따라서 우리는 하나님, 다른 사람들, 피조물과의 공동체적 삶을 끊임없이 추구하여야 하는데, 예수께서는 우리보다 앞서 이러한 삶을 먼저 사셨고 또한 우리에게 그러한 삶을 살 힘을 주시고자 하신다. 역으로 우리는 우리가 예수의 삶과 가르침의 기준에 미치지 못한다는 것을 발견하고는 우리 자신의 죄악됨을 인식하게 된다. 그 결과 우리는 예수께서 말씀하셨고 또한 가르치셨던 신실하시고 용서하시는 하나님에 대한 믿음과 겸손한 회개 속에서 하나님 및 다른 사람들 앞에서 살아가고자 한다.

또한 예수의 이야기는 또 다른 방식으로 제자도의 삶에서 우리의 이야기가 된다. 예수는 우리가 우리의 정체성을 예수의 정체성으로부터 이끌어오는 우리의 경험 속에서 보편적 인간이 된다. 예수의 본을 따라 우리는 우리 자신을 예수께서 "아바"라고 부르신 하나님의 자녀들로 본다. 예수는 우리를 그의 형제들이요 자매들로 긍정하신다. 이제 우리는 우리 자신을 예수와 함께 현재에 있어서도 우리가 선취적으로 누리고 있는 피조 세계에 대한 하나님의 위대한 미래의 상속자들로 본다.

보편적 인간이신 예수 안에서 우리가 지니는 새로운 정체성은 제자도의 예민한 차원으로 귀결된다. 예수의 이야기는 우리 자신의 삶의 통합을 위한 초점 역할을 할 때에 우리의 이야기가 된다. 우리는 더 이상 우리의 이야기를 과거의 방식으로 이해하고자 하지 않는다. 즉, 우리의 이야기가 우리의 실존을 형성하였던 과거의 "궁극적 관심"을 중심으로 전개된다고 보지 않는다. 사실 예수의 이야기와의 만남은 우리의 삶으로부터 의미를 도출해내고자 했던 우리의 과거의 시도들에 의문을 제기하게 만든다. 예수는 우리의 옛 정체성을 멸하시고, 그것을 새로운 모범, 우리의 삶의 단편화된 흐름들을 단일한 이야기로 묶어낼 수 있는 새로운 중심으로 대체하신다. 이제 우리의 죄악되고 소외된 과거가 교제의 현재적인 향유와 미래에 우리를 기다리고 있는 공동체 속에서의 삶의 충만함에 대한 기대에 길을 내주었다는 것을 우리가 알게 될 때에, 우리의 삶은 의미를 지니게 된다.

예수의 모범적인 삶을 본받는 이러한 제자도의 삶은 우리를 개별적이고 고립된 실존으로부터 건져내 준다. 예수는 그가 우리에게 제시하신 교제 속으로 들어가는 우리의 경험 속에서, 즉 그가 우리를 인도하시는 공동체 속에서의 삶에서 보편적 인간이 된다. 이 교제는 처음부터 끝까지 공동체적인 실체, 즉 그의 제자들의 공동체이다. 이러한 주제들은 우리를 기독론을 넘어서서 성령론과 교회론으로 인도하기 때문에, 이 주제들에 대한 설명은 우리가 그리스도에 관한 가르침에 속하는 나머지 두 주제를 살펴본 후에 다루게 될 것이다.

제 11 장

예수 안에서 신성과 인성의 교류

> 그의 아들에 관하여 말하면 육신으로는 다윗의 혈통에서 나셨고 성결의 영으로는 죽은 자들 가운데서 부활하사 능력으로 하나님의 아들로 선포되셨으니 곧 우리 주 예수 그리스도시니라.   — 로마서 1:3-4

그리스도인으로서 우리는 나사렛 예수가 진정으로 하나님임과 동시에 진정으로 사람이라고 주장한다. 우리는 예수의 본질적인 신성과 인성이 그의 역사적 삶 속에서 함께 계시되고 있는 것을 본다. 예수는 하나님 자신의 본성과 우리를 향한 하나님의 의도, 즉 공동체 속에서의 삶을 구현하고 있다. 달리 말하면, 예수는 삼위일체 하나님의 영원한 공동체에 참여하고 계시면서, 피조물들의 교제의 모범이 되고 있다는 말이다.

이런 일이 어떻게 가능한가? 어떻게 우리는 예수가 하나님과 하나인 동시에 우리와 하나라고 주장할 수 있는가? 어떻게 우리는 신성과 인성이 하나의 역사적 삶 속에 현존한다고 말할 수 있는가? 이제 우리는 이러한 질문들을 살펴보면서, 예수의 인격의 두 가지 중심적인 차원 사이의 관계에 관하여 살펴보고자 한다. 이 장에서 우리는 주님의 인격적 통일성을 고찰해 볼 것이다.

예수 안에는 신성과 인성이 있다는 기독론적 주장 자체를 간략하게 설명하는 것으로 우리의 논의를 시작하도록 하자. 우리의 의도는 먼저 예수 안에서 이 두 차원의 통일성을 검증하는 것이다. 그런 다음에 우리는 예수의 인격의 통일성에 관한 설명으로서 신학사에 있어서 중요한 역할을 해왔던 개념인 성육신을 다루게 될 것이다. 마지막으로, 예수의 동정녀 탄생과 그것이 예수의 인격의 통일성과 관련하여 지니는 의미를 살펴보는 것으로 이 장은 마치게 된다.

하나님과 사람인 예수

논란은 좀 있겠지만, 어쨌든 기독론의 토대가 되는 두 주장 — 예수는 완전하게 하나님이다; 예수는 완전하게 인간이다 — 은 각각 따로 떼어놓고 보면 내재적으로 모순을 내포하고 있는 명제들은 아니다. 그러나 이 두 명제를 결합하여 제3의 명제 — 예수는 하나님이며 인간이다 — 로 만들면, 상황은 크게 달라진다. 그러므로 우리는 별개의 것으로 보이는 두 단어 — 신성과 인성 — 를 결합하고 있는 겉보기에 모순된 이 기독론적 주장을 살펴보지 않으면 안 된다.

우리의 탐구는 니케아와 콘스탄티노플 공의회 이후의 역사적 발전들에 관한 개략적인 서술로 시작된다. 우리는 교회가 어떤 의미에서 신성과 인성이 예수라는 한 인격 속에 통일되어 있다고 주장하였는가라고 묻는다. 이러한 역사적 논의는 우리가 성경에 나오는 내용들을 정밀하게 연구하기 위한 배경이 된다. 구체적으로 말하면, 우리는 예수라는 한 인격이 어떻게 하나님이면서 인간인가에 대한 통찰을 제공해 주는 두 가지 중심적인 기독론적 명칭들을 다룰 것이다. 오직 그렇게 한 후에야 우리는 예수 안에서의 신성과 인성의 통일성에 관한 우리의 결론들을 이끌어낼 수 있다.

예수의 인격에 관한 역사적 논쟁

앞에서 말했듯이, 니케아 공의회와 콘스탄티노플 공의회는 예수의 신성과 인성에 관한 골치 아픈 신학적 문제들을 일단락지었다. 교회 지도자들은 정통 신앙은 예수는 진정으로 하나님이며 진정으로 인간이라는 선언에 의거한다는 결론을 내렸다. 그러나 이러한 결정들은 모든 기독론적 논쟁을 종식시키기는커녕 오히려 논쟁의 다음 회전(會戰)을 위한 길을 열어놓았을 뿐이었다.

예수가 하나님이요 인간이라고 한다면, 이제 정통적인 그리스도인들은 예수의 인격의 통일성을 어떻게 이해해야 하는가라는 문제가 새롭게 제기되었다. 한 분 예수 안에서의 이 두 가지 차원의 정확한 관계는 무엇인가? 신성과 인성은 완전히 구별되는가? 신성과 인성은 하나의 본성으로 융합되어 있는가? 이러한 문제들을 놓고 교회는 거의 한 세기 동안 씨름을 계속하였다.

이러한 문제들을 놓고 니케아와 콘스탄티노플 공의회 이후에 고대 교회의 두 커다란 학문 중심지였던 알렉산드리아와 안디옥의 학파들이 서로의 입장을 내세

우는 가운데 기독론적 논쟁은 계속되었다.[1]

알렉산드리아 학파는 두 본성, 즉 신성과 인성은 서로 모순되지 않기 때문에 한 인격 속에서 이 둘이 통일되어 있는 것이 결코 불가능하지 않다고 주장하였다. 반면에 안디옥 학파는 이 두 본성은 완전히 구별되기(distinct) 때문에 둘 사이의 본성상의 통일은 불가능하다고 주장하였다. 인성과 신성의 통일이 본성상에서 불가능하다면, 그러한 통일은 의지적 차원 같은 그 밖의 다른 영역에서 이루어져야 한다.

네스토리우스 논쟁. 안디옥 학파에서 나온 견해들은 몹수에스티아의 테오도루스(Theodore of Mopsuestia)의 제자였던 네스토리우스의 이름을 딴, "4대 이단들" 중의 세 번째 이단인 네스토리우스주의의 배후에 있었다.[2] 그러나 이 기독론적 논쟁은 신학적인 견해의 불일치가 아니라 경건에 관한 논쟁, 구체적으로 말하면 당시 교회에서 발전되고 있었던 마리아 숭배 사상이 요구하는 대로 마리아를 "하나님을 잉태한 자"(God-bearer)라고 부르는 것이 과연 합당한지를 놓고 벌인 논쟁에 의해서 촉발되었다. 네스토리우스는 그러한 호칭이 부적절하다고 주장하였다. 예수의 인성은 마리아를 통해서 왔지만, 예수의 신성과 관련된 요소는 오로지 하나님으로부터 왔다. 마리아는 하나님을 잉태한 것이 아니라 신성의 도구였던 한 인간을 잉태한 것에 지나지 않는다.[3]

네스토리우스는 예수의 인성과 신성의 융합을 시도하고 있다고 생각한 알렉산드리아 학파의 가르침을 반박하고자 하였다. 네스토리우스는 알렉산드리아 학파의 가르침 대신에 예수 안에서 신성과 인성의 의지적 연합을 주장하였다.[4] 즉, 완전한 인간과 결합된 로고스, 선의(善意)의 작용에 의해서 발전되고 유지되는 연합.[5]

---

1) 이러한 주장은 J. W. C. Wand, *The Four Great Heresies*(London Mowbray, 1955), 33-37, 89, 110에 의해서 제기되었다.
2) Theodore의 입장에 관한 논의로는 J. N. D. Kelly, *Early Christian Doctrines*, revised edition(San Francisco: Harper and Row, 1978), 303을 보라.
3) Ibid., 311.
4) Ibid., 314.

네스토리우스의 입장의 토대에는 또 하나의 이단, 즉 펠라기우스(Pelagius)에 의해서 전개된 인간론이 자리잡고 있었다.[6] 아우구스티누스의 신학적 맞수였던 펠라기우스에 의하면, 인간은 날 때부터 죄와 충분히 싸울 수 있는 은혜를 부여받고 나온다. 그리고 죄는 존재의 상태가 아니라 전적으로 인간의 행위 속에 있다. 이러한 천부적인 은사로 인해서 사람은 이론상으로 완전에 도달할 수 있다. 네스토리우스는 이러한 완전에 도달할 수 있는 인간의 본성이 예수 안에서 계시되었다고 보았다. 인간 예수는 이러한 천부적인 은사를 실패 없이 사용하였고, 이러한 예수의 선의(善意)의 사용은 예수와 로고스 사이의 의지적 연합을 가져왔다. 그러므로 네스토리우스에게 예수는 "하나님을 품은 인간"(God-bearing man)이었다.[7]

네스토리우스의 기독론은 많은 사람들에게 독창적인 것으로 비쳐졌지만 아킬레스건을 지니고 있었다. 네스토리우스의 천적이었던 알렉산드리아의 키릴루스(Cyril of Alexandria)는 이 문제점을 정확히 집어내었다.[8] 자신의 제자에 의해서 재구성된 테오도루스의 가르침은 각각의 본성(신성과 인성)이 독자적일 수 있다는 의미를 함축하고 있었다. 그렇게 함으로써 그는 예수를 두 개의 구별되는 인격으로 나누는 위험성을 감수하였다. 이러한 두 개의 구별되는 차원들 간의 연합은 존재론적 연합이 아니라 오직 의지적 연합으로만 인식될 수 있었다. 그러나 신성과 인성이 오직 예수의 의지를 통해서 결합된 것이라면, 진정한 성육신은 존재하지 않게 된다. 예수는 성육신한 하나님이 아니다; 예수 안에서 우리는 하나님의 본성을 발견하지 못한다.

주후 431년에 에베소에서 열린 제3차 공의회는 키릴루스의 주장을 받아들였다. 이 공의회는 네스토리우스의 주장을 단죄하고 예수는 두 인격이 아니라 하나의 인격이라고 선언하였다.[9] 그러나 이 공의회는 예수라는 한 인격의 실제적인 성격을 결정하지는 않았다. 정통적인 입장이 완성되기 위해서는 이단과의 네 번째 싸움을 기다려야 했다 — 유티케스주의 또는 단성론(單性論)과의 싸움.

---

5) Wand, *The Four Great Heresies*, 94, 98.

6) Ibid., 99-101.

7) 구체적으로 말하면, Nestorius는 "인간"은 "하나님"이 거한 성전이었다고 분명하게 말하였다. Kelly, *Early Christian Doctrines*, 314에서 재인용.

8) Ibid., 317-18.

9) Wand, *The Four Great Heresies*, 108.

유티케스 논쟁. 유티케스(Eutyches)는 네스토리우스의 논쟁이 진행되는 동안에 예수를 네스토리우스가 두 본성으로 나누고 있다고 비난하였다. 그는 대안을 제시하면서 예수가 "한 인격"이라는 교회의 신앙고백을 주님은 오직 "한 본성"(그러니까 "단성론")을 소유하고 있다는 개념으로 해석하였다. 그 결과 유티케스는 예수를 신성과 인성이 융합되어 새로운 본성을 형성하고 있는 분으로 인식하였다. 교회의 공식적인 대표자들에 의해서 문제가 제기되자, 그는 "우리 주님 예수 그리스도의 탄생 후에 나는 한 본성, 즉 육신을 입고 사람이 되신 하나님이라는 본성을 예배한다"라고 고백하였다.[10] 유티케스는 그리스도의 성육신된 본성을 "성육신된 하나님의 하나의 본성인 말씀"이라는 용어로 표현하였다.[11]

유티케스는 네스토리우스주의를 괴롭혔던 위험성 — 예수를 두 인격으로 나누는 것 — 을 피하기 위하여 정반대의 오류에 빠지게 되었다. 그는 예수의 성육신된 삶을 신적이지도 않고 인간적이지도 않으면서 신성이 인성을 덮고 있는 제3의 본성으로 인식하였다.[12]

단성론적 이단에 직면하여 교회 지도자들은 다시 한 번 만나게 되었다. 주후 451년에 칼케돈에서 열린 제4차 공의회에서[13] 그들은 로마의 주교였던 레오(Leo)가 쓴 그리스도의 본성에 관한 긴 논문을 바탕으로 삼아서, 여러 가지로 숙고한 끝에 저 유명한 칼케돈 신조를 기초하였는데, 이 신조는 그 이후의 모든 기독론의 분수령이 되었다. 이 칼케돈 선언의 핵심에는 4대 이단의 각각을 명시적으로 거부하는 것을 목표로 한 절묘하게 고안된 몇몇 구절들이 있다: "이 두 본성은 혼동(confusion)이 없고 변화(change)도 없으며 구분(division)도 없고 분리(seperation)도 없다."[14] 교회 지도자들은 이 네 단어 속에 예수 안에서의 신성과 인성의 신비가 담겨 있고, 따라서 이 용어들은 전통 기독론의 경계를 이룬다고 확신하였다.

---

10) Kelly, *Early Christian Doctrines*, 332에서 재인용.
11) Wand, *The Four Great Heresies*, 111.
12) Kelly, *Early Christian Doctrines*, 333.
13) 칼케돈 공의회에 관한 유익한 설명으로는 Philip Schaff, *History of the Christian Church*, fifth edition(New York: Charles Scribner's Sons, 1899), 3:740-47을 보라.
14) Wand, *The Four Great Heresy* 118에 수록된 "The Chalcedonian Definition".

칼케돈 이후의 기독론. 칼케돈 선언에 나오는 문구들은 정통 기독교의 표준이 되었다. 그렇지만 이 선언으로 모든 기독론적 논쟁이 종식된 것은 아니었다. 그 이후에 등장한 가장 뜨거운 논쟁은 단의론(monothelite) 논쟁이었다. 여기서 문제가 된 것은 성육신한 삶의 의지적 차원이라는 주제와 관련된 칼케돈 기독론의 함의(含意)들이었다. 예수 그리스도 안에는 얼마나 많은 "의지들"이 존재하였던 것인가?

단의론자들("하나의 의지"를 의미하는 헬라어로부터 유래한)은 칼케돈 기독론에서 그들의 입장을 도출해 냈다. 예수는 하나의 인격이기 때문에, 우리 주님은 오직 하나의 의지, 즉 로고스의 의지만을 지니고 있다고 그들은 결론을 내렸다. 로고스는 예수의 인격 속에서 살아 움직이는 힘이었고, 예수의 순종적인 인간 본성을 지배하였다. 그러나 정통적인 사상가들은 이와는 다르게 생각하였다. 그들의 결론에 있어서 중심적이었던 것은, 그들의 선조들로 하여금 오래 전에 아폴리나리우스의 기독론을 거부하게 만들었던 바로 그러한 추론이었다: 완전한 구속(redemption)은 인간의 의지를 지니는 것을 비롯한 완전한 성육신을 요구한다. 주후 680년에 제6차 공의회는 예수 그리스도는 두 개의 의지를 소유하고 있다는 명제를 정통적인 것으로 선언하였다.[15]

종교개혁에서의 논쟁. 종교개혁 기간 동안에 개신교 사상가들은 그리스도의 인격을 인식하는 적절한 방식과 관련된 옛 문제를 다시 꺼내들었다. 종교개혁자들은 속성간의 교류[16](communicatio idiomatum; 두 본성 — 신성과 인성 — 의 속성들이 예수 그리스도의 한 인격 안에서 교류된다는 것)라는 교부들의 가르침에 관한 그들의 이해를 두고 서로 나뉘었다.[17]

루터는 철(iron)과 열(heat)의 유비를 근거로 그리스도 안에서의 신성과 인성

---

15) 단의론적 입장과 공의회의 결정에 관한 논의로는 Schaff, *History of the Christian Church*, 4:490-500을 보라. 또한 Kenneth Scott Latourette, *A History of Christianity*(New York: Harper and Brothers, 1953), 284-86을 보라.

16) 루터파와 개혁파의 논쟁에 대한 간략한 요약으로는 Richard A. Muller, *Dictionary of Latin and Greek Theological Terms*(Grand Rapids: Baker, 1985), 72-75를 보라. 또한 Justo L. Gonzales, *A History of Christian Thought*, three volumes(Nashville: Abingdon, 1975), 3:116-18을 보라.

을 이해하고자 하였다: 열이 쇠막대에 침투해 들어가는 것과 마찬가지로, 성육신을 통해서 예수의 신성은 그의 인성 전체에 미친다. 이를 토대로 루터의 추종자들은 예수의 인격 안에서의 두 본성의 결합은 신적인 속성들이 예수의 인성 속으로 진정으로 전달되는 것을 요구한다고 생각하였다. 인성은 신적인 속성들, 특히 신의 영광과 위엄(majesty)에 참여한다. 그렇지만 예수의 인성은 상실되지도 않고, 인간의 속성들이 예수의 신성으로 전이(轉移, transfer)되는 것도 아니다.

루터파의 가르침이 지니는 한 가지 중요한 함의는 부활하신 주님의 실재(reality)와 관련되어 있다. 부활하신 예수의 인성은 예수의 신성의 편재(遍在, omnipresence)에 참여한다. 이에 따라 그리스도의 몸과 피는 성찬에 실재로 현존한다. 제19장에서 우리는 개신교 운동을 분열시켰던 성찬과 관련된 문제를 좀 더 자세하게 살펴보게 될 것이다.

나아가 루터파는 예수의 두 본성은 다른 한 쪽의 협력 없이는 단독으로 아무것도 이룰 수 없다고 주장하였다. 이 말은 예수의 신성 또는 예수의 인성 중 어느 하나에만 속하는 것으로 보일 수 있는 행위들에도 적용된다. 예를 들면, 십자가 상의 고난 속에서 그리스도의 신성은 여전히 그의 인성과의 교류 속에 있다. 이 원칙은 우리가 결코 두 본성을 서로로부터 고립되어 있는 것으로 보아서는 안 된다는 것을 의미한다. 오히려 예수 그리스도는 언제나 하나님이자 인간으로 행하신다.

이에 반하여 칼빈주의자들은 루터파의 주장을 거부하였다. 그들은 한 인격이 두 본성의 속성들을 지니고 있다고 주장하는 루터파에 의해서 제기된 속성간의 교류(communicatio idiomatum)라는 실재론적 견해를 거부하였다. 개혁주의 사상가들은 두 본성이 예수의 인격의 통일성 안에서 서로 분리되어 존재한다고 생각하였다. 속성간의 교류는 단순히 문자적인 표현에 불과하다고 그들은 주장하였다. 그 결과 칼빈주의자들은 예수는 어떤 때는 인성으로부터 활동하고, 어떤 때는 신성으로부터 활동한다고 말하였다.

그들의 서로 다른 관점으로 인해서, 칼빈주의자들과 루터파는 다른 쪽의 정통

---

17) Kelly는 이 용어를 이런 식으로 설명한다: "그리스도의 인격의 통일성이라는 관점에서 볼 때, 그의 인간적 속성과 신적 속성, 경험 등은 적절하게 교류될 수 있다." Kelly, *Early Christian Doctrines*, 143.

성을 끊임없이 의심하였다. 칼빈주의자들은 루터파가 유티케스 이단과 위험스러울 정도로 가까워졌다고 우려하였다. 루터가 언급한 유비(類比)가 보여 주듯이, 신적인 속성들이 인성에 전이된다면, 예수의 인성은 그의 신성에 의해서 삼켜져 버리는 것이 아닌가? 그리고 루터파는 칼빈주의자들이 네스토리우스의 생각과 유사한 것이라고 의심하였다. 예수가 어떤 때는 인성으로부터 활동하고 어떤 때는 신성으로부터 활동한다는 주장은 두 본성을 분리하는 오류를 보여 주는 대표적인 사례가 아닌가?

교부 시대에 안디옥 학파와 알렉산드리아 학파 사이에서 일어났고, 16세기에 루터파 전통과 개혁주의 전통 사이의 논쟁 속에서 다시 한 번 불붙은 관점에 있어서의 근본적인 차이는 결코 완전하게 만족스럽게 해결되지 못한 상태이다. 교부 시대의 교회는 우리에게 예수는 완전하게 하나님임과 동시에 완전하게 인간이며, 예수는 두 본성이 완전히 분리될 수도, 혼합되지도 않은 한 인격이라고 주장하는 유산을 물려주었다. 그러나 교회는 ― 아마도 우리 인간의 한계를 현명하게 인정하고 ― 결코 우리 주님의 인격의 신비의 핵심을 꿰뚫는 정통적인 이해를 제시하지는 않았다.

통일성을 주장하는 토대

이러한 논쟁들은 모든 사상가들이 만족할 정도는 아니었지만 어쨌든 교회로 하여금 예수 안에서 우리는 한 인격 안에서의 두 개의 완전한 본성을 발견한다고 결론을 내리게 하였다. 그렇지만 사상가들은 예수의 한 인격 안에 있는 신성과 인성 사이의 정확한 관계를 설명할 수는 없었다. 그러므로 우리는 이 문제에 대한 통찰을 얻기 위하여 신약성서의 문서들을 살펴볼 필요가 있다.

그리스도인들이 예수를 어떻게 인식해야 하는가와 관련된 문제는 교부 시대에 안디옥 학파와 알렉산드리아 학파 간의 논쟁을 통해서 처음으로 생겨난 것은 아니었다. 오히려 이와는 반대로 이 문제는 이미 교회의 초창기부터 제기되었다. 초기 그리스도인들은 예수가 지닌 신적이면서 동시에 인간적인 인격이라는 명백한 모순을 설명하려는 시도를 하는 가운데 몇 가지 기독론적 호칭들을 사용하였다. 그들이 이러한 호칭들을 사용하게 된 것은 성육신의 삶이 일어났던 히브리적(그리고 아마도 헬라적) 배경 때문이었다. 신약성서의 문서들은 예수를 따르는 자들이 인간으로서의 예수가 진정으로 하나님이라는 그들의 신앙을 천명하기 위하여 두 가지 특별한 호칭을 사용하였다는 것을 보여 준다.

말씀이신 예수. 인성과 신성을 이어주는 첫 번째 중요한 기독론적 용어는 "말씀"이라는 호칭이다. 이 호칭의 근저에 있는 헬라어인 '로고스' (Logos)는 신약성서에서 반복해서 등장한다(대략 330번). 그러나 이 호칭이 예수의 역사적 출현에 관한 신학적 결론으로 사용될 때는 특별한 의미를 지닌다. 예를 들면, 요한은 제4복음서의 서문, 그리고 나중에는 요한일서의 서문에서 예수를 "말씀"이라고 지칭하였다. 말씀이라는 용어를 이런 식으로 사용하는 것은 신학적으로 풍부한 의미를 지닌다. 휴버트 리트(Hubert Litt)의 말을 빌면, 이 용어는 "다른 모든 것들과 날카롭게 구별된다."[18]

"말씀"은 특히 헬라어인 로고스와 이에 상응하는 히브리어 개념인 '다바르' (davar)에 그 뿌리를 두고 있었기 때문에 초대 교회에서 중심적인 기독론적 호칭으로서의 역할을 하기에 아주 적합하였다.

원래 로고스라는 용어는 수를 세고 계산하는 것 또는 설명하는 것과 관련이 있었다. 그런데 클라인크네히트(H. Kleinknecht)가 「신약성서 신학사전」(*Theological Dictionary of the New Testament*)에서 말하고 있듯이, 로고스는 좀 더 깊은 의미를 띠게 되었다:

> 우리는 선포되고 들려진 그 무엇이라는 의미가 아니라 드러내지고 분명해지고 인식되고 이해된 그 무엇이라는 의미로 말이나 발언, 계시를 가리키는 데 로고스(logos)를 사용했다는 것을 알게 된다; 사람으로 하여금 스스로를 볼 수 있게 해주고 우주 속에서의 자신의 위치를 볼 수 있게 해주는 합리적인 계산의 능력으로서의 로고스: 지성으로 인식될 수 있다고 보여지는 기존의 중요한 내용을 가리키는 것으로서의 로고스: 의미와 법칙, 기초와 구조라는 관점에서 본 내용 그 자체로서의 로고스.[19]

---

18) Hubert Ritt, "logos," in the *Exegetical Dictionary of the New Testament*, ed Balz and Gerhard Schneider, English translation(Grand Rapids: Eerdmans, 1991), 2.

그러므로 로고스는 세상의 합리성 및 이해 가능성과 관련이 있었다:

> 만물들, 세상과 그 운행에는 일차적인 로고스, 즉 지적으로 인식 가능한 법칙이 존재하고, 이 법칙으로 인해서 인간의 로고스는 지식과 이해가 가능해진다는 것은 헬라인들에 의해서 자명한 것으로 전제되었다. 그러나 이 로고스는 단순히 이론적으로 파악되는 그 무엇으로 해석되지 않는다. 로고스는 인간을 주관한다. 로고스는 인간의 참 생명과 행위를 결정한다. 따라서 로고스는 규범이다. 헬라인들에게 지식은 언제나 법칙을 인식하는 것이었다. 이와 아울러 지식은 또한 이 법칙을 수행하는 것이기도 했다.[20]

요컨대, 헬라인들은 로고스를 "만유의 원리," 즉 인간이 따라야 할 현실의 인식 가능한 내적 법칙으로 보았다.

"예수는 말씀이다"라는 기독론적 주장의 성경적 배경은 구약성서에 나오는 "하나님의 말씀"이라는 개념에 있다. 그리고 이 개념은 일반적으로 "말" 또는 "일"로 번역되는 히브리어 '다바르'(davar)에서 나온다. 기본적으로 '다바르'는 "어떤 일의 배경"을 의미한다. 클라인크네히트(Kleinknecht)는 이 단어가 지적인 측면과 역동적인 측면을 지닌다고 설명한다. 지적인 측면에서 '다바르'는 어떤 사물의 의미가 드러남으로써 이러한 드러남을 통해서 그 사물의 본성이 밝혀짐으로써 사고에 알려지고 종속되는 것을 가리킨다. 역동적인 측면에서 다바르는 그 힘이 말씀을 듣는 자에 의해서 느껴지든, 아니면 이 말씀이 역사 속에서 지니는 효력으로 존재하든, 모종의 힘을 담고 있는 그 무엇이다.

이러한 다바르의 양면적인 의미의 결과로 "하나님의 말씀"이라는 어구는 이중의 의미를 지닌다. 지적인 측면에서 이 어구는 계시되는 것, 즉 어떤 사건의 의미를 계시하는 것 또는 하나님의 본성을 계시하는 것을 가리킨다. "하나님의 말씀"은 창조에서 하나님의 지혜(잠 8:22-31) 같은 하나님의 창조적인 권능 또는 권

---

19) H. Kleinknecht, "logos," in the *Theological Dictionary of the New Testament(TDNT)*, ed. Gerhard Kittel, trans. Geoffrey W. Bromiley(Grand Rapids: Eerdmans, 1967), 4:80-81.

20) Kleinknecht, "logos," in *TDNT*, 4:81.

능을 지니고 있는 하나님의 말씀을 나타낸다. (그러므로 첫 번째 창조 기사에서 하나님은 말씀하시고, 실제로 그렇게 되었다.)

구약성서의 "하나님의 말씀"이라는 개념이 지니는 두 가지 측면은 신약성서가 예수를 가리킬 때에 사용한 기독론적 호칭인 "말씀" 안에 혼합되어 있다. 이것은 말씀의 창조적 역할("만물이 그로 말미암아 지은 바 되었으니 지은 것이 하나도 그가 없이는 된 것이 없느니라" ― 3절: "그가 세상에 계셨으며 세상은 그로 말미암아 지은 바 되었으되 세상이 그를 알지 못하였고" ― 10절)과 말씀의 계시적 의미("말씀이 육신이 되어 우리 가운데 거하시매 우리가 그의 영광을 보니 아버지의 독생자의 영광이요 은혜와 진리가 충만하더라" ― 14절)를 결합시키고 있는 모범적인 본문인 요한복음의 서문 속에 잘 드러나 있다.

바울은 이 용어를 명시적으로 사용하고 있진 않지만, 골로새서 1장에 나오는 그리스도에 대한 찬송은 구약성서의 '다바르' 개념과 마찬가지로 계시적 측면과 창조적 측면의 결합을 그대로 보여 준다:

> 그는 보이지 아니하는 하나님의 형상이시요 모든 피조물보다 먼저 나신 이시니 만물이 그에게서 창조되되 하늘과 땅에서 보이는 것들과 보이지 않는 것들과 혹은 왕권들이나 주권들이나 통치자들이나 권세들이나 만물이 다 그로 말미암고 그를 위하여 창조되었고(골 1:15-16).

그러므로 "예수는 말씀이다"라는 선언은 예수라는 이 역사적 삶의 의미에 관한 신학적 진술이다. 예수 안에서 하나님의 계시가 드러났고, 하나님의 권능이 작용했다. 그 결과 이 호칭은 나사렛 예수 안에서 하나님의 권능이 활동하여 모든 현실의 의미 ― 심지어 하나님의 본성까지 ― 를 계시하고 있다고 주장한다. 예수를 말씀이라고 지칭하는 것은 인간 예수가 하나님의 계시라고 주장하는 것이다.

아들이신 예수. 또 하나의 중요한 기독론적 호칭은 "하나님의 아들"이라는 호칭과 관련되어 있는 "아들"이다. 이 호칭은 예수의 정체성에 관한 교회의 설명에서 중심적인 역할을 했다. 그러나 이 호칭이 사용된 것은 신약성서 시대 이전으로 거슬러 올라간다.

고대 근동에서 "아들"은 신들의 자손이라고 생각되었던 사람들을 가리킬 때에 사용되었다. 이 호칭으로 불린 사람들은 신들로부터 태어났다고 생각된 왕, 또는 극히 이례적이고 "신적인" 권능들을 지닌 사람들이었다.

이 용어의 신약성서적 용법에 있어서 이보다 더 중요한 것은 이 호칭의 구약성서적 배경이다. 옛 히브리인들에게 "아들"은 하나님의 사역에 참여하도록 택함받았다는 것을 가리켰다. "하나님의 아들"은 세상 속에서의 하나님의 선교를 수행하도록 택함받았거나 하나님께 순종하도록 선택받은 하나님의 특별한 대리인이었다. 따라서 구약성서의 저자들은 이스라엘 백성을 가리킬 때에 "하나님의 아들"이라는 호칭을 사용하였다. 그 밖의 경우에 이 호칭은 특별한 사명을 위탁받은 왕들이나 특정한 사람들을 가리켰다(출 4:22; 호 11:1; 사 1:2; 삼하 7:14).

복음서들에서 "아들"이라는 호칭은 예수의 역사적 삶에 그 초점을 맞추고 있다. 종종 이 호칭은 기독론적으로는 별 의미 없이 단순히 예수께서 스스로를 가리키거나 다른 사람들이 예수를 가리킬 때에 사용하는 평범한 호칭으로 등장하기도 한다. 그러나 어떤 경우에는 이 호칭은 하나님에 대한 예수의 독특한 관계 또는 하나님의 사역에 있어서 예수의 유일무이한 역할을 가리키는 좀 더 깊은 함의들을 지닌다. 무엇보다도 가장 중요한 것은 이 용어가 아버지의 뜻에 대한 예수의 유일무이한 순종을 드러내고자 할 때에 사용되고 있다는 것이다. 이 용어의 구약성서적 맥락과 일치하게, 전적으로 순종하는 자로서의 예수는 진정으로 아들, 하나님께서 자신의 선교를 위하여 선택하신 분이다.

서신서들은 아들로서의 예수의 의미에 관한 초기 공동체의 최종적인 결론을 제시하고 있다. 예수의 유일무이한 아들이라는 지위에 기초하여, 예수를 따르던 자들은 예수의 지위를 하나님이라고 추론하였다: 인간인 예수는 하나님이기도 하다. 히브리서는 이러한 아들 기독론의 절정을 보여 주는 좋은 예다: "이[아들]는 하나님의 영광의 광채시요 그 본체의 형상이시라 그의 능력의 말씀으로 만물을 붙드시며 죄를 정결하게 하는 일을 하시고 높은 곳에 계신 지극히 크신 이의 우편에 앉으셨느니라"(히 1:3). 이와 같은 발전된 기독론은 다음과 같은 바울의 선포 속에서도 분명하게 드러난다. "그[그리스도] 안에는 신성의 모든 충만이 육체로 거하시고"(골 2:9).

인간 예수가 하나님이라는 선포 — 인간 예수의 신성을 주장하기 위하여 "아들"이라는 호칭을 사용한 것 — 는 결코 독자적으로(sui generis) 생겨난 것이 아니었다. 오히려 초기의 신자들은 구약성서의 맥락 속에서 볼 때에 아들의 삶임이 분명했던 예수의 지상적 삶으로부터 이러한 결론을 이끌어 내었다. "예수는 하나님의 신적인 아들이다"라는 주장은 그들에게 하나님께서 예수에게 주신 유일무이한 사명에 대한 예수의 유일무이한 순종으로부터 추론해낸 결과였다.

자신의 사명에 대한 예수의 신실성에 대한 고찰로부터 아들로서의 예수의 신성에 대한 주장으로의 이행은 요한의 다음과 같은 선포 속에서 분명하게 드러난다:

> 아버지가 아들을 세상의 구주로 보내신 것을 우리가 보았고 또 증언하노니 누구든지 예수를 하나님의 아들이라 시인하면 하나님이 그의 안에 거하시고 그도 하나님 안에 거하느니라(요일 4:14-15).

마찬가지로 히브리서의 저자는 그의 아들 기독론의 토대를 예수의 지상적 삶에서 찾았다. "하나님의 영광의 광채"이신 분은 "죄가 없으신" 분이다. 이런 까닭에 예수는 아들, 즉 아버지께로부터 나신 분이다(히 1:3-5; 또한 4:14-15; 5:4-5을 보라).

요컨대, "아들"이라는 호칭이 지니는 신성(神性)의 의미는 나사렛 예수의 유일무이한 삶에 의해서 보증된 구약성서에 나오는 그 토대의 연장이었다. 예수는 유일무이하게 순종하는 분으로서 사셨다. 예수는 하나님의 목적 안에서 유일무이한 사명을 띠고 이 땅에 오셨고, 죽기까지 아버지 뜻에 순종하여 그 유일무이한 사명을 완전하게 성취하셨다. 그렇기 때문에 예수는 하나님의 유일무이한 아들, 즉 아버지와 유일무이한 관계를 누린 분이다. 유일무이한 아들, "한 분이자 유일한 아들" 또는 "독생자"(요 1:14)로서 예수는 아버지의 신적인 아들이다.

그러므로 "아들"이라는 호칭은 "말씀"이라는 호칭과 비슷한 승귀(exalted)적 측면들을 지니게 되었다. "아들"과 "말씀"의 연관성은 히브리서의 첫머리에서 분명하게 드러난다:

> 옛적에 선지자들을 통하여 여러 부분과 여러 모양으로 우리 조상들에게 말씀하신 하나님이 이 모든 날 마지막에는 아들을 통하여 우리에게 말씀하셨으니 이 아들을 만유의 상속자로 세우시고 또 그로 말미암아 모든 세계를 지으셨느니라 이는 하나님의 영광의 광채시요 그 본체의 형상이시라 그의 능력의 말씀으로 만물을 붙드시며 죄를 정결하게 하는 일을 하시고 높은 곳에 계신

지극히 크신 이의 우편에 앉으셨느니라(히 1:1-3).

로고스라는 용어는 여기에 등장하지 않지만, 본문은 "하나님의 말씀"이라는 개념 속에 내재해 있는 계시적 측면과 창조적 측면을 결합시키고 있다. "하나님의 영광의 광채시요 그 본체의 형상"이신 분, 하나님께서 만유를 그로 말미암아 만드셨던 바로 그분으로서 아들은 모든 현실의 의미 및 하나님의 본성의 계시이다. 이러한 계시로서의 예수는 만유를 붙들고 계시고, 또한 하나님께서 말씀하실 때에 사용하는 권능 있는 "하나님의 말씀"이다.

예수 안의 신성과 인성의 관계

"말씀"과 "아들"이라는 성경의 호칭들을 통해서 우리는 예수 안에서 한 인격 안에 신성과 인성이 결합되어 있는 것을 발견한다고 고백한다. 좀 더 구체적으로 말하면, "예수는 말씀이다"라는 선포와 "예수는 아들이다"라는 선언은 이 특정한 사람 나사렛 예수가 하나님이라는 기독론적 진리를 고백하는 두 가지 수단이다. 그렇게 함으로써 이러한 성경적 호칭들은 예수의 인격이 지닌 신비를 해결하는 길을 보여 준다. 이 호칭들은 어떻게 예수가 하나님임과 동시에 인간인지를 보여 준다.

예수와 계시. "말씀"과 "아들"이라는 기독론적 호칭들은 공통적으로 계시 개념과 결부되어 있기 때문에 예수의 인격이 지닌 신비를 탐구할 수 있는 토대를 우리에게 제공해 준다. 이 두 호칭은 예수는 우리에게 본질적인 신성과 인성을 계시하는 분이라는 기독교적인 신앙고백을 요약하고 있다. 이러한 계시로서의 예수는 이 둘을 자신의 한 인격 안에서 결합시킨다.

이것을 보기 위해서 우리는 니케아와 콘스탄티노플 공의회를 통해서 초대 교회가 천명한 근본적인 신앙고백들로 되돌아가야 한다: 예수는 "참으로 하나님이며 참으로 인간"이다. 제9장에서 우리는 "예수는 하나님이다"라는 주장은 예수가 하나님의 본성의 계시, 즉 삼위일체적 공동체에 참여하는 분이라는 것을 의미한다고 결론을 내린 바 있다. 우리가 제10장에서 보았듯이, 예수의 인성에 대한 선언은 예수가 본질적인 인간의 본성의 계시, 즉 인간의 교제 또는 공동체 속에서의 삶의 모범이라는 것을 의미한다. 이 두 가지 신앙고백 속에 공통적으로 들어있는 요소는 예수의 계시적 의미에 대한 주장이다. 이것으로부터 우리는 예수 안에서의 신성과 인성의 결합은 계시적인 결합(revelatory unity)이라는 결론을 내릴 수 있다. 그런 까닭에 계시로서의 예수의 지위는 겉보기에 별개의 것으로 보이는 이 두 차원을 한 인격 안에서 결합시키는 연결고리이다.

비판자들은 계시를 예수의 인격의 통일성의 초점으로 보는 모든 견해는 단순히 기능적인, 따라서 단편적인 기독론일 수밖에 없다고 주장하지만 사실은 그 정반대이다. 계시로서의 예수의 의미는 우리가 예수의 인격과 관련하여 고백하는 신성과 인성을 결합시키고 있기 때문에, 그것은 기능론으로부터 존재론으로 이행하는 연결고리를 제공해주고, 이로 인해서 기능적 기독론 대 존재론적 기독론의 대립이라는 문제를 해결해 준다. 계시는 예수의 지상적 삶에서 이끌어낸 결론으로부터 생겨나지만 그런 다음에 예수의 영원한 실체에 관한 결론으로 귀결된다는 점에서 이러한 다리 역할을 충분히 할 수 있다. 이제 이러한 기독론적 방법론을 좀 더 자세하게 살펴보기로 하자.

우리의 신앙이 사적인 사변(思辨) 이상의 것이 되고자 한다면 — 즉, 공적인 차원을 지니고자 한다면 — 우리는 우리의 기독론적 주장들의 토대를 역사적 고찰들에서 찾지 않으면 안 된다. 즉, 우리의 결론들은 예수의 삶, 죽음, 부활을 고찰하는 것에 의해서 얻어져야 한다는 말이다. 예수의 계시적 의미에 관한 우리의 결론들은 이러한 요구조건에 잘 들어맞는다. 제9장과 제10장에서 우리는 예수 자신의 주장(그의 가르침들과 행위들을 포함한)에 대한 우리의 고찰을 기초로 예수는 하나님과 인간으로서의 기능을 하고 있다는 결론을 내린 바 있다. 예수는 하나님과의 유일무이한 관계를 누리고 있고, 모범적인 인간이라고 주장하였으며, 이러한 주장들을 하나님은 예수를 죽은 자로부터 일으키심으로써 확증해 주셨다. 예수께서 수행한 기능을 토대로(예수는 하나님과의 유일무이한 관계를 누리셨고 인간의 모범으로서 사셨다는 것) 우리는 예수의 계시적 의미를 주장한다. 예수는 참으로 하나님이자 참으로 인간으로서 행하셨기 때문에, 우리는 예수께서 하나님과 인간의 본성을 계시하셨다는 결론을 내리게 된다.

그러나 우리의 기독론적 방법론은 우리에게 한 걸음 더 나아가기를 요구한다. 계시 속에 내재해 있는 것은 참여이다. 계시를 행하는 주체가 진정으로 어떤 것의 본성을 드러내는 정도만큼, 계시의 수단이 되고 있는 그 주체는 그 주체가 드러내고 있는 현실에 참여하지 않으면 안 된다. 달리 말하면, "계시"는 모종의 "참여"를 함축하고 있다는 말이다. 예수께서 본질적인 신성과 본질적인 인성을 드러내시는 정도만큼, 예수는 신적인 실체와 인간적인 실체에 참여하지 않으면 안 된다. 그러므로 예수의 계시적 통일성은 명백하게 하나님 및 인간과의 예수의 존재론적 통일성으로 귀결된다.

그러므로 자신의 역사적 삶 속에서 나사렛 예수는 하나님이자 인간이다. 예수는 본질적인 신성이자 본질적인 인성이다. 예수의 인격의 통일성은 예수의 계시적 의미에 있다. 계시와 존재론적 참여의 연관성으로 인해서, 예수의 계시적 통일성은 그의 인격 안에서 예수는 참된 신성과 참된 인성을 통합하고 있다는 것을 의미한다.

예수와 공동체. 그러나 이러한 결론으로 우리의 최종적인 목표가 달성된 것은 아니다. 우리의 두 가지 근본적인 신앙고백이 공통으로 공유하고 있는 또 하나의 내용, 즉 공동체라는 개념이 아직 남아 있다.

하나님의 계시로서의 예수는 신적인 삶에 참여한다. 예수는 삼위일체 하나님의 공동체에 참여한다. 왜냐하면 예수는 영원한 아들, 삼위일체 하나님의 제2위이기 때문이다. 마찬가지로 본질적인 인성의 계시로서의 예수는 진정한 인간적 삶에 참여한다.

공동체는 우리에게 신적인 삶과 인간적인 삶이 전적으로 단절되어 있지 않다는 것을 상기시켜 준다. 이 둘의 핵심에는 공동체 속에서의 삶이 존재한다. 제2장에서 우리는 하나님은 공동체라는 특징을 지닌다고 결론을 내렸다. 왜냐하면 하나님은 사회적 삼위일체이시기 때문이다. 나아가 우리는 제6장에서 하나님은 인간의 삶도 공동체라는 특징을 지니기를 의도하셨다는 것을 보았다. 왜냐하면 하나님의 형상은 공동체 개념이기 때문이다. 아울러 참된 인간의 삶은 하나님과의 공동체의 향유이다.

예수는 자신의 부활과 승귀(昇貴)를 통해서와 마찬가지로 자신의 지상적 삶에서도 공동체의 누 자원을 결합시킨다. 예수는 삼위일체 하나님의 두 번째 위격인 아들로서 영원한 삼위일체적 실체에 참여한다. 이것은 하나님께서 부활을 통하여 확증해 주신 아버지와의 유일무이한 관계에 대한 예수의 주장 속에서 분명하게 드러난다. 이와 동시에 예수는 새로운 인간 공동체의 선구자이다. 예수는 새로운 인간, 즉 새로운 인류의 머리이다. 그런 까닭에 예수는 자신의 제자들인 모든 사람들과 참된 공동체를 공유한다. 우리의 선구자로서 예수는 자신이 성령을 통하여 자기 안에서 하나가 된 모든 자들과 함께 공유하는 새로운 인류의 교제를 우리에게 매개해 주시는 분이다.

앞에서 얘기했듯이, 이러한 기독론적 주제들은 성령론으로 자연스럽게 넘어간다. 따라서 예수의 인격적 통일성에 대한 최종적인 주장은 성령에 달려 있다. 제2장에서 말했듯이, 성령은 성부와 성자의 영원한 사랑의 관계의 영이다. 성령은 우리로 하여금 성자로 인하여 성부와의 교제 속에 있는 자들로서 저 위대한 사랑의 관계에 참여하게 만드신다. 이런 식으로 성령은 예수의 인격의 통일성을 확증해 준다.

성육신

"말씀"과 "아들"이라는 호칭들은 어떻게 예수가 하나님이면서 동시에 인간인가에 관한 기독론적 신비에 대한 초기 그리스도인들의 두 가지 결정적으로 중요한 반응들을 대표한다. 이 호칭들을 통해서 교회는 인간 나사렛 예수가 하나님이라고 선언하였다. 이러한 호칭들과 밀접한 관련이 있는 것은 예수는 성육신 하신 분, 인간의 모습을 입은 로고스라는 주장이다. 5세기에 걸친 신학적 성찰의 절정을 이룬 칼케돈 기독론의 선언 이래로 정통적인 사상가들은 이 개념을 기독론적 신비에 대한 열쇠로 삼아 왔다.

우리는 성육신을 어떻게 이해해야 하는가? 예수는 로고스 또는 삼위일체 하나님의 두 번째 위격의 성육신이라고 말할 때, 이 말은 도대체 무엇을 의미하는가? 이 문제를 우리는 이제부터 살펴보지 않으면 안 된다. 그렇게 함에 있어서 우리는 다시 한 번 오늘날의 성육신 기독론이 전개된 배경을 알기 위해서 신학의 역사를 잠시 살펴보자.

신학사에 있어서 성육신

칼케돈 선언은 교부 시대 후기의 성육신 기독론의 핵심적인 특징들을 통합하였다.[21] 이 기독론은 신적인 로고스, 즉 성자가 스스로 인간의 본성을 취한 겸비(condescension) 또는 비하(humiliation)에 그 초점을 맞추었다. 또한 이 기독론은 그러한 행위로 말미암아 인간의 본성이 신적인 로고스와의 분리될 수 없는 결합(communion)으로 승화(昇華)된 것을 포함하였다. 그런 까닭에 칼케돈 기독론은 성육신을 신적인 로고스의 행위로 보았다. 성육신을 통해서 아들은 인간의 인격(human person)과 결합된 것이 아니라 인간의 본성(human nature)과 결합된 것이다. 이를 통해서 인간의 본성은 로고스와의 결합을 통해서 실존을 얻었다(enhypostasis). 성육신의 결과로 예수 그리스도라는 한 인격은 두 본성의 속성들을 향유한다(communicatio idiomatum).

칼케돈 선언은 정통적인 기독론의 토대로서의 중요성을 지닌다고 주장하였다. 그 결과 성육신은 5세기 이후의 신학화 작업의 초점이 되었다. 성육신이 논의의 초점이 되었다는 것은 사상가들이 성육신된 삶의 실제적인 역학(dynamics)과 관련된 문제를 깊이 탐구한 개신교 신학에서 특히 분명하게 드러났다.

겸허설. 개신교 스콜라주의 시대에 성육신의 역학(力學)은 루터파 가운데에서 집중적인 논의의 주제가 되었다. 그들은 로고스의 성육신이 신적·인간적 속성들과 관련하여 정확히 무엇을 의미하는가 라는 문제를 놓고 아주 오랫동안 씨름하였다. 우리는 이미 이러한 관심의 배후에 있었던 하나의 차원, 즉 속성간의 교류(communicatio idiomatum)에 관한 교리가 루터파와 칼빈주의자들 사이에서 초래하였던 긴장 관계를 이미 살펴본 바 있다.

여기에서 한 가지 중요한 주장이 겸허설(kenosis theory)이라고 알려지게 된 형태로 등장하였다.[22] 겸허설을 주장하는 사람들은 빌립보서에 나오는 위대한 기독론적 송영(특히 빌 2:7)을 출발점으로 삼아 성육신을 통해서 로고스는 인간 존재로서의 실존과 양립할 수 없는 신적인 속성들, 특히 전능, 편재, 전지 등을 스스로 버렸다는 이론을 전개하였다. 이와는 반대로 신적인 도덕적 속성들은 인간적 실존과 양립할 수 있다. 그런 까닭에 로고스는 여전히 사랑, 긍휼, 정의를 유지한다. 또 어떤 이론가들은 여기에서 한 걸음 더 나아갔다. 그들은 성육신을 통해서

---

21) 칼케돈 신학에 대한 요약으로는 Schatt, *History of the Christian Church*, 3:750-72를 보라.

22) 이 이론에 대한 요약으로는 Gordon R. Lewis and Bruce A. Demarest, *Integrative Theology*, three volumes(Grand Rapids: Zondervan, 1990), 2:252-53; G. C Berkouwer, *The Person of Christ*, trans. John Vriend(Grand Rapids: Eerdmans, 1955), 27-29를 보라.

성자는 모든 신적인 속성들을 버렸다고 주장하였다.

겸허설은 처음에는 반짝 인기를 끌었지만 이내 그 결점이 드러났다. 성육신을 통해서 성자가 신적인 속성들 중 일부를 버렸다면, 성육신한 그리스도는 하나님보다 못한 존재가 된다. 그러므로 예수는 우리에게 본질적인 신성을 계시해주지 못한다. 그러므로 겸허설을 주장하는 사람들은 제1차 공의회의 결정을 파괴하고 니케아 신조와도 모순되는 위험성을 안고 있었다. 예수의 참된 신성에 대한 신앙고백은 성육신한 삶 속에서 로고스는 하나님의 모든 본질적인 속성들을 소유하고 있어야 할 것을 요구한다.[23]

겸허설에 대한 수정론들. 그러자 몇몇 사상가들이 겸허설이 지니고 있는 진리라고 보았던 것을 구원하려고 나섰다. 이러한 목적을 위하여 그들은 수정된 이론을 제시하였다.

수정설은 성육신을 통해서 로고스는 신적인 속성들 자체 또는 신성에 내재해 있는 권능들을(powers)을 버린 것이 아니었다고 주장한다. 성자는 이러한 권능들의 독자적인 행사를 포기하였다. 달리 말하면, 지상의 예수는 하나님의 모든 속성들, 권능들, 대권들을 지니고 있었지만 자신의 기분에 따라서 이러한 신적인 능력들을 사용하기를 거부하였다는 것이다. 오히려 예수는 신적인 능력들을 사용할 자신의 대권을 기꺼이 성령에 의해서 인도받은 아버지의 뜻에 종속시켰다.

예를 들면, 예수는 나다나엘을 만났을 때처럼 전지의 권능을 행사하는 것이 아버지의 의도에 맞는 경우에만 전지의 권능을 행사하였다. 그렇지만 예수는 아버지께서 원하시는 경우를 제외하고는 이러한 속성을 사용하기를 거부하였다. 따라서 예수는 인자가 오실 때를 아는 것은 아버지의 권한에 속하는 것이기 때문에 자기조차도 그것을 알지 못한다고 말씀하였다.

이러한 수정된 겸허설은 특히 복음주의 신학자들 사이에서 인기를 끌게 되었다.[24] 그러나 어떤 복음주의자들은 여기서 좀 더 수정을 가하고자 했다. 그들은 성육신을 통해서 아들은 인간으로 자라가기 위하여 자신의 신적인 권능들의 지속적

---

23) Berkouwer, *The Person of Christ*, 30-31을 보라.

24) 예를 들면, 이것은 Strong에 의해서 선호되었다. Augustus Hopkins Strong, *Systematic Theology*, three volumes(Philadelphia: Griffith and Rowland, 1907), 2:703-4.

인 사용을 의지적으로 배제하였다고 주장한다.[25]

은혜의 역설로서의 성육신. 루터파 사상가들은 성육신의 삶의 성격을 성찰한 유일한 사람들이 아니었다. 사실 개혁주의에서 의지를 강조한 것은 20세기의 가장 창조적인 기독론적 진술들 중 하나를 탄생시키는 시발점이 되었다. 스코틀랜드의 사상가인 도널드 베일리(Donald M. Baillie)는 자신의 저서인「하나님은 그리스도 안에 계셨다」(*God Was in Christ*)에서 성육신의 역할을 바라볼 새로운 거점을 제시하였다.[26] 베일리는 나사렛 예수 안에서의 인성과 신성의 결합을 이해하는 열쇠는 바울이 갈라디아 교인들에게 설명한 은혜의 역설(the paradox of grace)에 있다고 주장하였다:

> 내가 그리스도와 함께 십자가에 못 박혔나니 그런즉 이제는 내가 사는 것이 아니요 오직 내 안에 그리스도께서 사시는 것이라 이제 내가 육체 가운데 사는 것은 나를 사랑하사 나를 위하여 자기 자신을 버리신 하나님의 아들을 믿는 믿음 안에서 사는 것이라(갈 2:20).

이 본문에서 바울은 그리스도인의 삶의 과제는 역설적 방식으로 성취된다고 주장한다. 그것은 전적으로 개인의 일이다; 이와 동시에 그것은 전적으로 하나님의 일이다. 따라서 예수도 스스로 신적인 사명을 수행한 인간이었다; 이와 동시에 이 사명은 전적으로 하나님에 의해서 예수를 통하여 성취되었다.

성육신 기독론에 대한 비판

위에서 개략적으로 설명한 것에서 드러난 차이점들에도 불구하고, 기독론적 서술에 있어서 주로 정통적 견해를 유지하는 데 관심을 가져왔던 사상가들은 일반적으로 서로 비슷한 접근 방법을 따르는 경향을 보여주었다. 이러한 기본적인 기

---

25) 이 입장은 Lewis and Demarest, *Integrative Theology*, 2:284-85에서 옹호되고 있다.

26) D. M. Baillie, *God Was in Christ*, second edition(New York: Charles Scribner's Sons, 1948).

독론의 핵심에는 몇 가지 주장들이 자리잡고 있다:[27] 예수는 한 인격 안에 신적인 본성과 인간적인 본성을 결합하고 있다. 역사적 사건으로 이해된(동정녀 탄생을 통해서 일어난) 성육신은 이러한 두 본성의 결합이 이루어진 수단이었다. 이 행위는 삼위일체 하나님의 두 번째 위격인 로고스의 사역이었다. 이 행위는 예수 안에서 신성과 인성의 "위격적 연합"(hypostatic union), 즉 예수의 지상적 삶의 인격적 중심은 영원한 아들이고, 인간적 본성은 오직 로고스와의 연합을 통해서만(enhypostasis) 존재하는 그러한 연합을 가져왔다. 끝으로, 성육신이라는 역사적 행위는 마리아의 모태 안에서 일어났다.

우리는 이러한 널리 받아들여지고 있는 칼케돈 이후의 기독론을 어떻게 평가해야 하는가? 먼저 우리는 그것의 중심적인 내용이 옳다는 것을 인정하여야 한다. 전통적인 견해는 교회 공의회들의 결정과 신약성서의 증언에 따라 예수의 신성과 인성의 보존을 그 목표로 하고 있다. 그러한 기독론의 내용이 옳긴 하지만 성육신 기독론은 중대한 문제점들로 둘러싸여 있다는 말을 우리는 덧붙이지 않을 수 없다. 따라서 성육신 기독론은 현대에 와서 여러 가지 비판을 받아왔다.

전통적인 이해에 대한 비판들. 몇몇 사상가들은 전통적인 기독론을 그것이 명백하게 신화론적 색채를 지니고 있다는 이유로 거부한다. 아들이 마리아의 모태 안에서 인간의 본성을 취한다는 개념은 신들이 잠시 동안 우리 세계 속으로 내려왔다가 다시 천상계로 돌아간다는 옛이야기들과 너무도 흡사하다. 또한 이와 비슷하게 비판자들은 성육신 기독론을 주장하는 사람들을 헬라 철학의 범주들을 사용하고 있다는 것을 근거로 호되게 책망한다. 그들은 "본질"(substance 또는 essence) 같은 헬라식 개념들과 "인간적 본성," "신적 본성" 같은 존재론적 범주들은 히브리인들 및 오늘날의 사람들의 사고 방식에 이질적이라고 주장한다. 이제 우리는 옛 히브리인들과 마찬가지로 실제적인 역사적 삶에 선행하는 그러한 확정된 본질들이 존재하지 않는다는 것을 알고 있다.

그러나 이 두 가지 반론보다 더 중요한 반론이 한 가지 더 있다. 전통적인 입장

---

27) 예를 들면, 칼케돈 신학에 대한 Schaff의 해설을 보라. Schaff, *History of the Christian Church*, 3:750-58. 또한 Lewis and Demarest, *Integrative Theology*, 2:271-87을 보라.

에는 초보적인 가현설 또는 적어도 아폴리나리우스주의의 색채가 깃들어 있다. 성육신 기독론을 주장하는 사람들이 일반적으로 예수의 완전한 인성을 부정하고자 하지는 않지만, 실제로 그들은 흔히 성육신한 삶을 인간의 몸 속에 감추어진 영원한 아들이라는 관점에서 묘사한다. 이런 식으로 해서 예수는 인간의 몸을 빌어서 지상에 머무르면서 활동한 신적인 존재가 된다.

마지막으로, 전통적인 기독론은 종종 잘못된 기독론적 방법론을 보여 준다. 성육신을 영원한 로고스가 스스로 마리아의 모태 안에서 인간의 본성을 취한 행위로 봄으로써, 이 접근 방법은 로고스를 예수와 분리하여 인식하는 위험한 덫에 빠지기 쉽다. 사실 우리가 성육신을 역사 속에서의 특정한 시점(주전 4-6년경)에서 일어난 사건으로 이해한다면, 질문하기 좋아하는 우리의 마음은 자연스럽게 성육신이라는 사건의 적극적인 주체인 로고스가 성육신 이전에는 무엇을 하고 있었느냐고 묻게 된다. 이렇게 함으로써 우리는 신약성서에서 나눌 수 없었던 것을 나누는 오류를 범하게 된다: 우리는 신약성서에서 예수의 의미를 설명해주는 기독론적 호칭인 것을 대상화하고 있는 것이다. 로고스는 예수에 대한 호칭이기 때문에, 나사렛 예수 외에는 그 어떤 다른 로고스나 아들이 존재하지 않는다. 우리가 로고스를 예수의 역사적 삶으로부터 분리해서 생각하게 되는 경우에, 기독론적 호칭으로서의 이 용어의 의미는 상실되고 만다.

성육신의 의미. 수많은 성육신 기독론들에 내재해 있는 문제점들은 우리로 하여금 우리가 성경의 성육신 개념을 정말 제대로 이해하고 있는지를 묻지 않을 수 없게 만든다. 아마도 큰 애로는 이 개념을 전적으로 신적인 선재하는 존재(로고스)의 역사적 강림에 관한 이야기로 보는 잘 닦여진 기독론적 대로를 따라가고자 한다는 것이다.

신학자들이 성육신 개념을 구축하고자 할 때에 사용하는 신약성서의 주요 본문들을 살펴보면, 우리의 추측이 맞다는 것이 확증된다. 특히 중요한 것은 예수의 겸비를 노래한 바울의 찬송(빌 2:5-11)과 요한의 서문(요 1:1-14)이다. 이 본문들은 이야기 형식을 따르고 있지 않다. 이 본문들은 성육신을 선재하는 로고스의 역사적 운동으로 묘사하지 않는다. 바울은 로고스를 전혀 언급하지 않는다: 오히려 그는 그리스도 예수에 관하여 말한다. 역사적 인물인 예수는 자신의 신적인 대권들을 사용하기를 거부했지만 죽기까지 하나님의 겸손하고 순종적인 종이었는데, 이러한 결과로 예수는 가장 높은 이름을 얻게 된다. 그러므로 예수를 주님으로 고백하는 것은 바울이 그리스도이신 나사렛 예수의 삶으로부터 도출해 낸 결론이었다.

요한복음의 서문에서의 성육신의 의미는 좀 더 복잡하다. 요한은 태초에 하나님과 함께 계셨다가 육신이 되신 신적인 로고스에 관하여 말한다. 그러나 이 사도의 의도는 우리가 성육신을 마리아의 모태 안에서 인간의 본성을 취한 영원한 로고스의 행위로 이해하는 것이 아니다. 많은 성육신 기독론과는 대조적으로, 요한은 성육신이 일어난 정확한 역사적 시점(예수의 수태 같은)을 정확히 꼭 집어서 말하지 않는다. 또한 요한은 동정녀 탄생이 영원한 로고스의 성육신 상태의 시작이었다고 말하지도 않는다. 사실 요한복음의 서문은 예수의 탄생조차 언급하지 않는다. 요한은 예수의 기적적인 탄생에 초점을 맞추는 것이 아니라 우리 주님의 지상적 삶을 직접 눈으로 보았던 목격자들의 말을 근거로 삼는다. 이러한 사람들은 예수의 삶(그의 출생이 아니라)에 대한 개인적인 관찰들을 토대로 성육신을 증언한다:

> 말씀이 육신이 되어 우리 가운데 거하시매 우리가 그의 영광을 보니 아버지의 독생자의 영광이요 은혜와 진리가 충만하더라(요 1:14).

이 초기의 증인들은 예수 안에서 하나님의 영광, 즉 예수의 지상적 삶 전체에 걸쳐서 나타난 영광을 보았다.

그러므로 요한에게 "말씀이 육신이 되었다"(성육신)는 것은 예수께서 어떻게 존재하게 되었는가에 초점을 맞추고 있는 것이 아니다. 더 중요한 것은 성육신은 주님의 지상적 삶의 의미에 대한 신학적 선언이라는 것이다. 예수를 성육신한 말씀이라고 고백할 때, 요한은 이 인간 존재로서의 예수가 하나님이며, 하나님의 계시라고 주장하고 있는 것이다.

이 점을 염두에 둘 때, 우리는 성육신을 어떻게 이해해야 하는가? 우리의 과제는 바울과 요한이 걸어간 길을 따라갈 때에 해결될 수 있다. 우리는 목격자들과 입장을 같이 해야 한다. 그러나 이것은 우리가 "성육신"을 역사 속에서의 특정한 사건으로 이해하고 기독론의 출발점으로 정의하는 그러한 신학자들을 따르지 말아야 한다는 것을 의미한다. 우리는 영원한 로고스가 인간의 본성을 취하는 것이 어떻게 가능했는지를 설명하는 것을 통해서 이 위대한 기독론적 신비를 설명해 낼 수 없다.

우리는 초기 목격자들과 더불어 "아래로부터의" 기독론을 채택하여야 한다. 우리는 예수의 역사적 삶을 살펴봄으로써 예수의 정체성에 대한 해답을 찾을 수 있다. 성육신에 대한 고백 ― "말씀이 육신이 되어" ― 은 기독론의 전제가 아니라 오직 예수의 인격에 대한 우리의 성찰들로부터 나오는 결론일 수밖에 없다.

나사렛 예수를 처음 볼 때, 우리는 이 장에서 살펴보았던 결론, 그리고 사도들이 고백했던 결론들에 도달한다: 이 하나의 역사적·인격적 삶 속에 우리는 하나님이 누구시며 우리가 누구여야 하는가 ― 참된 신성과 참된 인성 ― 가 계시되어 있는 것을 발견한다. 예수의 삶 전체에 관한 신앙고백인 이 주장 속에 성육신에 관한 신앙고백의 의미가 들어 있다. "성육신"은 영원한 로고스의 어떤 의식적인 활동에 관한 묘사가 아니라 기독론적 신앙고백이다. 그것은 우리가 나사렛 예수 안에서 발견하는 것, 즉 예수가 인간의 모습을 입은 "말씀" ― 하나님의 역동적이고 계시적인 말씀 ― 이라는 것을 요약적으로 표현해주고 있다.

예수는 성육신하신 분이라는 이러한 신앙고백의 토대는 예수의 출생에 국한되지 않는다. 자기 자신에 관한 예수의 주장들에 대한 확증으로서의 예수의 부활을 포함한 예수의 삶 전체가 예수 안에서 말씀이 육신을 통하여 왔다는 것을 보여준다. 요컨대, 우리는 성육신을 단지 크리스마스 때만 송축하는 것이 아니라 부활절에서 절정에 달하는 교회력 전체에 걸쳐서 송축하는 것이다.

예수의 선재

성육신, 따라서 "말씀"(로고스)이라는 기독론적 칭호와 밀접한 관련이 있는 것은 그리스도의 선재(先在)이다. 앞에서 보았듯이, 히브리적 사고에서 "하나님의 말씀"과 신적인 실재 간의 연관 관계로 인해서, "말씀"이라는 호칭은 예수를 하나님 자신과 결합시켜 준다. 그리고 이러한 결합은 선재로 이어진다. 하나님의 역동적 계시(말씀)는 언제나 하나님과 함께 있어야 하고, 그렇기 때문에 말씀은 필연적으로 영원히 존재한다. 예수가 말씀이라면, 그런 의미에서 예수는 영원한 실재이다.

그렇다면 우리는 이 장에서 살펴본 "말씀"이라는 호칭과 성육신에 관한 결론들에 비추어 선재 개념을 어떻게 이해해야 하는가?

선재의 문제점. 앞선의 논의는 우리에게 선재를 예수가 아니라 로고스와 직접적으로 연결시키는 견해들을 조심하도록 경고한다. 사실 많은 그리스도인들은 선재를 아들에 관한 이야기로 이해되는 성육신으로부터의 자연스러운 결론으로 본다. 사람들은 이 속성을 로고스에게 돌림으로써 선재를 로고스가 마리아의 모태 안에서 인간의 모습을 취하기 이전에 존재한 것 — 심지어 활동한 것 — 을 가리키는 것으로 이해한다.

이것을 토대로 몇몇 신학자들은 구약 시대에서의 그리스도의 활동을 탐구하고, 예를 들어, 야웨의 천사의 출현들이 성육신의 전초단계인 "그리스도의 현현들"(Christophanies)이라는 결론을 내린다.[28] 또 어떤 신학자들은 "원래의 창조" 속에서의 그리스도의 역할에 관하여 고찰하고, 베들레헴에서 아기로 태어나신 그분이 여러 세상들을 존재케 하였다고 주장하기까지 한다.[29]

이러한 겉보기에 무례해 보이는 질문들은 기독론적으로 잘못된 것이기는 하지만 나름대로 일리가 있다. 이 질문들은 좀 더 깊은 차원의 기독론적인 문제, 즉 영원한 아들이 나사렛 예수라는 역사적 인물과 별개로 활동할 수 있는가라는 문제를 제기하고 있다. 우리는 이 문제를 약간 제한된 다른 방식으로 제기해 볼 수 있다: 나사렛 예수는 그의 죽음, 부활, 승천 이래로 어떤 의미에서 세상에서 활동하고 있는 것인가? 이렇게 보면, 이 질문은 우리를 본래의 기독론을 넘어서서 성령론과 교회론으로 데려다 준다.

그러나 이 문제는 다음과 같이 확장될 수도 있다: 로고스는 어떤 의미에서 예수의 활동을 넘어서서 활동하고 있는 것인가? 세계 종교들이라는 맥락 속에서 이 질문을 던진다면, 이 질문은 다음과 같이 된다: 성자 하나님이 그 안에서 존재하였거나 활동하고 있는 그 밖의 다른 역사적 인물들이 존재하는가? 또는 우리는 이 문제를 주석적으로 제기할 수도 있다: 요한은 "각 사람에게 비추는 빛"(요 1:9)이라는 말을 통해서 무엇을 의도하였는가? 이러한 질문들은 오늘날 우리에게 중요한 문제들이 되어 왔다.

---

28) 예를 들면, E. W. Hengstenberg, *Christology of the Old Testament and a Commentary on the Messianic Predictions*, two volumes, English translation, reprint edition(Grand Rapids: Kregel, 1970)을 보라.(「구약의 기독론」: 크리스챤다이제스트)

29) 한 예로 Jerry Falwell, "The Revelation of the Incarnation," *Fundamentalist Journal* 7/11(December 1988), 10을 보라.

선재의 의미. 선재 개념을 설명하기 위해서 우리는 먼저 우리의 사고를 이끌어 줄 몇 가지 원칙들을 살펴볼 필요가 있다. 그러한 원칙들 중의 하나는 선재는 그것이 무엇을 의미하든지 신약성서에 의하면 나사렛 예수를 설명하는 속성이라는 것이다. 따라서 우리는 예수와 별개인 모종의 영원한 존재 ― 로고스라든가 아들이라든가 ― 의 선재가 아니라 예수의 선재를 이해하는 데 관심을 집중해야 한다.

이러한 고찰은 우리로 하여금 몇몇 성육신 신학들에 내재해 있는 유혹을 경계하라고 말해준다. 우리는 결코 성자를 나사렛 예수와 분리하여, 이 역사적 인물과는 별개의 로고스의 활동에 관하여 사변적으로 생각하는 수단으로 선재를 활용해서는 안 된다. 앞에서 얘기했듯이, 그러한 사변은 신약성서의 기자들이 역사적 인물인 예수의 의미를 고백할 때에 사용한 로고스라는 칭호의 핵심적인 중요성을 파괴하고 만다. 선재라는 용어와 관련된 호칭과 마찬가지로, 우리는 "선재"가 나사렛 예수의 정체성에 관한 신학적 진술일 가능성을 생각해 보아야 한다.

또한 우리의 결론들은 초대 교회에서 선재론의 원래의 의도에 대한 적절한 이해를 통해서 밑받침되어야 한다. 이 가르침은 온갖 형태의 양자론(adoptionism)에 대항한 변증의 역할을 하였다.[30] 우리는 초기의 기독론이 긴 발전 과정을 거쳐서 진화해 왔다는 오늘날의 주장들에 동의할 수 없지만, 신약성서 시대에 기독론의 발전을 설명하는 널리 받아들여지고 있는 이론이 기본적으로 옳다는 것을 인정하지 않을 수 없다.[31]

최초의 신자들에게 중요했던 것은 여기에서 언제 성자(聖子, 아들)가 되었느냐 하는 문제였다. 신약성서는 이 문제에 대하여 몇 가지 유력한 대답들을 제시해주고 있다: 예수의 재림, 예수의 승천, 예수의 부활, 예수의 수세, 예수의 수태. 초대 교회는 이러한 모든 대안들은 잠재적으로 양자론적인 입장을 지니고 있다고 보고, 신속하게 최종적인 폭넓은 결론에 도달하였다: 예수는 "영원부터" 성자(아들)이시다. 그런 까닭에 그들은 예수에게 선재라는 속성을 부여하였다.

---

30) Wolfhart Pannenberg, *Jesus ― God and Man*, trans. Lewis L. Wilkins and Duane A. Priebe, second edition(Philadelphia: Westminster, 1977), 149-50.

31) 이 이론에 대한 요약으로는 Raymond E. Brown, *The Virginal Conception and Bodily Resurrection of Jesus*(New York: Paulist, 1973), 43-44를 보라.

예수와 선재. 초대 교회와 마찬가지로 우리는 예수가 선재하신 분이라고 쉽게 고백한다. 그러나 이것은 무엇을 의미하는가? 우리는 어떤 의미에서 한 역사적 인물에게 선재라는 속성을 부여할 수 있는가? 선재론의 핵심은 나사렛 예수의 유일무이성(uniqueness)과 최종성(finality)에 관하여 주장하고 있다는 것이다. 우리는 이 주장을 세 가지 의미로 이해한다.

(1) 선재는 예수가 하나님의 영원에 속해 있다는 신학적 진리를 주장한다. "말씀"이라는 기독론적 호칭과 마찬가지로, 예수의 선재에 관한 신앙고백은 하나님에 대한 예수의 관계에 대하여 말하는 것이다.

예수의 선재를 고백함으로써, 우리는 이 특정한 인간이 영원한 하나님이라는 것을 선포한다. 많은 학자들의 견해와는 반대로, 예수의 짧은 역사적 삶은 시간 속의 한 점 이상의 것이다. 오히려 예수는 영원의 핵심 자체를 드러내신다. 왜냐하면 그 짧은 삶은 다름 아닌 하나님의 계시이기 때문이다. 바울이 썼듯이, "아버지께서는 모든 충만으로 예수 안에 거하게 하시고"(골 1:19). 예수 안에서 우리는 영원을 발견하기 때문에, 이 역사적 삶은 영원의 영역, 하나님 자신의 영역에 속한다.

예수의 선재 — 예수가 하나님의 영원에 속해 있다는 것 — 를 고백함으로써, 우리는 예수의 지상적 삶의 유일무이성과 최종성을 주장한다. 그렇게 함으로써 선재에 대한 우리의 주장은 인간의 신념들과 종교에 광범위한 함의들을 지닌다. 우리는 우리의 신앙고백을 통해서 예수가 진리의 구현이라는 것을 선포한다. 예수의 삶은 진정으로 경건한 삶이다. 그리고 예수의 가르침들은 참된 가르침들로서 하나님 자신의 영원한 진리를 계시한다. 그 결과 예수는 모든 종교적 진리를 가늠하는 표준이다. 그 밖의 다른 모든 진리와 관련된 주장들은 이 한 분 역사적 인물에 비추어서 평가되어야 한다.

(2) 또한 선재는 예수의 역사적 삶이 그의 짧은 삶의 테두리를 뛰어넘어 의미를 지닌다고 선포한다. 예수는 모든 역사에 의미를 부여한다. 예수는 모든 실체에 그 의미를 부여하는 신적인 창조의 원리이다. 예수의 지상적 삶은 모든 역사의 의미이다. 그것은 그를 가리키는 구약성서의 사건들을 해명해 준다. 그리고 그것은 신약성서 시대의 사건들, 즉 예수의 초림과 재림 사이의 기간의 토대가 된다.

이것이 "참 빛 곧 세상에 와서 각 사람에게 비추는 빛이 있었나니"(요 1:9)라는 요한의 선언의 취지이다. 이와 비슷한 사상은 골로새서의 찬송에도 나타난다.

사도는 예수께서 신성의 충만을 계시하셨다고("아버지께서는 모든 충만으로 예수 안에 거하게 하시고") 선언한 후에 "그의 십자가의 피로 화평을 이루사 만물 곧 땅에 있는 것들이나 하늘에 있는 것들이 그로 말미암아 자기와 화목하게 되기를 기뻐하심이라"(골 1:20)는 말을 덧붙인다.

예수는 역사의 초점이다. 왜냐하면 인간의 이야기는 나사렛 예수와의 관계로부터 그 의미를 획득하기 때문이다.

(3) 선재는 예수의 삶이 역사에 관한 이야기라는 것을 의미한다. 즉, 예수의 삶에 관한 이야기는 그가 이 땅에 머물렀던 33년에 국한되는 것이 아니다. 모든 역사 — 예수께서 오시기 위한 준비 기간 또는 예수께서 오신 결과, 예수께서 다시 오시기 위한 준비 기간 등등 — 는 그의 이야기, 곧 한 분 예수 그리스도의 이야기이다.

동정녀 탄생

예수 안에서 신성과 인성의 결합을 설명하는 수단으로서의 성육신과 흔히 결부되는 것은 동정녀 탄생이다. 일찍이 4세기부터 신학자들은 예수의 특별한 출생이 영원한 아들로서의 예수의 지위와 인간으로서의 예수의 역사적·지상적 삶 사이의 연결고리라고 주장하여 왔다. 이 사건을 통해서 하나님과 여자는 함께 협력하여 한 역사적 삶의 시작을 이루어낸다. 따라서 신학자들은 성육신을 탄생시킨 역사적 수단을 제공한 동정녀 탄생에 매력을 느껴 왔다. 그 전통적인 신학적 중요성 때문에, 예수의 인격의 통일성을 다루는 이 장에서 이 중요한 문제를 논의하지 않을 수 없다: 동정녀 탄생은 과연 성육신 기독론을 위한 연결고리를 제공해 주는가?

동정녀 탄생은 교회사 전체에 걸쳐서 우리의 신앙고백의 일부였다. 그것은 교회의 신앙고백의 중심적인 측면들 중의 하나로 사도신경의 두 번째 신조(信條)에 깊이 뿌리박고 있다: "예수 그리스도를 믿사오니 이는 성령으로 잉태하사 동정녀 마리아에게서 나시고 본디오 빌라도에게 고난을 받으사 십자가에 못 박혀 죽으시고 장사한지."[32]

---

32) "The Apostles' Creed," in *The Creeds of the Churches*, ed. John H. Leith, third

"동정녀 마리아에게서 나시고"라는 선언은 주후 3세기 초 이래로 교회에서 거의 보편적으로 받아들여졌음에도 불구하고 이 어구보다 오늘날 기독론적 주장에 있어서 더 문제가 되는 것은 없었다. 계몽시대 이래로 개신교 진영들에서, 그리고 제1차 바티칸 공의회 이래로 로마 가톨릭 학자들 사이에서, 이 전통적인 주장은 수많은 논쟁을 불러일으켜 왔다. 현재의 논의 속에서 쟁점이 되고 있는 것은 레이먼드 브라운(Raymond Brown)의 말을 빌리면 "예수는 인간 아버지의 개입 없이, 즉 남자의 씨앗 없이 처녀의 태중에서 잉태되었다"[33]라는 주장이다.

이 교리가 오늘날 논쟁이 되고 있기 때문에, 성육신의 수단으로서의 동정녀 탄생에 대한 고찰을 하기 전에, 우리는 먼저 이 사건의 역사성에 관한 좀 더 근본적인 문제를 살펴볼 필요가 있다. 역사적 관점[34]은 우리의 논의를 위한 배경이 되어 줄 것이다. 그런 후에 우리는 오늘날의 논의에 대한 평가로 눈을 돌릴 것이다. 마지막으로, 우리는 성육신의 본질이라는 좀 더 폭넓은 문제에 대한 전주곡으로서 이 교리 자체에 관한 몇 가지 결론들을 도출해 낼 것이다.

현대적 논쟁의 역사적 배경

교회가 교부 시대 이래로 암송해 온 신조들을 통해서 신실한 자들은 예수께서 동정녀에게서 태어나셨다는 것을 끊임없이 주장하여 왔다. 교회는 예수의 동정녀 탄생이라는 신앙고백에 있어서 흔들린 적이 없었지만, 신학자들은 그 의미에 대하여 의견의 일치를 이루지 못하고 있다. 동정녀 탄생의 의미를 놓고 벌어진 이러한 신학적 이해의 밀고 당기기는 이 전통적인 신앙고백의 적절성에 대한 현대적 논쟁의 배경이 된다.

동정녀 탄생에 관한 주장들. 교부들 중에서 자신의 글 속에서 동정녀 탄생을 언급한 최초의 인물은 아마도 주후 2세기의 순교자였던 안디옥의 이그나티우스(Ignatius)였던 것같다. 그렇지만 그는 성육신이 아니라 속죄라는 맥락 속에서 동

---

edition(Atlanta: John Knox, 1982), 24.

33) Brown, *The Virginal Conception*, 27.

34) 그 역사에 관한 간략한 개관으로는 Thomas Boslooper, *The Virgin Birth*(London: SCM, 1962)를 보라.

정녀 탄생을 언급하였다.[35] 동정녀 탄생에 대한 고전적인 기독론적 이해의 발전 과정에 있어서 이것보다 더 중요한 것은 이레나이우스(Irenaeus)의 글이다. 그러나 그는 나중에 관습처럼 되어버린 것과는 달리 예수의 신성을 강조하기 위해서가 아니라 예수의 완전한 인성을 부정했던 영지주의 이단들과 싸우기 위해서 동정녀 탄생이라는 사건을 거론하였다.[36]

주후 300년대와 400년대의 신학자들은 나중에 중세 교회에서 지배적이 된 동정녀 탄생에 관한 좀 더 완전한 이론의 기틀이 될 원칙들을 제시하였다. 락탄티우스(Lactantius)는 예수의 두 본성에 상응하는 그리스도의 두 기원에 관한 이론을 제안하였다.[37] 예수의 첫 번째 출생은 어머니 없이 영적으로 태어난 것이었다. 왜냐하면 예수는 영원 전부터 아버지에 의해서 태어났기 때문이다. 베들레헴에서의 예수의 두 번째 출생은 아버지 없이 육신으로 태어난 출생이었다. 따라서 예수는 성령으로 말미암아 하나님의 아들임과 동시에 육신으로 말미암아 인간의 아들이다. 유세비우스(Eusebius)와 제롬(Jerome)은 신학적인 관점을 예수의 동정녀 탄생으로부터 그의 어머니의 처녀성으로 옮김으로써 마리아의 영원한 처녀성이라는 이후의 개념을 위한 길을 열어 놓은 장본인들이었다.[38] 그러나 동정녀 탄생에 기독론적으로 중요한 의미를 부여하였던 인물은 아우구스티누스였다. 이 위대한 교부는 예수가 "육적인 욕정"(통상적인 성관계들)과 상관 없이 수태된 것이 예수의 죄 없으심을 위한 토대라고 주장하였다.[39]

동정녀 탄생이 예수의 삶의 시작을 알린 기적이었다는 신앙고백은 중세 시대와 종교개혁 시대 전체를 지배하였다. 그러나 계몽주의 시대의 사상가들은 이 신앙고백에 문제를 제기하였다. 동정녀 탄생은 이성의 시대에 비판적인 시각으로 보여지

---

35) Ignatius, *To the Ephesians*, xix, in *Documents of the Christian Church*, ed. Henry Bettenson(London: Oxford University Press, 1969), 41.
36) Boslooper, *The Virgin Birth*, 33-34.
37) Ibid., 42.
38) Ibid.
39) Augustine, *Enchiridion* 41 and *On the Holy Trinity* 13.18, in *A Select Library of the Nicene and Post-Nicene Fathers of the Christian Church*, ed. Philip Schaff(Grand Rapids: Eerdmans, 1956), 180, 251.(「신앙 핸드북」, 「삼위일체론」: 크리스챤다이제스트)

기 쉬웠던 범주인 기적과 관련되어 있었기 때문에, 많은 사람들이 이 교리를 자연주의적이고 합리주의적인 근거 위에서 배제해 버렸다.[40]

동정녀 탄생에 관한 재해석들. 계몽주의 시대의 합리주의자들이 창문 밖으로 던져 버린 것을 1800년대의 신학자들은 다시 뒷문으로 들여왔다. 그렇지만 그들은 비평 이전 시대에서와 마찬가지로 이 교리를 기적으로 보는 이해로 단순히 회귀해야 한다고 주장한 것이 아니었다. 이 사상가들은 성경의 이야기는 단순히 그 합리적 신빙성을 토대로 판단되어서는 안 되고 오히려 그 종교적 의미라는 관점에서 평가되어야 한다는 견해로 무장되어 있었다. 그들은 이 원칙을 동정녀 탄생에 관한 이야기에 적용해서, 이 사건은 역사적으로는 의심스럽지만, 그럼에도 불구하고 신앙에 있어서는 의미가 있다는 결론을 내렸다.

예를 들면, 슐라이어마허는 예수의 수태에 있어서 남자의 성적 기여를 배제한 것은 예수께서 죄 없으시다는 것의 토대를 이루거나 신적 본성이 인간적 본성 속에 심겨지는 것의 토대가 되었다는 주장을 거부하였다.[41] 그렇지만 그는 기적적인 출생이라는 개념을 아무런 의미가 없다고 내던져 버리지는 않았다. 이와는 반대로 그는 "초자연적인 수태라는 일반적인 개념은, 구속자라는 개념이 우선적으로 강조되는 상황에서는, 여전히 본질적이고 필수적이다"라고 결론을 내렸다.[42]

가장 중요한 혁신은 슈트라우스(David Friedrich Straus)에게서 왔다. 이 독일의 신약학자는 거룩한 역사들에 대한 이 두 가지 지배적인 해석들이 지닌 곤경을 극복하고자 하였다. 그는 그러한 모든 사건들이 역사적이기 때문에 기독교에 필수불가결하다고 주장하는 초자연주의적인 해석과, 그러한 사건들은 비역사적이기 때문에 중요하지 않다고 반박한 자연주의적인 견해, 이 두 가지를 모두 거부하였다.

그는 이 두 가지를 반대하고 복음적 신화(evangelical myth)라는 범주를 도입하였다: "우리는 복음적 신화라는 이름을 통해서 사실의 표현이 아니라 가장 초

---

40) Boslooper, *The Virgin Birth*, 87.
41) Friedrich Schleiermacher, *The Christian Faith*, ed. H. R. MacKintosh and J. S. Stewart(Edinburgh: T. & T. Clark n.d.), 404.
42) Ibid., 405.

기에 예수를 따르던 자들의 사상의 산물로 생각될 수 있는, 예수와 직간접적으로 연관이 있는 이야기를 구별한다."[43] 슈트라우스는 다른 종교 전통들에서 찾아볼 수 있는 위대한 인물들의 출생에 관한 신화들과 동정녀 탄생에 관한 이야기의 유비(類比, analogy)를 기초로 동정녀 탄생의 이야기는 예수의 중요성을 이야기의 형태로 선언한 것이라고 결론을 내렸다.[44]

슈트라우스의 이론은 엄청난 비판을 불러왔다. 이에 대한 반응으로 몇몇 신학자들은 계속해서 동정녀 탄생의 초자연적 성격을 옹호하였다.[45] 그들은 예수의 기적적 수태는 하나님의 최고의 계시로서의 예수의 지위와 맥을 같이 하는 것이라고 주장하였다. 그리고 동정녀 탄생은 그리스도 안에서의 하나님의 구원 사역을 위한 초자연적인 출발점이었다는 것이다. 모더니즘적 사상들과 싸우기 위하여 근본주의(fundamentalism)라는 깃발 아래 함께 모였던 사람들은 동정녀 탄생을 "5대 근본교리," 즉 무흠한 기독교 신앙에 본질적인 근본적인 교리들 중의 하나로 승격시켰다.[46] 그러나 일부 사상가들은 슈트라우스가 열렬하게 옹호하였던 노선을 한 걸음 더 진척시켰다. 몇몇 학자들은 이 이야기가 예수의 중요성에 관하여 말하고자 했던 초기 기독교의 시도였다고 주장한다. 이 원칙을 근거로, 그들은 이 사상의 기원을 찾아내고자 하였다. 일부 학자들은 다른 고대 종교들 속에서 찾아볼 수 있는 이야기들에서 그 기원을 찾았고,[47] 어떤 학자들은 이 이야기들을 역사 비평 및 문화 비평으로 검토하고 그 뿌리를 헬레니즘적 유대교나 헬레니즘화된 유대 그리스도인들의 기독론적 사고 속에서 찾아내고자 하였다.[48]

동정녀 탄생을 둘러싼 오늘날의 논쟁은 보수적인 초자연주의자들과 고등 비평

---

43) David Friedrich Strauss, *The Life of Jesus, Critically Examined* [fourth German edition: 1840], trans. Marian Evans, two volumes(New York: Calvin Blanchard, 1860), 1:69.

44) Strauss, *Life of Jesus*, 1:130-34.

45) 한 중요한 예는 J. Gresham Machen, *The Virgin Birth of Christ*, reprint edition(1930: Grand Rapids: Baker, 1965)이다.

46) 5대 근본교리들에 대한 초기의 논의에 대해서는 Stewart Grant Cole, *The History of Fundamentalism*(New York: R. R. Smith, 1931), 34를 보라.

47) 독일의 종교사학파의 문헌에 관한 자세한 논의로는 Boslooper, *The Virgin Birth*, 135-86을 보라.

48) 이러한 접근방법에 관한 논의는 Boslooper, *The Virgin Birth*, 189-223을 보라.

을 지지하는 학자들 사이에서의 막다른 곤경으로부터 생겨났다.

동정녀 탄생에 관한 오늘날의 논쟁

지난 여러 세기에 걸쳐서 학자들의 견해가 수없이 나뉘었다는 점을 감안하면, 오늘날의 신학자들이 동정녀 탄생에 관하여 한 목소리를 내지 않고 있다는 것은 결코 놀라운 일이 아니다. 오늘날의 논쟁은 단순히 개신교에만 국한되어 있지 않다. 오히려 동정녀 탄생에 관한 논쟁은 오늘날 로마 가톨릭 신학자들을 삼켜 버리고 있다.

개신교와 동정녀 탄생. 개신교 신학자들은 "분열된 집"을 이루고 있다. 일부는 계속해서 역사적 사건으로서의 동정녀 탄생 속에서 기독론적인 의미를 찾아내고 있고, 일부는 동정녀 탄생을 터무니없는 말이라고 거부해 버린다.

20세기에 동정녀 탄생에 관한 가장 중요한 긍정적인 평가는 위대한 스위스의 사상가였던 칼 바르트로부터 왔다. 그의 기념비적인 저서인 「교회 교의학」에서 바르트는 이 사건의 기적적 성격을 긍정한다.[49] 예수의 지상적 삶의 시작에 있어서의 동정녀 탄생과 그 끝에 있어서의 부활은 이 스위스 신학자에게 "이 삶을 그 밖의 다른 모든 인간의 삶과 구별되게 해 주는 하나의 표징"이었다.[50] 좀 더 구체적으로 말하면, 동정녀 탄생은 계시의 신비, 즉 하나님께서 진정한 계시가 일어나는 출발점에 서 있다는 것을 보여 준다.[51]

바르트는 동정녀 탄생의 의미에 관한 창의적이지만 매우 논란을 불러일으킨 설명을 하고 있다. 예수의 동정녀 탄생은 하나님을 계시하는 분의 인간적 실존의 기적적 성격을 보여 줄 뿐만 아니라 인류에 대한 심판을 선고하는 것이기도 하다. 이 사건은 인간이 하나님의 권능, 속성, 능력을 담을 수 있다는 것을 부인하는 것이다. 왜냐하면 예수의 기적적 출생은 인간의 성적 결합과는 상관 없이 일어났기 때문이다. 바르트의 논증의 배후에 있는 것은 성적 행위에 있어서 남성과 여성의

---

49) 그 단원은 "The Miracle of Christmas"라는 적절한 표제를 갖고 있다. Karl Barth, *Church Dogmatics*, trans. G. T. Thomson and Harold Knight, ed. G. W. Bromiley and T. F. Torrance(Edinburgh: T. &T. Clark, 1956), 1/2:172-202.

50) Ibid., 182.

51) Ibid.

역할에 관한 그의 이해이다: 남성은 선천적 능력에 있어서 인간을 대표하고, 여성은 수동성과 수용성에 있어서 인간을 대표한다. 예수를 인간 아버지와는 상관 없이 인간 어머니를 통해서 세상에 나오게 하심으로써, 하나님은 우리의 능동성을 배제하고 오직 우리의 수동성만을 사용하셨다. 바르트는 예수의 출생을 통해서 인류는 의지적이지 않고 성취적이지 않으며 주관적이지 않은 형태에만, 그러니까 오직 받아들이는 형태로만 개입되어 있다고 설명한다.[52]

현대의 중요한 개신교 사상가들 중 다수가 바르트에 반대하여 줄을 서 있다. 예를 들면, 바르트의 동료였던 에밀 브루너는 기독론의 핵심에 놓여 있는 신학적 근거들을 토대로 동정녀 탄생을 거부하였다. 브루너는 동정녀 탄생은 성육신 및 예수의 인성과 양립할 수 없다는 것을 알았다. 예수의 출생 기사들은 시간의 특정한 시점에서 인간이 된 하나님의 아들의 시간 이전의 존재를 배제한다고 그는 주장하였다.[53] 게다가 예수가 인간 아버지를 가지고 있지 않았다면, 그는 인간이 되기 위한 가장 본질적인 요소, 즉 우리 모두가 태어나는 정확히 그런 방식으로 태어나는 것을 결여하고 있는 것이 된다.[54]

좀 더 최근에는 독일의 저명한 신학자인 볼프하르트 판넨베르크(Wolfhart Pannenberg)가 브루너의 뒤를 이어 동정녀 탄생은 예수의 선재라는 좀 더 중요한 기독론적 주장과 양립할 수 없다는 이유로 거부하였다. 예수의 기원을 설명한 신약성서의 본문들을 기초로, 그는 "동정녀 탄생에서 우리는 전설을 본다"라고 결론을 내렸다. 동정녀 탄생에 관한 이야기들을 통해서 화자(話者)들은 예수께서 하나님의 아들이라는 것에 관한 새로운 해석을 제시하고자 하였다는 것이다. 즉, 예수는 그의 삶을 시작할 때로부터 하나님의 아들이었다.[55]

제1차 세계대전 이후의 독일의 루터교 신학자인 헬무트 틸리케(Helmut Thielicke) 같은 보수적인 사상가조차도 동정녀 탄생의 역사성에 대해 의구심을 표시하였다. 따라서 그는 이 교리는 기독론에 있어서 꼭 필요한 신앙고백이 아니

---

52) Ibid., 188-92.

53) Emil Brunner, *The Christian Doctrine of Creation and Redemption*, trans. Olive Wyon(Philadelphia: Westminster, 1952), 352-56.

54) Ibid., 353.

55) Wolfhart Pannenberg, *The Apostles' Creed*, trans. Margaret Kohl(Philadelphia: Westminster, 1972), 73, 75. 또한 Pannenberg, *Jesus — God and Man*, 141-50을 보라.

라 선택적인 것에 불과하다고 주장하였다.[56]

로마 가톨릭과 동정녀 탄생. 개신교 신학자들이 계몽주의 이래로 이 문제와 관련하여 분열되어 왔던 것과는 반대로, 로마 가톨릭 학자들은 한결같이 전통적인 견해를 지지하는 것처럼 보였다. 그러나 이러한 통일전선은 제1차 바티칸 공의회 직후에 깨어지기 시작했다.

1960년대로 접어들면서 교회의 마리아 숭배에 결정적으로 중요하였던 이 신조를 거부하는 말을 차마 하지 못했던 경향이 점차 사라지기 시작하였다. 이 교리에 대한 최초의 공개적인 문제 제기는 네덜란드에서 일어났던 것 같다.[57] 1965년에 킬스동크(J. van Kilsdonk)는 동정녀 탄생에 대한 생물학적 이해는 진정한 기독론에 대한 장애물이라고 선언함으로써 그의 동료들에게 큰 충격을 주었다. 얼마 후에 새로운 네덜란드 요리문답의 저자들은 예수께서 "하나님에게서 태어났다"는 것을 서술하면서 마리아의 생물학적인 처녀성에 대한 명시적인 언급을 빼버렸다. 이 요리문답은 단순히 마태와 누가가 예수는 "전적으로 은혜로 말미암아, 전적으로 약속에 의해서" 태어났으며, 예수는 "인류에게 주신 하나님의 선물이었다"는 신학적 진리를 표현하고 있다고만 설명하고 있다. 복음서 기자들은 이러한 이야기들을 통해서 "이 출생은 다른 사람들의 출생에서와는 달리 사람들이 스스로 할 수 있는 것에 의존하지 않았다는 것을 선포하고 있다."[58]

동정녀 탄생과 관련된 모호성은 진보적인 로마 가톨릭 신학자들 사이에서 급속하게 규범이 되었다. 제1차 바티칸 공의회의 신학의 주된 기초자들 중의 한 사람이었던 칼 라너(Karl Rahner)는 조직신학에 대한 개론서인 자신의 「기독교 신앙의 토대들」(Foundations of Christian Faith)이라는 책에서 동정녀 탄생을 오직 부수적으로만 언급하였다.[59] 라너는 이 교리를 신앙의 대상(an object of faith)과

---

56) Helmut Thielicke, *The Evangelical Faith*, trans. Geoffrey W. Bromiley, three volumes(Grand Rapids: Eerdmans), 2:414.

57) Brown, *The Virginal Conception*, 22-24.

58) *A New Catechism*, trans. Kevin Smith(New York: Herder and Herder, 1967), 74-75.

59) Karl Rahner, *Foundations of Christian Faith: An Introduction to the Idea of Christianity*, trans. William V. Dych(New York: Crossroad, 1984), 235-50, 특히 243.

신앙의 근거(a ground of faith)에 대한 그의 발생론적 구별의 한 예로 제시하였다. 예수의 동정녀 탄생은 역사적으로 검증될 수 없기 때문에 결코 후자가 될 수 없고 오직 전자만이 될 수 있다. 마찬가지로 네덜란드의 학자인 에드워드 쉴레벡스(Edward Schillebeeckx)는 그의 기념비적인 저서인 「예수」(*Jesus*)라는 책에서 동정녀 탄생에 관한 이야기들은 가족 역사에 관한 경험적으로 인식 가능한 진리나 비밀스러운 정보를 제공해 주려는 의도를 지니고 있지 않다고 결론을 내렸다. 이와는 반대로 그 이야기들은 계시의 진리를 요약하고 있다: "이 예수는 그의 인간적 실존의 첫 순간으로부터 거룩하고 동시에 하나님의 아들이다."[60] 그렇지만 로마 가톨릭의 최근의 모든 진술들이 동정녀 탄생의 중요성에 관하여 유보적인 태도를 보여온 것은 아니었다. 또 다른 목소리들은 전통적인 가르침의 중요성으로 회귀하고 있다.[61]

동정녀 탄생에 관한 논쟁의 요점들

많은 복음주의자들은 왜 현대의 신학자들이 동정녀 탄생을 그토록 논란이 많은 것으로 생각하는지에 대하여 의아해 할 것이다. 그들에게는 상황은 매우 간단하다: 교회가 언제나 고백해 왔듯이, 마태와 누가는 예수가 동정녀 마리아로부터 태어났다고 가르친다. 그런데 왜 동정녀 탄생이 그러한 논쟁의 중심에 서 있어야 하는가?

이 문제에 답하기 위해서 우리는 먼저 현대적인 논의에 있어서 무엇이 쟁점이 되고 있는지를 살펴보아야 한다. 동정녀 탄생 기사들에 대한 전통적인 해석에 반대하는 논증들을 펴는 학자들은 일반적으로 동정녀 탄생의 교리를 직접적으로 거부하는 것도 아니고 교회가 이러한 신앙고백을 중지해야 한다고 주장하는 것도 아니다. 그들이 거부하는 것은 동정녀 탄생을 역사적 사건으로 이해해야 한다는 전통적인 주장이다. 슈트라우스의 주장을 따라, 그들은 복음서 기자들은 결코 동정녀 탄생에 관한 이야기들을 역사적인 것으로 이해할 것으로 의도하지 않았다고 주장한다. 오히려 그 이야기들은 이야기 형태로 된 신학, 즉 "복음적 신화들"(슈트

---

60) Edward Schillebeeckx, *Jesus: An Experiment in Christology*, trans. Hubert Hoskins(New York: Gossroad, 1981), 555.
61) 한 예로는 Philip A. Mellor, "The Virgin Birth and the Theology of Beauty," *Irish Theological Quarterly* 57/3(1991): 196-208을 보라.

라우스) 또는 "유래담적(aetiological) 전설들"(판넨베르크)이다. 그러므로 쟁점이 되는 것은 마태와 누가가 복음서들에 포함시킨 동정녀 탄생 이야기들을 역사적으로 이해할 것이냐 신학적으로 이해할 것이냐 하는 것이다.

그러나 동정녀 탄생의 역사성에 왜 문제를 제기하는 것인가? 그리고 동정녀 탄생의 사건을 역사로 이해하는 전통적인 견해의 근거는 무엇인가? 이 이야기들에 대한 역사적 이해를 지지하거나 반박하는 여러 논거들은 신학적(또는 교리적)·역사적·본문적 논거들로 구분해 볼 수 있다.[62]

신학적 논거들. 동정녀 탄생에 대한 역사적 해석을 비판하는 학자들이나 지지하는 학자들은 모두 그들의 주장을 옹호하는 데 교리적 고려들을 그 근거로 든다.

(1) 비판자들은 동정녀 탄생은 그 밖의 다른 두 가지 기독론적 주장들과 관련하여 극복하기 힘든 난점들을 불러일으킨다고 주장한다. 앞에서 지적했듯이, 브루너와 판넨베르크 같은 신학자들은 예수의 선재(先在)와 예수의 동정녀 탄생은 양립할 수 없다고 주장한다. 그들은 초대 교회에서의 기독론의 발전에 관한 통설적인 시나리오를 근거로 이러한 결론을 내리고 있다.[63] 이러한 견해를 지지하는 사람들은 가장 초기의 신자들은 예수의 역사 속에서 어떤 사건이 예수께서 성자가 된 시점을 이루고 있는가 라는 문제에 관심을 가지고 있었다는 이론을 제시한다.[64] 어떤 학자들은 예수는 장차 다시 오실 때에 아들(성자)이 되실 것이라고 주장하였고, 어떤 사람들은 예수의 승천, 예수의 부활을 들었으며, 마지막으로 예수의 수세를 예수께서 아들(성자)이 된 시점으로 보기도 하였다. 유년 시절 이야기들은 이러한 맥락 속에서 생겨 났다. 그 이야기들은 예수께서 태어날 때부터 아들(성자)이었다는 것을 설명하려는 의도로 반복해서 말해졌다는 것이다. 그러나 결국 교회는 예수는 언제나 아들(성자)이었다는 결론에 이르게 되었고, 가장 중요한 기독론적 선언인 예수의 선재에 대한 주장으로 결말이 났다.

이러한 논거는 유력하긴 하지만 보기보다는 강력하다고 말할 수 없다. 그것은

---

62) 이러한 도식은 Brown, *The Virginal Conception*, 38-68에서 찾아볼 수 있다.

63) Brunner, *The Christian Doctrine of Creation and Redemption*, 352; Pannenberg, *Jesus — God and Man*, 141-50.

64) Schillebeeckx는 판이하게 다른 이론을 주장한다. 그는 기독론이 유대 사상들, 특히 예수가 종말론적 선지자라는 믿음에서 나왔다고 주장한다. *Jesus*, 514를 보라.

신약의 기독론의 발전 과정을 설명하는 대단히 논란이 심한 이론을 전제하고 있다. 그리고 이것은 선재와 동정녀 탄생 사이의 근본적인 양립불가능성을 전제한다. 이것도 최근에 혹독한 비판을 받아왔다.[65]

또한 비판자들은 역사적인 동정녀 탄생은 예수의 완전한 인성에 관한 신앙고백에 난점들을 제공한다고 주장한다. 아이러니컬하게도 예수의 인성은 초기의 교부들이 예수의 역사적 동정녀 탄생을 통해서 확증되었다고 생각했던 바로 그것이었다(갈 4:4을 따라서?).[66] 그러나 현대의 비판자들은 통상적인 인간의 부모로부터 탄생하지 않았다는 것은 필연적으로 가현설적인 예수(앞에서 인용한 브루너의 논증)로 귀결될 수 밖에 없다고 비난한다. 아울러 그들은 자신의 기적적 출생에 관한 예수의 지식은 우리 주님에게 처음부터 자신의 유일무이성에 대한 인식을 심어줌으로써 모든 인간의 삶에서 전형적인 자기 인식에 이르는 싸움으로부터 그를 면제해주고 있다고 주장한다.

비평학적 저서들에 자주 등장하는 논제임에도 불구하고, 동정녀 탄생과 예수의 완전한 인성이 서로 양립할 수 없다는 주장은 설득력이 없다. 이 논거의 첫 번째 변형은 "통상적인" 출생이 인간이 되기 위해서는 필수적이라는 전제에 의존하고 있다. 그러나 우리는 인간됨은 궁극적으로 공동체 속에서의 삶이라는 하나님의 계획의 성취와 결부되어 있다고 주장한 바 있다.

두 번째 논거는 예수가 그의 동정녀 탄생에 대한 지식으로부터 자기가 신적인 아들이라는 결론을 내렸을 것이라고 잘못 전제하고 있다. 예수께서 자라난 문화적 환경이 기적인 출생들에 관한 이야기를 사용하고 있었다고 할지라도, 그러한 이례적인 수태 이야기들은 단순히 그 사람을 위대하거나 지혜로운 자로 만드는 것으로 보여졌을 뿐이고 필연적으로 존재론적인 신성을 지니는 것으로 보여지지는 않았다. 이보다 더 중요한 것은 주후 1세기의 팔레스타인에서는 동정녀 탄생이 아니라 일반적인 부활을 하나님 나라의 도래, 그러니까 메시야적인 왕의 오심을 나타내는 사건으로 보았던 묵시론적 기대가 널리 퍼져 있었다는 것이다.

(2) 또한 지지자들은 동정녀 탄생이 역사적인 사건임에 틀림없다고 주장함에

---

65) Brown, *The Virginal Conception*, 43, note 58을 보라.
66) Ibid., 33. 이것이 Ignatius of Antioch의 경우에 사실이었다는 것은 Robert S. Paul, *The Atonement and the Sacraments*(New York: Abingdon, 1960), 43에서 주장되었다.

있어서 신학적 고려들에 호소하였다. 그들은 이 사건의 역사성은 신앙의 몇몇 교리들에 의해서 필연적일 수밖에 없다고 주장한다.

그러한 교리들 중의 하나는 마리아의 거룩성에 관한 로마 가톨릭의 교리이다. 마리아의 영원한 처녀성을 송축하는 전통적인 가톨릭의 경건은 예수의 어머니를 독신의 모범으로 본다. 물론 이러한 경건의 배후에 있는 것은 동정녀 수태가 부부 관계를 통한 수태보다 더 고상하고, 독신이 혼인보다 그리스도인의 삶의 좀 더 높은 형태라는 전제들이다.

다양한 신앙고백 전통들에 속하는 보수적인 견해들 가운데에서 두드러지는 것은 예수의 죄 없으심 — 특히, 원죄로 말미암은 우리의 죄악된 본성과 같은 것으로부터의 예수의 자유 — 은 예수께서 처녀로부터 태어나실 것을 요구한다는 주장이다.[67] 이러한 주장에 일반적으로 전제되어 있는 것은 원죄는 — 아우구스티누스의 주장처럼 — 성행위 속에서 일어나는 성적 욕망으로 인해 성관계를 통해서 전파된다는 전제이다. 그러나 이러한 논거는 의심스럽다. 이 논거는 성경과는 반대로 부부의 성관계에 대한 매우 부정적인 평가를 보여 준다. 또 다른 접근 방법은 원죄의 감염이 남자의 정자에 의해서 이루어진다고 주장하는데, 이러한 사상은 성경적 또는 과학적 지지를 얻을 수 없다.

동정녀 탄생의 역사성을 지지하는 가장 강력한 신학적 논거는 아마도 예수께서 하나님의 아들이라는 것으로부터 추론하는 방식이다. 이 견해를 지지하는 사람들은 동정녀 탄생을 부인하게 되면 필연적으로 예수의 성육신과 신성을 부인하게 된다고 주장한다. 우리는 예수의 신성과 예수의 동정녀 탄생이 양립할 수 있다는 것을 인정한다; 그것들은 심지어 어느 정도 연관되어 있는 것처럼 보이기도 한다. 그렇지만 후자로부터 전자에로의 필연적인 이행은 존재하지 않는다. 제9장에서 확증하였듯이, 예수의 신성에 대한 우리의 주장의 역사적 토대는 부활에 의해서 확증된 주님의 주장이다. 동정녀 탄생은 이러한 역사적 사건들의 토대들 위에서 확증된 것에 대하여 추가적인 신빙성을 제공해 주는 역할만을 할 수 있을 따름이다. 초기의 사도적 선포는 결코 동정녀 탄생이 예수가 하나님이라는 선포의 필수

---

67) 이 주장에 관한 오늘날의 진술로는 C. S. Lewis, "Miracles," in *God in the Dock: Essays on Theology and Ethics*, ed. Walter Hooper(Grand Rapids: Eerdmans, 1970), 31을 보라.

적인 토대를 제공해 주는 것이라고 말한 적이 없었다.

마찬가지로 신약성서에 제시된 예수의 성육신은 예수의 동정녀 탄생에 의존하지 않는다. 이것은 이 장에서 우리의 논의의 핵심에 속하기 때문에, 이 결론은 성육신에 대한 우리의 이후의 서술의 결론들에 의존한다.

역사적 논증들. 동정녀 탄생의 역사성을 지지하는 자들과 비판하는 자들은 모두 신학적 고려들만을 중시하는 것이 아니라 역사적 논거들도 그 근거로 들고 있다. 그들은 "예수가 처녀로부터 출생하였다"는 선포가 사도 이후의 교회에서 행한 역할을 보여 주는 가장 초기의 증거로부터 결론들을 도출해 낸다.

비판자들은 주후 2세기에 동정녀 탄생의 거부를 보여 줌과 동시에 예수가 자연적인 수태를 통해 태어났다고 주장하는 전승의 존재를 보여 주는 증거 속에서 근거를 찾는다. 그 중 하나의 원천이 영지주의적 기독교 분파들이었다. 그러나 영지주의자들은 역사적 근거가 아니라 철학적 근거 위에서 동정녀 탄생을 반대하였다.[68]

이보다 더 중요한 것은 몇몇 유대 그리스도인들이 예수는 전적으로 인간적인 기원을 지니고 있다고 분명하게 말하였다는 유스티누스와 오리게네스의 언급들이다. 그러나 이것은 주후 2세기에 동정녀 탄생에 관한 지식이 널리 퍼져 있었다는 것을 보여 주는 증거들에 의해서 묻혀버리고 만다. 이 증거는 다양한 출신배경들과 여러 장소들 — 팔레스타인, 안디옥, 소아시아, 로마 — 에서 온 그리스도인들이 동정녀 탄생의 역사성을 받아들였다는 것을 보여 준다.[69]

본문상의 논거들. 오늘날의 논쟁은 신학적·역사적 고려들과 아울러 본문상의 논거들에 그 초점을 맞추고 있다. 양 진영에 속한 학자들은 마태복음과 누가복음에 기록되어 있는 동정녀 탄생에 관한 전승이 역사적인지 아닌지를 결정하고자 시도해 왔다.

(1) 비판자들이 제시하는 주요한 주장은 동정녀 탄생에 관한 이야기는 가장 초기의 사도적 전승들로 소급되지 않는다는 것이다. 오히려 이 이야기는 복음서 기

---

68) Brown, *The Virginal Conception*, 48.
69) 이 증거에 관한 요약으로는 Brown, *The Virginal Conception*, 48-52를 보라.

자들이 엄격하게 신학적인 의미를 지닌 상징적 이야기로 도입한 후대의 창작이었다. 이를 위해서 비판자들은 이 이야기들에 담겨 있는 "고등" 기독론을 지적하고, 이러한 기독론은 초대 교회가 기독론적 결론들에 이르기까지 점진적인 발전을 해 왔다는 점에 비추어 볼 때에 양립할 수 없는 것이라고 주장한다.

이것보다 더 강력한 것은 신약성서의 대부분이 동정녀 탄생에 관하여 명확하게 침묵하고 있다는 것을 근거로 한 논거이다.[70] 이것은 동정녀 탄생 전승이 가장 초기의 신자들에게 알려져 있지 않았고, 따라서 후대에 상징적으로 신학적인 목적을 이루기 위하여 창작되었다는 것을 말해준다.

아울러 비판자들은 동정녀 탄생의 이야기들 속에 들어 있는 자료의 역사성에 대해서도 의문을 제기한다. 그들은 이 두 복음서의 기사들이 두 개의 족보(마 2:14와 눅 2:39을 비교해 보라) 같은 문제점의 존재가 보여 주듯이 서로 조화될 수 없다고 주장한다. 그러므로 이 두 기사는 정확한 것일 수 없다. 또한 비판자들은 이 기사들이 비역사적으로 구조화되어 있다는 점을 지적한다. 그들은 마태는 극히 민담적이고(천사들, 별, 보물 등과 같은), 누가는 분명히 정형화되어 있다고(두 번의 수태고지, 두 번의 출생에서 분명히 드러나듯이) 주장한다. 비판자들은 예수와 세례 요한의 친척 관계(특히 요 1:31에 비추어 볼 때), 팔레스타인에서의 인구 조사, 다윗의 자손이라는 주장 — 비판자들은 이러한 주장은 다윗의 아들이라는 호칭을 토대로 한 신학적 가설로 이해하는 것이 더 좋다고 주장한다 — 같은 몇몇 세부적인 내용들이 역사적으로 의심스럽다고 생각한다.

이러한 논거들은 가볍게 기각되어서도 안 되겠지만 결정적인 것들은 더더욱 아니다. 동정녀 탄생에 관한 이야기들의 몇몇 세부적인 내용들이 역사적으로 정확하지 않다는 것을 주장하는 사람들조차도 이 이야기 전체의 기본적인 역사성을 폐기할 필요는 없다고 본다. 신약성서의 침묵이 동정녀 탄생은 초기의 몇몇 증인들에게 알려져 있지 않았다는 것을 말해주는 것일 수는 있지만, 그렇다고 해서 반드시 이 이야기가 모든 신자에게 알려져 있지 않았다거나(단순히 그들의 목적에 맞지 않았을 수도 있기 때문에), 그렇기 때문에 이 이야기가 역사적이지 않다고까지 할 필요는 없다. 그리고 우리는 "고등" 기독론이 후대의 발전물이었다고 주장할 만한 결정적인 증거를 갖고 있지 않다. 오히려 이와는 반대로 그러한 기독론은 처

---

70) E.g., Thielicke, *The Evangelical Faith*, 2:408-9.

음부터 그리스도인들의 선포의 핵심 속에 자리잡고 있었던 것으로 보인다.

(2) 지지자들도 동정녀 탄생이 역사적 사건이었다는 주장을 옹호하기 위하여 본문상의 고려들에 호소한다. 그들은 당시에 기적적인 출생에 관한 사상들이 널리 퍼져 있긴 했지만 다른 종교적 전승들 속에서 동정녀 탄생과 비슷한 예들을 찾아보면 복음서에 나오는 이야기들이 독특하다는 결론을 얻게 된다고 말한다.[71] 복음서 기자들이 신인동형론적 표현이나 관능적 표현 또는 도덕적 비정상에 관한 암시 없이 예수의 신적 수태와 인간적 출생을 묘사하고 있는 것은 다른 종교들의 문헌 그 어디에서도 발견되지 않는다.[72] 정경의 동정녀 탄생에 관한 이야기들이 독특하다는 학자들의 의견 일치를 토대로, 지지자들은 이 이야기들이 역사적이라는 것을 부정하는 비판자들이 어떻게 그러한 창조적인 생각의 탄생을 설명해 낼 수 있는지를 묻는다.

지지자들은 적어도 주후 2세기 말경 오리게네스의 시대에 이미 널리 퍼져 있었던 예수의 비정상적인 출생에 관한 소문이 예수 자신과 초대 교회를 끈질기게 괴롭혔다는 것도 하나의 증거로 든다. 그러한 증거로는 예수를 마리아의 아들로 지칭하는 것을 들 수 있는데, 이것은 아버지가 누구인지 모르는 경우를 제외하고는 어떤 사람을 아버지의 이름에 의해서 지칭하던 당시의 문화적 관습에서 벗어난 것이었다(막 6:3).[73] 또한 그들 자신의 합법적인 혈통을 지나치게 강조하고 있는 유대인들의 말 속에는(요 8:41; 대명사와 동사를 함께 사용한 헬라어의 강조 구문에 주목하라) 예수가 서자(庶子)라는 것에 대한 냉소와 비웃음이 들어 있을 가능성이 있다. 예수의 출생 기사들, 특히 마태의 기사는 그러한 비난에 대한 응답인 것처럼 보인다. 그러나 이 복음서 기자는 분명한 노선을 밟지 않고 — 예수가 마리아와 요셉의 혼인 후에 일정한 시간이 지나서 태어났다고 주장하는 것 — 오히려 동정녀 탄생이라는 환상적인 이야기를 들려준다. 이것이 역사적 사건이 아니었다면, 우리는 왜 복음서 기자가 이러한 도저히 있을 수 없고 적절치 않은 진술을 사용했는지에 대해서 의문을 가지지 않을 수 없다.

---

71) 이것은 Brown, *The Virginal Conception*, 62에서 도달한 결론이다.
72) 이러한 결론에 대해서는 Boslooper, *The Virgin Birth*, 185를 보라.
73) Ethelbert Stauffer, "Jeschu ben Mirjam," *Neotestamentica et Semitica: Studies in Honour of Matthew Black*, ed. E. Earle Ellis and Max Wilcox(Edinburgh: T. & T. Clark, 1969), 119-28.

동정녀 탄생과 기독론

지금까지의 논의는 우리가 교회사 전체에 걸쳐서 교회의 통설이었던 동정녀 탄생을 받아들이는 것이 좋다는 것을 보여 준다. 우리는 동정녀 탄생이 실제로 역사적인 사건이었다고 주장한다.

몇 가지 요소들이 이러한 결론을 밑받침한다. 중요한 한 가지 고려는 이 사건의 역사성을 부정하는 사람들이 제시하는 논거들이 결정적이지 않다는 것이다. 별도의 길을 갈 만큼 결정적인 이유가 존재하지 않는다면, 우리는 교회 전체의 거의 만장일치에 가까운 결론들에 우리의 판단을 맡기는 것이 좋을 것이다. 동정녀 탄생에 관한 논쟁은 그러한 결정적인 고려들을 제시해 주지 못했다.

예수의 동정녀 탄생의 역사적 성격을 지지하는 논거들은 비록 결정적이지는 않지만 저울추를 긍정적인 방향으로 기울게 한다. 앞선 우리의 논의는 우리에게 동정녀 탄생과 그 밖의 다른 교리들 간의 연관 관계가 강력하지 않다는 인상을 준다. 이와 동시에 역사적·본문상의 고려들은 좀 더 결정적인 근거를 제공하였다.

동정녀 탄생과 그 밖의 다른 교리들 간의 연결 관계가 약하다는 것은 중요한 신학적 결론으로 이어진다. 동정녀 탄생은 중요한 교리이긴 하지만 기독론에서 필수불가결한 것은 아니다. 기독론은 예수의 역사적 부활의 경우와는 달리 동정녀 탄생의 역사성의 여부에 따라 세워지거나 무너지지 않는다. 예수가 처녀로부터 탄생했다는 신앙고백은 예수가 완전하게 하나님임과 동시에 완전하게 인간이라는 기독론의 한 쌍의 주장들과 잘 부합한다. 그러나 이 고백은 이러한 주장들을 확증해 준다기보다는 우리가 이미 다른 역사적 근거들 위에서, 즉 부활을 통해서 확증된 그의 정체성에 관한 예수의 주장을 토대로 이미 결론을 내린 것을 추가적으로 실증해 주는 역할만을 할 뿐이다.

이 점을 고려할 때, 우리는 라너(Rahner)가 신앙의 근거와 신앙의 대상을 구별한 것 속에서 지혜를 본다. 동정녀 탄생은 신앙의 근거 역할을 하지는 않는다: 그것은 우리의 기독론적 신앙고백의 역사적 토대가 아니다. 동정녀 탄생은 신앙의 대상 — 우리가 고백하는 신앙의 한 신조 — 이다. 요컨대, 우리는 예수께서 처녀에게서 탄생했기 때문에 그리스도인들이 된 것이 아니다. 오히려 우리가 그리스도인이기 때문에, 우리는 교회와 더불어 "예수 그리스도를 믿사오니 이는 성령으로 잉태하사 동정녀 마리아에게서 나시고"라고 고백하는 것이다.

결론적으로, 동정녀 탄생은 우리의 성육신 기독론의 무게 전체를 지탱해 주는 역할을 할 수 없다. 우리는 요한과 마찬가지로 "말씀이 육신이 되어 우리 가운데 거하시매"라고 주장하는 것은 예수께서 처녀로부터 태어났기 때문이 아니다. 우리는 자신의 인격에 관한 예수의 주장과 부활을 통한 하나님의 확증을 포함한 예수의 삶 전체로 인하여 성육신을 고백한다. 예수가 임마누엘, 즉 우리와 함께 하시는 하나님, 하나님의 성육신한 말씀, 성자이기 때문에, 우리는 기꺼이 복음주의자들 및 교회사 전체에 걸쳐서 교회와 더불어 예수께서 동정녀 마리아에게서 나셨다고 주장한다.

제 12 장

예수의 사명

> 내가 이를 위하여 태어났으며 이를 위하여 세상에 왔나니 곧 진리에 대하여 증언하려 함이로라.
> — 요한복음 18:37

기독교 신앙의 핵심에는 하나님께서 나사렛 예수 안에 임재해 계신다는 신앙고백이 자리잡고 있다. 앞의 세 장에서 우리는 이러한 신앙고백이 예수의 정체성과 관련하여 지니는 의미를 살펴보았다. 우리는 예수께서 하나의 인격적 삶(제11장) 안에서 참된 신성(제9장)과 참된 인성(제10장)을 계시하고 있다고 주장하였다.

예수의 사역은 그의 정체성 안에 내재해 있다. 신학자들은 일반적으로 기독론을 "그리스도의 인격"과 "그리스도의 사역"이라는 서로 관련된 두 주제로 나눈다. 이런 식으로 구분할 때, 어느 주제가 다른 주제보다 먼저 와야 하는가? 개혁주의 사상가들은 전통적으로 그리스도의 인격으로부터 출발해서 구원과 그리스도의 사역으로 옮겨가는 반면에, 루터파는 흔히 그리스도의 사역이 그의 인격을 이해하기 위한 토대가 된다고 보고 그리스도의 사역에 관한 논의부터 시작한다.

우리의 기독론에서 우리는 상당한 차이는 있지만 어쨌든 기본적으로는 개혁주의적인 접근 방법을 따랐다. 우리는 과거의 용어들("인격"과 "사역")보다는 성경을 지배하고 있는 히브리적 사유 방식에 좀 더 가까운 "정체성"(identity)과 "사명"(mission)이라는 명칭을 선호한다. 우리는 예수의 정체성으로부터 시작해서 그의 사명으로 옮겨오긴 했지만, 이 두 주제 간의 상호침투성을 인정한다. 우리는 주님의 정체성을 세상에서의 그의 사명과 분리하여 이해할 수 없다. 또한 우리를 위한 예수의 사역은 예수가 과연 누구인가를 이해하지 못한다면 의미를 지닐 수 없다.

그리스도의 정체성과 사명 간의 밀접한 연관성 때문에, 우리는 우리의 기독론의 이 네 번째 장을 "그리스도의 인격"으로부터 "그리스도의 사역"으로 넘어가는 과도기적인 서술로 보아서는 안 된다. 오히려 이와는 반대로 앞의 세 장이 이 장에서 다루어질 주제들을 이해하기 위한 필수적인 배경 또는 맥락을 이루고 있는 것과 마찬가지로, 예수의 사명에 관한 우리의 서술은 예수의 정체성에 관한 최종적인 진술이다.

고전적인 서구 신학의 전통 속에 있는 신학자들은 예수의 사명을 주로 우리 인간의 죄악된 상황에 대한 하나님의 해독제로 설명하려는 경향을 보여 준다. 좀 더 구체적으로 말한다면, 많은 신학자들은 아담의 타락을 배경으로 삼아 그리스도께서 이루신 사역을 서술한다. 그리스도의 사역을 타락이라는 맥락 속에서 살펴보는 것은 그 신학적 적절성과는 상관 없이 탐구하고자 하는 사람의 마음속에 다음과 같은 사변적인 질문을 불러일으킨다: 만약 아담이 범죄하지 않았다면, 그리스도는 과연 오셨을 것인가? 이러한 질문은 순전히 가설적이고, 따라서 대답할 수 없는 것이긴 하지만, 이 질문의 배후에는 예수께서 오신 목적과 관련된 신학적으로 중요한 문제가 숨어 있다: 지상적 예수의 사명은 무엇이었는가? 우리는 예수의 소명을 어떤 맥락 속에서 이해해야 하는가? 끝으로, 예수께서 이루신 사역은 일차적으로 회복(restorative) 사역인가, 승화(elevative) 사역인가? 예수는 인류를 태초의 에덴 동산에서 살던 원래의 모습으로 다시 되돌려 놓으신 것인가, 아니면 우리를 최초의 인간들이 그들의 순수함 속에서 누렸던 것 이상의 영역으로 승화시키고 있는 것인가?

우리는 이제 예수께서 오신 목적을 놓고 씨름하고자 한다. 이하의 서술을 통해서 우리는 어떤 의미에서 예수 그리스도는 단순히 우리가 타락을 통해서 잃어버린 것을 회복하실 뿐만 아니라 우리를 아담을 넘어서서 하나님의 목적의 중심에 있는 종말론적 공동체로 인도한다고 말할 수 있는가를 살펴보고자 한다.

오늘날 예수의 사명에 대한 이해는 세 부분으로 나뉘어 서술된다. 우리는 먼저 좀 더 폭넓고 개괄적으로 초대 교회가 예수를 어떻게 이해했는지를 살펴볼 것이다. 우리는 이렇게 묻는다: 예수는 자신의 소명을 어떻게 보았는가? 그리고 신앙 공동체는 나사렛 예수의 삶을 어떤 식으로 해석하였는가? 다음으로, 우리는 우리 구주의 속죄 사역이라는 좀 더 구체적인 문제에 초점을 맞출 것이다. 예수의 삶과 죽음은 어떤 의미에서 하나님에 대한 우리의 관계를 바꾸어 놓았는가? 마지막으로, 우리는 우리를 위한 예수의 후속 사역을 개관할 것이다. 우리는 세상 속에서의 삼위일체 하나님의 사역의 어떤 측면들을 우리의 부활하시고 승천하신 주님의 사역으로 돌릴 수 있는가?

지상적 예수의 소명

예수의 사명(mission)이라는 문제는 신학사 전체를 통해서 기독론의 중심적인 한 측면이었다. 이 문제는 예수께서 살아계시는 동안에 이미 그의 제자들에 의해서 제기되었다. 예수께서 부활하신 후에 신앙 공동체는 예수의 삶을 이해하기 위한 노력을 기울였다. 예수는 무엇을 이루시기 위하여 왔는가라는 문제에 대한 초대 교회의 대답은 예수께서 그토록 경이롭게 성취하셨던 소명을 묘사하는 여러 가지 표상들, 명칭들, 심지어 몇몇 기독론적 호칭들이라는 형태로 표현되었다.

신앙 공동체는 우리 주님의 소명에 대한 그들의 해석을 주로 예수께서 사셨고 죽으셨던 히브리적 배경으로부터 이끌어 내었다. 그렇지만 그들은 복음이 급속하게 퍼져 나간 헬라적 배경으로부터도 뭔가를 얻어 내려고 하는 데 결코 인색하지 않았다. 이 모든 것 속에서 그들은 예수 자신의 자기 이해를 최우선으로 삼았다.

초기 그리스도인들은 나사렛 예수의 삶 속에서 삼중의 소명을 보았다: 예수는 구약적 소망을 성취하기 위하여 오셨다: 예수는 하나님 나라의 전령사였다: 그리고 예수는 아버지의 뜻에 순종하여 죽기로 결심하였다.

구약적 소망의 성취

예수의 사명에 대한 우리의 이해는 그 사명이 원래 시작되었던 구약적 배경으로부터 시작되어야 한다. 사실 나사렛 출신의 이 사람이 이 땅에 머무는 동안에 당시의 사람들의 관심을 촉발시켰던 가장 큰 이유는 사람들이 이 사람이 하나님께서 그의 백성에게 약속하셨고 히브리 성서의 여러 책들에 기록된 약속들의 성취일 수 있을 것이라고 느꼈기 때문이었다. 예수가 가는 곳마다 그를 둘러싸고 벌어진 논쟁이 보여 주듯이, 팔레스타인 사람들의 입 속에서 나온 질문은 정말 엄청난 것이었다: 과연 이 사람이 수 세대에 걸쳐 경건한 유대인들이 기다려 왔던 바로 그분인가? 이러한 배경의 중요성 때문에, 우리는 나사렛 예수의 소명에 관한 우리의 서술을 예수는 어떤 의미에서 구약적 소망의 성취인가라고 묻는 것으로 시작하지 않으면 안 된다.

예수를 구약적 소망이라는 배경 속에서 살펴보기 위해서 우리는 앞 세대의 히브리인 저자들이 품고 있었던 기대들(expectations)의 실제적인 내용이 무엇이었는지를 알아볼 필요가 있다. 하나님의 신실한 백성들은 과연 무엇을 기다리고 있었던가? 예수는 어떤 의미에서 그들의 소망을 성취하였는가? 무엇보다도 이러한 기대의 두 가지 차원이 결정적으로 중요하다. 그리고 이 두 차원은 초대 교회가 예수의 의미를 설명하기 위하여 사용하였던 두 가지 기독론적 호칭들 — "선지자"와 "메시야" — 과 결부되어 있다.

선지자로서의 예수. 하나님께서 오랫동안 침묵하셨음에도 불구하고, 주후 1세기 팔레스타인의 백성들은 하나님께서 다시 그들 가운데 한 선지자를 보내주실 것이라는 기대로 꽉 차 있었다. 기나긴 공백 기간 — 하나님께서 말씀하지 않으셨던 "침묵의 기간" — 이 마침내 끝날 것이라는 소망이 커져갔다. 하나님은 다시 한 번 선지자를 일으키실 것이다. 그리고 이 일을 계기로 침묵의 기간은 끝이 날 것이다.

히브리 성경의 예언서 부분의 끝에 위치한 말라기서가 예언한 대로(말 4:5), "엘리야의 심령과 능력으로" 일어날 위대한 선지자에 대한 기대 속에는 민족의 부흥에 대한 백성들의 소망이 그 중심에 자리잡고 있었다(눅 1:17). 이 종말론적 선지자가 담당할 과제는 두 가지였다. 그는 현세의 종말과 하나님의 계약 백성을 향한 하나님의 최종적인 구원을 선포할 것이다. 그리고 그는 종말론적 선구자로서 (사 40:3-5) 하나님께서 보내신 메시야이든 야웨 자신이든(말 3:1) 또 다른 그 누군가가 올 길을 예비하는 역할을 담당할 것이었다. 예수는 자신의 동시대인들이 기다렸던 이 선지자와 어떤 관계에 있는가?

복음서 본문들은 많은 사람들이 이 나사렛 사람을 선지자로 환영하였다는 것을 보여 준다(마 21:11). 적어도 한 차례 예수는 팔레스타인 전역을 시끌시끌하게 했던 소문에 관하여 친히 물어 보셨다(마 16:14-15; 막 8:27-28). 예수의 질문에 답하면서, 제자들은 사람들의 의견들을 요약하였다. 어떤 사람들은 예수가 선지자들 중의 한 사람이라는 일반적인 견해를 가지고 있었다. 하지만 어떤 사람들은 좀 더 구체적인 견해를 갖고 있었다: 예수는 환생한 세례 요한이라고 말하는 사람들도 있었고, 엘리야, 곧 백성들이 기다려 왔던 그 종말론적 선지자라고 말하는 사람들도 있었다.

그러나 자신의 소명에 대한 예수의 이해는 좀 더 복잡하였다. 한편으로 예수는 자신의 역할을 백성들이 기다리던 인물과 단순하게 동일시하지 않았다. 오히려 그는 세례 요한의 등장이 엘리야의 출현이며 선지자 시대의 절정이라고 말씀하면서 이 종말론적 선지자의 지위를 세례 요한에게 돌렸다(마 11:7-15; 막 9:13). 다른 한편으로 예수는 자신의 임박한 죽음이라는 문제와 이 사건에 연루된 그의 동시대인들과 씨름하는 과정에서 자신을 자기보다 앞선 수많은 선지자들과 연결시켰고, 그들의 운명을 자기도 곧 공유하게 될 것이라고 말씀하였다(마 23:29-39). 그리고 초기의 신자들은 예수에게 선지자적 의미를 부여하였다(행 3:22; 7:37). 신학자들은 초기 신자들의 예를 따라서 전통적으로 그리스도의 삼중직 속에 "선지자직"을 포함시켜 왔다.

그렇다면 우리는 초대 교회의 선지자 기독론과 세례 요한을 마지막 선지자라고 말씀하였던 예수의 입장을 어떻게 조화시켜야 하는가? 예수는 자신의 공생애 기간 동안에 "선지자"라는 명칭을 드러내놓고 사용하기를 꺼려하셨다. 예수께서 이 명칭을 사용하기를 꺼려하신 이유는 아마도 백성들이 기다려 왔던 종말론적 인물에 관한 기존의 몇몇 기대들과 예수 자신의 소명이 확연히 다르다는 것을 예수께서 인식하고 있었기 때문일 것이다. 예수는 또 다른 인물의 선구자 역할을 하기 위하여 오신 것이 아니었다: 이런 의미에서 예수는 백성들이 기다리던 선지자가 아니었다. 오히려 예수의 사명은 하나님께서 종말에 역사 속으로 침입해 들어오시는 사건과 좀 더 밀접하게 결부되어 있었다.

예수를 따르던 자들은 예수의 삶을 부활 사건 이후의 관점에서 고찰하고, 예수는 선지자적 소망의 다른 측면을 성취하였다는 결론을 내렸다. 예수는 현세의 종말과 하나님의 최종적인 구원을 알리셨다. 그렇지만 이 차원과 관련해서조차도 예수는 백성들이 기다렸던 선지자 이상이었다. 예수는 단순히 하나님의 메시지를 선포하신 것이 아니라, 오히려 하나님의 완전하고 종말론적인 구원을 실현하셨다.

이와 같이 종말론적 선지자의 도래는 백성들이 기대했던 것보다 더 복잡하였다. 선지자직의 위대한 갱신은 세례 요한과 예수의 합작 사역을 통해서 이루어졌다. 사복음서 기자들은 모두 세례 요한이 위대한 선구자요 이사야의 예언의 성취였다고 주장한다(마 3:1-3; 막 1:1-4; 눅 3:1-6; 요 1:22-23). 세례 요한은 현세의 다가올 종말에 대한 선포와 회개 및 세례로의 부름을 통해서 종말론적 사건들을 위한 무대를 마련하였다. 그러나 세례 요한은 이 과정의 완성을 다른 사람에게 남겨놓았다(눅 3:15-17). 예수의 사역은 세례 요한이 시작했던 일을 완성시키는 것이었다. 나사렛 예수는 세례 요한이 길을 예비해 놓고 기다렸던 바로 그분이었다. 하나님의 종말론적 사역을 실현시킬 분으로서 예수는 구약적 소망의 위대한 성취, 선지자직의 갱신의 절정으로서 오셨다.

메시야로서의 예수. 하나님의 종말론적 사역을 실현하실 분으로서의 예수의 역할은 구약적 소망의 성취라는 그의 소명의 다른 한 측면을 드러내 준다. 예수는 세례 요한이 길을 준비해 놓고 기다렸던 바로 그분이었다. 그러나 세례 요한이 선구자가 되어 그 길을 예비해 놓고 기다렸던 그분은 바로 하나님의 메시야였다.

예수의 소명을 나타내는 "메시야"라는 명칭에 접하자마자, 우리는 곧 어려운 문제에 부딪치게 된다. 교회사 전체에 걸쳐서 교회의 선포의 중심에는 예수께서 메시야라는 신앙고백이 있어 왔다 — 즉, 예수는 그리스도시다. 그렇지만 우리 주님은 이 땅에 머무시는 동안에 이 용어를 사용하기를 피하셨다. 교회가 선포한 대로, 예수께서 메시야였다면 왜 나사렛 예수는 자기 자신과 관련하여 이 명칭을 사용하기를 주저하셨던 것일까? 우리는 이 문제를 다루기에 앞서 먼저 예수께서 그렇지 않으셨다는 것을 보여 주는 복음서 본문들, 즉 예수께서 자신이 그리스도임을 명시적으로 주장하셨다는 것을 보여 주는 본문들을 좀 더 자세하게 살펴볼 필요가 있다.

그러한 본문들 중의 하나는 예수께서 산헤드린 앞에서 재판을 받는 장면에서 나온다. 마가의 이야기 속에서 재판 장면의 절정은 대제사장이 자신의 정체성과 사명에 대한 예수 자신의 이해를 묻는 장면이다: "네가 찬송 받을 이의 아들 그리스도냐"(막 14:61). 마가가 예수의 대답을 헬라어 '에고 에이미'(ego eimi)로 번역하고 있다는 것은 마가가 예수께서 메시야라는 것을 강조해서 주장하고 있다는 것을 보여 준다. 이 경우에 예수는 자기가 메시야라는 것을 아주 분명하게 주장했던 것처럼 보일 수 있다.

그러나 마가의 이야기를 누가, 특히 마태의 이야기와 비교해 보면, 우리는 재판에 있어서 이 중요한 장면의 세부적인 내용과 관련하여 뭔가 불확실한 점이 있다고 느끼게 된다. 무엇보다도 자신의 대적자들의 질문에 대한 예수의 대답은 우리가 마가복음으로부터 결론을 도출해 낸 것보다 훨씬 더 모호했을 것이다.

누가는 마가가 대제사장의 단일한 질문으로 묘사하고 있는 것을 재판을 위해 모인 공회가 우리 주님을 심문하며 던진 두 가지 질문으로 나누어 놓고 있다. 먼저 그들은 "네가 그리스도이거든 우리에게 말하라"(눅 22:67)고 요구했다. 마가의 이야기가 보여 주는 특징과 마찬가지로 누가는 우리 주님이 그의 대답을 통해 사람들의 주의를 "메시야"라는 명칭으로부터 돌려 놓고자 했다는 것을 지적한다: "그러나 이제부터는 인자가 하나님의 권능의 우편에 앉아 있으리라"(68-69절; 그리고 막 14:62과 비교해보라). 이러한 대답을 기초로 공회는 "그러면 네가 하나님의 아들이냐"라고 두 번째 질문을 던졌다. 누가는 예수의 대답을 헬라어 '휘메이스 레게테 호티 에고 에이미'(humeis legete hoti ego eimi)로 번역하고 있다. 불행히도 많은 현대의 영역본들은 원문에서 불확실한 것을 확실한 것으로 번역해 버렸다. 헬라어 본문의 문자적인 번역은 "나에 대하여 말하는 너의 말이 옳다"(NIV)라는 적극적인 주장이 아니라 그보다 좀 더 모호한 표현이 된다: "너희 자신이 내가 누구인지를 말하고 있다"(70절, cf. KJV).

마태의 이야기는 추가적인 요소를 포함하고 있다. 예수에 대한 심문은 마가의 이야기에서처럼 누가복음에서는 분리되어 있는 두 개의 기독론적 호칭을 결합시켜서 대제사장이 준엄하게 다그치는 말에서 절정에 달한다: "내가 너로 살아 계신 하나님께 맹세하게 하노니 네가 하나님의 아들 그리스도인지 우리에게 말하라"(마 26:63). 이 이례적인 질문에 대하여 예수는 마찬가지로 이례적인 대답을 제시하였는데, 이것을 마태는 '쉬 에이파스'(Su eipas)라고 번역하고 있다. 여기에서도 또다시 많은 현대의 영역본들은 원문의 이러한 말들의 모호성을 제대로 반영하지 못하고 있다. 마태의 헬라어는 "그래, 너희가 말한 대로다"(NIV)라는 명확한 주장이라기보다는 좀 더 모호한 "너희 스스로가 그렇게 말하고 있다"라는 뜻이다. 따라서 예수는 대제사장의 질문에 직접적인 대답을 회피한 것이다. 그러나 이러한 애매모호한 대답에 예수는 마가복음과 누가복음에서 발견되는 것과 비슷한 확실한 주장을 추가하였다: "그러나 내가 너희에게 이르노니 이후에 인자가 권능의 우편에 앉아 있는 것과 하늘 구름을 타고 오는 것을 너희가 보리라." 그러므로 마태의 기사 속에서 우리 주님은 "메시야"라는 명칭을 "인자"라는 명칭으로 변경함으로써 대제사장의 질문을 의도적으로 수정하였다.

세 복음서 기자들 모두에 의하면, 세부적인 내용에 있어서는 차이가 있긴 하지만, 예수는 공회의 관심을 메시야라는 호칭으로부터 우리 주님께서 선호하셨던 것으로 보이는 인자라는 명칭으로 관심을 돌려놓고자 하셨던 것으로 보인다. 아울러 이 세 기사들 속에서 공회는 인자라는 예수의 주장을 근거로 판결을 내렸다고 말한다. 마태는 예수께서 자기 자신을 인자와 결부시킨 것이 대제사장이 이 나사렛 사람이 신성모독의 죄를 범했다는 결론을 내리게 된 근거가 되었다는 것을 가장 분명하게 보여 주고 있다(마 26:65). 누가는 예수께서 인자라고 주장하신 것과 공회의 판결 사이에 예수가 하나님의 아들이냐는 추가적인 질문에 대한 우리 주님의 애매모호한 대답을 끼워넣음으로써 이 점을 좀 불분명하게 만들어 놓고 있다(눅 22:70-71). 마가는 대제사장이 신성모독을 범했다고 분통을 터뜨린 원인에 관하여 가장 불분명하게 처리하고 있다. 왜냐하면 대제사장이 분통을 터뜨리는 장면이 예수께서 자신이 메시야라는 사실을 인정함과 동시에 자기를 인자라고 지칭한 직후에 나오기 때문이다. 어쨌든 우리는 복음서의 이야기들로부터 예수께서 메시야라고 주장했기 때문에 신성모독이라는 죄로 고소당했다고 분명하게 결론을 내릴 수 없다(메시야라는 주장은 반드시 신성모독의 죄가 되는 것은 아니었을 것이다). 마태가 제시하고 있는 이 사건에 대한 좀 더 자세한 내용은 우리로 하여금 예수는 이때에 자기가 메시야라고 공개적이고 명시적으로 주장했을 것 같지 않다는 결론을 내리게 만든다.

산헤드린 앞에서의 재판에 관한 서로 다른 기사들과는 대조적으로, 세 공관복음서들은 빌라도 앞에서의 예수의 재판에 관한 묘사에 있어서는 서로 아주 비슷한 서술을 한다. 이 로마의 총독은 대제사장의 질문을 연상시킬 정도로 비슷하게 예수에게 "네가 유대인의 왕이냐"(막 15:2; 마 27:11; 눅 23:3)라고 묻고 있는데, 이 호칭은 분명한 메시야적 의미를 지닌다. 세 복음서는 모두 예수의 대답을 대제사장에 대한 예수의 대답에 관한 마태의 서술과 동일한 방식으로 기록하고 있다: '쉬 레게이스'(Su legeis, "네 자신이 그렇게 말하고 있다"). 거기에 있던 사람들은 예수의 진술이 너무 모호해서 자신의 죄를 시인하고 있다고 보기 어렵다고 해석했던 것으로 보인다. 왜냐하면 그런 후에 고위 제사장들은 예수를 "여러 가지로"(막 15:3-5; cf. 마 27:12-13) 고소하였고, 빌라도는 "내가 보니 이 사람에게 죄가 없도다"(눅 23:4)라고 결론을 내렸기 때문이다.

아마도 예수께서 메시야라는 호칭을 받아들였다는 것을 시사해주는 가장 강력한 암시는 예수의 공생애 사역의 중간 시점인 가이사랴 빌립보에서의 중요한 사건에서 등장하는 것 같다. 세 공관복음서의 기사들은 모두 "주는 그리스도시요"라는 베드로의 중요한 신앙고백을 기록하고 있다(마 16:16; 막 8:29; 눅 9:20). 마태의 좀 더 긴 판본은 예수께서 베드로의 통찰에 대하여 그를 칭찬했다고 묘사하고 있지만, 이 세 기사들 중 그 어디에도 우리 주님이 스스로 메시야라고 주장했다는 말은 나오지 않는다. 오히려 그와는 반대로 예수는 제자들에게 이 일에 관하여 아무런 말도 하지 말라고 엄하게 경고하신 후에 즉시 메시야의 문제로부터 자기 자신의 임박한 고난으로 말머리를 돌리셨다. 마가와 누가의 이야기 속에서 예수는 고난을 인자와 결부시켰다.

그러므로 이러한 사건들은 예수께서 스스로 메시야라고 명시적으로 주장한 것을 입증해 주기보다는 자신의 사명을 이 호칭을 사용하여 설명하기를 꺼려하셨다는 것을 확증해 준다. 그러나 누가에 의하면, 부활 사건 이후에는 상황이 근본적으로 바뀌었다. 부활하신 주님은 이전에 주저하던 태도를 보이셨던 것과는 대조적으로 "메시야"라는 용어를 자기 자신에게 스스럼없이 적용하셨다. 예를 들면, 엠마오로 가던 제자들이 탄식을 하자 부활하신 주님은 가볍게 책망을 하셨다: "그리스도가 이런 고난을 받고 자기의 영광에 들어가야 할 것이 아니냐"(눅 24:26). 나중에 예수는 마가의 다락방에서 제자들에게 "이같이 그리스도가 고난을 받고 제삼일에 죽은 자 가운데서 살아날 것"(눅 24:46)을 말씀하셨다.

달리 말하면, 주님은 십자가와 부활을 경험하신 후에 스스로를 메시야라는 존재와 연결시켰다. 이러한 변화가 보여 주는 기독론적 의미는 놀라운 것이다. 부활하신 주님은 이제 수난을 통하여 이미 고난을 겪으셨고 자신에게 예정되어 있던 영광 속으로 들어가신 상태였기 때문에(빌 2:9; 히 1:3-4) 하나님의 메시야라는 자신의 정당한 지위를 주장하실 수 있었다.

사도행전과 서신서들은 초대 교회가 부활하신 주님을 본받아서 이러한 호칭을 사용했다는 것을 보여주는 풍부한 증거들을 제공해 준다. 신자들은 의례적으로 예수를 그리스도라 칭하였다. 사실 이 호칭은 주님을 가리키는 애용된 호칭으로서 너무도 일상적으로 사용되었기 때문에, 예수의 지상적 이름과 결합되어서, "그리스도이신 예수"는 "예수 그리스도"라는 축약된 이름으로 불리어졌다. 또한 초대 교회의 선포도 부활하신 주님의 모범을 따라 예수께서 메시야라는 것을 부활 체험과 연결시켰다. 예를 들면, 오순절 설교에서 "그런즉 이스라엘 온 집은 확실히 알지니 너희가 십자가에 못 박은 이 예수를 하나님이 주와 그리스도가 되게 하셨느니라"(행 2:36)는 베드로의 선포는 그리스도는 부활하시고 높이 들리우셔서 아버지의 우편에 앉아 계신다는 사도의 주장에 근거한 것이었다(31, 33절).

초기 신앙 공동체의 삶과 선포 속에서 예수께서 메시야라는 것이 중심적인 위치를 차지하고 있었다는 점에 비추어 볼 때, 우리는 예수께서 부활 이전에 이 호칭을 받아들이기를 주저하셨다는 사실을 어떻게 이해해야 하는가? 아마도 여기에는 우리가 "선지자"라는 호칭에 대한 예수의 모호한 관계 속에서 보았던 것과 같은 역학(力學)이 작용하였던 것으로 보인다. 예수는 자신의 소명을 백성들이 기다리던 선지자의 도래에 관한 기대들과 일치하는 것으로 보지 않았던 것과 마찬가지로, 또한 메시야의 사역에 관하여 백성들 가운데 널리 퍼져 있던 이해를 거부하였다. 사실 예수께서 주후 1세기의 메시야 기대들과 싸우고 거부한 것은 마태와 누가에 나오는 시험 기사들을 이해하기 위한 유익한 배경을 제공해 준다. 이 이야기들은 백성들의 그러한 기대들이 우리 주님에 대한 사탄의 공격의 핵심에 자리 잡고 있었다는 것을 보여 준다.

그러므로 어떤 의미에서는 예수는 메시야가 아니었다. 즉, 예수는 백성들의 기대들을 성취하기 위하여 오신 것이 아니었다는 말이다.

예수는 그의 동시대인들 중 많은 사람이 생각했던 그런 메시야는 아니었지만, 부활 사건에 비추어 볼 때에 이 호칭은 예수에 대한 적절한 호칭이었다. 예수의 정체성의 종말론적 계시의 맛보기로서의 부활은 하나님의 계획 속에서의 예수의 역할을 확증해 주었다. 예수는 진정으로 하나님에 의해서 소명을 받아 택하심을 입었고 보내심을 받았다. 예수는 자신의 유일무이한 사명을 성취하기 위하여 성령의 충만함을 받았다. 따라서 예고적 성격을 띠고 있는 부활절 사건의 관점에서 보면, 예수는 하나님의 메시야 — "기름부음 받은 자" — 이고 구약적 소망의 진정한 성취이다.

하나님의 통치를 알리는 전령사

예수의 사명은 히브리 성경에 기록된 약속들을 배경으로 생겨났다. 예수는 구약적 소망의 성취로서 오셨다. 그 결과 우리는 주님을 선지자이자 하나님의 메시야라고 말한다. 또한 예수의 사명은 구약 시대 말기와 신구약 중간시대에 발견되었던 묵시사상 운동의 배경 속에서 등장하였다.[1] 묵시론적 기대라는 관점에서 보

---

1) 묵시운동에 관한 논의로는 Paul D. Hanson, ed., *Visionaries and Their*

면, 예수는 하나님의 나라를 알리는 전령사로서 오셨다.

하나님 나라의 중심성. 공관복음서들에 의하면, 하나님의 종말론적 통치는 예수의 사역 전체에서 핵심적인 위치를 차지하고 있었다. 이 주제는 예수의 설교의 중심적인 메시지였다. 예수는 하나님 나라가 가까웠기 때문에 회개하고 복음을 믿어야 한다고 선포하셨다(막 1:15). 이에 응답하는 자들은 하나님 나라에 들어가는데, 그들에게 하나님 나라는 미래적일 뿐만 아니라 또한 현재적이기도 하다. 또한 하나님의 통치에 대한 예수의 인식은 예수의 사역들의 동기가 되었다. 예수의 권능있는 행위들은 단순한 기적들이 아니라, 하나님의 통치가 가까웠다는 것을 확증해 주는 표적들이었다: "그러나 내가 만일 하나님의 손을 힘입어 귀신을 쫓아낸다면 하나님의 나라가 이미 너희에게 임하였느니라"(눅 11:20).

그러나 무엇보다도 하나님의 통치에 관한 묵시론적 기대는 예수의 자기 이해에 결정적인 역할을 하였다. 우리 주님은 자신의 인격과 사명 속으로 하나님의 통치가 돌입하여 임재해 계시다는 것을 인식하고 있었다. 사실 예수는 자신의 소명을 하나님의 통치를 전하는 것이라고 생각하였다. 예수를 신성모독죄로 고소하였던 대적자들이 쉽게 알아보았듯이, 예수의 이러한 자기 인식은 예수가 하나님과 하나라는 암묵적인 주장을 수반하고 있었다(요 10:31-33). 자기를 비판하는 자들에 대한 예수의 유일한 반응은 자기가 이 놀라운 주장의 원천이 아니라는 것을 주장하는 것이었다. 그러한 주장은 그를 보내셨고 이제 그를 통하여 일하고 계시는 아버지 자신으로부터 왔다(34-38절).

자기 안에서 아버지께서 일하시는 분으로서의 예수는 하나님의 통치를 구현하였다. 예수는 하나님 나라의 구현이기 때문에, 예수께서 계신 곳마다 하나님의 통치가 그곳에 현존해 있었다. 따라서 하나님의 통치는 현재적인 현실임과 동시에 미래적인 현실이다. 예수는 자신의 지상적 사역 속에서 하나님 나라의 동력을 우리의 세상 속으로 가져오셨다; 그 결과 하나님 나라는 여기에 존재한다. 그러나 예수의 이야기는 아직 완성되지 않았다. 언젠가는 그리스도의 영광이 공공연하게 드러나게 될 것이다. 그 위대한 종말론적 사건은 우리 하나님의 통치의 완성을 가져올 것이다.

Apocalypses(Philadelphia: Fortress, 1983)를 보라.

인자로서의 예수. 예수와 하나님 나라의 밀접한 연관성을 토대로, 신학자들은 전통적으로 그리스도의 사역 속에서 두 번째의 직임을 보았다. 예수는 "선지자"일 뿐만 아니라 또한 "왕"이기도 하다. 신학자들은 일반적으로 예수의 왕권을 준정치적 관점에서 이해된 메시야와 결부시킨다. 다윗의 아들로서의 우리 주님은 왕이신 메시야이다. 그러나 하나님의 통치에 관한 묵시론적 기대들 속에서의 예수의 역할은 하나님 나라의 전령사로서의 그의 사명을 가리키는 적절한 기독론적 칭호를 시사해 준다. 곧, 예수는 인자이다.

인자라는 호칭의 기원은 에스겔서에서 환상을 본 자가 자신을 가리키는 호칭으로 이 표현을 사용한 데서 유래한 것 같다(또한 단 8:17을 보라).[2] 90번이 넘게 하나님은 에스겔 선지자를 "인자"라고 부르는데, 이것은 아마도 에스겔에게 그의 유한성(mortality)을 일깨워주기 위한 의도일 수도 있지만 에스겔을 이스라엘 또는 인류 전체를 대표하는 자로 묘사하고자 하는 의도가 더 큰 것으로 보인다.

신약성서에서 이 표현을 명시적으로 기독론적으로 사용하고 있는 것의 배경으로서 이보다 더 중요한 것은 이 표현이 다니엘서에 나온다는 것과 신구약 중간시대의 묵시문헌에서 그 용법이 발전되었다는 것이다. 다니엘은 그가 본 밤의 환상 속에서 "인자 같은 이가 하늘 구름을 타고 오는" 것을 보았다. 옛적부터 계신 이 앞으로 이끌려 간 "그는 권세와 영광과 나라를 수여받았다" — 영원한 나라. 이에 따라 "모든 백성과 나라들과 다른 언어를 말하는 모든 자들이 그를 섬겼다"(단 7:13-14).

유대 묵시론자들은 아마도 동방 및 헬레니즘적인 개념인 원인(原人, Primordial Man) 또는 안드로포스(Anthropos)의 신화에 의해서 영향을 받았거나 적어도 그러한 내용을 지니는 공통의 자료로부터 소재를 빌려 왔을 것이다. 이 인물은 이상적인 원형적 인간이자 인류의 구속자로 생각된 천상의 선재하는 존재였다.[3] 그 기원이 어떻든지간에, 유대 묵시론자들은 인자를 지금은 사람들로부터 숨기워져 있지만 현세의 종말에 나타나서 세상의 백성들을 심판하고 성도들의 나라를 세울

---

2) 예를 들면, E. M. Sidebottom, *The Christ of the Fourth Gospel: In the Light of First Century Thought*(London: SPCK, 1961), 74-78을 보라.

3) Sigmund Mowinckel, *He That Cometh*, trans. G. W. Anderson(New York: Abingdon, 1954), 420-31.

천상의 존재로 이해하였다.

　복음서들은 예수께서 "인자"라는 호칭을 반복적으로 사용하셨다는 것을 보여준다. 그러나 예수께서 이 표현을 사용하신 것이 어떤 의미를 지니는가에 대해서는 학자들간에 많은 논란이 있다.

　우리 주님은 좀 더 일반적이고 비기독론적인 의미로서 인간 존재를 가리키기 위하여 이 표현을 종종 사용하셨던 것같다. "안식일이 사람을 위하여 있는 것이요 사람이 안식일을 위하여 있는 것이 아니니"(막 2:27)라는 예수의 말씀은 바로 그러한 것을 보여 주는 한 예일 것이다. 예수의 말씀에 나오는 병행법(parallelism)과 예수께서 말씀하신 배경은 여기에서 "인자"가 기독론적 호칭이 아니라는 것을 보여 준다. 오히려 이 표현은 통상적인 히브리적 어법과 시편 8:4 같은 본문들이 보여 주듯이 인간 자체를 지칭한다. 그러므로 예수는 하나님은 우리의 유익을 위하여 일곱째 날을 제정하셨기 때문에, 하나님의 원래의 의도 — 사람들이 만들어 낸 일련의 율법들이 아니라 — 가 안식일에 대한 우리의 인식의 기준이 되어야 한다고 가르치고 계시는 것이다.

　성서학자들은 보통 그 밖의 예수의 "인자" 말씀들을 세 가지 범주로 나눈다: 현장에서 스스로를 지칭하는 경우, 자신의 수난을 지칭하는 경우, 장차 인자의 오심에 대하여 말씀하는 경우.[4] 그러나 이와는 좀 다른 구분이 좀 더 유익한 것같다. 예수는 종종 자신의 말씀이나 행위에 대하여 사람들의 주목을 끌기 위한 목적으로 "인자"라는 표현을 "나"라는 표현 대신에 스스로를 가리키는 호칭으로 사용했던 것으로 보인다(마 16:13과 막 8:27을 비교해 보라). 에스겔서에서의 이와 비슷한 용법을 연상시키는, 스스로를 이런 식으로 지칭하는 예수의 발화 방식은 자기가 아버지로부터 말씀을 듣고 있다는 심오한 인식, 그러니까 하나님의 권세 아래에서 활동하고 계신다는 인식으로부터 생겨났던 것으로 보인다.[5] 이것이 사실이라면, 겉보기에 단순해 보이는 이 호칭은 암묵적으로 기독론적인 함의들을 지닌다.

　예수께서 스스로를 "인자"라고 지칭하신 것에 함축되어 있는 것은 예수께서 장차 오실 종말론적 심판자에 관하여 말씀하시는 경우들에서 명시적으로 기독론적

---

4) J. Ramsey Michaels, *Servant and Son* (Atlanta: John Knox, 1981), 285.
5) Ibid., 286-87.

인 중요성을 획득하게 된다. 여기에서 인자라는 인물이 중심적인 역할을 하는 묵시론적 세계관과 다니엘의 특별한 환상이 완전한 모습으로 드러난다. 다니엘과 마찬가지로 예수는 현재의 세상의 베일을 꿰뚫어서, 인자가 "권능의 우편에 앉아서 구름을 타고 오시는"(막 14:62) 감추어진 종말론적 영역을 보고 계시는 것이다. 예수는 자기를 따르는 자들에게 동일한 비전을 알아야 한다고 말씀하신다.

그러나 다음과 같은 문제가 여전히 남는다: 인자는 누구인가? 몇몇 학자들, 특히 루돌프 불트만은 예수는 인자라는 용어를 통해서 자기 스스로를 가리킨 것이 아니라 장차 올 초월적이고 초자연적인 존재를 지칭하였다고 주장한다.[6] 그럼에도 불구하고 점점 더 많은 수의 학자들은 예수께서 자기 자신을 이 중요한 묵시론적 인물과 연결시켰다는 것을 인정한다. 램지 마이클스(J. Ramsey Michaels)는 이러한 많은 학자들의 견해를 대변하여 이렇게 결론을 내렸다: "유대 묵시론적 전통에 나오는 인자 속에서 예수는 자기 자신의 역할과 운명을 보게 되었다는 것은 거의 의심의 여지가 없다."[7] 어쨌든 복음서 이야기들에 나오는 예수는 분명히 그러한 연관성을 제시하였다. 예수는 제자들에게 그들이 인자의 영광스러운 통치에 참여하게 될 것이라고 약속하였다(마 16:27-28; 19:28). 왜냐하면 인자는 다시 오실 때에 이미 그의 이름을 고백한 자들을 알아보실 것이기 때문이다(눅 12:8; 9:26; 막 8:38).

앞으로 보게 되겠지만, 인자의 임박한 고난에 관한 예수의 말씀은 우리 주님이 스스로를 종말론적 심판자와 동일시했다는 관점에서 보게 되면 추가적인 의미를 획득하게 된다.

죽기 위해서 보내심을 받은 자

메시야의 오심과 예언의 성취에 관한 구약성서의 약속들은 예수께서 여러 세대의 경건한 히브리인들의 소망을 성취하신 것의 배경을 이루고 있었다. 종말론적 인자에 관한 다니엘의 환상과 하나님의 통치가 이 세상에 돌입해 들어올 것이라는 묵시론적 기대는 예수께서 하나님 나라를 알리는 것의 배경을 형성하였다. 그

---

6) Rudolf Bultmann, *Theology of the New Testament*, trans. Kendrick Grobel, two volumes(New York: Charles Scribner's Sons, 1951), 2:9.

7) Michaels, *Servant and Son*, 289.

러나 세 번째 측면은 우리 주님의 동시대인들에게는 별로 분명해 보이지 않았지만 예수의 소명과 관련해서는 중심적인 위치를 차지하고 있었다. 예수는 죽기 위하여 보내심을 받은 분으로 오셨다.

자신의 죽음에 대한 예수의 인식. 예수께서 십자가 위에서 죽으셨다는 것은 그 누구도 부인할 수 없는 역사적 사실이다. 그러나 나사렛 예수는 자신의 임박한 운명을 잘 알면서도 의도적으로 기꺼이 죽음을 맞이했던 것인가? 아니면, 십자가는 우리의 구주에게 느닷없이 떨어진 비극이었는가? 현대에 와서 예수께서 자신의 죽음을 예상하지 못했었다고 말하는 것이 하나의 유행이 되었다. 비평학자들은 복음서의 이야기들 속에서 찾아볼 수 있는 예수의 여러 예언들을 사후적인 예언(vox post eventu), 즉 초대 교회가 사건이 일어난 후에 예수의 입 속에 넣은 말씀들로 보고 기각하는 경향을 보여 주고 있다. 그러나 오늘날의 사상가들은 예수께서 선견지명이 있었다는 것을 인정하는 분위기이다. 그들은 예수께서 고난과 죽음을 자신의 사역의 예상된 결과, 또는 자신의 사명의 본질적인 부분으로 보았다는 것을 인정한다.

대적자들의 손에 의해서 죽임을 당할 가능성은 우리 주님에게 예상치 않은 일이 아니었을 것이다. 예수는 이스라엘이 하나님의 사자들을 거부한 기나긴 역사를 자랑하고 있다는 것을 잘 알고 있었다. 예수는 유대 지도자들과의 갈등이 심화되면서 점점 더 그러한 갈등의 정점이 무엇이 될 것인지를 분명하게 말하는 목소리를 높여 갔고, 심지어 그러한 주제를 자신의 비유들 속에 통합시키기까지 했다(막 12:1-8). 선지자들이 하나님의 원수들의 손에 고난을 당하였던 것과 마찬가지로, 그 원수들은 예수도 죽음에 부칠 것이다. 선지자인 예수는 예루살렘에서 죽게 될 것이다(눅 13:33).

그렇지만 자신의 죽음에 대한 예수의 태도는 죽음이 가까웠다는 것에 대한 단순한 인식 차원을 넘어서는 것이었다. 예수는 자신의 죽음이라는 사건을 어쩔 수 없는 일로 치부하고 묵묵히 순응했던 것이 아니라 자신의 사명의 초점이자 정점으로 인식하였다. 예수는 죽기 위하여 오셨다는 말이다. 그러므로 예수는 기꺼이 자신의 목숨을 내어줄 준비가 되어 있었다.

그러나 무엇보다도 예수는 자신의 죽음이 아버지의 뜻에 대한 가장 높은 수준의 순종이라고 알고 있었다. 예수는 이 땅에 머무는 동안에, 그리고 자신의 삶이 끝나는 순간이 가까워 오면서 이러한 죽음이 자신의 순종을 확증해 주는 것임을 알고 있었다. 우리 주님은 잡히시던 날 밤에 겟세마네 동산에서 최후의 시간을 위하여 씨름하셨다. 예수는 "내 뜻대로 마옵시고 아버지의 뜻대로 하옵소서"(막 14:36)라는 기도를 통해서 자신의 죽음이 진실로 순종이 요구하는 길이라는 확신을 얻었다. 그러므로 예수는 자신의 죽음을 통하여 아버지께 영광을 돌리게 될 것 — 그리고 실제로는 아버지께서 자신의 이름을 영화롭게 하실 것 — 을 믿었기 때문에 결연히 죽음을 맞이하였다(요 12:28).

고난받는 종으로서의 예수. 하나님 및 하나님의 계약의 목적들을 위하여 하나님의 원수들의 손에 고난받는 것은 예언 전승 속에서 전형적인 주제였다. 그렇지만 겟세마네 동산에서의 씨름이 보여 주듯이, 예수께서 자신의 죽음을 완전한 순종을 통하여 아버지를 영화롭게 하는 자기에게 예정된 수단으로 이해한 것은 일반적인 예언 전승의 주제를 뛰어넘는 것이었다. 오히려 이러한 예수의 이해의 배경은 예수께서 틀림없이 잘 알고 있었던 특별한 예언에 있었다. 예수의 역할은 하나님의 계획에 있어서 특별한 역할이었다. 왜냐하면 예수는 야웨의 고난받는 종이어야 했기 때문이다.

이 호칭의 배경은 이사야서에 나오는 야웨의 종의 노래들이다(사 42:1-4; 49:1-6; 50:4-11; 52:13—53:12).[8] 우리는 더 이상 이사야서의 저자가 누구를 고난받는 종으로 보았는지를 알 수 없다. 이 인물은 이스라엘 민족 전체를 가리키는 것일 수도 있고, 자신의 사명을 수행하는 가운데 고난을 받는 일반적인 선지자 무리들 또는 한 명의 특정한 선지자, 심지어 이사야 자신을 가리키는 것일 수도 있다.[9] 또한 예수는 이 호칭을 자기 자신을 가리키는 호칭으로 한 번도 명시적으로 사용하지 않았다. 그럼에도 불구하고 이사야서에 나오는 이 노래들은 예수의 소명을 이해하는 데 유익한 배경을 제공해 준다.

무엇보다도 먼저 이사야서에 나오는 고난받는 종은 하나님의 종이다. 하나님은 그를 "내가 붙드는 나의 종, 내 마음에 기뻐하는 자 곧 내가 택한 사람"(사 42:1)이라고 인정한다. 하나님은 그를 통하여 자신의 영광을 드러내실 것이나(사

---

8) Mowinckel, *He That Cometh*, 187.
9) 예를 들면, Mowinckel, *He That Cometh*, 213-57에 나오는 논의를 보라.

49:3). 이와 동시에 이 인물은 하나님의 뜻에 순종하여 행함으로써 이스라엘 백성을 위하여 고난받는 백성의 종이기도 하다: "우리는 다 양 같아서 그릇 행하여 각기 제 길로 갔거늘 여호와께서는 우리 모두의 죄악을 그에게 담당시키셨도다"(사 53:6).

이런 식으로 고난받는 종이라는 주제는 예수 자신의 사명을 적절하게 설명해 준다. 우리 주님은 분명히 자신의 소명을 철저한 종의 역할로 해석하였다. 예수는 아버지의 뜻에 철저히 순종하여 사심으로써 결국 하나님의 원수들의 손에 죽게 될 것이었다. 아버지의 뜻에 겸손하게 순종함으로써 아버지를 영화롭게 하는 종으로서의 예수는 다른 사람들을 위한 하나님의 대리인으로서의 결정적인 역할을 행한다. 예수는 자신의 모범을 통해서 생명의 길을 제시하고 있다 — 그의 제자들이 따라야 할 삶의 방식(요 13:12-15). 그러나 예수께서 죽기까지 순종하신 것은 참된 삶을 위한 길을 보여 주는 것 이상의 것이었다: 그것은 그러한 삶을 가능하게 만드는 역할도 했다.

요한의 이야기 속에서 예수는 자연계로부터의 원리를 들어 자신의 죽음이 다른 사람들을 위하여 생명을 주는 일이라는 것을 예시해 보이신다: "내가 진실로 진실로 너희에게 이르노니 한 알의 밀이 땅에 떨어져 죽지 아니하면 한 알 그대로 있고 죽으면 많은 열매를 맺느니라"(요 12:24). 마찬가지로 예수는 자기를 따르는 자들에게 새로운 생명이 솟아날 수 있도록 하기 위하여 자신의 목숨을 주지 않으면 안 되었다. 공관복음서들은 이 주제를 예수의 위대한 실물 교육인 최후의 만찬에 관한 기사 속에 통합시킨다. 떡은 예수께서 곧 그들을 위하여 죽음을 통해서 주실 그의 생명을 상징한다. 포도나무의 열매는 그들을 위한 예수의 희생 제사를 통하여 곧 비준될 새 계약을 나타낸다. 예수의 자신을 주시는 행위를 통하여 그들은 그와 함께 종말론적 하나님의 나라에 참여할 수 있게 될 것이다.

초기 공동체는 예수의 자기 이해 속에 담겨 있는 이러한 종 기독론(servant-Christology)을 명시적으로 표현하였다. 그들은 예수의 행위들(마 8:16-17), 특히 그의 죽음(행 8:32-35)을 이사야서에 나오는 고난받는 종에 근거하여 해석하였다. 그 결과로 전통적인 신학은 그리스도의 사역을 요약함에 있어서 "선지자"와 "왕"이라는 호칭과 더불어 "제사장"이라는 호칭을 추가로 사용하고 있다.

예수의 자기 인식

지금까지의 검토를 통해서 우리는 사복음서에 나오는 예수는 독특한 자기 인식을 보여 주었다는 결론에 도달하게 된다. 예수는 자신의 사역을 구약의 소망을 성취하는 것, 하나님 나라를 알리는 것, 백성들을 위하여 죽는 것으로 인식하였다. 이렇게 나란히 놓여진 세 차원은 나사렛 예수의 자기 이해를 파악할 수 있는 거점을 제공해 준다. 예수는 유대 전승 속에서 자신이 발견한 이 세 가지 주제를 하나로 통합하였다. 그는 자신의 소명을 메시야, 인자, 고난받는 종으로 보았다. 사실 예수의 독특한 자기 인식은 예수께서 전승에 나오는 이 세 인물을 독특하게 결합시킨 데 있다.[10]

자신의 사명에 대한 예수의 인식의 핵심에는 그가 구약적 소망의 왕적인 메시야, 인자, (묵시론자들에게 아주 중요하였던 의로운 심판자의 소명을 재정의하기 위하여 이사야서에 나오는) 고난받는 종이라는 주제를 유례없이 독창적으로 사용한 것이 자리잡고 있었다. 예수의 지상 사역에서는 종으로서의 직임이 가장 두드러졌다. 예수는 자신의 사명을 아버지의 뜻에 순종하고 백성들을 위하여 고난받는 것이라고 이해하였다. 예수는 자신의 소명을 성취하기 위하여 거부(rejection), 심지어 죽음까지 경험하지 않으면 안 되었다. 오직 그렇게 할 때에만 종말론적 영광이 뒤따라올 수 있기 때문이었다.

고난받고 죽는 해방자라는 예수의 인식은 유대 전승에서 완전히 새로운 것은 아니었던 것 같다. 그럼에도 불구하고 예수의 그러한 인식은 당시에 널리 퍼져 있었던 사상들과는 전혀 달랐다. 이런 까닭에 예수는 메시야와 인자 같은 종말론적 인물들과 관련된 백성들의 기대를 스스로 물리칠 수밖에 없었다. 이런 이유로 예수는 세상 속에서 하나님의 종말론적 활동의 성격에 대한 그의 제자들의 사고를 재정립하기 위하여 심혈을 기울였다.

예수의 가르침과 행위들을 통해서 우리는 고난받는 종으로서의 예수는 인자임과 동시에 메시야라는 결론을 얻게 된다. 우리 주님은 고난이라는 주제와 함축적으로 메시야적인 의미를 지니고 있었던 인자로서의 자신에 대한 칭호를 결합시켰다. 마가복음은 예수께서 자신의 임박한 고난을 예고하면서 인자와 장래의 메시야적 영광에 대하여 반복해서 언급하였다는 것을 아주 분명하게 말해준다. 이 복음서 기자는 가이사랴 빌립보에서의 사건을 시작으로 예수는 인자가 영광을 받기

---

10) 이러한 결론은 Mowinckel, *He That Cometh*의 결론을 상기시킨다.

위해서는 먼저 고난을 받아야 한다는 것을 강조했다는 점을 지적한다:

> 인자가 많은 고난을 받고 장로들과 대제사장들과 서기관들에게 버린 바 되어 죽임을 당하고 사흘 만에 살아나야 할 것을 비로소 그들에게 가르치시되 드러내 놓고 이 말씀을 하시니(막 8:32).

고난받는 종으로서 자기가 인자라는 예수의 인식은 이 인물에 대한 우리의 이해에 있어서 광범위한 의미를 지닌다. 묵시론적 전승에 의하면, 인자는 장차 오실 종말론적 심판자, 모든 사람들을 그 앞에 불러 세워서 심판하실 분이다. 예수는 인자이기 때문에 종말론적 심판자이기도 하다. 그러나 원형적(原型的) 인간으로서의 예수는 심판을 선고하실 분임과 동시에 우리 모두가 평가받을 때에 그 기준이 되는 분이기도 하다. 이런 식으로 "인자"라는 호칭은 우리를 제10장의 결론으로 돌아가게 해준다. 예수는 참인간, 하나님께서 의도하신 인간의 본질에 대한 계시이다. 그러나 우리는 이제 앞서의 주장에 또 하나의 차원을 추가할 수 있다: 고난받는 종으로서의 예수의 소명 속에서 우리는 우리의 기준이 되는 예수의 성품을 발견한다. 예수는 그의 삶과 죽음을 통해서 우리를 향하신 하나님의 계획이 우리가 하늘에 계신 아버지의 순종하는 종으로서 다른 사람을 위하여 섬기며 ― 심지어 고난받으며 ― 사는 것임을 계시하셨다.

이와 같이 예수의 종된 삶이 그를 따르는 자들을 위한 모범이라는 강조점과 맥을 같이 하여, 바울은 우리가 그리스도의 고난에 참여해야 할 것을 말하였다. 예수의 고난이 "우리에게 넘친다"라고 바울은 말한다(고후 1:5). 사실 바울 사도는 이러한 "예수의 고난에 참여하는 것"을 환영한다. 그렇게 함으로써 우리는 그리스도의 죽음에 참여하는 것이 되어, 또한 그리스도의 부활에 참여할 소망을 가질 수 있게 되기 때문이다(빌 3:10-11). 바울은 다른 신자들을 위한 자신의 고난을 기뻐하기까지 한다. 이런 식으로 그는 "나는 이제 너희를 위하여 받는 괴로움을 기뻐하고 그리스도의 남은 고난을 그의 몸된 교회를 위하여 내 육체에 채우노라"(골 1:24)고 증언하였다.

고난에 관한 바울의 신학이 보여 주듯이, 예수께서 고난의 종을 인자와 독특하게 결합시킨 것은 신약성서의 서신서들에도 함축적으로 그대로 계승되고 있다. 특히 중요한 것은 이 주제가 성화(聖化)에 관하여 말하고 있는 본문들에서 사용되고 있다는 점이다. 서신서들의 저자들이 우리에게 그리스도인으로서의 삶에 있어서 성숙을 향하여 살아가라고 권면할 때마다, 그들이 거론하는 기준은 그리스도이다(엡 4:13). 이런 식의 권면은 흔히 예수 자신의 모범을 직접적인 근거로 드는 것이든(벧전 2:18-25), 예수께서 친히 보이셨던 성품의 여러 특징들을 자세하게 열거하는 것이든(갈 5:22-24), 모두 우리를 위한 예수의 고난 사역에 초점이 맞춰져 있다.

요약해 보자: 예수의 자기 인식의 핵심에 자리잡고 있던 새로운 것은 메시야와 인자의 사명을 고난받는 종이라는 인물에 맞추어 재해석한 것이었다. 그 결과 이러한 호칭들을 사용하는 기독론들의 발전은 자신의 사역에 대한 예수 자신의 인식을 왜곡하는 것이 아니라 계승하는 것이 된다. 자신의 사명에 대한 예수의 이해는 예수의 보편적 의미를 위한 토대를 이룬다. 예수는 인간의 삶과 관련된 하나님의 계획의 계시이다. 따라서 예수는 심판자이자 우리가 판단받을 때에 그 기준이 되는 분이며, 우리가 닮아가야 할 그런 분이다. 실제로 "인자가 온 것은 섬김을 받으려 함이 아니라 도리어 섬기려 하고 자기 목숨을 많은 사람의 대속물로 주려 함이니라"(막 10:45).

속죄와 예수의 사명

예수는 자신이 활동하던 시대적 배경 속에서 가져온 주제들을 자신의 자기 인식 속에 통합시켰다. 예수는 하나님께서 자기 백성을 위하여, 그리고 온 세상을 위하여 다시 한 번 구원을 베푸실 것이라는 구약적 소망의 성취로 오셨다. 예수는 하나님의 종말론적 통치가 이미 시작되었다는 좋은 소식을 선포하고 몸으로 실현하는 하나님의 통치의 전령사로 등장하였다. 그리고 예수는 하나님의 뜻을 위하여 고난받고 죽기 위하여 오셨다. 그런 까닭에 하나님의 고난받는 종인 예수는 메시야와 인자이기도 하다.

죽기 위해 보내심을 받은 분으로서의 예수의 자기 인식은 우리로 하여금 그리스도의 소명의 중심적인 신비, 즉 죽기까지 하나님의 명령에 순종해야 했던 예수의 소명의 신비에 직면하게 만든다. 그러므로 예수의 자기 인식으로부터 예수는 인류의 죄를 위한 속죄였다는 초기 그리스도인들의 선포가 생겨났다. 그렇다면 우리는 우리 신앙의 이 중심적인 선포를 어떻게 이해해야 하는가? 예수의 죽음의 의미는 무엇인가? 그리고 예수의 희생 제사는 우리에게 어떤 영향을 미치는가?

우리는 그리스도의 십자가가 지니는 완전한 의미를 이해할 수 없다. 우리는 단지 십자가의 신비를 인정하고 그 권능에 순복하면서 십자가 앞에서 묵묵히 서 있을 수밖에 없다. 하지만 이와 아울러 신학적 과제는 우리에게 십자가의 의미를 이해하기 위해서 우리 신앙의 이 위대한 고백을 좀 더 자세하게 성찰할 것을 요구한다. 이 하나님의 신비가 지니는 의미를 이해하기 위해서 우리는 먼저 신학사를 살펴보고, 다른 사람들은 이 사건 속에서 어떤 의미들을 보았는지를 찾아내지 않으면 안 된다. 그런 후에 우리는 성경에 나오는 표상들 자체로 되돌아올 것이다. 그리고 그 표상들은 나사렛 예수의 속죄 사역과의 오늘날의 씨름을 위한 토대를 제공해 줄 것이다.

신학사에 있어서 속죄

예수의 인격을 둘러싼 치열한 논쟁들과는 대조적으로, 그 어떤 공의회도 우리 주님의 속죄 사역에 대한 기독론적 성찰과 관련된 경계선을 명확하게 그은 적이 없었다. 그럼에도 불구하고 이 문제는 신학사 전체에 걸쳐서 활발한 논의를 불러일으켜 왔다. 사상가들이 제시한 수많은 학설들 중에 세 가지가 계속해서 교회 안에서 아주 강력한 힘을 발휘하고 있다 — 역동설, 객관설, 주관설.[11]

역동적 표상들. 예수의 속죄 사역을 말하는 첫 번째 방식은 역동적 표상들을 사용하는 것이다. 예수는 인류를 종으로 삼고 있던 권세들을 이기셨다. 이러한 개념은 초대 교회에서 두드러졌고, 중세 시대에는 사라졌다가, 종교개혁 시대에 짧은 기간 부활했고, 현대에 이르러서 다시 등장하였다.[12]

이레나이우스(140-202년경)는 속죄의 본질을 최초로 성찰한 인물은 아니었지만 그리스도의 사역을 역동적인 관점에서 고찰함으로써 속죄의 효력에 대한 설명을 해내려고 시도한 최초의 인물이었던 것 같다.[13] 이레나이우스의 속죄 이해는

---

11) 신학사에서 속죄에 관한 논의에 대한 유익한 개관으로는 Robert S. Paul, *The Atonement and the Sacraments*(Nashville: Abingdon, 1960), 35-281을 보라.

12) 이 주제에 대한 20세기적인 해석으로는 Gustaf Aulen, *Christus Victor*, trans. A. G. Hebert, paperback edition(New York: Macmillan, 1969)를 보라.

13) Paul, *The Atonement and the Sacraments*, 47.

둘째 아담으로서의 그리스도의 사역이 지니는 대표성을 토대로 한 것이었다. 초기 교부에 속한 이레나이우스에 의하면, 예수는 인류의 신학적 역사를 "압축적으로 보여주었다" — 아니, 그 역사를 다시 밟은 후에 좀 더 높은 수준으로 끌어 올렸다.

이레나이우스의 사상에서 중심적이었던 것은 하나님께 합당한 행위가 무엇인가에 대한 그의 고찰이었다. 하나님은 마귀를 다루실 때조차도 오직 자신의 본성에 합치하는 행위만을 하신다. 따라서 사탄이 인간을 부당하게 억압하고 횡포를 부렸다고 할지라도, 그리스도 안에서 하나님은 자신의 의로운 본성을 따라 행하셨다: "권능 있는 말씀이자 참 인간이었던 그분은 합리적인 거래를 통해서 자신의 피로 말미암아 우리를 구속하였고, 사로잡힌 자들을 위한 속전(贖錢)으로 자기 자신을 내놓았으며 결코 힘을 통해서 하신 것이 아니라 설득을 통해서 자신의 목적을 달성하셨다."[14] 아울러 이레나이우스는 속죄를 그 의도에 있어서 우주적인 것으로, 즉 모든 것을 포괄하는 것으로 보았다. 예수는 개개인들만이 아니라 인류도 구속하신다; 예수는 개개의 피조물을 위해서만이 아니라 피조 세계 전체를 위해서 오셨다.

이러한 고찰들로부터 흔히 속전설(the ransom theory)로 알려진 이레나이우스의 속죄 개념이 등장하였다. 인간은 죄로 말미암아 마귀에게 사로잡혔고, 이에 따라 마귀는 우리에게 실제적인 권능을 행사하였다. 우리가 처한 종이라는 신분은 해방을 위해서는 속전을 지불할 필요가 있었다. 아울러 이러한 거래는 사탄을 향한 행위들에 있어서도 의로운 동시에 우리를 위하여 개입하기로 결단하신 것을 통해서 사랑을 보이신 하나님의 본성에 의한 것이었다.

이레나이우스는 그를 따랐던 수많은 사람들과 마찬가지로 자신의 견해가 피조 세계의 역사에 있어서 하나의 거래에 대한 설명으로 여겨지기를 결코 의도하지 않았을 것이다. 이레나이우스의 견해는 단순히 그리스도의 승리의 의미에 관한 설명이었다.[15] 그러나 이후의 사상가들은 속전과 관련된 하나님의 행위의 밑바탕에 깔려 있는 원칙으로서 하나님의 정의와 사랑에 대한 이레나이우스의 강조점을 모

---

14) Irenaeus, *Adversus Haereses* 5.1.1, in *The Early Christian Fathers*, ed. Henry Bettenson, second edition(London: Oxford University Press, 1969), 79.

15) Paul, *The Atonement and the Sacraments*, 52.

호하게 해버렸다.

예를 들면, 닛사의 그레고리우스(Gregory of Nyssa, 335-395)는 인간의 행복을 질시했던 마귀가 아담을 유혹했다는 이론을 제시하였다. 인간에 대하여 권능을 행사하게 된 마귀는 교만해져서, 예수의 선하심을 보고, 그를 멸하기로 작정하였다. 그러나 예수의 인성 안에 숨겨져 있던 신성을 보지 못한 "사탄은 예수의 인성이라는 미끼와 아울러 하나님이라는 바늘을 삼켜버리고 말았다."[16] 그레고리우스는 하나님의 책략을 옹호하기 위한 방편으로 의사가 환자의 치유를 위하여 사용할 수 있는 "호의에 의한 속임수"를 그 근거로 들고 나왔다. 궁극적으로 하나님의 구속은 사탄에게도 최선의 이익이 될 것이었다.

또한 역동적인 속죄 사상은 아타나시우스의 글에도 나타난다. 이 교부는 예수의 죽음을 속죄의 초점으로 보지 않고 그리스도의 공로를 성육신의 결과라고 말하였다. 이런 의미에서 아타나시우스의 속죄관은 "우리로 하여금 신이 되게 하기 위하여 말씀이 사람이 되었다"라는 유명한 말 속에 요약되어 있는 신격화(deification)로서의 그의 구원관과 아주 비슷하였다.[17] 하나님의 영원한 말씀은 우리가 사망의 형벌 아래 있는 것을 보고, 피조물을 이 끔찍한 운명으로부터 구해내기 위하여 인간의 상황 속으로 들어오셨다. 그러나 아타나시우스는 예수께서 왜 십자가 위에서 돌아가실 필요가 있었는가라는 문제를 놓고 고심하였다. 인간의 구원은 예수의 죽음과 어떤 관계에 있는가?

아우구스티누스는 아타나시우스의 문제 있는 질문에 대답하였다. 예수의 죽음은 절망에 직면해 있는 인간에게 소망을 주기 위하여 반드시 필요한 것이었다. 왜냐하면 십자가는 하나님께서 잃어버린 인류를 구원하기 위하여 기꺼이 무한한 대가를 치를 준비가 되어 있다는 것을 보여 주는 것이기 때문이다.[18] 그러나 이와 관련하여 히포(Hippo)의 이 주교(아우구스티누스)는 속전 개념을 그 근거로 들

---

16) Origen, "An Address on Religious Instruction" [*Oratio Catechetica*] 24, in *The Christology of the Later Fathers*, volume 3 of the *Library of Christian Classics*, ed. Edward Rochie Hardy and Cyril C. Richardson(Philadelphia: Westminster, 1954), 300-302.

17) Athanasius, *De Incarnatione* 54, in *The Early Christian Fathers*, 293.

18) 아우구스티누스의 입장에 대한 이러한 해석으로는 Paul, *The Atonement and the Sacraments*, 60을 보라.

었다. 왜냐하면 그는 예수의 죽음을 우리를 마귀의 권세로부터 해방시키는 것으로 보았기 때문이다. 사탄은 힘이 아니라 정의의 행위를 통하여 인류를 정복했기 때문에, 우리는 사탄의 손아귀 아래에 떨어지는 것이 마땅했다. 그러나 마귀는 죄 없으신 예수 그리스도를 죽임으로써 자기에게 속하지 않은 것을 취하는 월권을 행하였다. 그러므로 정의는 사탄이 자기에게 종노릇하고 있던 자들을 놓아줄 것을 요구하였다.[19]

객관적 표상들. 교부들은 전문적인 이론을 통해서가 아니라 역동적인 표상들을 통해서 속죄를 이야기했다. 그러나 캔터베리의 대주교였던 안셀무스(Anselm, 1033-1109)의 이론을 시작으로, 신학자들은 객관적인 속죄 개념, 즉 그리스도의 희생 제사와 그 효력들을 역사 속에서 실제로 일어난 사건들로 이해하는 설명들에 끌리기 시작했다.

안셀무스는 자신의 유명한 저서인 「하나님은 왜 인간이 되셨는가?」(*Cur Deus Homo?*)의 제목이 보여 주듯이 아타나시우스가 제기한 문제와 씨름하였다. 안셀무스는 앞서 테르툴리아누스와 키프리아누스에 의해서 제시된 주제들을 근거로 장차 큰 영향을 미치게 될 만족설(satisfaction theory)을 제시하였다.[20]

안셀무스의 목표는 변증을 위한 것임과 동시에 가르침을 위한 것이기도 했다. 그는 불신자들이 이성을 통해서 그들이 하나님에 의해서 정죄를 받고 있고, 그렇기 때문에 그리스도 안에서 도움을 받을 필요가 있다는 것을 확신할 수 있기를 바랐다. 또한 그는 신자들에게 예수 그리스도를 믿는 논리적 근거를 제시해 줌으로써 신앙을 든든하게 밑받침해 주기를 원했다. 그래서 안셀무스는 하나님께서 그리스도의 희생 제사로 말미암지 않고는 인류를 구원할 다른 길이 없었다는 것을 보여 줌으로써 속죄의 합리성[21] — 구속에 관한 계획이 어떻게 하나님 자신의 본성으로부터 생겨났는가 — 을 입증하고자 하였다.

안셀무스의 입장의 토대를 이루고 있는 것은 속전설의 중심을 이루고 있던 이중의 충성 맹세라는 개념에 대한 거부였다.[22] 이 개념은 이레나이우스 시대 이래

---

19) Ibid.
20) 이러한 해석에 대해서는 Aulen, *Christus Victor*, 81-84를 보라.
21) Ibid., 91.

로 서유럽이 움직여 왔던 봉건사회에 더 이상 맞지 않았다. 봉건법에 의하면, 가부장적 이미지로 묘사된 마귀는 실제로 인류에 대한 사실상의 군주가 되었기 때문에 인간에 대한 법적 권리를 행사한다. 이런 까닭에 우리는 하나님께서 우리에 대한 지배권을 다시 천명하실 때까지는 사탄을 섬길 법적인 근거가 있다. 안셀무스는 이러한 오해를 막고 마귀 자신을 포함한 모든 피조물들이 오직 하나의 올바른 충성 맹세를 하여야 한다는 성경의 가르침을 보호하기를 원했다. 이러한 목적을 위해서 그는 사탄이 우리를 유혹한 것은 불온한 노예가 다른 사람들을 꼬드겨서 반역에 참가하도록 한 것이라고 보았다. 따라서 그리스도의 속죄는 마귀가 아니라 오직 하나님을 향한 것이었다고 그는 보았다.

봉건 시대의 범주들에 맞춰서, 이 대주교는 죄를 하나님의 신하들이 그들의 주군에게 마땅히 바쳐야 할 것을 바치기를 거부한 것이라고 정의하였다. 이러한 거부는 하나님의 존엄을 위한 보상(報償)을 필요로 하는 불법 행위이다. 죄로 말미암아 각 사람은 모든 법적 권리들을 상실한 반역자이자 범죄자이고, 따라서 하나님의 의로운 정죄 아래 놓여 있다. 왕이신 하나님은 이러한 반역을 처벌하지 않고 그냥 놓아둘 수 없지만, 인간의 죄에 직면해서 왕적인 존엄을 유지하지 않으면 안 된다. 또한 만족(滿足)은 단순히 장래의 절대적인 순종을 맹세하는 서약일 수 없다. 왜냐하면 이후의 순종은 우리가 마땅히 우리의 주군에게 드려야 하는 것이기 때문이다.

요컨대, 우리는 우리 자신의 노력을 통해서 하나님과의 화해를 이룰 수 없다. 만족이 제대로 이루어지려면, 하나님께서 마땅히 받으셔야 할 존귀와 관련하여 제대로 보상(報償)이 이루어지기 위해서는 인간이어야 하고, 또한 완전히 죄 없이 살기 위해서는 하나님이어야 하는 그런 인물이 필요했다. 바로 이것이 "하나님이 인간이 되신" 이유였다.

그렇지만 여전히 왜 예수는 죽어야 했는가라는 의문은 남게 된다. 안셀무스에 의하면, 우리 구주께서 하나님께 드린 만족은 그의 거룩한 삶에 있는 것이 아니었다. 하나님에 대한 완전한 순종은 예수의 인간으로서의 의무였다. 속죄의 핵심은 하나님께 무한한 존귀를 돌려 드린 죄 없는 자로서의 예수의 자발적인 죽음에 있

---

22) Anselm에 대한 이러한 이해는 Paul, *The Atonement and the Sacraments*, 74를 보라.

었다. 이를 통해서 우리 구주는 다른 사람들과 나누어 가질 수 있는 공로를 얻었고, 이것이 바로 죄사함을 위한 토대가 된다. 아타나시우스와는 대조적으로 안셀무스에게 성육신은 단순히 속죄를 가능하게 한 수단이었을 뿐이다. 그리고 속죄는 예수의 삶이 아니라 오로지 예수의 죽음에만 그 초점이 맞춰져 있다.[23]

주관적 표상. 라틴 교회의 특징을 이루고 있던 만족설이 고전적인 표현을 얻게 되자마자, 만족설에 대한 전형적인 비판이 등장하였다. 안셀무스의 나이 어린 동료였던 아벨라르(Abelard, 1079-1142)[24]는 만족설이 전제하고 있는 하나님관(신관)이 잘못되었다고 보고 만족설을 거부하였다: 도대체 어떤 하나님이 무죄한 자의 피를 기뻐하실 수 있단 말인가?[25] 아벨라르는 만족설을 비판하면서 안셀무스 자신이 그의 책 속에서 말한 바 있는 그러한 반론을 제기하였다. 그러나 만족설의 위대한 주창자와는 대조적으로, 아벨라르는 예수의 죽음이 하나님의 존귀를 만족시킬 수 없다는 결론을 내렸다.

아벨라르는 안셀무스의 객관설을 대신하여 나중에 고전적인 주관설이 된 "모범설"(exemplarist's theory)을 제시하였다. 예수의 죽음은 하나님을 달래기 위한 것이 아니라 우리를 향한 것이다. 인류를 향한 하나님의 크신 사랑을 드러낸 위대한 사건으로서 예수의 죽음은 우리를 하나님의 진노에 대한 공포로부터 해방시켜 우리 안에 하나님을 사랑하고자 하는 욕구를 불붙인다.[26] 이러한 욕구는 하나님께서 요구하신 모든 것을 충족시키고, 하나님으로 하여금 우리의 죄를 용서하게 만든다.

아벨라르의 견해에서 중심을 이루는 그리스도의 죽음의 모범적 성격은 새로운

---

23) Anselm의 학설에 관한 Aulen의 해석을 보라. Aulen, *Christus Victor*, 84-92.

24) 많은 해석자들은 속죄에 관한 Abelard의 해석을 Anselm의 해석을 대비시킨다. 예를 들면, Paul, *The Atonement and the Sacraments*, 80을 보라. 또한 Kenneth Scott Latourette, *A History of Christianity*(New York: Harper and Brothers, 1953), 504을 보라.

25) Peter Abelard, "Exposition of the Epistle to the Romans" 2, in *A Scholastic Miscellany: Anselm to Ockham*, trans. Eugene R. Fairweather, volume 10 of the *Library of Christian Classics*(Philadelphia: Westminster, 1956), 283.

26) Ibid.

개념이 아니었다. 이 논쟁에 일련의 새로운 범주들을 도입했던 안셀무스와는 반대로, 아벨라르의 견해가 지니는 중요성은 과거에 속죄에 대한 이해의 한 방식으로 제시되었던 개념을 그리스도의 사역의 중심적인 의미로 격상시킨 데 있다.[27]

12세기부터 20세기에 이르기까지 주류를 이루고 있던 객관설들이 신학적으로 문제가 있다고 생각한 사상가들은 일반적으로 아벨라르의 주관설에 대한 여러 수정론들에 매력을 느꼈다.[28]

안셀무스의 견해에 대한 수정론들. 아벨라르 같은 사상가들의 비판에도 불구하고, 안셀름의 이론을 중심으로 한 객관적인 속죄설은 개신교 종교개혁의 시대에 이르기까지 주도적인 위치를 계속해서 차지해 왔다. 종교개혁자들 자신은 속죄를 이해하기 위하여 마귀에 대한 그리스도의 승리라는 교부들의 개념을 비롯한 여러 다양한 개념들을 사용했지만,[29] 형벌설(penal theory)이라 불리는 중세의 속죄 이해에 대한 혁신적인 수정을 위한 무대를 마련해 주었다.

칼빈은 루터의 표상들 가운데 하나를 따라 그리스도께서 지불하신 만족은 안셀무스의 견해에서와는 달리 하나님의 존엄이 아니라 죄에 대한 선고(宣告)를 수반한 하나님의 진노를 지향한 것이었다고 주장한다. 재판관이 유죄가 입증된 범인을 단죄하듯이, 하나님도 우리의 죄로 인하여 우리를 의롭게 단죄하신다. 이러한 맥락 속에서 이 제네바의 개혁자는 그리스도의 사역을 우리의 대속(substitute)이라고 말하였다.[30] 아울러 칼빈은 형벌설[31]을 희생 제사라는 맥락 속에서 바라봄으로써[32] 형벌설이 지닌 가혹성을 완화시키고 성부와 성자 간에는 적대적인 분열이

---

27) Paul, *The Atonement and the Sacraments*, 81.

28) 주관설적 접근방법의 갱신에 관한 논의에 대해서는 Paul, *The Atonement and the Sacrametnts*, 135-61을 보라.

29) 자신의 저서인 *Christus Victor*에서 Aulen은 이 주장을 제시한다.

30) John Calvin, *Institutes of the Christian Religion* 2.12.3, trans. Ford Lewis Battles, ed. John T. McNeill, volumes 20 and 21 of the *Library of Christian Classics*(Philadelphia: Westminster, 1960), 466-67.(「기독교 강요」(최종판): 크리스챤 다이제스트)

31) 이것은 Paul, *The Atonement and the Sacraments*, 102-3의 판단이다.

32) Calvin, *Institutes of the Christian Religion* 2.15.6, in *Library of Christian Classics*, 501-3.

존재하지 않는다는 것을 강조하고자 하였다. 하나님은 사랑으로 말미암아 그리스도를 이 땅에 보내셔서 세상의 재판장이 모든 죄인들에게 당연히 요구하는 징벌을 대신하여 담당하게 하셨다고 칼빈은 말했다.

종교개혁 이후에 수십 년에 걸쳐서 몇 가지 추가적인 이론들이 등장하긴 했지만, 그 어떤 이론도 형벌설과 경쟁할 수는 없었다. 형벌설은 16세기 중엽에서 거의 19세기에 이르기까지 거의 정통적인 속죄론으로 받아들여졌다.[33] 그리고 이 학설은 여전히 오늘날에도 복음주의자들 사이에서 가장 널리 받아들여지고 있는 속죄론일 것이다.[34]

형벌론이 지배적이 된 것은 역사적으로 봉건 체제가 무너지고 민족 국가들이 등장한 것과 결부되어 있는 것 같다. 민족 국가들이 등장하면서 통치자의 존엄이 아니라 국가의 법이 사회 질서의 토대로 자리잡게 되었다. 이에 대한 반응으로 신학자들은 죄를 시민 정부의 성문화된 법률에 대한 위반으로 보게 되었고, 정부를 시민법의 유지와 집행을 담당하는 기관으로 이해하게 되었다.

신약성서에 나타난 예수의 죽음의 의미

예수는 자신의 소명이 죽기까지 하나님의 뜻에 신실해야 하는 것을 포함하고 있다는 것을 알고 있었다. 예수는 고난받는 종, 죽기 위하여 보내심을 받은 자로 오셨다. 그러나 예수의 죽음은 무엇을 의미하는가? 신약성서의 기자들은 죄 없으신 예수의 죽음, 곧 십자가의 의미를 찾아내고자 하였다. 그들의 성찰은 이 엄청난 사건의 신학적 의미에 관한 몇 가지 주제들을 낳았다.

우리의 모범으로서의 예수의 죽음. 신약성서의 몇몇 기자들은 예수의 죽음을 주관적인 견지에서 설명하고 있다 — 즉, 우리의 모범으로. 인간의 삶에 대한 하나님의 의도의 계시로서의 예수는 삶을 통해서와 마찬가지로 죽음을 통해서도 우리의 모범, 즉 예수를 따르는 자들의 행실과 태도에 영향을 주어야 할 분으로 존재한다. 구체적으로 말하면, 예수는 겸손(빌 2:3-8), 고난의 감내(벧전 2:21-23), 사

---

33) Paul, *The Atonement and the Sacraments*, 109.

34) 예를 들면, Millard J. Erickson, *Christian Theology*(Grand Rapids: Baker, 1984), 2: 815를 보라.(「복음주의 조직신학」: 크리스챤다이제스트)

랑(엡 5:2) 등과 같은 경건한 성품들의 모범을 보여 주신 분이다. 이런 까닭에 신약성서의 기자들은 우리에게 예수의 삶과 죽음 속에서 드러난 품성들을 본받으라고 권면한다.

우리의 속전으로서의 예수의 죽음. 또한 성경의 본문들은 우리 구주의 성취하신 일을 설명하기 위하여 역동적인 표상들을 사용한다.[35] 성경의 몇몇 구절들은 예수는 우리의 속전(대속물)이라고 명시적으로 말하고 있다(엡 1:7; 히 9:12; 딤전 2:6). 또한 어떤 경우에는 성경의 저자들은 그리스도의 구속 사역의 지향점을 말하기도 한다. 예수의 사역은 "모든 불법에서 우리를 속량하신"(딛 2:14) 것이고, 조상들로부터 우리에게 대물림된 "헛된 행실"로부터 우리를 구속하는 것이다(벧전 1:18).

마귀는 종종 거론되긴 하지만(요 12:31; 히 2:14; 요일 3:8), 교부 시대에 지배적이었던 역동적인 표상들에서보다는 속전을 말하는 성경 본문들에서 덜 두드러지게 나타난다.[36] 바울 서신에서 좀 더 중심적인 것은 율법(갈 3:13)을 비롯해서 우리를 종으로 삼고 있는 정사와 권세들(예를 들어, 골 2:15) 또는 죄와 결부된 사망(롬 8:2)에 대한 그리스도의 승리라는 주제이다. 요한계시록의 선견자는 예수의 죽음을 어떤 피조물인 권세에게 바쳐진 속전이라는 것에 초점을 맞추고 있는 것이 아니라, 신약의 공동체 전체를 대변하여 예수의 죽음의 목표는 모든 민족으로부터 한 백성을 하나님을 위하여 사신 것이었다고 선포한다(계 5:9).

우리의 화목제물로서의 예수의 죽음. 신약성서의 몇몇 본문들이 역동적인 표상들의 발전의 토대를 제공해 주고 있는 것과 마찬가지로, 몇몇 본문들은 예수의 사역이 어느 정도 객관적이라는 것을 주장하는 이론들을 낳았다. 예수의 죽음은 하나님을 향한 "화목제물"이었다는 것이다. 성서학자들은 일반적으로 신약성서가 이러한 표현을 담고 있다는 데 동의하지만 그 의미에 관해서는 서로 의견이 다르다. 예수의 죽음은 하나님의 진노를 달랜다는 엄격한 의미에서의 화목 제물인가, 아니

---

35) 이에 대한 개관으로는 Aulen, *Christus Victor*, 61-80을 보라.
36) Aulen조차도 적어도 바울의 경우에는 이것을 인정한다. Aulen, *Christus Victor*, 67.

면 "속죄"(인간의 죄를 덮는다는 뜻에서)라는 넓은 의미에서의 화목 제물인가? 주석학적 논쟁은 주로 공통의 어근을 지니는 일련의 헬라어 단어들을 둘러싸고 전개된다.[37]

형용사 '힐레오스'(hileos)는 원래 "유쾌한" 또는 "행복한"을 의미하였지만, "우호적인," "은혜로운," 또는 "호의적인"을 의미하게 되었다. 칠십인역(구약성서의 헬라어 역본)에서 '힐레오스'는 오직 하나님에 대해서만 사용되었고, 동사 "이다" (to be)가 첨가되면, 그 의미는 "용서하다," "상처를 받아들이다," "불쌍히 여기다"를 포함하게 된다. 이 용어는 신약성서에서 오직 두 번 나오는데, 한 번은 부정적인 의미로 등장하고(마 16:22), 한 번은 선지자 예레미야의 말을 인용한 구절 속에서 등장하는데(히 8:12), 이때에 그 의미는 "긍휼히 여기는" 또는 "용서하는"이다.

이방의 헬레니즘 세계에서 동사 '힐라스코마이'(hilaskomai)는 원래 "자비롭게 대하다" 또는 "달래다"를 의미하였다. 그러나 칠십인역에서 이 단어는 "긍휼히 여기게 되다"를 의미한다. 이와 관련된 단어인 '엑실라스코마이'(exilaskomai)는 백성들의 죄를 위하여 희생 제사를 드리는 제사장의 행위를 가리킨다. '힐라스코마이'는 신약성서에 오직 두 번 나온다. 바리새인과 세리에 관한 예수의 이야기 속에서 이 단어는 칠십인역에서의 통상적인 의미대로 회개하는 죄인이 하나님께 긍휼을 부르짖는 것을 의미한다(눅 18:13).

그러나 신학적으로 더 중요한 것은 '힐라스코마이'를 대제사장으로서의 그리스도의 사역에 관하여 말할 때에 사용하는 용법이다. 그리스도는 "백성의 죄를 속량하려"(히 2:17) 우리와 같이 되셨다. 이 본문에서 저자는 이 동사의 현재 부정사(hilaskesthai)를 대격 명사(hamartias["죄"])와 함께 사용하고 있다. 참조의 대격(accusative of reference)으로 알려져 있는 이러한 구문[38]은 그리스도의 사역이 하나님의 진노가 아니라 인간의 죄를 지향하고 있다는 것을 시사해 준다.

'힐라스테리온'(hilasterion)과 '힐라스모스'(hilasmos)라는 단어는 신약성서에

---

37) 예를 들면, Friedrich Buechsel, "hileos," in the *Theological Dictionary of the New Testament*, ed. Gerhard Kittel and Gerhard Friedrich, trans. Geoffrey W. Bromiley(Grand Rapids: Eerdmans, 1965), 3:300-301을 보라.

38) H. E. Dana and Julius R. Mantey, *A Manual Grammar of the Greek New Testament*(New York: Macmillan, 1927), 93.

각각 두 번씩 나온다. 히브리서는 희생제사들이 드려졌던 성막의 속죄소(시은좌라고도 함)를 가리키는 데 '힐라스테리온'이라는 단어를 사용한다(히 9:5). 그리스도의 사역은 여기에서 고려되고 있지 않지만, 이 용어가 이 대목에서 등장한다는 것은 그리스도를 우리의 "화목제물"이라고 말하는 신약성서의 언급들이 아마도 죄를 덮는 것과 관련된 구약성서의 제도를 간접적으로 가리키고 있을 가능성을 시사해 준다.

기독론에서 좀 더 직접적으로 중요한 것은 하나님께서 그리스도를 '힐라스테리온'으로 삼으심으로써 이전의 죄들을 간과하시고 자신의 의를 드러내심과 동시에 예수를 믿는 모든 사람을 의롭다고 하신다는 바울의 진술이다(롬 3:25-26). 이 모형론적 표상의 취지는 그리스도의 죽음이 성막의 속죄소를 대체하는 새로운 속죄의 초점이라는 것이다.[39] 바울의 진술은 그리스도는 세상 죄를 위한 '힐라스모스'라는 이와 비슷한 요한의 선포(요일 2:2; 4:10)를 위한 배경을 제공해 준다.

그렇다면 우리는 이러한 고찰들로부터 어떠한 결론을 얻을 수 있는가? 전체적으로 볼 때, 이 단어군의 일차적인 강조점은 하나님의 긍휼 또는 죄사함을 가져오는 활동에 두어져 있다. 성막의 속죄소라는 표상이 보여 주듯이, 이런 일은 예수의 죽음이 우리의 죄를 덮기 때문에 일어난다. 그러므로 그리스도의 사역은 일차적으로 하나님의 진노가 아니라 인간의 죄를 향해 있다. 그럼에도 불구하고 예수의 사역의 효력들은 거기에서 멈추지 않는다. 사실 그리스도의 속죄의 희생 제사가 죄를 덮기 때문에, 하나님은 이제 의롭게 우리의 죄를 사하시고 우리를 의롭다고 선언하실 수 있고, 이에 따라 관계 회복이 가능해졌다.[40]

예수는 우리의 화목이다. 예수의 죽음이 인간의 죄를 덮는 역할을 한다는 사상은 자연스럽게 바울 서신에서 특히 분명하게 드러나는 또 하나의 주제로 이어진다. 그리스도는 우리의 화목이 되셨다.

많은 복음주의자들은 로마서에서 바울이 이 표상을 사용한 것을 전형적인 진술

---

39) Jürgen Roloff, "hilasterion," in the *Exegetical Dictionary of the New Testament*, ed. Horst Balz ard Gerhard Schneider, English translation(Grand Rapids: Eerdmans, 1990), 2:186을 보라.

40) Ibid.

로 생각한다:

> 곧 우리가 원수 되었을 때에 그의 아들의 죽으심으로 말미암아 하나님과 화목하게 되었은즉 화목하게 된 자로서는 더욱 그의 살아나심으로 말미암아 구원을 받을 것이니라 그뿐 아니라 이제 우리로 화목하게 하신 우리 주 예수 그리스도로 말미암아 하나님 안에서 또한 즐거워하느니라(롬 5:10-11).

사도가 말하고자 하는 요지는 분명하다: 예수의 죽음은 우리와 하나님 사이에 새로운 관계를 가져왔다. 하나님의 원수 되었던 우리는 그리스도로 말미암아 이제 하나님과 교제를 누리게 되었다.

죄악된 인간과 의로운 하나님 사이의 화목이라는 강조점은 언제나 우리의 신학적 성찰들에서 중심적인 위치를 차지해야 한다. 그럼에도 불구하고 다른 곳에서 바울은 이 사상이 내포하고 있는 시야를 넓혀야 할 근거를 제시해 준다. 예수의 화해 사역은 인간 관계들에 미친다. 십자가 위에서 예수는 사람들을 나누고 분리시키는 장애물들을 부수셨다(엡 2:11-22).

그러나 이러한 고찰조차도 우리를 예수의 죽음의 효력들의 경계선으로 데려다 주지 못한다. 왜냐하면 그리스도의 사역은 우주적 함의들을 지니기 때문이다. 골로새 교인들에게 바울은 이렇게 썼다:

> 아버지께서는 … 그의 십자가의 피로 화평을 이루사 만물 곧 땅에 있는 것들이나 하늘에 있는 것들이 그로 말미암아 자기와 화목하게 되기를 기뻐하심이라(골 1:19-20).

이 말씀의 직접적인 초점은 사도가 그리스도로 말미암아, 그리고 그리스도를 위하여 창조되었다고 앞서 말한 바 있는(16절) 천상의 권세들일 것이다. 그러므로 바울의 진술은 실존의 구조가 다시 그들의 중심을 주님 속에서 발견하기 때문에 우리에 대한 그들의 적대감도 조화로 바뀔 수 있다는 것을 함축하고 있다.

그리스도의 화해 사역이 지니는 보편성의 또 다른 차원이 존재한다. 성경의 기자들은 적대 관계의 종식과 평화의 도래를 체험하게 될 우리의 물리적 환경을 포함한 피조 세계 전체와 인간의 화해를 그리고 있다. 언젠가는 동물들은 서로서로 조화롭게 살게 될 것이고(사 65:25), 생명나무 잎사귀들은 열방들에게 치유를 가져다 줄 것이다(계 22:2). 성경의 기독론적 중심은 우리로 하여금 이러한 화해가 우주 전체를 위한 그리스도의 사역의 효력으로서 올 것이라는 결론을 내리게 만든다.

바울은 화해라는 표상의 마지막 측면을 제시한다. 예수의 죽음으로 말미암아 이러한 회복된 관계를 가져오시는 분은 바로 하나님 자신이다: "하나님께서 그리스도 안에 계시사 세상을 자기와 화목하게 하시며 그들의 죄를 그들에게 돌리지 아니하시고"(고후 5:19). 속죄에 관한 객관적인 설명들은 예수께서 하나님의 진노를 달래기 위하여 나섰다는 인상을 주기가 쉽다. 그러나 이 주제에 관한 바울의 진술들은 성부와 성자 사이의 그러한 균열을 전혀 허용하지 않는다. 예수의 희생제사는 하나님께서 우리를 자신에게로 데려오기 위하여 계획하신 수단이다. 이러한 이해와 맥을 같이하여, 사도는 그의 청중에게 "하나님과 화목하라"(20절)는 하나님의 음성을 들려주는 것으로 그의 위대한 선포를 끝마친다.

예수의 죽음과 우리

이러한 성경적·신학적 자료들을 토대로, 우리는 이제 속죄에 관한 우리의 개념을 좀 더 명시적으로 발전시킬 수 있다. 예수는 어떤 의미에서 죄에 묶여 있던 인류의 결정적인 필요들을 위하여 하나님께서 예비하신 수단이 되는가?

속죄와 인간의 곤경. 우리는 일반적인 대답으로 시작할 것이다. 제7장에서 우리는 일련의 은유들을 통하여 인간의 상태를 요약하는 것으로 죄에 대한 우리의 논의를 끝마쳤다. 위에서 언급한 성경의 주제들을 감안하면, 이러한 인간론적 표상들은 우리를 위한 예수의 속죄의 다면적인 의미를 설명하는 데에 유익한 맥락을 제공해 준다. 그리스도는 우리의 타락한 상태로 인하여 하나님께서 예비하신 수단이다.

인격 사이의 관계라는 측면에서 바라보면, 예수는 하나님의 원수들이었던 우리가 화목을 누릴 수 있도록 하기 위하여 죽으셨다. 법정적(법적) 관점에서 보면, 그리스도의 죽음은 하나님께서 우리를 용서하시고 정죄의 판결이 더 이상 우리에게 내려지지 않도록 하기 위하여 인간의 죄를 덮는 속죄의 희생제사였다. 우주적 은유는 우리가 이질적인 노예 주인 — 정사와 권세, 죄, 마귀, 사망, 그 어느 것이든

— 에게 종노릇하고 있는 상황 속에서 예수는 우리의 구속을 사기 위하여 죽으셨다는 것을 보여 준다. 윤리적 관점에서 이해하면, 예수는 우리를 괴롭히고 있는 도덕적 방종의 한복판에서 우리를 인도할 모범으로 하나님께서 예비하신 것이다. 요컨대, 우리 인간의 부패 — 우리의 상태를 치유하거나 하나님을 기쁘게 할 수 없는 우리의 절망적인 상황 — 에 대응하여 그리스도는 우리의 대속물(substitute)로 오셔서, 우리를 위하여 우리가 무력하여 우리 스스로 할 수 없었던 일을 이루셨다.

그리스도의 속죄에 대한 우리의 수용. 그리스도의 죽음의 효력들에 대한 이러한 묘사들을 전제할 때, 우리는 어떻게 해야 우리를 위한 예수의 사역의 수혜자들이 될 수 있는가? 이 질문 — 예수의 속죄의 희생 제사를 우리의 죄악된 상황에 적용하는 것 — 은 우리를 신학사 전체에 걸쳐서 중심적이었던 속죄의 문제로 다시 데려다 준다. 우리는 예수의 사역을 그 의도에 있어서 객관적으로 이해해야 하는가, 아니면 주관적으로 이해해야 하는가? 예수의 속죄는 현실을 근본적으로 바꾼 역사의 사건인가, 아니면 일차적으로 죄악된 인간으로부터의 응답을 이끌어내기 위한 것인가?

신약성서는 예수의 속죄 사역이 객관적으로 완료된 사실이라고 선포한다(벧전 3:18). 우리의 구주는 단번에(once for all) 죽으셨다. 이 행위는 하나님과 인간의 관계에 근본적인 변화를 가져왔고, 우주적 권세들에 대한 하나님의 권위를 인쳤다. 또한 신약성서는 예수의 속죄는 우리를 움직여서 속죄의 효력들을 우리의 것으로 만들게 하려는 것이었음을 보여 준다. 사실 그리스도의 죽음은 우리가 예수를 통하여 화해를 값주고 사신 하나님에 대하여 믿음으로 응답하지 않는다면 아무런 가치가 없게 된다.

그렇다면 우리는 겉보기에 다양한 이러한 개념들을 어떻게 결합시킬 수 있는가? 아마도 한 가지 유비(analogy)가 그 대답을 암시해 줄 것이다: 한 나라의 지도자가 감옥에 갇힌 모든 죄수들에 대하여 사면을 공포하였다고 하자. 이러한 조치는 오직 죄수 개인이 이 조치를 자기 것으로 받아들여서 감옥으로부터 걸어나와야만 감옥에서 고생하던 그 사람에게 효력이 있게 된다. 마찬가지로 예수의 죽음은 하나님과 인간의 관계를 변화시켰고, 우리를 적대적인 권세들의 지배로부터 자유케 하셨다. 그렇지만 우리가 우리에게 제공된 새로운 지위를 우리의 것으로 삼을 때까지, 우리 구주의 죽음은 구원의 효력을 발휘할 수 없다. 이런 이유로 신약성서의 기자들은 예수의 희생제사에도 불구하고 믿지 않는 자는 "벌써 심판을 받은 것이니라"(요 3:18; 즉, 이미 정죄받은 상태에 있다는 것)고 선언한다.

우리의 화목 제물로서의 예수의 희생제사는 모든 죄를 덮기 때문에, 하나님은 그 어떠한 죄도 모두 사하실 수 있다. 그러므로 그리스도의 죽음은 하나님과 인간의 관계를 근본적으로 변화시켰다. 얼핏 보면, 이러한 선언은 보편주의, 즉 결국에는 모든 사람들이 구원을 받게 될 것이라는 가르침으로 귀결될 수밖에 없는 것처럼 보인다. 그러나 과연 그러한가?

이 복잡한 주제에 대한 좀 더 충분한 서술은 종말론 단원에 가서 이루어지겠지만, 여기에서 우리는 현재의 맥락과 관련하여 먼저 간단한 대답을 제시할 수 있다. 속죄가 오직 죄에 대한 하나님의 태도와 관련이 있다면, 우리는 모든 인간은 결국 하나님의 종말론적 공동체에서 교제를 누리게 될 것이라고 기쁜 마음으로 주장할 수 있을 것이다. 그러나 우리 인간의 가련한 처지는 하나님의 진노를 불러일으키는 죄만이 아니라 하나님에 대한 우리 자신의 적대감으로도 구성되어 있다. 하나님은 그리스도로 말미암아 우리와 화해하셨다. 그러나 우리는 우리의 죄 가운데에서 하나님과 여전히 반목하고 있다. 그러므로 하나님 편에서 보면, 예수의 속죄의 희생제사는 보편적인 효력을 낳는다: 그러나 인간 편에서 보면, 예수의 속죄의 효력은 우리의 응답, 즉 우리가 세상을 자신과 화목하게 하신 하나님과 화해할 것을 요구한다(고후 5:19-20). 이것은 모든 사람이 구원받을 수는 없다는 것을 의미한다. 일부 사람들은 그리스도의 제안에도 불구하고 하나님에 대한 견고한 적대감을 계속 고집할 것이기 때문이다.

이러한 원칙이 지옥의 실재와 관련해서도 적용되느냐 하는 문제가 당연히 제기된다. 그리스도의 죽음을 불러온 문제가 오직 하나님께만 있었다면, 지옥은 벌써 떠돌아다니는 유령이 되어 무력화되었을 것이다. 그러나 우리를 창조하신 분과 구주에 대한 우리의 적대감은 지옥이 여전히 현실적인 가능성이라는 것을 의미한다. 왜냐하면 그것은 궁극적으로 우리 자신의 몫이기 때문이다. 인간의 완악한 적대감이 지옥을 있게 만드는 것이다.

속죄와 공동체. 그러나 이러한 고찰들을 통해서 우리는 아직 속죄의 핵심에 다가가지 못했다. 우리의 신학의 다른 차원들에서와 마찬가지로 그리스도의 속죄 사역에 대한 우리의 이해도 하나님의 전체적인 목적에 관한 성경의 전망으로부터 나와야 한다. 우리는 본서에서 하나님이 자신의 통치를 의미하는 종말론적 공동체를 세우고자 하신다는 것을 거듭거듭 분명하게 말해 왔다. 이 종말론적 공동체에서의 교제는 구속받은 피조 세계 안에 거하면서 우리의 구속주 — 삼위일체 하나님 — 의 임재를 누리는 구속받은 인류를 포괄한다. 기독론은 이러한 전망 속에서 예수의 역할을 설명한다. 우리 구주는 자신의 구속 사역을 통해서 하나님의 종말론적 공동체의 계시자, 건설자, 창시자가 되셨다.

예수의 속죄 사역은 계시자(revealer)로서의 그의 역할로부터 생겨난다. 우리는 예수의 신성과 인성에 관한 연구를 통해서 우리 주님은 하나님의 본성과 인간의 삶을 위한 하나님의 계획을 계시하신다는 결론을 내렸다. 예수는 영원한 공동체(사회적 삼위일체)이신 하나님을 계시하고, 인간의 실존을 위한 하나님의 의도, 즉 공동체 속에서의 삶을 계시한다. 또한 예수는 그의 삶과 가르침을 통해서 하나님의 본성과 의도를 드러내셨다고 우리는 앞서 말한 바 있다. 나사렛 예수는 삶의 신적인 원칙, 즉 아버지께 순종하고 이웃들을 위하여 사는 것이 하나님의 통치를 이루는 공동체로 나아가는 참된 길이라는 것을 몸소 실천하셨다. 그러나 예수의 계시는 그의 죽음에까지 확대된다. 사실 부활이라는 관점에서 보면, 십자가는 예수의 삶 전체의 절정의 순간에 해당한다. 왜냐하면 십자가는 그의 가르침의 가장 장엄한 실물 교육이기 때문이다. 우리 주님이 그의 가르침을 통해서 모범을 보여 주셨던 것 — 완전한 공동체는 자신의 생명을 내어주는 데 있다는 것 — 을 그의 죽음은 영광스럽게 드러내준다.

예수는 공동체 속에서의 삶의 계시자일 뿐만 아니라 또한 그 공동체의 건설자(effector)이다. 우리가 참된 교제에 참여할 수 있는 길을 열어 주신 분으로서 우리 주님은 인간의 삶을 위한 하나님의 계획을 우리 가운데서 시작하신 분이다.

우리 주님은 그의 계시 사역에서와 마찬가지로 그의 삶과 가르침을 통해 이러한 역할을 수행하셨다. 예를 들면, 나사렛 예수는 제자들을 부르시고 열두 사도를 임명하신 것을 통해서 상징적인 하나님의 새로운 공동체를 모으셨다. 예수는 "세리들과 죄인들"과 함께 식사 교제를 하시고 특히 최후의 만찬을 통해서 하나님께서 우리 주님의 사역을 통하여 이미 세우기 시작하셨던 종말론적 공동체의 확장하는 성격을 보여 주셨다. 예수는 청중들에게 회개하고 복음을 믿음으로 하나님 나라에 들어갈 것을 촉구함으로써(막 1:15) 하나님의 공동체에 참여할 수 있는 토대를 닦아 놓으셨다.

이러한 행위들 속에 함축되어 있었던 바로 그것은 예수의 죽음을 통해서 명시적으로 드러나게 되었다. 특히 십자가를 통해서 예수는 하나님의 공동체의 건설자가 되었다. 공동체를 세움에 있어서 예수의 죽음의 역할을 이해하기 위해서, 우리는 십자가의 결과들을 소극적인 측면과 적극적인 측면으로 나누어 살펴볼 필요가 있다.

소극적인 측면에서 보면, 예수의 죽음은 자신을 주시는 이러한 행위를 통해서 우리가 인간의 실존을 위한 하나님의 계획에 참여하는 것을 방해하는 모든 것을 해체하였다는 점에서 공동체를 촉진시킨다. 구체적으로 말해서, 예수의 희생제사는 우리에 대한 하나님의 정죄를 불러일으키는 죄를 덮어 버리셨다. 그 결과 죄의 장벽은 더 이상 우리가 하나님과 화목을 누리는 것을 방해할 수 없다. 게다가 예수는 우리를 지배하고 있던 이질적인 세력들을 권좌에서 쫓아내 버리셨다. 이 세력들은 그들의 실제적인 힘을 박탈당함으로써 더 이상 우리를 종으로 삼아 묶어 둘 수 없게 되었다: 그들은 우리가 하늘에 계신 아버지께로 돌아가는 것을 막을 수 없다. 예를 들면, 죄의 권세와 마귀는 더 이상 우리의 충성을 요구할 수 없고, 따라서 우리를 하나님과의 적대 관계 속에 그대로 붙잡아 둘 수 없다. 사망의 결과들에 대한 두려움 또는 그 어떤 적대적이고 광범위한 세력도 이제 하나님과 그의 사랑으로부터 우리를 떼어놓을 수 없다(롬 8:38-39).

우리가 하나님께로 나아가는 것을 방해하는 것들을 제거하신 것과 더불어, 예수의 죽음은 하나님께서 세우고자 하셨던 공동체 자체를 촉진시킨다. 우리의 구주는 우리를 하나님의 원수로부터 친구로 변화시키기 위한 대가를 친히 짊어지심으로써 하나님과의 교제를 향한 길을 열어놓으셨다.

적대 관계의 종식은 결코 어떤 대가 없이 이루어진 것이 아니다. 이러한 대가들 가운데는 갈등을 끝내기 위하여 하나님께서 먼저 나서서 조치를 취하신 대가를 지불하신 것도 포함된다. 하나님은 그리스도 안에서 피조물 속의 적대 관계를 끝내고 모두가 누리기를 원하셨던 교제를 다시 새롭게 하기 위하여 먼저 자발적으로 나서서 조치를 취하셨다. 하나님의 통치의 전령사이자, 자신의 죽음을 통해서 이룬 구원을 선포하는 자로서 우리 구주는 하나님께서 화해를 추구하시면서 치러야 했던 대가를 몸소 짊어지셨다.

또한 예수는 죽음에서 절정에 이른 자신의 삶을 통하여 우리에게 생명의 길을 가리켜 주시는 대가를 치르셔야 했다. 하나님 자신이 성육신한 삶을 통해서 삶의 신적인 원칙과 신적인 삶의 원칙을 인간의 역사 속에서 직접 사심으로써, 우리로 하여금 그 삶에 관하여 알게 하시고 자발적으로 참여하게 하셨다.

무엇보다도 화목을 위한 대가는 깨어진 관계가 낳은 고통과 적대감을 담당하는 것을 포함한다. 우리의 죄와 실패는 하나님과 우리의 적대 관계로 인하여 하나님의 피조물에게 커다란 해악을 가하였고, 창조주 하나님께 큰 고통을 안겨 주었다. 예수 안에서 하나님은 친히 화해를 이루기 위하여 그 상처를 기꺼이 담당하셨다. 그러나 이러한 엄청난 고통을 담당하신 일은 어떻게 일어났는가?

신학자들은 흔히 그리스도께서 십자가 위에서 하나님께 버림받는 체험을 통해서 소외를 맛보심으로써 우리가 화해를 누리게 되었다고 말한다.[41] 육신이 되신 말씀의 성육신한 삶 속에서 우리는 성자 하나님이 인간의 죄의 결과들을 스스로 짊어지시는 것을 본다. 그 결과 인간의 타락으로부터 유래한 모든 고통 ― 우리가 가하는 고통이든 우리가 겪는 고통이든 ― 은 더 이상 피조물과 창조주 사이의 참된 교제, 그리고 그 연장선상에서 우리들 사이에서의 참된 교제의 길을 방해하지 못한다. 그러나 이러한 고찰로는 십자가의 역동성의 온전한 신비를 다 설명하지 못한다. 예수께서 하나님께 버림받는 일을 담당하신 것은 성자와 아울러 성부에게도 영향을 미쳤다. 성자가 아버지를 상실한 것은 곧 성부가 아들을 상실한 것이기도 했기 때문이다. 이런 식으로 십자가는 인간의 죄로 인한 고통이 하나님의 심장으로 뚫고 들어간 것을 의미하였다. 하나님에 대한 우리의 적대감의 결과들은 예수와 성부 하나님 사이의 관계를 차단하였고, 이로 말미암아 우리는 성부와 성자의 영원한 관계에 참여할 수 있게 되었다. 앞으로 제4부에서 보게 되겠지만, 성령은 우리 안에 이러한 교제를 세우신다. 그러므로 성령은 그러한 관계의 영이자 삼위일체 하나님과 우리의 관계의 영이다. 우리 하나님과 구주의 사랑이 얼마나 크신가!

마지막으로, 공동체를 세우시려는 하나님의 계획 속에서 예수는 단순히 계시자이자 건설자인 것만이 아니라 창시자(originator)이기도 하다. 우리 주님은 인간의 새로운 교제의 토대와 원천을 이루면서 그 교제의 시작에 서 있다. 예수께서

---

41) 예를 들면, Jürgen Moltmann, *The Crucified God*, trans. R. A. Wilson and John Bowden, second edition(New York: Harper and Row, 1974), 145-53을 보라.

시작하신 이 새로운 공동체적 실체는 교회, 즉 하나님의 종말론적 공동체의 선구적인 집단이다(제5부의 주제). 예수의 삶 전체, 죽음, 부활은 이 선취적(proleptic) 공동체, 하나님의 나라에서의 영원한 교제의 맛보기를 창시하기 위한 사역이었다. 예수는 그의 영광스러운 재림을 통해서 온전한 종말론적 공동체를 세우심으로써 창시자로서의 자신의 역할을 완성하실 것이다(제6부의 주제). 그 위대한 날이 이르기까지 부활하신 주님은 교회 속에서의 지속적인 임재, 그의 영에 의해서 매개된 임재를 통해서 공동체의 삶의 창시자로서의 자신의 기능을 계속하실 것이다(이 주제는 성령론으로 이어진다).

그리스도의 대속. 속죄의 역학에 관한 이러한 이해는 마지막 문제, 즉 그리스도의 대속의 성격을 살펴볼 수 있는 배경을 제공해 준다. 신약성서는 예수의 죽음이 대속적인 것이라고 가르친다: 예수는 우리를 위하여 죽으셨다(갈 1:4; 고후 5:21; 엡 5:2; 히 9:28). 그러나 예수는 어떤 의미에서 우리의 대속물인가? 예수의 사역의 이러한 측면을 이해하기 위해서, 우리는 우리의 죄를 위한 대속물로서의 예수의 행위와 우리의 죽음을 예수께서 죽으신 것을 구별하여야 한다.

신약성서는 예수는 우리의 죄를 위한 대속적인 희생 제물이었다고 가르친다. 앞에서 살펴보았듯이, 구주는 우리의 죄를 짊어지셨고 — 즉, 우리의 대속물이 되셨고 — 그 결과 죄의 혹독한 결과들이 더 이상 우리에게 임할 수 없다. 이 행위는 인간의 실패로 인한 모든 부정적인 결과들이 한순간에 아무런 작용도 할 수 없게 되어 버렸다는 것을 의미하지 않는다. 사실 우리들 각자, 그리고 우리 모두, 심지어 피조물 자체도 계속해서 우리의 개인적이고 집단적인 죄의 많은 결과들로 인해서 고통을 겪고 있다. 속죄는 우리가 더 이상 죄의 궁극적인 결과들을 짊어질 필요가 없다는 것을 의미한다. 예수는 우리의 화목 제물이시기 때문에, 죄가 위협하는 영원한 소외 — 하나님의 종말론적 공동체로부터의 분리 — 가 무력화되었다. 아울러 우리가 종말론적 공동체에 참여할 것이라는 관점에서 보면, 예수의 희생제사는 죄의 효과들에 대한 우리의 현재적 체험들을 상대화시키고 일시적인 것으로 만들어 버린다.

바울에 의하면, 죄의 영속적이고 끔찍한 결과는 사망이다(롬 6:23). 그러므로 예수께서 인간의 죄의 영원한 결과들을 짊어지셨다는 주장은 자연스럽게 예수의 죽음은 우리의 대속(代贖)이라는 결론으로 이어진다. 예수는 어떤 의미에서 우리를 위하여 죽음을 맛보신 것이고, 따라서 우리는 죽을 필요가 없게 된 것인가? 최근에 볼프하르트 판넨베르크(Wolfhart Pannenberg)와 도로시 죌레(Dorothy Soele)를 비롯한 몇몇 신학자들은 "배타적 대속"(exclusive substitution)과 "포괄적 대속"(inclusive substitution)이라는 유익한 구별을 도입하였다.[42] 우리를 위한 예수의 죽음은 우리의 참여를 배제하기 때문에, 우리는 더 이상 죽을 필요가 없는 것인가(배타적 대속)? 아니면, 예수의 죽음은 우리가 죽을 것이지만 우리의 죽음은 그 속에 예수께서 참여하심으로 말미암아 변화된다는 것을 의미하는가(포괄적 대속)?

대속의 이 두 측면은 모두 옳지만, 각각은 자신의 적절한 맥락 속에서 옳다. 영원한 사망 — 하나님의 종말론적 공동체로부터의 소외 — 과 관련해서 예수의 희생제사는 우리가 더 이상 예수께서 우리를 위하여 짊어지신 것을 직접 겪을 필요가 없다는 것을 의미한다(배타적 대속). 십자가 위에서 예수는 우리를 위하여 하나님께 버림받으셨고, 따라서 우리는 하나님과 영원한 교제를 누릴 수 있게 되었다. 그러나 일시적이긴 하지만 좀 더 직접적인 현실 — 육체적 죽음 — 과 관련해서는 우리 구주의 사역은 우리가 육체적으로 결코 죽지 않을 것이라는 것을 의미하지 않는다. 그럼에도 불구하고 여기에서조차 예수는 여전히 우리의 대속물이다. 예수는 우리의 사망 체험을 변화시키기 위하여 우리를 대신하여 죽음을 통과하셨다(포괄적 대속). 우리는 죽을 것이다. 그러나 그리스도께서 우리를 위하여 죽으셨기 때문에, 우리는 이 악한 원수조차도 "우리를 우리 주 그리스도 예수 안에 있는 하나님의 사랑에서 끊을" 수 없다(롬 8:38-39).

그리스도의 후속 사역

우리는 예수께서 이루신 소명과 구주께서 우리에게 주신 속죄를 살펴보았다. 우리의 기독론은 부활하신 주님으로서의 예수의 후속 사역에 대한 짤막한 요약으로 끝난다.

---

[42] Pannenberg가 이 용어를 사용하는 것에 관한 논의에 대해서는 Stanley J. Grenz, *Reason for Hope: The Systematic Theology of Wolfhart Pannenberg*(New York: Oxford University Press, 1990), 121-22, 127-28을 보라.

승귀

예수의 현재적 사역에 관한 우리의 결론들을 위한 토대는 예수의 이야기 속에서 아직 얘기되지 않은 사건, 즉 승귀(exaltation, 높이 들리우심)에 있다. 많은 현대의 성서학자들은 주님의 승천에 관한 누가의 묘사를 적대적으로 다루거나 거의 무시하는 경향을 보여 주었다. 그럼에도 불구하고 우리는 예수께서 아버지의 우편으로 높이 들리우셨다는 말씀을 신약성서의 기독론의 주변적인 것으로 치부해 버릴 수 없다. 초대 교회에서 높이 들리우신 그리스도에 관한 선포는 분명히 변증과 가르침에서 한 몫을 했다(행 2:33; 히 1:3-4). 이 사건은 예수의 완료된 사역으로부터 그의 후속적인 사역으로 넘어가는 연결고리 역할을 하기 때문에 신학적인 의미를 지닌다.

승귀가 이러한 연결고리 역할을 하는 것은 예수의 이야기가 그 끝이 열려 있기 때문이다. 예수의 삶, 죽음, 부활은 인간 역사에서 일어난 사건들이기 때문에, 우리는 그러한 사건들을 과거의 일로서 말하는 것이 당연하다. 그러나 그리스도의 선재(先在)에 관한 논의에서 보았듯이, 나사렛 예수의 이야기는 성주간(Holy Week)으로 끝나지 않는다. 오히려 부활하신 주님으로서 예수는 지금도 살아계시고, 다시 오실 인자로서 예수의 이야기는 종말까지 계속될 것이다. 따라서 신약성서는 예수의 완료된 사역과 더불어 우리로 하여금 예수의 현재적 사역과 미래적 사역에 관하여 말하지 않을 수 없게 만든다.

예수의 현재적·미래적 사역

승천은 예수의 현재적 사역의 출발점이다. 그리고 승천은 우리를 위한 예수의 미래적 사역을 위한 무대를 설정하는 역할을 한다.

예수의 현재적 사역. 예수의 현재적 사역에서 중심적인 것은 그의 백성을 위한 중보 기도이다(롬 8:34; 히 7:25; 요일 2:1). 높이 들리우신 분으로서 그리스도는 우리의 변호자, 즉 하늘에 계신 아버지께 우리의 사정을 아뢰는 분이다.

우리는 중보 기도를, 승천한 날로부터 시작된 예수의 활동의 새로운 차원으로 보아서는 안 된다. 도리어 승천 이후의 예수의 지속적인 변호자적 역할은 그의 완료된 사역의 직접적인 결과이자 그 산물이다. 예수는 십자가 위에서의 그의 희생 제사가 인간의 죄를 덮었기 때문에 우리를 위하여 중보 기도하신다. 또한 예수께서 우리를 변호하시는 사역은 지상적 예수의 기도의 삶의 결과이다. 주님은 이 땅에 머무시는 동안에 열두 제자를 위해서만이 아니라 "그들의 말로 말미암아 나를 믿는 사람들"(요 17:20)을 위해서도 아버지께 간구하셨다. 우리의 높이 들리우신 주님은 지금도 하늘에서 우리를 위하여 간구하심으로써 바로 그 사역을 계속하고 계신다.

하나님의 백성으로서의 우리의 기도 체험은 우리의 변호자이신 주님의 중보 기도와 결합되어 있다. 우리는 예수께서 우리에게 남겨주신 기도의 본을 포함한 지상적 예수의 모범을 본받아야 하기 때문에(마 6:9-13), 우리의 기도는 예수께서 역사 속에서 기도하신 것의 연장이 된다. 우리가 예수의 이름으로 의식적으로 기도하고자 하고 성령의 감동을 받아 "아바" — 우리의 사랑하시는 하늘에 계신 아버지 — 이신 하나님께 나아가고자 할 때, 우리의 기도는 예수께서 우리의 변호자로서 아버지와 함께 계시는 것의 연장이 된다.[43]

높이 들리우신 주님은 우리의 변호자로 활동하는 것과 아울러 그의 교회를 지도하신다. 승천은 예수의 부재(不在)의 시작이 아니다. 이와는 반대로 예수께서 첫 제자들에게 하셨던 약속대로(마 28:16-20), 승천이라는 사건은 부활하신 주님이 어느 곳에서든 자기 백성과 계속해서 성령을 통하여 함께 계실 수 있게 만들었다.

또한 높이 들리우신 주님은 우주의 주님으로서의 역할도 하신다. 교회에서의 임재와 마찬가지로 예수의 현재적 주권은 지금 하나님의 통치를 확장하기 위하여 일하고 계시는 성령에 의해서 전달된다. 현세에 있어서 그리스도의 주권은 비록 믿음의 눈에 의해서 인식된다고는 하지만 어쨌든 감추어진 현실이다.

예수의 후속 사역. 언젠가는 우리 주님의 현재적 사역이 우리의 관점에서 보면 아직 예수의 미래적 사역인 것을 통해서 절정에 이르게 될 것이다. 역사의 완성 때에 승천을 통해서 우주의 주님으로 등극하신 분은 만유의 주님으로 공개적으로 활동하실 것이다. 종말론적인 그 위대한 날에 성자는 삼위일체 하나님의 통치를 위한 자신의 사역을 완성하실 것이다. 그런 후에 성자는 왕권을 아버지께 다시 돌

---

43) Stanley J. Grenz, *Prayer: The Cry for the Kingdom*(Peabody, Mass.: Hendrickson, 1988), 15-18을 보라.

려 드리고, 하나님은 "만유의 주"가 되실 것이다(고전 15:24, 28).

기도를 위한 예수의 후속 사역의 함의

예수의 완료된 사역과 후속 사역이라는 구별은 우리가 어떤 의미에서 예수 그리스도에게 경배와 고백과 감사와 간구를 직접적으로 드릴 수 있는지를 이해할 수 있는 틀을 제공해 준다.

우리의 신학적 관심은 우리는 언제나 하나님의 계획 속에서 주님의 역할과 일치하게 기도해야 한다는 것이다. 이를 토대로 우리는 예수가 누구신가를 상기할 때에 성부 하나님께 경배를 드리는 것과 마찬가지로 기도 속에서 예수를 경배하는 것이 언제나 합당하다는 결론을 얻는다. 그러한 기도들은 그리스도의 사역에 의거하는 것이 아니다. 왜냐하면 그 기도들은 하나님의 아들로서의 예수의 영원한 실재와 예수께서 완전한 신성을 공유하고 계시다는 본질에 그 초점이 맞춰져 있기 때문이다. 또한 우리는 예수께 감사의 기도를 드릴 수 있다. 우리는 예수께서 행하셨고, 행하고 계시며, 앞으로 행하실 것에 대하여 감사를 표현할 수 있다. 또한 우리가 성자를 우리에게 보내주신 것에 대하여 하늘에 계신 우리 아버지께 감사하는 것도 중요하다.

우리가 기도를 통해서 예수께 죄를 고백할 수 있는지는 불분명하다. 우리 주님은 아버지께 우리를 변호하는 역할을 하신다는 점을 생각하면, 우리는 종종 예수께 죄를 고백하고자 하는 마음이 들 수도 있다. 그러나 아울러 죄는 언제나 우리 아버지 하나님에 대한 것이고, 하나님이 우리로 하여금 누리기를 원하시는 교제를 파괴하는 것이고, 하나님은 죄를 사하시는 분이다. 그러므로 일반적으로 우리의 죄를 하나님께 고백하는 것이 낫다고 본다.

우리의 주요한 신학적 난점은 간구에 있다. 여기에서도 다시 한 번 우리의 관심은 기도를 통해 우리가 하는 말은 삼위일체 하나님의 각각의 위격의 기능과 일치해야 한다는 것이다. 이러한 원칙은 우리가 예수께는 그의 후속 사역에 속하는 그러한 요구들만을 해야 한다는 것을 말해준다. 우리는 예수께 우리의 변호자로서의 역할을 해달라고 간구할 수 있고, 예수께서 영광 중에 다시 오실 그날을 열망할 수 있다. 그러나 일반적으로 우리는 예수께서 친히 주기도문을 통해서 우리에게 가르치셨던 것처럼 "온갖 좋은 은사와 온전한 선물"의 원천이신 "하늘의 빛들의 아버지"께 우리의 간구를 드리는 습관을 들여야 한다(약 1:17).

예수의 승천은 그의 후속 사역을 위한 길을 열어 놓았다. 예수께서 높이 들리우신 주님으로서 세상에 임재해 계시다는 것과 예수께서 장차 다시 오실 것이라는 것에 대한 우리의 고찰은 우리로 하여금 성령을 살펴보지 않을 수 없게 만든다. 성령은 우리 가운데 그리스도의 임재를 매개해 주고, 언젠가는 우리 주님의 재림을 통해서 하나님의 계획을 완성시키실 것이다. 그러므로 승천은 우리를 기독론을 넘어서서 성령론으로 향하게 만든다.

제 4 부

성령론

성경은 하나님의 창조의 목적을 성취함에 있어서 삼위일체 하나님의 활동을 이야기한다. 이 이야기는 죄악된 인간에게 구원을 가져다주는 하나님의 활동에 초점을 맞추고 있다. 성경의 드라마에 대한 우리의 조직신학적인 성찰은 창조와 구원의 토대인 성부 하나님으로부터 시작하였다. 그런 다음에 우리는 그리스도 예수 안에 성육신 된 성자 하나님에게로 옮겨가서, 삼위일체 하나님의 화해 사역 및 공동체를 세우는 사역에 있어서의 성자 하나님의 역할에 관하여 말하였다. 이 나사렛 사람 예수의 삶, 죽음, 부활 속에서 우리는 하나님이 세상을 자기와 화목케 하시는 것을 발견한다. 그러므로 예수는 하나님의 본성과 우리를 향하신 의도를 계시한다.

이제 삼위일체 중 제3위인 성령에게로 우리의 관심을 돌릴 차례이다. 기독론을 다루는 단원에서 예수의 정체성과 사역에 관심을 가졌던 것과 마찬가지로, 이 단원에서도 우리는 성령의 정체성과 사역에 관심을 갖는다. 그러나 우리는 각각의 주제에 할애할 논의의 분량을 기독론에서와는 반대로 하여야 한다. 기독론에서는 예수는 누구인가에 관한 논의가 가장 큰 문제였던 반면에, 성령론에서는 성령의 사역이 가장 중요한 문제가 된다.

하나의 짤막한 장을 통해서 우리는 성령의 정체성을 규정한 다음에(제13장), 성령의 사역에 대한 서술로 넘어가고자 한다. 성령의 사역은 두 가지 기본적인 차원을 포괄한다. 우리는 성경 속에서의 성령의 사역이라는 주제 아래에서(제14장) 성경에 관한 전통적인 가르침(성경론)을 탐구할 것이다. 성령의 사역의 두 번째 차원인 구원 속에서의 성령의 사역(구원론)은 우리가 서술하는 조직신학의 나머지 부분을 포괄할 것이다. 성령론이라는 단원에서 우리는 구원론의 오직 한 측면,

즉 개인 구원에 있어서의 성령의 사역만을 자세하게 다룰 것이다. 우리의 논의는 두 부분으로 이루어지는데, 먼저 개인 구원의 계시 또는 회심(回心)을 다루고(제15장), 다음으로 지속적인 구원 과정 또는 성화(聖化)를 다루게 될 것이다(제16장).

제 13 장

성령의 정체성

> 보혜사 곧 아버지께서 내 이름으로 보내실 성령 그가 너희에게 모든 것을 가르치고 내가 너희에게 말한 모든 것을 생각나게 하리라. — 요한복음 14:26

과거에는 성령은 삼위일체 중에서 미지(未知)의 위격이었다. 조지 헨드리 (George S. Hendry)는 이러한 상황을 정확하게 다음과 같이 지적하였다: "성령에 관하여 글을 쓰고자 하는 사람들은 오늘날 교회의 사고와 삶 속에서 이 교리를 경시하고 있는 현실을 개탄하는 것으로써 글을 시작하는 것이 거의 관행처럼 되어 왔다." 헨드리에 의하면, 이렇게 성령론을 경시하게 된 주된 이유는 성령론 자체에 있다. 왜냐하면, "성령론은 우리의 생각을 곤혹스럽게 만들고, 그 어떤 책도 아직까지 극복해 낼 수 없었던 수많은 난점들과 모호한 것들로 가득 차 있기" 때문이다.[1]

헨드리가 1950년대에 이런 말을 한 이후로, 교회는 성령에 대한 유례 없는 관심의 폭발을 목격해 왔다. 성령에 대한 관심은 과거에는 테르툴리아누스 시대의 몬타누스주의자들, 급진적인 종교개혁을 시도한 "열광주의자들," 1900년대 초기의 오순절과 같은 주변 집단들의 영역이었다. 그러나 오늘날 수많은 교단들에 속한 그리스도인들은 성령을 알고자 하고 자신의 것으로 적절하게 소화해내고자 한다. 거의 모든 개신교 전통의 교회들과 심지어는 로마 가톨릭 교회에 속한 신자들까지도 "성령 세례"를 받았다고 주장한다.

성령에 대한 관심의 고조는 신학자들에게도 마찬가지로 밀려 왔다. 하나님을

---

1) George S. Hendry, *The Holy Spirit in Christian Theology*, revised and enlarged edition (Philadelphia: Westminster, 1965), 11.

절대 정신(the Absolute Spirit)이라고 말하며 강조했던 헤겔을 연상시킬 정도로, 폴 틸리히(Paul Tillich)는 그의 「조직신학」(Systematic Theology) 제3권에서 우리의 삶을 이해하는 데 성령이 중요하다는 것을 강조함으로써 새로운 신학적 과제를 제시하였다.[2] 곧 이어서, 위르겐 몰트만(Jürgen Moltmann)[3]과 볼프하르트 판넨베르크(Wolfhart Pannenberg)[4] 같은 사상가들은 틸리히의 도전을 이어받아서 성령의 정체성을 파악하는 새롭고 창조적인 방법들을 추구하였다. 수많은 사상가들이 애타게 기다리고 있는 성령론에 관한 결정적인 글은 아직 출현하지 않았다. 그렇지만 신학자들은 더 이상 성령에 관하여 말하는 것을 회피하지 않는다. 과거에 신학의 주제로서 냉대를 받아왔던 성령론은 이제 수많은 사상가들이 성령의 정체성을 밝혀내려고 씨름하면서 조직신학의 중심적인 주제로 다시 부상하였다.

그렇다면 과연 성령은 누구(또는 무엇)인가? 복음주의자들은 흔히 성령에 대한 그들의 이해를 서술함에 있어서 단순한 접근 방법을 사용한다. 그들은 성령론을 두 가지 질문을 중심으로 서술한다: 성령은 완전한 하나님인가, 아니면 성부 하나님보다 못한 존재인가? 성령은 완전한 인격인가, 아니면 단순히 비인격적인 힘인가? 이 고전적인 방법론을 신봉하는 사람들은 이러한 질문들에 대하여 성령이 하나님이라는 것과 인격을 지니고 있다는 것을 보여 주는 성경의 증거들을 가지고 대답한다. 이 두 가지 증거를 한데 합치면, 성령은 삼위일체 중의 제3위라는 신학적 결론이 도출된다.[5]

성령의 정체성을 서술하려는 우리의 시도는 이러한 접근 방법과는 좀 차이가

---

2) Paul Tillich, *Systematic Theology*, three volumes (Chicago: University of Chicago Press, 1963), 3:11-282.

3) 예를 들면, Jürgen Moltmann, *The Spirit of Life: A Universal Affirmation* (Minneapolis: Fortress, 1992)을 보라.

4) Wolfhart Pannenberg, "The Spirit of Life," in Wolfhart Pannenberg, *Faith and Reality*, trans. John Maxwell (Philadelphia: Westminster, 1977).

5) 이 방법론의 예로는 Millard J. Erickson, *Christian Theology* (Grand Rapids: Baker, 1985), 3:857-62를 보라(「복음주의 조직신학」: 크리스챤다이제스트). 또한 좀 더 간략한 것으로는 Bruce Milne, *Know the Truth* (Downers Grove, Ill.: InterVarsity, 1982), 176-77을 보라(「복음주의 조직신학 개론」: 크리스챤다이제스트).

있다. 우리도 성령은 구별되는 인격을 지니고 있고, 성부 및 성자와 합하여 한 분 하나님이라는 실체를 이룬다는 성령의 정체성에 대한 이해를 받아들일 것이다. 그러나 우리의 시도의 토대를 이루는 것은 삼위일체 교리로 귀결된 구원사 속에서의 성령의 기능들에 대한 연구가 될 것이다. 이러한 거점을 확보한 후에, 우리는 그 다음으로 삼위일체 하나님이라는 맥락 속에서의 성령에 대한 이해를 그려 나갈 것이다.

성령과 구원사

사도신경의 세 번째 조목을 이루는 간단한 말들은 삼위일체의 제3위에 대한 교회의 신앙고백을 집약적으로 표현해 주고 있다: "성령을 믿사오며." 성부 및 성자와 마찬가지로 성령은 완전한 인격이며 완전한 하나님이다. 아울러 성령은 역사 및 신앙 공동체의 삶 속에서의 하나님의 사역에 있어서 성부 및 성자와 동등하다.

우리는 제2장에서 카파도키아의 교부들에서 절정에 이르는 수많은 사상가들의 글들의 영향 아래에서 교회가, 우리의 하나님은 하나의 신적인 본성 속에서의 세 위격이라는 결론을 내리게 되었다는 것을 살펴본 바 있다. 삼위일체 교리에 함축되어 있는 것은, 성령은 완전한 하나님이고 완전한 인격이라는 신앙이다. 그렇지만 교회의 이러한 고도(高度)의 성령론은 성경의 하나님의 백성 자신들로부터 시작된 오랜 투쟁의 산물이었다. 성령의 신성과 인격성에 대한 그리스도인들의 신앙고백은 이스라엘 및 초대 교회 속에서의 하나님과 그의 백성 간의 여러 세기에 걸친 만남의 산물이었다. 요컨대, 구원사 속에서 성령에 대한 체험이 계속되면서 성령의 정체성에 대한 인식의 성숙을 가져왔다는 말이다.

성령의 정체성에 대한 우리의 성찰들도 성경 시대 자체의 특징을 이루고 있던 점진적인 계시라는 접근 방법을 따라야 한다. 따라서 우리는 성경의 서사(敍事)를 통하여 성령의 발자취를 다시 추적함으로써 성령의 정체성에 대한 탐색을 시작하고자 한다. 오직 그럴 때에만 우리는 삼위일체 하나님 속에서의 성령의 위치를 제대로 이해할 수 있다.

성령과 구약 시대

히브리인들은 현재의 우리처럼 삼위일체론자들이 아니었다. 구약성서는 삼위일체 교리가 전제하고 있는 복잡한 성령론을 전개하지 않는다. 그럼에도 불구하고 옛 글들은 이스라엘에 하나님의 영에 대한 심오한 인식이 존재했다는 것을 증거하고 있다.

구약에 나타난 하나님의 영. 신론(제3장)을 다룰 때에 우리가 지적했듯이, 영을 가리키는 히브리어 '루아흐'(ruach)는 신학적인 중요성을 지닌다. 이 단어의 근저에는 "바람"(창 8:1; 출 10:13), 그러니까 "숨 또는 호흡"(겔 37:1-10)이라는 개념이 있다.[6] 고대인들은 숨과 생명의 밀접한 연관성을 잘 알고 있었다. 숨쉬는 것은 생명이 붙어 있다는 증거였고, 숨이 멈췄다는 것은 생명이 다하였다는 것을 의미하였다. 따라서 이러한 기본적인 의미로부터 루아흐가 생명체 속에 있는 생명의 원리를 가리키는 용법이 생겨났다(창 6:17; 7:15, 22). 히브리인들은 모든 피조된 생명의 근원은 하나님께 있다고 믿었기 때문에, 루아흐는 생명을 창조하고 지탱해 주는 신적인 힘을 가리키기도 하였다. 이런 의미에서 이 용어는 신적인 생명 및 하나님의 생명의 수여와 밀접하게 결부되게 되었다.

생명을 주시는 하나님의 힘이라는 개념은 구약성서 기자들로 하여금 하나님이 그의 목표들을 이루기 위하여 보내는 하나님의 영에 관하여 말하지 않을 수 없게 하였다. 이런 의미에서 성령은 세계 속에서 활동하는 하나님의 힘이다. 하나님의 영이 자연 속에 임재해 있다는 것은 하나님의 내재성(內在性)라는 관념을 시사해 주는 것이기도 했지만, 하나님이 그의 영을 보내셨다는 개념은 구약성서 기자들에게 하나님의 초월성(超越性)이라는 개념도 상기시켜 주었다. 그들은 초월적인 하나님이 성령으로서 예측할 수 없는 방식으로 자연 질서 속으로 들어왔다고 느꼈다. 마찬가지로 하나님은 성령이라는 은혜로운 선물을 다시 거두어 가실 수 있었다. 따라서 아이히로트(Eichrodt)가 지적했듯이, 히브리인들은 인간을 영원하신 하나님으로부터 분리하고 있는 건널 수 없는 간격을 인식하였다(창 6:1-4).[7]

그러므로 성령은 궁극적으로 하나님을 준거로 삼았다. 예를 들면, 이사야는 보

---

[6] 예를 들면, Friedrich Baumgaertel, "pneuma ...: Spirit in the OT," in the *Theological Dictionary of the New Testament (TDNT)*, ed. Gerhard Kittel and Gerhard Friedrich, trans. Geoffrey W. Bromiley (Grand Rapids: Eerdmans, 1968), 6:359-62.

[7] Walther Eichrodt, *Theology of the Old Testament*, trans. J. A. Baker, two volumes (Philadelphia: Westminster, 1967), 2:49 (「구약성서신학」: 크리스챤다이제스트).

호의 유일한 원천이신 하나님과 인간의 군대를 대비시킴으로써 이러한 연관성을 표현하였다: "애굽은 사람이요 신이 아니며 그들의 말들은 육체요 영이 아니라"(사 31:3). 오직 하나님만이 영이라고 이 선지자는 주장하였다.

성령과 하나님의 이러한 연관성 때문에, 구약성서 기자들은 하나님의 영을 하나님과 밀접하게 결부시켰다. 이사야는 그의 청중들에게 "누가 여호와의 영을 지도하였으며 그의 모사가 되어 그를 가르쳤으랴"(사 40:13)라고 반문하였다. 성령은 이해불가능한(인간의 이해를 뛰어넘는) 분으로서의 하나님이다. 그러므로 구약성서 기자들은 성령을 하나님의 자기 지식이라고 생각하였다(또한 고전 2:10-12을 보라). 마찬가지로 시편 기자는 하나님을 찬송하면서 "내가 주의 영을 떠나 어디로 가며 주의 앞에서 어디로 피하리이까"(시 139:7)라는 수사학적 질문을 제기하였다. 이 본문에서 하나님의 영은 편재(遍在)하시는 하나님을 가리킨다: 하나님의 영은 그의 피조물에서 하나님의 보편적 임재를 전달한다. 또 다른 대목에서 시편 기자는 하나님의 영은 이스라엘이 광야에서 반기를 들었던 바로 그분이었다고 밝힌다(시 106:33).

하나님에 맞서 범죄하였다는 개념은 삼위일체의 제3위에 대한 일반적인 호칭인 성령, 곧 거룩한 영이라는 말을 낳았다. 그러나 이 어구는 구약성서에서 아주 드물게 나오고, 그리고 언제나 인간의 죄와 결부되어 등장한다(시 51:11; 사 63:10-11). 이러한 본문들 속에서 "거룩한"이라는 단어는 두 단어로 이루어진 복합명사의 첫 번째 부분이라기보다는 형용사에 가깝다. 인간의 죄악성에 대비되는 도덕적 거룩함을 지닌 하나님의 영이라는 의미이다.

밧세바와 동침한 후에 다윗은 "나를 주 앞에서 쫓아내지 마시며 주의 성령을 내게서 거두지 마소서"(시 51:11)라고 울부짖었다. 과거에 사울로부터 성령이 떠나간 것을 잘 알고 있었던 다윗은 자신의 범죄로 말미암아 자기도 동일한 운명을 맞을까봐 걱정이 되었다. 그는 하나님의 영은 거룩하기(도덕적으로 올바르기) 때문에 자신의 죄로 인해서 성령에 의해서 전달된 하나님의 임재가 거두어지는 결과가 초래될까봐 겁이 났던 것이다.

하나님의 영을 말하고 있는 본문들은 고대 히브리인들이 하나님과 그의 영을 구별하였다는 것을 잘 보여 준다. 그러므로 하나님의 영에 대한 구약성서의 개념은 성경에 나타난 완전한 성령론, 그리고 결국 삼위일체 교리를 탄생시킨 점진적인 계시 속에서 첫 번째 단계에 해당한다.

구약성서에 나타난 하나님의 영의 기능들. 고대 히브리인들은 삼위일체라는 하나님의 실체에 대하여는 온전히 알지 못했지만 하나님의 영에 대해서는 인식하고 있었다. 그들은 성령이 창조 및 하나님의 백성의 삶 속에서 몇몇 중요한 기능들을 수행하는 것으로 이해하였다.

구약성서 기자들은 창조 속에서의 성령의 역할을 성령의 활동의 모든 차원들의 토대로 보았다. 그들은 하나님의 영을 무엇보다도 창조자 성령으로 알았다. 성령은 하나님의 창조 활동의 대리인이자 하나님이 세상을 붙드실 때에 사용하는 대리인이다.

첫 번째 창조 기사는 성령과 창조의 연관성을 증거한다. 하나님이 창조의 말씀들을 발하기 전에, 하나님의 영이 "수면 위에 운행하셨다." "숨"과 "성령"의 연관 관계를 은연중에 암시하는 가운데, 시편 기자는 하나님의 코에 있는 숨이 창조의 효과를 실어 나른 것으로 묘사하였다(시 18:15). 두 번째 창조 기사에 의하면, 하나님의 숨쉬는 행위가 최초의 인간에게 생명을 주었다(창 2:7). 이 본문에서 화자는 '루아흐'(ru'ach)가 아니라 '네페쉬'(nephesh)와 관련된 용어들을 사용하였다. 그렇지만 우리는 성령의 존재가 인간 생명에 있어서 필수불가결하였다는 것을 분명하게 보여 주는 다른 구절들에 비추어 이 본문을 읽지 않으면 안 된다(창 6:3; 전 12:7).

구약성서 기자들은 몇 차례에 걸쳐 성령을 생명을 지탱시키는 존재라고 말한다. 그들은 자연을 붙들고 있는 성령의 활동을 잘 알고 있었다. 하나님이 성령을 거두어 가시면, 피조물들이 죽고, 하나님이 그의 영을 보내시면, 땅은 새롭게 된다(시 104:29-30; 사 32:15). 무엇보다도 그들은 성령의 임재가 인간의 생명을 유지시킨다는 것을 알고 있었다(창 6:3; 욥 27:3; 34:14-15). 그러므로 모든 생명체들은 하나님의 영의 사역 덕분에 그들의 실존을 유지할 수 있다.

앞으로 보게 되겠지만, 창조에서의 성령의 역할은 신학적으로 중요한 함의(含意)들을 지닌다.

성령은 창조에서 하나님의 대리인으로 기능할 뿐만 아니라, 구약성서 기자들에 의하면, 성령은 몇몇 사람들의 삶 속에서 특별한 방식으로 활동한다. 성령은 특별한 임무들을 위해서 특정한 개인들에게 임하는 하나님의 초자연적인 권능이었다. 성령이 임함으로써 어떤 사람이 이미 지니고 있던 잠재력이 단순히 향상되는 경우도 있었고, 성령의 수여가 기예를 발휘하거나 예술 작품을 만드는 것과 같은 개인의 기술의 사용에 있어서 창의성을 높여주기도 하였으며(출 31:1-5; 35:31), 성령의 임재는 지도력의 행사를 수월하게 해주기도 하였다(삿 3:10; 6:34).

또한 성령은 실제로 초연자연적인 능력의 수여를 전달할 수도 있었다. 이러한 초자연적인 능력의 수여는 종종 엄청난 힘으로 표출되었다. 삼손은 성령이 임할 때마다 초인적인 물리적 힘을 행사하였다(삿 14:6, 19; 15:14). 다른 사람들, 특히 선지자들에게 성령은 탈혼 상태의 체험을 가져다주었다. 성령에 의해 압도된 그들은 초자연적인 직접 통제 하에 놓이게 된다(삼상 10:6, 10; 19:19-24) 그러나 일반적으로 성령의 임재는 선지자가 하나님을 대신하여 말하지 않을 수 없는 강제력을 느낀다는 것을 의미하였다(민 24:2-3; 대하 15:1-2).

어떤 형태를 취하였든, 성령의 임재는 성령을 받은 자에게 하나님이 명하신 임무를 완수하는 데 필요한 자원들을 제공하여 주었다. 하나님의 계획을 수행하는 데에는 인간의 능력이 아니라 하나님의 영이 필수불가결하였다(슥 4:6). 그러므로 성령의 임재는 두려움을 몰아내었고, 강력하고 용기 있는 행동을 북돋우었다(학 2:4-5).

왕정 시대는 성령의 수여에 대한 좀 더 제도화된 이해를 반영하고 있다. 이스라엘은 성령이 그들 가운데 임재하도록 하기 위하여 그들의 정치적·종교적 지도자들, 특히 왕, 제사장, 선지자들에게 의지하였다. 이러한 배경 속에서 몇몇 의식들이 좀 더 중요성을 얻게 되었다. 기름을 붓는 것은 성령의 임함을 상징하였다(삼상 16:13). 손을 얹는 것, 즉 안수는 성령을 한 사람으로부터 다른 사람에게로 이전시키는 것을 표상하였다(민 27:23; 신 34:9).

구약 시대 전체에 걸쳐서 성령의 임함과 권능의 수여는 언제나 일시적인 것이었다. 그 누구도 — 심지어 직임을 맡은 자들조차도 — 성령을 영구적으로 소유하고 있다고 생각할 수 없었다. 기름을 붓는 의식조차도 성령의 수여가 무한정으로 지속되리라는 것을 보장해 주지 못했다. 사울은 그 비극적인 한 예였다. 그의 불순종으로 말마암아 성령은 이 불운한 군주에게서 떠났다(삼상 16:14).

자신의 영을 통하여 하나님은 그의 계약의 백성과 함께하였다. 그렇지만 모든 사람이 하나님에 대한 직접적인 체험을 누린 것은 아니었다. 오히려 대부분의 이스라엘 사람들은 하나님의 임재의 공동체적인 차원만을 알고 있었을 뿐이다. 성령을 지닌 직분자들은 하나님의 임재를 그의 백성에게 중보하는 자의 역할을 수행하였다. 모세가 맡은 직임의 대표성과 어느 한 경우에 하나님이 성령을 장로들에게 나누어 주었을 때에 그것이 불러일으켰던 문제점(민 11:25)으로 인해서, 모세는 "여호와께서 그의 영을 그의 모든 백성에게 주사 다 선지자가 되게 하시기를 원하노라"(29절)라고 소리쳤다.

구약 성령론의 종말론적 차원. 결국 구약의 하나님 백성은 성령을 오직 부분적으로만 체험했다고 할 수 있다. 성령의 임재는 영구적인 것이 아니라 일시적인 것이었다. 또한 성령의 임재는 보편적인 것이 아니라 오직 소수만이 누린 선별적인 것이었다. 그리고 성령의 임재는 대체로 개개인이 아니라 하나님 백성 전체에 의한 공동체적인 것이었다.

성령에 대한 그들의 만족스럽지 못한 체험은 하나님의 백성 가운데에 장차 있을 더 좋은 날에 대한 소망을 불러일으켰다. 선지자들은 성령을 온전하게 체험하게 될 장차 도래할 시대를 예견하였다. 선지자들의 소망 속에는 유일무이한 방식으로 성령을 지니게 될 자가 오실 것이라는 기대도 포함되어 있었다. 그들은 성령의 충만함이 머물게 될 기름부음 받은 자를 기다렸다(사 42:1). 하지만 장차 이런 식으로 성령을 수여받는 것은 오로지 장차 오실 자뿐만이 아니었다. 오히려 그 반대로 메시야는 성령을 모든 하나님의 백성에게 부어줄 것이었다.

선지자들은 언젠가는 하나님이 그의 영을 이스라엘 집에 부어주실 것이라고 선포하였다(겔 39:29). 성령의 임재는 더 이상 선별적이지도 않을 것이고 단순히 공동체적이지도 않을 것이며 그들의 직분자들에 의해서 백성에게 중재되는 것이 되지도 않을 것이었다. 오히려 이스라엘 집에 성령이 부어지는 사건은 하나님의 임재를 보편적으로 체험하게 될 것임을 보여 주는 신호탄이 될 것이다(욜 2:28-29). 이제 각 사람은 하나님의 성령에 직접적으로 다가가게 될 것이다. 마찬가지로 성령은 더 이상 외적인 실체가 아니게 될 것이다. 드디어 하나님은 각 사람 속에 영속적으로 성령의 임재를 허락하심으로써 그의 백성과의 새로운 계약을 계시하실 것이다. 이제 더 이상 이스라엘에 선생은 필요없게 될 것이다. 왜냐하면, 하나님이 모든 사람의 마음에 그의 율법을 쓰실 것이기 때문이다(렘 31:31-34; 겔 36:25-38).

그러므로 구약 시대 동안에 성령은 종말론적인 방식으로 작용하였다. 성령의 임재에 대한 부분적이고 불만족스러운 체험은 하나님의 백성으로 하여금 장래에 관심을 돌리도록 만들었다. 그들은 현재의 맛보기식 체험이 온전한 현실로 바뀌게 될 위대한 새 날 — 하나님이 그의 영을 통해서 그들 가운데 영속적으로 거하시게 될 그날 — 을 열렬히 소망하였다.

성령과 그리스도

구약의 성령론은 하나님 백성을 위한 하나님의 미래의 활동에 초점을 맞춘 종말론적인 것이었다. 나사렛 예수는 바로 이러한 종말론적인 성령론을 배경으로 자신의 사역을 수행해 나갔다. 신약성서는 예수와 초대 교회가 히브리인들의 성령론적 소망의 성취를 자신의 정체성 및 사명으로 이해하였다는 것을 보여 준다. 주후 1세기의 신자들은 나사렛 예수 안에서 고대 히브리인들의 종말론적 기대들이 마침내 결실을 맺었다고 증언하였다. 그러므로 예수는 구약 성령론의 성취였다.

예수 — 성령을 지닌 자. 구약 시대의 사람들은 기름부음 받은 자가 오실 것과 그 결과로 성령이 그들에게 부어질 것을 기대하였다. 신약성서에 의하면, 나사렛 예수는 이 두 차원을 모두 실현하였다.

초대 교회는 예수께서 선지자들이 기다렸던 바로 그 특별하게 성령을 수여받은 자였다는 것을 믿었음이 분명하다. 제4복음서에 의하면, 세례 요한은 예수를 보고 "하나님이 성령을 한량 없이 주심이니라"(요 3:34)고 말함으로써 이러한 이해를 선포하였다. 더 중요한 것은 복음서 기자들이 우리의 주님 자신이 그들이 그렇게 보는 관점의 원천이었다고 주장하고 있다는 것이다. 누가의 기사를 보면, 회당에서 예수는 기름부음 받은 자에 관한 이사야의 예언이 성취되었다고 선언하는 것으로써 나사렛에서의 그의 사역을 시작하였다고 한다:

> 주의 성령이 내게 임하셨으니 이는 가난한 자에게 복음을 전하게 하시려고 내게 기름을 부으시고 나를 보내사 포로 된 자에게 자유를, 눈먼 자에게 다시 보게 함을 전파하며 눌린 자를 자유롭게 하고 주의 은혜의 해를 전파하게 하려 하심이라(사 61:1-2을 인용하고 있는 눅 4:18-19).

예수는 성령의 특별한 기름부음을 통해서 권능을 얻었다. 신약성서 기자들은 예수의 지상의 삶 속에서의 몇몇 중요한 고비들에서 성령이 행한 역할을 지적함으로써 우리 주님의 사역의 이러한 차원을 강조하였다. 마태와 누가는 성령을 예수의 탄생과 결부시켰다. 마리아를 향한 하나님의 뜻을 알리면서, 천사는 "성령이 네게 임하시고 지극히 높으신 이의 능력이 너를 덮으시리니"(눅 1:35)라고 선포하였다. 마찬가지로 네 복음서 모두는 예수의 수세(受洗)에 성령이 개입되어 있다는 것, 특히 성령이 비둘기 같이 예수께 임하였다는 것을 기록하였는데, 이것은 우리 주님의 사역을 위해서 성령이 수여되었다는 것을 보여 주는 상징일 것이다. 그리스도 사건을 성찰하면서, 바울은 예수의 부활에 있어서의 성령의 역할에 초점을 맞추었다. 그는 성령의 권능을 통해서 하나님이 예수를 죽은 자로부터 일으키셨다고 증언하였다(롬 8:11; 또한 1:4을 보라).

예수는 그의 공생애 사역 기간 내내 하나님이 성령을 자기에게 끊임없이 부어 주신다는 것을 알고 있었다. 복음서들은 성령이 예수를 인도하였고, 심지어 예수를 광야로 이끌어서 시험을 받게 하였다고 말한다(마 4:1). 또한 성령은 우리 주님에게 능력을 주시기도 하였다. 왜냐하면, 예수는 하나님의 성령을 힘입어 귀신들을 쫓아낸다고 주장하였기 때문이다(마 12:28).

초대 교회는 예수께서 구약의 성령론의 또 다른 측면을 성취하였다고 믿었다. 특별한 성령의 부으심을 받은 분으로서 예수는 성령이 사람들에게 부어지는 것을 중재하는 분이기도 하였다. 복음서들에 의하면, 예수의 지상 사역은 성령을 부어 주실 것에 대한 구약의 소망의 성취가 가까웠다는 것을 나타내는 것이었다. 복음서 기자들은 세례 요한의 사역을 이러한 맥락 속에서 묘사하였다. 세례 요한은 장차 성령으로 세례를 주실 자를 위하여 길을 예비한 예비 주자였다(요 1:29-34). 예수는 성령을 부어주실 날이 가까웠다는 요한의 메시지를 그대로 반영하였다. 누가는 성령이 성부께서 구하는 자들에게 주실 좋은 선물들 중의 하나일 것이라는 예수의 약속을 기록하였다(눅 11:13; 또한 마 7:11과 비교해 보라).

나아가 복음서 기자들은 예수는 성령의 중보자였기 때문에 성령이 부어지는 것은 예수에게 달려 있었다고 주장하였다. 예수는 "영생하도록 솟아나는 샘물"(요 4:14)이 될 물을 주실 자였다. 하지만 이런 일이 일어나기 전에 예수는 자신의 사역을 완수할 필요가 있었다. 그는 먼저 "보혜사"가 올 수 있도록 하기 위하여 "떠나야" — 즉, 영광을 받아야 — 했다(요 16:7).

요한은 이러한 주제들을 장막절이 진행되는 동안에 일어났던 한 사건 속에 한데 묶어 놓았다. 그는 이때에 예수께서 "누구든지 목마르거든 내게로 와서 마시라 나를 믿는 자는 성경에 이름과 같이 그 배에서 생수의 강이 흘러나오리라"(요

7:37-8)고 외쳤다고 보도한다. 그런 다음에 화자는 이렇게 설명하였다: "이는 그를 믿는 자들이 받을 성령을 가리켜 말씀하신 것이라 예수께서 아직 영광을 받지 않으셨으므로 성령이 아직 그들에게 계시지 아니하시더라"(요 7:39). 요한에 의하면, 예수의 선포는 장차 자신의 사역이 완수된 후에 성령이 사람들에게 부어질 것을 예언하는 말씀이었다.

사도행전에서 누가는 이와 비슷한 해석을 제시하고 있다. 베드로는 자신의 오순절 설교를 통해서 부활하신 주님이 높이 들림으로써 구약의 예언을 따라 성령을 사람들에게 부어줄 특권을 수여받았다고 분명하게 말한다(행 2:33).

장차 오실 성령에 관한 예수의 약속. 초대 교회는 예수께서 구약의 성령론적 소망의 성취였다는 것을 확신하고 있었다. 예수는 특별하게 성령을 부음받은 분임과 동시에 사람들에게 성령을 부어주시는 것을 중재하는 분이었다. 하지만 아울러 예수의 제자들은 예수의 메시지 속에서 성령이 곧 임할 것에 관한 구체적인 약속을 발견하였다.

제4복음서는 예수께서 이 약속을 제자들에게 전해준 것을 그가 배신당하기 직전에 마가 다락방에서 행한 그의 고별사 속에 위치시켰다(요 14:16). 요한은 예수께서 약속한 것을 "또 다른 보혜사" 또는 "조력자"(헬라어로는 allon parakleton)라고 규정하였다. "조력자"라는 명사는 옆에서 돕도록 부르심 받은 자(parakletos)를 가리키는 일종의 전문 용어였다.[8] 이 말에 요한은 장차 오실 자와 주님 자신과의 유사성을 함축하는[9] 형용사인 "또 다른"(allos)을 덧붙였다. 그러니까 예수의 약속은 성부께서 제자들 곁에서 그들의 사명을 도와줄, 주님과 비슷한 또 다른 분을 보낼 것이라는 것이었다.

그 다음에 나오는 예수의 말씀은 이 장차 오실 조력자는 몇 가지 과제를 수행하게 되어 있다는 것을 보여 준다. 성령은 주님께서 그의 백성과 지속적으로 함께 있는 것을 중재하면서(요 14:16-19), "내가 세상 끝날까지 너희와 항상 함께 있으리라"(마 28:20)는 예수의 약속을 상기시켜 줄 것이다. 또한 이 조력자는 제자

---

8) Johannes Behm, "parakletos," in *TDNT*, 6:804.

9) Ray Summers, *Essentials of New Testament* Greek (Nashville: Broadman, 1950), 27을 보라.

들의 선생이 되어, 그들에게 주님의 가르침들을 생각나게 해주고(25-27) 그들을 진리로 인도할 것이다(요 16:12-15). 마지막으로, 장차 오실 성령은 예수에 관하여 증거할 것이고, 제자들 자신의 증거를 위한 토대가 될 것이다(요 15:26-27). 그러나 성령의 증거 사역은 일차적으로 예수를 따르는 자들이 아니라 세상을 향한 것이 될 것이다(요 16:7-11).

그 밖의 다른 신약성서 기자들은, 성령이 곧 오실 것이라는 예수의 약속을 예수의 제자들과 함께할 인격적인 권능에 관한 약속으로 묘사하였다. 성령의 권능은 증인으로서의 제자들에게 맡겨진 과제를 완수하기 쉽게 만들어 줄 것이다(행 1:8). 따라서 그들 속에 있는 소망에 대한 이유를 말해 보라는 요청을 받을 때마다(벧전 3:15), 예수의 사자(使者)들은 합당한 대답을 하기 위하여 성령에게 의지할 수 있을 것이다(막 13:11). 또한 성령은 그들에게 표적을 일으킬 능력을 부여해 줄 것이다. 사실 성령으로 인해서 예수의 제자들은 그들이 예수의 지상 사역 동안에 목격하였던 것보다 더 큰 일들을 할 수 있게 될 것이다(요 14:12).

오순절 사건 – 예수의 약속의 성취. 예수의 지상 사역 동안에 성령을 지녔던 예수는 장차 성령이 오실 그날, 하나님의 영이 그의 백성에게 영광스럽게 부어질 그날을 선포하였다. 우리 주님의 약속은 어떤 특별한 사건 속에서 성취되었는가? 그리고 예수의 제자들은 어떤 의미에서 그 성취에 참여하고 있는가? 신약성서 기자들은 예수의 약속이 성취된 사건으로 두 가지 사건을 유력하게 제시하였다.

첫 번째는 요한의 붓에서 나온 것이다. 제4복음서의 저자는 예수께서 부활 후에 행하신 사역 기간 동안에 성령이 부어진 사건을 자신의 복음서에 포함시켰다. 요한의 이야기는 짤막하고 방향성에 있어서 주관적인 것으로서, 성령을 받은 자들의 체험에 그 초점이 맞춰져 있다. 부활절에 제자들이 "유대인들을 두려워하여"(요 20:19) 숨어 있을 때에 부활하신 주님이 그들에게 나타났다. 거기 있던 자들에게 사명을 위임한 후에, 예수는 "그들을 향하사 숨을 내쉬며 이르시되 성령을 받으라"(요 20:22)고 하셨다. 그런 후에 예수는 제자들에게 묶고 푸는 권세를 맡기셨다.

요한이 "숨"과 "성령"을 서로 결부시키고 있다는 것은 분명하다. 이 이미지를 통해서 제4복음서 기자는 하나님이 사람을 만드신 후에 숨을 불어넣었던 창세기의 창조 기사를 독자들에게 환기시키고 있다. 이 복음서 기자는 이렇게 함으로써 예수께서 지금 그의 제자들을 새로운 인류로 창조하고 있다는 것을 전달하고자 한다. 그러므로 요한에게 성령의 오심은 예수의 사역의 정점(頂点)에 해당하는 것이었다.

이와는 대조적으로 사도행전에서 누가는 사람들이 성령을 받은 것은 예수의 승천 후에, 구체적으로는 오순절에 일어난 것이라고 말한다(행 2:1). 누가의 기사는 객관적인 요소와 주관적인 요소, 양자를 모두 포괄하였다. 성령의 오심은 역사 속에서 객관적이고 역사적인 사건이었다. 화자는 "하늘로부터 급하고 강한 바람 같은 소리"(2절)가 있었다고 보도한다. "바람"과 "성령"의 구약적인 연관관계를 연상시키는(또한 요 3:8을 보라) 이 이미지는 하나님의 영이 초월적인 영역으로부터 세상 속으로 초자연적으로 돌입해 들어오는 것을 상징한다. 누가에게 이것은 객관적인 사건이었다. 왜냐하면, 이 사건으로 인해서 세상 만물이 새로운 상태로 접어 들었기 때문이다: 성령이 오셨다.

오순절의 성령 강림은 객관적인 사건이었을 뿐만 아니라 주관적으로도 체험되었다. 거기 있던 각 사람은 "성령의 충만함을 받았다." 이것은 새로운 공동체적 실체, 즉 "한 성령"(고전 12:13)을 받은 모든 사람들의 교제(fellowship)의 시작을 가져왔다. 성령의 내적 체험으로부터 생겨난 공동체 의식은 이후에 예루살렘 교회 내에서 물건을 통용하게 된 것의 토대를 형성하였다. 그들은 모두 동일한 영적 실체에 참여하였기 때문에 그들이 소유하고 있던 물질도 서로 공유하고자 하였다(행 2:44-45).

사도행전에서 성령 강림은 새 시대, 즉 교회 선교의 시대를 열었다. 이 새로운 신앙 공동체의 경이적인 성장은 오순절에 이미 시작되었다(행 2:41). 사도행전의 핵심적인 목표는 예루살렘으로부터 시작되어 궁극적으로는 로마 세계 전역으로 퍼져나간 교회의 확장을 이야기하는 것이다.

성령 강림에 관한 두 가지 서로 다른 기사들이 존재하고 있다는 것 — 부활절 저녁 사건에 관한 요한의 이야기와 오순절에 관한 누가의 기록 — 은 진정성의 문제를 불러일으킨다. 이 두 기사 중 어느 한 쪽이 사실이라면, 도대체 어느 쪽이 역사적으로 정확한 기사인가? 아니면, 이 두 기사가 모두 옳다면, 우리는 어떻게 이 두 기사를 조화시킬 수 있는가?

이 두 본문을 조화시키고자 하는 한 가지 시도는 두 기사를 서로 완전히 다른 두 가지 별개의 체험을 말하고 있는 것으로 보는 것이다.[10] 이러한 주장을 하는 사람들은 예수의 말씀에 대한 요한의 기사가 무관사(無冠詞) 구문으로 알려져 있는 것(명사 앞에 정관사가 나오지 않는 것)을 사용하고 있다는 점을 지적하고, 이에 따라 "거룩한 영을 받으라"고 번역하는 것이 가능하다고 본다. 그러므로 이 분문은 성령 강림이 아니라 제자들이 회심하여 새로운 인간의 영을 받은 사실을 묘사한다는 것이다. 그리고 사도행전 2장은 회심 이후에 제자들이 받은 "성령 세례"를 묘사한다. 이러한 해법은 그럴듯해 보이기는 하지만 인위적인 요소가 너무 많아서 폭넓은 지지를 얻는 데 실패하였다.

많은 학자들은 이 두 기사들 중 기껏해야 오직 하나 — 아마도 요한의 기사 — 가 역사적인 토대를 지니고 있을 가능성이 있다고 결론을 내렸다.[10] 그들은 요한과는 대조적으로 누가는 여러 신학적인 이유들에 의해서 자기 나름대로의 연대기 도식을 만들어 내었다는 이론을 제시한다. 구약에서 오순절이 차지하는 중요성 때문에, 누가는 성령 강림이 이 중요한 절기와 우연히 일치한 것으로 묘사하고자 했다는 것이다. 물론 성경에 나오는 모든 기사들을 역사적으로 흠결이 없는 것으로 보는 사람들은 이러한 제안이 문제가 있다고 생각할 것이다.

아마도 가장 좋은 해법은 이 두 기사를 동일한 영적 체험을 가리키는 것으로 보고, 각각의 기사에 독립적인 지위를 부여하는 것이다.

요한의 기사의 중요성은 예수에 대한 요한의 묘사에 있어서 이 기사가 지니는 목적에 있다. 이 짧은 이야기를 통해서 제4복음서 기자는 성령 강림이 예수의 사역에 의존하고 있는 동시에 그 사역의 완성을 나타내는 것임을 강조하고자 하였다. 성령 강림은 예수 그리스도의 복음과 동떨어진 새로운 그 무엇이 아니었다. 오히려 성령의 사역은 예수께서 이루신 것의 연장이다.

그렇지만 이것은 역사적 질문에 아직 대답을 주지 않는다: 요한복음 20:19-23은 역사 속에서 일어난 실제 사건을 이야기하고 있는 것인가? 아니면, 실제로 오순절에 일어난 사건에 대한 짤막한 기록인데, 요한이 부활절에 일어난 것으로 수정한 것인가?

---

10) 이 가능성에 관한 논의로는 H. R. Reynolds, *The Gospel of St. John, in the Pulpit Commentary*, ed. H. D. M. Spence and Joseph S. Exell (New York: Funk and Wagnalls, n.d.), 2:474를 보라.

11) Alan Richardson, *Introduction to the Theology of the New Testament* (London: SCM, 1958), 116-19 (「신약신학 개론」: 크리스챤다이제스트).

스위트(H. B. Swete) 같은 과거의 주석자들의 연구에서 도출된 선취(prolepsis: 미래일을 현재나 과거의 것으로 씀)라는 개념이 이와 같은 맥락 속에서 도움이 될 것이다. 선취적 사건이라는 것은 나중에 완전한 형태로 일어나게 될 것을 미리 체험해 보게 하는 사건이다. 부활절에 마가 다락방에서 일어난 사건은 바로 그러한 선취적 사건이었다.[12] 성령과 예수의 밀접한 연관관계를 분명히 하기 위하여, 요한은 그의 독자들에게 오순절 이전에 일어났던 선취적 사건을 상기시켰다: 예수는 제자들에게 숨을 불어넣음으로써, 장차 그가 높이 들리운 주님으로서 가져오게 될 장래의 성령 강림을 상징적으로 보여 주었다는 것이다.

스위트의 연구를 토대로 린세이 드워(Lindsay Dewar)는 요한복음 20:22과 최후의 만찬을 서로 비교하였는데, 여기에서 도출한 그의 결론은 우리의 논의에 꽤 도움이 된다:

> 우리가 이미 보았듯이, 이 복음서 기자는 성령이 아직 오지 않은 것은 예수께서 아직 영광을 받지 못했기 때문이라고 말한다(요 7:39). 이 말 속에는 그때까지는 성령이 주어질 수 없었다는 뜻이 분명하게 함축되어 있다 … 우리는 이 행위 전체를 선취적으로 이해해야 할 것으로 보인다. 실제로 우리는 최후의 만찬에서 이와 비슷한 경우를 볼 수 있다. 최후의 만찬은 우리 주님이 죽음을 통과하여 다시 부활하시기 이전이었기 때문에 온전한 의미에서의 성찬(Eucharist)이라 할 수 없었다. 그때까지는 떡과 포도주는 오직 선취적으로만 예수의 몸이요 예수의 피라 불릴 수 있었다. 마찬가지로 여기에서도 우리 주님은 사도들에게 묶고 푸는 성령의 권세, 오순절이 되어서야 "소생할" 수 있었던 권세를 수여한다. 또한 그런 일이 벌어졌다는 것을 보여주는 그 어떤 증거도 존재하지 않는다.[13]

요컨대, 이 두 사건은 모두 실제로 일어났다. 그러나 제자들과 예수가 부활절에

---

12) Swete의 주장에 대해서는 Henry Barclay Swete, *The Holy Spirit in the New Testament: A Study of Primitive Christian Teaching*, reprint edition (London: Macmillan, 1921), 167-68을 보라.(「신약의 성령」: 은성)

13) Lindsay Dewar, *The Holy Spirit and Modern Thought* (New York: Harper and Brothers, 1959), 40.

만난 사건은 오순절에 온전한 형태로 일어나게 될 사건의 선취적인 사건이었다.

성령과 그리스도의 공동체

성령을 지닌 자로서 예수는 구약의 성령론의 성취였다. 그는 특별하게 기름부음 받은 자로서 왔다. 예수는 그의 지상 사역의 완성의 결과로 그를 따르는 자들에게 성령을 부어 주었다. 이 사건을 통해서 성령은 새로운 역할을 담당하게 되었다. 이제 성령의 정체성은 교회, 곧 그리스도의 공동체에 초점이 맞춰진다. 이것을 이해하기 위해서 우리는 다시 한 번 오순절 사건을 살펴보지 않으면 안 된다.

오순절 사건의 의미. 오순절 사건에 대한 누가의 기사는 이 사건이 거대한 예언 전승의 성취였다는 것을 보여 준다. 화자가 제자들의 체험을 묘사하면서 사용한 용어들 — "그들이 다 성령의 충만함을 받고 성령이 말하게 하심을 따라 다른 언어들로 말하기를 시작하니라"(행 2:4) — 은 세례 요한이 장차 성령으로 세례를 받게 될 것이라고 선포한 일을 생각나게 한다(눅 3:16). 베드로가 이 기적 같은 현상을 묘사하기 위하여 요엘의 예언을 특별히 사용하고 있는 것(16-22절)은 하나님의 영의 보편적 임재에 관한 구약의 소망이 이제 계시되었다는 것을 확증해 준다. 예수의 높이 들리우심을 성령을 보내심과 결부시킴으로써(33절) 베드로의 설교는 승천하신 주님이 그의 약속을 이루었다는 것을 확증하고 있다.

예언의 위대한 성취로서의 오순절 사건은 반복될 수 없는 사건이었다. 이 사건의 일회성은 하나님의 활동의 역사 속에서 새로운 시대를 여는 이정표로서의 이 사건의 중요성으로부터 생겨난다. 성령은 오순절에 유일무이한 방식으로 세상에 들어왔다. 이러한 진입(進入)은 오직 한 번만 일어날 수 있다. 성령이 마가 다락방에 있던 제자들을 충만케 한 것의 의미도 이러한 맥락 가운데 있다. 우리에게 성령이 임한 것은 성령을 수여받고 성령으로 인하여 권능을 얻고 성령의 인도하심을 받는 공동체의 창조를 의미하였다. 이 사건, 즉 교회의 탄생은 오직 한 번만 일어날 수 있다.

오순절 사건은 반복될 수 없는 것이었다. 그러나 오순절 사건은 예언을 단순히 일과성(一過性)으로 성취한 것이 아니었다. 또한 이 사건의 효과들은 마가 다락방이나 거기에 모여 있던 제자들에서 끝나지 않는다. 이와는 반대로 성령 강림은 성취(fulfillment)의 시대의 개막을 알리는 것이었다(벧전 1:10-12). 그리고 오순절 사건의 현실은 모든 신자들을 포괄한다. 이제 모든 신자들은 성령의 임재를 누리고, 성령은 우리를 한데 묶어서 하나의 교제(fellowship)로 만든다. 그런 까닭에 바울은 "우리가 … 다 한 성령으로 세례를 받아 한 몸이 되었고 또 다 한 성령을 마시게 하셨느니라"(고전 12:13)고 선언하였다. 우리가 그리스도의 공동체에 결합되어 있는 한, 우리는 모두 오순절 체험, 즉 성령을 수여받고 권능을 부여받는 체험에 참여하게 된다. 사실 바울은 우리에게 성령이 "없다면" 우리는 그리스도에게 속한 것이 아니라고까지 선언하였다(롬 8:9). 그러므로 오순절 사건은 교회의 사건이었다.

그리스도의 공동체에 속해 있는 것과 성령에 참여하는 것 사이의 이러한 연관성 때문에, 우리는 마가 다락방에서 일어난 일련의 사건들을 그대로 따라야 될 것이라고 생각할 필요가 없다. 성령이 오시기 전에 제자들은 우리 주님의 명령에 순종하여 이 사건을 기다리며 기도하였고 준비하였다(행 1:4). 그러나 지금 교회는 오순절 이후 시대에 살고 있다. 기다림은 끝났다! 우리가 할 일은 성령 강림을 위하여 기도하는 것이 아니라 "성령 안에서 걷는 것," 즉 성령의 동력을 우리의 것으로 만드는 것이다.

성령과 부활하신 주님. 성령이 부활하신 주님의 임재를 그리스도의 공동체 속에 전달한다는 점에서 오순절 사건은 세상 끝날까지 제자들과 함께 하겠다던 주님의 약속의 성취를 계시한 것이었다(마 16:20). 이것은 성령과 예수의 관계에 대한 문제를 불러일으킨다. 우리 주님과 비교하여, 성령은 누구인가? 신약성서 기자들은 유사성(affinity)과 구별성(distinction)을 들어서 이 문제에 대답하였다.

신약성서는 성령과 부활하신 주님 간의 밀접한 유사성을 시사해 준다. 요한에게 성령 강림은 주님 자신의 강림과 다름없었다(요 14:15-18). 마찬가지로 바울은 그리스도인들의 삶에서 이 둘을 밀접하게 결부시켰다. 신자가 "그리스도 안에"(롬 8:1) 있다는 것과 "성령 안에" 있다는 것은 전적으로 동일한 것이었다(빌 2:1). 이런 이유로 바울은 성령을 지니고 있다는 것과 그리스도에게 속해 있다는 것은 같은 것이라고 말할 수 있었다(롬 8:9).

이와 동시에 부활하신 주님과 성령은 단순하게 서로 대체 가능한 그런 존재들이 아니다.[14] 앞에서 말했듯이, 요한과 누가는 부활을 통해서든(요 20:19-23) 승천을 통해서든(행 2:33) 예수의 사역이 완성될 때까지는 성령은 오시지 않는다는 것을 분명하게 강조하였다. 그러므로 성령의 역할은 예수의 역할의 계승임과 동시에 그 도구이기 때문에, 성령은 예수를 영화롭게 하고(요 16:14), 예수를 증거한다(요 15:26). 바울이 성령을 "그리스도의 영"(롬 8:9; 빌 1:19) 또는 "아들의 영"(갈 4:6)이라고 말한 것도 이러한 이해와 맥을 같이한다. 사실, 조지 헨드리(George S. Hendry)의 결론을 인용해서 말하자면, "신약성서에는 그리스도를 떠난 성령의 사역에 대한 언급은 존재하지 않는다. 성령은 오로지 그리스도의 영이다."[15]

성령의 도구적 성격은 광범위한 신학적 의미를 지닌다. 그것은 구원사적으로 볼 때에 서구 사회가 옛 신조에 '필리오케'(filioque)라는 어구를 첨가한 것이 옳았다는 것을 의미한다.[16] 이 어구는 기독교가 성령의 활동을 그리스도의 사역을 토대로 이해해야 한다는 점을 강조한다.

유사성과 구별성이라는 주제는 바울의 한 중요한 본문 속에 결합되어 있다: "주는 영이시니 주의 영이 계신 곳에는 자유가 있느니라 우리가 다 수건을 벗은 얼굴로 거울을 보는 것 같이 주의 영광을 보매 그와 같은 형상으로 변화하여 영광에서 영광에 이르니 곧 주의 영으로 말미암음이니라"(고후 3:17-8). 바울에 의하면, 부활하신 주님은 성령으로서 그의 공동체 속에 임재해 계시고 활동하신다. "주는 영이시기" 때문이다. 그렇지만 이 둘은 여전히 서로 구별된다. 왜냐하면, 성령은 언제나 "주의 영"이기 때문이다. 또한 성령은 우리를 변화시켜 주님을 닮아가게 만든다.

그러므로 오순절 사건 이후로 성령은 새로운 정체성을 갖는다. 성령은 "그리스도의 대리인," 부활하시고 높이 들리우신 예수의 임재를 그의 공동체 속에 전달하는 분이다. 성령은 주님을 대신하여 교회를 가르치고, 인도하고, 능력을 수여한다. 이 점에서 성령은 신앙 공동체 속에서 활동하시는 주님이다.

그러나 현재 성령이 수행하고 있는 예수에 대한 대표 기능이 그리스도의 공동체의 삶 속에서의 성령의 위치를 다 말해주는 것은 아니다. 이와는 반대로 성경의

---

14) C. F. D. Moule, *The Holy Spirit* (Grand Rapids: Eerdmans, 1978), 26.
15) Hendry, *The Holy Spirit in Christian Theology*, 26.
16) 이러한 결론은 점차 공격을 받고 있다. '필리오케'(filioque)에 대한 Barth의 옹호를 거부한 최근의 학자들의 예들로는 Hendry, *The Holy Spirit in Christian Theology*, 42-52를 보라.

기자들은 성령의 활동의 미래적 측면에 대해서 알고 있었는데, 이 측면은 성령의 정체성의 또 하나의 차원을 보여 준다. 성령은 역사의 종말과 완성을 가져올 하나님의 동력이다. 바울은 신자들의 몸의 변화를 공동체를 향한 성령의 종말론적 사역의 가장 중요한 차원으로 보았다. 그래서 바울은 예수를 일으키신 하나님이 성령을 통해서 우리의 죽을 몸에 "생명을 주실" 것이라고 분명히 말하였다(롬 8:11). 이 미래적인 사건은 우주적 의미를 지닌다. 그 사건은 피조물을 종살이에서 해방시켜서 "하나님의 자녀의 영광스러운 자유"(21절)에 참여케 할 것이다.

그때까지 우리 속에 내주하시는 성령은 "계약금" 또는 우리의 장래의 구원에 대한 보증 역할을 한다(고후 1:22; 5:5; 엡 1:13-14). 바울에게, 성령이 예수의 부활과 연결되어 있다는 것은 우리 안에 있는 성령 — 지금부터 벌써 우리의 속사람을 변화시켜서 그리스도를 닮아가게 하고 있는 분(롬 8:10; 고후 3:18) — 은 우리 몸이 장차 변화될 것에 대한 약속(롬 8:11)이기도 하다는 것을 의미한다.

삼위일체의 삶 속에서의 성령

앞 단원에서 우리는 구원사의 여러 단계들 속에서의 성령론의 발전 과정을 살펴보았다. 우리는 고대 히브리인들 가운데서의 성령에 대한 예비적인 이해에서 시작하여, 예수의 지상 생애의 특징을 이루고 있던 그리스도 중심의 성령론을 살펴본 후에, 오순절 사건 이후에 하나님의 계획의 종말론적 완성을 향하여 가고 있는, 성령을 수여받은 교회에서의 성령의 임재를 살펴보는 것으로 우리의 연구를 마감하였다.

이 시점까지 우리는 성령의 정체성을 구원사라는 맥락 속에서, 즉 성경에서 발견되는 점진적인 계시를 토대로 살펴보고자 하였다. 그러나 성령에 대한 우리의 이해를 오로지 세상을 향한 하나님의 계획 속에서의 성령의 역할이라는 측면으로부터만 도출해 내어서는 곤란하다. 성령이 누구인가를 제대로 알기 위해서는 삼위일체 내에서의 성령의 위치도 아울러 살펴보지 않으면 안 된다. 이러한 목적을 위하며 이제부터 우리는 구원사로부터 역사의 삼위일체 하나님으로 논의의 방향을 옮겨 보고자 한다. 그렇지만, 앞으로 보게 되듯이, 이러한 관점을 취하자마자, 또다시 즉각적으로 세상 속에서의 하나님의 사역이 우리의 시야에 들어오게 된다.

이 논의를 우리는 영원한 삼위일체 하나님, 즉 성령을 세계와 결부시키지 않는

가운데 내재적 삼위일체라는 맥락 속에서 살펴보는 것으로 시작할 것이다. 그런 다음에 우리는 세상 속에서의 삼위일체 하나님의 역사(경세적 삼위일체)에 참여하는 자로서의 성령에 초점을 맞추어서 구원사를 훑어보아야 한다.

내재적 삼위일체 속에서의 성령론의 토대

기독교 신학의 역사 전반에 걸쳐서 하나님의 백성이 만들어낸 신앙고백들은 삼위일체적이었다. 이러한 신앙고백들은 한 분 하나님이라는 실체 속에서 성령을 성부 및 성자와 결부시킨다. 그 결과 성령의 정체성은 영원한 삼위일체 하나님 안에서 그 일차적인 준거점을 발견한다. 그러나 한 분 하나님 안에서 성령은 과연 누구인가?

성령의 기본적 정체성. 이 문제에 답하기 위해서는 우리는 삼위일체에 관한 논의(제2장)에서 도달한 결론들을 먼저 상기하지 않으면 안 된다. 우리는 성령은 성부와 성자의 관계의 영이라는 것을 발견하였다. 그러면 이러한 이해의 배경 및 그 함의(含意)들을 다시 한 번 짤막하게 살펴보기로 하자.

영원한 하나님 안에서의 일차적인 운동(movement)은 교부들이 "성자의 영원한 발생(generation)"이라 불렀던 바로 그것이다. 영원부터 영원까지 성자는 성부로부터 그의 생명을 가져오고, 성부는 성자와 그의 생명을 공유한다. 삼위일체의 제1위는 성자의 성부이고, 제2위는 성부의 성자이다.

이런 식으로 구별되는 제1위와 제2위는 한데 결합되어 있다. 우리는 이 결합 또는 유대를 성부와 성자가 공유하는 상호적인 사랑이라고 할 수 있다. 따라서 하나님 안에서의 두번째 운동은 성령의 영원한 "출현" 또는 "발출(procession)"이다. 성령은 성부와 성자 간의 사랑의 영이다.

우리의 기본적인 공리 — 성령은 성부와 성자의 상호적 사랑이다 — 는 삼위일체 하나님 안에서의 성령의 근본적인 정체성을 설명해 준다. 그 영원한 관계의 영으로서 성령은 온전하게 하나님이자 인격이다.

성령의 신성과 인격성. 제2장에서 말했듯이, 주후 4세기의 신학 논쟁에서 성령의 신성에 대한 주장은 예수의 신성에 대한 신앙고백보다 한층 더 논란이 되었다. 이러한 정통적인 입장을 반대했던 주요한 인물은 알렉산드리아의 아리우스(Arius)

였다. 교회는 니케아 공의회(주후 325년)에서 그의 첫 번째 명제 — 성자는 성부의 첫 번째 피조물이었다 — 를 거부하였는데, 이는 옳은 결정이었다. 그렇지만 콘스탄티노플의 마케도니우스(Macedonius)를 비롯한 수많은 동방정교회의 사상가들은 성령의 지위에 관한 의구심을 여전히 품고 있었다.[17] 아리우스의 또 하나의 명제 — 성령은 성자의 첫 번째 피조물이었다 — 는 옳은 것이 아닌가 하고 말이다.

그 후에 벌어진 논쟁 속에서 아타나시우스(Athanasius)는 이 문제의 정곡을 정확히 집어내었다. 우리 마음속에 들어온 성령이 하나님의 영이 아니라면, 우리는 하나님과 진정한 공동체를 이룰 수가 없다.[18] 마케도니아 논쟁 후에 교회는 아타나시우스의 주장을 받아들여 결국 콘스탄티노플 공의회(주후 381년)에서 성령의 인격성을 교리로 채택하였다.[19]

고대 교회는 성령의 신성을 인정하는 것이 얼마나 중요하고 필수불가결한 것인가를 정확하게 인식하고 있었다. 우리는 성령의 완전한 신성에 대한 주장이 내재적 삼위일체 속에서의 성령의 일차적인 정체성에 대한 이해로부터 생겨난다는 것을 논증할 것이다. 성부와 성자의 유대는 영원한 두 위격 간의 관계이기 때문에, 그것은 영원한 유대(bond)이다. 성부는 영원한 사랑으로 성자를 사랑하고, 성자는 영원히 그 사랑에 화답한다. 이러한 고찰은 사랑이 하나님의 본성을 규정한다는 것을 의미하는 것으로 이해된, "하나님은 사랑이시다"라는 성경의 선언을 위한 신학적 배경이 된다. 성부와 성자의 관계 — 그들이 공유하는 영원한 사랑 — 가 바로 성령이다. 이것은 성령 자신이 하나님의 본성 — 즉, 사랑(성부와 성자의 영원한 사랑) — 임과 동시에 영원하다는 것을 의미한다. 성령은 성부 및 성자와 함께 완전한 하나님이다. 이런 이유로 "사랑"으로서의 "성령"은 삼위일체 하나님의 제3위임과 동시에 한 분 하나님의 본성을 규정하는 존재이다(요 4:24; 요일 4:8).

성부와 성자의 관계로서의 성령은 또한 인격이기도 하다. 이러한 주장은 우리에게는 자명해 보일지 모르지만, 신학사 전반에 걸쳐서 수많은 사상가들에 의해

---

17) J. W. C. Wand, *The Four Great Heresies* (London: Mowbray, 1955), 67-69; J. N. D. Kelly, *Early Christian Doctrines*, revised edition (San Francisco: Harper and Row, 1978), 243을 보라.

18) Kelly, *Early Christian Doctrines*, 257-58.

19) Wand, *The Four Great Heresies*, 78.

의심과 심지어는 직설적인 부정을 거듭거듭 불러일으켜 왔다. 성부 및 성자 예수의 인격성은 쉽게 수긍이 된다. 그러나 성령이 인격이라고 주장하는 것은 이와는 전혀 별개의 문제다. 어떤 사람들은 성령을 비인격적인 관점에서 생각하는 것이 더 쉽다고 본다. 그들의 생각으로는 성령은 성부 및 성자와 어깨를 나란히 하는 인격이라기보다는 힘 — 신비한 신적인 힘 — 이다.

성령이 인격이라는 주장은 삼위일체 하나님 속에서의 성령의 기본적인 정체성과 삼위일체의 처음 두 위격의 인격성으로부터 도출되어 나온다. 성부와 성자가 인격들이기 때문에, 그들이 공유하는 관계는 친밀하고 인격적인 사랑이다. 이러한 관계의 영은 성부 및 성자와 마찬가지로 인격 이외의 다른 것이 될 수 없다.

또한 성령의 인격성은 하나님의 인격성으로부터 나온다. 성부와 성자를 묶는 사랑은 한 분 하나님의 본성이다. 왜냐하면, "하나님은 사랑이시기" 때문이다. 또한 하나님은 인격이다. 그러므로 하나님의 본성 — 사랑 — 도 마찬가지로 인격이다. 또한 이 본성은 삼위일체의 제3위인 성령이고, 성령은 하나님의 본성의 "구체화"로서 인격일 수밖에 없다.

성령의 인격성은 단순히 추상적인 신학적 개념이 아니다. 오히려 그것은 신앙에 있어서 중요성을 지닌다. 사실 신앙의 영역에서 성령이 우리와의 관계 속에서 인격이라는 사실은 대단히 중요하다.[20] 성령이 인격이기 때문에, 살아 계시고 인격적인 하나님이 우리를 그리스도와 연합시킨다. 왜냐하면, 성령은 우리와 주님의 연합을 중재하기 때문이다.

성령과 경세적 삼위일체

제4장에서 말했듯이, 삼위일체 하나님의 동력은 신적 생명의 영원성 안에서 자족하지만 흘러넘쳐서 창조의 행위로 들어간다. 세상을 향한 그의 계획이라는 맥락 속에서 한 분 하나님은 경세적 삼위일체이다 — 창조와 관련된 하나님의 뜻을 이루기 위하여 활동하는 성부, 성자, 성령. 따라서 성령에 대한 우리의 이해는 이러한 맥락 속에서의 성령의 정체성을 포괄하지 않으면 안 된다. 이런 이유로 우리는

---

20) Hendry, *The Holy Spirit in Christian Theology*, 42. 이 개념의 유래에 대해서 Hendry 는 Martin Kähler, "Das schrifmaessige Bekenntnis zum Geiste Christi," in *Dogmatische Zeitfragen* (Leipzig: Deichertsche Verlagsbuchhandlung, 1908), 1:137-76을 인용하고 있다.

이제부터 경세적 삼위일체의 세 번째 지체로서의 성령에 대하여 살펴보고자 한다.

기본적인 이해. 간략히 말하자면, 경세적 삼위일체라는 맥락 속에서 성령은 하나님의 계획을 완성하기 위하여 세상에서 활동하는 하나님의 능력이다.

신론에서 살펴보았듯이, 삼위일체 하나님의 각 위격은 한 분 하나님의 하나의 경륜 속에서 특정한 역할을 수행한다. 성부는 원천 또는 기원으로서의 역할을 한다. 이런 역할 속에서 성부는 성자와 성령을 파송한다. 성자는 성령의 파송이 가능할 수 있도록 하기 위하여 세상에 성부의 주장을 행사한다. 성령의 역할은 이러한 하나님의 일을 완성함으로써 삼위일체 하나님의 종말론적 공동체가 완전한 모습으로 출현할 수 있도록 하는 것이다.

경세적 삼위일체 속에서 성령의 특정한 역할 — 하나님의 계획의 완성자로서 — 은 내재적 삼위일체 속에서의 성령의 기본적인 정체성에서 나온다. 이것을 알기 위해서, 우리는 세상 속에서의 하나님의 계획과 활동은 삼위일체 하나님의 영원성 속에 있는 동력의 유출(流出)이라는 것을 상기하여야 한다.

제4장에서 살펴보았듯이, 종말론적인 새로운 공동체에서 절정에 달하는 창조와 구속의 드라마 전체는 성부와 성자의 영원한 관계로부터 흘러나오는 산물이다. 하나님은 자신을 주시는 사랑, 즉 성령 자체인 성부와 성자가 공유하는 사랑이다. 하나님은 사랑이시기 때문에 자원하여 세상을 창조하였다. 성자는 그가 성부와 함께 누리고 있는 영원한 관계 속에 다른 이들도 참여하기를 바랐기 때문에(요 17:24), 성부를 대신하여 세상에 구원을 가져오는 일에 자발적으로 참여하였다. 하나님은 이러한 신적인 관계의 영이기 때문에 우리로 하여금 그와 교제케 하기 위하여, 즉 성자와 성부의 교제 속에 들어오게 하기 위하여 그의 영을 보내셨다.

달리 말하면, 성령은 종말론적 공동체를 탄생시키고자 하시는 하나님의 계획을 완성하기 위하여 활동하는 하나님의 동력이다. 성령은 우리로 하여금 성부와 성자의 영원한 사랑의 관계에 참여케 하는 자이다. 이 신적인 능력의 본질은 사랑이며, 사랑은 성부-성자 관계의 성격이자 한 분 하나님의 본성이다. 그러므로 성령은 세상에서 활동하는 하나님의 사랑이다.

하나님의 능력으로서의 성령의 정체성의 여러 측면들. 세상 속에서 삼위일체 하나님의 능력으로서의 성령의 정체성은 창조에서 구속으로, 그리고 다시 창조로 움직이는 중요한 신학적 운동(movement)을 따른다.

이 모든 것의 토대에 놓여 있는 것은 생명의 토대로서의 성령의 정체성이다. 창조자 영으로서의 성령은 하나님의 창조 행위에 전면적으로 연루되어 있다.

성령은 모든 생명 속에 내재해 있는 하나님의 편만한 능력이다. 그러나 또한 성령은 초자연적인 생명의 수여를 촉진시키고, 하나님의 임재를 그의 백성 가운데 중재하는 초월적이고 돌입하는 동력이기도 하다. 성령의 역할에 이러한 차원이 더해짐으로써, 우리는 성령의 정체성이 구속적 차원을 포함하기 시작하는 것을 본다. 메시야가 오심으로써 성령은 예수의 사역에 권능을 부여하는 자라는 자신의 정체성을 지니게 된다. 높이 들리우신 주님은 그의 백성에게 성령을 수여한다. 여기에서 구속과 관련된 성령의 정체성의 측면이 분명하게 드러난다.

오순절 사건 이후에 우리는 그리스도의 공동체 속에서 하나님의 역동적인 능력으로서의 성령을 본다. 그러나 이 역할은 생명을 전달하는 일을 포함한다 — 우리 몸에 장래 생명을 주실 것이라는 약속과 함께 우리의 속사람에게 생명을 전달하는 일. 따라서 이것은 성령의 정체성이 구속의 영역에서 창조의 영역으로 움직여 가는 단초를 보여 주는 것이다.

언젠가 성령은 다시 한 번 완전한 의미에서 생명의 창조자가 될 것이다. 종말론적 갱신이 있을 때에 성령은 온전한 생명을 가져올 하나님의 능력이다.

종말론적 창조자 영으로서의 성령의 정체성. 구원사 속에서의 성령의 정체성은 창조와 구속이라는 두 주제의 상호작용을 잘 보여준다. 앞에서 살펴보았듯이, 이러한 흥미로운 상호작용은 종말론적인 새 창조 속에서의 성령의 역할에서 절정에 달한다. 이러한 관찰로부터 우리는 경세적 삼위일체 속에서의 성령의 궁극적인 정체성은 "종말론적 창조자 영"이라는 정체성이라는 결론을 내리게 된다. 그러므로 우리는 이 칭호를 좀 더 자세하게 살펴보는 것으로 우리의 논의를 끝맺고자 한다. 삼위일체의 세 번째 지체를 종말론적 창조자 영으로 규정하는 것은 어떤 의미를 지니는가?

삼위일체의 제3위를 종말론적 창조자 영으로 규정하는 것이 적절하다는 것을 좀 더 분명하게 알기 위해서는, 우리는 먼저 이러한 칭호에서 "종말론적"이라는 용어가 지니는 의미를 살펴보지 않으면 안 된다. 간단히 말해서, 경세적 삼위일체 속에서 성령은 완성자이기 때문에 "종말론적"이다. 궁극적으로 성령의 목표는 하하나님의 통치를 완성하고, 종말론적 공동체의 수립을 완성함으로써 성자로 말미암아 성부를 영화롭게 하는 것이다. 그러므로 세상 속에서 삼위일체 하나님의 일을 완성하는 자로서의 성령은 함축적으로 종말론적이다. 성령의 사역은 창조와 관련된 하나님의 계획의 궁극적인 목표를 이루는 것이다. 그렇게 함으로써 성령은 경세적 삼위일체의 사역도 완성하게 된다.

성령의 정체성의 종말론적 차원은 성경의 이야기의 핵심에 자리잡고 있다. 구약의 선지자들은 종말론적인 성령의 시대가 도래할 것을 예상하고 있었다. 그들은 하나님이 모든 사람들에게 성령을 부어주실 그때를 기다렸다. 이렇게 하나님이 성령을 부어주심으로써 구속받은 공동체가 탄생할 것이고, 하나님의 통치도 시작될 것이다.

이러한 구약의 예언을 배경으로 신약성서는 종말의 때가 동텄다고 주장한다. 나사렛 예수는 자신의 사역을 완수한 후에, 높이 들리우신 주님으로서 성령을 세상에 부어 주었다. 기나긴 세월 동안 기다려 왔던 시대가 이제 드디어 도래하였고, 그리스도의 공동체는 성령의 임재를 누리고 있다. 그러나 신약성서는 종말의 완성은 여전히 미래에 있다는 말을 덧붙인다. 언젠가는 구원의 "계약금"이자 약속인 성령이 성자로 말미암아 우리를 성부와 온전하게 교제하게 할 것이다.

성령의 정체성의 종말론적 성격은 결국 그것의 "창조적" 차원으로 귀결된다. 창조와 관련된 하나님의 계획을 완성하기 위한 하나님의 활동의 대리인으로서 성령은 창조자 영이다. 일차적으로 성령은 인류 가운데 새로운 창조 — 구원 — 를 가져온다는 점에서 창조적이다. 전체적인 관점에서 본다면, 구원은 종말론적 사건이다. 왜냐하면, 구원은 우리가 하나님께서 인류를 위하여 의도한 계획을 그대로 반영한다는 것을 의미하기 때문이다. 그러나 그러한 사건을 향한 노정(路程) 중에 성령은 여전히 활동한다. 믿는 자들 각 사람 속에 내재하는 분으로서의 성령은 우리의 삶 속에서 활동하면서 우리로 하여금 점점 더 그리스도를 닮아가게 만든다. 부활하신 주님의 임재를 중재하는 자로서의 성령은 공동체에 내주하면서 우리를 변화시켜 새로운 인류의 맛보기(foretaste)이자 선조(forbear)가 되게 한다.

마찬가지로 성령은 세상 속에서의 그의 역할에 있어서도 창조적이다. 하나님의 계획을 완성하는 하나님의 능력으로서 성령은 만유에 새로운 창조를 가져온다. 궁극적으로 성령은 오직 종말에 가서야, 즉 새 하늘과 새 땅을 이룰 때에야 세상을 향한 하나님의 뜻을 완성하는 자로 활동하게 된다. 그럼에도 불구하고 그때까지 성령은 계속 세상 속에서 활동한다. 그리고 성령은 우리로 하여금 새 땅에서의 조화로운 인간의 실존의 특징을 지니게 될 종말론적 공동체를 미리 맛보게 한다.

그러므로 종말론적 성령은 창조자 영이다.

제4장에서 우리는 삼위일체의 세 지체는 모두가 하나의 창조 행위에 연루되어 있다는 것을 분명하게 말하였다. 성부는 그러한 창조 행위의 원천이자 근거이기 때문에, 궁극적인 의미에서의 창조주이다. '로고스'(logos, 창조의 원리)로서의 성자는 창조의 중간 행위자인데, 하나님은 성자로 말미암아 만물을 창조하셨다. 성령은 창조 속에서 활동하는 하나님의 능력, 하나님이 피조물을 존재케 할 때에 사용한 동력이다.

또한 우리는 "창조"는 단순히 먼 과거에 관한 진술이 아니라고 말하였다. 도리어 이 한 창조 행위는 삼위일체 하나님의 사역이 완성될 미래에 속하는 것이기도 하다. 하나님의 이 한 행위는 본질적으로 삼위일체적이다. 삼위일체의 삼위 모두가 종말론적인 새로운 창조를 이루는 데 참여한다. 성부는 궁극적인 의미에서의 창조주이다. 성부는 만물을 새롭게 하는 자다(계 21:5). 로고스로서의 성자는 새로운 질서에 참여하는 모든 자들이 따라야 할 모범이다(요일 3:2). 그리고 성령은 우리의 부활을 포함한 새 창조를 가져오기 위하여 활동하는 하나님의 능력이다(롬 8:11). 이렇게 해서 삼위일체 하나님은 종말론적 창조 사건을 이루어 내는 것이다: 성부는 성자로 말미암아 성령을 통하여 창조하신다.

그때까지 성령은 새 창조의 보증(保證)이다. 종말론적 창조자 영으로서의 성령은 이미 신자들에게 생명을 주는 사역을 하고 있다. 그렇게 함으로써 성령은 우리가 종말론적인 하나님의 공동체에 참여하게 될 것이라고 약속하는 것이다(롬 8:16-17; 엡 1:13-14). 이 종말론적 창조자 영은 그리스도의 공동체, 즉 교회 안에서 활동한다. 우리 가운데서의 성령의 임재는 하나님의 종말론적인 통치 속에서 새로운 인류 사회의 완성을 보증한다. 마지막으로, 종말론적인 창조자 영은 피조물 속의 생명의 원천이다. 성령은 자연계를 끊임없이 새롭게함으로써, 새 하늘과 새 땅을 통한 우주의 종말론적인 갱신을 보증한다.

종말론적 창조자 영이라는 삼위일체의 제3위의 정체성은 경세적 삼위일체에서 내재적 삼위일체로 넘어가는 연결고리를 제공해 준다. 성령은 피조물을 하나님의 교제, 곧 참된 공동체로 이끄는 일을 하는 하나님이다. 성령은 우리를 공동체로 끌어들임으로써, 성부와 성자의 영원한 관계에 우리가 참여하는 것을 중재한다.

그러므로 성령이 완성하는 경세적 삼위일체의 사역은 하나님의 피조세계가 내재적 삼위일체의 생명에 참여하는 것을 그 목표로 삼는다. 성령이 삼위일체 하나님의 이 한 사역 속에서 수행하는 실제적인 과제들은 이하에 나오는 세 장, 넓게는 우리가 서술하고 있는 조직신학의 나머지 부분의 구체적인 주제들이다.

제 14 장

성령과 성경

> 우리가 세상의 영을 받지 아니하고 오직 하나님으로부터 온 영을 받았으니 이는 우리로 하여금 하나님께서 우리에게 은혜로 주신 것들을 알게 하려 하심이라 우리가 이것을 말하거니와 사람의 지혜가 가르친 말로 아니하고 오직 성령께서 가르치신 것으로 하니 영적인 일은 영적인 것으로 분별하느니라. — 고전 2:12-13

성령의 사명은 세상에 대한 삼위일체 하나님의 계획을 완성하는 것이다. 이 점에서 성령은 창조자 영이다. 성령은 생명의 원천일 뿐만 아니라 생명에 대한 종말론적 갱신의 능력이다. 성령은 새 창조를 수행하는 행위자이다(고후 5:17). 성령은 신자들을 그리스도 및 그리스도의 공동체, 즉 하나님과 화해를 이룬 백성과 연합되게 한다. 종말에, 성령이 구속받은 세계 속에 살면서 그들의 구속주 하나님의 임재를 누리는 교제(fellowship)를 견고히 세울 때, 성령의 사명은 그 궁극적인 목표에 도달하게 될 것이다. 그날에 이르기까지 성령은 자신이 창조해 낸 영적 생명에 자양분을 공급한다.

성경은 영적 생명을 창조하고 지탱시키는 성령의 사명의 한 측면이다. 성령은 성경의 저자임과 동시에 성경을 통하여 말씀하기 때문에, 궁극적으로 성경은 성령의 책이다. 성경을 수단으로 성령은 예수 그리스도를 증거하고, 신자들의 삶을 인도하며, 교회 속에서 권위를 행사한다.

성경은 성령의 책이기 때문에, 성경의 목적은 성령의 사명을 이루는 수단 역할을 하는 것이다. 이런 이유로 우리는 성경론을 성령론의 맥락 안에서 구축하면서, 성경 속에서의 성령의 활동을 성령의 전체적인 사명의 한 차원으로 다룬다. 우리의 성령론적 성경론은 성경에 대한 성령의 필수불가결한 관계를 설명하는 것으로 시작된다. 그런 다음에 우리는 성령이 개입하는 구체적인 일을 설명할 것이다. 이러한 토대 위에서 우리는 어떤 의미에서 성경이 계시인지를 서술할 것이다. 마지막으로 우리는 성경의 권위를 재천명하는 것으로 이 장을 끝맺을 것이다.

성경의 토대로서의 성령

그리스도인으로서 우리는 "책의 백성"이다. 우리는 성경이 우리 신앙의 토대이자 우리의 삶을 인도하는 원천이라고 선언한다. 그러나 이러한 선언은 성경과 성령의 밀접한 관계를 규정해 주는 신학적 정식화(定式化)를 요구한다. 성경을 인정하는 가운데, 우리는 실제로 성경의 면면들을 통해서 우리에게 말씀하는 성령을 바라본다. 성령과, 성령의 도구로서의 성경의 밀접한 연관성은 버나드 램(Bernard Ramm)이 "권위에 관한 개신교의 원칙"이라 부르고 있는 것 속에서 명시적으로 진술되고 있다. 램에 의하면, "기독 교회 내에서 적절한 권위의 원칙은 성령의 계시 및 영감(靈感) 사역의 산물인 성경 안에서 말씀하는 성령이어야 한다."[1]

이 원칙은 그리스도인들이 공유하는 공통의 유산에 속하기 때문에, 개신교들만의 전유물(專有物)이 아니다. 그럼에도 불구하고, 이 원칙은 특히 개신교 전통에서 두드러져서, 웨스트민스터 신앙고백 속에서 명확하고 정교하게 표현되었다:

> 모든 종교적인 논쟁들을 결정하고, 모든 공의회들의 법령들, 고대 저술가들의 견해들, 여러 사람들의 가르침들, 사적인 사상들을 심사하고, 그 선고에 우리가 의지해야 할 최고 재판관은 성경 안에서 말씀하는 성령 외의 다른 것일 수 없다.[2]

이러한 "고전적인" 개혁주의적 신앙고백은 우리가 바라보아야 할 최종적인 원천은 성경 그 자체도 아니고, 어떤 사사로운 "성령으로부터의 말씀"도 아니라고 선언한다. 오히려 우리의 권위는 몇몇 신학자들이 내적 원칙(성령의 증거)과 결합된 외적 원칙(성경)이라 부르는 것에 있다. 요컨대, 성경은 성령이 말씀할 때에 선

---

1) Bernard Ramm, *The Pattern of Religious Authority* (Grand Rapids: Eerdmans, 1959), 28.

2) "The Westminster Confession of Faith," 1.10, in *The Creeds of the Churches*, ed. John H. Leith, third edition (Atlanta: John Knox, 1982), 196.

택하는 도구라는 점에서 권위를 갖는다. 그러므로 성령론적 성경론을 전개함에 있어서 우리가 해야 할 첫 번째 과제는 성령과 성경의 관계를 좀 더 세밀하게 살펴보는 일이다.

영감과 조명

기독교 전통은 성경과 성령의 결정적인 연관성을 말한다. 고전적인 개신교 신학자들은 이러한 관계를 성경 안에서의 성령의 이중적인 사역으로 설명하였다. 정경(正經)과 관련된 초대 교회의 결정은 이러한 성경론적 접근 방법을 위한 길을 닦아 놓았다.

주후 397년에 카르타고에서 열린 한 공의회에서는 현재의 신약성서를 이루고 있는 27권의 책(구약성서와 아울러)을 제외하고는 교회에서 성경으로 읽혀져서는 안 된다고 선언하였다.[3] 사실상 이 공의회는 성경은 완료되었다고 선언한 셈이다. 그때 이후로 그리스도인들은 정경은 닫혀 있다는 데 동의하여 왔다. 우리는 그 어떤 다른 문서들을 우리의 성경에 들어 있는 책들과 동일한 반열에 있다고 생각하지 않고 있고, 또한 앞으로도 그렇게 생각하지 않을 것이다.

성경의 형성 과정은 완료되었다는 결론은 신학자들로 하여금 성령의 사역의 두 측면을 구별하도록 촉진시켰다: 영감(inspiration)과 조명(illumination). 정경은 닫혀 있기 때문에, 우리는 성경 문서의 원래의 저작에 있어서 행위자로서의 성령의 완료된 활동(영감)과 사람들로 하여금 그러한 문서들 속에 있는 진리를 이해하게 해주는 성령의 지속적인 활동(조명)을 구별한다.

그러므로 우리는 이 두 가지 용어의 각각의 의미를 살펴보는 것으로 우리의 연구를 시작하지 않으면 안 된다. 그런 다음에야 우리는 성령의 한 행위를 이루는 것들로서 이 둘을 함께 살펴볼 수 있게 된다.

영감이라는 개념. 영감은 성경론에서 중심적인 역할을 해왔다. 하지만 신학자들은 이 용어가 무엇을 의미하는지를 놓고 서로 의견이 갈린다.

어떤 신학자들은 이 단어가 성경의 저자들의 삶 속에서의 성령의 활동을 가리

---

3) J. R. McRay, "Bible, Canon of" in the *Evangelical Dictionary of Theology*, ed. Walter A. Elwell (Grand Rapids: Baker, 1984), 141.

키는 것으로 이해한다. 그들은 "영감"을 선지자들, 사도들, 그 밖의 다른 저자들의 삶들을 "감독"함으로써 그들이 쓴 글을 성경이 되게 하는 성령의 활동으로 정의한다. 이 견해를 주장하는 사람들은 이러한 이해의 근거로 하나님의 선지자들이 야웨로부터 메시지들을 받아서 글로 썼다고 말하는 본문들(렘 36:1, 2; 겔 11:5; 미 3:8; 벧후 1:21)을 든다. 따라서 이러한 견해는 흔히 예언적 모형으로 알려져 있다. 어거스터스 홉킨스 스트롱(Augustus Hopkins Strong)은 이 견해의 고전적인 표현을 제시하였다: "영감은 성경 기자들의 마음에 작용하여 그들의 글이 점진적인 계시의 기록이 되게 한 하나님의 영의 영향력이다."[4]

또 다른 신학자들은 "모든 성경은 하나님의 감동으로 된 것으로"(딤후 3:16)라는 바울의 선언으로부터 자신의 이론을 세운다. 이러한 토대 위에서 그들은 "영감"은 성경의 글들 자체의 특질을 가리키는 것이라고 주장한다. 예를 들면, 도드(C. H. Dodd)는 이렇게 말했다:

> 사람들이 오늘날 영감이라고 말할 때 … 그들은 그 산출물의 특질을 … 생각하고 있는 것이다 … "영감"이라는 용어가 우리의 어휘 속에 자리를 잡고 있다면, 성경이 영감된 글들을 포함하고 있다는 것은 확실하다.[5]

이 두 가지 입장은 상호 배타적이지 않다. 우리는 각각의 견해 속에 있는 중심적인 요소를 긍정함으로써 중도적인 입장을 취할 수 있다. 실제로 몇몇 사상가들은 "영감"이라는 하나의 행위 내에서 능동적 의미(성령의 사역 또는 활동), 수동적 의미(인간 저자에 대한 성령의 사역의 효과), 결과적 의미(성령의 영향력의 집적물로서의 성경의 글들)를 구별한다.[6] 이러한 구별에 따라서, 우리는 "영감"을 일

---

4) Augustus Hopkins Strong, *Systematic Theology*, three volumes (Philadelphia: Griffith and Rowland, 1907), 1:196.

5) C. H. Dodd, *The Authority of the Bible*, Harper Torchbook edition (1929; New York Harper and Brothers, 1958), 36.

6) 전통적인 이해에 대한 해설은 Thomas A. Hoffman, "Inspiration, Normativeness, Canonicity, and the Unique Sacred Character of the Bible," *Catholic Biblical Quarterly* 44 (1982): 453을 보라. 최근에 고전적인 견해를 개선된 형태로 다시 제기하고 있는 것으로는 James M. Reese, "Inspiration: Toward a Sociosemiotic Definition," *Biblical Theology*

차적으로 사역 또는 활동이라 정의할 수 있고, 이차적으로는 집적물로 정의할 수 있을 것이다. 영감은 하나님이 우리에게 전하고자 하신 것을 적절하게 반영하고 있는 글들을 산출해 내기 위하여 성경의 저자들 및 편집자들에게 영향을 미치는 성령의 사역이다.

성경의 문서들은 성령이 성경의 기자들에게 영향을 미침에 있어서 광범위한 수단을 사용하였다는 것을 보여 준다. 어떤 본문들은 성경의 기자들이 하나님의 지시를 통해서 주어진 내용을 수동적으로 받은 자들이었다는 것을 시사해 준다(출 19:3-6; 레 1:1; 민 7:89; 12:8; 삼상 9:15; 사 6:8-9; 계 14:13). 또 어떤 구절들은 경건한 사람들이 그 과정에서 적극적인 행위자들이었다는 것을 보여 준다(막 12:36; 행 1:16; 28:25; 고전 14:37). 그러므로 우리는 성경 속에서 서로 다른 글쓰기 스타일들, 동일한 사건들에 대한 다양한 설명들, 인간 감정의 폭발들을 발견한다(고후 11:1). 성경의 어떤 대목들은 목격자들의 말을 전하고자 하거나 어떤 사람들이 하나님과 가졌던 만남들을 보도하고자 한다(출 24:1-11; 왕상 22:19; 사 6:1-5; 고후 12:1-4).

이러한 다양성 때문에, 우리는 성경 전체에 어떤 한 이론을 적용해서는 안 된다. 우리는 성경 본문들이 시사하고 있는 것을 요약하려는 시도를 통해서 오직 포괄적인 진술만을 제시할 수 있을 뿐이다: 직접적인 명령, 절박감, 개인적인 욕구 또는 강제를 통해서, 하나님의 성령은 하나님이 자신의 목적을 이루기 위하여 기록하기를 원했던 것을 반영하는 그러한 문서들을 받아쓰기(dictation), 체험, 전승, 지혜로부터 쓰거나 편집하도록 신앙 공동체 내의 영적인 사람들을 감동시켰다.

조명이라는 개념. 성경 안에서의 성령의 사역은 먼 과거에서 끝난 것이 아니었다. 역사 전체에 걸쳐서 성령은 성경을 통하여 사람들에게 계속해서 역사하고 말씀한다. 신학자들은 보통 성령의 활동의 이러한 차원을 조명이라고 부른다.

조명이라는 신학적 개념은 몇몇 성경 본문들로부터 생겨난다. 이 개념에 대한 희미한 언급은 엘리후가 욥에게 한 말 속에 나타나 있다: "그러나 사람의 속에는 영이 있고 전능자의 숨결이 사람에게 깨달음을 주시나니"(욥 32:8). 신약성서에 나오는 세 전거 구절들은 앞에서 말한 구절보다 좀 더 중요하다. 요한(요일 5:7,

---

Bulletin 21/1 (Spring 1991): 10을 보라.

11)과 바울(고전 2:6-16; 고후 3:14-17)은 영적인 진리를 깨닫기 위해서는 하나님의 역사(役事)가 결정적으로 중요하다는 것을 강조한다. 바울에 의하면, 우리는 타락한 상태에 있기 때문에 하나님의 조명이 반드시 필요하다는 것이다. 죄로 인하여 우리의 마음이 어두워져 있기 때문에, 우리는 더 이상 하나님에 관한 진리를 인식하지 못한다(롬 1:18-23). 그러므로 우리가 하나님을 알려면, 하나님 자신이 우리의 마음을 조명해 주어야 한다. 요한은 예수께서 자신의 고별사에서 하나님이 예비해 두신 것이 어떤 형태로 오게 될지를 좀 더 분명하게 설명하였다고 보도한다. 우리 주님은 제자들을 진리로 인도하게 될 성령을 보내시겠다고 약속하였다(요 14:26).

그러므로 조명은 성령의 사명에 속한다. 성령은 하나님의 백성으로 하여금 현재의 삶을 위하여 성경 본문들의 의미를 이해할 수 있도록 해줌으로써 성경을 "살아나게" 만든다.

개혁주의 성경론에서 조명을 강조하자, 몇몇 청교도들은 그것으로부터 필연적으로 도출되는 교리인 "추가적인 빛"이라는 개념을 발전시켰다. 존 로빈슨(John Robinson)은 네덜란드를 떠나 신세계로 향하는 순례자들에게 행한 고별사 속에서 이 개념을 표현하였다. 이 목회자는 그의 양 떼들에게 하나님의 영이 성경으로부터 부어줄 추가적인 빛을 구하라고 권면하였다.

초기 침례교도들은 로빈슨의 권면을 마음에 새겼다. 그들은 성령이 그들로 하여금 교회 전통을 버리고 급진적이지만 성경적인 신자의 세례(believer's baptism)라는 관행을 채택하도록 인도하였다고 주장하면서 추가적인 빛에 마음을 열라고 했던 이 목회자의 도전의 말을 그 근거로 들었다. 성경을 통하여 말씀하는 성령은 그들로 하여금 성경에 맞는 세례를 재발견하는 것이 그리스도의 교회의 개혁에서 또 하나의 진전이라는 것을 보게 해주었다.[7]

성령의 하나의 역사(役事)

영감과 조명을 신학적으로 구별하는 것은 상당한 정도로 타당성이 있다. 그렇

---

7) 이것은 18세기 미국의 침례교 지도자였던 Isaac Backus의 입장이었다. Stanley J. Grenz, *Isaac Backus — Puritan and Baptist*, NABPR Dissertation Series #4 (Macon, Ga.: Mercer University Press, 1983), 230을 보라.

지만 거기에는 유감스럽게도 위험성도 따른다. 이러한 구별은 사실 성경 안에서의 성령의 하나의 역사에 속한 두 차원의 밀접한 관계를 너무 엄격하게 분리하는 것일 수도 있기 때문이다.

겉보기에는 역사적으로나 논리적으로 영감에서 조명으로 진행해 왔다는 것이 분명해 보이는 듯하지만, 사실 이 둘은 서로 뒤엉켜 있다. 이러한 연관성은 성경에 관한 우리의 신학적인 신앙고백에서만이 아니라 성경 형성의 역사적 과정 자체에도 존재한다. 이 두 경우 모두 성경의 영감은 조명이라는 현상과 결부되어 있다. 그러나 정확히 이 둘은 어떻게 연관되어 있는 것인가?

기능적·정경적 접근 방법들. 최근 들어서, 많은 학자들은 영감과 조명의 관계의 성격을 규명하고자 시도해 왔다.[8]

그 중 한 시도는 그리스도인 공동체 내에서의 성경의 역할을 출발점으로 삼아서 성경의 규범적 가치에 관한 결론들을 도출해 낸다.[9] 이러한 기능적 이해는 제임스 바(James Barr)와 데이비드 트레이시(David Tracy) 같은 권위 있는 학자들의 주장들을 비롯해서 성경을 기독교의 "고전"이라고 말하는 여러 시도들에 반영되어 있다. 또한 이러한 이해는 신학적인 작업의 초점으로 서사(이야기)를 강조하는 최근의 경향 속에서도 찾아볼 수 있다. 예를 들면, 데이비드 켈시(David Kelsey)는 성경이 교회 속에서 규범으로 작용할 수 있는 것은 성경이 새로운 인간의 정체성들을 형성해 내고 개인 및 공동체들의 삶을 변화시키기 때문이라고 주장하였다.[10]

---

8) 오늘날의 대안들에 대한 요약으로는 Francis Schüssler Fiorenza, "The Crisis of Scriptural Authority: Interpretation and Reception," *Interpretation* 44/4 (October 1990): 353-68을 보라.

9) World Conference on Faith and Order의 1971년의 Louvain 회의에 대한 보고서인 "The Authority of Scripture"는 이 점을 잘 보여 준다. 이 문서는 성경의 권위를 그 영감으로부터 연역하지 않음으로써 과거의 도그마적인 전통과의 단절을 보여 준다. Avery Dulles의 설명에 의하면, "이 문서는 교회에 대한 성경의 종교적 가치라는 토대 위에 성경의 권위를 세운 다음에 그러한 권위의 원천으로서의 영감을 전제한다." Avery Dulles, "Scripture: Recent Protestant and Catholic Views," *in The Authoritative Word*, ed. Donald K. McKim (Grand Rapids: Eerdmans, 1983), 246.

10) David Kelsey, *The Uses of Scripture in Recent Theology* (Philadelphia:

이러한 기능적 접근 방법보다 더 영향력 있는 것으로는 어느 정도 정반대의 방향을 지향하고 있는 정경적 접근 방법이 있다. 정경적 방법론을 주장하는 학자들은 성경이 오늘날 우리에게 규범일 수 있는 근거를 성경의 형성의 역사적 과정에서 찾는다.[11] 이러한 목적을 가지고, 그들은 그러한 형성 과정 속에서 나타나는 해석과 재해석의 범례적인 패턴을 찾아내기 위하여 성경의 여러 책들의 기원, 편집, 정경화 과정을 연구한다.

정경적 접근 방법의 대표적인 인물은 브레버드 차일즈(Brevard Childs)이다. 그는 전승들이 옛 공동체의 삶 속에서 행사하였고 결국에는 정경의 형태로 성경 본문들이 확정되는 결과를 가져왔던 지속적인 권위를 탐구하였다. 예를 들면, 이스라엘은 어떤 특정한 역사적 상황 속에서 선포된 선지자들의 말씀이 그 원래의 용도와는 무관하게 권위를 지니고 있다는 것을 깨달았다. 공동체는 이 권위 있는 전승을 성경으로서의 그 기능과 맞먹는 형태로 전승하였고, 후대의 편집자들은 이러한 형태 및 용도를 본문의 구조 속에 통합시켰다.

차일즈에 의하면, 이러한 역사적 과정은 해석학적으로 중요한 함의들을 지닌다고 한다.[12] 우리는 특정한 본문을 언제나 그 정경화된 형태로, 그리고 옛 신앙 공동체와의 관련성 속에서 해석하여야 한다는 것이다.[13] 그의 말을 인용해 보자: "정경이라는 맥락 속에서 보면, 그 본문이 과거에 무엇을 의미하였느냐 하는 문제와 그 본문이 현재 무엇을 의미하느냐 하는 문제는 분리할 수 없을 정도로 결합되어 있고, 둘 다 글로서의 성경에 대한 해석의 과제에 속한다."[14]

정경적 접근 방법은 성경의 영감에 대한 우리의 주장은 신앙의 진술, 즉 성령은 "교회의 정경적 맥락"[15]을 통해서 역사한다는 주장이라는 의미를 함축하고 있다.

Westminster, 1975). 이후의 설명에 대해서는 David Kelsey, "The Bible and Christian Theology," *Journal of the American Academy of Religion* 48 (1980): 385-402를 보라.

11) 이 접근방식에 대한 복음주의자의 진술에 대해서는 Stephen Reid, "An Evangelical Approach to Scripture," *TSF Bulletin* 8/4 (March-April 1985): 2-10을 보라.

12) Brevard Childs, *Introduction to the Old Testament as Scripture* (Philadelphia: Fortress, 1979), 60.(「구약 정경 개론」: 대한기독교서회)

13) Ibid., 74.

14) Brevard Childs, *Biblical Theology in Crisis* (Philadelphia: Westminster, 1970), 141.(「성경신학의 위기」: 크리스챤다이제스트)

그러므로 정경 개념의 발전은 결코 자의적인 것이 아니었다는 말이 된다. 왜냐하면, 정경 개념을 발전시킴으로써 교회는 "몇몇 글들이 자신의 신앙과 삶에 미친 효과를 증거한" 것이기 때문이다.[16] 달리 말하면, 초기의 공동체들에게 — 오늘날의 우리에게와 마찬가지로 — 성경의 영감에 대한 주장은 조명의 체험과 서로 얽혀 있었다는 말이다.

정경적 접근 방법과 기능적 접근 방법의 여러 차이점들에도 불구하고, 이 둘은 신앙 공동체라는 맥락 속에서 영감과 조명을 통합시킨다. 역사 전체에 걸쳐서 하나님의 백성이 현재 성경의 문서들에 자리잡고 있는 본문들의 영감성을 시인하고 고백했던 것은 신자들이 자신의 독특하고 항상 변화하는 상황들 속에서 직면했던 문제들과 씨름하는 과정에서 그 본문들 속에서 성령의 음성을 들었기 때문이었다. 침례교 신학자인 에드가 맥나이트(Edgar V. McNight)는 이러한 주장이 지니는 함의들을 다음과 같이 도출해 낸다:

> 그러므로 성경은 점점 더 복잡해지고 정교해지는 방법론들을 사용하여 분석해야 할 완료된 정적인 사실 또는 사실들의 모음으로 보아지는 것이 아니라, 각 세대들이 그들의 세계관에 의해서 공급되고 인증된 접근 방법들을 사용하여 그들의 필요들에 비추어 현재화 해내는 의미의 잠재태(潛在態, potentiality)로 보아진다.[17]

성령이 성경의 본문들을 살아나게 하는 것과 공동체가 성령의 조명 활동의 산물로서 성경 본문들의 권위를 고백하는 것과의 연관관계야말로 실제로 전통적인 영감론의 전거인 디모데후서 3:16-17의 핵심일 것이다.[18] 하나님이 아담의 코에 숨을 불어 넣어서 아담을 생명이 되게 한 것을 은연중에 암시하고 있는 '데오프뉴스토스'(theopneustos)라는 희귀한 단어를 사용하여, 바울은 "하나님이 성경에

---

15) Ibid., 104.

16) Ibid., 105.

17) Edgar V. McKnight, "Errantry and Inerrancy: Baptists and the Bible," *Perspectives in Religious Studies* 12/2 (Summer 1985): 146.

18) Edward W. Goodrick, "Let's Put 2 Timothy 3:16 Back into the Bible," *Journal of the Evangelical Theological Society* 25/4 (December 1982): 479-87.

숨을 불어 넣어서" 성경을 유익하게 만들었다고 선언하였다.[19] 복음주의 진영의 헬라어 학자인 에드워드 굿릭(Edward Goodrick)의 결론처럼, 디모데후서의 이 본문은 "자동 서술이라는 본래의 성격"[20]을 밑받침해 주는 것이라기보다는 성령에 의해서 생기를 얻은 성경이 얼마나 유익한 것인지에 초점을 맞추고 있다. 요컨대, 교회가 성경의 영감을 고백하게 된 것은 초기 신자들이 성경의 글들을 통해서 하나님의 영의 능력과 진리를 체험했기 때문이다. 그들은 이 문서들이 "그리스도의 영으로 살아 움직이고" 있다는 것을 알고 있었다.[21]

과거와 마찬가지로 오늘날에도 성령은 이런 식으로 사람을 도구로 사용하여 말씀한다. 따라서 우리는 모든 세대에 속한 하나의 교회와 더불어서, 성경은 하나님의 계시의 저장고라는 것을 긍정한다. 그들과 마찬가지로 우리도 이 사람들의 말들이 하나님의 말씀이라는 것을 기꺼이 인정하는 것이다.

공동체 속에서의 성경의 발전. 이 논의는 영감과 조명을 통한 성령의 사역이 성경과 신앙 공동체 간의 통합적인 관계와 밀접하게 연관되어 있다는 것을 보여 준다. 성경과 신앙 공동체의 연관관계는 역사적인 것임과 동시에 지속적인 것이기 때문에, 그것은 조명과 영감을 포괄한다. 그리고 이러한 연관관계는 성경의 편찬으로 귀결된 과정 속에서 성령의 역할을 이해하기 위한 맥락을 제공해 준다.

최근까지 고전적인 예언 모형이 성경의 편찬과 관련된 공인된 이론으로 지배해 왔다. 이러한 모형은 유익하다. 왜냐하면, 정경에 속하는 몇몇 책들은 그 책들을 쓰라는 성령의 감동을 따라서 개별 저자들에 의해서 씌어졌기 때문이다(벧후 1:20-21). 그럼에도 불구하고 단일 저자라는 개념 ― 그리고 이와 아울러 예언 모형 ― 을 성경 전체의 편찬으로 확대시키는 것은 옳지 않을 것이다. 이 모형은 정경에 속한 모든 책들에 그대로 다 적용되지 않기 때문이다.[22] 우리의 성경은 개

---

19) 헬라어 theopneustos("영감")는 신약 성서에서 오직 여기에만 나온다. 많은 주석자들은 어원(theos [하나님] + pneuma [숨 또는 영])에서 이 단어의 의미에 대한 단서를 찾아서 "하나님의 숨이 불어넣어진" 또는 "하나님에 의해 소멸된"이라는 개념을 제시한다. 그러나 이러한 주장은 이것이 성경 안에서의 성령의 활동과 관련하여 무엇을 의미하는지를 분명하게 밝혀주지 않는다.

20) Goodrick, "Let's Put 2 Timothy 3:16 Back into the Bible," 486-87.

21) Hoffman, "Inspiration, Normativeness, Canonicity," 457.

별 저자들의 글들을 모아 놓은 모음집이라기보다는 그 성경을 배태시킨 신앙 공동체의 산물이다. 성경의 편찬은 공동체라는 맥락 속에서 일어났고, 성경의 글들은 그 글들을 발전시킨 공동체의 자기 이해를 나타낸다.[23]

성경은 구전 전승들 및 그 밖의 다른 문서 자료들을 포함한 다양한 요소들을 통합시킨 전승 궤도가 최종적으로 문서로 집적된 것이라는 사실을 증언해 준다. 이러한 성경의 책들은 공동체 속에서 독자적인 생명을 지니고 있으면서, 공동체가 성령의 인도하심 아래에서 새로운 상황에 맞추어 해석하고 재적용하였던 권위 있는 자료들의 일부를 형성하고 있었다. 이러한 성령의 감동을 따라서 구약과 신약의 백성들은 자신의 필요에 대응하여 공동체의 삶 속에서의 여러 단계들에서 이러한 자료들을 결집하였다. 그러나 우리는 그러한 모든 필요성들을 공동체의 연속성을 위하여 공동체를 만들어 내었던 역사적 사건들에 대한 증언과 이 사건들에 대한 해석 및 공동체의 삶에 대한 몇몇 적용들을 보존해야 한다는, 성령이 생겨나게 한 책임감이라는 말로 포괄할 수 있다고 본다.

이에 대해 폴 악트마이어(Paul Achtemeier)는 다음과 같이 올바르게 결론을 내리고 있다:

> 성경의 주된 의의는 그것이 책이라는 데 있는 것이 아니라 하나님이 그들이 이해하거나 대처할 수 있는 능력을 통상적으로 뛰어넘는 방식들로 그들과 함께 임재해 있다는 핵심적인 현실과 씨름했던 이스라엘 공동체와 초대 교회의 삶을 반영하고 있다는 데 있다.[24]

이 점을 고려하면, 우리는 성경을 형성하는 과정에서의 성령의 활동에 대한 우리의 이해를 확장시키지 않으면 안 된다. 성령의 사역은 개별 저자들의 펜으로부터 생겨난 몇몇 성경의 책들의 원래의 저자들을 포괄한다. 그러나 성령의 사역은

---

22) 예언적 모형을 성경 전체로 확대하는 것에 대한 비판으로는 Paul J. Achtemeier, *The Inspiration of Scripture* (Philadelphia: Westminster, 1980), 99-104를 보라.

23) 또는 좀 더 정확히 말하면, 성경은 그 공동체의 지속적인 전승궤도를 형성하게 된 사람들의 이해를 표상한다. 왜냐하면 종종 성경의 글들은 좀 더 폭넓은 사람들의 태도들과 행위들에 대한 날카로운 비판을 제시하고 있기 때문이다.

24) Achtemeier, *The Inspiration of Scripture*, 92.

히브리인 공동체 및 초기 그리스도인 공동체가 성경을 탄생시키는 과정에 참여했다는 점에서 이들 공동체 속에서의 성령의 역사들도 포괄하는 것으로 확장된다. 사실 우리는 성령의 인도 사역은 하나님 백성의 책으로 정경이 결집된 것에서 절정에 달했던 전승 궤도 전체를 포괄하였다고 말할 수 있다.

이러한 확대된 이해는 우리가 영감이라는 고전적인 개념만을 근거로 해서는 정경화 과정 속에서의 성령의 사역을 제대로 설명해 낼 수 없다는 것을 의미한다. 정경의 형성에 결정적이었고 또 그 배후에 있었던 것은 분명히 성령의 조명 사역이었다. 공동체는 이 문서들을 하나의 성경으로 융합해 내었는데, 이는 그들이 이 글들이 하나님이 그들에게 말씀하시는 수단이 되고 있다는 것을 발견하였기 때문이다. 그러므로 성경의 영감에 대한 인식은 항상 성령의 조명이라는 현상과 분리될 수 없었다.

이를 위해서 우리는 오직 이러한 역사적 과정에 대한 단서로서 오늘날 우리들의 조명 체험을 생각해 보기만 하면 된다. 성령은 오늘날의 우리를 조명하여 우리로 하여금 성경을 이해하고 우리의 현재적 상황에 적용할 수 있게 해준다. 마찬가지로 성령은 하나님의 옛 백성이 성경으로 결집했던 구전 전승들과 글들을 통해서 그들에게 말씀하였다. 사실 몇몇 본문들은 옛 공동체들의 백성들이 이전의 자료들을 자신의 것으로 만든 방식을 반영하고 있다. 그렇지만 우리는 한 가지 광범위한 차이점을 인정해야 한다. 이스라엘과 초기 그리스도인 공동체는 정경 형성의 과정이라는 맥락 속에서 해석 작업에 참여하였다. 그러나 지금 우리는 성령이 완성된 성경을 통하여 우리에게 말씀하시는 방식으로 성령의 조명을 체험한다. 그들은 성경 형성의 과정 속에 참여하였지만, 우리는 그렇지 않다.

주관주의의 위험성. 위에서 개략적으로 살펴본 입장은 한 가지 잠재적인 위험성에 노출되어 있는 것으로 보인다. 우리는 영감에 대한 주장과 조명이라는 현상 간의 밀접한 연관성을 주장함으로써 주관주의라는 위험성에 노출될 수 있지 않는가 하고 의구심을 가질 수 있다. 우리는 성경의 영감을 우리가 성경의 면면 속에서 성령의 음성을 듣는 것에 의존하게 만듦으로써, 과거의 신정통주의와 유사한 방식으로 영감의 객관적 실체를 상실할 수도 있지 않는가?

주관주의의 위험성은 실제로 존재한다. 그러므로 우리는 조심하지 않으면 안 된다. 그렇지만 그러한 오류에 빠지는 것을 피할 수 없는 것은 아니다. 우리는 성경의 영감에 대한 우리의 선언이 이 책이 객관적으로 하나님의 책이라는 것을 주장한다는 것, 성경은 우리가 그 지위를 주관적으로 인정하든 안하든 성경이라는 것을 항상 염두에 두면 주관주의를 피할 수 있다. 성경은 교회의 책이기 때문에 성경이다. 나아가 우리는 우리가 예수 그리스도의 하나의 교회에 참여하고 있기 때문에 성경을 성경으로 긍정한다. 우리가 성경이 영감되었다고 고백하는 것은 우리 자신이 우리의 개인적인 조명 체험만큼이나 중요한 성령의 음성을 성경의 면면 속에서 듣기 때문이 아니다. 도리어 우리는 항상 이 책의 백성이었던 하나님의 하나의 백성의 오늘날의 모습이기 때문에 이러한 신앙고백을 하는 것이다.

주관주의라는 위험성을 피하려는 시도 때문에 우리가 그 정반대의 위험성을 보지 못해서는 안 된다. 우리는 성경의 영감을 성경론의 첫 번째 명제로 제시하는 그러한 신학자들의 노선을 따라서는 안 된다. 그와는 반대로 우리는 성경의 신적인 성격에 대한 우리의 긍정은 조명을 통한 성령의 사역과 결부되어 있다는 것을 인정하여야 한다. 자신의 역사 전체를 통해서 신앙 공동체는 성경의 면면 속에서 성령의 음성을 들어왔기 때문에, 우리는 지금 성경이 바로 그와 동일한 성령의 영감의 산물이라는 것을 고백한다.

성경을 통해서 말씀하시는 성령의 과제

성령의 도구로서의 성경은 공동체의 책이다. 성령의 조명을 받는 성경은 하나님의 백성 가운데 어떻게 작용하는가? 성령은 자신의 도구인 성경을 통해서 무엇을 이루는가?

영적 자양분의 공급원으로서의 성경

성경을 통하여 일하는 성령의 과제를 이해하는 출발점은 성경을 우리가 영원한 생명의 메시지를 발견하는 장소 — 궁극적으로는 유일한 장소 — 로 보는, 그리스도인인 우리에게 하나님이 주신 성향에 있다. 클라크 피녹(Clark Pinnock)의 말을 빌리면, 우리는 이 책이 "우리의 구원의 복음을 영원토록 보존하고 있는 하나님이 주신 문서"라고 믿는다.[25] 따라서 우리는 우리의 신앙에 필요한 자양분을 얻

---

25) Clark Pinnock, "What Is Biblical Inerrancy?" in *The Proceedings of the Conference*

기 위하여 성경을 바라본다.

성경을 영적인 자양분의 원천으로 보는 태도는 적어도 1600년대와 1700년대에 있었던 경건주의 전통의 현대적인 표현일 뿐이다. 필립 야콥 슈페너(Philip Jakob Spener, 1635-1705년) — "경건주의의 아버지"[26] — 와 아우구스트 헤르만 프랑케(August Hermann Francke, 1663-1727년) 같은 사상가들은 성경 독자의 영적인 상태의 중요성에 초점을 맞추었다: 오직 거듭난 사람들만이 성경을 바르게 이해할 수 있다고 그들은 주장하였다.[27] 경건주의자들에게는 성경의 진리 주장들에 관한 말은 성경이 독자의 삶을 붙들어서 그 삶을 하나님을 섬기는 삶으로 부르는 "진리 주장들"보다 덜 중요하였다.[28] 그들에게 성경 연구의 궁극적인 목표는 영성의 형성이었다. 따라서 경건주의적인 성경 읽기는 어떤 구절에 효과가 있는 모든 해석학적 기법들을 부지런히 동원하고 그 본문을 통해서 하나님의 음성을 듣는 것을 인내로써 기다리는 것, 이 양자를 포함하였다.[29]

어떤 의미에서 경건주의 전통은 성경 문서들 자체의 강조점들을 그대로 구현하고 있는 것이라고 할 수 있다. 성경의 기자들은 그들의 일차적인 목적이 독자들 속에 하나님과의 관계를 촉진시키는 것 — 구속받은 공동체를 세우는 것인 하나님의 통치를 진전시키는 것 — 이라고 반복해서 증언한다. 성경은 죄악된 인간들에게 구원의 좋은 소식을 선포하고 신자들에게 영적인 자양분을 매개해 주려는 의도를 지니고 있다. 그러나 성령은 성경을 통해서 이러한 목적을 어떻게 수행하는가?

성경의 헌법적 역할

---

on Biblical Inerrancy 1987 (Nashville: Broadman, 1987), 75.

26) "Spener, Philip Jakob," in the *Dictionary of Philosophy and Religion*, ed. William R. Reese (Atlantic Highlands, N.J.: Humanities Press, 1980), 544.

27) C. John Weborg, "Pietism: Theology in Service of Living Toward God," in *The Variety of American Evangelicalism*, ed. Robert K. Johnston and Donald W. Dayton (Downers Grove, Ill.: InterVarsity, 1991), 170-71, 176.

28) Weborg, "Pietism," 176.

29) Michael Hardin, "The Authority of Scripture: A Pietist Perspective" *Covenant Quarterly* 49/1 (February 1991): 9.

성경 안에서의 성령의 지속적인 활동에 대한 이해의 단서는 프랜시스 피오렌자(Francis Fiorenza)가 성경의 헌법적 역할이라고 부른 것에서 찾아볼 수 있다: 성경은 "지속적인 공동체의 헌법"으로서의 기능을 한다.[30] 성경의 글들은 우리가 신자로서 공유하는 삶을 위한, 즉 그리스도인 공동체로서의 우리의 정체성을 위한 토대를 제공한다.

그렇지만 우리는 성경과 관련된 그 무엇이 성경에 이러한 지극히 높은 역할을 부여하는 것인가라고 묻게 된다. 간단히 말해서, 성경의 글들은 신앙 공동체의 역사 속에서, 즉 처음에는 이스라엘, 다음으로는 교회의 창립 단계에서의 산물(産物)이라는 점에서 헌법적 성격을 지닌다. 그 글들은 처음에 무엇이 하나님의 백성으로서의 우리의 정체성을 구성하였는가를 제시하고 있기 때문에, 신자 공동체의 삶의 모든 단계들에서 최고의 지위를 지닌다. 이 문서들은 제일 먼저 생겨났기 때문만이 아니라, 그 이후에 나온 모든 것들이 그것들 위에 세워지기 때문에, 그런 식으로 작용하는 것이다.[31]

하지만 여전히 우리에게는 어떻게 성경이 오늘날의 우리에게 헌법이 되는가라는 문제가 남는다. 여기서 우리는 해석의 틀이라는 개념에 호소한다. 성경은 그리스도인 공동체에게 해석의 틀을 제공한다는 점에서 모든 세대의 신자들에게 토대가 된다.

성경은 각 세대에게 신앙 공동체에 들어오는 것을 정의하고 촉진시켜주는 한 묶음의 범주들을 매개해 준다. 성경은 창조에서 시작하여 미래의 종말에서 절정에 달하는 세상 속에서의 하나님의 활동에 관한 이야기를 들려준다. 이 이야기의 핵심적인 목적은 성령이 죄악된 인간들을 변화시켜 방향을 바꾸도록 하는 데 있어서 도구가 된다는 것이다. 이러한 변화는 사람들이 그 이야기의 범주들에 비추어서 그들 자신의 인생 이야기들을 재해석하고 하나님의 백성에 관한 이야기와의 연관관계를 통하여 그들의 개인적인 이야기들을 하나님에 관한 이야기와 결부시킬 때에 일어난다. 우리가 "저 먼 옛날 이야기"를 선포할 때, 성령은 청자(聽者)들을 하나님의 가족으로 들어오도록 부르고, 그들이 삶의 모든 것을 그 이야기의 관

---

30) Fiorenza, "The Crisis of Scriptural Authority," 363.

31) John Howard Yoder, "The Use of the Bible in Theology," in *The Use of the Bible in Theology*, ed. Robert K. Johnston (Atlanta: John Ksox, 1985), 103-20.

점으로부터 보는 것을 돕는다.

이러한 해석의 틀은 공동체의 정체성을 확립해줄 뿐만 아니라 그 정체성을 보존해준다.[32] 성경이 우리에게 매개해 주는 범주들은 신앙 공동체 안에서의 삶을 위한 패러다임을 제공해 준다. 성경을 통해서 성령은 그리스도의 공동체로서의 우리의 정체성과 그 공동체의 개별 지체들로서의 우리의 정체성을 형성해 준다. 교회의 공동의 삶 속에서, 데이비드 켈시(David Kelsey)의 말을 빌면, "공동체 및 그 공동체를 구성하는 개개인들의 자기 정체성을 길러주고 개혁하기 위하여" 성령은 성경을 사용한다.[33] 그러므로 이 책은 삶을 변화시키는 메시지를 담은 책이자 삶을 새롭게 하는 능력을 지닌 좋은 소식이다. 이 책은 우리의 마음을 열어 성령을 권능 있는 임재라는 선물을 받도록 하기 위하여 하나님이 우리에게 주신 것이다.

이러한 목적을 위하여, 성경을 통하여 말씀하시는 성령은 우리의 현재에 과거의 토대 위에서 그리고 장래의 비전에 맞추어서 방향을 잡아준다. 성경의 과거 지향성은 성경의 이야기를 듣는 오늘날의 청자를 원래 하나님의 공동체를 구성하였던 저 시원적(始原的)인 사건들로 데려다 준다. 고대 히브리인들에게 출애굽은 핵심적인 시원적 사건이었다. 교회에게 예수의 삶, 수난, 부활과 그 이후에 있은 성령의 강림은 교회를 형성하는 사건들이었다. 그러나 이 이야기의 목표는 단순히 그 이야기를 되풀이하는 데 있지 않다. 오히려 그 이야기를 다시 말함으로써 성령은 공동체의 현재의 삶 속에 과거를 재창조해낸다. 그렇게 함으로써 성경 본문들은 공동체가 성령의 인도 아래 현재의 삶의 도전들을 이해하고 대응할 수 있는 수단 역할을 하는 패러다임들과 범주들 — 해석의 틀 — 을 제공해 준다.[34]

윌리엄 헤르조그 2세(Wiliam Herzog II)는 이런 식의 과거와 현재의 통합을 다음과 같이 요약한다:

> 살아있는 말씀은 우리를 족장들과 선지자들의 세계 또는 사도들과 제자들

---

32) Kelsey, *The Uses of Scripture in Recent Theology*, 89.

33) Ibid., 214.

34) 어느 정도 비슷한 개념에 대해서는 James Barr, *The Scope and Authority of the Bible* (Philadelphia: Westminster, 1980), 126-27을 보라.

의 시대로 끌어들이는데, 이는 우리에게 그들의 해법을 그대로 따르게 하려는 것이 아니라 그들의 전승들과 본문들을 하나님의 살아계신 임재와 역사에 비추어 문제 제기를 하도록 부르심을 받은 하나님의 백성의 영속적인 과제를 본받아서 우리로 하여금 어떻게 그들이 그들에게 주어진 창조적인 사역에 신실하게 임했는가를 보고 본을 받도록 하기 위한 것이다. 이런 관점에서 보면, 성경은 그 성취를 위해서 우리의 창조적인 참여를 요구하는, 우리가 부르심 받고 있는 과제를 계시한다.[35]

우리의 현재를 과거에 기반을 두고 구축하는 것과 아울러서, 성경의 이야기를 통해서 말씀하는 성령은 미래적 지향성을 우리에게 매개해 준다. 성경은 세상을 향한 하나님의 의도를 선언한다. 성경은 사람들이 서로서로, 그리고 하나님 및 모든 피조물과 조화롭게 살아가는 이상적인 질서에 관한 비전을 제시한다. 제임스 바(James Barr)의 일반화는 지나치게 일방적인 감이 없지는 않으나, 올바른 방향으로 움직이고 있다는 것은 분명하다:

> 이야기들은 반드시 과거에 대한 관심 때문에 씌어지는 것은 아니다. 이야기들은 장래에 일어나게 될 하나님의 약속들에 대한 그림을 제공해 주기 위한 목적으로도 씌어질 수 있다. 이야기들의 표면상의 목적이 과거에 관한 것이라고 할지라도, 그 이야기들의 신학적 기능과 목적은 미래를 향해 있을 수 있다.[36]

과거 지향성과 마찬가지로, 성경의 이야기들의 미래 지향성은 우리의 현재의 실존에 영향을 미치고자 한다. 성령은 성경의 비전을 사용하여 우리로 하여금 하나님의 미래에 비추어 우리의 상황을 바라보고, 이미 우리 가운데 및 이 세상 속에서 활동하고 있는 그 미래의 능력에 우리 자신과 우리의 현재를 열도록 촉구한다.

---

35) William R. Herzog II, "Interpretation as Discovery and Creation: Sociological Dimensions of Biblical Hermeneutics," *American Baptist Quarterly* 2/2 (June 1983): 116.
36) Barr, *The Scope and Authority of the Bible*, 36.

성경을 통해 말씀하는 성령의 조명 사역은 언제나 구체적인 역사적-문화적 배경 속에서 일어난다. 정경의 형성을 가져왔던 성경 시대 동안의 성령의 활동은 고대 히브리 백성과 초대 교회가 임무를 교대하는 전환기라는 배경 속에서 일어났다. 마찬가지로 교회의 삶 속에서의 성령의 조명은 그리스도의 공동체가 살아가는 다양한 배경들 속에서 일어난다.

성령의 조명 활동이 하나님의 백성의 변화하는 역사적-문화적 배경 속에서 일어난다는 것을 인정하는 것은 해석학적 작업 속에서 문화적 배경의 신학적 중요성을 인정한다는 것을 의미한다. 우리는 우리가 살고 있는 세계의 사고 형태들, 범주들, 조건들 속에서 우리에게 말씀하시는 성령의 음성을 성경을 통해서 듣고자 한다.

성경과 계시

성경은 성령이 과거를 토대로, 그리고 미래의 비전에 맞추어 우리의 현재가 지향할 방향을 바로잡아 주는 데 사용하는 도구이다. 그러나 이러한 결론만으로는 우리는 아직 성경에 관한 교회의 주장의 핵심에 이르지 못했다. 하나님의 백성은 언제나 성경 자체가 계시와 연관되어 있고, 따라서 어떤 의미에서 하나님의 실제적인 말씀이라고 고백하여 왔다. 그러므로 우리의 성경론은 성경과 하나님의 자기 계시의 관계에 대한 우리의 이해를 제시하지 않으면 안 된다.

계시라는 개념

이러한 시도에서 출발점은 우리가 지금까지 성령의 책으로서의 성경과 관련하여 확정해 놓은 결론에 있다. 성경은 궁극적으로 성령의 한 기능이다. 성경은, 성경에 숨을 불어넣는 분(딤후 3:16), 즉 성경의 면면 속에서 선포되는 메시지를 통하여 공동체에 생명을 불어넣는 분의 활동 속에서 자신의 원천과 영속적인 중요성을 발견한다. 성경의 형성 및 신앙 공동체의 삶 속에서 성경 메시지의 적용에 있어서 성령의 중심적인 역할은 성령론이 우리가 하나님을 알게 되는 도구로서의 성경과 계시의 교량 역할을 한다는 것을 보여 준다. 우리는 성령에 의해서 숨이 불어넣어진 성경과 계시의 관계를 자세히 살펴볼 필요가 있다.

바르트의 주장. 칼 바르트(Karl Barth)는 성령론적인 성경론을 주장한 선구자였다.[37] 그의 입장이 지속적인 생명력을 지니게 한 핵심에는 바르트가 그의 「교회교의학」(Church Dogmatics) 제1권에서 개진한 바 있는 두 개의 명제가 있다.[38] 첫 번째 명제에서 이 스위스 출신의 신학자는 계시의 삼중 개념을 제시한다. 계시는 일차적으로 계시된 하나님의 말씀인데, 이것은 본질적으로 그리스도 예수, 즉 성육신된 말씀이다. 두 번째로, 계시는 "기록된 하나님의 말씀"으로서의 성경이다. 그리고 세 번째로, 계시는 사람에 의한 하나님의 말씀의 선포이다.

두 번째 명제에서 바르트는 계시의 이러한 세 가지 측면 사이의 밀접한 관계를 단정하였다. 기록된 말씀과 선포된 말씀은 서로 의존적인 방식으로, 즉 그것들이 하나님의 자기 계시에 대한 증언들이라는 점에서 계시이다. 요컨대, 바르트에게 성경의 계시적 성격은 예수 그리스도 안에서의 하나님의 계시에 대한 증언이라는 성경의 기능에 의존한다.

우리는 계시의 사건성(事件性)에 대한 그의 지나친 강조에 거부감을 가질 수도 있긴 하지만, 바르트가 성경과 그리스도의 관계를 서술한 것은 분명히 옳았다. 베르카워(G. C. Berkouwer)가 주장했듯이, "성경을 그리스도에 관한 증언으로 이해하지 않는다면, 성경이 하나님의 영감을 받았다는 성격을 지니고 있다고 아무리 말한다고 하더라도 그 말들은 공허하다."[39]

성경 속에서의 계시. 기록된 말씀과 성육신된 말씀의 상호의존적인 관계는 계시에 대한 성경적 개념을 통해서 부각된다. 성경에서 "계시"라는 용어는 주로 동사 형태로 나오고, 일반적으로 감춰진 것을 드러내는 행위를 가리킨다.[40] 그리고 오직

---

37) Bernard Ramm은 복음주의 진영에 Barth의 기치를 세우는 데 기여하였다. 예를 들면, 그의 *After Fundamentalism: The Future of Evangelical Theology* (San Francisco: Harper and Row, 1983)를 보라.

38) Karl Barth, *Church Dogmatics*, trans. G. W. Bromiley, second edition (Edinburgh: T. & T. Clark, 1975), 1/1:88-124.

39) G. C. Berkouwer, *Holy Scripture*, trans. and ed. Jack B. Rogers (Grand Rapids: Eerdmans, 1975), 166.

40) Dewey M. Beegle, *Scripture, Tradition and Infallibility* (Grand Rapids: Eerdmans, 1973), 19-21.

부차적으로만 이 용어는 그러한 행위 속에서 드러내지는 것 — 계시 행위에 의해서 산출되는 정태적(情態的)인 산물 — 을 의미한다. 따라서 하나님의 계시는 궁극적인 진리, 즉 삼위일체 하나님 자신을 드러내는 하나님의 자기 계시 행위이다.

그러므로 하나님의 계시는 자신을 우리에게 드러내시는 하나님에 다름 아니다. 이런 의미에서 하나님의 계시는 하나님의 은폐성에 대한 신학적 해독제이다. 인간의 타락으로 인해서 하나님은 우리에게 베일로 가려져 있고, 우리는 그 베일을 꿰뚫기 위해 할 수 있는 것이 아무것도 없다. 하나님이 주도적으로 자신을 우리에게 드러낼 때까지는 하나님은 계속해서 감취어져 있다. 그러나 바로 그런 일, 즉 하나님이 스스로를 드러내시는 일이 계시 행위 속에서 일어난다!

계시는 단순히 인식론적인 진리들 또는 명제로 이루어진 진술들이 아니라 스스로를 드러내시는 하나님이다. 그러나 이와 동시에 하나님의 계시는 하나님에 관한 진술들과 결부되어 있다. 그러한 주장들은, 우리가 부분적으로는 하나님이 누구이며 무엇과 같은가에 관한 말들을 들음으로써 하나님을 알게 된다는 점에서, 하나님을 알게 되는 인식론적 과정에서 도움이 된다. 마찬가지로 하나님에 관한 진술들은, 우리가 하나님을 알게 된 체험 및 우리가 만난 분에 대하여 성찰할 때에, 우리가 하나님을 알게 된 것의 자연스러운 결과물로서 생겨난다.

하나님의 온전한 자기 계시는 미래에 — 종말에 — 일어난다. 이러한 주장은 역사는 하나님이 계시를 위하여 선택한 매개물이라는 선언으로부터 자연스럽게 도출된다. 왜냐하면, 오직 종말에 가서야 역사의 의미가 온전히 드러나기 때문이다. 그때가 되면, 하나님의 법률상(de jure)의 통치는 사실상(de facto)의 통치로 바뀔 것이다. 그때에 가서야 어떻게 역사의 모든 것이 하나님의 통치의 완성, 즉 하나님의 종말론적 공동체의 수립으로부터 그 의미를 갖게 되는지가 아주 명백해질 것이다.

이러한 종말론적 지향성에도 불구하고, 계시는 현재적 실체이다. 하나님이 종말에 자신을 온전히 드러내시는 것은 역사 속에서 선취(예기)적으로(proleptically) 출현하여 왔다. 기독교 신앙에 중심적인 것은 이러한 계시의 초점이 나사렛 예수, 말씀이 된 육신(Word-made-flesh)이라는 신앙고백이다. 예수와의 관련 속에서 및 예수로 인하여 모든 역사는 예수의 역사적 삶으로부터 그 의미를 얻는다는 점에서 계시적 의미를 띤다. 예수 안에서의 하나님의 자기 계시라는 관점에서 이해하게 되면, 역사의 사건들은 그리스도 안에서 계시된 하나님의 본성에 대한 통찰을 제공해 준다.

많은 신학자들은 하나님의 역사적 계시가 행위와 해석을 통하여 우리에게 매개된다는 데에 동의한다.[41] 이러한 이해는 하나님의 계시의 초점이 "단순한 역사적 사실들"(Historie)이 아니라 "해석된 사실들"(Geschichte)이라는 것을 뜻한다. 계시는 설명되지 않은 사건을 통해서가 아니라 해석된 사건 및 역사의 흐름 속에서의 그 사건의 위치를 통해서 온다. 우리는 해석된 이야기가 다시 말해져서 삶에 적용될 때에 하나님을 만난다. 이 만남 속에는 성령이 임재한다. 왜냐하면, 성령은 우리의 구원을 위하여 그 해석된 이야기에 능력을 부여하기 때문이다.

이러한 연관관계는 우리가 "범례적인 사건들"(paradigmatic events)이라는 개념에 근거하여 계시 개념에 접근할 수 있다는 것을 보여 준다.[42] 범례적인 사건이란 공동체의 상상력을 사로잡는 사건이다. 그러한 사건은 공동체가 현실 전체를 바라보는 방식과 현실 체험에 대한 공동체의 이해를 형성시킨다. 이런 이유로 공동체는 그 사건에 대한 기억을 보존하고, 이후에 공동체가 처한 역사적 상황들에 비추어 그 사건을 재해석하며, 그 사건 속에서 미래를 위한 지속적인 소망의 원천을 발견해 낸다. 이런 식으로 범례적인 사건들은 지속적인 계시의 원천이 된다. 계속해서 이어지는 각각의 세대는 공동체의 과거 역사의 체험들에 비추어 스스로를 이해한다.

계시와 성경. 그리스도인으로서 우리는 성경에 나오는 사람의 말들이 우리에게 하나님의 말씀이라는 것을 인정한다. 그렇지만 그것이 그렇게 되는 과정은 복잡하다. 우리는 단순하게 하나님의 계시를 성경과 등치시켜서는 안 된다.[43] 도널드 블

---

41) 예를 들면, John Goldingay, *Approaches to Old Testament Interpretation* (Downers Grove, Ill.: InterVarsity, 1981), 74-77을 보라(『구약해석의 접근방법』: 크리스챤다이제스트). 또한 James I. Packer, *"Fundamentism" and the Word of God* (Grand Rapids: Eerdmans, 1958), 92; George Eldon Ladd, "Revelation, History, and the Bible," *Christianity Today* 1/25 (September 30,1957): 7; Daniel Stevick, *Beyond Fundamentalism* (Richmond, Va.: John Knox), 104-6을 보라. 신정통주의적 입장에 대해서는 John Baillie, *The Idea of Revelation in Recent Thought* (New York: Columbia University Press, 1956), 62-65를 보라.

42) 예를 들면, Richard J. Coleman, *Issues of Theological Conflict* (Grand Rapids: Eerdmans, 1980), 109-10을 보라.

뢰쉬(Donald Bloesch)는 그러한 구별의 역사적 전례(前例)를 확인해 주었다: "초기 개신교 정통주의, 청교도주의, 경건주의를 면밀하게 검토해 보면, 하나님의 말씀과 성경의 말씀들을 구별하는 것이 아주 일반적이었다는 것이 드러난다."[44] 이보다 더 중요한 것은 이러한 구별이 성경 자체에서 생겨났다는 것이다.

신약성서의 저자들은 우리가 성경의 말씀들과 하나님의 말씀을 단순하게 일대일로 대응시키는 것을 못하게 만든다. 그들은 "하나님의 말씀"이라는 표현을 좀 더 복잡한 방식으로 사용하였다. 침례교 신학자인 폴 레인보우(Paul Rainbow)는 그의 본문 연구를 통해서[45] 성경의 기자들은 유대 성경을 가리키는 말로 "하나님의 말씀"이라는 표현을 결코 사용하지 않았다는 결론을 내렸다. 오히려 신약성서 기자들은 하나님이 선지자들에게 또는 선지자들을 통하여 실제로 말씀하신 메시지들, 특히 예수의 인격과 사역에 초점이 맞춰진 메시지들을 가리키는 데 이 용어를 사용하였다. 따라서 신약의 공동체에 의하면, "하나님의 말씀"은 예수에 관한 좋은 소식을 선포한 성령, 교회가 성령의 권능 안에서 및 성령의 권세에 의지하여 전한 바로 그 말씀을 선포한 성령이다.

성경은 과연 이러한 묘사와 합치하는가? 레인보우는 성경은 과거에 하나님이 말씀하신 것을 신빙성있게 기록한 것이라는 말을 덧붙인다. 그러므로 성경은 "현재에 있어서 하나님의 말씀에 대한 교회의 선포를 검증해 볼 수 있는 절대적으로 확실한 판별 기준"을 제공해 준다.[46]

레인보우의 주장이 말해주듯이, 중요한 의미에서 "하나님의 말씀" — 그러므로 계시 — 은 성경에 선행한다. 이것은 분명히 역사적으로 사실이다. 왜냐하면, 하나님이 주도적으로 인간에게 자신의 뜻을 드러내신 것은 글로 기록하는 과정 이전에 일어났기 때문이다. 아울러 계시는 논리적으로도 선행한다. 왜냐하면 성경은 계시라는 실체를 전제하기 때문이다.[47] 블뢰쉬가 말했듯이, "성경은 하나님이 정하

---

43) 그렇게 등치시키는 경향은 William J. Abraham, *The Divine Inspiration of Holy Scripture* (Oxford: Oxford, 1981)에 의해서 비판을 받아 왔다.

44) Donald G. Bloesch, *The Future of Evangelical Christianity* (Garden City, N. Y. Doubleday, 1983), 118.

45) Paul Rainbow, "On Hearing the Word of God," unpublished convocation address, North American Baptist Seminary, 1990.

46) Ibid., 14.

신 계시의 통로, 거울, 가시적인 표지이다."[48]

그러나 또 다른 의미에서 계시와 성경은 서로 연관되어 있다. 과거에서의 하나님의 자기 계시는 역사의 한 시점에서 일어난 다음에 바로 글로 기록된 것이 아니었다. 오히려 계시는 정경의 발전 과정과 함께 일어났다. 부분적으로 하나님의 계시 사역은 성경의 형성 속에서 및 성경의 형성을 통하여 수행되었다. 성령의 인도하시는 손길 아래에서 신앙 공동체는 과거의 하나님의 자기 계시 및 과거의 사건들이 탄생시켰던 구전 및 문서 전승들에 비추어 세상 속에서의 하나님의 지속적인 사역을 이해하고자 하였다.

예를 들면, 초기 그리스도인들은 예수가 주(主)시라는 그들의 근본적인 신앙고백과 그들 가운데서의 성령의 임재에 대한 부정할 수 없는 체험에 비추어 유일신 사상이라는 유산(遺産)의 의미를 재점검하였다. 그 최종적인 산물이 바로 삼위일체론이었다.

하나님의 계시 사역은 하나님의 자기 계시가 삶에 대하여 지니는 함의(含意)들을 결정하는 공동체의 시도들에도 미쳤다. 하나님은 그들과 계약을 맺었고, 하나님은 거룩한 하나님이시기 때문에, 그들도 마찬가지로 거룩해야 했다. 성경의 문서들은 하나님의 옛 백성들이 성령의 인도하심 아래에서 하나님의 거룩하심이 하나님의 계약 상대로 부르심받은 그들의 삶에 실제적으로 지니는 함의들을 발견하게 된 과정이 있었음을 보여 준다.

그러나 하나님의 궁극적인 자기 계시는 여전히 미래에 놓여 있다. 따라서 정경이 이미 완성되어 닫혀 있다고 할지라도, 교회는 그리스도의 공동체로서의 부르심이 신앙과 삶에 어떤 결과를 가져오는지를 지속적으로 궁구하는 데 참여한다. 그렇지만 그 사이에 일어난 사건들은 한 가지 결정적인 차이를 가져왔다. 이제 우리는 완성된 정경을 지닌 하나님의 신실한 백성이 되고자 한다. 우리는 성경 형성이라는 과제에 참여하지 않는다. 오히려 우리는, 그 정체성과 실존이 역사 속에서 스스로를 계시하였고, 따라서 성경에 의해 알려져 있는 하나님과 결부되어 있는 하나님의 하나의 백성의 오늘날의 표현이고자 한다.

---

47) Barr, *The Scope and Authority of the Bible*, 16; Beegle, *Scripture, Tradition and Infallibility*, 307-8.

48) Bloesch, *The Future of Evangelical Christianity*, 118. Bloesch는 이것이 교부 시대로부터 종교개혁 시대에 걸쳐서 교회의 입장이었다고 주장한다.

계시로서의 성경

계시에 대한 이러한 이해의 토대 위에서 우리는 성령의 조명을 받는 성경을 "하나님의 계시"라고 말할 수 있다. 성경은 우리에게 하나님의 말씀이다. 성경과 계시의 연관성은 삼중적이다.

파생적 계시로서의 성경. 일차적으로 성경은 파생적 의미에서 계시이다. 성경은 하나님의 역사적 자기 계시에 대한 질문이자 그 계시의 기록이다. 성경은 하나님이 실제로 자기 자신을 계시하였다는 것을 증언해 준다. 하나님은 실제로 베일을 걷어 내셨다. 더 이상 하나님은 감춰져 있지 않다; 하나님은 이제 영원히 계시된 자로 존재한다.

하나님은 성경의 저자들이 예언적으로 역사적 사건들을 해석하고 삶에 적용했을 때에 바로 그 선취적인 역사적 사건들 속에서 자기 자신과 피조물을 향한 자신의 의도들을 계시하였다. 성경은 이러한 하나님의 자기 계시에 대한 기록된 증언이자 그 집적물이다. 성경 속에서 우리는 역사적 사건들과 그 해석들을 읽는다. 왜냐하면, 성경은 해석된 구원사를 오늘날의 독자들에게 충실하게 전달해주기 때문이다.

이런 의미에서 성경은 하나님의 진리이다. 사실 자기 자신을 인류에게 계시한 역사 속에서의 하나님의 행위에 관하여 배우기 위해서 우리가 참조할 수 있는 그 밖의 다른 책은 존재하지 않는다. 또한 성경의 메시지 외에는 하나님에 관한 그 어떤 다른 유효한 메시지도 존재하지 않는다. 이런 의미에서 성경은 우리에게 하나님의 말씀이다.

기능적 계시로서의 성경. 또한 성경은 기능적인 의미에서 계시이다: 성경은 계시적이다. 성경은 자기 자신을 넘어서서 독자의 관심을 계시된 하나님에게 돌려 독자에게 하나님을 어떻게 알 수 있는가에 대하여 알려준다. 사실 성경의 메시지는 우리 안에 구원과 성화(聖化)를 이루어 내기 위한 성령의 도구이다. 성령이 우리의 마음을 조명하여 그가 탄생시킨 성경의 본문들을 이해하고 응답하게 할 때에, 이러한 인간의 말들 — 동시에 언제나 객관적으로 하나님의 말씀인 — 은 우리의 주관적 체험 속에서 하나님의 말씀이 된다.

따라서 우리는 성경을 그 자체로 우상화해서는 안 된다.[49] 시편 기자와 마찬가지로 우리는 "주의 말씀은 내 발에 등이요 내 길에 빛이니이다"(시 119:105)라고 고백한다. 성경은 우리의 영적인 등불로서 길을 비추는 수단이다.[50] 우리는 하나님을 알고, 또 우리 주님과 함께 거닐며, 성령의 영감을 받고 성령의 조명을 받는 수단으로서 성경을 존중한다. 살아계신 하나님과의 만남을 통하지 않고는 하나님의 실체에 관하여 배우는 다른 방법이 존재하지 않는다. 이 만남은 성경의 메시지를 통하여 촉진된다. 이런 의미에서 성경은 우리에게 하나님의 말씀이다.

중보적 계시로서의 성경. 마지막으로, 성경은 중보자라는 의미에서 계시이다. 성경은 하나님의 본성에 대한 적절한 이해를 우리에게 매개해 준다. 성경은 하나님에 관한 말씀이라는 점에서 우리에게 하나님의 말씀이다.

궁극적으로 성경의 주제는 삼위일체 하나님이다. 하나님의 본성은 거기에서 사랑으로 묘사되어 있고, 그 면면들 속에서 구원자 하나님으로 설명되어 있다. 성경은 구원을 가져오기 위한 역사 속에서의 하나님의 활동에 관한 이야기를 통해서 하나님의 본성의 결과물을 우리에게 보여 준다. 성령이 우리의 마음을 조명하여 성경의 메시지를 파악할 수 있게 만들 때, 우리는 우리의 사랑하는 구원자인 하나님을 이해하게 된다. 이러한 이해를 우리에게 전달한다는 점에서, 성경은 하나님의 계시이다. 사실 하나님의 성품에 관하여 알고자 할 때, 우리가 눈을 돌릴 수 있는 그 밖의 다른 원천은 존재하지 않는다. 이런 의미에서 성경은 인류에게 하나님의 말씀이다.

성경의 권위

성령의 책으로서 성경은 성령의 도구이다. 성경을 통해서 성령은 우리에게 말씀하고, 이를 통해서 우리를 하나님을 알도록 인도한다. 이런 이유로 그리스도인들은 성경을 그들의 권위로 존중한다. 성경이 우리의 권위라고 주장하는 근거는

---

49) 성경을 우상화하는 것에 대한 비판은 좀처럼 수그러들지 않는다. 그것은 최근에 1982년에 반복되었다. Sallie McFague, *Metaphorical Theology* (Philadelphia: Fortress, 1982), 4를 보라.

50) Justo Gonzalez, *Manana: Christian Theology from a Hispanic Perspective* (Nashville: Abingdon. 1990), 86.

무엇인가? 그리고 성경은 신자들의 공동체로서의 우리의 삶에 어느 정도로 권위를 지니는가?

성경의 신뢰성

많은 그리스도인들은 성경의 권위와 그 진리성 사이의 밀접한 연관성을 인정한다. 따라서 몇몇 신학자들은 성경의 권위에 대한 긍정을 성경의 전적인 신뢰성에 토대를 두고 주장한다. 그런 다음에 그들은 영감론에 기초해서 성경의 권위를 말한다. 성령의 영감 사역은 "무류하고"(infallible) "무오한"(inerrant) 문서들을 낳았기 때문에, 그 문서들은 신뢰할 만하고 권위를 지닌다고 그들은 주장한다. 나아가 성경은 그 각각의 부분들에 있어서도 권위를 지니는데, 이는 성령의 영감이 성경의 모든 측면에 미치기 때문이다. 성경은 "축자적"(verbal) 임과 동시에 "완전하다"(plenary). 우리는 성경의 진리성에 관한 결론들을 도출하기 전에 먼저 이 네 가지 중요한 단어들을 좀 더 세밀하게 살펴볼 필요가 있다.

축자적인 완전한 영감. "축자적"이란 말과 "완전한"이라는 말은 영감의 범위에 대한 전통적인 이해를 요약하는 말들이다.

"완전한 영감"은 성경의 글을 감독한 성령의 활동이 성경 전체에 미친다는 것을 의미한다. 정경 속에서 발견되는 모든 것은 성경, 즉 성령의 감독의 산물이다.

이러한 견해를 주장하는 사람들은 성경 자체 속에서 완전한 영감이라는 개념을 발견한다: 모든 성경은 하나님의 영감으로 되었다고 성경 기자는 선언하였다(딤후 3:16). 이 사도가 이러한 말을 썼을 당시에는 오직 구약성서만을 염두에 두었던 것이지만, 이 견해를 주장하는 사람들은 이 원칙이 신약성서에도 그대로 확장될 수 있다고 주장한다.

"축자적 영감"은 정의하기가 더 까다롭다. 기본적으로 이 용어는 성령의 활동이 성경의 모든 단어들에 미치고 있다는 것을 선언한다. 그러나 우리는 이 개념을 하나님이 불러 주어서 적게 하였다는 이론(the theory of divine dictation)과 동일시하여서는 안 된다. 하나님이 모든 단어를 불러 주었다고 주장하기보다는, 우리는 축자적 영감을 성령이 본문의 의도된 의미를 제대로 전달할 수 있도록 하기 위하여 단어의 선택과 어순을 결정하는 과정을 감독하였다고 주장하는 것으로만 이해하여야 한다. 단어들과 구문이 의미를 전달하는 중요한 수단이라는 점에서,

축자적 영감이라는 개념은 성경을 쓰는 일에 있어서 하나님의 개입을 강조함으로써 그 문서들에서 채택한 단어들이 하나님의 의도된 메시지를 전달하고 있다고 주장하는 것이다.

무류하고 무오한 성경. 몇몇 신학자들은 성령에 의한 영감으로부터 자연적으로 도출되는 성경의 진리성을 설명하기 위하여 "무류한"과 "무오한"이라는 용어를 사용한다.

간단히 말해서, "성경이 무류하다"라는 선언은 성경의 글들이 "기만적이지 않다"는 것을 의미한다. 성령이 저자들의 삶 속에 운행하였기 때문에, 그 산물은 신뢰할 수 있다. 성경의 기자들은 그들의 독자들을 어그러진 길로 인도하고자 의도하지 않는다.

무류성(infallibility)과는 반대로 "무오한"이라는 단어는 지난 몇 십년 동안에 계속해서 논쟁이 되어온 주제였다. 논쟁의 절정기에 신학자들은 세 가지 기본적인 입장으로 나뉘었다. 이 입장들을 "절대 무오설," "제한적 무오설," "비무오설"이라고 부를 수 있다.[51] 이 세 가지 입장에 대하여 우리는 네 번째 입장을 제시하고자 한다.

(1) "완전한" 또는 "절대" 무오설을 주장하는 학자들은 성경이 그 어떤 주제 — 역사, 지리, 천문학, 도량형, 과학 — 에 대하여 말할지라도, 심지어 그 세부적인 내용이 본문에서 중심적으로 말하고자 하는 내용에 부수적인 경우일지라도 오류가 없다고 주장한다. 여기에 그들은 이러한 정확성은 오직 성경의 원본들에게만 해당될 뿐이고[52] 우리가 현재 소유하고 있는 판본들과 역본들에는 해당하지 않는다는 말을 덧붙인다. 게다가 그들은 성경과 관련하여 주장되어 온 문제점들을 연역적으

---

51) 이러한 설명은 Clark H. Pinnock, "Evangelicals and Inerrancy: The Current Debate," *Theology Today* 35/1 (April 1978): 66-67에 나오는 것과 비슷하다. 이 논쟁을 지켜본 그 밖의 다른 학자들은 더 많은 입장들을 열거한다. Robert M. Price, "Inerrant the Wind: The Troubled House of North American Evangelicals," *The Evangelical Quarterly* 55/3 (July 1983): 129-44를 보라. Dockery는 9가지의 입장을 구별한다. David S. Dockery, "Variations on Inerrancy," *SBC Today* (May 1986): 10-11.

52) 예를 들면, Paul D. Feinberg, "The Meaning of Inerrancy," in *Inerrancy*, ed. Norman L. Geisler (Grand Rapids: Zondervan, 1979), 296을 보라.

로 접근한다. 클라크 피녹(Clark Pinnock)은 초기에 이러한 견해 전체를 대변하였다: "성경의 난제들에 대한 우리의 접근 방식에 있어서, 우리는 그 현상들과 영감론에 동일한 비중을 부여하지 않는다."[53] 그런 다음에 그는 이렇게 설명하였다: "예수 그리스도에 대한 우리의 확신으로 말미암아 그리고 그가 가르친 영감론에 비추어서, 우리는 성경의 모든 현상들을 거기에 맞출 수 없다고 할지라도 성경의 무오성에 대한 고등 교리를 받아들인다."[54]

성경은 무오하기 때문에, 궁극적으로는 성경 본문들 속에는 그 어떠한 실제적인 오류들이 있을 수 없고, 오직 겉보기에 문제점들이 있는 것처럼 보일 뿐이라고 그들은 주장한다. 사실 실제적인 오류가 한 가지만 입증 가능해도, 성경의 권위에 관한 절대 무오설 전체는 무너질 수 있었다.[55]

절대 무오론자들은 성경의 현상들로부터가 아니라 성경의 가르침들 및 그것들로부터 도출된 연역적 결론들로부터 주로 무오성을 이끌어 낸다. 그럼에도 불구하고 그들은 일반적으로 이 교리를 본문 자료들과 결부시키고자 한다.[56] 이로 말미암아 그들 중 일부는 역사적 사건들에 대한 겉보기에 서로 다른 다양한 기사들을 조화시키려고 시도하거나 "무오성"이라는 용어가 의미하는 바를 제한하고자 해왔다.

(2) "중도적," "부분적" 또는 "제한된" 무오론자들은 성경이 신앙과 실천의 문제들에 관하여 말할 때는 두말할 필요도 없이 오류가 없다고 주장한다. 그들은 성경이 그 주된 목적의 분야 — 구원 — 바깥에 놓여 있는 주제들 또는 특정한 본문이 중심적으로 다루고 있는 내용에 부수적인 세부적인 내용들에서 사소한 오류들을 지니고 있을 가능성을 열어 놓는다. 그러므로 그들은 절대 무오론자들의 입장에서 찾아볼 수 있는 완벽한 역사적·과학적 정확성에 대한 강조를 거부한다.

---

53) Clark Pinnock, "Limited Inerrancy: A Critical Appraisal and Constructive Alternative," in *God's Inerrant Word: An International Symposium on the Trustworthiness of Scripture*, ed. John W. Montgomery (Minneapolis: Bethany, 1974), 151.

54) Ibid., 153.

55) Alexander A. Hodge and Benjamin B. Warfield, "Inspiration," *Presbyterian Review* 2 (1881): 245.

56) 이 접근방법은 Millard J. Erickson, "Problem Are Related to Biblical Inerrancy," in *The Proceedings of the Conference on Biblical Inerrancy* 1987, 176에 의해 표명되었다.

그 대신에 그들은 무오성을 "하나님이 성경 본문 속에서 및 성경 본문을 통하여 우리에게 가르치고자 하는 진리에 대한 충실성"이라는 관점에서 보고자 한다.[57]

성경의 신뢰성은 성경의 핵심적인 의미에 있고, 이것은 오류들을 포함하고 있는 사본들 또는 역본들에 의해서 올바르게 반영될 수 있기 때문에, 중도파들은 무오성을 원본에만 국한시키지 않는다. 그들에게 결정적으로 중요한 문제는 언제나 특정한 본문의 중심적인 내용 및 신앙과 그리스도인으로서의 삶에 대한 그 의미이다.

제한적 무오론자들은 그들의 성경론을 귀납적으로, 즉 본문들 자체 및 성경에 문제점들이 있을 가능성에 대한 인식을 토대로 구성하고자 한다.[58] 많은 절대 무오론자들과는 반대로 그들은 성경에 나타나는 모든 문제점들을 조화시키거나 제거하고자 하는 작업을 하지 않는다.

(3) 중도적 무오론자들은 "어떤 분야들에서?"라는 질문에 맞춰서 성경의 신뢰성이라는 문제를 제기한다. 그리고 그들은 "종교와 윤리 분야에서"라고 대답한다. 이와는 대조적으로 세 번째 입장을 지지하는 학자들은 "어떤 목적으로?"라고 물음으로써 성경의 진리성과 신뢰성의 문제를 제기한다. 달리 말하면, 그들은 성경의 문서들의 의도에 관심을 갖는다.[59] 이러한 대안을 지지하는 사람들은 "무오성"(inerrancy)이라는 용어를 부적절한 것이라고 일축해 버린다.

이 입장을 주장하는 사람들은 성경의 권위를 서술하는 말로 "무류한"이라는 단어를 더 선호한다. 성경은 신앙과 실천의 문제에 관한 그 어떤 그릇되거나 오도하는 진술들을 하지 않는다는 점에서,[60] 또는 성경은 "전적으로 신뢰할 만하다"는 의미에서[61] 무류하다. 이러한 무류성은 원본에만 국한되는 것이 아니라 역본들에

---

57) Donald Bloesch. "In Defense of Biblical Authority," *Reformed Journal* 34/9 (September 1984): 29-30.

58) 이러한 어조의 초기의 견해로는 Robert H. Mounce, "Clues to Understanding Biblical Accuracy," *Eternity* 17 (June 1966): 16-18을 보라.

59) R. T. France, "Evangelical Disagreements about the Bible," *Churchman* 96/3 (1982): 232.

60) Stephen T. Davis, *The Debate about the Bible* (Philadelphia: Westminster, 1977), 23.

61) I. Howard Marshall, *Biblical Inspiration* (Grand Rapids: Eerdmans, 1982), 72.

도 해당한다. 그들이 포함하고 있는 오류들에도 불구하고 이러한 문서들은 성경과 관련된 하나님의 의도를 성취할 수 있다.

무류성의 입장을 지지하는 사람들은 성경의 권위는 이성에 의거한 추론을 통해서 증명될 수 없다고 주장한다. 오히려 성경의 권위는 성령의 조명을 통하여 믿음에 의해서 받아들여진다.[62] 성경은 무오하다고 주장하지 않는다고 그들은 말한다. 사실 그들은 무오성은 교회의 역사적 입장이 아니라 "스콜라적인" 신학자들의 최근의 혁신이라고 결론을 내린다.

학문적인 논쟁이 전개될수록, 논쟁 당사자들을 갈라 놓았던 간격은 좁혀지기 시작했다. 무오론자들은 성경의 절대적 진리성을 고백하는 것이 무엇을 의미하는지에 대한 그들의 이해를 제한하거나 다른 식으로 해석하고 있는 그들 자신을 발견하였다. 이와 동시에 이 용어의 타당성에 이의를 제기했던 사람들은 성경에 대한 그들의 충성 맹세와 성경에 대한 그들의 완전한 신뢰를 분명한 용어로 긍정할 필요성에 처해 있는 그들 자신을 발견하였다.[63] 이에 대해 "무류성"이라는 용어를 선호하는 하워드 마샬(I. Howard Marshall)은 국제 성서 무오설 학회(International Council on Biblical Inerrancy)에 의해서 기초된 시카고 선언(Chicago Statement)을 읽고 다음과 같은 결론을 내렸다:

> 무오론자들이 성경적 관점에서 이해된 성경의 진리를 옹호한다면, 그들의 입장은 원칙적으로 성경의 전적인 신뢰성을 긍정하는 복음주의적 그리스도인들에 속하는 그 밖의 다른 학파의 입장과 전혀 다르지 않다.[64]

(4) 성경의 무오성에 관한 논쟁은 단순히 의미론상의 문제가 아니었다. 오히려 그것은 몇가지 중요한 결론들을 낳았는데, 이것은 몇몇 학자들이 지금 끌리고 있는 네 번째 입장을 이룬다.

첫째, 성경의 무오성에 관한 우리의 개념을 전개함에 있어서, 우리는 연역적 추

---

62) 한 지지자의 말을 빌면, "그것은 그리스도의 복음을 받아들임으로써만 믿어지고, 체험되고, 알 수 있다." Harry R. Boer, *Above the Battle?* (Grand Rapids: Eerdmans, 1975), 87.

63) 예를 들어, Pinnock, *The Scripture Principle*, 225.

64) Marshall, *Biblical Inspiration*, 71.

론과 귀납적 추론의 위치를 살펴보아야 한다. 연역적 방법론은 성경에 관한 신학적 전제들로부터 결론들로 옮겨간다: 하나님은 거짓말을 하실 수 없고, 성경은 하나님의 영감을 받았기 때문에, 성경은 전적으로 참될 수밖에 없다. 이러한 삼단논법은 무오성을 확립하는 데는 타당할 수 있지만, 무오성이라는 개념을 정의할 수는 없다.

우리는 무오성의 의미를 연역적으로가 아니라 귀납적으로 결정해야 한다. 그렇게 하기 위해서는 우리는 성경 문서들 속에 있는 분명한 난점들을 포함한 성경 본문들 자체의 현상들로부터 시작하지 않으면 안 된다.[65] 귀납적 방법론은 저자의 목적에 대한 적합성이 그 어떠한 유용한 무오성 개념에 있어서 극히 중요하다는 결론을 낳는다. 성경의 기자들은 세부적인 내용의 정확성에 대한 현대적인 집착에 별 관심이 없었다. 성경의 문서들의 저자들은 그들이 글을 썼던 당시의 개념들 및 이해들을 통해서 하나님의 진리를 표현하였다. 마찬가지로 그들은 진리에 관한 현대적인 과학적 이해에 맞추어서가 아니라 관찰자의 관점에서 현상적인 언어를 사용하여 사건들을 서술하였다. 이러한 관점에서 보면, 무오성은 성경 자체의 맥락 속에서의 성경의 진술들과 관련된다. 그러한 맥락들은 천차만별이다. 왜냐하면, 성경의 진술들은 여러 장르를 포함하고 있기 때문이다 — 시가(詩歌), 예언, 서사, 지혜 격언 등등. 우리는 이 각각의 본문을 참되다는 전제 하에서 그 본문이 자신의 맥락 속에서 어떻게 진리로서 작용하는지를 이해하기 위하여 그 맥락과 장르를 살펴본다.

둘째, 우리는 무오성을 성경 자신이 밝히고 있는 목적에 비추어서 이해해야 한다. 성경은 하나님의 감동으로 된 것이라고 선언한 후에, 그렇기 때문에 성경은 유익하다고 말하고 있는 디모데후서 3:16의 저자는 성경이 우리에게 주어진 목적을 분명하게 밝히고 있다. 성경은 구원을 위한 것이며, 가르침과 책망과 바르게 함과 의로 교육하기에 유익하다(또한 롬 15:4; 고전 10:6, 11을 보라). 전체적으로 볼 때, 성경은 메시야가 오셔서 잃어버리고 죄악된 인간들이 그를 통하여 생명을 얻을 수 있다는 이야기를 말하고자 한다(눅 24:25-27, 44; 요 20:30-31; 행 3:21-24; 10:43; 28:23-25). 성경의 기자들은 이러한 목적을 이루기 위하여 필요하다고 생각한 세부적인 내용들을 다 포함시킨다.

---

65) Mounce, "Clues to Understanding Biblical Accuracy," 17을 보라.

또한 우리는 무오성을 성경 자체가 무엇을 오류로 보고 있는가에 따라서 이해해야 한다. 아주 일반적으로 성경의 기자들은 사실과 관련된 세부적인 내용에 있어서의 정확성이라는 현대적인 의미에서가 아니라 잘못된 신학적 개념들 및 도덕적으로 잘못된 행동을 오류라고 말한다(시 95:10; 약 5:20). 성경의 목적은 우리에게 지침을 제공해 주어 도덕적·신학적 오류를 피하고 합당하게 생각하고 살 수 있게 하는 것이다. 이러한 목적을 따라서, 요한은 오류의 영을 조심하라고 경고하였는데, 오류의 영이란 그에게 사도들의 참된 가르침에 주의를 기울이기를 거부하는 것이었다(요일 4:6).

셋째, 무오성이 아무리 중요해 보인다고 할지라도, 우리는 성경이 권위가 있다는 것을 인정하기 위해서는 모든 분야에서 오류가 없어야 한다고 주장할 필요는 없다. 실제로 대부분의 사람들은 분명히 오류가 없지 않은 성경의 역본들을 권위 있고 유익하다고 생각한다. 디모데후서 3:16의 저자조차도 그가 모든 성경은 "하나님의 감동으로 된 것"이라고 말했을 때에 구약성서의 히브리어 원본을 가리킨 것이 아니라 헬라어로 된 칠십인역(백성들의 책)을 가리켰던 것 같다.

이러한 고려들을 염두에 둘 때, 우리는 적절하게 이해하기만 한다면 "무오성"이라는 개념은 가치 있는 개념일 수 있다는 결론을 얻게 된다. 이 용어는 성령의 도구로서의 성경에 대한 우리의 높은 존중감을 표현하는 수단이 된다. 클라크 피녹(Clark Pinnock)이 주장했듯이, 이 용어는 "성경 전체를 하나님의 말씀으로 진지하게" 받아들이라는 요구를 일깨워주는 역할을 한다.[66] 그러므로 무오성은 성경이 전체적으로 신뢰할 만하다는 것을 신학적으로 천명하는 것이다. 그것은 우리가 어떻게 해야 하나님의 백성이 될 수 있는지에 대하여 성령의 가르침을 받는 것에 마음을 열고 겸손하게 성경 본문에 접근할 것을 요구한다.

성경의 권위와 성령의 권위. 궁극적으로 성경 자체에 관한 그 어떤 이론도 성경의 신뢰성과 그 권위를 설명해 주지 못한다. 성경의 권위를 이해하기 위해서는 우리는 성경에 관한 우리의 논의의 모든 측면들이 속해 있는 성령론적 맥락으로 되돌아가지 않으면 안 된다.

---

66) Pinnock, "The Inerrancy Debate," *Theology News and Notes* (special issue, 1976): 12.

우리는 위에서 성경이 계시를 전제하고 있다는 것을 지적한 바 있다. 이러한 발견은 적어도 우리의 관점에서 보면 성경은 계시의 종(sevant)이라는 것을 보여 준다.[67] 마찬가지로 성령의 도구로서의 성경은 성령의 사역에 종속되어 있다. 따라서 성경을 통하여 제시되는, 성령의 능력에 의한 계시적인 메시지는 그 메시지를 전달하는 수단보다 우월하다. 성경이 신뢰할 만한 책으로서 그 어떤 권위를 지니든, 그 권위는 성경이 드러내는 하나님의 계시의 신뢰성, 궁극적으로는 성경을 통해서 무류하게 말씀하시는 성령으로부터 나온다.

그러므로 성경의 신뢰성을 선언함에 있어서, 우리는 우리가 긍정하고 있는 것은 성경이라는 책 자체가 아니라는 점을 염두에 두지 않으면 안 된다. 오히려 우리는 성경의 면면들을 통하여 우리에게 그의 계시적인 메시지를 말씀하는 성령에 대한 우리의 신앙을 고백하고 있는 것이다. 성경의 무류성과 무오성을 선언함으로써, 실제로 우리는 성경을 수단으로 삼고 있는 성령의 신뢰성을 주장하고 있는 것이다.[68]

성경의 권위의 범위

성경은 성령의 신뢰할 만한 도구이기 때문에 권위를 지닌다. 성경은 독자들에게 계시를 드러내 주는 하나님의 말씀을 담은 그릇이다. 그렇다면 성경은 어느 정도까지 우리의 권위인가?

우리의 유일한 권위. 성경의 권위와 관련하여 여러 목소리가 나오고 있는 것은 우리가 성경의 계시적 의의에 관하여 말한 것으로부터 논리적으로 도출된다. 성경이라는 책은 앞에서 설명했듯이 삼중적 의미에서 계시이기 때문에, 성경의 면면을 통해서 말씀하는 성령이 우리의 유일한 권위이다. 오직 성경만이 하나님의 역사적 계시와 아주 밀접하게 결부되어 있기 때문에, 성경 자체를 "계시"라는 용어로 표현할 수 있다. 오직 성경만이 계시적인 역사적 사건들 및 그러한 사건들에 대한 예언직 해석과 적용에 대한 글로 씌어진 기록이다. 오직 성경만이 우리의 관심을 그리스도 안에서 하나님에게로 인도하여 우리로 하여금 사랑하는 구원사 하나님

---

67) 이 주제는 Berkouwer, *Holy Scripture*, 195-211에서 개진되고 있다.
68) 예를 들면, Bloesch, "In Defense of Biblical Authority," 30을 보라.

과 대면하게 만든다.

존 베일리(John Baillie)가 명확하게 말했듯이, "성경은 복음을 우리에게 전달해 주는 도구이기 때문에 거룩하다."[69]

모든 삶 속에서의 우리의 권위. 그렇지만 성경에 관하여 이러한 고상한 주장들을 말하는 것만으로는 우리는 거의 아무것도 말하지 않고 있는 것이 될 수 있다. 우리는 성경의 권위는 믿는 자로서의 우리의 삶의 모든 차원을 포괄한다는 거의 일치된 주장을 말하지 않을 수 없다.

전통적으로 침례교도들과 그 밖의 다른 몇몇 전통들은 성경이 신앙과 실천에 있어서 우리의 권위라고 선언해 왔다.[70] 몇몇 사상가들은 이러한 선언을 좁게 해석하여 성경의 권위의 범위에 대한 제한을 말하는 것이라고 주장하였다. 그러나 그러한 해석은 이 전통적인 명제의 함의(含意) — 취지는 아니라 할지라도 — 를 제대로 반영하지 못하고 있다.

성경의 권위는 "신앙과 실천"이라는 개념을 아무리 좁게 해석한다고 할지라도 그것으로부터 밖으로 퍼져나가 결국은 삶의 모든 것을 포괄하게 된다. 이러한 현상은 인간의 종교적 확신이 지니는 포괄적인 성격의 한 기능이다. 아무리 애를 써도, 우리의 종교적 지향성이 삶의 주변부에 미치는 것을 성공적으로 막아내는 것은 불가능하다. 종교적 확신은 궁극적으로 개인적·공동체적 실존의 모든 분야들에 영향을 미친다. 그러나 이것은 이러한 확신을 결정하는 것이 무엇이든 바로 그것이 우리의 전 존재에 대해 궁극적인 권위를 행사할 것이라는 것을 의미한다.

따라서 성경이 "신앙과 실천"에 권위를 지닌다고 고백하는 것은 성경이 삶의

---

69) Baillie, *Idea of Revelation in Recent Thought*, 117.
70) 초기 영국의 침례교도들은 the London Confession (1677)의 제1장("Of the Holy Scriptures")에서 그들의 이해를 표명하였다: "성경은 모든 구원하는 지식, 신앙, 순종의 유일하게 충분하고 확실하며 무오한 준칙이다"; *Baptist Life and Thought: 1600-1980*, ed. William H. Brackney (Valley Forge, Pa.: Judson, 1983), 64로 재간행. 230년 후에 the Federal Council of Churches가 세워진 것에 대한 반응에서, 한 침례교 저술가는 성경의 권위에 관한 전형적인 용어를 사용하였다: "신약성서만이 우리의 신앙과 실천의 권위 있고 절대적인 준칙이다." James W. Willmarth, "The Federal Council, Part 1," *Watchman* 90 (December 17, 1908): 20, reprinted in *Baptist Life and Thought*, 344.

모든 것에 침투해야 한다는 것을 의미한다. 우리 자신을 성경의 가르침 아래에 놓음으로써 우리는 성경의 세계관을 고백하게 된다. 그리고 성경적으로 형성된 세계관적 전망은 결국 삶의 모든 면면들에서 우리의 태도와 행동에 스며들게 될 것이다.

성경은 일부 신자들이 주장하고자 하는 현대적인 학문의 여러 분과들에 대해 엄격한 권위로서 기능하고자 하지는 않는다. 그럼에도 불구하고 좀 더 깊은 의미에서는 성경의 권위는 그리스도인의 전망(展望)의 모든 차원에 미친다. 리더보스(H. N. Ridderbos)는 이 점을 다음과 같이 잘 설명해 놓고 있다:

> 성경은 경건주의적인 또는 실존주의적인 의미에서 인간의 **종교적** 필요에만 관심을 갖고 있는 것이 아니다. 이와는 반대로 성경의 목적과 권위는 우리에게 모든 것을 하나님 아래에서 이해하도록 가르치는 것이다 — 인류, 세계, 자연, 역사, 그러한 것들의 기원과 향방, 그러한 것들의 과거와 미래. 그러므로 성경은 단순히 회심(回心)의 책인 것이 아니라 역사의 책이고 피조세계의 책이기도 하다. 그러나 성경은 구원사의 책이다. 그리고 성경의 권위를 나타내고 규정하는 것은 바로 이 관점이다.[71]

그러므로 성경이 신앙과 실천에서 권위를 지닌다는 것에 대한 우리의 인정(認定)은 우리가 삶의 모든 분야에 성령이 성경을 통하여 말씀하고 있는 것을 적용할 것을 요구한다. 예수 자신이 바로 이러한 결론에 대한 근거를 제공해 주었다. 예수는 그의 청중들에게 그의 말씀들을 실천에 옮기라고 권고하였고(막 7:24-27), 이 권면은 우리는 단순히 말씀을 "듣는 자"가 아니라 "행하는 자"이어야 한다는 야고보의 요구에 반영되어 있다(약 1:22-25).

이것은 우리를 다시 우리의 토대가 되는 지점으로 데려다 준다. 성경에 대한 우리의 헌신은 결정적으로 중요하다. 왜냐하면, 성경은 우리 그리스도인의 에토스(ethos)를 위한 토대가 되기 때문이다. 신앙 공동체의 핵심에는 주님에 대한 우리의 공통의 체험으로부터 생겨나는 비전이 놓여 있다. 그러기 때문에 성령은 중요

---

71) H. N. Ridderbos, "The Inspiration and Authority of Holy Scripture," in *The Authoritative Word*, 186.

하다. 성경은 우리가 우리 자신을 이해하고 우리의 삶에 관한 이야기들을 조직하는 데 사용할 범주들을 제공해 준다. 아울러 성경은 예수 그리스도 안에서 계시된 하나님의 신실한 추종자들의 공동체 내에 있다는 것이 무엇인지를 결정해 준다. 요컨대 성경의 메시지로부터 우리는 하나님의 백성으로서 우리의 정체성을 획득한다. 그리고 성경을 통해서 우리는 세상 속에서 신앙 공동체라는 것이 무엇을 의미하는지를 배우게 된다.

제 15 장

회심의 역학

> 예수께서 대답하시되 진실로 진실로 네게 이르노니 사람이 물과 성령으로 나지 아니하면 하나님의 나라에 들어갈 수 없느니라 육으로 난 것은 육이요 영으로 난 것은 영이니
> — 요한복음 3:5-6

삼위일체의 제3위인 성령은 한 분 하나님의 계획을 완성한다. 창조자 영으로서 성령은 생명의 근원이자 새 생명을 촉진시키는 자로서 세상 속에서 하나님의 구원을 결실맺게 한다. 하나님의 활동은 모든 피조세계를 포괄하지만, 인간이 그 초점이다. 성령은 그리스도의 사역을 인간에게 적용하여 그리스도의 공동체 안에서 주님 및 서로서로에 대한 우리의 연합을 가져온다.

개인 속에서 성령의 특별한 구원 사역은 회심(回心)으로 시작된다. 우리는 회심을 우리의 예전의 타락한 실존과의 근본적인 단절 및 하나님과의 교제 속에서의 새 생명을 개시시키는, 삼위일체 하나님과의 인생을 변화시키는 만남이라고 정의할 수 있다. 우리의 삶을 변화시키는 하나님과의 이러한 만남은 그리스도인으로서의 우리의 체험의 토대를 이룬다. 그러나 회심은 우리의 신앙의 중심에 있긴 하지만, 여전히 신비에 싸여 있다. "위대한 거래"(great transaction)가 과연 어떻게 발생하는가 — 하나님이 우리로 하여금 그를 어떻게 알게 하는가 — 는 우리의 이해를 초월한다. 그럼에도 불구하고 그리스도인으로서 우리는 이 역학(dynamics)을 좀 더 온전하게 이해하기를 원한다: 정확히 무엇이 그리스도인으로서의 행로(行路)를 개시시키는가? 우리 신앙의 밑바탕에 놓여 있는 이 기막힌 만남 속에서 도대체 무슨 일이 벌어지는 것인가?

이 장에서 우리는 우리가 신앙의 삶으로 최초로 들어가는 입문과정을 살펴볼 것이다. 이러한 목적을 위하여, 우리는 회심이라는 하나의 역학을 이루고 있는 세

측면을 살펴볼 것이다: 복음에 대한 우리의 개인적인 응답, 그러한 응답의 밑바탕에 있는 하나님의 역사(役事), 이 사건에 대한 신앙 공동체의 참여.

회심의 개인적 측면

마가복음에 의하면, 예수는 청중들에게 하나님의 통치가 가까웠다는 그의 선포에 대하여 개별적으로 응답하기를 요구하였다: "요한이 잡힌 후 예수께서 갈릴리에 오셔서 하나님의 복음을 전파하여 이르시되 때가 찼고 하나님의 나라가 가까이 왔으니 회개하고 복음을 믿으라 하시더라"(막 1:14-15). 이 짤막한 권면 속에서 우리 주님은 하나님의 메시지에 대한 본질적인 개인적 응답이 무엇으로 구성되는지, 그러니까 하나님과의 만남의 개인적인 차원을 구성하는 것이 무엇인지를 제시하였다 — 회개와 믿음.

회개

회개는 복음의 핵심에 자리잡고 있다. 회개는 세례 요한(마 3:5-12; 눅 3:7-14), 예수(마 4:17; 11:20-21; 눅 5:32; 13:3-5; 15:7, 10; 16:30; 24:45-47), 초대 교회(행 2:38; 3:19; 8:22; 17:30; 26:19-20)의 선포에서 중심적이었다. 또한 회개는 사도들의 가르침의 핵심적인 주제였다(롬 2:4; 벧후 3:9).

구약성서는 예수 및 초기 그리스도인들이 외친 회개로의 부름을 위한 배경을 제공해 준다. 천 번 이상[1] 구약성서의 기자들(특히 선지자들)은 "돌이키다" 또는 "돌아오다"를 의미하는 히브리어 '슈브'(shub)를 신학적인 의미로 사용하였다.[2] 그러한 맥락 속에서 이 단어는, 회개하고 악에서 떠나 하나님께 돌아오는 것 또는 배교를 통해서 하나님에게서 등을 돌리고 악으로 향하는 것을 가리킨다. 전자의 경우에 이 용어는 돌이키고 회심하여 한 분 참 하나님에게로 돌아와 행실을 변화시킨다는 개념을 지닌 의지적인 뉘앙스를 지니고 있다.[3] 이와 연관된 히브리어인

---

1) 이 결론에 대해서는 이 히브리어 단어에 대한 표준적인 연구를 보라. William Lee Holladay, *The Root "Subh" in the Old Testament* (Leiden: Brill, 1958), 6.

2) V. P. Hamilton, "shub," in the *Theological Wordbook of the Old Testament* (*TWOT*), ed. R. Laird Harris, Gleason L. Archer, Jr., and Bruce K. Waltke (Chicago: Moody, 1980), 2:909-10을 보라.

'나함'(naham)은 감정을 표출한다는 개념을 반영하고 있는 단어로서[4] 회개의 근본적이고 진심에서 우러나오는 성격을 보여 준다(욥 42:6).

회개에 대한 신약성서의 이해는 '에피스트레포'(epistrepho)와 '메타노에오'(metanoeo)라는 두 개의 헬라어 단어를 중심으로 하고 있다. 이 두 단어는 때때로 상호 대체적으로 사용되기도 하지만(행 3:19과 26:20을 비교해 보라), 학자들은 이 두 단어의 뉘앙스의 차이를 말하기도 한다. '메타노에오'는 죄에서 떠난다는 소극적인 의미를 강조하고,[5] '에피스트레포'는 좀 더 폭넓은 개념으로서 종종 믿음이라는 개념을 포함한 회심 과정 전체를 가리킨다. 라우바흐(Laubach)의 말을 빌면, '에피스트레포'는 "인간의 의지가 근본적으로 새롭게 하나님께로 향하는 것, 맹목과 잘못으로부터 돌이켜서 만물의 구원자에게로 다시 돌아오는 것"을 의미한다.[6]

'에피스트레포'와 '메타노에오'는 둘 다 회개가 근본적인 것, 곧 인간의 마음 속에서의 돌이킴이라는 것을 보여 준다(눅 1:16-17; 고후 3:16-17). 이것은 특히 '메타노에오'의 용례 속에서 분명하게 드러난다. 윌리엄 챔벌린(Wiliam D. Chamberlain)에 의하면, 이 단어는 일차적으로 행위들이나 동기들 자체가 아니라 "행위의 원천들" 또는 "동기들의 원천"을 가리킨다.[7]

'메타노에오'는 흥미로운 의미상의 발전을 겪었다.[8] 어원학적으로 이 단어는 동사 '노에오'(알다)와 전치사 '메타'(후에)에서 생겨났다. 따라서 기본적으로 회개

---

3) F. Laubach, "epistrepho, metamelomai" in "Conversion, Penitence, Repentance, Proselyte," *The New International Dictionary of New Testament Theology (NIDNTT)*, ed. Colin Brown (Grand Rapids: Zondervan, 1981), 1:353-57.

4) Marvin R. Wilson, "naham" in *TWOT*, 2:570-71.

5) Walter Bauer, *A Greek-English Lexicon of the New Testament and Other Early Christian Literature*, ed. William F. Arndt, F. Wilbur Gingrich, and Fredrick W. Danker, second edition (Chicago: University of Chicago Press, 1979), 512; Laubach, "epistrepho, metamelomai" in *NIDNTT*, 1:353-57을 보라.

6) Laubach, "epistrepho, metamelomai," in *NIDNTT*, 1:355.

7) William D. Chamberlain, *The Meaning of Repentance* (Philadelphia: Westminster, 1943), 41.

8) 이에 대해서는 J. Goetzmann, "metanoia," in "Conversion, Penitence, Repentance, Proselyte," in *NIDNTT*, 1:357-59를 보라.

는 "나중에 알다," 즉 어떤 일이 일어난 후에 그 일에 관하여 알게 된 것을 의미한다. 그러나 또한 이 용어는 확장된 의미도 지닌다. '메타노에오'는 그러한 앎으로부터 결과적으로 나타나는 견해의 변화를 포함한다. 실제로 우리는 우리의 행위의 결과를 알게 될 때에 흔히 그 행위들의 옳고 그름에 관한 우리의 평가를 바꾸게 된다. 또한 감정적 차원, 즉 후회도 여기에 덧붙여진다. 자신의 견해를 바꾸는 사람들은 흔히 앞서 추구했던 행위 노선에 대하여 후회를 한다. 그들은 앞서 행했던 것에 대하여 씁쓸한 기분, 심지어 한탄까지 느끼기도 한다. 마지막으로, '메타노에오'는 "결심하다"라는 개념을 포함한다. 이전의 행위에 대한 후회는 바꾼 견해로부터 생겨나는 한탄에 대한 반응으로 자신의 장래의 행위를 변경시키고자 하는 욕구를 불러일으키는 것이 보통이다.

그러므로 회개는 우리의 인격적인 존재의 핵심 속에서의 총체적이고 근본적인 변화를 포괄한다. 회개는 우리의 행위들에 대한 새로운 태도를 획득함으로써 우리의 실존 상태에 대한 정신적 변화까지 포함한다. 회개는 산상수훈의 팔복문(beatitude)에 나오는 것처럼 우리의 영적인 가난을 인정하는 것을 의미한다: "심령이 가난한 자는 복이 있나니"(마 5:3). 또한 회개는 감정적인 변화를 수반한다. 우리는 우리의 행위 및 우리의 병적인 영적 상태에 대하여 후회와 한탄, 심지어 미움까지도 느끼게 된다. 바울은 로마서에 나오는 자전적인 글 속에서 이러한 감정을 표현하였다: "내가 행하는 것을 내가 알지 못하노니 곧 내가 원하는 것은 행하지 아니하고 도리어 미워하는 것을 행함이라"(롬 7:15). 또한 회개는 의지적 변화를 수반한다. 회개하는 사람들은 자신의 미래의 행위를 변경하기를 원한다. 바울이 부르짖었듯이, "내가 원하는 바 선은 행하지 아니하고 도리어 원하지 아니하는 바 악을 행하는도다"(롬 7:19; 또한 마 5:6을 보라).

근본적인 회개는 회심과 밀접하게 뒤엉켜 있다. 개인적 필요에 대한 인식 없이는 우리는 하나님이 그리스도 안에서 예비해 놓으신 것을 받을 수 없다. 진심어린 회개가 회심에서 필수적이긴 하지만, 그것만으로는 충분하지 않다. 죄에 대한 우리의 한탄의 감정은 과거의 잘못을 메워줄 수 없고, 또한 변화하기를 원하는 우리의 마음도 우리의 미래를 바꾸어 놓을 수 없다. 우리는 죄의 정죄 아래 놓여 있고, 죄의 손아귀에 단단히 붙잡혀 있기 때문에, 우리의 비참한 상태의 결과들로부터 참된 해방을 체험하기 위해서는, 예수로 말미암아 얻어진 속죄와 성령의 내주하시는 권능을 필요로 한다. 따라서 회개에는 믿음이 반드시 더해져야 한다.

믿음

믿음은 복음에 대한 인간의 응답의 두 번째 측면이다. 예수는 믿음의 중요성을 강조하였다(요 6:35, 47). 초기 신자들은 그들의 청중들이 복음에 대하여 믿음으로 응답하기를 요구하였다(행 6:43; 16:31). 그리고 믿음은 사도들의 가르침에서 중심적인 위치를 차지하고 있었다. 이것은 특히 '오직 믿음'(sola fide)에 초점을 맞춘 바울 신학 — 이신칭의 — 에서 특히 분명하게 나타난다.

일찍이 종교개혁 때로부터 신학자들은 일반적으로 구원하는 믿음이 세 가지 요소로 이루어진다고 보았다 — 지식(notitia), 동의(assensus), 신뢰(fiducia).[9] 이 세 가지는 일련의 연쇄를 이룬다. 믿음은 '노티티아'(지식)로 시작된다. 이것은 예수의 수난과 부활에 관한 역사적 이야기를 포함한 복음서에 나오는 하나님의 약속들의 실제적인 내용을 인식하는 것을 수반한다. 지식은 '아센수스'(동의), 즉 복음 메시지의 진리에 대한 지적인 인정으로 이어진다. 그러나 믿음은 '피두키아'(신뢰) 속에서 비로소 완성된다. 이 의지의 행위를 통해서 사람은 획득되고 (notitia) 인정된(assensus) 지적 지식을 자신의 것으로 만든다.

이러한 구별은 단순히 학문적인 구별 이상의 것이다. 이 구별은 신약성서에 나오는 믿음 개념을 효과적으로 도식화하는 데 도움을 준다. 성경의 기자들은 복음에 대한 우리의 응답을 지식, 동의, 신뢰라는 구별과 비슷한 방식으로 이해하였다.

바울은 복음의 내용들에 대한 지식(notitia)을 획득하는 것을 촉진시키는 복음 메시지를 듣는 것으로 믿음이 시작된다고 선언하였다(롬 10:12-17). 그런 다음에 복음 메시지에 담긴 진리 주장들에 동의하는 지적 행위가 뒤따른다(assensus). 이 두 차원은 " — 을 믿다" 또는 " — 라는 믿음을 갖다"라는 표현들이 되풀이해서 사용되고 있는 것에서 분명하게 드러난다. "무엇을 믿는다"는 것은 어떤 진술들이 실체의 특정한 측면들에 대한 참된 표상들이라는 것을 인정하는 지적 행위이다.

신약성서에 의하면, 믿음을 통해서 신자는 복음의 핵심에 속하는 진술들의 진리성에 동의한다. 요한은 "하나님의 거룩한 자"(요 6:69; 8:24; 20:30-31)라는 예수의 정체성에 관한 몇몇 선언들을 제시한다 바울은 우리 주님의 수난에 관한 기독교의 선포의 근본적인 진리들 중 일부를 인용하였다: 예수는 죽었고, 장사되

---

9) "fides," in Richard A. Muller, *Dictionary of Latin and Greek Theological Terms* (Grand Rapids: Baker, 1985), 115-16을 보라.

었으며, 다시 살아나셔서, 목격자들에게 나타나셨는데, 이것은 모두 구약성서를 따라 된 일들이었다(고전 15:1-8). 다른 대목에서 이 사도는 예수의 정체성과 역사(歷史)를 "우리가 선포하고 있는 믿음의 말씀"으로 결합시켰다: "네가 만일 네 입으로 예수를 주로 시인하며[정체성] 또 하나님께서 그를 죽은 자 가운데서 살리신 것[역사]을 네 마음에 믿으면 구원을 받으리라"(롬 10:9).

그러나 신약성서의 믿음은 '노티티아'(지식) 또는 '아센수스'(동의)로 끝나지 않는다. 오히려 구원하는 믿음은 헌신을 포함한다. 이것은 "믿다" 또는 문자 그대로 "믿어 — 이 되다"라는 표현을 되풀이하여 사용하고 있는 것에서 예증된다. '피두키아'(신뢰)와 마찬가지로 "믿는 것"은 개인적인 신뢰를 수반한다. 구체적으로 말해서, 초대 교회는 사람들에게 "예수를 믿으라," 즉 구원을 위하여 그리스도에게 자기 자신을 맡기라고 요구하였다(요 3:16).

그러면, 유비(類比)를 들어 지식과 동의에서 신뢰로 옮겨가는 모습을 예시해 보기로 하자. 하루 동안 활동한 후에 휴식을 취하기 위하여 우리는 적당히 쉴 만한 곳을 물색하고 있다고 하자. 적당한 장소를 찾는 중에 우리는 거실에 놓여 있는 안락의자를 발견하게 된다. 의자에 관한 보도들 — 그 의자가 얼마만한 무게를 견딜 수 있는지에 관한 진술들을 포함한(notitia) — 을 잠시 생각해 본 후에, 우리는 이 가구가 우리의 목적을 위해서 충분히 견고하다는 것을 인정한다(assensus). 그렇지만 그 의자가 우리에게 어떤 실제적인 가치가 있기 위해서는 우리는 추가적인 조치를 취하지 않으면 안 된다. 지식과 동의는 위임으로 이어지지 않으면 안 되는 것이다. 우리는 실제로 그 의자에 앉아야 한다 — 휴식에 관한 메시지를 자기 것으로 만들어서 우리의 복리를 좋든 싫든 그 의자에게 맡기는 것(fiducia). 지식과 동의를 거쳐서 움직여 온 우리의 탐색이 그 궁극적인 목표, 즉 신뢰에 이르게 되는 것은 그 의자에 앉는 것을 통해서이다.

구원하는 믿음의 경우도 이와 마찬가지다. 믿음에서 근본적인 것은 예수 안에서 역사하신 하나님에 관한 메시지에 대한 지식이다. 그러한 지식은 복음에 담겨 있는 진리들에 대한 인정을 포함한다. 그러나 믿음은 신뢰 없이는 불완전할 수밖에 없다: 우리는 구원자인 예수에게 우리 자신을 맡겨야 하고, 주님이신 그분에게 우리의 삶을 헌신하여야 한다.

우리의 응답: 회개와 믿음

회심은 어떤 개인이 복음에 응답할 때에 일어난다. 회개를 통해 우리는 우리 자신이 죄인임을 본다: 즉, 하나님으로부터 소외되어 죄에 의해 정당하게 정죄되고 종 노릇 하고 있는 우리. 우리는 우리의 삶의 방향이 잘못되어 있다는 것을 인정하고, 이러한 상태에 대하여 회한을 느끼며, 새로운 방향을 따르고자 한다. 그러나 우리는 우리가 궁극적으로 무력하다는 것을 깨닫는다. 우리는 새롭게 시작할 수 없고, 우리의 상태를 치유할 만한 힘이 없다.

믿음은 회개와 나란히 작용한다. 우리는 그리스도 안에서의 하나님의 역사(役事)에 관한 좋은 소식을 알게 된다: 하나님의 아들인 예수께서 인간의 죄를 위하여 죽었다가 하나님의 권능에 의해서 다시 살아나셨다. 우리는 이 복음 메시지를 일반적인 의미에서만이 아니라 우리의 상태에도 적용할 수 있는 것으로 참되다는 것을 인정한다. 마지막으로, 우리는 구원을 위하여 오직 예수에게 의탁하고, 그분을 주님으로 고백함으로써 그리스도 안에서의 하나님의 역사를 우리의 것으로 만든다.

위의 논의에서 우리는 복음에 대한 개인의 응답을 그 구성 부분들인 회개와 믿음으로 나눈 바 있다. 이러한 구분은 개념상으로는 가능하지만, 하나님과 우리의 만남 속에서 이 둘은 실제로 서로 얽혀 있다. 참된 회개는 믿음을 전제하고 또한 포함하며, 참된 믿음은 그 안에 회개를 지니고 있다.

경험적으로 분리될 수 없는 이 둘의 연관관계는 신약성서가 회개 안에 믿음을 포함시키는 경향을 통해서 입증된다. 요아킴 예레미아스(Joachim Jeremias)는 예수의 비유들 속에서 이러한 성향을 발견하였다. 예를 들면, 탕자 이야기 속에서 아버지의 사랑에 대한 확신으로 인해서 탕자는 회개하며 집으로 돌아오기로 결심한다. 은혜가 유일한 주제인 것은 아니지만, 우리 주님은 하나님의 은혜를 회개를 위한 일차적인 동기로 제시하였다(눅 13:6-9; 또한 롬 2:4을 보라). 예레미아스는 이렇게 결론을 내린다:

> 회개는 다시 '아바'라고 말하는 법을 배우는 것, 하늘의 아버지에게 전적인 신뢰를 두는 것, 아버지의 집과 아버지의 품으로 되돌아오는 것을 의미한다. 결국 회개는 그저 단순하게 하나님의 은혜에 의지하는 것이다.[10]

---

10) Joachim Jeremias, *New Testament Theology* (London: SCM, 1971), 156.

예수께서 시작하였던 것을 사도들은 진전시켰다. 그들의 선포 속에서 초대 교회는 회개와 믿음을 나란히 사용하였다(행 20:21).[11] 본문들은 종종 이 두 용어를 서로 대체하여 사용하기도 하고, 이 두 가지를 의미하기 위하여 하나만을 사용하기도 한다(행 2:38; 17:30; 26:20; cf. 행 3:19; 10:43; 13:38). 회개와 믿음은 구원이라는 하나님의 선물을 받는 도구로서 서로 분리될 수 없다 — 한 쪽은 다른 쪽을 포함한다.

회개와 믿음이 함께 작용함으로써 일어나는 회심은 극적인 전기(轉機)를 이룬다. 회심은 옛 생활과의 개인적인 단절과 새 생활로의 진입이다. 무엇보다도 회심은 하나님에게로 돌이키는 것이다. 이 위대한 거래에서 하나님은 우리의 얼굴을 그리스도 안에서 우리를 사랑하였고 구원을 가능하게 만드신 분을 향하도록 이끈다. 회개와 믿음을 통해서 우리는 새로운 주인인 주 예수 그리스도에게 우리 자신을 봉헌한다.

하나님을 향한 이러한 돌이킴과 결부되어 있는 것은 다른 사람들을 향하여 돌이키는 것이다. 회개와 믿음 속에서 우리는 자기 중심적이었던 예전의 생활 방식을 뒤로 하고, 이웃을 위하여 살았던 예수의 모범을 따르는 데 우리 자신을 헌신한다. 우리는 곤경에 처한 사람들을 돕는 행위가 그리스도를 섬기는 행위라는 것을 알고 모든 사람들의 선을 구한다(마 25:40). 성경은 하나님에 대한 회심은 다른 사람들을 향한 돌이킴과 분리될 수 없다는 것을 우리에게 되풀이해서 상기시켜준다. 예를 들면, 요한은 다음과 같이 분명하게 말한다: "누구든지 하나님을 사랑하노라 하고 그 형제를 미워하면 이는 거짓말하는 자니 보는 바 그 형제를 사랑하지 아니하는 자는 보지 못하는 바 하나님을 사랑할 수 없느니라"(요일 4:20). 사도 요한은 하나님 사랑과 이웃 사랑을 첫 번째와 두 번째 큰 계명으로 연결시켰던 예수 자신의 말씀을 반영하고 있다(막 12:28-34).

또한 회심은 피조물을 향한 돌이킴이기도 하다. 엄밀하게 말해서, 자기중심적으로 살았던 우리의 삶으로부터의 회개 속에는 하나님이 만드신 만물에 대한 새로운 관심이 함축되어 있다. 이제 우리는 피조물에 대한 하나님의 관심을 공유하는 것을 포함해서 하나님을 본받고자 한다. 이런 식으로 우리는 모든 피조물에 대하

---

11) Maximilian Zerwick, *Biblical Greek* (Rome: Editrice Pontificio Institute Biblico, 1990), 60.

여 창조주 자신의 성품을 반영하고자 한다.

이 모든 측면들 속에서 회심은 자아를 향한 돌이킴, 즉 하나님이 의도하신 대로의 자신의 참 자아를 향한 돌이킴을 의미하기도 한다. 회개와 믿음을 통해서 우리는 인간인 우리를 향하여 하나님이 정하신 의도를 우리의 삶 속에서 살아내는 데에 우리 자신을 헌신한다. 이런 의미에서 구원은 창조의 완성이다. 하나님이 처음부터 의도하셨던 것을 하나님은 그리스도 안에서의 우리의 새로운 삶을 통해서 실현시킨다. 회심은 하나님이 처음부터 의도하였던 우리의 실존과 관련된 영원한 목적을 향한 우리의 돌이킴이다.

회심의 신적 측면

회심의 개인적 차원은 일부 역사가들이 "회심적 경건"이라고 부른 것의 특징을 지녀왔던 부흥운동 전통의 특별한 강조점이었다.[12] 침례교 같은 복음주의적 집단들은 회심을 전면에 내세움으로써 예수 그리스도의 교회에 없어서는 안 되는 중요한 기여를 하고 있다. 복음주의자들은 사람은 회개와 믿음을 통해서 복음에 대하여 인격적이고 개별적으로 응답해야 한다고 확신한다.

그러나 우리는 복음에 대한 개인적 응답에 대한 우리의 강조가 회심 과정 속에서의 신적 동력을 가리게 내버려 두어서는 안 된다. 개혁주의 전통은 우리에게 구원 속에서 하나님의 활동의 우선성을 상기시켜줌으로써 구원론에 기여하여 왔다. 칼빈주의자들은 특히 구원의 역학 중에서 신적인 측면을 부각시켜 왔다. 그들의 이해에 따르면, 중생은 오로지 죄인의 삶 속에서의 하나님의 역사(役事)이고, 이로부터 하나님의 효과적인 부르심에 대한 우리 인간의 응답으로서의 회심이 흘러 나온다고 한다.[13]

---

12) Donald W. Dayton, "The Limits of Evangelicalism," in *The Variety of Evangelicalism*, ed. Donald W. Dayton and Robert K. Johnston (Downers Grove, Ill.: InterVarsity, 1991), 48.

13) 예를 들면, John Gill, *A Body of Doctrinal Divinity*, 6.13, reprint edition (Atlanta: Turner Lassetter, 1965), 545를 보라. 그러나 모든 칼빈주의자들이 동의하는 것은 아니다. Erickson은 "성경의 증거들은 회심이 중생보다 선행한다는 입장을 지지한다"고 주장한다. Millard Erickson, *Christian Theology* (Grand Rapids: Baker, 1985), 3:932.

신적 측면이라는 관점에서 보면, 회심은 성령의 역사(役事)이다. 이제 우리는 회개와 믿음은 복음에 대한 우리 자신의 의지적인 응답임과 동시에 우리를 돕는 하나님의 성령의 산물이라는 주장을 살펴보지 않으면 안 된다.

회심 과정에서의 성령의 활동

신약성서의 중심적인 주제는 하나님이 복음 선포를 듣는 사람들의 회심을 이루고 계시다는 좋은 소식이다. 사실 신약성서의 기자들은 그리스도인으로서의 행로를 개시시키는 변화에서 하나님의 은혜가 절대적으로 필요하다고 분명하게 주장한다. 신약성서의 저자들은 구원은 인간의 노력만으로는 결코 얻어질 수 없다는 것을 우리에게 끊임없이 상기시킨다. 율법에 순종함으로써 구원을 얻고자 하는 우리의 모든 시도들은 부적절하다. 바울이 말했듯이, "율법의 행위로 그의 앞에 의롭다 하심을 얻을 육체가 없나니 율법으로는 죄를 깨달음이니라"(롬 3:20; 또한 갈 2:16, 21을 보라).

인간론을 다루면서, 우리는 이러한 결론을 위한 신학적 토대를 발견한 바 있다: 인간은 전적으로 타락해 있다. 죄는 우리의 실존의 모든 측면에 퍼져 있어서, 우리 존재 중에는 죄에 의해서 닿지 않은 구석이나 틈새가 전혀 없고, 우리로 하여금 우리 자신의 구원을 촉진시킬 수 있게 해줄 수 있는 그 어떤 능력도 죄에 의해 감염되어 있다. 인간의 모든 노력은 궁극적으로 불충분하기 때문에, 우리가 구원을 얻으려면, 그 주도권은 하나님으로부터 와야 하고 하나님의 은혜에 의해서 와야 한다.

그러나 성경의 메시지는 하나님이 우리를 위하여 은혜롭게 역사하셨다고 선포한다. 우리의 영적 사망의 한가운데에서 하나님은 우리를 구원하시고(엡 2:1; 골 2:13), 은혜로써 우리를 구원하신다(엡 2:8-9; 딛 3:4-6). 구원은 성령이 우리 안에 새로운 영적 생명을 시작할 때에 온다(요 3:5-8).

어떤 의미에서 성령은 삼위일체 하나님 가운데 신비로운 위격이다. 성령은 우리의 이목을 끌지 않는 가운데 조용하게 일한다. 나아가 성령의 역사들은 흔히 인간의 행위와 동시적이어서, 우리로 하여금 하나님이 원하시는 것을 할 수 있는 권능을 부여한다. 그러므로 성령의 활동들은 사람들이 눈치채지 못하고 감지할 수 없는 방식으로, 심지어 때로는 우리 자신의 노력으로 된 것인 양 착각할 정도로 그렇게 일어난다. 아울러 성령의 사역 자체는 흔히 신비롭게 보인다. 성령이 하는 일은 일상적이고 통상적이며 자연적인 영역 너머에 있는 것처럼 보인다.

성령의 활동이 회심에서보다 더 신비롭게 보이는 분야는 없어 보인다. 그렇지만 신약성서는 삼위일체 중 세 번째 위격의 임무에 속하는 몇 가지 특별하고 중요한 기능들을 보여 준다. 회심 과정에서 성령은 죄의 자각, 부르심, 조명, 능력 주심을 통해서 역사한다.

죄의 자각. 성령은 회심 체험에서 죄의 자각을 촉진시키는 자로 활동한다. 우리로 하여금 우리 자신의 개인적인 죄와 죄악된 구조에 우리가 연루되어 있는 것에 대한 인식을 갖게 해주는 것은 성령의 일이다. 요한의 서사(서술)에 의하면, 그의 다락방 강론에서 예수께서 성령이 이러한 중요한 활동에 참여하게 될 것이라고 약속했다고 한다: "그가 와서 죄에 대하여, 의에 대하여, 심판에 대하여 세상을 책망하시리라"(요 16:8). 이 진술에서 우리 주님은 개인의 삶 속에서의 성령의 역사(役事)들은 자기 자신의 죄악된 상태에 대한 인식, 하나님의 의의 표준에 대한 깨달음, 다가올 심판의 날에 대한 인식을 가져온다는 것을 보여 준다.

죄를 깨닫게 하는 성령의 활동은 회심의 역학(力學)에서 필수불가결하다. 성령의 역사는 죄악된 상태에 대한 인식을 촉진시키는데, 이러한 인식 없이는 복음에 대한 우리의 인격적인 응답은 사전에 차단되고 만다. 만약 우리가 하나님을 노엽게 하고 있다는 것을 깨닫지 못한다면, 어떻게 우리가 우리의 실패 및 우리의 불의한 행동들에 대하여 후회할 수 있겠는가? 만약 우리가 하나님과 원수가 되어 있다는 것을 깨닫지 못한다면, 어떻게 우리가 죄에서 떠나 하나님께로 돌이킬 수 있겠는가? 만약 우리가 긍휼을 필요로 한다는 것을 느끼지 못한다면, 어떻게 우리가 그리스도 안에서 계시된 긍휼하신 하나님에게 우리 자신을 맡길 수 있겠는가? 성경의 좋은 소식은 죄 사함이 이미 마련되어 있다는 메시지이다: "만일 우리가 우리 죄를 자백하면 그는 미쁘시고 의로우사 우리 죄를 사하시며 우리를 모든 불의에서 깨끗하게 하실 것이요"(요일 1:9). 그러나 우리의 고백은 우리의 절망적인 상황과 절박한 필요에 대한 인식에 의거한다. 성령은 우리 안에 이러한 필요에 대한 인식을 촉진시키는 역할을 한다.

부르심. 성령은 회심 과정 속에서 사람들에게 죄를 깨닫게 해줄 뿐만 아니라 죄악된 인간들에 대한 하나님의 부르심을 전하는 자로도 활동한다.

성령의 사역의 이 측면을 이해하기 위해서, 우리는 "부르심"의 성경적 개념의 두 차원을 구별하여야 한다. 한 차원은 신자들이 누리는 부르심이다. 신약성서는 그리스도인들을 하나님의 부르심을 받은 유일한 자들이라는 특별한 신분을 부여받은 자라고 말한다. 베드로는 그의 청중들에게 하나님이 "너희를 어두운 데서 불러 내어 그의 기이한 빛에 들어가게"(벧전 2:9) 하셨다는 것을 상기시킨다(참조. 롬 9:24; 고전 1:9-24; 딤후 1:9).

이러한 특별한 부르심의 배경을 이루는 것은 좀 더 일반적인 성격을 지니는 부르심으로, 인간들에게 하나님이 제시하는 구원에 동참하도록 초청하는 성령의 부르심이다. 예수는 이러한 부르심을 혼인 잔치 비유(마 22:1-14)에서 묘사하였다. 이 이야기 속에서 왕의 종들은 많은 사람들을 잔치에 초대한다. 그러나 어떤 사람들은 오기를 거부하고, 어떤 사람들은 종들의 말에 관심을 두지 않으며, 한 사람은 합당치 않은 행색으로 잔치에 온다. 이에 따라 우리 주님은 이 이야기를 다음과 같은 간결한 논평으로 끝을 맺는다: "청함을 받은 자는 많되 택함을 입은 자는 적으니라"(마 22:14).

예수의 이야기는 사람들을 구원으로 부르는 성령의 활동의 초점이 어디에 두어져 있는지를 잘 보여 준다. 이 이야기 속에서 왕이 그의 종들을 보내어 사람들을 잔치에 초대한 것과 마찬가지로(마 22:10), 하나님의 구원 초대는 왕의 종들, 즉 복음을 전하는 인간 사자(使者)들에 의해서 고지(告知)된다. 성령의 부르심은 복음 선포를 통해서 이루어진다. 하나님의 사자들이 메시지를 선포할 때에 성령은 말씀한다. 성령은 그들의 말들에 권능을 부여함으로써 그 말들을 듣는 자들을 회개와 믿음으로 부르신다.

인간 사자(使者)들과 성령의 동역(同役)이라는 이러한 개념은 성경 전반에 걸쳐서 함축되어 있다. 예를 들면, 바울은 회심으로 이끄는 과정을 다음과 같이 역순으로 간략하게 설명한다(롬 10:13-15): 개인의 응답, 믿음, 들음, 전함, 사자들을 보냄. 이렇게 하나님과의 구원을 위한 만남에 필수적인 것은 하나님이 택하신 도구 역할을 하는 인간 사자들로부터 복음을 듣는 것이다. 그들의 메시지 안에서 하나님의 부르심이 온다: "하나님께 감사할 것은 하나님이 처음부터 너희를 택하사 성령의 거룩하게 하심과 진리를 믿음으로 구원을 받게 하심이니 이를 위하여 우리의 복음으로 너희를 부르사"(살후 2:13-14). 이런 이유로 바울은 삼위일체 하나님 자신이 그의 메시지를 통하여 말씀하고 계시다고 주장할 수 있었다: "그러므로 우리가 그리스도를 대신하여 사신이 되어 하나님이 우리를 통하여 너희를 권면하시는 것 같이 그리스도를 대신하여 간청하노니 너희는 하나님과 화목하라"(고후 5:20). 이렇게 인간 사자들을 통하여 하나님께서 말씀하실 때에 그 역할을 맡고 있는 분이 바로 성령이다.

하나님의 사자들의 말 속에 하나님께서 권능으로 임재해 계신다는 신약성서의 개념의 토대는 구약성서에 있다. 선지자들은 특히 하나님의 영의 대변인으로서의 그들의 역할을 잘 인식하고 있었다. 야웨는 그들을 통하여 그들의 메시지를 받는 자들에게 말씀한다. 이사야는 그렇게 선포된 말씀을 그 말씀을 권능있게 하는 하나님의 권능의 도구라고 묘사하였다. 이사야를 통하여 하나님은 그의 말씀의 능력을 생명을 주는 물의 힘에 비유하였다:

> 이는 비와 눈이 하늘로부터 내려서 그리로 되돌아가지 아니하고 땅을 적셔서 소출이 나게 하며 싹이 나게 하여 파종하는 자에게는 종자를 주며 먹는 자에게는 양식을 줌과 같이 내 입에서 나가는 말도 이와 같이 헛되이 내게로 되돌아오지 아니하고 나의 기뻐하는 뜻을 이루며 내가 보낸 일에 형통하리라 (사 55:10-11).

그러므로 복음 선포를 통하여 성령은 하나님의 은혜의 부르심을 청중들에게 전하면서 그들로 하여금 하나님의 구원에 참여하도록 촉구한다. 이러한 일반적인 부르심에 응답하는 자들, 회개와 믿음을 통해서 복음에 응답하는 자들은 그들이 하나님의 부르심을 특별하게 받은 자들이라는 것을 알게 된다.

조명. 또한 회심에서 성령의 사역은 조명을 포함한다. 성령은 복음을 듣는 자들의 마음을 밝혀서 복음 안에서 계시되는 하나님의 진리를 볼 수 있게 해준다.

회심 과정 속에서의 조명의 중요성은, 우리가 눈을 멀게 하는 죄의 효과들을 생각하면, 곧 분명해진다. 우리가 죄의 종살이를 하고 있는 상태 속에서는 우리는 영적인 진리를 있는 그대로 파악할 수가 없다. 바울이 설명했듯이, "이 세상의 신이 믿지 아니하는 자들의 마음을 혼미하게 하여 그리스도의 영광의 복음의 광채가 비치지 못하게 함이니"(고후 4:4). 우리가 복음을 분명하게 이해하기 위해서는, 그러한 이해력을 하나님께서 우리에게 주지 않으면 안 된다. 최초의 천지창조에서의 하나님의 역사를 암시하고 있는 이것은 바로 회심 속에서 일어나는 것이라고 바울은 덧붙인다: "어두운 데에 빛이 비치라 말씀하셨던 그 하나님께서 예수 그리스도의 얼굴에 있는 하나님의 영광을 아는 빛을 우리 마음에 비추셨느니라"(고후 4:6).

부활하신 주님이 세상 속에서 활동하실 때에 사용하는 도구인 성령은 삼위일체 하나님 중에서 우리의 마음을 열어서 복음의 진리를 깨닫게 해주는 분이시다(고전 2:10). 오직 성령의 사역의 결과로서만 우리는 선포된 메시지에 대하여 회개와 믿음으로 응답할 수 있다. 누가는 루디아의 회심에서 이러한 역학이 작용하고 있다는 것을 지적하였다: "주께서 그 마음을 열어 바울의 말을 따르게 하신지라"(행 16:14).

능력 주심. 회심 과정에서 성령은 각 개인에게 복음에 응답할 수 있는 능력을 주신다. 성령은 회개와 믿음을 가능하게 만드는 권능이다.

바울은 자신의 복음 선포 속에서 성령의 권능의 임재에 관하여 말하였다. 그는 고린도 신자들에게 자기가 그들에게 달변이나 뛰어난 지혜를 가지고간 것이 아니라 약함과 두려움 속에서 그들에게 갔다는 것을 상기시킨다. 그럼에도 불구하고 그의 십자가에 관한 메시지는 "성령의 나타나심과 능력"을 수반하였다. 따라서 그들의 믿음은 인간의 지혜가 아니라 하나님의 권능에 의한 것이었다(고전 2:4-5).

성령의 조명 사역의 주된 초점이 마음(mind)인 반면에, 성령의 능력 주심은 인간의 의지(will)를 향한 것이다. 성령의 이 사역은 개인이 하나님의 부르심에 응답하기를 원하고 또한 응답할 수 있도록 하기 위하여 그 의지에 호소하고 그 의지를 견고하게 하는 일이다. 성령의 사역의 다른 측면들과 마찬가지로 이 활동도 우리의 비참한 상황으로 인하여 절대적으로 필요한 것이다. 우리는 죄의 종이 되어 있기 때문에, 우리의 의지도 죄에 묶여서 종노릇하고 있다. 우리에게는 죄를 극복하고 성령의 부르심에 자유롭게 순종하는 데 필요한 능력이 결여되어 있다. 우리가 우리의 사랑하시는 성부께서 제시하는 화해를 의지적으로 껴안으려 한다면, 우리는 능력을 수여받지 않으면 안 된다. 바로 이것이 성령이 하는 일로서, 우리에게 죄에 대하여 아니라고 말하고 복음의 부르심에 대하여 예라고 말할 능력을 제공해 준다.

성령의 사역의 다른 차원들에서와 마찬가지로 능력을 주시는 성령의 사역의 초점은 복음 선포이다(롬 10:17). 인간 대리자들이 복음을 선포할 때, 성령은 그 메시지를 통하여 듣는 자를 강건하게 하여 응답할 수 있도록 역사한다. 그러므로 바울은 복음을 "모든 믿는 자에게 구원을 주시는 하나님의 능력"(롬 1:16)이라고 올바르게 찬양하였다. 복음이 하나님의 권능 있는 말씀인 까닭은 다름 아니라 성령이 구원하는 메시지를 선포하는 인간의 말씀 선포를 통하여 역사하기로 결단하기 때문이다.

회심과 성령 세례

거의 모든 복음주의적인 사상가들은 성령이 회심의 역학 속에서 작용한다는 데에 동의한다. 그러나 신학자들은 이러한 개입과 관련된 세부적인 내용에 있어서는 서로 차이가 있다. 아마도 최근 수십 년 동안에 우리가 "회심"이라 부르는 하나님과의 만남과 신약성서가 "성령 세례"라 부르는 체험의 관계를 둘러싼 논쟁보다 더 치열하게 견해 차이를 보인 문제는 없었을 것이다.

여러 교단의 교회들에서 치열하고 열띤 논쟁을 불러일으켰던 회심과 성령 세례의 상호관계에 대한 논의는 비교적 최근의 현상이다. 이러한 논의는 20세기에 들어와서 오순절 교회가 외적으로 팽창하고 또한 오순절파적 사고가 주류 교단들 속에 침투해 들어감으로써 생겨나게 되었다.

오늘날의 오순절파. "오순절적"이라는 용어는 다양한 종교적 표현들을 포괄하긴 하지만, 모든 오순절파들은 그 용어의 정의상 한 가지 확신을 공유한다: 회심은 일반적으로 "성령 세례"라 불리는, 삶을 변화시키는 두 번째 사건이 수반되어야 한다.[14] 이러한 확신의 토대는 과연 무엇인가?

오늘날의 오순절파의 신학적 뿌리는 19세기에 일어난 복음주의 내에서의 열기에 있다.[15] 학자들은 이 시기에 일어난 성결 운동이 비록 유일한 영향력은 아니긴 하지만 "오순절적인 부흥운동이 태동된 요람"이었다는 데에 동의한다.[16] 아메리카

---

14) Grant Wacker, "Wild Theories and Mad Excitement," in *Pentecostals from the Inside Out*, ed. Harold B. Smith (Wheaton, Ill.: Victor, 1990), 21.

15) 자세한 논의로는 Donald W. Dayton, *Theological Roots of Pentecostalism* (Grand Rapids: Zondervan, 1987)을 보라.

16) William W. Menzies, "The Non-Wesleyan. Origins of the Pentecostal Movement,"

는 감리교의 창시자인 존 웨슬리의 가르침이 뿌리내리기 쉬운 비옥한 토양이 되었었다. 웨슬리파 신도들은 그들의 지도자로부터 "두 번째 축복"이라는 개념, 즉 회심 이후에 정의될 수 있는 은혜의 순간으로서 회심 후에도 여전히 신자의 삶을 지배하는 죄의 목조르기를 결정적으로 분쇄할 수 있는 은혜 체험이라는 개념을 도출해 냈다. 그러나 찰스 피니(Charles G. Finney) 같은 미국의 부흥운동 사상가들을 추종하는 사람들은 회심 이후의 체험을 성화 과정 — 죄악된 욕망의 박멸 — 이라는 관점이 아니라 증거, 섬김, 그리스도인으로서의 삶을 위한 권능의 부여라는 관점에서 보게 되었다. 20세기 말이 가까워 오면서 성결 운동에 참여했던 일부 사람들 가운데서 신약성서에 나타난 기적적인 권능인 "이른 비"가 역사의 종말에 일어날 성령의 마지막 부어주심인 "늦은 비"라는 형태로 재현될 것이라는 기대가 급속하게 확산되었다.

그러나 많은 역사가들은 이 운동의 실제적인 시작을 이러한 여러 조류들을 통합시키고 방언을 두 번째 은혜의 역사(役事)와 결부시킨 두 사건 속에서 찾는다. 첫 번째 사건은 켄사스 주의 토페카(Topeka)에서 일어났다. 찰스 폭스 파햄(Charles Fox Parham)이 운영했던 작은 성경학교에 다니던 학생들은 성경이 방언을 그 징표로 하는 회심 이후의 성령 세례를 가르친다는 결론을 내렸다. 1901년 1월 1일에 파햄은 아그네스 오즈먼(Agnes Ozman)이라는 여자의 요청으로 그녀에게 안수했고, 그 결과 그녀는 방언으로 기도하였다.[17] 두 번째 사건은 그로부터 5년 후에 로스앤젤레스에서 일어났다. 성결 운동을 하던 흑인 설교자 윌리엄 세이머(William Seymour)는 텍사스 주 휴스턴에서 파햄으로부터 큰 감화를 받은 후에 아주사 가(Azusa Street)에 있던 예전에 감리교 교회였던 곳에서 일련의 모임들을 가졌다. 1년 3개월 동안 계속된 이 부흥 운동에서 방언 현상이 나타났다.[18] 1906년에서 1909년까지 계속된 아주사 가의 부흥운동은 전세계적인 오순절 운동의 시작이었다.

이러한 사건들은 오늘날의 오순절 운동이라는 현상의 첫 번째 물결을 태동시켰

---

in *Aspects of Pentecostal-Charismatic Origins*, ed. Vinson Synan (Plainfield, N.J.: Logos, 1975), 97.

17) John Thomas Nichol, *The Pentecostal* (Plainfield, N.J.: Logos, 1966), 27-28.

18) Vinson Synan, "Frank Bartleman and Azusa Street," in Frank Bartleman, *Azusa Street*, reprinted edition (South Plainfield, N.J.: Bridge, 1980), xvi-xx.

다. 이 운동은 교리적이라기보다는 체험적이긴 하였지만, 우리는 처음에 일어난 이 운동을 "교리적 오순절 운동"이라고 말할 수 있다. 이 첫 번째 물결은 부분적으로는 주류 교회들에 받아들여진 반대파 오순절파들에 대항하여 수많은 새로운 교회들의 형성을 가졌왔다.[19] 이러한 새로운 집단들 중 다수는 결국 그들 자신만의 교단 체제를 형성하고 오순절 체험을 제도화하였으며, 회심 이후의 성령 세례와 그 표적으로서의 방언을 포함한 교리적 표준을 만들어 내었다.[20]

1960년대에는 오순절 운동의 두 번째 물결이 "은사 운동"이라 불리는 형태를 띠고 기독교회의 해변가에서 찰싹거리기 시작하였다. 그 기원은 아마도 캘리포니아 주 밴 나이스(Van Nuys)에 있던 세인트 마크 성공회 교회의 사제로 있던 중 1959년에 성령 세례를 받았던 데니스 베넷(Dennis Bennett)의 사역에 있는 것 같다.[21] 이 운동은 고전적인 오순절파 교회들을 넘어서서 과거의 주류 교회들 속으로 오순절 체험이 확장되는 계기가 되었다.

첫 번째 물결은 새로운 많은 교단들의 창설을 촉발시켰지만, 두 번째 물결에 참여한 사람들은 그들의 교단을 떠나지 않았다. 오히려 그들은 흔히 기존의 교단 체제 내에서 일하고자 하였다. 나아가 새로운 은사 운동가들은 방언을 말하는 것이 성령 충만의 필수적인 표적이라는 것을 고집하지 않았다. 은사 운동가들이 여러 개신교 교단의 추종자들만이 아니라 로마 가톨릭까지 포괄하게 되자, 그들은 교리에 있어서의 상호간의 차이를 좀 더 많이 용납하게 되었다.[22] 그러므로 새로운 은사 운동가들을 하나로 묶은 것은 특정한 성령론에 대한 고수(固守)가 아니라 공통의 성령 체험이었다. 그러므로 우리는 이 두 번째 물결을 "체험적 오순절 운동"이라고 부를 수 있다.

이 은사 운동은 세 번째 물결을 가져왔다.[23] 세 번째 물결의 참여자들은 앞의

---

19) Richard Quebedeaux, *The New Charismatics* (Garden City, N.Y.: Doubleday, J976), 36-37.
20) 예를 들면, Nichol, *The Pentecostals*, 4에 수록된 북미 오순절 교회 연합이 발표한 "Statement of Truth"를 보라.
21) Quebedeaux, *The New Charismatics*, 54-56.
22) Ibid., 152-54.
23) 따라서 Robert P. Menzies, "The Distinctive Character of Luke's Pneumatology," *Paraclete* 25/4 (Fall 1991): 17.

두 물결의 보증서 역할을 했던 방언을 무시하지는 않았다. 그럼에도 불구하고 그들은 하나님의 백성 가운데에서 성령의 그 밖의 다른 외적 나타남들로 관심을 돌렸다. 이러한 이적 현상들은 언제나 오순절 신앙의 일부였었지만, 그동안 방언에 대한 강조로 인해 그 그늘에 가려져 있었다. 그러한 이적 현상들 중에서 특히 중요했던 것은 예언의 은사와 치유, 축귀, 죽은 자를 일으키는 것 같은 능력의 나타남들이었다.

세 번째 물결에 대한 최초의 추동력은 풀러 신학교의 세계 선교원의 교수였던 피터 와그너(C. Peter Wagner)에 의해 시작된 "표적과 기사"에 대한 새로운 관심에서 왔다. 그러나 이 운동이 진행되면서, 존 윔버(John Wimber)가 지도적인 인물로 부상했는데, 그는 전세계를 돌아다니며 부흥운동 세미나들을 이끌면서 빈야드 협회(the Vineyard Fellowship)라 불리는, 새로운 세 번째 물결에 속한 교회들의 비공식적인 단체를 창립하는 데 영감을 주었다. 그래서 다른 어떤 사람의 이름보다도 윔버라는 이름은 세 번째 물결의 오순절 운동과 동의어가 되었다.

오순절파의 성령 세례 및 방언관. 이러한 역사적 개요가 보여주듯이, "오순절 운동"이라는 명칭은 여러 계층의 서로 비슷하지만 약간씩 다른 견해를 포괄한다. 불행히도 오순절 신앙에 대한 최근의 논의들은 서로 분리해서 다루어야 할 여러 문제들을 혼합해서 다룸으로써 혼동을 불러일으키고 있다. 여기 우리의 논의에서 중요한 것은 회심과 성령 세례의 관계와 관련된 두 가지 질문이다: 신약성서의 기자들은 이 사건을 말할 때에 무엇을 의도하였던 것인가? 방언을 말하는 것은 과연 성령 세례를 받았다는 표적이 되는 것인가?

오순절파들, 특히 첫 번째 물결과 두 번째 물결에 참여한 자들은 일반적으로 성령 세례 및 성령 세례와 방언의 관계에 대하여 공통의 이해를 지니고 있다. 오순절파의 표준적인 성령론에 의하면, 회심은 하나님이 그의 자녀들에게 주고자 하는 모든 영적인 능력을 우리로 하여금 반드시 접할 수 있게 해주지 못한다는 것이다. 오히려 성령과의 온전한 접촉은 일반적으로 "성령 세례"라 불리고 종종 "성령 충만"으로도 알려져 있는 회심 이후의 체험을 통해서 온다. 하나님의 성회(Assemblies of God)에 속한 신약성서 학자인 로버트 맨지스(Robert P. Manzies)는 이에 대한 오순절파의 예를 다음과 같이 요약하였다:

오순절파는 일반적으로 성령 세례를, 성령의 권능의 새로운 차원을 풀어 놓지 못하는 회심과는 구별되는 체험(연대기적이 아니라 적어도 논리적으로는)이라고 설명한다: 그것은 섬김을 위하여 권능을 덧입는 것이다.[24]

성령과의 이러한 좀 더 깊은 만남은 모든 그리스도인들을 향한 하나님의 뜻이라고 오순절파는 주장한다. 그것은 개개인들이 겪는 오순절 사건이다. 왜냐하면 그것은 그리스도께서 그를 따르는 자들에게 성령으로 세례를 베푸실 것이라는 성경의 약속의 성취이기 때문이다. 오순절파는 이 약속이 하나의 집단으로서의 신앙 공동체가 아니라 개개인들을 위하여 의도된 것이라고 해석한다. 존 토머스 니콜(John Thomas Nichol)은 "모든 오순절파 신도들은 초기의 제자들이 오순절 날에 받았던 것과 같은 현재적인 체험이 오늘날의 신자들에게도 현실이 될 수 있다는 것을 믿는다(행 2:4)"고 말한다.[25] 그들에게 오순절은 "우리와 연관이 있고 계속해서 반복되는 현상"이다.[26]

끝으로, 많은 오순절파 신도들은 방언을 말하는 것을 이러한 영광스러운 사건의 명확한 표적으로 본다. 이에 대한 성경적 토대로서 오순절파 신도들은 주로 사도행전에 나오는 초대 교회의 체험을 든다. 누가의 서술은 초기 그리스도인들이 물 세례를 받은 이후에 성령 세례를 체험했다는 것을 보여 준다고 그들은 주장한다. 이러한 견해를 주장하는 자들은 이러한 것을 주로 오순절 사건에 대한 기사 자체 속에서 발견한다. 그날에 다락방에 있던 제자들 ― 예수의 신실한 추종자들로서 이미 회심을 한 ― 은 회심 이후의 성령 세례를 받은 자들이었다(행 2:1-4). 이러한 주장을 하는 사람들은 오순절 사건의 패턴이 초기 사마리아인 개종자들에 관한 이야기 속에서도 확증되고 있다고 본다(8:14-17). 그들은 믿었고 또한 세례를 받았었지만, 이 새로운 개종자들은 베드로와 요한이 예루살렘으로부터 와서 그들에게 안수할 때까지는 성령을 받지 못했다.

또한 오순절파들은 방언이 성령의 임재의 표적이라고 주장하면서 사도행전에 나오는 체험들을 그 근거로 든다. 여기에서도 다시 한 번 그 주된 증거는 오순절

---

24) Menzies, "Luke's Pneumatology," 18.
25) Nichol, *The Pentecostals*, 8.
26) Ibid., 9.

사건 기사이다. 성령이 임하자 다락방에 모여 있던 모든 사람들이 방언으로 말하는 기적이 일어났다(2:4). 이와 동일한 현상은 그 이후의 두 번의 경우에서도 성령의 임재를 확증해 주었다: 고넬료와 그의 가족의 회심(10:44-47)과 에베소에 있던 세례 요한의 제자들과 바울의 만남(19:6).[27]

오순절파의 입장에 대한 평가. 이러한 예들은 주목할 만하고 중요하다. 그러나 그러한 것들은 오순절파의 성령론에 대한 결정적인 근거를 제공해 주지는 못한다. 이러한 결론을 내리는 데에는 세 가지 고려가 작용하였다.

(1) 첫번째 고려는 우리가 제13장에서 도달한 오순절 사건에 대한 이해로부터 나온 것이다. 우리는 오순절 사건이 구원사에 있어서 유일무이하고 반복될 수 없는 사건이라는 것을 지적하였다. 그날에 성령이 부어지기 전까지는 성령은 아직 본격적인 의미에서 세상에 오지 않았었고, 교회 자체도 탄생하지 않았었다. 따라서 오순절 사건은 예언의 성취의 새 시대의 도래와 교회의 확장의 시작을 알리기 위한 독특한 의미를 지닌 사건이었다.

이런 이유로 오순절 사건은 공동체적인 사건이었다. 그것은 우리 모두가 그 공동체에 편입되는 것을 통해서 공유하는 그리스도의 공동체의 삶 속에서 일어난 한 사건이었다. 이 역사적 사건의 공동체적 성격은 우리가 우리 자신만의 개인적인 "오순절"을 기다릴 필요가 없다는 것을 보여 준다. 왜냐하면, 성령은 이미 하나님의 백성 위에 임하였기 때문이다. 그러므로 사도행전 2장에 기록된 일련의 사건들은 우리가 따라야 할 어떤 패러다임을 제시하고 있는 것이 아니다. 오히려 우리는 바로 그 영광스러운 날에 탄생한 보편 교회의 지체들이 될 때에 온전한 오순절을 누리게 된다. 그들의 오순절은 보편적 오순절이었고, 그러므로 우리의 오순절이 되기도 한다.

이 사건의 반복될 수 없는 성격은 개인적인 오순절 체험에 대한 강조에 의문을 제기한다. 두 번째 고려는 사도행전 기사들의 규범적 의의에 관한 의구심들을 불러일으킨다. 오순절파의 성령론에 함축되어 있는 주장과는 반대로, 사도행전은 성령 세례나 방언과 관련된 하나님의 활동의 단일한 패턴을 보여 주지 않는다.

오순절파는 사마리아인들이 회심과 물 세례를 받은 한참 후에 성령을 받았다고

---

27) Ibid., 10.

올바르게 지적하고 있다(행 8:12, 14-17). 그러나 고넬료와 그의 가족에 있어서 성령 세례는 분명히 회심과 함께 일어났고 물 세례를 받기 이전에 일어났다. 베드로가 그들에게 복음을 선포하고 있는 동안에, 성령이 "부어졌고," 그들은 방언을 말하였다(10:44-48).

전체적으로 볼 때, 초대 교회의 체험은 사마리아인들의 회심이 아니라 고넬료 가족의 회심이 좀 더 전형적인 패턴을 따르고 있다는 것을 보여 준다. 실제로 고넬료의 회심 사건을 사도행전 8장에서 도출한 패턴에 맞추기보다는 사마리아인들의 상황을 통상적인 사건에 대한 예외로 보는 것이 훨씬 더 이해하기 쉽다. 두 요소 중 어느 것이나 사마리아인들의 체험의 독특성을 설명해 줄 수 있다.

누가는 구원사적으로 사마리아의 그리스도인들이 예루살렘의 지도자들에 의존하고 있다는 것을 보여 주려고 했던 것같다.[28] 이것은 유대인들과 사마리아인들 간의 종교적 적대감을 고려하면 충분히 이해할 수 있는 일이다. 하나님께서 베드로와 요한이 올 때까지 사마리아인 개종자들에게 성령을 부어주시는 것을 보류한 것은 그들을 사도들의 영도 하에서 하나의 그리스도 공동체 속에서 결합시킴으로써 두 집단 간의 역사적 분열을 극복하는 한 방식이었을 것이다.

그리고 또한 이러한 보류는 우리 주님이 베드로와 사도들에게 하나님 나라의 열쇠를 맡기신 것과도 관련이 있을 수 있다. 신자들을 예루살렘에서 사마리아로 흩으신 일은 유대인들의 경계를 넘어서서 복음화가 일어난 첫 번째 사건이었다. 그러나 복음은 사도들에 의해서 이 새로운 종족 집단에게 전해지지 못했다. 왜냐하면, 그들은 예루살렘에 머물고 있었기 때문이다. 그러므로 하나님은 하나님이 지목하신 사자(使者)들이 도착할 때까지 성령을 보류하였던 것 같다. 이런 식으로 누가는 주님의 약속에 따라서 사마리아인들에게 하나님 나라를 열어 주는 베드로의 역할을 실증하였다(마찬가지로 베드로는 나중에 고넬료의 회심 사건 속에서의 그의 역할을 통해서 이방인들을 위하여 하나님 나라를 열어 주는 역할을 한다).

이와 같은 단일한 패턴의 부재(不在)는 성령을 받았다는 것을 확증해 주는 방식에서도 그대로 드러난다. 오순절파들은 방언이 성령의 임재를 확증해 주는 사도

---

28) 이 주장은 많은 주석자들에 의해서 옹호되어 왔다. 예를 들면, G. W. H. Lampe, *The Seal of the Spirit* (London: Longmans, Green, and Co., 1951), 70을 보라. 이 입장에 대한 비판으로는 Menzies, "Luke's Pneumatology," 22를 보라.

행전에 나오는 여러 대목들을 올바르게 인용하고 있다. 그러나 그 밖의 다른 기사들은 이러한 방언 현상의 존재를 보도하지 않는다. 예를 들면, 우리는 바울이 처음으로 "성령에 충만했을" 때에 방언을 말하였다는 그 어떤 암시도 발견하지 못한다(9:17-19). 마찬가지로 빌립보 감옥의 간수의 집안의 회심도 결국 성령 충만을 수반하였던 것으로 보인다. 그러나 여기에서 성령의 임재를 보여 주는 것은 방언을 말하는 것이 아니라 그들이 "기쁨으로 충만하였다"는 것이다(16:31-34) — 바울은 바로 이 기쁨이 성령의 열매의 하나라고 말한다.

성령을 받는 것의 지연(delay)을 보여 주는 사례에서처럼, 우리는 왜 종종 방언이 성령 강림에 수반되었는가에 대한 설명을 발견할 수 있다. 각각의 경우에 누가는 하나님께서 특히 성령의 임재에 대하여 의문이 제기될 수 있는 그러한 상황들속에서 방언 현상을 성령의 임재를 확인해 주는 표적으로 사용했다는 것을 보여 주고 있는 것으로 생각된다. 오순절 사건도 바로 그러한 경우였다는 것은 베드로가 이 방언 현상을 요엘의 예언의 성취를 보여 주는 표적으로 변증적으로 사용하고 있다는 것에서 분명히 볼 수 있다. 고넬료의 경우에도 이와 비슷한 결론을 이끌어 낼 수 있다. 예루살렘의 신자들은 그리스도 안에서의 구원이 이방인들을 위한 것이라는 확신을 아직 갖고 있지 못했다. 그러므로 그들은 사도 베드로가 초기 신자들이 오순절 사건 때 받았던 바로 그 표적을 통해서 고넬료 가족에 대한 성령의 수여가 확증되었다는 것을 얘기해 줄 때까지는 베드로의 행위를 의심하였다(11:15-18). 마찬가지로 우리는 요한의 제자들이 이러한 기적적인 표적을 통해서 확증될 때까지는 그들에게 새로웠던 성령에 관한 가르침이 참되다는 것에 대하여 확신을 하지 못했을 것이라고 추측해 볼 수 있다(19:6). 아마도 이러한 사건들은 바울이 고린도 교인들에게 써 보낸 방언 현상의 의미에 대한 설명의 사례들이 될 것이다: "그러므로 방언은 믿는 자들을 위하지 아니하고 믿지 아니하는 자들을 위하는 표적이나"(고전 14:22).

(2) 사도행전을 근거로 한 오순절파의 주장은 좀 더 일반적 성격을 지니는 관찰에 의해서 한층 더 약화된다. 우리는 누가의 신학적 관심을 무시할 수는 없지만,[29] 누가의 기사는 복음이 예루살렘에서 로마로 점차적으로 확장되어 가는 것에

---

29) 이에 대해서는 I. Howard Marshall, *Luke: Historian and Theologian* (Grand Rapids: Zondervan, 1970)을 보라.

관한 이야기, 그러니까 일차적으로 역사적인 이야기이다. 그는 하나님이 신자들의 삶 속에서 어떻게 역사하고 있는가에 관한 상세한 가르침들을 제공해 주기 위해서가 아니라 하나님이 그리스도 안에서 구원을 계시하였다는 믿음을 독자들에게 견고히 하기 위하여 어떻게 하나님께서 주후 1세기에 역사하고 계시는지를 서술하였다. 따라서 우리가 사도행전에서 하나님의 활동에 대한 단일한 패턴을 발견했다고 할지라도, 그러한 발견 자체는, 그 패턴이 누가의 신학적 관심에서 중심적이었고 바울 서신들에 의해서 확증되지 않는 한, 명시적으로 오늘날에 그대로 재현될 것이라는 것을 보장해 주지 않는다. 역사적 서술 내용은 중요하긴 하지만 그 자체만으로는 교리를 위한 확실한 토대가 될 수는 없다.[30]

(3) 이러한 평가는 세 번째 고려를 시사해 준다. 우리는 오순절파의 입장을 단순히 우리가 누가 자신의 성령론이라고 구성해 놓은 것에 의거해서만이 아니라 더 중요하게는 바울의 명시적인 가르침에 비추어 평가하지 않으면 안 된다. 그렇게 할 때에 우리는 오순절 신앙의 불안한 여러 난점들을 발견하게 된다.

바울은 성령이 그리스도인들 가운데 보편적으로 임재해 계신다고 생각한다. 신약성서의 모든 서신서들 속에서 성령 세례를 언급하고 있는 유일한 구절에서 바울 사도는 그리스도의 몸의 모든 지체에게 성령 세례라는 실체가 존재한다고 주장한다: "우리가 유대인이나 헬라인이나 종이나 자유인이나 다 한 성령으로 세례를 받아 한 몸이 되었고 또 다 한 성령을 마시게 하셨느니라"(고전 12:13). 바울은 결코 실제로 성령 충만을 아직 받지 못한 신자들이 존재한다는 것을 암시하고 있지 않다. 이와는 반대로 바울에게 있어서 성령을 지니고 있지 않은 것은 그리스도에게 속하지 않았다는 것과 동일한 것이었다(롬 8:9).

바울은 성령의 임재를 확증해 주는 것으로서 방언을 말하는 것이 아니라 생활양식을 들었다. "성령의 열매"는 그 성품이 그리스도를 닮는 것이라고(갈 5:22-23) 그는 분명하게 말한다. 은사에 관한 논의 속에서 바울은 고린도 교인들에게 은사들의 사용과 탈혼 상태의 체험들이 아니라 "가장 좋은 길" — 사랑을 중심으로 한 삶(고전 13장) — 을 보여 주었다.

사도 바울은 그리스도인들의 삶의 많은 차원들과 관련하여 독자들에게 권면하

---

[30] 반대 입장으로는 Roger Stronstad, *The Charismatic Theology of St. Luke* (Peabody, Mass.: Hendrickson, 1984), 11을 보라.

였지만, 그 어디에서도 그는 우리에게 성령으로 세례를 받으라고 명하지 않았다. 오히려 그는 모든 신자들은 이미 이러한 성령 체험을 공유하고 있는 것으로 전제하고 있는 것 같다. 그러나 이것은 그가 성령에 대한 우리의 관계와 관련된 명령들을 하지 않았다는 것을 의미하지는 않는다. 이와는 반대로 바울은 모든 신자들에게 끊임없이 성령으로 충만할 것(엡 5:18), 성령을 따라 살아갈 것(갈 5:16), 성령의 인도하심을 받을 것(갈 5:25), 성령의 불을 소멸하지 말 것(살전 5:19)을 권면하였다. 이러한 명령들은 모든 그리스도인들에게 해당하는 것으로서, 회심이나 어떤 두 번째 은혜의 역사나 그 어느 것도 우리를 우리 안에서의 성령의 임재에 끊임없이 유의할 필요성으로부터 면제해 주지 않는다는 것을 보여 준다.

성령 세례, 회심, 성령 충만. 이러한 고찰들은 신약성서에서 "성령 세례"라는 어구는 회심 때에 일어나는 기적의 차원을 표현한다는 것을 보여 준다. 성령과의 이러한 만남은 너무도 철저한 것이어서, 우리는 그것을 성령 속에 잠기는 것이라 말할 수 있다. 성령의 수여에 대한 우리의 참여를 통해서 우리는 모든 신자들과 함께 새 시대 및 새 계약의 축복들에 참여한다.[31]

성령 세례는 우리가 교회의 유일한 오순절 사건에 참여하는 순간인 회심 때에 이루어지는 단 한 번으로 완성되는 변경할 수 없는 현실이다. 따라서 우리는 우리에게 성령에 대한 좀 더 대단한 관계 또는 성령의 권능에 대한 좀 더 깊은 체험을 전달해 주는 추가적인 성령 체험을 기다리거나 기대할 필요가 없다. 추가적인 성령과의 만남을 구하기보다는 우리는 회심 때에 우리에게 주어진 성령의 축복을 자신의 것으로 만들고 누리는 일에 집중해야 한다.

성령 세례는 우리가 믿음으로 받아들이는 완료된 현실이다. 그럼에도 불구하고 우리는 성령에 대한 우리의 관계를 경시하거나 당연한 것으로 여겨서는 안 된다. 우리가 끊임없이 성령 충만을 받아야 한다는 명령을 비롯한 바울의 여러 명령들은 우리에게 삶의 매 순간 및 모든 상황 속에서 성령의 인도하시는 영향력의 중요성을 깨우쳐 준다. 이와 같은 성령의 인도하심에 대한 지속적인 순종의 체험이야말로 증거와 섬김, 경건하고 승리하는 삶을 위한 능력의 열쇠이다(행 4:31; 엡 5:19-21). 우리는 하나님께서 그러한 방식으로 역사하기로 선택하신 그런 사람들

---

31) James Dunn, *Baptism in the Holy Spirit* (London: SCM, 1970), 38-54.

을 축하할 수는 있지만, 우리는 그들이 겪은 회심 후의 성령과의 만남의 체험을 보편화하거나 규범의 차원으로 승격시켜서는 안 된다. 두 번째의 축복 — 삶을 변화시키는 충만한 하나님의 권능의 수여 — 을 구하기보다는 우리는 끊임없는 성령 충만에 우리의 관심을 집중시켜야 한다. 그리스도인의 삶의 순간순간마다 성령에 대하여 성결하고자 하는 시도는 하나님과의 추가적인 대단한 체험에 비하면 훨씬 덜 "기적적"인 것처럼 보일 수 있다. 그렇지만 바로 그것이야말로 궁극적으로 기쁨, 열매 맺음, 승리를 향한 참된 길이다.

회심의 공동체적 측면

우리는 앞서 회심은 우리가 "회개하고 복음을 믿으라"는 예수의 명령에 순종하여 응답할 때에 일어난다고 말한 바 있다. 이러한 대단한 만남 속에서 역사하는 것은 하나님 자신의 권능, 곧 성령이다. 성령은 복음 선포를 통하여 우리에게 죄를 깨닫게 하고, 우리를 구원으로 부르며, 우리의 마음을 조명하여 하나님의 진리를 보게 하고, 우리의 의지를 강화시켜서 죄를 회개하고 하나님께로 돌아오도록 역사한다. 성령의 역사는 아주 결정적이기 때문에 우리는 이 만남을 통하여 성령 안에 잠기게 된다.

그러나 우리가 회심의 역학을 바라볼 때에 지녀야 할 또 하나의 관점이 있다. 성령의 역사에 의해서 촉진되는 복음에 대한 개인적인 응답은 특정한 맥락, 즉 신앙 공동체라는 맥락 속에서 일어난다.

과거에는 회심의 공동체적 차원은 "고교회파"의 교회론을 주장하는 자들, 신자들 속에서 영적인 삶을 산출해내고 양육함에 있어서 교회의 역할을 강조하는 신학자들만이 중점적으로 다룬 측면이었다. 고교회파에 속한 전통들은 교회 예식들 및 가시적인 신자들의 집단 속으로 통합시키는 의식들을 대단히 중시한다. 제5부에서 우리는 "저교회파"의 교회론을 서술하겠지만, 그럼에도 불구하고 우리는 고교회파 사상가들이 강조하는 회심 과정 속에서의 신앙 공동체의 중요성에 대한 이해를 갖지 않으면 안 된다.

회심에서 공동체의 역할

회심은 독자적(sui generis)이지 않다. 회심은 결코 고립적으로 일어나지 않는다. 우리는 각자가 독자적으로 하나님과의 구원의 만남을 체험하지 않는다. 오히려 신앙 공동체는 개인의 회개와 믿음을 위한 맥락으로서 기여한다. 그렇다면 공동체는 어떤 역할을 하는 것인가?

복음의 선포. 신앙 공동체의 중요한 역할의 한 분명한 차원은 복음 선포에 있다. 그리스도 안에서의 하나님의 구원하시는 역사에 대한 우리의 개인적인 응답은 그러한 하나님의 역사를 기억하고 알리는 신앙 공동체라는 맥락 속에서 일어난다. 공동체는 말씀과 제의와 실천 속에서 예수에 관한 이야기 및 그 이야기가 온 인류에 대하여 지니는 의미를 조목조목 알려준다. 공동체로서 및 그 개별적인 지체들을 통해서 교회는 메시지를 전하고, 사람들은 이 메시지에 응답하여 믿는 자들이 된다.

구원의 좋은 소식을 전하는 일이 하나님의 백성 전체에게 속해 있다는 개념은 성경 속에 함축되어 있다. 예를 들면, 바울은 사람이 고립적으로는 주의 이름을 부르지 못한다는 결론을 내린다. 오히려 개인을 구원하는 믿음은 보내심을 받은 사자(使者)들이 선포하는 복음을 들음으로써 이루어진다(롬 10:13-15). 물론 말씀의 사자들을 파송하는 분은 궁극적으로 하나님이지만, 이 일을 행하실 때에 하나님은 신앙 공동체를 사용하신다.

사자들을 파송함에 있어서 하나님의 대리인으로서의 교회의 역할은 전도자들의 부르심에서 특히 분명하게 나타난다. 바울을 불러 사도직을 위임한 것은 초대 교회의 삶 속에서 볼 수 있는 아주 좋은 예이다:

"[안디옥 교회가] 주를 섬겨 금식할 때에 성령이 이르시되 내가 불러 시키는 일을 위하여 바나바와 사울을 따로 세우라 하시니 이에 금식하며 기도하고 두 사람에게 안수하여 보내니라"(행 13:2-3).

이렇게 해서 광활한 로마 세계 속으로의 복음의 커다란 진군이 시작되었다. 이 사건은 우리에게 믿는 자들의 집단이 좋은 소식을 복음화되지 않은 지역으로 실어나를 자들을 격려하고 헌신시키고 위임하며 지원한다는 것을 일깨워준다. 만약 우리가 안디옥 신자들의 모범을 따라서 공동체적으로 성령의 뜻을 구하는 관행을 부활시킨다면, 아마도 우리는 선교의 새로운 시대의 개막을 목격하게 될 것이다.

교회의 역할은 복음화되지 않은 지역들에 사자들을 파송하는 것만이 아니라 자신의 지역에 복음 메시지를 반복해서 전하는 일도 포함한다. 하나의 공동체로서 및 개별 지체들로서 우리는 주님이 우리를 두신 상황 속에서 지속적으로 복음을 증거하여야 한다. 우리의 복음 증거는 서로서로를 향한 우리의 행위들을 포함한다. 왜냐하면, 우리가 서로를 사랑하고 돌보는 진정한 공동체가 된다면, 외인(外人)들이 우리가 예수의 제자들이라는 것을 알게 될 것이기 때문이다(요 13:35). 우리가 우리 주변의 사람들에게 좋은 소식을 지속적으로 선포할 때에, 우리는 다른 사람들이 뿌린 복음의 씨에 물을 주는 것이다(고전 3:6-7). 이러한 과정은 교회의 특별히 복음전도적인 활동들에 국한되는 것이 아니다. 그러한 일은 공동체의 예배 및 양육이라는 상황 속에서도 일어난다. 이러한 활동들을 통하여 신앙 공동체와 결부되어 있기는 하지만 아직 믿음을 온전하게 고백하지 못한 사람들이 말씀과 예식과 실천을 통한 복음 메시지를 반복해서 만나게 된다.

사람들이 단순히 성경을 읽음으로써 신앙을 갖게 되는 경우일지라도, 공동체는 여전히 거기에 참여한다. 성경을 통해서 그들은 주후 1세기에서 현재까지에 이르는 수많은 세월에 걸친 하나의 신앙 공동체의 선포를 만난다.

새로운 공동체로의 통합. 교회의 선포는 선포되고 실현되고 살아진(lived) 말씀이 성령의 역사의 도구가 되어 개인을 회개와 믿음으로 이끈다는 점에서 회심을 위한 맥락을 이룬다. 이런 의미에서 교회는 선포에의 참여를 통하여 이 위대한 만남에서 간접적인 역할을 한다. 이러한 다양한 방식들로 교회는 실제로 "진리의 기둥과 터"(딤전 3:15)이다. 그러나 교회는 좀 더 직접적으로 회심에 관여한다. 공동체는 복음에 응답하는 자들을 통합시킨다.

오늘날의 사상가들은 인간의 삶에 있어서 사회적 단위 — 공동체 — 의 중요성을 재발견하고 있다. 현대의 급진적인 개인주의의 핵심적인 전제와는 반대로 아무도 고립된 개인, 자율적이고 자족적이며 아무런 방해도 받지 않는 자아로서 존재할 수 없다. 이와는 반대로 인간이라는 것은 사회적 존재라는 것을 의미한다. 우리의 실존은 언제나 자기 자신보다 넓은 어떤 사회적 실체 속에 깊숙이 박혀서 있다.

마찬가지로 회심도 특정한 공동체라는 맥락 속에서 일어난다. 이 사건은 어떤 사람이 그리스도의 공동체인 교회 속으로 통합되는 계기가 된다. 복음에 대한 우리의 응답은 죄에서 떠나서 하나님께로 돌이키는 것뿐만 아니라 옛 공동체에서 떠나서 새 공동체로 돌이키는 것도 수반한다.

회심을 통하여 그리스도의 공동체 속으로 통합되는 것은 새로운 인식의 틀을 받아들이는 것을 포함한다. 오늘날의 사상가들은 우리가 참여하는 공동체는 우리에게 우리 자신과 세계를 바라보고 체험하기 위한 한 묶음의 근본적인 범주들을 매개한다는 것을 밝혀내었다.[32] 회심 과정 속에서 새로운 신자는 그리스도인 공동체의 인식의 틀을 자신의 것으로 만든다. 이런 새로운 한 묶음의 범주들은 그의 관점의 새로운 방향 설정을 위한 도구가 되어서 새로운 정체성의 형성과 새로운 가치 체계의 구축을 촉진시킨다.

어떤 사람의 관점의 새로운 방향 설정을 담당한 존재로서의 교회는 기억(memory)과 소망(hope)의 공동체로서의 역할을 한다. 교회는 그리스도인 공동체의 헌법인 성경의 이야기로부터 생겨나는 자기 자신의 역사를 다시 말한다. 그렇게 함으로써 교회는 하나님의 과거의 구원 행위와 현재적인 구원에 대한 약속과 관련된 메시지를 전달한다. 이와 동시에 교회는 우리의 관심을 미래, 즉 역사 속에서의 하나님의 행위들의 목표로 향하게 만든다. 우리로 하여금 과거에 닻을 내리고 우리의 시선을 하나님의 미래로 이끌므로써, 교회는 현재에서의 삶을 위한 초월적인 준거(準據)를 제공해 준다. 교회는 사람들에게 의미의 새로운 맥락을 제공해 주면서, 사람들에게 그들의 개인적인 열망들을 하나님 자신의 목적들을 구현하고자 하는 자들의 공동체와 연결시키도록 권유한다.

회심과 공동체 속으로의 통합의 연관관계는 정체성 형성의 과정 속에서 분명하게 드러난다. 개인적인 정체성에 대한 우리의 인식은 우리가 우리의 이야기, 우리의 삶의 다양한 실마리들을 통일적이고 의미있는 전체로 엮어주는 바로 그 이야기를 말할 때에 진전된다. 개인의 이야기는 자기가 누구인가에 대한 그 개인의 의식의 바탕에 놓여 있다. 따라서 우리 자신을 발견한다는 것은 특히 무엇보다도 우리의 삶이 의미를 지니는 맥락을 이루는 이야기를 발견한다는 것을 의미한다.[33]

---

32) 이 견해는 최근에 George A. Lindbeck, "Confession and Community: An Israel-like View of the Church," *Christian Century* 107/16 (May 9,1990): 495에 의해서 자세하게 제시되었다.

33) Robert N. Bellah et al, *Habits of the Heart: Individualism and Commitment in American Life*, Perennial Library edition (New York: Harper and Row, 1986), 81.

그러나 우리 개인의 이야기들은 결코 고립적인 단위들이 아니다. 그것들은 다른 사람들의 이야기들, 궁극적으로는 우리가 그 일부를 이루는 좀 더 큰 집단의 이야기와 맞닿아 있다. 그러므로 우리의 이야기들은 언제나 우리가 참여하고 있는 공동체의 이야기 속에 깊숙이 박혀 있다.[34] 공동체는 우리에게 궁극적인 의미를 지니는 개념들을 전달해 주는 좀 더 크고 초월적인 이야기를 우리에게 매개해 준다.[35]

회심을 통해서 그리스도인 공동체의 이야기는 우리 개인의 이야기의 새로운 방향 설정을 위한 맥락이 된다. 이 사건 속에서 우리는 신앙 공동체가 들려주는 역사 속에서의 하나님의 활동에 관한 이야기를 만난다. 개인이 새로운 공동체의 범주들을 자신의 개인적인 이야기를 위한 유효한 틀로 받아들일 때, 이러한 만남은 그 개인에게 정체성 위기(crisis in identity)를 불러온다. 이러한 새로운 범주들은 회심자의 살아온 이야기를 성경의 이야기의 패턴을 따라 근본적으로 재해석할 것을 요구한다. 그 와중에서 우리가 성경의 이야기로부터 가져온 틀은 방향 감각의 상실과 새로운 방향 설정이라는 변증법을 따른다: 우리는 "옛 것"과 "새 것," "잃어버렸다"과 "발견되었다" 같은 말들을 한다. 궁극적으로 우리는 "죄"와 "은혜"라는 틀로부터 결론을 이끌어 낸다.

이와 같은 것을 보여 주는 가장 극명한 예는, 교회의 핍박자였던 사울이 그리스도의 사도 바울이 될 때에 일어났던 새로운 방향 설정이다. 열심 있는 유대인으로서의 과거의 삶을 회상하면서, 바울은 빌립보 교인들에게 "그러나 무엇이든지 내게 유익하던 것을 내가 그리스도를 위하여 다 해로 여길 뿐더러"(빌 3:7)라는 말로 자신의 얘기를 끝낸다. 그는 고린도 교인들에게 "나는 사도 중에 가장 작은 자라 나는 하나님의 교회를 박해하였으므로 사도라 칭함 받기를 감당하지 못할 자니라"(고전 15:9)고 고백하였다. 이것을 염두에 둔 듯, 바울은 나중에 스스로를 "죄인 중의 괴수"(딤전 1:15-16)라고 불렀다. 바울의 회상은 이후의 회심자들에게 얼마나 자주 패러다임이 되어왔던가!

회심을 통해서 우리는 우리 개인의 이야기를 다시 형성할 수단이 되는 인식의

---

34) 예를 들면, Alasdair MacIntyre, *After Virtue*, second edition (Notre Dame: University of Notre Dame Press, 1984), 221을 보라.

35) 예를 들어, Lindbeck, "Confession and Community," 495.

틀을 가져올 뿐만 아니라 그리스도인 공동체의 이야기를 우리 자신의 이야기로 받아들인다. 이러한 행위를 통해서 우리는 이 특별한 역사를 지니는 바로 이 특정한 백성의 일부가 된다. 그들은 지금 내가 속한 백성이기 때문에 — 또는 내가 그들 중의 한 사람이 되었기 때문에 — 그들의 역사는 곧 나의 역사이기도 하다.

정체성 형성에서만이 아니라, 회심과 그리스도의 공동체 속으로의 통합의 연관 관계는 가치 체계를 구축하는 과정에서도 분명하게 드러난다. 신약성서에 따르면, 성령이 회심을 통하여 이루어 내는 우리와 그리스도의 연합은 한 묶음의 교리들에 대한 정신적인 동의만이 아니라 우리의 신념, 태도, 행위들 속에 예수 자신의 삶의 특징을 이루었던 의미들과 가치들을 구현하는 데에 우리가 헌신하는 것도 수반한다. 이 과정에서 교회는 결정적으로 중요하다.

오늘날의 사상가들은 성품, 덕목, 가치들을 개발함에 있어서 공동체의 중요한 역할을 깨닫고 있다. 간단히 말해서, 우리는 우리가 참여하고 있는 공동체의 기본적인 전망에 젖어 있다는 것이다. 우리가 독특한 가치 체계를 지니는 새로운 공동체와 만나고, 그 만남을 통해서 그들의 이해를 우리 자신의 이해로 받아들이게 될 때에 회심은 일어난다. 신앙 공동체가 우리로 하여금 구속에 관한 이야기와 그 자신의 역사 및 전승들과 직면하게 만듦으로써 우리에게 새로운 한 묶음의 가치들 또는 새로운 세계관의 형성을 위한 틀을 매개한다. 우리가 교회 공동체 속에서 살고 그 삶에 참여할 때, 교회 공동체의 가치들은 우리 자신을 형성하기 시작한다.

끝으로, 회심과 통합은 서로 연결되어 있다. 왜냐하면, 하나님과의 만남은 동시에 새로운 충성 집단 또는 새로운 고백 공동체에의 참여가 되기 때문이다. 우리가 어떤 공동체에 참여하고 있다는 것은 그 공동체가 대표하는 기본적인 원칙들에 대하여 개인적인 충성을 바치고 있다는 것을 의미한다. 우리는 초월적인 것에 대한 우리의 인식의 근거가 되는 백성의 "신들"을 예배하고, 우리는 그들과 함께 이러한 "신들"에 대한 우리의 공통의 신앙을 고백한다.

회개와 믿음의 행위는 우리가 참여하는 공동체의 엄청난 새로운 방향 설정을 가져온다. 우리는 이전에 우리의 충성을 요구하였던 옛 주군(主君)들을 버리고 예수 그리스도 안에서 계시된 하나님께로 돌이킨다. 회심을 통해 우리는 우리가 이전에 참여했던 공동체에 대한 충성들을 버리고, 그리스도 공동체에 의해서 구현되고 있는 그리스도에 대한 충성을 우리 자신의 것으로 받아들인다. 우리는 그 밖의 다른 모든 공동체들의 신앙고백으로부터 우리 자신을 단절시키고, 그리스도의 공동체와 더불어 우리는 주님이신 예수에 대한 신앙을 고백한다. 그 결과 우리는 이제 신앙고백과 충성에 있어서 새로운 공동체, 즉 그리스도를 따르는 자들과 하나가 된다.

앞으로 제19장에서 아주 상세하게 살펴보게 되겠지만, 세례는 성령이 우리에게 회심을 통하여 매개해 주는 그리스도 안에서의 새로운 정체성에 대한 표지로서의 역할을 한다. 그러나 세례는 단순히 개별 신자의 행위가 아니다. 그것은 교회의 상징적 행위이다. 이것이 바로 우리가 우리 자신에게 세례를 주지 않는 이유이다. 이 행위를 통해서 교회는 그 대표자들을 통하여 새로운 신자를 공동체로 받아들인다. 세례를 통하여 표현되고 그 다음으로는 교회의 지체됨을 통하여 공식화되는 회심을 계기로 하여, 우리는 우리가 예수를 주님이라 부르는 백성, 새로운 참여 공동체 속으로 들어왔다는 것을 선언한다.

회심과 교회의 입교 의식들

회심의 맥락 속에서의 세례에 대한 우리의 언급은 우리에게 골치 아픈 신학적 쟁점에 직면하게 만든다: 교회의 의식(儀式)들, 특히 세례는 회심 때에 성령을 받는 것과 어떤 관계에 있는가?

역사적·현대적 입장들. 중세 시대 이래로 교회의 지배적인 입장은 "세례에 의한 중생"이라 부를 수 있는 그런 것이었다. 많은 신학자들은 교회의 입교 의식들, 특히 세례를 통하여 개인에게 성령이 주어진다고 주장한다. 적어도 1960년대의 제2 바티칸 공의회에서 입장 변화가 이루어지기까지 로마 가톨릭 교회는 세례에 의한 중생을 옹호하는 신앙 전통을 보여 주는 가장 분명한 사례였다. 그러나 개신교 교단들, 특히 고교회파에 속한 영국 국교회[36](성공회)와 루터파도 이러한 이해를 지지한다.[37] 최근에 몇몇 영국 국교회 사상가들은 이러한 통설을 약간 변형한 제안을 내놓았는데, 그들은 세례를 받은 다음에 견진성사와 안수를 통해서 성령이 주

---

36) 예를 들면, Lampe, *The Seal of the Spirit*를 보라.

37) 예를 들면, Mark Ellingsen, *Doctrine and Word: Theology in the Pulpit* (Atlanta: John Knox, 1983), 141-45를 보라. 또한 Carl E. Braaten, "Baptism," in *Christian Dogmatics*, ed. Carl E. Braaten and Robert W. Jenson (Philadelphia: Fortress, 1984), 2:315-33을 보라.

어진다고 주장하였다.

그러나 세례에 의한 중생을 주장하는 자들은 유아 세례를 행하는 집단들에 국한된 것이 아니었다. 1800년대에 알렉산더 캠벨(Alexander Campbell)의 추종자들은 이러한 가르침을 신자의 세례와 침례에 대한 침례교적인 강조점들과 결합시켰다. 심지어 오늘날에도 캠벨의 많은 추종자들은 사람이 구원받기 위해서는 신자로서 침례를 받아야 하는데, 이는 바로 이러한 의식(儀式)을 통하여 성령이 주어지기 때문이라고 가르친다.

오늘날의 거의 모든 복음주의자들은 세례에 의한 중생이라는 교리를 꺼린다. 그 가운데 어떤 이들은 정반대 방향으로 나아가기도 했다. 그들은 성령을 받는 것이 어떤 식으로든 교회의 의식들과 결부되어 있다는 것을 부인한다. 우리는 회심 때에, 즉 우리가 그리스도를 위하여 개인적으로 결단하는 바로 그 시점에 바로 성령을 받는다고 그들은 주장한다. 이러한 견해를 주장하는 사람들은 우리가 "약한"(weak) 세례 신학이라 부를 수 있는 것, 즉 교회의 입교 의식들과 회심이라는 기적의 실제적인 연관성을 부정하는 신학을 옹호한다. 그런 까닭에 세례는 어느 정도 의미가 있을 수는 있지만, 결코 죄인을 중생시키거나 성령을 중재하지는 못한다. 약한 세례 신학은 세례를 서로 다른 방식으로 베푸는 사람들로 하여금 동일한 성령을 공유하는 그리스도인으로서 서로를 인정하게 해준다는 점에서 교회 연합이라는 차원에서 장점이 있다.

신약성서의 가르침. 세례와 회심에 관한 우리의 질문을 신약성서에로 가져가 보면, 우리는 겉보기에는 별로 결정적일 것 같지 않아 보이는 일련의 자료들을 만나게 된다.

(1) 약한 세례 신학을 주장하는 사람들은 그들의 입장을 실증하기 위한 몇몇 본문들을 거론할 수 있다. 초대 교회는 회심과 입교 의식을 별 어려움 없이 분리하였는데, 이것은 이 엄청난 행위(the grand transaction)가 세례와는 무관하게 일어난다는 것을 보여 주는 것이라고 그들은 주장한다. 예를 들면, 예수는 십자가 상의 강도가 회개는 하였지만 죽기 전에 세례를 받은 것이 아니었음에도 불구하고 그 강도에게 구원을 약속하였다(눅 23:42-43). 고넬료 가족의 회심은 좀 더 전형적인 상황을 보여 주는데, 이는 그들이 성령을 받은 후에 베드로에게 세례를 받았기 때문이다(행 10:44-48).

이러한 사건들 속에 함축되어 있는 의미는 바울에 의해서 확증되고 있는 것 같다. 자기 자신의 사역 속에서 바울은 세례를 별로 강조하지 않았던 것으로 보인다. 예를 들면, 이 사도는 자기가 고린도 교인들 중 극소수에게만 세례를 주었다는 말을 하면서 다음과 같은 이유를 댄다: "그리스도께서 나를 보내심은 세례를 베풀게 하려 하심이 아니요 오직 복음을 전하게 하려 하심이로되"(고전 1:14-17). 실제로 오직 믿음만으로 구원을 받는다는 것을 바울이 강조하고 있기 때문에(롬 10:9-10), 믿음에 비해서 사람의 일처럼 보이는 세례가 들어설 여지가 별로 없는 듯하다.

(2) 그 밖의 다른 본문들은 "강한" 세례 신학에 유리한 듯이 보인다. 고린도전서에 나오는 그의 말에도 불구하고 바울은 이러한 세례 의식과 회심 간의 밀접한 연관성을 보았던 것 같다. 로마서에서 기독교의 교리를 좀 더 체계적으로 서술하는 가운데, 사도 바울은 우리가 그리스도의 죽음 및 부활과 연합하는 것과 세례의 연관관계를 이끌어 낸다(롬 6:3-5).

요한복음에 의하면, 예수는 세례와 성령을 받는 것과 앞에서 말한 것과 비슷한 연관관계를 만들어 내었다. 니고데모와의 대화 속에서 우리 주님은 "사람이 물[세례 의식을 가리키는 것으로 이해된[38]]과 성령으로 나지 아니하면 하나님의 나라에 들어갈 수 없느니라"(요 3:5)고 선언하였다.

또한 베드로도 세례를 회심의 한 부분으로 보았다. 자신의 오순절 설교 후에 이 초대 교회 지도자는 자기에게 물어오는 자들에게 "회개하고 세례를 받으라"(행 2:38)고 가르쳤다. 베드로전서에서 이 사도는 세례가 "이제 너희도 구원한다"(벧전 3:21)고 주장하면서, 구원에 있어서의 세례의 역할을 방주의 역할에 비유하였다.

(3) 회심과 교회의 의식들에 대한 우리의 탐구는 또 하나의 의식, 즉 안수 의식을 이 과정 속에 도입하고 있는 신약성서에 나오는 일련의 제3의 본문들에 의해서 더욱 복잡해진다. 누가는 이러한 안수 의식이 성령을 최초의 사마리아인 신자들에게(행 8:14-17) 및 바울이 만난 세례 요한의 제자들에게(19:1-7) 전달해주는 데 있어서 도구였다고 보도한다.

---

38) G. R. Beasley-Murray, *Baptism in the New Testament* (Grand Rapids: Eerdmans, 1962), 226-32.

이러한 사건들은 사도 바울이 디모데에게 안수했을 때에 대한 이야기에 비추어 보면 더욱 의미를 지니게 된다. 바울은 바로 이 안수 의식을 통해서 성령의 은사가 디모데에게 수여되었다고 말한다(딤후 1:6-7).

세례를 통하여 표현된 신앙으로서의 회심. 우리가 신약성서를 개관해 보았지만, 그 어떠한 합일점에도 이르지 못한 것으로 보인다. 그렇다면, 어떻게 우리는 이러한 겉보기에 서로 잘 맞아떨어지지 않는 본문들을 하나의 통일적인 교리로 묶어낼 수 있는가?

회심과 교회의 의식들의 관계에 관한 우리의 이해를 구축함에 있어서, 우리는 성령 세례에 관한 논의에서 우리가 개략적으로 설명한 바 있는 사도행전에 대한 접근 방법에 유의하지 않으면 안 된다. 누가는 역사가임과 동시에 신학자이긴 하지만, 그는 주로 역사에 강조점을 두고 있기 때문에, 우리는 하나님이 모든 그리스도인들의 체험이 되도록 의도하신 것과 관련된 문제에 있어서 그의 서술들을 우리의 유일한 근거로 사용하는 데에는 신중을 기해야 한다. 게다가 사도행전에 나오는 기사들은 모든 시대에 규범으로 적용할 수 있는, 초기 교회 수 십년 간에 보편적으로 존재했던 하나의 분명한 패턴을 제시해 주지 않는다. 그러나 이러한 한계들 내에서도 사도행전의 서술들은 초대 교회의 사상을 성찰하는 데 필요한 정보를 제공해주는 것이기 때문에 중요하다.

사도행전은 초기 그리스도인들이 성령의 수여와 물 세례의 분명한 연관성을 보았다는 것을 보여 준다. 이러한 밀접한 연관관계가 생겨난 것은 통상적인 회심 체험이 외적이고 공동체적인 세례 행위를 통하여 표현된 내적이고 개인적인 헌신을 수반하였기 때문이다. 이와 같이 전제된 세례와 성령의 연관관계는 그렇지 않다면 이상하게 보일 수 있는 고넬료의 가족에게 세례를 받으라고 베드로가 이상할 정도로 강권하는 것의 의미를 밝혀준다. 회심의 두 차원 간의 밀접한 연관성에 대한 사도 베드로의 이해는 그로 하여금 성령이 이 새로운 신자들에게 임했다는 것을 확신하자마자 세례를 베풀기로 결심하게 만들었다.

이러한 문서들은 초대 교회가 오늘날 상식으로 알고 있는 것과는 달리 회심과 세례를 시간적으로나 신학적으로 분리하지 않았다는 것을 보여 준다. 오히려 이와는 반대로 주후 1세기의 신자들은 개인적인 믿음과 그 공적인 선언으로서의 세례를 회심의 행위 및 회심에 대한 이해 속에서 하나의 동일한 실체로 결합시켰다.

회심을 이렇게 복합적으로 보는 견해는 그렇지 않으면 설명하기 힘든, 세례를 구원에 필수적인 것으로 생각하는 듯이 보이는 진술들을 설명해준다(막 16:16; 벧전 3:21).

끝으로, 사도행전은 세례 다음에 베풀어지는 안수가 초대 교회에서 통상적이지는 않았지만 흔히 있었던 관행이었다는 것을 보여 준다. 신자들은 안수를 세례와 구분되는 의식으로 보지는 않았지만 단일한 입교 의식의 한 부분으로 인식하였다. 그들은 회심의 신비의 하나의 상징적인 표현 속에서 세례(내적인 믿음의 외적인 선언)와 안수(성령을 받았다는 것과 하나님의 백성과 하나 되었다는 것의 표시)를 채택하였던 것 같다.

그러나 이러한 고찰들을 통해서 우리는 아직 우리가 처음에 제기했던 어려운 문제에 답한 것은 아니다. 세례를 비롯한 교회의 어떤 의식은 회심 체험에 필수적인가? 이제 간단하게 이에 대하여 답변해 보도록 하자.

회심은 복잡미묘한 역동적인 과정이다. 그 중심에는 성령에 의해서 촉진되고 신앙 공동체의 맥락 속에서 일어나는 복음에 대한 우리 개인의 응답이 있다. 이 응답은 우리의 내적인 개인적인 헌신(회개와 믿음)과 교회에 의해서 수행되는 그 외적인 증언(세례)을 포함한다. 그러므로 우리의 탐구는 내적이고 개인적인 차원과 외적이고 공적이며 좀 더 공동체적인 차원의 관계에 관한 문제를 실제로 불러 일으킨다.

이 역학의 한 측면을 회심의 필수 조건으로 부각시켜야 한다면, 우리의 대답은 회개와 믿음이라고 말할 수밖에 없다. 개인의 헌신은 구원하는 믿음의 핵심적인 차원이다. 회개하며 하나님에게 와서 믿음으로 예수 그리스도의 사역을 받아들이는 자는 누구든지 구원을 받게 될 것이다.

궁극적으로 내적인 헌신은 복음에 대한 우리의 응답의 핵심을 이루긴 하지만, 그러한 헌신은 결코 홀로 고립되어 있는 것이 아니다. 진정한 내적 믿음은 언제나 외적인 표시들로 표현된다(약 2:14-26). 이런 이유로 우리는 회개와 믿음의 내적인 차원을 신약성서에서 세례라고 말하는 그 공적인 표시와 분리할 수가 없다. 실제로 초기 그리스도인 공동체는 내적이고 개인적인 믿음과 그 외적이고 공동체적인 표현인 세례를 분명하게 결합시켰다. 이보다는 정도가 좀 덜하긴 하지만, 초기의 신자들은 안수에 대해서도 성령의 임재의 표시로서 강조하였다. 그러므로 우리는 오늘날 이러한 외적인 표현들, 특히 세례를 이론상으로나 실천상으로 회심 과

정의 중요한 측면들로 보는 것이 좋을 것이다. 우리는 세례 없이도 구원을 받을 수 있다는 우리의 신념으로 인해 하나님께서 통상적인 경우들에 결합시키기를 원했던 것을 분리시키는 것을 결코 허용해서는 안 될 것이다.

우리는 회심의 역학이 세 가지 측면으로 이루어져 있다는 것을 살펴보았다: 회개와 믿음이라는 우리의 개인적인 응답; 죄를 깨닫게 하고 부르시고 조명하며 능력을 주시는 하나님의 성령의 신적인 사역; 좋은 소식을 선포하고 새로운 신자들을 물 세례를 통하여 그리스도의 교제 속으로 받아들이는 공동체의 활동. 회심 체험은 이러한 세 가지 구성 요소로 구분할 수 있긴 하지만, 사상과 실천 속에서 우리가 한데 결합시켜야 하는 하나의 통일적이고 역동적인 과정이다.

마찬가지로 회심의 세 측면들 사이에는 상호적인 관계가 존재한다. 회개와 믿음이라는 개인적인 응답은 성령의 신적인 역사 없이는 불가능하고, 통상적으로 세례와 교회의 지체됨을 통하여 열매맺어야 한다. 회심에 있어서 성령의 사역은 복음 선포를 통하여, 그리고 어떤 의미에서는 세례 의식을 통하여 전달된다. 성령의 활동의 목표는 세례를 통하여 표현되는 믿음의 공적인 신앙고백을 겸한 개인적이고 내적인 헌신이다. 마지막으로, 교회의 의식(儀式)으로서의 세례는 성령의 권능을 통하여 그리스도에 대한 개인적인 헌신의 표시로서의 역할을 하지 않는다면 의미가 없다. 그러나 이에 대해서는 우리가 제5부에서 좀 더 깊이 있게 다루게 될 것이다.

제 16 장

넓은 관점에서 본 개인 구원

> 하나님이 미리 아신 자들을 또한 그 아들의 형상을 본받게 하기 위하여 미리 정하셨으니 이는 그로 많은 형제 중에서 맏아들이 되게 하려 하심이니라 또 미리 정하신 그들을 또한 부르시고 부르신 그들을 또한 의롭다 하시고 의롭다 하신 그들을 또한 영화롭게 하셨느니라.
> — 롬 8:30

새 생명을 촉진시키는 자인 창조자 영은 삼위일체 하나님의 구원 사역을 완성한다. 하나님의 구원은 만물을 포괄하는 것이지만 그 초점은 인간에게 맞춰져 있다. 그리고 이러한 시도의 중심적인 측면은 그리스도의 사역을 인간 개개인에게 적용시키는 성령의 역사이다. 성령은 우리를 주님과 하나되게 하고 그리스도 공동체 안에서 서로서로 하나되게 한다.

제15장에서 우리는 우리 안에서의 구원의 시작을 이루는 역학을 살펴보았다. 이제 우리는 좀 더 넓은 맥락으로 우리의 눈길을 돌려 인간 개개인에 대한 하나님의 구원이라는 전체 과정을 살펴볼 차례인데, 바로 이러한 맥락 속에서 성령이 그리스도 안에서 우리에게 생명을 개시시키는 일이 일어난다. 이 논의는 두 부분으로 나뉜다. 우리는 먼저 우리 인간의 구원 체험을 살펴볼 것이다. 우리의 관점에서 보면, 구원은 회개와 믿음으로 시작되어, 일생 동안 지속되다가, 우리 주님이 다시 오시는 그날에 완성된다. 두 번째로 우리는 하나님의 목적 안에서 성령의 구원 사역의 위치와 선택(election)에 관한 결론들을 이끌어 내기 위하여 구원 과정 전체를 영원(eternity)이라는 맥락 속에서 통일적인 전체로 살펴볼 것이다.

구원의 전 영역에 대한 묵상은 우리의 마음을 고양시켜서 우리를 향하신 무한한 사랑으로 인하여 구원 사역을 베푸시는 삼위일체 하나님을 찬양하지 않을 수 없게 만든다.

구원의 과정

우리를 향하신 하나님의 궁극적인 의도라는 관점에서 보면, 구원은 하나님의 한 행위, 즉 우리를 온전히 그리스도를 닮게 만드는 성령의 역사이다. 그러나 우리 인간의 관점에서 보면, 구원은 여러 단계를 통과한다. 이런 의미에서 "당신은 구원받았습니까?"라는 질문에 대한 과거의 복음주의적인 응답은 우리의 체험을 올바르게 반영하고 있다: 나는 구원을 받았다; 나는 구원을 받고 있다; 나는 구원을 받을 것이다.

그러므로 우리의 관점에서 보면, 구원 체험은 세 단계로 일어난다. "회심"은 개인 구원의 시작이다. 성령이 우리 안에서 이루어 내는 변화는 우리가 "성화"라고 부르는 일생의 과정이다. 우리는 현세의 끝에 있게 될 우리의 "영화," 즉 성령의 새롭게 하시는 사역의 완성을 기대한다.

회심

우리가 제15장에서 지적했듯이, 구원 속에서 성령의 활동에 대한 우리의 체험은 회심으로 시작된다. 회심은 타락한 피조물로서 우리의 옛 생활방식들을 버리고 인간의 실존을 위한 하나님의 계획을 따라 살아가는 과정을 개시시키는 삼위일체 하나님과의 (삶을 변화시키는) 만남이다.

앞선 논의에서 우리는 이 영광스러운 거래는 한 개인이 성령의 능력 주심을 따라 그리스도의 공동체의 맥락 속에서 복음에 응답할 때에 일어난다는 것을 보았다. 이제 우리는 성령이 이 사건을 통하여 우리 안에서 이루시는 것이라는 관점에서 회심을 살펴볼 것이다. 우리는 구원 과정 전체를 위한 토대 역할을 하는, 회심을 통해 우리에게 매개된 성령의 집적물에 관하여 탐구할 것이다.

회심과 인간의 곤경. 회심을 통하여 성령이 이루시는 일을 살펴보는 한 가지 유익한 방식은 그것을 죄로 말미암아 야기된 곤경에 대한 하나님의 해독제로 이해하는 것이다. 이 엄청난 거래를 통하여 성령은 회개하는 죄인에게 예수 그리스도께서 우리를 위하여 마련해 놓으신 것을 적용한다. 우리는 앞서 인간의 죄(제7장)와 예수의 사명(제12장)에 관한 우리의 논의들 속에서 채택하였던 비유들을 사용하여 그리스도께서 마련해 놓으신 것을 성령이 우리에게 적용하는 것을 살펴볼 수 있다.

(1) 우리는 그리스도의 공로를 성령이 우리에게 적용하는 것을 인간 관계로부터 가져온 은유를 통해서 이해해 볼 수 있다. 이러한 관점에서 보면, 회심을 통하여 성령은 중생을 가져온다. 그리스도인으로서의 우리의 체험의 시작을 이루는 이 기적적인 거래를 통하여 성령은 우리 속에 새로운 영적 생명을 창조한다. 이런 식으로 우리는 하나님의 가족의 지체가 되어 우리의 창조주와의 회복된 교제를 누리게 된다.

흠정역 성서에서 "중생"으로 번역된 헬라어인 '팔링게네시스'(palingenesis)는 신약성서에 오직 두 번 나온다. 한 경우에 이 단어는 인자가 심판하러 오실 때에 있게 될 "만물을 새롭게 하심"을 가리킨다(마 19:28). 우리의 논의에 있어서 이보다 더 중요한 것은 하나님이 "우리를 구원하시되 우리가 행한 바 의로운 행위로 말미암지 아니하고 오직 그의 긍휼하심을 따라 중생의 씻음과 성령의 새롭게 하심으로 하셨다"(딛 3:5)는 바울의 선언이다. 이 절은 중생이라는 개념의 신학적 의미를 위한 토대를 제시한다. "중생"은 거듭남이라는 성경의 개념과 결부되어 있고 성령에 의해서 이루어진다는 점에서 개인 구원을 이해하는 데에 중요한 수단이 된다.

중생과 거듭남의 연관관계는 헬라어 단어를 보면 금방 드러난다. '팔링게네시스'("중생")는 동사 '겐나오'(gennao, 능동: "낳다": 수동: "태어나다")와 부사 '팔린'(palin, "다시, 다시 한 번")에서 파생한 단어이다. 따라서 "중생"이라는 단어는 어원론적으로 다시 태어난다는 개념과 연관되어 있다. 그러므로 이 단어의 신학적 의미는 이 단어 속에 담겨진 은유로부터 생겨난다. 중생은 우리의 영적 출생, 우리를 하나님의 자녀로서 하나님과 밀접한 관계 속으로 가져다주는 거래를 가리킨다. 물리적 출생이 신생아에게 그의 부모와의 특별한 관계를 부여하듯이, 우리의 영적 출생은 우리가 하나님의 자녀요 하나님의 가족의 지체라는 것을 의미한다. 중생을 통해서 우리는 이제 하나님의 영적 자녀로서 하나님의 가족에 참여한다.

또한 바울은 중생이 성령의 역사로 말미암아 일어난다는 것을 보여 주었다. 회심 때에 성령은 우리 안에 새로운 영적 생명을 창조한다.

이러한 배경을 염두에 둘 때, 우리는 성령의 중생 사역을 인간의 죄라는 맥락 속에 둘 수 있다. 죄로 인하여 우리는 창조로 말미암아 우리의 아버지가 되시는 하나님으로부터 소외되었다. 하나님은 우리가 그의 친구들이 되기를 의도하셨는데, 우리는 창조주의 원수가 되고 말았다. 이러한 상황 속에서 예수 그리스도는 화해를 이루기 위하여 오셨다. 예수 안에서 하나님은 우리의 적대 관계를 종식시키는 길을 열어 놓으셨다. 회심을 통하여 성령은 이렇게 예비된 것을 각 개인에게 적용한다. 성령은 거듭남을 이루는 분으로서 우리 안에 새로운 신적인 생명을 창조한다. 따라서 우리는 하나님의 가족으로 태어나는 것이다(요 1:12-13). 즉, 성령을 통하여 우리는 하나님의 영적 자녀로서 하나님의 생명에 참여한다. 예전에 하나님의 원수들이었던 우리가 이제는 하나님 자신의 가족의 지체가 되었다. 따라서 우리는 하나님과 교제를 누린다.

요컨대, 중생은 성령이 하나님에 대한 우리의 적대 관계를 하나님과의 교제로 변화시키기 위하여 그리스도의 화해 사역을 우리에게 적용할 때에 일어난다. 중생은 우리의 소외 문제에 대한 하나님의 궁극적인 응답이다. 중생은 성부의 뜻을 따라 성자의 사역에 의해서 가능해진 성령의 역사이다.

(2) 또한 우리는 법적인 은유를 통해서도 성령이 그리스도께서 예비하신 것을 적용하는 사역을 이해해 볼 수 있다. 이런 식으로 보자면, 회심을 통하여 성령은 칭의를 가져다준다. 이 엄청난 거래는 우리에게 하나님 앞에서의 새로운 지위를 수여하는 성령의 역사이다. 우리는 이제 하나님 보시기에 의로운 자로 대우받는다.

역사적으로 개신교 신학자들은 구원을 주로 이러한 은유에 비추어 정의하는 경향을 보여 왔다. 이러한 관심은 종교개혁의 아버지인 마르틴 루터에까지 거슬러 올라간다. 아우구스티누스 수도회의 수사였던 루터는 개인적으로 은혜의 하나님을 발견하고자 시도한다. 그리스도 안에서 값없이 죄를 사하고 죄인을 의롭다고 하시는 하나님을 발견한 사건은 루터의 신학적 방향을 결정하였다. 루터의 신학의 중심에는 오직 믿음에 의한, 은혜로 말미암는 칭의라는 바울의 주제가 있다. 그의 추종자들에게 그가 물려준 이 강조점은 교회 속에 남아 있는 루터의 지속적인 유산들 중의 하나다.

"칭의"라는 신학적인 용어의 성경적 배경은 의(義)라는 개념에 있다. 이 두 단어의 연관성은 영어로는 그리 분명하게 드러나지 않지만, 헬라어 원문으로는 아주 분명하게 드러난다. 의롭다 하시는 것(dikaioo)은 의롭게(dikaios) 하여 의의 상태(dikaiosune)를 가져오는 것을 의미한다. 고전 헬라어에서 이 단어군에 속하는 용어들은 시민으로서의 덕목과 연관되어 있었다. 의로운 사람은 "합치하는 자, 개화된 자, 관습을 지키는 자," 개인의 의무들을 이행하는 자, 또는 법적 규범들을 준수하는 자였다.[1] 따라서 의는 시민법에 대한 복종과 자신의 시민으로서의 의무에 대한 이행으로 이끄는 어떤 정해진 성품을 수반하였다. 의는 시민 생활에 중요하였기 때문에, 헬라인들은 의를 네 가지 주요 덕목들 중 하나로 꼽았고, 그것을 법의 기본적인 원칙으로 승격시켰다.[2]

구약성서 기자들은 의(히브리어 tsaddiq, tsedeq, tsedaqah와 연관된)를 주로 하나님의 심판이라는 맥락 속에서 이해하였다. 특히 하나님은 의로운 재판장이시다. 따라서 덕목에 대한 헬라적인 초점은, 그 기준이 율법 속에 표현되어 있는 하나님의 심판에서 사람이 어떻게 설 수 있는가에 대한 히브리적인 관심에 가려서 그 중요성이 엷어진다. 의로운 사람은 "하나님 및 신정 사회에 대한 자신의 의무들을 다하고, 이러한 관계 속에서의 하나님의 요구를 충족시키는" 자라고 구약성서 기자들은 결론을 내렸다.[3] 그리고 의는 하나님을 기쁘시게 하는 "하나님의 뜻에 대한 준행"이다.[4]

신약성서에 91번 나오는 '디카이오쉬네'는 이 단어의 의미에 대한 폭넓은 의미를 반영하는 것으로서, 종종 헬라어의 영향을 보여 주기도 하지만 대체로 히브리적인 배경을 반영하고 있다. 간혹 이 용어는 그리스도가 다시 오실 때에 행사할 하나님의 의로운 심판을 가리키기도 한다(행 17:31; 계 19:11). 그러나 훨씬 더 많은 수의 용례에서 이 단어는 구약성서의 전통을 이어받아서, 하나님의 뜻을 따른 올바른 행실 또는 하나님의 심판 앞에서의 올바름을 의미한다.[5]

'디카이오쉬네'의 용례들 중 대다수는 바울 서신에 나온다. 바울도 오직 의인만이 하나님과의 참된 교제를 누릴 수 있다고 선언하였다. 그러나 바울은 이 의가 율법으로부터 생겨나는 것이 아니라는 위대한 신학적 진리를 강조하였다. 교제는

---

1) Gottlob Schrenk, "dikaios," in the *Theological Dictionary of the New Testament* (TDNT), ed. Gerhard Kittel, trans. Geoffrey W. Bromiley (Grand Rapids. Eerdmans, 1964), 2:182.

2) Gottlob Schrenk, "dikaiosune" in *TDNT*, 2:193.

3) Schrenk, "dikaios," 185를 보라.

4) Schrenk, "dikaiosune," 196.

5) Ibid., 198.

우리 자신의 공로의 결과가 아니라 오직 그리스도 안에서 하나님의 주권적이고 은혜에 의한 결정적인 개입을 통해서 오는데,[6] 바로 이 그리스도를 통하여 하나님은 자기 자신과 자기 백성에게 영구적으로 신실하시다.[7]

바울이 "칭의"라고 불렀던 것은 하나님께서 우리에게 의를 선물로 수여하신 행위였다. 하나님은 우리를 위한 그리스도의 사역으로 인하여 은혜로 말미암아 죄인을 의롭다고 하실 수 있다. 칭의를 통하여 하나님은 우리 안에 의로운 행실을 창조하는 것이 아니다. 오히려 하나님은 하나님 앞에서 새로운 지위로서의 의를 우리에게 나누어 주신다. 재판장이신 하나님은 우리를 의로운 자로 보신다. 하나님은 그리스도의 죽음과 부활을 통한 하나님의 칭의 사역으로 인하여 불경건한 자들을 그 믿음으로 말미암아 의롭다고 하실 수 있다.[8]

그러므로 칭의는 하나님 앞에서 우리의 법적 지위의 변화를 가리키는 법정 용어이다.[9] 중생과 마찬가지로, 우리는 칭의를 우리 인간의 곤경에 대한 하나님의 응답이라는 맥락 속에서 바라볼 수 있다. 죄로 인하여 우리는 거룩한 하나님 앞에서 정죄받은 상태로 있다. 그러나 사랑으로 말미암아 하나님은 우리의 죄를 해결하기 위하여 그리스도를 보내셨다. 예수는 그의 죽음을 통하여 우리의 죄를 덮음으로써 우리에게 합당한 정죄가 우리에게 선고되지 않게 하였다. 성령의 일은 그리스도의 속죄를 개개인들에게 적용하는 것이다. 이것은 하나님 앞에서의 새로운 지위를 개시시키는 회심을 통하여 일어난다. 우리는 의롭다 하심을 입는다 — 하나님 보시기에 의롭다고 선언된다.

그러므로 칭의는 죄로 인하여 우리에게 드리워져 있는 정죄에 대한 하나님의 궁극적인 대답이다. 성부는 성자를 보내어 우리를 위하여 죽게 하셨고, 이제 성령은 예수의 죽음의 열매를 우리의 삶에 적용한다. 그 결과 우리는 하나님 앞에서 새로운 지위를 누릴 수 있게 된다. 개혁주의 신학자들은 흔히 칭의를 그리스도의

---

6) Ibid., 202-3.

7) Karl Kertelge, "dikaiosune," in the *Exegetical Dictionary of the New Testament* (*EDNT*), ed. Horst Balz and Gerhard Schneider, English translation (Grand Rapids: Eerdmans, 1990), 2:328.

8) Schlenk, "dikaioo,"" in *TDNT*, 2:215.

9) Kertelge는 신약성서에서 dikaioo는 언제나 법정적 또는 사법적 뉘앙스를 지닌다고 지적한다. "Dikaioo" in *EDNT*, 2:331.

의를 죄악된 인간에게 전가하시는 하나님의 행위로 설명한다.[10] 그러므로 칭의라는 개념은 다음과 같은 그림을 우리에게 보여 준다. 하나님은 죄로 물든 우리의 "더러운 누더기 옷"을 벗겨 내고, 그 대신 그리스도의 의의 "외투"를 입혀 주신다.

(3) 우리가 성령의 사역을 이해하기 위해 사용하는 세 번째 은유는 하나님과 악의 세력들 간의 갈등이라는 우주적 드라마로부터 가져온 것이다. 회심을 통하여 성령은 적대적인 세력에 대한 종살이로부터의 우리의 해방을 가져온다. 성령의 임재는 우리에게 자유를 매개해 준다 ─ 죄를 거부하고 하나님의 뜻을 선택할 수 있는 능력.

자유는 신약성서의 중요한 주제이다. 예수께서 자기를 믿은 유대인들과의 토론에서 말씀하셨던 참 자유에 대한 약속은 범례적인 것이다. 예수는 "아들이 너희를 자유롭게 하면 너희가 참으로 자유로우리라"(요 8:36)고 선언하였다. 그러므로 니더비머(Niederwimmer)가 말하고 있듯이, 신약성서에서 이 개념은 "종말론적 세계의 시민인 신자에게 그리스도께서 주시는 비할 바 없는 자유를 나타낸다."[11]

신약성서의 기자들은 이 자유를 우주적 드라마라는 맥락 속에 위치시켰다. 제8장에서 보았던 것처럼, 인간의 곤경은 우리의 실패한 행위들로 말미암아 우리에게 내려진 정죄의 선고에만 있는 것이 아니다. 아울러 적대적인 외부 세력들이 우리의 삶에 대하여 지배력을 행사한다. 무엇보다도 우리는 죄에 대하여 종노릇하고 있다. 이러한 종살이는 우리에게 하나님의 뜻을 따라 살아갈 자유가 없다는 것을 의미한다. 우리는 하나님께 순종하기보다는 자발적이든 어쩔 수 없어서든 악한 십장인 죄에 의해서 지배받고 있다. 이러한 상황을 염두에 두고 예수는 유대인들에게 "진실로 진실로 너희에게 이르노니 죄를 범하는 자마다 죄의 종이라"(요 8:34)고 대답하였다.

우리는 죄에 대하여 종노릇하고 있기 때문에 또 하나의 적대적인 세력인 사망의 손아귀 아래 놓여 있다. 실제로 "죄의 삯은 사망이다"(롬 6:23). 따라서 죄에 대한 우리의 노예 상태는 현재적인 차원과 미래적인 차원, 이 두 가지를 동시에 지닌다. 우리는 영적으로 지금 죽어 있다. 그리고 언젠가 우리는 육체적으로 죽게

---

10) 예를 들어, Louis Berkhof, *Systematic Theology* (Grand Rapids: Eerdmans, 1953), 517.(「조직신학」: 크리스챤다이제스트)

11) Kurt Niederwimmer, "eleutheros," in *EDNT*, 1:432.

될 것이다. 그리고 영원토록 우리는 하나님과의 교제로부터 분리될 것이다.

그러나 복음의 좋은 소식은 예수 그리스도께서 악의 세력들에 대하여 승리를 거두었다는 것이다. 죄, 사망, 사탄을 정복함으로써 예수는 우리에게 구속을 가져다주었고, 종살이하고 있던 자들을 풀려나게 해주었다. 회심을 통하여 성령은 그리스도의 승리를 우리의 삶에 적용한다. 언젠가는 성령은 우리에게 부활을 통한 죄와 사망 권세로부터의 온전한 해방을 중재해 줄 것이다(롬 8:11). 그러나 현재에 있어서도 성령은 우리 안에 내주하여 우리를 종으로 삼고자 하는 죄의 지배력을 물리쳐 준다.

성령의 임재는 자유를 가져다준다. 바울이 말했듯이, "주의 영이 계신 곳에는 자유가 있느니라"(고후 3:17). 로마 교인들을 향한 바울의 전기적(傳記的)인 언급은 무수한 신자들의 간증이기도 하다: "그리스도 예수 안에 있는 생명의 성령의 법이 죄와 사망의 법에서 너를 해방하였음이라"(롬 8:2). 성령으로 인하여 우리는 진정으로 자유하다. 우리는 더 이상 죄에 대하여 종이 아니기 때문에(6:14), "성령 안에서 행한다면," 우리는 하나님께 순종할 수 있다.

이 자유는 하나님이 우리에게 주신 선물이다. 우리는 율법에 순종하여 살고자 하는 우리의 노력을 통해서 이 자유를 얻을 수 없다(롬 3:20). 오히려 이와는 반대로 바울은 죄가 실제로 율법을 악용하여 죄의 악한 목적을 이루기 위한 도구로 왜곡되어 사용된다고 말하였다. 바울은 자신의 경험을 바탕으로 이렇게 썼다: "그러나 죄가 기회를 타서 계명으로 말미암아 내 속에서 온갖 탐심을 이루었나니 ⋯ 죄가 기회를 타서 계명으로 말미암아 나를 속이고 그것으로 나를 죽였는지라"(롬 7:8, 11). 이런 이유로 바울은 아주 단호하게 신자들에게 율법주의로 회귀함으로써 다시 종노릇하는 것으로 되돌아가지 말라고 경고하였다(갈 2:4; 5:1).

우리는 그리스도께서 약속하시고 성령에 의해서 촉진된 자유를 여러 대안들로부터 하나를 선택하는 일상의 체험과 혼동하지 않도록 주의하여야 한다. 신약성서에서 자유는 중립적인 의사결정을 할 수 있는 능력, 이런저런 방향으로 결정하고자 하는 압도적인 성향에 의해서 아무런 방해도 받지 않고 선택할 수 있는 능력을 의미하는 것이 아니다. 실제로 도덕적 결단들에 직면해서 선택을 해야 하는 개인은 결코 중립적이고 자율적인 자아가 아니기 때문에, 이미 일정한 성향을 지닌 채로 도덕적 선택에 직면한다. 신약성서에서 말하는 자유는 우리가 마땅히 나아가야 할 길을 따라서 살아갈 수 있는 능력이다. 그것은 선을 선택할 수 있기 위하여 악을 향한 성향으로부터 놓여나는 것을 수반한다.

그러나 자유 안에서 산다는 것은 아무런 구속도 없이 산다는 것을 의미하지 않는다. 오히려 이와는 반대로 자유는 그리스도와 함께하는 공동체에의 참여를 통하여 우리에게 수여되는 하나님의 은사이다. 예수께서 말씀하셨듯이, "너희가 내 말에 거하면 참으로 내 제자가 되고 진리를 알지니 진리가 너희를 자유롭게 하리라"(요 8:32). 그러므로 우리가 죄에 대한 종노릇으로부터 해방되는 것은 "의의 종"(롬 6:18) 또는 "하나님의 종"(22절)이 되기 위한 것이다. 따라서 진정한 자유는 공동체 속에서의 삶이다. 그러한 자유는 남들에 대한 섬김의 능력(갈 5:16), 남들을 위하여 자기 자신의 자유를 포기하는 능력(고전 9:19; 10:23-24)을 포함한다.

(4) 우리가 구원과 관련하여 그리스도께서 마련해 놓으신 것을 성령이 적용하는 것을 바라보는 마지막 주제(motif)는 능력 주심이다. 회심을 통해 성령은 우리에게 섬김의 능력을 수여한다.

인간의 죄는 근본적인 실체이다. 그것은 우리의 삶의 모든 차원에 영향을 미쳐서 우리를 타락한(즉, 무력한) 실존의 상태에 둔다. 특히 죄는 우리에게서 하나님이 의도하신 방식대로 하나님과 다른 사람들을 섬길 능력을 빼앗아 버린다. 이러한 절망적인 상태 속에서 예수는 우리를 대신하는 자(substitute)로 오셨다. 예수는 우리가 스스로 할 수 없는 것을 우리를 위하여 성취하셨다.

그리스도가 이루신 일을 우리에게 적용하는 분으로서의 성령은 우리에게 하나님의 능력을 수여한다. 특히 성령의 임재는 하나님 및 하나님 나라를 위하여 우리가 일생 동안 섬기고자 할 때에 꼭 필요한 능력이다(행 1:8).

회심과 공동체의 건설. 회심을 통하여 성령은 우리에게 예수께서 이루신 일을 적용한다. 그렇게 함으로써 성령은 우리에게 하나님의 중생, 칭의, 자유, 능력을 중재한다. 그러나 성령의 구원 사역은 죄의 문제를 극복하는 것 자체가 목적이 아니다. 오히려 회심 속에서의 성령의 사역의 이러한 엄청난 효과들은 모두 삼위일체 하나님의 구원 사역의 핵심인 좀 더 높고 영광스러운 목표를 지향한다. 우리가 죄로부터 구원받은 것은 구속받은 세상 속에서 살면서 구속주이신 하나님의 임재를 누리는 구속받은 인류의 교제에 참여하기 위해서이다.

그러므로 회심은 피조물을 이러한 위대한 목표, 즉 공동체의 건설이라는 목표로 이끌기 위한 하나님의 지속적인 활동 속으로 우리를 진입시키는 사건이다. 회심을 통하여 성령은 우리를 현재적인 공동체 체험 속으로 이끈다. 그리고 그것은 하나님께서 역사의 정점에서 실현시키실 온전한 교제의 맛보기이다. 이 점을 염두에 두고, 우리는 성령이 회심을 통하여 창조해 내는 공동체를 좀 더 자세하게 살펴보아야 한다.

(1) 무엇보다도 이 엄청난 거래를 통하여 성령은 우리를 하나님과 공동체를 이루게 만든다. 그러한 교제를 만들어내는 성령의 사역은 영원한 삼위일체 내에서의 성령의 정체성의 산물이다. 성령은 성부와 성자의 관계의 영이다. 따라서 성령이 우리 안에 내주할 때에 그 안에 존재하는 것은 다름 아닌 삼위일체 하나님의 공동체이다. 달리 말하면, 성령은 우리의 삶 속에 구원을 가져다줌으로써 우리로 하여금 성자가 성부와 누리는 영원한 관계, 즉 성령 자체인 그러한 관계에 참여하게 만든다. 성령의 임재는 우리를 고양(高揚)시켜서 우리의 미미한 인간적 실존을 뛰어넘어 하나님의 영원 속에 현존하는 교제를 맛보게 만든다. 우리는 영원히 하나님으로부터 구별되어 있긴 하지만, 성령을 통하여 우리는 삼위일체 하나님의 역동적인 삶에 참여한다.

이런 이유로 구원과 관련된 성경의 위대한 은유들은 성자를 통한 성부와의 교제에 초점을 맞추고 있다. "중생"은 교제의 관계적 차원을 가리킨다. 하나님의 원수였던 우리가 이제는 하나님과의 공동체를 체험하는 것은 성령이 우리를 거듭나게 해서 성자의 형제와 자매로서 성부의 가족에 편입되게 하였기 때문이다. 마찬가지로 "칭의"는 교제의 법적 측면을 가리킨다. 성령은 예전에 공동체 형성의 길을 방해하였던 우리의 불의를 성자 자신의 의로 교체함으로써 우리로 하여금 성부와의 교제를 누릴 수 있도록 만들었다. "자유"라는 용어를 통하여 우리는 교제를 우주적 드라마라는 관점에서 보게 된다. 한때 우리는 성부의 계획에 반대하여 행동하는 이질적인 악한 세력에 대하여 종들이었고, 따라서 우리의 창조주에 맞서는 음모에 동참하였었다. 그러나 이제는 성령이 우리에게 그리스도의 공로를 적용함으로써, 우리는 해방되어 성자가 성부 앞에서 누리는 것과 동일한 자유에 참여하게 된다. 끝으로, 성령은 아무런 힘도 없는 무력한 우리에게 성부에 대한 성자의 응답의 특징을 이루는 모범을 따라서 삶을 살아갈 수 있는 능력을 제공해 준다.

(2) 성령은 우리에게 하나님과의 교제를 중재해줌으로써 우리로 하여금 서로서

로 및 모든 피조물과 공동체를 이루게 만든다. 우리는 고립적으로 구원을 받거나 삼위일체 하나님과의 배타적인 관계를 누리기 위하여 구원을 받는 것이 아니다. 오히려 회심을 통하여, 성령은 우리로 하여금 하나의 공동체, 즉 예수의 제자들과 하나님의 새 피조물에 참여하게 만든다.

구원의 주제들(motifs)은 이러한 차원을 함축하고 있다. 중생은 성령으로 말미암아 우리가 거듭나서 속하게 되는 새로운 가족에 대하여 말한다. 따라서 우리는 고립적으로 하나님과 우리의 새로운 관계를 체험하는 것이 아니다. 오히려 성자의 화해 사역을 성령이 우리에게 적용할 때에, 그것은 우리가 옛 적대 관계들이 말소된 새로운 인류의 지체가 될 때에야 우리의 것이 된다(엡 2:14-18).

마찬가지로 의는 하나님에 대한 우리의 관계만이 아니라 서로서로 및 하나님의 모든 피조물에 대한 우리의 행실과 관련해서도 여러 가지 함의들을 지닌다. 우리가 하나님 앞에서 의롭다하심을 받는 것은 우리가 고립적으로 실존할 수 있도록 하기 위한 것이 아니라 서로서로 및 모든 피조물들에 대하여 의롭게 행할 수 있도록 하기 위한 것이다. 실제로 예수께서 거듭거듭 가르치셨듯이 우리가 죄사함이라는 선물과 하나님 앞에서 의롭게 설 수 있는 선물을 받았다면, 우리는 마땅히 의로운 사회적 행실이라는 열매를 맺지 않으면 안 된다(마 18:21-35). 우리는 우리 모두가 오직 죄인들일 뿐으로서 은혜로 말미암아 구원받았다는 것을 잘 알고 있기 때문에, 우리는 성령이 우리 가운데 낳는 하나됨과 평화의 특별한 유대에 주목한다(엡 4:3).

자유와 능력이라는 개념은 동일한 방향을 보여 준다. 우리는 서로를 섬기고 모든 피조물에게 하나님의 성품을 보여 주기 위하여(하나님의 형상으로서 살기 위하여) 죄로부터 해방되어 성령으로 말미암아 능력을 받은 것이다. 우리가 하나님과 교제를 나누는 백성이라는 것을 세상에 보여 줄 수 있는 것은 사랑의 성령이 우리 가운데 있다는 것을 우리가 행동들을 통하여 보여 줄 때뿐이다.

논의의 편의상 구원의 개인적 측면과 공동체적 측면을 따로 다루기는 했지만, 우리는 사실은 그것들이 단일한 전체의 면면들에 불과하다는 것을 기억하지 않으면 안 된다. 우리는 구속받은 백성으로 통합되지 않는 한 하나님의 구원에 참여할 수 없다. 그러나 우리는 또한 개인적으로 그리스도와 연합되지 않는다면 그리스도의 공동체의 진정한 지체가 될 수 없다. 그러므로 개인 구원은 공동체적 현상이다. 이러한 주제는 우리로 하여금 교회론을 다루지 않을 수 없게 만드는데, 교회론은 제5부에서 다루어질 주제이다.

성화

개인 속에서의 성령의 구원 사역은 회심에서 끝나지 않는다. 회심이라는 사건은 우리의 일생 동안 펼쳐지는 그리스도를 본받는 변화 과정의 시작일 뿐이다. 우리는 이러한 지속적인 과정을 "성화"라고 부른다. 신학적으로 엄밀한 의미에서 성화는 우리가 그리스도인으로서의 삶을 살아갈 때에 성령이 우리 안에서 하나님의 목적을 이루어가는 것이다.[12] 또는 인간의 관점에서 보면, 성화는 회심을 통하여 우리의 것이 된 중생, 칭의, 자유, 능력을 우리가 성령과 협력하여 일상 생활 속에서 살아냄으로써 그리스도를 본받음과 하나님에 대한 섬김에 있어서 성장해가는 것이다.

성경에 나타난 성화 개념. 영어 단어들은 앞에서 말한 그런 연관성을 드러내 주지는 못하지만, 성경 원어에서 "성화"라는 용어는 "분리되어 있다." 그러니까 "신성하다"라는 의미로 이해되는 거룩의 개념과 밀접하게 연관되어 있다. 사실 히브리어와 헬라어에서 "성화시키다"는 "거룩하게 만들다," 즉 "따로 떼어 구별하다"를 의미한다는 것을 보여 준다. 그러므로 가장 넓은 의미에서 성화는 어떤 것을 따로 떼어 놓음으로써 거룩하게 만드는 행위 또는 과정이다.[13]

성화의 이러한 측면은 인간 문화의 가장 보편적인 차원들 중의 하나를 반영하고 있다. 거의 모든 사회들은 신성한 것, 따로 구별된 것, 거룩한 것이라는 개념을 지니고 있다. 모든 종교 전통들은 어떤 것들을 따로 떼어 놓음으로써 그것들을 거룩하게 만드는 행위를 촉진시킬 목적으로 설계된 제의들을 갖추고 있다.

구약성서의 문서들은 거룩한 것, 거룩, 거룩하게 만드는 행위를 반복해서 언급한다. 이러한 언급들은 특히 하나님의 일을 위하여 따로 구별한다는 개념을 나타내는 하나의 공통된 어근 — 동사 '카다쉬'(qadash), 명사 '코데쉬'(qodesh), 형용사 '카도쉬'(qadosh) — 을 공유하는 일련의 히브리어 용어군으로 이루어져 있

---

12) R. E. O. White, "Sanctification," in *Evangelical Dictionary of Theology*, ed. Walter A. Elwell (Grand Rapids: Baker, 1984), 970을 보라.

13) Otto Procksch, "hagiazo," in *TDNT*, 1:111.

다.[14]

고대 이스라엘에서 성화의 행위는 매우 다양한 대상들을 포함할 수 있었다 — 장소들(출 3:5; 신 23:14; 시 2:6; 느 11:1), 동물들 또는 무생물들(신 15:19; 출 29:43-44, 27-28; 고후 7:1-2; 레 27:14-17), 특정한 시기(창 2:3; 욜 1:14; 레 25:10), 인간들(출 13:2; 28:41; 19:10; 렘 1:5). 그러나 무엇보다도 히브리인들은 하나님이 거룩하다거나 신성하다는 것을 알고 있었다(레 11:44). 그러므로 하나님을 예배하는 자들은 다른 모든 신들로부터 하나님을 구별하고 다른 모든 신들 위에 하나님을 경외하여야 했다. 하나님의 지극히 높으신 지위는 사람들, 물건들, 민족 자체를 성별하는 근거가 되었다. 하나님은 거룩하시기 때문에, 이스라엘도 거룩하여야 했다 — 세상 및 세상의 것들로부터 구분된(레 11:44; 19:2; 20:7, 26; 21:8). 마찬가지로 구약성서의 본문들은 성화를 담당한 주체에 대한 폭넓은 이해를 보여 준다. 사람들은 스스로를 성화하거나(대하 29:5), 다른 사람에 의해서 성화될 수 있었다(출 19:10-11). 성화 행위는 희생제사(29:10-11), 씻음(29:4), 기름 부음(29:7) 같은 제의들을 수반할 수 있었다.

우리는 성화(거룩하게 하는 행위)를 거룩한 것의 도덕적·영적 자질들과 결합되어 있다고 생각하는 경향이 있다. 그러나 구약성서의 개념은 지위, 특히 하나님과 하나님을 위하여 구별되는 것 사이의 관계에 더 초점이 맞춰져 있다.[15] 성화 행위는 어떤 것 또는 어떤 사람을 통상적인 용도로부터 따로 구별해서 하나님을 섬기는 데에 필요한 용도로 두어진다(28:41). 또한 거룩한 것은 하나님의 임재 속으로 들어가는 데 필요한 요구 사항들을 충족시킨 것을 가리키기도 한다(19:10-11). 그러나 그러한 자격 부여 행위가 반드시 죄로부터 떠나 있다는 내적인 또는 도덕적인 자질을 낳는 것은 아니다. 좀 더 일반적으로 말해서, 이 용어는 거룩에 대한 법정적인 이해를 함축하고 있다. 그러므로 성화시킨다는 것은 하나님과의 새로운 관계에 대한 법적 선언을 수반한다.

신약성서의 기자들은 한 무리의 헬라어 용어들을 사용하여 성화에 관하여 말하였다. 이리한 단어군으로는 동사 '하기아조'(hagiazo, 20회), 형용사 '하기오스'

---

14) Robert B. Girdlestone, *Synonyms of the Old Testament*, second edition (1897; reprint, Grand Rapids: Eerdmans, 1973), 175.

15) Girdlestone, *Synonyms of the OT*, 175.

(hagios, 230회), 명사 '하기오스모스'(hagiosmos, 10회), '하기오테스'(hagiotes, 오직 히 12:10; 고후 1:12에서), '하기오쉬네'(hagiosune, 오직 롬 1:4; 고후 7:1; 살전 3:13에서만) 등이 있다.[16] '하기아스모스'는 성화 자체를 가리킨다. 왜냐하면, 이 단어는 성화시키는 행위 또는 성별시키는 행위를 가리키기 때문이다.

신약성서에서 성화 개념은 구약성서의 개념과 흡사하다. 신약성서에서 성화 개념은 다양한 대상을 포괄한다: 물질적인 것들(마 23:17, 19; 딤후 4:15), 하나님의 백성(고전 6:11; 1:2; 행 20:32; 26:18; 히 10:10, 14), 그 이름이 거룩히 여김을 받아야 할(마 6:9) 하나님(요 17:11; 요일 2:20; 계 6:10). 또한 신약성서 기자들은 하나님과 마찬가지로 성별되어야 하는 그리스도(벧전 3:15; 요 10:36; 17:19a), 무엇보다도 거룩한 영이신 성령을 포함시킨다.

신약성서의 여러 본문들은 삼위일체 하나님의 각 위격이 이러한 성화 행위의 주체라고 말한다: 성부(살전 5:23-24; 히 10:10; 요 17:17; 엡 4:1), 성자(고전 1:2; 엡 5:26-27; 요 17:19; 고전 1:30; 골 1:22; 히 2:11; 10:10-14; 13:12), 성령(롬 15:16; 살후 2:13; 벧전 1:2). 또한 신약성서는 우리가 특히 그리스도에 대한 믿음을 가지고(행 26:28) 하나님께 순종할 때에(롬 6:19, 22; 12:1) 이러한 과정에 참여하게 된다고 말한다(롬 6:19; 딤후 2:21; 딤전 2:15; 히 12:14; 롬 12:1).

성화의 행위는 하나님 앞에서의 새로운 지위를 수반한다(살후 2:13). 구약성서의 용어보다 더 강력한 '하기아스모스'는 도덕적 특질들과의 연관을 함축할 수 있다(엡 5:27; 골 1:22; 벧전 1:15-16; 벧후 3:11). 나아가 성화는 순종과도 결부되어 있다(벧전 1:2). 왜냐하면 성화는 생활양식에 있어서의 거룩함으로 이끄는 것이 그 목적이기 때문이다(롬 6:22; 히 12:14).

전체적으로 볼 때, 성경의 성화 개념은 몇 가지 서로 결부되어 있는 의미들을 지닌다. 성화는 하나님을 거룩하다고 여기는 것, 즉 신들이나 그 어떤 피조물보다 높으시고 유일하시며 분리되어 있는 분으로 여기는 인간의 행위를 포함한다(마 6:9; 눅 11:2; 벧전 3:15). 그러므로 하나님을 거룩하게 하는 것은 하나님께 거룩성을 돌리거나 말이나 행동을 통하여 하나님의 거룩하심을 인정하는 것을 의미한다. 둘째로, 성화는 어떤 것이나 어떤 사람을 세속의 영역으로부터 분리하는 인

---

16) Horst Balz, "hagios," in *EDNT*, 1:16.

간의 행위를 가리킨다(마 23:17, 19; 요 10:36; 딤후 2:21). 제의 또는 위임 같은 것을 포함할 수 있는 이러한 행위를 통하여 우리는 하나님께 성별한 것을 하나님이 특별한 용도로 사용하시도록 봉헌한다. 셋째로, 성화는 개별 신자들을 거룩하게 만드는 성령을 통한 하나님의 활동이다(요 17:17; 행 20:32; 26:18; 고전 1:2; 살전 5:23). 우리가 지금부터 살펴보고자 하는 것은 바로 이러한 세 번째 의미이다.

성화의 신학적 개념. 성화를 가리키는 히브리어 및 헬라어(qadash, hagiazo)는 거룩이라는 개념과 결부되어 있다. 이러한 연관성은 신학적 성화 개념의 토대가 하나님의 거룩성에 있다는 것을 보여 준다.

우리는 하나님의 속성들에 대한 논의에서 하나님의 거룩성은 하나님의 유일무이성(하나님은 모든 피조물들로부터 구별되어 있다)과 하나님의 도덕적 정직성(하나님은 모든 행위 속에서 죄에 오염되어 있지 않다)을 수반한다고 말한 바 있다. 하나님은 하나님의 형상이 되도록 의도된 인간을 위한 표준이기 때문에, 하나님의 거룩하심은 우리 안에서 거룩성을 육성하시는 하나님의 활동(성화)에 대한 성경의 강조의 토대를 이룬다. 하나님은 거룩하시기 때문에, 하나님은 우리에게 거룩하라고 명하신다. 성령의 일은 우리 안에 하나님께서 명하신 것을 실현시키는 것이다.

우리를 성화시키는 하나님의 활동은 하나님의 거룩하심으로부터만이 아니라 한 백성을 불러내어 자신의 소유로 삼고자 하시는 하나님의 목적으로부터도 기인한다. 우리는 이러한 목적이 구약성서 속에서는 이스라엘의 선택에서, 현 세대에서는 전세계적인 예수 그리스도의 교회를 부르심 속에서 분명하게 드러나는 것을 본다. 하나님의 목적을 따라, 하나님의 성화된 백성은 그들 자신을 하나님 자신의 소유로 보아야 한다. 우리는 우리를 택하신 하나님께 속해 있고, 우리는 하나님을 영화롭게 하고 세상 속에서의 하나님의 목적을 이루기 위하여 존재한다(엡 1:11-12).

하나님의 성화 활동은 두 차원으로 이루어지는데, 이것을 우리는 "지위적"(positional) 차원과 "상태적"(conditional) 차원이라고 부를 수 있다. 지위적 성화는 히브리어 및 헬라어에 의해서 묘사되고 있는 주도적인 관계적 측면을 반영한 것이다. 그것은 우리가 그리스도 안에서 우리의 새로운 지위 덕분에 누리는 하나님 앞에서의 우리의 "지위"를 가리킨다. 하나님은 그리스도에 대한 우리의 관계로 말미암아 우리가 구별되어 거룩하다고 선언하셨다: 우리는 하나님께 속해 있다는 말이다. 바울은 죄악된 고린도 교회의 그리스도인들에게 전하는 그의 인사말 속에서 이 차원을 다음과 같이 표현하였다: "고린도에 있는 하나님의 교회 곧 그리스도 예수 안에서 거룩하여지고 성도라 부르심을 받은 자들"(고전 1:2).

그러므로 지위적 성화는 객관적인 현실, 즉 그리스도 안에서 우리에게 하나님께서 주신 은혜로 말미암아 우리의 것이 되었고, 성령이 우리의 삶에 적용한 의로운 지위이다. 우리는 이러한 실체를 오직 믿음으로 말미암아 받는다.

하나님께서 우리에게 거저 주신 새로운 지위는 매우 중요하다. 그것은 하나님에 대한 우리의 관계를 확정할 뿐만 아니라 그리스도인의 삶을 흘러나오게 하는 원천으로서의 역할도 한다. 프록쉬(Procksch)가 「신약신학사전」(*Theological Dictionary of the New Testament*)에서 말하고 있듯이, "그리스도인의 도덕은 새로운 행위를 토대로 해서가 아니라 '하기아스모스'로 가장 잘 표현될 수 있는 새로운 상태를 토대로 생겨난다."[17]

우리의 생활양식의 실제적인 변화, 우리의 새로운 지위로부터 생겨나서 점진적으로 우리의 삶의 특징이 되어가는 도덕성을 우리는 상태적 성화라고 부를 수 있다. 지위적 성화와는 반대로, 상태적 성화는 우리의 현재적인 영적 상태, 구체적으로 말해서 우리의 현재의 태도와 행위에 있어서 하나님의 기준에 다다른 정도를 가리킨다. 그런 까닭에 상태적 성화는 우리가 현재 살고 있는 삶의 도덕성을 포함한 우리의 영성의 현재적 수준을 뜻한다. 요컨대, 상태적 성화란 우리의 성품과 행실을 가리킨다는 말이다.

이러한 개관이 보여 주듯이, 성화의 두 차원은 서로 엄청난 차이가 있다. 지위적 성화가 하나님에 의해서 용인된 확정적이고 객관적인 지위인 반면에, 상태적 성화는 주관적이고 경험적이며 가변적이다. 그것은 불완전과 미성숙으로부터 점점 더 그 기준인 예수 그리스도를 닮아가는 우리의 움직임이다. 지위적 성화는 우리가 그저 믿음으로 말미암아 받아들일 수 있는 하나님의 은혜로운 역사의 산물인 반면에, 상태적 성화는 우리가 성령과 합력하여 우리의 삶을 변화시키고자 하는 성령의 목표를 따를 때에 생겨난다. 결국 그것은 성령의 역사이긴 하지만, 우

---

17) Procksch, "hagios," 108.

리는 예수 그리스도를 닮아가는 일에 우리 자신을 바치지 않으면 안 된다. 우리는 "거룩하기 위하여 모든 노력을 기울이라 거룩함이 없이는 아무도 주를 보지 못하리라"(히 12:14; 역자의 사역).

성화 과정. 성화를 상태적 성화라는 의미로 이해하게 되면, 성화는 하나의 과정이 된다. 바울은 궁극적인 목표를 향한 지속적인 변화에 대한 그 자신의 체험을 이렇게 증언하였다: "내가 이미 얻었다 함도 아니요 온전히 이루었다 함도 아니라 오직 내가 그리스도 예수께 잡힌 바 된 그것을 잡으려고 달려가노라"(빌 3:12-14; 또한 고후 3:18; 엡 4:14을 보라). 이러한 명시적인 언급들과 아울러, 거룩함 속에서 자라가라거나 거룩하게 되라는 여러 명령들은 상태적 성화의 점진적인 성격을 암묵적으로 증언해 준다. 베드로는 구약성서로부터 하나의 권면을 이끌어 내었다: "오직 너희를 부르신 거룩한 이처럼 너희도 모든 행실에 거룩한 자가 되라 기록되었으되 내가 거룩하니 너희도 거룩할지어다 하셨느니라"(벧전 1:15-16).

물론 성화 과정에서 가장 중요한 것은 하나님의 영의 역사이다. 바울은 그의 독자들에게 성령이 죄악된 옛 본성과 전쟁을 수행하고 있다고 상기시켰다(갈 5:17). 마찬가지로 이 성령은 유혹(고전 10:13)과 죄(롬 8:12-14)를 이기는 데 꼭 필요한 능력을 제공해 준다.

성화를 수행하는 궁극적인 주체는 성령이지만, 이 과정에서 성령은 우리의 인격적인 협력을 요구한다. 사실 우리는 부지런히 이 일에 우리 자신을 바치지 않으면 안 된다(벧후 1:5-11). 우리의 대적과 맞서 싸우는 이 싸움에서 근본적인 것은 우리의 영적인 병기들을 비롯하여(엡 6:10-17), 하나님께서 우리에게 제공해 주신 것들을 활용하는 것이다(벧후 1:3). 또한 마찬가지로 중요한 것은 열렬한 기도이다(엡 6:18; 마 26:41). 그러나 무엇보다도 우리는 서로를 사랑해야 한다(벧전 4:8).

완전주의. 성화에 있어서 성령의 목표는 우리 안에 그리스도를 닮은 모습을 양육하는 것이다 — 결국에 가서 "그리스도의 장성한 분량"(엡 4:14)에 도달하는 것. 그렇다면 우리는 언제 우리가 시도하는 것의 목표에 도달하게 되는가? 이 물음은 우리를 신학사에 있어서 성화에 관한 여러 논쟁들 중의 하나로 이끈다. 성화 과정은 현세의 삶 속에서 절정에 달하여 우리를 바로 이곳에서 모종의 완전에 도달할 수 있게 해주는가("완전주의")? 아니면, 우리는 종말론적인 갱신의 때까지 우리 실존의 모든 면에서 여전히 불완전하고 타락한 상태에 있게 되는 것인가?

신학사 속에서 완전주의의 몇 가지 변형들이 존재하긴 하지만, 현대적인 완전주의는 "완전한 성화"에 관한 웨슬리의 가르침에서 시작되었다. 이 감리교 창시자는 하나님께서 우리를 모든 고의적인 죄로부터 구원하시고 우리의 생전에 그렇게 하시겠다고 약속한 것으로 믿었다.[18]

웨슬리의 추종자들은 그들의 지도자로부터 "두 번째 축복," 즉 신자의 삶을 끊임없이 옭아매는 죄의 올가미를 결정적으로 깨뜨리는 명확한 은혜의 순간이라는 개념을 도출해 내었다. 그러므로 웨슬리파의 완전주의는 우리의 예전의 죄악된 욕망들을 근절시키는 체험의 순간 — 우리가 믿음으로 붙잡을 수 있는 — 을 기대한다. 죄에 대한 내적 싸움의 멈춤은 마음이 "반역으로부터 완전히 놓여나서 하나님 및 이웃에 대한 전적인 사랑으로 들어갔다"는 것을 의미한다.[19] 우리는 해방이 되어서 "내주하시는 성령으로 말미암아 마음속에 폭넓게 뿌려진 하나님 자신의 사랑으로 사랑하게 되는 것이다."[20]

웨슬리는 성경의 많은 구절들 속에서 완전한 성화에 대한 하나님의 약속을 보았다(신 30:6; 시 130:8; 겔 36:25, 29; 마 5:48; 6:13; 22:37; 요 3:8; 17:20-21, 23; 롬 8:3-4; 고후 7:1; 엡 3:14-19; 5:25, 27; 살전 5:23).[21] 그렇지만 웨슬리파의 가르침은 특정한 성경 본문들에 의거했다기보다는 성경을 총체적으로 바라보려는 시도에 그 토대를 두고 있다. 멜빈 디터(Melvin Dieter)는 이렇게 설명한다:

> 웨슬리파 교도들은 위에서 개략적으로 설명한 성경적·신학적 주제들 — 창조의 의미, 남자와 여자의 타락, 율법과 은혜에 대한 이해, 성령의 사역과 역사 — 배후에는 성경의 모든 주제들 가운데에서 가장 주요한 주제, 즉 사랑

---

18) Melvin E. Dieter, "The Wesleyan Perspective," in *Five Views on Sanctification* (Grand Rapids: Zondervan, 1987), 15.

19) Ibid., 17.

20) Ibid., 27-28.

21) Ibid., 15.

안에서 하나님과 모든 다른 사람들에 대한 지속적인 관계를 궁극적인 목표로 하는 성화 또는 거룩함에 대한 부르심이 존재한다고 믿는다.[22]

그럼에도 불구하고 성경의 한 본문은 그 밖의 다른 모든 본문들보다 완전주의 사상을 명백하게 밑받침하는 것으로 여겨진다:

> 그 안에 거하는 자마다 범죄하지 아니하나니 범죄하는 자마다 그를 보지도 못하였고 그를 알지도 못하였느니라 하나님께로부터 난 자마다 죄를 짓지 아니하나니 이는 하나님의 씨가 그의 속에 거함이요 그도 범죄하지 못하는 것은 하나님께로부터 났음이라(요일 3:6, 9; 또한 눅 1:69-75; 딛 2:11-14; 요일 4:17을 보라).

이 절들은 얼핏 볼 때와는 달리 완전주의라는 교리를 강력하게 긍정하는 구절들로 보지 않을 수도 있다. 동일한 서신의 앞 부분에서 요한은 정반대의 가르침, 즉 죄가 끊임없이 우리와 함께 있다는 가르침을 주장하고 있는 것으로 보인다. 그는 "만일 우리가 죄가 없다고 말하면 스스로 속이고 또 진리가 우리 속에 있지 아니할 것이요"(요일 1:8)라고 썼다. 사실 요한은 그의 독자들이 완전한 삶을 살아가야 한다는 소망을 피력하면서도 그들이 그럼에도 불구하고 사실 계속해서 넘어질 것이라는 예상을 함께 말하고 있다: "나의 자녀들아 내가 이것을 너희에게 씀은 너희로 죄를 범하지 않게 하려 함이라 만일 누가 죄를 범하여도 아버지 앞에서 우리에게 대언자가 있으니 곧 의로우신 예수 그리스도시라"(요일 2:1). 그러므로 요한은 현세에서의 "완전한 성화"를 기대하지 않았던 것으로 보인다. 그리스도께서 다시 오실 때에야 비로소 우리는 완전함을 누리게 될 것이다: "그가 나타나시면 우리가 그와 같을 줄을 아는 것은 그의 참모습 그대로 볼 것이기 때문이니"(요일 3:2).

그렇다면 우리는 믿는 자는 죄를 범하지 않는다는 요한의 선언을 어떻게 이해해야 하는가(요일 3:6, 9)? 이에 대한 대답을 위해서 완전주의 교리를 반대하는 사람들은 헬라어에서 통상적으로 지속적인 행위를 가리키는 현재 시제 동사들을

---

[22] Ibid., 30.

요한이 사용하고 있다는 점을 지적한다. 따라서 사도의 취지는 신자들이 죄를 지속적이고 습관적으로 행하지 않는다는 뜻이었다는 것이다. 참된 신자들은 비록 하나님께서 기뻐하지 않으시는 특정한 범죄들을 행하긴 하지만 습관적으로 죄를 범하지는 않는다는 말이다.

요한의 말을 이런 식으로 이해하게 되면, 요한은 신약성서의 그 밖의 다른 기자들과 동일한 맥락 속에 있게 된다. 심지어 완전주의를 주장하는 사람들조차도 신약성서는 완전한 성화의 체험을 구하라는 명시적인 권면을 담고 있지 않다는 것을 인정한다.[23] 오히려 그 반대로, 우리가 앞서 지적했듯이, 바울은 거룩함의 지속적인 성장을 강조하였다. 일생을 통해서 바울은 자기가 이미 완전히 도달했다는 것을 부인하였다(빌 3:12, 14). 바울은 죽음을 눈앞에 두고서야 "갈 길을 마쳤고" "믿음을 지켰다"(딤후 4:7)고 말하였다.

이러한 비판에도 불구하고, 우리는 성경에서 성화라는 주제의 중요성을 올바르게 부각시킨 공로로 웨슬리파의 가르침을 높이 평가하지 않으면 안 된다. 그리고 멜빈 디터가 지적하듯이, 이러한 성화 과정의 궁극적인 목표는 사랑 안에서 사는 것이다.[24] 그러므로 궁극적으로 웨슬리파의 비전은 공동체에 대한 기대이다. 이것은 우리에게 구원 속에서의 성령의 사역이 공동체의 건설 ― 우리가 하나님 및 인간 상호간, 모든 피조물에 대한 교제를 누리는 것 ― 로 귀결된다는 것을 상기시켜 준다.

그러나 공동체의 목표는 현세의 삶 속에서 온전하게 달성되지 않는다. 그것은 오직 종말론적 갱신을 통해서만 우리의 것이 될 것이다. 따라서 우리가 이 땅에 사는 한, 우리는 결코 성령의 채찍질이 필요없게 되는 상황을 만나지 못할 것이다. 따라서 우리의 결론은 성화 과정은 우리가 "달려갈 길을 마칠" 때까지 ― 즉, 우리의 궁극적인 영화(榮化)의 때까지 ― 우리에게 계속된다는 것이다.

영화

성화 과정이 일생 동안 진행되기 때문에, 우리는 개인 구원에 있어서의 성령의 역사와 관련된 우리의 체험의 궁극적인 측면을 바라보게 된다. 우리는 이 마지막 궁극적인 체험을 영화(glorification)라고 부른다. 간단히 말해서, 영화는 성령이

---

23) Ibid., 32.
24) Ibid., 30.

우리로 하여금 우리의 회심 및 성화의 목표를 완벽하게 반영하게 함으로써 성령이 종말론적으로 우리의 구원을 완성시키는 것을 가리킨다.

성경의 기자들은 인간의 영화에 대하여 별로 말하지 않는다. 오히려 하나님만이 영광을 받아야 할 유일한 분이시다. 그러나 한 중요한 본문에서 바울은 하나님에 의한 우리의 영화를 언급하였다: "의롭다 하신 그들을 또한 영화롭게 하셨느니라"(롬 8:29-30). 나중에 우리는 하나님의 계획의 여러 단계들에 대한 바울의 자세한 설명을 좀 더 자세하게 살펴보게 될 것이다. 지금으로서는 우리는 단지 영화가 사도가 열거하고 있는 일련의 단계들 중에서 마지막에 온다는 사실만을 알면 그만이다. 이러한 사실에 대한 확신으로 인해서 바울은 과거 시제를 사용했지만, 바울은 틀림없이 여기에서 우리의 구원의 종말론적 완성을 염두에 두었을 것이다.[25]

우리의 장래의 영화라는 개념은 신약성서 전체에 함축되어 있다. 베드로는 그 분명한 예를 제시해 준다. 그는 우리의 유업 — 온전한 구원 — 이 종말론적 사건의 때까지 우리를 위해 보존되어 있다고 분명하게 말하였다(벧전 1:3-5).

우리의 구원의 이 차원에서 활동하는 주체는 하나님의 이 프로젝트의 모든 단계를 수행하는 동일한 성령이다. 그런 까닭에 바울은 신자들은 이미 최종적인 구원의 보증금 또는 계약금, 즉 내주하시는 성령을 받았다고 주장하였다(고후 5:5; 엡 1:13; 4:30). 지금 그리스도인 안에 임재해 있는 성령은 예수께서 다시 오시는 그때에 하나님의 백성을 최종적으로 변화시키는 일을 완성할 것이다(롬 8:11, 13-17).

이러한 영화 체험은 우리의 실존 전체를 포괄할 것이다. 왜냐하면, 그때에 성령은 우리를 완전하게 그리스도를 닮은 모습으로 변화시킬 것이기 때문이다. 요한은 "그가 나타나시면 우리가 그와 같을 줄을 아는 것은 그의 참모습 그대로 볼 것이

---

25) 바울이 미래 사건의 확실성을 언급하기 위하여 단순과거(aorist) 시제를 사용하는 것에 대해서는 Charles R. Erdman, *The Epistle of Paul to the Romans* (Philadelphia: Westminster, 1925, 1946), 103-4; W. Robertson Nicoll, ed., *The Expositor's Bible*, six volumes (Rahway, N.J.: Expositor's Bible Company, n.d.), 5:575; William Sanday and Arthur C. Headlam, *A Critical and Exegetical Commentary on the Epistle to the Romans*, in the *International Critical Commentary*, fifth edition (Edinburgh: T. & T. Clark, 1902), 218을 보라.

기 때문이니"(요일 3:2)라고 썼다.

물론 성령의 변화 사역은 우리의 성품도 포함할 것이다. 우리는 예수 그리스도께서 모범을 보이신 성령의 열매(갈 5:22-23)를 완전하게 반영하게 될 때에야 그리스도와 같이 될 것이다. 그러므로 우리는 그리스도로 말미암아 하나님 앞에서의 우리의 지위에 있어서만이 아니라 우리의 실제적인 삶에 있어서도 의(義)라는 특징을 갖게 될 것이다. 이러한 덕목의 갱신을 촉진시키기 위하여, 우리는 성령이 우리의 타락하고 죄악된 성품을 뿌리뽑을 것이라는 것을 예상할 수 있다. 우리는 더 이상 유혹과 죄에 빠져들지 않을 것이기 때문에, 전적으로 자유롭게 하나님께 온전히 순종하게 될 것이다.

그러나 영화의 효과는 이른바 우리의 실존의 영적인 차원에만 국한되지 않을 것이다. 오히려 성령이 우리로 하여금 공유하게 할 그리스도를 본받음은 우리의 물리적인 신체에까지 미칠 것이다. 바울은 "예수를 죽은 자 가운데서 살리신 이의 영이 너희 안에 거하시면 그리스도 예수를 죽은 자 가운데서 살리신 이가 너희 안에 거하시는 그의 영으로 말미암아 너희 죽을 몸도 살리시리라"(롬 8:11)고 선언하였다. 그러므로 우리는 새로운 질서에 대한 요한의 비전을 정말 문자 그대로 받아들일 수 있다: "다시는 사망이 없고 애통하는 것이나 곡하는 것이나 아픈 것이 다시 있지 아니하리니 처음 것들이 다 지나갔음이러라"(계 21:4). 우리의 몸은 더 이상 썩어짐과 질병과 병듦과 사망에 종속되지 않을 것이다. 우리의 몸은 우리의 부활하신 주님의 영화된 몸이라는 본보기를 따라서 온전하게 될 것이다. 실제로 우리 주님은 부활에 이르게 될 자들의 첫 열매이다(고전 15:20, 23).

영화는 개별 신자들의 구원의 절정으로서 일어날 것이지만, 그럼에도 불구하고 공동체적인 실체이다. 우리의 영화를 촉진시키는 부활은 우리 각자에게 고립적으로 일어나는 것이라기보다는 우리가 그리스도의 한 몸에 참여하는 자가 될 때에야 일어난다. 마찬가지로 이 사건은 우리로 하여금 자율적이고 고립된 삶으로 이끄는 것이 아니라 하나님, 인간 상호간, 새로운 피조물과의 공동체 속에서의 영원한 교제를 누리게 만든다. 요컨대, 영화는 하나님의 최종적인 목적, 즉 하나님의 모든 구원 사역의 지향점인 종말론적 공동체에 대한 우리의 참여를 매개한다.

구원의 영원한 맥락

우리의 관점에서 보면, 구원은 회심에서 시작하여 성화를 거쳐 영화에 이르는 과정이다. 그러나 우리의 체험의 이면(裏面)을 본다면, 우리는 구원이 삼위일체 하나님의 하나의 통일적인 행위라는 것을 발견하게 되는데, 바로 그 속에서 성령은 우리로 하여금 그리스도를 온전히 닮도록 만드는 일을 한다. 그러므로 성령의 사역은 좀 더 넓은 맥락, 즉 하나님의 영원한 목적 안에서 일어난다.

하나님의 선택

구원 속에서의 성령의 사역이 놓여 있는 영원한 맥락의 한복판에는 하나님의 선택(election)이 있다. 우리가 구원을 체험하는 것은 본질상 관계적인 삼위일체 하나님이 그의 피조물인 우리와의 관계 속으로 들어오시기로 선택하셨기 때문이다. 하나님은 죄악된 인간들을 부르셔서 하나님의 교제에 동참하게 한다(벧후 1:4). 하나님의 영원한 목적의 이러한 핵심적인 차원은 우리를 선택이라는 개념으로 이끈다.

선택은 개혁주의 신학 전통의 중심적인 주제들 중의 하나였다. 무엇보다도 개혁주의 신학자들은 선택하시는 하나님을 구원의 신비를 풀 수 있는 열쇠로 생각하였다.[26] 그러나 선택에 대한 그들의 공통된 관심에도 불구하고, 그들은 하나님의 선택의 정확한 본질과 의미에 관해서는 일치된 의견에 도달하지 못해 왔다. 오히려 그 반대로 선택 교리에 대한 언급은 우리에게 칼빈주의자와 아르미니우스주의자 간의 격렬한 논쟁을 상기시킨다.

칼빈주의의 5대 교리에 대한 논쟁. "칼빈주의"는 개신교의 개혁주의 진영을 지배하게 된 신학 체계를 지칭하기 위하여 사용되는 용어다. 칼빈주의는 위대한 제네바의 개혁자였던 존 칼빈(1509-1564년)의 유산을 분명히 연상시키는 것이기는 하지만, 칼빈주의의 고전적인 형태는 실제로 제임스 아르미니우스(James Arminius, 1560-1609년)의 가르침들을 둘러싼 열띤 논쟁 속에서 형성되었다.[27]

---

26) 예를 들면, Erickson은 "영원한 생명 또는 영원한 사망을 위한 개개인들에 대한 하나님의 선택"으로 정의하는 예정 개념을 도입하는 것으로 구원론에 관한 자신의 논의를 시작한다. 그리고 선택은 예정의 긍정적 측면, 즉 "영원한 생명을 위한 몇몇 사람들에 대한 하나님의 선택"이다. Millard Erickson, *Christian Theology* (Grand Rapids: Baker, 1985), 3:908.(「복음주의 조직신학」: 크리스챤다이제스트)

이 논쟁은 네덜란드에서 일어났고, 도르트 대회(the Synod of Dort)에서 공식적으로 해결되었는데(1618-19년), 이 대회는 저 유명한 "칼빈주의의 5대 교리"를 승인하였다.

(1) 5대 교리는 칼빈주의 신학 체계의 중심적인 취지, 즉 피조물들에 대한 하나님의 모든 사역들, 특히 개인 구원의 문제에 있어서의 하나님의 주권을 견고히 세우고자 하는 욕구를 반영한 것이다. 그러면, 유명한 "튤립"(tulip)이라는 약자를 사용해서 개인의 선택에 있어서의 하나님의 주권을 강조하는 칼빈주의의 핵심을 자세히 설명해 보기로 하자.

전적 부패(total depravity, "t")는 타락의 효과가 인간 실존의 모든 측면에 미친다는 것을 선언한다: 그 어떤 인간도 개인의 공로를 통해서 하나님에게 접근할 수 있는 힘을 소유하지 못한다. 무조건적 선택(unconditional election, "u")은 하나님이 오직 그의 은혜를 따라 그 자신의 뜻에 의해서 구원을 위하여 개개인들을 선택하신다는 것을 의미한다: 선택은 개인의 공로에 의거하지도 않고 복음에 대한 긍정적인 반응과 같은, 인간들이 성취하는 선행적인 조건들에 의거하지도 않는다. 제한적 속죄(limited atonement, "l")는 칼빈주의자들 자체 속에서도 쟁점이 되어온 것으로서 예수의 죽음은 오직 택함받은 자들만을 위한 것이고 잃어버린 자들을 위한 것이 아니라고 주장한다. 불가항력적 은혜(irresistable grace, "i")라는 교리는 개인의 삶 속에서의 성령의 역사들은 언제나 승리를 거둔다는 것을 지적한다. 성령은 결국 인간의 의지를 끌어들이는 데 성공할 것이기 때문에, 택함받은 자는 궁극적으로 하나님의 은혜를 거부하지 못하게 된다.[28] 성도의 견인(perseverance of the saints, "p")은 택함받은 자는 일생토록 예수 그리스도에 대한 믿음을 지킬 것이라는 확신을 집약하고 있다. 뒤로 넘어지는 일이 여러 번 있다고 할지라도, 결국 참된 신자는 자신의 택함받은 지위를 상실할 정도로 비틀거리지는 않을 것이다.

(2) 도르트 대회에서 패배한 이후로, 아르미니우스주의자들은 수세적인 입장에

---

[27] "칼빈주의 5대 교리"와 대비하여 Arminius의 가르침들을 요약한 것으로는 Charles M. Cameron, "Arminius — Hero or Heretic?" *Evangelical Quarterly* 64/3 (1992): 213-27을 보라.

[28] Louis Berkhof, *Systematic Theology*, 115.

처하게 되었다. 그 결과 많은 그리스도인들은 이제 아르미니우스주의를 독자적인 신학 체계로 바라보는 것이 아니라 칼빈주의에 내재하는 난점들에 대한 하나의 반동(反動)으로 인식한다. 아르미니우스주의는 칼빈주의의 5대 교리와 그에 따른 선택에 대한 이해를 거부하는 사람들을 가리키는 포괄적인 용어가 되었다.

아르미니우스주의자들이 칼빈주의자의 선택 교리를 거부하는 이유는 그러한 교리에 따르면 하나님은 편파적이고 불공정한 분이 된다고 보기 때문이다. 어떤 사람들을 자의적으로 선택하여 영원한 생명을 부여하고 나머지 사람들은 내버려서 변덕스럽게 저주하는 하나님은, 편애함을 보이지 않는 성경의 의롭고 도덕적으로 올바른 하나님일 수 없다(행 10:34). 침례교 신학자인 윌리엄 뉴턴 클라크(William Newton Clarke)의 비판의 목소리는 그 전형적인 모습을 보여 준다: "하나님께서 자신의 결단적 의지로써 사람들 가운데 금을 그어서 특정 부분의 사람들에게만 선물[즉, 신적인 생명의 분여]을 나누어 줄 것이라고 생각하는 것은 상상할 수 없는 일이다."[29]

또한 마찬가지로 비판자들은 칼빈주의의 선택 교리가 명백한 결정론을 지니고 있다고 공격한다. 칼빈주의에서 역사는 그 우연성을 상실한다. 역사에서 필연적인 사건들로 보이지 않는 것들은 하나님께서 창조 이전에 정하신 것들의 전개에 다름 아니다. 이것은 특히 개인 구원과 관련된 문제에서 분명하게 드러난다. 왜냐하면, 인간의 자유로운 행위가 아니라 영원부터 정해진 하나님의 선택 결정이 누가 구원받을 것인지를 결정하기 때문이다. 그러한 결정론은 역사에 대한 우리의 상식적인 이해 및 의사 결정과 관련된 우리의 체험과 모순되는 것으로 보인다.

또한 아르미니우스주의자들은 칼빈주의의 선택 교리가 견인이라는 잘못된 개념과 결부되어 있다고 공격한다. 택함받은 자들이 견인될 것이라는 것이 실제로 예정되어 있다면, 성경은 왜 끊임없이 신자들에게 믿음을 굳게 붙잡으라고 명령하고 있는 것이냐고 그들은 반문한다(히 6:4-12).

끝으로, 비판자들은 칼빈주의의 선택 교리가 불가항력적 은혜와 결부되어 있다는 이유도 문제가 있다고 생각한다. 불가항력적 은혜는 몇몇 분야들에서 난점들을 노출한다. 예를 들면, 불가항력적 은혜라는 교리는 신학적으로 문제가 있다. 왜냐

---

29) William Newton Clarke, *An Outline of Christian Theology*, twentieth edition (New York: Charles Scribner's Sons, 1912), 391.

하면, 그것은 구원과 관련된 모든 책임이 하나님에게만 있다는 것을 함축하기 때문이다. 은혜가 불가항력적이라면, "아무도 멸망하기를 원치 않는"(벧후 3:9) 하나님은 인류의 상당수에게 "진리를 아는 지식"에 이르는 데 필수적인 은혜를 주지 않고 있다는 말이 된다. 하나님은 구원의 손길을 펼치면서, 이와 동시에 자의적으로 응답하는 데 필요한 능력을 그들에게 주기를 거부하는 꼴이다. 그렇다면 팔을 벌려서 안을 태세로 탕자를 기다리는 사랑하는 어버지로서의 하나님의 모습은 거짓이 되고 만다(눅 15:11-24; 롬 10:21).

또한 아르미니우스주의자들은 불가항력적 은혜는 성경적인 은혜 이해와 조화되기가 힘들다고 주장한다. 신약성서는 하나님의 은혜가 멸망하는 자들에게조차도 주어진다는 것을 보여 주고 있고(딛 2:11; 고후 6:1), 은혜의 역사는 세상에서 보편적으로 행해지고 있다(요 12:32; 16:8-11; 고후 5:19). 따라서 신약성서 전체에 걸친 어조는 "원하는 자는 오라"(계 22:17)의 뉘앙스이다. 이렇게 보편적으로 받을 수 있는 은혜는 칼빈주의에 아주 중요한 불가항력적 은혜가 될 수 없다.

또한 비판자들은 "당위성"과 "가능성" 사이의 관계에 관한 오래된 문제에 비추어 볼 때 불가항력적 은혜는 철학적으로 문제가 있는 것으로 본다: 도덕적 명령은 순종할 능력을 수반하는가? 아르미니우스주의자들은 실제적인 도덕적 선택 ― 하나님의 구원을 받아들일 것이냐 말 것이냐에 관한 선택 같은 ― 은 진정한 의미에서의 선택(選擇)의 존재를 요구한다고 주장한다. 철학적 관점에서 볼 때, 도덕적 결단들은 "당위성"만이 아니라 "가능성"을 요구한다. 칼빈주의에 의하면, 모든 사람들은 그리스도에게 와야 하지만, 모든 사람이 그리스도에게 올 수는 없다. 왜냐하면, 모든 사람이 하나님의 불가항력적 은혜의 대상인 것은 아니기 때문이다. 모든 사람은 하나님의 "당위성"에 의해서 도전을 받지만, 많은 사람들에게 "가능성"은 결여되어 있다.

(3) 이러한 공격들에도 불구하고, 아르미니우스주의는 칼빈주의를 적어도 보수주의 신학자들 가운데서는 개혁주의 전통에서 몰아낼 수가 없었다. 이러한 칼빈주의의 우월성은 그것이 지닐 수 있는 여러 약점들을 압도하는 몇몇 강점들 때문이다.

선택에 대한 칼빈주의의 강조는 그것이 구원에서 삼위일체 하나님, 특히 성령의 역할을 부각시킨다는 점에서 유익하다. 이 교리는 우리 인간의 죄악성이 구원 체험 속에서 극복되기 위해서는 성령의 역사가 필연적이라는 것을 올바르게 주장하고 있다. 칼빈주의는 회심에서 능동적인 행위 주체로서의 성령의 역할을 강조할 뿐만 아니라 죄에 대하여 승리하고 우리 안에 그리스도를 닮게 하는 하나님의 능력으로서의 성령의 역할도 마찬가지로 강조한다. 이러한 강조는 우리로 하여금 굳건히 서서 용기를 가질 수 있도록 격려해 주는 역할을 한다.

또한 칼빈주의의 선택 이해는 그것이 개인 구원의 심오한 신비를 부각시킨다는 점에서 이점이 있다. 회심이 어떻게 및 왜 일어나는가에 대한 우리의 모든 진술들의 끝에 이르게 된 후에, 우리는 여전히 핵심적인 실존적 문제에 부딪치게 된다: 어떻게 나는 그리스도인이 된 것인가? 왜 나는 아주 많은 다른 사람들과는 달리 복음 메시지를 듣고 그것에 응답할 특권을 가지게 되었는가? 칼빈주의는 우리에게 바로 이 점에서 우리는 우리가 헤아릴 수 없는 신비 앞에 서 있다는 것을 상기시킨다. 왜냐하면, 이에 대한 최종적인 대답은 우리 자신이나 우리가 행한 그 어떤 것에 있지 않기 때문이다. 우리는 구원을 받을 만한 자격이 없다. 우리는 우리가 복음을 애걸복걸하며 받아들이려고 했기 때문에 하나님께서 우리를 받아들였다고 말할 수도 없다. 결국 모든 것은 하나님께 달려 있다.

하나님의 작정들. 하나님의 주권과 개인의 선택에 몰두하다보니 전통적인 칼빈주의자들은 "5대 교리"를 넘어서서 하나님의 선택 사역의 신비로 좀 더 깊이 파고들게 되었다. 그들은 전형적으로 구원을 창세 이전의 하나님의 결정이라는 맥락 속에 두게 되었고, 역사는 하나님의 영원한 섭리의 산물이라고 보게 되었다. 그러므로 칼빈주의 신학자들은 시간의 우여곡절을 뛰어넘어 하나님의 마음에 현존하는 계획을 과거의 영원한 결정으로부터 인식하고자 한다. 그들은 하나님의 한 영원한 결정이 일련의 섭리들로 이루어져 있다고 생각한다. 그러나 칼빈주의자들은 하나님의 영원한 결정에 속하는 네 가지 중심적인 요소들의 정확한 순서에 대해서는 의견의 일치를 보지 못하고 있다.[30]

하나의 주요한 주장은 선택에 관한 섭리, 즉 일부 피조물들에 대한 구원과 그 밖의 다른 피조물들에 대한 형벌을 통해서 자신의 은혜와 정의를 드높임으로써 스스로를 영화롭게 하고자 하는 하나님의 결정으로 시작한다. 그 다음에는 택함

---

30) Erickson은 칼빈주의를 아래에서 개관하는 두 가지 기본적인 입장들이 아니라 세 가지 입장으로 구분한다. Erickson, *Christian Theology*, 3:918.

받은 자들과 타락한 이성적 피조물들을 창조하려는 작정이 뒤따른다. 그리고 타락을 허용하는 작정이 이어진다. 하나님의 결정은 택함받은 자들을 의롭다 하고 택함받지 않은 자들을 정죄하려는 작정에서 절정에 달한다. 우리는 이러한 순서를 "타락 전 선택설"(supralapsarian: 라틴어의 lapse(타락하다)와 supra(위)에서)이라고 부를 수 있다. 왜냐하면, 이 학설은 선택에 관한 작정을 타락을 허용하는 작정 이전에 두기 때문이다.

오늘날 칼빈주의자들 사이에서 좀 더 인기가 있는 것은 인간을 거룩함과 복된 상태로 창조하는 작정을 제일 처음에 두는 입장이다. 그런 다음에 인간의 자기 결정에 의한 타락을 인간에게 허용하는 작정이 뒤따른다. 다음으로는 선택의 작정, 즉 이 범죄한 집단 전체로부터 몇몇을 구원하려는 하나님의 결정이 온다. 네 단계 중 마지막은 인류의 나머지 사람들을 그들의 죄 가운데 두어서 그들을 의로운 심판에 부치는 작정이다. 이러한 입장은 "타락 후 선택설"(infra[sub]lapsarian)이라 불리는데, 이는 선택의 작정이 타락을 허용하는 작정 다음에 오기 때문이다.

타락 전 선택설에서 타락 후 선택설로의 변화는 신학적 의의가 없지 않다. 하나님의 작정의 순서에서 선택의 작정을 첫 번째 위치(타락 이전)에서 세 번째 위치(타락 이후)로 옮김으로써, 타락 후 선택설은 타락 전 선택설에서 명시적으로 가르쳤던 "이중 예정론"의 가혹성을 완화시키고 있다. 하나님께서 택함받은 자들을 구원으로, 잃어버린 자들을 형벌로 예정하였다고 보는 타락 전 선택설과는 반대로, 타락 후 선택설은 예정이 오직 한 방향으로 움직인다고 본다. 즉, 타락 후 선택설은 하나님은 몇몇 사람들을 은혜로 구원하시기로 선택하셨다고 말한다. 그리고 타락 후 선택설을 주장하는 칼빈주의자들은 잃어버린 자들에 대한 정죄의 원인을 하나님의 명시적인 결정이 아니라 인간의 죄에 기인하는 것으로 본다.

칼빈주의의 이러한 두 변형 간의 차이점을 뛰어넘어 심지어 아르미니우스주의자들 중 다수까지도 포괄할 수 있는 신학적 방법론에 있어서의 좀 더 폭넓은 의견 일치가 존재한다. 전체적으로 볼 때, 개혁주의 신학은 구원을 창세 이전에 이루어진 하나님의 결정이라는 관점에서 보는 경향이 있다. 칼빈주의자와 아르미니우스주의자 간의 핵심적인 쟁점은 하나님의 영원한 복음과 개인의 역사적인 응답 사이의 관계에 초점이 맞춰져 있다: 하나님이 예정하셨기 때문에 회개와 믿음의 행위가 일어나는 것인가(칼빈주의), 아니면 그것이 역사 속에서 일어나고 그 결과 하나님이 그것을 미리 아시기 때문에 하나님은 이 사건을 예정하시는 것인가(아르미니우스주의)? 좀 더 신학적으로 말해본다면, 하나님의 예지(사건이 일어나기 전에 그 사건을 하나님께서 아시는 것으로 이해되는)는 하나님의 예정(그러한 사건들이 일어날 것을 결정하셨다는 의미에서)에 의존하는 것인가? 아니면 예정이 예지에 의존하는 것인가?

우리가 앞에서 지적했듯이, 아르미니우스주의자들은 일반적으로 칼빈주의적인 선택 개념은 인간의 자유 의지를 파괴한다고 믿는다. 복음에 대한 우리의 응답이 하나님께서 그의 신비롭고 주권적인 의지로써 미리 결정했다는 의미에서 예정된 것이라면, "자유로운 선택"은 신기루에 불과하게 되고 만다. 반면에 칼빈주의자들은 아르미니우스주의자들을 하나님의 궁극적인 주권을 깎아내리고 있다고 비난한다. 예정이 하나님의 예지(미리 아심)에 근거한 것이라면, 구원하시고자 하는 하나님의 결정은 하나님의 아무 공로 없이 거저 주시는 은혜에만 의거하는 것이 아니라 인간의 행위(즉, 시간 속에서의 우리의 응답)에 의존하는 것이 되고 만다.

이제까지의 설명에서 알 수 있듯이, 우리는 이 두 논쟁 상대자들이 하나의 중요한 신학적 확신을 옹호하고자 애쓰고 있다는 것을 쉽게 알 수 있다. 명백한 딜레마를 뛰어넘을 수 있는 어떤 방법이 존재하는가? 우리는 하나님의 주권과 인간의 자유, 이 둘 중에서 하나를 선택해야 하는가?

공동체로의 선택

칼빈주의와 아르미니우스주의 간의 논쟁이 다다른 막다른 궁지는 그 난점이 신학자들이 전통적으로 이 문제를 제기해 온 맥락에 있을 수 있다는 것을 암시해 준다.

앞에서 보았듯이, 칼빈주의자이든 아르미니우스주의자이든 개혁주의 신학들은 선택을 영원한 과거라는 맥락 속에서 논의하고 있다. 왜냐하면, 그들은 창세 이전의 하나님의 마음속에 존재했던 개개인들의 궁극적 구원에 관한 작정을 따져 묻고 있기 때문이다. 이러한 신학자들은 우리가 고전적인 선택 교리라고 부를 수 있는 것을 제시한다. 볼프하르트 판넨베르크(Wolfahrt Pannenberg)에 의하면, 이러한 고전적인 선택 교리는 "그 주체와 관련하여 하나님의 결정의 무시간성, 그 대상들을 개개인들(대다수의 경우에 관련이 없는 개개인들)에 국한시키는 것, 그리고 마지막으로 초월적 구원이 선택 행위 속에서 결정되는 목적이라고 일률적으로 주장하는 것" 등의 특징을 지니고 있다고 한다.[31]

그러나 신학의 올바른 지향점은 우리가 헤아릴 수 없는 영원한 과거가 아니다. 오히려 우리는 역사 속에서의 하나님의 사역이 절정에 달하게 될 지점인 그의 피조세계를 향한 하나님의 계시된 의도를 바라보아야 한다. 역사의 최종적인 목표 지점은 역사의 흐름 속에서 연대기적으로는 가장 먼저가 아니지만 존재의 순서에 있어서는 논리적으로 가장 앞에 온다. 오직 이 과정의 종착지만이 궁극적인 "실상(實相)"을 결정한다. 그러므로 우리의 실상은 장래의 우리의 모습이다. 구원 교리는 우리에게 "장래의 우리의 모습"이 하나님의 백성의 공동체라는 것을 상기시켜 준다.

(1) 하나님의 의도라는 관점에서 보면, 선택은 근본적으로 공동체적이다. 하나님의 역사적 구원 사역에 대한 우리의 이해의 토대가 되는 하나님의 영원한 목적은 성령을 통하여 우리가 성자와 성부가 함께 누리고 있는 영광스러운 관계에 참여하는 것이다. 이러한 목적을 위하여 성령은 우리를 하나로 묶어서 예수 그리스도와 한 몸을 이루게 한다. 그러므로 선택은 공동체와 결부되어 있다: 우리는 공동체를 위하여 및 공동체가 되게 하기 위하여 선택받는다. 선택받는다는 것은 "그리스도 안에" 있다는 것을 의미하고, 그러므로 공동체적 실체에 참여한다는 것을 의미한다. 바울이 분명하게 말했듯이, "그[즉, 그리스도] 안에서 우리도 택함받았다"(엡 1:11). 우리의 선택은 오직 그리스도 안에서만 일어나고, 그러므로 우리가 그리스도 안에 있을 때에만 우리는 선택에의 참여에 관하여 말할 수 있다.

나아가 성경의 선택 개념은 세상 속에서의 하나님의 활동의 지속적인 지배에 참여하기 위하여 역사 속에서 한 백성으로 택함받는 것을 포함한다. 구약성서에서 가장 중요한 주된 선택 사건은 출애굽이었고, 그 목표는 이스라엘이 하나님께서 땅의 모든 민족들에게 축복하시기 위한 도구로 사용하시는 백성으로서(창 12:3) 하나님께 속해 있는 것이었다(신 7:6-8). 하나님이 이스라엘을 선택하신 것은 이스라엘이 이방인들에 대한 선교를 수행하고(사 2:3; 42:1), 그렇게 함으로써 하나님의 역사적 목적들에 기여하게 하기 위함이었다. 이것은 하나님의 택함받은 백성의 새로운 표현으로서의 신약성서의 교회의 출현을 위한 배경이다. 위대한 선택 사건은 예수 그리스도의 오심과 성령의 부어 주심이었다. 우리가 그리스도의 몸에

---

31) Wolfhart Pannenberg, *Human Nature, Election and History* (Philadelphia: Westminster, 1977), 46.

통합됨으로써, 하나님은 우리를 선택하셨고, 우리에게 온 세상에 복음을 전하라고 위임하셨다(마 28:16-20). 따라서 우리는 도처의 사람들에게 종말론적 공동체의 도래를 통하여 절정에 달하게 될 역사 속에서의 하나님의 위대한 목적에 기여하는 일에 우리와 함께하자고 초대한다.

그러므로 우리의 선택의 일차적인 강조점은 우리가 역사 속에서 하나님의 목적에 참여하는 그리스도 안에서의 백성으로서 누리는 택함받은 상태이다. 우리는 열방들 중에서 하나님을 섬기는 놀라운 특권을 지니고 있다. 그럼에도 불구하고 여러 가지 파생적인 질문들이 여전히 남는다: 누가 그리스도 안에 있는 것인가? 성경의 예정 사상의 의미는 무엇인가? 그리고 그리스도 안에 있는 자들은 과연 견인(堅忍)되는가?

(2) 우리의 첫 번째 문제 제기를 통해서 우리는 역사 속에서의 하나님의 활동에 누가 참여하는가 라는 문제(이것은 교회론이 다루는 과제다)를 뛰어넘고 있다. 우리는 결국 누가 구원받을 것인가를 묻고 있는 것이다. 이 질문은 우리를 성령론을 뛰어넘어 종말론으로, 즉 제6부에서 다루게 될 최후의 심판이라는 문제로 데려다준다. 그러나 우리는 우리의 결론을 미리 예상할 수 있다. 최후의 추수에서 절정에 달하게 될 역사의 전개는 누가 궁극적으로 그리스도 안에 있고, 따라서 누가 영원한 공동체에 참여하게 될 것인가를 결정해 준다(마 13:24-30).

이러한 관찰은 예정론을 적절하게 이해하기 위한 배경이 된다. 이 개념을 설명해 주는 범례적인 성경 본문은 바울에게서 나온다:

> 하나님이 미리 아신 자들을 또한 그 아들의 형상을 본받게 하기 위하여 미리 정하셨으니 이는 그로 많은 형제 중에서 맏아들이 되게 하려 하심이니라 또 미리 정하신 그들을 또한 부르시고 부르신 그들을 또한 의롭다 하시고 의롭다 하신 그들을 또한 영화롭게 하셨느니라(롬 8:29-30).

우리의 기대와는 반대로, 이 절들에서 사도는 누가 구원받을 것인가 라는 문제에 주의를 기울이지 않았다. 도리어 그는 하나님의 목적, 그러니까 신자들의 종말론적인 영화라는 목적이 꼭 이루어질 것이라는 확신을 우리에게 주기 위하여 예정 개념을 사용하였다. 그러므로 바울에게 예정은 종말론적 지향성을 지닌다.

바울의 이 선언은 예지와 예정에 관한 전통적인 두 입장 중 그 어느 것도 엄밀하게 말해서 올바르지 않다는 것을 보여 준다: 하나님의 예지는 예정의 토대도 아니고, 예정의 결과도 아니다. 사실 개혁주의 신학들에서 이해하고 있는 예지는 바울의 예정 개념과는 별 상관이 없다. 사도는 예정의 토대로서 그리스도에게 속한, 즉 그리스도 안에 있어서 택함받은 자들을 영화롭게 할 하나님의 목적을 거론하였다. 이와는 반대로 하나님께서 사건들이 일어나기 전에 미리 아신다는 것을 가리키는 예지는 하나님의 전지하심의 한 기능이다. 모든 사건들은 하나님의 생각 속에 현존하고 있고, 따라서 하나님은 우리의 관점에서 볼 때에 미래적인 사건들을 비롯한 모든 역사적 사건들을 미리 아신다.

(3) 마지막으로, 우리는 견인(perseverance)이라는 문제와 관련된 선택의 공동체적 개념의 함의들을 살펴보지 않으면 안 된다. 회심은 하나님의 종말론적 백성에의 참여를 보장해 주는 것인가, 아니면 우리는 우리의 구원받은 지위를 상실할 수도 있는 것인가?

이에 대한 대답을 찾기 위해서 우리는 칼빈주의의 5대 교리 중 다섯 번째 교리를 좀 더 자세하게 규명해 보아야 한다. 성도의 견인은 성령의 임재가 진정으로 회심한 사람이 끝까지 믿음을 지키는 것을 보장해 준다는 뜻을 함축하고 있다. 그런 까닭에 루이스 벌코프(Louis Berkhof)는 견인을 "신자의 마음속에서 시작된 하나님의 은혜의 역사가 계속되어 완성에 이르게 하기 위한, 신자 속에서의 성령의 지속적인 활동"[32]으로 정의한다.

그러므로 칼빈주의의 견인 교리는 현대적인 "영원한 보장"(eternal security)에 관한 교리와 혼동해서는 안 된다. 흔히 "한 번 구원은 영원한 구원"이라는 상투어로 집약되는 이러한 교리의 신봉자들은 그리스도를 위한 한 결단은 그 이후에 우리의 행동이 어떠하든지 간에 우리의 영원한 운명을 확정적으로 결정한다고 주장한다.[33] 그러므로 이러한 의미에서 영원한 보장은 비역사적인 구원을 가르친다: 우리의 영원한 지위는 역사적 사건들에 의해서 영향을 받지 않고, 그리스도를 위한 우리의 결단에 의해서 확정적으로 결정된다는 것이다. 이와는 반대로 성도의 견인 교리는 역사와 관련된 진술이다: 진정한 회심은 그 이후의 사건들을 통해서

---

32) L. Berkhof, *Systematic Theology*, 546.

33) 이 입장의 등장에 대한 개관으로는 Dale Moody, *The Word of Truth* (Grand Rapids: Eerdmans, 1981), 361-63을 보라.

드러날 것이다.

견인을 역사와 관련된 진술이라고 보면, 견인은 위에서 서술한 선택 개념을 반영하고 있다. 이 교리는 최종적인 정점을 향하여 치닫는 역사적 과정 자체가 누가 진실로 그리스도 안에 있는지를 드러내 줄 것이라고 주장한다. 자신 안에서 성령이 진정으로 활동하고 있는 사람들은 결국 그들의 부르심에 충실한 상태로 "달려갈 길을 마칠" 것이다. 믿음을 저버린 사람들은 언젠가는 믿음으로 되돌아올 것인데, 이는 그 안에 내주하시는 성령이 그의 구원 사역을 완성할 것이기 때문이다. 또는 그들은 결코 그들의 배교 행위로부터 돌이키거나 회개하지 않을 수도 있는데, 이를 통해서 그들은 결코 진정으로 회심하지 않았다는 것을 나타내 보일 것이다.

요한도 그가 편지를 써보냈던 공동체로부터 이탈한 사람들에 관하여 다음과 같이 선언하였다:

> 그들이 우리에게서 나갔으나 우리에게 속하지 아니하였나니 만일 우리에게 속하였더라면 우리와 함께 거하였으려니와 그들이 나간 것은 다 우리에게 속하지 아니함을 나타내려 함이니라(요일 2:19).

어쨌든 종말을 정점으로 하는 역사의 향후의 전개가 누가 그리스도 안에 있는지 — 성령이 지금 역사하고 있는 사람들 — 를 밝혀줄 것이다.

이러한 맥락 속에서 "그리스도 안에 거한다"라는 성경의 언급들은 의미심장하다. 진정으로 그리스도 안에 있는 자는 그러한 권면들에 주의를 기울일 것이고, 따라서 계속해서 믿음을 갖게 될 것이다. 왜냐하면, 능력을 주시는 성령이 그 안에 내주하시기 때문이다. 성령의 임재는 그들이 "달려갈 길을 마치고" 의로운 재판장으로부터 의의 면류관을 받을 때에 분명하게 드러난다(딤후 4:8).

구원의 순서

우리는 이제 하나님의 영원이라는 맥락 속에서 구원에 대한 우리의 이해를 통합시킬 위치에 있다. 그러나 그렇게 하기 위해서는 우리가 마지막으로 한 가지 문제를 놓고 씨름해야 할 필요성이 있는데, 그것은 바로 하나님의 한 구원 계획 내에서 개인 구원의 여러 측면들의 순서(또는 질서)에 관한 것이다. 그러면, 이제 구원의 순서(ordo salutis)에 관하여 살펴보기로 하자.

역사적 관점. 인간의 구원 체험은 여러 세기에 걸쳐서 하나님의 백성 가운데 존재해 왔지만, 구원 사건들의 순서에 대한 신학적 관심은 비교적 최근에 나타난 현상이다. 좀 더 구체적으로 말한다면, 그것은 종교개혁의 열매이다.[34] 16세기 이전의 기독교 사상가들은 개인 구원의 여러 측면들을 거의 강조하지 않거나 분명히 구별하지 않았다. 종교개혁을 시작으로, 특히 청교도 시대에 신학자들은 올바른 구원의 순서를 규명하고자 애썼다. 그들의 성찰의 목표는 구원 과정에 있어서 필수적인 요소들의 논리적인 흐름을 명확하게 서술하는 것이었다. 개혁주의 신학자인 루이스 벌코프는 다음과 같은 설명을 제시하였다:

> 구원의 순서(ordo salutis)는 그리스도 안에서 수행된 구원 사역이 죄인들의 마음과 삶 속에서 주관적으로 실현되는 과정을 서술한다. 그것은 구속 사역의 적용에 있어서 성령의 여러 계기들을 그 논리적 순서 및 상호 관계 속에서 서술하는 것을 목표로 삼는다.[35]

종교개혁 시대 이후에 주요한 신앙고백 집단들 — 루터파, 개혁파, 로마 가톨릭 — 내의 사상가들은 구원에 대한 그들의 대표적인 이해들을 제시하였다. 이들의 견해들은 그들이 대표하는 전통들의 고전적인 입장을 반영한 것이지만, 오늘날의 신학에서 제대로 대접을 받지 못해 왔다. 개신교 스콜라 철학의 시대와 반동 종교개혁의 오늘날의 후계자들은 그때그때의 필요에 따라서 과거의 모형들을 자유롭게 수정하거나 구원의 순서에 대한 탐구를 신학적으로 부적절한 것으로 여겨서 거부하여 왔다. 예를 들면, 네덜란드의 개혁주의 학자인 헨드리쿠스 베르코프(Hendrikus Berkhof)는 그러한 범주 설정이 "구원의 길을 심리학적 과정으로" 변질시키고 있다고 한탄하였다.[36] 마찬가지로 루터파 신학자인 게르하르트 포드(Gerhard O. Forde)는 "그것이 하나님 편에서의 구원의 수단들(말씀과 성례전)

---

34) L. Berkhof, *Systematic Theology*, 419.

35) Ibid., 415-16.

36) Hendrikus Berkhof, *Christian Faith*, trans. Sierd Woudstra (Grand Rapids: Eerdmans,. 1979), 478.(「기독교 신앙론」: 크리스챤다이제스트)

과 인간 편에서의 구원의 수단들(믿음과 선행)의 근본적인 구별을 가져왔다"는 이유로 이러한 범주화를 공격하였다.[37]

오늘날의 많은 신학자들은 구원의 순서에 대하여 문제를 제기하고 있지만, 복음주의 사상가들은 성령의 역사와 우리 인간의 응답의 정확한 질서에 대한 첨예한 관심을 예전부터 지녀왔다.[38] 이러한 관심은 근거 없는 것이 아니다. 왜냐하면, 구원의 순서에 대한 탐구는 구원의 본질에 관한 결정적으로 중요한 문제들을 제기하기 때문이다. 이런 이유로 우리는 이 문제를 좀 더 자세하게 살펴볼 필요가 있다.

대표적인 입장들. 우리는 주요한 분파들 — 루터파, 개혁파, 로마 가톨릭 — 에 따라 주요한 제안들을 분류해 볼 수 있다.

(1) 루터파 신학에서 믿음에 의한 칭의는 가장 전면에 부각된다. 따라서 협화신조(the Formula of Concord)와 초기 루터파 사상가들은 "객관적인 화해," 그리스도 안에서 하나님께서 인류와 화해하셨다는 현실을 구원의 토대로 보았다.[39] 복음을 통해서 하나님은 이것을 우리에게 알리시고, 우리에게 주관적으로 칭의를 받아들일 것을 권고하신다. 복음은 우리에게 성령의 구원 사역을 거부하지 않을 힘을 중재해 준다. 우리의 회개는 중생 또는 구원의 은혜로 이어지는데, 이것은 성령의 역사에 대한 우리의 저항의 강도에 따라 신속하게 또는 점진적으로 일어난다.[40] 중생은 우리에게 구원하는 믿음을 수여해 주고, 이것을 통해서 우리는 그리스도에 의해서 주어진 죄사함을 우리의 것으로 만든다. 그런 다음에 우리는 하나님의 가족 속으로 받아들여지고, 그리스도와 연합되며, 순종의 삶을 살기 위한 수단들을 수여받는다. 그러나 우리가 이러한 축복들을 소유하는 것은 영속적인 것

---

37) Gerhard O. Forde, "Christian Life," in *Christian Dogmatics*, ed. Carl E. Braaten and Robert W. Jenson, two volumes (Philadelphia: Fortress, 1984), 2:428-29.

38) 예를 들면, Erickson, *Christian Theology*, 3:932-46에 나오는 구원의 "논리적 순서"에 관한 논의를 보라.

39) Francis Pieper, *Christian Dogmatics*, ed. John Theodore Mueller, English translation, three volumes (1934; St. Louis: Concordia, 1951), 2:419.

40) 예를 들면, Heinrich Schmid, *The Doctrinal Theology of the Evangelical Lutheran Church*, trans. Charles Hay and Henry E. Jacobs, third edition (Philadelphia: United Lutheran Publication House, 1899; reprint, Minneapolis: Augsburg, n.d.), 460-80을 보라.

이 아니라 우리가 믿음을 지속하느냐의 여부에 달려 있다.

조직신학자들은 루터의 견해에 입각하여 구원에 있어서의 성령의 사역을 요약하였다. 성령의 한 활동은 논리적인 순서로 구분될 수 있다. 성령은 "부르시고, 조명하며, 죄를 깨닫게 하고, 의롭다 하시며, 새롭게 하시고, 그리스도와 하나되게 하며, 거룩하게 하신다."[41]

(2) 루터파와는 달리 개혁파 신학자들은 구원을 위한 토대를 인류에 대한 하나님의 화해라는 사실 속에서 발견하는 것이 아니라 그 배경을 이루는 하나님의 선행적인 목적들에서 찾는다. 그들의 공통적인 출발점에도 불구하고, 이 전통의 대표자들은 구원의 순서에 대한 적절한 설명을 놓고 폭넓은 의견차이를 드러낸다. 그들이 제시하는 설명들은 아주 자세하고 복잡한 경향이 있다. 그럼에도 불구하고 칼빈의 유산을 이어받았다고 주장하는 신학자들은 구원의 순서의 핵심이라고 여겨지는 네 가지 요소의 순서와 관련하여 대체적으로 의견의 일치를 보인다: 하나님의 일반적인 부르심, 하나님의 효과적인 부르심, 중생, 회개와 믿음이라는 개인적인 응답. 이러한 요소들 다음에 칭의, 성화, 견인, 영화 같은 좀 더 논란이 적은 요소들이 뒤따른다.[42]

이 네 가지 중심적인 요소들의 순서는 아주 중요하다. 왜냐하면 그것은 개인 구원에 대한 칼빈주의의 근본적인 접근 방식을 반영하는 것이기 때문이다. 하나님은 복음을 통하여 모든 사람들을 부르시지만(일반적 부르심), 결과들을 낳는 부르심은 오직 택함받은 자들에게만 온다(효과적 부르심). 이 부르심의 효과는 중생인데, 중생은 전적으로 성령의 역사이다. 그것은 우리가 감지할 수 없는 상태로 일어나고, 인간의 그 어떤 응답 이전에 일어난다: 그런 까닭에 중생은 "잠재의식적"이다. 그리고 회개와 믿음이라는 응답은 하나님이 이미 택함받은 자에게 중생을 일어나게 하고 성령을 주셨다는 것을 보여 주는 최초의 표시이다. 그것은 중생에 있어서의 성령의 역사가 죄인의 의식적인 삶에 도달하여 인식되었다는 것을 보여 준다.[43]

(3) 부분적으로는 개신교에 대한 반동으로 로마 가톨릭 신학자들은 트렌트 공

---

41) Robert W. Jenson, "The Holy Spirit," in *Christian Dogmatics*, 2:129.
42) L. Berkhof, *Systematic Theology*, 418.
43) Ibid.

의회(1545-1563년)에서, 개인과 성령의 협동에 초점이 맞춰져 있는 구원에 관한 가톨릭의 정통적인 입장을 제시하였다. 유아 세례를 받지 않은 사람들에게 구원 과정은, 어떤 사람이 하나님의 정의에 관한 복음 선포를 듣고 하나님의 은혜에 의해서 일으켜 세워지고 도움을 받을 때에 시작된다. 이 은혜를 거부하지 않는 사람은 성령과 협력하여 칭의를 준비한다. 이 공의회에 따르면, 이러한 준비는 다음과 같은 경우에 일어난다:

> 그들이 그들 자신을 죄인이라고 이해하여 하나님의 정의에 대한 두려움으로부터 돌이켜 하나님의 긍휼을 고려하는 마음이 생겨남으로써 소망이 생겨나서 하나님께서 그리스도를 위하여 그들에게 호의를 가지고 대하실 것이라고 믿을 때; 그리고 그들이 하나님을 모든 정의의 원천으로 사랑하기 시작하여, 그런 이유로 해서 어떤 미움과 혐오에 의해서, 즉 세례 전에 이루어져야 하는 회개에 의해서 죄를 거슬러 마음이 동할 때; 마지막으로, 그들이 세례를 받고 새로운 삶을 시작하며 하나님의 계명들을 지키기로 결단할 때.[44]

칭의의 도구인 세례는 죄의 제거와 초자연적인 덕목들(믿음, 소망, 사랑)의 주입을 가져온다.[45] 신자들이 "하나님과 교회의 계명들의 준수, 선행이 수반된 믿음을 통해서 그리스도의 은혜로 말미암아 받은 그 정의를 증대시키고 더욱 의로워짐으로써" 거룩한 삶이 뒤따라야 한다.[46] 이것이 아주 중요한 이유는 세례받은 그리스도인은 불신앙이나 치명적인 죄로 말미암아 칭의의 은혜를 상실할 수 있기 때문이다. 그럼에도 불구하고 그러한 사람은 성례전들, 특히 보속(補贖)을 통해서 회복될 수 있다.[47]

구원의 순서와 미래의 공동체. 구원의 순서에 관한 여러 전통들의 관점들은 많은 점들에서 서로 다르지만 한 가지 근본적인 특징을 공유하고 있다. 그것들은 과거

---

44) "The Canons and Decrees of the Council of Trent" 6.6, in *The Creeds of the Churches*, ed. John H. Leith, third edition (Atlanta: John Knox, 1982), 410-11.
45) "The Canons of Trent" 6.7, in *The Creeds of the Churches*, 412.
46) "The Canons of Trent" 6.10, in *The Creeds of the Churches*, 414.
47) "The Canons of Trent" 6.14, in *The Creeds of the Churches*, 417-18.

로부터 시작해서 현재를 거쳐서 미래로 나아간다. 따라서 과거는 신학자들이 구원의 순서의 여러 요소들을 서술하는 관점이 된다.

다른 어떤 본문들보다도 구원의 순서를 서술하려는 신학적 관심의 토대를 제공해 주는 성경 본문은 서로 다른 여러 접근 방법을 시사해 준다. 여기서 다시 한 번 바울의 말을 인용해 보기로 하자:

> 하나님이 미리 아신 자들을 또한 그 아들의 형상을 본받게 하기 위하여 미리 정하셨으니 이는 그로 많은 형제 중에서 맏아들이 되게 하려 하심이니라 또 미리 정하신 그들을 또한 부르시고 부르신 그들을 또한 의롭다 하시고 의롭다 하신 그들을 또한 영화롭게 하셨느니라(롬 8:29-30).

이 절들에서 사도는 구원의 여러 요소들을 하나님의 최종적인 목표라는 관점에서 그 순서를 서술하고 있다. 그러므로 구원의 순서와 관련하여 근본적인 것은 구원의 종말론적 완성 또는 영화이다.

구원을 종말론적으로 방향 설정한다는 것은 구원의 순서와 관련된 유일하게 적절한 출발점이 하나님의 의도, 하나님의 구원 목적이라는 것을 의미한다. 우리가 앞에서 말했듯이, 하나님의 의도는 하나님께서 자기에게 속한 자들을 위하여 계획하신 영원한 공동체에 우리를 참여시킴으로써 스스로를 영화롭게 하는 것이다. 그러므로 처음부터 끝까지 구원 과정에서 근본적인 역할을 하는 성령의 사역은 우리가 모든 다른 신자들 및 모든 피조물과 함께 공유하게 될 종말론적 변화이다. 성령의 활동의 그 밖의 모든 다른 차원들은 우리의 최종적인 영화의 확실성 속에서 그것들의 의미를 발견한다. 사실 바울은 이것이 일어날 것을 확신하고 있었기 때문에, 그는 인간적인 관점에서 볼 때에는 미래의 사건인 이것을 마치 이미 일어난 것인 양 다루고 있다: "의롭다 하신[과거의 사건] 그들을 또한 영화롭게 하셨느니라[마치 이미 과거에 일어난 것처럼 얘기되고 있는 미래적인 사건]."

하나님의 구원 사역의 일차적인 목표인 영화는 자연스럽게 그것을 지향하고 있고 그것에 보조적인 그 밖의 다른 측면들로 이어진다. 종말론적 변화로 가는 도중에 성령은 우리를 끊임없이 그 기준이 되는 그리스도를 닮아가게 만든다(상태적 성화). 그러나 성화의 과정은 분명한 출발점, 즉 성령이 한 개인의 삶 속에 들어가서 중생, 칭의, 자유, 능력을 주시는 일로부터 시작된다(지위적 성화). 그러나 이러한 시작점은 그 자체로 궁극적인 의미를 지니는 것은 아니고, 오직 하나님의 최종적 목표에 이르는 과정 속에서 첫 번째 단계로서만 의미를 지닌다.

성령이 죄인의 삶 속에 들어오는 것은 회심과 더불어 일어난다. 개인적 관점에서 보면, 회심은 어떤 개인이 회개와 믿음을 통해 복음에 응답할 때에 일어난다. 그러나 이런 일이 일어나기 위해서는, 그 사람은 복음을 선포하는 사람들이나 성경을 읽는 것을 통해서 메시지를 접하지 않으면 안 된다. 하나님의 말씀이 제시될 때, 성령은 거기에 임재하여 죄를 깨닫게 하고 부르시고 조명하며 능력을 주시고자 시도한다.

로마서에 나오는 위의 본문이 보여 주듯이, 구원 체험 전체는 하나님의 자신의 목적성에 의해서 둘러싸여 있다. 따라서 구원의 순서의 엄밀하게 신학적인 요소들이 뒤따른다. 우리는 하나님의 목적성을 "예정"이라고 말한다. 앞에서도 지적했듯이, 예정은 "영원한 생명 또는 영원한 사망을 위한 개개인들에 대한 하나님의 선택"[48]이 아니라 신자들을 그의 구원 사역의 최종적인 목표(영화)로 이끌고자 하시는 하나님의 결연한 의도이다. 실제로 우리는 "그의 아들을 닮아가도록 예정되어" 있다. 그리고 영화를 이루려는 하나님의 의도는 그리스도 안에 있는 자들인 우리에 대한 그의 미리 아심, 그의 영원한 아심으로부터 생겨난다. 미리 아심은 피조된 시간의 연속체에 대한 그의 영원한 아심, 즉 하나님의 전지하심의 한 기능이다. 왜냐하면, 하나님은 만유의 의미이기 때문이다.

요약해 보기로 하자: 구원의 순서는 영화, 성화, 회심, 말씀의 적용, 예정, 미리 아심, 전지하심을 포함한다. 이런 식으로 성령의 역사에 의해서 이루어지는 우리의 구원은 구속받은 자들의 위대한 공동체의 참여자들인 우리가 영원토록 찬송할 삼위일체 하나님의 영원성에 의해서 둘러싸여 있다.

구원에 관한 우리의 논의는 세상 속에서 우리의 구원자이신 하나님에 대한 위대한 종말론적 찬양대의 맛보기로서 존재하는 신앙 공동체로 귀결된다. 이런 식으로 성령론은 기독론(그리스도에 관한 가르침)을 교회론(그리스도의 교회에 관한 가르침)으로 이어주는 연결고리 역할을 한다. 그러므로 이제 우리는 교회론에 대하여 살펴볼 차례다.

---

48) Erickson, *Christian Theology*, 3:908.

제 5 부

교회론

　성경은 인류의 구원을 추구하는 삼위일체 하나님의 활동에 관한 이야기이다. 성령론에서 우리는 인간 개개인의 구원을 가져오기 위한 성령의 역할을 살펴보았다. 그러나 구원은 결코 고립적으로 일어나지 않는다. 오히려 우리가 하나님의 은혜를 받는 것은 공동체의 지체가 되기 위한 것이다. 사실 하나님의 목적은 화해된 백성으로 구성되는 "하나된 새로운 인류"(엡 2:14-19)를 세우는 것, 그리고 이렇게 해서 우리가 죄로 인하여 겪는 소외의 수평적인 효과들을 극복하는 것이다. 죄는 사람들 사이에서의 소외를 가져오기 때문에, 하나님은 자신의 구원 사역을 통하여 인간 상호간의 관계를 치유하고자 하신다. 신약성서에 의하면, 하나님의 새로운 화해된 공동체의 초점은 예수 그리스도의 교회다.
　하나님의 백성이라는 공동체 가운데에서의 성령의 사역을 체계적으로 설명하는 것이 교회론 또는 교회에 관한 교리다. 우리의 교회론은 네 단계로 진행된다. 우리는 종말론적 계약 공동체로서의 교회의 본질을 살펴보는 것으로서 교회론을 시작할 것이다(제17장). 신자들의 교제로서의 우리는 하나님 및 인간 상호간의 관계 속으로 들어간다. 이러한 계약적 관계는 우리가 새 창조에서 공유하게 될 장래의 공동체의 맛보기이자 삼위일체 하나님 자신의 영원한 공동체의 표지(標識)이다. 교회의 지고(至高)한 본질에 대한 이러한 이해를 염두에 두고, 우리는 세상 가운데 있는 이 공동체를 살펴볼 것이다. 우리는 예배, 건덕, 선교를 통하여 하나님을 영화롭게 하는 공동체로서의 교회의 사역을 살펴보는 것으로 시작할 것이다(제18장). 그런 다음에 우리는 공동체 안에서 그리스도에 대한 충성을 개시시키고 지속시키는 헌신 의식들 — 세례와 성찬 — 로 넘어갈 것이다(제19장). 우리의 교회론은 교회 공동체의 구성원이 되는 자격, 통치 구조, 공동체의 사역을 위하여 지도자들을 공급하시는 성령의 활동, 성직자의 임직(ordination)을 포함한 공동체의 조직에 관한 논의로 끝날 것이다(제20장).

제 17 장

교회 – 종말론적 계약 공동체

> 그가 우리를 흑암의 권세에서 건져내사 그의 사랑의 아들의 나라로 옮기셨으니
> — 골로새서 1:13

모든 미국 사람들이 그리스도인이라고 주장하지는 않겠지만, 거의 모든 사람들이 어느 정도 교회를 알고 있다. 하나의 제도로서 교회는 우리 사회에서 영향력 있는 역할을 수행하여 왔다. 이러한 폭넓은 접촉에도 불구하고, 교회의 본질에 관한 잘못된 인식들이 널리 퍼져 있다. 어떤 사람들은 교회를 주로 하나의 건물, 즉 신자들이 하나님을 예배하는 구조물 정도로 생각한다. 또 어떤 사람들은 교회를 오늘날의 사람들의 충성을 얻어내기 위해서 경쟁하는 수많은 조직들 중의 하나라고 생각한다. 따라서 교회는 사람들이 개인의 취향에 따라 선택적으로 가입할 수 있는 집단이라고 보는 것이다.

이러한 개념들은 우리 사회에 널리 퍼져 있는 생각이긴 하지만 교회의 본질에 다가서고 있지는 않다. 그러한 개념들은 신약성서가 제시하고 있고, 교회사를 통하여 신학자들이 설명해온 교회에 대한 이해를 반영하고 있지 않다. 그렇다면 우리는 교회를 어떻게 보아야 하는가? 신약성서의 기자들이 그리스도 자신에 의해서 시작되었다고 주장하는 이 공동체(fellowship)의 본질은 무엇인가?

최근에 많은 신학자들은 교회의 선교에 초점을 맞춰서[1] 동태적(動態的)인 관점에서 교회론을 제시하기 시작해 왔다.[2] 그러나 전통적으로 기독교 사상가들은 교

---

1) E.g., Dale Moody, *The Word of Truth* (Grand Rapids: Eerdmans, 1981), 427-33.
2) E.g., Colin Williams, *The Church*, volume 4 of *New Directions in Theology Today*, general ed. William Hordern (Philadelphia: Westminster, 1968), 20.

회의 정태적(靜態的)이고 이론적인 본질을 강조해 왔다. 이 장에서 우리는 교회론의 근본적인 문제 — 즉, 교회의 본질이라는 문제 — 를 살펴보고자 한다. 우리는 교회의 근본적인 본질을 설명해주는 세 가지 개념을 토대로 교회에 대한 우리의 이해를 제시하고자 한다: 계약, 하나님 나라의 표지(標識), 공동체. 교회는 하나님의 통치의 표지이자 특별한 공동체를 이루는 계약 관계 속에 있는 백성이라고 우리는 주장한다. 요컨대, 교회는 종말론적 계약 공동체이다.

계약 백성으로서의 교회

근본적으로 예수 그리스도의 교회는 건물도 아니고 조직도 아니다. 오히려 교회는 백성, 특별한 백성, 곧 스스로를 자신들을 구원한 하나님에 대한 관계 및 이 구원을 공유하는 자들인 서로에 대한 관계 속에 있는 자들로 보는 백성이다. 초기 교부인 히폴리투스(Hippolytus)가 분명하게 말했듯이, "그것[교회]은 교회라 불리는 장소도 아니고, 돌과 흙으로 만들어진 건물도 아니다. 교회는 의(義) 가운데 살아가는 자들의 거룩한 총회이다."[3] 신학적으로 말해서, 교회는 계약 관계 속에 있는 백성이다.

몇 가지 성경적·역사적 주제들이 함께 결합되어, 교회는 계약 백성이라는 결론이 나온다.

에클레시아

교회가 계약 백성이라는 결론을 나오게 한 하나의 원천은 신약성서의 기자들이 흔히 교회를 지칭하기 위하여 사용했던 헬라어 '에클레시아'(ekklesia)이다.[4] 이 용어는 동사 '칼레오'(kaleo, "부르다")와 전치사 '에크'(ek, "-로부터")가 결합해서 생겨났다. 이러한 어원론적 토대 위에서 많은 신학자들은 "불러내어진 자들"이라는 개념이 '에클레시아'라는 명사 속에 내재해 있다고 결론을 내렸다.[5]

---

3) Hippolytus, *Daniel* 1.17.6-7, J. G. Davies, *The Secular Use of Church Buildings*(London: SCM, 1968), 4에서 재인용.

4) E.g., Millard J. Erickson, *Christian Theology*(Grand Rapids: Baker, 1985) 3-1031.

5) 예를 들어, Lewis Sperry Chafer, *Systematic Theology*, seven volumes(Dallas:

신약성서가 '에클레시아'라는 용어를 채택하고 있는 것은 예수 그리스도의 교회와 구약성서의 이스라엘 민족과의 중요한 연결고리를 제공해 준다. 히브리 성경을 헬라어(칠십인역)로 번역했던 유대 학자들은 역사서 저자들이 "여호와의 회중" 또는 "총회"로서의 이스라엘을 지칭하는 데 사용하였던 히브리어 '카할'(qahal, "총회")을 번역하는 데 '에클레시아'를 선택하였다(신 23:1ff.; 대상 28:8).

이러한 구약성서의 언급들은 자신의 회중을 세우겠다는 예수의 약속(마 16:18; 18:17)의 배경이 되었던 것으로 보인다. 주님의 이러한 선언의 배경과는 상관 없이, 초기 그리스도인들은 우리 주님 자신이 교회를 하나의 제도로 창설하였다고 분명하게 믿었다. 그러므로 그들의 교제는 예수께서 그의 메시지를 받아들인 자들을 자신의 제자들이라고 불렀을 때부터 시작된 운동의 연속선상에 있었다. 그러나 아울러 그들이 이미 칠십인역에서 사용되었던 '에클레시아'라는 용어를 그들 자신에 대한 명칭으로 선택했다는 것은 초기 그리스도인들이 예수의 추종자들로서의 그들 자신을 하나님께서 광야에서 이스라엘 민족을 택하여 시작하셨던 것과 연결시켰음을 보여 준다.

'에클레시아'의 신학적 배경은 구약성서이긴 하지만, 신약성서에서 사용한 '에클레시아'의 언어학적 의미는 주후 1세기 로마 세계에서의 이 단어의 통상적인 용법으로부터 나온 것이다. '에클레시아'는 "총회," 즉 시(市)의 여러 문제들을 다루기 위하여 소집된 특정한 지역 사회의 시민들을 가리켰다(행 19:32, 39, 41).[6] 초기 그리스도인들은 이 용어 속에서 그들의 자기 인식을 표현하는 데에 도움이 되는 수단을 발견하였다. 그들은 자신들을 그리스도로 말미암아 하나님에게 속하기 위한 목적으로 복음의 선포에 의해서 함께 부르심을 받은 백성으로 보았다.[7]

Dallas Seminary Press, 1948), 4:39를 보라.

6) Jürgen Roloff, "ekklesia," *Exegetical Dictionary of the New Testament(EDNT)*, ed. Horst Balz and Gerhard Schneider, English translation(Grand Rapids: Eerdmans, 1990), 1:411; Karl L. Schmidt, "ekklesia," *Theological Dictionary of the New Testament(TDNT)*, ed. Gerhard Kittel and Gerhard Friedrich, trans. Geoffrey W. Bromiley(Grand Rapids: Eerdmans, 1964-76), 3:513.

7) 초기 공동체에 의한 이 용어의 선택에 관한 논의로는 Roloff, "ekklesia," in *EDNT*, 1:412를 보라.

그리스도인들의 공동체를 지칭하는 명칭으로 '에클레시아'를 선택했다는 것은 신약의 신자들이 교회를 건물이나 조직으로 보지 않았다는 것을 보여 준다. 그들은 하나의 백성 — 성령에 의해서 함께 결합된 백성, 즉 그리스도를 통하여 서로에게 묶인 백성 — 그러니까, 하나님과 계약 관계 속에 있는 백성이었다. 무엇보다도 그들은 하나님의 백성이었다(고후 6:16).

'에클레시아,' 즉 하나님의 계약 백성으로서의 교회라는 개념은 침례교의 교회론에서 침례교 역사 전체에 걸쳐서 중요한 역할을 하여 왔다. 그래서 침례교 조직신학자였던 데일 무디(Dale Moody)는 "제도적 조직에 대한 영적 유기체(有機體)의 우위성은 이 모든 위대한 신학적 흐름 속에서 분명하게 드러난다"라고 결론을 내렸다.[8] 그러나 최근에, 예를 들면, 교회연합 운동에서 중요한 문서인「세례, 성만찬, 그리고 목회」(Baptism, Eucharist and Ministry)라는 문서에서 분명하게 드러나듯이, 교회를 백성이라는 개념에 초점을 맞춰서 바라보는 견해는 교회 전체에서 폭넓은 합의를 도출해 왔다.[9]

나라, 몸, 성전

신약성서에서 '에클레시아'라는 용어를 사용하고 있는 것은 초기 신자들이 교회를 계약 맺은 백성으로 인식하였다는 것을 보여 준다. 이러한 결론은 그들의 교제의 성격에 대한 통찰을 제공하기 위하여 신약성서의 기자들이 사용했던 몇몇 은유들에 의해서 확증된다. 그러한 은유들 중에서 특히 세 가지가 중요한데, 이것들은 각각 삼위일체 하나님의 어느 한 지체와 연관되어 있다.[10]

---

8) Moody, *The Word of Truth*, 441.

9) *Baptism, Eucharist and Ministry*, Faith and Order Paper #111(Geneva: World Council of Churches, 1982), 20.

10) Kenneth Cauthen(*Systematic Theology* [Lewiston, N.Y.: Edwin Mellen, 1986], 296)에 의하면, 이러한 은유들의 선택이 삼위일체 사상을 함축하고 있다는 것과 이 은유들이 기독교 사상사에서 세 가지 주요한 주제라는 것은 Lesslie Newbigin의 저서인 *The Household of Faith*(New York: Friendship, 1954)에까지 거슬러 올라간다. 자신의 교회론에서 이것들을 채택하고 있는 Millard Erickson(*Christian Theology*, 3:1034-41)은 이 개념의 출처로 Arthur W. Wainwright, *The Trinity in the New Testament*(London: S.P.C.K., 1962)를 인용한다.

하나님의 나라. 신약성서는 교회를 하나님께 속한 나라요 거룩한 제사장이라고 말한다(벧전 2:9). 이 은유는 구약성서에 뿌리를 둔 '에클레시아'와 쉽게 연결된다. 이스라엘이 하나님의 백성 — 하나님의 나라 — 으로 선택받았듯이, 이제는 신약성서의 교회가 바로 그러한 관계를 누리고 있다. 이 둘 사이의 깊은 유사성에도 불구하고, 한 가지 중요한 차이도 존재한다. 하나님의 나라로서의 지위는 더 이상 특정한 인종 집단의 구성원이라는 것에 바탕을 두지 않는다. 이제 온 세계로부터의 사람들이 함께 부르심을 받아 하나님께 속해 있다: 교회는 "각 족속과 방언과 백성과 나라 가운데에서"(계 5:9) 부르심을 받은 사람들을 포괄하는 국제적 교제이다.

"나라"가 지위에 초점을 맞추고 있는 반면에, "제사장"은 직무를 가리킨다. 신약성서에 나오는 제사장이라는 은유는 비록 구약성서와 대비를 이루고 있긴 하지만 역시 구약성서에 뿌리를 두고 있다. 고대 이스라엘에서는 특정한 사람들만이 율법에 규정된 제사장 직무들을 수행하였다. 이스라엘에서는 오직 소수만이 백성으로부터 선별되어 제사장 역할을 하였던 반면에, 교회에서는 하나님의 모든 백성이 제사장에 속하고, 제사장의 직무는 모두에 의해서 공유된다.[11]

그리스도의 몸. 또한 신약성서는 교회를 그리스도를 머리로 하는(골 1:18) 그리스도의 몸이라고 말한다(엡 1:22-23; 고전 12:27).[12] 이러한 묘사의 배경은 구약성서에 있다기보다는 인간의 해부학에 있다고 할 수 있다. 육체적인 몸과 그 머리의 관계 및 인간의 몸의 유기적 통일성 — 이 두 가지가 교회에 관한 어떤 진리를 말해 준다.[13] 그리스도의 "몸"으로서 교회는 오직 그리스도의 뜻을 행하기 위

---

11) 제사장 개념에 관한 짤막한 논의로는 Alex T. M. Cheung, "The Priest as the Redeemed Man: A Biblical-Theological Study of the Priesthood," *Journal of the Evangelical Theological Society* 29/3(September 1986): 265-75를 보라. 이 문제에 관한 교회연합적인 의견 일치에 대해서는 *Baptism, Eucharist and Ministry*, 23을 보라. 또한 Walter Marshal Morton, *Christian Theology: An Ecumenical Approach*(New York: Harper & Brothers, 1958), 202-43을 보라.

12) 이 성경적 표상을 단순히 은유적으로 이해해야 하는지, 아니면 실제적으로 이해해야 하는지를 놓고 논란이 있다. 일부 사상가들은 승천 이후에 교회는 부활하신 주님의 실제적인 몸이라고 주장한다. 예를 들면, Raimon Panikkar, "A Christophany for Our Times," *Theology Digest* 39/1(1992): 3-21을 보라.

하여 존재하고, 이 점에서 교회는 세상 속에서의 그리스도의 임재이다. 인간의 몸과 마찬가지로, 교회도 다양성으로 이루어진 통일체이다(고전 12:1-31). 모든 지체들이 동일한 기능을 하는 것은 아니지만, 모두가 동일한 목표를 갖고 있다; 모두는 다른 지체들에게 관심을 가져야 하고, 전체에 봉사하기 위하여 그들의 은사들을 사용해야 한다.

성령의 전. 신약성서에 의하면, 교회는 성령의 전이다(엡 2:19-22; 벧전 2:5). 첫 번째 표상(表象)과 마찬가지로 이 은유의 원천도 구약성서에 있다. 이스라엘에서 성전은 조금 특별한 방식으로 하나님의 지상 거소(居所)였다(대하 6:1-2). 그러나 이제 하나님의 임재의 초점은 더 이상 특별한 건물이 아니라 하나님의 백성의 교제(공동체)이다. 성령이 우리 가운데 임재해 있다는 것은 아주 중요한 윤리적 함의(含意)들을 지닌다. 우리는 성령의 전이기 때문에 거룩한 삶을 살아야 한다(고전 6:19-20).

신비적이고, 보편적이며, 지역적인 교회

신약성서에서 보여 주듯이, 계약을 맺은 백성으로서의 교회라는 우리의 이해는 이 몸이 여러 가지로 다양하게 표현된다는 사실로부터도 생겨난다. 몇몇 사상가들은 성경 속에서 보편(또는 무형) 교회와 지역(또는 유형) 교회라는 고전적인 구별을 찾아낸다.[14] 그러나 이러한 구별보다 더 적절한 것은 교회를 세 가지로 나누는 것이다: 신비적, 보편적, 지역적 교회.

교회가 가장 폭넓게 표현된 것은 "신비적 교회," 즉 모든 세대의 모든 신자들로 구성된 하나의 몸(히 12:22-23), 시간을 초월하는 하나의 우주적 교제이다. "보편 교회"는 특정한 때에 이 땅의 모든 신자들로 구성되는 교회를 가리키는데, 공간적

---

13) 최근의 논의로는 Andrew Perriman, "'His body which is the church ⋯ ': Coming to Terms with Metaphor," *Evangelical Quarterly* 62/2(1990): 123-42를 보라. 또한 Barbara Field, "The Discourses Behind the Metaphor 'the Church is the Body of Christ' as Used by S. Paul and the 'Post-Paulines,'" *Asia Journal of Theology* 6/1(April 1992): 88-107을 보라.

14) E.g., Augustus Hopkins Strong, *Systematic Theology*(Philadelphia: Griffith & Rowland, 1909), 3:887-91.

한계를 뛰어넘는 전세계적인 하나의 교제이다. 그러나 사용되는 빈도수를 중요한 지표로 삼는다면, 신약성서는 교회의 지역적 표현인 지역 교회에 압도적인 강조점을 두고 있고, 신약성서 이후 첫 3세기 동안에 나온 문헌들 속에서도 이러한 강조점은 계속해서 지속된다.[15]

특정한 지역에 모인 신자들의 가시적인 교제로서의 지역 교회는 계약 백성의 가장 구체적인 표현이다. 이와 동시에 이렇게 모인 회중의 의미는 이 회중이 공통의 전체(the common whole)에 참여하고 있다는 사실과 공통의 전체에 대한 대표라는 성격을 지니고 있다는 것으로부터 나온다.[16] 각각의 회중은 하나의 교회(the one church)의 지역적 실체에 다름 아니다. 그러므로 각각의 지역 교회는 예수 그리스도의 교회의 축소판이다. 교회의 지역적 표현은 예수 그리스도의 교회의 축소판이기 때문에, 신약성서에서 "교회"와 관련하여 사용된 모든 고상한 어구들은 신자들로 이루어지는 각각의 회중에도 그대로 적용된다.

교회의 표지들

신학사 속에서 무형 교회와 유형 교회라는 구별보다 교회론의 토대로 더 폭넓게 사용되었던 것은 교회의 표지들에 대한 설명이었다. 서양에서 (교회의) 조직적 통일성이 파괴된 이후로, 이러한 접근 방법은 참된 교회의 본질에 관한 문제와 밀접한 연관을 맺어 왔다. 폴 에이비스(Paul Avis)가 지적했듯이, "개혁 신학은 대체로 두 가지 질문에 의해 지배되고 있다: '나는 어떻게 은혜의 하나님을 얻을 수 있는가?' 와 '나는 어디에서 참된 교회를 발견할 수 있는가?' 이 두 질문은 서로 분리할 수 없을 정도로 관련되어 있다."[17] 종교개혁 이후에 참된 교회에 관한 논의는 교회의 본질을 이해하는 데 구심점 역할을 했던 계약 개념의 출현을 위한 역사적 배경이 되었다.

고전적인 견해들. 사도신경에 나오는 말들을 토대로, 다양한 전통에 속한 신학자

---

15) John D. Zizioulas, *Being and Community: Studies in Personhood and the Church*(Crestwood, N.Y.: St. Vladimir's Seminary Press, 1985), 148.

16) Schmidt, "ekklesia," in *TDNT*, 3:504, 535.

17) Paul D. L. Avis, *The Church in the Theology of the Reformers*, in *New Foundations in Theology Library*(Atlanta: John Knox, 1981), 1.

들은 교회의 본질을 네 가지 표지라는 관점에서 설명하여 왔다 — 사도성, 보편성, 통일성, 거룩성. 역사적으로 개신교와 가톨릭은 이 네 가지 표지에 관하여 기본적인 의견의 일치를 보여 주긴 했지만, 주요한 교회 전통들은 이 표지들을 서로 다르게 본다. 그럼에도 불구하고 주류에 속한 전통은 우리가 "고교회"(high church) 교회론으로 분류할 수 있는 것(로마 가톨릭, 동방정교회, 그리고 어느 정도는 영국 성공회에 의해서 대표되는)을 선호하여 왔다.

고교회 신학자들은 첫 번째 표지인 사도성을 다른 세 가지 표지들보다 우위에 놓고 그것에 특별한 의미를 부여하는 경향이 있다. 그들은 사도성을 주로 사도적 계승이라는 개념에 근거하여 교회의 영속성을 보장해 주는 것으로 이해한다. 서구 전통들에 속한 학자들[18]은 흔히 사도적 계승을 현재와 주후 1세기의 역사적 연결 관계로 이해하여 왔다. 따라서 진정한 보편 교회는 감독들의 임직(ordination)을 한 세대에서 그 이전 세대로, 그리고 결국 주후 1세기로 소급할 수 있는 그러한 집단이다.[19] 종교개혁자들은 교회가 외적으로는 네 가지 표지를 갖추고 있으면서도 그리스도와의 중요한 관계를 결여할 수 있다고 보았기 때문에, 초점을 말씀과 성례전으로 옮겼다. 그렇게 함으로써 그들은 중세 사상가들의 고교회 교회론에 대한 대안을 제시하였다. 헨드리쿠스 베르코프(Hendrikus Berkhof)는 개신교의 입장을 다음과 같이 설명하였다: "성경에 따른 말씀의 순수한 설교 및 성례전들의 올바른 거행은 … 인간적인 여러 장치들에 의해서 방해를 받지 않는 그리스도와의 연합을 보증해 줄 것이다."[20]

종교개혁에 이은 격동의 시대 동안에 침례교를 비롯한 몇몇 자유 교회들은 여기에서 한 걸음 더 나아갔다. 급진적인 개혁자들은 앞에서 말한 두 가지 대안 중 그 어느 것도 따르지 않는 교회론을 발전시켰다. 그들은 오늘날 우리가 회중 교회론이라 부르는 것을 선택하였다.[21] 이 견해는 참된 교회는 본질적으로 하나님과의

---

18) 동방 전통의 좀 더 종말론적인 관점에 대해서는 Zizioulas, *Being as Community*, 166-208을 보라.

19) Joseph Cardinal Ratzinger, *Principles of Catholic Theology*, trans. Sister Mary Frances McCarthy(San Francisco: Ignatius, 1987).

20) Hendrikus Berkhof, *Christian Faith*, trans. Sierd Woudstra(Grand Rapids: Eerdmans, 1979), 409.(「기독교 신앙론」: 크리스챤다이제스트)

21) 회중교회론의 등장에 관한 논의로는 Stanley Grenz, *Isaac Backus — Puritan*

자발적인 계약 속에 있는 사람들이라고 주장한다.

이전의 모형들은 둘 다 교구 교회 또는 지역 교회를 허용하는 것으로 해석될 수 있었고, 또한 실제로 그렇게 해석되었다. 그러한 교회의 경계는 순전히 세속적인 질서의 정치적 경계들에 의해서 결정되었고, 그 경계 안의 모든 시민들은 그 교구 교회의 지체들이 되었다. 이와는 반대로 회중 교회론자들은 좀 더 폭넓은 사회로부터 모인 영적인 사람들의 모임이 교회라는 견해를 주장하였다.[22] 로버트 핸디(Robert T. Handy)에 의하면, 우리의 선조들은 교회는 "교구나 지역이나 국가와 관련된 것이 아니라 계약으로 표현되는 상호 연합의 행위를 통하여 모여진 회중"이라고 주장하였다.[23] 그러므로 그들의 견해에 의하면, 교회는 신자들이 그리스도 아래에서 하나님의 백성으로 함께 살아갈 목적으로 결합할 때에 존재하게 된다.

역사적으로, 계약이 교회의 토대가 된다는 사상으로의 변화는 회중 교회론을 이전의 개념들과 날카롭게 획을 긋는 몇 가지 혁신들을 가져왔다. 교회는 그 지체들의 계약 행위를 통해서 형성된다고 주장함으로써, 회중 교회론자들은 우선순위를 뒤바꿔 놓았다. 중세의 교회 모형에서와는 달리, 이제는 더 이상 공동체적인 전체가 개인보다 우선순위를 갖지 못하게 되었다. 이와는 반대로 회중 교회론자들은 개개 그리스도인들이 교회의 산물인 것이 아니라 교회가 개개 그리스도인들이 결합해서 만들어 낸 산물이라고 보았다. 그 결과 구원의 순서에서 교회가 아니라 신자가 우선순위에 있어서 가장 먼저 오게 되었다.

게다가 계약 사상은 마틴 부처(Martin Bucer, 1491-1551)의 가르침과 "말씀과 성례전"에 "권징"을 참된 교회의 본질적인 요소로 추가하였던 영국의 청교도 운동으로부터 발전하였다.[24] 이러한 움직임은 교회의 순수성에 대한 추구를 촉발

---

and Baptist, NABPR Dissertation Series #4(Macon, Ga.: Mercer University Press, 1983), 11-33, 37-40을 보라.

22) 예를 들면, 1572년에 John Field는 교회를 "복음 전파를 통하여 세상으로부터 부르심받고 모인 신실한 자들의 무리 또는 회중"으로 정의하였다. Edmund S. Morgan, *Visible Saints: The History of a Puritan Idea*(New York: 1963), 14에서 재인용.

23) Robert Theodore Handy, "The Philadelphia Tradition," in *Baptist Concepts of the Church*, ed. Winthrop Still Hudson(Philadelphia: Judson, 1959), 36.

24) 이 개념의 모태는 이미 루터, 특히 칼빈에 존재하긴 했지만, Avis는 Bucer를 이

시켰다.[25]

그러나 무엇보다도 가장 중요한 것은 계약 사상의 강조가 교회는 오직 지역 회중들이라는 형태로만 존재한다는 의미를 함축하게 되었다는 것이다.[26] 계약을 맺은 공동체가 존재하지 않는 곳에는 교회도 존재하지 않는다. 그리고 계약은 가시적인 특정한 신자들의 집단 가운데에서의 합의이기 때문에 성격상 지역적일 수밖에 없다.

특히 신자 세례(believer's baptism)를 옹호하는 침례교의 교회론이 바로 이러한 폭넓은 자유 교회적 개념 내에서 발전하였다. 초기 영국의 침례교도들은 계약을 이루는 어떤 행위가 정확히 계약을 구성하느냐를 놓고 의견을 달리했다. 그들은 신자들을 예수 그리스도의 교회에 속하게 만드는 계약은 세례를 통해서 재가(裁可)된다고 결론을 내렸다. 이러한 이해는 논리적으로 유아 세례에 대한 거부를 수반하였는데, 이는 유아 세례라는 의식은 하나님 및 세례 공동체와 신자의 인격적인 계약을 표현하는 것이 될 수 없다고 그들은 보았기 때문이다.[27]

성경적 고찰. 신약성서는 교회의 표지들이라는 문제에 대하여 명시적으로 답해 주지 않는다. 그럼에도 불구하고 신약성서의 문서들은 이와 관련된 몇 가지 주제들을 보여 준다.

앞에서 보았듯이, 초기 그리스도인들은 신자들 자체가 교회를 구성한다고 주장하였다. 이러한 이해는 그들이 자신들의 정체성을 표현하기 위하여 선택하였던 용어(에클레시아)에서 분명하게 드러나고, 신약성서에 나오는 교회에 대한 많은 표상들 속에서도 두드러지게 나타난다(벧전 2:5; 고전 12:12, 27).[28]

개념의 창시자로 본다. *The Church in the Theology of the Reformers*, 45-50. On Calvin, see also 30-31.

25) Grenz, *Isaac Backus*, 16, 20을 보라.

26) The New Hampshire Confession of Faith는 보편 교회라는 개념에 대한 그 어떤 언급도 빼버렸다. 이것의 의의에 대해서는 Winthrop S. Hudson, "By Way of Perspective," in *Baptist Concepts of the Church*, 27을 보라.

27) Grenz, *Isaac Backus*, 25-28.

28) 우리는 신약성서에서 교회를 구성하는 자들로서 사람들을 강조하고 있는 것을 교회를 구원받은 개개인들의 집합체로 인식하였던 Francis Wayland의 가르침을 따라

신약성서는 공동체를 이루는 사람들에 대한 이러한 강조와 교회 지도자들의 근본적인 역할에 대한 인정을 균형 있게 말하고 있다. 마태복음과 사도행전은 베드로의 수장성(首長性)과 열두 사도의 중요성을 명시적으로 강조하였다. 우리는 예수께서 초창기 교회를 최초로 세울 때에 베드로가 장차 하게 될 역할을 예상하였다는 것을 인정하지만, 그렇다고 해서 교황 제도를 용납할 이유는 없다. 베드로는 예루살렘 공동체를 지도하였고, 예루살렘을 넘어선 지역들에서 복음을 선포하는 데 앞장섰다(마 16:15-19).[29]

마찬가지로 바울은 교회에서 지도자들의 결정적인 역할에 대하여 말한다. 그는 사도들과 예언자들을 하나님께서 교회에 임명하신 자들의 목록의 첫머리에 놓는다(고전 12:27-28) — 물론 그는 이러한 가르침을 공동체 내의 모든 신자들이 은사를 받았다는 것을 강조하는 말과 함께 둠으로써 균형을 잡으려고 세심하게 신경을 썼지만(7절). 다른 곳에서 사도는 그리스도께서 몸 전체의 덕을 세우기 위한 목적으로 교회에 지도자들을 주셨다고 분명하게 말한다(엡 4:11ff.). 지도자적 지위는 그 중요성으로 인해서 신자들이 동경해야 할 가치 있는 목표이기는 하지만(딤전 3:1), 직임을 맡게 될 모든 후보자들은 엄격한 영적 요구조건들을 통과하지 않으면 안 된다(2-13절).

그러나 신약성서는 지도자들의 우위성(primacy)을 말하지만 동시에 진정한 지도자의 표지들인 종됨과 겸손을 강조한다. 지도자들은 결코 자신들의 지위를 교만의 원천이나 다른 사람들을 지배하는 것에 대한 변명으로 활용해서는 안 된다. 그들은 목자와 모범이 되어서 사람들을 섬겨야 하고(막 10:41-45), 결코 사람들에 대한 주관자(overlord)로 군림해서는 안 된다(벧전 5:1-5).

균형잡힌 회중 교회론. 회중 교회의 계약 교회론은 우리로 하여금 앞서 '에클레

침례교 진영에서 힘을 얻은 현대의 개인주의와 혼동해서는 안 된다(Norman H. Maring, "The Individualism of Francis Wayland," in *Baptist Concepts of the Church*, 147을 보라). 이와는 대조적으로 주후 1세기의 그리스도인들은 그들 각자를 공동체적 전체의 지체들로 이해하였다. 그래서 그들의 교회론은 개인과 집단의 건전한 균형을 보여 준다.

29) 예를 들면, Raymond Brown, Karl P. Donfried, and John Reumann, eds., *Peter in the New Testament*(Minneapolis: Augsburg, 1973)를 보라.

시아'를 논의하면서 강조했던 것으로 다시 되돌아가게 만든다. 회중 교회론은 궁극적으로 참된 교회의 본질은 사람들에게 있다고 주장한다. 그렇지만 '에클레시아'는 사람들의 평범한 결사단체(結社團體)가 아니다. 교회는 계약 안에서 살도록 하기 위하여 복음 선포를 통해서 세상으로부터 부르심을 받았기 때문에 특별한 인식(認識)을 지닌 사람들로 이루어진다. 그들은 모두 그리스도에 대한 충성을 고백하고 있기 때문에, 교회에 참여하는 자들은 그들이 그리스도의 주되심 아래에서 한 몸을 이루고 있다는 것을 안다: 교회는 그리스도를 통한 하나님과의 계약 속에 있는 사람들을 포괄한다. 이와 동시에 그리스도이신 예수에 대한 그들의 상호적인 신앙고백은 그 지체들이 상호 교제 속에서의 그들의 특별한 지위를 인식하고 있다는 것을 의미한다; 그들이 주님의 제자들로서 공통적으로 헌신하고 있다는 것은 서로에 대한 헌신을 수반한다. 교회를 구성하는 계약은 하나님의 백성으로서 함께 살아가자는 상호적인 합의이다. 이러한 상호적인 계약으로 인해서, 각각의 지체는 각자가 하나님께 속해 있을 책임만이 아니라 다른 모든 지체들 속에서 그리스도에 대한 신앙 고백을 풍성하게 할 책임을 진다. 요컨대, 그리스도로 말미암아 교회는 하나님 및 서로에 대하여 계약 관계 속에 있는 신자들의 집단이다.

초기의 회중 교회론자들이 교회는 계약 관계 속에 들어온 사람들로 구성된다고 주장한 것은 옳았지만, 우리는 교회는 특정한 시기에 존재한 지체들의 총합을 뛰어넘는다는 사실을 기억하지 않으면 안 된다. 우리는 이미 오랫동안 계약의 역사를 누려온 교제에 참여하는 것이다. 이러한 인식은 신자가 논리적으로 교회에 선행한다는 과거의 회중 교회론자들의 주장에 대하여 균형을 잡을 수 있게 해준다. 우리는 신자와 교회 중 어느 쪽이 더 우선하느냐라는 문제에 초점을 맞추기보다는 기독교적 정체성의 개인적 측면과 공동체적 측면을 균형 있게 이해하는 것이 필요하다. 좀 더 구체적으로 말한다면, 교회와 신자는 상호의존적이다. 상호적인 계약 속에서 신자들이 함께 모일 때에 교회가 이루어지기 때문에, 교회는 개개인들의 계약 공동체이다. 이와 동시에 교회는 그 현재의 지체들을 뛰어넘는 역사와 전통을 지니고 있다. 그러므로 복음 선포를 통해서 교회는 계약 백성 속으로 들어오는 자들의 믿음을 낳는다.

하나님 나라의 표지로서의 교회

교회는 계약 백성이다. 교회는 성령이 하나님의 백성으로서 함께 살도록 하기 위하여 복음 선포를 통하여 세상으로부터 불러낸 자들로 이루어진다. 그러나 이 계약 백성은 그 자체가 목적이 아니다. 계약 관계 속에 있는 백성으로서의 교회는 하나님의 더 큰 의도와 관련되어 있다.

20세기의 성서학자들과 신학자들이 다른 무엇보다도 특히 심혈을 기울여 연구해 왔던 한 가지 주제를 들어보라고 한다면, 그 주제는 두말 할 필요도 없이 하나님 나라이다. 실제로 하나님의 전체적인 의도를 묘사한 것으로서의 하나님의 통치라는 개념은 성경의 많은 부분의 핵심에 자리잡고 있다. 그러므로 신약 시대의 교회의 출현이 하나님의 통치라는 좀 더 폭넓은 현실에 대한 성경의 가르침의 맥락 속에서 일어났다는 것은 놀라운 일이 아니다. 따라서 우리의 교회론은 하나님의 통치라는 맥락 안에서 교회에 대한 우리의 이해를 제시하지 않으면 안 된다.[30]

하나님 나라의 성경적 개념

하나님의 통치라는 맥락 속에서의 교회에 대한 우리의 이해를 위한 토대를 놓기 위하여, 우리는 하나님 나라에 관한 성경의 가르침을 좀 더 자세하게 살펴보아야 한다. 하나님은 어떤 의미에서 "왕"인가? 그리고 무엇이 하나님의 통치를 구성하는가?

하나님 나라에 대한 구약성서의 가르침. 하나님 나라라는 개념은 히브리 성경에 폭넓게 존재한다. 구약성서의 가르침을 개관하기 위해서, 우리는 먼저 히브리어 동사 '말락'(malak, "왕노릇하다," "통치하다")을 잠시 살펴보지 않으면 안 될 것이다.[31] 이 용어와 동일한 어원에서 나온 단어들 중에서 특히 중요한 것은 세 가지다.

---

30) 예를 들면, Erickson은 교회와 하나님 나라의 관계를 네 가지 특별한 문제들 중에서 첫 번째로 꼽는다. *Christian Theology*, 3:1041.

31) 이 용어들의 정의에 대해서는 Samuel Prideaux Tregelles, *Gesenius' Hebrew and Chaldee Lexicon to the Old Testament Scriptures*(Grand Rapids: Eerdmans, 1949), 476-80을 보라.

'멜루카'는 일반적으로 "왕권," 즉 통치권이라는 속성을 가리킨다. 그러나 몇몇 경우들에 이 단어는 물리적인 "영역"이라는 두 번째 의미를 지닌다. '멜루카'는 두 번 "야웨"와 결합되어 나온다: 시편 기자는 하나님께서 우주적인 통치권을 소유하고 계시다고 선언하는 반면에(시 22:28), 선지자 오바댜는 하나님께서 이스라엘에서 다스리게 될 장래의 한 날을 대망하였다(옵 21).

동일한 어원에서 나온 두 번째 단어인 '말쿠트'는 일차적으로 "왕으로서의 존엄," "권능," "통치," "위엄"을 의미한다. 또한 이 단어는 왕의 통치 또는 왕이 통치하는 영역을 가리키는 데 사용되기도 한다. 사실 '말쿠트'는 구약성서의 초기의 책들로부터 후기의 책들로 옮겨가면서 흥미로운 발전과정을 겪는다. 초기의 책들에서 이 용어는 군주의 왕권을 가리킨다. 이 단어의 대다수의 용례들이 등장하는 후기의 책들에서 이러한 용법은 종종 유지되고 있긴 하지만, 거기에 "영역"이라는 개념이 더해진다. 이 용어는 하나님의 지배가 보편적이고(시 103:19) 영원하다는 (145:13) 것을 선포하기 위하여 "야웨"와 결합되어 사용된다.

'말락'과 동일한 어원에서 나온 단어들 중에서 가장 많이 사용되는 단어는 '마믈라카'(mamlakah)이다. 다른 단어들과 마찬가지로 이 단어도 "왕국"(또는 "왕이 통치하는 영역")과 "주권"(즉, "통치권")이라는 두 가지 기본적인 의미를 지닌다. 또한 이 단어는 하나님과 관련하여 사용되기도 한다. 다윗은 하나님의 통치권이 우주적이라는 것을 고백한다(대상 29:11). 다른 곳에서 아비야는 반역한 북부 지파들조차도 하나님의 왕권 아래 놓여 있다고 주장하였다(대하 13:8).

이러한 고찰들은 구약성서의 기자들은 왕의 통치권과 왕이 다스리는 물리적인 영역을 그리 뚜렷하게 구별하지 않고 있다는 것을 보여 준다; 이 둘은 하나의 기본적인 개념의 두 축이다. 나아가 구약성서의 기자들은 이스라엘이 하나님의 왕권을 인정한다는 점에서 이스라엘이 특별한 방식으로 하나님의 나라라는 것을 선언하고 있다. 이와 동시에 하나님의 통치권은, 많은 인간들이 무시한다고 할지라도, 온 세상에 미친다. 그러나 언젠가는 모든 나라들이 하나님에게 이스라엘과 동일한 신앙 고백을 하게 될 것이다(슥 14:9, 16).

신약성서의 기자들이 사용한 헬라어는 구약성서의 이러한 기본적인 패턴을 따르고 있다. 칼 루드비히 슈미트(Karl Ludwig Schmidt)는 「신약신학사전」 (*Theological Dictionary of the New Testament*)에 기고한 글에서 이렇게 말한다: "통상적으로 나라로 번역되는 '바실레이아'(basileia)의 일반적인 용법과 관련하여 가장 먼저 주목할 것은 이 단어가 왕이라는 '존재,' '성질,' '상태'를 가리킨다는 것이다. 이 단어는 왕과 관련된 것이기 때문에, 우리는 왕의 위엄 또는 권능을 가장 우선적으로 고려하는 것이 최선이다."[32]

하나님 나라와 예수. 구약성서의 유산이 하나님 나라와 관련된 배경으로서 중요하긴 하지만, 하나님 나라에 대한 기독교적 개념의 주된 원천은 예수의 가르침 자체에 있다. 하나님 나라에 대한 우리 주님의 개념은 특히 공관복음서에서 찾아볼 수 있다(헬라어 '바실레이아'의 신약성서 용례들 중 약 80퍼센트가 공관복음서에 나온다).[33] 사실 마가에 의하면, 예수의 메시지는 하나님의 통치에 대한 선포를 중심으로 삼았다(막 1:14-15).

공관복음서들을 대충 읽어만 보아도, 우리는 예수의 가르침이 구약성서에 제시된 기본적인 패턴을 따르고 있다는 것을 알 수 있다. 우리 주님은 종종 하나님 나라가 현재적 실체라고 말씀하였다(눅 17:20). 하나님 나라가 현재적인 것은 예언의 때가 성취되었고(마 11:2-26; 막 1:14-15; 눅 4:21), 사탄이 패배당했기(마 12:28-29; 눅 10:9, 18, 20) 때문이다. 그러나 또한 예수는 하나님 나라는 현재 여기에서의 현실임에도 불구하고(막 1:14-15) 미래적이기도 하다고 분명하게 말씀하였다(눅 21:31). 예수는 하나님 나라를 하나님께서 통치하시는 영역이라고도 말씀하였고, 하나님의 통치, 통치권이라고도 말씀하였다.

20세기의 신약학자들은 이와 같은 겉보기에 천차만별인 진술들을 통해서 예수께서 실제로 무엇을 의도하였는지에 대해서 의견의 일치를 보이지 못해 왔다. 이 문제에 대한 현대적인 논의는 요한네스 바이스(Johannes Weiss)의 소책자인 「예수의 하나님 나라 선포」(*Jesus' Proclamation of the Kingdom of God*, 1892)에 의해서 촉발되었다.[34]

바이스는 예수의 진정한 말씀들에 대한 연구를 통해서 예수는 하나님 나라가

---

32) Karl Ludwig Schmidt, "basileia," in *TDNT*, 1:579.

33) Luz는 말한다: "신약성서에 나오는 *basileia*의 162번의 용례들 중에서 대다수는 *basileia tou theou*(또는 *basileia ton ouranon* or *tou patros*)라는 어구에 나오고, 공관복음서들에서 발견된다." Ulrich Luz, "basileia," in *EDNT*, 1:210.

34) Johannes Weiss, *Jesus' Proclamation of the Kingdom of God*, trans. Richard H. Hiers and David L. Holland(1892; Philadelphia: Fortress, 1971).

전적으로 미래적이라고 가르쳤다는 결론을 내렸다(그러므로 바이스의 입장을 일관된 종말론이라고 할 수 있다). 나아가 하나님 나라에 대한 예수의 개념은 예수께서 세우고자 하였던 공동체에 관한 것이 아니라 하나님께서 종말에 역사 속으로 침입해 들어오신다는 개념이었다. 예수는 결코 하나님 나라를 그의 제자들의 공동체, 그러니까 그를 따르는 무리들의 공동체와 동일시하지 않았다. 따라서 예수는 19세기 유럽의 자유주의적인 윤리적 도덕주의자들의 전통이 아니라 예전의 묵시론적 전통 속에 서 있었다. 자유주의적 견해와는 달리, 바이스는 예수는 스스로를 사탄의 나라에 대항하여 하나님의 영을 지닌 자, 현재의 세상 지배자를 그 권좌의 지위로부터 몰아내는 임무를 맡은 자로 보았다고 주장하였다. 또한 예수는 자신의 사명을 하나님 나라에 관한 복음 메시지를 선포하는 자로 이해하였다: 하나님은 그의 나라를 세우실 것이다; 그러므로 사람들은 그 나라의 도래에 대비하여 스스로를 준비하여야 한다. 예수의 청중들이 회개의 열매를 보이지 못하고, 그들의 지도자들이 성령을 모독했을 때, 예수는 백성의 죄를 제거하기 위하여 자기가 죽어야 한다는 결론을 내렸다. 죽음을 통해서 예수는 하늘에 좌정하게 될 것이고, 그의 제자들은 하나님 나라에 관한 메시지를 그의 뒤를 이어서 계속해서 선포함으로써 그들의 세대의 회개를 가져오게 될 것이다. 따라서 예수는 초점을 재조정하여 하나님 나라를 기다리는 제자 집단을 형성하는 일을 자신의 일차적인 과제로 삼았다.

바이스의 견해에 대한 대안으로 실현된 종말론이 영국의 학자인 도드(C. H. Dodd)에 의해서 제기되었다.[35] 도드는 예수께서 하나님 나라의 도래를 기다리며 그 나라를 알리는 단순한 전령사였다고 보는 견해를 부인하였다. 오히려 예수는 하나님 나라를 개시한 분으로서 자신의 사명을 둘러싸고 벌어지는 사건들 속에서 "하나님의 주권적 능력이 작용하여 효력을 발휘하고 있다"는 증거들을 보았다.[36] 그러므로 예수의 메시지는 하나님 나라가 미래에 도래할 것이라는 것이 아니었고, 자신의 사역을 통해서 지금 종말론적 사건들이 일어나고 있다는 것이었다. 따라서 성경의 기사들은 구약성서의 종말론적 소망들이 예수 안에서 모두 성취되었다고

---

35) Charles Harold Dodd, *The Parables of the Kingdom*(London: Nisbet & Company, 1935); C. H. Dodd, *The Apostolic Preaching*(New York: Harper and Brothers, 1951).

36) Dodd, *Parables of the Kingdom*, 44.

확신하였다. 이전에는 감추어져 있던 하나님의 통치가 지금은 계시되었다. 악은 전복되었고, 죄는 판단받았으며, 새 생명이 하나님의 백성에게 주어졌다.

20세기의 중엽 무렵에 바이스와 도드의 논쟁은 세 번째로 등장한 중도적인 입장을 통해서 해결되었다. 이 두 차원이 어떻게 서로 통합되는지에 대해서는 여전히 의견 차이들이 존재했지만,[37] 신약학자들은 예수의 사고 속에서 하나님 나라는 현재적임과 동시에 미래적이었고 — 이미와 아직 — 하나님 나라는 사건(event)임과 동시에 실존의 영역(sphere of existence)이었다는 데 의견의 일치를 보았다.

최근에는, 과거의 통설은 '이미/아직'과 관련된 성찰들을 한층 더 심화시킨 새로운 견해에 길을 내어주기 시작했다.[38] 많은 학자들은 이제 하나님 나라가 하나님의 자기 계시, "힘 있는 하나님,"[39] 하나님의 주권적 활동을 가리킨다고 확신하고 있다.[40] 하나님의 통치는 인간사(人間事)에 대한 하나님의 궁극적인 개입이다. 따라서 하나님 나라의 도래는 현재 속에 새로운 생활 방식을 창조한다.

---

37) Jeremias는 하나님 나라의 현재적 및 미래적 측면은 과정의 시작이 끝과 연결되어 있듯이 서로 연결되어 있다는 점에서 실현과정으로서의 종말론에 관하여 말하였다. Joachim Jeremias, *New Testament Theology*, trans. John Bowden(New York: Charles Scribner's Sons, 1971). Kümmel은 약속이 장래의 하나님 나라에서의 성취와 연결되어 있는 것과 마찬가지로 예수 안에서 미래는 현재와 연결되어 있다고 주장하면서 약속과 성취에 초점을 맞추었다. Werner Kümmel, *Promise & Fulfillment*, trans. Dorothea M. Barton(Naperville, Ill.: A. R. Allenson, 1957). Cullmann은 D-Day(공격개시일)와 V-Day(전승 기념일)라는 표상을 사용하였다. 그리스도는 싸움을 이겼으나, 그의 승리의 완성은 미래에 있다. Oscar Cullmann, *Christ and Time*, trans. Floyd V. Filson, rev. ed.(Philadelphia; Westminster, 1964). 마지막으로 Ladd는 미래의 현존을 이야기했다. 그리스도 안에서 미래는 권능으로 현존하지만, 그 완성은 여전히 미래에 있다. George Eldon Ladd, *A Theology of the New Testament*(Grand Rapids: Eerdmans, 1974).

38) Marcus J. Borg, "Jesus and the Kingdom of God," *Christian Century* 102/13(April 22, 1987): 378-80.

39) Bruce D. Chilton, *God in Strength: Jesus' Announcement of the Kingdom*(1978; reprint, Sheffield, England: JSOT, 1987), 287-88.

40) Bruce D. Chilton, "Introduction," in *The Kingdom of God in the Teaching of Jesus*, ed. Bruce D. Chilton, *Issues in Religion and Theology* 5(Philadelphia: Fortress, 1984), 25.

하나님 나라에 관한 성경의 드라마. 우리는 성경의 자료들과 오늘날의 논쟁에 대한 검토를 통해서 하나님의 통치에 관한 체계적인 서술을 제시할 수 있는 위치에 있게 되었다. 우리의 신학적 이해에 도움이 되는 것은 법률상의(de jure, 원칙적인) 통치와 사실상의(de facto) 통치를 구별하는 것이다. 이러한 구별을 통해서 우리는 성경의 드라마를 하나님 나라라는 개념의 관점에서 재조명해 볼 수 있다.

성경의 이야기 배후에 있는 것은 창조주로서의 하나님이 법률상의 왕이라는 사상이다; 왕권은 본질적으로 하나님께 속한다. 하나님은 만물을 창조하셨기 때문에, 모든 피조물을 다스릴 통치권을 갖고 계신다. 따라서 만유는 하나님 나라 또는 하나님의 법률상의 통치의 영역이다. 원칙적으로 만유는 하나님께서 왕권을 행사하시는 영역을 구성한다. 그러나 성경의 드라마에 의하면, 법률상으로 참인 것이 반드시 사실상으로 참인 것은 아니다. 하나님은 인간들에게 그의 통치를 인정할 특권과 책임을 부여하셨다. 그러나 우리의 죄 때문에 우리는 창조주의 왕권을 거부하여 왔다. 이를 통해서 우리는 반란군 지역을 세웠고, 여기에서는 또 다른 왕 — 사탄 — 이 통치하는 것처럼 보인다. 피조물인 이 사실상의 통치자는 오직 하나님만의 것인 통치권을 소유할 권한이 없기 때문에 찬탈자일 뿐이다.

성경의 이야기는 하나님의 통치권을 지녔다고 주장하는 자로서 이 땅에 오신 예수, 하나님 나라를 실현하고 있는 자인 예수에 그 초점이 맞춰져 있다. 예수의 삶, 죽음, 부활은 통치권이 하나님께 속해 있다는 주장을 보여 주는 것들이다. 높이 들리우심(승귀)을 통해서 예수는 만유의 주로 취임하였다. 하나님의 통치권에 대한 이러한 시위(示威)는 모든 사람들이 하나님을 주권자로 인정하여야 한다는 요구를 수반하고 있다. 어떤 사람들은 그러한 요구에 순종하여 — 예수를 주로 고백하여 — 하나님 나라에 들어간다. 마찬가지로 하나님 나라의 원칙들은 인간 사회에 침투함으로써 하나님 나라는 현재적이 된다.

하나님 나라에 관한 성경의 드라마는 과거 및 현재로부터 미래로 움직여감으로써 절정에 달한다. 하나님 나라는 지금 여기에 존재하지만, 여기에 존재하는 하나님 나라는 부분적이고 아직 완성에 이르지는 못했다. 이런 이유로 하나님 나라의 미래적·종말론적 측면이 여전히 남아 있다. 언젠가는 모든 사람들이 예수께서 수(主)시라는 것을 인정하게 될 것이다(빌 2:10-11). 또한 언젠가는 하나님 나라의 원칙들이 하나님께서 시작하실 새로운 인간 공동체 속에서 보편적으로 실현될 것이다. 그때가 되면, 지금은 원칙적으로(법률상으로) 하나님의 소유였던 것이 사실상으로도 그렇게 될 것이다. 즉, 만유는 하나님의 통치의 영역이 될 것이라는 말이다.

요컨대, 하나님 나라는 현재적임과 동시에 미래적이다. 한편으로 하나님의 통치는 그리스도의 초림(初臨)과 결부되어 있다. 하나님의 통치는 사람들이 거기로 들어올 수 있는 현실이다(막 9:47; 마 21:31-32). 왜냐하면 그것은 하나님의 왕적인 권능이기 때문이다.[41] 그런 까닭에 하나님 나라는 사람들이 그 안에서 살도록 부르심 받고 있는 "실존의 영역"이다. 그것은 우리 세계에 대한 하나님의 강력한 침입에 합류하는 것이다. 따라서 그러한 하나님 나라는 하나님의 뜻을 행하는데 있고(마 6:10; 7:21-23), 우리에게 근본적인 결단을 요구한다(13:44-46). 조엘 마커스(Joel Marcus)의 설명을 인용하자면, 하나님 나라에 들어간다는 것은 "이미 시작된, 세상 속으로의 하나님의 권능의 폭발"에 참여하는 것을 의미한다.[42]

다른 한편으로 하나님의 통치의 완성은 그리스도의 재림을 둘러싼 영광을 기다리고 있다. 언젠가는 모든 피조물이 하나님의 의도에 부합하게 될 것이다. 오직 그때에만 이 세상의 나라들은 진정으로 하나님의 나라가 되고, 하나님의 뜻이 진정으로 하늘에서처럼 땅에서도 이루어지게 될 것이다.

하나님 나라와 교회

하나님 나라는 하나님께서 세상에 주시는 평화, 의, 정의, 사랑의 질서로서 온다. 이러한 선물은 궁극적으로는 오직 종말에, 즉 예수의 다시 오심을 통해서 세상이 새로워질 때에 이루어진다. 그럼에도 불구하고 하나님 나라의 능력은 이미 활동 중에 있다. 왜냐하면 그 능력이 미래로부터 현재 속으로 침입해 들어오기 때문이다. 그 결과 우리는 종말의 그 큰 날 이전에 부분적이긴 하지만 실제적인 의미에서 하나님의 통치를 경험할 수 있다. 하나님 나라가 지니는 '이미/아직'의 성격은 우리가 하나님 나라와 교회에 관한 문제를 살펴볼 수 있는 맥락을 제공해 준다.

기독교 사상 속에서 교회와 하나님 나라. 하나님 나라 개념의 재발견이 20세기의

---

41) Joel Marcus, "Entering into the Kingly Power of God," Journal of Biblical Literature 107/4(1988): 663-75를 보라.
42) Ibid., 674.

현상이긴 하지만, 교회와 하나님 나라의 관계는 오래된 주제이다. 아우구스티누스는 이 문제를 놓고 씨름하였고,[43] 그의 입장 — 또는 그의 입장에 대한 오해 — 은 유형 교회를 사실상 하나님 나라의 지상적 실체로 보는 견해 — 중세 시대의 교회론의 특징을 이루게 된 — 를 위한 토대가 되었다. 유형 교회에 현존하는 것은 하나님 나라 속에 현존하는 것과 마찬가지라는 중세 로마 가톨릭 교회의 주장은 성례전 제도 및 출교(黜敎)와 더불어 성직자에게 막강한 권력을 부여해 주는 역할을 하였다.

많은 개신교도들도 하나님 나라를 무형 교회, 즉 그리스도의 영적인 몸과 동일시하였다는 점에서 어느 정도 이와 비슷한 노선을 따랐다고 할 수 있다. 심지어 19세기의 자유주의 사상에서조차도 이러한 개념은 지속되어, 신학자들은 하나님 나라를 선의(goodwill)를 지닌 사람들의 공동체와 밀접하게 연결시켰다. 그런 까닭에 침례교 사상가였던 해밀턴 신학대학원의 히스기아 하비(Hezekiah Harvey)는 이렇게 말할 수 있었다: "교회는 그리스도의 나라의 가시적이고 지상적인 형태이고, 그 나라의 발전과 승리를 위해 지정된 하나님의 기관이다."[44]

복음주의 진영에서는 고전적인 세대주의의 영향으로 인해서 교회와 하나님 나라의 관계라는 문제에 대하여 이와는 정반대의 입장이 뿌리를 내리고 있었다. 복음주의의 입장에서는 교회와 하나님 나라를 엄격하게 구분하는 형이상학적인 이분법이 도입되었다. 이스라엘은 하나님의 지상적인 백성인 반면에 교회는 하나님의 영적이고 천상적인 백성을 구성한다. 과거의 세대주의자들은 하나님 나라를 이 땅에 대한 메시야의 미래적이고 일시적인(천년 동안의) 통치로 정의하였다.[45] 이 천년 동안에 교회가 아니라 이스라엘이 지배권을 행사하게 될 것이다.[46]

하나님 나라 속에서의 교회. 세대주의는 교회론에 종말론적 차원을 다시 도입함으로써 한 가지 중요한 목적에 기여하여 왔다. 그렇지만 성경의 드라마에 대한 우

---

43) 예를 늘면, Augustine, *City of God* 20.9, trans. Marcus Dods, Modern Library edition(New York: Random House, 1950), 725를 보라.

44) Hezekiah Harvey, *The Church: Its Polity and Ordinances*(Philadelphia: Judson, 1879), 24-25.

45) Chafer, *Systematic Theology*, 4:385-86.

46) 예를 들면, Chafer, *Systematic Theology*, 4:10-13을 보라.

리의 서술로부터, 우리는 교회와 하나님 나라를 동일시하는 것도, 근본적으로 구별하는 것도 둘 다 옳지 못하다는 결론을 얻게 된다. 오히려 우리는 교회를 하나님 나라라는 맥락 속에서 이해하지 않으면 안 된다.

올바른 교회론은 교회를 하나님 나라라는 맥락 속에서 이해한다. 왜냐하면 성경에서 하나님 나라라는 개념은 교회라는 개념보다 더 넓기 때문이다. 하나님의 통치는 하나님의 내재적인 통치권을 포함한다. 이 권한은 창조주로서의 하나님의 지위와 결부되어 있기 때문에, 그것은 교회의 출현과 같은 하나님의 통치의 그 어떤 지상적 표현물에 좌우되는 것이 아니다.

하나님의 통치는 피조물 속에도 나타나기 때문에, 하나님 나라는 교회보다 더 넓다. 하나님 나라라는 개념은 종말론적으로 볼 때에 피조된 만유와 아울러 천상의 영역도 포괄하는 하나님의 영토의 모든 측면들을 포함한다. 이와는 반대로 교회는 그리스도로 말미암아 자기의 소유가 되게 하기 위하여 한 백성을 불러내시는 하나님의 계획으로부터 생겨난다.

우리가 교회를 하나님 나라라는 맥락 속에서 이해해야 하는 이유는 단지 하나님 나라가 교회보다 그 범위가 넓기 때문만이 아니라 아울러 교회는 하나님 나라에 의존하기 때문이기도 하다. 예수에 의해서 선포되고 계시된 하나님의 통치권은 교회를 낳는다. 예수의 주되심에 관한 메시지가 선포될 때, 성령은 인간의 순종이라는 반응을 이끌어내어, 믿음의 백성으로 이루어진 공동체를 세운다. 그러므로 교회는 하나님 나라의 선포를 통해서 탄생되는 것이다. 교회는 하나님의 통치의 선포에 대한 순종적 응답에 의해서 생겨난 하나님 나라의 산물(product)이다.[47]

교회가 하나님 나라의 산물이라는 것은 다른 식으로도 나타난다. 교회는 자신의 목적을 세상 속에서의 하나님의 활동으로부터 도출해 낸다. 성령은, 예수의 하나님 나라의 메시지를 선포하면서 세상 속에서 하나님의 장래의 통치를 현재에 있어서 인정하는 무리로 살아갈 믿음의 공동체를 탄생시킨다. 이런 의미에서 교회는 "종말론적 집단," 말과 행위를 통하여 그리스도께서 다시 오실 때에 완성되어 우주 전체에 걸쳐서 존재하게 될 하나님의 통치를 증언하는 자들의 집단이다.

---

47) E.g., C. Rene Padilla, "The Mission of the Church in the Light of the Kingdom of God," *Transformation* 1/2(April-June 1984): 17.

교회론적 함의들. 우리가 이제까지 서술한 교회와 하나님 나라의 관계에 대한 이해는 교회에 대한 우리의 이해에 있어서 광범위한 함의들을 지닌다. 교회가 하나님의 통치와 결부되어 있다는 것은 교회론이 필연적으로 미래적인 준거(準據)를 지닌다는 것을 의미한다. 이런 종말론적 지향성은 역동적인 교회론으로 귀결된다.

하나님 나라는 종말론적이다. 하나님 나라는 역사 속에서 하나님의 사역의 목표로서, 그 완성은 아직 도래하지 않은 미래에 놓여 있다. 과거나 현재가 아니라 이 미래 — 종말론적 현실 — 가 우리의 공동체적 삶을 구성하고, 우리 개인의 정체성을 결정한다. 요컨대, 교회가 무엇이냐 하는 것은 교회가 장차 무엇이 되기로 예정되어 있는가 하는 것에 의해서 결정된다는 말이다. 그리고 교회는 하나님께서 인류를 위하여 의도하신 목표 — 완성된 하나님의 통치에 참여하는 것 — 를 지향한다.

이러한 전망은 세상 속의 교회를 모종의 순수한 형상(Form) 또는 이데아(Idea)의 표현으로 보는 플라톤적인 개념들과 대비를 이룬다.[48] 이러한 접근 방법을 따르는 개혁주의 신학자들은 교회가 창조 이전에 하나님의 마음속에 존재하고 있던 천상의 원형을 따라 구성되었다고 보는 경향이 있다. 이상적 교회는 영원한 실체이다; 그리고 역사 속에서의 교회의 목적은 가능한 한 그 원형에 가장 가깝게 접근하는 것이다. 과거의 칼빈주의자들은 택함받은 자들의 무리를 무형의 참된 교회로 인식하였다.[49] 창세 전에 하나님은 택함받은 자가 누가 될 것인지 — 하나님께서 누구를 세상으로부터 불러내어 구원에 이르게 하실지 — 를 결정하였다.[50] 그들은 세상 속에서의 교회(유형 교회)의 사명을 모든 택함받은 자, 즉 영원한 과거에 하나님에 의해서 선택된 모든 자들을 교회라는 테두리 안으로 데려오는 것이라고 보았다.

---

48) 예를 들면, Erickson은 이 개념이 이미 신약성서에 존재한다고 항변한다. Erickson, *Christian Theology*, 3:1033을 보라.

49) 따라서 웨스트민스터 신앙고백에서는 이렇게 말한다: "불가시적인 보편 교회는 그리스도 아래에서 하나로 모였고, 모이고 있으며, 모일 택함받은 자들로 이루어진다." "The Westminster Confession," 25.1, in *The Creeds of the Churches*, ed. John Leith, third edition(Atlanta: John Knox, 1982), 222.

50) "Westminster Confession," 10.1, *Creeds of the Churches*, 206.

영원한 과거에 주목하는 모든 플라톤적인 개념들과는 반대로, 교회에 대한 역동적인 이해는 교회가 하나님의 통치와 결부된 교회의 미래적인 궁극적인 모습(destiny)에 의해서 규정된다고 주장한다. 신자들은 하나님 및 서로 간의 계약 관계 속으로 들어감으로써 종말론적인 공동체, 현재에 있어서 하나님의 통치를 특징짓는 원칙들을 선구적으로 수행하는 공동체가 될 수 있다. 그러므로 그들은 하나님 나라를 향한 길을 사람들에게 정확하게 보여 준다.

따라서 세상 속에서 교회의 정체성은 단순히 하나님께서 창세 전에 택하신 자들을 양 떼의 무리 속으로 데려오는 것에 그 초점이 맞춰지지 않는다. 오히려 그 핵심에는 역사의 완성 때에 도래하게 될 영광스러운 인간의 공동체를 현재에 있어서 형성하는 목표가 있다. 그러므로 교회는 하나님께서 언젠가는 은혜로 말미암아 그의 피조물들에게 주실 종말론적 현실의 맛보기인 셈이다. 요컨대, 교회는 하나님 나라의 표지(標識)이다.

공동체로서의 교회

교회는 하나님의 계약 백성이고, 종말론적 하나님 나라의 표지이다. 그러나 이러한 관점들은 도움이 되긴 하지만, 하나님께서 창조하시고자 하는 종말론적인 계약 백성을 완전하게 설명해 주는 것은 아니다. 그러므로 이 두 가지에 우리는 세 번째 관점을 추가하지 않으면 안 된다: 교회는 공동체이다.

토대로서의 계약과 하나님 나라

공동체라는 개념을 도입하자마자, 그 토대와 관련된 문제가 제기된다. 우리는 무엇을 토대로 교회가 공동체라고 주장할 수 있는가? 그리고 이러한 선언은 무엇을 의미하는가? 공동체 개념의 토대에 관한 우리의 탐구의 출발점은 우리가 이제까지 교회의 본질에 관하여 결론을 내린 바 있는 내용에 있다: 교회는 계약 관계 속에 있는 백성임과 동시에 하나님 나라의 표지이다.

계약의 공동체. 교회는 계약 백성이라는 점에서 공동체이다. 이러한 결론은 교회에 대한 성경의 설명들에서 생겨난다. 왜냐하면 교회에 대한 성경의 서술들은 공동체에 관한 용어들로 가득 차 있기 때문이다. 초기의 신자들은 그들 자신을 특별한 백성, 하나님께 속하기 위하여 복음에 의해서 세상으로부터 불러내져서 함께 결합된 백성으로 보았다. 신약성서의 기자들은 교회를 새로운 나라, 몸, 성전이라고 지칭하였다. 그리고 이 백성은 공간적이고 시간적인 경계들을 뛰어넘긴 하지만, 성경에 의하면 주로 교회의 지역적 표현이 될 것을 서약한 가시적이고 지역적인 신자들의 집단으로 등장한다. 이러한 모든 표상들은 하나의 동일한 근본적인 개념을 보여 준다: 교회는 공동체이다.

신약성서에 나오는 표상들이 보여 주는 공동체라는 초점은 계약 백성으로서의 교회를 나타내주는 공동체적 교제와 개별 신자간의 상호적인 관계에 의해서 한층 강화된다. 앞에서 보았듯이, 교회는 그리스도 안에서 하나님 및 서로 간에 계약을 맺은 자들이 함께 모임으로써 이루어진다. 이와 동시에 공동체적인 교제는 거기에 참여하게 된 자들의 믿음을 촉진시킨다. 서로 간의 계약적 관계 속에 있는 사람들의 집단으로서 및 믿음을 촉진시키는 백성으로서, 교회는 공동체이다.

계약은 교회의 공동체적 차원을 강화시킨다. 실제로 계약의 존재는 느슨하게 연결된 사람들의 집단을 공동체로 변화시킨다. 어떻게 이런 일이 일어나는가를 보기 위해서, 우리는 다시 한 번 신자들이 공유하는 계약의 이중적인 지향성을 살펴보지 않으면 안 된다.

공동체로서의 교회의 토대를 이루는 계약은 일차적으로 수직적이다. 계약은 우리를 자신의 백성으로 삼고 있는 삼위일체 하나님에게 그 초점이 맞춰져 있다. 교회는 개인적으로 그리스도로 말미암아 하나님께 충성을 선언한 자들로 구성된다. 그러므로 교회의 계약의 토대는 "예수는 주시다"라는 우리의 개인적인 신앙고백이다. 우리는 모두가 이 근본적인 신앙의 헌신을 공유한다는 점에서 하나의 백성 — 공동체 — 이다. 사실 우리 모두는 예수의 주되심을 고백하기 때문에, 우리 사이의 유대는 다른 어떤 인간적인 유대들보다 더 크다.[51] 이러한 계약에 의한 유대(紐帶)가 그 밖의 다른 모든 인간관계들보다 위에 있다는 것이 바로 제자도로의 예수의 부르심의 핵심에 놓여 있다: "아버지나 어머니를 나보다 더 사랑하는 자는 내게 합당하지 아니하고 아들이나 딸을 나보다 더 사랑하는 자도 내게 합당하지 아니하며"(마 10:37).

---

51) 이 점에 관한 논의로는 Stanley J. Grenz, *Sexual Ethics*(Waco, Tex.: Word, 1990), 21-23을 보라.

우리는 우리의 가장 높은 충성의 대상인 예수에 대한 공통의 충성 맹세를 공유하고 있기 때문에, 함께 결합하여 하나님의 백성이 되는 헌신도 공유한다. 그러므로 교회 속에 내재하는 계약은 서로 간의 관계 속에서 하나의 백성이 되어 함께 살아가자는 우리의 합의(合意)이다. 그러므로 예수를 주라고 부르는 우리는 한 몸 — 한 공동체 — 이다. 이러한 인식은 초기 예루살렘의 신자들로 하여금 그들의 물질적 소유들까지도 함께 공유하게 만들었다(행 4:32-35).

신학적으로 볼 때, 성령은 그리스도의 공동체의 토대를 이루는 계약의 촉진자이다. 성령은 우리로 하여금 우리가 공유하는 계약의 토대를 이루는 신앙고백, 즉 예수의 주되심을 고백하도록 이끄는 분이다(고전 12:3). 또한 성령은 우리를 하나로 묶어서 연합된 하나의 백성으로 만드는 끈이다. 바울이 지적했듯이, 우리가 하나인 것은 성령이 우리로 하여금 하나 되게 하셨기 때문이다(엡 4:3).

이러한 성령의 결정적인 역할은 우리로 하여금 그리스도께서 교회를 제정하셨지만 교회를 구체적으로 형성시키는 분은 성령이라는 결론을 내리지 않을 수 없게 만든다.[52] 그리스도께서 제정하신 제도로서의 교회는 역사적 현실로서 우리에게 다가왔다. 그러나 성령이 공동체로서의 교회를 형성하는 데에는 우리가 개입된다. 성령은 우리를 하나로 묶어서 예수 그리스도의 하나의 교회의 현재적인 표현이 되게 만든다.

공동체와 하나님의 목적. 공동체로서의 교회라는 개념의 토대에 대한 우리의 탐구는 위에서 살펴본 교회와 하나님 나라의 연관성에 의해서도 한층 강화된다. 이러한 연관성은 교회가 공동체라는 개념에 대한 추가적인 토대를 제공해 준다: 하나님의 통치의 완성으로 나아가는 역사 속에서의 하나님의 계획. 그러므로 우리는 하나님의 궁극적인 목적을 살펴보지 않으면 안 된다.

고전적인 신학에서는 세상 속에서의 하나님의 계획이 인간의 죄와 곤경 속에 있는 개개인들을 지향하고 있다고 올바르게 주장하였다. 그러나 불행히도 이러한 강조 — 그 자체로는 옳긴 하지만 — 는 너무도 자주 사지(四肢)가 잘려 나간 불완전한 모습의 구원론을 지지하는 역할을 함으로써 부적절한 교회론이 생겨나게 만들었다. 하나님의 계획이 개인 구원을 포함하고 있다는 것은 두말할 필요가 없

---

52) Zizioulas, *Being as Communion*, 140.

지만, 하나님의 계획은 고립적인 인간 개개인을 훨씬 뛰어넘는다. 우리의 구원은 고립적으로가 아니라 관계들 속에서 일어난다. 그런 까닭에 하나님의 목적은 인간의 사회적 상호 작용을 포함한다. 그리고 그것은 고립적인 인간 영역을 뛰어넘어 모든 피조물을 포괄한다. 하나님의 관심은 한 사람 한 사람의 개개인을 구속(救贖)하는 것으로 끝나는 것이 아니다. 하나님은 새로워진 피조 세계 속에서 살면서 하나님의 임재를 누리는(계 21:1-5a) 화해된 인류를 원하신다(엡 2:14-19).

요컨대, 하나님의 계획은 공동체를 지향하고 있고, 공동체 속에서 경험된다. 이런 이유로 교회는 잃어버린 자들을 얻기 위한 목적으로 함께 결합된 구원받은 개개인들의 집합을 훨씬 뛰어넘는 그 이상의 것이다. 교회는 구원의 공동체이다.

하나님의 계획의 공동체적이고 우주적인 차원은 죄와 소외의 성격에 관한 성경의 자세한 묘사와 관련된 좀 더 폭넓은 구원론으로부터 생겨난다. 물론 우리는 하나님으로부터 소외되어 있다. 그러나 소외는 인간 상호간, 우리 자신, 피조 세계에 대한 우리의 관계들을 오염시킨다. 따라서 하나님의 계획은 하나님과의 개인적인 평화를 고립적으로 누리는 것을 지향하는 것이 아니라, 모든 관계들 — 우리 자신에 대한, 인간 서로 간에 대한, 자연에 대한 — 의 치유에까지 미치게 된다. 소외 상태를 공동체 관계로 바꾸기 위하여, 성부는 성자를 보내셨고, 성령을 부어주셨다. 하나님은 그리스도의 완성된 사역의 결과물로서 오순절에 성령을 보내셨다. 하나님의 의도는 공동체적인 그리스도의 몸을 세워서 서로서로에 대하여 화해된 유대인과 이방인으로 구성된 하나의 새로운 백성을 만드는 것이었다(엡 2:11-22). 이러한 공동체에 대한 궁극적인 체험은 역사의 종말에 가서야 가능하게 되겠지만, 성령은 지금 인간의 모든 구분을 뛰어넘는 백성을 하나의 몸으로 결합시키고 있다. 믿음의 공동체는 모든 민족과 모든 사회경제적 지위를 대표하고, 남자와 여자로 구성되어 있다(갈 3:28).

그러므로 성령의 지속적인 사역은 오직 인간 역사의 종말에 가서야 온전한 모습으로 출현하게 될 종말론적 공동체가 이미 우리 가운데 부분적이긴 하지만 진정한 방식으로 존재하고 있다는 것을 의미한다. 하나님은 우리가 이 현재적 실체를 많은 점에서(가족 관계, 친구, 사회를 포함하여) 누리기를 원하신다. 그러나 그 초점은 그리스도를 따르는 자들의 공동체이다. 그리스도인들의 교회는 예수의 삶, 죽음, 부활을 통해서 하나님에 의해서 만들어진 독특한 교제이다.[53] 교회는 공간적·시간적·사회적·성적 경계들을 뛰어넘어 그리스도에 대한 헌신을 공유한 공동체이다.

공동체와 하나님의 본성

교회를 계약을 맺은 백성이라고 설명하게 되면, 우리의 관심은 인간의 역사 속에서 교회의 실제적인 모습에 집중된다. 교회는 하나님 나라와 관련된 하나님의 목적들과 연결되어 있기 때문에 역사에 대한 하나님의 계획이라는 좀 더 큰 맥락, 특히 하나님의 목적들이 온전하게 실현되는 종말론적 통치 속에서 그 계획이 완성된다는 맥락 속에 놓이게 된다. 교회에 대한 세 번째 설명 ― 공동체로서의 교회 ― 은 우리로 하여금 역사 속에서의 하나님의 활동을 뛰어넘어 그러한 활동의 토대가 되는 삼위일체 하나님의 삶 자체로 우리의 시선을 돌리게 만든다.

교회에 대한 우리의 이해의 궁극적인 토대는 삼위일체 하나님의 본성 자체와 교회의 관계에 있다. 그런 까닭에 우리의 교회론은 조직신학의 다른 주제들과 마찬가지로 그 출발점을 신론에서 찾는다.

하나님의 형상으로서의 교회. 앞에서 보았듯이, 하나님의 목적들은 그의 최고의 피조물 ― 인류 ― 이 영원한 하나님의 본성을 반영하게 하는 데, 즉 우리를 하나님의 형상이 되게 하는 데 있다.

제3장과 제4장에서 우리는 하나님의 성품은 "사랑"이라는 용어로 가장 잘 설명된다는 주장을 제시했었다. 사랑은 세상과는 무관하게 하나님의 본래적인 성품이다. 영원부터 영원까지 하나님은 언제나 아버지와 아들과 성령이다 ― 사랑의 공동체. 좀 더 구체적으로 말하면, 삼위일체의 역학(力學)은 성부와 성자 사이에 공유하는 사랑, 즉 성령이다. 하나님의 목적은 인간들이 창조주 실체를 반영하는 화해된 피조 세계를 수립함으로써 하나님 자신의 삼위일체적 본성에 영광을 돌리는 것이다. 삼위일체 하나님은 인간들이 하나님 자신의 영원한 본성을 반영할 뿐만 아니라, 실제로 하나님의 본성에 참여하는 화해의 공동체로 결합되기를 원하신다(벧후 1:4).

하나님을 사회적 삼위일체, 사랑의 공동체로 이해하는 것은 광범위한 교회론적

---

53) 예를 들면, James William McClendon, *Ethics: Systematic Theology Volume One*(Nashville: Abingdon, 1986), 158-239를 보라.

함의들을 지닌다. 오순절부터 종말에 이르기까지, 역사 속에서의 화해된 사회의 초점은 예수 그리스도의 교회, 계약 백성이다. 교회는 함께 계약을 맺어 하나님께 속하기로 — 거룩하기로, 즉 하나님의 특별한 사용을 위하여 세상으로부터 성별되기로 — 결단한 백성이다. 이러한 거룩한 백성으로서 우리는 말과 행위를 통해서 하나님 나라의 원리들을 선포하고, 다른 사람들에게 하나님의 통치 아래 산다는 것이 무엇을 의미하는지를 보여 주어야 한다. 그러나 이보다 더 중요한 것은 그리스도의 백성인 우리가 하나님의 실체를 나타내 보여야 — 하나님의 형상이어야 — 한다는 것이다. 하나님 나라의 표지 역할을 하는 하나님과의 계약 관계 속에 있는 백성이 된다는 것은 하나님의 성품 자체를 반영한다는 것을 의미한다. 교회는 참된 공동체로서 살아간다는 — 사랑 안에서 살아간다는 — 점에서 하나님의 성품을 반영하고 있다. 왜냐하면 사랑의 공동체로서 교회는 삼위일체 하나님의 본성을 나타내 보이기 때문이다.[54] 그러므로 자신의 목적의 완성으로 가는 도중에서, 하나님은 교회를 부르셔서 하나님의 본성을 자신의 의미로 삼는 종말론적인 이상적 사랑의 공동체를 엉망진창인 현재 속에서 가능한 한 많이 반영하도록 요구하신다.

교회와 성령. 삼위일체 하나님이라는 맥락 속에서 볼 때에 교회는 공동체이다. 이러한 주장은 계약 백성이자 하나님 나라의 표지로서의 교회에 대한 이해와 마찬가지로 우리를 삼위일체 하나님의 계획의 완성자로서의 성령의 역할에 다시 주목하게 만든다. 궁극적으로 교회의 특징이 되어야 하는 공동체성은 우리와 성령의 친교로부터 생겨난다. 이것을 이해하기 위해서, 우리는 하나님 자신의 삼위일체적인 본성과 관련이 있는 하나님의 영원한 목적의 전체적인 모습을 개관해 보아야 한다.

성부는 인류와 피조물을 이끌어서 자신의 생명에 참여하게 하려는 하나님의 영

---

54) 이 주제는 몇몇 예비적인 고찰들의 대상이 되어 왔다. 자유교회의 관점으로부터의 논의의 한 예로는 Miroslav Volf, "Kirche als Gemeinschaft: Ekklesiologische Überlegungen aus freikirchlicher Perspective," *Evangelische Theologie* 49/1(1989): 70-76. 로마 가톨릭의 교회론 내에서의 발전들에 대해서는 Kilian McDonnell, "Vatican II(1962-1964), Puebla(1979), Synod(1985): *Koinonia/ Communio* as an Integral Ecclesiology," *Journal of Ecumenical Studies* 25/3(Summer 1988): 414를 보라.

원한 계획을 실현하기 위하여 성자를 보내셨다. 회심을 통해서 성자는 우리를 하나님의 자녀가 되게 만드는 성령을 우리에게 주신다. 그러나 이러한 아들로서의 지위는 성자가 성부와 더불어 누리는 바로 그 관계이다. 그러므로 회심을 통해서 성령 — 성부와 성자의 관계의 영인 — 은 우리를 그리스도의 형제 및 자매로 만든다. 그렇게 함으로써 성령은 우리로 하여금 성자가 성부와 더불어 누리는 사랑에 참여하게 한다. 성령을 통하여 우리는 삼위일체 하나님의 핵심에 있는 사랑에 참여한다.

그러나 삼위일체의 사랑의 역동성 속에 참여하는 것은 고립적인 개개인으로서의 우리가 아니다. 그것은 우리가 다른 모든 신자들과 함께 공유하는 특권이다. 우리를 위한 그리스도의 사역과 우리 안에서의 성령의 활동으로 말미암아, 우리는 함께 양자가 되어 하나님의 가족을 이루고, 성령 자체이기도 한, 성부와 성자가 누리는 관계에 함께 참여하는 자들이 된다. 성령은 이러한 관계를 우리에게 매개해줌으로써 우리를 한데 이끌어서 한 가족이 되게 한다. 이런 식으로 성령이 낳은 공동체 속에서만 우리는 모든 피조물에게 삼위일체 하나님의 핵심에 있는 저 위대한 역동성을 참되게 반영하게 된다. 그러므로 우리가 성령 안에서 함께 공유할 때, 우리는 살아계신 하나님과의 관계에 참여하고, 우리 주 그리스도의 공동체가 된다.

따라서 교회가 부르심 받은 바 사랑의 공동체는 세속적인 실체가 아니다. 우리가 서로서로 공유하는 교제는 단순히 공통의 체험 또는 공통의 이야기 — 물론 이러한 것들도 중요하긴 하지만 — 의 교제가 아니다. 우리의 교제는 성령에 의해서 매개된 성부와 성자 사이의 신적인 친교에 우리가 함께 참여하는 것에 다름 아니다. 이것을 틸라드(Tillard)는 다음과 같이 올바르게 말하고 있다:

> 교회의 '코이노니아'(koininia)는 삼위일체적인 친교를 그리스도의 제자들의 형제적 관계들로 옮겨 놓은 것이라고 정의할 수 있다. 인간 편에서 볼 때, 교회의 '코이노니아'는 성령이 그것을 붙잡아 성부와 성자의 관계 속에 끼워 넣는다는 점에서 그리스도 예수의 제자들의 형제애에 다름 아니다.[55]

---

55) J. M. R. Tillard, "What Is the Church of God?" *Mid-stream* 23(October 1984): 372-73.

그러므로 우리는 성령이 이미 성부와 성자 사이의 사랑에 동참하게 만든 자들의 집단이기 때문에 하나의 백성이다. 우리는 진정으로 사랑의 공동체, 하나님의 성령의 권능으로 말미암아 우리 가운데 존재하는 사랑에 의해서 묶여진 백성이다. 이러한 백성으로서 우리는 현재에 있어서 삼위일체 하나님의 영원한 역동성을 반영하도록 부르심 받은 자들로서, 그러한 공동체를 우리는 새로워진 땅 위에서 위대한 종말론적 교제 속에서 누리게 될 것이다.

삼위일체 하나님의 교제에 함께 참여하는 자들이라는 우리의 일차적인 정체성만이 우리의 교회론의 여러 다른 측면들을 위한 궁극적인 토대가 된다. 하나님의 생명에 우리가 공동으로 참여하고 있다는 것은 세상 속에서의 교회의 사역을 위한 토대가 된다(제18장). 이러한 공동의 참여는 이 공동체의 예식들을 이해하기 위한 배경을 제공해 준다(제19장). 그리고 그것은 교회 전체와 그 지역적이고 가시적인 표현들 사이의 연결고리를 형성함으로써, 이를 촉진시키는 교회 구조를 구성하기 위한 비전을 제시해 준다(제20장).

승귀(높이 들리우심) 이래로, 부활하신 주님은 오순절에 부어진 성령을 통해서 성부의 명령을 받아서 그의 계획을 계속해서 수행한다. 이 성령은 그리스도의 몸으로서의 교회를 세워나가는데, 성령의 사역은 곧 그리스도의 사역의 연속이다. 이제 이 사역에 대해서 우리가 살펴볼 차례이다.

제 18 장

공동체의 사역

> 그러나 너희는 택하신 족속이요 왕 같은 제사장들이요 거룩한 나라요 그의 소유가 된 백성이니 이는 너희를 어두운 데서 불러 내어 그의 기이한 빛에 들어가게 하신 이의 아름다운 덕을 선포하게 하려 하심이라 — 베드로전서 2:9

교회는 역동적인 실체이다. 교회는 계약 관계 속에 있는 백성으로 이루어진다. 이 계약 백성은 현재 속에서 미래의 하나님 나라의 특징을 이루는 원칙들을 선구적으로 수행해 나감으로써 하나님의 통치의 표지가 된다. 인류를 위한 하나님의 의도의 미래적인 완성을 바라보는 계약 백성으로서의 교회는 하나의 공동체이다. 신자들의 교제는 모든 피조 세계를 향하여 삼위일체 하나님의 본성 자체, 즉 성령이신 성부와 성자 사이의 사랑을 반영하고자 애쓴다. 요컨대, 교회는 종말론적 사랑의 계약 공동체이다.

세상 속에 존재하는 특별한 공동체로서 교회는 하나님이 주신 사역을 갖는다. 교회의 사역은 하나님과의 계약 및 성도 상호간의 계약 관계 속에 있는 백성, 하나님의 통치의 표지, 하나님의 사랑의 반영물이라는 교회의 본질로부터 생겨난다. 우리는 이제 우리가 하나님의 백성으로서 공유하는 위대한 사역을 살펴볼 차례이다. 우리는 먼저 교회의 근본적인 존재 목적을 살펴볼 것이다. 이것은 그리스도가 우리의 교회에게 주신 특별한 위임명령을 설명하기 위한 배경이 된다.

교회의 목적

교회의 사역을 서술하기 위한 적절한 출발점은 그의 백성을 향한 하나님의 궁극적인 목적이다. 왜 그리스도는 처음으로 교회를 제정하셨는가? 그리고 무슨 목적으로 성령은 오늘날 계속해서 교회를 세우고 있는 것인가? 이러한 질문에 대한 우리의 최종적인 대답은 "하나님의 영광을 위하여"라는 대답이 될 수밖에 없다. 온갖 형태의 교회는 궁극적으로 삼위일체 하나님의 영광을 위하여 존재한다.

하나님의 목적들 속에서의 교회

적절한 교회론을 제시하기 위해서, 우리는 먼저 하나님의 좀 더 큰 목적들이라는 관점에서 교회를 바라보아야 한다. 그렇게 할 때에 우리는 즉각적으로 교회는 하나님의 영광을 위하여 존재한다는 결론을 얻게 된다. 하나님의 좀 더 큰 목적들의 성취를 위하여 결정적으로 중요한 것은 창조로부터 종말에 이르기까지 역사 속에서의 하나님의 활동이다. 역사 속에서 하나님은 자신의 목적을 모든 피조 세계에 관철하기 위하여 활동하신다. 하나님께서 교회를 불러서 존재하게 하신 것은 이러한 좀 더 큰 목적을 이루기 위한 하나의 중요한 계기이다. 그렇다면 이러한 하나님의 큰 목적은 과연 무엇인가?

교회와 창조의 목적. 성경의 기자들은 모든 피조물의 근본적인 목적은 하나님을 영화롭게 하는 것이라고 반복해서 말한다. 시편 기자는 하나님의 영광이 하나님께서 자연에 주신 본분이라고 말한다: "하늘이 하나님의 영광을 선포하고 궁창이 그의 손으로 하신 일을 나타내는도다"(시 19:1). 하나님의 특별한 피조물이자 하나님의 특별한 관심을 받은 존재인 인간들도 마찬가지로 그들의 창조주를 찬양하여야 한다: "우리 하나님을 찬양하는 일이 선함이여 찬송하는 일이 아름답고 마땅하도다"(147:1).

하나님은 그의 이름을 찬양하도록 하기 위하여 모든 피조물을 만드셨지만, 뭔가 일이 잘못되어 갔다. 우리의 죄악으로 인하여 우리는 하나님의 영광을 위하여 살아갈 우리의 본분에 실패하고 말았다. 우리의 실패는 만유에 영향을 미쳤다. 이에 대하여 바울은 다음과 같이 설명한다: "피조물이 허무한 데 굴복하는 것은 자기 뜻이 아니요 오직 굴복하게 하시는 이로 말미암음이라 그 바라는 것은 피조물도 썩어짐의 종노릇 한 데서 해방되어 하나님의 자녀들의 영광의 자유에 이르는 것이니라"(롬 8:20-21). 그 결과 하나님은 우리로 하여금 모든 피조물과 함께 하나님을 영화롭게 하는 데 참여할 수 있도록 하기 위하여 그의 구원 사역을 시작하셨다.

그리스도는 이러한 목적을 위하여 오셨다. 돌아가시기 전날 밤에 그가 드린 대제사장적인 기도 속에서 예수는 자신의 임박한 희생제사를 하나님을 영화롭게 하는 행위라고 규정하셨다: "아버지여 때가 이르렀사오니 아들을 영화롭게 하사 아들로 아버지를 영화롭게 하게 하옵소서 … 아버지께서 내게 하라고 주신 일을 내가 이루어 아버지를 이 세상에서 영화롭게 하였사오니"(요 17:1, 4).

그리스도 안에서 하나님의 은혜를 받은 자들인 우리는 그리스도께서 하나님의 영광을 위하여 피로 사신 백성이다. 바울은 이것이 죄악된 인간에게 은혜를 주신 하나님의 활동의 목표였다고 분명하게 말한다: 하나님께서 우리를 양자로 삼아 그의 가족이 되게 하신 것은 "그가 사랑하시는 자 안에서 우리에게 거저 주시는 바 그의 은혜의 영광을 찬송하게 하려는 것"이었다(엡 1:5-6). 하나님은 우리가 "그의 영광을 찬송하며" 살도록 하기 위하여 우리를 "그리스도 안에" 포함시키셨다(1:11-14). 그러나 은혜로 받은 전리품인 우리의 지위는 현세를 뛰어넘는 여러 의미들을 지닌다. 영원토록 우리는 하나님의 놀라운 은혜를 증언하게 될 것이고, 이런 식으로 해서 하나님께 영광을 돌리게 될 것이다(2:6-7).

교회와 하나님의 영광. 그러므로 교회의 근본적인 목적은 하나님께 영광을 돌리는 것이다. 그리스도는 세상에서 하나님을 영화롭게 해야 하는 자신의 사명에 따라 교회를 제정하셨다. 마찬가지로 성령은 우리로 말미암아 하나님께서 현재에 있어서 영광을 받으실 수 있도록 하기 위하여 하나님의 백성의 공동체로서 우리를 세우신다.

교회의 존재 목적이 하나님을 영화롭게 하는 것이라는 우리의 결론은 세상 속에서의 교회의 삶과 관련하여 광범위한 의미를 지닌다 ― 보편 교회이든 그 지역적 표현이든. 그것은 교회의 모든 계획과 목표들과 행위들을 위한 궁극적인 동기가 오로지 하나님께 영광을 돌리려고 하는 우리의 욕구를 중심으로 이루어져야 한다는 것을 의미한다. 우리는 우리가 종말론적 계약 공동체로서 말하고 행하는 모든 것을 이러한 궁극적인 목적, 즉 우리를 통하여 하나님께서 영광을 받으셔야 한다는 목적을 위해서 하여야 한다. 이것이 우리의 궁극적인 목표이기 때문에, 우리는 교회의 삶의 여러 차원들을 세심하게 살펴 모든 것을 이 하나의 우선순위 아래 두려고 애써야 한다. 이렇게 하면, 우리는 바울의 권면의 정신을 그대로 따

를 수 있게 된다: "그런즉 너희가 먹든지 마시든지 무엇을 하든지 다 하나님의 영광을 위하여 하라"(고전 10:31; 또한 롬 15:6을 보라).

영화롭게 하는 것에 담긴 하나님의 목적

우리가 앞에서 개략적으로 살펴본 강조점은 주후 1세기부터 현재까지에 이르는 교회에 대한 신학적 성찰의 일부였다. 개혁주의 신학 전통은 특히 창조와 구원에 있어서 하나님의 사역의 궁극적인 근거와 목표로서 하나님의 영광에 초점을 맞춰 왔다.

이러한 주장은 오랫동안 뛰어난 지위를 누려왔음에도 불구하고 언제나 하나님의 성품에 관하여 신학이 가르치는 것과 일치되는 방식으로 표현되어 온 것은 아니었다. 영광을 받으시고자 하는 하나님의 뜻에 대한 몇몇 설명들은 하나님께서 성경에 나오는 하나님의 모습과는 정반대되는 성품을 지닌 분으로 비춰지도록 모든 찬양과 존귀를 혼자 독차지하려고 한다는 인상을 준다. 성경은 인간을 향한 하나님의 의도로 겸손을 제시한다. 예를 들면, 바울은 그의 독자들에게 "아무 일에든지 다툼이나 허영으로 하지 말고 오직 겸손한 마음으로 각각 자기보다 남을 낫게 여기고"(빌 2:3)라고 권면하였다. 사도에 의하면, 우리의 특징이어야 하는 겸손은 다름 아닌 예수 그리스도께서 이미 모범을 보이신 것이었다(5-8절).

자신의 모든 활동들을 자신을 높이기 위하여 행하고 모든 피조물에게 오직 자기에게만 영광을 돌리라고 요구하는 하나님의 태도는 그리스도의 모범 및 인간을 위한 이상(理想)과 너무도 다르지 않은가. 어떤 의미에서 하나님은 우리에게 그런 식으로 이해되는 하나님의 성품을 본받으라고 하시는 것인가? 하나님께서 자신만의 영광을 구하신다면, 우리가 어떻게 살아야 하나님의 형상으로 사는 것이 될 수 있는가?

사실 하나님의 영광은 하나님의 모든 활동들의 최종적인 목표이다. 그러나 이러한 주장을 제대로 이해하기 위해서는 먼저 그 적절한 맥락을 알지 않으면 안 된다. 하나님의 목적을 생각할 때, 우리는 하나님을 고독한 주체로 생각해서는 안 된다. 그렇게 생각하게 되면, 우리는 하나님을 자신의 엄청난 위대함에 도취되어서 자신의 피조물들의 환호를 즐기는 분으로 생각하지 않을 수 없게 될 것이다. 그러한 하나님은 자신만이 성찰할 가치가 있는 유일한 실체로서 자신만이 자신을 알고 있다고 하는 아리스토텔레스의 부동의 동자(不動의 動者, Unmoved

Mover)와 매우 흡사하다.[1] 그러나 우리는 이 주제를 삼위일체로서의 하나님이라는 관점에서 접근해야 한다.

제2장에서 설명했듯이, 하나님은 영원히 삼위일체적이다. 이 삼위일체 하나님의 내적인 동력은 사랑이다 — 성령이신, 성부와 성자 사이에 공유하는 관계. 마찬가지로 우리는 역사 속에서의 하나님의 의도는 자신의 영원한 본성의 산출(産出)이라는 점도 살펴본 바 있다. 인류를 향한 하나님의 목표는 우리 인류가 하나님의 형상이 되는 것, 즉 창조주의 본성 자체를 반영하는 존재가 되는 것이다. 그러나 창조주는 다름 아닌 삼위일체 하나님 — 성부, 성자, 성령, 곧 신적인 사랑의 공동체이다. 따라서 역사 속에서의 하나님의 사역은 궁극적으로 공동체적이다; 하나님은 인간이 서로에 대한 관계 및 인간을 둘러싼 만유에 대한 관계 속에서 삼위일체 창조주의 실체를 반영하는 그러한 화해된 피조 세계를 창출해 내려는 의도를 가지고 계신다. 그런 까닭에 하나님의 행위들은 사랑 자체인 사회적 삼위일체 — 신적인 본성 — 의 인간적 반영물로서 화해된 사랑의 공동체를 수립하는 것을 목표로 삼는다.

이런 식으로 하나님의 구원론적 목적들은 자기 자신의 삼위일체적인 본성을 영화롭게 하는 것으로부터 생겨난다. 종말론적인 사랑의 공동체, 즉 계약 백성을 세움으로써 하나님은 새로운 인류, 모든 피조물을 향해서 하나님의 성품과 본성을 반영하는 백성을 탄생시킨다. 자신의 본성이 피조 세계 속에 분명하게 드러날 때, 삼위일체 하나님은 영광을 받는다. 그러므로 하나님은 그의 피조물들 속에 정반대의 특질을 요구하는 우주적인 이기주의자가 아니라, 인간으로 하여금 사랑 자체인 자신의 거룩한 성품을 반영하기를 원하는 삼위일체 하나님이다. 우리가 교제 속에 살아갈 때, 우리는 신적인 사랑의 공동체 자신인 분에게 존귀를 돌리게 된다.

그리스도의 모범이 보여 주듯이, 참된 공동체는 그 참여자들이 사랑에 의해서 우러나온 겸손한 종의 태도로 서로와 관계를 맺을 것을 요구한다. 이런 이유로 성경은 성부 하나님의 뜻에 대한 예수의 겸손한 순종을 통해서 잘 예증된 겸손을 인간의 이상으로 승격시킨다.

---

1) Aristotle, *Metaphysics* 12.1-10(1069a18-1076a4), in *Great Books of the Western World*, ed. Robert Maynard Hutchins(Chicago: William Berton, Publishers, Encyclopedia Britannica, Inc., 1952), 598-606.

하나님의 목적들의 완성을 향한 과정에서 교회는 하나님의 형상을 반영하기 위한 주된 도구가 된다. 함께 연합된 백성으로서의 우리에게 하나님은, 깨어지고 부서진 현재 속에서 하나님의 본성인 종말론적인 이상적 사랑의 공동체를 예증해 보일 것을 요구하신다. 교회는 서로 및 세상에 대한 겸손한 섬김을 통해서 예증되는, 하나님의 성령의 능력을 통하여 그들 가운데 존재하는 사랑에 의해서 함께 묶여진 개개인들의 교제가 되어야 한다. 사실 우리가 사랑 안에서 존재할 때, 우리는 하나님이 어떤 분이신가를 그대로 반영하는 것이 된다. 그렇게 함으로써 우리는 하나님께 영광을 돌리게 된다. 왜냐하면 우리는 그리스도 자신이 우리에게 계시하였던 삼위일체 하나님의 동력의 중심에 있는 사랑을 예증하는 것이 되기 때문이다.

교회가 위임받은 명령

교회의 사역은 하나님께 영광을 돌리는 하나님 백성의 공동체로서의 우리의 실존이라는 맥락 속에 놓여 있다. 성경은 하나님께 영광을 돌리는 것을 하나님 백성에게 위임된 소명에 대한 사랑에서 우러나오는 순종과 결부시키고 있다. 물론 그 가장 위대한 모범은 예수 자신이다. 예수는 죽기까지 하나님의 뜻에 순종하였다. 그런 까닭에 수난 직전에 예수는 "아버지께서 내게 하라고 주신 일을 내가 이루어 아버지를 이 세상에서 영화롭게 하였사오니"(요 17:4)라고 기도하였다. 예수께서 자신의 소명을 순종으로써 성취하신 것은 성부에 대한 성자의 영원한 사랑을 표현하는 것이다.

마찬가지로 하나님께서 우리에게 주신 소명에 대한 우리의 순종적인 수용은 그리스도께 영광을 돌리는 것이고, 또한 그리스도를 통하여 성부 하나님께 영광을 돌리는 것이다. 예수는 스스로 이 영광에 관하여 말씀하였다. 그의 대기도문에서 우리 주님은 그가 그의 제자들을 통하여 받았던 영광을 기뻐하셨다(요 17:10). 앞서 그는 그의 친구들에게 그들이 열매맺는 것이 성부 하나님에게 영광을 돌리는 것이라고 말씀하였다: "너희가 열매를 많이 맺으면 내 아버지께서 영광을 받으실 것이요 너희는 내 제자가 되리라"(요 15:8).

소명에 대한 순종과 하나님의 영광의 연관 관계는 교회가 그 주님께 순종할 때에, 즉 하나님께서 교회에게 말과 행위를 통해서 그리스도의 주되심을 인정하는 백성이 되라고 하신 명령을 수행할 때에 하나님께 영광을 돌리게 된다는 것을 보여 준다. 신약성서는 주님께서 그의 교회에게 큰 일을 위탁하셨다는 것을 보여 준다. 하나님의 백성이 그들의 공동체적인 과업을 성실하게 수행할 때에 교회는 하나님께 영광을 돌리게 된다.

그렇다면 구체적으로 교회의 사역은 무엇인가? 신학자들은 흔히 '마르튀리아'(martyria) 또는 '케리그마'(kerygma, 증거), '코이노니아'(koinonia, 친교), '디아코니아'(diakonia, 섬김)라는 세 개의 헬라어 용어들에 의거해서 우리의 소명을 요약한다.[2] 그러나 이러한 요약은 그 토대가 되는 사역인 예배를 빠뜨림으로써, 세상을 향한 하나의 사역을 구성하는 선포와 섬김의 중요한 연관성을 보지 못하고 있다. 따라서 교회가 위탁받은 지상명령을 좀 더 완전하게 서술하는 대안을 우리는 제시할 필요가 있다. 우리의 공통의 삶 속에서 우리는 공동체적인 예배, 상호적인 건덕(建德), 세상을 향한 선교 속에서 공동체적 유대를 나타내 보임으로써 참된 신앙 공동체가 되고자 하여야 한다.

예배

그리스도께서 교회에 위탁하신 명령은 예배를 포함한다. 우리는 여러 가지 방식으로 사적으로 하나님을 예배할 수도 있지만, 예배는 교회의 공동체적 삶의 한 차원이 되어야 한다. 그런 까닭에 히브리서의 저자는 공동체를 향하여 함께 모이는 것을 폐하지 말 것을 권고하였다(히 10:25). 그리고 바울은 그리스도인들이 "함께 모일" 때에 그들의 지침이 될 가르침들을 베풀었다(고전 14:26). 우리는 하나님께 그의 이름에 걸맞는 영광을 돌리는 예배 공동체가 되어야 한다. 이런 이유로 우리는 교회에 대하여 "예배하기 위하여 모였다"라고 말하는 것이 적절할 것이다.

예배의 초점. 기본적으로 예배는 합당한 가치가 있는 자에게 합당한 가치를 돌리는 것을 의미한다.[3] 예배라는 차원은 신앙 공동체의 관심을 우리를 그의 백성으

---

2) E.g., Dale Moody, *The Word of Truth*(Grand Rapids: Eerdmans, 1981), 428-33. 또한 Harvey Cox, *The Secular City*(New York: Macmillan, 1965), 125-48을 보라.

3) "-에게 신으로서의 존귀를 바치다; 최고의 존경과 숭배로써 경외하다; -에게 종교

로 삼으신 하나님께 돌리게 해준다. 그런 까닭에 랠프 마틴(Ralph Martin)은 예배를 "하나님의 가치성이 인간의 삶의 규범이자 영감이 되는 그런 방식으로 하나님의 최고의 가치 속에서 하나님을 향한 극적인 송축"[4]으로 정의하였다.

성경의 기자들은 독자들에게 그러한 예배의 초점에 관하여 가르쳤다. 그들은 예배 공동체에게 하나님께 하나님이 하나님이신 것에 대하여 및 하나님이 행하신 것에 대하여 합당한 것을 돌리라고 권고하였다.

우리는 하나님을 바로 하나님이시라는 이유로 예배하여야 한다. 성경의 기자들은 반복해서 독자들에게 하나님은 거룩하신 분이기 때문에 하나님을 인정하여야 한다고 명하였다. 시편 기자는 이렇게 권면한다: "여호와께 그의 이름에 합당한 영광을 돌리며 거룩한 옷을 입고 여호와께 예배할지어다"(시 29:2; 또한 96:18; 대상 16:29을 보라). 그렇게 함으로써 우리는 끊임없이 "거룩하다 거룩하다 거룩하다 주 하나님 곧 전능하신 이여 전에도 계셨고 이제도 계시고 장차 오실 이시라"(계 4:8; 또한 사 6:3을 보라)고 선포하는 천군 천사들의 찬송에 의식적으로 동참하게 된다.

또한 성경은 우리에게 하나님은 창조주이시기 때문에 하나님을 예배하라고 명한다. 천상 궁정에 대한 환상 속에서 요한은 이십사 장로(하나님의 온 백성을 상징하는)가 "우리 주 하나님이여 영광과 존귀와 권능을 받으시는 것이 합당하오니 주께서 만물을 지으신지라 만물이 주의 뜻대로 있었고 또 지으심을 받았나이다"(계 4:11)라고 선포하는 것을 보았다. 창조주로서 하나님은 권능을 지니고 계시고, 그렇기 때문에 경외와 찬양을 받으실 자격이 있으시다(시 29:3-10).

그러나 무엇보다도 성경에 나오는 하나님의 백성은 하나님의 구원 행위들로 인하여 하나님을 예배하지 않을 수 없었다. 구약성서는 끊임없이 이스라엘에게 하나님께서 그들과 은혜로서 계약을 맺으셨고(대상 16:15), 그 결과로 큰 기사(奇事)들을 행하셨으며(12), 특히 그들을 원수들로부터 구원하셨기 때문에 하나님을 예배하여야 한다고 권면하였다. 신약성서에 의하면, 하나님의 구원 사역의 초점은 예수이다. 구원과 관련된 그의 역할로 인하여, 부활하신 주님은 이제 예배를 받는

적 예식을 행하다; 경배하다; 우상화하다." *New Webster's Dictionary of the English Language*(New York: Delair, 1971), 1148.

4) Ralph Martin, *The Worship of God*(Grand Rapids: Eerdmans, 1982), 4.

분이 되었다. 선견자 요한은 생물들과 장로들이 어린양을 찬양하는 모습을 보았다: "두루마리를 가지시고 그 인봉을 떼기에 합당하시도다 일찍이 죽임을 당하사 각 족속과 방언과 백성과 나라 가운데에서 사람들을 피로 사서 하나님께 드리시고"(계 5:9).

공동체적인 예배의 삶을 통하여 공동체는 우리의 영적인 실존의 토대를 이루는 사건들, 특히 인류를 죄의 속박으로부터 구원하시기 위하여 그리스도 안에서 행하신 하나님의 사역이라는 그 중심적인 사건을 기념하기 위하여 모인다. 그렇게 함으로써 우리는 하나님의 크신 사랑을 찬양한다. 우리는 영원히 사랑의 공동체이신 하나님, 특히 "이처럼 세상을 사랑하사 독생자를 주신"(요 3:16) 성부 하나님께 영광을 돌린다.

예배의 수단. 성경의 여러 글들은 어떤 활동들이 우리의 예배를 위한 수단으로서의 역할을 할 수 있는지에 대한 통찰을 제공해 준다. 성경은 예배 체험을 촉진시키기 위한 다양한 수단들의 사용과 관련된 선례를 보여 준다. 특히 유용한 것은 음악, 선포, 기도, 상징행위들이다.

(1) 성경에 나오는 예배에서 음악보다 더 중심적인 위치를 차지하는 활동은 없을 것이다. 사실 하나님께서 처음으로 이스라엘을 그의 백성으로 삼으셨을 때부터 노래와 예배는 하나로 결합되어 있었다. 예를 들면, 하나님께서 그들을 애굽인들로부터 구원하셨을 때, 모세와 그 백성은 하나님께 찬양의 노래를 불렀다. 그들은 하나님을 그들의 힘이요 노래요 구원이라고 고백하였다(출 15:1-18). 고대 히브리인들 사이에서 시작된 찬양의 관습은 신약시대의 교회에서도 그대로 계승되었다(마 26:30; 고전 14:26; 엡 5:19).

출애굽의 날에 이스라엘이 찬양의 노래를 부른 것은 참으로 적절한 것이었다. 왜냐하면 음악은 구원 체험에 대한 인간의 자연스러운 응답이기 때문이다. 그런 까닭에 시편 기자는 이렇게 선포하였다: "오라 우리가 여호와께 노래하며 우리의 구원의 반석을 향하여 즐거이 외치자 우리가 감사함으로 그 앞에 나아가며 시를 지어 즐거이 그를 노래하자"(시 1:1-2). 우리는 야웨에 대한 우리의 기쁨으로 인하여 이런 예배 행위에 참여한다. 또한 시편 기자는 이렇게 썼다: "지존자여 … 주의 이름을 찬양하고 … 좋으니이다 … 여호와여 주께서 행하신 일로 나를 기쁘게 하셨으니 주의 손이 행하신 일로 말미암아 내가 높이 외치리이다"(시 92:1-2).

그러나 무엇보다도 우리는 우리가 하나님의 크신 구원에 대하여 이런 식으로 응답할 때에 하나님께서 우리를 기뻐하시기 때문에 예배 속에서 음악을 사용한다. 옛 시편 기자는 이 점을 잘 알고 있었다: "새 노래로 여호와께 노래하며 성도의 모임 가운데에서 찬양할지어다 이스라엘은 자기를 지으신 이로 말미암아 즐거워하며 시온의 주민은 그들의 왕으로 말미암아 즐거워할지어다 춤추며 그의 이름을 찬양하며 소고와 수금으로 그를 찬양할지어다 여호와께서는 자기 백성을 기뻐하시며 겸손한 자를 구원으로 아름답게 하심이로다"(시 149:1-4). 예배에서 이러한 기쁨의 표현을 위하여 온갖 종류의 악기들이 사용될 수 있다 — 나팔, 비파, 수금, 소고, 현악, 퉁소, 제금!(150:3-5).

음악이 예배 표현의 중요한 수단이라는 것은 이상한 일이 아니다. 문화들마다 형태는 조금씩 다르긴 하지만, 음악은 인간의 삶의 보편적인 한 부분인 것처럼 보인다. 음악은 사람들에게 그들의 존재의 폭넓은 차원을 표현하는 수단을 제공해 준다. 노래는 삶의 여러 인지적 측면들을 통합해서 가사와 음악이라는 구조를 통하여 세계에 대한 작곡가의 인식을 표현할 수 있다. 그러나 또한 음악은 비인지적인 측면도 반영한다. 음악은 느낌, 감정, 정서를 포착하여 말만으로는 표현할 수 없는 것들을 표현해 준다. 사람들이 만들어 내는 음악은 그들의 심층적인 생각들과 느낌들, 그들의 가장 큰 관심들과 두려움들, 그들의 가장 높은 소망들과 기대들을 반영한다. 그리고 음악은 우리 자신 및 다른 사람 속에 음악이 포착한 감정들과 열망들을 확증해 주는 역할들을 한다.

따라서 하나님의 백성이 그들의 그리스도인으로서의 의식(意識)을 음악을 통하여 표현하는 것은 적절하다. 그렇게 함으로써 우리는 우리의 신조(信條)들과 아울러 우리의 감정들을, 우리의 신념들과 아울러 우리의 느낌들을 하나님께 드린다. 우리는 하나님의 선하심으로 인하여 우리가 느끼는 기쁨을 하나님께 드린다; 우리는 그리스도가 우리를 위하여 짊어진 슬픔과 고통을 공유한다; 그리고 우리는 우리 주님이 다시 오실 저 종말의 큰 날의 영광을 기대한다. 이러한 감정들을 표현하는 것은, 그것이 삼위일체 하나님께 존귀를 드리려고 하고 그의 계약 백성에 의해서 하나님께 드려지는 것일 때, 예배가 될 수 있다.

(2) 구약시대의 공동체가 그 예배 체험 속에서 음악에 초점을 맞추긴 했지만, 그리스도인들의 예배에서 중심 무대는 선포에 두어진다. 공동체는 말하고 듣기 위하여 함께 모인다.

음악의 경우와 마찬가지로 예배의 한 차원으로서의 선포의 토대는 구약성서에 있다. 옛 이스라엘에서 찬양하는 것과 선포하는 것은 쉽게 서로 결합되었다. 예를 들면, 이것은 다윗의 감사 찬송에서 분명하게 드러난다: "그에게 노래하며 그를 찬양하고 그의 모든 기사를 전할지어다 … 온 땅이여 여호와께 노래하며 그의 구원을 날마다 선포할지어다"(대상 16:9, 23; 또한 시 96:2-3을 보라). 찬양과 결부된 그러한 선포들은 소란스럽고 떠들썩한 것이 될 수도 있었다: "오라 우리가 여호와께 노래하며 우리의 구원의 반석을 향하여 즐거이 외치자"(시 95:1).

선포는 옛 히브리 공동체에서만이 아니라 교회에서도 중심적인 역할을 했다. 하나님께서 이스라엘을 그의 은혜로운 구원을 선포하도록 택하셨던 것과 마찬가지로, 하나님은 우리를 이러한 영광스러운 사역을 위하여 부르셨다. 히브리서의 저자는 그러한 선포가 그리스도인의 합당한 제사 중의 한 차원을 구성한다고 말하였다: "그러므로 우리는 예수로 말미암아 항상 찬송의 제사를 하나님께 드리자 이는 그 이름을 증언하는 입술의 열매니라"(히 13:15).

우리의 찬양의 선포들은 우리가 하나님께 드리는 음악과 마찬가지로 하나님의 위대한 구원에 초점을 맞춰야 한다. 베드로는 구약성서를 연상시키는 표현을 사용하여 이렇게 썼다: "그러나 너희는 택하신 족속이요 왕 같은 제사장들이요 거룩한 나라요 그의 소유가 된 백성이니 이는 너희를 어두운 데서 불러 내어 그의 기이한 빛에 들어가게 하신 이의 아름다운 덕을 선포하게 하려 하심이라"(벧전 2:9).

선포는 하나님의 위대하심과 선하심에 관하여 서로에게 말하는 것을 포함한다. 또한 선포는 하나님이 하나님이신 것과 하나님께서 행하신 것에 대하여 하나님을 공동체적으로 칭송하는 것을 의미한다. 그러나 공동체적인 예배에서 선포는 하나님의 말씀에 대한 선포도 수반한다. 옛 공동체들 속에서 그러한 선포들은 흔히 예언의 말씀들이라는 형태를 취했다(고전 14:1-5, 26-32). 그러나 중심적인 위치를 차지했던 것은 토라(느 8:1-9) 또는 성경(딤전 4:13)의 봉독과 해설이었다. 이러한 성경의 전통은 오늘날의 설교를 위한 토대가 된다.

개신교회들은 설교를 예배의 중심에 놓는 경향을 보여 왔다. 이러한 관습은 공동체의 삶 속에서 성경의 중심적인 역할과 공동체의 생명력 있는 삶을 위하여 성경을 이해하는 것이 중요하다는 것을 부각시킨다는 점에서 옳다고 할 수 있다. 그러나 설교는 하나님의 백성이 하나님의 선하심을 선포하는 특정한 방식이라는 역할도 한다. 교회가 모여서 설교를 들을 때, 교회는 과거에 성령이 성경을 형성하신 것의 자연스러운 결과물로서 하나님께서 현재적으로 가르침을 예비해 주신 것을 송축하는 것이다.

(3) 공동체적 예배는 기도를 포함한다. 근본적으로 기도는 선포의 한 측면, 구체적으로 말해서, 하나님을 향한 선포이다. 기도를 통해서 공동체는 그 초점을 인간으로부터 교회의 존재의 토대인 하나님께로 돌린다.

공동체적인 예배의 삶이라는 맥락 속에서 일어나는 하나님에 대한 선포는 이상적으로 말해서 네 가지 요소로 구성된다. 모든 기도가 이 네 가지 요소를 다 포함할 필요는 없지만, 교회의 지속적인 기도의 삶은 이 네 가지 측면 모두를 포괄하지 않으면 안 된다. 이 네 가지 요소를 논리적인 순서대로 열거해서 그 첫 글자만을 떼어내 보면, ACTS라는 단어가 된다: 경배(adoration), 고백(confession), 감사(thanksgiving), 간구(supplication).

간단히 말해서, 경배는 하나님을 하나님으로 찬양하는 것을 의미한다. 이것은 "하늘에 계신 우리 아버지 이름이 거룩히 여김을 받으시오며"(마 6:9)로 시작되는 주기도문의 모형을 따른다. 예수의 지시를 따라 신앙 공동체는 하나님께 합당한 영광을 말로써 돌린다. 기도의 이 측면은 하나님의 본성에 초점을 맞추는 것으로서, 교회는 하나님의 완전한 성품으로 인하여 하나님을 찬양한다. 경배는 우상숭배 및 잘못된 교만을 막아주는 안전판이란 점에서, 하나님께 찬양을 드리는 것은 교회에 유익하다. 이보다 더 중요한 것은 하나님께서 그의 백성의 찬양을 기뻐하신다는 것이다. 왜냐하면 그러한 경배는 우리의 은혜로우신 창조주이자 구속주에 대한 우리의 사랑의 응답의 상징이기 때문이다.[5]

예수는 본이 되는 기도를 통해서 자신을 따르는 자들에게 경배만이 아니라 고백도 아울러 드릴 것을 명하고 있다: "우리 죄를 사하시고"(눅 11:4). 공동체적인 고백을 통해서 우리는 우리의 인간적인 실패를 인정하고, 그것에 관한 하나님의 생각에 대한 동의, 즉 그것이 하나님 보시기에 좋지 않다는 것에 동의를 표한다. 성경은 고백이 하나님의 용서의 영적인 양식을 받기 위한 선결요건으로서 중요하

---

5) 영적인 삶에 있어서의 찬양의 중요성에 관한 흥미롭지만 과장된 논의에 대해서는 Paul E. Billheimer, *Destined for the Throne*(Fort Washington: Christian Literature Crusade, 1975), 115-26을 보라.

다는 것을 보여 준다(렘 5:25; 시 66:18; 마 6:14-15). 또한 고백은 하나님의 말씀을 받을 수 있는 길을 열어 주기도 한다. 다니엘의 체험이 그 한 예이다. 다니엘이 "이같이 말하여 기도하며 내 죄와 내 백성 이스라엘의 죄를 자복하고 … 간구할 때"(단 9:20)에 하나님의 사자가 그에게 왔다.[6]

경배와 고백은 하나의 자연스러운 과정을 형성한다. 우리가 하나님의 모든 영광에 관한 환상을 보게 될 때, 우리는 우리 자신의 죄악된 모습을 보지 않을 수 없게 된다. 이사야는 이러한 과정을 체험하였다. 야웨께서 "높이 들린" 보좌에 앉은 모습과 천사들이 "거룩하다 거룩하다 거룩하다 만군의 여호와여"라고 찬양하는 것을 보았을 때, 이사야는 자신의 죄뿐만 아니라 그의 백성의 죄까지도 깨닫게 되었다(사 6:1-6).

공동체가 인간의 죄악됨을 인정할 때, 그 결과로 받는 죄사함(요일 1:9)은 감사하는 마음을 낳고, 감사의 기도로 이어진다. 그러한 기도들은 죄사함 받은 체험을 넘어서서 하나님께서 행하시고 지금도 행하시고 계시는 모든 일에 대하여 하나님께 감사하는 마음을 표현하는 쪽으로 움직여 간다(살전 5:18). 그러나 기도의 이 차원은 경배와 혼동되어서는 안 된다. 경배는 하나님의 성품으로 인하여 하나님을 찬양하는 것인 반면에, 감사는 하나님께서 교회 및 세상을 위하여 행하시고 계신 것에 대한 감사의 표현이다. 감사는 하나님의 선물들을 받는 것으로부터 생겨나는 반면에, 경배는 주시는 자(Giver)를 중심으로 한다.[7]

경배, 고백, 감사는 하나님의 백성을 담대케 하여 하나님께 탄원을 드릴 수 있게 만들어준다. 공동체적 기도의 이 차원은 인간의 필요와 관련하여 하나님께 간구하는 것이다(빌 4:6). 여기에서 교회는 사랑하시는 하늘의 아버지 앞에 지역적인 또는 보편적인 하나님 백성의 필요들(살전 5:25)과 세상 자체의 필요들(딤전 2:1-4)을 고한다.

(4) 공동체적 예배를 위한 마지막 수단은 상징행위이다. 불행히도 이 차원은 개

---

6) 신앙고백과 하나님의 은사의 수여 사이의 관계의 밑바탕에 있는 원리에 관한 진술로는 Don E. Saliers, *The Soul in Paraphrase*(New York: Seabury, 1980), 64-65를 보라.

7) 이와 비슷한 구별에 대해서는 James Hastings, ed., *The Great Christian Doctrines*(Edinburgh: T. & T. Clark, 1915), 133을 보라. 또한 John H. Wright, *A Theology of Christian Prayer*(New York: Pueblo, 1979), 58-61을 보라.

신교 예배에서 흔히 간과되고 있다. 전통적으로 개신교가 상징 체계에 대하여 불편한 심기를 지니고 있는 것은 종교개혁이 중세 교회의 관행으로부터 탈피하고자 하는 시도였다는 점을 감안하면 충분히 이해할 수 있는 일이다. 그럼에도 불구하고 상징 체계는 인간의 삶의 중요한 일부를 구성한다. 그리고 상징 의식들은 아무리 단순한 예배 의식이라고 할지라도 그 속에 함축적으로 내재해 있다.

교회의 삶에서 중심적인 상징들은 복음을 상징적으로 표현하고 있는 예식들이다. 예식들은 좀 더 자세하게 다루어져야 할 필요가 있는데, 따라서 제19장에서 중요한 주제로 자세하게 다루어질 것이다.

예배의 삶에서 교회는 그 밖에도 별로 분명하게 드러나지 않는 수많은 상징 의식들을 사용한다. 서구 문화의 일부가 되어 버린 간단한 악수도 이러한 상징 의식들에 포함될 수 있다. 이 행위가 따뜻하고 진심으로 행해질 때, 악수는 우리가 하나님으로부터 받은 환영, 우애, 포용의 감정을 다른 사람들에게 전할 수 있다. 그런 까닭에 악수는 하나님의 선하심에 대하여 하나님을 간접적으로 찬양하는 방식이 된다. 마찬가지로 특히 성찬이 끝난 후에 서로 손을 잡고 원을 그리며 둘러서는 관습도 상징적인 예배 행위가 될 수 있다. 이러한 행위를 통해서 우리는 그리스도의 몸 안에서 우리의 하나됨을 표현하고, 이러한 하나됨을 주시는 성령에게 무언(無言)의 찬양을 드린다.

좀 더 분명하게 드러나는 상징적인 예배 행위는 많은 회중 예배에서 예배자들의 헌금을 거두는 방식이다. 흔히 사회자는 회중 가운데서 헌금 바구니들을 돌린 다음에 모아진 헌금을 강단으로 가져온다. 이런 식으로 우리는 하나의 공동체적 행위를 통해서 우리의 공동체적인 헌물들을 하나님께 드린다. 이러한 공동체적인 행위들과 아울러 헌금을 드리는 행위조차도 하나님의 백성인 우리를 향하신 하나님의 선하심에 대한 우리의 감사의 표현이 될 때에 상징적인 행위가 될 수 있다. 또한 헌금은 우리의 전 존재의 표상, 이 행위를 통해서 우리가 단순히 금전적인 헌물만이 아니라 우리의 가진 모든 것과 우리의 존재의 모든 것을 드리고 있다는 표지의 역할을 할 수 있다.

우리는 공동체적인 예배 속에서 좀 더 상징들을 제대로 인식하고 사용하는 법을 배울 필요가 있다.

건덕(edification)

예수는 그를 따르는 자들에게 기분 좋은 책임을 맡기셨다. 우리는 "신령과 진정으로 아버지를 예배하여야"(요 4:23) 한다. 즉, 우리 하나님과 구주에게 합당한 것을 돌려야 한다. 또한 우리 주님은 우리에게 그의 본을 따라서 다른 사람의 발을 씻길 것을 명하셨다(13:12-17). 따라서 교회의 사역은 건덕(덕을 세움)을 포함한다 — 우리는 그리스도의 몸 안에서 서로를 돌보고, 서로의 덕을 세움으로써, 모든 신자들로 하여금 영적으로 성숙하도록 만들어야 한다(엡 4:11-13).

건덕의 여러 측면들. 건덕이라는 차원은 하나님의 공동체적인 백성으로서의 우리가 상호성을 바탕으로 한 친교라는 부르심을 진지하게 받아들인다는 것을 의미한다. 상호성은 우리가 서로에 대하여 근본적인 하나됨을 느낀다는 것을 의미한다. 이러한 하나됨은 공유된 가치들 및 공통의 선교에 참여하는 것을 통해서 우리가 함께 연합되어 있다는 것을 포함한다.

또한 상호성은 관계적인 차원들을 포함한다. 그것은 우리가 집단 속에서 서로에 대한 의미있는 관계들을 발전시키는 것을 포함한다. 우리가 공유하는 관계는 우리가 서로에 대하여 공감과 연민과 동정을 느낀다는 것, 우리가 "기뻐하는 자들과 함께 기뻐하고," "슬퍼하는 자들과 함께 슬퍼한다"(롬 12:15)는 것을 의미한다. 또한 상호성은 우리가 서로서로 조화로운 삶을 추구하고(12:16), 서로를 위하여 중보 기도하며, 서로를 돌보고, 서로의 필요들에 봉사한다는(12:13) 것을 의미한다.

근본적으로 냉혹한 환경 속에서 이루어지는 제자도의 삶의 요구들은 상호성의 중요성을 강화시킨다. 우리는 세상 속에서 활동하시는 하나님에 관한 동일한 비전을 공유하면서 그러한 하나님의 활동에 함께 참여함으로써 서로에게 헌신하는 다른 사람들의 지지(支持)를 절실하게 필요로 한다.

기본적으로 교회는 지체들이 교제 속에서 다른 사람들의 필요들 — 물질적이든 영적이든 — 에 봉사함으로써 건덕의 책임을 수행한다. 그러한 사역은 곤경에 처해 있는 사람들의 짐을 나누어 지는 것(갈 6:1-2), 서로를 격려하며 권면하는 것(히 10:24-25), 믿음이 약하거나 새로 믿음을 가지게 된 자들을 양육하는 것(롬 14:1, 19)을 포함한다. 그러한 건덕 행위는 모든 신자들에게 매우 중요하다. 그리스도인의 삶은 단순히 완전을 향한 개인적인 싸움이 아니라 오히려 공동체적인 사업(community project)이다.

우리의 건덕 사역은 우리가 서로를 지지해 주는 것만을 의미하는 것이 아니라 서로에 대하여 책임을 지는 것도 의미한다. 책임성은 우리가 집단이나 독재적인 지도자들에 대한 맹목적인 순종 속에서 개인의 책임을 희생하거나 개개 그리스도인의 자유를 포기하는 것을 의미하지 않고, 우리가 신앙 공동체로서 서로 연결되어 있다는 것을 진지하게 받아들이는 것을 의미한다. 우리 각자가 무엇을 행하고 우리 각자가 어떻게 사는가 하는 것은 공동체 전체에 영향을 미친다. 특히 교회의 지체들의 고의적이고 노골적인 죄악들은 복음에 대한 우리의 공통의 증언에 그림자를 드리운다. 이런 이유로 베드로는 그의 독자들에게 그들의 모든 행위들 속에서 거룩하라고 권면하였다: "너희가 이방인 중에서 행실을 선하게 가져 너희를 악행한다고 비방하는 자들로 하여금 너희 선한 일을 보고 오시는 날에 하나님께 영광을 돌리게 하려 함이라"(벧전 2:12). 역으로, 우리는 영적인 성장에 대한 공통의 관심을 공유한다 — 모든 신자들의 눈들이 밝아져 하나님께서 우리를 부르신 소망을 알도록 소원하는 것(엡 1:18). 그리고 우리는 기쁜 마음으로 서로에 대하여 책임을 진다. 왜냐하면 우리는 우리 각자가 우리 안에서 성숙함을 촉진시키는 성령의 역사의 도구가 될 수 있다는 것을 알기 때문이다.

하나님의 백성은 서로 덕을 세우는 데에 많은 도구들을 사용한다. 그 분명한 예들로는 교회의 삶 속에서 일어나는 설교와 가르침이 있다. 설교와 가르침은 우리가 어떻게 살아야 하는가를 가르치는 통로들이 될 뿐만 아니라, 공동체가 공유하는 가치들과 사명에 대한 공통의 헌신을 주입시키고 유지시키는 주된 수단들이 된다.

그러나 우리가 간과하지 않아야 할 것은 상호적인 양육을 촉진시키기 위하여 마련된 구조들이다 — 상담반들, 돌봄을 위한 소모임들, 좀 더 큰 친교 집단들. 이러한 모임들은 교회에 속한 자체들을 함께 연합시키고 상호성을 증진시키는 역할을 한다. 그것들은 의미 있는 관계들을 촉진시키고 지지(支持)와 책임성의 유대들을 강화시키는 기회들을 제공해 준다.

끝으로, 교회에 맡겨진 위임명령의 다른 두 측면 — 예배와 선교 — 에 참여하는 것도 건덕 사역을 돕는 역할을 한다. 하나님의 크심을 송축하거나 세상을 섬기는 일을 통해서 우리가 우리의 공통의 과업을 함께 연합하여 수행해 나갈 때에 상호성은 증진된다. 공통의 활동은 우리들 서로를 묶는 유대들을 공고히 하고 우리의 삶 속에서 성장을 촉진시키는 수단이 될 수 있다.

기도하는 백성으로서의 교회. 그러나 건덕과 관련된 위임명령의 토대가 되는 것은 바로 기도라는 도구이다. 교회는 중보기도의 특권을 실천하여 기도하는 백성으로서의 기능을 수행함으로써 건덕과 관련된 위임명령을 이루어나간다(약 5:16).[8]

중보기도 활동은 부분적으로는 신자들의 제사장적 지위에 관한 성경의 개념을 토대로 한다.[9] 특별하고도 중요한 방식으로 각각의 그리스도인은 교회 속에서 제사장의 역할을 하도록 되어 있다. 구약성서는 이러한 기능을 이해하기 위한 배경을 제공해 준다. 옛 히브리인들 사이에서 제사장들은 백성을 대신하여 하나님께 희생제사를 드리고 백성을 위하여 하나님 앞에 중보기도 하는 역할을 담당하였다. 그리스도께서 피로 사신 제사장들의 나라로서(계 5:10), 신약의 하나님 백성은 이와 비슷한 역할, 즉 서로를 위하여 기도하는 영광스러운 특권을 위임받았다.

예수 자신의 모범은 중보기도에 대한 우리의 이해를 위해서 특히 시사해 주는 바가 많다. 마가 다락방에서 예수는 모든 제자들에 대한 그의 관심을 이렇게 표현하셨다: "내가 비옵는 것은 그들을 세상에서 데려가시기를 위함이 아니요 다만 악에 빠지지 않게 보전하시기를 위함이니이다 내가 세상에 속하지 아니함 같이 그들도 세상에 속하지 아니하였사옵나이다 그들을 진리로 거룩하게 하옵소서 아버지의 말씀은 진리니이다"(요 17:15-17). 예수의 모범을 따라서, 우리는 우리의 친구들이 편한 삶을 살도록 ― 그들이 삶의 모든 시련들을 비켜가도록 ― 하나님께 간구하는 것이 아니라, 오히려 우리의 중보기도의 초점은 그들이 세상에서 살아갈 때에 하나님께서 그들을 악한 자로부터 보호해 주시라는 것과 하나님의 말씀인 진리를 통해서 세움을 입어 그들로 거룩하게 해 달라는 것이다.

신약성서의 서신들은 중보기도의 예들로 가득 차 있다(롬 15:5-6, 13; 고후 13:7; 엡 3:16-19; 엡 6:18; 살전 3:10-13; 5:23; 살후 2:17; 3:5, 16; 히 13:21). 사실 거의 모든 바울 서신들은 그 서신의 수신자인 그리스도인들을 위한 기도로 시작된다(엡 1:15-19; 빌 1:9-11; 골 1:9-12; 살후 1:12; 몬 6).

이 모든 중보기도에서 중심적인 것은 신자들로 하여금 하나님의 뜻을 알고 반

---

8) 예를 들면, Stanley J. Grenz, *Prayer: The Cry for the Kingdom* (Peabody, Mass.: Hendrickson, 1988)을 보라.

9) 이 개념에 관한 논의와 구약성서에서 중보기도자들의 역할에 이 개념의 토대가 있다는 것에 대해서는 Lukas Vischer, *Intercession* (Geneva: World Council of Churches, 1980), 25-27, 48-49를 보라.

영할 수 있게 해 달라는 소원이다. 각각의 그리스도인을 향한 하나님의 일차적인 뜻은 우리 모두가 영적인 성숙 — 믿음, 지식, 가르침, 성품, 말에서의 성숙(엡 4:13-15) — 에 도달함으로써 그리스도의 참 모습을 나타낼 수 있게 해 달라는 것이다. 신약성서의 본을 따라서, 우리는 하나님께 성령께서 우리의 삶 속에 역사하여서 우리로 하여금 믿음과 그리스도를 아는 지식에서 성장해 갈 수 있도록 해 달라고 간구하면서 서로를 위해서 기도한다. 우리는 우리 모두가 바른 가르침을 굳게 붙들게 해 달라고, 우리의 성품이 점점 예수를 닮아갈 수 있도록 해 달라고, 우리의 말이 항상 사랑이 담긴 진리의 말이 될 수 있도록 해 달라고 기도한다.

모든 신자들이 성숙하게 되기를 원하시는 것과 아울러, 하나님은 개개 그리스도인들이 특정한 섬김의 장소에서 활동하기를 원하신다. 이것을 아는 우리는 중보 기도 속에 성령께서 우리의 형제와 자매들에게 빛을 비추셔서 그들의 소명을 발견할 수 있게 해 주시고 그들로 하여금 하나님께서 그들에게 주신 책임에 성실할 수 있도록 힘을 주시라고 구하는 간구를 포함시킨다.

신자들에 대한 공동체로서의 교회. 기도는 교회의 건덕 명령의 토대를 이룬다. 그러나 이러한 과제의 핵심에는 서로에 대한 공동체로서의 교회의 역할이 있다.

계몽주의 운동을 통해서 개인주의가 급속히 확산되면서, 근대의 사상가들은 교회의 위임명령의 공동체적 차원을 주변적인 것으로 취급하게 되었다. 그러나 최근에 개인주의가 퇴조하면서 새롭게 이 개념에 대한 관심이 촉발되어 왔다. 지금은 여러 종파들에 속한 사상가들이 인간 현상에 대한 우리의 이해가 삶의 사회적 차원들에 대한 좀 더 적절한 설명을 반영해야 한다고 역설한다.[10] 그러한 사상가들 중의 한 사람인 로버트 벨라(Robert Bellah)는 이것을 적절하게 설명하였다: 공동체는 "공적인 삶과 사적인 삶의 상호의존성, 모든 사람의 서로 다른 부르심들의 상호의존성을 축하하는 포괄적인 전체가 되고자 한다." 따라서 "공동체를 규정함과 동시에 공동체에 의해서 육성되는 것은 사회적으로 상호 의존하고 있고, 함께 토론과 의사결정에 참여하고, 몇몇 실천들을 공유하는 사람들의 집단이다."[11]

---

10) Daniel A. Helminiak, "Human Solidarity and Collective Union in Christ," *Anglican Theological Review* 70/1(January 1988): 37.

11) Robert N. Bellah et al., *Habits of the Heart: Individualism and Commitment in American Life*(Berkeley: University of California Press, 1985), 333.

오늘날의 공동체 개념은 교회의 건덕 명령을 이해하는 수단을 제공해 준다. 그것은 교회가 본질적으로 서로에 대하여 공동체로서 활동하는 백성이라는 것을 보여 준다. 물론 교회는 신자들에게 서로 친교를 누릴 기회들과 아울러 서로 나누고 돌보는 집단들을 촉진시키는 것을 통해서 자신의 공동체적 기능을 수행한다. 그러나 신학적으로 더 중요한 것은 좀 더 깊은 의미에서 교회는 공동체라는 것이다. 기억(memory)과 소망(hope)의 공동체로서 교회는 신자들 속에서의 정체성 형성을 촉진시킨다.

(1) 교회는 과거, 현재, 미래를 자신의 시야 속에 둔다. 그렇게 함으로써 교회는 기억과 소망의 공동체로서의 기능을 한다.[12]

교회는 기억의 공동체다.[13] 교회는 역사를 지니고 있고, 그 역사는 중요한 의미에서 교회의 구성부분이다. 교회 공동체는 자신의 이야기를 다시 들려줌으로써 자신의 과거를 계속해서 살아있게 만든다. 이러한 형성력(形成力)을 지니는 이야기(서사)는 일차적으로 나사렛 예수를 중심으로 한 성경의 구원의 드라마를 자세하게 얘기한다. 그러나 교회의 이야기는 이후의 신자들에게 지속적인 믿음의 유산을 남긴 위대한 인물에 관한 이야기들도 포함한다(히 11장). 자신의 유구한 이야기를 다시 말하는 것을 통해서, 교회는 신앙 공동체의 핵심에 자리잡고 있는 복음의 의미를 실천하고 예중한 사람들의 모범들을 제공해 준다.

교회 공동체의 시야는 미래도 포괄한다. 역사의 종말에서 절정에 달하게 될 성경의 드라마를 들려주는 것은 신자들로 하여금 그의 백성 가운데에서 하나님의 활동의 앞으로 계속될 진전 과정을 기대하게 만든다. 하나님의 미래에 대한 이러한 비전은 공동체로 하여금 자신이 아직 미래에 놓여 있는 목표 — 온전한 공동체의 향유 — 를 향하여 계속해서 나아가고 있다고 느끼게 만든다. 이런 식으로

---

12) Royce를 비롯한 이전의 사상가들의 작품을 근거로, 오늘날의 세속적인 공동체론자들은 좀 더 넓은 사회 속에서의 그러한 공동체들의 존재를 인정한다. 짤막한 개관으로는 "Josiah Royce," in the *Dictionary of Philosophy and Religion*, ed. William L. Reese(Atlantic Highlands, N.J.: Humanities Press, 1980), 498-99를 보라.

13) *The Problem of Christianity*에서 Josiah Royce(1855-1916)는 현재적 실체로서가 아니라 우리가 충실해야 할 과제로서 하나의 거대한 "해석 공동체"라는 개념을 탐구하였다. Robert Bellah 같은 오늘날의 저술가들을 예상해서, 그는 기억과 소망, 신앙, 구속의 은혜의 공동체로서 종교적 관점에서의 공동체를 얘기하였다.

미래에 초점을 맞춤으로써 교회는 소망의 공동체로서의 기능을 한다.

과거로부터 미래에 이르는 하나님의 장엄한 활동 범위 전체를 그 지체들 앞에 계속해서 펼쳐 보임으로써 — 설교와 가르침을 통해서든, 예전과 음악이라는 덜 직접적인 방식들을 통해서이든 — 교회는 그 지체들의 덕을 세운다. 교회는 현재에 이 삶을 위한 초월적인 준거점을 제공해 줌으로써 우리로 하여금 우리의 개인적인 삶을 공동체 전체의 좀 더 큰 삶과 결부시킬 수 있는 의미의 맥락을 제공해 준다. 그리고 그것은 우리의 노력들이 그 전체에 기여하고 있다는 것을 우리로 하여금 쉽게 알 수 있게 만든다. 이러한 건덕 사역은 믿음을 강화시키고, 신실한 자들을 무장시켜서 현재 속에서 하나님의 백성이 되게 만든다.

바울은 그러한 건덕을 위한 패턴을 제시하였다. 바울은 과거의 그리스도의 부활의 연장으로서 그들이 장래에 부활할 것이라는 비전은 그들의 노력들이 영원한 의미를 지닌다는 것을 뜻하기 때문에(고전 15:58) 계속해서 견고한 믿음을 지니라고 그의 독자들에게 권면하였다.

또한 공동체의 삶에 중요한 것은 시간과 공간, 사람들과 집단들에 질적인 의미를 부여하는 것이다.[14] 교회력의 주기(週期)를 이용하여 신앙 공동체는 겉보기에 무의미한 시간의 흐름을 뛰어넘는 그 무엇을 우리로 하여금 보게 만든다. 날과 주간과 계절과 해를 하나님의 구속에 관한 거룩한 이야기와 결합시킴으로써, 교회는 시간을 의미 있는 전체로서 제시한다. 이러한 결합은 헌신의 의식들을 통해서도 촉진된다.[15] 이러한 의식들을 통해서 교회는 새로운 신자들을 자신의 테두리 속으로 받아들이고, 모든 지체들은 그들이 교회 공동체 속에 있다는 것을 거듭 재확인한다. 제19장에서 보게 되겠지만, 세례와 성찬은 우리의 주된 공동체 헌신 의식들로서의 기능을 한다.

(2) 교회는 기억과 소망의 공동체 역할을 함으로써 지체들의 덕을 세운다. 그렇게 함으로써 교회는 지체들의 정체성 발전을 위한 토대를 제공해 준다.

오늘날의 공동체론자들은 개인의 정체성 형성은 개개인들이 동일시할 수 있는

---

14) 오늘날의 공동체론자들은 이 차원의 중요성을 강조한다. 예를 들면, Bellah, *Habits of the Heart*, 282를 보라.

15) Ibid., 152-54.

16) Emile Durkheim, *The Division of Labor in Society*, trans. George Simpson(New York: Macmillan, 1964), 277.

집단적인 표상들, 집단을 토대로 한 상징들을 필요로 한다는 점을 지적하고 있다. 그러한 것들은 지체들에게 이상(理想)들을 끊임없이 주입시키는 데에 결정적으로 중요한 공통의 의미들과 가치들의 집합을 제공해 준다.[16] 의미는 개별적인 것이 아니라 인간관계적 또는 관계적이기 때문에, 집단은 개인의 정체성 발전 과정에서 대단히 중요하다.[17] 이것은 우리의 삶에 의미를 부여해주는 개인적인 이야기를 말하는 것을 통해서 일어난다.[18] 그러나 어떤 개인의 삶에 관한 그 어떤 이야기도 언제나 그 개인이 속해 있는 공동체의 이야기 속에 포괄되어 있다.[19] 왜냐하면 개개인들이 아니라 공동체에 의해서 매개된 전승들이 합리성을 담보하고 있는 것들이기 때문이다. 공동체가 세대에서 세대로, 집단에서 개인에게로 덕목과 공통의 선과 궁극적인 의미 — 즉, 특성과 가치들 — 에 관한 전승들을 전할 때, 공동체는 개인에게 초월적인 이야기를 전하고 있는 것이다.[20]

기억과 소망의 공동체로서 교회는 지체들의 자아의 발전을 촉진시킨다. 바울 신학 및 신약성서 일반의 신학에서 중심적인 것은, 그리스도인이라는 것은 근본적으로 그리스도와 연합되어 있다는 것을 의미한다는 선언이다. 이러한 연합은 한 묶음의 교리들에 대한 정신적인 동의로 끝나는 것이 아니라 우리의 신념들과 태도들과 행위들 속에 예수 자신의 삶의 특징을 이루고 있었던 의미들과 가치들을 구현하는 것도 포함한다. 이러한 구현의 과정 속에서 그리스도인의 신앙 공동체는 매우 중요한 역할을 한다. 믿는 자들의 친교는 말과 행위를 통해서 구속에 관한 이야기를 전해 준다. 그렇게 함으로써 신앙 공동체는 신자들에게 개인의 정체성, 가치관, 세계관의 형성을 위한 틀을 전해 준다. 그러나 아울러 성경을 통하여 말씀하는 성령의 인도하심을 받는 삶을 통하여 신자들의 공동체는 지체들에게 최초의 정체성 형성을 위한 인지적인 틀만이 아니라 우리의 정체성 형성에 지속적으

---

17) George Herbert Mead는 *Mind, Self and Society from the Standpoint of a Social Behaviorist*, ed. Charles W. Morris(1934; Chicago: University of Chicago Press, 1962)에서 자신의 주장을 분명하게 제시한다.

18) Bellah, *Habits of the Heart*, 81.

19) 예를 들면, Alasdair MacIntyre, *After Virtue*, second edition(Notre Dame: University of Notre Dame Press, 1984), 221을 보라.

20) E.g., George Lindbeck, "Confession and Community: An Israel-like View of the Church," *Christian Century* 107(May 9, 1990): 495.

로 영향을 미치는 제자도의 삶에 관한 실천적인 가르침도 제공해 준다.

그리스도인으로서 우리는 개인적인 정체성만이 아니라 공유된 정체성도 누린다. 이러한 정체성은 우리가 창조된 목적을 실천할 때에 우리의 것이 된다. 하나님은 우리가 그의 형상을 반영하기를, 즉 우리가 삼위일체 하나님의 특징을 이루는 삶의 패턴을 반영하기를 원하신다. 우리가 본서에서 반복해서 주장했듯이, 하나님은 사회적 실체이기 때문에, 우리는 오직 관계 속에서만 — 공동체 속에서만 — 하나님의 본성을 반영할 수 있다.[21] 그런 까닭에 우리는 그리스도이신 예수의 주되심을 함께 고백하는 사람들의 공동체라는 맥락 속에서만 하나님의 형상을 반영할 수 있다. 이런 이유로 우리는 하나님의 형상을 반영하는 일에 있어서 그리스도의 공동체에 의존되어 있다. 교회는 지체들에게 친교를 확대하고, 모든 신자들을 서로 및 전체와 결합시킨다. 그렇게 함으로써 교회는 그리스도 안에서 우리에게 주어진 하나님의 은혜로 말미암아 우리가 하나님의 백성이 되었다는 우리 자신에 대한 이해를 촉진시킨다.

우리가 그리스도를 따르는 자들의 공동체의 삶에 참여하는 한에서 우리는 하나님의 형상이다. 그러므로 공동체는 우리의 개인적·공동체적 정체성에 대한 이해에 있어서 결정적으로 중요하다. 그리스도에 대한 우리의 충성을 통해서 및 신앙 공동체라는 맥락 속에서, 우리는 예수와의 연합을 특징으로 하는 공통의 삶을 누린다. 이 공통의 삶 속에서 우리는 진정한 신앙 공동체가 되기를 추구한다.

선교

하나님의 백성으로서 우리는 하나님을 예배하고 서로의 덕을 세우기 위해서만 존재하는 것이 아니다. 우리는 우리 주변의 세계를 섬기기 위해서도 존재한다. 사실 진정한 신앙 공동체는 그 공동체가 살도록 부르심 받은 바 세상을 향하여 시선을 돌리지 않는 법이 없다. 우리의 공동체적 실존에서 근본적인 것은 하나님, 인간 상호간, 피조물과 화해를 이룬 인간 가족 전체에 관한 비전이다. 따라서 우리는 우리의 교제 너머에 놓여 있는 자들을 향하여 우리의 힘을 쏟는다. 그렇게

---

21) 하나님의 형상이라는 개념과 관련된 사회적 삼위일체의 함의들에 관한 논의로는 Cornelius Plantinga, Jr., "Images of God," in *Christian Faith and Practice in the Modern World*, ed. Mark A. Noll and David F. Wells(Grand Rapids: Eerdmans, 1988), 59-67을 보라.

함으로써 우리는 그리스도께서 교회에 위탁하신 선교 명령에 순종하게 된다. 또한 그렇게 함으로써 우리는 삼위일체 하나님께 영광을 돌린다.

그리스도는 우리에게 세상으로 나아가라고 명하신다. 그러나 이러한 사역은 대체 무엇으로 이루어지는가? 선교란 정확히 무엇을 말하는가?

복음 전도로서의 선교. 복음주의 운동의 핵심적인 보증서 중의 하나는 교회의 선교의 초점을 복음 전도라고 강조한 것이었다. 이러한 강조점은 분명히 옳지만, 우리는 하나님 백성의 복음 전도와 관련된 시도가 과연 무엇으로 이루어지는지에 대하여 좀 더 자세하게 살펴볼 필요가 있다.

(1) 복음 전도가 선포(proclamation)를 수반한다는 것은 대부분의 그리스도인들에게 분명하다. 복음주의자들은 흔히 교회의 선교 명령은 온 세상에 복음 메시지(evangelion)를 선포하는 과제에 다름 아니라고 주장하면서 복음 전도를 복음을 말로 전하는 것과 동일시하여 왔다. 이런 식으로 복음 전도를 선포와 동일시하는 것에 대한 근거로서 우리는 예수의 지상명령 이외의 것을 더 볼 필요도 없다. 예를 들면, 마가복음의 긴 결말(ending)은 선포를 명하는 예수의 말씀을 인용하고 있다: "너희는 온 천하에 다니며 만민에게 복음을 전파하라"(막 16:15). 또한 우리는 그러한 선교가 현재의 세대 안에 완료될 것이라는 예수의 예언을 들 수 있다: "이 천국 복음이 모든 민족에게 증언되기 위하여 온 세상에 전파되리니 그제야 끝이 오리라"(마 24:14). 또한 바울도 다음과 같이 올바르게 결론을 내렸다: "그런즉 그들이 믿지 아니하는 이를 어찌 부르리요 듣지도 못한 이를 어찌 믿으리요 전파하는 자가 없이 어찌 들으리요"(롬 10:14).

이러한 맥락 속에서 본다면, 복음 전도는 선포다. 그러나 우리는 무엇을 선포하는가? 복음주의자들은 흔히 우리의 선포의 초점은 구원 계획이라고 주장한다. 그러나 최근의 신약학자들은 우리에게 예수의 가르침이 하나님 나라를 중심으로 하였고, 이에 대한 응답을 요구하셨다는 것을 상기시켜 왔다. 마가는 다음과 같이 이것을 요약하였다: "요한이 잡힌 후 예수께서 갈릴리에 오셔서 하나님의 복음을 전파하여 이르시되 때가 찼고 하나님의 나라가 가까이 왔으니 회개하고 복음을 믿으라 하시더라"(막 1:14-15). 모티머 아리아스(Mortimer Arias)의 결론에 의하면, "그러므로 예수의 복음화는 하나님 나라의 복음화였다."[22] 하나님의 통치의 선포라는 맥락 속에서 예수는 그의 청중들에게 하나님의 공동체에 참여하라고 요구하셨다.

　예수의 모범을 따라서, 우리는 하나님께서 우리의 구원을 위해서 역사에 개입하셨다고 선포한다. 하비 콘(Harvie Conn)의 말을 빌면, "복음 전도는 하나님께서 그리스도 안에서 새로운 인류를 형성하시는 하나님의 해방 사역을 선포한다."[23] 하나님의 개입은 하나님의 통치가 시작되었고, 현존하며, 장차 온전한 모습으로 도래할 것이라는 것을 의미한다. 하나님은 피조 세계를 향한 그의 목적의 성취, 즉 새로운 화해 공동체의 수립을 위하여 활동하고 계신다. 그러므로 우리는 우리의 선포 속에서 새로운 세계관, 하나님 아래 있는 세계라는 관점을 제시한다. 그리고 우리는 세상 속에서 활동하시는 하나님을 인정하는 것이야말로 달콤한 유혹에도 불구하고 궁극성에 미치지 못하는 무수한 경쟁적인 충성 대상들에 대한 유일하게 확실한 대안이라고 주장한다.

　복음 전도는 "예수와 그의 사랑에 관한 옛날 옛적의 이야기"를 말하는 것을 포함하긴 하지만, 말에 의한 선포 이상의 것을 포괄한다. 말에 의한 선포는 복음 전도의 전체를 구성하는 것이라기보다는 복음 전도의 핵심적인 한 측면일 뿐이다.

　(2) 선포 ― 하나님의 통치를 알리는 ― 와 아울러 복음 전도도 존재한다. 복음 전도는 성령이 우리를 세상 속에서의 종말론적 공동체로 형성하실 때에 일어난다. 계약 백성의 존재 자체가 하나님께서 과거에 행하셨고, 현재 행하고 계시며, 장차 행하실 것을 보여 주는 표지 역할을 한다.

　교회는 여러 가지 방식으로 세상에 대한 표지이다. 예를 들면, 교회는 예배를 위하여 모일 때에 하나님의 통치를 보여 준다. 우리가 하나님을 향하여 우리의 목소리를 높일 때, 우리는 타락한 현재의 세상 한복판에서 장차 종말의 저 큰 날에 온 피조 세계에 걸쳐서 울려 퍼질 찬양을 드린다. 우리의 찬양은 하나님께서 그의 피조물을 악의 세력들에게 넘겨주지 않으셨다는 것을 온 세상에 선포하는 것이다. 교회의 존재는 그리스도께서 오셔서 새로운 공동체를 만드셨고, 성령이 여기 계셔서 우리를 하나님의 백성으로 형성하고 계시다는 것을 선포한다; 따라서 하나님은 그의 목적을 완성하기 위하여 장래에 결정적으로 행동하실 것이다.

---

22) Mortimer Arias, *Announcing the Reign of God*(Philadelphia: Fortress, 1983), 3.
23) Harvie Conn, *Evangelism: Doing Justice and Preaching Grace*(Grand Rapids: Zondervan, 1982), 32.

또한 교회는 세상 속에서 공동체로 살아갈 때에 하나의 표지가 된다. 복음의 부르심에 응답하여 그리스도의 주되심을 인정하는 자들로서 우리는 하나님의 통치의 지침들 아래에서 살아간다는 것이 무엇을 의미하는지를 보여 주는 모범이 되고자 한다. 하나님 나라의 원칙들로는 평화, 공의, 의가 있다. 그러나 무엇보다도 하나님의 통치는 사랑이라는 특징을 지닌다. 따라서 진정한 신자들의 공동체가 됨으로써 우리는 하나님의 통치가 어떤 것인지를 보여 주게 된다; 즉, 그것은 사랑의 공동체이다.

공동체로서 살아가는 것은 예언적 차원을 지닌다. 우리가 공동체의 모범을 보이는 한, 우리의 존재는 세상에 대하여 예언적 증언을 하고 있는 것이 된다. 우리의 존재는 사회에 대하여 사회가 마땅히 서 있어야 하고 또한 장차 사회에 대한 판단기준이 될 하나님의 통치에 비추어서 스스로를 헤아려 보도록 암묵적으로 요구하는 것이 된다. 바로 이러한 존재 자체가 예언적 활동을 통하여 세상을 복음화시키는 것이다. 왜냐하면 그것은 세상에 대하여 우리를 그의 백성으로 세우신 하나님의 주되심을 인정하라고 암묵적으로 요구하는 것이기 때문이다.

세상 속에서 우리가 공동체로 존재하는 것은 암묵적으로 개인적인 복음 전도라는 측면도 지닌다. 개인적으로 복음을 받아들이는 것은 자신의 필요를 알게 되는 것과 그리스도께서 그 필요에 대한 대답이라는 것을 발견하는 것을 포함한다. 모든 사람들의 가장 큰 필요는 화해, 그리고 하나님의 공동체에의 참여이다. 그러나 진리에 대한 그러한 인식은 단순히 말에 의한 선포를 통해서만 오는 것이 아니다. 오히려 다른 사람들이 복음의 진리를 보고 인정하게 하려면, 복음은 구체적인 모습으로 실천되어야 한다 — 믿을 수 있을 정도로 보여져야 한다. 하나님의 백성이 종말론적인 구속받은 공동체의 맛보기로서 살아갈 때, 그들은 다른 사람들로 하여금 개인적인 필요 및 하나님께서 예비하신 것을 결정적으로 인식할 수 있게 해줄 수 있다. 이런 이유로 세상 속에서 진정으로 그리스도의 공동체로 존재하는 것이야말로 복음전도라는 우리의 사명에 있어서 핵심적으로 중요하다. 하비 콘(Harvie Conn)이 지적했듯이, "복음 전도의 핵심에는 하나의 대답 — 구원과 나눔의 공동체 속에 구현된 하나님 나라 — 이 있어야 한다."[24]

(3) 복음 전도의 목표는 제자를 삼는 것이다. 예수는 우리에게 개종자가 아니라

---

24) Ibid., 30.

제자를 삼으라는 비전을 제시하시고 복음 전도의 일을 맡기셨다. 실제로 지상명령에 관한 마태복음의 판본 속에서 예수는 우리에게 위탁하신 명령을 제자를 삼는 일이라고 규정하셨다: "그러므로 너희는 가서 모든 민족을 제자로 삼아 아버지와 아들과 성령의 이름으로 세례를 베풀고 내가 너희에게 분부한 모든 것을 가르쳐 지키게 하라 볼지어다 내가 세상 끝날까지 너희와 항상 함께 있으리라 하시니라" (마 28:19-20). 이러한 지상명령은 우리 주님 자신의 실천과 일맥상통한다. 이 땅에서 사역을 하시는 동안에 예수는 결코 단순한 신앙고백으로 만족하지 않으셨고 (마 7:21; 눅 6:46) 항상 사람들에게 값비싼 제자도를 요구하셨다(눅 14:25-33).

제자도로의 예수의 부르심은 하나님의 통치에 관한 그의 선포라는 맥락 속에 위치한다. 예수는 그의 하나님 나라 메시지에 응답하여 청중들이 왕의 주권을 인정하고 그 결과 그의 제자들이 될 것을 원하셨다. 그러므로 그리스도의 공동체는 예수의 제자들의 교제(fellowship)이다. 이런 이유로 교회는 주 예수에 대한 충성 맹세를 선언하고 예수를 따르고자 하며 예수를 견고하게 인정하는 모든 자들을 그 테두리 내에 기꺼이 받아들인다.

예수를 따르는 자들의 교제는 단순히 예수를 인정하는 개개인들의 느슨한 모임이 아니라, 하나님 나라의 원칙들에 따라 함께 살고자 하는 제자들의 공동체이다. 그리스도의 교회로서 우리는 현재 속에서 역사의 종말에 임하게 될 궁극적인 현실, 즉 화해된 공동체를 살아내고자 한다. 이것이 복음 전도의 목표가 제자를 삼는 것인 궁극적인 이유이다. 성령은 종말론적 공동체, 예수 안에서 계시된 하나님에 대한 상호적인 순종을 통하여 함께 결합된 백성을 세우기 위한 그의 위대한 창조 사역을 수행한다. 그들이 형성하는 공동체의 특징을 이루는 것은 상호성을 촉진시키는, 예수의 제자들로서 살아가는 그들의 헌신이다.

(4) 복음 전도 사역에서 기도는 결정적으로 중요하다. 우리의 기도는 아직 예수를 구주와 주님으로 인정하지 않는 개개인들을 위한 중보기도로 시작된다. 그러한 기도는 성경의 가르침에 의해서 동기가 부여될 것이다. 성경에 따르면, 하나님은 모든 사람들이 회개하고 진리를 알게 되기를 원하신다(벧후 3:9; 딤전 2:4). 이러한 목적을 위하여 하나님은 만물의 화해를 위하여 그리스도 안에서 역사하셨다(고후 5:18-21). 그러나 많은 사람들이 사탄에 의해서 눈이 멀어 있고 복음 진리를 볼 수 없기 때문에 여전히 화목되지 않은 상태로 남아 있다(고후 4:4). 그리스

도께서 자신의 사역을 통하여 사탄을 물리치고 결박하였기 때문에, 사탄에게 포로된 자들은 자유롭게 될 수 있다(눅 11:17-22; 히 2:14-15). 이를 위하여 그들은 죄를 깨닫게 하시는 성령의 역사를 체험함으로써(요 16:8-11) 그들의 죄악성과 구속(救贖)의 필요성을 알지 않으면 안 된다. 그리고 그들은 죄를 깨닫게 하는 복음의 선포를 들어야 한다(롬 10:11-15; 고전 1:21-25; 고후 5:18-20).

우리의 기도는 이 중요한 과정의 수행과 관련되어 있다. 기도를 통하여 우리는 하나님의 능력이 사람들로 하여금 믿음에 이르게 하는 것을 방해하는 모든 것들을 막아주시도록 하는 데 초점을 맞춘다. 우리는 복음을 선포하고 "구현한 자들"을 보내주실 것을 하나님께 요청한다. 우리는 선포된 말씀을 복되게 하실 것이라는 하나님의 약속을 이행해주실 것을 요구한다(사 55:11).[25] 그리고 우리는 하나님께서 권능으로 사람을 눈멀게 하는 사탄의 힘을 꺾음으로써, 고든(S. D. Gordon)의 말을 빌리면, 사람의 의지를 "비비꼬아 왜곡되게 만드는 영향력들"로부터 사람들을 해방시키시기를 간구한다.[26]

또한 복음 전도 사역에서 우리의 기도는 세상을 포괄한다. 우리는 정치 지도자들을 위하여 중보기도하는데, 그들의 생각에 지혜의 성령께서 역사하셔서 복음 전파에 도움이 되는 평화를 가져올 수 있게 해 달라고 간구한다(딤전 2:1-3).[27] 아울러 우리는 교회가 예수의 명령을 따라 온 세상에 복음을 선포하는 일을 잘 수행할 수 있게 해 달라고 하나님께 간구한다(마 24:14).

이러한 엄청난 요구를 포함시키면서, 우리의 중보기도는 구체적인 복음 선포자들에게 초점을 맞춘다. 제자들을 향한 우리 주님의 명령에 따라, 우리는 "추수하는 주인에게 청하여 추수할 일꾼들을 보내 주소서"(마 9:38)라고 간구한다. 그리고 우리는 그의 부르심에 응답한 자들을 위하여 중보기도한다. 우리는 그들의 말이 능력이 있어서 복음 메시지가 퍼질 수 있고 그들이 대적들로부터 보호받게 해

---

25) Watchman Nee, *The Prayer Ministry of the Church*(New York: Christian Fellowship Publishers, 1973), 104-7을 보라.
26) S. D. Gordon, *Quiet Talks on Prayer*(London: Revell, n.d.), 192-93.
27) 그리스도의 복음으로 이 땅을 덮자는 목표를 지닌 The World Literature Crusade는 그리스도인들이 세상의 지도자들과 관련하여 드려야 할 적절한 일곱 가지 기도제목을 제시한다. Dick Eastman, "The Sevenfold World Leaders Prayer Focus," in the World Literature Crusade pamphlet, "Kings and Presidents"를 보라.

달라고 기도한다(살후 3:1-2).[28]

섬김으로서의 선교. 교회의 선교는 사람들에게 "선한 고백"을 하게 함으로써 교제 속으로 들어오도록 초청하는 일을 포함한다. 그러나 우리의 일은 교회의 경계를 확장하는 데 국한되어 있지 않고, 오히려 곤경에 처한 사람들에 대한 희생적인 사역을 포함한다. 그러므로 선교는 섬김을 수반한다.

(1) 대부분의 그리스도인들은 그리스도께서 교회를 그의 이름으로 세상을 섬기도록 부르셨다는 것을 확신한다. 그럼에도 불구하고 지난 수백 년 동안에 걸쳐서 섬김이 어느 정도나 교회의 선교 명령의 합법적인 부분인가를 놓고 열띤 논쟁이 벌어져 왔다. 좀 더 구체적으로 말하면, 논란의 초점은 복음 전도와 사회 참여의 관계에 대한 것이었다.

어떤 그리스도인들은 복음 전도와 사회 참여는 전혀 관련이 없다고 본다. 따라서 그들은 사회 참여를 절대적으로 거부한다. 사회 참여는 복음 전도의 초점을 흐리는 행위라고 주장하면서, 그들은 사회적 관심은 "영혼 구원"을 사명으로 하는 교회의 진정한 과제로부터 벗어나서 주의력과 정력과 재정을 분산시킬 따름이라고 주장한다. 흔히 이러한 입장은 세계의 미래에 대한 염세주의적인 평가 및 주님의 재림이 곧 일어날 것이라는 기대와 짝을 이룬다. 그러므로 이러한 견해를 주장하는 사람들은 흔히 위대한 복음 전도자였던 무디(Dwight L. Moody)가 주장한 입장에 동조한다. 세상을 난파된 배에 비유하면서, 무디는 "하나님께서 그리스도인들에게 그들의 구명선들을 사용하여 그들이 할 수 있는 한 모든 사람을 구원하도록 위탁하셨다"라고 선포하였다.[29] 무디는 나아가 인간은 게으름을 근면함으로 대체할 때에 가난을 극복하게 될 것이라고 주장하였다.[30]

복음 전도 사역 속에서 사회적 관심이 들어설 여지를 발견하지 못하는 사람들

---

28) Eastman은 또 다른 적절한 기도제목의 목록을 제시한다: 추수할 일꾼들, 열린 문들, 풍성한 열매들, 강력한 지원기지. Dick Eastman, *The Hour That Changes the World*(Grand Rapids: Baker, 1978), 153-57을 보라.

29) Richard K. Curtis, *They Called Him Mister Moody*(Garden City, N.Y.: Doubleday, 1962), 266-67.

30) David O. Moberg, *The Great Reversal: Evangelism and Social Concern*, revised edition(Philadelphia: J. B. Lippincott, 1977), 32.

이라고 해서 사회적 관심을 완전히 거부하는 것은 아니다. 다만 그들은 곤경에 처한 자들에 대한 합법적인 관심은 복음 전도의 결과여야 한다고 주장한다. 즉, 사회적 관심은 삭개오가 예수를 만난 후에 행하였던 경우에서 볼 수 있는 것처럼 (눅 19:8-9) 복음이 확고한 뿌리를 내렸다는 것을 보여 주는 증거이다. 그들은 "변화된 사람들이 변화된 세상을 가져올 것"이라고 주장한다; 따라서 교회는 자신의 자원들을 사회 참여가 아니라 복음 전도에 집중하여야 한다는 것이다.

어떤 그리스도인들이 교회의 위임명령 속에 사회 참여가 들어설 여지가 없다고 보는 반면에, 어떤 그리스도인들은 섬김이 공동체의 선교 사역의 합법적인 부분이 아니라고 거부하는 데에 신중한 입장을 취한다. "배고픈 사람들은 설교에 귀를 귀울일 수 없다"고 생각하여, 그들은 사회 참여를 복음 전도를 위한 정지 작업 또는 복음 전도의 표현(manifestation)으로 본다.[31] 그러나 그들의 강조점은 여전히 교회의 선교 사역의 초점으로서의 선포에 두어져 있다.

어떤 그리스도인들은 사회 참여를 선포와 동일한 차원으로 끌어올려서 이 두 활동이 동시에 이루어져야 한다고 주장한다. 예를 들면, 존 스토트(John Stott)는 사회 참여가 복음 전도의 "동반자"라고 주장한다. 왜냐하면 "이 둘은 서로에게 속해 있지만, 상대방으로부터 독립되어 있기" 때문이다.[32] 기독교의 많은 선교 사역은 곤경에 처한 자들에 대한 관심이 말에 의한 복음 전도의 동반자라는 개념을 반영해 왔다. 이러한 신념에 따라서, 선교는 흔히 의료, 교육, 선포를 포괄한다.

그러나 최근에 많은 사상가들은 선포와 섬김의 한층 더 강력한 연관성을 인정하기에 이르렀다. 그들은 사회 참여는 복음 전도의 본질적인 요소이기 때문에, 그리스도인들이 곤경에 처한 자들에 대한 관심을 표현하지 않는 곳에서는 복음이 아직 선포된 것이 아니라고 말한다. 이것을 토대로 몇몇 사상가들은 교회의 선교를 이 두 개의 범주로 이분법적으로 나누는 것을 거부한다.[33]

---

31) 예를 들면, J. Herman Bavinck, *An Introduction to the Science of Missions*, trans. David Hugh Freeman(Grand Rapids: Baker, 1960)을 보라. John Stott, *Christian Mission in the Modern World*(Downers Grove, Ill.: InterVarsity, 1975), 26-27에 나오는 설명에서 인용.

32) Stott, *Christian Mission*, 27.

33) 예를 들면, Arias, *Announcing the Reign of God*, 3, 107; Orlando E. Costas, *The Church and Its Mission: A Shattering Critique from the Third World*(Wheaton,

끝으로, 어떤 그리스도인들은 사회 참여와 복음 전도는 분리될 수 없다고 결론을 내려 왔다. 이것은 복음 전도 자체가 사회 참여라는 것을 의미한다. 복음의 선포는 "신분이 높은 자들, 강한 자들, 지혜로운 자들, 자유인들, 본토인들과 아울러 멸시받는 자들, 약한 자들, 어리석은 자들, 종들, 다른 인종의 사람들"로 구성되는 교회를 탄생시킨다. 그렇게 함으로써 복음은 "인간적이라는 것이 무엇을 의미하는지에 대한 새로운 규범"을 가지고 사회와 맞선다.[34] 그러나 이것은 사회 참여 자체가 복음 전도라는 것을 의미하기도 한다. 그런 까닭에 오늘날의 몇몇 목소리들은 교회는 오직 곤경에 처한 자들만을 섬기고자 해야 한다고 주장한다. 왜냐하면 이것만이 교회의 선교 명령에 속하기 때문이라는 것이다.

(2) 우리는 교회가 사회 참여에 개입하는 것은 복음 전도에 대한 관계라는 문제와는 상관없이 아주 중요하다고 주장한다. 그것은 우리에게 맡겨진 예수의 사역의 자연스러운 연장이다. 그런 까닭에 교회가 섬김의 사역을 시작하는 것은 예수 자신의 선교를 그저 계승하고 있는 것일 뿐이다.

우리 주님은 그의 사역을 고립적인 선포(proclamation in isolation)가 아니라 섬김의 맥락 속에서의 선포(proclamation in the context of service)로 규정하였다. 예수는 이사야의 위대한 예언을 자기 자신에게 적용하였다: "주의 성령이 내게 임하셨으니 이는 가난한 자에게 복음을 전하게 하시려고 내게 기름을 부으시고 나를 보내사 포로 된 자에게 자유를, 눈먼 자에게 다시 보게 함을 전파하며 눌린 자를 자유롭게 하고 주의 은혜의 해를 전파하게 하려 하심이라 하였더라" (눅 4:18-19). 자신의 말에 충실하여, 예수는 곤경에 처한 사람들에 대한 섬김을 수행하였다. 예수는 병든 자들, 소외된 자들, 귀신 들린 자들, 죄인된 자들, 범죄한 자들의 친구이자 치유자였다. 자신의 연민의 행위들을 통하여 예수는 하나님 나라의 임재를 드러내었다(눅 11:20). 그리고 죽기 전에 예수는 제자들에게 그들이 그의 일을 하게 될 것이고, 심지어 그들이 지금까지 보아 왔던 것보다 더 큰 일들도 하게 될 것이라고 약속하셨다(요 14:12).

Ill.: Tyndale House, 1974), 308-9; Orlando E. Costas, *The Integrity of Mission: The Inner Life and Outreach of the Church*(San Francisco: Harper and Row, 1979), 73-75를 보라.

34) William J. Richardson, *Social Action vs. Evangelism: An Essay on the Contemporary Crisis*(South Pasadena, Calif.: William Carey Library, 1977), 36.

또한 섬김의 실천은 복음에 대한 총체적인 개념으로부터 생겨난다. 복음 전도와 섬김의 연관 관계를 부정하는 자들은 인간의 곤경의 오직 한 차원에만 국한된 복음을 말한다. 복음은 개인을 위한 것이며, 복음은 하나님과의 영적 화해를 촉진시킨다는 것이다. 이 입장을 주장하는 사람들은 비록 사회 참여에 관심을 가진다고 해도 버논 그라운즈(Vernon Grounds)가 "간접적인 영향력의 정책"이라고 부르는 것을 지지한다.[35] 복음 선포의 대상은 개인이라고 보기 때문에, 그들은 복음은 오직 부수적으로만, 구체적으로 말해서 구원받은 개개인들에 대한 복음의 영향력의 결과로서만 사회적이 될 수 있다고 생각한다.

그러나 성경의 복음은 분명히 사회적이다. 물론 복음은 하나님과의 화해에 초점이 맞춰져 있다. 그러나 화해는 사회적 현실이다. 왜냐하면 우리는 다른 사람들과 올바른 관계 속으로 들어갈 때에만 하나님과의 올바른 관계 속에 있게 되기 때문이다. 따라서 복음은 적용에 있어서도 본질적으로 사회적이다. 복음은 하나님과의 화해가 사회적 관계들, 그리고 심지어 가족, 회사, 정부 같은 이 땅의 사회적 제도들 속에서 구현될 것을 요구한다.[36] 복음은 공동체의 건설을 낳는 하나님의 통치의 현존에 대한 선포이다. 하나님이 창조하시는 공동체는 연민, 공의, 의, 특히 무엇보다도 사랑에 관심이 있는 화해된 백성이다. 그런 까닭에 그 공동체는 사회적 교제에 관심을 갖는 공동체이다.

그러므로 복음 전도와 마찬가지로 섬김도 하나님 나라의 사역이다. 세상 속에서의 우리의 활동들을 통하여 우리는 인간의 삶의 모든 면면들 속에서 그리스도의 주권(lordship)을 진전시키고자 하시는 성령의 도구들이 되고자 한다.

(3) 그리스도는 우리를 섬김의 사역으로 부르셨다. 그러나 과연 이 사역은 무엇을 의미하는가? 예수의 본을 따르면, 우리는 섬김의 사역이 세상의 불우한 자들의 필요들을 충족시켜주는 데에 초점이 맞춰져 있다는 것을 알게 된다. 선한 사마리아인과 마찬가지로, 우리는 세상에서 상처받은 자들과 소외된 자들의 상처를 싸매어 준다. 그렇지만 그리스도인들은 세상에 대한 섬김이 우리가 상처를 싸매주는 것을 넘어서서 사회의 구조적 변혁들을 촉진시키고자 하는 것을 통해서 상처받은

---

35) Vernon Grounds, *Evangelicalism and Social Responsibility*(Scottdale, Pa.: Herald, 1969), 7.
36) Ibid., 8.

자들을 대변하는 자가 될 것을 요구한다는 결론에 이르게 되었다.

사회 구조의 변혁에 대한 개입은 사회적 병폐들에 의해 희생당한 자들에 대한 관심으로부터 생겨난다. 사회 구조들을 개혁함으로써 우리는 장래에 희생자들이 발생할 가능성을 줄이고자 한다. 이러한 사람 중심의 동기 외에도 사회 구조 변혁을 촉진시키는 일은 하나님 나라에 대한 충성에 의해서도 명령된 일이다. 그리스도에 충성스러운 종말론적 공동체로서 우리는 사회가 하나님의 통치의 특징을 이루는 원칙들을 점점 더 많이 반영하기를 원한다.

섬김은 예수의 사역의 연속이자 하나님의 통치의 현존을 보여 주는 표지이기 때문에 그 자체가 목적이 된다. 섬김은 우리의 섬김을 받는 자들의 회심을 위한 촉매제 역할을 할 수 있지만, 섬김이라는 사역은 교세 확장을 위한 단순한 수단이 아니다. 그러므로 우리는 세상을 섬길 때에 끊임없이 우리의 동기를 검토하지 않으면 안 된다. 하비 콘(Harvie Conn)은 그의 독자들에게 섬김의 숨겨진 목적이 말에 의한 복음 선포가 되어서는 안 될 것이라고 경고하였다. 그는 "섬김의 상황들을 복음 전도를 위한 발판으로 삼는 좋은 기회로 활용하지 않는" 사역 모형들, "섬김과 정의를 복음 전도를 위한 일종의 준비 작업으로 삼지 않는 모형들"을 만들 것을 요구하였다.[37]

(4) 기도가 복음 전도 사역에서 결정적으로 중요한 것과 마찬가지로, 또한 기도는 세상 속에서 하나님의 백성으로서의 우리의 섬김에도 필수적이다. 복음은 단순히 개개 인간들이 하나님과 화목하게 되는 것을 지향할 뿐만 아니라 인간 가족 간의 화목, 인간과 피조 질서 간의 화목도 지향한다. 이런 이유로 성령과 동반자 관계에 있는 하나님의 백성의 과제는 우리가 세상을 섬기고 사회 정의를 추구함으로써 하나님의 통치를 진전시키는 일을 포함한다. 그러나 사회 정의에 대한 추구는 기도를 강력한 영적 자원으로 삼는 영적 활동이다.

오늘날의 사회 속에 현존하는 악의 한복판 속에서 우리는 주님의 기도를 본받아 "나라가 임하옵시며 뜻이 하늘에서 이루어진 것 같이 땅에서도 이루어지이다"(마 6:10)라고 하나님께 간구한다. 도널드 블뢰쉬(Donald Bloesch)는 기도와 섬김의 밀접한 관계를 다음과 같이 아주 적절하게 설명하였다:

---

37) Conn, *Evangelism*, 50.

기도는 가장 높은 형태의 행동이지만, 그리스도인의 행동의 유일한 형태는 아니다. 사랑과 자비의 행위들과 사회 변혁의 사역들도 그리스도인의 삶의 필수적인 일부를 구성하지만, 그것들은 언제나 기도에 의해서 움직여져야 한다. 하나님의 영광이 기도의 목표라고 할 수 있다: 사회적 섬김은 기도의 열매 또는 결과이다.[38]

섬김은 세상이 현재 온갖 형태로 "아직 아닌"(not yet) 상태에 있다는 것에 대한 인식으로부터 생겨난다. 온전한 형태의 하나님 나라의 도래는 장차 종말 때에 있게 될 것이다. 그때까지 저 위대한 미래의 날에 대한 비전은 그리스도인의 섬김을 위한 동기와 청사진을 제공해 준다. 기도는 하나님께서 우리로 하여금 교회의 과제를 이해할 수 있게 하는 데 사용하시는 중요한 수단이다. 성경에 뿌리박은 기도를 통해서 우리는 우리가 처한 상황 속에서 하나님의 뜻을 분별한다. 기도를 통해서 우리는 장래의 새로운 질서에 대한 성서의 비전에 비추어 오늘날의 세계 질서의 구체적인 측면들을 바라본다. 우리가 하나님의 통치의 도래를 간구할 때, 성령은 우리의 마음을 조명하여 하나님의 뜻이 우리의 세계의 사회구조들과 관련해서 무엇을 의미하는지를 볼 수 있게 해 준다. 기도를 통해서 우리는 하나님의 목적들에 비추어 우리가 사는 세계의 문제점들을 인식한다. 사실 케네스 리치(Kenneth Leech)가 말했듯이, "이러한 미래 지향성이 결여된 기도는 선지자들이 우리에게 끊임없이 경고했던 저 거짓 평화의 희생물로 고착되고 안이한 것이 되기 십상이다."[39]

기도를 통해서 우리는 현재에 있어서 어떻게 행동할 것인가를 보여 주는 하나님의 미래에 대한 비전을 포착한다. 기도를 통하여 새로운 질서는 우리 자신의 행동을 유발시키는 비전의 일부가 된다. 그러나 기도는 미래를 비전으로 삼게 만드는 것 이상의 역할을 한다. 즉, 기도는 싸움을 위한 자원들을 제공해 준다.

인간의 사회적 필요들을 섬기려는 시도를 통해서 우리는 곧 우리의 힘으로는 어찌할 수 없는 부동(不動)의 구조들에 직면하게 된다. 이러한 구조들을 극복하기

---

38) Donald G. Bloesch, *The Struggle of Prayer*(San Francisco: Harper and Row, 1980), 131-32.
39) Kenneth Leech, *True Prayer*(New York: Harper and Row, 1980), 68.

위해서 우리는 하나님의 힘을 필요로 한다. 이러한 맥락에서 기도는 결정적으로 중요하다. 바울은 그의 독자들에게 이렇게 권면하였다:

> 우리의 씨름은 혈과 육을 상대하는 것이 아니요 통치자들과 권세들과 이 어둠의 세상 주관자들과 하늘에 있는 악의 영들을 상대함이라 … 모든 기도와 간구를 하되 항상 성령 안에서 기도하고(엡 6:12, 18).

기도와 간구는 권세들에 맞선 싸움 속에서 결정적으로 중요한 역할을 한다. 간구를 통해서 우리는 "진을 파할 수 있는"(고후 10:4) 유일한 병기인 하나님의 능력 — 하나님 나라의 능력 — 을 열어 놓는다. 기도를 통해서 우리는 섬김을 위한 힘을 공급받는다. 그리고 우리는 이 타락한 세상 속에서 하나님 나라의 일을 하면서 겪는 여러 시련들에도 불구하고 날로 새로워지는 믿음을 갖게 된다. 그러나 무엇보다도 우리의 간구는 이러한 상황 속에서 하나님께서 역사하시도록 요구하는 부르짖음이 된다 — 하나님의 통치가 현재 속으로 임하기를 요청하는 부르짖음. 궁극적으로 오직 하나님의 능력만이 "영적인 악의 세력들"을 물리칠 수 있다. 기도는 하나님께서 사랑하는 피조 세계를 위하여 하나님의 뜻 — 하나님의 나라 — 을 따라 하나님께서 기꺼이 능력으로 역사하시기를 간청하고 실현시키는 것이다.

예배, 건덕, 복음 전도 및 섬김을 통한 선교 — 이러한 것들은 교회가 위탁받은 명령들에 속한다. 우리가 이러한 명령들에 순종할 때, 우리는 세상 속에서 종말론적인 계약 공동체가 된다. 그렇게 함으로써 우리는 삼위일체 하나님께 영광을 돌린다. 이러한 위대한 책임에 참여함으로써 우리는 우리의 공동체적인 계약의 기반을 이루는 주 예수에 대한 우리의 헌신을 유형적으로 표현한다. 공동체적인 삶은 그리스도에 대한 우리의 충성을 강화시키려는 목적을 지닌다. 우리 주님은 세상 속에서 그의 백성이 되어야 하는 과제를 위하여 우리를 상징적으로 표현하고 우리에게 힘을 주는 몇몇 헌신의 실천들을 명하셨다. 이제 그러한 것들을 살펴볼 차례이다.

제 19 장

공동체의 헌신 의식들

> 그러므로 너희는 가서 모든 민족을 제자로 삼아 아버지와 아들과 성령의 이름으로 세례를 베풀고 내가 너희에게 분부한 모든 것을 가르쳐 지키게 하라.
> — 마태복음 28:20

    교회는 종말론적 계약 공동체이다. 교회는 특별한 백성, 즉 그들의 삶과 증언을 통하여 하나님의 통치의 표지(標識)가 되는 사람들이다. 무엇보다도 이 계약 백성은 사랑 자체인 삼위일체 하나님의 본성을 반영하도록 부르심 받은 공동체이다. 예배와 관련하여 이 공동체는 큰 의미를 지니는 다양한 상징 의식들을 사용한다. 이러한 의식(儀式)들 중 몇몇은 복음 자체를 상징하기 때문에, 하나님께서 그리스도를 통하여 우리에게 주시는 은혜 및 그 결과로서 생겨난 계약 백성의 교제에 우리가 참여하고 있다는 것을 확인해 주는 수단들로서의 역할을 한다. 그러한 의식들은 공동체의 헌신의식들이다.

    이 장에서 우리는 우리가 하나님의 구원을 송축하고, 그리스도에 대한 우리의 충성을 선언하며, 그리스도의 교회 속에 우리가 존재한다는 것을 천명하는 상징 의식들을 살펴보고자 한다. 이러한 것들은 각각 독특하고 특별한 역할을 수행하지만, 모두 몇 가지 공통된 특징들을 공유한다. 따라서 우리는 헌신 의식들에 대한 일반적인 이해를 제시하는 것으로써 우리의 논의를 시작하고자 한다. 그러므로 이 논의는 교회가 그리스도의 명령에 순종하여 행하는 특별한 의식들, 즉 세례와 성찬을 바라보는 배경을 제공해 준다.

헌신 의식들과 교회

대부분의 교회 전통들의 삶의 핵심에는 일련의 거룩한 의식들이 자리잡고 있다. 교회로 하여금 자신의 신앙을 성찰하는 것을 돕기 위한 시도를 하고 있는 우리는 이러한 의식들을 살펴봄으로써 그러한 의식들이 공동체의 삶 속에서 지니는 위치에 대한 신학적 이해를 수립하지 않으면 안 된다. 우리의 과제는 교회에서 그러한 의식들의 사용에 대한 조직신학적 토대를 구축하는 것이다.

헌신 의식들의 기능

헌신 의식들의 사용과 관련된 조직신학적인 맥락을 살펴보고자 할 때, 우리는 즉시 그러한 의식들이 지닌 기능이라는 문제에 직면하게 된다. 이에 대한 논의를 통해서 우리는 그리스도께서 우리에게 남겨 주신 의식들에 관한 그리스도인들 사이에서의 첨예한 의견의 불일치들에 접하게 된다.

거룩한 의식들이 지닌 기능에 관한 의견 차이들은 기독교 사상가들이 용어들을 다룰 때에 생겨난다: 교회의 여러 다양한 거룩한 의식들을 가리키는 일반적 범주로서 어떤 용어가 가장 적합한가? 용어들은 의미를 나타내는 것으로서 중요하기 때문에, 우리는 그러한 질문을 제기하지 않을 수 없다. 어떤 용어가 이러한 의식들의 근본적인 성격 및 목적을 잘 요약해 주는 것인가? 우리는 헌신 의식들의 기본적인 기능을 어떻게 설명해야 하는가?

성례전 또는 규례. 먼저 신학자들이 거룩한 의식들을 지칭하기 위하여 선택한 용어들은 그 용어들이 대표하는 교회 전통이 발전해 온 좀 더 큰 언어학적 배경에서 유래된 것들이었다. 처음 수 세기동안 헬라어가 지배했기 때문에 '뮈스테리온' (mysterion, 이 단어에서 영어의 mystery가 파생되었다)이 널리 사용되었다.[1]

---

1) 예를 들면, John Chrysostom은 성찬을 가리켜서 "신비"라고 말하였다. *Homilies on 1 Corinthians* 7.1, Timothy Ware, *The Orthodox Church*(New York: Penguin Books, 1983), 281에서 재인용. "신비"는 동방 정교회에서는 여전히 성례전을 가리키는 통상적인 용어이다. Anthony M. Coniaris, *Introducing the Orthodox Church: Its Faith and Life*(Minneapolis: Light and Life Publishing Co., 1982), 126-27을 보라. 그래서 세례는 "물의 신비"라 부를 수 있을 것이다. Alexander Schmemann, *Of Water and the*

이 명칭의 사용과 관련하여 헬라 교부들은 바울이 자신의 사역을 하나님의 '뮈스테리온,' 즉 하나님의 은혜를 시행하는 것이라고 설명하고 있는 것(엡 3:2-3)과 같은, 이 단어를 포함하고 있는 신약성서의 본문들을 그 근거로 들었다.[2]

동방의 교부들과는 대조적으로, 헬라어가 아니라 라틴어를 일상적인 용어로 사용하였던 서방의 신학자들은 '사크라멘툼'(sacramentum, 여기에서 영어의 sacrament라는 단어가 파생되었다)이라는 용어를 사용하였다. 이렇게 함으로써 그들은 이 세속적인 개념에 세례를 주었다. '사크라멘툼'은 로마 병사가 군대에 소집되어 지휘관에게 충성과 복종을 맹세할 때 행하였던 선서를 가리키는 용어였다. 또한 이 용어는 법적인 분쟁이 진행되는 동안에 신전에 기탁된 공탁금을 지칭하기도 했다.[3] 라틴계의 그리스도인들은 이 용어 속에서 그들의 거룩한 의식들의 중심적인 의미를 찾을 수 있었다. 이 용어의 세속적인 토대로부터 그들은 엄숙한 종교적 의식들과 거룩한 대상들이라는 두 개념을 이끌어 내었다.

그러나 곧 충성 선서로서의 성례전의 개념은 희미해져 갔다. 이러한 경향은 아우구스티누스 때로부터 시작되었다. 이 위대한 교부는 성례전 자체와 성령이 나누어주는 은혜를 구별하였다. 그 결과 신학자들은 그의 사상으로부터 내적인 무형의 은혜와 대비되는 외적인 유형의 표지(標識)로서의 성례전이라는 널리 통용되는 견해를 도출해 냈다.[4] 아우구스티누스의 개념은 신학자들이 외적인 표지와 내적인 실체 간의 관계를 규명하고자 하는 시도를 위한 길을 열어 놓았다. 그들의 추구는 마침내 위대한 성례전의 신비의 두 차원 사이에는 밀접한 통합적 연관성이 존재한다는 결론에 도달하였다.

중세 말기에 거룩한 의식들을 중심으로 정교한 교회 제도가 발전되었었다. 이 제도는 성례전 제도 및 성직 제도라는 두 가지 중요한 기둥에 의해서 높이 떠받

Spirit(Crestwood, N.Y.: St. Vladimir's Seminary Press, 1974), 40.

2) 그러나 Heron은 그러한 본문들에서 *mysterion*은 신성한 의식(儀式)들이 아니라 그리스도 안에서 드러난 하나님의 감춰어진 일들을 가리킨다. Alasdair I. C. Heron, *Table and Tradition: Toward an Ecumenical Understanding of the Eucharist*(Philadelphia: Westminster, 1983), 55.

3) Ibid., 69.

4) J. N. D. Kelly, *Early Christian Doctrines*, revised edition(San Francisco: Harper and Row, 1978), 422-23.

쳐졌다.[5]

교회의 삶은 거룩한 의식들을 중심으로 이루어졌다(성례전주의). 교회는 그들이 하나님의 은혜를 참여하는 자들에게 주입시켜 줄 수 있다고 믿었던 교회의 의식들에 심혈을 기울였다. 성례전은 하나님께서 인간들에게 은혜를 나누어주는 수단으로 선택하신 은혜의 통로였다. 신학자들은 은혜를 하나님의 은혜로운 임재가 아니라 하나님과 구별되는 실체, 하나님께서 영혼들에게 주입시켜 주는 초자연적인 능력으로 이해하였다. 게다가 이 은혜는 참여자나 집례자(사제)의 영적인 상태와는 무관하게 주어졌다. 참여자가 성례전 속에서 하나님의 역사(役事)를 거부하지 않는 한, 이러한 성례전의 의식들은 합당하게 행해지기만 한다면 바로 그러한 집행 자체에 의해서 사람들에게 은혜를 주입시켜 주었다(사효성[事效性]: ex opere operato).

성례전의 효력이 합당하게 성별된 집례자에 의해서 베풀어지느냐의 여부에 달려 있었기 때문에, 임직받은 성직자가 성례전을 중심으로 한 교회 생활을 시행하여야 했다(성직주의). 중세의 신학자들은 서품(ordination)을 통해서 하나님은 각각의 사제에게 특별한 권능, 즉 성례전에서 사용되는 물리적인 요소들(물; 떡과 포도주)을 세속적인 것으로부터 은혜의 수단으로 변화시키는 능력을 부여하신다고 이론화하였다. 그러므로 사제의 행위는 진정한 성례전, 하나님께서 그 참여자들에게 은혜를 주입시키는 행위가 된다. 그러나 궁극적으로 성직주의는 성직자가 하나님의 택하신 도구들, 하나님의 은혜의 통로들이라는 것을 의미하였다.

중세의 성례전주의는 종교개혁을 통해서 공격을 받았다. 마르틴 루터(Martin Luther)는 거룩한 의식들이 참여자들에게 영적인 활력을 주입시켜 준다는 데에는 동의하였지만 그것들이 기계적인 시행을 통해서 효력을 발휘한다는 주장(ex opere operato)은 거부하였다. 그는 성례전이 효력이 있기 위해서는 사제의 권능 이상의 것이 필요하다고 말하였다. 즉, 참여자의 믿음이 요구된다는 것이다.

그러나 몇몇 사람들(프로테스탄트)의 눈에는 루터의 주장은 충분하지 못한 것이었다. 성례선의 효력을 위해서는 믿음이 반드시 필요하다는 루터의 주장에도 불구하고, 그들은 루터가 여전히 의식(儀式)들에 대한 교회의 주술적인 관점을 허용하고 있다고 생각하였다. 따라서 이 비판자들은 "성례전"이 탈피하여야 할 수많은

---

[5] 이 제도에 관한 논의로는 Heron, *Table and Tradition*, 89-91을 보라.

과거의 잔재들을 여전히 지니고 있다는 결론을 내렸다. 그들은 성례전주의와 근본적으로 결별하여야 한다고 주장하였고, 이러한 결별은 성례전이라는 용어 자체를 거부하지 않으면 이루어질 수 없다고 보았다.

영국의 침례교도들을 포함한 이러한 급진주의자들 사이에서 "규례"(ordinance)라는 용어가 성례전이라는 용어 대신에 널리 사용되게 되었다. "제정하다"라는 동사에서 파생된 규례는 단순히 그리스도께서 제정하신 의식이라는 뜻을 지닌다. 따라서 규례라는 단어는 주님께서 직접 제정하신 그러한 특별한 의식들을 지칭한다.

급진주의적 개신교도들 사이에서 발전된 헌신 의식들에 대한 독특한 신학의 몇 가지 측면들이 "규례"라는 명칭과 결부되어 있다. 이 신학의 핵심에는 순종에 대한 강조가 있었다. 신자들은 교회에 대하여 이러한 의식들을 명령하신 분에게 순종하려는 마음에서 이러한 규례들에 참여한다. 그러므로 규례들은 순종의 표지들이다.

그리고 순종의 차원은 자연스럽게 이러한 의식들에 대한 급진주의자들의 이해의 또 하나의 초점을 만들어 내었다. 이러한 의식들은 순종의 표지들이기 때문에 기본적으로 하나님의 의식들이 아니라 인간의 의식들이다. 규례는 하나님께서 이 의식을 통하여 참여자에게 은혜를 나누어 주시는 것이라기보다는 참여자가 그 의식 속에 상징되어 있는 영적인 진리들을 증언할 기회를 제공해 준다. 물론 이러한 관점은 성례전의 효력을 위해서는 믿음이 반드시 필요하다는 루터의 주장을 한층 더 철저하게 표현한 것이다. 의식들 속에 상징되어 있는 영적인 실체들이 참여자의 삶 속에 존재하지 않는다면, 그 의식들은 무의미하다.

침례교도들과 같은 급진적인 개신교도들은 중세 교회론의 특징을 이루고 있었던 성례전 및 성례전의 효력과 관련된 주술적인 이해에 대한 지나친 강조에 대한 반발이라는 점에서 정당하였다. 그러나 불행히도 이러한 운동이 처음으로 번성하였던 합리주의 시대에 수많은 자유 교회 사상가들은 헌신 의식들이 단순히 규례에 불과하다는 결론을 내리게 되었다. 이러한 의식들의 유일한 목적은 우리가 그리스도에 대한 순종을 나타내는 수단 역할을 한다는 것이다.

헌신 의식들을 단순한 규례로 보는 것은 용어의 변경을 통해서 회피하고자 의도하였던 주술적 이해와 마찬가지로 부적절한 것이라 할 수 있다. 합리주의라는 조류 아래에서 "규례"라는 용어의 사용은 몇몇 사상가들로 하여금 이 거룩한 의식들과 하나님의 은혜 사이의 그 어떠한 연관성도 거부하게 만드는 결과를 초래하였다. 그렇게 함으로써 그들은 이러한 규례들에 신약성서 자체가 말하고 있는 것보다 훨씬 낮은 의미를 부여하게 된다. 그리고 이러한 의식들을 단순한 상징들로 축소시킴으로써 그들은 이 의식들을 평가절하하고 있다. 예를 들면, 교단 이름 자체를 이 규례로부터 가져온 많은 침례교에 속한 신자들은 세례 의식을 어떤 사람이 개교회로 입교하는 것 이상으로 실제적으로 중요한 의미를 지니지 않는 것으로 본다는 것은 흥미로운 일이다.

그러나 최근 수십 년 동안에 걸쳐 기존의 입장들을 고수하였던 사람들이 기꺼이 다양한 전통들로부터 배우고자 하는 태도를 취하고 있다는 징후들이 나타났다.[6] "규례"라는 용어를 선호하는 사람들 가운데에서 영국의 몇몇 사상가들은 거룩한 의식들에 대한 좀 더 깊은 신학을 향한 움직임을 시작하였다. 이러한 신학자들은 중세의 성례전주의와 그 어떤 성례전적 이해도 거부하는 현대적인 경향, 이 양자에 대한 대안을 발전시키려고 시도하고 있다.[7] 그들의 노력은 우리가 "규례"라는 명칭을 우선적으로 고려하는 가운데 헌신 의식들의 성례전적 의미를 재천명하고자 하는 시도의 토대가 된다.

규례의 의미. 규례의 기능에 대한 우리의 이해는 이러한 거룩한 의식들을 가리키기 위하여 서구 기독교 전통에서 발전되어 온 이 두 용어의 의미로부터 생겨난다. 우리는 이 의식들을 "규례들"이라고 지칭하면서도 "성례전"이라는 용어의 본래의 의미로부터 이 의식들이 지니는 의미의 한 가지 차원을 이끌어 낼 수 있다.[8]

거룩한 의식들에 대한 우리의 일차적인 이해는 "규례"라는 명칭으로부터 나온

---

6) 주류 교단들 가운데서의 이러한 조류를 가장 잘 보여주는 중요한 지표는 아마도 *Baptism, Eucharist and Ministry*, Faith and Order Paper #111(Geneva: World Council of Churches, 1982)이라는 1982년의 합의문서일 것이다.

7) 예를 들면, George R. Beasley-Murray, *Baptism in the New Testament*(Grand Rapids: Eerdmans, 1962)를 보라.

8) 그의 견해에 다 동의할 수는 없지만, Thomas Howard는 각각의 강조점의 여러 측면들을 어떻게 통합할 수 있는지에 대한 한 예를 보여 준다: "교회의 성례전들에서 우리는 주님의 모범과 명령에 순종하여 창조, 타락, 구속의 커다란 신비들이 뚜렷하게 제시되어 우리에게 전달되는 것을 발견한다." Thomas Howard, "A Call to Sacramental Integrity," in *The Orthodox Evangelicals*, ed. Robert E. Webber and Donald Bloesch(Nashville: Thomas Nelson, 1978) 140.

다. 그리스도에게 순종하는 제자들로서 우리는 당연히 그리스도께서 우리에게 따르도록 명하셨던 그러한 의식들을 계속해서 지켜나가고자 한다. 그러므로 우리는 주님이신 예수에 대한 우리의 충성을 분명하게 드러내도록 하기 위한 일차적으로 그리스도께서 정하신 수단으로서 이 규례들을 행한다.

이러한 의식들을 "규례들"이라고 부르는 것은 이 거룩한 의식들과 그리스도의 명령 및 그에 대한 우리의 순종적인 응답 사이의 연관성에 우리의 초점을 계속해서 맞추게 된다. 그렇지만 예수는 왜 이러한 의식들을 명하셨는가라는 의문이 제기된다. 우리는 이에 대하여 그리스도께서 우리에게 이러한 의식들을 지키라고 명하신 것은 이러한 의식들에 참여하는 것이 우리에게 유익이 되기 때문이라고 대답한다. 칼빈이 올바르게 말했듯이, "그것들은 믿음을 굳게 세우고 크게 할 목적으로 주님에 의해서 제정되었다."[9]

우리의 믿음을 굳게 세우는 데 있어서 이러한 헌신 의식들이 중요하다는 것은 거의 모든 기독교 전통들이 인정하고 받아들이고 있다.[10] 그러나 우리가 수단에 관하여 질문할 때에 결정적으로 중요한 차이들이 드러난다: 주님은 이러한 의식들을 통해서 어떻게 우리를 힘있게 하시는 것인가?

우리는 이러한 헌신 의식들의 일차적인 의미가 '사크라멘툼'의 기본적인 의미에 놓여 있다고 주장한다. 이 용어가 원래 충성 선서라는 의미로 사용된 것에서 알 수 있듯이, 거룩한 의식들을 통해서 우리는 우리 주 예수 그리스도에 대한 우리의 충성을 천명한다. 이러한 의식들은 우리가 우리의 믿음을 고백하는 중요한 수단을 제공한다.

우리는 이러한 개념을 한 걸음 더 진척시켜야 한다. 이러한 의식들을 통해서 우리는 우리의 믿음을 특별한 방식으로 고백한다. 이 의식들은 그리스도 안에서 주어진 하나님의 은혜에 대한 의식(儀式)을 통한 상징들이다. 그러므로 아우구스티누스와 종교개혁자들을 포함한 사상가들이 분명하게 말하고 있듯이, 헌신 의식들은 유형의 설교들, 상징을 통해서 선포되는 하나님의 말씀이 된다.[11] 이 의식들에

---

9) John Calvin, *Institutes of the Christian Religion*, trans. Ford Lewis Battles, ed. John T. McNeill, volumes 20-21 of the *Library of Christian Classics*(Philadelphia: Westminster, 1960), 1284.

10) 예외로는 전통적인 헌신 의식들을 행하지 않는 구세군과 퀘이커교도들 등이 있다.

참여함으로써 우리는 복음의 진리를 선포할 뿐만 아니라 우리가 그 의식 속에 상징되어 있는 은혜를 받아들인다는 것을 증언한다. 그런 까닭에 이러한 의식들을 통해서 우리는 우리의 믿음을 "실연(實演)한다." 헌신 의식들은 그리스도 안에서의 하나님의 역사(役事)를 우리의 것으로 받아들이는 실연(實演) 행위들이 된다. 우리가 이러한 생생한 상징적 방식을 통해서 우리의 믿음을 천명할 때, 성령은 이러한 의식들을 사용하여 그 의식들이 상징하는 실체에 우리가 참여하는 것을 촉진시킨다.

헌신 의식들의 이러한 기능은 오늘날의 사람들의 귀에는 낯설게 들릴지도 모르지만, 그것은 성경의 세계를 특징지었던 상징들에 대한 이해와 전적으로 맥을 같이한다. 침례교 신학자인 웨인 워드(Wayne Ward)는 그러한 관점을 다음과 같이 요약적으로 표현하였다: "구약이든 신약이든 성경의 사고 속에서 상징은 그것이 나타내는 현실에 실제로 참여하였다. 이름이나 단어, 또는 표징(sign)은 어느 정도 그것이 나타내는 실체였다. 이름은 바로 그 이름을 지닌 사람과 같았다."[12] 이것과 맥을 같이하여 성경의 기자들은 그들이 행한 상징 의식들은 어떤 의미에서 그 의식들에 의해서 표현되는 실체에의 참여를 촉진시킨다고 생각하였다. 그런 까닭에 워드(Ward)는 이런 말을 덧붙인다: "예수의 이름으로 세례를 받는다는 것은 세례를 받아 예수와 하나 되는 것, 예수에게 속하는 것, 예수의 인격적 존재의 영역 속으로 통합되는 것을 의미하였다. 그의 죽음과 합하여 세례를 받는다는 것은 실제로 그리스도의 죽음에 참여하는 것을 의미하였다."[13]

우리가 교회에서 행하는 헌신 의식들은 규례들이다. 우리는 그리스도께서 그 규례들을 행하라고 명하셨기 때문에 그러한 의식들을 계속해서 지킨다. 우리 주님은 우리에게, 말하자면 주님에 대한 우리의 충성을 생생하고 상징적인 방식으로 표현할 수단으로서 규례들을 주셨다. 그것들은 충성의 선서들 ─ 그리스도에 대한 우리의 믿음을 고백하는 아름답고 상징적인 수단들 ─ 이기 때문에, 그것들이 상징하는 실체와 밀접하게 결부되어 있고, 성령께서 우리의 삶 속에 역사하는 통로

---

11) Calvin, *Institutes of the Christian Religion* 4.14.4, in *Library of Christian Classics*, volume 21, 1279.

12) Wayne Ward, "Baptism in a Theological Perspective," *Review and Expositor* 65/1(Winter 1968): 44.

13) Ibid.

들이 된다. 그리고 그것들은 우리가 복음 메시지를 통해서 말로 선포하는 진리를 생생하게 묘사하는 설교의 성격을 지니는 상징들이다.

헌신 의식들과 공동체. 규례들은 충성의 선서들이다. 이 때문에 거룩한 의식들의 의미는 그 의식들이 예수의 제자들의 공동체라는 맥락 속에서 헌신 의식들로 사용된다는 데에 있다. 이러한 고찰은 우리를 앞의 두 장에서 살펴본 바 있는 종말론적 계약 공동체로서의 교회에 대한 기본적인 이해로 다시 데려다 준다.

우리는 제17장에서 교회에 대한 우리의 이해에 있어서 근본적인 것은 공동체로서의 교회의 본질이라고 말한 바 있다. 구체적으로 말해서, 교회는 기억과 소망의 공동체이다. 왜냐하면 교회는 현재를 과거 및 미래와 연결시키기 때문이다. 그렇게 함으로써 교회는 그리스도의 교제(fellowship)의 지체들로서의 우리의 정체성 인식을 강화시킨다. 거룩한 의식들은 성령이 이러한 정체성 형성 과정 속에서 사용하는 수단 역할을 한다. 이러한 의식들은 우리가 공동체에 편입되어 있다는 것을 처음으로 천명하고, 또한 반복해서 재천명하는 수단으로서의 헌신 의식들이다.[14]

기억의 공동체로서[15] 교회는 일차적으로 성경의 구원의 드라마에 초점을 맞춘 자신의 이야기를 반복해서 말함으로써 자신의 과거를 생생하게 유지시킨다. 헌신 의식들은 오늘날 예수를 따르는 자들을 예수의 삶, 수난, 부활을 핵심으로 하는 성경의 이야기와 연결시켜 준다. 이러한 의식들은 하나님께서 그리스도 안에서 세상을 자기 자신과 화목하게 하신다는 기독교적 선언을 극적이고 상징적인 방식으로 반복해서 이야기한다. 그런 까닭에 이 의식들은 우리의 마음에 그리스도께서 이루신 사역을 상기시키는 생생한 기념물들이다.

그러나 이 의식들의 의미는 이러한 일반적인 선언을 뛰어넘는다. 그러니까 이 의식들에의 참여는 그리스도와 연합된 사람들로서의 우리의 정체성을 위한 토대를 형성하는 구원 사건들에의 상징적인 참여를 촉진시킨다. 그러므로 헌신 의식들

---

14) Robert N. Bellah et al., *Habits of the Heart: Individualism and Commitment in American Life* (Berkeley: University of California Press, 1985), 152-54.

15) "Josiah Royce," in the *Dictionary of Philosophy and Religion*, ed. William L. Reese(Atlantic Highlands, N.J.: Humanities Press, 1980), 498-99.

은 우리를 과거 속으로 데려다 준다. 이러한 상징들을 통하여 우리는 그리스도와 함께한 우리의 죽음과 부활을 반복해서 실연(實演)한다. 그렇게 할 때에 성령은 우리에게 우리가 그리스도와 연합되어 있다는 것을 생생하게 상기시켜 주고, 우리 속에 그리스도 안에서 새 사람들로서의 우리의 정체성을 확증해 준다.

또한 교회는 소망의 공동체이다. 교회는 우리로 하여금 과거로부터 미래로 시선을 옮기게 만든다. 의식에 참여함으로써 우리는 하나님의 과거의 구원만을 보는 것이 아니라 하나님의 종말론적인 미래도 아울러 바라본다. 언젠가는 부활하시고 높이 들리우신 주님께서 영광 중에 다시 오실 것이다. 이 사건은 예수의 이야기의 완성 및 그를 따르는 자들(모든 피조물과 함께)이 부활을 통하여 변화되어 그를 닮게 되는 계기가 될 것이다. 헌신 의식들은 이러한 비전을 우리 속에 지탱시켜 주는 강력한 수단들이다. 그것들은 하나님께서 언젠가는 세상 속에서의 자신의 사역을 완성하실 것이라는 것과 우리의 진정한 정체성이 그 사건 속에 있다는 것을 상징적으로 선언하는 것이다: 우리는 장차 우리가 되기로 되어 있는 모습이 될 것이다.

거룩한 의식들을 통하여 우리는 이러한 진리를 선포할 뿐만 아니라 그 엄청난 사건에 상징적으로 참여한다. 우리가 불완전한 현재 속에서 저 장래의 그날에 있을 영광스러운 온전한 모습을 송축할 때에 우리는 선취적(先取的, proleptically)으로 거기에 참여하게 된다.

요컨대, 이 규례들에의 참여는 예수 안에서 행하신 하나님의 역사(役事)에 관한 아주 오래된 이야기를 상징적으로 다시 말하는 것과 하나님의 영광스러운 미래에 대한 선포를 촉진시킨다. 우리가 그 이야기를 말할 때, 우리는 과거 속으로 옮겨지고, 미래를 예감한다. 우리는 죄와 사망에 대한 우리 자신의 미래의 승리를 위한 토대가 되는 그리스도의 죽음과 부활을 상징적으로 체험한다. 우리가 과거에 대하여 일깨워지고 하나님의 미래에 대한 비전 속에 사로잡힐 때, 우리는 모든 역사가 하나로 연결되어 있다는 인식을 얻게 된다. 이것을 통해서 성령은 우리가 우리를 향하신 하나님의 의도에 온전히 참여하게 될 때까지 앞으로 전진하고 있다는 것을 우리 속에 확증시켜 준다. 이러한 인식은 성령이 지금 여기에서 우리가 살아갈 수 있는 힘을 주시는 수단인 초월적인 준거점과 우리의 궁극적인 정체성에 대한 인식을 제공해 준다.

헌신 의식들의 수효

규례들은 성령이 신자들에게 현재 속에서의 삶을 위한 초월적인 준거점을 마련해 주는 중요한 수단이다. 그러나 구체적으로 어떤 의식들이 이런 기능을 하는 것인가? 어떤 의식들을 헌신 의식들로 보아야 하는가?

역사적 고찰. 각기 다른 기독교 전통들을 대표하는 신학자들은 거룩한 의식들의 수에 관한 문제에 대하여 각기 다른 대답들을 제시하여 왔다. 중세 시대까지는 어떤 의식들이 성례전에 속하는 것인가를 놓고 어느 정도 유동성이 존재하였다. 그럼에도 불구하고 동방 교회[16]와 서방 교회[17]는 둘 다 일곱 가지 의식들을 강조하였다: 세례, 견진, 고백 또는 보속, 성찬, 서품, 혼인, 병든 자들에 대한 기름부음(종부 성사). 1274년에 리옹 공의회는 7성례를 로마 가톨릭 교회의 공식적인 가르침으로 확정하였다.

중세 교회의 성례전 체계를 거부했던 종교개혁자들도 중세 교회의 성례전 목록을 문제삼았다. 그들은 성례전의 수를 두 가지로 축소시켰다: 세례와 성찬.[18]

급진적인 종교개혁에 참여했던 몇몇 사람들(일반적으로 재세례파로 알려짐)은 세족식을 세 번째 성례로 포함시켰다. 그들은 이 의식을 진정한 겸손의 표지(標識), 예수 그리스도의 피로 영혼을 씻기는 것에 대한 상징으로 보았다.[19] 그렇지만 이러한 견해를 주장하는 사람들조차도 결코 세족식에 세례 및 성찬이라는 두 의식과 대등한 의미를 부여하지는 않았다.[20] 그리고 그들은 일반적으로 오직 성찬의 연장선상에서만 이 의식을 거행하였다.

---

16) 예를 들면, Anthony M. Coniaris, *Introducing the Orthodox Church: Its Faith and Life*(Minneapolis: Light and Life Publishing Co., 1982), 124를 보라.

17) John A. Hardon, S.J., *The Catholic Catechism*(Garden City, N.Y.: Doubleday, 1966), 446-47.

18) Luther는 신앙고백을 성례전적으로 보았을 수 있다(성찬과 연관되어 있다는 점에서).

19) 예를 들면, "The Dordrecht Confession of the Mennonites"(1632), article 11, in *The Creeds of the Churches*, ed. John H. Leith, third edition(Atlanta: John Knox, 1982), 302를 보라.

20) Ibid.

두 개의 헌신 의식들. 성례전의 실제 수에 관한 이러한 역사적인 이견(異見)들에 비추어 볼 때, 우리는 다음과 같이 묻지 않을 수 없다: 우리는 무엇을 토대로 어떤 의식들이 진정한 헌신 의식들인지를 결정해야 하는가? 우리는 구체적으로 어떤 의식들을 공동체의 삶의 중심에 놓아야 하는가? 헌신 의식들의 기능에 관한 앞선 우리의 논의는 어떤 의식들을 공동체의 거룩한 의식들에 포함시켜야 하는지를 결정하기 위한 통찰을 제공해 준다.

우리가 앞에서 결론을 내렸듯이, 헌신 의식들은 근본적으로 규례들이다. 따라서 각각의 의식은 예수 자신의 명령을 수행하는 것이 되어야 한다. 즉, 초기 공동체가 주님의 말씀에 순종하기 위하여 그 의식을 행하였다는 성경적인 증거가 있어야 한다.

또한 헌신 의식들은 복음의 상징들이다. 그것들은 주 예수 그리스도에 대한 우리의 헌신을 표현하는 데 적합한 수단들이다. 각각의 의식은 초대 교회의 선례(先例)와 아울러 예수에 관한 핵심적인 이야기 및 예수와 우리의 연합을 상징적인 방식으로 묘사하는 것이어야 한다. 또한 그러한 의식은 그것이 구현하고 있는 복음의 진리를 위한 상징이 될 수 있을 정도로 복음 메시지와 아주 밀접하게 연결되어 있어야 한다.

이러한 판별기준들에 의하면, 몇몇 기독교 전통들에 의해서 준수되고 있는 의식들 중 다수는 복음의 규례들이라는 의미에서 헌신 의식들로서의 자격을 갖추지 못하고 있다. 우리는 견진, 고백, 혼인, 서품, 병든 자들에 대한 기름부음 같은 의식들 속에서 복음의 특정한 측면들에 대한 표상을 발견할 수 있을지도 모른다. 그럼에도 불구하고 우리는 그러한 것들을 헌신 의식들로 취급하기 위한 분명한 토대를 신약의 공동체의 공동체적인 삶 속에서 발견할 수가 없다. 이와는 반대로 세족식의 경우에 우리는 주님이 명시적으로 제정한 규례임을 입증할 수 있다. 예수께서 다락방에서 제자들의 발을 씻기신 후에 이렇게 명령하셨다: "내가 주와 또는 선생이 되어 너희 발을 씻었으니 너희도 서로 발을 씻어 주는 것이 옳으니라 내가 너희에게 행한 것 같이 너희도 행하게 하려 하여 본을 보였노라"(요 13:14-15). 그렇지만 초대 교회는 예수의 이 말씀을 공동체를 향하여 세족식이라는 유형적인 의식을 행하라고 명령하신 것으로 이해하지 않았다. 또한 이 의식은 우리가 본받아야 할 겸손을 표상하고 있긴 하지만, 복음의 중심, 즉 그리스도와 함께 한 우리의 죽음과 부활을 재연(再演)하는 것이 아니다.

이와는 대조적으로 세례와 성찬은 그 밖의 다른 것들보다도 진정한 의미에서의 규례들이다. 이 두 규례에 대한 토대는 사도적인 교회들이 따랐던 주님의 명령에 있다. 초기 공동체는 예수께서 친히 명하신 것을 따라(마 28:19-20) 분명히 세례를 베풀었다(행 2:41; 8:36; 10:47-48). 마찬가지로 성찬은 예배의 일부가 되었다(고전 1:17-34). 그리스도인들은 주님 자신의 의도에 순종하려는 의식적인 시도 속에서 성찬을 준행하였다(눅 22:19).

세례와 성찬은 그리스도께서 친히 명하신 것일 뿐만 아니라 복음 이야기의 중심적인 측면들에 대한 적절한 상징들이기도 하다. 이 의식들은 인류의 죄를 위한 하나님의 대비책으로서의 예수의 죽음과 부활을 생생하게 묘사한다. 아울러 그것들은 우리가 그리스도에 대한 우리의 헌신, 그리스도의 죽음과 부활에의 우리의 참여, 하나님의 계획의 종말론적 완성에 의해서 우리가 구원을 온전히 받을 것에 대한 기대를 상징하는 적절한 수단들을 제공해 준다.

요약해 보자: 지금 우리의 이야기가 된 예수의 이야기에 대한 상징들로서 세례와 성찬은 믿음의 공동체 내에서 헌신 의식들을 형성한다. 이 두 의식들을 통해서 우리는 구속의 이야기를 상징적으로 재연(再演)함으로써 우리의 믿음을 실연(實演)한다. 우리는 예수의 수난과 부활의 사건들을 기념하고, 우리 모두가 공동체 속에서 공유하고 있는 그리스도와의 연합에 대한 체험을 증거하며, 우리의 눈을 들어 하나님의 계약 공동체에 참여하고 있는 자들인 우리를 기다리고 있는 저 장엄한 미래를 바라본다.

이러한 일반적인 이해를 배경으로 우리는 이제 이 두 헌신 의식들을 하나씩 차례로 좀 더 자세하게 살펴보도록 하자.

세례: 우리의 정체성의 보증

대부분의 기독교회들은 그리스도의 공동체에 참여하는 자들로서 우리의 새로운 지위와 결부되어 있는 몇몇 영적 진리들의 상징으로서 수세자에게 물을 뿌리는 입교 의식을 행한다. 세례는 거의 보편적으로 행하는 의식임에도 불구하고 기독교 전통들 가운데에서 분분한 이견(異見)의 원천이 되어 왔다. 따라서 우리는 신학자들이 서로 의견을 달리하는 당혹스러운 문제들과 관련하여 세례에 관한 우리의 신학을 제시하지 않으면 안 된다.

배경과 역사

"세례를 주다"와 "세례"라는 용어는 물로 씻는 행위 또는 물로 뛰어 드는(직역하면, "두르는") 행위를 가리키는 헬라어 '밥티조'(baptizo, 동사)와 '밥티스마'(baptisma, 명사)를 번역한 말들이다. 몇몇 학자들은 이 의식의 기원을 유대교 및 이교(異敎)의 몇몇 의식들을 포함한 다양한 원천들에서 찾고자 시도하여 왔다. 신약성서의 기자들은 이러한 원천들을 바라보기보다는 세례 요한의 사역으로부터 나온 예수의 선례(마 3:13)와 명령(28:19)을 이 기독교 의식의 기원이자 권위라고 주장한다.

일부 학자들은 세례를 받는 자에게 물을 뿌리는 행위가 사용되었을 것이라고 주장하고 있지만, 아마도 세례 요한과 초대 교회가 행한 이 의식은 수세자를 물 속에 깊이 담그는 행위를 포함하고 있었던 것같다(행 8:38-39).[21] 세례를 베풀 때에 초대 교회는 "주 예수"(행 19:5) 또는 삼위일체 문구(마 28:19)를 사용하였다. 왜냐하면 세례는 수세자를 "주와 합하게" 하는 상징적 행위였기 때문이다.

교부 시대에 교회는 세례를 위한 구체적인 지침들을 발전시켰다. 예를 들면, 디다케(Didache)에서는 세례를 베풀 때에 어떤 종류의 물을 사용해야 하는지를 규정하였다(흐르는 찬물). 후대의 글들은 교회가 이교로부터 개종한 많은 수의 신자들을 받아들이고자 했을 때에 반드시 필요하게 되었던 절차를 포함하여 입교 의식이 점차 성장하였다는 것을 보여 준다.[22]

주후 2세기가 좀 지나서 유아 세례와 물을 뿌리는 방식이 도입되었다. 그러나 신자 세례(수세자의 개인적 신앙의 공표로서의 의식)와 침례(수세자를 완전히 물 속에 잠기게 하는 것)는 중세 시대까지 일반적으로 계속해서 사용되었다. 종교개혁 시대에 물을 뿌리는 행위를 통한 유아 세례는 ― 16세기의 급진적 종교개혁자들(재세례파)의 예외를 제외한다면 ― 서방 교회 전체에 걸쳐서 보편적인 추세가 되었다. 유아들에게 물을 뿌려서 세례를 주는 것이 널리 선호되었음에도 불구하고, 거의 모든 기독교 전통들은 신자 세례가 침례에 의해서 행해져야 한다는 것을

---

21) J. G. Davies, *The Architectural Setting of Baptism*(London: Barrie and Rockliff, 1963).

22) 이러한 입교 과정의 개요에 대해서는 Laurence Hull Stookey, *Baptism: Christ's Act in the Church*(Nashville: Abingdon, 1982), 101-15를 보라.

인정하였고, 일부 집단들은 이러한 세례만을 베풀었다.

세례의 의미

신약성서의 기자들은 세례가 무엇을 의미하는지를 설명하기 위하여 구약성서에 나오는 몇 가지 모형을 사용하였다. 그러한 모형들로는 출애굽(고전 10:1-2), 할례(골 2:11-12), 홍수(벧전 3:19-21) 등이 있다. 이러한 구약성서들에 나오는 사건들보다 기독교의 세례에 있어서 훨씬 더 중요했던 것은 예수의 죽음과 부활이었다(롬 6:3-5). 세례 의식과 예수에 관한 이야기의 관계는 우리가 영속적으로 사용할 헌신 의식으로서 세례의 의미의 밑바닥에 자리잡고 있다.

세례의 상징적 의미. 입교와 관련된 이 헌신 의식은 복음의 상징적 실연(實演)이다. 이 의식을 통하여 우리는 예수의 이야기가 모든 신자들에게 중요하다는 것을 선포함과 동시에 그리스도에 대한 우리의 믿음을 최초로 공적으로 고백한다. 세례를 통해서 우리는 우리 개인의 이야기를 예수의 이야기, 그러니까 신앙 공동체의 이야기와 통합시킨다는 것을 상징적으로 표현한다. 그렇게 함으로써 우리는 세례를 통하여 몇 가지 서로 관련된 진리들을 표현한다.

(1) 무엇보다도 세례는 우리가 그리스도와 영적으로 연합된 것을 상징한다. 이러한 연합은 우리가 성 금요일과 부활 주일에 참여하는 것을 수반한다 — 우리가 과거의 죄악된 삶에 대하여 죽고 새 생명에 대하여 다시 사는 것(롬 6:3-8). 세례를 통해서 우리는 예수의 이야기가 이제 우리 자신의 정체성과 삶을 이룬다는 것을 선포한다. 그리고 우리는 우리가 종말의 갱신 때에 예수의 부활에 온전히 참여할 것을 기대한다.

그리스도의 죽음에의 참여라는 개념은 세례를 그리스도께서 죽음을 통하여 이루신 죄사함과 연결시킨다(행 2:38; 벧전 3:21). 여기에서 씻김이라는 표상이 중요하다. 물리적인 씻김이 몸에서 더러운 것을 벗겨내듯이, 세례를 통해서 상징되고 있는 그리스도의 죽음에의 참여는 우리의 죄를 벗겨낸다. 마찬가지로 세례는 거듭남 및 성령 받음과 연결된다(고전 12:13). 왜냐하면 그리스도의 부활에의 참여는 성령이 이제 우리의 삶 속에 임재해 계시다는 것을 의미하기 때문이다. 성령은 우리의 장래의 부활에 대한 보증이자 권능으로서의 역할을 한다(롬 8:11; 고후 1:22; 5:5; 엡 1:13, 14).

(2) 우리의 신앙고백은 충성의 대상을 옮기는 것과 결부되어 있다 — 과거에 충성을 바쳤던 대상들을 주님으로서의 그리스도에 대한 새로운 충성으로 대체하는 것. 이러한 충성의 대상의 변경은 우리를 새로운 교제, 주 예수를 고백하는 자들의 공동체 속에 위치시킨다. 그런 까닭에 그리스도와 우리의 연합은 그의 몸인 교회 속에 존재하는 것을 수반한다(고전 12:13). 세례를 통해서 우리는 지역 회중으로 구체화된 신자들의 공동체 속으로 들어간다. 세례받은 자로서 우리는 믿음의 공동체의 지체들이 되고, 이것은 우리가 하나님의 백성에 관한 하나의 이야기를 공유하고 있다는 것을 의미한다.

(3) 끝으로, 그리스도의 부활에 있어서 우리와 그리스도의 연합의 표징인 세례는 하나님과의 계약을 확증하는 것을 상징한다.[23] 이 의식에의 참여는 우리가 하나님에 대한 우리 자신의 맹세를 실연(實演)하는 공적인 의식이다(벧전 3:21). 이것을 통해서 우리는 제자도의 길을 따르겠다는 우리의 의지를 선언한다.

세례의 종말론적 지향성. 세례는 수세자를 그리스도의 죽음 및 부활과 연결시킴으로써 종말론적인 지향성을 지닌다. 이 의식은 우리가 그리스도인의 삶을 최초로 개시하는 것을 뛰어넘어서 하나님의 구원 활동의 목표 지점을 가리킨다. 이 목표 지점은 영화(榮化) — 주께서 다시 오실 때에 모든 신자들이 변화받는 것(롬 8:11; 고전 15:51-57)과 우리가 종말론적인 하나님의 공동체에 참여하는 것 — 를 포함한다. 그러한 목표를 향해 가는 길에 성령이 우리를 우리의 그리스도인으로서의 행실을 통해서 지속적으로 새롭게 하는 성화의 과정이 놓여 있다(고후 3:18; 롬 8:9).

또한 세례는 하나님 나라에의 참여, 하나님과 그의 백성의 저 영광스러운 종말론적 교제를 염두에 두고 행해진다는 점에서도 종말론적 지향성을 지닌다. 예수의 이야기가 부활 주일에서 끝난 것이 아닌 것처럼 — 그리스도는 이 땅을 통치하기 위하여 영광 중에 다시 오실 것이다 — 신자의 이야기는 세례에서 끝나지 않는다. 오히려 이 의식은 하나님의 통치의 도래를 가리키고, 그 영원한 공동체에 참여할 우리의 소망을 상징한다. 이런 이유로 바울은 성령의 임재 — 신사에게 성령이 임

---

23) Bo Reicke, *The Epistles of James, Peter and Jude*, volume 37 of *The Anchor Bible*(Garden City, N.Y.: Doubleday, 1964), 106-7, 139를 보라.

하는 것은 세례에 의해서 상징되고 있다 ― 를 그리스도께서 다시 오실 때에 하나님의 온전한 구원을 받는 것에 대한 보증이라고 설명하였다(고후 1:22; 5:5; 엡 1:14).

세례와 공동체. 그러나 무엇보다도 세례는 우리가 공동체에 참여하는 것을 지향한다. 헌신 의식으로서의 세례는 우리가 처음으로 그리스도인들의 교제의 이야기 속으로 들어가는 계기가 된다. 이 의식은 새로운 신자를 그리스도의 삶, 죽음, 부활에 관한 이야기에 의해서 이해되고 다스려지는 믿음의 공동체의 공유된 실천들 속으로 이끈다.[24]

그러므로 교회는 세례 속에서 거듭남에 관한 상징을 본다. 우리의 영적인 출생은 우리에게 교회에 처음으로 입교한 모든 자들이 누리는 새로운 정체성을 매개해 준다. 세례는 이제 하나님의 가족에 속하게 된 신자를 탄생시킨 배경(context)의 변화를 표상한다. 더 이상 우리는 우리의 삶을 옛 공동체의 범주들에 따라서 정의하지 않는다. 오히려 우리는 우리 자신을 죄의 통치와 그 정죄로부터 벗어나서 우리 하나님 및 신자 상호간에 화목을 누리는 하나님의 백성의 교제 속으로 들어온 자로 본다.

우리의 세례에 의해서 상징되고 있는 새로운 정체성은 윤리적인 요구들을 수반한다. 우리는 이제 하나님께서 우리에게 거저 주신 새로운 정체성을 삶을 통해 실천해야 한다. 공동체적으로 우리는 성령으로 하여금 우리를 하나님께 속한 자들의 공동체로 변화시키도록 허용하여야 한다. 개인적으로 우리는 그리스도 안에 있는 우리의 정체성을 충실하게 반영하여야 한다. 요컨대 우리는 우리의 장래의 진정한 모습에 따라 살아가고자 하여야 한다.

세례의 영향. 세례는 우리가 그리스도와 함께 연합되고 그의 교회에 참여하며 하나님과 공적인 계약을 맺는 것을 의미하기 때문에 가시적인 선포의 말씀이다. 세례 의식은 죄인들을 대신한 그리스도의 죽음과 부활을 선포하고, 그가 영광 중

---

24) 이 개념의 발전과정에 대해서는 L. Gregory Jones, *Transformed Judgment: Toward a Trinitarian Account of the Moral Life*(Notre Dame: University of Notre Dame Press, 1990), 137-39를 보라.

에 다시 오실 것을 대망한다. 복음 선포로서의 세례는 세례를 받는 자들의 삶 속에 성령께서 역사하시는 통로가 된다. 이 의식을 통해서 성령은 응답을 위한 부르심을 제시한다. 이런 이유로 세례는 커다란 영향력을 지닌다.

(1) 세례가 수세자에 대하여 강력한 영향력을 지니고 있다는 것은 분명하다. 세례를 받는 자에게 세례를 거행한 날은 일생에서 꼭 기억해야 할 날이 된다. 이후에 우리가 세례받은 날을 회상하면서 우리가 그리스도에게 행한 헌신과 그날에 우리에게 인친 성령의 임재를 떠올릴 때, 세례를 받은 그날은 일생을 통하여 경건하게 살아가야 한다는 강력한 동기를 제공해 주는 것이 된다. 또한 성령도 우리가 세례를 받은 것을 반복해서 상기시킴으로써 우리에게 거룩한 삶, 우리가 세례받던 그날에 행한 신앙고백에 합치하는 삶을 살아가야 할 것에 대하여 권고한다. 그리고 성령은 우리에게 그리스도인으로서 살아갈 힘을 제공해 준다.

(2) 세례는 이러한 순종의 길로 접어든 자에게 기억되어야 할 날일 뿐만 아니라 세례를 주는 공동체에게도 강력한 영향력을 행사한다. 세례를 받을 후보자가 물 속에 있다는 것은 거듭남은 성품과 섬김에 있어서 성장해야 하는 삶의 시작일 뿐이라는 것을 상기시켜 준다. 이 규례를 진행하면서 공동체는 하나님께서 그들에게 돌보라고 맡기신 다른 모든 사람들과 마찬가지로 수세자에 대한 양육과 지원의 책임을 떠맡는다. 마찬가지로 세례 후보자가 우리에게 아직 세상에는 복음에 응답하지 않은 많은 사람들이 있다는 것을 상기시켜 줌으로써, 성령은 공동체에게 주께서 명하신 선교 사역이 아직 끝나지 않았다는 것을 새삼스럽게 깨우쳐 준다. 따라서 성령은 우리에게 모든 사람에게 복음을 전할 기회를 깨어서 찾도록 권면한다.

성령은 세례를 주는 공동체 전체에게 명할 뿐만 아니라 거기에 속한 개개 그리스도인들에게도 마찬가지로 말씀한다. 다른 사람이 세례를 받는 것을 보면서, 우리는 우리 자신이 세례를 받을 때에 행하였던 서원을 상기한다. 이러한 기억을 상기시키는 사역을 통해서 성령은 우리가 세례를 받던 날에 행하였던 하나님과의 계약을 새롭게 하고(롬 6:1-2, 11-13) 거룩한 삶을 사는 일에 새롭게 헌신하도록 우리를 부르신다.

(3) 끝으로, 세례를 통하여 성령은 아직 믿음을 갖지 못한 사람들을 부르신다. 세례는 세상의 죄를 위한 예수의 죽음과 부활에 관한 좋은 소식과 사람이 회심하지 않으면 안 된다는 것을 시각적으로 설명해 준다. 따라서 적절한 설명이 수반될

때, 이 의식은 수세자와 공동체가 동일한 신앙고백을 행하도록 만드는 성령의 부르심이 된다.

세례의 효력

세례의 의미에 관한 폭넓은 의견 일치에도 불구하고, 기독교의 여러 전통들은 하나님의 목적이 이 의식을 통하여 정확히 어떤 식으로 이루어지는가에 대해서는 서로 견해를 달리한다. 유아 세례론자들(유아 세례를 행하는 자들)은 세례를 통한 하나님의 역사(役事)를 강조한다. 신자 세례를 선호하는 전통들은 이 의식을 거의 전적으로 인간의 개인적인 응답으로 보는 경향이 있다. 지난 3세기에 걸쳐서 이 입장을 지지하는 자들은 어떤 대안이 세례에 관한 정확한 신학을 구현하고 있는지에 대하여 의견의 일치를 보지 못했다. 우리는 이 논쟁을 좀 더 자세하게 살펴보지 않으면 안 된다.

하나님의 행위로서의 세례. 대부분의 기독교회들은 세례가 지니는 신적인 측면을 강조한다. 그들은 이 의식을 무엇보다도 하나님의 일로 본다. 그러나 이러한 일치된 견해에도 불구하고 세례를 통하여 하나님께서 어떤 일을 행하시는지에 대해서는 전통들마다 각기 다른 식으로 이해한다.

몇몇 전통들은 이 의식을 통해서 성령이 중생을 이루어낸다고 주장한다. 이 견해는 세례 중생설로 알려져 있다. 중세 시대에 신학자들은 세례에 의한 중생은 사효(事效)적으로(ex opere operato: 성례 시행 자체에 효과가 있다는 뜻) 일어난다고 주장하였다: 이 의식 자체를 통해서 하나님은 세례가 의미하는 것을 이루신다. 세례 중생설은 로마 가톨릭, 동방 정교회, 루터파의 일부를 포함한 성례전을 강조하는 전통들의 현대적인 형태들 속에서 여러 가지로 남아 있는데,[25] 이들 모두는 이러한 이해를 유아 세례에 적용한다. 또한 이 입장은 19세기 미국의 종교 지도자였던 알렉산더 캠벨(Alexander Campbell)의 추종자들의 입장이기도 하다. 그러나 캠벨파 교회들은 일반적으로 신자 세례만을 행한다.

---

25) E.g., Mark Ellingsen, *Doctrine and Word: Theology in the Pulpit*(Atlanta: John Knox, 1983), 141-45; Carl E. Braaten, "Baptism," in *Christian Dogmatics*, ed. Carl E. Braaten and Robert W. Jenson, two volumes(Philadelphia: Fortress, 1984), 2:315-33.

그럼에도 불구하고 세례 중생설의 기본적인 개념에 관하여 견해를 같이하는 교회들도 이 의식을 통한 성령의 역사(役事)의 결과들에 대해서는 의견을 달리한다. 로마 가톨릭 신학은 세례의 효력은 원죄 및 원죄에 의해서 저질러진 자범죄, 양자를 모두 제거하는 것이라고 말한다. 이와 동시에 믿음, 소망, 사랑이라는 덕목들이 수세자에게 부어진다.[26] 이와는 반대로 동방 정교회는 세례를 통하여 일어나는 중생은 신성화(divinization)라고 말한다. 수세자는 하나님의 성품에 참여하게 되고, 이때로부터 하나님의 생명 자체를 지니고 살게 된다.[27]

많은 개신교도들은 세례와 수세자의 중생 사이의 어떤 직접적인 연관성을 부정한다. 따라서 그들은 세례 중생설에 대한 여러 대안들을 제시한다. 루터파의 많은 신학자들은 이 의식을 하나님께서 어떤 개인에 대하여 그의 인격적인 응답 이전에 자신의 소유로 주장하는 것을 보여 주는 표징으로 본다.[28] 개혁주의 전통의 신학자들은 이러한 강조점을 받아들이고 있기는 하지만,[29] 세례의 의미를 계약 신학의 맥락 속에서 바라보는 경향이 있다. 세례는 하나님이 그의 백성과 맺는 계약 또는 하나님의 백성이 그들의 주님과 맺는 계약의 표징이자 보증이다.[30] 구원은 세례를 통해서 이루어지는 것이 아니라(세례 중생설을 주장하는 자들과는 달리) 택하심을 통하여 이루어진다.[31] 그러므로 대니얼 밀리오리(Daniel Migliore)가 말했듯

---

26) Hardon, *Catholic Catechism*, 506-11.
27) Coniaris, *Introducing the Orthodox Church*, 131.
28) 이 개념은 동방 정교회를 비롯한 그 밖의 다른 전통들에도 존재한다. 예를 들면, Coniaris, *Introducing the Orthodox Church*, 129. Brunner는 세례는 모든 복음 전파와 모든 신앙에 선행하는 하나님의 은혜를 가리킨다고 주장한다. Emil Brunner, *The Christian Doctrine of the Church, Faith, and the Consummation*, trans. David Cairns(Philadelphia: Westminster, 1962), 57.
29) 예를 들어, Daniel Migliore는 "유아 세례는, 책임 있게 행해진다면, 창조와 구속에 있어서 하나님의 은혜로운 주도권을 보여주는 표징이다"라고 쓰고 있다. *Faith Seeking Understanding. An Introduction to Christian Theology*(Grand Rapids: Eerdmans, 1991), 219.(「기독교 조직신학 개론」: 한장사)
30) Geoffrey W. Bromiley, *Children of Promise*(Grand Rapids: Eerdmans, 1979), 38-51.
31) 많은 개혁주의 신학자들은 이 계약관 속에서 유아 세례의 토대를 발견한다. 선택의 범위는 의식적으로 믿는 자들로 이루어진 집단보다 더 넓다고 그들은 주장한다. 이

이, "유아 세례는 믿음의 공동체, 특히 그 아이의 부모로서의 계약적 책임을 나타내는 표징이다."[32]

인간의 행위로서의 세례. 또한 계약으로서의 세례라는 개념은 신자 세례(believer's baptism, 성인 세례)를 행하는 몇몇 전통들 속에 존재한다.[33] 그러나 그들은 이 의식을 통하여 보증되는 계약의 인간적인 측면을 강조하는 경향이 있다. 이러한 이해로부터 세례와 관련된 두 가지 서로 연관이 있는 대안들이 발전되어 왔다. 몇몇 신자 세례론자들은 이 의식을 한 개인이 복음에 대하여 인격적으로 응답할 수 있는, 하나님이 주신 중요한 수단으로 본다.[34] 또 어떤 사람들은 이 의식을 내적인 영적 변화에 대한 공적인 증언으로 본다.[35] 어느 쪽이든 세례는 제자도와 연결된다. 세례는 자신을 예수의 주권 아래에 놓겠다는 한 개인의 의식적인 결단의 공적인 천명이다. 이 점에서 예수의 세례는 하나의 모범 역할을 하고, 제자는 흔히 "세례에서 주님을 따르는 것"이라고 한다.

일부 집단들은 이러한 이해에 있어서의 변화(하나님의 행위가 아니라 인간의 응답으로서의 세례)를 한 걸음 더 진척시켜서 이 의식을 기독교 신앙에서 본질적인 것으로 보지 않는다. 일부 교단들은 세례를 개교회의 지체가 되는 데에 반드시 필요한 것이 아니라 선택적인 것이라고 본다. 몇몇 교단들은 심지어 이 의식을 완전히 단절하는 데까지 나아갔다(예를 들어, 구세군과 퀘이커 교도들).

신적·인간적 행위로서의 세례. 헌신 의식들의 기능에 관한 우리의 논의는 이 두 전통이 세례 신학의 중요한 측면을 표현하고 있다는 것을 보여 준다. 이것이 사실이라는 것을 보기 위해서는, 우리는 "규례"라는 명칭의 의미와 그리스도께서 이 의식을 충성 맹세로서 명하신 의도를 살펴보지 않으면 안 된다.

것은 유아 세례를 보장해 준다. 예를 들면, Hendrikus Berkhof, *Christian Faith*, trans. Sierd Woudstra(Grand Rapids: Eerdmans, 1979), 355를 보라.

32) Migliore, *Faith Seeking Understanding*, 219.

33) Paul K. Jewett, *Infant Baptism and the Covenant of Grace*(Grand Rapids: Eerdmans, 1978).

34) Beasley-Murray, *Baptism in the New Testament*, 263-305.

35) Millard J. Erickson, *Christian Theology*(Grand Rapids: Baker, 1985), 3:1096.

헌신 의식으로서의 세례는 하나의 규례, 우리가 그리스도에 대한 순종의 표시로서 따르는 의식이다. 세례는 우리가 그리스도에 대한 믿음을 최초로 공적으로 고백하는, 하나님이 주신 수단이다. 세례를 통하여 우리는 제자도를 걷기로 결심하였다는 우리의 의도를 밝힌다. 규례로서의 세례 의식의 차원은 인간적인 요소에 초점을 맞춘다. 이 거룩한 행위는 예수를 따르라는 복음의 요구에 대한 신자의 응답이다.

그러나 세례는 우리의 순종을 단순히 나타내는 것 이상의 것이다; 세례는 의미 있는 충성 맹세이다. 우리 주님은 우리가 제자도의 길을 시작할 때에 세례가 우리에게 매우 유익하다는 것을 알고 계셨기 때문에 이 의식을 행하도록 명하셨다. 세례는 우리가 꼭 기억해야 할 날이다. 이 의식을 통해서 성령은 우리에게 그리스도에게 충성하는 삶을 살도록 권면하고, 우리 주님을 따를 수 있는 힘을 주신다.

어떤 의미에서 세례는 공적인 혼인식과 유사하다. 부부가 될 사람들이 증인들이 보는 앞에서 서약하는 말을 하는 것은 기억해야 할 잊지 못할 날이 된다. 그 날은 서로에 대한 그들의 최초의 헌신을 위한 초점이다. 그들이 계약에 의한 사랑을 공적으로 선언하는 것은 그들에게 서로에 대하여 신실하게 살아갈 수 있는 힘을 부여해 주고, 일생에 걸쳐서 그들이 그날에 행한 계약에 유의하게 만든다. 마찬가지 방식으로 성령은 세례를 통하여 그리스도에 대한 우리의 헌신을 강화시킬 수 있다.

세례의 주체들

역사적으로 세례와 관련된 논쟁의 가장 불안정한 측면은 세례의 주체들에 관한 문제였다: 누구에게 세례를 주는 것이 합당한가? 좀 더 구체적으로 말하면, 우리는 이 의식을 통해서 인격적인 신앙고백을 할 수 있는 자들에게 세례를 주어야 하는가(신자 세례 또는 성인 세례)? 아니면, 오직 나중에 가서야 신앙고백을 통해서 그리스도인들의 공동체에 합류할 수 있게 될 유아들에게도 세례를 주어야 하는가?

세례와 믿음. 우리는 세례와 믿음의 관계라는 신학적인 문제를 다룬 후에야, 이와 같은 좀 더 심층적인 맥락 속에서 세례의 합당한 주체들에 관한 문제를 얘기할 수 있다.

믿음의 가족들의 몇몇 지체들이 기독교의 세례를 결코 받은 적이 없었다는 것은 분명하다. 그러한 예들로는 구약의 많은 성도들과 부활 사건 이전의 몇몇 회심자들을 들 수 있다(몇몇 신학자들은 유아기에 죽은 사람들 같은 특별한 경우들도 여기에 덧붙인다). 게다가 세례 자체는 하나님의 종말론적 통치에 참여할 수 있다는 것을 보장해 주는 것이 아니다. 왜냐하면 세례를 받은 사람이 그리스도의 공동체를 포기할 수도 있기 때문이다(마 13:20-21; 요 15:1-6; 히 6:4-5; 요일 2:19).

그러나 전체적으로 보면, 신약성서의 취지는 분명히 세례와 믿음을 결부시킨다. 교회 시대 동안에 세례를 통하여 표현되는 믿음은 거듭남과 아주 밀접하게 연관되어 있어서, 이 둘은 실제로 분리될 수 없다. 이것과 맥을 같이하여 대부분의 기독교 전통들은 세례를 교회의 지체가 되는 데 있어서 필수적인 요건으로 본다.

사도적 교회는 결코 회심을 세례로부터 분리하지 않았고, 초기의 신자들은 언제나 내적인 믿음과 그 공적인 신앙고백으로서의 세례가 서로 결부되어 있다고 생각하였다. 그들은 믿음과 세례를 분리될 수 없는 전체의 두 측면으로 보았다. 이러한 이해는 세례에 대하여 구원과 관련된 의미를 부여하는 듯이 보이는 본문들 또는 세례를 통하여 표현되는 믿음이 하나님 나라에 들어가기 위한 필수적인 전제조건이라고 말하고 있는 듯이 보이는 본문들 배후에 존재한다(행 2:38; 8:35-36; 막 16:16; 벧전 3:21; 갈 3:25-27).

그러면 우리는 초대 교회에서의 세례와 믿음 사이의 이러한 밀접한 연관 관계를 어떻게 이해해야 하는가? 신약성서에 의하면, 믿음은 단순히 사적인 사건이 아니었다: 믿음은 반드시 공적으로 표현되어야 한다(약 2:14-26). 세례는 우리의 내적인 믿음을 최초로 외부로 고백하는, 하나님께서 주신 수단이다. 이 의식은 주님으로서의 예수 그리스도에 대한 인격적인 믿음의 공적인 선언이다.

유아 세례 대 신자 세례. 이 주제에 관한 활발한 토론과 수많은 저작들의 간행에도 불구하고, 지난 3세기 동안 유아 세례론자들과 신자 세례론자들 간의 논쟁에서는 아무런 합의도 도출되지 못했다.

최근까지 유아 세례론자들은 유아 세례에 대한 준거들을 신약성서, 특히 이른바 가사(家事) 본문들(행 10:24; 16:15; 16:31-34; 18:8; 고전 1:16)에서 찾고자 하였다. 그러나 학자들은 주의 깊은 주석을 통해서 그러한 세례들 속에 유아들을 포함시키는 것은 가능하긴 하지만 거리가 멀다는 결론을 끌어내었다.[36] 이제는 많은 학자들이 주후 1세기에 유아 세례가 베풀어졌다는 것을 보여 주는 직접적인 증거가 존재하지 않는다는 데에 의견을 같이한다.[37] 본문들에 의거한 논증들 외에도 유아 세례론자들은 앞 단원에서 설명한 신학적 근거와 비중 있는 교회 전통을 그 근거로 제시한다.[38]

신자 세례론자들은 흔히 신약성서가 유아 세례를 금하고 있다는 증거를 제시하고자 하였다. 그러나 주후 1세기에 유아 세례 관행이 존재하지 않았기 때문에, 우리는 이 의식을 직접적으로 다루는 구체적인 본문을 발견할 수 없다.

더 중요한 것은 침례교도들은 신약성서를 근거로 신자 세례가 유일하게 합당한 의식은 아니라 할지라도 주된 의식이었다는 것을 옹호한다는 것이다. 초대 교회가 오로지 신자 세례만을 베풀었을 가능성이 높은 것 같다. 그러나 유아 세례론자들은 제1세대 그리스도인들이 오직 성인들에게만 세례를 베푼 이유를 설명하기 위하여 주후 1세기의 선교 상황을 지적한다. 교회가 제2세대에 어떤 의식들을 발전시켰는가는 신약성서가 말하고 있지 않은 문제라고 그들은 결론을 내린다.

신자 세례를 옹호하는 성경적인 논증과 아울러, 그 지지자들은 유아 세례가 열등하고 심지어 위험스러운 의식이라고 거부한다. 유아 세례는 필연적으로 수세자의 의식적인 인격적 믿음의 결여 속에서 행해진다. 따라서 이 의식은 단순한 "유아 봉헌"에 불과하게 되거나 그리스도에 대한 믿음이 아니라 세례에 대한 믿음을 조장하는 중생 의식으로 과장되고 만다는 것이다.[39] 게다가 비판자들은 유아 세례가 회심에 의해서 이루어지는 신자들의 교제(공동체)로서의 교회라는 개념을 뒤집는다고 주장한다. 왜냐하면 유아 세례는 교회로 들어오는 것이 개인의 믿음만으

---

36) Beasley-Murray, *Baptism in the New Testament*, 306-86; Stanley Grenz, *Isaac Backus — Puritan and Baptist*, NABPR Dissertations Series #4(Macon, Ga.: Mercer University Press, 1983), 293, note 94를 보라.

37) E.g., Ellingsen, *Doctrine and Word*, 144; Stookey는 이렇게 결론을 내린다: "유아 세례에 대한 신약성서적 보증을 발견하고자 하는 욕구가 주석학적 폭력을 낳았다." *Baptism: Christ's Act in the Church*, 47.

38) 예를 들면, 루터파 신학자인 Ellingsen은 "유아 세례를 주장하는 자들은 궁극적으로 교회사 전체에 걸쳐서 이 의식이 널리 행해졌다는 것을 가장 큰 근거로 들 수 있을 것이다"라고 말한다. *Doctrine and Word*, 144.

39) Henry Cook, *What Baptists Stand For*, third edition(London, 1958), 225, 243.

로 되는 것이 아니라 그 밖의 다른 어떤 토대에 의해서도 가능하다고 말하고 있기 때문이다.[40] 침례교도들은 비록 유아 세례를 받은 자들이 견신례를 받기 전까지는 성찬에 참여할 수 없는 등 세례받은 자로서의 신분의 특권들을 지니고 있지는 않지만 어떤 의미에서 유아들을 교회의 지체로 보는 오류를 범하고 있다고 지적한다.[41] 또한 유아 세례는 세례를 받은 아이에게 나중에 예수 그리스도에 대한 의식적이고 책임있는 믿음을 선언할 수 있는, 하나님께서 정하신 수단을 부정하는 것이 되기 때문에 해롭기까지 하다는 것이다.[42]

유아 세례는 예수 그리스도에 대한 인격적인 믿음의 체험 이전에 일어난다는 점에서 의식적인 믿음을 세례로부터 분리시키는 것을 조장한다. 끝으로, 침례교도들은 유아 세례는 역사적으로 신앙 공동체의 경계를 국가의 정치적 경계로 확장시키는 국가 교회로 나아가는 길을 열어 놓았기 때문에 위험스럽다고 주장한다.[43]

이러한 고려들은 중요하고 비중이 있는 것들이다. 그러나 더 중요한 것은 유아 세례가 초래하는 신학적인 문제점이다. 유아 세례는 세례와 본질적으로 결부되어 있는 신약성서의 의미들을 전달하는 데에 부적절하다. 침례교도들은 루터가 성례전의 유효성을 위하여 필수적인 것이라고 말했던 믿음은 유아 세례에는 존재하지 않는 수세자의 개인적인 믿음이라고 주장한다.

유아 세례론자들이 이러한 비판에 대하여 아무런 대응도 하지 않았던 것은 아니다. 오늘날 신학자들은 일반적으로 유아 세례에도 모종의 신앙고백이 존재한다는 것을 받아들인다.[44] 그러나 유아 세례론자들은 믿음에 대한 그들의 이해를 침

---

40) Ibid., 246, 243.

41) Augustus Hopkins Strong, *Systematic Theology*(Philadelphia: Griffith and Rowland, 1907), 952; Henry C. Vedder, *A Short History of the Baptists*, second edition(Philadelphia: American Baptist Publication Society, 1907), 27-28. 그러나 이 의식은 동방 정교회에 의해서 결코 채택된 적이 없었고, 몇몇 개신교 교단들에서도 현재 논란 가운데 있다.

42) Strong, *Systematic Theology*, 957; Wayne E. Ward, "Baptism in Theological Perspective," *Review and Expositor 65*(Winter 1968): 47.

43) Strong, *Systematic Theology*, 957; Ward, "Baptism in Theological Perspective," 48.

44) 로마 가톨릭의 입장에 대해서는 Harden, *Catholic Catechism*, 180; 또한 *Baptism, Eucharist and Ministry*, 3을 보라.

례교도들이 요구한 인격적인 믿음에 국한시키기를 거부해 왔다. 루터는 유아 세례와 관련하여 유아 세례를 받을 때에 유아에게 모종의 믿음이 존재한다는 것을 전제함으로써 이 문제를 해결하고자 하였다. 개혁교회와 감리교회를 비롯한 그 밖의 다른 기독교 전통들은 유아 세례를 정당화하기 위하여 공동체적인 믿음(세례를 주는 공동체의 믿음) 또는 대리적 믿음(부모 또는 대부모의 믿음)의 존재를 그 근거로 들고 있다. 그러므로 유아 세례는 세례를 주는 공동체 또는 그들의 대표자들에 의해서 지금 선언되고 있는 믿음을 그 아이가 나중에 고백하게 될 때(견신례 같은)를 지향한다.

그러나 유아 세례를 지지하는 전통들로부터의 이러한 주장들은 핵심을 놓치고 있다. 우리가 위에서 결론을 내렸듯이, 세례는 우리의 내적인 믿음을 최초로 공적으로 선언하는, 하나님께서 주신 수단이다. 이것이 사실이라면, 신자의 세례는 분명한 우월성을 갖는다. 유아 세례는 이러한 기능을 충족시킬 수 없다. 유아 세례는 내적인 믿음의 외적인 표현일 수 없기 때문에, 기억해야 할 날로서의 세례의 가치도 상실한다. 이와는 대조적으로 신자 세례는 인격적인 믿음을 고백할 수단을 제공해 준다. 이런 이유로 신자 세례는 교회의 표준적인 의식으로서의 가치를 지닌다.

세례의 방식

역사적으로 격렬하게 논쟁을 불러왔던 것은 아니지만 그럼에도 불구하고 논란이 되었던 것은 적절한 세례의 방식에 관한 문제였다. 기독교회들은 주로 세 가지 세례 방식을 사용하여 왔다: 물을 뿌리는 방식, 물을 붓는 방식, 물 속에 완전히 잠기게 하는 침례.

대부분의 개신교 교단들과 로마 가톨릭 교회에서는 종종 침례도 행하기는 하지만 물을 뿌려서 세례를 주는 방식이 지배적이다. 몇몇 재세례파 집단들은 물을 붓는 의식을 사용한다. 동방 정교회가 유아 세례를 줄 때에 침례를 행하기는 하지만,[45] 침례교는 침례를 주장하는 가장 강력한 교단이다.

침례는 신자 세례 전통에서 지배적인 관행이었고, 현재도 여전히 그러하긴 하

---

45) Timothy Ware에 의하면, "동방 정교회는 침례를 필수적인 것으로 본다." Ware, *The Orthodox Church*, 284.

제19장 공동체의 헌신 의식들 755

지만, 이러한 교회들은 세례의 합당한 주체들에 관한 문제만큼 특정한 방식을 강조하지는 않아 왔다. 한 예로서 우리는 많은 역사가들이 오늘날의 침례교 운동의 시작이라고 보는 집단을 들 수 있다. 이러한 일반 침례교도들은 존 스미스(John Smythe)의 영도를 따라서 초창기 30년 동안(1609-1641) 물을 붓는 세례 의식을 행하다가 그 후에는 특별 침례교도들의 방식이었던 침례를 받아들였다. 그 밖에도 폭넓은 신자 세례파의 몇몇 분파들, 대륙 재세례파 운동의 후예들은 결코 침례를 행하지 않았다(침례 운동은 독일 침례교 선교사들과의 접촉을 통해서 러시아에서 메노파들[Mennonites] 사이에서 발전되었다).

전통적으로 침례주의자들은 침례야말로 신약성서에 나오는 교회의 세례 방식이었다는 주장을 그 근거로 말해왔다. "세례"라는 단어는 고유한 영어 단어가 아니다. 그것은 '란티조'(hrantizo, "물을 뿌리다")라는 단어와 대비되는 '물에 담그다'를 의미하는 '밥티조'(baptizo)라는 헬라어를 음역한 것이다. 또한 신약성서에 나오는 세례들에 대한 묘사들도 초대 교회가 침례를 선호했다는 것을 보여 준다(행 8:39; 마 3:16). 이러한 주장은 세례 요한이 물이 많은 곳에서 이 의식을 행했다는 제4복음서에 나오는 말에 의해서도 뒷받침된다(요 3:23).

침례를 주장하지 않는 사람들은 이러한 주석적인 증거들이 결정적이지 않다고 본다. 그들은 '밥티조'가 그 문자적인 의미보다 더 폭넓게 사용되었다는 점을 지적한다. 왜냐하면 이 단어는 종종 비유적인 의미로도 사용되고 있기 때문이다(막 7:4; 막 10:38-39; 눅 11:38; 고전 10:2). 게다가 신약성서에서 세례들에 대한 묘사들은 집례자와 수세자 두 사람 모두 물 속에 서 있는 상태에서 세례가 베풀어졌다는 것을 보여 주고 있긴 하지만, 그 본문들은 이 의식을 통해서 무슨 일이 일어났는지를 명시적으로 언급하고 있지는 않다. 사실 초기 기독교 미술품들은 강이나 물이 많은 곳에 서 있는 수세자의 머리에 물이 부어졌다는 것을 보여 준다고 비판자들은 주장한다.[46]

부분적으로 이 문제는 특정한 세례 방식이 세례 의식에 있어서 중심적이냐 아니냐에 달려 있다. 많은 침례주의자들은 합당한 "신약성서의 방식"이 아니라면 그

---

46) Davies, *The Architectural Setting of Baptism*. 그러나 어떤 이들은 이러한 예술 작품들은 고대의 세례 의식들에 대한 상징적인 묘사이지 실제적인 묘사가 아니라는 점을 지적한다; 물을 붓는 것은 세례와 관련된 성령의 강림을 상징하였다.

어떠한 세례도 베풀어진 것이 아니라고 주장한다. 그 밖의 다른 세례 방식들을 행하는 사람들은 세례는 물의 양이 아니라 물이 존재하는 것과 하나님의 이름을 선포하는 것으로 이루어진다고 주장함으로써 침례주의자들의 이러한 주장을 반박한다.

그러한 비판들을 진지하게 받아들여서, 몇몇 침례주의자들은 침례는 우월한 방식일 뿐이라고 주장한다. 우리는 침례의 우월성을 신약성서의 증거들로부터만이 아니라 복음 진리의 표지로서 이 의식의 가치로부터도 이끌어낼 수 있다. 침례는 세례가 보여 주고자 하는 것, 즉 예수의 죽음과 부활 그리고 신자와 그리스도의 연합을 가장 분명하게 묘사해 준다. 세례가 예수에 관한 이야기의 실연(實演)이자 우리가 그 이야기에 참여하는 것이라면, 침례는 그것의 가장 분명한 상징이다. 물속에 잠기는 것은 죽음을 보여 주는 데 적합하다. 그리고 물이라는 무덤으로부터 솟구쳐 나오는 것은 부활 생명을 생생하게 예시해 준다.

침례를 지지하지 않는 사람들은 그 밖의 다른 방식들의 상징적 가치를 지적함으로써 이에 대응한다: 물을 뿌리는 것은 죄로부터 깨끗케 하는 것을 상징한다거나(딛 3:5; 히 10:22; 벧전 2:2; 겔 36:25; 사 52:15), 물을 붓는 것은 성령의 임함과 결부되어 있다(욜 2:28; 행 2:1-2, 38). 우리는 이러한 주장들을 경시해서는 안 된다. 그럼에도 불구하고 우리는 세 가지 세례 방식들 중에서 침례가 가장 강력한 근거를 지니고 있다는 결론을 내린다 — 주석학적으로, 역사적으로, 신학적으로.[47] 그러므로 통상적인 상황 속에서는 침례가 교회에서 선호되어야 할 의식, 심지어 유일한 의식이어야 한다.

성찬: 우리의 정체성의 재천명

대부분의 기독교회들은 세례와 아울러 떡과 포도 열매(포도주 또는 포도즙)를 사용하는 두 번째 헌신 의식을 행한다. 일생에 오직 한 번만 받을 수 있는 입교 의식과는 대조적으로, 그리스도인들은 이 두 번째 의식을 반복해서 지킨다 — 해마다, 계절마다, 달마다, 심지어 매 주마다 또는 더 자주. 우리가 이 두 번째 헌신

---

47) 이것은 심지어 Stookey, *Baptism: Christ's Act in the Church*, 166 같은 침례를 주장하지 않는 사람들의 결론이기도 하다.

의식에 참여하는 것은 우리가 세례를 통해서 최초로 선언했던 것 ― 즉, 그리스도 안에서의 우리의 새로운 정체성 ― 을 반복적으로 재천명하는 것이다.

주후 1세기부터 현재에 이르기까지 그리스도인들이 이 의식에 참여해야 한다는 거의 보편적인 합의가 존재했음에도 불구하고, 이 의식 배후에 있는 신학에 관하여는 폭넓은 이견이 존재한다. 사실 세례는 교회사 전체에 걸쳐서 수많은 논쟁의 주제가 되어 왔지만, 이 두 의식 중에서, 반복적으로 거행되는 의식인 성찬이 훨씬 더 많은 논란을 불러일으켜 왔다.

이 헌신 의식에 대한 적절한 명칭이 무엇인지를 놓고 이미 분분한 의견이 제시되었다. 로마 가톨릭의 전통적인 용어는 원래 라틴어 예전의 끝맺는 말들로부터 유래한 "미사"(Mass)이다.[48] 이 의식을 가리키는 가톨릭 용어에 담긴 하나님께 드리는 제사라는 의미를 함께 나누는 식사라는 개념으로 대체하기 위하여, 종교개혁자들은 의도적으로 "성찬"(고전 11:20)이라는 이름으로 바꾸었다. 또는 개신교도들은 이 의식을 "거룩한 친교" 또는 단순히 "친교"라고 지칭함으로써 이 의식을 통해서 그리스도(또는 성도 상호간)와의 교제를 나눈다는 차원을 강조한다. 최근의 교회 연합적인 논의들 속에서는 헬라어 '유카리스토'(eucharisto, "감사를 드리다")에서 유래했고 교부 시대로까지 거슬러 올라가는 "유카리스트"(Eucharist)라는 명칭이 널리 사용되게 되었다.[49]

성찬 속에서 주님의 임재

신학자들이 이제까지 논의해 온 여러 가지 다양한 문제들 중에서 성찬을 거행할 때의 주님의 임재에 관한 문제보다 더 격렬한 논쟁을 불러일으킨 것은 없었다: 그리스도는 그가 정하신 성찬에 어떤 의미로 지금 임재해 계시는 것인가? 이 문제는 초창기의 수 세기에 걸쳐 그리스도인들에 의해서 논의되었지만 특히 종교개혁 때에 열띤 논쟁의 주제가 되었다.

---

48) Heron, *Table and Tradition*, xii.

49) E.g., *Didache* 6,5, trans. James A. Kleist, *Ancient Christian Fathers*(New York: Paulist, 1948), 6:20; Justin Martyr, *First Apology*, trans. Thomas B. Falls, *The Fathers of the Church*(Washington, D.C.: Catholic University of America Press, 1948), 6:105-6.

화체설(化體說)의 발전. 어떤 의미에서 우리는 종교개혁을 성찬에 있어서 그리스도의 임재에 관한 논쟁으로 볼 수도 있다. 어느 정도 분명한 어조로 종교개혁자들은 미사로서의 성찬이라는 로마 가톨릭 교회의 개념을 거부하였다. 이 개념의 중심에는 화체설이 있었다. 이 가르침은 1200년대 말에 분명한 형태를 최초로 얻게 되었지만, 중세 신학자들은 성찬을 거행할 때에 떡과 포도주에 그리스도께서 실제로 임재하신다는 것을 중심으로 한 사상의 긴 궤적을 집약하여 이 이론을 만들어 낸 것일 뿐이었다.

일찍이 주후 2세기부터 순교자 유스티누스(Justin Martyr) 같은 기독교 교사들은 신약성서의 기사(記事)들에 기록되어 있는 예수의 성찬 제정의 말씀들("이것은 내 몸이니," "이것은 내 피니라")에 대한 문자적인 해석을 주장하였다.[50] 키릴루스(Cyril), 요한 크리소스톰(John Chrysostom), 암브로시우스(Ambrose) 같은 후대의 사상가들은 모종의 기적적인 변화가 이러한 현상 배후에 있다고 주장하였다. 중세의 학자들은 이러한 변화가 어떻게 생겨나는지를 해명하고자 하였다. 11세기에 신학자들은 떡과 포도주의 본질(substance)이 변화한다는 말을 공공연히 하였다. 1150년 경에 "화체설"이라는 용어가 이러한 변화의 성격을 설명하기 위하여 사용되었다. 그러나 이러한 전통이 최종적인 형태를 갖추게 된 것은 토마스 아퀴나스(Thomas Aquinas, 1224-1274)에 의해서였다.

떡과 포도주의 기적적인 변화에 대한 아퀴나스의 설명 배후에는 그가 고대 헬라 철학자인 아리스토텔레스로부터 가져온 "질료"(material), "본질"(substance), "속성"(accidents)이라는 용어들에 대한 구별이 존재한다. "질료"는 만물에 내재하는 형태가 갖추어지지 않은 물리적인 물질이다. "본질"은 존재하는 모든 실재의 불변하는 핵심이다. "형상"(form, 아리스토텔레스의 용어를 사용하자면)은 대상의 정체성을 구성한다. 끝으로 "속성"은 어떤 대상에 그 겉모습을 부여하면서 그 근저에 있는 본질을 변경시키지 않고도 흔히 변화할 수 있는 비본질적인 외적인 특징들(species)이다.

아퀴나스는 이러한 구별을 성찬에 놀라운 방식으로 적용하였다. 미사를 드리는 동안에 떡과 포도주는 기적적인 변화를 겪는다. 떡과 포도주는 통상적인 물리적 과정에서처럼 그 본질은 유지하면서 그 속성들만이 바뀌는 것이 아니라 속성들은

---

50) Justin Martyr, *First Apology* 66.2, 66.3.

변하지 않고 남아 있는 가운데 본질만이 변화된다. 이러한 기적은 색깔과 맛과 질감이 떡과 포도주의 것들로 그대로 남아 있는 이유를 보여 준다. 속성들은 변화가 없음에도 불구하고, 본질들은 실제로 변화되었다. 그렇게 해서 떡과 포도주는 그리스도의 실제의 몸과 피가 되었다. 그런 까닭에 변화된 본질, 예수 자신의 실제적인 임재가 외적인 모습 "아래"(subspecies) 놓여 있다.

성찬의 성물들의 변화는 그리스도께서 물리적으로 성찬에 임재해 계신다는 것을 의미한다. 떡과 포도주는 그의 몸과 피가 된다. 따라서 미사를 통해서 미사에 참여하는 자들은 그리스도의 몸을 먹는다.

화체설은 미사를 희생제사로 이해할 수 있는 이론적인 토대를 제공해 주었다. 중세 신학에 의하면, 성찬은 참여하는 자들에게 은혜를 주입시켜 주는 하나님의 의식일 뿐만 아니라, 인간의 응답, 하나님께 드리는 희생제사이기도 했다. 이러한 이해를 제시하면서, 중세 말기의 학자들은 이 의식의 희생제사적 성격에 관한 초기의 가르침에서 한 걸음 더 나아갔다. 요한 크리소스톰으로부터 피터 롬바르드 (Peter Lombard)에 이르기까지 사상가들은 성찬을 성례전을 통하여 십자가 위에서의 그리스도의 완성된 희생 제사에 동참하는 것이라고 말하였다. 토마스 아퀴나스를 비롯한 후대의 신학자들은 성찬을 독자적인 희생제사로 보았다.[51] 이를 통해 그들은 미사의 거행 자체가 하나의 공로적인 행위라는 중세의 깊이 뿌리박힌 신념을 위한 신학적 토대를 제공해 주었다.[52]

개신교의 반동. 종교개혁자들은 로마 가톨릭 교회의 성찬 이해를 격렬하게 거부하였다. 그들에게 성례전은 실제적인 은혜의 주입의 수단이 아니었다. 또한 이 의식은 인간의 행위, 즉 희생제사로 하나님에게 드려질 수 있는 것도 아니었다. 루터는 성찬은 믿음에 주어지고 믿음을 향한 하나님의 약속의 표징 — 우리가 하나님으로부터 오직 약속으로만 받을 수 있는 — 이라고 주장하였다.

이 의식에 대한 종교개혁자들의 근본적인 재방향 설정으로 인하여 종교개혁자들은 교회의 성찬 신학의 발전 과정에 있어서 초기 시절로 되돌아갈 수밖에 없었

---

51) Thomas Aquinas, *Summa Theologica* 3.79.5-7, trans. Fathers of the English Dominican Province, three volumes(New York: Benziger, 1947), 2:2483-85를 보라.

52) 이러한 결론에 대해서는 Heron, *Table and Tradition*, 106을 보라.

다. 그들은 성찬을 거행할 때의 그리스도의 임재에 대한 이해를 다시 새롭게 설명해내야만 했다. 화체설이 부적절하고 잘못된 해석이라는 데에는 동의했지만, 그들은 그 대신에 성찬을 통해 무엇이 이루어지는 것인지에 대해서는 서로 견해가 달랐다. 세 가지 견해가 출현하였다.

(1) 마르틴 루터는 로마 가톨릭의 입장과 가장 가까웠다. 그는 중세 신학자들의 실재론적 관점에 동의하였다: 우리 주님은 성찬의 성물들에 물리적으로 임재해 계시기 때문에, 성찬에 참여하는 자들은 그리스도의 몸을 먹는다. 그러나 루터는 중세 학자들이 화체설을 하나의 도그마(dogma)로 만들어 버린 것에 대하여 분개하였다. 그는 성찬의 성물들의 본질에 변화가 일어난다는 데 대하여 의문을 제기하였다. 성찬에 참여하는 자들은 떡과 포도주를 먹는다고 그는 가르쳤다. 그럼에도 불구하고 그리스도의 몸과 피는 그 성물들 속에 임재해 있다. 그리스도는 떡과 포도주 대신에 임재해 계시는 것이 아니라 떡과 포도주와 함께 임재해 계신다. 성찬에 참여하는 자들은 물리적 실재의 본질을 지닌 성찬 성물들 아래에서 및 성찬 성물들과 함께 주님의 몸과 피를 먹는다. 그런 까닭에 루터는 성찬의 신비를 지칭하기 위하여 "공재설"(共在說, consubstantiation)이라는 용어를 제시하였다.

루터파와 로마 가톨릭 신학자들은 수단과 관련해서는 이견(異見)을 보였지만, 결과에 대해서는 기본적으로 견해를 같이하였다: 그리스도는 성찬에 물리적으로 임재해 계시고, 성찬의 성물들에 임재해 계신다. 이러한 루터의 실재 임재설은 기독론적 고려에 의해서 더욱 촉진되었다. 그는 "속성들의 교류"(communicatio idiomatum)를 통해서 그리스도의 인간적 본성은 편재(omnipresence)를 비롯한 그의 신성의 여러 속성들을 공유한다고 주장하였다. 그러므로 하늘에 계심과 동시에 만유의 그 어디에도 계시는 인간 그리스도는 성찬의 떡과 포도주를 통해서 지역화된다(localized). 이 요소들은 여기 우리를 위한 그리스도의 임재를 드러낸다.

(2) 루터와 동시대에 살았던 또 한 명의 위대한 종교개혁자인 훌트라이히 츠빙글리(Huldreich Zwingli)는 스위스에서 활동하였다. 그는 루터와는 달리 중세의 경건과 신학에 그렇게 깊게 뿌리를 두고 있지 않았기 때문에,[53] 이 위대한 스위스의 종교개혁자는 화체설과 좀 더 근본적인 단절을 제안하였다.[54] 그의 독일 동료

---

53) Heron은 이러한 이유를 제시한다. Ibid., 115.
54) Zwingli는 자신의 저서인 *Commentary Concerning True and False*

인 루터는 성찬의 성물들에 그리스도께서 실제로 임재해 계신다는 가톨릭적 개념에 결코 도전하지 않았고, 따라서 좀 더 객관적인 측면 — 성찬을 통한 우리를 향하신 그리스도의 약속 — 에 대한 초점을 유지하였다. 이와는 반대로 츠빙글리는 성찬의 또 하나의 측면 — 주관적인 차원 — 을 강조하였다. 츠빙글리는 어쨌든 성찬은 미사라기보다는 기념을 위한 식사, 그리스도의 희생제사를 기념하기 위한 생생한 회상 의식이라고 주장하였다.

게다가 츠빙글리에 의하면, 우리가 성찬의 성물들에 참여하는 것은 그리스도의 실제의 살과 피와의 친교를 전달해주지 않는다. 그리스도의 임재는 결코 떡과 포도주 "안에" 있지 않다. 부활하신 주님의 영화롭게 된 몸은 하늘 아버지의 우편에 있다. 그러므로 주님은 이 땅에서 성찬의 성물들에 임재해 계실 수 없다.

츠빙글리는 우리 주님께서 떡과 포도주에 육체적으로 임재해 계시는 것이 아니라 그리스도는 영적으로 임재해 계신다고 주장하였다. 그리스도의 임재는 주님의 희생제사를 기념하는 신앙 공동체 속에 존재한다. 그리스도는 신자들이 자기 이름으로 모였기 때문에 거기에 임재해 계시기로 하신다. 이런 식으로 이 취리히의 종교개혁자는 성찬식의 초점을 미사의 구심점을 이루고 있었던 성찬의 성물들과 제정의 말씀들("이것은 내 몸이니," "이것은 내 피니라")로부터 옮겨 놓았다. 츠빙글리는 떡과 포도주를 그리스도의 임재의 중심적인 표지로 보지 않고, "이를 행하여 나를 기념하라"는 예수의 말씀에 따른 공동체의 행위 전체를 더 중시하였다.

성찬에 대한 서로 다른 이해는 이 두 종교개혁자 간의 해결할 수 없는 간격을 영속화시켰다. 그들은 이 두 입장을 화해시키는 과제를 다음 세대에 물려주었다. 이러한 맥락 속에서 신학적 지도력이라는 외투는 존 칼빈에게 떨어졌다.

(3) 이 제네바의 종교개혁자(칼빈)는 자신의 글인 「성찬 소론」(*Short Treatise on the Holy Supper*)(1540)에서 성찬에 관한 논쟁을 다루었다. "현재의 논쟁"이라는 마지막 장에서[55] 그는 나중에 이 주제에 대한 그의 성숙한 사고를 위한 토대를 제시하였다.

Religion(1525)에서 자신의 입장을 개략적으로 서술하였다.

55) John Calvin, *Short Treatise on the Holy Supper*, trans. J. K. S. Reid, in *Calvin: Theological Treatises*, volume 22 of the *Library of Christian Classics*(London: SCM, 1954), 163-66.

루터와 마찬가지로 칼빈은 우리가 믿음으로 성례전을 행할 때에 "우리는 예수 그리스도의 몸과 피의 실제적인 본질에 진정으로 참여하는 자들이 된다"[56]고 결론을 내렸다. 이러한 일이 어떻게 일어나는가를 가시화하는 과정에서 이 종교개혁자는 중세 시대와 단절하고, 성령의 중보 사역을 거론하였다. "이 거룩한 신비를 감소시키지 않기 위하여, 우리는 그것이 하나님의 비밀스럽고 기적적인 덕목에 의해서 수행된다는 것과 하나님의 성령이 정지 작업을 수행한다는 것을 고수하여야 하는데, 이런 이유로 그것은 영적이라 불린다"고 그는 주장하였다.[57]

칼빈은 성령을 도입함으로써 중도적인 입장을 제시할 수 있었다. 그는 성찬에서의 그리스도의 임재가 성찬의 성물들에 그 초점이 맞춰져 있다는 로마 가톨릭 신학자들과 루터의 견해에 동의하였다. 그러나 그는 이것이 주님의 물리적인 육체의 실제적인 임재를 수반한다는 것을 부정하였다. 여기에서 그는 인간의 본성을 입은 그리스도는 하늘에 계신다는 츠빙글리의 주장에 동조하였다.[58] 이 제네바의 종교개혁자는 실제 임재설을 주장한 것이 아니라 성찬의 성물들에 그리스도께서 영적으로 임재해 계신다고 말하였다. 하늘의 그리스도는 떡과 포도주를 통하여 신자를 만난다. 그러나 이러한 그리스도와의 위대한 친교는 성령에 의해서 이루어진다. 성령은 땅에 있는 우리와 하나님 우편에 계신 주님의 임재 사이의 커다란 간격을 가로질러 우리를 주님과 하나되게 만든다.

성찬의 의미

1500년대의 논의들은 지금에 와서야 해소되어가기 시작하고 있는 여러 기독교의 교회 전통들의 발전을 위한 배경을 이룬다. 성찬에 관련한 그리스도인들 사이에서의 분파라는 이러한 배경 속에서 우리는 이 헌신 의식에 관한 우리의 신학을 제시해야만 한다.

용어상의 문제. 우리는 이 의식에 대한 적절한 명칭에 관한 문제로 되돌아가는

---

56) Calvin, *Short Treatise*, 166.
57) Ibid.
58) 이를 토대로, 칼빈은 그가 1549년에 Bullinger와 함께 고심하여 만들어낸 *Consensus Tigurinus* 즉 "취리히 합의"의 제21-26조에서 실제적 임재설을 부정하였다. 이와 관련된 간략한 역사로는 Heron, *Table and Tradition*, 133-34를 보라.

것으로 이 의식의 의미에 대한 우리의 연구를 시작하고자 한다.

여러 기독교 전통들이 선호했던 몇 가지 용어들은 우리로 하여금 이 의식의 의미의 차원들에 대한 관심을 갖게 만든다. 우리가 앞으로 좀 더 살펴보겠지만, 이 의식은 "친교"(communion)이다. 왜냐하면 이 의식을 통해서 우리는 신앙 공동체 내에서의 그리스도 및 성도 상호 간의 교제를 상징적으로 실연(實演)하기 때문이다. 또한 이 의식은 '유카리스트'(Eucharist)이다. 왜냐하면 이 의식은 하나님께서 과거에 행하셨고 또한 앞으로도 행하실 일에 대하여 기쁨으로 감사하고 송축하는 것이기 때문이다.

그러나 여러 대안들 중에서 우리는 성찬(the Lord's Supper)이라는 명칭을 선호한다. 이 용어는 예수께서 그를 따르는 자들과 함께 나누었던 식탁 교제 속에서 이 성찬 의식의 뿌리를 찾는다. 이러한 여러 차례의 식탁 교제들 중에서 가장 중요한 것은 우리 주님께서 열두 제자와 함께 마지막 식사를 하시면서 이 교제를 영속적으로 지켜나가라고 제정하신 것이었다.[59] 따라서 그것이 최후의 만찬의 실연(實演)이라는 점에서, "성찬"이라는 명칭은 하나의 규례, 그리스도께서 우리에게 따르라고 주신 헌신 의식으로서의 성찬의 기능을 잘 드러내 준다.

과거 지향성. 16세기에 논쟁의 초점이 되었던 여러 입장들은 그 차이점들에도 불구하고 하나의 중요한 특징을 공통으로 지니고 있었다. 그것들은 모두 과거로부터 현재로 이동하면서 과거의 사건이 어떻게 현재적인 현실이 될 수 있는지를 설명하고자 하였다.[60] 그런 까닭에 이 논의에 참여했던 자들은 예수의 죽음과 성찬의 희생제사적 측면의 관계에 관한 문제를 논의하였다. 그들은 이 성례전에서 그리스도께서 존재론적으로 임재해 계시다는 것을 설명하고자 하였다. 그리고 그들의 고찰은 이 성례전이 거기에 참여하는 자들과 주님의 현재적인 연합을 촉진하는 데에 어떠한 영향을 미치는가에 초점을 두었다.

---

59) 성찬의 토대를 유대교의 유월절 의식에서 찾고자 하는 논의에 대해서는 Markus Earth, *Rediscovering the Lord's Supper*(Atlanta: John Knox, 1988), 7-27을 보라.

60) 이것은 Heron, *Table and Tradition*, 152-54의 판단이다. Wainwright는 이전의 글들이 이하의 서술에도 나오는 세 가지 측면에 대한 논의에 초점을 맞추었다고 말하고 있긴 하지만 어쨌든 기본적으로 동일한 관점을 천명한다. Geoffrey Wainwright, *Eucharist and Eschatology*, American edition(New York: Oxford, 1981), 1.

어떤 측면에서는 과거로부터 현재에로 초점을 맞추는 것은 올바르다. "성찬"이라는 명칭이 보여 주듯이, 이 의식은 우리로 하여금 하나님께서 과거에 행하신 일에 관심을 갖게 만든다. 사실 이 과거 지향성은 성찬의 의미의 토대가 된다. 그러나 우리는 이 과거 지향성을 우리의 이해를 확대시켜 주는 좀 더 폭넓은 관점 안에 놓기 전에 먼저 어떤 방식으로 성찬이 과거에 대한 송축인지를 좀 더 자세하게 살펴볼 필요가 있다.

(1) 이 의식의 의미의 토대를 이루는 것은 기념 식사로서의 성찬의 기능이다. 우리는 주님의 식탁에 함께 모임으로써 우리 주님께서 이 의식을 제정하였고 그 의미를 설명하였던 최후의 만찬을 재연한다. 이러한 재연을 통해서 우리는 "이를 행하여 나를 기념하라"는 우리 주님의 명령을 준행한다.

이런 식으로 우리는 상징적으로 우리 주님의 이야기 속으로 들어간다. 우리는 예수의 의미심장한 삶을 생생하게 회상한다. 우리는 제자들과 함께 다락방에 함께 앉아 있고, 생명으로 가는 길 및 영적인 생명을 위한 준비로서의 그의 죽음에 관한 예수의 가르침을 상기한다. 우리는 하나님 나라의 표지이자 주님께서 시작하신 새로운 공동체의 표지였던, 예수와 죄인들 및 세리들이 나누었던 식탁 교제를 마음에 떠올린다. 또한 우리는 다른 사람들에 대한 겸손한 섬김과 아버지 하나님에 대한 완전한 순종을 보여 주는 우리 주님의 위대한 모범의 절정을 이루는 주님의 희생제사적인 죽음을 상기한다. 우리로 하여금 이런 식으로 우리 주님을 기억하게 함으로써, 성령은 주님에 대한 우리의 헌신을 다시 불붙이고, 제자도에 대한 우리의 헌신을 새롭게 하며, 현재 속에서 그리스도를 따르는 자들로서 살아갈 힘을 우리에게 더해주신다.

(2) 그리스도에 대한 기념으로서의 성찬은 복음 선포이기도 하다. 우리가 먹고 마심으로써 우리는 "주의 죽으심"(고전 11:26)을 상징적으로 선포한다. 이 선포는 예수께서 죽으셨다는 단순한 사실 — 예수께서 그의 생명을 희생제물로 드리셨다는 사실 — 에 대한 선포를 수반한다. 이것은 주님께서 몸을 주셨다는 것을 말해주는 떡을 뗄 때는 행위 및 주님께서 피를 흘리셨다는 것을 보여주는 잔을 붓는 행위를 통해서 재연된다.

이 의식은 구약성서의 희생제사 개념이라는 맥락 속에서 볼 때 예수의 죽음에 관한 사실만이 아니라 그 의미 — 예수께서 왜 죽으셨는가 — 도 말해준다. 잔에 부어진 포도주는 하나님과 그의 백성 사이의 새로운 계약을 인치기 위하여 예수께서 죄를 인하여 생명을 버리셨다는 것을 보여 준다. 왜냐하면 "피흘림이 없이는 죄사함도 없기"(히 9:22: 막 14:24 또는 마 26:28) 때문이다. 또한 우리의 먹고 마심 — 이것은 개인적인 의식임과 동시에 공동체적인 의식이다 — 을 통하여 우리는 예수의 죽음을 나의 것으로 만든다: 예수는 우리를 위하여, 특히 나를 위하여 고난을 당하셨다(요 6:54).

(3) 우리가 식탁에서 먹고 마실 때, 성찬은 우리가 그리스도에 참여하는 것을 실연(實演)하는 것이 된다(고전 10:16). 먹고 마시는 것은 이러한 참여의 적절한 상징들을 이룬다. 이러한 먹고 마심의 행위들은 인격적인 신앙의 중심적인 차원, 즉 신앙은 그리스도 안에서 하나님이 은혜로 예비하신 것들을 받아들이는 것임을 표상한다. 떡과 포도주를 먹고 마시는 행위가 단순히 육체적인 활력을 위하여 음식을 먹는 수단인 것과 마찬가지로, 믿음은 본질적으로 우리의 영적 활력을 위하여 우리를 대신하여 그리스도께서 이루신 일을 나의 것으로 만드는 것이다.

미래 지향성. 16세기의 논쟁 당사자들은 예수의 죽음이라는 과거의 사건이 성찬 의식의 의미를 위한 토대를 형성한다는 것을 올바르게 보았다. 그러나 그들은 이 의식이 지니는 중요한 차원이었던 미래 지향성을 제대로 강조하지 않았다. 이 차원은 20세기에 들어와서 신학 전반, 특히 교회론에서 미래적인 차원에 눈을 돌리게 되면서 재발견되었다.[61]

이 미래적 차원은 성찬 제정의 말씀 속에 나오는 예수의 약속에서 분명하게 드러난다: "너희에게 이르노니 내가 포도나무에서 난 것을 이제부터 내 아버지의 나라에서 새 것으로 너희와 함께 마시는 날까지 마시지 아니하리라"(마 26:29). 이 약속을 통해서 우리 주님은 우리에게 성경의 드라마라는 거대한 흐름 속에서 그의 희생제사적 죽음을 보도록 유도한다. 이 이야기는 과거로부터 미래로 움직여 가서, 역사의 마지막에서 절정에 달한다. 그러므로 성찬은 십자가로부터 왕관에 이르기까지 예수의 이야기 전체에 대한 송축이다.

그러므로 우리가 성찬을 통하여 예수의 죽음이라는 위대한 구원 사건을 기념할

---

61) 그래서 최근의 합의 문서는 "성찬은 창조의 최종적인 갱신으로서 약속되어 온 하나님의 통치에 관한 비전을 열어줌과 동시에 그것을 미리 맛보는 것이기도 하다." *Baptism, Eucharist and Ministry*, 14.

때, 우리는 단순히 과거만을 보아서는 안 된다. 그와는 반대로 이 사건은 미래에 하나님 나라에서 "다시 마시겠다"는 예수의 약속이라는 맥락 속에서 일어난다. 그러므로 이것은 우리의 관심을 미래로 돌려놓는다. 성찬을 통하여 우리는 예수의 희생제사적 죽음을 기억하고, 그 실연(實演)을 통하여 상징적으로 그 사건에 참여한다. 그러나 우리는 이 사건을 그 미래적인 의미에 따라서 기억한다.

그러므로 신약성서에 의하면, 성찬의 의미는 과거에 뿌리를 둔 미래에 대한 관계 속에 있다.[62] 성찬과 예수의 약속의 미래적 성취의 연결을 통하여, 그리스도의 죽음이라는 과거의 사건은 우리의 정체성을 이룬다. 그 정체성을 다시 우리의 것으로 만드는 것을 통해서 성찬은 우리를 미래로 이끈다. 거기에서 우리는 우리보다 앞서 우리가 언젠가는 참여하게 될 그의 부활을 통하여 하나님의 종말론적 나라로 가신 부활하신 예수를 만난다.

공동체 지향성. 20세기 신학의 미래지향적인 특징은 성찬에서의 주님의 임재에 대한 오늘날의 이해를 위한 유용한 지향점을 제공해 준다. 그렇지만 그것만으로는 부족하다. 성찬에 있어서의 주님의 임재에 대한 우리의 이해는 미래적인 초점을 또 하나의 개념, 즉 우리의 조직신학의 중심에 있는 공동체 개념과 결합시켜야 한다. 주님께서 그의 백성과 함께 임재해 계신다고 하는 것은 궁극적으로는 종말론적 공동체의 관점에서 나온 것이라고 우리는 주장한다.

예수께서 우리에게 약속하신 미래는 특별한 미래이다. 그 미래는 교제(fellowship)라는 특징을 지닌다. 다락방에서 예수는 제자들에게 그가 언젠가는 그들과 함께 "다시" 잔을 마시게 될 것이라고 약속하셨다. 이런 식으로 예수께서는 하나님 나라에서 제자들과 함께 더 큰 친교를 나누게 될 그때를 제자들에게 바라보게 하셨다. 마찬가지로 예수의 약속은 우리를 위한 것이기도 하다. 예수는 우리도 하나님의 종말론적 공동체에서 우리 주님과 함께 위대한 친교에 참여하게 될 것이라고 약속하신다.

성찬을 통해 우리는 저 먼 미래의 소망으로서 이 주님과의 친교만을 대망하는 것이 아니다. 또한 우리는 현재 속에서 미래의 공동체를 선취적으로 체험한다. 성

---

62) 이러한 주장은 Wainwright, *Eucharist and Eschatology* 와 Heron, *Table and Tradition*, 23, 54에서 개진되고 있다.

령을 통하여, 종말론적 교제에 대한 예수의 약속은 현재적 현실이 된다. 우리 주님께서 우리 가운데 오셔서 우리와 함께 친교를 나누신다. 그러므로 이런 의미에서 성찬은 현재의 공동체의 체험이다.

우리 주님과 공동체를 이루는 것에 대한 상징으로서 성찬에 참여하는 것은 그리스도께서 주가 되신다는 것을 우리가 재천명하는 것을 의미한다. 주의 식탁에 함께 하는 것을 통해서 우리는 그리스도에 대한 우리의 충성을 공적으로 고백한다. 이 의식을 통해서 우리는 세례를 받을 때에 행하였던 맹세 또는 계약을 다시 한 번 나의 것으로 만들고 있는 것이다. 이런 일이 일어날 때, 성령은 그리스도와 우리의 하나됨을 선언하고 강화시킨다. 이런 이유로 성찬은 중대한 윤리적 함의들을 지닌다. 성찬은 우리가 다른 신들을 섬길 수 없다는 것(고전 10:18-22), 그 어떤 존재도 그리스도의 자리를 감히 찬탈할 수 없다는 것을 상기시켜 주는 역할을 한다.

성찬은 그리스도와의 현재적인 공동체의 상징일 뿐만 아니라 그리스도의 교제 속에서 성도들 서로에 대한 현재적 공동체의 상징이기도 하다. 이런 이유로 이 의식은 한 몸에 속한 모든 신자들의 하나됨을 표현하기 위한 것이기도 하다. 바울은 떡이 하나인 것은 우리의 교제의 하나됨을 상징하는 것이라고 말하였다(고전 10:17). 우리가 공동체적으로 하나의 떡에서 먹는 것은 우리가 공동으로 그리스도와의 친교에 참여하는 것을 상징한다. 또한 성찬의 이 측면은 윤리적인 요구도 수반하는데, 성령은 우리에게 우리가 서로에게 속해 있으며, 따라서 서로의 복리에 관심을 가져야 한다는 것을 깨우쳐 준다.

종말론적 공동체로서의 교회를 세우는 성령의 지속적인 활동을 통해서 그리스도는 임재해 계신다. 성령을 통한 그리스도의 임재는 우리의 성찬 의식을 십자가에 못 박히신 우리 구주에 대한 단순한 엄숙한 기념식으로부터 우리 가운데 임재해 계시는 부활하시고 다시 오실 주님에 대한 즐거운 송축으로 변화시킨다. 그러므로 성찬은 그리스도 및 성도 서로 간의 친교이다. 우리는 우리의 믿음을 재천명하고, 우리의 소망에 관한 비전을 다시 되새기며, 성령에 의해서 현재적으로 우리와 함께 친교를 나누시는 미래의 주님에 대한 우리의 사랑을 새롭게 선포한다. 그렇게 할 때, 우리는 하나님의 은혜로 말미암아 우리의 것이 된 위대한 구원으로 인하여 하나님께 감사해야 한다. 그런 까닭에 성찬은 유카리스트적인 송축, 즉 성령의 능력에 의해서 성자로 말미암아 성부에게 감사를 드리는 즐거운 선포이다.

성찬에서 우리의 현존

성찬에서 주님이 성찬을 거행하는 그의 백성과 함께 하신다는 것은 우리가 이 의식을 진지하게 받아들여야 한다는 것을 보여 준다. 이것은 성찬이 교회의 예배 생활의 중요한 한 측면이 되어야 한다는 것을 의미한다. 또한 그것은 우리가 성찬에서 우리의 현존이라는 문제를 짚고 넘어가지 않으면 안 된다는 것을 의미하기도 한다.

우리의 현존의 중요성. 우리는 예수 자신의 초대로 인해서 성찬에 참여한다. 주님이 직접 초대한 것이기 때문에 이 규례는 공동체에서 성찬을 거행할 때마다 우리가 참여하여야 한다는 것을 보여 준다.

무엇보다도 친교의 식사는 하나의 규례이다. 초기 공동체는 그리스도께서 직접 이 규례를 제정하셨다는 것을 알았기 때문에 성찬을 준수하였다. 최초의 그리스도인들과 마찬가지로 우리가 성찬에 참여하는 것은 순종의 행위이다. 성찬에의 참여는 우리에게 그리스도에 대한 우리의 지속적인 순종을 상징적인 방식으로 선언할 수 있는 수단을 제공해 준다.

우리가 순종의 행위로서 성찬을 준수할 때, 그것은 우리의 대장에 대한 충성을 반복해서 천명하는 역할을 한다. 우리가 이 헌신 의식에 참여함으로써, 성령은 우리에게 그리스도 안에 있는 자들로서의 우리가 누구인가에 대하여, 우리가 하나님 및 서로에 대하여 맺은 계약에 대하여, 우리가 하나님의 공동체에 참여하고 있다는 것에 대하여 상기시켜 준다.

성찬에의 참여는 하나님과의 계약에 대한 갱신을 수반하기 때문에, 세례는 성찬에의 참여에 선행하는 것이 당연하다. 우리가 앞에서 말했듯이, 세례는 예수에 대한 우리의 믿음을 공적으로 최초로 고백함으로써 하나님 및 하나님의 백성과의 계약 속으로 들어가는, 하나님께서 주신 수단이다. 성찬에 내재하는 그리스도에 대한 우리의 개인적인 충성의 재천명은 세례를 통하여 행해지는 우리의 최초의 충성에 대한 선언을 전제한다.

성찬을 통하여 성령은 그리스도인으로서 살아갈 수 있는 힘을 우리에게 주신다. 성령은 우리에게 예수의 모범을 상기시켜 주고, 우리에게 주님의 본을 따르도록 권면한다. 그리스도 안에서의 죄사함에 관한 좋은 소식을 반복된 상징을 통해서 상기시켜 줌으로써 성령은 우리의 실패와 죄의 한복판에서 우리를 새롭게 하신다. 이와 동시에 우리의 먹고 마심을 통하여 성령은 우리에게 매일매일 공급받을 수 있는 그리스도의 능력을 상기시켜 주고, 그렇게 함으로써 우리로 하여금 이 하나님의 자원을 우리의 것으로 만들도록 권장한다. 성령은 예수께서 곧 다시 오실 것을 우리에게 상기시켜 줌으로써, 그 큰 날에 이르기까지 소망을 가지고 깨어서 섬길 동기를 우리에게 제공해 준다.

식탁에 다른 사람들의 참여. 그리스도인들 사이에서의 마지막 의견 차이는 누가 주님의 식탁에 참여해야 하는가에 관한 문제이다.

우리가 앞에서 결론을 내렸듯이, 성찬은 믿음과는 무관한 은혜의 수단이 아니다(ex opere operato). 오히려 성찬은 영적인 진리의 상징이자 그리스도에 대한 충성의 재천명이다. 오직 신자들만이 이 의식을 통하여 묘사되는 복음의 실체를 증언할 수 있다. 마찬가지로 하나님과의 교제 속에 있는 자들만이 이 의식을 통해서 그리스도에 대한 개인적인 충성을 재천명할 수 있다. 이러한 이유들로 인해서 오직 그리스도인들만이 성찬의 성물들에 참여하여야 한다(고전 11:27).

그러나 이와 동시에 그럼에도 불구하고 그 밖의 다른 사람들이 성찬을 거행하는 동안에 성찬에 참여하는 것이 아니라 참관인으로서 참여하는 것은 무방할 것이다. 성찬은 복음의 본질적인 진리를 생생하게 선포하는 것이기 때문에, 성령은 신자가 아니면서 성찬에 참여하고 있는 자들에게 말씀하실 수 있다. 그들이 주님의 희생제사의 실연(實演)과 신자들이 행하는 주님과의 계약에 대한 갱신을 볼 때, 성령은 그들에게 믿음으로 그리스도에게 와서 그리스도를 통하여 구원을 받으라고 초청한다.

우리 주님은 세상 속에 있는 그의 교회를 위하여 두 가지의 헌신 의식 — 세례와 성찬 — 을 제정하셨다. 이 의식들은 그리스도에 대한 우리의 충성을 최초로 고백하고, 그 후에 재천명할 수 있는 공적인 기회들을 제공해 준다. 이 의식들을 통해서, 우리는 우리가 그리스도의 공동체 속에 참여하고 있다는 것과, 우리가 하나님의 백성의 사역에 참여하고자 한다는 것을 공적으로 천명한다. 세상 속에서 교회의 사역을 촉진시키기 위하여, 그리스도의 공동체는 스스로를 조직한다. 이 헌신 의식들은 그 조직의 한 측면을 이룬다. 좀 더 큰 측면은 그리스도의 몸 안에서의 조직 체계들의 발전이다. 이제 우리는 우리의 공동체적 삶의 이러한 차원을 살펴보기로 하자.

제 20 장

공동체의 삶을 위한 조직

> 그가 어떤 사람은 사도로, 어떤 사람은 선지자로, 어떤 사람은 복음 전하는 자로, 어떤 사람은 목사와 교사로 삼으셨으니 이는 성도를 온전하게 하며 봉사의 일을 하게 하며 그리스도의 몸을 세우려 하심이라 우리가 다 하나님의 아들을 믿는 것과 아는 일에 하나가 되어 온전한 사람을 이루어 그리스도의 장성한 분량이 충만한 데까지 이르리니
> — 에베소서 4:11-13

인간의 모든 공동체는 자신의 목적을 효율적으로 수행하기 위하여 스스로를 조직해야 한다. 공동체 조직은 새로운 지체들을 공동체로 받아들이고 지체들이 공동체의 비전에 대한 충성을 재확인할 기회들을 제공해 주는 헌신 의식들을 포함한다. 또한 조직은 공동체 내에서의 구조들의 발전을 수반한다. 궁극적으로 그러한 구조들의 목표는 공동체의 삶을 촉진시키는 것이다.

교회는 특별한 공동체이다; 교회는 하나님의 백성이다. 이러한 공동체에 속한 백성으로서 우리의 목적은 우리 주님께서 우리에게 위탁한 명령들 — 예배, 건덕, 선교 — 을 수행함으로써 삼위일체 하나님께 영광을 돌리는 것이다. 우리 공동체의 삶의 토대를 이루는 문서들인 성경, 특히 신약성서에 의하면, 그리스도께서는 두 가지 헌신 의식을 정하셨다. 또한 부활하신 주님은 그의 대변인들인 사도들을 통해서 공동체 조직의 추가적인 차원들을 명하셨는가? 신약성서에는 우리가 오늘날 따라야 할 어떤 교회 구소가 존재하는가?

이 장에서 우리는 교회 조직에 관한 우리의 신학을 개괄해 보고자 한다. 우리는 그리스도께서 우리에게 주신 소명을 수행하기 위하여 공동체의 동력을 전달해 줄 수 있는 구조를 설명하고자 한다. 이 목표를 염두에 두고, 우리는 오늘날의 세계 속에서 하나님의 백성이 되어야 할 과제를 위하여 자신을 조직하고자 하는 우리

를 이끌어줄 성경에 나오는 원칙들과 기독교 유산으로부터의 통찰을 찾아내고자 한다.

그러면 교회 생활의 네 가지 측면과 관련된 공동체 조직의 문제를 살펴보자: 공동체의 지체로서의 자격, 공동체의 정치 구조, 공동체의 리더십, 공동체에 의한 임직(ordination).

공동체의 지체로서의 자격

모든 공동체는 그 정의가 불분명하고 유동적이며 희미하다고 할지라도 반드시 경계가 있기 마련이다. 따라서 모든 공동체는 그 공동체의 삶 속에 들어와 있다는 것이 무엇인지에 대한 어느 정도의 이해를 발전시키지 않으면 안 된다. 경계를 규정하여야 할 필요성은 공동체에 편입되어 있다는 것이 무엇을 의미하는지에 대한 느슨한 지침들로부터 정관에 규정된 자세한 회원 자격에 이르기까지 다양한 형태를 띨 수 있다.

여느 공동체들과 마찬가지로 그리스도의 공동체도 "묶여진 하나의 묶음," 즉 모종의 경계를 지닌 사회 집단이다. 이런 의미에서 그리스도의 공동체는 제도적인 형태를 취한다. 그러나 교회에 포함되어 있다는 것을 무엇이 결정하는가? 그리스도의 제자들의 교제(fellowship)는 어느 정도나 특정한 회원 자격과 명확한 판별 기준을 지닌 제도인가?

주후 1세기의 공동체의 지체로서의 자격

신약성서에 나타나 있는 초기 공동체의 모습은 교회의 구성원 자격에 대한 어느 정도 비공식적인 이해가 최초의 신자들 사이에서 통용되었다는 것을 보여 준다. 오늘날의 교회들에 의해서 흔히 사용되는 자세하게 문서화된 교인 자격에 관한 규정들과는 반대로, 사도행전은 단순히 사람들이 "그들의 수에 더해졌다"(행 2:41)라고만 말한다. "주께서 구원 받는 사람을 날마다 더하게 하시니라"(행 2:47). 나중에 누가는 "예루살렘에 있는 제자의 수가 더 심히 많아지고"(행 6:7)라고 보도하였지만, 그는 초기의 회중이 자신의 교인들을 어떻게 기록하였는지에 대해서는 자세히 말하지 않았다. 그러나 오늘날의 이적부(移籍簿)와 비슷한 천거서들이 한 교회에서 다른 교회로 신자가 옮겨갈 때에 사용되었다(고전 16:3; 고후 3:1; 요삼 5-9).

오늘날 대부분의 교회 전통들이 당연한 것으로 여기는 공식화된 교인 등록 절차들은 역사적인 발전의 산물로서, 특히 박해를 받던 교회가 2세기 말에 발전시켰던 정교한 세례 의식들에서 나왔다.[1] 신약성서에서는 교회의 지체가 되는 절차가 덜 공식적이긴 하였지만, 초기 신자들은 교회에 편입되어 있다는 것을 큰 긍지로 여겼다. 개개인을 강조하는 오늘날의 경향과는 대조적으로, 큰 집단에 속해 있다는 것은 고대 세계에서 삶의 중요한 차원이었다. 따라서 초기 신자들은 그들 자신을 큰 공동체 속에 인격적으로 통합되어 있는 존재로 이해하였다(행 8:14-17; 18:24-27; 롬 15:26-27). 이러한 이해는 바울이 교회를 신자들이 전체의 기능에 기여하면서 서로 의존되어 있는 집단으로 본 유기체 개념의 배후에 자리잡고 있다(고전 12:12-27). 자족적이고 고립적인 그리스도인이라는 개념은 주후 1세기의 신자들에게는 상상할 수 없는 것이었다. 그들은 개개 신자와 공동체는 서로 얽혀 있다고 이해하고 있었다.

주후 1세기의 그리스도인들은 신앙 공동체를 세상 속에서 활동하시는 하나님의 유일무이한 임재의 영역으로 보았다. 따라서 주님의 회중으로부터 배제되는 것은 심각한 문제였다. 출교는 교인 명부로부터 이름이 공식적으로 삭제되는 것을 넘어서서 교제의 단절을 의미하였다. 출교 의식은 회중이 제멋대로 행하는 지체와의 유대를 단절하였다는 것을 의미하였다(마 18:17; 고전 5:13). 교회로부터의 추방은 단순히 인간 집단과의 유대의 단절을 의미할 뿐만 아니라 그리스도로부터의 출교도 의미하였다. 그리스도의 교회로부터 추방된다는 것은 주님의 임재와 보호의 영역으로부터 제거되는 것을 포함하였다. 세상은 사탄이 지배하는 영역이었다. 이런 이유로 교회 밖에 놓이게 되는 것은 잠재적으로 다시 한 번 사탄의 공격 아래 놓이게 된다는 것을 의미하였다(고전 5:5).

세례와 공동체의 지체로서의 자격

---

1) 이에 대한 개관으로는 J. G. Davies, *The Early Christian Church*(Grand Rapids: Baker, 1980), 103-4를 보라. 초기 교회의 의식들에 관한 설명으로는 *Didache* 7, trans. James A. Kleist, *Ancient Christian Fathers*(New York: Paulist, 1948), 6:19; Justin Martyr, *Apology* 1.61, trans. Thomas B. Falls, *The Fathers of the Church*(Washington, D.C.: Catholic University of America Press, 1948), 6:99-100을 보라.

주후 1세기의 신자들은 신앙 공동체의 지체가 된다는 것을 대단히 중요한 문제로 보았다. 교회사 속에서는 초대 교회의 이러한 이해를 재조명하고자 하는 시도들이 끊임없이 있어 왔다. 어떤 의미에서 종교개혁 전체는 개신교도들이 공동체의 삶에 대한 본래적인 접근 방식에 이질적인 구조를 부과하는 것이라고 주장하였던 중세의 교회론에 대한 반발이었다. 개신교 운동에서 나타난 이러한 새로운 방향 설정은 오늘날 교회의 지체로서의 지위에 대한 신학적 이해를 제시하고자 하는 우리의 시도를 위한 지침이 된다.

종교개혁의 유산. 주류 개신교 사상 내에서의 개혁 의지는 영국의 청교도 운동, 특히 회중 교회를 주장하는 자들에게서 그 절정에 달했다. 이 사상가들은 지역 회중을 하나님과의 공동체적인 계약을 통하여 형성되고 유지되는 집단으로 보게 되었다. 그들은 지역 교회의 지체가 되는 것이 중요하다고 보았다. 왜냐하면 그것은 계약 백성 안에 편입되는 것을 의미하였고, 출교는 계약으로부터 떨어져 나가는 것을 의미하였기 때문이다.

우리는 신약 교회의 특징을 이루었고 또한 청교도 회중교회론자들이 회복하고자 하였던 것인 그리스도의 공동체 안에 우리가 편입되어 있다는 사실의 중요성에 대한 인식을 다시 회복할 필요가 있다. 하지만 교회의 지체로서의 지위에 대한 오늘날의 신학은 우리의 변화된 상황을 진지하게 고려하여야 한다. 초대 교회와는 달리, 우리는 제1세대가 아니다. 최초의 그리스도인들의 상황과 우리의 상황 사이에는 실제로 누가 그리스도인 공동체 안에 편입될 수 있는 자격이 있는지에 관한 신학적인 논쟁이 놓여 있다. 따라서 이 문제를 살펴보기 위해서는 우리는 먼저 교회의 본질에 관한 문제를 살펴보지 않으면 안 된다.

순수한 교회라는 이상. 거의 모든 기독교 전통들은 세례를 교회의 지체가 되는 데 필수적인 주된 선결요건으로 본다. 그리스도의 공동체로 들어왔다는 것을 확인해 주는 표지로서 이 의식은 어떤 사람을 교회로 들어오게 하는 역할을 한다. 그러나 이 점과 관련하여 유아 세례론자들과 신자 세례론자들 사이에는 어떤 사람들이 세례를 받을 수 있는가를 놓고 서로 다른 주장들을 편다(제19장을 보라).

세례라는 이 입교 의식을 개인적인 신앙의 고백 행위로 이해하는 신자 세례론자들은 교회의 지체가 될 수 있는 것은 자신의 신앙을 의식적으로 선언할 수 있는 사람들로 국한된다고 주장한다. 유아들은 여기에 포함될 수 없다. 왜냐하면 유아들은 아직 인생에 있어서 개인적인 회심을 증언하거나 그리스도에 대한 의도적인 충성의 결단을 표현할 수 있는 단계에 도달하지 않았기 때문이다. 유아들은 세례를 받을 적합한 후보자들이 될 수 없기 때문에, 세례받은 자들의 공동체의 지체도 될 수 없다.

신자 세례론자들은 그들의 입장이 "중생한 자들만이 교회의 지체가 될 수 있다"는 청교도적 원칙의 논리적인 결과라고 주장한다. 이 원칙은 교회는 계약 공동체, 구속받은 자들의 집단이라는 전제에 의거해 있다. 이것이 교회의 본질이라면, 교회는 중생(또는 선택)의 증거가 있는 사람들로만 구성되는 것이 당연하다. 자신의 선구자들인 회중교회론자들로부터 영향을 받은 신자 세례론자들은 이것이 그리스도의 제자라고 자각하는 사람들만이 교회에 편입되어야 한다는 것을 의미하는 것으로 이해한다. 그 결과 그들은 가능한 한 "순수한 교회라는 이상"을 실천하고자 애쓴다. 즉, 그들은 진정으로 중생한(또는 택함받은) 자들만으로 이루어지는 교회를 유지하고자 애쓴다. 그러므로 신자 세례론자들 사이에서 교회의 지체로서의 자격과 관련하여 엄격한 요건을 주장하는 것 같이 보이는 것은 그 동기가 율법주의 정신이 아니라 가능한 한 오직 진정으로 그리스도의 제자들인 자들만으로 교회의 지체를 삼으려고 하는 욕구에 의한 것이다.

한편 유아 세례론자들은 교회로 들어오는 것의 표지인 세례의 특권을 유아들에게까지 확대함으로써 사람은 어떤 의미에서 유아 시기부터 교회의 지체가 될 수 있다고 주장한다. 그 결과 유아 세례론자들의 신학은 흔히 교회를 단순히 실제상으로만이 아니라 본질적으로도 혼합된 집단으로 본다. 예를 들면, 개혁 교회에 속한 유아 세례론자들은 교회의 지체는 "택함받은 자들과 그들의 자녀들"로 이루어진다고 주장한다.[2] 개혁주의 사상가들은 자녀들도 결국에는 택함받은 자들이 되

---

2) 그런 까닭에 초기 개혁주의 전통의 건설자들은 교회에 관한 다음과 이해를 근거로 재세례파로부터 스스로를 구별하였다: "우리는 믿음이 있는 부모에게서 태어난 유아들은 세례를 받아야 한다는 것을 부정하는 재세례파를 단죄한다. 왜냐하면 복음서의 가르침에 의하면 '하나님의 나라가 그런 자의 것이고'(눅 18:16), 그들은 하나님의 계약에 씌어져 있다(행 3:25). 그렇다면, 왜 하나님의 계약의 표징이 그들에게 주어져서는 안 되는 것인가? 하나님의 특별한 백성이자 하나님의 교회 안에 있는 그들이 왜 거룩한 세례에 의해서 성별되어서는 안 된다는 것인가?" "Second Helvetic Confession"(1566),

어서 선택의 표징들을 보여 줄 것을 기대하지만, 그들이 정말 그렇게 될 것이라는 보장을 제시하고 공동체가 택함받지 않은 자들을 출교하기 위한 엄격한 지침들을 갖추지 않는 한(이것은 대부분의 교회들이 기독교의 자비 정신에 반한다고 본다), 교회는 언제나 혼합된 집단으로 남을 수 밖에 없다.

교회의 혼합적 성격은 세례 중생설을 주장하는 전통들 속에서 가장 분명하게 드러난다. 세례를 받은 유아들은 어떤 의미에서 중생한 것이라고 이론화된다. 왜냐하면 하나님은 성례전을 통하여 역사하셨거나(로마 가톨릭 교회) 성례전에 따라서 역사하셨기 때문이다(일부 루터파). 이런 식으로 이 입장을 지지하는 자들은 중생한 자들만이 교회의 지체가 될 수 있다는 원칙을 어느 정도 충실하게 지켜나간다(의도적이지는 않지만). 그러나 그들은 그러한 중생 속에 무엇이 수반되는가를 놓고는 신자 세례론자들과 견해가 다르다. 그리고 그들은 일반적으로 한 번 세례받은 사람들이라도 중생한 자라는 그들의 지위를 잃을 수도 있다는 것을 인정한다.

결국 유아들을 교회에 포함시키는 유아 세례론자들의 신학적 논거들은 설득력이 없다. 어떤 사람이 제자도의 삶에 의식적으로 진심으로 헌신할 때에, 그 사람은 질적으로 비약하여 공동체의 삶에 참여할 수 있게 된다. 심지어 유아 세례론자들의 전통들조차도 이 원칙을 인정한다. 왜냐하면 그들은 일반적으로 유아 세례에 견신례(입교) 같은 후속적인 통과 의례들을 추가하고 있기 때문이다.

신자 세례론자들은 개인적인 신앙의 공적인 선언과 제자도의 길을 가기로 한 결단에 대하여 합당한 중요성을 부여하여야 한다는 것을 교회에게 상기시킨다. 교회의 지체들의 자녀들은 공동체의 돌봄과 양육을 받을 특별한 권리가 있다.[3] 그럼에도 불구하고 우리는 그 자녀들이 공동체의 신앙을 개인적이고 의식적으로 표현할 때까지는 교회의 지체로 볼 수 없다.

공동체로의 입교. 지역 회중(그리스도의 교회의 유형적 표현인)과 하나되는 것

20, in *The Creeds of the Churches*, ed. John H. Leith, third edition(Atlanta: John Knox, 1982), 169.

3) 신자 세례의 입장에서의 이에 대한 논의로는 Marlin Jeschke, *Believer's Baptism for Children of the Church*(Scottdale, Pa.: Herald, 1983)를 보라.

은 하나님의 백성의 무리 속으로 들어오는 과정에 있어서 마지막 단계이다. 이 과정은 그리스도를 구주와 주님으로 개인적으로 믿는 것으로 시작되고, 물 세례를 통하여 공적으로 표현되며, 교회의 공식적인 지체가 됨으로써 절정에 달한다. 그렇지만 우리는 이러한 의식을 어떤 동호회나 조직에 가입하는 것과 비슷한 것으로 치부해 버려서는 안 된다. 이러한 의식은 예수의 제자로서의 공통의 헌신 속에서 살고자 하는 같은 뜻을 지닌 사람들과의 계약을 인치는 것이다.

무엇보다도 교회에 입교하는 것은 공동체로 통합되는 것이다. 그것은 어떤 이야기, 비전, 위임명령을 공유하는 사람들의 집단에 참여하는 것을 의미한다. 그러므로 그리스도의 교회에 입교하는 과정은 개인의 내적인 신앙, 세례를 통한 그 외적인 표현, 지역 회중의 공식적인 지체가 됨이라는 삼각축을 통하여 일어난다. 믿음은 우리를 위한 예수의 이야기를 나의 것으로 받아들이는 것이다. 세례는 우리의 충성의 대상을 옮기는 것을 상징한다. 그리고 교회의 지체가 되는 것은 우리 개인의 이야기를 하나님의 백성의 이야기와 공적으로 융합시키는 것이다.

주후 1세기 이후의 세례

앞에서 이미 보았듯이, 우리는 더 이상 제1세대 그리스도인들의 시대 속에 살고 있지 않다. 주후 1세기 말이 조금 지나서 기독교 전통의 주요한 흐름은 유아 세례라는 의식을 제2세대 그리스도인들의 문제를 해결하기 위한 수단으로 도입하였다. 유아 세례 의식은 신자들의 자녀를 신앙 공동체와 연결시키는 방식이 되었다. 그때 이후로 하나님의 백성의 많은 수가 신약성서 시대의 관행이었던 것으로 보이는 신자 세례를 경험하지 못했다. 신자 세례를 주장하는 많은 사람들조차도 개인의 믿음, 그 공적인 표현으로서의 세례, 지역 교회의 지체 됨을 시간적으로나 신학적으로 구별한다. 우리의 변화된 환경은 아주 중요한 문제점을 낳았다: 신자 세례론자들과 유아 세례론자들은 서로를 어떻게 보아야 하는가?

분파주의 대 종파주의. 최근 수 세기 동안에 신학자들은 두 가지 상반되는 대안들을 실행해 왔다. 첫 번째 대안인 분파주의는 눈에 보이는 유형 교회를 강조한다. 신자 세례론자들인 분파주의자들은 이 의식을 진정한 교회의 분명한 표지로 봄으로써 오직 신자 세례론자들에 속한 회중들만이 참된 교회라는 주장을 암묵적으로 표현하고 있다.[4] 그 밖의 다른 교회들이 잘못된 것이라면, 유아 세례론자들은 어떤 의미에서 교회의 지체가 아니라는 말이 된다.

두 번째 대안인 종파주의는 눈에 보이지 않는 그리스도의 몸이라는 개념을 근거로 내세운다. 이 견해를 주장하는 자들에 의하면, 참된 교회는 어떤 교회론을 주장하느냐와는 상관 없이 모든 구속받은 자들로 이루어진다. 따라서 세례는 각각의 교회들이 스스로 결정할 수 있는 정책의 문제일 뿐이다.

종파주의는 한 가지 큰 장점이 있다. 종파주의는 우리로 하여금 우리의 회중이 공식적인 교제를 갖지 않는 교회들에 속한 그리스도인들과의 교제를 긍정하는 것을 가능하게 해준다. 그러나 이러한 장점은 흔히 세례에 대한 경시 풍조로 이어진다. 입교 의식이 회심과 분리되고 오로지 지역 교회의 지체됨과만 결부되면, 구원의 본질에 관한 중요한 신학적 진리를 보여 주는 표지로서의 세례의 의미가 상실되고 만다.

이 두 번째 접근 방법은 최근에 신자 세례론자들 사이에서 널리 받아들여져 왔다. 많은 사람들은 세례를 교회로 받아들이는 것과만 연결시키고 회심으로부터는 완전히 분리시킨다. 어떤 사람들은 세례/ 교회의 지체됨을 최초의 회심 체험으로부터 분리시킨다. 이런 식으로 세례 의식은 회개와 믿음을 초점으로 하는 예수 그리스도와의 인격적인 만남에서 불필요한 첨가물이 되고 만다.

종파주의를 넘어서. 현재의 상황은 앞에서 서술한 두 가지 대안 중 그 어느 것도 따르지 않는 또 다른 전망을 요구한다. 종파주의적 충동에 맞서서, 우리는 이론상으로나 실천상으로 세례의 의미와 중요성을 회복하여야 한다. 우리는 세례라는 상징을 그것이 상징하고 있는 회심 체험과 다시 결합시켜야 한다. 분파주의적 충동에 맞서서, 우리는 기독교에 속한 다른 여러 종파들을 "교회가 아니라고" 주장하지 않는 방향으로 세례를 회복하여야 한다.

다음과 같은 두 가지 고려는 오늘날의 이러한 막다른 궁지 속에서 앞으로 나아갈 길을 제공해 준다. 첫째, 하나님의 은혜는 "공로에 의한 의"라는 율법적인 수단

---

4) 이 입장의 가장 영향력 있는 표현은 아마도 19세기에 뿌리를 둔 Landmarkism일 것이다. 그들은 침례교회들은 유일하게 참된 교회들이고, 지역 회중이야말로 유일한 교회라고 주장한다. Landmarkism의 주장들에 관한 설명으로는 H. Leon McBeth, *The Baptist Heritage*(Nashville: Broadman, 1987), 450-51을 보라.

이 되기가 쉬운 구조들에 얽매이지 않는다. 이것은 인간의 모든 무지와 오류에도 불구하고 역사하실 수 있는 하나님은 자신의 목적을 이루기 위하여 원래의 입교 의식을 제대로 반영하고 있지 못하는 듯이 보이는 관행들도 활용하실 수 있다는 것을 의미한다.

둘째, 세례 속에는 언제나 미래 지향성이 존재한다. 이 입교 의식은 언제나 미래의 하나님 나라에의 참여를 염두에 두고 행해진다.

이러한 미래 지향성은 신자 세례에서 가장 분명하게 나타난다. 이 의식을 통해서 개인은 그리스도에 대한 충성을 맹세하는데, 그리스도의 통치권은 곧 하나님 나라의 의미이다. 그렇지만 유아 세례에 미래 지향성이 전혀 없는 것은 아니다. 유아 세례론자들은 유아들이 장래에 하나님 나라에 참여할 것, 즉 미래의 어느 시점에 믿음을 갖게 될 것을 염두에 두고 유아들에게 세례를 베푼다. 하나님 나라에의 참여에 관한 소망 속에 내재해 있는 이것은 이 입교 의식의 합당한 주체들에 관한 우리의 견해 차이들에도 불구하고 우리 그리스도인들을 하나로 묶는 역할을 한다.

신자 세례론자들과 유아 세례론자들은 서로 다른 교회론을 지닌 두 가지 기독교 전통을 대표한다. 이러한 차이들은 물론 중요하긴 하지만 각각의 집단이 다른 상대방을 기독교로부터 배제시킬 것을 요구하지는 않는다. 좀 더 구체적으로 말한다면, 우리가 성경에 나타난 순서라고 보는 것과 관련하여 신자 세례론자의 입장을 취한다고 해서(개인의 믿음은 신자 세례를 통하여 표현되고 교회에 받아들여지게 된다), 반드시 우리가 입교 의식의 중요성을 축소하거나 유아 때에 세례를 받은 모든 사람들은 그리스도의 교회 밖에 있다고 결론을 내릴 필요는 없다.

공동체의 구조들

바울은 로마의 그리스도인들에게 정부의 긍정적인 역할을 보라고 도전하였다. 하나님은 인간 공동체에 유익을 주기 위하여 정부를 세우셨다(롬 13:1-7). 일반적으로 정부에 해당하는 말들은 교회에도 타당하다. 사도 시대로부터 시작하여, 하나님의 백성은 그리스도께서 위임하신 사역을 촉진시키기 위해서는 조직이 중요하다는 것을 잘 알고 있었다. 조직의 중요성에 대한 인식은 결국 교회의 정치 구조를 세우는 결과를 낳는다. 그러나 적절한 정치 방식을 추구함에 있어서, 우리는 어떻게 해야 교회들이 서로 잘 결합하여 통일적인 전체를 이룰 수 있는지, 어떻게 해야 각각의 지역 회중이 가장 잘 조직될 수 있는지를 살펴보아야 한다. 이러한 목적을 위하여 우리는 먼저 지역 교회를 관련된 맥락 속에서 살펴보고, 그런 후에 그 자체로 살펴볼 것이다.

공동체의 정치

우리가 제17장에서 보았듯이, 그리스도인들의 유형적 교제는 결코 그 자체로서 독립적인 실체가 아니다. 오히려 각각의 교제는 예수 그리스도의 교회의 축소판이다. 기독교 역사 전체에 걸쳐서 신자들은 다양한 신앙 공동체들 간의 교류를 구축함으로써 이러한 원칙을 인정하여 왔다. 그렇게 함으로써 지역의 공동체들은 그들 자신을 좀 더 넓은 신앙 공동체에 참여하는 일원으로 보았다. 그러나 그러한 참여는 교회 연합을 위한 모종의 조직적 구조를 필요로 한다.

정치 모형들. 보편 교회의 특성을 잘 보여 주는 정치 유형은 과연 무엇인가라는 실제적인 문제를 놓고 신자들은 계속해서 견해를 달리해 왔다. 세 가지 기본적인 모형이 교회사 속에서 반복해서 출현해 왔다 — 위계(hierarchical) 모형, 대표(representative) 모형, 독립(independent) 모형. 이 각각의 모형은 오늘날에도 여전히 채택되고 있다.

위계(또는 감독[episcopal]) 모형은 기독교의 주류 전통들 속에서 가장 오랫동안 지속되어 온 교회의 정치 체제이다. 이 모형은 오늘날 로마 가톨릭 교회와 영국 성공회에서 채택하고 있다.

감독 체제에서는 일반적으로 "감독(주교)들"(헬라어로는 episcopos)이라 불리는 성직자들이 그리스도의 권위를 하나님의 백성에게 전달해 준다. 이 지도자들은 사도들의 권위를 이어 받아 교회에 대한 감독권을 행사한다.[5] 그 결과 신자들의 각각의 지역적 모임(또는 교구 교회)은 하나의 교회에 참여하는 것이 된다. 왜냐

---

5) 그런 까닭에 로마 가톨릭의 정체(政體)에 의하면, 주교 정치에 내재해 있는 것은 "믿는 자들의 양심에 구속력 있는 예배와 행실에 관한 규범들에 따라 하나님의 백성을 다스리고 인도할 권리"이다. John A. Hardon, S.J., *The Catholic Catechism: A Contemporary Catechism of the Teachings of the Catholic Church*(Garden City, N.Y.: Doubleday, 1975), 222.

하면 지역 교회는 그 교회의 주교와의 교제 속에 있고 그 주교의 감독하에 놓이기 때문이다.[6]

로마 가톨릭 교회에서는 한 직임이 최고의 위치에 있게 되는데, 그 직임은 흔히 교황으로 더 잘 알려진 로마의 주교이다. 역사적으로 영국 국교도들은 영국의 군주를 교회의 수장으로 여기긴 하지만, 실질적인 권위의 핵심은 캔터베리 대주교 휘하의 주교 회의에 있다. 미국의 성공회는 권위의 초점을 주교들에게 맞추고 있다 ― 물론 대표라는 측면을 추가하고 있긴 하지만. 전국적인 입법권은 총회에 있다. 총회의 모든 법안들은 주교 회의(교회의 모든 주교들로 이루어진)와 대표자 회의(각각의 관구에서 온 사제들과 평신도들로 이루어진)의 인준을 받아야 한다.[7]

위계 모형이 로마 가톨릭의 유산이라면, 대표(또는 장로[presbyterian]) 모형은 개혁주의 전통을 보여 준다. 청교도 시대의 영국 장로교에서 이 체제는 당시에 갓 탄생한 영국 의회를 본뜬 것이었다.

장로교의 정체(政體)에 의하면, 흔히 "장로들"(헬라어로는 presbuteros)이라 불리는 일군의 사람들이 그리스도의 권위를 회중들에게 전달한다. 장로들은 지역 회중들의 대표자들로서, 지역 회중들은 그들의 지도자들에게 이러한 대표 권한을 위임한다. 실제적으로는 일련의 총회들이 이러한 정치 권한을 행사할 수 있다. 지도자들은 당회에서 지역 회중들을 대표한다. 그리고 당회는 노회 및 최고 권한을 지니는 총회에 보낼 대표자들을 선출한다.[8]

위계 모형은 그리스도의 권위가 궁극적으로 교회 전체에 대하여 책임이 있는 임직자들을 통해서 회중들에게 흘러 들어간다는 전제 위에 서 있다. 대표 모형은 신자들이 그리스도의 권위를 그들을 대신하여 행사하는 일군의 사람들 ― 성직자

---

6) 이것은 평신도가 교회 정치에서 한 몫을 하는 미국의 성공회 같은 교파들에서조차도 사실이다. Dawley는 이렇게 말한다: "그 명칭이 보여 주듯이, 성공회의 정체(政體)는 임직권과 주요한 치리권을 주교들이 갖는 제도이다 … 성공회의 모든 교회들에서의 직제는 … 역사상의 주교직을 계승한 주교들이 핵심적인 지위를 차지하는 제도이다. 그러므로 교회의 삶의 주요한 단위가 여전히 옛 관구(管區), 즉 주교의 관할하에 있는 교구들과 신자들로 구성되는 지역일 수밖에 없다." Powel Mills Dawley, *The Episcopal Church and Its Work*, revised edition(New York: Seabury, 1961), 114.

7) Ibid., 100.

8) 예를 들면, *The Divine Right of Church Government*(1799; New York: R. Martin, 1844), 171-72를 보라.

와 평신도 — 에게 위임한다는 전제를 갖고 있다. 이와는 대조적으로 독립 모형에 의하면, 그리스도의 권위는 각각의 지역 교제(그래서 "회중 교회") 속에서 직접적으로 행사된다. 각각의 교회는 주님에 대하여 직접적인 책임이 있고, 이런 의미에서 자율적이다(즉, 그리스도 아래에서 자신의 일들에 대하여 책임을 진다). 회중들은 함께 연합체를 구성할 수 있고, 이 연합체에 대하여 그들은 책임이 있다. 그러나 연합체는 법을 제정할 권한은 갖고 있지 않고 자문 역할만을 할 뿐이다. 연합체의 결정들은 지역 회중의 동의를 필요로 한다.

교회의 역사 전체에 걸쳐서 여러 다양한 집단들이 독립 모형을 따라 왔지만, 이 모형은 종교개혁 때까지는 기독교 전통의 주변부에 머물러 있었다. 루터는 일종의 회중 교회를 주장하였지만, 감독 정치도 수용하였다[9](멜란히톤과 마찬가지로).[10] 영국의 청교도 운동은 루터보다 훨씬 더 회중 교회가 발전할 수 있는 배경을 제공해 주었다. 영국의 회중 교회는 당시에 부상하고 있었던 민주주의 정신으로부터 중요한 추진력을 얻었다.

회중 교회적인 충동은 용어상의 중요한 변화를 위한 동기가 되었다. 대부분의 교회 전통들은 각각의 회중들이 속해 있는 전체를 "교회"라고 말한다. 이와는 대조적으로 회중교회론자들은 지역 회중들을 넘어서는 그 어떤 집단에 대해서 이 용어를 사용하기를 꺼린다. 그렇기 때문에 우리는 로마 가톨릭 교회 또는 장로 교회라고 말할 수 있지만, 많은 사람들은 침례 교회는 존재하지 않고 오직 침례 교회들만이 존재한다고 말한다. 침례교도들과 그 밖의 몇몇 전통들에 속한 사람들은 지역 교회보다 넓은 교제를 "회의," "총회," 또는 교회들의 "연합"이라고 부른다.

신약성서의 고찰들. 종교개혁 이후의 시대에서 이 세 모형은 각각 신약성서를 근거로 자신들의 입장이 성경의 전례를 따르는 유일한 모형이라거나 초대 교회에서 발전된 패턴을 가장 잘 반영하고 있는 모형이라고 주장하는 강력한 지지자들을 만날 수 있었다. 그러나 오늘날에는 신약성서에 나오는 증거들은 결정적이지 않

---

9) Paul D. L. Avis, *The Church in the Theology of the Reformers*(Atlanta: John Knox, 1981), 109-14를 보라.

10) Wolfhart Pannenberg, *The Church*, trans. Keith Grim(Philadelphia: Westminster, 1983), 86.

고,[11] 따라서 교회 구조와 관련된 이 세 가지 모형들은 모두 이미 주후 1세기에서 찾아볼 수 있는 여러 경향들 속에서 그 기원을 갖는다는 것을 인정하는 것이 통례가 되었다.

우리는 신약성서에 나오는 교회의 정체(政體)에 관한 최근의 논의들이 결정적이지 않다는 것을 성경이 이 문제와 관련하여 그 어떠한 지침도 제시하지 않고 있다고 해석해서는 안 된다. 이와는 반대로 성경의 문서들은 가장 초기의 공동체들이 보여 주는 교회의 삶에 대한 통찰을 제공해 준다. 이 패턴으로부터 우리는 정치 구조에 대한 우리의 이해를 인도해 줄 원칙들을 도출해 낼 수 있다.

(1) 사도행전과 여러 서신서들에 반복해서 나오는 한 가지 주제는 회중의 자율성이라는 원칙이다. 신약성서 시대에서 우리는 개개 회중들이 외적인 통제 없이 결정들을 행하였다는 것을 발견한다. 예를 들면, 안디옥 교회는 바울과 바나바에게 선교 사역을 위탁하는 특권을 행사하였다(행 13:1-4). 이 두 선교사는 선교 여행을 마친 후에 이 지역 회중에게 돌아와서 보고를 하였다(14:27). 예루살렘 공의회는 이방 교회들에게 교훈 서신을 보내는 일을 스스로 떠맡았다(15:22-29). 그렇지만 예루살렘 공의회는 안디옥 교회(이 서신의 수신자들 중의 하나였을)가 사자(使者)들을 모교회가 되는 예루살렘 회중에게 보내 요청한 것을 계기로 이 서신을 보내게 된 것이었다(15:2-3).

바울이 고린도 회중에게 그들 자신의 내적인 문제들을 스스로 처리하라고 권면한 것도 독립성이라는 개념과 맥을 같이한다. 그들은 직분자들 사이에서 발생한 분파 문제를 스스로 해결해야 했다(고전 1:10). 그들은 성찬을 거행할 때에 여러 가지 유의할 것들을 스스로 지켜내야 했다(11:33-34). 그리고 그들 자신이 그들의 지체를 순수하게 보존해야 했다는 것(고전 5:4-5, 12-13)은 예수 자신의 가르침들을 생각나게 한다(마 18:15-17).

(2) 지역 교회의 자율성은 교회의 정체(政體)에 대한 성경의 이해에서 핵심적이긴 하지만 결코 회중 교회의 개인주의로 변질되지는 않았다. 오히려 신약성서에서 독립성은 견제와 균형을 위한 규범으로서의 역할을 하였다.

예루살렘 공의회에 속한 사람들은 그들의 결정이 논쟁 당사자인 두 진영의 교

---

11) 이러한 입장은 심지어 Erickson에 의해서까지 주장되고 있다. Millard J. Erickson, *Christian Theology*(Grand Rapids: Eerdmans, 1985), 3:1084.

회들에 의해서 존중될 것이라고 전제하였다. 이와 동일한 원칙은 지역 교회들에게 그리스도께서 사도들에게 부여하신 권위를 인정하고 디모데와 디도 같은 사도적 대표자들을 받아들이라고 바울이 여러 번 당부한 것에서도 그대로 드러난다. 사실 바울은 교회들에게 모든 문제들에 있어서 그들의 하나됨을 인정하라고 가르친 것이었다. 이러한 원칙에 발맞추어, 바울 사도는 모든 교회들에서 행해진 것은 어느 정도 권위를 지닌다고 말하였다(고전 11:16; 14:33). 이방 회중들이 하나됨을 실질적으로 보임으로써 모교회와 연합되어야 한다는 바울의 소망은 바울이 예루살렘의 성도들을 위하여 연보를 모아야겠다고 결정한 것의 배후에 있는 하나의 동기였을 것이다.

자율과 연합의 욕구의 균형. 주후 1세기에서처럼 이러한 신약성서의 두 원칙 — 회중의 자율성과 연합의 욕구 — 은 오늘날의 하나님의 백성의 조직에 있어서 토대를 이룬다.

(1) 자율성의 원칙은 좀 더 큰 전체 속에서 각각의 회중은 자치를 행한다는 것을 의미한다. 신자들의 각각의 모임은 자신의 내적인 문제들을 돌본다.

각각의 교제는 우리가 "교회의 권능들"이라고 부를 수 있는 것을 소유한다. 이러한 것들 속에는 "지체에 관한 권능"도 포함되어 있다. 각각의 회중은 계약 관계 속으로 들어오는 새로운 사람들을 환영하고 이적하는 지체들을 위하여 천거서나 이적부를 자매 회중들에게 써주며, 교회 계약의 맥락 속에서 권징을 행사하는 권한을 갖는다. 지역 교회의 치리권은 계약을 계속해서 위반하는 자들에 대한 교제의 단절도 포함한다.

또한 "위임명령에 관한 권능"도 교회의 권한에 속한다. 주님은 신자들의 각각의 모임에 각자의 상황 속에서 교회 전체에게 위탁된 예배, 건덕, 선교라는 삼중의 위임명령을 수행하도록 명하셨다. 이러한 목적을 위하여 각각의 회중은 "조직에 관한 권능"을 보유한다. 이것은 지역 회중을 위한 직분자들을 선택하고(행 6:1-5), 자매 회중들의 조언이라는 맥락 속에서 교회 전체를 위한 지도자들을 임직하는 권한을 포함한다(행 13:1-4; 딤전 4:14).

(2) 회중의 자율성과 균형을 이루는 것은 연합의 원칙이다. 각각의 회중이 교회의 권능들을 소유하긴 하지만, 회중은 그 자체가 목적이 아니다. 각각의 회중은 다른 모든 회중들과 함께 좀 더 큰 전체에 참여하는 일원이다. 그런 까닭에 모든

회중들은 각각의 회중의 삶과 사역에 있어서 중요하고, 각각의 지역 회중은 세상에서 하나님의 백성 전체를 위한 삶과 사역에서 결정적으로 중요하다.

이러한 현실을 염두에 두고서, 각각의 회중은 자매 교회들과 자발적으로 힘을 합쳐 연합체를 형성함으로써 좀 더 큰 전체에 참여하고, 그 전체에 대한 책임감을 표현하여야 한다. 여러 유형의 연합체들은 우리가 주님의 교회를 향하신 주님의 뜻을 함께 결정하고자 모색할 때에 도움을 준다. 또한 이 연합체들은 좀 더 폭넓은 교제의 체험을 증진시킨다. 그리고 연합체들을 통해서 회중들은 자원들을 결집하여 하나님의 백성 전체에 공통적인 과제를 수행해 나갈 수 있다.

지역 회중들이 좀 더 큰 연합체 속에 포함되는 것은 이와 같은 실질적인 유익들 외에도 신학적인 중요성을 지닌다. 각각의 지역 회중은 예수 그리스도의 교회의 축소판이 되어야 한다. 그렇지만 이것은 회중이 고립적으로 예수 그리스도의 교회일 수 있다는 것을 의미하지 않는다. 여러 차원에서의 교회들의 연합 — 지역적, 국가적, 국제적 — 은 폭넓은 그리스도인들의 교제, 하나됨, 상호적인 의존의 중요성을 표현하는 것이다. 이러한 맥락 속에서 이해할 때, 연합을 통한 협력은 지역적 표현인 각각의 회중이 그 전체에 참여하고자 하는 욕구의 필연적인 결과이다.

공동체들 내에서의 정치

신자들의 각각의 교제는 그리스도의 교회의 축소판이 되어야 한다. 이런 이유로 각각의 회중은 하나님의 백성 전체의 사역에 참여하여야 한다. 교회들의 협력을 촉진시키기 위하여 조직적인 구조가 필수적인 것과 마찬가지로, 각각의 회중은 그 지체들이 그들의 공통적인 과제를 수행하는 것을 촉진시키기 위하여 내적인 구조를 발전시키지 않으면 안 된다. 그러므로 교회 정치의 문제는 지역 회중들이 서로 어떻게 연결되어 있는가에 대한 고찰만이 아니라 지역 회중이 자신의 사명을 위하여 스스로를 어떻게 조직하는가에 대한 고찰도 필요하다.

회중 교회론의 딜레마. 많은 경우에 지역 회중의 구조는 자연스럽게 좀 너 큰 교회 전통에 의해서 채택되고 있는 체제로부터 나온다. 위계 모형을 채택한 교회들에서는 각각의 지역 교회의 궁극적인 의사결정 권한은 지역 교회를 감독하는 주교(그리고 그 연장선상에서 교구에서 시무하는 성직자)에게 있다.[12]

마찬가지로 대표 모형도 지역 교회의 구조에까지 영향을 미친다. 치리 장로들(평신도들)과 가르치는 장로들(성직자들)로 구성되는 당회가 회중에 대한 책임을 진다.

성공회 및 장로교와는 대조적으로, 독립 모형을 따르는 교회들은 일관되게 항상 회중적이지는 않다. 이러한 불일치의 뿌리는 16세기 말에 있었던 그들의 선구자인 영국 국교회의 논의들에서 찾아볼 수 있다. 왕들과 공의회들이 하나님의 뜻을 결정했던 그 시절에, 그들은 교회는 전체 집단으로서 그들의 지도자들의 인도 아래에서 그리스도의 뜻을 분별하는 회심한 신자들의 자발적인 계약에 의해서 구성된다는 급진적인 사상을 천명하였다. 그러나 초기 회중교회론자들은 지역 회중의 지체들과 그들의 지도자들 간의 관계에서 이 원칙이 어떻게 작용하는지를 놓고 의견이 양분되었다.

어떤 회중교회론자들은 우리가 준(準)장로교주의라고 부를 수 있는 것을 선호하였다. 이 이론은 지역 교회의 장로들에게 그 회중에 대한 최종적인 권한을 부여한다. 어떤 회중교회론자들은 회중의 자율성이라는 원칙을 낳았던 민주주의적인 정신이 회중 자체 내에서도 그대로 적용되어야 한다고 생각했다. "백성들의 목소리가 하나님의 목소리"라는 슬로건으로 요약된 좀 더 폭넓은 정치적 개념에 따라서, 그들은 교회의 최종적 권위는 회중 전체에게 있다고 이론화하였다. 우리는 이 입장을 민주적 회중교회론이라고 부른다.

민주적 회중교회론의 토대. 최근에 논리적으로 민주적 회중교회론으로 귀결된 사상들은 교회 전체에 걸쳐서 광범위한 지지를 얻어 왔다. 예를 들면, 「세례, 성찬, 그리고 목회」(*Baptism, Eucharist and Ministry*)라는 합의 문서는 "모든 지체들이 공동체의 삶과 의사 결정에 적극적으로 참여하여야 한다는 데 강력한 주안점이 두어져야 한다"라고 선언한다.[13] 이보다 더 중요한 것은 민주적 회중교회론을

---

12) 이것은 로마 가톨릭 교회에서 특히 사실이다. 그러나 지역 회중들이 많은 자율권을 행사하는 성공회에서조차도 해당 관구의 주교는 "그리스도 안에 있는 사람들에 대한 대부라는 목회적 책임"을 보유한다. Dawley, *The Episcopal Church*, 114-15. 또한 각각의 회중에서 예배를 위한 확정된 규범과 표준은 *Book of Common Prayer*. Ibid., 84이다.

13) *Baptism, Eucharist and Ministry*, Faith and Order Paper #111(Geneva: World

주장하는 사람들은 이 모형을 종교개혁을 통해서 재발견된 성경의 몇몇 원칙들의 결과로 본다는 것이다.

(1) 민주적 정치 구조를 위한 토대는 제자들이 서로에 대하여 어떠한 관계에 있어야 하는가에 관한 예수 자신의 가르침에서 찾아볼 수 있다. 예수는 이방인들과 바리새인들의 특징을 이루고 있었던 권위주의 및 군림하려는 태도와 예수께서 그를 따르는 자들에게 바라셨던 상호 섬김의 정신(막 10:42-43) 간의 대조를 반복해서 말씀하였다. 예수의 제자들은 특별한 지위를 구할 것이 아니라 그리스도께서 그들의 유일한 주님이고 그들은 모두 자매요 형제라는 사실을 기억해야 한다(마 23:8). 예수의 가르침 속에 들어있는 이러한 평등주의적인 요구는 민주적 회중교회론을 통해서 교회의 삶 속에서 가장 잘 실현된다.

(2) 교회의 정체(政體)에 관한 이러한 모형들을 지지하는 사람들은 아울러 신약성서에 나타나는 관행도 그 근거로 든다. 사도행전에 의하면, 직제와 구조에 관한 많은 결정들이 회중 전체에 의해서 이루어졌다. 유다를 대신할 사람을 선택할 때(1:23-26), 최초의 집사들을 선출할 때(6:3-6), 바울과 바나바를 세워서 위임할 때(13:3), 모든 회중이 거기에 참여하였다. 마찬가지로 예루살렘 공의회는 단순히 선출된 몇몇 사람이 참여한 것이 아니라 회중 전체가 참여하였다(15:22).

이를 비판하는 사람들은 바울이 소아시아의 교회들을 위한 장로들을 임명한 사실(행 14:23)을 민주적 회중교회론에 대한 반대 증거로 인용한다. 그러나 우리는 바울이 장로들을 임명한 사건을 예루살렘 회중이 일곱 집사를 선택할 때에 따랐던 절차(6:3-6)라는 맥락 속에서 보아야 한다. 바울의 행위는 교회가 행한 선택을 비준하는 것이었을 것이다. 만약 그것이 아니라면, 바울의 행위는 새로운 회중들의 창립 단계에서 잠정적으로 선택한 방편이었을 것이다.

서신들을 교회의 지도자들이 아니라 전체 교회에게 보낸 관행도 지역 회중들의 삶과 의사결정에서 회중 전체가 궁극적인 중요성을 지니고 있었다는 것을 다시 한 번 잘 보여 준다.[14]

Council of Churches, 1982), 26.

14) Erickson은 개인에게 보내진 서신들 — 빌레몬서, 디모데전후서, 디도서 — 은 일차적으로 그들의 돌봄 아래 있는 회중이 아니라 그들 개인을 향한 것이었다는 점을 올바르게 지적하고 있다. Erickson, *Christian Theology*, 3:1082, citing Edward T. Hiscox, *The New Directory for Baptist Churches*(Philadelphia: Judson, 1894), 155ff.

(3) 이 입장을 주장하는 사람들은 그 토대를 그리스도의 가르침 및 신약성서에 나타나는 관행에 대한 증언에서 찾는 것과 동시에 민주적 회중교회론은 개신교의 위대한 특징의 자연스러운 결과라고 주장한다. 루터의 종교개혁의 핵심[15]에는 모든 신자들이 제사장이라는 위대한 원칙이 자리잡고 있다.

그러나 종교개혁자들은 믿는 자들은 모두 제사장이라는 사상을 독창적으로 만들어낸 것이 아니었다. 그러한 사상은 신약성서의 가르침 자체로부터 나온다. 성경의 기자들은 모든 신자들이 제사장이라고 말했다(벧전 2:5; 계 1:6; 5:10; 20:6). 모든 신자들은 그리스도를 통하여 은혜의 보좌 앞에 나아갈 수 있다(히 4:15-16; 10:19-20). 이런 이유로 그리스도의 제자들은 그들 가운데 중개(仲介)를 위한 위계 질서를 인정하지 않아야 했다(마 23:8-12; 막 10:42-44; 딤전 2:5). 오히려 이와는 반대로 각각의 신자는 하나님께 영적인 제사를 드린다거나(히 13:15; 롬 12:1; 벧전 2:9) 다른 사람들을 위하여 중보기도를 하는 등(딤전 2:1, 2; 살후 3:1; 약 5:16) 각자 제사장적 직무들을 행할 특권과 책임을 갖는다.

종교개혁을 통해서 이러한 성경의 강조점은 하나님께 나아가는 것과 하나님의 은혜에 나아가는 것이라는 결정적으로 중요한 문제와 관련하여 다시 표면으로 떠올랐다. 중세 교회의 삶은 하나님의 은혜를 백성들에게 전달해 주고 백성들의 제사와 기도들을 하나님께 전달해 주는 교회의 도구들이라고 생각되었던 성직자를 중심으로 하는 것이었다. 그러나 종교개혁자들은 중간의 매개 없이 직접 하나님께 나아갈 수 있다는 급진적인 개념을 다시 도입하였다. 한 분 중보자의 공로로 말미암아, 우리는 하나님의 은혜를 직접적으로 체험한다. 따라서 모든 신자들은 제사장들로서 중간에 그 어떤 사람도 개입시키지 않은 채 그리스도로 말미암아 하나님께 나아갈 수 있다. 루터를 비롯한 여러 종교개혁자들에게 있어서 신자가 제사장이라는 개념은 우리 주님께서 모든 그리스도인들에게 복음 및 그 복음을 다른 사람들에게 전하는 과제를 위탁하셨다는 것을 의미하였다.[16]

민주적 회중교회론을 주장하는 사람들은 지역 교회가 만인 제사장론을 구체적으로 표현할 수 있는 장(場)이라고 주장한다. 그러한 표현은 모든 지체들이 교회의 위임명령 — 예배, 건덕, 선교 — 의 수행에 참여하는 것을 포함한다. 우리는

---

15) Avis, *The Church in the Theology of the Reformers*, 95.
16) Ibid., 95-102를 보라.

모두 회중 전체의 유익을 위하여 우리의 영적인 은사들을 사용하여야 한다(고전 12:7; 벧전 4:10-11).

만인 제사장론은 의사결정 과정에서도 표현되어야 한다. 교회에 위임된 명령은 특별한 성직자 계층의 과제가 아니라 회중 모두의 책임이다. 마찬가지로 교회를 향하신 그리스도의 뜻을 부지런히 분별하는 일도 소수가 해야 할 일이 아니라 모든 회중이 관심을 쏟아야 할 일이다. 그러므로 적절하게 이해되고 적절하게 시행되기만 한다면, 교회의 일과 관련된 모든 모임들은 영적인 체험이 된다. 하나님의 백성은 하나님의 일을 하기 위하여 ― 회중을 향한 주님의 뜻을 결정하기 위하여 ― 모인다.

민주적 회중교회론이라는 이상의 실제. 대표 모형은 16세기 영국에서 생겨난 통치 구조 속에서의 의회 제도를 본뜬 것이었다. 이와는 대조적으로 민주적 회중교회론은 시민들의 모임 속에서 그 이상을 발견하였다. 모든 시민들이 의사결정 과정에 참여하는 것과 마찬가지로, 지역 공동체에서 전체 구성원은 그들의 주님의 뜻을 찾는 데 함께 힘을 모은다.

이것이 민주적 회중교회론의 핵심적인 원칙이다. 신자들 전체가 그의 백성을 향한 그리스도의 뜻을 분별한다. 공동체적인 의사결정 과정은 지도자들과 백성들의 합력을 전제한다. 가르침과 개인적인 모범을 통해서 지도자들은 회중 전체로 하여금 그들의 과제를 행할 수 있도록 준비시키고(엡 4:11-13), 정보와 조언을 제공해 줌으로써, 회중들은 영적인 결정들을 해낼 수 있다. 그리고 각각의 교회의 지체들은 적극적이고 양심적이며 사정을 잘 아는 교회의 지체가 될 책임, 계약 공동체의 지체라는 책임을 짊어져야 할 책임, 무엇보다도 성령의 인도하심에 민감해야 할 책임을 지게 된다.

민주적 회중교회론이라는 이상은 이론상으로는 고상해 보이긴 하지만 실천상으로는 유지하기가 꽤 어렵다. 한 가지 잠재적인 문제점은 회중들의 모임 자체에 있다. 의사결정 과정에서 주님의 뜻을 공동체적으로 결정하려는 회중들의 진지한 탐색은 여러 분파들이 자신의 뜻을 관철시키려고 하는 다수결에 의한 투표 과정으로 변질되기가 쉽다. 또한 지체들이 회중 모임에 참여하기를 거부하는 것으로 나타나는 무관심도 회중교회론적인 통치를 유명무실하게 만들어 버릴 수 있다. 교회가 대형화되어 갈 때, 회중의 모임의 실효성은 점점 더 어려워진다. 왜냐하면 아주 많은 수의 사람들이 이러한 정치 체제에 적극적으로 참여한다는 것이 불가능하기 때문이다. 민주적 회중교회론은 회중들이 별로 참석하지 않은 교회의 모임들에서 투표를 통하여 다수파가 통치하는 것이 아니라 모든 지체들이 그리스도의 뜻을 공동체적으로 결정하는 데 결정적인 역할을 하는 것이다. 오늘날 이 모형은 점차 허구적인 이상이 되어가고 있다.

민주적 회중교회론은 또 다른 잠재적인 문제점으로 어려움을 겪는다 — 지도자들의 실질적인 역할과 권위. 예를 들면, 목회자는 회중을 교회의 위임명령의 성취를 위하여 지도하고자 할 때에 어느 정도나 강제력을 사용하여야 하는가? 또는 회중의 모임이 유명무실해졌다고 할 때에, 교회의 중심적인 회의체가 얼마나 많은 의사결정 권한들을 행사해야 하는가?

이러한 여러 난점들은 전통적인 회중 교회들 내에서 준장로교주의의 출현을 가져왔다. 종종 이것은 한 사람의 강력한 목회자가 교회 프로그램에 대한 거의 모든 권한을 행사하는 성직주의의 형태를 띤다. 또한 어떤 경우들에는, 독자적인 유지체제를 갖추고 회중의 통제 밖에 놓여 있는 당회가 회중과 관련된 문제들에 대한 절대적인 권한을 행사하기도 한다.

이와 같은 여러 추세들은 한 가지 어려운 문제를 제기한다: 민주적 회중교회론은 어떤 점에서 준장로교주의가 되고 있는가? 우리는 여기까지 우리가 말해온 것으로부터 회중은 그 지도자들에게 공동체적인 사역을 촉진시키는 데 필요한 의사결정의 권한들을 위임할 수 있다는 결론을 내릴 수 있다. 그러나 회중 전체는 교회의 권능들 — 지체, 위임명령, 조직(지역 교회의 직분자들의 선택과 임직을 포함한)과 관련된 — 의 행사에 대한 최종적인 권한을 보유하여야 한다.

공동체를 위한 지도자들

그리스도는 교회의 사역을 회중 전체에게 위탁하셨다. 이런 까닭에 모든 신자는 교회를 주관하는 성령께서 수여하는 은사들을 따라서 및 자신의 소명에 따라서 적극적으로 제사장으로서 섬겨야 한다. 효과적인 공동체적인 사역을 촉진시키기 위하여, 교회 조직은 공동체에게 유능한 인물들로 구성된 지도자들을 마련해 준다. 그러한 지도자들은 지역 공동체들 및 그 연장선상에서 공동체 전체를 섬긴다.

공동체들 속에서의 직임들

교회의 삶과 관련된 회중적 모형은 예수 그리스도의 교회의 축소판으로 여겨지는 지역의 회중에서 시작된다. 교회 정치의 목적은 회중 전체가 그들의 지도자들의 인도 아래 그리스도의 뜻을 분별하고 수행하도록 촉진시키는 데 있다. 그러므로 이 모형에서 중요한 것은 회중 내에서 지체들의 협력을 촉진시키는 지도자들의 선택이다. 그러나 정확히 어떠한 회중적인 직임들이 이 과제의 성취에서 핵심적인가?

신약성서에 나타난 교회의 직임들. 바울은 빌립보 교회의 그리스도인들에게 보낸 인사말에서 초대 교회에는 두 가지 기본적인 유형의 직임(직분)들이 존재했다는 것을 보여 주었다 — 감독들과 집사들(빌 1:1).

바울이 말한 첫 번째 직임은 헬라 전승과 히브리 전승을 결합시킨 데서 그 기원을 찾아볼 수 있을 것이다. 이 직임의 성격은 신약성서의 기자들이 이 직임을 말할 때에 사용했던 두 가지 용어로부터 생겨난다. "감독"(헬라어로 episcopos)이라는 명칭은 "감독하는 자"를 의미한다(행 20:28; 딤전 3:1-2; 딛 1:7). 그러므로 이 직임은 "거의 언제나 감독이나 관리와 관련이 있었다."[17] 이 용어의 성경적 용례가 정확하게 어디에서 기원하였는지를 놓고는 학자들마다 의견이 다르다. 이 용어가 헬라의 세속적인 공직 제도에서 나왔는지, 유대교의 성전이나 회당의 감독자들 또는 쿰란 분파로부터 파생하였는지는 불확실하다.[18] 이 직임을 가리키는 또 다른 용어인 "장로"(헬라어로 presbuteros; 행 20:17; 딤전 5:17-19; 딛 1:5; 약 5:14; 벧전 5:1ff.)는 공동체 내에서 연장자를 가리킬 수도 있었고 특별한 지위를 지닌 사람을 가리킬 수도 있었다.[19] 이 용어가 신약성서에서 직임의 명칭으로 사용된 것은 아마도 헬라의 영향을 반영한 것으로 보인다. 예를 들면, 스파르타에서는 이 단어군에 속하는 몇몇 단어들이 한 집단의 우두머리를 가리키는 정치적인 칭호였다.[20] 그러나 이보다 더 중요한 것은 이 용어가 지니는 히브리적 배

---

17) Joachim Rohde, "episcopos," in the *Exegetical Dictionary of the New Testament(EDNT)*, ed. Horst Balz and Gerhard Schneider, English translation(Grand Rapids: Eerdmans, 1991), 2:36.

18) Ibid.

19) Joachim Rohde, "presbuteros," in *EDNT*, 3:148.

경이다. 보른캄(Bornkamm)은 장로들은 "구약 전승의 모든 층위(層位)"에 전제되어 있는 것으로 보아서 그들의 기원은 "이스라엘이 지파들로 이루어져 있었던 아주 오랜 옛날의 족장 시대"에 있다고 말하였다.[21]

신약성서의 몇몇 본문들에서 우리는 "감독"과 "장로"가 서로 대체적으로 사용되는 것을 본다(행 20:17-28; 딛 1:5, 7). 이것은 초대 교회에서 이것들이 두 개의 직임이 아니라 동일한 직위를 가리키는 서로 다른 명칭들이었다는 것을 암시해 준다.[22]

신약성서의 기자들은 주후 1세기의 장로들이 수행했던 기능들에 대하여 몇 가지 단서들을 제공해 준다. "감독"은 감독의 직무를 암시한다. 이 지도자들은 회중이 공동체 사역의 여러 측면들을 지속적으로 수행할 수 있도록 하는 책임을 맡았다. 그들은 하나님의 백성을 "치는 자" 또는 인도하는 자였다(행 20:28; 벧전 5:2). 그리고 그들은 회중의 사역을 조율하며(딤전 3:5; 5:17) 사역에 직접 참여하는 등 교회의 경영에서 지도적인 역할을 하였다.

"장로"는 영적인 일을 암시한다. 회중 내에서 그들의 지위는 그들이 병든 자에게 기름을 붓는 것과 같은(약 5:14) 몇몇 사역들을 수행하였다는 것을 의미한다. 또한 영적인 감독은 설교, 가르침, 권면, 이단으로부터의 보호를 의미하였다(딛 1:9). 이 직임은 맡은 책임이 중대하였기 때문에 엄격한 자격 요건을 갖춘 사람들로만 채워져야 했다(딤전 3:1-7).

감독들과 나란히 사역한 두 번째 직분자들의 무리가 있었는데, 이들은 "집사들" 또는 "조력자들"(헬라어로 diakonos)로 불리웠다. 이 명사를 파생시킨 동사는 기본적으로 "식탁에서 누구를 시중들다"는 의미를 지닌다[23](눅 12:37). 이 기본적인

---

20) Gunther Bornkamm, "presbus … " in the *Theological Dictionary of the New Testament(TDNT)*, ed. Gerhard Kittel and Gerhard Friedrich, trans. Geoffrey Bromiley(Grand Rapids: Eerdmans, 1968), 6:653.

21) Ibid., 655.

22) Rohde, "episcopos," in *EDNT*, 2:36. Milne은 "지금은 모든 전통들에 속한 학자들 사이에서는 헬라어 *episcopos*(감독)와 *presbuteros*(장로)는 신약에서 동의어라는 것이 일반적으로 받아들여지고 있다"고 말한다. Bruce Milne, *Know the Truth*(Downers Grove, Ill.: InterVarsity, 1982), 241.(「복음주의 조직신학 개론」: 크리스챤다이제스트)

23) Alfons Weiser, "diakonos," in *EDNT*, 1:302; Herman W. Beyer, "diakoneo … " in *TDNT*, 2:82.

의미로부터 "다른 사람의 필요들을 충족시켜주다"(마 4:11; 딤전 1:18) 또는 "조력이나 지원을 베풀다"(마 25:44)를 포함한 좀 더 넓은 섬김의 의미가 생겨났다.[24] 따라서 집사는 식탁 시중을 드는 자, 하인, 조수였다.

초대 교회라는 특별한 배경 속에서 신약성서의 기자들은 '디아코노스'라는 용어를 몇 가지 방식으로 사용하였다. 이 용어는 사도의 선포 사역, 회중 속에서의 구제 사역, 교회 전체의 사역을 가리킬 수 있었다.[25] 교회 조직과 관련된 우리의 논의에서 가장 중요한 것은 이 용어가 특정한 직임, 즉 집사 직분을 가리키는 명칭으로 사용되었다는 것이다.

초기의 공동체들에서 집사들이 어떤 기능을 하였는지에 대해서는 증거가 그리 많지 않다. 그럼에도 불구하고 이 직임이 결국 확고한 위치를 점하게 된 최초의 추진력은 예루살렘 교회에서 생겨났던 것으로 보인다.[26] 예루살렘 회중은 사도들이 영적인 지도력을 행사하는 그들의 일차적인 기능을 충분히 수행하는 데 몰두할 수 있도록 하기 위하여 조직 및 섬김과 관련된 몇 가지 책임들과 관련하여 사도들을 도울 일곱 사람을 뽑았다(행 6:1-4).

예루살렘에서는 특별한 필요에 따라 실용적인 의도로 행하였던 조치를 바울의 교회들은 그 이후에 제도화하였다. 바울이 목회 서신(디모데전서와 후서, 디도서)을 쓸 당시에, "조력자"는 감독들을 돕는 역할을 하는 자들을 가리키는 공식적인 명칭이 되어 있었다. 또한 몇몇 조력자들은 나중에 결국 감독자로 섬기게 될 도제(徒弟)로서의 역할을 했던 것으로 보인다. 감독의 경우에서와 마찬가지로 집사로 임명된 사람들은 모두 인품이 훌륭한 사람들이어야 했다(딤전 3:8-12).

신약성서에 나오는 감독들 및 집사들에 관한 말들은 교회가 이중의 직임 구조를 발전시켰다는 것을 보여 준다. 지역 교회의 지도 책임은 장로들 또는 감독들에 의해서 공유되었다(신약성서는 일반적으로 이 직임을 맡은 자들을 가리킬 때에 복수형을 사용한다). 감독들은 회중에 대한 감독 및 영적인 지도를 수행하였다. 또한 지도자들을 돕는 것이 조력자들이었는데, 이들은 행정 및 목회와 관련된 몇몇 과제들을 맡아서 행하였다.

---

24) Beyer, "diakoneo … " in *TDNT*, 2:82.
25) Weiser, "diakonos," in *EDNT*, 1:302-3.
26) Norman H. Maring and Winthrop S. Hudson, *A Baptist Manual of Polity and Practice*(Valley Forge, Pa.: Judson, 1963), 111-12.

교회 전통 속에 나타난 교회의 직임들. 두 단계로 이루어져 있던 신약 교회들의 조직 체계는 곧 기독교 역사에서 지배적이 된 세 단계의 체계로 바뀌었다.[27] 이러한 발전은 지역 회중의 삶 안에서 시작되었다. 감독은 말씀을 선포하고 지역 교회의 성찬을 집례하는 등 공동체의 지도자로 임직되었다. 성찬의 식탁에서 감독은 한 무리의 장로들과 집사들에 의해서 호위되었다. 이런 식으로 감독의 직임은 장로들의 직임과 분리되었다.

삼 단계로 이루어진 구조는 지역 공동체의 삶으로부터 멀어져 갔다. 감독은 성찬식을 행하는 몇몇 공동체들을 포괄하는 대도시 지역의 교회의 지도자가 되었다. 이런 일이 일어나자, 지역 공동체들은 장로들(나중에는 사제들)의 돌봄 아래 놓여지게 되었다. 감독들을 돕는 자들로서 집사들도 지역 교회들을 뛰어넘는 기능들을 수행하였다.

종교개혁자들은 직임 구조를 지역 교회 속에 안착시켰다. 이러한 변화는 나중에 많은 개신교회들에 의해서 채택된 두 단계로 이루어진 모형의 재등장을 위한 토대가 되었다. 예를 들면, 17세기와 18세기의 미국의 침례교도들은 상대적으로 복잡하지 않은 교회 정체(政體)를 시행하였다. 가능하다면, 지역 회중은 설교와 복음 전도를 비롯한 다양한 목회 책무들을 수행할 수 있는 충분한 은사를 지닌 사람을 찾아내었다. 회중에 의해서 장로(또는 목회자)로 임직된 이러한 사람은 흔히 평생토록 직임을 맡았다. 좀 더 세속적인 교회의 일들에서 장로를 돕기 위하여, 회중은 한 무리의 집사들을 따로 뽑았다.

19세기는 변화의 시대였다. 회중들은 규모면에서 커져 갔고, 교회 재산도 늘었으며, 새로운 프로그램들도 추가되었다. 목회자들은 더 좋은 교육을 받게 되었고, 점차 이동성도 증대되었다. 이러한 변화들은 좀 더 복잡한 교회 구조를 가져왔다. 회중들은 추가적으로 여러 위원회들을 설치하여, 그들에게 확대된 프로그램들과 설비들의 경영을 맡겼다. 그리고 집사들은 지역 회중들 속에서 더 큰 영향력과 중요성을 획득하였고, 목회자들이 왔다가 가는 데 반해서 계속해서 교회에 머무는 지도자들이 되었다. 오늘날 집사들은 회중의 "영적인 복리"에 책임을 진다. 따라서 그들은 성경에 나오는 감독들의 영적인 기능들 중 많은 부분을 수행하고 있다.

---

27) 이러한 발전에 대한 개요로는 *Baptism, Eucharist and Ministry*, 24를 보라.

신약성서적인 직임들과 오늘날의 교회. 교회의 삶의 배경도 주후 1세기 이후로 엄청난 변화를 겪어 왔다. 그렇지만 신약의 교회들에서 통용되었던 두 단계로 이루어진 체제는 직임들을 가리키기 위하여 사용된 정확한 용어들과 그 직임들이 수행하는 정확한 책임들이 무엇이었느냐라는 문제와는 상관 없이 오늘날의 교회 조직을 위한 중요한 토대를 제공한다.[28]

전체 회중의 사역을 촉진시키기 위하여 각각의 회중은 한 무리의 영적인 사람들에게 교회의 활동들에 대한 건덕과 지도를 행할 책임을 위임하여야 한다. 이러한 지도자들의 일차적인 과제는 회중의 사명의 핵심적인 영역들에서 신자들을 지도하는 일이다. 필요한 경우에는 교회는 감독의 일을 맡은 지도자들이 그들의 책임들을 수행하는 일을 돕기 위하여 조력자들을 선출할 수 있다.

그러므로 교회의 조직 구조에서 핵심적인 것은 회중에 대하여 직접적으로 책임을 지는 주요한 자문 집단을 형성하는 한 무리의 지도자들이다(당회). 당회의 중심적인 역할은 교회의 사역 프로그램에 영적인 지도력과 방향을 제공하는 일이다. 이러한 당회에는 교회의 사업 모임들과 교회의 당회를 인도하는 목회자들과 당회장이 포함된다. 또한 회중의 위임명령의 여러 측면들(예배, 건덕, 선교)에 대한 감독 책임을 맡은 사람들도 포함된다. 끝으로, 당회는 교회의 유형적인 자산을 관리하는 사람을 적어도 한 사람 포함시킬 수 있다. 이런 식으로 해서 당회원들은 각각 회중의 삶 속에서 책임있는 지도력을 제공하게 된다.

최종적인 권위는 여전히 회중 전체에게 있다. 왜냐하면 그들은 직임자들을 선출하는 집단이기 때문이다. 교회 전체는 목회자들을 택할 때에 그 임기를 정하지 않는다. 그 밖의 다른 모든 직임자들은 일정 기간 동안 섬긴다. 회중은 엄격한 기준에 따라서 직임자들을 선택한다: 영적인 자질(딤전 3:1-7), 은사와 관심, 다른 일들에서 보여 준 검증된 능력. "조력자"인 여러 직임들이 당회 아래 조직되어 있어서 당회원들을 돕는다. 이 사람들은 그때그때의 필요에 따라 교회 지도자들이 그들의 과제들을 수행하는 것을 도울 목적으로 회중이 선택한다. 조력자들은 교회의 삶의 특징한 측면을 조율하는 상설 위원회들로 조직될 수 있다(예배 위원회, 선교 위원회, 교육 위원회, 재정 위원회). 특정한 분야에 책임이 있는 감독자는 해

---

28) 이 제안에 대한 좀 더 자세한 설명으로는 Stanley J. Grenz, *The Baptist Congregation* (Valley Forge, Pa.: Judson, 1985).

당 상임 위원회의 의장이 될 수 있고, 그 위원회와 당회를 연결시켜 주는 역할을 한다. 조력자들로 선출된 사람들도 비슷한 영적 기준을 충족시켜야 한다(딤전 3:9-11).

공동체의 직임들

신자들의 지역 공동체에 직임들을 두는 것은 신자들이 교회 사역에 참여하는 것을 촉진시키기 위한 것이다. 그러면 회중 차원을 넘어선 직임 체계도 필요한 것인가? 또한 지역 회중을 뛰어넘는 역할을 하는 "회중 연합적인 직임들"도 존재하는가?

신약성서의 배경. 신약성서의 문서들은 초대 교회에 한 지역 회중을 뛰어넘어서 여러 회중들에 영향력을 행사하였던 인물들이 존재하였다는 증거를 보여 준다. 그들의 섬김은 지역적인 경계를 넘어서 있었다. 그러한 직임 중의 하나는 "사도"였다. 예를 들면, 바울은 자기가 세운 교회들에서 상당한 영향력을 행사하였고, 자신의 서신들에서 여러 반론들에 맞서서 이러한 자신의 권한을 여러 차례 변호하기도 하였다. 또한 요한은 요한일서에서 모든 참된 교회의 한 가지 표지(標識)는 사도적 권위와 가르침에 대한 충성을 의미하는 교리적 순수성이라고 분명하게 말하였다.

사도들의 사자(使者) 역할을 함으로써 사도들과 함께 동역하였던 조력자들은 어느 특정한 회중을 넘어서는 섬김을 수행하였던 사람들 중 두 번째 예이다. 예를 들면, 디도는 바울의 지시로 그레데의 여러 교회들에 장로를 임명하였는데(딛 1:5) ─ 선출 과정을 감독한 것이든, 직접 선택한 것이든 ─ 이 일은 바울 자신이 전에 행하였던 일이었다(행 14:23).

에베소서에서 바울은 그리스도께서 교회에 주신 은사들로서 네 가지 직분을 열거한다: 사도, 선지자, 복음 전도자, 목사, 교사. 여기에서 사도는 어느 특정한 회중이 아니라 교회 전체를 대상으로 사역하는 역할을 담당한다. 사도들은 초대 교회에서 복음을 수호하고 앞장서서 전파하는 자로서 중요한 토대 역할을 수행하였다. 선지자들은 하나님의 특별한 뜻을 알리는 대변인 역할을 하였다. 복음 전도자들은 사도들에 의해서 전진기지로 세워진 교회들을 기반으로 순회 전도의 사역을 수행하였다(예를 들면, 행 18:27-28에 나오는 아볼로). 디모데가 에베소 교회에 머문 것에서 볼 수 있듯이, 목사들과 교사들은 좀 더 집중적인 사역을 통해서 회중의 덕을 세우기 위하여 어느 정도 긴 기간 동안 특정한 지역 회중 안에서 좀 더 직접적으로 사역하였다.

목회직. 그리스도께서 사도, 선지자, 복음 전도자의 직임을 교회 역사 전체에 걸쳐서 계속해서 유지되기를 의도하셨는지를 놓고 많은 논쟁이 있다.[29] 그러나 목회 직임은 교파들마다 그 명칭은 다르다고 해도 교회로 하여금 계속해서 유지하도록 하셨다는 것이 거의 보편적으로 인정되고 있다.

우리는 바울이 에베소서에서 언급한 바 있고 또한 디모데가 에베소에 머무는 동안에 실례(實例)로 보여 주었던 목사/교사직은 이 직임의 핵심적인 차원을 위한 토대를 제공해 준다고 주장한다. 목사는 지역 회중 내에서 지도력을 행사하지만, 지역적인 기반을 넘어서는 파생적인 역할도 수행한다.

디모데가 에베소에 머물렀던 것과 같이, 일반적으로 목사는 지역 교회를 섬긴다. 목사는 지역 회중 내에서 지역 회중의 지도자들(목회자들과 당회)의 틀 안에서 자신의 역할을 수행한다. 이와 동시에 목사의 사역은 "전임 사역자"라는 지위로 인해서 좀 더 깊은 의미를 지니는 사역이 된다. 바울이 디모데에게 명한 것을 보면, 목사의 책임 범위를 알 수 있는데, 거기에는 행정적인 감독, 회중에 대한 지도자적 역할, "목양"(牧羊) 같은 장로들의 일반적인 책임들이 포함되어 있고, 장로로서의 이러한 일반적인 책임들 외에도 예배 인도, 가르침, 설교, 복음 전도 같은 활동들이 추가된다. 목사의 모든 활동은 "섬김의 일들을 위하여 하나님의 백성"(엡 4:12)을 준비시킨다는 궁극적인 목표를 두고 행해진다.

---

[29] 많은 개신교도들은 사도직 계승이라는 개념을 거부한다는 맥락 속에서 사도직은 오직 첫 세기에만 존재하였다고 주장한다. 그래서 Milne은 이렇게 말한다. "오늘날 사도직을 주장하는 것은 성경의 가르침에 대한 오해로서, 실제로 신약성서의 신적 계시성(啓示性)의 권위와 최종성에 대한 중대한 도전이다." *Know the Truth*, 218. 세대주의자들은 종종 사도, 선지자, 복음 전도자라는 직임들은 교회사에서 정경이 확정되기 이전 단계를 위하여 주어진 것이라고 주장한다. 그러나 최근의 은사운동에 속한 학자들은 이 모든 직임들이 오늘날의 교회에도 그대로 존재한다는 주장을 다시 제기하여 왔다. J. Rodman Williams, *Renewal Theology: Systematic Theology from a Charismatic Perspective*, three volumes(Grand Rapids: Zondervan, 1992), 3:164-77을 보라.

목사는 이러한 다양한 방식으로 성도들에게 비전을 제시하는 자로서의 역할을 한다. 근본적으로 목회의 직임은 공동체의 기능이 원활하게 돌아가게 하는 것이다. 이러한 목적을 위하여 목사는 공동체의 지체들 앞에 공동체적 이상(理想)에 관한 비전, 즉 지역적 교제가 자신의 에너지를 쏟아야 할 하나님의 뜻을 제시한다. 이러한 비전을 제시하는 자로서의 역할은 공동체의 토대가 되는 이야기(narrative)인 예수에 관한 이야기를 반복해서 들려줌으로써 과거를 생생하게 살아 있게 하는 것도 포함한다. 또한 그것은 언젠가는 하나님께서 그의 새로워진 창조 속에서 실현하실 영광스러운 목적을 말씀과 상징을 통하여 구체적으로 제시함으로써 미래를 항상 염두에 두게 하는 것도 포함한다.

목사는 정해지지 않은 기간 동안 특정한 회중을 섬기도록 주님에 의해 파송된다. 그렇지만 지역 회중 내에서의 이러한 일차적인 역할 외에도, 목회 직임은 일반적으로 지역적 교제를 넘어서는 사역과 관련해서도 모종의 역할을 수행한다.

이 좀 더 폭넓은 사역은 단순히 세속적 거주 지역 내에서 자매 교회들 및 교회 연합체의 장(場) 내에서의 영적 직임의 비공식적 권위일 수 있다. 교회 연합체 내에서 목사들은 협력 교회 내에서 영적 지도자로서의 그들의 지위로 인해 비공식적인 권위를 행사한다.

그러나 목사의 좀 더 폭넓은 책임은 좀 더 공식적인 사역이라는 형태를 취할 수도 있다. 우리는 교회 연합체의 직분자들, 지역 사역자들, 기관 목사들, 신학교의 교수들로 섬기는 사람들에게 명시적인 지도자적 지위를 위탁하고 있다. 이러한 교회연합체적 직임들은 목회 직임의 연장들이다. 왜냐하면 그러한 사람들은 교회 연합체들에 속한 교회들을 위하여 목회적 사역을 수행하는 것이기 때문이다.

공동체에 의한 임직

거의 모든 기독교 전통들은 하나님의 백성 전체를 위하여 지도자들을 두는 것의 중요성을 인정한다. 또한 대부분의 전통들은 공동체의 지도자들을 임명하는 수단으로서 특정한 절차를 갖추고 있다. 우리는 이 절차를 일반적으로 임직식이라 부른다.

임직 의식은 널리 받아들여지고 있음에도 불구하고, 그 의미에 대한 이해는 기독교 전통들마다 다르다. 한 가지 기본적인 차이는 이 특별한 의식을 통해서 그 임직되는 사람은 정확히 어떤 직임을 맡게 되는 것인가에 관한 문제이다. 임직은 특정한 사람을 보편 교회의 직임들 — 감독, 장로, 집사 — 을 맡기는 것인가? 아니면, 임직은 특정한 사람을 지역 회중들을 위한 목사(그리고 집사)로 구별하여 세우는 것을 가리키는 것인가?

이 질문이 보여 주듯이, 임직을 베풀 수 있는 합당한 주체에 관한 견해의 차이도 교회의 직임 자체의 성격에 관한 좀 더 근본적인 문제에서 파생되는 부차적인 것이다. 이러한 문제들에 관한 견해의 불일치들에도 불구하고, 대부분의 기독교 전통들은 목회 사역을 맡게 될 사람들은 그리스도의 교회에 의해서 이러한 사역을 위하여 구별되고 세워지는 것이 마땅하다는 데 동의한다. 그러므로 우리는 목회자 임직을 좀 더 집중적으로 살펴보아야 한다.

목회자 임직의 토대

목회적인 감독을 담당할 사람들의 임직은 기독교 시대 전체에 걸쳐서 교회의 삶의 중심적인 관행이었다. 여러 세기에 걸친 교회의 전통이 이러한 임직 의식을 밑받침하고 있긴 하지만, 우리는 공동체에서 지속적인 의식으로 자리잡은 임직을 위한 좀 더 깊은 토대를 묻기 위하여 교회의 이 의식의 배후를 살펴볼 필요가 있다.

임직의 성경적 토대. 하나님의 백성을 위한 지도자들을 영적으로 구별하여 세우는 의식은 성경에 그 뿌리를 두고 있다. 고대 이스라엘이나 신약의 교회는 지도자들을 선출하였다.

이미 구약성서에서 오늘날 임직과 관련하여 널리 행해지고 있는 안수 의식은 몇몇 경우들에 있어서 어떤 사람에게 지도자로서의 책임과 권위를 부여하는 것을 의미하였다. 하나님의 명령 아래에서 모세는 제사장과 공동체가 지켜보는 앞에서 여호수아에게 안수하였다(민 27:18-23). 고대인들 가운데에서 이와 유사한 의식은 기름을 붓는 의식이었다. 이 의식은 어떤 사람이 지도자의 역할을 맡게 된 것을 상징하는 것이었다. 기름붓는 의식은 특히 세 가지 직임과 결부되어 있었다 — 선지자, 제사장, 왕.

그리스도인들은 고대 이스라엘의 의식들에서와 마찬가지로 신약성서의 공동체 속에서도 임직이라는 지속적인 의식을 위한 주된 성경적 토대를 발견한다. 초대 교회에서 이 의식을 사용한 것은 예수께서 제자들 가운데에서 열두 사람을 자신의 사명을 이루기 위한 특별한 역할을 행하도록 선택한 데서 그 전례를 볼 수 있다(막 3:13-14). 나중에 열두 제자 중에서 유다가 제외됨으로써 제자들은 다락방에서 맛디아를 열두 제자의 반열에 더하게 되었다(행 1:21-23).

예수께서 열두 제자를 부르신 것에서 확립된 전례를 따라 초대 교회에서는 몇몇 사람들을 따로 구별하여 특별한 직임들을 맡겼다. 예루살렘 교회는 안수 의식을 통하여 일곱 사람을 선택하여 집사 직분을 맡겼다(행 6:6). 나중에 안디옥 회중은 동일한 의식을 사용하여 바나바와 바울을 따로 구별해서 선교의 임무를 부여하였다(13:1-3).

목회자의 임직 의식과 관련하여 우리가 그 근거로 들 수 있는 성경에 나오는 모범적인 사례는 아마도 디모데와 관련된 사례일 것이다. 디모데와 관련된 임직 의식은 두 가지 요소 — 하나님의 개인적인 부르심과 지역 회중의 확증 — 로 이루어져 있었고, 디모데를 목회 사역으로 부르는 일에 함께 작용하였다. 신약성서의 여러 구절들은 바울의 이 젊은 동역자의 임직이 디모데 자신이 하나님의 특별한 부르심을 받은 것에 의해서 촉진되었고 그의 장래의 섬김에 관한 예언적 선포를 통해서 매개되었다는 것을 보여 준다(딤전 1:18; 행 13:2-3에 묘사된 바울과 바나바의 유사한 예를 보라). 그 후에 부르심을 확증하는 공적인 임직식은 지역 회중의 장로들에 의한 안수를 통해서 이루어졌다(딤전 4:14).

여러 가지 진술들을 종합해 볼 때, 우리는 신약성서 시대에 임직은 능력을 주시는 성령의 은사와 결부되어 있었다는 결론을 얻게 된다(딤전 4:14; 딤후 1:6, 7). 임직은 공적으로 하나님의 종이라는 직임을 공적으로 위임하는 것이었다(행 13:3; 또한 민 27:18-23을 보라). 그런 까닭에 성령의 역사에 대한 공적인 인준(認准)으로서 초대 교회는 주권적인 성령이 하나님의 백성을 섬기는 일과 관련하여 특별한 지도력의 수행을 위하여 선택하고 능력을 부여한 사람들을 따로 구별하였다.

임직의 신학적 토대. 성경의 문서들은 임직과 관련된 역사적 선례를 제공해 준다. 교회에서 임직식을 행하게 된 특별한 근거(raison d'etre)에 대해서는 우리는 역사 속에서의 하나님의 활동이라는 좀 더 폭넓은 범위로 눈을 돌리지 않으면 안 된다. 우리가 하나님의 계획 속에서의 교회의 본질과 교회 속에서의 지도자들의 역할에 관하여 개략적으로 서술하는 것은 임직식을 우리가 계승하기 위한 조직신학적인 배경을 제공해 줄 것이다.

(1) 궁극적으로 우리는 임직식이 역사 속에서의 하나님의 계획 안에서 중요한 기능을 하기 때문에 계속해서 임직을 행한다. 우리의 창조주이자 구속주이신 하나님은 모든 피조물을 자신의 의도한 목표로 이끌기 위하여, 즉 삼위일체 하나님의 영광스러운 공동체를 세우기 위하여 활동하고 계신다. 세상 속에서 하나님의 활동을 완성하는 분인 성령은 주권적으로 사람들을 그리스도를 위하여 섬기는 직책으로 부르시고, 그들에게 인간의 역사를 위한 하나님의 계획 안에서 사역을 감당하도록 능력을 수여한다.

하나의 중요한 섬김의 영역은 하나님의 백성들이 하나님의 뜻에 참여하도록 인도하는 일이다. 임직은 특정한 개인에게 성령이 능력을 수여했다는 것과 이러한 소명이 존재한다는 것을 공동체가 인정하고 확인하는 의식이다. 그런 까닭에 임직은 세상 속에서의 하나님의 목적을 위한 하나님의 백성의 지속적인 사역을 위해서 은사를 지닌 지도자들을 공급하려는 성령의 의도에 봉사한다.

(2) 역사 속에서의 하나님의 계획이라는 토대와 밀접하게 연관이 있는 것은 임직을 위한 교회론적 토대이다. 임직 의식은 교회의 삶 속에 깊이 뿌리내리고 있다.

우리가 제17장에서 살펴보았듯이, 현세에서의 하나님의 활동의 초점은 교회에 놓여져 있다. 우리는 종말론적인 계약 공동체, 곧 세상에 대하여 창조를 위한 하나님의 계획의 장래의 완성을 보여 주는 표지, 삼위일체 하나님 자신의 형상이어야 한다. 이러한 위임명령에 대한 순종은 하나님의 백성 전체의 책임이다. 그러나 우리는 공동체이기 때문에, 우리의 과제를 성취하기 위해서는 유능한 지도자들에게 의존할 수밖에 없다. 우리는 공통의 과제를 위하여 우리 개개인의 기여들을 촉진시키고 조율할 수 있는 사람들이 필요하다. 임직은 이러한 맥락 속에서 그 의미를 찾을 수 있다. 임직은 공동체가 은사를 지닌 사람들을 공동체 전체의 목적의 완성을 위하여 모든 지체들의 효과적인 사역을 위한 지도자적 지위에 앉히는 의식이다.

초기부터 공동체는 공적인 의식을 통해서 교회의 주님께서 그의 성령을 통하여 목회적인 지도력을 발휘하도록 부르신 사람들을 따로 구별하였다. 성령이 교회 시대 전체에 걸쳐서 사람들을 지도자로서의 섬김으로 부르신 것과 마찬가지로, 성령은 교회가 계속해서 이 공적인 의식을 행하기를 바라신다.

임직 의식이 교회론적 맥락 속에서 토대를 지니고 있다는 것은 목회적 지도력의 기능이 그 자체로 공동체와 결부되어 있다는 것을 의미한다. 최근의 합의 문서인「세례, 성찬, 그리고 목회」(Baptism, Eucharist and Ministry)가 분명하게 말하고 있듯이, "임직된 사역은 공동체로부터 떨어져서는 존재할 수 없다."[30] 그런 까닭에 임직된 사람의 중심적인 과제는 목회적 직임의 지도력 역할에 있다. 다시 한 번「세례, 성찬, 그리고 목회」에 나오는 말을 인용한다면, "임직된 사역자의 주된 책임은 하나님의 말씀을 선포하고 가르치는 것을 통해서, 성례전들의 집례를 통해서, 예배와 선교와 목회 사역 속에서 공동체의 삶을 인도함을 통해서 그리스도의 몸을 세워 나가고 결집시키는 데 있다."[31]

목회 사역을 위한 임직은 공동체의 삶에 토대를 두고 있기 때문에 만인 제사장론으로부터 생겨난다. 모든 지체들은 공동체의 사역을 공유한다. 이러한 목적을 위하여 모든 신자는 성령에 의해서 사역을 위하여 부르심 받고 임직된다. 세례는 우리의 보편적인 임직을 보여 주는 표지이다. 왜냐하면 세례 의식은 우리가 성령에 의해서 거듭났다는 것, 예수의 제자로서의 우리의 새로운 정체성, 그리스도의 하나의 교제(fellowship)에 참여하는 자들로서 서로에 대한 우리의 새로운 관계를 나타내는 것이기 때문이다. 그러므로 목회 사역을 위한 임직은 모든 신자를 교회의 사역으로 부르시는 성령의 보편적인 부르심과 이러한 과제를 위하여 모든 신자에게 보편적으로 능력을 주시는 것에 깊이 뿌리를 두고 있다.

보편적인 사역이라는 이와 같은 큰 맥락 안에서 성령은 몇몇 특정한 사람들을 목회 직임으로 부르신다. 이를 통해서 성령은 전체 공동체로 구성되는 "거룩한 제사장"(벧전 2:9)의 사역을 위하여 지도자들을 공급한다. 그러므로 요컨대, 우리는 하나님 백성을 대신하여 섬기도록 하기 위하여 몇몇 사람들을 목회적인 지도자직에 임직하는 것이다. 대니얼 밀리오리(Daniel Migliore)가 말했듯이, "임직은 존재론적으로가 아니라 선교론적으로 이해하는 것이 합당하다."[32] 임직은 성직자를

---

30) *Baptism, Eucharist and Ministry*, 22.

31) Ibid.

32) Daniel L. Migliore, *Faith Seeking Understanding: An Introduction to Christian Theology*(Grand Rapids: Eerdmans, 1991), 228.

존재론적으로 변화시키거나 그들을 그 밖의 다른 그리스도인들 위로 승격시키는 것이 아니다. 오히려 임직은 어떤 사람을 하나님의 백성 전체의 사명을 위하여 지도자로서의 직임을 위탁하는 것이다.

임직의 의미

교회에서의 임직 의식은 옛날의 신앙 공동체들의 전례를 따르고 있다. 또한 그것은 하나님의 구원 활동의 드라마 및 현세에 있어서 그러한 활동의 초점인 교회 속에 깊이 뿌리를 두고 있다. 이러한 맥락 속에서 이해할 때, 이 의식은 커다란 의미를 지니게 된다.

임직식의 의미. 목회 사역에 들어가기 위해서는 두 가지 조건이 충족되어야 한다: 성령을 통한 교회의 주님으로부터의 개인적인 부르심과 신앙 공동체에 의한 그 부르심에 대한 확증.[33] 임직은 두 번째 조건과 결부되어 있다. 루터가 말했듯이, 임직은 공동체가 사역자의 부르심과 선택을 비준하는 교회적 의식이다.[34] 확인 의식으로서의 임직은 임직받는 사람, 임직하는 공동체, 좀 더 넓게는 인간 사회를 위하여 중요하다.

(1) 임직은 때로는 교회 지도자에게 중요한 사건이다. 그것은 임직받을 자가 개인적으로 인식하고 있는 목회 사역에 대한 부르심이 진정으로 교회의 주님으로부터의 부르심이라는 신앙 공동체에 의한 공적인 확인이다.

그러한 확인의 중요성은 개개 신자와 공동체의 상호의존성으로부터 나온다. 주님은 그의 제자들에게 개별적으로 명령을 주신다. 그럼에도 불구하고 신자들의 공동체의 확인과 합의는 개개인들이 성령의 감동을 올바르게 어느 정도나 인식하였는지를 판단하는 데 도움을 준다.

나아가 임직은 공동체가 성령께서 임직받을 자에게 지도자로서의 사역을 위한 모종의 은사를 수여하였다는 것을 공적으로 인정하는 의식이다.[35]

---

33) 이러한 개혁주의와 자유교회의 강조점은 여러 교회 전통들 가운데서 폭넓은 공감을 얻어 왔다. 예를 들면, *Baptism, Eucharist and Ministry*, 31을 보라. 또한 Migliore, *Faith Seeking Understanding*, 227을 보라.

34) 루터의 이러한 해석에 대해서는 Avis, *The Church in the Theology of the Reformers*, 105를 보라.

(2) 또한 임직은 교회 자체에도 중요하다. 이런 의미에서 임직 의식은 하나의 위임 행위이다. 이 의식을 통해서 공동체는 특정한 사람을 교회의 삶 및 사역 안에서 중요한 섬김의 영역에 둔다. 위임 행위 속에는 교회 및 임직받을 자가 새로운 관계, 즉 지도자와 동역자들이라는 관계로 들어간다는 의미가 내포되어 있다.

(3) 끝으로, 임직은 가장 넓은 의미에서 공적인 의식이다. 왜냐하면 임직은 세상을 향해 있기 때문이다. 임직을 통해서 공동체는 임직받을 사람이 이제 목회적인 지위로 세워진다는 것을 선언한다. 교회의 지도자로서 이 사람은 교회의 테두리를 넘어선 사역에 종사하게 될 것이다. 임직받은 지도자는 세상 속에서 및 세상을 향하여 사역을 감당하게 된다.

주후 1세기의 경우와는 달리 우리 사회는 목회자로서의 신분을 인정해 준다. 목회 직임은 교회 영역에서만이 아니라 세속적인 영역에서도 인정을 받는다. 그러므로 임직을 통해서 교회는 임직받을 자에게 목회 직임을 위탁하였다는 것을 공적으로 증언한다. 그러므로 이 사람은 사회가 성직자와 어떤 식으로 관계하든지 목회자로 인정받아야 한다.

임직을 베푸는 주체. 임직은 공동체가 임직받을 자가 은사를 받았고 위임을 받았으며 목회 사역을 위해 세움을 받았다는 것을 공적으로 선언하는 의식이다. 그렇다면 누가 특정한 사람을 이러한 지도자적 역할에 세우는 것인가?

임직에 관한 진정으로 기독교적인 신학의 핵심에는 궁극적으로 교회의 주님이 자기 백성을 위하여 지도자들을 임직한다는 인식이 존재한다. 이러한 인식은 제자들의 삶 가운데에서 주님께서 행하시는 일반적인 사역의 성격으로부터 생겨난다. 성령을 통해 그리스도는 계속해서 그의 종들을 자신을 섬기는 사명을 수행하도록 부르시고, 그들에게 그가 원하는 직임들을 맡기시며, 그들에게 그러한 사명을 수행할 수 있는 능력을 수여하신다 — 성령으로 세례를 받은 자로서. 주님께서 목회적 지도력을 위하여 지명하신 사람들 속에서 행하시는 활동은 주님께서 모든 신자들의 삶 속에서 행하시는 사역 안에 놓여져 있다.

임직은 주님의 특권이다. 그렇지만 주님의 이러한 뜻을 이루기 위한 지상적 수단이 무엇인지를 밝히는 문제는 여전히 남게 된다. 우리는 이미 그리스도의 권세

---

35) *Baptism, Eucharist and Ministry*, 30.

가 지역 회중 속에서 직접적으로 작용한다고 주장한 바 있다. 따라서 임직은 궁극적으로 유형의 공동체의 특권이라는 결론이 나온다. 지역 공동체가 특정한 사람들을 목회 사역을 위하여 임직할 때, 그들은 성령을 통한 그리스도의 임직 행위의 통로 역할을 한다. 이러한 초점은 회중의 지도자들이 임직이라는 사건의 중심적인 의식인 안수에 참여하는 것을 통해서 상징된다.

그러나 임직은 오로지 지역 회중의 지도력만을 지향하고 있는 것이 아니다. 임직식을 통해서 임직받은 사람은 교회 전체를 위한 사역을 위하여 따로 구별되는 것이다. 따라서 목회 지도자들을 임직함으로써 지역 회중은 단순히 자신의 권위를 토대로 및 자신을 위하여 일하고 있는 것이 아니라 그리스도의 공동체 전체를 위하여 일하고 있는 것이다. 모든 임직받은 사람들이 안수에 참여하는 것은 임직 의식이 교회 전체에 미친다는 것과 임직된 자의 기능이 지역 교회의 테두리를 넘어선다는 것을 상징한다. 지역 회중의 의식에 교회 전체가 참여하기 때문에, 자매 회중들은 다른 교회에 의해서 적절하게 행해진 임직을 인정한다.

임직 사건. 임직 의식은 찬송, 설교, 성찬을 포함한 수많은 서로 다른 요소들로 이루어질 수 있다. 그러나 이 사건의 초점은 다른 데에 있다. 임직 의식은 일차적으로 안수라는 상징적 행위와 더불어 기도에 그 초점이 있다.

임직 사건의 핵심에는 공동체의 기도가 있다. 기도의 토대를 이루는 것은 특정한 사람들을 사역자로 부르신 성령의 주권에 대한 공동체적인 인정이다. 이러한 인식은 공동체로 하여금 하나님이 임직받을 자를 부르신 것을 통해서 자기 백성을 위한 지도자들을 끊임없이 공급해 주시는 것에 대한 감사를 드리게 만든다. 기도의 초점은 새로운 지도자의 사역 속에 성령께서 임재해 계시고 그 사역을 통하여 신앙 공동체의 삶 자체에 임재해 계시도록 기원하는 것이다. 그러므로 공동체는 새로운 지도자가 이제 그 지도자와 하나님의 백성 사이에 맺어지게 될 새로운 관계를 위하여 성령에 의해서 능력을 부여받기를 하나님께 간구하는 내용으로 임직받을 자를 위하여 기도한다. 또한 자신의 지도자들을 위하여 중보기도함으로써 공동체는 위임명령을 받은 백성으로서의 자신의 복리를 위해서도 간구하는 것이 된다.

기도와 아울러 성령을 주시는 주님에 의해서 간구의 내용이 받아들여진다는 것을 상징하는 상징적 행위가 행해진다. 성경의 예를 따르면, 안수는 목회적 지도자직의 일을 위하여 능력을 주시는 것으로서 임직받을 자에게 성령이 임하는 것을 상징한다.

이러한 임직 의식을 통해서 공동체는 특정한 사람에게 목회 사역을 위임한다. 중세 시대의 서품에 대한 이해의 특징을 이루고 있었던 하나님의 은혜의 중개(仲介)에 대한 강조와는 반대로, 많은 기독교 전통들은 오늘날 임직받은 자의 일차적인 기능은 종으로서의 지도자라는 기능이라는 것을 인정한다.[36] 그러므로 임직식을 통해서 임직받은 사람은 섬김을 위하여 구별된다.

교회의 지도자 역할을 수행함으로써 임직받은 사람은 하나님의 백성에 대한 종이 되고자 한다. 사실 목회 지도자들이 해야 하는 근본적인 일은 섬김을 통하여 하나님의 백성 전체를 인도하는 일이다(엡 4:11-13). 따라서 임직받은 사람은 하나님의 백성 위에 군림하는 자리에 앉게 되는 것이 아니라, 그들과 함께 서서 교회의 주님에게 순종하고자 하여야 한다. 최근의 합의 문서는 이 점을 잘 표현하고 있다: "임직받은 사역자들은 독재자가 되거나 기계적으로 기능을 수행하는 자가 되어서는 안 된다." 오히려 그들은 "삶을 공동체에 헌신함으로써 그리스도께서 세상에 대하여 하나님의 권세를 드러내셨던 것과 마찬가지 방식으로 그리스도의 권세를 드러내고 행사하여야" 한다.[37]

모든 교회 지도자들은 공동체 내의 모든 직임의 목표와 의도는 섬김이라는 사실을 명심하여야 한다. 그러나 이 점에서 목회자들은 공동체의 길을 인도하여야 한다. 그들은 "말과 행실과 사랑과 믿음과 정절에 있어서"(딤전 4:12) "양무리의 본"(벧전 5:3)이 되어야 한다. 요컨대, 회중에 대하여 그리스도를 닮은 성품과 종됨의 본보기가 되어야 한다. 성령에 의해서 택함받은 자들이자 특별한 책임을 부여받은 자들로서 이러한 사람들에게 지도자로서의 권위가 위탁된다. 그러나 그들의 직위는 이기적이고 개인적인 목적을 달성하기 위한 면허증이 아니다. 도리어 그들은 모든 겸손과 전체의 선을 추구하려는 의도를 가지고 직임을 수행하여야 한다.

임직받은 자들은 종과 같은 지도자를 지향하여야 한다는 그들의 과제와 관련하여 신약성서에서 위로를 발견할 수 있다. 예를 들면, 베드로는 장로들에게 탐욕을

---

36) 최근의 예로는 Migliore, *Faith Seeking Understanding*, 229를 보라.
37) *Baptism, Eucharist and Ministry*, 23.

부리거나 그들에게 맡겨진 자들을 "주관하지" 말고 자원하는 심령으로 종이 되라고 호소하였다(벧전 5:1-3). 특히 무엇보다도 신약성서는 우리 앞에 그리스도의 본을 제시한다. 그리스도는 그의 백성을 이끌 자들은 겸손한 종들이 되어야 한다고 분명하게 말씀하셨다(막 10:42-43). 그리고 그리스도는 그러한 가르침의 한 예로 그가 우리를 위하여 겸손하게 섬긴 예를 드셨다(고후 8:9; 빌 2:6-8).

그리스도를 닮은 겸손한 섬김의 정신은 하나님의 백성이 그의 교회를 향한 주님의 뜻에 대하여 합의를 구하고자 할 때에 모든 차원의 정치적 고려 속에서 지배적인 것이 되어야 한다.

교회의 정치 구조는 그 자체가 목적이 아니다. 오히려 그것은 공동체가 자신의 위임명령을 수행하기 위하여 스스로를 조직하는 수단이다. 직임 구조들을 통하여 성령은 하나님의 백성 전체의 사역을 위한 유능한 지도력을 제공하고자 한다. 각각의 회중은 교회들의 연합체들과 마찬가지로 그 자신의 필요에 가장 잘 맞는 구조들을 발전시켜야 한다. 그렇지만 초기의 공동체들이 행하였던 여러 원칙들은 지속적인 가치를 지니고 있고, 따라서 본받을 가치가 있다.

어떠한 조직 모형을 사용하느냐와는 상관 없이, 우리는 무엇보다도 교회 정치의 목표는 하나님의 백성 전체가 주님의 뜻을 분별하고 수행하는 것을 촉진시키는 데 있다는 것을 명심하여야 한다. 오직 우리가 그리스도에게 순종할 때에만, 우리는 진정으로 하나님께서 원하시는 종말론적인 계약 공동체가 될 수 있다. 우리의 목표는 우리 주님이 다시 오실 때까지 하나님의 계획을 실현하고 진전시키는 것이다. 그런 까닭에 교회는 영원을 위하여 존재한다.

교회의 목표는 현재를 초월하기 때문에, 우리의 조직신학은 완결되지 않은 채로 남게 된다. 이제 우리에게 남은 일은 우리의 교회론이 놓여 있는 좀 더 큰 맥락을 설명하는 일이다. 이를 위하여 우리는 이제 최후의 신학적 초점인 종말론으로 관심을 돌려보자.

제 6 부

종말론

　기독교 신학에 대한 조직신학적인 서술의 고전적인 형태는 종말론 또는 마지막 일들에 관한 가르침으로 끝난다. 어떤 의미에서 "마지막 일들"이라는 용어는 부적절하다. 우리는 이 용어를 시간적인 또는 논리적인 의미로 해석하는 경향이 있다. 따라서 "마지막"이라는 말은 역사적인 순서에 있어서 마지막으로 오는 것 — 오직 역사의 끝에 가서야 우리가 체험할 수 있는 것 — 을 의미한다. 또는 "마지막"이라는 말은 일련의 주제들의 끝에 오는 것으로서 별로 중요치 않은 것을 의미하기도 한다. 이러한 경향을 따라서 사상가들은 흔히 종말론을 신학적 성찰의 변두리에 놓여 있는 하찮은 것으로 취급하곤 한다.
　그러나 이러한 두 가지 해석의 그 어느 것과도 반대되게 우리는 "마지막"이라는 말을 헬라어 '텔로스'(telos, "목표")가 과거에 지니고 있었던 의미로 이해해야 한다. 마지막 일들에 관한 가르침을 통해서 우리는 개개인들의 삶, 인간의 역사, 피조 세계 속에서 활동하시는 하나님의 목표 또는 목적에 관하여 말한다. 우리는 우리의 조직신학의 이 마지막 단원을 이런 식으로 이해된 마지막 일들에 관한 성찰에 할애하고자 한다. 우리는 하나님의 활동들 배후에 있는 하나님의 의도를 밝히고자 한다.
　종말론에 관한 우리의 서술은 네 개의 장으로 이루어진다. 우리는 먼저 우리 개개인들을 향하신 하나님의 의도를 살펴볼 것이다(제21장). 이 차원은 흔히 "개인적 종말론"이라고 불린다. 여기에서 우리의 탐구는 죽음 너머에 있는 것을 아는 것이다. 죽음은 우리의 실존을 무의미하고 또는 비참한 결말로 이끄는 것인가? 이 질문에 대하여 기독교 신앙은 하나님의 계획은 우리가 부활을 통하여 죽음을 극복하는 것이라고 선언하는 것으로 응답한다.

다음으로 우리는 인류 전체 및 인간의 역사를 향하신 하나님의 의도에 대한 설명인 "공동체적 종말론"(제22장)으로 눈을 돌릴 것이다. 역사는 무의미한 파국으로 끝나버리고 마는 것인가? 아니면 우리 공동체의 이야기는 어딘가를 향해서 계속해서 가고 있는 것인가? 이에 대하여 우리는 역사의 방향과 관련된 성경의 이해를 근거로 이 질문에 답할 것이다. 하나님은 우리 인간의 이야기를 자신의 계획의 성취라는 방향으로 인도하고 계신다. 이러한 진리는 무엇보다도 역사의 절정으로서 그리스도의 종말론적인 재림에 대한 소망에서 분명하게 드러난다.

"마지막 일들"의 세 번째 차원은 우주 전체에 대한 하나님의 의도이다(제23장). 종말론의 우주적 측면을 통해서 우리는 역사 너머에 있는 영원을 바라보게 된다. 하나님은 모든 피조물을 자신의 궁극적인 목표, 즉 새 하늘과 새 땅에서의 영원한 공동체를 향하여 인도하고 계신다.

마지막으로, 우리는 종말론의 의도를 다루는 것으로 이 논의를 끝낼 것이다(제24장). 그렇게 함으로써 우리는 이제까지 본서 전체에 걸쳐서 서술해 왔던 조직신학의 목표를 제시함으로써 본서 전체를 하나로 묶게 될 것이다.

제 21 장

개인적 실존의 완성

> 내가 확신하노니 사망이나 생명이나 … 현재 일이나 장래 일이나 … 우리를 우리 주 그리스도 예수 안에 있는 하나님의 사랑에서 끊을 수 없으리라― 로마서 8:38-39

종말론은 삼위일체 하나님이 자신의 피조 세계를 이끌고 계시는 목표에 관한 해설이다. 우리가 "개인적 종말론"이라고 부르는 특별한 주제는 바로 이러한 좀 더 일반적인 주제 안에 놓여져 있다. 개인적 종말론이라는 측면은 우리 개개인들과 관련된 하나님의 계획의 완성을 다룬다. 그러므로 개인적 종말론의 초점은 삶의 의미에 관한 결정적으로 중요한 문제에 있다: 즉, 개인적 실존은 궁극적으로 무의미한가? 아니면 하나님은 우리 개개인의 삶에 대하여 어떤 목적을 가지고 계신가? 하나님께서 우리 안에서 실현시키고자 하시고 우리의 실존을 완성에 이르게 하고자 하시는 그 어떤 목표가 존재하는가?

우리의 논의는 자연스럽게 죽음이라는 현상으로 시작된다. 인간적인 관점에서 보면, 죽음이라는 사건은 개인의 삶의 끝이다. 그러나 복음의 좋은 소식은 우리의 실존이 죽음을 통해서 반드시 끝나는 것이 아니라고 말한다. 이런 이유로 죽음의 의미에 관한 문제를 제기하고 나서, 우리는 우리의 삶은 죽음 너머에, 구체적으로 말하면 성경에서 "부활"이라 부르는 것에서 실제적인 끝을 맞이한다는 신학적 주장을 살펴보게 될 것이다. 이러한 소망을 염두에 두고, 우리는 우리가 죽음에 직면하여 지니는 소망(중간 상태)에 관하여 묻는 것으로 우리의 탐구를 끝맺고자 한다.

죽음의 의미

죽음은 인간의 보편적인 현상이다: 모든 사람은 죽는다. 개인적 종말론은 겉보기에 한 개인의 끝으로 보이는 죽음에 대한 신앙의 응답에 관한 성찰이다. 죽음을 넘어선 우리의 소망을 서술하는 과정에서, 우리는 죽음이라는 현상을 좀 더 자세하게 살펴보고 그 현상을 신학적 맥락 속에 위치시켜야 한다.

죽음이라는 문제

죽음이라는 체험의 보편성에도 불구하고 — 또는 그 보편성 때문에 — 죽음은 커다란 신비, 아마도 인간 실존의 가장 커다란 신비일 것이다. 신비로서의 죽음은 인간에게 문제가 많은 현상이다.

정의의 문제. 죽음에 관하여 고찰할 때에 부딪히는 한 가지 문제는 생물학적 현상 그 자체이다. 의학의 커다란 진보에도 불구하고, 우리는 여전히 죽음이 무엇인지를 정확하게 정의할 수 없다. 이러한 난점은 죽음이 언제 일어나는가를 확정하는 포괄적인 수단을 고안해 내고자 하는 시도들 속에서 드러난다.

죽음에 대한 전통적인 이해는 생명의 소멸을 호흡과 심장 박동이라는 두 가지 주요한 "생명의 표징"의 중지와 동일시하였다. 이러한 판별 기준은 대다수의 상황에서 아직도 여전히 유용하기는 하지만, 정통적인 견해는 모든 것을 포괄하는 정의 역할을 하기에는 그 정교함이 부족하다. 혼수 상태에 빠진 환자들 중 소수는 과거의 기준에 의하면 죽었다고 할 수 있다. 왜냐하면 그들의 호흡은 자발적인 것이 아니기 때문이다. 그렇지만 그들 중 다수는 의식을 다시 되찾을 수 있다.[1]

과거의 견해가 지닌 단점들로 인해서 최근에는 뇌의 활동이 생명과 죽음을 가르는 중요한 지표로 떠오르게 되었다. 1968년에 하버드 의과대학 위원회는 최초로 그러한 정의를 내놓았고, 혼수 상태에 빠진 환자들의 경우에 있어서 사망을 진단하는 하나의 대안으로 제시되었다. 이 위원회는 다음과 같은 기준이 충족되는 경우에 그 사람은 사망한 것으로 판정될 수 있다고 주장하였다: 수용을 하지 못

---

1) William E. Phipps, *Death: Confronting the Reality*(Atlanta: John Knox, 1987), 14.

하고(unreceptive) 반응을 보일 수 없을 때(즉, 회복될 수 없는 혼수 상태에 있을 때); 기계적인 호흡 장치를 떼내었을 때에 움직임이나 호흡이 없을 때; 반사운동을 보이지 않을 때; 뇌파 측정기가 적어도 24시간 동안 정기적인 두뇌 활동을 보여 주는 신호를 감지하지 못할 때(그 사람이 저체온증에 걸리거나 중앙 신경계의 마비 상태에 있지 않다고 가정했을 때).[2]

하버드 위원회의 정의를 폭넓게 받아들여, 미국 정부 위원회는 1981년에 일관된 사망 진단에 관한 법안을 제출하였다. 이 법률은 사망 진단과 관련된 전통적인 견해를 두뇌 활동에 초점을 맞춘 새로운 견해와 통합시키고 있다. 이 법률에 의하면, "순환기와 호흡기의 회복할 수 없는 중지" 또는 "뇌관을 비롯한 두뇌 전체의 모든 기능의 회복할 수 없는 중지"를 보이는 사람은 사망한 것이다.[3]

이러한 새로운 정의들은 유용한 것이긴 하지만 사망을 정의하는 것과 관련한 모든 문제점들을 해결한 것은 아니다. 호흡과 혈액 순환을 관장하는 뇌관은 기억력과 의식을 관장하는 대뇌가 기능을 멈춘 한참 후에도 간헐적으로 뇌파 신호들을 내보낼 수 있다. 따라서 인지 기능들을 결코 회복할 수 없는, 즉 영원히 식물인간의 상태에 있는 많은 사람들은 사망으로 판정될 수 없고 인위적인 인공 장치들을 통해서 그 생명이 부지된다. 이런 상황은 몇몇 사상가들로 하여금 사망의 정의를 자발적인 대뇌 기능들의 회복할 수 없는 중지라는 의미로 좁힐 것을 요구하게 만들었다.[4]

의학은 물리적인 죽음이 무엇으로 이루어지는가를 결정하려는 시도에 있어서 많은 진보를 가져왔다. 그렇지만 그 누구도 죽음의 신비를 완전히 간파할 수는 없었다. 죽음 — 그 생물학적 차원에 있어서조차도 — 은 여전히 수수께끼로 남아

---

2) Willard Gaylan, "Harvesting the Dead," *Moral Issues and Christian Response*, ed. Paul T. Jersild and Dale A. Johnson, second edition(New York: Holt, Rinehart and Winston, 1976), 352에 재수록.

3) President's Commission for the Study of Ethical Problems in Medicine and Biomedical and Behavioral Research, *Defining Death: A Report on the Medical, Legal, and Ethical Issues in the Determination of Death*(Washington, D.C.: Government Printing Office, 1980), 73, as cited in Phipps, *Death*, 15.

4) E.g., Robert Veatch, *Death, Dying, and the Biological Revolution*(New Haven: Yale University Press, 1976), 76.

있다.

죽음과 삶의 의미. 한 인간의 죽음은 한 생물학적 유기체의 기능의 중지 이상의 것을 의미한다. 그것은 인격을 지닌 한 생명체의 종말이다. 헬무트 틸리케(Helmut Thielicke)가 말했듯이, "인격체로서의 인간이 포유동물이라는 생물학적 존재로서의 자신의 특성을 뛰어넘는 것과 마찬가지로, 인간의 죽음은 생물학적 죽음을 뛰어넘는다."[5] 따라서 죽음의 인격적 측면은 죽음이라는 물리적 현상에 대한 포괄적인 정의를 결정하는 것보다 훨씬 더 큰 문제가 된다.

죽음에 관한 논의는 우리를 인간과 그 밖의 다른 지구상의 생명체들 간의 차이라는 차원으로 데려다 준다. 우리는 단순히 하나의 피조물로서 죽는 것이 아니라 인격체로서 죽는다. 그러므로 생물학적 죽음을 정의하고자 하는 모든 시도들은 궁극적으로 우리로 하여금 이 사건의 온전한 의미를 접할 수 있게 해주지 못할 것이다.

우리는 결국은 죽을 수밖에 없다는 유한성(mortality)이라는 특질을 모든 살아 있는 것들과 공유하긴 하지만, 한 가지 측면에서 우리의 사망 체험은 다른 피조물들의 체험과 다르다. 식물이나 동물들과는 대조적으로 인간은 자신의 유한성을 인식하고 있고 그것에 관하여 성찰할 수 있다. 우리는 죽음을 실존에 있어서의 일반적인 사실로 인식할 뿐만 아니라 우리의 삶 전체에 걸쳐서 우리가 장차 죽을 것이라는 것, 우리가 이 운명을 함께 공유하게 될 그날을 향하여 가고 있는 중이라는 것을 알고 있다. 인간은 막스 쉘러(Max Scheler)가 "생명의 사망 지향성의 체험"이라 불렀던 것과 만난다.[6] 우리는 자신의 죽음을 성찰할 수 있기 때문에, 죽음의 그림자는 우리가 사는 동안에도 우리의 길을 어둡게 만든다.

우리가 자신의 죽음에 관하여 성찰할 수 있는 능력이 있다는 것은 이 현상의 좀 더 깊은 차원을 드러내준다. 죽음은 생물학적 기능의 중지일 뿐만 아니라 인격적 삶의 종말이기도 하다. 이런 식으로 죽음은 인격적 실존을 문제삼는다. 한 개

---

5) Helmut Thielicke, *Death and Life*, trans. Edward H. Schroeder(Philadelphia: Fortress, 1970), 186.

6) Max Scheler, "Tod und Fortleben," *Schriften aus dem Nachlass*(Berne, Switzerland, 1957), 1:30, Eberhard Jüngel, *Death: The Riddle and the Mystery*, trans. Iain and Ute Nicol(Philadelphia: Westminster, 1974), 14에서 재인용.

인의 삶의 종말로서의 죽음은 마치 자기가 최종적인 말인 듯이 말한다. 따라서 죽음은 우리 자신의 삶에서 의미를 발견하고자 하는 우리의 모든 시도들을 파괴해 버린다. 결국 우리는 모두 죽는다. 우리가 일생 동안 구축해 놓은 그 모든 의미는 어느 날 갑자기 죽음을 통해서 무너지고 만다. 시편 기자가 분명하게 말했듯이, "누가 살아서 죽음을 보지 아니하고 자기의 영혼을 스올의 권세에서 건지리이까" (시 89:48). 죽음이 개인의 삶에 길게 드리우는 어두운 그림자는 삶이 무의미한 부조리라는 것을 보여 준다. 이것이 전도자의 결론이었다: "모든 사람에게 임하는 그 모든 것이 일반이라 의인과 악인, 선한 자와 깨끗한 자와 깨끗하지 아니한 자, 제사를 드리는 자와 제사를 드리지 아니하는 자에게 일어나는 일들이 모두 일반이니"(전 9:2), 그들은 모두 "죽은 자들에게로 돌아간다"(3절).

그러므로 죽음과 관련하여 우리는 단순히 생물학적 유기체의 기능의 정지보다 더 큰 문제가 되는 수수께끼에 직면한다. 우리는 피할 수 없는 죽음으로 인하여 초래되는 의미의 위기(a crisis of meaning)에 직면한다. 어니스트 베커(Ernest Becker)가 통렬하게 지적했듯이, "인간의 상태가 지닌 아이러니는 그 가장 깊은 필요가 죽음과 허무에 대한 염려로부터 해방되는 것이라는 것이다: 그러나 그것을 일깨워주는 것은 삶 자체이고, 따라서 우리는 온전하게 살아 있는 것을 움츠릴 수밖에 없다."[7]

우리의 기독교 신앙은 죽음이라는 현상에 빛을 던져 주는가? 죽음은 어떤 진정한 의미를 지니는가, 아니면 정말 결국 부조리에 불과한 것인가?

성경의 궤적

우리는 죽음의 의미에 대한 탐구를 성경의 문서들로부터 시작하고자 한다. 성경에서 우리는 죽음은 궁극적으로 오직 예수 그리스도 안에서 계시된 하나님의 목적에 비추어서만 이해될 수 있다는 깨달음에서 절정에 달하는 죽음에 관한 사상의 궤적을 발견하게 된다.

구약성서: 모호한 것으로서의 죽음. 고대 히브리인들이 죽음에 관하여 성찰했을 때, 그들은 죽음이 양면적인 또는 모호한 현상이라는 것을 알게 되었다. 죽음은

---

7) Ernest Becker, *The Denial of Death* (New York: Free Press, 1973), 66.

삶에 대한 자연스러운 끝이자 원수였다. 죽음의 모호성은 구약에 나타나는 삶에 대한 강렬한 주장과의 날카로운 대비 속에서 드러난다.

히브리인들은 인간의 삶에 커다란 가치를 두었다. 그들은 많은 자손을 두고 풍요롭게 오래 사는 삶을 하나님께서 그의 백성에게 주시는 가장 좋은 선물들 중의 하나로 보았다(시 128편). 생명은 하나님과 결부되어 있기 때문에 가치가 있다. 구약성서에 의하면, 하나님은 살아 계신 자, 생명의 원천이다. 또한 하나님은 생명을 다스리는 자, 생명을 주시기도 하고 거두어 가시기도 하는 분이다(삼상 2:6; 욥 1:21). 옛 사람들은 개개 인간에서만이 아니라(욥 34:14-15) 자연계 전체에서도 생명에 대한 하나님의 통치권을 인식하였다(시 104:27-30). 생명과 하나님의 연관 관계는 실천적인 함의를 지니고 있었다: 하나님의 말씀에 대한 순종은 생명을 누리는 열쇠였다. 왜냐하면 순종은 인격적인 삶을 고양시키기 때문이다(신 5:16; 잠 3:1-2; 9:11; 사 55:3).

생명에 대한 이러한 강력한 긍정과는 대조적으로, 히브리인들은 그 밖의 다른 문화들과 마찬가지로 죽음에 대한 모호한 태도를 공유하였다. 한편으로 그들은 죽음을 노화 과정의 불가피한 결과로 이해하였다. 죽음은 생명과 마찬가지로 하나님으로부터 온다(삼상 3:6). 그러므로 "천수를 다하고" 죽는 것은 하나님께서 의인들에게 베풀어 줄 수 있었던 가장 큰 축복들 중의 하나였다. 다른 한편으로 고대인들은 죽음을 부정적으로 보았다. 구약성서는 죽음을 악, 인간이 어찌할 수 없는 외부의 힘으로 보았다(삼하 22:6; 시 89:48).

또한 히브리인들은 죽은 자들의 상태를 모호한 것으로 보았다. 구약성서의 몇몇 본문들은 그들의 운명을 비사변적이고 어느 정도 긍정적인 견지에서 말하였다. 죽는 사람은 단순히 "그의 열조에게로 돌아가는"(창 49:33) 것이다. 성경의 저자들은 죽은 자들이 있는 장소를 가리키기 위하여 스올(Sheol)이라는 단어를 공통적으로 사용하였다. 그러나 스올에 대한 언급들은 죽은 자들을 둘러싼 모호성을 강화시킨다. 종종 스올은 매우 중립적인 뉘앙스를 지닌다. 왜냐하면 스올이라는 말은 모든 사람들을 기다리고 있는 장소로서의 "무덤"을 의미하기 때문이다(창 37:35). 스올이라는 말은 또 어떤 곳에서는 좀 더 불길한 차원들을 지닌다(호 13:14). 무덤의 이러한 좀 더 부정적인 측면은 구약성서의 성도들로 하여금 죽음 너머의 개인적 실존이라는 결정적으로 중요한 문제를 제기하게 만들었다: "장정이라도 죽으면 어찌 다시 살리이까"(욥 14:14).

히브리인들은 고대 헬라 사상의 흐름과는 달리 스올을 하나님께로 올라가는 것이 아니라 내려가는 장소로 보았다. 구약성서의 저자들은 종종 스올을 묘사하기 위하여 장소와 관련된 표상들을 사용하였다. 죽은 자들은 높은 곳에 있는 하늘과는 대조적으로 깊은 곳에 있다(욥 11:8). 사람들은 스올 속으로 "내려간다"(욥 21:13; 시 55:15; 잠 15:24; 겔 31:15-17). 따라서 스올은 땅 밑에 있는(시 63:9; 겔 32:18) 구덩이이다(사 14:15; 겔 31:14). 히브리인들은 장소와 관련된 표상들을 사용했음에도 불구하고 실제로는 스올을 실제 장소라기보다는 어떤 상태인 것으로 인식하였던 것 같다.[8]

종종 스올은 중립적인 견지에서 묘사되긴 했지만, 구약성서의 기자들은 스올과 관련된 체험을 부정적으로 보는 것이 좀 더 일반적이었다. 스올 체험은 하나님의 임재로부터 분리되는 것을 의미한다. 죽은 자들은 야웨를 찬양할 수 없다(시 6:5). 그들은 "적막한 데로 내려간다"(115:17). 히스기야는 자신의 임박한 죽음을 앞두고 죽는다는 것은 산 자들의 땅에서 다시는 하나님을 볼 수 없다는 것을 의미한다고 말했다(사 38:10-11). 일반적으로 구약성서의 기자들은 스올을 영속적이고 변경할 수 없는 운명이라고 말하였다(욥 7:9). 죽은 자들은 하나님의 신실하심을 소망할 수 없다(사 38:18).

죽은 자들의 상태의 부정적인 성격에도 불구하고, 스올에 직면했을 때의 한 소망이 구약성서에 표현되어 있다. 스올은 궁극적으로 의인들이 아니라 불의한 자들을 위한 장소이다. 시편 기자는 악인들이 "무덤으로 돌아가는" 반면에 고난받은 자들의 소망은 결코 헛되지 않을 것임을 확신하였다(시 9:17-18). 또 다른 대목에서 시편 기자는 자기가 하나님께 부르짖었기 때문에 수치를 당하지 않게 해달라고 하나님께 간구한다. 이와는 반대로 악인들은 수치를 당하고 스올에 아무 말도 못하고 누워 있는 것이 당연하다(31:17). 그리고 스스로를 의뢰하는 자들은 스올에 내려가기로 예정되어 있다(49:13-14).

구약의 공동체는 사망과 스올의 세력이 최종적인 것이 아니라고 결론을 내리게 되었다. 오히려 그 반대로 하나님은 그의 백성에게 이 운명을 피할 수 있는 생명의 길을 보여 주셨다(시 16:8-11; 잠 15:24). 따라서 의로운 시편 기자는 장래의

---

8) George Eldon Ladd, *The Last Thing* (Grand Rapids: Eerdmans, 1978), 32.("종말론",「신약과 비평 외」에 수록: 조지 래드 전집 2: 크리스챤다이제스트)

지복(至福)을 기대할 수 있었다: "주의 교훈으로 나를 인도하시고 후에는 영광으로 나를 영접하시리니"(시 73:24).

그러나 성도들은 좀 더 큰 소망의 원천 — 하나님 자신 — 을 알고 있었다. 스올은 하나님이 아시는 범위 너머에 있지 않다(139:8). 그러므로 하나님은 의인들을 스올의 권세로부터 건져내어 자기 앞으로 데려오실 수 있다. 시편 기자는 이러한 소망을 표현하였다: "하나님은 나를 영접하시리니 이르므로 내 영혼을 스올의 권세에서 건져내시리로다"(시 49:15; 또한 86:13을 보라). 그러나 이 소망을 가장 장엄하게 표현하고 있는 것은 아마도 호세아일 것이다. 하나님은 이스라엘의 신실치 못한 역사를 조목조목 나열하다가 갑자기 다음과 같이 선언하신다: "내가 그들을 스올의 권세에서 속량하며 사망에서 구속하리니 사망아 네 재앙이 어디 있느냐 스올아 네 멸망이 어디 있느냐"(호 13:14).

구약성서의 기자들은 무덤 너머의 궁극적인 구원에 대한 소망을 육체적인 실존과 결코 분리하지 않았다. 히브리적인 인간론은 육체가 없는 상태에서의 실존을 비롯한 다른 그 어떤 형태로서의 인간의 삶을 머릿속에 그릴 수가 없었다. 이것은 하나님이 택하신 의로운 선지자로서 스올을 완전히 피하고 육체로 승천한 엘리야의 경우에서 아주 두드러지게 드러난다(왕하 2:11). 그런 까닭에 욥은 다음과 같은 말을 주장할 때에 엘리야와 관련된 전승 전체를 말하였다: "내가 알기에는 나의 대속자가 살아 계시니 마침내 그가 땅 위에 서실 것이라 내 가죽이 벗김을 당한 뒤에도 내가 육체 밖에서 하나님을 보리라 내가 그를 보리니 내 눈으로 그를 보기를 낯선 사람처럼 하지 않을 것이라 내 마음이 초조하구나"(욥 19:25-27).

포로 시대 동안에, 하나님께서 의인들을 구원하실 것이라는 소망은 종말론적인 부활에 대한 기대로 이어졌다. 하나님의 사자로 온 천사가 다니엘에게 이 엄청난 미래의 사건에 관하여 알려주었다: "많은 사람이 깨어나 영생을 받는 자도 있겠고 수치를 당하여서 영원히 부끄러움을 당할 자도 있을 것이며"(단 12:2). 그러나 그 위대한 날을 기다리는 죽은 자들의 상태에 관하여 다니엘은 그들이 지금 "땅의 티끌 속에서 잠자고 있다"라는 것 외에는 그 어떠한 지식도 얻지 못했다.

신약성서: 죽음에 직면했을 때의 소망. 신약성서는 죽음의 의미를 고찰하는 것과 관련하여 새로운 관점을 제시해 준 사건을 증언하고 있다: 하나님의 권능이 나사렛 예수를 죽은 자로부터 일으키셨다.

신약성서의 기자들은 죽음을 예수의 부활이라는 관점에서 보았기 때문에, 죽음과 관련된 모든 모호성은 제거되었다. 우리가 구약성서에서 발견한 부정적인 평가는 신약성서에서도 그대로 적용되었다. 예를 들면, 히브리서의 저자는 죽음을 인간의 마음에 두려움을 불러일으키는, 사탄의 권세 아래에 있는 악한 세력으로 묘사하였다(히 2:14). 예수께서도 죽음을 원수라고 알고 있었다. 겟세마네 동산에서 예수는 하나님과 함께하고자 하는 자신의 소망을 표현하였고, 십자가 위에서는 하나님께서 자기를 버리셨다고 부르짖었다(막 14:32-36; 히 5:7; 막 15:37).

죽음에 대한 부정적인 평가는 특히 바울에게서 두드러졌다. 바울 사도는 죽음과 죄를 직접적으로 연결시켰다. 죽음은 인간의 죄로 말미암아 세상에 들어왔고(롬 5:12), 지금도 여전히 죄의 결과이다(6:23). 사실 죄와 죽음은 우리 안에서 활동하는 율법, 우리를 종으로 삼고 있는 외부의 세력이다(7:21-25; 8:2; 또한 7:5; 약 1:15을 보라). 또한 바울은 이 둘 사이의 연관 관계도 구체적으로 설명하였다. 죽음은 죄가 인간을 다스릴 때에 사용하는 수단이고(롬 5:21), 죄는 죽음에게 독침을 준다(고전 15:56).

신약성서의 기자들은 죽음의 이질적 성격이라는 구약성서의 주제를 발전시켰지만 예전의 소망을 명확히 하고 확대하였다. 스올(또는 이 말에 해당하는 헬라어인 Hades)은 최종적인 것이 아니다. 왜냐하면 하나님은 죽음의 권세보다 더 크시기 때문이다. 성경의 문서들은 죽음의 권세에도 불구하고 우리 구주 그리스도는 "사망을 폐하시고 복음으로써 생명과 썩지 아니할 것을 드러내신지라"(딤후 1:10)고 선언하는 데 한 목소리를 내고 있다. 구약의 성도들에게 알려져 있던 생명의 길은 예수 안에서 계시되었다. 그 결과 우리가 그를 보내신 자를 믿고(요 5:24) 그의 말씀을 지킨다면(요 8:51), 우리는 이미 죽음으로부터 생명으로 옮겨간 것이고(요일 3:14) 죽음을 보지 않게 될 것이다. 역사의 끝에서 여전히 살아있는 신자들에게는 이 영적인 진리가 육체적으로 체험될 것이다. 그들은 생물학적인 죽음을 피하게 될 것이다. 왜냐하면 그들은 높이 들어올려져서 공중에서 재림하시는 주님을 만나게 될 것이기 때문이다(살전 4:13-17; 또한 요 21:22-23을 보라).

영원한 생명은 우리의 현재적 소유이다. 그럼에도 불구하고 죽음에 대한 최종적인 승리는 미래에 있다. 죽음은 여전히 우리의 최후의 원수이다(고전 15:26). 죽음은 우리의 죽을 몸들이 죽지 않음을 덧입을 때에야 비로소 극복될 것이다(54-55). 그때에는 하나님이 죽음을 우리의 실존으로부터 추방하실 것이다(계

20:14; 21:4, 8).

예수의 부활은 죽음에 대한 신약성서의 이해에 추가적인 한 요소를 도입하였다. 그것은 죽음이라는 체험을 상대화시켰다. 성경의 저자들은 죽음 너머의 소망을 표현했을 뿐만 아니라 죽음에 직면했을 때의 소망도 표현하였다. 죽음은 여전히 원수로 남아 있긴 하지만 이제 이미 예수에 의해서 정복당한 원수이다. 이런 이유로 장차 죽을 것이라는 전망과 우리 자신의 죽음에 대한 생각은 더 이상 우리에게 두려움이 되지 못한다. 신약성서는 죽음은 신자들을 하나님의 사랑으로부터 갈라놓지 못할 것이라고 선언한다(롬 8:34-39). 우리는 죽음을 통해서 버림받는 것이 아니라, 하나님의 가까이 하심과 사랑에 의해서 둘러쳐진다. 그런 까닭에 "떠난다는 것"은 "그리스도와 함께" 있는 것을 의미한다(빌 1:23).

이런 식으로 상대화된 죽음은 더 이상 인간에게 가장 큰 비극이 될 수 없다. 오히려 그 반대로 죽음은 특별한 희생제사의 방식이 될 수 있다. 그리스도에 대한 증언으로 말미암아 죽임을 당하는 자들에게 죽음은 그리스도의 위대한 희생제사를 반복하고 참여하는 수단이 된다(딤후 4:6; 빌 2:17; 계 6:9).

요컨대, 신약성서의 좋은 소식은 한 사람이 이미 죽음에 대하여 승리를 거두었다는 주장이다. 언젠가는 이 승리는 완성될 것이고, 죽음 그 자체는 인간사로부터 제거될 것이다. 따라서 죽음은 더 이상 모호하지 않다. 죽음은 죄와 결부된 악한 대적이고, 그렇기 때문에 인류의 최대의 원수이다. 그렇지만 이 원수는 원칙적으로 패배당한 적이다. 그 결과 죽음은 하나님의 사랑으로부터 우리를 분리시키기는커녕, 우리가 하나님께서 우리에게 예수 안에서 보여 주신 은혜에 대하여 죽음으로써 증언할 때에 그리스도를 영화롭게 하는 방법이 될 수 있다.

죽음의 신학적 의미

이러한 성경의 주제들은 죽음의 의미를 이해할 수 있는 배경을 제공해 준다. 이 현상을 올바르게 이해하기 위해서, 우리는 죽음을 예수 그리스도 안에서 계시된 피조물에 대한 하나님의 궁극적인 의도라는 관점에서 보아야 한다.

죽음과 생물학적 영역. 죽음의 의미에 대한 성찰은 우리로 하여금 즉시 이 현상이 겉보기에 지극히 자연스럽다는 인상을 받게 한다. 죽음은 이 땅의 모든 생물들에게 걸쳐 일어나는 보편적인 것이다. 그러므로 죽음은 생물학적 영역의 자연스러운 측면이라는 결론이 나오는가? 죽음은 그저 지상적 실존에 대한 자연스러운 종말일 뿐인가?

죽음은 자연스러운 것인가라는 문제에 대해서 과학은 결코 적절하게 대답할 수 없다. 생물학적 탐구를 통해 우리는 모든 피조물은 결국 죽는다는 사실은 입증할 수 있다. 그러나 "자연스러운"이라는 용어가 현상이 아니라 당위를 가리킨다면, 우리는 모든 피조물이 죽는 것이 자연스러운 것인지에 대해서는 결코 결론에 도달할 수 없다. "당위"에 관한 고려들이 도입되면서, 우리는 의도 — 궁극적으로는 창조주의 의도 — 라는 영역으로 들어가게 된다. 그런 까닭에 "당위"라는 문제를 제기하는 것은 우리가 이 문제를 신학적인 — 특히 종말론적인 — 관점에서 볼 것을 요구한다.

신학적으로 — 하나님의 종말론적인 목표라는 관점에서 — 볼 때, 우리는 죽음은 부자연스럽다는 결론을 내리게 된다. 죽음은 피조물에 대한 하나님의 목적에 반(反)하는 것이다. 종말론적인 갱신(renewal)에 관하여 요한이 본 환상은 하나님의 의도를 드러내 주었다. 요한은 "사망과 음부도 불못에 던져지는"(계 20:14) 것을 보았다. 이 표상을 통해서, 영감받은 이 선견자는 결국 새 창조에서는 죽음이 사라질 것이라는 것을 알게 되었다(21:4). 새 질서 속에서는 하나님 자신이 친히 자기 백성과 함께 거하실 것이고(21:3), 하나님의 임재는 생명의 통치를 의미하기 때문에, 죽음은 거기에 들어설 자리가 없다. 죽음은 하나님께서 정하신 우리 인간의 운명을 거역하는 것이고, 하나님의 목적은 우리가 하나님과 함께 공동체를 누리는 것이기 때문에, 궁극적으로 죽음은 부자연스러운 것이다.

공동체의 상실로서의 죽음. 우리로 하여금 죽음은 부자연스러운 것이라는 결론을 내리게 만든 토대는 죽음과 공동체의 평행적인 관계를 암시해준다. 죽음은 창조의 자연스러운 차원이 아니라, 죄의 산물, 결과, 도구라고 바울은 선언한다. 제7장에서 우리는 죄를 실패, 좀 더 구체적으로 말하면 공동체의 실패라고 말했다. 우리는 이제부터 죽음, 죄, 공동체 사이의 이러한 연관 관계를 살펴보아야 한다.

성경에서 죽음은 단순히 생물학적 유기체의 종말이 아니라 인간이 하나님의 의도를 파괴한 것으로부터 생겨난 끔찍한 결과이다. 성경에 의하면, 죽음의 반대는 단순히 물리적인 생명 또는 생물학적인 기능이 아니라 영원한 생명이다. 영생은 하나님의 임재 앞에서 및 하나님의 뜻을 따라 살아가는 실존이다.[9] 죄는 이러한 하나님의 의도에 따라 살아가지 못하는 것이다. 그 결과 죄는 죽음으로 이어지는데, 여기에서 죽음은 단순히 물리적인 생명의 상실이 아니라 하나님으로부터의 분리를 의미한다.

자신의 피조물을 향한 하나님의 궁극적인 목표는 공동체, 즉 우리가 하나님, 인간 상호간, 우리의 환경과 더불어 영원한 교제를 누리는 것이다. 그리고 죄는 이러한 목적을 파괴하는 것이다. 죽음과 죄의 연관 관계는 죽음이 공동체에 대립된다는 것을 의미한다. 죄가 낳는 상태는 교제의 영원한 상실이다. 죽음은 하나님과의 공동체 관계에 대한 단절이고, 이것은 마찬가지로 다른 사람들 및 물리적인 환경과의 교제의 단절을 수반하는 것으로서 결국 생물학적 죽음에 이르게 된다.

옛 히브리인들은 죽음이 공동체와 반대된다는 것을 인식하였다. 구약성서의 기자들은 스올이 어떤 사람을 하나님과의 교제로부터 끊어 놓는다는 것을 분명하게 말하였다. 스올에 있는 사람들은 하나님을 찬양할 수도 없고 하나님을 소망할 수도 없다.

우리는 이러한 고찰을 한 걸음 더 진척시켜야 한다. 죽음이 공동체의 상실을 의미한다는 점에서, 죽음은 고립을 수반한다. 죽음은 관계의 상실을 의미한다: 따라서 죽음은 급진적인 개인주의를 향한 경향의 화신이자 최종적인 표현이다. 생물학적 죽음은 죽음의 이러한 차원을 보여 주는 생생한 표징 역할을 한다. 어떤 사람이 많은 사람들에 의해서 둘러싸인 채 죽는다고 하여도, 결국 죽음은 개인의 문제이다. 각각의 인간은 전적으로 홀로 죽음을 통과한다. 그 누구도 다른 사람을 대신해서 죽음을 겪을 수 없고, 그 누구도 다른 사람을 동반해서 죽음을 통과할 수 없다.

죽음을 홀로 겪을 수밖에 없다는 것은 죽음의 철저히 개인주의적인 성격의 좀 더 깊은 측면을 보여 준다. 한 개인으로 존재한다는 것은 역사를 가진다거나 정체성에 관한 이야기를 가진다는 것을 의미한다. 앞에서 보았듯이, 개인의 서사는 결

---

9) 예를 들면, Rudolf Bultmann, "zoe," in the *Theological Dictionary of the New Testament*, ed. Gerhard Kittel, trans. Geoffrey W. Bromiley(Grand Rapids: Eerdmans, 1964), 2:863-64를 보라. 또한 Hans-Joachim Ritz, "bios," in the *Exegetical Dictionary of the New Testament*, ed. Horst Balz and Gerhard Schneider, English translation(Grand Rapids: Eerdmans. 1990), 1:219, and Luise Schottroff, "zoe," in *EDNT*, 2:105-6을 보라.

코 단순히 고립된 한 개인의 이야기가 아니다. 오히려 이와는 반대로 우리의 이야기는 언제나 우리가 참여하고 있는 하나의 백성 또는 하나의 세계의 이야기 속에 뿌리를 두고 있기 때문에, 고립된 개인(그러한 상황이 가능하다면)은 그 어떤 이야기도 가질 수 없다.

죽음은 특정한 개인의 이야기를 갑자기 끝내버리는 것이기 때문에, 앞에서 말한 바로 그러한 상황을 개시시킨다. 이것은 우리가 이제 계속되는 이야기를 갖지 못한다는 것을 의미한다. 우리의 이야기에 있어서의 이러한 단절은 단순히 죽은 자들이 그들 자신의 삶으로부터 끊어지기 때문만이 아니라 그들이 우리의 개인적인 이야기들이 뿌리박고 있는 살아있는 공동체로부터 분리되기 때문이기도 하다. 이러한 분리는 근본적이다. 왜냐하면 죽음은 우리가 일생에서 만들어내고자 했던 그 어떤 의미에 대해서도 의문을 제기하고, 우리의 과거의 실존 전체에 대하여 무의미(無意味)의 그림자를 드리우기 때문이다. 그러므로 죽음은 공동체의 단절, 고립으로의 추락, 정체성의 상실이다.

죽음의 궁극성의 상실. 죽음은 종말론적 갱신의 때까지 계속해서 우리와 함께 있다. 비록 신자들일지라도 의미(meaning)와 개인의 정체성을 파괴하는 잠재력을 지니는 죽음을 통과하지 않으면 안 된다. 그렇지만 예수께서 우리를 향하신 하나님의 목적을 계시함으로써 죽음에 대한 우리의 이해는 근본적으로 변화되었다. 죽음은 "최후의 원수"로서의 무시무시함을 떨쳐내 버린 것은 아니지만 과거와는 달리 더 이상 이제 우리의 궁극적인 대적이 아니다. 죽음은 그 궁극성을 상실하였다: 죽음은 우리에 대하여 최종적인 선고를 할 수 없고, 우리의 실존을 부정할 수 없다.

죽음의 궁극성의 상실은 우리가 죽음의 잠재력을 평가하는 새로운 방식에서도 드러난다. 우리는 이 대적이 엄청난 힘을 지니고 있다는 것을 인정하긴 하지만 죽음을 궁극적으로는 무력한 것으로 본다. 하나님께서 우리에게 영원한 생명을 주셨기 때문에, 죽음은 공포의 대상으로서의 성격을 상실하였다. 죽음은 영원토록 하나님과 함께하는 공동체를 파괴하고자 하는 위협을 이룰 수 없다. 우리는 죽음을 넘어서 하나님의 임재 속에 있는 영원한 미래를 바라본다. 우리는 더 이상 죽음이 가져오는 고립 때문에 불안해하지 않는다. 우리는 하나님과의 교제를 누리도록 예정되어 있기 때문에, 죽음이 더 이상 우리의 실존의 끝이 아니라는 것을 안다. 그러므로 우리는 죽음의 경고에 귀를 귀울이는 것이 아니라 내주하시는 성령으로 말미암아 이미 우리 안에 임재하시는 하나님의 약속에 우리 자신을 의탁한다.

우리는 죽음을 넘어서 하나님께서 우리에게 약속하신 영원한 공동체를 바라볼 수 있기 때문에 죽음에 직면해서도 확신을 가지고 담대할 수 있다. 죽음은 더 이상 과거와는 달리 우리를 고립시켜 우리로 하여금 홀로 통과하게 만드는 그런 체험이 아니다. 반대로 예수는 우리를 위하여 죽음을 맛보셨고, 그 결과로 우리는 홀로 죽지 않는다. 죽음 속에서조차도 우리는 공동체를 누린다. 왜냐하면 우리는 그리스도 안에 있는 하나님의 사랑에 의해서 둘러싸여 있기 때문이다.

죽음은 그 궁극성을 상실했기 때문에 이제 긍정적인 의미를 지닐 수 있다. 독침이 제거된, 인류의 이 마지막 원수는 이제 회심을 통하여 일어나는 변화를 나타내는 은유 역할을 하고, 우리가 과거의 잘못된 삶의 방식을 버리는 것을 나타내는 상징 역할을 한다. 개인의 실존의 종말로서 한때 생명 위에 무의미의 그림자를 드리웠던 우리의 과거의 대적은 이제 우리가 이 땅에서 하나님을 섬기는 소명을 완료했다는 것을 말해주는 표징이 된다(딤후 4:7). 과거에는 스올의 어두운 영역으로 우리를 인도했던 이 악한 세력은 이제 심지어 축복의 근원이 될 수도 있다. 죽음은 안식으로 들어가는 문, 인생의 염려와 고통으로부터 놓여나는 것이다. 요한의 환상 속에서 천사가 분명하게 말했듯이, "지금 이후로 주 안에서 죽는 자들은 복이 있도다." 이에 대하여 성령은 "그러하다 그들이 수고를 그치고 쉬리니 이는 그들의 행한 일이 따름이라"(계 14:13)고 대답하였다.

한때 아무도 하나님을 찬양할 수 없는 처소로 내려가는 것을 의미하였던 죽음은 이제 순교자들에게는 우리 모두를 위하여 고난받으신 분을 찬양하며 그들의 생명을 희생 제물로 바치는 수단이 되었다. 바울이 자기가 죽는 것이 "유익"이라고 결론을 내릴 수 있었던 것도 결코 이상한 일이 아니다(빌 1:21). 바울은 순교자로서의 자신의 죽음을 통하여 하나님께 드리는 관제로서 자신의 생명을 부을 수 있었다(딤후 4:6).

부활을 통한 죽음의 극복

우리는 피조물을 향한 하나님의 목적은 생명 — 하나님의 영원한 공동체에의 참여 — 이라고 선언한다. 그러한 생명을 지닌 자로서 예수는 죽음을 패배당한 적으로 만들어 버리셨다. 우리는 언젠가는 하나님께서 우리를 하나님 자신, 인간 상호간, 모든 피조물과의 완전한 교제로 이끄실 때에 우리의 개인적 실존에 대한 죽음의 위협을 온전히 극복하게 될 것이다.

이러한 근본적인 기독교적 주장은 수단과 관련된 문제를 불러일으킨다: 우리는 어떤 식으로 궁극적으로 죽음을 극복하는가? 어떤 사건을 계기로 우리는 그 공동체에 영원히 참여하게 되는가? 이에 대한 기독교의 메시지의 대답은 "부활"이라는 은유적인 단어로 요약되어 있다. 우리는 그리스도와 합하여 부활 체험에 참여하게 되는 위대한 종말의 그날에 죽음을 극복하게 될 것이다.

우리의 소망은 우리가 하나님께서 그의 피조물을 위하여 계획하신 종말론적 갱신에 참여하게 되는 것이다. 우리의 참여는 다름 아닌 부활에 의해서 이루어지기 때문에, 부활이라는 사건은 개인적 실존의 완성이 된다. 그러나 우리의 이러한 주장은 좀 더 설명이 필요하다. 우리는 우리의 실존의 완성에 도달한 삶의 성격을 탐구하는 것으로써 이 논의를 시작할 것이다. 그런 다음에 우리는 그러한 완성을 매개해 주는 실제적인 사건을 살펴볼 것이다.

완성에 도달한 개인적 삶의 성격

기독교의 메시지는 개인의 삶은 궁극적으로 부활을 통해서 완성에 도달한다고 선언한다. 그러나 이러한 기대는 오늘날 보편적으로 받아들여지고 있는 것은 아니다. 우리는 그 밖의 다른 종말론적 비전들을 맥락으로 해서 기독교의 부활 소망을 설명할 필요가 있다.

삶의 완성에 관한 오늘날의 비전들. 자연과학과 과학적인 방법론이 급속하게 발전하면서 현대의 많은 사람들은 개인의 삶에는 그 어떤 완성도 존재하지 않는다는 결론을 내리게 되었다: 우리의 실존은 죽음으로 끝이 난다는 것이다. 우리는 이미 우리로 하여금 영원한 공동체를 누리게 하는 것이 하나님의 의도라는 것을 토대로 하여 이러한 입장에 반대하는 논증을 편 바 있다. 그러나 우리는 아직 죽음 너머에 있는 공동체를 자세하게 설명하지 않았다. 하나님께서 우리에게 정하신 운명의 성격은 오늘날 여전히 논쟁의 대상이다.

(1) 한 가지 유력한 견해는 무덤 너머의 공동체를 신적 실체와의 연합으로 이해하는 것이다. 흔히 합일설(monism)로 불리는 이러한 입장을 지지하는 사람들

은 일반적으로 하나님을 어느 정도 비인격적인 관점에서 이해한다. 그러므로 절대자와의 연합은 인간의 개인적 특성들의 해소와 하나님과 피조물간의 구별의 해소를 수반한다.

동양의 종교들에서 전형적인 일원론, 즉 개인의 생명이 신적인 생명 속으로 융합된다는 견해는 오늘날의 몇몇 기독교적 가르침의 조류들 속에서도 존재한다. 예를 들면, 과정 신학은 현세 이후의 실제적인 개인적 실존을 위한 여지를 전혀 인정하지 않는다. 우리의 삶은 하나님 체험의 여러 측면들이 되었다는 점에서만 계속된다. 전이(轉移, "자아와 다른 어떤 것에 대한 느낌")라는 개념을 통해서,[10] 과정 신학자들은 인간 주체들의 다중성이 통일성(이것이 하나님이다)을 획득하는 그러한 영원을 생각한다.[11]

여성 신학자인 로즈마리 래드퍼드 류터(Rosemary Radford Ruether)는 이것보다 한층 더 분명한 일원론적 견해를 제시하였다. 그녀는 죽음을 "개체화된 자아가 종국적으로 소멸되어 거대한 존재의 모판 속으로 융합되는 것"이라고 보았다. 그녀에게 있어서 절대자는 "우리의 업적들과 실패들이 한데 모여져서 존재의 직물(織物)로 동화되어 새로운 가능성들 속으로 포섭되는 … 거대한 집단 인격"이다.[12]

사후에 신과 연합된다는 사상은 개인적 생명에 충분한 지위를 부여하지 않는다. 일원론적 견해들은 모든 개인적인 특징들을 말살해버린다. 왜냐하면 궁극적으로 그들은 사람들 사이의 영원한 차이들뿐만 아니라 하나님과 피조물 사이의 영원한 차이도 인정하지 않기 때문이다. 그렇게 함으로써 그들은 하나님의 궁극적인 인격성과 인간의 삶의 인격성을 훼손시킨다.

또한 일원론은 인격성을 부정함으로써 공동체도 파괴한다. 공동체는 본질상 인격체들 사이의 교제를 수반한다. 이것은 삼위일체의 세 위격들의 공동체인 하나님의 생명에서 분명하게 드러난다. 개인적 생명에 충분한 지위를 부여하지 않음으로써 일원론은 그 삶의 완성을 이루는 공동체에 대한 타당한 이해를 제시할 수 없

---

10) Marjorie Hewitt Suchocki, *God — Christ — Church* (New York: Crossroad, 1984), 179.

11) Ibid., 190.

12) Rosemary Radford Ruether, *Sexism and God-Talk* (Boston: Beacon, 1983), 258.

다.

(2) 환생설(reincarnation)은 일원론보다 한 걸음 더 나아가서 개인의 삶에 좀 더 진지하게 주목하고자 한다. 사람이 죽게 되면, 그는 즉시 신과 융합되는 것이 아니다. 왜냐하면 죽은 사람은 새로운 지상적인 형태로 다시 나타나기 때문이다. 영혼이 이 지상에서 이런저런 몸을 입고 태어나면서, 이러한 환생의 고리는 무한히 계속될 수 있다.

엄밀하게 말해서, 환생설은 종말론적 비전으로서의 기능을 할 수 없다. 일련의 환생이 무한히 반복된다면, 거기에는 개인적 삶의 완성이란 존재하지 않고(오직 환생 — 죽음 — 환생이라는 영원한 순환만이 존재할 뿐이다), 따라서 삶은 궁극적으로 무의미하다. 그러나 죽음과 환생의 순환이 결국 끝나는 것이라면(신적인 절대자를 통해서 개인의 정체성이 상실되는 것 등을 통해서), 환생설은 기본적으로 일원론으로 가는 수단일 뿐이다.

환생설은 일원론적인 견지에서 이해되든 그렇지 않든 여러 가지 난점들을 지닌다. 이 가르침은 지상적인 육체적 실존을 진지하게 고려하지 않는다. 이 학설은 사람의 진정한 실체는 무형의 영혼이고, 이 영혼이 이 몸에서 저 몸으로 옮겨 다니는 것이라고 생각한다. 그러므로 몸은 우리의 본질에 참여하지 않고, 단지 영혼이 일시적으로 머무는 수단에 불과하다. 또한 이 학설은 몸을 지닌 개인의 실존을 개인의 정체성을 구성하는 것으로 진지하게 받아들이지 않는다. 환생설은 종말론적 공동체에서 완성에 도달하는 것이 몸을 지닌 개인의 생명이라는 것을 부인한다. 특정한 생명 — 그 어떤 정체성에 관한 이야기 — 은 단지 그것을 초월하는 영혼의 발전 과정에 있어서의 한 단계일 뿐이다. 개인의 삶의 영원한 의미를 부정함으로써 환생설은 공동체 속에서 개인의 삶이 완성된다는 개념을 부정한다.

(3) 환생설과는 대조적으로 세번째 비전인 영혼 불멸설(immortality of the soul)은 개인의 인간적 실존을 중시한다. 이 견해에 의하면, 개인의 삶은 죽음을 통해서 영혼을 담고 있던 몸을 버림으로써 그 영원한 지복 상태에 도달할 때에 완성에 이르게 된다. 고대 헬라의 철학자들은 이러한 견해에 젖어 있었다. 아마도 그 고전적인 진술은 「파이돈」(*Phaedo*)에서 플라톤이 소크라테스의 죽음을 설명하는 말일 것이다. 플라톤의 주장은 죽음은 단지 철학적 성찰을 통해서 시작된 해방을 완성하는 것일 뿐이라는 것이다. 죽음은 영혼을 오염시키는 육체의 불완전함들로부터 해방시키는 것이기 때문에, 영혼은 원래 영혼이 속해 있던 영원한 이데

아들의 세계로 들어갈 수 있다.[13]

영혼 불멸이라는 개념은 기독교 역사 전체에 걸쳐서 대단히 큰 영향력을 발휘하여 왔다. 몇몇 기독교 사상가들은 죽음을 통해서 개별 영혼이 영원의 충만함 속으로 들어간다고 주장한다 — 그 충만을 어떻게 이해하든지간에.

영혼 불멸설은 그 영향력에도 불구하고 문제가 있다. 이 교설(敎說)은 불멸을 하나님의 선물이 아니라 영혼에 내재하는 것이라고 주장한다. 나아가 이 가르침은 우리가 극복해야 할 것은 죽음이 아니라 육체라고 말한다.[14] 따라서 이 학설은 인간의 죄가 머무는 곳이 육체에 있다고 가정함으로써, 우리의 육체적 측면은 구속의 범위 밖에 있다고 본다.

또한 영혼 불멸설은 우리의 본질은 육체로부터 분리된 영혼에 있다고 주장하는 이원론적인 인간론을 전제한다. 이 가르침은 인간의 본성에 대한 성경적인 그리고 오늘날의 이해와 모순된다. 아울러 이 학설을 약화시키는 또 하나의 난점이 있다. 우리가 죽을 때에 육체가 없이 영혼의 충만함을 체험한다면, 사람들은 종말에 한꺼번에 인간의 최종적인 목표에 도달하는 것이 아니라 시간의 흐름 속에서 각기 다른 시점에 그 정해진 목표에 도달하게 된다. 이것은 인간의 실존의 완성에 이르게 하는 영원한 생명이 개별적인 체험이고 진정으로 사회적 현실이 아니라는 것을 의미한다.[15] 그러나 그런 식으로 이해하게 되면, 영원한 생명은 구속받은 자들의 종말론적 공동체가 아니게 된다.

기독교적 소망. 종말과 관련된 여러 기대들 가운데에서 기독교의 메시지는 개인의 실존의 완성과 관련된 독특한 비전을 제시한다. 죽음 너머에는 의인들의 부활이 있는데, 이 공동체적인 사건을 통해서 의인들은 영원한 공동체로 함께 모이게 된다고 우리는 선언한다.

---

13) Plato, *Phaedo* 64a-67b, in *The Collected Dialogues of Plato*, ed. Edith Hamilton and Huntington Cairns(Princeton: Princeton University Press, 1961), 46-49.

14) Oscar Cullmann, *Immortality of the Soul or Resurrection of the Dead*(London: Epworth, 1958), 6.

15) 이 논증의 한 변형이 Wolfhart Pannenberg에 의해서 제기되어 왔다. Stanley J. Grenz, *Reason for Hope: The Systematic Theology of Wolfhart Pannenberg*(New York: Oxford, 1990), 194-95를 보라.

부활의 소망은 개인적 종말론에 대한 성경적 성찰의 핵심이다. 옛 히브리인들은 "사람이 죽으면, 그는 다시 살게 됩니까?"라는 질문을 제기하였다. 이에 대한 대답으로 몇몇 성경의 저자들은 하나님은 스올을 이기시고 그의 성도들을 자기에게로 이끄실 것이라는 확신을 표현하였다. 그렇지만 하나님께서 이러한 위대한 일을 이루시는 수단이 부활일 것이라는 통찰을 주신 것은 묵시론자들에게였다. 신약성서는 이 묵시론적 기대가 초기 기독교 공동체의 근본적인 소망을 형성하고 있었다는 것을 증언한다.

죽음에 직면했을 때의 우리의 소망은 언젠가는 하나님이 우리를 일으키셔서 더 높은 차원의 실존, 즉 우리가 영원한 생명이라 부르는 것을 누리게 하실 것이라는 것이다. 우리는 하나님, 인간 상호간, 피조물과의 종말론적 공동체를 누리는 것으로 표현되는 우리의 존재의 목표에 도달하게 될 것이다. "부활"은 이 높은 차원의 실존을 묘사하기에 적합한 단어이다. 이 단어는 우리에게 우리가 언젠가는 누리게 될 창조의 목표가 우리의 현재의 실존과 연속성 및 불연속성, 양자를 모두 포함한다는 것을 일깨워준다.

동일성과 차이성 ― 연속성과 불연속성 ― 이라는 주제는 우리의 부활의 본보기인 예수의 부활에서 분명하게 드러난다. 예수를 따르는 자들은 그들에게 나타나셨던 부활하신 주님이 그들이 예전에 알고 있던 바로 그 예수라는 것을 확신하였다. 예수의 몸은 십자가에 못 박히실 때에 생긴 상처들을 비롯한 식별 가능한 여러 유사점들을 지니고 있었다(요 20:27). 그리고 예수의 행동들은 그가 진실로 예수라는 것을 보여 주었다. 이와 동시에 부활하신 주님은 그들에게 즉시 인식될 수 없었다. 예수는 단순히 과거의 그의 지상적인 실존으로 회복된 것이 아니라 장차 도래할 세대의 생명으로 변화되어 있었기 때문이다.

예수의 부활의 특징이었던 동일성과 차이성의 혼합은 우리의 부활에서도 분명하게 나타날 것이다. 이 사건은 현재와의 어느 정도의 연속성을 보여 줄 것이다. 부활이라는 용어 자체가 보여 주듯이, 부활은 육체, 따라서 그 연장선상에서 개인적 실존에 초점이 맞춰져 있다. 이것은 부활의 목표인 종말론적 공동체가 개인 인격체들의 교제가 될 것이라는 것을 시사해 준다. 또한 그것은 하나님의 의도는 우리를 육체 또는 이 땅으로부터 구원하는 것이 아니라는 것을 보여 준다. 도리어 우리는 현재와 같이 육체를 지닌 지상적인 피조물로서 영원한 공동체에 참여하게 될 것이다.

또한 부활이라는 개념은 우리의 현재의 실존과의 근본적인 불연속성도 보여 준다. 우리는 오직 근본적인 변화를 통해서만 하나님께서 의도하신 충만함 속으로 들어갈 수 있다. 물론 이러한 변화는 윤리적인 것이다: 우리가 지닌 죄에 대한 소질("육")은 뿌리째 뽑혀져서 완전히 그리스도를 닮은 모습으로 대체되어야 한다("영"). 또한 이러한 변화는 육체적인 것이다: 우리의 유한성 — 우리가 지닌 질병과 죽음에 대한 소질 — 은 불멸성으로 변화되어야 한다.

부활에 관한 가장 광범위한 논의를 제공한 바울은 부활이라는 사건을 바로 이와 같은 견지에서 말했다. 이 영광스러운 사건은 우리의 죽을 몸을 죽지 않는 것으로 변화시킬 것이고, 우리의 썩어질 것을 썩지 않을 것으로 변화시킬 것이다; 욕된 것과 약한 것으로 뿌려진 것이 영광스러운 것과 강한 것으로 일으켜 세워질 것이다(고전 15:42-43). 알곡이 씨로부터 나오듯이, 우리의 부활의 몸도 종말론적 공동체의 삶에 합당한 것이 될 것이다(15:37-38; 또한 막 12:24-27을 보라). 따라서 부활 너머에 있는 것을 가리키기 위하여, 바울 사도는 겉보기에 모순된 "영적 몸"(고전 15:44)이라는 용어를 사용하였다. 바울이 사용한 이 용어는 뭔가 새로운 물질인 "영으로 만들어진 몸"을 뜻하는 것이 아니라, 래드(Ladd)가 지적했듯이, "하나님의 성령의 새로운 세계에 의해서 변화되고 거기에 맞춰진 몸"을 의미한다.[16]

부활은 삼위일체 하나님의 역사(役事)이다. 하나님의 다른 역사들과 마찬가지로 성부는 성자의 본을 따라서 성령의 권능으로 말미암아 죽은 자들을 일으키신다(롬 8:11). 그런 까닭에 이 세상에서 하나님의 사역을 완성하는 분인 성령은 이 사건의 직접적인 행위자이다. 생명을 주시는 성령의 임재를 통하여 하나님은 우리를 일으키셔서 성부와 성자가 공유하는 신적인 관계에 육체를 지닌 피조물로서 온전하게 참여하게 하실 것이다. 하나님은 우리의 죽을 몸들에 생명을 주실 것이기 때문에, 하나님의 온전한 구속이라는 최종적인 선물은 우리의 개인적 삶 전체를 포괄할 것이다 — 육체를 지닌 개인들. 우리는 영원토록 육체를 지닌 개인적 실존을 누리게 될 것이다.

개인적 삶의 완성에 관한 성경의 비전은 부활에 그 초점이 맞춰져 있다. 우리는 이제 그러한 비전이 과연 가능한가라는 질문을 던져야 한다.

---

16) Ladd, *The Last Things*, 83.

부활의 가능성

부활의 메시지는 바울이 아테네에서 만났던 헬라 사상가들에게 걸림돌이었다: "그들이 죽은 자의 부활을 듣고 어떤 사람은 조롱도 하고"(행 17:32). 육체는 영혼의 감옥이라는 사상에 젖어 있었던 헬라의 철학자들은 영혼이 육체와 영원토록 다시 결합될 것이라는 사상을 터무니없다고 생각하였다.

오늘날의 시대에 부활 소망은 신학적으로 당혹스러운 가르침이 되어 왔다. 난점은 더 이상, 인간 존재의 본질로서의 영혼이라는 철학적인 개념과 부활 교리 사이의 분명한 모순으로부터 생겨나는 것이 아니다. 오늘날의 사상가들은 대체로 실체(實體)로서의 영혼이라는 개념을 포기하였다. 부활 소망은 인간의 정체성을 이루는 것이 무엇이냐에 관한 오늘날의 이해와 양립할 수 없는 것으로 보인다. 사상가들은 이제 인격의 연속성은 육체적인 정체성, 기억, 성품의 유사성 또는 정신적인 특질들 같은 요소들에 토대를 두고 있다고 주장한다.[17] 종말론적 부활의 기대는 한 개인이 죽음을 통과하여 종말의 때에 부활에 이르기까지 연속성의 가능성과 관련하여 어려운 문제를 제기한다.

우리는 한 개인의 육체의 물질적인 실체의 정체성이라는 구체적인 문제를 살펴봄으로써 이 난점을 예시해 볼 수 있다. 죽음을 통해 해체 과정은 개시되고, 이 과정을 통해서 육체의 모든 요소들은 다른 유기체들의 생명을 위한 밑거름이 되기 위하여 흙으로 돌아간다. 그러나 부활 교리는 육체가 다시 조직될 것이라고 가르치는 듯이 보인다. 죽음과 부활 사이에 그 육체의 요소들이 다른 살아있는 유기체들의 일부가 된다는 것이 사실이라고 한다면, 이런 일이 어떻게 가능한가? 육체가 죽음을 통해서 해체된다면, 그 죽은 사람이 동일한 사람으로 부활할 것이라는 것을 어떻게 우리는 주장할 수 있는가?

이러한 질문은 볼프하르트 판넨베르크(Wolfhart Pannenberg)가 회복론(the restoration theory)이라는 이름을 붙인 개념에 대하여 문제를 제기한다.[18] 그러나 기독교의 부활 소망은 땅이 죽은 자들을 과거의 모습 그대로 되돌려 준다고 말하

---

17) Stephen H. Travis, *I Believe in the Second Coming of Jesus*(Grand Rapids: Eerdmans, 1982), 164.

18) 이 관점에 관한 그의 논의에 대해서는 Wolfhart Pannenberg, "Constructive and Critical Functions of Christian Eschatology," *Harvard Theological Review* 77(1984): 130을 보라.

지 않는다. 종말론적 사건은 시신들이 지상적인 존재로 다시 돌아오는 시신들의 소생이 아니다. 부활은 어떤 사람이 우리가 공동체라는 말로 설명할 수 있는 더 높은 차원의 실존 — 하나님께서 직접 옛 것으로부터 창조해내시는 새 땅에서 하나님 및 다른 사람들과의 완전한 교제 — 으로 고양되는 것을 의미한다.

부활에 관한 이러한 성경의 기대는 지적인 신빙성이 결여있다기보다는 그 밖의 다른 대안들보다 더 잘 오늘날의 인간학적 이해와 부합한다. 오늘날의 인문과학들은 육체가 사람됨을 구성하는 요소라는 데 사실상의 의견 일치에 도달하였다. 우리는 단순히 잠깐 동안 육체를 빌려서 사는 불멸의 영혼들이 아니라 육체를 지닌 피조물들이다. 오직 부활 소망만이 인간에 대한 이러한 총체적인 이해를 진지하게 고려한다. 부활 교리는 우리가 육체를 떠나서가 아니라 오직 육체를 지니고 영혼의 충만함 속으로 들어간다는 것을 확증해 준다. 또한 사회과학자들도 인간의 삶의 공동체적 차원을 점점 더 인식해 가고 있다. 우리는 고립된 개개인들이 아니라 사회적 존재들이다. 이러한 이해도 우리가 단독으로가 아니라 공동체적으로 개인적 실존의 완성을 체험하게 될 것이라고 선언하는 부활 소망과 아주 잘 부합한다.

그러나 우리가 모든 고려들을 살펴본 결과, 그리스도인의 소망의 근본적인 토대는 그리스도 안에 계시된 하나님의 본질이다. 예수는 부활을 부인하는 사두개인들에게 "하나님은 죽은 자의 하나님이 아니라 산 자의 하나님"(막 12:24-27)이시라는 것을 일깨워 주었다. 스티븐 트래비스(Stephen H. Travis)는 이 본문을 근거로 다음과 같은 올바른 결론을 내렸다: "나는 하나님 — 예수께서 우리에게 보여주신 그런 하나님, 우리 인간 존재를 중요시하는 그런 하나님 — 을 믿기 때문에 죽음이 생명에 의해서 극복되리라는 것을 믿는다. 이 하나님이 자신에게 소중한 것을 폐기하실 것이라고 생각할 수는 없다."[19]

신약성서의 기자들은 하나님께서 우리를 자신에게로 이끄실 때에 사용하는 수단은 "부활"이라는 말로 가장 잘 설명될 수 있다고 증언하였다. 하나님께서 이러한 기적을 어떻게 이루실 것인가 하는 것은 인간의 지식을 뛰어넘는다. 그렇지만 무(無)로부터 세상을 존재케 하신 분은 우리를 새로운 창조로 이끄실 수 있다.

하나님께서 우리를 생명의 충만함 속으로 이끄시는 방법에 대해서 우리는 여전히 알지 못하지만, 하나님께서 그렇게 하실 것이라는 것은 매우 분명하다. 신자들

---

19) Travis, *I Believe in the Second Coming*, 168.

은 이미 부활의 맛보기를 체험하고 있다. 신약성서의 기자들은 우리에게 우리 안에 내주하시는 성령이 장래의 생명의 충만함에 대한 일회 분납금 또는 보증금이라는 사실을 일깨워준다(엡 1:14; 롬 8:23).

죽음에 직면해서의 소망

기독교의 메시지는 부활을 하나님께서 우리로 하여금 공동체를 온전히 누리게 해주실 수단이라고 설명한다. 언젠가 그 영광스러운 날에 우리는 그리스도와 함께 부활 체험에 참여하게 될 것이다. 그러나 우리가 우리 자신의 죽음을 생각할 때, 이 소망은 우리에게 어떠한 위로를 주는 것인가? 죽음 직후에 어떤 일이 일어나는가?

사후의 삶에 대한 여러 견해들

기독교 사상가들은 공통의 부활 소망을 공유하고 있지만, 이 소망이 죽음의 문턱을 방금 넘어선 후에 무엇이 있는가에 대한 우리의 이해에 어떤 영향을 주는지에 대해서는 의견이 분분하다. 사후의 삶에 관한 몇 가지 견해가 있다.

영원으로 들어가는 것으로서의 죽음. 어떤 견해는 죽음과 부활을 하나의 사건으로 통합한다. 이 견해를 주장하는 사람들은 사람은 죽자마자 곧 부활 소망이 가리키는 영원한 생명 속으로 들어가는 것을 체험한다고 주장한다.

이러한 견해의 근원은 죽을 때에 영혼에 무슨 일이 일어나는가에 관한 중세 말기의 논쟁에 있다.[20] 교황 요한 22세는 인간의 영혼이 종말의 심판 때까지는 지복 상태를 누리지 못하고 단지 죽은 후에 잠자고 있는 상태로 있을 뿐이라는 이론을 제시하였다. 그러나 1336년의 칙령을 통해서 요한의 후계자인 베네딕트 12세는 의인들의 영혼은 죽음을 기점으로 하나님의 본성을 즉시 관상(觀想)할 수 있다고 선언하였다. 이와는 반대로 악인들의 영혼은 심판의 날에 그들의 행실에 대하여 결산해야 할 것이지만 일단은 지옥으로 내려간다.[21]

---

20) Hans Schwarz, *On the Way to the Future*, revised edition(Minneapolis: Augsburg, 1979), 232를 보라.

이 중세의 입장을 개작한 오늘날의 좀 더 현대적인 견해는 베네딕트의 칙령 속에 내재해 있는 영원과 중간 상태의 구별을 피한다. 최근의 입장에 의하면, 죽음을 통해서 우리는 단순히 장래 우리의 영원한 운명이 될 것을 이미 체험하는 영역 속에 그대로 머무는 것이 아니다. 도리어 죽음은 시간과 영원의 경계를 형성한다. 죽음을 통해서 사람은 즉시 하늘의 부활의 몸을 입고[22] 최종적인 상태를 획득한다.[23] 또는 죽음을 통해서 우리는 즉시 역사의 종말, 심판, 영원한 나라의 영역에 놓이게 된다.[24]

이러한 입장은 유익하긴 하지만 잠재적으로 치명적인 위험성을 안고 있다. 예를 들면, 볼프하르트 판넨베르크(Wolfhart Pannenberg)는 부활에 관한 성경의 개념이 지닌 내적 논리를 토대로 "죽음을 통한 부활"이라는 입장을 거부한다.[25] 각 사람이 죽음을 통해서 의식적으로 영원한 생명을 경험한다는 점에서, 이러한 경험은 반드시 순수하게 개인적인 현실이 되어 버리고 만다. 이런 식으로 이 입장을 주장하는 사람들은 개인의 개별적인 삶의 완성을 그 사회적 또는 공동체적 맥락으로부터 분리한다. 이와는 대조적으로 성경의 사상은 우리 개인이 영원 속으로 들어가는 것을 하나의 일반적인 부활이라는 맥락 속에 놓는다.

영혼 수면설. 죽음 직후에 무엇이 기다리고 있는가에 대한 두 번째 견해의 뿌리도 1300년대 초의 논쟁에서 찾아볼 수 있다. 몇몇 사상가들은 인간의 영혼은 죽은 후에 잠들어 있으면서 종말론적 심판과 그 다음의 영원한 상태를 기다린다는 요한 22세의 주장을 좀 더 발전시켜 왔다.

영혼 수면설을 주장하는 사람들은 이 중세의 교황의 주장을 옹호하는 것일 뿐

---

21) *Constitution Benedictina*, in *The Church Teaches: Documents of the Church in English Tradition*, trans. John F. Clarkson et al.(St. Louis: Herder, 1955), 349-51.

22) 이것은 Travis, *I Believe in the Second Coming*, 175의 입장이다.

23) 예를 들면, W. D. Davies, *Paul and Rabbinic Judaism*(London: S.P.C.K., 1955), 317-18을 보라.

24) 이 견해를 주창한 최근의 학자는 Paul Althaus이다. 그의 입장에 대해서는 G. C. Berkouwer, *The Return of Christ*, trans. James Van Oosterom(Grand Rapids: Eerdmans, 1972), 38-40을 보라.

25) Grenz, *Reason for Hope*, 194-95를 보라.

만 아니라 좀 더 중요하게는 마르틴 루터의 유산을 옹호하는 것이기도 하다. 이 위대한 종교개혁자는 자신의 묵상의 글 속에서 죽음과 부활 사이에 무엇이 기다리고 있는가를 얘기하면서 잠자는 것에 비유하였다: "잠에 떨어져서 아침까지 잘 잔 사람이 아침에 깨어났을 때에 자기에게 그 동안 무슨 일이 일어났었는지를 알지 못하는 것과 마찬가지로, 우리는 마지막 날에 갑자기 부활하게 될 것이다; 그리고 우리는 죽음이 과연 무엇과 같았는지 또는 우리가 어떻게 죽음을 통과하여 왔는지를 알지 못할 것이다."[26] 또 다른 대목에서 루터는 부활을 기다리는 자신의 상태에 관하여 앞에서와 비슷한 설명을 하였다: "우리는 주께서 오셔서 무덤을 두드리시며 '마르틴 박사, 일어나시오'라고 말할 때까지 잠자고 있을 것이다. 그때야 나는 홀연히 일어나서 주님과 함께 영원히 행복하게 지내게 될 것이다."[27]

영혼 수면설을 주장하는 사람들은 그들의 견해가 성경에 토대를 두고 있다고 주장한다. 성경의 기자들은 죽은 자들을 가리키기 위하여 "잠잔다"라는 말을 사용하였다(왕상 2:10; 요 11:11; 행 7:60; 13:36; 고전 15:6, 18, 20 51; 살전 4:13-15). 그러나 비판자들은 그러한 본문들은 죽은 자들의 상태에 관한 분명한 지식을 우리에게 제공해 주지 않는다는 점을 재빨리 지적한다; "잠잔다"라는 단어는 단순히 주후 1세기에 사용된 완곡어법에 불과하다. 게다가 영혼 수면설은 인간이 영혼과 육체로 이분화되어 있어서 물질이 아닌 영혼은 잠자면서 휴식을 취하고 물질인 육체는 무덤 속에서 해체된다는 이분법을 전제하고 있다.

이러한 여러 가지 난점들에도 불구하고, 우리가 그 은유적 의도를 염두에 두면, 영혼 수면설은 부활을 기다리며 하나님 안에 있는 의인들의 지복 상태라는 성경의 주제를 잘 부각시켜준다.

영혼의 의식적 실존. 주후 20세기 이전에는 많은 신학자들은 영혼의 불멸과 육체의 부활이라는 쌍둥이 주제를 조화시키고자 애를 썼다.[28] 이러한 목적을 위하여

---

26) Martin Luther, *D. Martin Luthers Werke*, Kritische Gesamtausgabe(Weimar, 1883-), 17/2:235, as cited in Paul Althaus, *The Theology of Martin Luther*, trans. Robert C. Schultz(Philadelphia: Fortress, 1966), 414.(「루터의 신학」: 크리스챤다이제스트)

27) Luther, *D. Martin Luthers Werke*, 37:151, in Althaus, *The Theology of Martin Luther*, 415.

그들은 영원한 상태 속으로 들어가는 것을 의미하는 종말론적 사건과 죽음 사이에 영혼이 육체를 지니지 않고 인격적이며 의식적인 실존을 살아가는 것으로서의 중간 상태를 상정하였다. 또한 육체를 지니지 않은 영혼의 형태로 개인의 실존이 지속된다는 것은 죽음과 부활 사이의 한 사람의 연속성이라는 문제를 해결해 주는 것이기도 하였다. 영혼은 육체와 분리된 후에 부활의 몸을 위한 "설계도"를 지니고 있다.

중간 상태에서의 영혼의 의식적 실존을 받아들인 몇몇 신학자들은 그러한 실존이 무엇과 같을 수 있는지를 생각하게 되었다. 이에 대한 가장 분명한 대안들은 중간 상태가 지복의 장소 또는 고통의 장소라는 것이다. 로마 가톨릭 교회의 가르침은 영혼이 죽음 후에 여행하게 되는 그 밖의 여러 장소들을 추가하였는데, 그 중에서 가장 중요한 곳은 연옥이었다. 죽고 나서 대부분의 그리스도인들은 정결케 하는 곳인 고난의 장소로 들어가서, 그들의 나머지 모든 죄를 씻음으로써 천상으로 들어가기 위한 준비를 한다는 것이다.[29]

개신교 사상가들은 연옥설의 여러 문제점들을 곧 지적하기 시작하였다. 어떤 사람들은 이 개념 속에서 모종의 신학적 근거를 발견하기도 했지만,[30] 연옥은 성경의 어디에서도 명시적으로 가르치고 있지 않다.[31] 이와는 반대로 히브리서는 신약성서에서 전제하고 있는 듯이 보이는 것, 즉 죽음은 인간의 생명에 모종의 종국성을 가져다준다는 것을 요약적으로 말하고 있다: "한 번 죽는 것은 사람에게 정해진 것이요 그 후에는 심판이 있으리니"(히 9:27). 이와는 반대로 연옥설은 우리의 지상적 실존이 우리의 영원한 운명을 판가름하는 성격을 지니고 있다는 점을

---

28) James Addison, *Life Beyond Death in the Beliefs of Mankind*(Boston: Houghton Mifflin, 1931), 202.

29) 이 견해에 대한 최근의 설명으로는 Zachary J. Hayes, "The Purgatorial View," in *Four Views on Hell*, ed. William Crockett(Grand Rapids: Zondervan, 1992), 93을 보라.

30) 예를 들면, Clark Pinnock은 이 개념에 대한 모종의 근거를 발견한다. *Four Views on Hell*, ed. Crockett, 127-31에 나오는 Zachary Hayes에 대한 그의 대답을 보라.

31) 이 점은 John Walvoord와 William Crockett가 *Four Views on Hell*, ed. Crockett, 119-26에서 Hayes에 대한 답변으로 제시하고 있다.

진지하게 고려하지 않는다.

　죽음 이후에 영혼이 의식을 지닌 채 실존한다고 주장하는 모든 견해들은 잠재적으로 개신교도들이 로마 가톨릭 교회의 연옥설에서 수긍할 수 없다고 생각하는 신학적 문제점을 공유한다. 이러한 모든 견해들은 여러 가지 방식으로 지상적 삶의 종국성을 약화시킨다. 사후에 영혼이 거처할 곳이 있다는 전제의 배후에는 인간을 두 가지 실체, 즉 영혼과 육체로 나누어서 영혼을 인간됨의 진정한 담지자로 높이는 이분법적인 인간론이 자리잡고 있다. 이러한 인간론은 우리로 하여금 영혼의 선천적인 불멸성으로 인하여 우리가 죽음 이후에도 계속해서 살 수 있다는 믿음을 갖게 만드는 위험성을 안고 있다.

　좀 더 비판적으로 말하면, 영혼이 죽음 후에 의식을 지닌 채 실존하는 상태에 있다고 보는 것은 육체를 지니지 않은 영혼이 육체와는 별개로 새로운 체험들에 참여한다는 것(이 땅에서 일어나는 여러 사건들을 육체를 지니지 않고도 인식하는 것, 다른 영혼들과 육체를 지니지 않은 채로 관계를 맺는 것, 육체를 지니지 않은 채 지복이나 고통의 체험들을 하는 것 같은)을 의미한다. 그러나 영혼이 이와 같이 사후에 추가적인 체험들을 하게 된다면, 심판의 날에 부활하여 하나님 앞에 서게 될 사람은 그 지상적인 사람과 동일하지 않게 될 것이다.[32]

중간 상태에 대한 성경적 통찰

　이러한 여러 대안들을 염두에 두고, 우리는 성경의 문서들로 되돌아가 보자. 구체적으로 우리는 이렇게 묻는다: 무덤 너머의 의식적인 실존을 기대함으로써 죽음에 직면한 우리의 소망을 표현하는 것이 우리를 향한 성경의 의도인가? 우리는 죽음 이후에도 살아 있는 불멸의 영혼들로 이루어져 있어서 중간 상태로 존재하게 되는 것인가?

　구약성서의 스올 개념. 구약성서의 역사서들의 저자들은 죽음을 가리키기 위하여 "잠잔다"라는 말을 반복적으로 사용하였다(왕상 2:10; 11:43). 그러나 이러한 용법은 죽음에서 실제로 일어나는 것에 대한 설명이라기보다는 단순한 완곡어법에

---

32) 나의 이러한 통찰은 종말론에 관한 Wolfhart Pannenberg의 강연들 덕분이다. Grenz, *Reason for Hope*, 194를 보라.

불과한 것으로 보인다. 따라서 죽은 자들의 상태에 대한 구약성서로부터의 통찰을 찾고자 하는 우리의 시도의 초점은 스올이라는 개념에 있다. 앞에서 우리는 이 용어가 가리키는 실체가 모호하다는 점을 지적한 바 있다. 따라서 남은 문제는 스올에 있는 자들의 상태를 결정하는 것이다: 스올은 죽은 사람들의 영혼이 거처하는 곳인가?

스올이 무엇이고 스올이 어디에 있든지간에, 구약성서의 기자들은 스올에 거처하는 자들에 관하여서는 거의 말하지 않는다. 종종 그들은 '르바임'(rephaim)이라 불리었는데(시 88:10), '르바임'이라는 단어는 대략 "음부"로 번역될 수 있다. 조지 엘던 래드(George Eldon Ladd)는 '르바임'은 육신을 지니지 않은 인간의 영혼들을 가리키는 것이 아니라 "인간 자신의 희미한 모종의 복제품"을 가리킨다고 설명하였다.[33] 그러므로 옛 히브리인들은 죽은 다음에는 기껏해야 단지 그림자 같은 실존 정도가 있을 것이라고 이해하였다는 말이 된다(전 9:10). 따라서 스올은 죽은 이후에 실질적 인간이 휴식하는 곳이 아니다. 또한 구약성서의 기자들은 스올을 지복의 장소로 보지도 않았다.

중간 상태의 신약성서적 토대. 신약성서는 죽음 직후에 우리를 기다리고 있는 것을 이해하기 위한 좀 더 실질적인 성경적 자료가 될 수 있다. 우리는 이미 몇몇 본문들 속에서 성경의 기자들이 죽음을 가리키기 위하여 "잠잔다"라는 완곡어법을 사용했다는 것을 지적한 바 있다. 죽음과 부활 사이의 상태에 대한 우리의 개념을 위해서 이보다 더 중요한 것은 죽은 자들의 실제적인 상태에 관하여 말하고 있는 듯이 보이는 본문들이다.

몇몇 본문들은 단순히 죽은 후에 개인의 생명의 모종의 연속성을 암시하고 있을 뿐이다(빌 1:20-24). 그러나 다른 몇몇 본문들은 중간 상태와 관련하여 의식적이고 일시적인 실존의 장소가 존재한다는 분명한 단서를 제공해 주는 듯이 보인다. 우리는 이러한 본문들을 좀 더 자세하게 살펴볼 필요가 있다.

(1) 일부 시상가들은 중간 상태에는 악인들을 위한 고통의 장소('하데스,' 곧 스올에 대한 헬라어), 의인들을 위한 지복의 장소("아브라함의 품")가 존재한다는 것을 보여 주는 듯이 보이는 부자와 나사로에 관한 이야기(눅 16:19-31)에서 바

---

33) Ladd, *The Last Things*, 32.

로 그러한 세부적인 내용을 발견한다. 이 견해를 주장하는 많은 사람들은 이 이야기가 역사적인 것이라고 주장하지만, 다른 학자들은 이 이야기를 비유로 이해한다.[34] 이 이야기의 비유적 성격은 나사로라는 이름이 지니는 전형적인 상징성("하나님께서 도우셨다")에 의해서 드러난다. 나사로라는 이름이 사용된 것은 부자의 이름이 언급되고 있지 않는 것과는 상당한 대조를 보여 준다. 나사로라는 이름과 그가 아브라함의 품에 있다는 것은 의인들은 스올로 내려가는 것이 아니라 죽음 이후에 하나님과 함께 있게 된다는 구약 시대 말기의 소망과 연결된다. 아울러 이 이야기는 역사적인 것일 수가 없다. 왜냐하면 이 이야기는 심판에 관한 성경의 가르침과 모순되기 때문이다. 부자를 지옥에 있게 하고 나사로를 지복의 상태에 있게 함으로써, 이 이야기는 이 두 사람에게 최후의 심판이 이미 일어났다고 전제하기 때문이다 — 마지막 날이 아니라 죽은 이후에. 더 중요한 것은 부자의 인색함과 나사로의 가난함을 그들이 사후에 처하게 된 상태에 대한 유일한 근거로 부각시킴으로써, 이 이야기는 죽음 이후의 상태를 위한 판별 기준으로서 의(義)가 아니라 경제적 지위를 들고 있다. 이것은 현세에서 가난을 체험하는 사람들은 다음 세대에서 편안함을 누릴 자격이 있다는 것을 암시한다.

부자와 나사로 이야기가 실제로 비유라면, 우리는 "지역적인 색채"를 띠고 있을 뿐인 여러 요소들로부터 신학적인 의미를 도출해내기보다는 그 중심적인 주제를 직시할 필요가 있다. 이 이야기로부터 두 가지 주제가 즉시 드러난다. 이 이야기는 하나님 나라에서는 꼴찌가 첫째가 되고 첫째가 꼴찌가 되리라는 예수의 반복된 가르침에 대한 예화일 수 있다. 하나님의 공의는 현세에서 불우한 자들은 다음 생에서 여러 가지 것들을 누리게 될 것이라는 것을 의미할 수 있다. 이 엄청난 "하나님 나라의 역전"이 어디에서, 그리고 어떻게 일어날 것인가 하는 것은 이 이야기의 초점이 아니다.

이보다 유력한 해석은 예수께서는 우리로 하여금 이 이야기의 끝부분에서 그 의미를 찾도록 의도하셨다는 것이다. 부자는 고통을 당하면서 아직 여전히 살아 있는 자신의 형제들을 생각하게 된다. 이 이야기가 끝날 무렵에, 아브라함은 죽은 자들로부터 한 사람이 다시 살아난다고 할지라도, 그들은 믿지 않을 것이라고 선언한다. 여기서 부자의 형제들은 예수께서 이 이야기를 들려주신 상대방인 믿지

---

34) Ibid., 33-34를 보라.

않는 유대인 지도자들을 가리킨다: 예수의 부활조차도 그의 원수들에게 확신을 주지 못할 것이다. 래드(Ladd)가 결론을 내리고 있듯이, 이 비유는 부자와 나사로의 실제적인 운명, 그리고 그 연장선상에서 죽은 자들의 상태에 관하여 말하고 있는 것이 아니라, "예수에 관한 성경의 증언을 받아들이기를 거부하는 유대인들의 완악함과 고집스러움에 관한 것이다."35) 예수께서 지복의 상태와 고통의 상태를 대비시켜 묘사하신 부분에 대해서는, 우리는 스티븐 스미스(Stephen Smith)의 결론을 따르는 것이 좋을 것이다: "아마도 그러한 표상을 통해서 예수께서 가르치고자 하시는 것은 우리의 신념들과 거기에서 파생되는 생활 방식들로부터 초래되는 실제적이고 영원한 결과들이다."36)

(2) 또한 바울이 죽음 이후에 "손으로 짓지 않은 장막"(고후 5:1-9)을 기대한 것도 중간 상태에 대한 통찰을 제공해 주는 듯이 보인다. 몇몇 주석자들은 "하늘의 처소"에 대한 사도의 언급이 신자들은 죽고난 후에 하늘에서 하나님과 함께 하는 의식적인 실존으로 들어간다는 것을 가리키는 것으로 해석한다. 이것은 의인들의 중간 거처가 우리의 현재의 이 땅에서의 거처보다 더 높은 질서에 속한다는 것을 보여 준다.37)

이러한 견해와는 대조적으로, 전통적인 해석은 바울의 이 말은 중간 상태에서의 거처가 아니라 부활된 몸을 가리키는 것으로 이해한다. 사도가 기대했던 "덧입는 것"은 죽을 몸이 "생명에 의해서 삼키울" 때에 일어나게 될 것이다. 부활에 관한 바울의 분명한 언급들을 함께 고려하면(고전 15:50-53), 바울은 이 사건이 마지막 날 이전에 일어나리라고 생각했던 것으로 볼 수 없다. "덧입는 것"은 예수께서 다시 오실 때에 우리가 받게 될 불멸의 몸일 수밖에 없다. 그런 까닭에 이 본문에서 바울은 자기가 죽음의 체험(옷을 벗은 상태)보다 부활의 체험(옷입은 상태)를 더 선호한다고 말하고 있는 것이다.

(3) 십자가 위에서 예수께서 강도에게 "오늘 네가 낙원에 나와 함께 있으리라"(눅 23:42-43)고 약속하신 것에도 주의를 기울여서 주석을 해야 할 필요가 있다.

---

35) Ibid., 34.

36) Stephen M. Smith, "Intermediate State," in the *Evangelical Dictionary of Theology*, ed. Walter A. Elwell(Grand Rapids: Baker, 1984), 562.

37) 예를 들면, William Lane Craig, "Paul's Dilemma in 2 Corinthians 5:1-10," *New Testament Studies* 34(January 1988): 145-47을 보라.

우리는 이 말씀을 강도가 메시야의 나라에서 한 자리를 얻게 해달라고 요청한 것과 분리해서 보지 않도록 주의해야 한다("당신의 나라에 임하실 때에 나를 기억하소서"). 강도는 이 나사렛 사람이 곧 죽음을 맞이한다고 할지라도 어쨌든 나중에 합법적인 통치를 하게 될 메시야라는 것을 확신하였다. 그 결과 강도는 예수께서 그에게 하나님 나라에 참여할 수 있도록 허용해 줄 수 있다는 확신을 표현한 것이었다. (그러므로 강도의 요청은 의롭게 죽은 자들이 장차 메시야의 통치에 참여하게 될 것인가 아닌가에 대한 구약성서의 질문에 대한 신약성서의 대답의 한 예이다.)

예수는 메시야의 나라에 관하여 말하는 것이 아니라 강도에게 그가 죽은 후에 주님의 임재를 누리게 될 것이라고 약속하는 것으로("오늘") 강도의 요청에 응답하였다. 예수의 대답의 초점은 죽은 이후에 두 사람이 있을 곳("낙원")이 아니라 예수께서 강도와 함께 있을 것에 대한 약속("오늘 네가 나와 함께 있으리라")이었다. 그러므로 이 본문의 의도는 낙원이 무엇이고 또한 낙원이 어디에 있는지에 관한 사변을 촉발시키려는 것이 아니다. 오히려 이 본문을 통해서 우리는 바울이 나중에 표현했던 확신, 즉 죽음은 신자를 하나님의 사랑으로부터 떼어놓을 수 없다는 확신을 가져야 한다는 것이다(롬 8:38-39). 왜냐하면 죽음을 통해서 신자는 "그리스도와 함께"(빌 1:23) 있을 것이기 때문이다.

사후의 삶에 관한 성경의 개념. 우리는 일부 신학자들이 죽은 자들의 상태에 관하여 말해주고 있는 것으로 해석하는 모든 본문들을 조심스럽게 접근하지 않으면 안 된다. 헬무트 틸리케(Helmut Thielick)가 결론을 내리고 있듯이, "성경의 그러한 진술들은 결코 불멸설이나 나의 어떤 분리를 전제하고 있지 않다."[38]

성경의 저자들은 죽은 자들의 상태에 관하여서는 오직 개략적인 내용만을 제공해 줄 뿐이다. 우리는 모든 인간이 종말론적 심판의 때에 거기에 있게 될 것이라는 것을 안다(롬 14:10; 고후 5:10; 벧후 2:9). 따라서 죽음은 개인의 삶의 끝이 아니다. 이러한 일반적인 진술 외에 성경으로부터 우리는 신자들을 위한 특별한 소망을 얼핏 볼 수 있다.

무엇보다도 우리는 예수께서 다시 오실 때에 우리가 주님과 하나가 될 것임을

---

38) Thielicke, *Death and Life*, 217.

알고 있기 때문에, 우리는 죽음 이후에도 우리가 안전하다는 것을 안심하고 확신할 수 있다. 우리의 가장 큰 원수는 우리를 그리스도 안에서 우리의 것인 하나님의 사랑에서 떼어놓을 힘이 없다. 따라서 죽음이라는 극단적인 상황 속에서 우리는 여전히 하나님의 사랑의 임재에 의해 둘러싸여 있다.

베르카워(G. C. Berkouwer)는 중간 상태에 관한 교리의 일차적인 관심은 "죽음조차도 신자들을 그리스도와의 친교로부터 분리할 수 없다는 약속의 현실성에" 있다는 결론을 내렸다.[39] 그러나 이 친교는 인간인 우리에게 내재하는 그 어떤 것에도 의존하지 않는다. 삶에서와 마찬가지로 죽음에서도 우리는 우리의 주님에게 의존되어 있다. 따라서 우리는 사후의 친교의 성격에 관하여 사변적으로 생각하는 것을 피해야 한다. 여기서 다시 한 번 틸리케는 우리에게 다음과 같이 올바르게 경고하였다: "내가 그리스도와 어떤 형태로 함께 있게 될 것인가(육체를 지니고 있는 것인가, 아니면 영혼만인가, 잠시 동안만인가 또는 영원히 지속되는 것인가)는 믿음의 주체인 나의 상태를 심리학적으로 분석하는 것이 나의 권한이 아닌 것과 마찬가지로 내가 문제를 제기할 수 있는 타당한 대상이 아니다."[40]

그러나 신약성서의 기자들은 한 가지 추가적인 주제를 제시하였다. 죽음을 통하여 우리는 하나님의 사랑의 임재에 의해서 둘러싸이기 때문에, 의롭게 죽은 자들은 "그들의 일을 쉰다"(계 14:13). 이러한 설명에 우리는 "지극히 복된 상태로"라는 말을 추가할 수 있을 것이다. 왜냐하면 우리는 죽음을 통해서 중단되는 우리의 수고의 열매가 부활의 때에 드러날 것임을 알기 때문이다. 그러나 신약성서는 부활의 우선순위와 비교할 때에 그 가치가 떨어지는 "지복 상태"를 어쨌든 결코 강조하지 않았다. 도리어 신약성서에 나오는 사례에서 신자는 죽음 후의 모종의 중간 상태에서가 아니라 오직 역사의 종말 때에 주님께서 다시 오시는 날에 구원의 완성으로 들어간다(마 25:34; 벧전 1:4-5). 래드(Ladd)가 올바르게 결론을 내리고 있듯이, 의롭게 죽은 자들의 상태는 지극히 복된 상태라고 묘사될 수는 있겠지만, "성경 전체는 최종적인 구속은 부활과 몸의 변화를 포함하여야 한다는 사실을 증언한다."[41]

---

39) Berkouwer, *The Return of Christ*, 59.
40) Thielicke, *Death and Life*, 216.

죽음 이후의 의인들의 상태

그리스도께서 사망을 무장 해제시킴으로써 많은 그리스도인들은 성경의 정신이 아니라 헬라의 정신을 좀 더 많이 반영하고 있는 사후의 삶에 관한 이해를 발전시켜 왔다. 소크라테스가 죽음을 위대한 해방자이자 자신의 생애 전체의 목표로서 환영했던 것과 마찬가지로, 일부 그리스도인들은 죽음을 더 높은 실존으로 들어가는 문으로 본다. 그러나 성경의 관점은 죽음을 긍정적인 친구이자 더 나은 내세로 들어가는 문으로 보는 것이 아니라, 죽음은 여전히 저 위대한 종말의 날에 극복되어야 할 원수라고 단정하는 것으로 시작된다. 죽음이 그 최종적인 패배로 가는 노정에서 여전히 원수라고 한다면, 죽음을 경험한 성도들은 도대체 어떻게 되는 것인가?

토대: 부활에 대한 소망. 죽음 직후에 무슨 일이 일어나는가를 알고자 할 때에, 우리는 언제나 부활에 대한 성경의 강조점을 유지하여야 한다. 우리의 소망의 목표는 중간 상태가 아니라 부활이다. 죽음이 아니라 부활이 생명의 충만함에 참여하는 것으로 이끄는 문이다. 오직 그리스도와 합하여 부활에 이를 것이라는 것을 확신하는 것만이 죽음의 신비를 벗기고, 죽음 이후의 미지의 세계에 대한 공포를 없앨 수 있다. 오직 이러한 확신만이 죽음에 맞선 확신을 위한 토대를 제공해 준다. 사망의 그늘 골짜기를 통과할 때, 우리는 이미 죽음을 통과하신 분이 우리와 동행하시기 때문에 아무런 해악도 두려워할 필요가 없다(시 23:4).

우리가 죽은 자들의 상태와 관련하여 이끌어낼 수 있는 결론들은 오직 부활에 참여하게 될 것에 대한 우리의 소망의 결과일 수밖에 없다. 부활이 지닌 최우선성은 우리에게 죽은 자들은 흔적도 없이 사라지는 것이 아니라는 것을 일깨워 준다. 왜냐하면 모든 사람들은 종말론적인 심판의 때에 다시 나타날 것이기 때문이다. 부활에 대한 초점은 우리에게 죽은 자들의 실존은 "정상적인" 실존이 아니라는 것을 일깨워준다. 왜냐하면 그것은 인간의 삶의 물리적 또는 육체적 측면을 포함하는 인류에 대한 하나님의 의도와 일치하지 않기 때문이다.

우리가 개인적 삶의 완성인 부활에로 들어올려질 것이라는 것은 죽은 자들을 "하나님께서 붙드신다"는 것을 보여 준다. 죽음은 지상적 삶의 끝이긴 하지만 개

---

41) Ladd, *The Last Things*, 39.

인적 실존의 끝은 아니다. 죽음을 통해서 하나님은 종말의 심판 때까지 죽은 자들의 인격을 유지시킨다. 그때에 그들은 개인의 연속성의 표징들 — 육체적인 동일성, 기억, 성품의 유사성, 정신적 특성들 — 을 아무런 손상도 입지 않은 채로 그대로 가지고 다시 나타날 것이다.

결국 중간 상태는 하나님께서 자신의 피조물들을 굳게 붙드시는 행위이다. 하나님은 불의한 자들을 붙드셔서 심판과 영원한 죽음 속에 내치실 것이다. 하나님은 의인들을 하나님의 사랑과 지극히 복된 안식으로 두르시고 지키셨다가 부활과 영원한 생명으로 나오게 하실 것이다. 그러므로 죽음을 통과하여 우리가 계속해서 산다는 소망은 우리가 하는 일이 아니다; 또한 그것은 우리가 선천적으로 소유하고 있는 어떤 불멸성의 소산도 아니다. 여기 이 땅에서 우리의 지상적 삶에서와 마찬가지로, 우리는 오직 우리를 굳게 붙드시는 하나님의 선하심만을 의지할 수 있을 뿐이다. 헬무트 틸리케가 지적했듯이, "여기에서의 강조점은 죽음 이후에 계속 살아남는 나 자신에 속한 어떤 특성이 아니라 나를 버리시지 않는 나의 주님의 성품에 있다."[42]

죽음 이후의 세계. 그러므로 중간 상태는 하나님이 부활의 때까지 우리를 굳게 붙드시는 모습이다. 그러나 죽은 자들의 실제 상황은 어떠한가?

중간 상태에 관한 유익한 개념에 있어서 결정적으로 중요한 것은 시간과 영원에 대한 우리의 이해이다. 우리는 시간이 어떻게 영원까지 존재하는가를 완전히 파악할 수는 없다. 그럼에도 불구하고 두 가지 잘못된 개념들은 우리가 넘어서서는 안 되는 경계들을 잘 보여 준다. 우리는 영원을 시간과 분리해서,[43] 영원을 시간과는 단절된 끝없는 안식 또는 휴면 상태로 만들어 이해해서는 안 된다. 또한 우리는 영원을 시간과 융합해서 영원을 단순한 시간적 단위들의 무한한 연쇄로 만들어 버려서도 안 된다. 한스 슈바르츠(Hans Schwarz)가 주장했듯이, "영원은 … 시간의 완전한 성취이다."[44] 따라서 죽음은 지상적 삶의 경계일 뿐만 아니라 시간에 대한 지상적 체험과 영원한 체험 사이의 경계이기도 하다.

---

42) Thielicke, *Death and Life*, 215.
43) 특히 중간 상태라는 개념을 반대하는 논증으로서의 이러한 이해에 대한 비판으로는 Berkouwer, *The Return of Christ*, 40-46을 보라.
44) Schwarz, *On the Way to the Future*, 229.

우리는 이러한 예를 중간 상태에 관한 문제에 쉽게 적용할 수 있다. 이 땅에 남아 있는 자들의 관점에서 보면, 죽은 자는 무덤에서 "잠자고 있는" 듯이 보일 것이다. 이러한 상황은 죽음이 특정한 사람이 지상적 시간의 이후의 흐름 속에서 하나의 주체로서 참여하는 것을 중단시키는 시점으로서의 역할을 하고 있다는 성격으로부터 나오는 것이다. 죽은 사람은 더 이상 지상적 사건들에 참여하지 못한다. 지상적 시간의 특징인 불연속적인 사건들의 흐름을 뛰어넘어 죽은 사람은 영원의 세계 속으로 옮겨진다. 그러므로 죽은 사람은 죽음과 종말론적 부활 사이의 공백기를 감지하지 못한다.

그러나 이것은 죽은 사람들이 즉시 부활을 체험한다는 것을 의미하지는 않는다. 지상적 사건들에 개입하지 못한다는 것은 그들이 이러한 일들로부터 완전히 단절되어 있다는 것을 의미하지도 않는다. 이와는 반대로 지상적 사건들에서 적극적인 주체로서의 역할은 하지 못하지만, 죽은 사람들은 특별한 의미에서 이 땅에서 무슨 일이 일어나고 있는지를 안다. 그렇지만 우리는 죽은 자들의 이러한 인식을 시간에 대한 그들의 변화된 관점에 의거해서 이해해야 한다.

우리는 현재에서 미래로 시간을 통과하는 여행자로서 사건들을 체험한다. 그러므로 사건들을 우리는 종말을 향한 노정 속에서의 불연속적인 사건들로 체험하는 것이다. 그러나 영원 속에서 우리는 지상적 시간을 하나님의 관점에서 보고 실제로 존재하는 통일적인 전체로 알게 될 것이다. 지상적 시간을 뛰어넘는 관점에서 보게 되는 죽은 자들은 하나님의 통합적인 관점을 공유한다. 그들은 지상적 사건들을 고립적인 사건들이 아니라 하나의 전체로 통합된 사건들로 인식하는 것이다. 그들은 사건들을 부활을 통한 하나님의 계획의 종말론적 완성이라는 준거점으로부터, 즉 사람들의 상호 연관성 속에서 사건들을 인식한다.

구체적인 상황을 하나 들어보면, 이러한 개념이 잘 드러나게 될 것이다. 우리는 흔히 우리의 사랑하는 사람이 죽었을 때에 그 죽은 사람이 우리가 그의 주검 앞에서 슬퍼하는 것을 과연 알까라고 의문을 제기한다. 그 죽은 사람은 안다고 우리는 주장한다. 그러나 그는 지상적 인식의 특징을 이루는 방식으로 우리의 슬픔을 인식하지는 않는다. 즉, 시간의 연속 속에서 고립적인 사건으로 인식하지는 않는다는 말이다. 도리어 우리의 사랑하는 고인은 우리의 슬픔을 시간 전체의 맥락 속에서 인식한다. 구체적으로 말하면, 우리의 슬픔은 우리가 부활을 통해서 다시 재회할 때의 기쁨이라는 견지에서 종말론적으로 극복되는 모습으로 인식된다는 말이다.

 죽음으로 끝나는 우리의 실존의 무의미성에 맞서, 우리는 우리가 언젠가는 그리스도의 부활에 함께 참여할 것이라는 좋은 소식을 선포한다. 위대한 종말론적 공동체에서의 개인적 삶의 완성이 될 이 사건은 고립적이고 개별적인 체험이 아니다. 오히려 부활은 우리의 부활하신 주님이 인간의 역사를 그 완성에 이르도록 하기 위하여 영광 중에 다시 오실 때에 일어나게 될 공동체적인 또는 사회적인 사건이다. 이제 우리는 예수의 두 번째 오심을 통하여 공동체적인 삶이 완성에 이르게 되는 것에 대하여 살펴보기로 하자.

제 22 장

역사의 완성

> 일곱째 천사가 나팔을 불매 하늘에 큰 음성들이 나서 이르되 세상 나라가 우리 주
> 와 그의 그리스도의 나라가 되어 그가 세세토록 왕 노릇 하시리로다
> — 요한계시록 11:15

마지막 일들에 관한 가르침은 삼위일체 하나님께서 자신의 피조물을 이끌어 가는 목표지점에 대한 조직신학적인 설명이다. 종말론은 개개 인간을 향한 하나님의 계획의 완성에 대한 성찰을 포함한다. 그러나 종말론은 공동체적 실체로서의 인류 또는 인간 전체를 고찰하기도 한다. 이런 이유로 우리는 개인적 종말론을 넘어서서 "공동체적 종말론"이라고 부를 수 있는 것으로 우리의 관심을 돌리지 않으면 안 된다.

종말론의 공동체적 측면은 종말론이 역사와 결부되어 있다는 것에서 쉽게 드러난다. 인간의 이야기는 마지막 일들에 관한 가르침을 위한 적절한 주제이다. 왜냐하면 하나님의 구원 활동은 시간 속에서 사건들의 흐름 안에서 일어나기 때문이다. 사실 전체적으로 보면, 역사는 세상 속에서 활동하시는 하나님에 관한 이야기이다. 이러한 맥락 속에서 보면, 마지막 일들에 관한 가르침은 인류를 하나님의 의도된 목표로 이끌기 위한 하나님의 활동에 관한 이야기로서의 역사에 대한 조직신학적 성찰이다. 공동체적 종말론은 하나님의 계획에 따라 인간의 이야기가 완성된다는 관점에서 역사를 성찰하는 것이다.

마지막 일들에 관한 가르침의 공동체적 측면은 자신의 역사를 신앙의 시각에서 바라보는 인류의 사회적 성격으로부터도 분명하게 드러난다. 인간은 순수하게 개인적인 이야기들을 써가는 고립된 개인들이 아니다. 오히려 우리는 개인들의 이야

기들이 서로 교차하고 공통의 이야기, 즉 인간의 이야기를 공유하는 사회적 존재들이다. 따라서 마지막 일들에 관한 가르침 속에서 우리는 인간 실존의 공동체적 차원을 하나님의 계획의 완성이라는 관점에서 고찰하게 된다.

인류를 향한 하나님의 궁극적인 목적에 대한 우리의 검토는 우리로 하여금 세 가지 질문을 던지게 만든다. 첫째, 우리는 인간의 역사 자체에 관하여 묻는다: 우리의 공동체적 이야기가 진정으로 어디를 향하여 가고 있으며, 역사는 과연 의미가 있는 것인가? 이 장의 첫 단원에서 우리는 기독교 메시지에 내재해 있는 이 질문에 대한 긍정적인 답변을 제시하였다. 우리는 인간의 역사에는 하나님께서 의도하신 목표가 존재한다는 결론을 내린다. 하나님은 우리의 공동체적 이야기를 하나님 나라에서의 완성, 즉 종말론적 공동체를 향하여 인도하고 계신다.

첫번째 질문에 대한 우리의 대답을 토대로, 우리는 두번째 질문을 제기한다: 하나님은 우리 가운데 언제 그의 나라, 즉 종말론적 공동체를 세우시는 것인가? 이에 대한 우리의 대답은 오늘날 유행하게 된 '이미/아직'이라는 개념이다. 하나님의 나라라는 공동체는 이미 우리 가운데 존재하지만, 그 완성은 여전히 미래에 이루어진다.

이것을 염두에 두고, 우리는 세번째 질문으로 나아간다: 그렇다면 종말은 어떻게 도래하는가? 여기에서 우리는 역사를 그 완성에 도달하게 하는 과정에 관한 논란이 있는 문제를 다루게 된다. 우리는 인간의 역사는 그리스도의 재림을 통해서 그 완성에 도달한다고 주장한다.

역사의 의미

문화 비평가인 크리스토퍼 래쉬(Christopher Lasch)에 의하면, 우리 시대의 주요한 특징들 중의 하나는 많은 것들이 지금 종말을 향하여 나아가고 있다는 확신의 증대이다: "파국에 대한 쇄도하는 경고들과 징조들, 암시들이 우리 시대를 괴롭히고 있다. 20세기 문학에 많이 등장하는 종말 의식은 지금 민중들의 상상력 속에도 많이 퍼져 있다."[1] 오늘날의 종말 의식은 근대(the modern era)의 붕괴를 수반한 깊고 기념비적인 변화이다. 우리는 근대적인 세계관의 중심에 있었던 고삐

---

1) Christopher Lasch, *The Culture of Narcissism: American Life in an Age of*

풀린 낙관주의의 끈질긴 환상이 산산이 부서지는 것을 목격하고 있다.

이러한 오늘날의 상황 속에서 기독교 신학은 무엇을 말하고 있는가? 모든 것들이 실제로 종말을 향하여 치닫고 있는 것인가? 오늘날의 세계 속에서 만연되어 있는 파국의 징조들에 비추어 볼 때, 우리는 진정으로 공동체적 인간의 이야기, 즉 모든 인류를 포괄하는 통일적인 이야기를 말할 수 있는가? 만약 그렇다면, 인간의 역사가 움직여 가고 있는 그 목표 지점은 과연 무엇인가?

변화된 환경 속에서의 그리스도인들의 소망

서구 문화의 토대를 형성하였던 기독교적 윤리가 지닌 소망 위에 구축된 계몽운동으로부터 1900년대에 이르기까지의 시기는 대체로 낙관적인 역사의 시대였다. 철학자들, 신학자들, 역사가들은 진보 개념을 중심에 둔 인간의 이야기의 개략을 구축하였다. 세속의 사상가들과 기독교의 사상가들은 내용면에서는 서로 달랐지만 인류가 영광스러운 미래를 기대할 수 있다는 데에는 의견을 같이했다.

그러나 오늘날 이러한 상황은 변했다. 기독교의 소망에 관한 메시지는 더 이상 우리 사회의 일반적인 예상들과 잘 맞지 않는다. 장래에 대하여 낙관적인 관점을 지닌다는 것은 이제 우리가 살고 있는 문화의 분위기와 역행하는 것이다. 역사에 대한 기독교적 개념에 관한 우리의 논의를 위한 배경을 설정하기 위하여, 우리는 소망으로부터 절망으로의 변화가 어떻게 일어난 것인지를 먼저 살펴보지 않으면 안 된다.

낙관주의에서 비관주의로. 계몽운동에서 시작된 진보의 필연성에 대한 흔들리지 않는 신념은 근대 문명에 대한 신앙의 주된 교설이 되었다. 과학적 방법론을 주의 깊게 적용하면 지식에 있어서 지속적인 진보를 가져올 수 있다는 전제는 모든 사람에게 자명해 보였다. 지식이 증가할수록, 인간은 자연계를 점점 더 잘 통제할 수 있게 되고, 따라서 우리가 직면하는 사회적인 병폐를 점진적으로 정복해 나갈 수 있을 것이라고 사람들은 생각하였다. 이러한 태도에 발맞춰서, "진보"라는 말은 근대라는 시대의 상징적인 말이 되었다. 진보는 모든 활동의 판별 기준이자 우리 문화가 선하고 의로운 것으로 치켜세웠던 것에 갖다붙인 최고의 찬사였다.[2]

Diminishing Expectations (New York: Norton, 1978), 3.

근대의 전성기는 낙관주의와 진보의 세기였던 1800년대에 도래하였다. 사람들은 무한한 확장과 발전을 예상하였다. 인간 진보의 쇄도하는 힘에 의해서 극복될 수 없는 장애는 있을 수 없는 것처럼 보였다. 이러한 낙관주의적인 분위기 속에서 여러 가지 유형의 유토피아 사상이 번성하였다. 기독교적 진보주의는 복음이 온 세계에 널리 퍼지게 되면 신앙이 승리하게 되고 더 좋은 날이 오게 될 것이라고 주장하였다. 기독교의 이단적인 사촌인 마르크스주의라는 유토피아 사상은 계급투쟁을 통해서 프롤레타리아의 승리가 도래할 것이라고 기대한 세속화된 대안을 제시하였다.

1900년대가 전개되면서, 미래에 대한 전체적인 전망 속에서 중요한 반전(反轉)이 일어났다. 1800년대의 낙관주의는 새로운 좀 더 암울한 분위기의 비관주의에 길을 내주었다. 이러한 태도에 있어서의 현상적인 변화는 제1차 세계대전 무렵에 유럽에서 시작되어 서서히 북아메리카로 퍼져 나갔다. 이러한 비관주의의 지속적인 행진은 제1차 세계대전,[3] 한국과 베트남에서의 주요한 갈등들, 세계의 많은 지역들에서의 전쟁들을 통해서 더욱 진척되었다.

끈질긴 군국주의는 수많은 중대한 문제들이 우리를 개인적으로만이 아니라 이 땅에서의 삶 자체의 실존을 위협하고 있다는 것을 보여 주는 하나의 징표에 불과했다. 한 세대 전체가 핵 전쟁의 망령, 전 세계적인 기아의 위협, 인구 과잉과 상업적인 착취가 우리의 환경을 그 용량을 초과하여 망가뜨리게 될 것이라는 끔찍한 경고 아래에서 자라났다. 세계는 끊임없는 위기들의 고통 속으로 떠밀려 들어갔다 — 에너지 부족, 금융 및 경제 파탄의 징조들, 에이즈 같은 질병들, 그리고 무엇보다도 가장 불길한 환경 재앙의 징조들. 이러한 위험스러운 현실들은 현재의 안정된 사회 구조를 손상시킬 뿐만 아니라 인류의 미래와 지구 전체 위에 불길한 그림자를 드리운다.

---

2) 예를 들면, Ernest Lee Tuveson, *Millennium and Utopia*, Harper Torchbooks edition(New York: Harper and Row, 1964), 1을 보라.

3) 독일의 구약학자 Klaus Koch는 유럽에서 비관주의가 등장한 데에는 제2차 세계대전이 큰 역할을 하였다고 지적한다. 이 전쟁이 발발한 후에 "거의 모든 분별 있는 그리스도인들은 하나님께서 역사 속에서의 진보를 의도하신다는 믿음을 결국 잃어버렸고," "하나님의 나라가 역사 속에 신속하게 도래할 것에 대한 갈망도 의심스럽게 되었다." *The Rediscovery of Apocalyptic*(London: SCM, 1972), 67-68.

제22장 역사의 완성   849

　기술적으로 진보한 우리 시대의 특징을 이루는 정보에 대한 광범위한 접근은 우리의 치명적인 문제점들에 대한 광범위한 인식을 촉진시켰다. 그 결과 사람들은 이제 우주적 재앙의 끔찍한 가능성에 그들 자신이 직면해 있다는 것을 알게 되었다: 세계는 실제로 종말을 맞을 수 있다.[4] 이러한 현실 인식은 오늘날의 시대 정신(Zeitgeist) 속에 심각한 위기 의식을 낳았다. 근대 정신이 태동된 이래 최초로 근대 세계가 토대로 삼고 있었던 중심적인 슬로건 — 기술적·사회적 발전을 통한 진보 — 에 대한 광범위한 문제 제기가 되어 있는 상태이다. 3세기 동안 서구 사회를 지탱해 왔던 잘 정비된 세계관은 지금 급속하게 붕괴되고 있다.
　우리보다 앞선 세대들과 마찬가지로, 오늘날의 사람들은 계속해서 미래를 예견한다. 그러나 이전 세대들과는 대조적으로, 그들은 더 이상 미래를 소망을 갖고 맞을 수 있는 영광스러운 새로운 질서로 보지 않는다. 도리어 그들이 보기에는 미래는 재앙에 의한 세계의 종말이며, 이것은 그들이 두려워하는 전망이다.
　미래와 관련된 이러한 절망 의식과 아울러 과거에 대한 상실감도 함께 작용하고 있다. 과거의 세대들과는 대조적으로, 오늘날의 사람들은 더 이상 역사적 연속성이라는 인식을 통해서 방향을 발견하지 않는다. 그들은 자신들이 과거와 현재와 미래를 하나로 묶는 일련의 세대들에 속해 있다고 생각하지 않는다.
　미래와 과거를 모두 포기함으로써, 우리 사회는 역사 의식을 상실해 버렸다. 최근까지만 해도 우리가 시간이 시작된 이래로 모든 세대들을 하나로 묶는 전체에 참여하고 있다는 전제는 너무도 당연한 것이었다. 과거에 이러한 기본적인 개념은 사람들로 하여금 스스로를 이해하는 것을 촉진시켰다. 왜냐하면 그들은 그들의 삶이 역사에 깊이 뿌리를 박고 있다는 것을 알고 있었기 때문이다. 그러나 오늘날의 상황은 완전히 다르다. 인류가 하나의 통일체라는 전제는 포기되었다. 그 결과 오늘날의 사람들은 더 이상 그들의 삶을 역사에 뿌리를 박고 있다는 의식을 바탕으로 구축하지 않는다.
　과거로부터 소외되고 미래에 대한 소망이 없는 사람들은 현재 — 좀 더 구체적

---

4) 오늘날의 시대정신(Zeitgeist)의 이러한 특징은 많은 사상가들이 지적한 바 있다. 예를 들면, Paul D. Hanson, "Introduction," in *Visionaries and Their Apocalypses*, ed. Paul D. Hanson, *Issues in Religion and Theology* 4(Philadelphia: Fortress, 1983), 3을 보라. 또한 Hanson's article, "Old Testament Apocalyptic Reexamined," in *Visionaries and Their Apocalypses*, 37을 보라.

으로 말하면, 현재에 있어서의 고립된 자아 — 에 매달린다. 역사 의식의 상실에 대한 반응으로서, 사람들은 외부 세계를 그 운명에 맡기고, 그들의 시선을 오직 사적이고 내적인 세계에 돌린다. 래쉬(Lasch)는 고립된 자아의 현재적 실존으로의 도피를 "자기도취의 문화"라고 통렬하게 표현하였다.[5]

비관주의에 빠진 세계의 도전. 그리스도인들인 우리는 우리 문화의 비관주의와 자기도취적인 정신에 대하여 어떻게 응답해야 하는가? 우리는 어떠한 메시지를 제시할 수 있는가? 오늘날의 신학자들의 임무는 이러한 상황 속에서 예수의 주되심에 관한 그리스도인들의 신앙고백의 의미를 설명해내는 것이다.

오늘날 우리 사회에서 세계의 종말의 가능성에 대한 인식이 다시 일깨워지고, 이러한 인식이 불러일으킨 절망감은 하나님의 백성에게 중대한 도전을 준다. 우리는 "만물의 마지막이 가까웠다"(벧전 4:7)는 말에 동의한다. 그러나 우리 주변의 사람들의 특징을 이루는 절망감과는 대조적으로, 우리는 역사의 절정 너머에 있는 영광스러운 미래를 바라본다. 우리는 부활하시고 높이 들리우신 주 예수 그리스도의 영광스러운 재림을 통해서 우리가 사는 현세의 막(幕)이 내려질 것임을 선포한다 — 바로 이 예수 그리스도의 삶과 죽음과 부활이 우리의 정체성의 토대를 이룬다. 우리는 바로 한 세대 전만 해도 당시에 유행하였던 낙관주의와 진보에 대한 신념을 토대로 현대인들이 그토록 비웃었던 이 사건이, 미래에 대하여 절망하고 과거로부터 단절된 세계 속에서 유일하게 존재하는 진정한 소망이라고 주장한다. 다시 오실 주님으로서의 그리스도에 대한 우리의 신앙고백을 토대로, 우리의 임무는 의미가 결핍된 시대 속에서 의미 있는 것으로서의 역사에 대한 이해를 제시하는 것이다. 역사는 세계 속에서 하나님의 활동의 완성을 향하여 계속해서 치닫고 있기 때문에 의미가 있다고 우리는 선포한다. 그렇지만 우리는 이렇게 묻는다: 역사가 움직여 가고 있는 바로 그 하나님의 목적이라는 것이 도대체 무엇인가? 역사에 대한 소망을 말하는 우리의 메시지의 내용은 무엇인가?

이러한 질문에 대한 우리의 대답을 풀어내기 위해, 우리는 성경으로 되돌아가야 한다. 구체적으로 말해서, 우리는 하나님이 그의 백성으로 하여금 통일된 인간의 역사라는 사상을 긍정하게 만들었던 성경의 전승궤적에 눈을 돌려야 한다. 요

---

5) Lasch, *The Culture of Narcissism,* 7.

컨대, 우리는 성경의 하나님의 백성의 공동체적 종말론에 관하여 물어야 한다.

공동체적 종말론과 성경의 메시지

인간의 역사의 절정에 대한 기대 — 공동체적 종말론 — 는 성경의 핵심에 자리잡고 있다. 성경 전체에는 하나의 이야기, 즉 역사를 주관하시는 야웨께서 자신의 목표를 이루기 위하여 행하신 여러 활동들을 자세히 설명하는 이야기가 전체를 관통하여 존재한다. 이 이야기를 실어나르고 있는 중심적인 도구는 성경의 계시의 특별한 궤적을 통해서 전개되고 있는 역사에 대한 전망이다. 이 궤적은 구약성서의 대선지자들로부터 시작되었고, 예수의 사역 및 신약성서의 요람이 된 묵시사상 운동에서 그 절정에 달했다. 역사에 관한 이러한 선지자적-묵시문학적 전망은 우리의 공동체적 종말론의 핵심을 이룬다.

선지자적 전망. 폭넓게 본다면, 선지자적 전망은 이스라엘 역사의 초기 단계에까지 거슬러 올라간다. 그러나 왕정이 수립되면서, 선지자들은 종교적으로 뿐만이 아니라 정치적으로도 새로운 역할을 담당하게 되었다.[6] 하나님은 선지자들을 불러서 왕으로 하여금 지상적 통치의 직임과 관련된 하나님의 이상(理想)을 실천하도록 요구하게 하셨다. 선지자들의 메시지의 핵심은 야웨께서는 공의를 원하신다는 선포였다. 이 주제는 결국 구원을 이루고 심판을 시행하기 위하여 하나님께서 재난을 통해서 세계 속으로 돌입하실 것이라는 기대들을 가져왔다.

공의에 대한 추구는 민족의 초창기 시절부터 히브리인들의 정신 속에 뿌리박혀 있었다. 역사의 많은 기간 동안에 이스라엘은 압제받는 백성이었다. 애굽의 종살이로부터의 구원과 약속의 땅으로의 이주(移住)는 완전한 공의를 그들에게 가져다주지 못했다. 내적이고 외적인 요소들은 이러한 이상을 달성하는 것을 복잡하게 만들었다. 이스라엘 사람들은 하나님과 그들의 계약을 따라 살아가지 않았고, 이스라엘 민족은 지속적으로 이웃 민족과 토착 민족들에 의해서 괴롭힘을 당했다. 이러한 요소들은 이스라엘의 많은 사람들로 하여금 궁극적으로 공의를 세울 수단으로서 왕정의 도입을 바라도록 만들었다. 그러나 강력한 인접 국가들로부터의 반

---

6) H. H. Rowley, *The Relevance of Apocalyptic*, second edition(London: Lutterworth, 1947), 14.

복된 군사적인 압박에 직면하여, 그리고 왕들 자신이 자신의 정치적 지위를 이기적인 이익을 위해서 사용하고자 하는 유혹에 빠졌기 때문에, 이스라엘의 왕들은 이 땅에 공의를 시행할 수도 없었고 시행할 의지도 없었다.

이러한 점증하는 불만의 와중에서, 그리고 나중에 분열된 왕국이 앗시리아와 바빌로니아의 지배 아래 들어가게 되자, 선지자들은 점차 믿음을 지닌 사람들의 소망을 현재의 통치자들로부터 거두어서 미래를 향하도록 인도하였다. 한 왕이 야웨의 이름과 권능으로 와서 이 민족에게 공의를 베풀게 될 것이다. 이를 통하여 하나님은 자신의 이름을 신원하고 자신의 영광을 굳게 세우실 것이다.

그 일은 하나님께서 하실 일이긴 하지만, 그 위대한 사건의 도래와 관련하여 이스라엘 백성이 해야 할 역할도 있었다. 하나님은 이스라엘 백성이 스스로 준비된 후에야 공의를 세우실 것이다. 그러므로 선지자들은 그들의 과업을 확대하였다. 그들은 이스라엘에게 모든 신실치 않은 것으로부터 회개하고 하나님께서 장래에 이루실 위대한 역사에 비추어 의롭게 살아가라고 요구하였다.

후기 선지자들은 하나님께서 스스로를 신원하시는 행위가 한 민족에 국한된 고립적인 사건이 아닐 것이라는 것을 알고 있었다. 사실 아브라함을 부르실 때부터 이미 하나님은 이 민족이 온 세계를 위한 축복의 수단이 될 것이라고 약속한 바 있었다(창 12:1-3). 따라서 하나님의 영광의 나타남은 모든 민족들이 보는 앞에서 일어나야 한다. 이렇게 되는 것만이 옳았다. 왜냐하면 주변 민족들이 이스라엘에게 가한 압제는 이스라엘의 하나님으로서의 야웨의 명예도 실추시켰기 때문이다.

역사 안에서의 공의의 수립에 대한 그들의 기대가 반복해서 제기되면서, 선지자들의 목소리는 점차 현재의 세상에 대한 그들의 견해에 있어서 비관적이 되어갔다. 회복의 소망을 말하는 자들은 그들의 시선을 역사 너머에 있는 영원한 우주적 영역으로 향하였다. 하나님의 구원은 이 민족의 이후의 역사 속에서 임하지 않을 것이다. 오히려 선견자들은 역사 속으로 돌입하여 새로운 피조 세계를 세우실 하나님의 활동을 눈여겨 바라보기 시작하였다. 전망에 있어서의 이러한 변화는 인간의 역사의 드라마에 대한 새롭고 좀 더 깊은 이해, 곧 묵시 사상을 탄생시켰다.[7]

---

7) Paul D. Hanson, "Old Testament Apocalyptic Reexamined," in *Visionaries and*

묵시론적 전망. 선지자들 사이에서 일어났던 공동체적 종말론과 인간의 역사의 절정이라는 개념들은 묵시론자들에 의해서 발전되었다. 묵시문학은 주전 200년과 주후 100년 사이에 처음에는 유대교 분파 내에서, 그리고 나중에는 유대 그리스도교 분파 내에서 번성하였다. 대부분의 묵시문학 저작들은 정경에 포함되지 않았지만, 묵시문학이라는 장르는 성경에 속한 다니엘서와 요한계시록, 이사야서, 스가랴서, 공관복음서들의 여러 부분에 반영되어 있다. 아울러 선지자적이고 묵시론적인 역사관은 신약성서의 기자들의 사고의 중요한 한 측면을 이루고 있었다.

묵시론적 전망은 세계 역사 중에서 우주적 드라마가 끝나가는 단계에 그 초점이 맞춰져 있다.[8] 이 드라마는 하나님 및 천군이 사탄 및 악의 세력들과 싸우는 것으로서, 세계사의 절정에서 사탄을 섬기던 모든 지상의 제국들이 하나님의 영원한 나라로 대체되는 일이 일어난다.[9] 현재로서는 그런 일이 일어난다는 것이 의심스러워 보이겠지만 전혀 그렇지가 않다. 하나님이 자신의 주권을 천명하실 때, 세상 나라로부터 하나님 나라로의 변화가 일어나게 될 것이다. 그런 까닭에 묵시론적 전망 배후에는 궁극적으로 하나님께서 역사를 주관하고 계신다는 믿음이 존재하고 있었다.[10]

묵시론자들은 하나님의 나라가 미래의 실체라는 것을 선언하였다. 그럼에도 불구하고 하나님 나라는 비록 은폐된 형태이긴 하지만 현재에 있어서도 종말을 가져오기 위하여 활동하는 감추어진 세력으로 존재한다. 묵시론적인 세계관은 현재의 지상적 상태의 머지 않은 전복, 즉 재앙에 의한 임박한 세상의 종말을 예견하였다. 종말의 신호탄이 될 저 장엄한 우주적 사건은 악의 지배, 즉 광범위한 재난과 인간의 고통, 의인들의 전례 없는 핍박의 때가 있은 후에 일어나게 될 것이다.[11] 그러므로 묵시론자들이 기대했던 미래는 현재의 연속이라기보다는 오히려 현재와 반대되는 모습이 될 것이다.[12] 역사의 절정을 이룰 이 사건은 영적인 존재들과 세계사에 대한 하나님의 권능 및 하나님의 영광을 드러낼 것이다. 그러므로

Their Apocalypses, 58.

8) 이러한 것들 및 그 밖의 공통적인 묵시론적 주제들에 관한 최근의 논의로는 Koch, *The Rediscovery of Apocalyptic*, 28-33을 보라.

9) Rowley, *The Relevance of Apocalyptic*, 165.

10) Ibid., 151.

11) Ibid., 155.

새로운 세상에서 하나님의 신실한 성도들은 선한 천사들과 함께 영원한 나라에 참여하여 다가올 새 시대의 영광에 동참하게 될 것이다.

묵시론자들의 메시지는 미래에 일어날 사건들에 대한 지식을 전하고 미래에 비추어 현재의 상황을 평가하는 것을 뛰어넘었다. 그 메시지는 현재를 위한 윤리적 중요성을 지니고 있었다. 심판과 구원을 통한 하나님의 권능의 도래는 인간들 가운데 선을 긋게 될 것임을 의미한다. 이 선은 심지어 하나님의 백성 가운데에도 그어질 것이다. 왜냐하면 의인들은 배교자들로부터 구분될 것이기 때문이다. 따라서 묵시론적 세계관은 상황이 절박하다는 의식을 촉진시켰다.[13] 그 메시지는 신실한 자들에게 종말까지 견고히 서서 다가올 영광을 바라보고 사탄이 휩쓰는 짧은 기간 동안에 핍박을 견디어 내라는 권면이다. 이와 동시에 이 메시지는 불경건한 민족들과 배교자들에 대한 임박한 파멸을 알리는 경고였다. 하나님 나라가 세상의 나라들을 대체할 때에 그러한 파국은 분명히 일어난다.

선지자적·묵시론적 전망은 성경이 인간의 역사에 관하여 말하고 있는 모든 것을 포괄하고 있지는 않지만 중심적인 주제를 형성하였다. 이 견해는 예수와 그 제자들에 의해서 공유되었고, 복음 메시지의 가장 초기의 형태를 위한 배경과 범주들을 제공해 주었다. 묵시론적 소망에 젖어 있었던 신약성서의 기자들은 기독교회와 신학에, 역사를 그 의도된 종말로 이끄시는 하나님의 위대한 행위에 관한 전망을 물려주었다. 그러나 신약성서는 한 가지 결정적인 혁신을 계시하였다. 인간 역사의 절정을 이룰 사건은 십자가에 못 박히셨다가 부활하신 예수의 재림이다.

역사의 의미

우리가 위에서 개략적으로 살펴본 성경의 계시의 궤적은 역사에 관한 특정한 이해를 제시한다. 그것은 인간의 이야기가 하나의 공동체적인 이야기라는 것을 선포한다. 역사는 그 초창기인 과거의 원시 시대로부터 역사가 끝나게 될 그리스도의 임박한 재림을 향하여 움직여 간다. 역사는 목표 또는 끝을 지향하기 때문에 의미가 있다. 역사는 자신의 목적을 실현시키기 위한 하나님의 활동에 관한 이야기이다.

우리는 역사의 의미에 관하여 더 많은 것을 말할 수 있는가? 인간의 이야기 전

---

12) Ibid., 35.

체에 궁극적인 의미를 부여하는 인간의 이야기를 관통하는 어떤 주제가 존재하는가?

역사의 기본적 특질들. 이 질문에 대한 우리의 대답을 제시하기 전에, 우리는 위에서 개략적으로 서술한 선지자적·묵시론적 개념 배후에 있는 역사의 본질에 관한 전제를 분명히 해 둘 필요가 있다.

성경의 역사 개념은 두 가지 영향력 있는 대안들과 비교해 보게 되면 좀 더 분명하게 그 성격이 드러난다. 고대의 다른 종교 전승들을 지배하고 있었던 순환론적(cyclical) 역사 이해와는 대조적으로, 이스라엘은 교회와 서구 문화에 직선적(linear) 시간관과 역사 의식을 물려주었다. 또한 근대의 세속적인 진보주의의 인간 중심적인 관점과는 대조적으로, 기독교 신앙은 역사에 대한 하나님 중심적인 이해를 제시하고 있다: 이 이야기(narrative)를 하나의 이야기(story)로 통합시키고 있는 실질적인 주체는 하나님 자신이다.

(1) 이스라엘은 시간을 직선적으로 이해하게 되었다. 이러한 발견은 순환론적 시간관을 지니고 있었던 고대의 그 밖의 다른 종교 전승들의 개념과 비교해 보면 근본적인 혁신이었다.[14] 순환론적 관점에 의하면, 삶은 주기적인 패턴, 즉 반복해서 주기적으로 일어나는 제한된 수의 사건들의 순환을 따른다.

이스라엘의 인접 국가들의 종교들은 시간에 대한 순환론적 이해를 그 특징으로 하고 있었다. 예를 들면, 가나안 사람들의 예배 생활은 한 해의 주요한 계절들과 결부되어 있었던 두 신에 그 초점이 맞춰져 있었다. 가뭄이 찾아와서 식물을 말려 버리기 시작하는 초여름이 되면, 종교 제의들은 다산(多産)의 신인 바알(Baal)의 죽음과, 죽음의 신인 모트(Mot)의 승리를 애곡하였다. 그런 다음에 겨울비가 내려서 마른 땅을 촉촉히 적시고 좋은 수확의 약속을 가져올 때면, 가나안 사람들은 바알의 부활을 송축하였다.[15]

하나님은 이스라엘로 하여금 삶을 다른 방식으로 보도록 인도하셨다. 사건들은

---

13) Ibid., 170.

14) Karl Löwith, *Meaning in History* (Chicago: University of Chicago Press, 1950), 19.(「역사의 의미」: 탐구당)

15) Hans-Joachim Kraus, *Worship in Israel: A Cultic History of the Old Testament*, trans. G. Bushwell(Richmond, Va.: John Knox, 1966), 38-43.

단순히 반복된 패턴을 따르는 것이 아니다. 오히려 각각의 사건은 유일무이한 사건이고, 이 사건들이 합쳐져 시작이 있고 종말이 있는 하나의 궤적을 형성하고 있다. 그런 까닭에 사건들은 하나의 역사 — 하나의 이야기(narrative) — 를 형성한다.

이스라엘의 독특한 역사 의식의 토대는 독특한 신학적 전망에 있었다. 구약성서의 기자들은 엄격하게 유일신론자들이었다. 그들은 궁극적으로 오직 한 분 하나님(야웨) — 이스라엘의 인접 국가들의 다신교와는 달리 — 이 존재한다고 선포하였다. 나아가 야웨는 단순한 지파의 신이 아니라 온 인류의 하나님이다. 이러한 보편 지향성의 유일신 사상이 지닌 함의(含意)들은 심오한 것이었다. 그것은 이스라엘로 하여금 역사를 모든 민족들에 대한 자신의 통치권을 천명하고 계시는 한 분 하나님의 직선적인 활동으로 보도록 하였다. 하나님의 활동들의 역사적 궤적은 창조로부터 최후의 구속에 이르기까지, 원시의 에덴 동산으로부터 땅이 "물이 바다를 덮음 같이 여호와의 영광을 인정하는 것이 세상에 가득하게"(합 2:14; 또한 시 102:15; 사 66:18-19을 보라) 될 그날에 이르기까지 계속 이어진다.

옛 하나님의 백성들은 이러한 직선적인 관점을 초대 교회와 기독교 전통에 물려주었다.

(2) 서구 문화는 직선적인 역사와 관련된 히브리인들의 유산을 물려 받았다. 인본주의의 영향 아래에서 사상가들은 특히 근대에 이르러 직선적인 역사에 관한 성경의 관점을 그 신학적 근거로부터 분리하였다. 근대의 역사가들은 성경의 관점이 지니고 있던 하나님 중심성을 인간 중심적인 이해,[16] 즉 인간의 필연적인 진보에 관한 사상으로 바꿔 버렸다. 그 결과는 재앙에 가까운 것이었다. 인류를 역사의 주체로 만듦으로써, 그들은 역사의 목표를 역사적 과정 자체에 두게 되고, 역사의 초월적인 준거점을 없애버렸다. 구름이 미래의 지평을 뒤덮어 어둡게 하기 시작했을 때에 진보의 개념은 비틀거렸다. 역사 의식이 시간을 넘어선 영광스러운 목표라는 전망의 토대를 박탈당했을 때, 비관주의는 그 유일한 반응으로 등장할 수밖에 없었다.

세속적인 진보주의와는 대조적으로, 이스라엘이 교회에 물려준 직선적인 시간

---

16) 이러한 역사적 변화의 발전과정에 관한 논의로는 Hans Schwarz, *On the Way to the Future*, revised edition(Minneapolis: Augsburg, 1979), 19-23을 보라.

관은 역사를 하나님 중심적인 토대 위에 올려놓는다. 역사는 인간의 행위들에 관한 이야기 이상의 것이다. 역사는 창조를 그의 의도된 목표로 이끌기 위한 하나님의 활동에 관한 이야기이다. 역사의 통일성이 한 분 하나님의 활동에 있기 때문에, 성경의 신앙은 우리가 결코 우리 자신의 힘으로 역사의 목표에 도달할 수 없다는 것을 인정한다. 역사는 우리의 이야기 — 인류의 진보에 관한 이야기 — 가 아니다. 도리어 하나님께서 자신의 구원 행위를 통하여 역사를 그 성취에 이르도록 하시는 것이다.

역사를 인류를 향한 하나님의 목적의 전개과정에 관한 이야기로 이해하는 이러한 직선적인 시간관은 기독교의 종말론에 비관적인 세계 속에서 선포할 소망에 관한 메시지를 제공해 준다. 성경은 역사를 의미 있는 것이라고 말한다. 왜냐하면 역사는 하나의 목표를 지향하고 있기 때문이다; 역사는 어느 곳을 향해서 가고 있다. 이 "어느 곳"은 우리가 궁극적으로 만들어낼 힘이 없는 역사 속에서의 인간의 허구적인 유토피아가 아니다. 역사의 목표는 다름 아닌 자신의 피조물을 향한 하나님의 목적들의 실현이다. 역사의 저 장엄한 완성은 하나님께서 인간의 이야기의 끝에 서 있기 때문에 반드시 도래한다. 하나님은 그의 은혜로 말미암아 우리의 이야기를 예수께서 영광 중에 다시 오실 때 실현될 그 의도된 목표로 이끄시고 계신다.

하나님이 공동체를 세우는 활동으로서의 역사. 역사의 목표 또는 종착점(telos)은 인류를 향한 하나님의 계획의 성취이다. 성경은 인간의 역사에 대한 하나님의 목표의 내용과 관련하여 그 어떠한 의심도 남겨두지 않는다.

성경에 의하면, 하나님은 역사를 자신의 영광스러운 통치, 즉 하나님의 뜻이 온 땅에 이루어지는 것을 향하여 인도하고 계신다. 이 목표는 주기도문의 핵심적인 간구 내용을 이룬다: "나라가 임하시오며 뜻이 하늘에서 이루어진 것 같이 땅에서도 이루어지이다"(마 6:10). 우리가 본서에서 여러 번 지적했듯이, 하나님의 통치의 내용은 공동체이다. 그런 까닭에 세상에서의 하나님의 활동의 목표는 공동체를 세우는 일이다. 하나님의 목적들이 실현되면 화해와 교제가 이루어진다.

공동체를 세우는 일은 성경 전체의 통일적이고 중심적인 주제를 이룬다. 성경의 이야기는 새 하늘과 새 땅에 관한 요한의 묘사 — 역사의 종착지(telos)인 영원한 공동체 — 에서 그 절정에 달한다. 그러나 요한계시록을 쓴 이 영감 받은 선견자의 전망은 에덴 동산에까지 소급되고 선지자적·묵시론적 기대를 포괄하는 기나긴 약속의 역사의 정점이다.

이 선견자는 현재를 넘어서서 인간 역사 속에서 하나님의 계획이 완성될 장래의 새 시대를 바라보았다. 미래의 새로운 질서는 화해와 조화를 그 특징으로 하게 될 것이다. 거기에 사는 거민들은 상호간 및 피조물, 가장 중요하게는 하나님과의 교제 속에서 살게 될 것이다. 요한은 새로운 질서를 인간의 사회, 하나의 도성, 새 예루살렘으로 묘사하였다(계 21:9-21). 그 도성에서 자연은 인간에게 자양분을 공급하는 원래의 목적을 다시 회복하게 될 것이다(22:1-4). 그러나 그 무엇보다도 가장 영광스러운 것은 하나님께서 새 땅에서 우리와 함께 거하실 것이라는 사실이다(21:3; 22:3-5).

전체적으로 성경은 하나님의 계획은 구속받은 백성이 구속받은 피조 세계 속에서 그들의 구속자이신 하나님과 교제를 나누며 살아가게 하는 것을 지향하고 있다고 주장한다. 따라서 우리의 공동체적 인간의 이야기의 목표는 한 새로운 인류가 그리스도 안에서 하나되는 것(엡 2:15), 그리스도께서 하나님을 위하여 "각 족속과 방언과 백성과 나라 가운데에서"(계 5:9) 피로 사신 사람들의 교제이다. 신약성서의 저자들은 이 목표가 예수께서 다시 오실 때에야 비로소 이루어질 것이라고 담대하게 선포하였다.

역사 속에서 및 역사를 넘어선 공동체의 현존

기독교의 종말론은 역사가 의미가 있다고 선언한다. 역사는 피조물을 자신의 의도된 목표로 가져오기 위한 하나님의 활동에 관한 이야기이다. 모든 역사가 지향하고 있는 목표는 공동체의 수립, 하나님의 뜻의 궁극적인 실현, 하나님의 통치를 성취하게 될 그리스도의 재림이다. 이러한 목표를 염두에 두는 가운데, 우리는 이제 역사 속에서의 미래의 현존에 관한 문제를 살펴보기로 하자.

제17장에서 우리는 예수에서 하나님 나라에 관하여 가르치셨던 것과 관련하여 신약학자들 사이에서 논란되는 것들을 거론한 바 있다. 사상가들은 우리 주님의 생각 속에서 하나님 나라는 하나님의 자기 계시라는 개념, 하나님의 주권적 활동, 인간사(人間事)에 대한 하나님의 궁극적인 개입을 구현하는 것이었다고 결론을 내렸다. 20세기에 있은 논의를 통해서 예수께서 이러한 하나님의 통치가 완성되

지는 않았지만 시작된 것으로 보았다는 데에 가까스로 의견의 일치가 이루어졌다. 달리 말하면, 하나님 나라는 "이미" 현존하지만 "아직" 완성된 것은 아니라는 말이다.

신약학자들 사이에서의 합의는 역사의 목표는 이미 현존하지만 아직 도래한 것은 아니라는 신학적 결론을 낳았다. 하나님은 우리를 위하여 역사하셨지만, 이런 하나님의 개입의 완성은 아직 미래에 놓여 있다. 앞에서 보았듯이, 역사와 관련된 하나님의 목표는 하나님께서 공동체를 세우시는 것이다. 하나님은 역사 안에서 이러한 구체적인 목적을 염두에 두시고 활동해 오셨다. 즉, 우리로 하여금 하나님 및 인간 상호간, 피조물과 교제를 누릴 수 있도록 하기 위하여 활동해 오셨다는 말이다. 하나님의 역사적 행위의 초점은 예수 그리스도의 재림이었다. 그리스도께서 다시 오실 때에 일어나게 될 하나님의 역사적 행위의 완성은 새 창조 속에서 공동체의 최종적인 출현이 될 것이다. 그럼에도 불구하고 이 공동체는 어떤 의미에서 현재적인 실체이다. 우리는 이제 이러한 결론을 살펴보기로 하자.

"이미" 시작된 것으로서의 역사의 목표

예수께서 오신 이래로 하나님 나라는 인간의 역사 속에 부분적으로 현존해 왔다. 하나님 나라의 현존은, 공동체는 그 온전하고 진정한 교제가 역사가 완성되는 그때에 가서야 도래할 것이긴 하지만 어쨌든 현재적 실체라는 것을 의미한다.

이러한 주장은 우리의 현재와 하나님의 통치 사이에 다리를 놓아 준다. 공동체에 관한 모든 진정한 체험들은 하나님의 뜻을 드러내는 일들이다. 우리가 하나님, 인간 상호간, 피조물과의 교제를 누림으로써, 하나님의 뜻은 이루어지고, 하나님은 통치를 행하고 계시는 것이다. 그러나 하나님 나라는 언제나 하나님의 역사(役事) ─ 우리에게 주시는 하나님의 선물 ─ 이다. 그러므로 진정한 공동체가 우리의 타락한 세상 속에 등장할 때마다, 하나님은 거기에 임재해 계시고 활동하고 계신다.

우리의 현재와 하나님의 통치가 연결되어 있다는 것은, 우리가 지금 누리는 교제와 화해의 체험들이 현재의 깨어진 세계 속에서 작용하는 하나님의 은혜를 보여 주는 표징들이라는 것을 의미한다. 세상 속에서 공동체를 세우시는 하나님의 활동의 표징들로서 그러한 것들은 역사 내부로부터 역사에 초월적인 의미를 제공해 준다. 그것들은 우리에게 현재의 사건들이 세상 속에서 공동체를 세우시는 일을 하고 계시는 하나님에 관한 이야기와 연결되어 있기 때문에 의미가 있다는 것을 일깨워준다. 현재에 공동체의 체험들은 우리에게 우리가 언젠가는 하나님, 인간 상호간, 구속된 피조물과 함께 누리게 될 종말론적 교제의 맛보기를 제공해 준다.

공동체의 현재적 표현들과 하나님의 통치 사이의 이러한 연관성은 실제적인 함의(含意)들을 지닌다. 그것은 공동체의 건설을 하나님 나라의 일과 연결시켜 준다. 궁극적으로 온갖 형태의 공동체는 하나님의 선물이라는 것을 알기 때문에, 우리는 현재의 세상 속에서의 각각의 공동체 체험에 구현되어 있는 우리 하나님의 선하심을 송축할 수 있다.

그러나 공동체와 하나님 나라의 연관성이 지니는 함의들은 송축을 넘어서서 적극적인 참여로 옮겨진다. 그리스도인으로서 우리는 다른 사람들과 함께 다양한 차원에서 참된 공동체를 촉진시키고자 한다 — 교회적 차원만이 아니라 정치적·사회적·가족적 차원을 포함한. 사람들이 타락한 세상 속에서 전반적인 관계들을 증진시키고자 할 때마다, 그리스도인들은 적극적인 지원을 아끼지 않아야 한다. 왜냐하면 우리는 그렇게 함으로써 우리가 하나님 나라의 일에 참여하고 있다는 것을 알기 때문이다. 사실 우리만이 그러한 공동체 건설의 노력들이 지니는 진정한 의미를 안다. 성경의 전망에 대한 지식을 통해서 우리는 그러한 노력들을 참된 공동체를 위한 유일한 토대이자 촉진자이신 하나님과 결부시킬 수 있다. 이 점을 염두에 두고, 우리는 가족 또는 이웃 같은 제도적인 공동체의 표현들을 강화시키고 인간 관계들을 촉진시키는 시민 조직들에 참여하며 사람들 가운데서 공동체 또는 지구에 대한 보호를 촉진시키기 위한 입법을 지원하는 노력들에 참여한다.

공동체 건설은 인간의 삶의 많은 측면들 속에서 일어나지만, 현세에서 하나님께서 공동체를 세우시는 일의 초점은 교회, 즉 예수의 제자들의 교제이다. 제5부(교회론)에서 우리는 하나님 나라의 "이미"와 관련된 이러한 핵심적인 측면을 살펴본 바 있다. 하나님의 백성의 공동체로서 교회는 하나님의 통치의 표지이다. 교회가 자신에게 위임된 명령에 참여하는 만큼, 교회는 공동체의 촉진을 가져오는 하나님 나라의 원칙들을 진보시키고 있는 것이다. 그렇게 함으로써 교회는 교제에 대한 선취적(先取的) 체험의 구심점 역할을 하고, 세상 속에서 그리스도의 화해되고 회복된 공동체로서 존재하게 된다. 교회는 우리의 현재적 공동체 체험을 위한 일차적인 환경을 제공해 주는데, 그 문은 그리스도를 통하여 하나님과의 교제로 들어와서 우리의 공동체에 합류하고자 하는 모든 이들에게 열려 있다.

"아직" 도래하지 않은 것으로서의 역사의 목표

하나님은 인간의 일들에 개입하고 계신다. 그러나 하나님의 활동의 완성은 아직 미래에서 우리를 기다리고 있다. 따라서 공동체의 궁극적인 건설은 아직 도래하지 않았고, 그러므로 아직 현실이 아니다. 그것은 역사가 그리스도의 다시 오심을 통해서 완성에 도달할 때에야 비로소 이루어지게 될 것이다. 이러한 주장은 우리로 하여금 그 위대한 미래의 현실은 무엇을 특징으로 하는가라는 물음을 던지게 만든다.

지금 부분적으로 존재하는 것의 종말론적인 완성은 하나님께서 이미 역사 속에서 시작하였던 것의 완성이 될 것이다. 그러므로 그것은 하나님의 은혜로운 선물로서 오게 될 것이다. 이와 동시에 종말론적 사건은 역사의 절정으로서 역사와는 대립적인 관계에 있게 될 것이다. 요컨대, 역사의 완성 — 그리스도의 재림 — 은 은혜와 심판, 이 두 가지를 모두 수반할 것이다.

은혜로서의 종말. 역사의 끝에 있을 그리스도의 재림은 인류를 위한 하나님의 사역의 완성으로서 도래하게 될 것이다. 하나님께서 이미 시작하신 일의 완성으로서 그것은 은혜로운 행위가 될 것이다. 은혜로 말미암아 하나님은 공동체를 온전한 모습으로 이루실 것이다.

역사 내에서 우리는 하나님, 인간 상호간, 피조물과의 교제의 체험들을 누리고 있긴 하지만, 우리의 현재적 체험은 오직 부분적일 뿐이다. 우리는 그리스도께서 다시 오실 그날에 온전한 현실의 도래를 기대한다. 오직 그때에야 인간의 역사는 하나님께서 역사 전체에 걸쳐 양육해 오셨던 공동체를 온전히 은혜로써 세우실 때에 그 목표에 도달하게 될 것이다. 오직 그때에야 역사의 의미는 완성되어 전적으로 가시적인 것이 될 것이다. 오직 그때에야 우리는 인간의 이야기 전체에 걸쳐 관통하고 있는 하나님의 손길이라는 주홍실을 분명하게 보게 될 것이다. 그때에야 우리는 우리의 역사가 정교한 방식으로 "그의 역사"라는 것에 놀라게 될 것이다.

심판으로서의 종말. 종말론적 완성은 하나님께서 이미 우리 가운데 시작하신 일을 완성시키는 하나님의 은혜로운 행위이다. 그러나 이와 동시에 예수의 다시 오심은 인간의 이야기에 대한 하나님의 심판이기도 하다.

인간의 역사에 대한 하나님의 심판은 공동체의 수립 자체에 내재해 있다. 우리가 하나님, 인간 상호간, 피조물과 역사의 종말에 누리게 될 영광스러운 교제는 역사 내에서의 죄악된 인류의 실패를 한층 더 뚜렷하게 부각시킬 것이다. 그것은 타락한 인간의 상태와 뚜렷한 대비를 이루게 될 것이다. 하나님의 공동체의 눈부신 광채 속에서 우리는 인간의 죄에 의해서 초래된 소외(疏外)의 모습을 분명하게 보게 될 것이다. 공동체의 영광은 하나님, 인간 상호간, 피조물에 대한 우리의 적대감을 더욱 뚜렷하게 부각시켜 줄 것이다. 우리는 어떻게 우리가 하나님을 불신하는 가운데 살았고, 어떻게 우리가 우리 사이에 담을 쌓았으며, 어떻게 우리가 피조물을 학대했는지를 알게 될 것이다. 공동체를 창출하고자 했던 인간의 가치 있어 보이는 시도들조차도 진정한 하나님의 공동체의 희미한 복제품들일 뿐이라는 것이 드러나게 될 것이다. 그리스도께서 다시 오실 때, 종말론적인 역사의 완성은 역사에 대한 심판이 될 것이다. 그렇지만 심판으로서의 역사의 역할은 이미 시작되었다. 현세에서 온전한 공동체 — 하나님 나라 — 는 항상 현존하고 초월적인 이상(理想)으로서 우리와 대립해 있다. 라인홀드 니버(Reinhold Niebuhr)가 만들어낸 적절한 표현을 빌면, 그것은 언제나 "불가능한 가능성"으로 남아 있다.[17] 하나님의 완전한 교제에 관한 비전은 모든 인간의 사회적 상호작용에 대한 이상을 제공해 준다. 또한 이와 동시에 공동체의 온전성은 우리에게 우리의 노력들이 언제나 그 목표에 얼마나 모자라는지를 상기시켜 준다.

그러나 심판 중에라도 은혜는 여전히 현존한다. 종말론적 완성은 역사에 대한 하나님의 심판이기 때문에 여전히 하나님의 은혜의 표현이다. 우리가 세울 수 없는 공동체의 깊이를 하나님께서는 우리에게 선물로서 주신다. 하나님께서 주시는 교제(fellowship)의 선물은 우리가 타락한 세상에서 그것을 경험할 때에 현재 속에서 시작된다. 그러므로 예수께서 다시 오시는 그 큰 날에 하나님은 은혜로써 우리로 하여금 영원토록 그 영광스러운 온전한 공동체를 누리게 하실 것이다.

역사의 절정

역사는 공동체를 세우고자 하시는 하나님의 활동에 관한 이야기이다. 따라서

---

17) Reinhold Niebuhr, *An Interpretation of Christian Ethics*, Living Age edition(New York: Meridian, 1956), 97-123.

우리 인간의 공동체적 이야기는 불완전하다. 그것은 우리 주님이 다시 오시는 저 종말론적인 큰 날에 있을 하나님의 활동의 완성을 향하여 나아가고 있다. 그렇지만 우리는 역사의 완성을 향하여 나아갈 때에 구체적으로 어떤 사건들이 일어나야 하는가를 묻는다. 많은 그리스도인들에게 이것은 성경에 나타난 종말의 연대기에 대한 탐구라고 이해되는 종말론의 중심적인 문제이다.

흔히 신학자들, 특히 개혁주의 전통에 속한 학자들은 요한계시록에 언급된 그리스도의 천년 왕국에 대한 특정한 이해를 제시함으로써(계 20:1-8) 종말의 연대기라는 문제에 대한 그들의 대답을 제시한다. 이런 이유로 우리는 천년 왕국과 관련된 논쟁이라는 맥락 속에서 종말의 연대기에 관심을 돌려보기로 하자.[18] 우리는 먼저 천년 왕국에 관한 관심의 뿌리를 살펴보고, 그 후에 오늘날의 여러 대안들을 요약하고 나서, 우리 자신의 견해를 설명하고자 한다.

묵시론과 천년 왕국설

묵시론자들은 개별 인간들의 영원한 운명과 공동체적 민족의 운명 사이의 관계에 대한 선지자들의 탐구를 물려받아 계속 수행하였다. 다니엘서는 부활이라는 개념을 통해서 두 가지 종말론적 주제들을 결합시켰다. 현세의 종말에 의인들과 악인들은 무덤에서 일어나서 심판을 받게 될 것이다. 의인들은 이스라엘 민족과 합류하여 이 땅에 이루어질 영원한 메시야 왕국의 축복들을 함께 누리게 될 것이다.[19]

그러나 주전 2세기부터 다니엘서의 관점은 변경되기 시작하였다.[20] 묵시론자들은 이 땅은 비록 정결케 된다고 할지라도 영원한 메시야 왕국이 들어서기에 합당한 곳이 아니라는 인식을 갖게 되었다. 이 문제에 대한 두 가지의 가능한 해법이 전면에 부상하였다. 그 중 한 가지 해법은 하나님 나라의 초점을 땅에서 하늘로 옮김으로써, 메시야의 통치가 행해질 장소를 지상의 예루살렘이 아니라 하늘의 예

---

18) 이 문제에 대한 좀 더 자세한 설명으로는 Stanley J. Grenz, *The Millennial Maze* (Downers Grove, Ill.: InterVarsity, 1992)를 보라.

19) 예를 들면, R. H. Charles, *Eschatology: The Doctrine of a Future Life in Israel, Judaism and Christianity*, revised edition(1913; New York: Schocken, 1963), 247-48을 보라.

20) Ibid., 209-10, 245-51.

루살렘으로 바꾸는 것이었다.[21] 또 하나의 해법은 메시야 왕국을 잠정적인 현실로 축소시키고, 부활의 목표를 영원한 천상의 영역으로 옮기는 것이었다.[22]

메시야 왕국이 영원한 천상의 나라이냐, 아니면 잠정적인 지상의 나라이냐에 관한 의견의 불일치는 묵시론자들 사이에서 종말론적 심판이 일어날 장소와 관련해서도 의견의 분열을 가져왔다. 한 견해 ― 영원한 메시야 왕국이 영원한 새 하늘과 새 땅에 베풀어질 것이라는 견해 ― 는 심판이 메시야의 통치 이전에 행해지고 그 후에 메시야의 통치가 도래할 것이라고 주장했고, 다른 한 견해 ― 잠정적이고 지상적인 메시야 왕국이라는 견해 ― 는 심판을 메시야의 통치가 끝나는 시점에 이루어지는 것으로 보았다.[23]

정경의 마지막 책 속에 나오는 천년 왕국에 관한 비전(계 20:1-8)은 옛 묵시론자들에 의해서 논란이 되었던 문제를 기독교 신학으로 옮겨다 주었다. 그리스도의 다시 오심과 온 인류의 부활, 종말론적 심판, 영원한 하나님 나라의 개시(開始)는 하나의 장엄한 사건으로서 일어나는가? 아니면 그것들은 천년 동안 지속되는 잠정적인 메시야 통치에 의해서 서로 다른 사건들로 분리되어 있는가? 달리 말하면, 영원한 하나님의 나라는 인간의 역사가 재난에 의해서 끝난 직후에 오는 것인가, 아니면 우리는 이 땅에서의 황금 시대, 즉 천년 동안의 중간기를 예상해야 하는가?

그리고 요한복음 20장에 나오는 천년 왕국에 관한 비전은 잠정적인 메시야 왕국에 대한 유대인들의 기대를 예수의 현재적인 통치에 대한 신약성서의 강조점으로 변화시킨 것과 잘 부합하는가?[24]

기독교 신학에서의 천년 왕국

교회사 전체에 걸쳐서 신학자들은 천년 왕국에 관한 요한의 비전에 대한 적절한 해석을 놓고 견해를 달리해왔다. 몇몇 초기의 교부들은 하나님의 계획이 완성

---

21) Ibid., 210, 245.
22) Ibid., 248, 250-51.
23) Ibid., 289-90.
24) 이 문제에 관한 현재의 논의를 엿볼 수 있는 창의 역할을 하는 글은 T. Francis Glasson, "The Temporary Messianic Kingdom and the Kingdom of God," *Journal of Theological Studies* 41/2(1990): 517-25를 보라.

되기 이전에 예수의 지상적 통치가 천년 동안 계속될 것이라고 생각하였다. 아우구스티누스의 영향 아래에서 이와는 달리 그러한 천년 동안의 통치가 없을 것이라는 또 다른 전승이 우세하게 되었다. 그러나 청교도적인 개혁주의 신학에서 천년 왕국이라는 문제는 매우 이견이 분분한 쟁점, 나중에 복음주의자들에게 계승된 쟁점으로 등장하였다.

각각의 입장 내에서 세부적인 내용에 있어서는 차이가 있긴 하지만, 기본적으로 세 가지 입장 — 후천년설, 무천년설, 전천년설(이 설은 다시 두 유형으로 세분된다) — 은 복음주의 진영에서의 현재의 논의를 압축하고 있다. 이러한 기본적인 입장들을 지칭하는 데 일반적으로 사용되고 있는 용어들은 천년 왕국과 그리스도의 재림의 시기의 관계에 대하여 각각의 입장이 제시하고 있는 대답으로부터 나온 것이다.

후천년설. 그 명칭이 보여 주듯이, 후천년설을 주장하는 사람들은 종말에 그리스도께서 다시 오시는 일은 요한이 천년 동안 그리스도께서 다스리실 것이라고 묘사하였던 이 땅에서의 황금 시대 이후에 일어날 것이라고 본다. 그런 까닭에 그리스도의 다시 오심은 "천년 이후"가 된다.

이 관점은 현세와 황금 시대의 연속성을 강조한다. 그리스도께서 다스리시는 천년은 현재의 우리 시대와 많은 닮은 점이 있는 시기가 되겠지만, 온 세계에 걸쳐서 기독교적 원리들이 두루 영향을 미치기 때문에 훨씬 더 선한 모습이 될 것이다. 또한 후천년주의자들은 천년 왕국의 도래에 인간이 참여하게 될 것임을 강조한다. 황금 시대는 성령의 역사에 의해 도래하게 되겠지만, 하나님은 천년 왕국의 도래에 있어서 인간의 노력들을 사용하신다.

후천년설이 주장하는 종말의 연대기는 다음과 같은 요소들로 이루어진다: 복음이 온 땅에 두루 전파되고 하나님께서 의도하시고 성령의 권능으로 이루어지는 결과들이 나타날 때, 악(그리고 적그리스도라는 형태로 나타나는 악의 인격적 표상)[25]은 마침내 뿌리가 뽑히고, 천년 왕국이 도래한다. 이 기간 동안에 민족들은 평화롭게 살 것이다. 왜냐하면 사탄은 "결박되고," 악은 일시적으로 억제될 것이

---

25) 예를 들면, Augustus Hopkins Strong, *Systematic Theology*, three volumes(Philadelphia: Griffith and Rowland, 1907), 3:1008을 보라.

기 때문이다. 천년이 지난 후에, 사탄은 놓여나서 단기간의 반란을 이끌게 되고, 의인들과 악의 세력들 간의 최종적인 싸움이 벌어진다[26] — 이것을 거짓에 대한 진리의 영적 싸움으로 이해하든[27] 또는 정치적 핍박이라는 관점에서 이해하든[28] 사탄의 반역은 예수의 재림과 승리에 의해서 끝이 난다. 예수의 재림은 일반적인 부활, 심판, 영원한 상태 — 하늘과 천국과 지옥 — 를 가져온다.

무천년설. "무천년설"이라는 말은 "천년 왕국은 없다"를 의미한다. 무천년설을 주장하는 사람들은 미래에 도래할 지상의 황금 시대를 예상하지 않고 요한의 비전 속에 나오는 상징에서 뭔가 다른 의미를 발견한다. 천년 왕국이라는 비유적인 말은 그리스도께서 자신의 교회를 통해서 지배하였던 과거의 특정한 시기를 가리키거나,[29] 교회 시대의 영원성을 상징하는 것이기 때문에, 본문에 언급된 천년 왕국은 교회 전체의 체험[30] 또는 개별 신자의 체험[31]의 한 차원이다. 또 어떤 사람들은 천년 왕국을 현세가 현존하는 동안에 천상의 세계에서 이 세상을 떠난 성도들이 다스리는 통치로 해석하기도 하고,[32] 하나님의 영원한 나라에 관한 비전이라는 견해도 있다. 어쨌든 모든 무천년주의자들은 그리스도의 재림이 천년 왕국이라는 중간기가 없는 상태에서 즉시 영원의 시작이 될 것이라고 본다.

---

26) Ibid., 1009. 이 문제에 대한 좀 더 자세한 논의로는 Loraine Boettner, *The Millennium*(Philadelphia: Reformed, 1957), 67-76을 보라. 최종적인 배교에 대한 예상은 후천년주의자들 가운데서 보편적으로 받아들여지고 있는 것은 아니다.

27) J. Marcellus Kik, *An Eschatology of Victory*(Philadelphia: Presbyterian and Reformed, 1974), 238.

28) E.g., Jay Adams, *The Time Is at Hand*(Philadelphia: Presbyterian and Reformed, 1974), 86-88.

29) 예를 들면, Adams, ibid.를 보라.

30) G. C. Berkouwer, *The Return of Christ*, trans. James Van Oosterom(Grand Rapids: Eerdmans, 1972), 314-15를 보라.

31) 예를 들면, William Cox, *In These Last Days*(Philadelphia: Presbyterian and Reformed, 1964), 68-71을 보라.

32) 이 입장에 관한 논의로는 Oswald T. Allis, *Prophecy and the Church*(Grand Rapids: Baker, 1972), 5를 보라. 또한 Benjamin B. Warfield, *Biblical Doctrines*, reprint edition(Edinburgh: Banner of Truth, 1988), 649를 보라.

종말에 관한 중요한 연대기들 가운데에서 무천년설이 주장하는 연대기가 가장 간단하다.[33] 예수의 초림과 재림 사이의 기간은 선과 악이 공존하는 것을 그 특징으로 하게 될 것이다. 이 시기가 끝나갈 무렵에 교회는 자신이 위임받은 복음 전도의 사명을 완수하고 악의 세력들은 한데 뭉쳐서(아마도 적그리스도의 등장을 통해서) 이러한 갈등은 고조될 것이다. 교회가 최종적으로 격렬하게 핍박을 당하고 있는 때에, 그리스도는 그의 충만한 영광 중에 나타나실 것이다. 주께서 다시 오실 때에 일련의 여러 사건들이 일어나서[34] 그의 구속 사역을 완성시킬 것이다.[35] 이러한 일들은 악의 세력들(적그리스도)에 대한 그리스도의 승리, 일반적인 부활, 심판, 피조물이 영원한 상태로 변화되는 것 등을 포함할 것이다. 모든 세대의 성도들에게 부활은 그들이 이 땅의 믿는 자들과 함께 강림하시는 주님을 만나 새 하늘과 새 땅의 영원한 나라로 들어가게 되는 것을 의미할 것이다. 악인들에게 부활은 그들의 재판장 앞에 출두하여(이 땅의 악인들과 함께) 영원한 정죄를 선고받고 추방당하는 것을 의미할 것이다.

전천년설. 전천년주의자들은 천년 왕국 이전에 주님께서 다시 오실 것이라고 생각한다. 따라서 그리스도의 오심은 "천년 왕국 이전"이 될 것이다. 예수는 자신의 천년 간의 통치 기간 동안에 육체적으로 이 땅에 현존하셔서 세상에 대한 통치권을 행사하실 것이다.

후천년주의자들과는 대조적으로 전천년설을 주장하는 사람들은 현세와 천년 왕국 사이의 불연속성을 강조한다. 이러한 불연속성은 인간이 황금 시대의 도래와 관련하여 거의 아무런 역할을 하지 못할 것임을 의미한다. 천년 왕국은 하나님의 은혜의 선물로서, 그리고 오직 현세의 종말을 가져오는 하나님의 파국적 행위 이후에 도래한다.

전천년설의 일반적인 연대기는 현세가 예수 그리스도의 재림 다음에 오는 환난의 시대에서 절정을 맞이하게 될 것이라고 본다. 예수의 두 번째 오심은 적그리스

---

33) 전형적인 무천년설적 시나리오에 대해서는 Floyd Hamilton, *The Basis of Millennial Faith*(Grand Rapids: Eerdmans, 1952), 35-37을 보라.

34) 예를 들면, Cox, *In These Last Days*, 59-67을 보라.

35) Louis Berkhof, *The Second Coming of Christ*(Grand Rapids: Eerdmans, 1953), 83.

도에 대한 심판과 의인들의 부활을 가져올 것이다. 재림 때에 사탄은 결박당할 것이고, 평화와 의의 시대가 이 땅에서 시작될 것이다. 천년 후에 사탄은 감옥으로부터 놓여난다. 사탄은 믿지 않는 민족들을 모아서 그리스도의 통치에 대항하여 반란을 일으킨다. 그러나 사탄의 반란은 단명으로 끝난다. 왜냐하면 그 반란은 하늘로부터 내려온 불에 의해서 진압될 것이기 때문이다. 그런 후에 일반적인 부활(악인들의 부활을 포함한), 심판, 영원한 상태가 도래한다.[36]

두 개의 서로 구별되는 집단들이 전천년설의 유산을 계승하고 있다고 주장한다. 역사적(historic) 전천년주의자들[37]은 그들의 주장이 교부 시대 이래로 교회에 존재해 왔던 것이라고 주장한다. 역사적 전천년설을 주장하는 사람들은 그리스도께서 오셔서 악의 세력들로부터 자신의 제자들을 구원하는 것으로 절정에 달하는 교회의 환난의 시대를 예상한다. 그리고 천년 왕국은 하나님께서 그리스도의 신실한 추종자들에게 복을 주시는 기간이다.

세대주의적(dispensational) 전천년주의자들은 그 이름이 보여 주듯이 인간의 역사를 서로 구별되는 여러 시기들 또는 "경륜들"로 구분하는 경향이 있다. 이보다 더 중요한 것은 그들이 장래에 있을 환난과 천년 왕국에서 하나님의 관심의 초점이 될 사람들이 누구인가에 대한 이해에 있어서 역사적 전천년주의자들과 다르다는 것이다. 세대주의적 전천년주의자들은 이 시기들을 신약의 교회를 위한 하나님의 계획의 여러 측면들이라고 보는 것이 아니라, 일반적으로 이 시기들의 의미를 이스라엘 민족을 향한 하나님의 의도 속에서 찾는다.

세대주의적 전천년설의 이해에 의하면, 환난의 기간 동안에 하나님은 이스라엘을 그들의 하나님을 받아들일 수 있도록 준비시키실 것이다. 따라서 세대주의적 전천년주의자들의 대다수는 믿는 자들이 환난 이전에 공중으로 끌어올려질 것이라고 주장한다.[38] 현세는, 예수께서 자신의 (참된) 교회를 하늘로 이끌어 "그리스

---

36) J. Dwight Pentecost, *Things to Come*(Findlay, Ohio: Dunham, 1958), 547-83.

37) 역사적 전천년설적 저술들로는 Clarence Bass, *Backgrounds to Dispensationalism*(1960; Grand Rapids: Baker, 1977); Millard Erickson, *Contemporary Options in Eschatology: A Study of the Millennium*(Grand Rapids: Baker, 1977); and D. H. Kromminga, *The Millennium*(Grand Rapids: Eerdmans, 1948) 등이 있다.

38) 그러나 일부 세대주의적 전천년주의자들은 휴거가 환난 기간 중에 일어난다고,

도의 심판 자리" 앞에 세우고 "어린양의 혼인 잔치"를 송축케 하실 은밀한 "공중에서의 만남"에 의해서 막을 내리게 될 것이다(계 19장).[39] 그러는 동안에 이 땅에서는 적그리스도의 출현이 환난의 시작을 알린다. 이 기간 동안에 그리스도의 큰 원수는 세상을 다스리고, 하나님은 이 땅에 그의 진노를 퍼붓는다.

환난의 시대는 팔레스타인에서 벌어지는 커다란 군사적 충돌로 절정에 달하고,[40] 이 와중에서 그리스도는 천군을 이끌고 다시 오셔서 그의 원수들을 진멸하신다.[41] 이스라엘은 예수를 메시야로 인정하고, 천년 왕국이 이 땅에 수립되어, 그 동안에 이스라엘은 팔레스타인 땅에 살면서 열방 중에서 우월한 지위를 누리게 될 것이다.[42] 그러므로 환난이 "야곱의 환난"의 때인 것과 마찬가지로, 천년 왕국은 하나님께서 이스라엘에게 유례 없는 축복들을 부어주시는 때가 될 것이다. 그러므로 신약의 교회가 아니라 이스라엘 민족이 천년 왕국에 관한 세대주의적 전천년주의자들의 이해에서 두드러지게 부각된다.

천년 왕국과 관련된 좀 더 깊은 문제

우리는 천년 왕국에 대한 적절한 해석과 관련된 주석학적 문제의 중요성을 축소시켜서는 안 된다. 그렇지만 신학적으로 더 중요한 것은 천년 왕국과 관련된 세 가지 주요한 입장들이 보여 주는 인간의 역사에 관한 좀 더 심층적인 확신이다. 각각의 입장은 예수 그리스도의 교회가 세상 속에서 자신의 위임 명령을 수행하

즉 환난이 3년반이 지났을 때에 휴거가 일어난다고 주장한다. 이 입장에 대해서는 Gleason L. Archer, "The Case for the Mid-seventieth-week Rapture Position," in *The Rapture: Pre-, Mid-, or Post-tribulational?*(Grand Rapids: Zondervan, 1984), 113-45를 보라.

39) Pentecost, *Things to Come*, 219-28을 보라.

40) 고전적인 세대주의적 전천년설적인 시나리오는 댈러스 신학대학원 교수인 Robert P. Lightner가 "Dallas Seminary Faculty Answer Your Questions" *Kindred Spirit* 15/1(Spring 1991): 3에서 요약적으로 제시하고 있다.

41) Pentecost, *Things to Come*, 358. 환난 기간이 끝나갈 무렵에 있을 군사적 음모에 관한 세대주의적 전천년설적인 자세한 설명으로는 Pentecost, *Things to Come*, 318-58; Hal Lindsey, *The Late Great Planet Earth*, Bantam edition(New York: Bantam Books, 1973)을 보라.

42) 예를 들면, Pentecost, *Things to Come*, 508-11을 보라.

고자 할 때에 지녀야 할 태도에 관한 실질적인 문제에 대한 답변을 내포하고 있다. 이러한 기본적인 신학적 태도들은 각각 그것들 모두를 초월하는 성령의 마음에 대한 통찰을 제시하고 있다. 우리는 역사에 대한 이와 같이 서로 다른 전망들을 낙관주의, 비관주의, 현실주의라고 구분할 수 있을 것이다.

후천년설의 낙관주의. 후천년설은 하나님의 계획을 달성하는 데 있어서 우리의 역할 및 역사(歷史)에 대한 기본적으로 낙관적인 전망을 제시한다. 악한 자 사탄은 유혹과 교묘한 술수와 핍박을 통하여 하나님의 목적의 지속적인 진전을 훼방하고자 시도한다. 그럼에도 불구하고 하나님의 백성은 하나님께서 주신 명령을 완수하는 데 성공하게 될 것이다. 그리스도는 그에게 순종하는 교회를 통하여 세상을 다스리실 것이고, 평화와 의의 원칙들은 온 땅에 두루 미치게 될 것이다.

세상의 역사에 대한 이러한 낙관주의적인 전망에 맞추어, 후천년설을 주장하는 신학들은 현재의 질서와 하나님의 통치 간의 연속성을 강조한다. 미래의 하나님 나라는 현재에서 이미 활동하고 있는 세력의 강화된 모습이다. "황금 시대"는 인간이 하나님의 성령과 합력하여 하나님의 목표를 달성하는 협동 사역의 산물이다.

그러므로 후천년설적 세계관은 세계에 대한 참여를 주장한다.[43] 후천년설은 하나님의 백성이 승리하는 교회가 되기 위해서는 우리는 전투적 교회가 되어야 한다는 것을 상기시켜 준다. 황금 시대가 동터오는 과정 속에서 우리가 승리를 얻어 내어야 할 여러 싸움들이 존재한다. 그리고 하나님의 능력은 지금 교회를 통해서 활동하고 있기 때문에, 그 황금 시대는 "바로 저 모퉁이를 돌면 바로 거기에" 있다.

이런 식으로 후천년설은 우리에게 확신을 가지고 참여하라고 요구하는 성령의 음성이다. 우리는 낙관적일 수 있다. 왜냐하면 하나님께서 역사를 주관하시고 그의 주권적 목표를 적극적으로 실현시키고 계시기 때문이다. 우주적 전투에서 우리

---

43) 현대에 세계의 복음화와 사회 참여의 강력한 추진력이 후천년실직 사고의 특징을 이루는 낙관주의에 젖어 있는 교단에 의해서 촉발되었다는 것은 결코 역사적인 우연이 아니다. 예를 들면, Iain H. Murray, *The Puritan Hope* (London: Banner of Truth Trust, 1971), 131-83, esp. 149-51, 178에 나오는 청교도들의 선교에 관한 논의를 보라. 또한 John Jefferson Davis, *Christ's Victorious Kingdom* (Grand Rapids: Baker, 1986), 118-19를 보라.

는 결국 승리를 거두게 될 대의(大義)에 합류하였다. 그리스도를 통하여 이 주권적인 하나님은 우리에게 하나님의 통치의 진보와 공동체의 건설에 참여하도록 위탁하셨다. 이것을 아는 우리는 하나님의 뜻이 하늘에서와 마찬가지로 땅에서 이루어지도록 하기 위하여 사역과 기도에 대한 우리의 헌신을 배가(倍加)하여야 한다.

전천년설의 비관주의. 19세기의 미국의 신학사가 아주 적절하게 보여 주고 있듯이, 고삐가 풀린 후천년설의 낙관주의는 자기 자신을 합당한 원천으로부터 분리시켜서 맹목적인 유토피아 사상으로 변질될 수 있는 위험성을 충분히 보여 주었다. 역사의 하나님과 협력해야 할 우리의 역할에 대한 인식은 쉽게, 우리가 우리의 역사를 결정하는 자들이라는 인식으로 변질될 수 있다. 그리고 역사적 활동의 목표로서 하나님 나라를 선포하는 것은 불행히도 역사 안에서 하나님의 나라를 건설하려는 시도들로 변질될 수 있다. 따라서 우리에게 맡겨진 위임명령을 우리가 확신을 가지고 받아들이는 가운데서도, 우리는 성령이 전천년설을 통하여 교회들에게 말씀하고 계시는 것을 들을 필요가 있다. 후천년설의 낙관주의와는 대조적으로, 전천년주의자들은 역사 및 그 완성에 있어서 우리가 행할 역할에 관하여 기본적인 비관론을 편다. 세상을 바꾸거나 개혁하려는 우리의 온갖 시도들에도 불구하고, 종말 이전에는 적그리스도가 인간의 일들을 주관하게 되는 것은 어쩔 수 없는 일이라고 전천년주의자들은 예견한다. 오직 주님께서 다시 오셔서 적그리스도를 물리치실 때에야 비로소 하나님의 통치와 축복과 평화의 영광스러운 시대가 열리게 될 것이다.

세계 역사에 관한 이러한 기본적인 비관주의에 맞추어, 전천년설을 따르는 신학들은 현재의 질서와 하나님 나라 간의 불연속성 또는 상호대립성을 강조한다. 또한 그들은 악한 현재와 대비되는 하나님의 미래를 높인다. 하나님 나라는 하나님께서 행하시게 될 근본적으로 새로운 것이다. "황금 시대"는 그것을 어떻게 인식하든지간에 오직 하나님의 역사(役事)를 통한 하나님의 은혜로운 선물로서 온다. 간단히 말해서, 전천년설의 비관주의는 우리에게 궁극적으로 세상의 소망은 우리의 연약한 행위들에 있는 것이 아니라 하나님께 있다는 것을 일깨워준다.

무천년설의 현실주의. 전천년설과 후천년설에서 찾아볼 수 있는 진리들을 확신하면서도 그것들이 지닌 역사적 초점을 결여하고 있는 무천년주의자들은 이 두 가지 천년 왕국과 관련된 입장들의 정신에는 동의하지만 결국은 둘 모두를 거부한다. 그들은 이 둘을 합쳐서 중도적인 입장을 취하여 무천년설적인 전망을 추구한다. 그 결과는 현실주의라는 특징을 지니는 세계관이다.

승리와 패배, 성공과 실패, 선과 악은 종말의 때까지 공존할 것이다. 미래는 현재의 연속선상에서의 절정도 아니고 현재에 대한 갑작스러운 대립도 아니다. 하나님 나라는 세상 속에서 현재 활동하고 있는 하나님의 능력과 인간의 협동에 의해서 오는 것이 아니고, 또한 우리로서는 단지 기대하면서 기다릴 수밖에 없는 하나님의 선물인 것도 아니다.

따라서 방종에 흐르기 쉬운 낙관주의나 절망에 빠져 있는 비관주의는 둘 다 옳지 못하다. 무천년설의 세계관은 교회에게 세상 속에서 현실적인 활동을 요구한다. 성령의 인도하심과 능력주심 아래에서 교회는 자신에게 맡겨진 위임명령을 성공적으로 실천할 것이다: 그렇지만 궁극적인 성공은 오직 하나님의 은혜를 통해서만 오게 될 것이다. 하나님 나라는 세상 속으로 뚫고 들어오시는 하나님의 행위로서 도래한다; 그렇지만 인간의 협력도 중요한 부차적인 결과들을 가져온다. 그러므로 하나님의 백성은 현재 속에서 큰 일들을 기대해야 한다: 그러나 하나님 나라는 결코 역사 속에서 완전한 모습으로 도래하지 않을 것이라는 것을 알기 때문에, 그들은 언제나 현실적인 기대 속에 머물러야 한다.

우리의 궁극적인 소망. 무천년설의 현실주의는 우리의 시선을 단순한 역사적 미래를 뛰어넘어 영원한 하나님의 영역으로 돌리게 만든다. 그것은 우리에게 하나님 나라는 궁극적인 피조 세계의 변화 이전에는 그 어떤 지상적인 나라와도 혼동될 수 없는 초월적인 실체라는 것을 일깨워 준다. 그 어떠한 지상적인 도시도, 인간의 타락으로 말미암아 타의적으로 인간의 곤경에 참여하고 있는 우주와 인간 본성의 근본적인 변화 없이는 새 예루살렘이 될 소망을 가질 수 없다.

공동체적 종말론의 비전이 지니는 우주적 차원들로 인해서, 우리의 궁극적인 목표는, 그리스도의 재림 이전에 오든 아니면 이후에 오든 이 땅에 이루어질 황금시대가 아니다. 우리는 영광스러운 영원한 실체, 새 하늘과 새 땅을 열렬한 기대 속에서 기다린다. 이것만이 하나님께서 옛 이스라엘에게 말씀하셨던 땅과 물리적 축복들에 대한 약속들 및 신약성서에서 선포된 영원한 생명에의 참여의 완성에 대한 약속의 완전한 성취가 된다. 영광스럽게 재창조된 우주가 도래함으로써 하나님은 우리와 함께 거처를 정하실 것이다. 그리고 오직 구속받고 변화된 피조 세계에서만 우리는 자연, 인간 상호간, 더 중요하게는 우리의 창조주이자 구속주이신 하나님과의 완전한 공동체를 체험하게 될 것이다.

이와 같이 근본적으로 초월적인 하나님 나라는 동시에 근본적으로 내재적이다.[44] 하나님은 우리의 세계에 침입하셨다. 하나님은 우리로 하여금 이미 지상의 영역 속으로 돌입하기 시작한 하나님의 활동에 참여하게 하셨다. 그러므로 깨어진 삶의 한복판에서 우리는 성령의 새 생명을 송축할 수 있다.

역사의 종말이 임박한 시대

역사는 인류를 자신이 원하시는 목표로 이끄시기 위한 하나님의 활동에 관한 이야기이다. 역사 안에서 공동체의 선취적 현존은 공동체적 종말론이라는 문제를 제기한다: 우리가 지금 부분적으로 누리고 있는 공동체는 언제 완전한 모습으로 현존하게 될 것인가? 역사는 언제 그 완성에 도달하는가? 이 질문에 대답하기 위하여, 우리는 성경, 특히 신약성서에 주목한다. 우리는 현세의 종말에 대한 신약성서의 사상에 관하여 묻는다. 성경의 기자들은 우리 시대가 역사의 완성이 임박한 시대라고 선포하였다. 이것은 무엇을 의미하는가?

우리 시대에 대한 성경의 이해. 성경의 기자들은 역사의 종말에 관하여 반복적으로 말하였다. 그들은 언젠가는 하나님께서 인류를 향한 자신의 계획을 그리스도의 영광스러운 재림을 통하여 완성시키고 완전한 공동체를 건설하실 것이라고 선포하였다. 미래에 일어나게 되어 있는 사건들에 관한 신약성서의 주장들은 현세의 성격에 대한 구체적인 개념으로부터 생겨난 것이다. 초기의 신자들은 우리 시대를 종말의 시대, 임박한 성취와 그리스도의 통치의 시대로 이해하였다.

(1) 신약성서의 여러 책들의 배후에 있는 것은 세계가 특별한 종말의 시대로 접어들었다는 전제이다. 이 시대는 한쪽으로는 그리스도 사건(나사렛 예수의 오

---

44) 이것은 예수의 가르침 속에 나타난 하나님 나라에 대한 최근의 연구에 의해서 도달된 합의이다. Bruce Chilton, "Introduction," in *The Kingdom of God in the Teaching of Jesus*, ed. Bruce Chilton, *Issues in Religion and Theology* 5(Philadelphia: Fortress, 1984), 25-26을 보라.

심, 삶, 죽음, 부활, 승천과 성령강림), 다른 한쪽으로는 역사의 완성(승리와 심판 속에서의 그리스도의 재림)을 그 경계로 한다. 약속과 관련된 구약의 관점에서 보면, 이것은 성취의 때이다(벧전 1:10-12). 이 시기는 "마지막 날들," 즉 세상에서 하나님의 활동의 완성 이전의 마지막 시대이다.

성경의 기자들은 예수의 승천과 역사의 완성 사이의 시대를 양면성을 지닌 시대로 묘사하였다. 한편으로 우리는 악의 세력들의 재편(再編)을 목격한다. 핍박, 이단, 사기, 유혹은 악한 자가 하나님의 보편적인 통치의 메시지에 대항하여 살육을 감행하면서 더욱 증가할 것이다. 원수는 교회가 어둠의 영역 속으로 전진해 들어오는 것에 대하여 저항할 것이다. 또한 원수는 교회의 군대들을 중립화시키고자 할 것이다. 악의 세력들의 진군은 부분적으로 효과를 거둘 것이다. 왜냐하면 많은 사람들이 떨어져 나가고 속임을 당하며 낙담할 것이기 때문이다. 다른 한편으로 우리 시대는 복음의 진보라는 특징을 지니게 될 것이다. 성령의 권능을 덧입은 교회는 종말이 오기 전에 자신에게 맡겨진 명령을 완수하게 될 것이다.

초기 그리스도인들은 그들이 이미 이 두 차원의 존재를 목격하고 있다고 확신하였다. 악의 세력들은 재편되고 있고, 복음은 온 세상으로 퍼져 나가고 있었다. 신약성서의 기자들에 의하면, 이러한 사건들은 특별한 종말의 시대가 실제로 동터 왔다는 것을 보여 주는 표지들이었다. 따라서 그들은 마지막 날들이 이미 세상에 왔다고 믿었다(요일 2:18-19).

(2) 초대 교회의 전망의 특징을 이루고 있던 미래의 사건들에 관한 기대는 그리스도의 보편적인 주 되심에 대한 그들의 신앙으로부터도 생겨났다. 신약 시대의 신자들은 예수께서 주님이시라면 예수는 우주의 모든 권세 위에 계신 주님이심에 틀림없다는 것을 알았다. 그러나 실제로 예수께서 주님이시라면, 종말은 역사적으로 실제적인 사건이 되어야 한다. 그리고 그날은 예수께서 지금 그의 주 되심을 인정하는 자들을 신원하고 우주의 모든 권세에 대한 지배권을 행사하기 위하여 행동하실 때에 도래할 것임에 틀림없다. 언젠가 예수는 교회를 핍박하는 자들에 대해서만이 아니라 우리의 우주적인 대원수인 사망을 비롯한 인류에게 적대적인 모든 권세에 대하여 승리를 거두실 것이다. 이러한 승리에 대한 그들의 소망 때문에, 사도들은 죽은 자들을 일으키실 그리스도의 재림을 가장 중요한 미래의 사건으로 보았다.

종말론적 시간표. 성취의 시대 및 그리스도의 통치의 시대로서 우리 시대의 성격에 대한 신약성서의 통찰은 우리로 하여금 인간의 역사에 대한 최종적인 절정에 대하여 말하지 않을 수 없도록 만든다. 그럼에도 불구하고 다음과 같은 문제가 여전히 남는다: 역사는 어떻게 그 종말에 도달하게 되는 것인가?

전체적으로 볼 때, 성경의 증언은 우리로 하여금 인간의 역사의 영광스러운 절정에 대하여 간단하게 요약할 수 있게 해준다. 성경은 분명히 공동체적인 인간의 이야기를 끝내는 핵심적인 사건이 악에 대한 선의 최종적인 승리라고 말한다. 이것은 악의 세력들이 최후의 결전을 위하여 다시 모이지만 예수 그리스도의 승리의 재림을 통해서 진멸될 것이라는 것을 의미한다. 그 영광스러운 사건에서 공동체적인 하나님의 백성은 그들의 주님과 하나가 될 것인데, 이 하나됨은 부활에 의해서 촉진될 것이다. 이 종말론적인 사건을 시작으로 우리는 우리 하나님과 영원히 함께 있게 될 것이다.

성경의 문서들은 우리에게 미래에 대한 이러한 통찰을 제공해 주는 것을 넘어서서 미래와 관련된 연대들과 세부적인 사건들의 순서에 대하여 그 어떤 내용도 말해주지 않는다. 우리는 성경으로부터 "종말의 점검표"를 구성할 수 있는 일련의 이정표들을 이루는 고립적인 사건들을 찾아낼 수 없다. 또한 우리는 예수의 초림으로부터 재림에 이르기까지 세계가 얼마나 더 걸어가야 하는지도 알 수 없다. 이와는 반대로 우리는 오직 신약성서의 기자들과 마찬가지로 "때가 가까웠다"(계 22:10)라고 말할 수 있을 뿐이다.

성경에 나오는 종말론적 진술들은 때가 이르기 전에 미리 씌어진 자세한 역사라기보다는 궁극적으로 헬라식으로 말해서 확실한 기대와 확실성을 지닌 소망에 대한 표현들이다. 그것들은 어떤 일이 확실하게 일어날 것이라는 선언들이다. 소망의 표현들로서 종말론적 주장들은 근본적으로 현실, 역사, 우리의 현재적 상황의 성격에 대한 이해를 토대로 한 근본적인 기대에 대한 진술들이다.

종말론적 완성은 결국 일어날 것이다: 주님은 분명히 다시 오실 것이다. 종말은 분명히 도래하지만, 피조 세계를 향한 하나님의 궁극적인 목적이 어떻게 실현될 것인지는 어떤 의미에서 열려 있다. 역사는 부분적으로 불확정성을 지닌다; 역사는 위험부담들을 수반한다. 전쟁으로 말미암아 세상의 마지막 날을 가져올 대학살이 벌어질 수도 있고, 우리가 환경을 잘못 사용함으로써 생태학적인 재앙이 초래될 수도 있다. 하나님 자신은 역사의 과정을 열어놓으신 장본인이다. 왜냐하면 하나님은 우리로 하여금 역사에 참여하도록 요구하시기 때문이다. 인류를 향한 하나님의 목적은 분명히 실현될 것이다; 그렇지만 하나님은 우리에게 그의 역사적 사역에 주체들이 되라고 초청하신다. 이러한 주제는 베드로가 그의 독자들에게 주님의 날을 앞당기라고 권면한 말 속에 분명하게 드러나 있다(벧후 3:12).

성경에 나오는 종말론적인 주장들은 우리에게 소망을 불러일으키기 위한 것이다. 소망의 백성으로서 우리는 확신을 가지고 역사의 완성을 향한 사역에 참여할 수 있다. 성경을 통하여 하나님은 우리 앞에 하나님께서 그의 피조물에게 은혜로운 선물로 수여하고 계시고 또한 장차 수여하실 장래의 공동체에 관한 비전을 제시하신다. 이 하나님은 우리보다 앞에 서 계셔서 ─ 저 미래에 ─ 우리에게 앞으로 오라고 손짓하신다. 그러므로 소망 가운데 우리는 세상 속에서 하나님의 계획의 진보를 위하여 기도[45]와 활동들을 포함한 여러 시도들을 할 수 있다. 우리는 공동체적인 인간의 이야기에 우리가 참여하는 것이 영원한 의미를 지닌다는 것을 알기 때문에 우리 주님이 다시 오시는 그날까지 한 걸음 한 걸음 착실히 내디딜 수 있다(고전 15:58).

그리스도인들은 역사는 의미가 있다고 주장한다. 우리 인간의 이야기는 주 예수 그리스도께서 다시 오실 때에 그 절정에 달할 것이다. 그러나 하나님의 목적은 인간에게서 끝나지 않는다. 그 목적은 모든 피조 세계를 포괄한다. 이제 우리는 종말론의 이 더 넓은 차원을 살펴보기로 하자.

---

45) Stanley J. Grenz, *Prayer: The Cry for the Kingdom*(Peabody, Mass.: Hendrickson, 1988)을 보라.

제 23 장

하나님의 우주적 계획의 완성

> 또 내가 새 하늘과 새 땅을 보니 처음 하늘과 처음 땅이 없어졌고 바다도 다시 있지 않더라 또 내가 보매 거룩한 성 새 예루살렘이 하나님께로부터 하늘에서 내려오니 그 준비한 것이 신부가 남편을 위하여 단장한 것 같더라 내가 들으니 보좌에서 큰 음성이 나서 이르되 보라 하나님의 장막이 사람들과 함께 있으매 하나님이 그들과 함께 계시리니 그들은 하나님의 백성이 되고 하나님은 친히 그들과 함께 계셔서.
> — 요한계시록 21:1-3

    기독교의 메시지는 하나님이 자신의 목적을 실현시키기 위하여 활동하신다고 선포한다. 하나님은 우리가 그리스도의 부활에 참여함으로써 죽음을 이기고 영원한 생명을 누리기를 바라신다. 하나님은 우리들 인간의 이야기가 주 예수 그리스도의 영광스러운 재림을 통하여 절정에 이르도록 계획하셨다. 이와 동시에 하나님의 목적은 우리의 개인적인 실존이나 인간의 이야기보다 더 크다. 하나님은 자신의 활동들을 궁극적으로는 우주 전체를 포괄하고 모든 피조 세계를 포함하는 목표를 지향하여 행하고 계신다. 우주에 대한 하나님의 계획은 새 창조의 영원한 공동체에서 절정에 달한다.

    "우주적 종말론"에 관한 우리의 서술은 무엇이 현재의 질서로부터 영원한 현실로의 이행을 가져오는가라는 질문으로 시작된다. 성경에 따르면, 새 창조는 우주적 진화 또는 인간의 진보를 통해서 일어나지 않는다. 새 창조는 역사의 절정을 이루는 사건인 모든 피조물에 대한 종말론적 심판을 통해서 온다.

    우리가 심판을 고찰할 때에 두 번째 질문이 생겨난다: 창조의 완성의 어두운 측면은 과연 존재하는가? 모든 피조물은 새로운 질서에 참여하게 되는가, 아니면 일부 사람들은 남겨지게 되는가? 그리고 일부 사람들이 참여하지 않는다면, 그들의 운명은 어떻게 되는 것인가?

그러나 이 주제만큼 중요한 것은 창조의 완성이 파괴를 일차적인 목표로 하지는 않는다는 것이다. 하나님은 우주를, 예수의 부활 속에서 드러났고 부활 사건을 통해서 계시된 변화 속으로 통합할 것이다. 그러므로 본서는 우리가 참여하게 될 기쁜 영원한 현실에 관한 논의로 끝맺게 된다.

창조에서 새 창조로의 이행

하나님은 모든 것을 포괄하는 목표, 즉 온 우주를 새 창조의 영광스러운 영원한 공동체로 변화시키는 목표를 위하여 모든 활동들을 행하신다. 그렇다면 무엇이 그러한 변화를 가져오는가? 무엇이 현재의 질서로부터 하나님께서 그의 피조물에 대하여 의도하신 새로운 질서로의 이행인가? 기독교의 종말론적 전망(vision)은 "심판"이라는 말로 이에 대답한다. 창조는 오직 결산(決算)의 날에 피조 세계가 변화될 때에야 비로소 새 창조가 된다.

우주에 대한 심판

제22장에서 우리는 역사의 종말론적 완성은 인간의 이야기에 대한 심판으로서 온다고 말한 바 있다. 이러한 원칙은 우주 전체에도 그대로 적용된다. 새 창조를 향한 길목에서 모든 피조물은 심판을 통과하지 않으면 안 된다.

우주적 심판의 확실성. 심판은 성경에 가장 자주 등장하는 주제들 중의 하나이다. 하나님은 자신의 피조물을 버리는 것이 아니라 온 우주를 자신의 목적에 따라서 인도하신다. 아울러 하나님은 피조물들에게 결산할 것을 요구하신다. 심판은 피조물에 대한 하나님의 이러한 요구의 두 가지 차원을 다 포괄한다. 피조물에 대한 하나님의 심판은 포괄적이다. 특히 성경의 기자들에게 중요했던 것은 하나님께서 우주적인 권세들에게 요구하는 결산이다. 구약성서의 기자들은 다신교와 맞서서 싸우는 과정에서 하나님은 열방의 신들에게 심판을 행하실 것이라고 주장하였다(출 12:12; 민 33:4; 렘 10:14-15).

신약성서의 기자들은 하나님께서 천상의 존재들을 심판하실 것이라고 말하였다. 타락하여 사악하게 된 자들에게는 이것은 이미 과거의 사건이다(벧후 2:4; 유

6). 그럼에도 불구하고 여전히 귀신들과 천사들에 대한 심판의 미래적인 측면이 여전히 남아 있다(마 25:41). 그리고 신자들은 이 심판에 참여하게 된다(고전 6:3). 또한 우주적 세력들에 대한 하나님의 심판은 그리스도의 사역과 결부되어 있다. 왜냐하면 예수는 자신의 죽음을 통하여 정사와 권세들을 "공공연한 구경거리로 만드셨기" 때문이다(골 2:15). 그러나 무엇보다도 하나님은 마귀를 심판대에 세워서 결국 새 창조로부터 추방하실 것이다(계 20:10).

심판은 선악을 분별할 수 있는 피조물들과 우주적 세력들에 그 초점이 맞춰져 있다. 그렇지만 성경의 저자들은 피조물 자체에 대한 종말론적 심판에 대해서도 말한다. 베드로는 통렬한 묘사를 통하여 창세기에 나오는 대홍수가 이 미래의 재앙에 대한 예고편이라고 말하였다: "그때에 세상은 물이 넘침으로 멸망하였으되 이제 하늘과 땅은 그 동일한 말씀으로 불사르기 위하여 보호하신 바 되어 경건하지 아니한 사람들의 심판과 멸망의 날까지 보존하여 두신 것이니라"(벧후 3:6-7). 베드로는 주의 날에 "하늘이 큰 소리로 떠나가고 물질이 뜨거운 불에 풀어지고 땅과 그 중에 있는 모든 일이 드러나리로다"(벧후 3:10)라고 설명하였다.

우주적 심판의 목적. 우리는 하나님께서 악한 우주적 권세들에게 내리실 심판의 혹독성을 쉽게 이해할 수 있다. 그들은 창조를 위한 하나님의 목적에 대항하여 활동하였기 때문에, 하나님이 지으실 새로운 질서에 참여할 수 없다. 그러나 베드로가 묘사한 물리적 피조 세계에 대한 종말론적 심판의 필요성은 사실 이해하기가 쉽지 않다. 창조에서 새로운 창조로의 물리적 우주 세계의 이행이 왜 심판이라는 수단을 통해서 이루어져야 하는가? 두 가지 고찰이 이러한 필요성을 밝혀준다.

(1) 종말론적 사건은 피조 세계를 현재의 상황으로부터 해방시키는 것과 결부되어 있다. 바울은 자신의 통찰력 있는 본문 속에서 독자들에게 인류만이 아니라 물리적인 세계까지 지금 종살이의 상태 속에 있다는 것을 상기시켰다:

피조물이 허무한 데 굴복하는 것은 자기 뜻이 아니요 오직 굴복하게 하시는 이로 말미암음이라 그 바라는 것은 피조물도 썩어짐의 종 노릇 한 데서 해방되어 하나님의 자녀들의 영광의 자유에 이르는 것이니라 피조물이 다 이제까지 함께 탄식하며 함께 고통을 겪고 있는 것을 우리가 아느니라(롬 8:20-22).

사도는 자세한 내용은 말하지 않았지만 우주는 그 물리적 차원에 있어서까지 하나님의 의도를 온전히 반영하고 있지 못하다는 것을 보여 주었다.

바울이 부각시킨 측면은 피조 세계 속에서 활동하고 있는 썩어짐(decay)의 권세이다. 썩어짐과 사망은 물론 현재 질서의 자연스러운 일부이다. 그러나 그것들을 하나님의 종말론적 목적과 의도에 따라서 본다면, 썩어짐이 존재하는 것은 결코 "자연스러운" 일이 아니다. 썩어짐과 사망은 하나님께서 피조 세계를 인도하시고자 하는 그 성취(fulfillment)에 속하지 않는다. 새 창조는 물리적인 우주가 변화를 겪음으로써 썩어짐으로부터 해방될 때야 비로소 출현할 수 있다. 우리는 이 변화의 계기가 하나님의 종말론적 심판이라는 것을 안다. 그날에 창조주는 물리적 세계로부터 썩어짐을 낳는 모든 요소들을 제거하여 우주를 노예 상태(종살이)로부터 해방시키실 것이다.

(2) 두 번째 고찰은 첫 번째 고찰 위에 구축된다. 심판은 하나님께서 물리적인 세계를 자신이 모든 피조물과 공유하고자 하시는 교제를 위하여 준비시키는 수단이다. 하나님의 궁극적인 의도는 자신의 피조물들과 함께하는 영원한 공동체를 세우는 것이다. 요한계시록의 선견자가 본 환상에 의하면, 하나님은 피조 세계 속에 자신의 거처를 정하고자 하신다(계 21:1-3). 하나님은 이 땅에서 자신의 구속받은 백성들과 함께 교제를 누릴 새로운 세상을 창조하고자 하신다.

우주는 이 새로운 공동체의 거처가 되기 위해서 변화되어야 한다. 하나님의 임재는 근본적인 변화를 필요로 한다. 영원히 변하지 않는 분의 임재는 물리적인 세계가 썩어짐의 권세로부터 깨끗케 될 것을 요구한다. 생명 자체이신 분의 임재는 우주가 사망의 권세로부터 정결케 될 것을 요구한다. 그러한 변화가 일어난 후에야 모든 피조물은 창조주에게 완전하고 합당한 찬양을 드릴 수 있다.

또한 새 창조 속에 구속받은 인류가 현존하기 위해서는 근본적인 변화가 요구된다. 우리가 하나님과의 영원한 교제로 들어가는 일은 부활을 통과하고 나서야 가능한 일이다. 부활을 통해서 하나님은 우리의 썩어질 유한한 육체들을 영광스러운 몸으로 변화시키실 것이다. 죽을 몸이 영화로운 몸이 되면, 그 몸은 썩어짐과 사망에 의해서 지배되고 있는 땅에 거처할 수가 없다. 이런 까닭에 하나님은 땅을 새롭게 하여, 이 땅을 우리가 거처하기에 합당한 곳으로 만들고자 하신다. 그러므로 종말론적 심판은 구속받은 인류가 새로워진 피조 세계와 조화롭게 거하면서 구속주이신 하나님의 임재를 누리는 영원한 공동체를 세우시려는 자신의 목적을 따라서 옛 우주를 새로운 우주로 변화시키는 하나님의 행위이다.

인류에 대한 심판

하나님의 목적은 모든 피조 세계를 포괄한다. 따라서 옛 것에서 새 것으로의 이행을 뜻하는 심판은 온 우주에 미친다. 그럼에도 불구하고 세계 속에서의 하나님의 활동은 인간에게 그 초점이 맞춰져 있다. 왜냐하면 우리가 죄라고 부르는 실패를 피조 세계 전체에 퍼뜨린 자로서의 우리는 피조물 중에서 화해를 필요로 하는 측면이기 때문이다. 그러므로 인간이 심판이라는 신학적 주제의 초점이 되는 것은 전혀 이상한 일이 아니다. 그리스도인으로서 우리는 산 자와 죽은 자를 포함한 모든 사람들이 하나님의 심판에 직면하게 될 것이라고 고백한다(행 10:42; 딤후 4:1; 벧전 4:5). 우주 전체에게와 마찬가지로 인류에게도 이 종말론적 사건은 옛 창조에서 새 창조로의 이행을 뜻한다.

우리에 대한 심판의 확실성. 모든 인간이 심판을 받게 될 것이라는 기대는 성경의 문서들 전체에 걸쳐서 존재한다. 그럼에도 불구하고 하나님의 백성은 하나님의 심판이 불가피하다는 그들의 이해에 있어서 성장을 거듭해 왔다.

옛 히브리인들은 그들의 역사의 초기 단계들에서는 주로 심판을 현재적인 현실로 인식하였다. 그들은 죄가 악한 결과들을 초래한다는 것을 잘 알고 있었다. 그들은 하나님께서 악한 민족들에게 심판을 내리실 수 있고 또한 내리셨다는 것도 알고 있었다. 예를 들면, 그들은 하나님이 애굽인들에게 보낸 역병(疫病)들을 보았다. 그들이 가나안 땅을 정복했을 때, 바로 그들 자신이 가나안인들에 대한 하나님의 심판의 도구였었다. 이스라엘에게 악인들에 대한 하나님의 심판은 심판에는 긍정적인 측면도 있다는 것을 의미하였다. 그러한 사건들을 통해서 야웨는 이스라엘 민족을 그들의 대적으로부터 해방시켰고, 그들의 하나님이라는 것을 입증하였으며, 그의 신실한 백성이 무고하다는 것을 밝혀주셨다.

선지자들은 심판의 현재적 차원에 대한 인식을 강화시켰다. 그러나 아울러 그들은 미래로 눈을 돌렸다. 선지자들은 다가올 야웨의 날 — 역사 속에서의 심판 — 을 선포하였다. 그 큰 사건을 통해 야웨는 열방들을 심판하고(암 1:2; 욜 3:2) 자신의 이름과 자기 백성을 신원하실 것이다. 그렇지만 이스라엘의 많은 사람들의 기대와는 반대로, 미래의 심판은 하나님께서 자기 백성에게 결산할 것을 요구하는 어두운 측면도 지닌다(암 9:1-4; 말 3:2-5).

선지자들이 점차 메시야의 종말론적 통치에 대한 기대감을 더 많이 표현하게 되자, 역사 속에서의 미래의 심판에 대한 기대는 역사의 종말에 있을 최후의 심판에 대한 기대에 의해서 잠식되기 시작했다. 종말론적 결산의 날에 대한 이러한 초점은 심판에 대한 공동체적 이해에 개인적인 차원을 추가하였다. 악인들이 번영하고 의인들이 고난을 겪는 것처럼 보이지만, 하나님의 공의가 장래의 심판을 통해서 결국 실현될 것이라고 선지자들은 이스라엘에게 확언하였다.

이러한 기대는 경건한 사상가들에게 지난 세대들에 속한 성도들이 메시야의 종말론적 통치에 참여하게 되는지, 또한 어떤 근거로 참여하게 되는지를 묻지 않을 수 없게 만들었다. 하나님의 사자는 다니엘에게 의인들과 악인들은 영원한 축복과 저주를 받기 위하여 최후의 심판을 받을 것이라는 사실을 계시하였다(단 12:2).

선지자적·묵시론적 기대는 예수 및 초대 교회의 가르침을 위한 배경이 되었다. 우리 주님과 사도들은 모든 사람들이 자신의 행위에 대하여 결산할 날이 반드시 올 것이라고 선언하였다(마 11:24; 12:36; 롬 14:10; 고후 5:10; 히 9:27; 벧후 2:9; 요일 4:17). 신약성서의 기자들은 이스라엘의 선지자들의 기대를 그대로 반영하는 한편, 결정적으로 새로운 차원, 즉 종말론적 재판장의 정체성을 제시하였다. 다니엘은 자신의 환상 속에서 인자 같은 이, 즉 사람과 같은 어떤 존재 — 하나님께서 심판의 대권을 주신 자(단 7:13-14) — 를 보았었다. 신약성서의 공동체는 이 종말론적 재판장이 다름 아닌 십자가에 못 박히신 예수라고 선포하였다. 그들의 믿음은 우리 주님의 자기 인식에 그 기원을 둔 것이었다. 제12장에서 말한 바와 같이, 예수는 스스로를 언젠가는 심판을 위해 다시 올 인자라고 말씀하였다(막 14:62).

재판장의 정체성에 관한 신약성서의 증언은 최후의 심판의 확실성에 새로운 차원을 더한다. 십자가에 못 박히신 분이 성부의 우편으로 높이 들리우신 것은 하나님께서 대적들에 맞서서 예수의 의로우심을 주장하신 것이다(행 2:36). 하나님은 예수의 의로우심을 신원하셨지만, 아직도 우리 주님은 온 우주 전체에 걸쳐서 신원되어야 한다. 이러한 일은 오직 하나님께서 예수 안에서 만물이 서로 넌걸되어 있다는 것을 공적으로 보이실 때에만 가능하다(골 1:17). 옛 창조에서 새 창조로의 이행을 가져오는 사건으로서의 종말론적 심판은 예수에 대한 하나님의 최종적인 신원 행위이다.

심판의 확실성은 예수의 신원(伸寃)을 향한 구원사의 움직임에서 드러나는 것이 아니고 하나님의 성품 자체로부터도 드러난다. 우리가 심판대에 서는 것은, 어떤 사람들이 주장하듯이, 진노하시는 하나님의 응보 행위가 아니라 하나님의 사랑의 표징이자 결과이다. 하나님은 그의 화해와 교제의 은혜로운 초대에 자발적으로 응답하기를 바라는 의도에서 우리를 창조하셨다. 심판은 하나님께서 그의 부르심에 대한 우리의 응답을 진지하게 고려하신다는 것을 보여 준다.

우리의 심판의 때. 이미 살펴보았듯이, 성경의 기자들은 심판의 현세적인 차원과 종말론적인 차원을 모두 말했다. 하나님은 우리에게 현재에 있어서 결산할 것을 요구하시고, 우리는 주님이 다시 오실 때에 최후로 결산(決算)을 하게 될 것이다.

(1) 우리는 이미 현세적인 심판의 개념이 구약성서의 중요한 주제였다는 것을 살펴본 바 있다. 그러나 역사 내에서의 심판의 현존 — 하나님께서 인간들에게 결산(決算)할 것을 요구하는 것으로 이해된 — 은 신약성서에서도 중요한 가르침이었다. 예를 들면, 바울은 하나님이 불경건한 자들에 대한 심판을 지속적으로 수행하고 계신다고 선언하였다. 사람들이 범죄를 저지를 때, 하나님은 그들에게 그들의 죄로 말미암은 결과들인 쇠약함을 할당하신다(롬 1:24-28). 많은 경우에 우리는 뿌린 대로 거두게 되는 법이다(갈 6:7-8).

심판의 이러한 약간 수동적인 측면과 아울러, 하나님의 현재적 심판은 좀 더 적극적인 측면도 지닌다. 하나님의 백성이 복음을 선포하고 복음대로 살아갈 때, 하나님의 빛은 인간의 악함 위에 비친다(요 3:18-20). 그리하여 과거에 눈치채지 못하고 지나쳐 버린 불경건한 자들의 악한 행위들은 더 이상 숨겨질 수가 없다. 그것들은 인간의 삶과 행실에 대한 하나님의 기준의 선포를 통해서 가시적이 된다.

또한 신약성서의 기자들은 그리스도의 공동체에 대한 결산(決算)과 심판의 현재적 체험에 관하여 말하였다. 초대 교회에서 몇몇 특정한 경우들에 하나님은 중대한 범죄를 저지른 자들을 벌하셨다(행 5:1-11; 고전 11:30). 그러나 현재적 심판은 그 의도에 있어서 단순히 부정적인 것만은 아니다. 하나님의 심판 행위는 우리로 하여금 장래의 정죄로부터 벗어나게 하려는 목표를 지닌 것으로서 치료적 또는 예방적 차원도 지닌다(고전 11:32). 나아가 그것은 우리가 영적으로 자라나고(히 12:5-11) 섬김에 있어서 더 열매를 맺게 하려는(요 15:2) 아버지로서의 하나님의 훈육을 보여 주는 표징이기도 하다.

(2) 궁극적으로 심판의 현재적 체험은 종말론적인 결산의 날이라는 실체에 의거해서만 의미를 지닌다. 그렇다면 이 사건은 정확히 언제 일어나는가? 복음주의 진영의 신학자들은 이 문제에 대하여 서로 다른 의견을 내놓는다. 그들의 견해들은 부분적으로는 천년 왕국에 대한 그들의 이해에 따라서 달라진다.

전천년설을 주장하는 많은 학자들은 결산(決算)과 관련된 일련의 종말론적 사건들을 예상한다. 그리스도는 재림하자마자 이 땅의 사람들을 심판하실 것이다(마 24:31-46). 그러나 이것은 최종적인 결산의 날, 즉 산 자와 죽은 자를 심판하는 날이 아니다. "흰 보좌 심판"은 천년 왕국이 끝난 후에야 이루어진다(계 20:11-15). 고전적인 세대주의 전천년주의자들은 적어도 이 두 가지에 또 하나의 심판을 추가한다. 환난 기간 동안에 우리 주님은, 공중으로 휴거되어 그리스도를 만난 신자들을 심판하신다(살전 4:16-17).

전천년주의자들이 예상하는 여러 차례에 걸친 심판들과는 대조적으로, 무천년주의자들과 후천년주의자들은 일반적으로 오직 하나의 심판만을 얘기한다. 그들은 신약성서의 여러 본문들을 그리스도께서 다시 오실 때에 있게 될 모든 인간에 대한 단일한 심판을 각각 자신의 관점에서 말하고 있다고 이해한다. 이러한 단일한 심판이라는 견해는 성경의 증언과 일치하는 것처럼 보일 뿐만 아니라 종말론적 심판의 성격을 더 잘 반영하고 있기도 하다.

심판의 토대. 성경의 증언은 모든 사람이 심판대에 서게 되리라는 것이다. 그러나 우리 모두가 하나님께 결산해야 하는 근거는 무엇인가? 그리고 하나님께서 모든 인류를 판단하시는 하나의 기준이 존재하는가?

에덴 동산에서 하나님께서 아담에게 최초로 베푸신 가르침들의 내용(창 2:15-17)으로부터 요한계시록에 나오는 최후의 심판에 관한 전망(계 20:11-15)에 이르기까지 성경의 저자들은 우리가 행위를 따라 심판을 받게 될 것이라고 선포한다(렘 17:10; 32:19; 마 16:27; 롬 2:6; 고후 5:10; 갈 6:7-8; 계 22:12). 예수께서 정죄를 당할 것이라고 말씀하신 행위들 가운데에는 참된 부요를 배제하고 이 땅의 소유들을 축적하는 것(막 10:17-31; 눅 12:13-21), 소외된 자들을 돌보지 않는 것(마 25:31-46), 다른 사람의 죄를 용서하고자 하지 않는 것(18:21-35) 등이 있다.

행위에 따른 심판이라는 이와 같은 폭넓은 주제는 심판의 기준에 관한 문제를 제기하는 배경을 이룬다.

신약성서의 몇몇 본문들은 하나님께서 세상 사람들을 심판함에 있어서 각각 다른 기준들을 적용할 것임을 암시하고 있다. 바울에 의하면, 유대인들은 그들이 소유하고 있는 율법에 따라서 정죄를 받을 것이고, 율법을 소유하고 있지 않은 이방인들은 그들의 양심에 따라 심판을 받게 될 것이다(롬 2:12-16). 예수는 깨어 있으라는 명령을 포함하고 있는 자신의 비유들의 끝부분에서, 알면서도 자신의 주인의 말에 순종치 않은 종은 모르고 순종치 않은 종보다 더 큰 벌을 받게 될 것이라고 분명하게 말씀하였다. 그런 다음에 예수는 다음과 같은 원칙으로 말씀을 끝맺는다: "무릇 많이 받은 자에게는 많이 요구할 것이요 많이 맡은 자에게는 많이 달라 할 것이니라"(눅 12:48). 예수는 유대인들에 대해서도 심판의 날에 자신의 메시지가 자신의 말을 거부한 자들을 정죄할 것이라고 선언하면서 이와 비슷한 취지의 말씀을 하셨다(요 12:48). 히브리서의 저자는 이 원칙을 복음을 받아들인 자들 가운데 후에 그리스도를 거부하게 된 자들에게 적용하였다: "모세의 법을 폐한 자도 두세 증인으로 말미암아 불쌍히 여김을 받지 못하고 죽었거든 하물며 하나님의 아들을 짓밟고 자기를 거룩하게 한 언약의 피를 부정한 것으로 여기고 은혜의 성령을 욕되게 하는 자가 당연히 받을 형벌은 얼마나 더 무겁겠느냐 너희는 생각하라"(히 10:28-29).

앞의 예들이 보여 주듯이, 각기 다른 기준들을 제시하고 있는 본문들은 일반적으로 심판의 부정적인 결과(정죄)라는 맥락 속에서 그렇게 말한다. 성경의 기자들은 긍정적인 측면(칭찬, 축복, 신원의 가능성)을 포함할 때에는 모든 인류가 한 가지 기준, 즉 하나님의 뜻에 대한 부합성 여부에 의해서 심판받을 것임을 보여 준다. 로마 교인들에 대한 바울의 말이 그 한 예이다: "참고 선을 행하여 영광과 존귀와 썩지 아니함을 구하는 자에게는 영생으로 하시고 오직 당을 지어 진리를 따르지 아니하고 불의를 따르는 자에게는 진노와 분노로 하시리라 … 선을 행하는 각 사람에게는 영광과 존귀와 평강이 있으리니"(롬 2:7-10).

하나님의 뜻에 성경이 초점을 맞추고 있다는 것은 심판이 공동체와 결부되어 있다는 것을 의미한다. 하나님께서 우리를 심판하실 때에 사용하시는 기준은 다름 아닌 인류를 향한 하나님 자신의 목적 또는 목표일 수밖에 없다. 하나님의 의도는 우리가 하나님, 인간 상호간, 모든 피조물과의 교제 속에서 살아가는 것이다. 우리가 공동체를 추구하는 정도만큼, 우리의 삶은 하나님을 영화롭게 하고, 따라서 하나님의 기준에 부합하게 된다. 주님은 하나님의 뜻에 맞게 산 사람들에게 "영광과 존귀와 평안," 심지어 "영원한 생명"으로 화답하실 것이라고 바울은 말하였다.

이러한 맥락 속에서 그리스도는 심판의 기준이다. 제10장에서 살펴보았듯이, 예수는 인류를 향한 하나님의 의도, 즉 우리가 하나님과의 교제 및 하나님에 대한 순종 속에서 사는 것이 하나님의 의도라는 것을 계시하셨다. 주님은 우리에게 인간이라는 것이 무엇을 의미하는지를 보여 주셨기 때문에 우리의 삶을 평가할 수 있는 기준이 되신다.

심판의 기준으로서 하나님의 뜻을 강조하는 것은 신자들이 어떻게 심판하는 행위에 참여하게 될 것인지를 이해하는 데도 도움을 준다(마 19:28; 눅 22:30; 고전 6:2; 계 20:4). 성령은 우리로 하여금 공동체를 세우시려는 하나님의 의도에 순종하여 살아가게 하신다. 따라서 우리의 삶은 선악을 분별할 줄 알면서도 하나님의 뜻을 따라 살아가지 않는 피조물들의 실패를 밝히 드러낸다.

우리의 심판 자리. 최후의 결산의 날에 하나님은 모든 인간을 그들의 행위에 따라 심판하신다. 분명히 그 심판은 악인들에 대한 하나님의 의로운 정죄를 가져올 것이다. 성경의 이 주제가 누구라도 하나님의 영원한 공동체에 들어갈 수 있다는 소망을 어떻게 제시하고 있는지는 불분명하다.

어떤 그리스도인들은 신자들은 결산의 날에 참여하지 않을 것이라고 추정함으로써 이 문제점을 해결하고자 한다. 우리가 심판대에 선다면, 우리의 행위들은 정죄의 선고만을 불러올 수 있을 뿐이다. 그러므로 우리는 최후의 심판을 피함으로써만 하나님 나라에 들어갈 수 있다. 이러한 견해를 주장하는 사람들은 이 견해를 밑받침해 주는 성경의 몇몇 본문들을 나열한다. 예를 들면, 바울은 고린도 교인들에게 그들이 심판을 받지 않도록 하기 위해서 스스로 판단하라고 촉구하였다(고전 11:31). 그러나 앞에서 보았듯이, 우리가 하나님 앞에 서게 되지 않을 것이라는 주장은 우리 모두가 하나님의 심판에 직면하게 될 것이라는 성경 전체를 관통하는 주제와 모순된다. 베드로는 우리가 결산의 날로부터 면제받는 것이 아니라 도리어 심판은 그리스도의 공동체로부터 시작될 것이라고 경고하였다(벧전 4:17).

또 어떤 신학자들은 행위와 성품의 연관성을 그 근거로 둔다. 행위에 의한 심판은 적절하다. 왜냐하면 외적인 행위들은 우리의 내적인 영적 상태를 드러내는 것이기 때문이다. 그런 까닭에 신자들의 행위는 그들의 삶 속에 참된 믿음이 있는지를 증거해 준다(갈 5:6). 이러한 결론은 예수께서 자신의 청중들에게 거짓 선지자들에 관하여 경고하면서 제시한 원칙에서 나오는 당연한 결과이다: "그들의 열매로 그들을 알지니"(마 7:16).

이러한 이해는 분명히 옳긴 하지만, 성경의 추가적인 주제에 의해서 보충되어야 한다. 앞에서 지적했듯이, 신약성서의 기자들은 구약성서의 기대에 커다란 혁신을 도입하였다. 그들은 재판장이 누구인지를 알고 있었다. 우리에게 결산(決算)을 요구하시는 분은 우리가 그리스도 안에서 알게 된 바로 그 하나님이시다. 우리가 마지막 날에 그 앞에 서게 될 그분은 그의 구원의 사랑을 우리를 향하여 뻗치셨던 바로 그분이시다. 사실 하나님은 이미 예수의 죽음 안에서 우리의 죄를 심판하셨다(롬 3:21-26; 8:1, 31-34). 따라서 그리스도 안에 있는 모든 사람은 두려움 없이 결산의 날에 임할 수 있다. 왜냐하면 우리는 하나님의 정죄를 받게 되지 않을 것이기 때문이다(8:31-34).

우리의 영원한 운명이 좌우되는 것은 아니라 할지라도, 어쨌든 우리는 심판대 앞에 서게 될 것이다. 그렇다면 심판은 우리의 경우에 있어서 어떤 의미가 있는 것일까? 우리에게 결산의 날은 결국 영화(glorification)로 귀결될 성화 과정이 완성되는 날이 될 것이다. 그러므로 심판은 정화(淨化)의 행위이다. 하나님은 모든 찌꺼기들을 제거하기 위하여 우리의 행위를 시험하실 것이다(고전 3:13-15).

이러한 약간 부정적인 기능과 더불어, 심판은 긍정적인 목적에도 기여한다. 심판은 예수를 따르는 자들인 우리를 의롭다고 선언하는 신원의 행위가 될 것이다. 승천을 통하여 하나님은 예수를 우주의 주님이자 인자로 앉히셨다. 우리 주님이 세상의 심판자로 다시 오시는 것은 주님의 우주적이고 공적인 신원(伸寃)을 뜻한다. 우리는 그 영광스러운 사건에 참여하게 될 것이다. 왜냐하면 예수의 신원을 의미하게 될 우주적 심판은 모든 우주적 세력들 앞에서 예수의 이름을 고백해 왔던 자들에 대한 신원이기도 할 것이기 때문이다. 그러므로 우리에게 심판을 위한 그리스도의 재림은 소망의 근원이 된다(요일 4:17).

종말론적 심판은 소망의 토대임과 동시에 의외의 일도 수반하게 될 것이다. 하나님의 결산 행위는 하나님의 백성의 무리들을 그냥 지나치지는 않을 것이다. 구약시대의 역사 속에서 하나님의 심판들은 이스라엘의 이웃 나라들에게만 결산을 요구한 것이 아니었다. 하나님의 심판들은 택함받은 백성에게도 그대로 적용되었다. 따라서 종말론적 심판은 단지 인류 전체에게 행해질 뿐만 아니라 교회의 중심을 꿰뚫고 지나가게 될 것이다(벧전 4:17). 예수께서 경고하셨듯이, 예수를 "주님"이라고 부르는 모든 사람이 하나님 나라에 들어가는 것은 아니다. 그 중 일부에게 예수는 "나는 너희를 결코 모른다"(마 7:21-23)고 말씀하실 것이다.

심판의 성격. 종말론적 심판을 이해하려는 시도 속에서 우리는 그 사건에 관한 종종 허황된 우리의 묘사와 그 사건 자체를 혼동하지 않도록 주의해야 한다. 우리는 흔히 저 위대한 결산의 날을 무수한 사람들이 일렬로 늘어서서 정죄(condemnation) 또는 무죄 방면(acquittal)의 선고를 듣기 위하여 재판장 앞을 차례로 지나가는 것으로 생각한다. 신약성서에 나오는 표상들은 이러한 묘사와는 두드러진 대비를 보인다. 성경의 기자들은 심판을 신속하게, 그리고 순식간에 일어나는 것으로 묘사하지 않는다. 더 중요한 것은 성경의 기자들은 이 사건을 이전에 알지 못했던 어떤 판결을 선고하는 것이 아니라 감추어진 진실들을 드러내는 것으로 묘사한다는 것이다. 우리가 지금 보지 못하거나 인정하지 않고 있는 것들이 그때에는 만천하에 드러나게 될 것이다(눅 8:17).

지금 감추어진 진실들이 백일하에 드러남으로써 하나님께서 옳으셨다는 것이 입증될 것이다. 현세에서는 하나님이 공의를 집행하시는 데에 느린 것처럼 보인다. 이러한 겉보기에 느린 것 같은 하나님의 모습은 하나님의 권능, 하나님께서 공의를 집행할 의도가 과연 있으신지에 대한 여부, 하나님의 존재 자체에 의문을 던지게 만든다. 하나님이 아니라 마치 악이 이 세상을 주관하고 있는 것처럼 보인다. 겉으로 보이는 하나님의 무력(無力)은 악인들이 번성하고 의인들이 고난을 받을 때마다 명백하게 입증되는 것처럼 보인다(시 73:1-16을 보라). 무엇보다도 가장 비극적인 것은 의로운 분이신 예수께서 악인들의 손에 고난을 당하신 일이다. 예수의 고난의 연장으로서 예수를 따르는 자들도 하나님의 원수들의 손에 고난을 당한다.

하지만 언젠가 우리는 하나님께서 이러한 상황을 역전시키기 위하여 행동을 하실 때에 위대한 역전(逆轉)을 목격하게 될 것이다.

하나님께서 예수를 죽은 자로부터 일으키심으로써 자신의 의로운 아들에게 유리한 판결을 하셨던 것과 마찬가지로, 언젠가는 의인들에게도 유리한 판결을 내리실 것이다(눅 18:1-8). 이러한 행위는 적절한 때에 실제로 그의 원수들과 자기 백성을 핍박한 자들에게 공의를 시행하는 분으로서의 하나님을 신원하게 될 것이다(벧후 3:3-10). 그렇게 함으로써 하나님은 우주적 권세들에게까지 자신의 지혜와 의로우심을 나타내 보이실 것이다(엡 3:10).

종말론적 역전은 하나님의 의로운 자녀들만이 아니라 인간의 사회적 상태들에까지 영향을 미친다. 하나님은 심판을 행하심으로써 사회의 권력 구조들을 전복시키실 것이다. 현재에 있어서는 힘 있는 자들이 세상만사를 주관하고 있는 것처럼 보인다. 그러나 그날에는 모든 사람들이 주권자이신 하나님께서 힘없는 자들의 편에 서 계셨다는 것을 보게 될 것이다. 왜냐하면 주님은 짓밟힌 자들의 호소를 대변하실 것이기 때문이다. "먼저 된 자가 나중되고 나중된 자가 먼저 되리라"는 예수의 약속은 최후의 심판을 통해서 세상적인 기준이 하나님의 기준으로 대체될 때에 성취될 것이다. 그때에 모든 사람들은 하나님께서 성공 여부를 권력이나 이 땅에서의 특권이 아니라 겸손한 종된 삶과 곤궁한 자들 및 서로에 대한 섬김의 삶을 살았느냐의 여부에 따라 평가하신다는 것을 알게 될 것이다(마 25:31-46; 막 10:35-45).

역사의 완성인 최후의 심판은 우주의 이야기가 하나라는 것과 그 이야기 속에 우리가 참여하고 있다는 것을 밝혀줄 것이다. 사건들은 서로 연결되어 있지 않은 채 파편적인 흐름을 이루고 있는 것처럼 보이지만 그 속에는 이 모두를 하나로 꿰고 있는 실이 감추어져 있다. 하나님은 이 통일성 — 로고스, 즉 근본적인 생명의 원리 — 을 모든 현실 속에 두셨다. 그날에 온 인류는 나사렛 예수가 삶의 모든 것을 하나로 묶는 연결고리라는 것을 분명하게 보게 될 것이다. 이 역사상의 인물은 우리 인간의 소명과 아울러 하나님의 사랑하시는 마음을 계시하셨다.

심판의 날에 우리의 삶은 예수 안에서 계시된 모든 역사(歷史)를 하나로 묶는 원칙에 비추어 철저하게 검증될 것이다. 우리가 살아온 삶을 삶의 통일성에 관한 계시와 대비시켜 보면, "엄청난 불일치"가 드러나게 될 것이다. 우리는 우리의 삶을 향한 하나님의 의도와 우리가 실제 살아온 방식 간의 커다란 격차를 분명하게 보게 될 것이다.

요컨대, 심판은 각각의 개인들에게 영원한 운명을 변덕스럽거나 자의적으로 할당하는 것이 아니다. 오히려 심판은 모든 역사의 의미를 하나님께서 공적으로 계시하는 사건이다. 이러한 우주적인 계시는 우리의 개인적인 역사들이 하나님의 역사의 의미를 어느 정도나 반영하고 통합하고 있는지를 드러내 줄 것이다. 실제로 심판은 뜻밖의 일들이 벌어지는 의외의 날(a day of surprises)이 될 것이다!

영원한 상급들. 심판을 개인의 역사들을 하나님의 우주적 활동에 비추어 평가하는 것으로 보게 되면, 상급(rewards)에 관한 문제가 제기된다. 하나님은 심판 때에 우리에게 상을 주시는가? 만약 그렇다면, 어떠한 의미에서 우리는 이러한 기대를 할 수 있는 것인가?

신약성서의 기자들은 신자들이 심판의 날에 상급을 받게 될 것이라는 몇 가지 단서들을 제공해 준다. 예를 들면, 바울은 장차 상과 벌이 있을 것임을 근거로 독자들에게 건전한 그리스도인으로서의 삶을 살아가라고 권면한다(고전 3:10-15). 종종 성경의 기자들은 하나님께서 신자들에게 수여하실 "면류관들"에 대하여 언급한다. 그리고 예수께서 친히 상급이라는 개념을 자신의 가르침 속에서 사용하셨다(마 25:14-30).

그러나 상급에 대한 기대와 짝을 이루는 또 하나의 주제가 성경에 나온다. 영원한 나라에서는 현세에서 통용되고 있는 사람들을 구별하는 일들이 존재하지 않게 될 것이다. 예를 들면, 일꾼에 관한 비유에서 포도원 주인은 늦게 온 일꾼들에게도 온종일 일한 일꾼들에게 주는 것과 똑같은 너그러운 품삯을 상급으로 준다(마 20:1-16).

우리는 신약성서에 나오는 평등 사상에 의해서 상급이라는 개념을 완화시킬 필요가 있을 뿐만 아니라 상급이라는 개념 속에서 몇 가지 신학적인 문제점을 인식해야 한다. 상급에 대한 기대는 그리스도인으로서의 섬김의 삶에 불순한 동기를 도입할 위험성이 있다. 성경의 참된 영성은 우리가 하나님을 우리를 구원하신 분에 대한 사랑의 마음에서 섬겨야지 다른 사람들보다 높아지려고 하는 욕망에서 섬겨서는 안 된다고 말한다. 게다가 상급이라는 개념은 하나님 나라도 인간 사회들처럼 소수의 특권 계층 — "상을 받은 자들" — 에 의해서 다스려질 것이라는 인상을 줌으로써 이 세상 속에서 통용되고 있는 계층 체제를 영속화시킬 위험성을 안고 있다.

이러한 위험성들에도 불구하고, 우리는 영원한 상급에 대한 기대를 완전히 포기해서는 안 된다. 그것은 우리에게 주님을 섬기는 우리의 수고가 영원한 의미를 지닌다는 것을 일깨워 준다. 왜냐하면 주님은 우리에게 그의 신실한 제자들에게

상을 줄 것이라고 약속하고 계시기 때문이다(고전 15:58).

우리는 심판 때에 벌어질 의외의 차원을 염두에 둠으로써 이러한 잠재적인 신학적 난점들을 피할 수 있다. 우리의 재판장은 세상의 기준과는 다른 기준을 사용하신다. 그 결과 현세에서 낮고 천한 자들처럼 보이는 사람들이 바로 주님께서 현세에서 가장 고귀한 사람들로 존경받는 사람들 위로 높이실 바로 그런 사람들이다. 이 원칙은 동기(動機)에도 그대로 적용된다. 순수하게 이기적인 동기를 가지고 수고한 사람들은 주님께서 다른 사람들에게 상을 줄 때에 놀라게 될 것이다. 예수께서 반복적으로 분명하게 말씀하셨듯이, 하나님 나라에서 큰 자가 되는 비결은 예수께서 몸소 선구적인 모범을 보이셨던 길, 즉 다른 사람들을 섬기는 자기희생의 길을 가는 것이다.

끝으로, 하나님의 공의의 원칙은 힘없는 자들의 마음을 위로해 준다. 하나님 나라에서 큰 자가 되는 비결이 겸손하게 종이 되어 섬기는 것이기 때문에, 영원한 공동체는 인간 사회에서 분명하게 나타나는 힘있는 자들에 의한 지배로부터 자유롭게 될 것이다. 하나님의 새로운 질서 속에서 큰 자들은 모든 사람들의 종이 되는 사람들일 것이다.

요약해보자: 심판은 진실을 드러내는 공적이고 우주적인 계시 행위이다. 이 계시는 영원한 지복 상태로 들어가고 그들의 수고에 대한 상을 받는 사람들에게는 놀라움과 기쁨을 가져다줄 것이다. 그리고 이날은 그들의 삶이 궁극적으로 실패했다는 것을 분명하게 알게 될 사람들에게는 하나의 충격으로 임하게 될 것이다. 심판의 충격은 믿는 자들의 공동체로부터 시작될 것이고, 그 중 몇몇 사람들은 비록 구원받기는 했지만 자신이 주님을 미미하게 섬겼다는 것을 알게 될 것이다(고전 3:15).

심판의 어두운 면

심판은 지금 감추어진 진실들이 드러나는 계기가 될 것이다. 무엇보다도 심판은 하나님께서 공동체를 위하여 우리를 창조하셨다는 것을 밝히 드러낼 것이다. 결산의 날에 대한 예상은 실패라는 문제를 불러일으킨다. 신약성서의 신자들은 하나님의 원수들에게 종말론적 사건은 그들의 창조주와 함께하는 공동체로부터의 배제를 가져올 것이라고 이해하였다(눅 13:25-29; 마 22:13; 롬 6:21; 빌

1:28; 3:19; 살전 5:3; 살후 1:8f.).

이러한 실패는 회복될 수 없는 것인가? 어떤 사람들은 영원토록 그들의 목적지에 결코 도달하지 못하게 되는가? 아니면, 공동체로부터의 배제는 단지 일시적인 것으로서, 결국에는 모든 사람이 하나님의 새 창조에 참여하게 되는가? 그리고 우리의 목적지로부터의 영원한 배제의 가능성이 참이라면, 그것은 어떤 형태를 띠게 되는가?

보편구원설(만인 구원설)

거의 모든 기독교 사상가들은 우리의 사랑하시는 하나님은 모든 사람이 구원받기를 원하시지만 하나님의 공의는 인간의 실패를 간과하지 않을 것을 요구하기 때문에 복음에는 어두운 면도 존재한다는 데 동의한다. 그러나 신학자들은 하나님의 공의가 어떤 목적으로, 그리고 어느 정도까지 작용하는가를 놓고는 의견의 불일치를 보인다.

몇몇 학자들은 하나님의 정죄 선고가 회복을 위한 것이며, 따라서 돌이킬 수 없는 것이 아니라고 주장한다. 위대한 교육자와 마찬가지로 하나님은 모든 사람들을 구원에 이르게 하기 위하여 정죄하신다는 것이다. 결국 하나님은 모든 사람을 자신의 영원한 교제 속으로 끌어들이실 것이다(이 때문에 "보편구원설"[universalism]이라는 명칭이 붙었다); 모든 사람들은 하나님께로 회복될 것이다(이 때문에 "회복설"[apokatastasis]로 불리기도 한다).

교회에서 보편구원설의 위치. 보편구원설은 일찍이 주후 200년대 교회 속에 존재하였다. 이 학설을 주장한 가장 초기의 유명한 사람은 알렉산드리아 교회의 교부였던 오리게네스(185-254년)였다. 그는 사탄조차도 결국에는 영원한 지복(至福) 상태로 들어가게 될 것이라고 주장하였다.[1] 이 학설을 지지하는 교부들은 보편적 회복은 예수 그리스도를 통하여 일어난다고 주장하였다.[2] 부활하신 그리스

---

1) Origen의 입장에 관한 설명으로는 R. P. C. Hanson, *Allegory and Event: A Study of the Sources and Significance of Origen's Interpretation of Scripture*(London: SCM, 1959), 335를 보라.

2) John Sanders, *No Other Name: An Investigation into the Destiny of the Unevangelized*(Grand Rapids: Eerdmans, 1992), 81.

도의 화해 권능을 통해서 하나님의 사랑이 결국 모든 피조물의 저항을 이길 것이기 때문에, 모든 사람이 구원을 받을 것이라고 오리게네스는 주장하였다.[3]

교회는 오리게네스의 보편구원설을 단죄하였고, 그의 가르침은 중세 시대에 금지되었다. 그렇지만 이 관점은 결코 사라지지 않았다. 계몽 시대 이래로 회복설은 상당한 추종자를 만들어 왔다. 1800년대의 자유주의적인 많은 신학자들은 프리드리히 슐라이어마허(Friedrich Schleiermacher)의 영도를 따라서[4] 전통적인 지옥설(the doctrine of hell) 대신에 이 대안을 선호하였다.[5]

20세기의 몇몇 지도적인 신학자들이 보편구원론자들이었지만, 그 밖의 사람들은 좀 더 조심스러운 태도를 취하였다. 예를 들면, 칼 바르트는 하나님의 은혜에 제한을 가하지 않도록 하기 위하여 다소 양면적인 태도를 취하였다.[6] 보편구원설은 하나님의 은혜가 모든 사람들에게 미친다고 주장하는 반면에, 칼 바르트는 보편구원론자들의 주장을 부인하는 것은 하나님의 은혜가 모든 사람들에게 미칠 수 있다는 것을 제한하는 것이라고 주장하였다.

오늘날의 종교적 다원주의를 배경으로 몇몇 신학자들은 과거의 회복론을 다시 정식화하여 왔다. 좀 더 최근에 다원주의를 주장하는 사람들은 오리게네스와 같은 과거의 사상가들과는 달리 비기독교인들의 영원한 구원과 관련한 예수의 종국성(finality)을 별로 달가워하지 않는다.[7]

보편구원설의 토대. 많은 복음주의자들은 성경을 읽은 사람이라면 어떻게 회복론을 받아들일 수 있느냐고 이해할 수 없다는 태도를 취한다. 그렇지만 보편구원

---

3) 이러한 주장에 대해서는 G. C. Berkouwer, *The Return of Christ*, trans. James Van Oosterom(Grand Rapids: Eerdmans, 1972), 390을 보라.

4) Friedrich Schleiermacher, *The Christian Faith*, ed. H. R. Mackintosh and J. S. Stewart, second edition(Edinburgh: T. & T. Clark, 1928), 539-60, 720-22.

5) 예를 들면, Albrecht Ritschl, *The Christian Doctrine of Justification and Reconciliation*, ed. H. R. Mackintosh and A. B. Macaulay, reprint edition(Clinton, N.J.: Reference Book Publishers, 1966), 125-39를 보라.

6) Karl Barth, *Church Dogmatics*, trans. G. W. Bromiley(Edinburgh: T. & T. Clark, 1961), 4/3.1:477-78.

7) E.g., Paul Knitter, *No Other Name? A Critical Survey of Christian Attitudes toward the World Religions*(Maryknoll, N.Y.: Orbis, 1985), 143.

론자들은 전혀 당황하지 않고 그들의 입장을 옹호하는 논증들을 편다. 그들은 자신들의 견해를 지지해주는 신학적·성경적·목회적 고려들을 제시한다.[8]

(1) 보편구원론자들은 몇몇 신학적 고려들을 가장 잘 반영하고 있는 것이 이 가르침이라고 생각하기 때문에 보편구원설을 옹호한다.

보편구원설을 옹호하는 주장의 핵심에는 하나님의 사랑이라는 논거가 있다. 몇몇 보편구원론자들은 사랑 자체이신 하나님께서 궁극적으로 주권(sovereignty)을 가지고 계시다는 사실을 근거로 논증을 전개하는 반면에,[9] 어떤 보편구원론자들은 사랑하시는 하나님의 끈기(persistency)를 그 근거로 든다.[10] 모든 피조물에 대한 하나님의 사랑은 아주 강력하고 또한 하나님의 존재에 아주 중심적인 것이기 때문에, 하나님은 자신의 말을 듣지 않는 고집스러운 자들을 설득하시는 데 지치심이 없다. 오래도록 참으시는 하나님, 모든 사람들이 "진리의 지식에 이르게 되기"를 원하시는 하나님은 일부 사람들이 지옥에서 신음하고 있다는 것을 알면서 영원의 즐거움을 편안히 누리실 수는 없다. 따라서 아무도 영원히 하나님의 무한한 사랑을 물리칠 수 없게 될 것이다. 오리게네스는 우리의 우주 같은 것을 여러 개 창조하는 것이 필요하다고 할지라도 하나님의 사랑은 마귀가 항복할 때까지 뒤쫓을 것이라고 주장하였다.

보편구원론자들은 하나님의 사랑과 아울러 그리스도의 승리를 그 근거로 든다. 신약성서에 의하면, 예수의 높이 들리우심(승귀)은 인간의 죄를 위하여 죽으심으로써 그의 모든 원수들에 대하여 승리하신 분이 우주적인 주님으로 승격되었다는 것을 의미한다. 예수께서 만유의 주님이라면, 예수의 주되심이 미치지 않는 영역이나 죄를 위한 예수의 죽음과 권세들에 대한 그의 승리가 미치지 않는 곳은 있을 수 없다.

만약 지옥에 영원토록 일부 사람들이 존재하게 된다면, 지옥은 예수께서 주님이 되실 수 없는 바로 그러한 영역이 되고, 예수의 화해 사역이 미칠 수 없는 곳

---

8) 이러한 삼중의 범주화에 대해서는 Stephen Travis, *I Believe In the Second Coming of Jesus*(Grand Rapids: Eerdmans, 1982), 200을 보라.

9) E.g., Langdon Gilkey, *Reaping the Whirlwind*(New York: Seabury, 1981), 298.

10) Nels Ferre, *Christ and the Christian*(New York: Harper, 1958), 247; *The Universal World: A Theology for a Universal Faith*(Philadelphia: Westminster, 1969), 258.

이 될 것이다. 지옥은 만유의 주되심에 대한 예수의 주장과는 반대로 죽음과 죄가 다스리는 영역이 될 것이다.

(2) 보편구원론자들은 보편구원설이 이러한 기독교의 위대한 신학적 진리들을 가장 잘 반영한다고 주장함과 아울러 그들의 입장을 밑받침하는 직접적인 성경 본문들을 제시한다. 구체적으로 말하면, 그들은 모든 사람들이 구원받기를 하나님께서 원하신다는 것을 말하고 있고(딤전 2:4; 4:10; 벧후 3:9), 그리스도의 속죄가 모든 사람들을 위한 것이라고 선포하고 있으며(고후 5:19; 딛 2:11; 히 2:9; 요일 2:2), 하나님께서 모든 피조물을 그리스도 안에서의 충만함으로 이끄실 것이라고 선언하고(요 12:32; 엡 1:10; 골 1:16-23), 모든 사람들이 최종적으로 하나님께로 회복될 것이라고 말하고 있는(행 3:19-21; 빌 2:9-11) 본문들을 그 근거로 든다.

보편구원론자들이 인용하는 여러 본문들 중에서 특히 두 개의 본문이 두드러지는데, 이 두 본문은 바울의 서신들에 나오는 것들로서 그리스도의 승리라는 신학적 주제와 결부되어 있다. 즉, 이 두 본문은 그리스도의 공로의 보편적 함의들을 이끌어내고 있는 본문들이다.

첫 번째 본문에서 사도 바울은 죄에 대한 예수의 승리를 찬송하기 위하여 첫째 아담과 둘째 아담을 비교한다(롬 5:12-21). 첫째 아담은 불순종을 통해서 죄를 세상에 가져온 반면에, 둘째 아담은 순종을 통해서 의롭다 하심을 얻었다. 바울은 이 두 인물 간의 모종의 유사점을 염두에 두고 있었던 것으로 보인다. 아담의 죄가 온 인류에게 정죄를 가져왔던 것과 마찬가지로, 그리스도의 순종의 효과는 온 인류에게 미친다: "그런즉 … 한 의로운 행위로 말미암아 많은 사람이 의롭다 하심을 받아 생명에 이르렀느니라"(18절).

두 번째 본문은 죽음에 대한 그리스도의 승리를 강조한다(고전 15:20-26a). 여기에서 바울은 겉보기에 보편구원설적인 함의(含意)를 지니고 있는 듯이 보이는 문학적인 장치를 사용한다(22절). 첫째 아담이 인류에게 사망을 가져다주었던 것과 마찬가지로("아담 안에서 모든 사람이 죽은 것 같이"), 둘째 아담은 온 인류에게 부활 생명을 수여한다("그리스도 안에서 모든 사람이 삶을 얻으리라").

보편구원설을 비판하는 몇몇 학자들은 바울이 보편적 구원을 말하고 있다는 것을 부인한다. 그들은 이 본문 속에는 단지 일반적인 부활에 대한 언급만이 나온다고 본다. 그러나 그러한 해석은 타당성이 없다. 사람들이 육체적인 죽음을 이기고 영원히 지옥으로 추방되어 버린다면, 사람들이 그리스도의 부활을 통해서 "살게 된다"고 선포하는 것은 도대체 무슨 의미를 지닌단 말인가? 아울러 부활은 죽은 자들을 무덤으로부터 나오게 하여 심판을 받게 하는 수단이라는 주장은 바울이 이 용어를 충만한 삶으로 들어가는 것을 가리키기 위하여 사용하고 있다는 것과 잘 들어맞지 않는다.

(3) 끝으로, 보편구원론자들은 복음을 받아들이지 않은 사람들이나 다른 종교를 신봉하는 사람들에 대한 목회적 관심을 끌어들인다. 보편구원론자들은 현세에서 무수한 사람들이 복음에 응답하지 않고 있는 상황에서 이 땅에서의 선택이 하나님으로부터 분리되는 돌이킬 수 없는 영원한 운명을 결정한다는 것을 도저히 받아들일 수 없다고 생각한다. 이러한 생각 때문에 보편구원론자들은 다음 생에서 하나님은 모든 사람들이 자유롭게 자신의 초대에 응답하여 자신의 새로운 세계에 참여할 때까지 모든 사람들을 자기에게로 계속해서 이끄실 것이라고 결론을 내린다.[11]

보편구원설의 난점들. 보편구원설을 비판하는 사람들은 이 견해가 성경적으로 건전하지도 않고 신학적으로 반드시 필요한 것도 아니라고 주장한다. 도리어 보편구원설은 기독교의 가르침에 대한 심각한 왜곡이다.[12] 비판자들은 회복론을 주장하는 사람들이 실제로는 개개인이 자신의 것으로 받아들일 것을 요구하는 보편적인 구원의 의도를 선포하는 본문들을 보편적인 실제적 구원에 관한 본문으로 읽고 있다고 비난한다.[13] 스티븐 트래비스(Stephen Travis)가 말했듯이, "거의 모든 그러한 보편구원설적인 진술들은 구원을 체험하기 위해서는 믿음이 필요하다는 진술들과 나란히 나온다."[14]

아울러 비판자들은 보편구원설의 신학적 토대에 대해서도 의문을 제기한다. 몇몇 학자들은 하나님의 공의는 영원한 형벌을 요구한다는 것을 토대로 보편구원설을 거부한다. 그러나 이러한 논증은 잘못된 것이다. 베르카워(Berkouwer)가 지적

---

11) 이 입장의 예에 대해서는 John Hick, *Death and Eternal Life*(San Francisco: Harper and Row, 1976)를 보라.
12) Travis, *I Believe in the Second Coming*, 201.
13) 예를 들면, Sanders, *No Other Name*, 107-8을 보라.
14) Travis, *I Believe in the Second Coming*, 202.

했듯이, "징벌적 정의와 배분적 정의의 논리가 실제로 회복론에 대항하여 유효성을 지닌다면, 보편적 화해론은 거부되어야 할 뿐만 아니라 그 어떤 화해론도 원칙적으로 불가능하게 될 것이다."[15)

좀 더 정곡을 찌르는 비판은 보편구원설은 하나님께서 인간을 창조하실 때에 스스로에게 부과하신 제한을 진지하게 고려하지 못하고 있다는 주장이다. 성경에 나오는 상처받기 쉬운 하나님을 인정하지 않음으로써[16), 보편구원론자들은 심판의 결과에 대한 그들의 낙관주의에 있어서 지나치게 나아갔다. 트래비스는 이렇게 말한다: "사랑은 정의상 그 대상에게 응답 여부를 택할 자유를 허용하여야 하기 때문에, 우리는 하나님의 사랑이 모든 사람을 얻는 데에 성공할 것이라고 말할 수 없다."[17) 한스 슈바르츠(Hans Schwarz)도 이와 비슷한 설득력 있는 논평을 제시하였다:

> [보편구원설은] 심판이 하나님의 보편적 사랑으로 이행하기 위한 과도기적인 행위가 아니라 우리의 삶의 태도를 드러내고 최종적으로 판결하는 것임을 고려하지 않고 있다. 우리의 삶의 태도가 하나님께서 보여 주신 사랑과 역행한다면, 그 결과는 진화(evolution)나 개선(amelioration)을 통해서 다시 이어질 수 없는 이분법적 심판이다.[18)

조건적 불멸설

사상가들로 하여금 보편구원설을 옹호하게 만든 것과 동일한 신학적 고려들 중 몇몇은 다른 사상가들로 하여금 두 번째 대안을 찾게 만들었다. 회복론을 주장하는 학자들과 마찬가지로, "조건적 불멸설" 또는 "멸절설"(annihilationism)을 주장하는 학자들은 구원받지 못한 자들이 영원토록 고통을 당할 것이라는 영원한 형벌과 관련된 그 어떤 사상에 대해서도 이의를 제기한다. 그러나 멸절론자들은 하나님께서 결국 모든 사람을 영원한 공동체로 모으실 것이라고 낙관적으로 선언

---

15) Berkouwer, *The Return of Christ*, 394.
16) 이러한 비판에 대해서는 Sanders, *No Other Name*, 110-13을 보라.
17) Travis, *I Believe in the Second Coming*, 203.
18) Hans Schwarz, *On the Way to the Future*, revised edition(Minneapolis: Augsburg, 1979), 262.

하는 것이 아니라 많은 사람들이 영원토록 상실된 채로 남아 있게 될 것이라고 본다. 그러나 불의한 자들은 하나님 나라 밖에서 괴로워하며 몸부림치는 것이 아니라 선고를 받고 소멸될 것이다. 그들의 운명은 단순한 실존의 정지(cessation)가 될 것이다.

교회 속에서의 조건적 불멸론. 조건적 불멸론은 1800년대 말에 제칠일안식일 예수재림 교회, 그리고 나중에 여호와의 증인들 속에서만 상당수의 지지자들을 획득하였다. 그러나 1960년 이래로 필립 휴즈(Philip Edgcumbe Hughes),[19] 스티븐 트래비스,[20] 존 웬햄(John Wenham),[21] 존 스토트(John Stott)[22] 같은 영국의 몇몇 저명한 복음주의자들과 캐나다 신학자인 클라크 피녹(Clark Pinnock)이 이 견해를 옹호하여 왔다.[23]

멸절론의 토대. 그들의 견해는 대다수에 의해서 받아들여지지 않고 있기 때문에, 조건적 불멸론을 지지하는 복음주의자들은 왜 그들이 지옥에 관한 전통적인 가르침을 받아들일 수 없다고 생각하는지를 보여 주기 위하여 많은 노력들을 기울이고 있다. 이러한 목적을 위하여 그들은 보편구원론자들이 제기한 것과 동일한 몇 몇 논거들을 그 근거로 든다.[24]

영원한 형벌은 유용한 목적에 기여하는 것이 아니라 예수 안에서 계시된 사랑의 하나님과 양립될 수 없는 복수심을 보여 준다. 하나님이 일부 사람들을 지옥에 보내는 식으로 행동하는 것은 하나님의 선하심과 모순되고, 하나님께서 우리에게

---

19) Philip Edgcumbe Hughes, *The True Image*(Grand Rapids: Eerdmans, 1989), 402-7. Philip Edgcumbe Hughes, "Conditional Immortality," in *Evangel* 10/7(Summer 1992): 10-12에 재수록.
20) Travis, *I Believe in the Second Coming*, 198-99.
21) John Wenham, *The Goodness of God*(Downers Grove, Ill.: InterVarsity, 1974), 34-41.
22) David L. Edwards and John R. W. Stott, *Evangelical Essentials*(Downers Grove, Ill.: InterVarsity, 1988), 314-20.
23) Clark Pinnock, "The Conditional View," in *Four Views on Hell*, ed. William Crockett(Grand Rapids: Zondervan, 1992), 135-66.
24) Travis, *I Believe in the Second Coming*, 199.

주신 정의감과 어긋난다.[25] 또한 사람들이 지옥에 있다는 것은 형이상학적인 이원론을 그리스도의 승리 및 만물을 그리스도 안에서 화해시켜 만물을 하나되게 하시려는 하나님의 의도와 모순이 되는 영원한 세계에 투사한 것이다.[26]

그러나 멸절론자들은 한 가지 추가적인 비판을 덧붙인다. 그들은 영원한 형벌이라는 사상은 영혼 불멸에 관한 헬라 사상이 성경의 주석과 기독교 신학에 침투한 결과물이라고 주장한다.[27] 성경의 견해는 이와는 반대로 조건적 불멸론이다: 우리는 부활에의 참여를 통해서 하나님으로부터 불멸을 수여받아야 한다.

영원한 형벌이라는 사상에 대한 이러한 비판과 관련하여 조건적 불멸론을 주장하는 복음주의자들은 성경으로부터의 적극적인 토대를 덧붙인다.[28] 그들은 구약성서에서 악인들의 종말이 파멸(destruction)이라는 분명한 가르침을 발견한다(시 37: 2, 9-10, 20, 32; 말 4:1-3). 이 사상은 신약성서에서 잃어버린 자들의 운명에 관한 논의의 배경이 되었다. 구약적인 배경에 맞춰서, 예수는 악인들의 상황을 묘사하는 데에 이와 비슷한 표상들을 사용하였다. 그들은 악인들은 연기나는 쓰레기더미인 게헨나(gehenna)로 던져질 것이고(마 5:30), 거기에서 몸과 영혼이 다 불태워지며(마 3:10, 12; 13:30, 42, 49-52), 멸망받을 것이다(마 10:28).

멸절론자들은 서신서들 전체에 걸쳐서 여기저기 산재해 있는 이와 비슷한 표상들을 지적한다. 바울은 잃어버린 자의 운명을 사망(롬 1:32; 6:23)과 멸망(고전 3:17; 빌 1:28; 3:19)이라고 말하였다. 베드로는 불경건한 자들의 멸망을 소돔과 고모라가 불타는 것(벧후 2:6; 또한 유 7을 보라)과 대홍수(벧후 3:6-7)에 비유하면서 이와 동일한 표현을 사용하였다(벧후 2:1, 3; 3:7; 또한 히 10:39을 보라). 그리고 요한계시록의 선견자는 악인들이 "둘째 사망"이라고 불리는 불의 못에서 불태워지는 것을 보았다(계 20:14-15).

멸절론자들은 신약성서의 몇몇 본문들이 악인들이 겪을 고통을 "영원한" 것이라고 특징짓고 있다는 것을 인정한다. 그러나 그들은 영혼이 불멸한다는 전제를 가지고 그러한 본문들에 접근하는 것에 대하여 우리에게 경고한다. 이를 토대로

---

25) Pinnock, "The Conditional View" in *Four Views on Hell*, 149-54.
26) Ibid., 154-55.
27) Ibid., 147; 또한 Travis, *I Believe in the Second Coming*, 198을 보라.
28) 예를 들면, Pinnock, "The Conditional View," in *Four Views on Hell*, 145-46을 보라.

트래비스는 "영원한"이라는 말에 대한 다른 이해를 제안하였다. 이 말은 "형벌 행위 자체의 영속을 의미하는 것이 아니라 심판의 결과의 영속성을 의미하는 것일 수 있다."[29] 따라서 "영원한 형벌"은 심판의 결과가 "돌이킬 수 없다"는 것을 의미한다.

멸절론의 난점들. 조건적 불멸론은 이 주장을 지지하는 복음주의자들의 영향력에도 불구하고 아직 복음주의자들 사이에서 광범위한 지지를 받고 있는 전통적인 입장을 대체하지 못하고 있다. 왜 그런가를 알아보면, 거기에서 우리는 뭔가 시사점을 발견할 수 있을 것이다.

많은 비판자들에게 "영원한"이라는 말은 멸절론을 옹호하는 성경적 논증의 아킬레스건이다.[30] 트래비스의 주장 같은 해석들은 언어의 사용에 있어서 비일관성을 초래한다. 몇몇 본문들에서 이 용어는 의인들의 지복 상태와 잃어버린 자들에 대한 형벌, 둘 모두를 가리킨다(마 25:46). 게다가 심판 본문들은 사탄에게 악인들과 동일한 운명을 할당하기 때문에, 멸절론적 주석은 불의한 자들만이 아니라 마귀와 그의 졸개들조차도 존재하기를 그치게 될 것이라는 결론에 이르게 된다. 이것은 예수께서 말씀하신 귀신들의 운명과 모순되는 듯이 보인다. 왜냐하면 귀신들은 정해진 고통의 기간을 예상하고 있기 때문이다(마 8:29; 막 5:7; 이 동일한 용어의 다른 용법들에 의해서는 계 14:10; 18:7-8을 보라).

사탄이 자기가 종으로 삼고 있던 자들과 함께 멸절되고 말 것이라는 사상은 또 다른 면에서도 이치에 맞지 않는다. 신약성서의 몇몇 본문들은 불의한 자들이 다양한 정도의 벌을 받게 될 것임을 보여 준다. 믿음을 가질 수 있었던 기회가 많았던 사람들은 좀 더 무거운 정죄를 받게 될 것이다(마 10:15; 11:20-24; 눅 12:47-48). 이와는 반대로 조건적 불멸론은 모든 악인들에게 오직 하나의 궁극적인 운명, 즉 무차별적인 소멸(nonexistence)을 말한다. 이러한 전망은 예수의 가르침과도 모순될 뿐만 아니라 우리의 정의감에도 역행한다.

조건적 불멸론은 신학적 난점들도 지니고 있다. 이 이론은 복잡한 현실을 지나

---

29) Travis, *I Believe in the Second Coming*, 199.

30) 성경의 자료들에 관한 유익한 논의로는 Larry Dixon, *The Other Side of the Good News*(Wheaton, Ill.: Victor Books, 1992), 74-95를 보라.

치게 단순한 해법으로 풀려고 한다. 그렇게 함으로써 이 이론은 두 가지 서로 상반되는 문제점들을 불러일으킨다.

한편으로, 단순히 실존으로부터 소멸되는 것은 우리가 삶을 살아가면서 행하였던 선택들과 하나님께서 우리에게 사랑으로 공동체를 제안했을 때의 우리의 응답의 심각성에 비해서 지극히 단순한 해법인 것처럼 보인다. 우리는 하나님과의 화해 및 교제가 아니라 하나님으로부터의 소외를 선택한 결과들을 그토록 쉽게 모면할 수 있단 말인가? 한스 슈바르츠(Hans Schwarz)가 반문했듯이, "하나님은 어디에나 계시기 때문에 죽음을 통해서도, 그리고 죽음 이후에도 하나님으로부터 피할 수 있는 길은 없는 법인데, 어떻게 소멸이라는 것이 가능할 수 있는가?"[31]

다른 한편으로 멸절론은 그 지지자들로 하여금 전통적인 견해를 거부하게 만들었던 여러 문제점들을 진정으로 해결해 주지 못한다. 영원토록 존재하기를 그친다는 것은 지옥에서 고통을 당하는 것만큼이나 영속적인 결과이다. 이런 이유로 잃어버린 자들의 소멸은 마찬가지로 이 땅에서 살아가는 동안에 행하였던 결단들에 대한 의로운 형벌과 관련된 복음주의자들의 감정에 혐오스러운 것이 될 수밖에 없다.

이러한 난점들에도 불구하고 한 가지 핵심적인 측면에서 소멸론은 전통적인 견해와 일치하고 보편구원설과 대립한다. 조건적 불멸론을 지지하는 사람들은 불의한 자들이 영원한 형벌을 받는다는 것에 대하여 참을 수 없어 하지 않는다. 그들은 오직 잃어버린 자들이 의식을 지닌 채로 영원한 형벌을 받는다는 것만을 문제 삼는다. 이러한 예민한 그리스도인들은 잃어버린 자들의 멸절이 은혜로운 하나님의 성품과 더 잘 부합한다고 생각한다.

이러한 고찰은 이 두 가지 입장 간의 갈등이 잃어버린 자들의 영원한 상태를 너무 지나치게 상세하게 규정하려고 하는 시도들로부터 생겨난다는 것을 보여 준다. 멸절론자들은 우리에게 영원한 세계를 지상적 실존에서 가져온 현재의 범주들을 통해서 묘사하려는 것에 대하여 경고한다. 부활한 영적 몸들이 누리는 지복 상태가 무엇을 의미하는지를 마음속에 그려볼 수 없는 것과 마찬가지로, 우리는 영원히 잃어버린 자들에게 형벌이 어떤 식으로 느껴질 것인가도 알지 못한다. 우리는 지옥이라는 슬픈 현실을 인정하는 가운데 멸절론자들이 제기하는 관심을 진지

---

31) Schwarz, *On the Way to the Future*, 262.

하게 고려하여야 한다.

지옥의 실재

심판 이후에는 두 가지 영원한 선택이 놓여 있다는 생각이 교회사 전체를 지배하여 왔다. 의인들은 하나님의 공동체 속에서 무궁한 교제를 누리고, 불의한 자들은 그들의 창조주와의 교제로부터 영원한 추방을 당하게 된다.

이 가르침의 토대. 이러한 가르침을 지지하는 사람들은 두 가지 영원한 상태의 존재가 신약성서의 명시적인 가르침이라고 주장한다. 예수는 이 두 가지 운명에 관하여 반복해서 말씀하셨고, 청중들에게 지옥을 피하라고 경고하셨다[32](마 13:42, 49-50; 22:13; 24:51; 25:10-13, 14-30, 46; 요 5:29; 또한 단 12:2을 보라). 또한 사도들도 우리 주님의 가르침을 그대로 반영하였다(살후 1:9; 히 6:2; 유 7; 계 14:10-14).

영원한 두 가지 운명이 존재할 가능성은 성경의 명시적인 진술들과 아울러 중요한 신학적인 고려들로부터도 생겨난다. 이 견해를 주장하는 몇몇 학자들은 인간의 선택의 성격, 구체적으로 말하면 하나님께서 인간에게 하나님의 사랑에 응답할 것인가 말 것인가를 선택할 수 있는 능력을 허락하셨다는 일반적으로 통용되는 견해 속에서 그러한 신학적 토대를 발견한다. 우리가 화해를 거부할 수 있는 능력이 있다는 것은 우리가 하나님의 교제의 제안을 기꺼이 받아들이는 것과 마찬가지로 영원히 그에 따른 결과가 있기 마련이다. 그런 까닭에 우리가 하나님의 사랑을 받아들이는 것이 영원한 공동체로 들어가는 문이 되듯이, 우리가 그 사랑을 거부하는 것은 하나님과의 교제로부터 단절되는 운명을 선택하는 것을 의미한다. 하나님은 우리를 진지하게 대우하시기 때문에, 하나님은 자신의 뜻을 그 누구에게도 강요하지 않는다. 트래비스가 올바르게 지적했듯이, "하나님은 사랑이시라는 근본적인 진리로부터, 하나님은 우리의 모든 행위들을 예의를 갖춰 존중하신다는 결론이 도출된다."[33]

그러나 이것은 하나님께서 "실험"을 하고 계신다는 것을 의미한다. 하나님은 인

---

32) 관련 본문들에 관한 최근의 논의로는 Dixon, *The Other Side*, 121-47을 보라.
33) Travis, *I Believe in the Second Coming*, 185.

간이 자유롭게 그의 사랑에 응답함으로써 — 우리가 하나님, 인간 상호간, 피조물과의 공동체 속으로 들어옴으로써 — 우리가 진정으로 삼위일체 하나님의 형상이 되기를 원하신다. 그러나 이러한 하나님의 소원은 우리가 실패할 가능성을 수반한다. 하나님의 피조물들 중 일부는 영원토록 하나님의 사랑을 거부함으로써 하나님께서 정하신 우리의 운명(destiny)을 결코 실현하지 못할 것이다.

두 가지 영원한 대안의 가능성과 관련된 좀 더 중요한 신학적 토대는 하나님의 사랑에 대한 우리의 이해이다. 일부 사람들이 주장하듯이 지옥의 가능성은 하나님의 사랑과 양립할 수 없는 것이 아니라 사랑이신 하나님의 본질에 대한 엄격한 이해로부터 생겨난다.

하나님은 영원한 사랑을 지닌 분이다. 하나님은 자신의 본성에 따라 자신의 피조물을 영원히 사랑하시고, 인간이 자기와 무한한 교제를 누리는 것을 통해서 자신의 사랑에 응답하기를 원하신다. 우리는 하나님의 사랑을 감상(sentimentality)과 혼동해서는 안 된다. 위대한 사랑을 지닌 분으로서 하나님은 보수(報讐)를 통해서 사랑의 관계를 보호하는 분이시기도 하다. 따라서 하나님의 사랑은 어두운 면도 지닌다. 하나님께서 피조물과 누리기를 원하시는 거룩한 사랑의 관계를 거부하거나 멸하고자 하는 자들은 하나님의 사랑을 보호적인 질투 또는 진노로서 경험하게 된다. 하나님은 영원하시기 때문에, 하나님의 사랑에 대한 우리의 경험 — 교제이든 진노이든 — 도 아울러 영원하다. 의인들이 하나님과의 무궁한 공동체적 관계를 누리는 것과 마찬가지로, 하나님의 사랑에 반대하며 대적했던 사람들도 하나님의 거룩한 사랑을 영원히 체험할 것이다. 그러나 그들에게 이 체험은 바로 지옥이다.

지옥: 영원한 비극. 우리가 앞에서 설명했던 두 가지 영원한 대안과 피조물들을 향한 하나님의 의도 사이의 연관성은 우리에게 지옥을 이해할 수 있는 방식을 보여준다. 궁극적으로 지옥은 영원한 비극, 영원한 인간의 실패이다.

예수는 영원의 어두운 측면을 히브리어 '게 힌놈'(ge hinnom)을 음역한 게헨나(gehenna)라고 반복해서 지칭하셨다. 힌놈(Hinnom)은 아하스와 므낫세 시대에 아이들을 태워서 몰록(Molech)에게 희생 제물로 바쳤던 예루살렘 남쪽의 계곡이었다(왕하 16:3; 21:6; 대하 28:3; 33:6). 선지자들은 이 용어를 빌려다가 심판에 대한 상징으로(렘 7:31-32; 19:6), 그리고 나중에는 최후의 심판에 대한 상징으로 사용하였다.³⁴⁾ 예수 시대에 이 계곡은 범죄자들을 묻거나 쓰레기를 태우는 장소로 사용되었다. 이곳은 예루살렘 도성 밖에 있었기 때문에 잃어버린 자들의 운명에 대한 적절한 은유가 되었다(마 5:22, 29-30; 10:28; 18:9; 23:33; 막 9:43-47; 눅 12:5). 신약성서에서 게헨나라는 단어가 사용되지 않고 있는 본문들에서조차도, 불에 의한 영원한 형벌이라는 언급이 나오는 구절 배후에는 이러한 표상이 자리잡고 있다.³⁵⁾

신약성서의 기자들은 불의한 자들의 운명이 배제(exclusion), 즉 하나님과의 공동체로부터의 영원한 분리가 될 것이라고 거듭거듭 말하였다. 이 주제는 우리 주님 자신으로부터 나왔다. 예수는 심판 때에 인자가 많은 사람들에게 "내가 너희를 도무지 알지 못하니 불법을 행하는 자들아 내게서 떠나가라"(마 7:23)고 분명하게 말씀할 것이라고 경고하였다. 곤경에 빠진 자들을 돌보지 않은 사람들에게 예수는 "저주를 받은 자들아 나를 떠나 마귀와 그 사자들을 위하여 예비된 영원한 불에 들어가라"(마 25:41)고 말씀하실 것이다. 우리 주님은 자신의 여러 비유들 속에서 잃어버린 자들이 처하게 될 상황을 배제, 즉 혼인 잔치로부터의 배제(25:10-13) 또는 주인의 집으로부터의 배제(25:30)로 묘사하였다. 예수의 말씀과 맥을 같이하여, 바울은 교회를 괴롭히는 자들이 "주의 얼굴과 그의 힘의 영광을 떠나 영원한 멸망의 형벌을 받으리로다"(살후 1:9)라고 경고하였다. 요한계시록의 선견자는 자신이 본 환상의 절정에서 의인들이 거룩한 도성, 즉 새 예루살렘에서 영원히 거하는 모습을 묘사하였다. 그러나 불의한 자들은 도성 밖으로 추방된다(계 22:15).

신약성서에서 영원한 공동체로부터의 배제는 이 땅에서의 삶의 끔찍한 경험들로부터 가져온 표상들을 통해서 표현되었다: 고문(계 20:10), 바깥 어둠(마 8:12; 22:13; 25:30), 울며 이를 가는 것(8:12; 13:42; 22:13; 24:51; 25:30), 영원한 불(18:8; 25:41; 유 7), 둘째 사망(계 20:14). 이러한 표상들은 하나님의 영원한 공동체라는 영광스러운 양지 바깥에 놓여 있는 슬픈 음지를 묘사하는 것

---

34) George Eldon Ladd, *The Last Things* (Grand Rapids: Eerdmans, 1978), 94-95.

35) Otto Boecher, "gehenna," in the *Exegetical Dictionary of the New Testament*, ed. Horst Balz and Gerhard Schneider, English translation (Grand Rapids: Eerdmans, 1990), 1:240

들이다.

성경의 표상들은 지옥이 실패라는 것을 암시해 준다. 비극적인 진리는 일부 사람들의 경우에는 이 우주적 실험이 하나님의 의도를 따라 살기를 거부하는 것으로 끝이 난다는 것이다. 지옥에 관한 성경의 묘사들이 보여 주는 끊임없는 절망은 하나님께서 그들을 창조하신 목적을 따라 살지 못했음을 깨달은 잃어버린 자들의 심정을 잘 나타내준다. 심판은 그들의 개인적인 이야기들과 하나님께서 그들을 위하여 의도하신 놀라운 운명 사이의 편차를 드러내고 확정하는 것이다.

따라서 지옥은 타는 불이 꺼지지 않는 곳이다. 일부 학자들은 이 표현을 문자 그대로 해석하지만,[36] 우리는 종교개혁자들을 따라서 성경의 묘사들을 은유적으로 이해하는 것이 더 좋을 것이다.[37] 지옥의 불은 사람이 자신의 생애 전체를 없어지지 않을 영원한 것에 투자한 것이 아니라 없어질 일시적인 것에 투자하였다는 것을 인식함으로써 생겨나는 고뇌이다(마 6:19-20; 눅 12:16-21). 지상의 삶은 끝났고 영원은 시작되었기 때문에, 이제 와서 방향을 바꿀 기회는 남아 있지 않다. 한 사람의 인생의 실패는 이제 영원히 확정되고 변경될 수 없다.

실패의 체험으로서의 지옥은 또한 고립이기도 하다. 인간을 향하신 하나님의 목적은 공동체 — 창조주, 인간 상호간, 피조물과의 교제를 누리는 것 — 이다. 그러나 잃어버린 자들은 이러한 인간의 운명에 도달하지 못한다. 그들은 하나님의 뜻에 대한 순종을 통하여 하나님과의 교제 속에서 사는 것이 아니라 이 땅에서의 삶을 소외 속에서 허비하였다. 이러한 삶의 실패는 죽음 이후에 영원한 공동체로부터 배제되어 고립의 영역에 처해지는 결과로 이어진다.

요한계시록은 이러한 경험을 "둘째 사망"이라고 말한다. 이 사망은 육체적인 것 — 유기체의 기능의 정지 — 이 아니다. 둘째 사망은 영원한 하나님의 공동체에 참여하게 되어 있는 인간의 운명으로부터 완전히 배제되는 것을 가리킨다. 선견자는 의미와 목적의 원천 — 하나님과 함께하는 공동체 — 으로부터의 분리가 이제 변경할 수 없도록 확정되었다는 것을 분명하게 말하기 위하여 강력한 표상들을 사용하였다.

---

36) E.g., John Walvoord, "The Literal View," in *Four Views on Hell*, 28.

37) 이 입장에 대한 진술로는 William Crockett, "The Metaphorical View," in *Four Views on Hell*, 44-76을 보라.

고립으로서의 지옥은 소외와 고독이라는 특징을 지닌다. 성경의 저자들은 이러한 측면을 "바깥 어둠"이라고 적절하게 묘사하였다. 신자들이 하나님의 임재의 빛을 받고 있는 영역으로부터 추방된 불의한 자들은 그들 자신 속에 갇혀서 어둠 속을 더듬고 있을 따름이다.

지옥의 실패와 고립은 불의한 자들이 하나님의 사랑을 끔찍한 방식으로 경험한다는 것을 의미한다. 우리는 지옥을 하나님의 사랑이 미치지 않는, 사탄이 영원히 통치하는 장소라는 등과 같이 통속적인 방식으로 이해해서는 안 된다.[38] 그것이 사실이라면, 지옥은 마귀만이 아니라 불의한 자들에게 "천국"이 되고 말 것이다. 자신들의 일생을 하나님으로부터 도망쳐서 소비했던 자들이 죽음 이후에 그들의 최후의 소망을 허락받는다면, 이보다 더 그들에게 바람직한 것이 있을 수 있을까? 지옥은 하나님의 사랑으로부터의 자유가 아니라 그 사랑의 어두운 측면의 경험이다.

영원한 사랑을 지닌 분으로서 하나님은 결코 인간, 심지어 자기를 거부한 자들로부터도 자신의 사랑을 거두시지 않는다. 심판 이후에도 불의한 자들은 여전히 하나님의 사랑의 대상이다. 그렇지만 그들은 하나님께서 자신의 모든 피조물들과 함께 나누고자 하셨던 계약의 사랑의 관계를 파괴하였기 때문에 사랑이신 분으로부터 소외되어 하나님의 사랑을 진노라는 형태로 경험하게 된다. 그런 까닭에 현세에서 하나님의 화해의 사랑을 거부하는 자들은 영원에서 그 사랑을 진노로서 경험하지 않으면 안 된다. 이것이 지옥이다.

그러므로 요약해 보면, 영원에는 어두운 측면이 있다. 우주는 거대한 비극, 즉 일부 사람들이 영원한 공동체로부터 배제되는 일이 생겨난다. 그러나 하나님께서 오래 참으신다는 것을 인하여 하나님께 감사를 드려야 한다. 하나님의 인내는 아직 다하지 않았다. 악인들의 죽음을 기뻐하지 않으시고(겔 18:23) 그 누구도 멸망받기를 원치 않으시는(딤전 2:4) 하나님은 고집스러운 인간들에게 계속해서 용서와 은혜를 제안하고 계신다. 하나님은 계속해서 죄악된 인간들에게 하나님과 함께하는 공동체 속으로 들어오도록 요청하신다.

---

38) Larry Dixon은 하나님의 진노를 하나님의 사랑으로부터 분리하는 사람들의 한 예이다. *The Other Side*, 165-72를 보라.

새 창조

우리가 알고 있는 우주는 피조물을 향한 하나님의 목적에 온전히 합치하지 않는다. 그러나 언젠가는 하나님께서 모든 피조물이 하나님께서 의도하신 모습을 반영하게 될 영광스러운 새로운 질서를 시작하실 것이다.

성경의 기자들은 이 미래의 실재를 새 창조라고 말하였다. 예를 들면, 이사야를 통해서 하나님은 "보라 내가 새 하늘과 새 땅을 창조하나니 이전 것은 기억되거나 마음에 생각나지 아니할 것이라"(사 65:17)고 선포하셨다. 이 약속은 요한계시록의 끝부분에 나오는 심판 이후의 미래의 새로운 질서에 관한 요한의 환상을 위한 토대가 되었다: "또 내가 새 하늘과 새 땅을 보니 처음 하늘과 처음 땅이 없어졌고"(계 21:1).

우리는 이 영광스러운 환상을 좀 더 자세하게 살펴보는 것으로 우주적 종말론에 관한 우리의 논의를 마치고자 한다.

우주의 갱신으로서의 새 창조

"새 창조"라는 말이 보여 주듯이, 하나님께서 약속하신 영광스러운 미래는 우주 전체의 갱신(renewal)이다. 제21장에서 우리는 부활이 우리 개인의 이야기들의 완성이라는 것을 살펴본 바 있다. 제22장에서는 그리스도의 재림을 인간의 이야기의 완성으로 설명하였다. 종말론적 심판 이후에 있는 새 창조는 개인적 차원 및 사회적 차원의 인간의 삶을 우주 전체의 삶으로 끌어올린다. 따라서 하나님의 종말론적 갱신에 대한 기대는 우리의 종말론적 전망의 정점에 있다.

창조의 완성으로서의 갱신. 우리가 창조론(제4장)에 관한 논의에서 결론을 내렸듯이, 세상을 창조하신 하나님의 행위는 궁극적으로 종말론적이다. 하나님은 "태초에" 만유를 존재케 하셨다. 그럼에도 불구하고 창조에 있어서의 하나님의 목표 또는 목적은 "만물을 새롭게" 하시겠다는 하나님의 약속을 이루실 때까지는 여전히 실현되지 않는다. 이 약속은 창조가 아직 하나님께서 의도하신 모습대로 되어 있지 않다는 것을 전제한 것이다. 우주는 창조주의 의도와 정하신 것에 합치하지 않기 때문에, 아직 완전히 창조된 것이 아니다. 그러나 언젠가 창조주는 결정적인 조치를 취하실 것이다. 하나님은 우주를 현재의 불완전한 모습으로부터 해방시켜서 자신의 의도에 합치하는 모습으로 만드실 것이다.

새로워진 우주에 관한 성경의 묘사는 많은 그리스도인들이 말하는 전망과 다르다. 많은 그리스도인들은 우리의 영원한 거처가 완전히 영적이고 비물질적인 장소라고 생각한다. 그곳을 이 땅에서의 물리적인 실존과 구별하기 위하여, 사람들은 그곳을 "천국"이라고 부른다.[39] 따라서 사람들은 영원을 순전히 영적인 존재들이 거처하는 장소로 묘사한다.

그러나 우리가 인용한 본문들이 보여 주듯이, 신구약성서의 선지자들은 새 하늘로 덮인 새 땅을 얘기했다(사 65:17; 계 21:1). 요한계시록의 선견자는 부활한 신자들이 공중으로 끌어 올려져서 우주 위에 있는 천상의 세계에서 하나님과 함께 영원히 사는 것이 아니라 그 정반대의 모습을 묘사하였다. 하나님은 새 창조 속에 거처를 정하실 것이다(계 21:3). 그러므로 하나님의 영원한 공동체에 속한 시민들의 거처는 새로워진 땅이 될 것이다.

옛 것과 새 것의 관계. 그러나 영원한 하나님께서 그의 성도들과 함께 피조 세계 내에서 거처하기 위해서, 하나님은 먼저 우주에 어떤 변화들을 가져오지 않으면 안 된다. 이에 따라 우주의 완성에 관한 성경의 전망은 현재의 질서와의 연속성 및 불연속성을 동시에 보여 준다.

(1) 영원한 새 창조는 옛 창조와 상당히 다를 것이다(불연속성). 기본적인 차이는 하나님께서 자신의 완전한 계획에 해롭거나 역행하는 모든 것들을 새로운 질서로부터 추방하기 때문에 생겨난다.

이것은 여러 가지 형태의 죄를 제거하는 것을 포함한다. 하나님은 우리의 마음으로부터 죄를 뿌리뽑으실 것이다. 하나님은 우리를 죄악된 행실로부터만이 아니라 "육" — 죄와 관련된 우리의 연약함, 죄에 빠지기 쉬운 우리의 소질, 하나님의 이상(理想)에 이르지 못하는 우리의 삶의 구조들 — 으로부터도 청결케 하실 것이다. 하나님은 지금 우리를 결박하고 있는 이질적인 세력의 모든 흔적들을 없애

---

39) 이러한 경향은 "사후에 일어나는 일을 설명하기 위하여 그리스도인들이 사용하는 표상들의 역사"에 관하여 최근에 씌어진 저서의 표제에서 볼 수 있다. Colleen McDannell and Bernhard Lang, *Heaven: A History*(New Haven, Conn.: Yale University Press, 1988).

실 것이다. 그리고 하나님은 덫(network) 또는 "악의 왕국"인 죄를 추방하실 것이다. 또한 유혹하는 자, 즉 악의 건축자인 사탄은 더 이상 우리를 함정에 빠뜨릴 수 없을 것이다.

또한 해로운 모든 것을 하나님께서 추방하시는 것에는 새 창조로부터 타락의 모습을 제거하는 것도 포함될 것이다. 우리는 썩어짐, 질병, 죽음으로부터 자유로운 환경을 누리게 될 것이다(롬 8:21; 계 21:4). 모든 고통은 과거로 내쫓기게 될 것이다. 우리는 우리의 환경과 조화를 이루면서 살게 될 것이기 때문에, 삶을 유지하는 데 필요한 것들이 더 이상 결핍되지 않을 것이다(계 22:1-3a).

또한 하나님의 새 세상에는 불완전함도 없을 것이다. 우리는 더 이상 삶의 충만함을 경험하고자 목말라할 필요가 없을 것이다. 모든 불확실성과 불완전성(히 11:10; 12:28), 염려나 절망 같은 것들은 사라질 것이다.

(2) 또한 영원한 새 창조는 현재의 우주를 새롭게 하는 것이 될 것이다(연속성). 하나님의 약속은 하나님께서 만물을 새롭게 하시겠다는 것이지, 모든 것을 새롭게 시작하겠다는 것이 아니다. 심판은 무로부터의(ex nihilo) 새로운 창조 행위를 통해서 현재의 우주를 완전히 소멸시키고 대체하는 것이 아니다.[40] 성경의 저자들은 피조 세계의 완전한 파괴가 아니라 그 갱신과 해방을 말하였다(롬 8:20-22). 인간의 문명의 가장 좋은 것들이 하나님의 새 세상 속으로 흘러 들어갈 것이다(계 21:26).

이러한 연속성과 불연속성의 혼합은 우주가 우리의 부활과 어느 정도 비슷한 변화 과정을 겪게 될 것이라는 것을 의미한다. 옛 것은 근본적으로 새로운 것에 자리를 내어줄 것이다. 그렇지만 하나님께서 새 창조로 변화시키실 것은 바로 현재의 이 우주이다.

우주적 갱신의 함의. 창조의 갱신에 대한 성경의 약속은 현재의 삶과 관련하여 중대한 함의를 지닌다. 물리적인 세계를 변화시켜서 우리의 새로운 거처로 삼고자 하시는 하나님의 의도는 물질적인 우주 — 따라서 삶의 물질적인 차원 — 가 중요하다는 것을 의미한다. 이런 까닭에 우리는 종말론적 공동체로서 "물질적인" 사

---

40) 이러한 단절적인 견해를 지지하는 자들에 대한 비판으로는 Berkouwer, *The Return of Christ*, 219-25를 보라.

역들에도 참여하는 것이 옳다. 우리의 과제는 전인(全人)을 목적으로 섬기는 것이다. 그리고 우리의 관심은 인간의 필요를 넘어서서 피조물 내에서의 청지기직도 포함한다. 그러므로 교회가 위탁받은 명령은 피조물과 함께 조화롭게 살아가는 구속받은 인류로 이루어지는 미래의 사회를 현세 속에서 가능한 한 많이 반영하고자 하는 것을 포함한다.

공동체의 충만으로서의 새 창조

궁극적으로 새 창조는 새로운 공동체가 충만한 모습으로 존재하는 것이다. 이러한 공동체의 특징은 무엇일까? 우리는 몇 가지 특징들을 제시할 수 있다.

하나님이 임재하시는 곳. 우리가 할 수 있는 말 중에서 가장 엄청난 것은 영원한 공동체는 하나님이 임재하시는 곳이 될 것이라는 말이다. 그것은 성경 전체를 관통하는 약속, 즉 하나님이 자기 백성 가운데 임재해 계실 것이라는 약속의 완성이 될 것이다.

성경 전체의 가장 경이롭고 도전적인 전망들 중의 하나는 하나님께서 친히 새 창조에 참여하실 것이라는 선견자의 기대이다: "내가 들으니 보좌에서 큰 음성이 나서 이르되 보라 하나님의 장막이 사람들과 함께 있으매 하나님이 그들과 함께 계시리니"(계 21:3). 고귀하시고 초월적인 만유의 창조주이신 하나님께서 자신의 피조 세계 속에 완전히 내재하시기로 결단하실 것이다. 그러므로 새로워진 우주는 가장 높은 의미에서의 공동체라는 특징을 지니게 될 것이다. 왜냐하면 그것은 피조물만이 아니라 삼위일체 하나님의 거처가 될 것이기 때문이다. 영원부터 영원까지 인격들의 공동체이신 하나님이 새로운 공동체에게 자신의 임재를 은혜로 주실 것이다.

영원한 공동체 속에서의 하나님의 임재는 하나님과 우리의 온전한 교제라는 체험을 촉진시킬 것이다. 요한은 이것을 "바다도 다시 있지 않더라"(계 21:1)는 날카로운 말로 설명하였다. 바다는 하나님과 피조물 사이에 놓여진 간격을 표상한다. 새로운 질서의 개시는 하나님과 피조물의 분리를 제거하는 것을 의미한다.

그러나 이와 동시에 하나님은 영원히 피조물과 구별될 것이다. 피조물과 하나님의 차이는 언제나 영원한 공동체의 일부로 남아 있게 될 것이다.[41]

교제의 장소 하나님의 임재로 말미암아, 새 창조는 교제의 장소가 될 것이다. 어디에서나 평화, 조화, 사랑, 의가 지배할 것이다. 교제(fellowship)는 인간으로서 우리의 체험의 특징을 이룰 것이다. 무엇보다도 우리는 우리 가운데 거처를 정하신 하나님과의 영원한 공동체를 누리게 된다. 우리는 하나님과 화목되었기 때문에 인간 상호 간에도 완전한 교제를 누리게 된다. 왜냐하면 영원한 공동체는 사회적 실재(a social reality)이기 때문이다. 부활론에서 보았듯이, 교제의 체험은 우리가 서로를 알게 될 것이라는 것을 전제한다. 우리는 이 땅에서의 우리의 삶, 특히 부모, 배우자, 자녀 같은 가족 관계들을 규정하고 있었던 관계들을 기억할 것이다. 그럼에도 불구하고 이전의 역할들은 새로운 공동체 속에서는 적용되지 않을 것이다(마 22:30). 그러한 것들은 현세적인 실존에 속하는 것들이기 때문이다.

또한 영원한 공동체에서의 우리 인간의 체험은 다른 모든 피조물들과의 교제를 포함할 것이다. 왜냐하면 우리의 거처는 새 땅이 될 것이기 때문이다. 요한은 미래의 조화로운 관계를 묘사하기 위하여 원시의 동산에 관한 표상들을 가져와 사용하였다. 그는 생명 나무가 도성의 한복판에 있어서 풍부한 과실을 맺고 치유하는 잎사귀들을 내는 것을 보았다. 또한 이러한 묘사 배후에는 우리가 체험해 왔던 땅과의 적대적인 관계, 인간이 저 먼 옛날에 죄로 말미암아 타락한 것으로부터 생겨난 저주에 관한 성경의 가르침이 있다. 이와 같은 철저한 방식으로 선견자는 새 땅에는 저주가 더 이상 존재하지 않을 것이라고 주장한다(계 22:2-3). 인간과 자연 간의 불화는 끝나게 되고, 아담(그리고 인류)이 자연과 조화롭게 살아가게 하려는 하나님의 의도는 결국 실현될 것이다.

조화(調和)라는 형태를 띤 교제는 인간으로서의 우리의 체험의 특징이 될 뿐만 아니라 모든 창조의 특징이 될 것이다. 선지자들은 동물 세계 내에서의 적대감이 사라지게 될 그날을 기대하였다. 예를 들면, 이사야는 이리가 어린양과 함께 풀을 뜯고 노니는 것에 관하여 말하였다(사 65:25). 더 이상 하나님의 피조물들 사이에는 두려움과 경쟁이 없을 것이다. 오히려 모든 피조물은 하나님으로부터 우리의 소외의 결과들로부터 우주가 해방됨으로써 생겨난 평화를 알게 될 것이다.

---

41) Wolfhart Pannenberg, "The Significance of the Categories 'Part' and 'Whole' for the Epistemology of Theology" *Journal of Religion* 66(1986): 385.

영화(榮化)가 있는 곳. 마지막으로, 새 창조는 영화로운 곳이 될 것이다. 심판은 새로운 공동체의 모든 거민들이 참여하게 될 영원한 영화를 가져올 것이다.

새 창조 속에서 우리는 영화를 경험하게 된다. 제16장에서 말했듯이, 성령은 우리로 하여금 그리스도를 온전히 닮게 하여 인류를 향한 하나님의 목적이 우리 가운데 이루어지게 할 것이다. 그러나 영원한 영화에는 성도들의 종말론적 완성 이상의 것이 존재한다.

영원한 공동체 속에서 우리는 하나님께 찬양을 드림으로써 하나님을 영화롭게 할 것이다. 사실 구속받은 자들은 모든 피조물들과 함께 이러한 찬양에 참여하게 될 것이다. 그 큰 날에 성령은 우리를 영원하신 창조주이자 구속주를 찬양하는 하나의 거대한 찬양대로 만들 것이다.[42] 이러한 예배 행위를 통해서 우리는 하나님을 영화롭게 할 뿐만 아니라 우리 자신도 우리의 영화를 체험한다. 성령은 우리로 하여금 하나님께 섬김과 찬양을 드리게 함으로써 우리를 — 하나님께서 예수의 사역을 이 땅에서 완성시킴으로써 영화롭게 하셨듯이 — 영원한 아들로서 성부를 영화롭게 하신 예수와 동일한 반열에 놓으신다(요 17:4).

그러나 성자가 성부를 영화롭게 하듯이, 성부도 성자를 영원히 영화롭게 하신다. 우리와 그리스도의 연합을 통해서 성부가 성자를 한량 없이 영화롭게 하시는 바로 그것이 우리에게도 흘러 넘친다(요 17:24). 이와 같은 방식으로 성령이 우리로 하여금 성자를 통해서 성부를 영화롭게 하도록 이끄실 때, 성부는 성자 안에서 우리를 영화롭게 하신다.

그러므로 영원한 공동체는 궁극적으로 피조물이 성령으로 말미암아 삼위일체 하나님의 영광 및 삼위일체 하나님의 삶 속에 참여하는 것을 의미한다(벧후 1:4). 우리의 종말론적 영화는 모든 피조물의 영화와 함께 일어날 것이다. 그리고 그것은 우리가 하나님에 대한 찬양과 섬김을 통하여 하나님을 영화롭게 하는 것의 상호적인 차원으로서 일어난다.

피조물이, 성자가 성부를 영화롭게 하는 것과 성부가 성자를 영화롭게 하는 것에 참여하는 것은 성령의 사역의 완성이다. 성령은 성부와 성자 사이의 관계의 영이기 때문에 삼위일체 하나님 내에서의 역동성과 세상 속에서의 하나님의 사역을

---

42) Wolfhart Pannenberg, "Constructive and Critical Functions of Christian Eschatology," *Harvard Theological Review* 77(1984): 135-36.

완성하는 분이다. 이런 식으로 성령은 하나님의 삶 내에서 및 피조물을 종말론적 영화에 참여하도록 이끄심으로써 하나님의 선교를 완성하는 것을 통해서 성부와 성자를 영원히 영화롭게 하신다.

성령이 완성의 날에 이루시는 일은 성령이 우리의 깨어진 현재적 체험 속에서 이미 이루고 계시는 일의 절정일 뿐이다. 그러므로 궁극적으로 영원한 공동체는 이 땅에서 우리가 누리고 있는 교제의 연장이자 갱신이다. 우리에게 종말론적 심판은 성령이 우리가 지금 참여하고 있는 공동체를 근본적으로 완성시키는 것이다.

이러한 빛 아래에서 보면, 우리의 영광스러운 미래는 낯선 자처럼 오는 것이 아니라 신비롭긴 하지만 반가운 친구의 모습으로 온다. 베르카워(Berkouwer)는 다음과 같은 날카로운 결론을 제시한다: "새 땅은 결코 낯설거나 미래적인 판타지가 아니고, 현세의 실존 속으로 파고 들어서 스스로를 나타내는 신비로서, 거기에는 변치 않는 사랑과 신실함이 만나고, 의와 평화가 서로 입맞추며(시 85:10), 지금 우리에게 희미해 보이는 선(線)들이 뚜렷한 초점으로 드러나게 될 곳이다."[43] 그리고 사도 바울은 이렇게 말하였다: "우리가 지금은 거울로 보는 것 같이 희미하나 그때에는 얼굴과 얼굴을 대하여 볼 것이요"(고전 13:12).

---

43) Berkouwer, *The Return of Christ*, 234.

제 24 장

종말론의 의의

> 그러므로 내 사랑하는 형제들아 견실하며 흔들리지 말고 항상 주의 일에 더욱 힘쓰는 자들이 되라 이는 너희 수고가 주 안에서 헛되지 않은 줄 앎이라.
> — 고린도전서 15:58

마지막 일들에 관한 가르침 속에서 우리는 개개인의 삶, 인간의 역사, 피조물 속에서 하나님의 활동의 목표 또는 목적에 관하여 말한다. 그러므로 종말론은 개인, 공동체, 우주의 역사의 절정과 관련된 사건들을 체계적으로 설명하는 것을 포함한다. 그렇지만 마지막 일들에 관한 가르침의 근본적인 목적은 단순히 역사의 완성의 때의 연대기를 서술하는 것 이상의 것이다. 이 연구를 통해서 우리는 그러한 연대기의 밑바탕에 있는 실재에 대한 좀 더 깊은 이해를 조명하고자 한다.

그러므로 이 점을 염두에 두고, 우리는 마지막 질문을 제기하여야 한다: 하나님의 계획의 미래의 완성의 특정한 측면들과 아울러, 성경은 그 면면을 흐르고 있는 종말론적 지향성을 통해서 우리에게 무엇을 가르치려고 하고 있는가? 우리는 마지막 일들에 관한 가르침은 우리 자신의 시대에 대한 통찰을 제공해 주고 있다고 대답할 수 있다. 그것은 현재에서의 우리의 행위를 요구한다. 그리고 그것은 우리가 종말의 빛에 비추어 어떻게 살아야 하는가를 보여 준다.

성경의 종말론의 좀 더 깊은 의도에 대한 고찰은 우리의 조직신학 전체에 대한 적절한 결론이 될 것이다. 우리는 피조물을 완성으로 이끄실 것이라는 하나님의 약속의 이 차원을 서술하면서 동시에 신학 자체의 핵심적인 메시지를 제시할 것이다.

현재에 대한 통찰로서의 종말론

　구약성서의 종말론적 기대들에 근거해서, 신약성서의 기자들은 신자들에게 우리가 살고 있는 현세의 의미에 관하여 가르쳤다. 우리가 현재를 과거에 시작되었지만 오직 역사의 완성의 때에 완료가 될 창조 속에서의 하나님의 활동이라는 빛 아래에서 볼 때에 성경적 통찰은 생겨난다.

　성경의 종말론의 중심적인 주제는 삼위일체 하나님께서 공동체를 세우심으로써 하나님의 통치의 완성을 가져오기 위하여 역사 속에서 활동하신다는 주장이다. 이러한 성경의 관점은 세계사를 궁극적인 주권(ultimate sovereignty)이라는 신학적 문제의 맥락 속에서 고찰한다. 창조주께서 피조물을 주관하는 것인가, 아니면 만유는 스스로 존재하고 자율적인가?

　이 질문에 답하고자 하는 인간의 첫 번째 시도는 부정적인 응답을 하였으며, 타락이라는 결과를 가져왔다. 아담과 하와는 저 옛적에 하나님의 명령을 범함으로써 하나님의 궁극적인 주권을 부정하였고, 이로써 피조물의 실존 속에 적대감과 소외를 가져왔다. 오늘날까지 인간은 우리의 첫 번째 부모의 발자취를 따르고 있다. 우리는 하나님으로부터 떠나 우리 자신의 삶을 영위하고자 하며, 우리는 스스로 운명을 개척하는 자들이라고 주장한다. 그렇게 함으로써 우리는 계속해서 타락으로부터 시작되었고 에덴 동산으로부터의 추방을 가져왔던 소외의 패턴을 이어가고 있다.

　인간의 소외에 직면하여, 하나님은 화해와 교제를 추구하신다. 성경에 의하면, 하나님의 역사(役事)의 초점은 그리스도이다. 예수는 자신의 첫 번째 강림을 통해서 주권자이신 하나님의 통치를 선포하였고, 청중들에게 하나님의 벗이 되라고 초대하였다. 예수의 이야기 및 세상에서의 하나님의 구원 활동에 관한 이야기는 여전히 불완전한 채로 남아 있다. 그 완성은 하나님께서 완전한 모습의 공동체를 세우심으로써 피조물을 향한 그의 보편적인 계획을 완성하실 미래에 이루어질 것이다.

　우리는 종말 이전에 하나님께서 예수의 부활과 승천을 통해서 피조 세계를 향한 하나님의 계획의 미래적 완성 — 이 이야기의 절정 — 을 계시하셨다고 주장한다. 그러므로 미래의 완성은 예수께서 모든 피조물의 중심이자 초점이라는 것을 공적으로 드러내는 것이다.[1] 종말에 하나님은, 성자로서 성부 하나님의 주권

(sovereignty)에 대한 주장을 가지고 이 땅에 오신 예수의 주되심을 공적으로 천명함으로써 자신의 궁극적인 계획을 이루실 것이다. 구원 이야기의 이 마지막 장은 개개인들이 영원한 공동체에 참여하는 것에 초점을 맞추고 있긴 하지만 인간 실존의 사회적 측면도 아울러 포괄한다. 그리고 그것은 인간의 삶을 우주 전체의 맥락 속에 놓는다. 왜냐하면 완성은 우주적 권세들, 심지어 사망 자체에 대한 하나님의 승리의 확정을 포함하기 때문이다.

그리스도께서 오신 이래로, 우리는 중간 시대(in-between age), 마지막 날들, 하나님의 계획이 시작된 날과 완성될 날 사이의 기간을 살고 있다. 완성은 여전히 미래에 있지만, 하나님의 통치 — 공동체의 건설 — 는 인간의 역사 속에 침투해 들어왔다. 신약성서의 기자들은 이 시대를 두 가지 상반되는 경향을 특징으로 하는 시대라고 설명하였다.

우리 시대는 환난과 적그리스도의 시대이다. 요한이 분명하게 말했듯이, "지금은 마지막 때라 적그리스도가 오리라는 말을 너희가 들은 것과 같이 지금도 많은 적그리스도가 일어났으니 그러므로 우리가 마지막 때인 줄 아노라"(요일 2:18). 그렇지만 환난 가운데 예수 그리스도의 교회는 십자가의 군기 아래 승리의 행진을 계속해 나간다. 교회는 부활하신 주님의 명령 아래에서 행동하기 때문에(마 28:19-20), '하데스'의 문들은 교회를 이길 수 없고(마 16:18), 복음은 세상에서 누룩과 같은 역할을 한다(마 13:31-33). 종말론은 하나님의 미래라는 빛 아래에서 바라본 현세의 성격에 대한 통찰을 제공해 줌으로써 오늘날의 교회의 선교를 위한 세계관의 틀을 제시한다.

현세는 세상에게만이 아니라 믿음의 공동체에게도 '이미'와 '아직'이 공존하는 시대이다. 그리스도인들은 영원한 공동체의 좋은 것을 맛보았고, 심지어 지금 그리스도로 말미암아 하나님과의 교제를 경험하고 있다. 이와 동시에 우리는 하나님의 미래적 공동체의 충만함 속으로 들어간 것은 아니다. 이러한 인식은 우리로 하여금 승리에 도취하지 못하게 만든다.

무엇보다도 종말론 — 이미 시작된 하나님의 계획의 완성에 관한 가르침 — 은

---

1) 종말론이 그리스도에 초점을 맞추고 있다는 주장은 Adrio König, *The Eclipse of Christ in Eschatology: Toward a Christ-Centered Approach*(Grand Rapids: Eerdmans, 1989)에 의해 잘 옹호되고 있다.

소망의 메시지이다. 우리는 언젠가 하나님께서 예수가 모든 피조물의 의미(그러니까 '로고스' 또는 '말씀'으로서)라는 것을 공적으로 확증할 것을 믿기 때문에, 우리는 소망이 있는 백성이다. 우리는 역사의 결말과 하나님의 영원한 공동체에 우리가 참여할 것에 대하여 확신을 가지고 살아간다.

현재 속에서 하나님의 부르심으로서의 종말론

마지막 일들에 관한 가르침은 그리스도 안에서의 하나님의 활동 및 하나님의 미래의 빛 아래에서 바라본 현세의 의미에 대한 통찰을 제공해 준다. 이러한 종말론은 현재를 살아가는 우리에게 다양한 하나님의 부르심들을 전해준다. 이 부르심은 하나님의 계획의 미래적 완성을 소망을 가지고 바라보는 것이 우리가 현재에 권위를 가지고 말하는 것을 촉진시킬 때에 생겨난다. 세상을 향한 하나님의 미래적인 의도들을 이해할 때, 우리는 현재 속에서 하나님의 말씀을 들을 수 있고 또한 선포할 수 있다. 왜냐하면 우리는 하나님의 미래가 지금 우리가 살아가는 것과 관련된 함의(含意)들을 지닌다는 것을 알고 있기 때문이다.

하나님의 종말론적 부르심의 토대

종말론은 하나님의 미래의 빛 아래에서 현재에 있어서의 하나님의 부르심이다. 마지막 일들에 관한 가르침에 대한 이러한 이해의 토대는 성경 자체에 있다. 그러므로 이 차원을 이해하기 위해서는 우리는 그 성경적 토대를 살펴보아야 한다.

성경의 전례. 신약성서의 종말론은 구약성서의 예언 운동으로부터 생겨났다. 옛 히브리인들 가운데 선지자들은 하나님의 미래를 미리 말하는 일과 하나님의 메시지를 "그대로 전하는 일," 이와 같은 두 가지 활동에 참여하였다. 그러나 이 두 측면은 대등한 위치에 있는 것이 아니었다. 예언적 요소는 언제나 선포적 요소에 종속적이었다.

예언 사역의 초점은 미래를 예언하는 것이 아니라 현재에 하나님의 메시지를 선포하는 데 있었다. 사실 하나님의 참 선지자들은 결코 청중들의 상상력을 자극하기 위하여 미래의 사건들을 미리 예언하지 않았다. 반대로 그들이 하나님의 미래적 행위들을 드러내는 것은 현재에 있어서 순종을 요구하기 위한 토대 역할을 하였다.

그러므로 그 본질에서 성경의 예언은 현재에 하나님의 부르심(하나님의 말씀)을 전하기 위해서 하나님의 미래에 관한 말씀을 활용하는 것이다. 선지자의 메시지는 우리에게 친숙한 패턴을 따랐다: "하나님께서 그와 같은 큰 일을 하실 것이기 때문에, 너희는 지금 이런 식으로 하나님께 응답하여야 한다."

마찬가지로 성경에 나오는 종말론적 선포들은 단순히 미래에 일어날 일들의 자세한 내용에 관하여 우리에게 알려주고자 하는 것이 아니다. 오히려 진정한 종말론적 통찰은 우리로 하여금 현재에 있어서의 하나님의 부르심을 말하기 위하여 미래의 완성에 관한 진리를 근거로 들게 만든다. 베르카워(Berkouwer)가 분명하게 말했듯이, "종말론은 먼 미래로의 투사가 아니다: 그것은 우리의 현재적 실존 속으로 뚫고 들어오고, 마지막 날들의 빛 아래에서 오늘의 삶을 바로잡는다."[2]

신학을 위한 함의들. 성경의 전례를 염두에 두고, 우리는 종말론의 실제적인 목표로 관심을 돌려보자. 우리는 하나님의 활동의 목표에 관한 말씀(종말에 관한 '로고스')을 현재 속에서 하나님의 말씀을 선포하기 위한 목적으로 말한다.

우리는 사람들의 호기심을 만족시키기 위하여 종말에 일어날 사건들을 발견해 내고자 하는 것이 아니라, 하나님의 미래와 세계의 미래에 비추어 오늘날의 사람들의 마음에 도전을 주기 위하여 하나님의 의도들을 이해하고자 한다.

우리는 이런 식의 선포를 보여 주는 가장 위대한 모범으로서 예수 자신을 본다. 마가에 의하면, 우리 주님은 하나님의 종말론적 활동에 비추어 청중들로부터 적절한 반응을 이끌어내기 위하여 메시지를 전하셨다: "하나님의 나라가 가까이 왔으니 회개하고 복음을 믿으라"(막 1:15). 예수와 선지자들의 모범을 따라, 오늘날의 종말론의 최종적인 목표는 미래에 비추어 오늘날의 사람들에게 하나님의 부르심을 전하는 것이다.

하나님의 종말론적 부르심의 여러 측면들

종말론은 하나님의 미래에 토대를 두고 현재 속에서 행동하라는 부르심이다.

---

2) G. C. Berkouwer, *The Return of Christ*, trans. James Van Oosterom(Grand Rapids: Eerdmans, 1972), 19.

하나님은 정확히 무엇을 향하여 우리를 부르시고 계시는 것인가? 신약성서의 기자들은 종말론적 성찰은 세 가지의 부르심으로 요약된다고 말하였다.

복음 전도로의 부르심. 종말론적 메시지의 한 차원은 온 세상에 대한 복음 전도에 열심을 내라는 부르심이다. 예수 자신의 선포가 이와 관련하여 아주 중요하다: "이 천국 복음이 모든 민족에게 증언되기 위하여 온 세상에 전파되리니 그제야 끝이 오리라"(마 24:14).

예수께서 이 예언을 하신 목적은 제자들로 하여금 때와 연대기에 관한 논의들을 하도록 권장하기 위한 것이 아니었다. 오히려 주님은 그를 따르는 자들에게 자신의 권세 아래에서 명령을 수행하도록 확신을 부어주려는 의도였다. 예수는 교회가 온 세상에 복음을 전하는 일을 완성하게 될 것이라고 약속하였다. 예수의 약속에 대한 우리의 인식은 우리 안에서 복음 전도라는 명령에 열심으로 참여하는 결과를 가져와야 마땅하다(마 28:19-20; 행 1:8). 우리는 성령이 종말의 도래 전에 우리를 통하여 이 일을 이루실 것을 확신하기 때문에 복음을 선포하는 일에 우리 자신을 헌신할 수 있다.

사도 바울의 사역은 이러한 원칙의 생생한 사례를 보여 준다. 바울은 종말에 이스라엘이 구원받을 것을 알았기 때문에 복음 전도에 열심을 다하여 참여하였다. 사실 이러한 전망은 바울의 선교 철학의 토대를 이루고 있었다(롬 9:1-3; 10:1; 11:13-14, 25-32). 사도는 자기가 이방인들에게 선교하면 그리스도께서 다시 오시기 전에 이스라엘이 구원받는 결과를 가져올 것이라고 믿었기 때문에 복음에 대하여 열심이 있었다. 또한 이러한 전망은 바울이 이방인들에게 교만을 피하라고 권면할 수 있었던 토대를 이루기도 했다(롬 11:17-22). 하나님께서 이방인들에게 구원을 허락하신 것은 유대인들로 하여금 시기하도록 하기 위해서라고 바울은 말했다. 그러므로 이방인들은 교만하지 말고 겸손하게 하나님의 구원을 받아들여야 한다.

거룩함으로의 부르심. 종말에 비추어서 열심을 내어 복음을 전도하라는 부르심과 아울러, 종말론은 거룩함과 올바른 삶으로의 부르심이다. 신약성서의 저자들은 반복해서 역사의 종말과 종말론적 심판을 근거로 사람들에게 경종을 울렸다. 그들은 미래의 사건들의 연대기를 서술하는 도표를 작성하기 위한 자료들을 제공하려고 한 것이 아니라 성도들에게 현재에 합당한 행실을 하도록 권면하고자 한 것이었다.

예수는 종말론적 진리를 올바른 삶을 사는 것의 중요성과 결부시켰다. 예를 들면, 감람산 강화(講話) 속에 나오는 예비(readiness)에 관한 비유들 속에서 예수는 인자가 장차 다시 올 것이기 때문에 제자들은 준비하고 깨어 있어야 한다고 분명하게 말씀하였다(마 24:45-25:46).

제자들은 설교와 글 속에서 우리 주님의 본을 따랐다. 예를 들면, 베드로는 역사의 완성에 관한 메시지를 전하면서 현재에 있어서 "술취하지 않고 깨어 있는 삶"을 강조하였다: "만물의 마지막이 가까이 왔으니 그러므로 너희는 정신을 차리고 근신하여 기도하라." 그런 후에 베드로는 종말에 비추어 그러한 삶의 의미를 자세하게 설명하였다. 그것은 다른 신자들에 대한 사랑, 손님 대접의 실천, 영적인 은사들의 사용을 포함한다(벧전 4:7-11).

바울은 로마 교회의 신자들에게 "현재의 때를 분별하라"고 권면하면서 빛과 어둠의 이미지를 사용하였다. "밤이 거의 지났고" "낮이 벌써 가까웠기" 때문에 그리스도인들은 "어둠의 일들을 버리고 빛의 갑옷을 입어야" 한다(롬 13:11-14).

요한은 예수께서 다시 오실 것임을 알고 있는 자들은 스스로를 정결케 해야 할 것이라고 믿었다: "장래에 어떻게 될지는 아직 나타나지 아니하였으나 그가 나타나시면 우리가 그와 같을 줄을 아는 것은 그의 참모습 그대로 볼 것이기 때문이니 주를 향하여 이 소망을 가진 자마다 그의 깨끗하심과 같이 자기를 깨끗하게 하느니라"(요일 3:3).

견고한 믿음으로의 부르심. 마지막 일들에 관한 가르침은 열심을 내어 복음을 전도할 것을 권장한다. 그것은 거룩함과 준비되어 있을 것을 요구한다. 아울러 하나님의 미래에 관한 메시지로서의 종말론은 우리로 하여금 용기를 가지고 견고히 신앙을 지킬 것을 요구한다.

용기를 가지고 견고하게 믿음을 지키라는 부르심은 우리를 격려함과 동시에 낙담시키는 소식으로부터 나온다. 현세 속에서 교회는 끊임없이 비극, 핍박, 거짓 선지자들을 만나게 될 것이다. 이러한 어두운 메시지는 우리에게 승리자가 되기 위해서는 그리스도에 대한 충성에 있어서 견고하지 않으면 안 된다는 것을 일깨워 준다. 주님께 속한 자들로서 우리는 핍박과 배교에 맞서서 견고히 서 있어야 한다. 왜냐하면 주님께서 언젠가는 심판을 위하여 다시 오실 것이기 때문이다(마 24-25장; 살후 2:13-17).

견고한 충성으로의 부르심은 하나님의 미래에 관한 기쁜 메시지를 통해서 생겨난다. 신약성서의 기자들은 우리가 언젠가는 부활과 죽음에 대한 승리를 체험하게 될 것이라는 하나님의 약속을 말하였다. 이 소식은 우리로 하여금 주님께서 우리에게 맡기신 일들에 용기를 가지고 참여할 수 있는 동기를 부여해 준다.

바울 서신에 나오는 부활에 관한 장(고전 15장)에서, 사도는 미래에 관한 지식이 어떻게 신자들에게 현재에 있어서 견고할 수 있게 해주는지에 대한 하나의 모범을 제공해 주었다. 이 본문에서 사도는 부활한 몸의 성격을 설명하였고, 그 실재성의 증거들을 제시하였다. 그러나 바울은 연대와 장소에 관한 탐구를 부추기기 위하여 우리의 미래에 관한 이 엄청난 주장들을 자세하게 말했던 것이 아니었다. 바울의 의도는 오히려 주님의 일에 견고하게 참여하는 것을 격려하기 위한 것이었다. 왜냐하면 바울은 현재의 행위가 영원한 결과들을 낳는다는 것을 알고 있었기 때문이다. 이런 이유로 사도는 현재의 행위에 대한 부르심으로 끝을 맺는다: "그러므로 내 사랑하는 형제들아 견실하며 흔들리지 말고 항상 주의 일에 더욱 힘쓰는 자들이 되라 이는 너희 수고가 주 안에서 헛되지 않은 줄 앎이라"(고전 15:58).

이것이 성경에 나오는 종말론이다. 하나님의 미래에 관한 메시지는 현재에 있어서의 하나님의 말씀을 선포하기 위한 토대와 동기를 제공해 준다. 하나님은 우리를 현재에 있어서 합당한 태도와 행위로 부르시기 위하여 미래의 완성에 관한 자신의 약속을 우리에게 계시하신 것이다.

삶을 위한 통찰로서의 종말론

마지막 일들에 관한 가르침은 하나님의 계획의 완성을 둘러싼 사건들에 대한 성찰 이상의 것을 포함한다. 종말론의 목표는 예수 그리스도의 교회로서의 우리가 현세에서 우리 자신과 우리의 사명을 어떻게 이해해야 하는가라는 문제를 다루는 데에 있다.

스탠리 건드리(Stanley H. Gundry)는 다음과 같이 올바르게 지적하였다: "종말론과 자신의 역사적 상황 속에서의 교회의 자기 자신에 대한 인식 사이에는 연관성이 있는 것처럼 보이는 경우가 한두 번이 아니다. 종말론들은 해당 시대의 분위기 또는 시대 정신의 반영이다."[3] 그러나 우리의 종말론적 성찰은 우리로 하여금 반대 방향으로 나아가게 만들어야 한다. 중간 시대, 즉 그리스도의 초림과 재림 사이의 기간에, 하나님의 미래에 관한 메시지는 우리로 하여금 우리 시대의 분위기를 뛰어넘어 진정한 성경적 삶 — 종말의 빛 아래에서의 삶 — 으로 나아가게 만들어야 한다. 이러한 것을 깨닫게 되면, 우리는 진정한 종말론적 삶은 어떠한 특징을 지니는가라는 물음을 묻지 않을 수 없게 된다.

소망 속에서의 참여로서의 종말론적 삶

미래에 관한 성경의 주장들은 궁극적으로 하나님께서 하실 일에 대한 소망의 표현들이다. 종말론은 우리의 현재를 하나님의 미래의 빛 아래에서 본다. 우리는 언젠가는 하나님께서 아직 이루시지 못한 계획이 완전한 모습으로 이루어질 것을 알기 때문에, 하나님의 계획의 완성을 열심을 갖고 기대하며 기다린다.

신약성서에 의하면, 종말론적 소망은 우리로 하여금 뒤로 물러 앉아서 하나님의 미래를 기다리게 하는 것이 아니다. 사실 사도들은 이러한 유형의 정적주의(靜寂主義, quietism)에 대항하여 말을 하였다(살후 3:6-13). 물론 우리는 주님의 재림을 기다리지만, 우리가 취하는 태도는 적극적인 기다림이다. 우리는 하나님께서 자신의 계획을 완성시키실 것임을 확실히 알고 있기 때문에, 그 계획에 적극적으로 참여한다. 이와 같이 소망 있는 삶은 소망을 가지고 살아가는 것을 의미한다. 최후의 완성에 대한 소망으로 말미암아, 우리는 세상 속에서의 하나님의 활동에 관한 좋은 소식을 성령의 권능을 힘입어 말과 행동으로 선포함으로써 세상 속에서 하나님께서 우리에게 맡기신 명령을 수행하고자 한다.

바울은 독자들에게 그러한 소망 속에서의 참여의 중요성을 상기시켰다(고전 15:58). 소망 속에서의 참여가 중요한 것은 부분적으로 세상에서 일어나는 사건들이 지니는 우발성 때문이다. 주님은 분명히 다시 오실 것이고, 종말론적 완성은 실현될 것이다. 이와 동시에 미래는 어떤 측면에서 열려 있다. 하나님은 세상에

---

3) Stanley H. Gundry, "Hermeneutics or *Zeitgeist* as the Determining Factor in the History of Eschatologies," *Journal of the Evangelical Theological Society* 20/1(1977): 50.

대하여 계획을 가지고 계시지만, 세부적인 많은 내용들이 확정되어 있지 않다. 우리가 앞 장에서 살펴보았듯이, 창조는 어떤 의미에서 하나님이 주도하시는 실험이고, 실험이기 때문에 위험부담들을 지닌다.

창조의 실험적 성격은 하나님의 기쁨의 이유의 한 부분을 차지한다. 어떤 사람들은 하나님의 사랑에 응답한다. 그들에게 실험은 성공적이고, 온 하늘이 이 성공을 축하한다: "이와 같이 죄인 한 사람이 회개하면 하늘에서는 회개할 것 없는 의인 아흔아홉으로 말미암아 기뻐하는 것보다 더하리라"(눅 15:7). 또한 창조의 실험적 성격은 하나님의 슬픔의 이유가 되기도 한다. 어떤 사람들은 하나님의 공동체에 참여하기를 거부한다. 하나님의 피조물들 중 일부가 예수의 사역에 응답하기를 거부한 것이 예수의 고난과 죽음을 초래하였던 것과 마찬가지로(마 23:37-39), 하나님은 그의 사랑을 거부하는 자들에 대하여 슬퍼하신다(사 65:2).

미래가 열려 있다는 점에서, 하나님은 인간들에게 그 미래를 창조하는 자신의 계획에 참여하도록 요구하신다. 하나님의 미래는 반드시 올 것이지만, 우리는 그 미래를 오게 하는 하나님의 역사 속에서의 사역에 참여하도록 초대받는다. 그런 까닭에 베드로는 그의 독자들에게 주님의 날을 앞당기는 방식으로 살아 가도록 권면하였다(벧후 3:12).

우리가 완성의 사역에 참여하는 동기는 종말론적으로 고무된 소망, 즉 하나님의 영원한 공동체에 관한 전망 때문이다. 따라서 우리가 받은 위임명령은 복음 전도를 포함한다. 소외된 죄인들은 하나님의 화해에 관한 좋은 소식을 듣고서, 그들도 저 위대한 영원한 교제에 참여하여야 한다. 하나님의 공동체는 사랑, 의, 공의의 사회이다. 그러므로 사회 참여도 교회의 행동과제들 중의 일부가 되어야 한다.

우리의 모든 행위들 속에서 하나님께서 미래에 서서 우리에게 앞으로 오라고 손짓하며 부르신다는 인식은 우리에게 소망을 제공해 준다. 소망 속에서 우리는 이 땅에서의 하나님의 계획의 진보를 향한 우리의 노력들을 바칠 수 있다 — 기도[4]와 행위를 포함한. 우리는 소망 때문에 견고하게 서서 완성을 향하여 한 걸음 한 걸음 내디딜 수 있다(고전 15:58).

---

4) Stanley J. Grenz, *Prayer: The Cry for the Kingdom*(Peabody, Mass.: Hendrickson, 1988)을 보라.

현실적 참여로서의 종말론적 삶

종말론적 삶은 소망을 가지고 하나님의 계획에 참여하는 것을 수반한다. 또한 그것은 현실적 참여를 포함하기도 한다. "현실적"(realistic)이라는 형용사는 우리에게 우리의 활동이 효과를 지니며 상당히 결정적이라는 것을 일깨워준다.

효과적인 것으로서의 우리의 행위들. 우리는 우리의 활동이 효과를 거둔다는 것을 확신하는 가운데 우리의 위임명령에 참여한다. 하나님의 장엄한 미래에 관한 전망에 젖어 있는 우리는 성령이 우리의 노력들을 하나님의 계획과 연결시켜 줄 것을 믿기 때문에 확신을 갖는다. 우리의 주권자이신 하나님은 그의 목적들을 적극적으로 이루어 가신다. 그 결과 우리는 우주적 전투에서 우리가 결국은 승리를 거두게 될 대의(大義)에 참여하고 있다는 것을 확신한다. 이 하나님은 우리를 하나님의 계획을 진척시키는데 참여하도록 초대하셨다 — 그리스도로 말미암아 우리에게 위탁하시기까지 하셨다. 우리가 주님 자신의 권세 아래에서 활동한다는 것을 아는 우리는 주님의 공동체가 실제로 건설될 수 있도록 — 그의 뜻이 하늘에서와 같이 땅에서도 이루어지도록 —하기 위하여 일하며 기도하는 데 우리 자신을 헌신한다.

종말론적 전망은 우리의 시야를 종종 절망적인 사건들처럼 보이는 것 너머를 바라보게 만든다. 우리는 세상 속에서 우리의 지속적인 선교의 배경을 이루는 좀 더 거대한 천상의 실체를 인식한다. 존 제퍼슨 데이비스(John Jefferson Davis)가 주장했듯이, "교회의 소망의 열쇠는 세상의 조건들이 아니라 하나님의 주권과 성령의 권능에 대한 믿음이다."[5]

부차적인 것으로서의 우리의 행위들. 우리는 우리의 참여에 확신을 가져야 하지만, 또한 우리의 모든 활동들이 지니는 부차적인 성격을 염두에 두어야 한다. 우리는 절대로 우리가 우리의 역사의 결정자들인 것처럼 결론을 내리거나 행동해서는 안 된다. 또한 우리는 역사의 목표로서의 하나님의 공동체의 도래에 대한 선포를 역사 내에서 하나님의 나라를 세우려는 인간의 노력들로 변질시켜서는 안 된

---

5) John Jefferson Davis, *Christ's Victorious Kingdom*(Grand Rapids: Baker, 1986), 127.

다. 우리의 연약한 행위들이 아니라 하나님이 세상의 최종적인 소망이다. 또한 하나님 나라는 궁극적으로 창조의 최종적인 변화 이전에는 언제나 이 땅에서의 표현으로는 말할 수 없는 초월적인 실재이다. 이 땅에 있는 그 어떤 도시도 새 예루살렘이 될 소망을 품을 수 없다.

영원한 삶의 빛 아래에서의 종말론적 삶

마지막 일들에 관한 가르침은 이 세상이 영원한 공동체가 도래하기 전에 하나님의 심판에 의한 근본적인 변화를 통과해야 한다는 것을 상기시켜 주는 역할도 한다. 따라서 우리의 종말론적 전망은 우리의 시야를 현재 우리가 살고 있는 이 땅 너머를 보게 만든다. 그것은 우리의 관심을 새 하늘과 새 땅의 영광스러운 영원한 현실로 향하게 한다.

오직 새 창조만이 하나님께서 그의 옛 백성에게 하셨던 약속들을 완전히 성취한다. 오직 새 창조만이 우리가 영원한 생명에 참여할 것이라는, 신약성서에서 선포한 하나님의 약속을 성취한다. 오직 재창조된 영광스러운 우주가 도래하여야만 하나님은 우리와 함께 그의 거처를 정하실 것이다. 오직 구속받고 변화받은 피조 세계에서만 우리는 자연, 인간 상호간, 가장 중요하게는 우리의 창조주이자 구속주이신 하나님과의 온전한 공동체를 경험하게 될 것이다.

그렇지만 우리는 이와 같은 근본적으로 초월적인 현실이 동시에 기본적으로 내재적이라는 것도 선포한다.[6] 하나님은 우리의 세계 속으로 뚫고 들어오셨다. 그리고 하나님은 우리로 하여금 이미 이 땅의 영역으로 뚫고 들어온 하나님의 임재에 참여하게 하셨다. 그러므로 깨어진 삶의 와중에서도 우리는 성령의 새 생명을 송축할 수 있다.

우리는 어떻게 이와 같은 겉보기에 상반되는 두 가지 주제에 창조적인 균형을 부여할 수 있을까? 20세기 초의 위대한 남침례교 신학자인 멀린스(E. Y. Mullins)는 지금도 여전히 뛰어난 해결책으로 평가받는 한 견해를 제시하였다.

---

6) 이것은 예수의 가르침에 나타난 하나님의 나라에 대한 최근의 연구에 의해서 도달한 합의이다. Bruce Chilton, "Introduction," in *The Kingdom of God in the Teaching of Jesus*, ed. Bruce Chilton, *Issues in Religion and Theology* 5(Philadelphia: Fortress, 1984), 25-26을 보라.

우리는 "주께서 그것을 명하셨기 때문에, 그리고 우리가 그를 사랑하고 그를 신뢰하기 때문에, 그리고 모든 미래가 그분 없이는 아무것도 아닐 것이기 때문에" 항상 주님의 다시 오심을 바라보는 신약성서의 대망의 태도를 계발(啓發)해야 한다고 멀린스는 말했다. 이와 동시에 멀린스는 "묵시론적인 계산이나 사변에 빠지는" 것에 대하여 경고하였다. 이 침례교 신학자는 신자들에게 우리 그리스도인의 의무의 모든 차원에서 신실할 것을 요구하였다:

> 우리는 유혹에 대하여 항상 깨어 있어야 하고, 하나님의 힘을 구하는 기도를 드려야 한다. 우리는 개인적이든 사회적이든 의에 대한 열정을 계발해야 한다. 우리는 밤이 되면 아무도 일할 수 없다는 것을 명심하고 아직 낮인 동안에 일해야 한다. 우리는 주님이 내일 오셔서 불시에 데려감을 당하지 않도록 주님의 오심을 간절히 기다려야 한다. 우리는 주님의 재림이 천년이나 만년 동안 지연된다고 할지라도 실망하지 않도록 하기 위하여 우리 자신을 견고하게 다져야 한다. 그리고 우리의 마음은 주님의 다시 오심과 주님의 나라의 확실한 승리를 바라보며 기쁨으로 항상 충만해야 한다.[7]

하나님의 영원한 공동체는 이미 시작되었고, 진행 중에 있으며, 언젠가는 온전한 모습으로 도래할 것이다. 우리를 그리스도로 말미암아 자신과 화목케 하신 하나님은 언젠가는 우리로 하여금 하나님의 통치의 저 위대한 종말론적 공동체에 온전히 참여하게 하실 것이다. 이러한 비전은 이 중간 시대에 사는 우리로 하여금 현재적인 종말론적 공동체가 되어서 하나님이 친히 우리와 함께 거하실 장래의 영원한 공동체에 관한 좋은 소식을 말과 행위로써 선포하도록 북돋아 줄 것이다.

궁극적으로, 종말론은 하나님께서 피조 세계를 향하여 계획하고 계시는 영광스러운 미래에 관한 기독교적 이해에 대한 연구이다. 하나님의 포괄적인 목적에 대한 연구로서 마지막 일들에 관한 가르침은 조직신학의 정점(頂點)이 되기에 합당하다. 종말론은 우리를 다시 우리가 시작했던 지점으로 데려다 준다. 종말론은 우리를 모든 피조물이 하나님의 임재의 공동체에 참여함으로써 성부, 성자, 성령이

---

7) Edgar Young Mullins, *The Christian Religion in Its Doctrinal Expression* (Philadelphia: Roger Williams Press, 1917), 471-72.

신 한 분 하나님의 영원한 영광에 참여하기를 바라시는 하나님께로 인도한다.

피조물을 향한 하나님의 계획에 관한 전망으로 끝이 나는 우리의 조직신학적 성찰 전체는 우리에게 중대한 질문을 제기한다: 하나님의 궁극적인 미래에 관한 전망은 그리스도께서 영광과 광휘 중에 다시 오실 때까지 현재에 있어서 삼위일체 하나님의 일을 계속하도록 우리에게 동기를 부여하는가?

● **독자 여러분들께 알립니다!**

'CH북스'는 기존 '크리스천다이제스트'의 영문명 앞 2글자와 도서를 의미하는 '북스'를 결합한 출판사의 새로운 이름입니다.

조직신학

1판 1쇄 발행 2003년 8월 30일
2판 1쇄 발행 2017년 9월 1일
2판 3쇄 발행 2023년 9월 11일

발행인 박명곤   CEO 박지성   CFO 김영은
기획편집 채대광, 김준원, 박일귀, 이승미, 이은빈, 강민형, 이지은
디자인 구경표, 구혜민, 임지선
마케팅 임우열, 김은지, 이호, 최고은
펴낸곳 CH북스
출판등록 제406-1999-000038호
전화 070-4917-2074   팩스 0303-3444-2136
주소 서울시 강서구 마곡중앙6로 40, 장흥빌딩 10층
홈페이지 www.hdjisung.com   이메일 support@hdjisung.com
제작처 영신사

ⓒ CH북스 2017

※ 이 책은 저작권법에 따라 보호받는 저작물이므로 무단 전재와 복제를 금합니다.
※ 잘못 만들어진 책은 구입하신 서점에서 교환해드립니다.
※ CH북스는 (주)현대지성의 기독교 출판 브랜드입니다.